AF325276

DICTIONNAIRE
DE L'ARMÉE DE TERRE,

OU

RECHERCHES HISTORIQUES

SUR L'ART ET LES USAGES MILITAIRES

DES ANCIENS ET DES MODERNES,

PAR LE GÉNÉRAL BARDIN,

AUTEUR DU MANUEL D'INFANTERIE,
DU MÉMORIAL DE L'OFFICIER D'INFANTERIE, MEMBRE DE L'ACADÉMIE DES SCIENCES DE TURIN,
COLLABORATEUR DU COMPLÉMENT DU DICTIONNAIRE DE L'ACADÉMIE FRANÇAISE,
DU DICTIONNAIRE DE LA CONVERSATION,
DE L'ENCYCLOPÉDIE DES GENS DU MONDE, ETC., ETC.

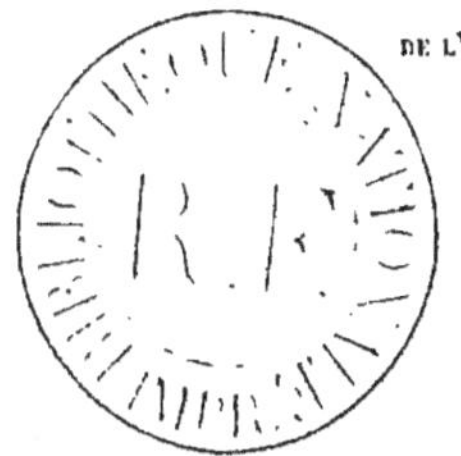

DIXIÈME PARTIE.

INFANTERIE. — LIEUTENANT-COLONEL. 2881 A 3200.

PARIS,

LIBRAIRIE MILITAIRE, MARITIME ET POLYTECHNIQUE
DE J. CORRÉARD,

LIBRAIRE-ÉDITEUR ET LIBRAIRE-COMMISSIONNAIRE,
RUE CHRISTINE, 1.

1849.

ment payé. — Les COMMUNES ou la bourgeoisie, car ces mots sont souvent synonymes, étaient trop jalouses de leurs chartes pour ne pas saisir toutes les occasions de consolider le titre de l'affranchissement ; les cérémonies militaires, les RASSEMBLEMENTS ARMÉS en étaient un témoignage. Ainsi dans les cas de succession, de mouvance, de transmission par acquet, les souverains mis en possession ne pouvaient, la plupart du temps, faire leur entrée d'honneur qu'après avoir souscrit et juré publiquement le maintien des immunités. Les portes ne leur étaient ouvertes, l'accès de la commune ne leur était accordé par les bourgeois, qu'à condition de condescendre et de participer à ce qu'on appelait la conjuration. — La bourgeoisie fixait la LEVÉE, le nombre, l'espèce, la SOLDE de ses TROUPES ; elle en réglait le tirage s'il avait lieu au sort ; elle en nommait elle-même le CONNÉTABLE et les OFFICIERS. Elle intervenait dans les TRAITÉS de guerre et de PAIX. — Dans les lieux où l'affranchissement relevait d'autorités diverses, soit royale, soit abbatiales, soit épiscopale, ou seigneuriale, le SERVICE MILITAIRE participait de cet état de choses. Ainsi des villes telles que PARIS, TOURS, etc., comprenaient dans leurs murs d'enceinte, des enceintes internes, qui avaient leurs tribunaux, leur guet, leurs fortifications. — En 1302 PHILIPPE LE BEL convoque tous les hommes des communes de dix-huit à soixante ans. — En 1351 (octobre) JEAN confirme l'ordonnance de PHILIPPE LE BEL sur la bourgeoisie. — Il s'est conservé un édit de convocation ou ORDONNANCE DE 1425 par lequel le duc de Bretagne appelait aux armes sa milice communale. — Les GARDES URBAINES, les TROUPES BOURGEOISES, les ARCHERS, les CHEVALIERS DE L'ARBALÈTE, les SERGENTS DE VILLE, les TROUPES nommées CINQUANTENIERS, qui ont longtemps subsisté, étaient une trace des anciennes MILICES COMMUNALES. — N° 2. COMPOSITION. — La MILICE DES COMMUNES se composait, en grande partie, d'ARCHERS A PIED ; elle était destinée à seconder la GENS D'ARMERIE ; elle était LEVÉE par l'AUTORITÉ municipale, suivant des règles concertées entre le monarque, les évêques et les principaux habitants. Ce mode différait des anciens APPELS promulgués en vertu de l'ordre du SUZERAIN, par les BAILLIS, CHATELAINS, COMTES, VICOMTES ; mais le fond de la législation n'était pas nouveau ; de tout temps les FRANÇAIS de condition libre étaient tenus au SERVICE MILITAIRE, comme le témoignent les CAPITULAIRES ; mais rien n'a varié autant que la forme et le but des RASSEMBLEMENTS DES TROUPES. — L'Infanterie communale était organisée, suivant BÉNETON (1742,

par BANDES divisées en PENNONIES ou PÉNONIES. — La nécessité de régler la forme des LEVÉES communales amena la création des CORPS MUNICIPAUX présidés par des MAJORS (ou MAIRES) et par des échevins (*scabini*). L'importance que prirent ces emplois, les enregistrements de l'ÉTAT CIVIL, la construction des HOTELS DE VILLE, la multiplication des BEFFROIS non seigneuriaux, l'usage du GUET ASSIS AUX PORTES des VILLES datent de cette époque. — Ces MILICES étaient en général d'Infanterie ; aussi quelques AUTEURS disent l'INFANTERIE DES COMMUNES ; cependant DUCANGE cite une charte qui prouve que certaines COMMUNES étaient tenues aussi à fournir des HOMMES MONTÉS ; c'est peut-être la souche des ARBALÉTRIERS A CHEVAL. — Peut-être est-ce à raison de cette double nature de TROUPE que la plupart des ÉCRIVAINS emploient de préférence au mot Infanterie, l'expression MILICE DES COMMUNES. — N° 3 DÉNOMINATION, FORCE, UNIFORME. — En bas LATIN, cette Infanterie s'est appelée : *communæ* ou *communiæ*, ou *communitates parochiarum*. — Les historiens de PHILIPPE-AUGUSTE donnent le nom de LÉGION à chaque TROUPE de même paroisse, c'était un terme d'allusion et de poésie, mais point une expression didactique. — Le nombre des soldats, ou, comme on disait alors, des SERGENTS DE PIED OU DE CHEVAL (*servientes*) que les COMMUNES devaient METTRE EN CAMPAGNE, était spécifié dans les chartes d'affranchissement accordées au pays. — Les deux tiers, environ, de la milice communale étaient armés d'ARCS ; le reste l'était de MASSES D'ARMES nommées BOUGES, PLOMMÉES, d'ARMES DE LONGUEUR telles que FAUCHARTS, ou FALCAIRES, etc. En général, les instruments d'agriculture, ou les outils de la profession habituelle de l'homme momentanément SOLDAT, se changeaient pour lui en ARMES D'HAST, ou en ARMES CONTONDANTES. Les formes de ses vêtements se ressentaient également des usages de la vie commune ; ainsi, il portait JAQUE et BLIAUD, c'est-à-dire blouse d'homme des champs. — N° 4. TACTIQUE. — A la bataille de BOUVINES, en 1214, la MILICE DES COMMUNES est entremêlée, à ce que dit BÉNETON (1742, A), dans les intervalles de la GENS D'ARMERIE. Le système du MÉLANGE D'ARMES aurait donc eu quatre ou cinq siècles de durée. — L'Infanterie des COMMUNES diffère surtout du BAN féodal et des TROUPES FIEFFÉES, en ce qu'elle se rassemble sous la BANNIÈRE PAROISSIALE et obéit soit à un AVOUÉ de l'évêque, soit à un délégué de la COMMUNE, soit à un représentant du ROI, tandis que les TROUPES de la FÉODALITÉ marchaient sous les PENNONS et les BANNIÈRES des BAILLIS, des SÉNÉCHAUX, des

VICOMTES. — L'Infanterie communale était du reste analogue en certaines choses au BAN; elle était même un BAN tenu à un SERVICE temporaire censé national et plus ou moins long. — N° 5. SUBORDINATION. — Les MILICES COMMUNALES furent instituées d'abord dans les domaines immédiats du monarque, et comme une TROUPE placée sous sa seule dépendance; quelquefois aussi, comme le disaient les vieilles chroniques de FRANCE, *le monarque vendait ce qui ne lui appartenait pas et retenait le prix et la marchandise.* — Les GRANDS VASSAUX de leur côté eurent recours à de pareilles LEVÉES D'HOMMES; celles-ci n'entraient en campagne que quand le SEIGNEUR marchait en personne; ainsi plus d'une fois des MILICES COMMUNALES ont pris les armes les unes contre les autres, ou ont concouru à des GUERRES PRIVÉES; mais pour la plupart elles ont fait partie des ARMÉES ROYALES. — Elles marchaient accompagnées du curé de la PAROISSE; elles avaient pour chefs des HOMMES DE GUERRE, des COMTES, des GENTILSHOMMES qui, par leurs relations sociales, par la position ou la nature de leurs propriétés, ou même à défaut de propriétés, jugeaient utile à leur intérêt de faire cause commune avec les VILLES; delà une scission au sein de la NOBLESSE, scission qui contribua à affaiblir les prérogatives anciennes de certains NOBLES et à fortifier d'autant le trône. — Quand l'Infanterie communale se joignait à la CAVALERIE FIEFFÉE d'une ARMÉE ROYALE, les COMTES OU VICOMTES qui commandaient cette CAVALERIE, avaient quelquefois la haute main sur les MILICIS COMMUNALES et subordonnaient à leur BANNIÈRE la BANNIÈRE de la banlieue; ainsi, à CRÉCY, les communes étaient commandées par des CHEVALIERS. — N° 6. SERVICE. — Dans le sein des COMMUNES, l'Infanterie FAISAIT LE GUET par quartier d'habitation, par confréries, par corps de métiers; ces différences résultaient de la forme ou de l'étendue de la ville, de l'espèce de ses habitants. — Les couvents étant en général fortifiés, les hommes du domaine ecclésiastique s'y acquittaient d'un SERVICE particulier et concouraient quelquefois au SERVICE général; mais dans de grandes villes et à PARIS par exemple, le guet conventuel ou abbatial ne faisait, au dehors, des patrouilles qu'après avoir caché ses ARMES dans un étui; l'ARC restait dans le CARTYR, l'ARBALÈTE pendait en BANDOULIÈRE, l'ÉPIEU était MORNÉ. — Tel était le service habituel, mais au besoin l'Infanterie communale franchissait les limites de la COMMUNE; dans ce cas elle ne devait, en général, le SERVICE que pour quarante jours, et elle l'accomplissait à ses dépens ou

aux frais de la communauté; mais il y avait des COMMUNES pour qui l'obligation d'entrer en campagne ne consistait qu'en un service d'un ou de quelques jours. — L'Infanterie communale de Saint-Denis escortait l'ORIFLAMME. — Les CAS D'INFIRMITÉ autorisaient seuls les dispenses admises; mais il y a loin entre la loi et son exécution, et les plus grands abus régnaient. — Les hommes retenus en campagne au delà du terme voulu, devaient, en ce cas, être soldés par le SEIGNEUR, si la TROUPE était seigneuriale, ou bien par la VILLE, si la troupe était urbaine. Presque jamais il n'y eut de fonds faits pour cette circonstance; aussi les MILICES, faute de moyens d'exister, se dispersaient-elles en pleine guerre. — Cet impôt du SERVICE PERSONNEL fut au reste très-inégalement réparti sur la FRANCE; il donna lieu bientôt à des exemptions nombreuses et à des exceptions de tout genre. Le privilége et l'action inégale des lois sont de tous les règnes. — Une ordonnance de 1351 (dernier avril) chargeait les MILICES COMMUNALES de la garde des VILLES et des CHATEAUX. — Les TROUPES COMMUNALES, créées en partie pour réprimer les désordres des TROUPES MERCENAIRES et pour remplacer cette soldatesque, s'abandonnèrent bientôt aux mêmes excès; leur licence et le peu d'utilité du service dont elles s'acquittaient, amenèrent leur abolition; à la fin du quinzième siècle, l'INFANTERIE DES COMMUNES avait disparu.

INFANTERIE CONTRE INFANTERIE. V. CONTRE INFANTERIE.

INFANTERIE COSAQUE. V. COSAQUE. V. PULK.

INFANTERIE DANOISE. V. CLAIRON INSTRUMENTAL. V. DANOIS, adj. V. MILICE DANOISE N° 1, 2, 3, 5. V. MINISTRE DE LA GUERRE EN 1775.

INFANTERIE D'ARRIÈRE-BAN. V. ARRIÈRE-BAN. V. TAMBOUR IDIOPLIQUE.

INFANTERIE de BATAILLE (A, 1) ou GROSSE INFANTERIE, OU INFANTERIE GRAVE, OU INFANTERIE LOURDE, OU INFANTERIE PESANTE, OU OPLITIQUE, comme le disait la MILICE GRECQUE. Sorte d'INFANTERIE FRANÇAISE DE LIGNE qui est ainsi nommée par opposition à l'INFANTERIE LÉGÈRE, et qu'il ne faut pas confondre avec l'INFANTERIE DE LIGNE, comme le font quantité d'écrivains; car il y a de l'INFANTERIE DE BATAILLE DE LIGNE et de l'INFANTERIE DE BATAILLE DE SOUVERAIN; de même qu'il y a eu de l'INFANTERIE LÉGÈRE DE LIGNE et de l'INFANTERIE LÉGÈRE DE GARDE IMPÉRIALE. Un autre système était suivi en FRANCE depuis l'institution de la GARDE ROYALE. — Au sujet des locutions LIGNE et BATAILLE, il y a contradiction dans les règles écrites. Une distinction fondamentale et nominale n'a pas été nettement établie. C'est une des imperfections de la CONSTITUTION de l'ARMÉE, de la LANGUE des ARMES et de l'ART MILITAIRE DE TERRE. — Le ministre LATOUR - MAUBOURG a dédoublé, c'est-à-dire classé en RÉGIMENTS distincts l'Infanterie de bataille et l'INFANTERIE LÉGÈRE, que ses deux devanciers avaient amalgamées. — l'Infanterie de bataille sera examinée ici sous les rapports suivants : CRÉATION, COMPOSITION, DÉNOMINATION, FORCE, UNIFORME, INSTRUCTION, FONCTIONS, TACTIQUE. — Nº 1. CRÉATION. — Aussi longtemps que les GENS D'ARMES ont formé le CORPS DE BATAILLE, les CORPS A PIED ne faisaient d'autre SERVICE que celui d'INFANTERIE LÉGÈRE : c'étaient les VÉLITES d'alors. — L'Infanterie de bataille n'existe donc en FRANCE que depuis l'abandon des ARMES DE TRAIT et depuis l'usage des PIQUES. Quand le tiers de l'INFANTERIE FRANÇAISE était ainsi armé, les PIQUIERS de chaque CORPS D'INFANTERIE en étaient l'Infanterie de bataille, les ARQUEBUSIERS ou les MOUSQUETAIRES en étaient l'INFANTERIE LÉGÈRE. Mais la chose existait de fait et sans démarcation nominale. — Nº 2. COMPOSITION. — Lorsque la désignation d'INFANTERIE LÉGÈRE a pris naissance, l'Infanterie de bataille différait surtout de l'autre par la nature de la COMPOSITION et par la pluralité des BATAILLONS dans un même CADRE; les CORPS LÉGERS n'étaient en général, au contraire, que d'un seul BATAILLON, ou ne formaient qu'une grosse COMPAGNIE; cet usage est encore en vigueur dans plusieurs MILICES. Laquelle de ces formes est préférable? Cette question n'a pas été assez mûrie en France; la SOUS-ARME LÉGÈRE et la SOUS-ARME DE BATAILLE n'y diffèrent réellement que de nom. Si leur SERVICE n'est pas le même, leur FORCE et leur ARMEMENT doivent-ils se ressembler? Pourquoi leur donner indifféremment et DRAPEAU et MUSIQUE ? A quoi bon habiller deux genres de TROUPE d'une manière dissemblable, et pourquoi leur donner un nom différent si leurs fonctions sont pareilles? C'est faire grimacer sans raison une MILICE. Ces incertitudes rendent difficile la définition des principes qui constituent notre Infanterie de bataille. — Elle n'en est pas moins une partie distincte de la CATÉGORIE nommée INFANTERIE FRANÇAISE, et une SOUS-ARME de cette CATÉGORIE puisque la loi connaît, à tort ou à raison, dans l'ARMÉE DE LIGNE, une INFANTERIE LÉGÈRE. — Sous le régime impérial il y avait, et dans la GARDE et dans la LIGNE, une Infanterie de bataille et une INFANTERIE LÉGÈRE; depuis la création de la GARDE ROYALE toute l'Infanterie de cette GARDE était Infanterie de bataille —— Dans le principe l'Infanterie de bataille avait

des AUMÔNIERS et l'INFANTERIE LÉGÈRE n'en avait pas ; cette dernière TROUPE était regardée comme destinée à trop de mobilité pour pouvoir être accompagnée des attirails que nécessite l'exercice du culte. — Le gouvernement qui a regardé les fonctionnaires ecclésiastiques comme utiles dans tous les CORPS, a-t-il prouvé par là qu'il reconnaissait le principe de la parité du SERVICE des deux infanteries; on ne saurait rigoureusement tirer cette conséquence, car l'ensemble des actes du gouvernement ministériel n'est pas toujours raisonné et en harmonie. — L'Infanterie de bataille et l'INFANTERIE LÉGÈRE comprennent, l'une des COMPAGNIES DE GRENADIERS, l'autre des COMPAGNIES DE CARABINIERS; vaine et inutile distinction, double quiproquo, puisque logiquement et grammaticalement les termes CARABINIERS et GRENADIERS disent autre chose que ce qu'ils semblent exprimer. — Dans le dernier siècle, il entrait dans la COMPOSITION de la GROSSE INFANTERIE DE LIGNE des COMPAGNIES DE CHASSEURS, mais il n'y en avait qu'une par RÉGIMENT de deux BATAILLONS; ces COMPAGNIES étaient formées d'HOMMES D'ÉLITE et de taille, mais n'étaient pas INFANTERIE LÉGÈRE; cet usage n'a eu qu'une courte durée. — Depuis la fin de l'an treize, l'Infanterie de bataille comprend des COMPAGNIES DE VOLTIGEURS; elles ont été comme une introduction, une fusion partielle d'une INFANTERIE LÉGÈRE dans l'Infanterie de bataille. — Les LÉGIONS DÉPARTEMENTALES étaient un mélange de deux genres d'infanterie. L'ORDONNANCE DE 1831 (4 MARS) n'a établi aucune nuance entre les infanteries grave et légère. — Nº 3. DÉNOMINATION. — Les anciens nommaient INFANTERIE GRAVE ce genre de TROUPE ; ils disaient : *armatura gravis*, et les Italiens : *fantaria grave*. M. le colonel CARRION (1824, A) appelle INFANTERIE OPLITE celle des anciens. — La désignation d'Infanterie de bataille, prise par opposition à TIRAILLEURS, répond, par analogie, à la locution CAVALERIE DE BATAILLE, etc. ; le génitif BATAILLE ne se prend pas dans ces deux cas sous l'acception de combat, mais il a le sens primitif et tactique du terme BATAILLE, c'est-à-dire troupe solide et massée.—L'ASSEMBLÉE CONSTITUANTE (MARS 1790) appelait INFANTERIE DE LIGNE l'Infanterie de bataille, parce qu'elle la regardait comme distincte des GARDES NATIONALES, et comme devant combattre *en ligne*, être exempte de détachements, être toujours prête à faire ferme. Par là elle différait et des BATAILLONS isolés de VOLONTAIRES et des BATAILLONS DE CHASSEURS, seule INFANTERIE LÉGÈRE du temps. — Mais quand les règles de l'ORGANISATION ont commencé à reconnaître une GARDE DE SOUVERAIN, etqu'il n'y a plus eu de BATAILLONS DE VOLONTAIRES, le sens du mot LIGNE a changé, parce qu'on l'a pris par opposition au mot GARDE OU CORPS D'ÉLITE, dès ce moment il a fallu cesser de l'employer par opposition au mot CORPS LÉGERS, et on a commencé à se servir de la locution Infanterie de bataille ; elle devient réglementaire depuis la circulaire de l'an cinq (9 messidor), et elle est mentionnée de nouveau dans la LOI très-détaillée de l'AN SEPT (25 FRUCTIDOR) sur le PERSONNEL DE LA GUERRE. — Des dispositions réglementaires bien plus modernes ont malhabilement remis en usage la locution dont se servait la CONSTITUANTE, et elles ont renoncé à la locution Infanterie de bataille. — La création des GRENADIERS-GENDARMES de la CONVENTION, l'institution de la GARDE DU CORPS LÉGISLATIF et du DIRECTOIRE, la suppression des GARDES NATIONALES en activité, amenèrent la dénomination consacrée en l'an cinq et en l'an sept ; elle devint surtout d'une nécessité de tous les instants depuis la création de la GARDE CONSULAIRE, et il y eut bientôt ARMÉE DE LIGNE par opposition à ARMÉE PRIVILÉGIÉE. — N° 4. \ FORCE. — La proportion relative de la force numérique de l'Infanterie de bataille et de l'INFANTERIE LÉGÈRE est une question encore douteuse ou mal résolue. Dans l'ARMÉE CONFÉDÉRÉE les CHASSEURS A PIED sont à l'INFANTERIE LÉGÈRE comme un est à vingt-deux.— Le relevé qui suit, établi à partir de la constitution du MINISTRE CHOISEUL, donne idée de l'effectif que notre INFANTERIE DE BATAILLE DE LIGNE a pris à différentes époques.

ANNÉES.	RÉGIMENTS.	BATAILLONS.	MILITAIRES.	OBSERVATIONS.
1762 (10 DÉCEMBRE)	66	160	95,795	
1776 (25-31 MAI)	82	158	158,711	
1784 (12 JUILLET)	85	162	100,404	
1788 (17 mars) { PIED DE PAIX	79	160	97,272	
PIED DE GUERRE	Id.	Id.	110,150	
GRAND PIED DE GUERRE.	Id.	Id.	131,343	
1791 (1er JANVIER)	81	162	97,479	
1794 (12 août). An II (29 thermidor)	110	330	355,520	PIED DE GUERRE.
1796 (an IV, 10 brumaire)	100	300	323,200	
1799 (28 juin, 5 JUILL.), AN VII (23 FRUCT.)	Id.	Id.	323,100	
1803 (24 septembre), AN XI (25 prairial).	90	290	206,693	
1805 (an XIII)	Id.	Id.	201,340	Dont 8,840 OFFICIERS.
1808 (18 FÉVRIER)	120	560	357,300	
1812 (1er SEPTEMBRE)	133	625	389,060	
1813 (20 JANVIER)	156	727	476,000	
1814 (12 MAI)	90	270	124,110	PIED DE PAIX.
1815 (16 JUILLET)	86	258	145,082	
1820 (23 OCTOBRE)	60	160	108,420	
1825 (27 FÉVRIER)	64	192	118,454	PIED DE PAIX.
	Id.	Id.	169,894	PIED DE GUERRE.
1831 (18 mars)	66	264	201,431	Y compr. 2 aux colonies.
1835	67		150,880	Suiv. la *Sentin. de l'armée*; offic. non compr.

— N° 5. UNIFORME, ALLOCATIONS. — C'est surtout par l'HABILLEMENT que diffèrent l'Infanterie de bataille et l'INFANTERIE LÉGÈRE, différence oiseuse, vicieuse même si le SERVICE doit être le même. — Pendant longtemps les BATAILLONS de bataille avaient des DRAPEAUX, tandis que ceux d'INFANTERIE LÉGÈRE n'en avaient pas ; cette disposition, aussi bien que celle qui avait trait aux AUMONIERS, tenait à un système de CONSTITUTION maintenant abandonné, puisque le SERVICE de l'INFANTERIE LÉGÈRE ne diffère pas légalement en temps ordinaire, et qu'en TEMPS DE GUERRE il ne se modifie qu'à la volonté des GÉNÉRAUX D'INFANTERIE. — L'Infanterie française de bataille se distinguait de l'INFANTERIE FRANCO-SUISSE, qui était aussi une infanterie de bataille, en ce que cette dernière n'avait pas les BOUTONS PLATS, en ce que les OFFICIERS SUISSES avaient le HAUSSECOL blanc ; comme s'il n'eût pas suffi de la couleur de l'HABILLEMENT pour différencier ces CORPS ; ces dissemblances futiles ont été créées par le caprice et respectées par l'insouciance et l'ignorance. — Pendant les GUERRES DE LA RÉVOLUTION le DEVANT D'HABIT d'infanterie différait dans l'Infanterie de bataille et LÉGÈRE par des REVERS CARRÉS OU à POINTES. — Il y avait en ADMINISTRATION une particularité; l'Infanterie de bataille ne faisait pas directement l'acquisition de ses ÉTOFFES D'HABILLEMENT, comme le faisait l'INFANTERIE LÉGÈRE. — L'Infanterie de bataille n'a substitué au CHAPEAU le SCHAKO, aux GUÊTRES les DEMI-GUÊTRES, à la CULOTTE le PANTALON, à l'HABIT LONG l'HABIT VESTE, que postérieurement aux époques où ces modes étaient admises déjà dans l'INFANTERIE LÉGÈRE; il semblerait donc que par l'espèce de ses EFFETS D'HABILLEMENT l'Infanterie de bataille s'est allégée plutôt que l'INFANTERIE LÉGÈRE ne s'est alourdie, et toutes deux cependant plient sous la CHARGE démesurée qui leur est imposée par les RÈGLEMENTS D'UNIFORME, ou plutôt par mille décisions capricieuses et à peine connues. — En 1828 la GARANCE devient la COULEUR TRANCHANTE des HABITS et CAPOTES de l'INFANTERIE DE BATAILLE DE LIGNE. — L'ORDONNANCE DE 1815 (25 SEPTEMBRE) avait fait revivre l'HABIT BLANC. L'ORDONNANCE DE 1820 (27 OCTOBRE) l'a de nouveau aboli, et a remis en usage le bleu; la DÉCISION de la même année (16 décembre) s'est étendue sur ce genre de détails. — La LOI DE L'AN SEPT (25 FRUCTIDOR) portait la SOLDE de l'Infanterie de bataille à cinquante-deux millions neuf cent six mille cinq cent trente francs. — N° 6. FONCTIONS, INSTRUCTION. — L'Infanterie de bataille doit-elle ou non être exercée au TIR de la CIBLE? Les FEUX des SOUS-ARMES GRAVE et LÉGÈRE doivent-ils avoir les mêmes principes, les mêmes formes? Dans les SERVICES ÉTRANGERS la question était résolue négativement; elle restait indéterminée en FRANCE. — Dans les SERVICES où des principes fixes sont posés, et où la loi assigne à chaque espèce d'infanterie le rôle qu'elle doit jouer, l'Infanterie de bataille forme le CORPS DE BATAILLE et est spécialement chargée d'appuyer l'ARTILLERIE, et réciproquement elle en est appuyée. — Le SERVICE DE CAMPAGNE de l'Infanterie de bataille pourrait, au surplus, être l'objet de règles plus étudiées. — N° 7. TACTIQUE. — La GROSSE INFANTERIE, dès son institution, devint CORPS DE BATAILLE; elle prit ainsi le rôle qui jusque-là avait été celui des GENS D'ARMES FRANÇAIS; les INTERVALLES qui commencèrent à s'y ménager étaient l'emplacement où se tenaient les DRAGONS. — Au commencement du règne de FRANÇOIS PREMIER, ce qu'on appelait l'INFANTERIE FRANÇAISE était incapable de fournir une CHARGE ou de repousser un CHOC. Les SUISSES, imités déjà par une grande partie de l'EUROPE, étaient au contraire dressés à la TACTIQUE solide des HASTAIRES, et dans tout le seizième siècle il n'y avait plus que l'INFANTERIE FRANCO-ÉTRANGÈRE qui fût véritablement Infanterie de bataille. — Les ALLEMANDS, les ESPAGNOLS, les SUISSES et les MERCENAIRES AU SERVICE DE FRANCE se formaient en lourds BATAILLONS ordonnés en CARRÉS PLEINS, SUR VINGT, SUR DOUZE, SUR DIX RANGS. Il y avait loin de cette pesanteur des PIQUIERS aux FEUX EN AVANÇANT de FRÉDÉRIC DEUX. — L'Infanterie de bataille était la seule TROUPE à pied de FRANCE pour laquelle il eût été institué par la loi une ÉCOLE TACTIQUE; c'était le RÈGLEMENT DE 1791 (1er AOUT) remplacé par l'ORDONNANCE DE 1831 (4 MARS). L'ARTILLERIE jusqu'en 1825 et l'INFANTERIE LÉGÈRE n'avaient pas de tactique écrite. — L'AMINCISSEMENT que l'Infanterie a éprouvé depuis l'usage général du FUSIL a pris le nom d'ORDRE MINCE; cet ARRANGEMENT rappelle la seule règle qui se soit conservée; elle a un peu plus d'un siècle; le reste de la TACTIQUE a un peu plus d'un demi-siècle. — Le RÈGLEMENT DE 1791 (1er AOUT) considérant l'Infanterie de bataille comme variant du PIED DE GUERRE au PIED DE PAIX, voulait qu'au petit pied elle ne manœuvrât que SUR DEUX RANGS. On n'a pas observé cette alternative dans l'Infanterie de bataille, l'INFANTERIE LÉGÈRE elle-même s'est maintenue SUR TROIS RANGS. Si l'ordre sur deux rangs a été pratiqué, ce fut éventuellement, localement, sans que des dispositions légales en décidassent, et non en temps de paix, mais au contraire en temps de guerre. — En 1831 la question restait encore plus embrouillée. — Aucune différence n'étant légalement prescrite relativement aux règles de tactique suivant lesquelles les diverses ARMES A PIED doivent entreprendre les MARCHES et faire la guerre, ce qui a été dit de la TACTIQUE DE L'INFANTERIE FRANÇAISE en général, est applicable ici à tous nos genres de CORPS A PIED.

INFANTERIE DE BATAILLE DE GARDE IMPÉRIALE. V. ARME PERSONNELLE N° 5. V. GARDE IMPÉRIALE.

INFANTERIE DE BATAILLE DE LIGNE. V. ARME PERSONNELLE. V. AUMONIER DE CORPS N° 1, 5. V. AURORE. V. BLANC D'HABILLEMENT. V. BLEU DE CIEL. V. BLEU DE ROI. V. CHARGE DE SOLDAT. V. COLLET D'HABIT D'INFANTERIE DE BATAILLE DE LIGNE. V. ÉCOLE TACTIQUE. V. GUÊTRE. V. HABIT D'INFANTERIE DE BATAILLE DE LIGNE. V. INFANTERIE DE BATAILLE DE LIGNE; id. N° 4, 5. V. INFANTERIE FRANÇAISE N° 2. V. LIGNE. V. MASSE D'ENTRETIEN. V. MASSE D'HABILLEMENT. V. MASSE GÉNÉRALE. V. MILICE HELLÉNIQUE. V.

MINISTRE DE LA GUERRE EN 1815 (9 JUILLET). V. QUEUE DE CHEVELURE. V. REVERS D'HABIT.

INFANTERIE de BORD. V. ABORDAGE. V. ASSAUT. V. BORD.

INFANTERIE de GARDE DES CONSULS. V. GARDE DES CONSULS. V. INFANTERIE FRANÇAISE DE LIGNE N° 3. V. PORTE-BAGUETTE.

INFANTERIE de GARDE IMPÉRIALE. V. CHASSEUR D'INFANTERIE. V. FLANQUEUR. V. GARDE IMPÉRIALE; id. N° 4. V. GÉNÉRALE. V. HABIT D'INFANTERIE DE GARDE IMPÉRIALE. V. MARCHE EN POSTE. V. PORTE-BAGUETTE. V. SERGENT D'INFANTERIE FRANÇAISE DE LIGNE N° 11. V. TIRAILLEUR. V. VOLTIGEUR.

INFANTERIE de GARDE ROYALE. V. ARMÉE FRANÇAISE N° 2. V. ATTRIBUT DE BOUTON MÉTALLIQUE. V. BATAILLON DE GARDE ROYALE. V. BATAILLON D'INFANTERIE DE GARDE ROYALE. V. BATAILLON D'INFANTERIE FRANÇAISE DE LIGNE. V. BLEU DE ROI. V. BONNET A POIL. V. CORPS PRIVILÉGIÉ. V. GARDE ROYALE. V. INFANTERIE DE BATAILLE. V. INSPECTEUR GÉNÉRAL. V. REDINGOTE. V. RÉGIMENT D'INFANTERIE DE GARDE ROYALE. V. RÉGIMENT D'INFANTERIE FRANÇAISE.

INFANTERIE de la MAISON. V. GARDES SUISSES. V. MAISON. V. MAISON DU ROI N° 2, 4.

INFANTERIE de LÉGION. V. BATAILLON D'INFANTERIE FRANÇAISE N° 4. V. COMPAGNIE SÉDENTAIRE. V. LÉGION. V. LÉGION DÉPARTEMENTALE.

INFANTERIE de LIGNE. V. AMALGAME. V. ANCIENNETÉ DE GRADE POUR COMMANDEMENT. V. ATTRIBUT DE BONNET. V. AURORE. V. BATAILLON DE LIGNE. V. BAUDRIER D'OFFICIER. V. BLANC D'HABILLEMENT. V. BONNET DE SAPEUR. V. BOUTON D'HABIT. V. BOUTONNIÈRE DE MANCHE. V. BRIQUET. V. COMPAGNIE D'INFANTERIE FRANÇAISE DE LIGNE. V. COMPAGNIE SÉDENTAIRE. V. COR HARMONIQUE. V. CROIX DE SAINT-LOUIS. V. DISPENSE DE MILITAIRE INDISPOSÉ. V. DRAGONNE D'HOMME DE TROUPE. V. ESPONTON. V. GARDES FRANÇAISES N° 3, 4. V. GRAND ÉQUIPEMENT. V. GRENADIER D'INFANTERIE FRANÇAISE DE LIGNE N° 2. V. GRENADIERS DE FRANCE. V. GUERRE DE 1605. V. GUÊTRES. V. GUÊTRE BLANCHE. V. INFANTERIE DE BATAILLE. V. INFANTERIE FRANÇAISE N° 3. V. INFANTERIE FRANÇAISE DE LIGNE N° 1, 2, 3, 5, 6. V. INFANTERIE FRANCO-SUISSE N° 3, 4. V. INSPECTEUR GÉNÉRAL. V. LATTRÉ. V. LIGNE. V. MARTINGALE DE CAPOTE. V. MINISTRE DE LA GUERRE EN 1821 (SEPTEMBRE). V. MUSICIEN id. N° 4, 6. V. OFFICIER D'INFANTERIE DE LIGNE. V. PANTALON. V. PORTE-BAGUETTE. V. QUEUE DE CHEVELURE. V. RÉGIMENT D'INFANTERIE DE LIGNE. V. RÉGIMENT D'INFANTERIE FRANÇAISE. V. SERGENT DE BANDE. V. SERGENT D'INFANTERIE FRANÇAISE DE LIGNE N° 11. V. SOUS-LIEUTENANT N° 4, 6. V. TAMBOUR INSTRUMENTAL D'INFANTERIE FRANÇAISE.

INFANTERIE de MARINE. V. ARTILLERIE DE MARINE. V. MARINE.

INFANTERIE de MONTAGNES. V. MILICE NAPOLITAINE N° 1. V. MIQUELET. V. MONTAGNE.

INFANTERIE de SECONDE LIGNE. V. SECONDE LIGNE.

INFANTERIE des COMMUNES. V. BLIAUD. V. COMMUNES. V. FANTASSIN. V. INFANTERIE COMMUNALE. V. TAMBOUR IDIOPLIQUE. V. TIR D'INFANTERIE.

INFANTERIE d'ÉLITE. V. COHORTE PRÉTORIENNE. V. ÉLITE. V. GARDES WALLONES.

INFANTERIE ÉCOSSAISE. V. BOUCLIER. V. ÉCOSSAIS, adj. V. INFANTERIE FRANÇAISE N° 1. V. MILICE ANGLAISE N° 4.

INFANTERIE ÉGYPTIENNE. V. ÉGYPTIEN, adj. V. MILICE ÉGYPTIENNE N° 2, 3. V. PAS CADENCÉ. V. TAMBOUR INSTRUMENTAL.

INFANTERIE EN BATAILLE. V. EN BATAILLE. V. ORDRE DE BATAILLE. V. PELOTON. V. SERGENT DE REMPLACEMENT.

INFANTERIE EN CAMPAGNE. V. CHEVAL DE VIVANDIER. V. COLONEL EN CAMPAGNE. V. EN CAMPAGNE. V. GARDE DE TRANCHÉE. V. GILET. V. INFANTERIE FRANÇAISE N° 6. V. LÉGISLATION (1744). V. MARÉCHAL DE BATAILLE. V. OFFICIER D'INFANTERIE EN CAMPAGNE. V. OUVRAGE DE CAMPAGNE. V. RAVIN.

INFANTERIE EN COLONNE. V. EN COLONNE. V. INTERVALLE D'INFANTERIE EN COLONNE. V. MARCHE MANOEUVRE.

INFANTERIE EN GARNISON. V. EN GARNISON. V. SALLE D'EXERCICE.

INFANTERIE EN MARCHE. V. DÉFILER. V. EN MARCHE. V. MARCHE ROUTE. V. SÉJOUR.

INFANTERIE EN ROUTE. V. BEFFROI. V. EN ROUTE. V. GITE. V. INDEMNITÉ DE ROUTE. V. MARCHE ROUTE. V. POSTE D'ALARME.

INFANTERIE ESPAGNOLE. V. BARDE DE SAPEUR. V. ESPAGNOL, adj. V. FRATERNITÉ D'ARMES. V. GENETTE. V. GOUJAT. V. INFANTERIE N° 1, 8. V. LANGUE FRANÇAISE. V. MESTRE DE CAMP N° 1. V. MILICE AUTRICHIENNE N° 1. V. MILICE ESPAGNOLE; id. N° 2, 4, 5, 6, 7, 8. V. MILICE FRANÇAISE N° 1. V. MOUSQUET. V. PARADE DE TROUPES. V. PAS CADENCÉ. V. PERTUISANE. V. PHALANGE GRECQUE. V. RÉGIMENT D'INFANTERIE. V. TERZE.

INFANTERIE ÉTRANGÈRE. V. ÉTRANGER, adj. V. INFANTERIE FRANCO-ÉTRANGÈRE. V. INFANTERIE FRANCO-SUISSE N° 3. V. LANGUE FRANÇAISE. V. MOUSQUETAIRE A PIED N° 2. V. OFFICIER D'INFANTERIE. V. RATÉ. V. RÉTRAITE CÉLEUSTIQUE.

INFANTERIE FRANÇAISE (term. sous-génér.) ou INFANTERIE PERMANENTE. Sorte d'INFANTERIE qui va être examinée ici par opposition aux autres ARMES ou CATÉGORIES de l'ARMÉE, et aux INFANTERIES FRANCO-ÉTRAN-

GÈRE et FRANCO-SUISSE. Ce qui en sera dit embrassera les CORPS D'INFANTERIE de toute espèce qui ont existé ou existent dans l'ARMÉE FRANÇAISE ; il y sera plus particulièrement traité de l'ORGANISATION, de la LÉGISLATION et de la science de notre Infanterie depuis qu'elle a renoncé à l'ARC et même AUX ARMES DÉFENSIVES PORTATIVES ; ainsi nous la considérons à part de l'INFANTERIE COMMUNALE qui, pourtant, était française aussi, mais qu'on a plus communément appelée MILICE DES COMMUNES, parce qu'elle ne formait pas, comme notre Infanterie française actuelle, les AGRÉGATIONS organisées d'une ARMÉE NATIONALE et PERMANENTE. — Les ÉCRIVAINS qui se sont occupés spécialement de l'Infanterie française en en mentionnant la dénomination dans leur OUVRAGE sont : M. AMIOT (1850), AVRIL., BARDET (1740, A), M. le général BARDIN (1808, A ; 1815, C), BOTTÉE (1758, F), BOUFLERS (1698, B), BRIQUET (1761, H), M. le général BUGEAUD, M. le colonel CARRION (1824, A), DANGUY (1789, C), DANIEL (1721, A), DARROS (1782, E), DARU, DAUBARÈDE (1614, C), DELAREYNIÈRE, DELUSIMONNE, DELVIGNE, DESPAGNAC (1751, D), DESPOMMELLES (1790), DUÉRICOURT (1756, G), DURIVAL (1760, B), ENCYCLOPÉDIE (1785, C, aux mots *Force, Infanterie, Troupe*), M. le général FRIRION (1822, E), GUIGNARD (1725, B), KRIEG (1796, I), LEGRAND (1837, A), LOVERDO (1833), MAIZEROY (1761, E), MARBOT (1820, A), MONDÉSIR (1781, C), MONTIGNY (1772, I), PICAINE (1590, B), PUYSÉGUR (1748, C), QUINCY (1745, A), M. ROCQUANCOURT, ROQUEFORT, M. SICARD (1850), SILVA (1778, F), le *Dictionnaire universel de la France, la Sentinelle*, t. IV, p. 34, 90, 584 ; t. V, p. 128 ; et enfin la plus grande partie des AUTEURS dont les noms ont été cités en parlant de l'Infanterie en général. — L'Infanterie française va être examinée sous les rapports que voici : CRÉATION, COMPOSITION, FORCE, UNIFORME, LOCALISATION, ALLOCATIONS, SOLDE, RANG, FONCTIONS, INSTRUCTION, TACTIQUE, SUBORDINATION, PUNITIONS, PEINES, SERVICE, ADMINISTRATION. — N° 1er. CRÉATION. — Ce qui a été ou sera dit de l'Infanterie ancienne, de celle des communes, des PIQUIERS, des RIBAUDS, des LANSQUENETS peut être regardé comme servant d'introduction au présent sujet. — Si l'on s'en rapporte à DANIEL (1721), les rôles anciens témoignaient que les FIEFS ne fournissaient pas d'Infanterie. — S'il y a eu de l'Infanterie avant LOUIS ONZE, il passe du moins pour le créateur de l'INFANTERIE RÉGULIÈRE ; il introduisit dans sa MILICE les TROUPES SUISSES, destinées à y agir comme CORPS DE BATAILLE.

Ces AUXILIAIRES donnèrent le premier spectacle de la DISCIPLINE et de la TACTIQUE ; dix mille VOLONTAIRES d'aventure se modelèrent sur eux ; mais cette dernière TROUPE, qui n'était nationale que de nom, n'a eu qu'une courte existence. — Ce n'est donc que l'infanterie franco-étrangère, non l'Infanterie française, qui aurait été créée par LOUIS ONZE. — L'Infanterie française, TROUPE d'abord LÉGÈRE, combattait à l'instar de l'INFANTERIE ÉCOSSAISE de CHARLES SEPT ; notre Infanterie, considérée comme TROUPE GRAVE, comme CORPS COMPACT, comme HÉRISSON, s'est formée sur le modèle de l'INFANTERIE SUISSE de LOUIS ONZE et de l'INFANTERIE ESPAGNOLE du seizième siècle ; mais soit que l'humeur nationale ou que le pli des mœurs chevaleresques s'accommodassent mal de ce rôle sérieux, soit toute autre cause, ce ne sont pas les régnicoles qui ont dans le principe composé notre GROSSE INFANTERIE. — Les SUISSES, les BANDES NOIRES, les LANSQUENETS, les AVENTURIERS de toutes nations avaient presque seuls constitué la force militaire de ce règne ; les GASCONS, attirés au SERVICE de la couronne, et héritiers de la vaillance des BANDES du PRINCE NOIR, prenaient du service, et ont été le noyau de nos RÉGIMENTS, d'abord PROVINCIAUX, NATIONAUX ensuite. — CHARLES HUIT ajouta des ALLEMANDS à l'Infanterie de LOUIS ONZE. LOUIS DOUZE donna quelque relief à son INFANTERIE, en en confiant les GRADES à des GENTILSHOMMES FRANÇAIS ; elle devint essentiellement nationale depuis son règne, parce qu'il renonça à entretenir des SUISSES dont les mutineries l'avaient indisposé ; mais les BANDES d'Infanterie indigène qu'il leur substitua et qui se distinguèrent à la journée d'Agnadel, n'étaient encore que temporaires ; c'était un assemblage indigeste de COMPAGNIES D'AVENTURE ; un ramas de BANDES que l'ORDONNANCE DE 1550 (20 MARS) s'efforçait de soumettre à la DISCIPLINE. — La fureur des divisions intestines retarda entièrement l'ORGANISATION de ces TROUPES et les progrès de l'Infanterie ; tout, jusque-là, se bornait à des ébauches. — FRANÇOIS PREMIER, visant à une meilleure FORMATION D'ARMÉE, fit, en 1522, 1527, 1529, divers essais qui l'amenèrent à instituer en 1534 des LÉGIONS dont la durée fut à peine de quelques années. Cette création, tant de fois citée par les ÉCRIVAINS, n'a été, pour ainsi dire, qu'un projet écrit. — Les successeurs de FRANÇOIS PREMIER tentèrent de nouveau une CONSTITUTION légionnaire ; les CORPS ainsi formés devinrent RÉGIMENTS SOUS HENRI DEUX ou CHARLES NEUF ; ils avaient quelque analogie avec les CONNÉ-

GIMENTS D'ESPAGNE, c'est-à-dire qu'ils formaient l'ARMÉE spéciale et la GARNISON fixe d'une certaine circonscription territoriale. La FRANCE avait ainsi trois ou quatre CORRÉGIMENTS, provinciaux à la fois et militaires. Ainsi l'INFANTERIE PERMANENTE de FRANCE, qu'on a nommée aussi INFANTERIE RÉGLÉE, n'existe réellement que depuis 1558, sous HENRI DEUX; ou, suivant d'autres opinions, depuis 1562 ou 1564, sous CHARLES NEUF. — Il n'y a eu, jusqu'au règne de HENRI QUATRE, que des PIÉTONS formés en troupes d'inégale force, armées de diverses façons, et qui n'étaient que temporairement réunis sous les DRAPEAUX. — Depuis ces époques, l'INFANTERIE HOLLANDAISE, émule de son aînée l'INFANTERIE ESPAGNOLE, a enseigné à nos pères le jeu concerté du MOUSQUET et de la PIQUE. — Cependant les esprits s'éclairaient; les traités de MACHIAVEL (1510, A), de DUBELLAY (1555, A) avaient paru; l'ouvrage de MONTLUC (1575, A) s'était répandu; ce capitaine sentait déjà et le prix d'une bonne Infanterie, et la possibilité de la créer; ce qu'il dit de la résistance des ARQUEBUSIERS contre la CAVALERIE, et les préceptes qu'il donne relativement aux FEUX alternatifs, prouvent qu'en cela il était au-dessus de son siècle. — RICHELIEU et LOUIS QUATORZE ont réalisé le projet rêvé déjà par HENRI QUATRE, grand admirateur de MONTLUC, et si les formes de détail ont varié perpétuellement dans l'Infanterie, le fonds du système a subsisté et s'est fortifié depuis ces règnes jusqu'à nos jours. — FRÉDÉRIC DEUX a donné aux FRANÇAIS contemporains de son règne l'exemple et le goût d'une méthode que notre enseignement avait exagérée; les HOMMES DE PIED s'étaient transformés en un nouvel instrument de GUERRE, en une machine à feu. — La GUERRE DE LA RÉVOLUTION a fait mépriser le bruit du FEU; elle a fait substituer à *la balle folle, la baïonnette sage*, comme disait MONTÉCUCULI (1692, A). — BONAPARTE a fait de ses FANTASSINS, suivant les cas de résistance ou d'OFFENSIVE, une combinaison de PHALANGES, c'est l'ORDRE EN CARRÉ, ou bien un instrument dont l'action brusque est de frapper à propos, soit de près, soit au loin, sur des parties faibles; le calcul et l'effet de ce CHOC sur des points inaperçus de la BASE D'OPÉRATION, est ce que depuis Napoléon on a appelé scientifiquement STRATÉGIE. — Les divers systèmes essayés, abandonnés, repris depuis plus d'un siècle, ont amené l'emploi des divers genres d'Infanterie que nous indiquerons en parlant des FONCTIONS GÉNÉRALES. — Nº 2. COMPOSITION. — A l'égard de ce qui va suivre BRANTOME (1600, A), DANIEL (1721, A), DUBELLAY (1555, A), FLEURANGE, MONTLUC (1592, B), RAY DE SAINT-GENIES (1755, A) sont nos autorités. — Si l'Infanterie constitue la force des ARMÉES, la sagesse et l'harmonie en fait de COMPOSITION donnent seules une bonne Infanterie; l'ART MILITAIRE a donc encore des progrès à faire en FRANCE, puisque jusqu'ici la COMPOSITION n'a été qu'une suite de tâtonnements et un champ de controverses. — On ignore comment l'Infanterie, sauf celle des COMMUNES, se composait et se formait avant le règne de LOUIS SEPT; on peut même se dire, y avait-il de l'Infanterie. —Quelques CORPS D'INFANTERIE RÉGLÉE, que des ARBALÉTRIERS A CHEVAL secondaient, avaient été levés par PHILIPPE LE BEL; mais jusqu'au règne de CHARLES SEPT, cette Infanterie était un composé de *marauts, belistres, malarmez, mal complexionnez, fainéantz, pilleurs et mangeurs de peuple*. — S'il y avait quelques CORPS un peu moins indisciplinés, c'étaient des GÉNOIS ou d'autres étrangers servant comme ARBALÉTRIERS et ARCHERS; car PHILIPPE et le roi JEAN appelaient d'ITALIE, de GÊNES, d'Ecosse, d'Irlande, leurs TIREURS D'ARCS et de PETITES ARBALÈTES. — A mesure de l'expulsion des ANGLAIS et surtout quand CHARLES SEPT eut mis un terme à la grande anarchie, l'Infanterie française gagna à proportion de ce que l'ENNEMI perdait; elle se recruta sur les territoires qu'il abandonnait, l'ÉTAT MILITAIRE devint un ramas d'ALLEMANDS, de GÉNOIS, d'AVENTURIERS, de RUSTRES natifs d'Aquitaine, de Gascogne, de Normandie. — CHARLES SEPT, pendant l'occupation du royaume, avait entretenu des GENS D'ARMES ITALIENS, ESPAGNOLS, ÉCOSSAIS; il en avait envoyé à ORLÉANS, en 1428, comme le témoigne le *Journal du siége*, mais ensuite il se montra peu partisan des TROUPES ÉTRANGÈRES, et ne tira presque que d'Ecosse celles qu'il se décida à admettre. Il se résolut à composer de FRANÇAIS son INFANTERIE RÉGULIÈRE; il institua les FRANCS ARCHERS; ces troupes durèrent peu et servirent mal; c'était l'INFANTERIE COMMUNALE sous un autre nom et sur un pied plus monarchique. — Dans ce siècle, comme le dit DUBELLAY (1555, A), l'Infanterie des principales MILICES fut levée et disciplinée à la SUISSE; les ITALIENS imitèrent ce peuple; après eux les FRANÇAIS en firent de même. — L'ESPAGNE trouvait déjà dans son propre sein, et dès le temps où florissait GONSALVE DE CORDOUE, une Infanterie vigoureuse. — Ainsi les MILICES de l'Helvétie, de l'ESPAGNE, de l'ALLEMAGNE, de l'ITALIE, de la HOLLANDE, formées sur les principes tracés par ÉLIEN (70, A), ont été les modèles de notre GROSSE

INFANTERIE, comme les TROUPES originaires des îles Britanniques, de GÊNES, des îles BALÉARES ont été imitées par notre INFANTERIE LÉGÈRE. — L'estime que l'Infanterie a commencé à obtenir en FRANCE date de la bataille de Saint-Jacques où LOUIS ONZE, encore dauphin, se trouvait en personne. Ce roi, homme d'esprit et guerrier de quelque mérite, n'avait de préjugés qu'en fait de religion; il jugea ce que devait être l'Infanterie dans une armée bien organisée. — Il abolit en 1481 les FRANCS ARCHERS et leur substitua six mille SUISSES et dix mille AVENTURIERS. — CHARLES HUIT ajouta aux SUISSES les LANSQUENETS; il conserva des AVENTURIERS FRANÇAIS que BRANTOME (1600, A) dépeint comme *gens de sac et de corde, eschappez de justice, marquez de la fleur de lys, essorillez* (c'est-à-dire privés, par jugements, de leurs oreilles), etc., etc. — Au temps où écrivait GUICHARDIN, les FRANÇAIS, dit cet AUTEUR, étaient pauvres en Infanterie nationale (*il regno di Francia era debolissimo di fanteria propria*); car, à cette époque encore, la NOBLESSE seule exerçait le MÉTIER DES ARMES; ainsi l'Infanterie que CHARLES HUIT conduisait en ITALIE était presque toute composée d'ÉTRANGERS et de GASCONS assez nouvellement redevenus FRANÇAIS pour se croire encore ÉTRANGERS. — LOUIS DOUZE poliça quelque peu les BANDES FRANÇAISES et leur donna surtout de meilleurs OFFICIERS; mais les SOLDATS, à ce que dit MACHIAVEL (1510, A), étaient la lie de la populace. — L'Infanterie commençait du temps de FLEURANGES à avoir quelque régularité. — Sous FRANÇOIS PREMIER, la COMPOSITION des CORPS n'était pas encore assise sur des principes fixes; ce qu'on appelait COMPAGNIES ne ressemblait guère à celles de notre temps. BRANTOME (1600, A) dit qu'en 1521 il se voyait dans l'ARMÉE DE SECOURS envoyée pour délivrer BAYARD dans MÉZIÈRES, une COMPAGNIE de cinq mille hommes sous un seul CAPITAINE, (c'était Saint-Pol); il y eut de ces COMPAGNIES qui montèrent jusqu'à sept mille hommes. — MONTLUC parle de la réduction des BANDES en 1523; ce fut surtout en 1527 que FRANÇOIS PREMIER diminua de beaucoup leur force qui avait varié de mille à cinq ou sept mille hommes; il ne les laissa que de trois à quatre cents HOMMES au plus. — BRANTOME (1600, A), auteur superficiel il est vrai, et se contredisant souvent, rapporte que : *Desse commandoit une compagnie de chevau-légers; l'autre* (Lalande) *une compagnie de gens de pied. L'une* (les chevau-légers) *estoit plus honorable que l'autre, combien* (encore bien) *que les compagnies de gens de pied fussent alors*

de grand honneur, et non si triviales comme depuis. — Au quinzième siècle, les GASCONS formant une espèce d'INFANTERIE LÉGÈRE au SERVICE de FRANCE passaient pour intrépides dans l'ATTAQUE et dans la DÉFENSE des PLACES. Les ALLEMANDS, au contraire, sorte d'INFANTERIE DE BATAILLE, étaient bien plus propres à la GUERRE DE PLAINE; de là, dit MACHIAVEL (1510, A), l'emploi des LANSQUENETS et des SUISSES, parce que la CAVALERIE de FRANCE ne comptait pas assez en plaine sur la coopération des GASCONS. — DANIEL (1721, A) explique qu'on commençait à cette époque à débattre la question de la proportion à établir entre le nombre des OFFICIERS et celui des HOMMES DE TROUPE de l'Infanterie; mais aucunes règles n'étaient arrêtées et combinées. — FRANÇOIS PREMIER chercha à y remédier en créant en 1534 des LÉGIONS permanentes; il espérait qu'en composant ainsi son Infanterie il ne serait plus réduit, en TEMPS DE GUERRE, à faire un APPEL aux AVENTURIERS, ou que du moins ces derniers seraient les VOLONTAIRES d'une ARMÉE dont les LÉGIONS devaient être le fonds et les TROUPES conscrites, comme l'avaient été l'INFANTERIE COMMUNALE et les FRANCS ARCHERS. — Cette même pensée a été réalisée avec plus de succès par la CONSCRIPTION et les APPELS modernes. — Vers l'époque dont il est question ici la CONSTITUTION de l'Infanterie reconnaissait des MESTRES DE CAMP; un MESTRE DE CAMP GÉNÉRAL, des GOUJATS, des FIFRES, des HALLEBARDIERS, des ANSPESSADES, des ARCHERS et leur PRÉVOT, un EXÉCUTEUR, un SERGENT-MAJOR GÉNÉRAL et en outre des grades, titres, emplois qui ont survécu. — Après quelques années, le système des BANDES fut rétabli en remplacement des AVENTURIERS abolis. FRANÇOIS PREMIER fut forcé de casser ceux-ci à cause de leur conduite désordonnée; il alla jusqu'à inviter par proclamation *un chacun à leur courre sus*, moyen acerbe et tant soit peu révolutionnaire. — Des LEVÉES d'AVENTURIERS continuèrent cependant à avoir lieu jusqu'à HENRI QUATRE. — DELANOUE (1559, A) dit que sous HENRI DEUX, l'Infanterie fut mise sur un bon pied; mais les GUERRES CIVILES ayant éclaté, chaque petit SEIGNEUR se crut en droit de lever de l'Infanterie, et la DISCIPLINE disparut de nouveau; ainsi furent retardés les progrès de la science de l'Infanterie; si l'ART pratique de la GUERRE tirait profit des dissensions publiques, car on ne saurait contester cette assertion, les théories de l'ART MILITAIRE et de la composition des troupes n'y avaient rien gagné. — Bientôt cependant l'Infanterie française commença à être soumise à des règles écrites; elle emprunta à d'autres pays un ARMEMENT plus perfectionné. On lit dans BRANTOME (1600, A) : *Si M. l'amiral* (COLIGNY) *a rapporté* (obtenu) *grand los* (louanges) *et gloire pour avoir fait de si belles ordonnances pour l'Infanterie, il faut louer M. de Strozze* (STROZZI) *qui l'a si bien armée et lui a porté l'usage des belles arquebuses* (ARQUEBUSES A SERPENTIN). — Il est vrai que dans un autre passage, BRANTOME dit : *Notre Infanterie est si corrompue, dépravée et deréglée que les mestres de camp et capitaines se font par douzaine. C'étaient* (les simples soldats) *de bonshommes* (braves soldats), *mais la plupart de sac et de corde, meschans garnemens, eschappez de la justice, et surtout force* (beaucoup) *marquez de la fleur de lys sur l'épaule, essorillez* (l'oreille coupée) *et qui cachoient leurs oreilles, à dire vrai, pour longs cheveux hérissez, barbes horribles,* etc. — RAY DE SAINT-GÉNIES (1755, A) regarde le RÉGIMENT DE PICARDIE comme créé en 1558; il devint GARDES FRANÇAISES en 1563, sous CHARLES NEUF. Vers la même époque furent formés CHAMPAGNE, PIÉMONT et NAVARRE; ils se composaient des VIEILLES BANDES du même nom. — Vers ces époques, l'Infanterie avait donné naissance aux DRAGONS imités des anciens DIMAQUES. — En 1562, toute l'Infanterie française fut partagée en trois corps, commandés chacun par un MESTRE DE CAMP; ces corps prirent le nom de RÉGIMENTS, mot qui n'avait encore rien de technique; il signifiait vaguement CORPS MILITAIRE ou petite ARMÉE affectée à une province, et principalement levée sur son territoire. — Sous HENRI QUATRE et au temps où écrivait ROHAN (1642, A), les COMPAGNIES étaient composées d'autant de PIQUIERS que de MOUSQUETAIRES; mais la proportion a varié depuis une ARME A FEU pour neuf PIQUES jusqu'à quatre ARMES A FEU pour une PIQUE. — Sous LOUIS QUATORZE, les HOMMES commencèrent à être IMMATRICULÉS. Des MAJORS DE BRIGADES, des MAJORS GÉNÉRAUX furent créés; des SOUS-LIEUTENANTS furent sur pied en TEMPS DE GUERRE. — Pendant les GUERRES DE 1665 et de 1667, la création des GRENADIERS eut lieu, et les COMPAGNIES devinrent les éléments du BATAILLON, et cessèrent d'être les UNITÉS directes du RÉGIMENT. — Au milieu du dernier siècle, il y avait à peine quelques CORPS D'INFANTERIE qui eussent, en outre de leurs TAMBOURS, une MUSIQUE; encore n'étaient-ce que des CLARINETTES, des FIFRES, des HAUTBOIS; l'harmonie, le SERPENT, les INSTRUMENTS d'Orient étaient inconnus. — Les AUMÔNIERS et les CHIRURGIENS sont aussi d'une création

peu ancienne dans les CORPS. — SAINT-GERMAIN (1779, C) voulait *l'Infanterie de deux bataillons tous également composés et jetés au même moule; uniformité commode pour les détails, le service, les décomptes.* Il prétend que *quatre bataillons en deux régiments sont toujours plus complets, mieux entretenus que quatre bataillons en un régiment.* — Jamais pourtant le système d'une FORMATION une n'a pu se réaliser, tant il est difficile d'opérer le bien alors même qu'on le veut et qu'on a de la puissance; ainsi, sur quatre-vingt-quatorze RÉGIMENTS de pied (ÉTRANGERS y compris), SAINT-GERMAIN, trahissant ses propres sentiments, instituait douze RÉGIMENTS à quatre BATAILLONS; le reste était à deux BATAILLONS, en vertu de l'ORDONNANCE DE 1776 (25 MARS). — Dans la COMPOSITION de l'INFANTERIE, le GRADE le plus nouveau est celui de SOUS-LIEUTENANT; le plus ancien, celui de CAPITAINE. — Au nombre des GRADES et des EMPLOIS qui en ont disparu, sont ceux d'APPOINTÉS, ANSPESSADES, ARBALÉTRIERS, ARCHERS, AUDITEURS, BRIGADIERS, CAPORAUX-MAJORS, CHEFS DE BRIGADE, COLONEL GÉNÉRAL, ENSEIGNES, EXÉCUTEUR, FIFRES, FRATERS, GENTILSHOMMES A DRAPEAU, GOUJATS, HALLEBARDIERS, INSPECTEUR GÉNÉRAL de toute l'infanterie, MAJORS-CAPITAINES, MAJORS-LIEUTENANTS-COLONELS, MARÉCHAUX-DES-LOGIS, MESTRES DE CAMP, MOUSQUETAIRES, OFFICIERS A DRAPEAU, PORTE-ENSEIGNE, PRÉVÔTS, SERGENTS-FOURRIERS, SERGENT GÉNÉRAL, SOUS-AIDES-CHIRURGIENS, SOUS-AIDES-MAJORS. L'ARTILLERIE, autrefois soixante-quatrième RÉGIMENT, a cessé aussi d'en faire partie. — En ne remontant qu'à l'origine de la GUERRE DE LA RÉVOLUTION, le RÈGLEMENT DE 1791 (1er JANVIER) est le plus ancien qu'on puisse consulter concernant la COMPOSITION. — Pendant cette GUERRE, l'Infanterie a eu à souffrir du vide que laissaient dans les CADRES les OFFICIERS employés comme AIDES DE CAMP ou à titre d'OFFICIERS D'ORDONNANCE. — BONAPARTE, premier consul, attachait à son Infanterie, peu avant la bataille de MARENGO, un régiment de HUSARDS A PIED. Son existence a eu peu de durée. Il était vêtu en jaune tendre : de là est venu parmi les TROUPES le nom ironique de serin, de même que le nom soldatesque de cornichon est venu de la couleur d'uniforme de l'INFANTERIE RUSSE. — Un DÉCRET DE 1808 (8 FÉVRIER) donnait une COMPOSITION nouvelle à l'INFANTERIE DE LIGNE tant DE BATAILLE que LÉGÈRE. — L'affaiblissement de l'Infanterie française, depuis la bataille d'ESSLING, décida BONAPARTE à y rattacher de l'ARTILLERIE RÉGIMENTAIRE; ressource malheureuse, moyen faux autant de fois abandonné qu'essayé. — Les lois sur la CONSTITUTION de l'Infanterie n'avaient rien gagné sous le ministère de BERTHIER, tout MINISTRE qu'il fût du plus grand des MILITAIRES modernes. — La restauration française avait rendu à l'INFANTERIE des AUMÔNIERS, des CORPS PRIVILÉGIÉS, une GARDE ROYALE, des CENT-SUISSES devenus GARDES A PIED; elle lui avait donné des CORNETS remplacés ensuite par des CLAIRONS. — Des questions de haute importance étaient restées indéterminées; quelles doivent être la COMPOSITION et la force d'une BRIGADE D'INFANTERIE et d'une DIVISION D'INFANTERIE? Pourquoi les BRIGADES et les DIVISIONS étaient-elles temporaires dans la LIGNE et permanentes dans la GARDE? Pourquoi telle Infanterie avait-elle un COLONEL GÉNÉRAL? telle autre des INSPECTEURS D'ARMES résidents et permanents, telle autre des inspecteurs d'armes ambulants et temporaires? — De 1814 à 1825, l'Infanterie avait subi six refontes; sa COMPOSITION et sa TACTIQUE étaient en perpétuel désaccord; et, au dix-neuvième siècle, la FRANCE n'en était encore à cet égard qu'aux essais. — Le maréchal Gouvion entreprenait, en 1818, de constituer sous forme légionnaire l'INFANTERIE DE LIGNE; elle devenait ainsi une AGRÉGATION bâtarde, un mélange indigeste de VOLTIGEURS et de CHASSEURS A PIED; elle allait comprendre des ARTILLEURS, un MATÉRIEL D'ARTILLERIE qui l'eût alourdie, des ÉCLAIREURS à cheval qui l'eussent dénaturée; l'INFANTERIE DE LIGNE fût restée, par là, hors de toute analogie avec la GARDE ROYALE instituée sous forme régimentaire. Les successeurs de Gouvion ont fait justice de cette imitation maladroite des LÉGIONS romaines, et de ce plagiat qui rappelait les essais de la Prusse moderne. — Une ORDONNANCE DE 1825 (27 FÉVRIER) détermine la COMPOSITION et l'ORGANISATION de l'Infanterie française à raison de six RÉGIMENTS DE GARDE ROYALE, soixante-quatre d'INFANTERIE DE BATAILLE DE LIGNE, et vingt d'INFANTERIE LÉGÈRE DE LIGNE. Tous les RÉGIMENTS étaient à trois BATAILLONS, tous les BATAILLONS à huit COMPAGNIES dont six de FUSILIERS et de CHASSEURS, une de GRENADIERS ou de CARABINIERS et une de VOLTIGEURS; un PIED DE GUERRE et un PIED DE PAIX étaient réglés; le QUARTIER-MAITRE TRÉSORIER recevait le titre de TRÉSORIER; des CLASSES D'OFFICIERS continuaient à être reconnues. Les SERGENTS étaient au nombre de quatre par COMPAGNIE, les CAPORAUX au nombre de huit, les OFFICIERS au nombre de trois. — Les COMPAGNIES étaient à cent dix-huit environ sur PIED DE GUERRE et soixante-dix-huit sur PIED DE PAIX; elles se partageaient

administrativement en deux SECTIONS et en quatre SUBDIVISIONS. — Nous avons démontré le vice de la FORMATION en huit COMPAGNIES d'éléments inégaux. — Ce que nous avons dit de la manière dont se sont composés sous les derniers règnes les BATAILLONS, les COMPAGNIES, les ESCOUADES, les RÉGIMENTS, la GARDE NATIONALE, les GRENADIERS DE FRANCE, les GRENADIERS ROYAUX, les SOUS-ARMES, amène l'étude du sujet jusqu'au temps où nous écrivons. — Le nombre des MILITAIRES GRADÉS qui étaient entretenus en TEMPS DE PAIX dans l'Infanterie française, y était calculé dans la proportion jugée convenable ou suffisante en TEMPS DE GUERRE. Telle était la nuance entre la classe commandante et la classe commandée; cette dernière était soumise seule aux variations du PIED DE PAIX et du PIED DE GUERRE. — Si l'on ne considère que l'EFFECTIF réel et qu'on s'en rapporte aux assertions sorties des discussions de la tribune, il y avait en 1829 un OFFICIER par seize HOMMES DE TROUPE; le nombre des SOUS-OFFICIERS était à raison de deux par cinq SOLDATS. — Des ÉCRIVAINS sont pourtant d'avis (*Journal des sciences militaires*, t. XV, p. 182) que le nombre des OFFICIERS de l'Infanterie y devrait être dans la proportion d'un à vingt-cinq ou trente HOMMES DE TROUPE et les SOUS-OFFICIERS au nombre d'un par sept SOLDATS; mais de pareilles remarques ne pourraient être complètes, de pareilles critiques ne pourraient être exactes qu'autant qu'on prendrait en considération les variations du PIED DE PAIX et du PIED DE GUERRE; car il faut, en TEMPS DE PAIX, un OFFICIER par dix-huit HOMMES DE TROUPE pour qu'en temps de guerre il y ait un OFFICIER par trente HOMMES DE TROUPE. — L'Infanterie est la CATÉGORIE qui, dans une ARMÉE, exige le moins d'OFFICIERS; pourtant l'Infanterie française contenait plus d'un gradé inutile, et plusieurs grades étaient subdivisés par un CLASSEMENT compliqué et blâmable. — M. le colonel CARRION (1824, A) est d'avis que *l'Infanterie réclame une composition plus saine au moral et plus robuste au physique.* Cette opinion est partagée par plus d'un ÉCRIVAIN. — Au temps de la restauration, l'Infanterie, physiquement considérée, était d'une débilité déplorable, les autres armes l'énervaient en ne lui laissant que des hommes de rebut; au lieu de la considérer comme devant être leur puissant auxiliaire, elles la sacrifiaient à une vaine gloriole, à des succès de GARNISON; les CORPS PRIVILÉGIÉS, la GENDARMERIE, la MAISON l'épuisaient à l'envi. — Composée d'hommes que les autres ARMES ne voulaient pas, l'Infanterie se fondait à vue d'œil en CAMPAGNE.

— Nominalement, deux genres d'Infanterie se maintenaient. — On lit dans BONAPARTE (le général MONTHOLON, 1824, t. I, p. 241, et t. II, p. 167) : *Il n'y a et ne peut y avoir qu'une seule espèce d'Infanterie, parce que le fusil est la meilleure machine de guerre qui ait été inventée par les hommes.*—Mais ce décret de 1808, qui créait deux genres d'Infanterie, BONAPARTE l'oubliait-il ? Ce grand homme, se mettant en contradiction avec lui-même, a-t-il, à SAINTE-HÉLÈNE seulement, approfondi cette question et n'a-t-il adopté le sentiment qu'il manifeste que parce qu'il lui convenait de réfuter le livre nouvellement paru du général ROGNIAT : si BONAPARTE ne voulait réellement qu'une Infanterie, comme le pense le général FOY, pourquoi en a-t-il toujours conservé nominalement de deux espèces dans la CONSTITUTION de la LIGNE et de la GARDE? Pourquoi souffrait-il que sans utilité, des détails d'UNIFORME, des DISTINCTIONS vaines, des formes inégales d'ADMINISTRATION et de COMPTABILITÉ, des qualifications dépourvues de netteté se multipliassent? Pourquoi avait-il donné des CARABINES aux OFFICIERS et aux SERGENTS DE VOLTIGEURS? A quoi bon, au lieu de TAMBOURS, des CORNETS remplacés maintenant par des CLAIRONS ; et quelle différence existait-il donc entre les CHASSEURS A PIED et l'INFANTERIE DE BATAILLE ? — N'est-il pas démontré que cet art d'AJUSTER, que cette BALISTIQUE des PETITES ARMES, doivent constituer le savoir propre de l'INFANTERIE LÉGÈRE, et ne sont pas le fait obligé et l'étude principale de l'autre Infanterie: c'est du moins l'opinion reçue dans toutes les MILICES ÉTRANGÈRES. — On lit aussi dans le général Montholon (t. I, p. 259) : *Depuis cent cinquante ans que Vauban* (il n'y avait que 120 ans) *a fait disparaître les piques, il n'y a plus eu qu'une seule espèce d'Infanterie; s'il y eut par bataillon une compagnie de chasseurs, c'était par opposition à la compagnie de grenadiers. Le bataillon était composé de neuf compagnies, une seule d'élite ne paraissait pas suffisante.* — Ces propositions contiennent autant 'd'erreurs matérielles que de pensées, tant les détails trompent souvent les hommes qui ont le plus de génie. 1° C'est en 1701 que VAUBAN a contribué à abolir définitivement les PIQUES. Il y avait donc cent vingt ans à peine. 2° Il a toujours, depuis lors, été employé, en outre des CORPS GRAVES, une Infanterie particulière; on la retrouve dans les ENFANTS PERDUS du dix-septième siècle, dans les PARTISANS de la GUERRE DE 1741, dans celle DE 1756; dans les LÉGIONS et les COM-

PAGNIES FRANCHES. Pendant la GUERRE DE SEPT ANS, on en augmente le nombre par la création des CHASSEURS D'INFANTERIE. 5° Ce n'est que de 1775 à 1791 qu'il existe des COMPAGNIES DE CHASSEURS attachées à de l'INFANTERIE DE BATAILLE DE LIGNE; et précisément, pendant cette période, les BATAILLONS sont de quatre COMPAGNIES de FUSILIERS, et non pas de neuf COMPAGNIES. 4° Il n'y a jamais eu une COMPAGNIE DE CHASSEURS par BATAILLON, mais, au contraire, une COMPAGNIE DE CHASSEURS à un des BATAILLONS d'un RÉGIMENT, pour faire équilibre avec la COMPAGNIE DE GRENADIERS de l'autre BATAILLON. — Une ORDONNANCE DE 1831 (7 MAI) modifiait la composition de l'Infanterie et instituait les COMPAGNIES HORS RANGS, c'est dans ce CADRE que sont placés les ÉCRIVAINS et les EMPLOYÉS; mais le vice originel de l'Infanterie française ne s'effaçait point; toutes les autres ARMES étaient la noblesse ou la notabilité de l'ARMÉE, l'Infanterie en était la roture ou le commun, comme disait l'émigration et son historien, le comte Degvilly. Cette prééminence aristocratique des anciens GENDARMES perçait encore; l'HOMME DE PIED qui avait vu sortir de ses rangs les CORPS SAVANTS en était méprisé et écrasé; les DRAGONS, qui avaient été les ENFANTS PERDUS de l'Infanterie, s'étaient faits CAVALIERS, en reniant leur origine. — L'INFANTERIE de FRÉDÉRIC DEUX l'emportait avec raison, par la TAILLE, sur les autres ARMES; ses FANTASSINS étaient aussi près de six pieds que de cinq, ses CAVALIERS étaient plus près de cinq que de six. De nos jours, l'ARTILLERIE PRUSSIENNE n'est pas d'une plus haute STATURE que l'INFANTERIE, et n'en manie pas moins bien l'écouvillon. — L'Infanterie française est, au contraire, la plus débile du monde; et cette arme, quoique la plus nombreuse, n'est pas celle à laquelle on attache les OFFICIERS DE SANTÉ les plus distingués par le savoir. Aucun de nos MINISTRES n'a compris que c'est le fonds de l'ARMÉE, bien plus que ses accessoires, qui demanderait à être vigoureux. Avoir de belles ARMES SPÉCIALES et une Infanterie énervée, c'est orner de pierreries un cadavre. — Nous ne saurions démontrer mieux ces tristes vérités que ne le fait *la Sentinelle* (t. IV, p. 54). — Le *Spectateur militaire* (t. XVI, p. 253, 260) offre un tableau contenant le nombre par GRADES des OFFICIERS D'INFANTERIE. — N° 3. FORCE. — La répartition de l'Infanterie en des CADRES d'une force trop restreinte, grève le trésor public par la multiplication des ÉTATS-MAJORS; ils sont presque aussi dispendieux pour un faible que pour un fort RÉGIMENT; d'autre part, les RÉGIMENTS de trop de BA-

TAILLONS ne peuvent, en TEMPS DE PAIX, être distribués dans les GARNISONS que par DÉTACHEMENTS, ce qui fait souffrir la DISCIPLINE et l'INSTRUCTION, et nuit à l'ESPRIT DE CORPS et à la COMPTABILITÉ. Le rédacteur de cet article a commandé un RÉGIMENT de neuf BATAILLONS, qui n'ont jamais été réunis et occupaient dix garnisons sur un terrain de cent lieues. — Trouver un juste milieu est important et difficile; car cela demanderait un parfait accord entre la CONSTITUTION civile et la CONSTITUTION MILITAIRE, entre la politique du pays ou l'humeur plus ou moins belliqueuse du souverain, entre la capacité des CASERNES, la force des GARNISONS, le nombre des ÉTABLISSEMENTS MILITAIRES et SANITAIRES. — Depuis CHARLES SEPT et pendant plusieurs règnes où l'on guerroye sans répit, le total de l'Infanterie de l'ARMÉE FRANÇAISE ne dépasse guère dix mille hommes. — Elle était en 1761 de cent soixante-dix-neuf mille HOMMES environ, OFFICIERS, MILICE et MAISON DU ROI non compris. — Nous mentionnons ces deux époques comme les deux extrémités d'un période, parce que la première rappelle la naissance de l'Infanterie non encore permanente, et que la dernière est un point de départ légal pour l'INFANTERIE RÉGLÉE, puisque, avant la CONSTITUTION de CHOISEUL, on ne peut guère établir d'évaluations basées sur des documents officiels; cependant un tableau fera connaître les variations principales survenues depuis deux siècles. Un aperçu de la FORCE comparée de l'Infanterie et de la CAVALERIE va le précéder. — LOUIS ONZE solde environ six FANTASSINS par neuf CAVALIERS. — Les deux ARMES sont à peu près égales en nombre sous FRANÇOIS PREMIER. — HENRI QUATRE lève un CAVALIER pour deux ou trois PIÉTONS. — Dans la GUERRE DE 1610, Il y a quatre FANTASSINS pour un CAVALIER. — Au temps de TURENNE, les ARMÉES FRANÇAISES outre-Rhin ou en FLANDRE comptaient à peu près autant d'ESCADRONS que de BATAILLONS. — Dans la GUERRE DE 1672, la CAVALERIE forme le quart de l'Infanterie. Dans ce siècle on supputait la force de l'ARMÉE en comptant une fois plus d'ESCADRONS que de BATAILLONS. — L'Infanterie nécessaire aux FORTERESSES était évaluée par VAUBAN à raison d'un CAVALIER par huit FANTASSINS; mais cela ne prouve rien pour le total général, parce qu'un SIÉGE DÉFENSIF regarde surtout l'Infanterie, et exige peu de CAVALERIE. — Dans le dernier siècle, les BATAILLONS D'INFANTERIE FRANCO-ÉTRANGÈRE étaient numériquement plus forts en soldats que les BATAILLONS D'INFANTERIE FRANÇAISE, afin que le traitement des OFFICIERS s'élevât moins haut. — Le comité militaire, en 1791 (1er mars), déterminait que la proportion de l'Infanterie, eu égard à la CAVALERIE, devait être entre les trois quarts et les quatre cinquièmes; il posa en principe que, au besoin, on pouvait facilement augmenter, en TEMPS DE GUERRE, les HOMMES DE PIED, non les HOMMES DE CHEVAL. — En 1825, les HOMMES DE PIED forment les trois quarts de l'ARMÉE. — Il est généralement reçu maintenant que l'Infanterie française doit être par rapport à la CAVALERIE comme cinq ou six sont à un; mais cette proposition renferme une donnée constitutive, et non une maxime d'ART DE LA GUERRE, puisque, en TEMPS DE GUERRE, la proportion varie suivant que l'ARMÉE combat sur tel ou tel THÉATRE. — Déjà, en traitant de la CAVALERIE FRANÇAISE, nous avons essayé de démontrer qu'une fixation de forces proportionnelles de la CAVALERIE et de l'Infanterie ne saurait être la même en TEMPS DE PAIX et en TEMPS DE GUERRE, puique, à l'instant des HOSTILITÉS, l'Infanterie est susceptible de prendre un subit accroissement, ce qui n'est pas le cas de la CAVALERIE.

Force et composition de l'Infanterie, depuis 1598.

ANNÉES.	MILITAIRES.	OBSERVATIONS. LES CHIFFRES DONNÉS PAR M. SICARD SE RETROUVENT DANS M. DE GIRARDIN.
1598......	4,000	
1600......	6,000	Ou seulement de 4,500 suivant d'autres documents. — L'infanterie se compose d'arquebusiers et de piquiers.
1606......	7,700	Gardes françaises, 2,000; gardes suisses, 600; RÉGIMENT DE PICARDIE et régiment de Baulne, 1500; régiments dans les garnisons, 3,600.
1609......	7,000	Les arquebusiers deviennent mousquetaires.
1610......	32,000	C'est la première GUERRE où se déploie une INFANTERIE PERMANENTE aussi considérable. L'EFFECTIF est porté à 41,000. — L'infanterie de ligne est de 29,000 hommes.
1635......		Elle s'accroît considérablement jusqu'en 1640, et depuis cette époque elle excède habituellement 100,000 hommes.

ANNÉES.	MILI-TAIRES.	OBSERVATIONS.
1666, janvier.	47,694	Y compris les gardes et les compagnies franches, tant suisses que françaises.
1719..	114,597	
1734..	244,262	OFFICIERS compris, ainsi que les INVALIDES, les COMPAGNIES FRANCHES et la MILICE.
1735..	118,092	Y compris les GARDES FRANÇAISES.
1738..	85,603	Y compris GARDES FRANÇAISES et SUISSES, MILICIENS, VOLON-
1743	154,020	TAIRES, COMPAGNIES FRANCHES et INVALIDES; ces quantités
1748..	330,584	sont indiquées par M. SICARD. GRIMOARD (1808, G) ne men- tionne que 317,264 hommes.
1762 (1er fév.).	273,943	Suivant l'assertion de M. SICARD, non compris les GARDES FRANÇAISES et SUISSES, formant 6,930 hommes.
1762 (10 déc.).	129,991	A partir de 1763 le général GIRARDIN présente quelques diffé- rences de chiffres.
1773..	151,000	
1774..	155,000	
1775.. . : . . .	202,600	Non compris les LÉGIONS.
1776 (25 mars)	216,191	Y compris 75,000 MILICIENS, les INVALIDES, les TROUPES COLO- NIALES; mais il n'y a sous les armes que 120,500. Un DÉDOU- BLEMENT nouveau et général réduit tous les RÉGIMENTS à deux BATAILLONS et crée les COMPAGNIES DE CHASSEURS.
1780..	208,446	Suivant M. SICARD, il y comprend l'INFANTERIE SUISSE, et ÉTRANGÈRE, les MILICIENS, les INVALIDES.
1784 (12 juill.)	136,559	Un seul RÉGIMENT est à 4 BATAILLONS. Il y a 160 bataillons français et 48 bataillons étrangers.
1787..	127,801	Infanterie de bataille de ligne : 116,342. — INFANTERIE ÉTRAN- GÈRE, SUISSES, CHASSEURS à pied, 11,459.
1788 (17 mars)	135,111	PIED DE PAIX. . . . . . . } 218 BATAILLONS et 102 RÉGIMENTS dont 79 français, 28 étrangers, 12 BA-
	156,866	PIED DE GUERRE. . . . . } TAILLONS DE CHASSEURS produits par le DÉDOUBLEMENT des LÉGIONS,
	184,100	GRAND PIED DE GUERRE.) en 1784.
1790 (18 août).	110,000	
1791 (1er jan.).	133,634	Suivant M. SICARD, 132,269 : mais l'INFANTERIE FRANÇAISE DE LIGNE n'a sous les armes que 116,500.
1793 (21 fév.).	477,652	Il y a 2,437 hommes, OFFICIERS compris, par DEMI-BRIGADE; ÉTAT-MAJOR non compris, CANONNIERS compris. 196 DEMI- BRIGADES devaient former ce total; mais cette FORMATION ne s'effectue pas au complet. Chaque DEMI-BRIGADE a 6 PIÈCES DE CANON. L'infanterie a une ARTILLERIE DE CAMPAGNE de 1176 pièces. — D'autres calculs ne portent l'INFANTERIE, tant DE BATAILLE que légère, qu'à 407,100 hommes.
1794 (12 août).	462,669	Première mesure de l'EMBRIGADEMENT.
1796 (an IV, 10 brum.). .	420,160	100 DEMI-BRIGADES D'INFANTERIE DE BATAILLE; 96,960 hommes d'INFANTERIE LÉGÈRE.
1799 (an VII, thermidor)..	256,000	Troupes en ÉGYPTE, non comprises.
1799 (an VII, 23 fructidor).	483,000	C'est une organisation sur papier.
1803 (24 sep.).	324,226	Les RÉGIMENTS sont établis et sont à 3 ou 4 BATAILLONS.
1804 , 1805 (an XIII). . .	262,400	Y compris 11,400 OFFICIERS. Il n'est ici question que de la seule INFANTERIE DE LIGNE, tant DE BATAILLE que LÉGÈRE. Il y a, de plus, la GARDE IMPÉRIALE, les LÉGIONS PIÉMONTAISES, les VÉTÉRANS, les TROUPES IRRÉGULIÈRES, etc.
1808 (18 fév.).	503,056	
1812 (1er sep.).	596,866	
1813 (20 jan.).	702,576	Les COHORTES DE GARDES NATIONALES mises en activité se trans- forment en RÉGIMENTS DE LIGNE, et les RÉGIMENTS de la MA- RINE passent au SERVICE DE TERRE.

ANNÉES.	MILI-TAIRES.	OBSERVATIONS.
1814 (12 mai).	153,447	4 RÉGIMENTS SUISSES et 1 RÉGIMENT ÉTRANGER font partie de l'ARMÉE. Les LÉGIONS sont censées composées de 2 BATAILLONS D'INFANTERIE DE LIGNE et de 1 de CHASSEURS.
1815 (16 juill.).	172,194	
1820 (23 oct.).	162,712	Les LÉGIONS deviennent RÉGIMENTS. — L'INFANTERIE LÉGÈRE n'est qu'à 2 BATAILLONS.
1825 (27 fév.).	179,204 — PIED DE PAIX... 257,908 — PIED DE GUERRE.	L'INFANTERIE LÉGÈRE reste provisoirement à 2 BATAILLONS. Le général GIRARDIN établit un chiffre moins fort.
1828..	138,036 — PIED DE PAIX... 208,924 — PIED DE GUERRE.	Y compris 6,850 OFFICIERS. C'est du moins le total accusé par le *Journal des Sciences militaires* (t. XI; p. 130).
1831 (18 mars)	297,930	Y compris ouvriers, compagnies départementales et de discipline, compagnies sédentaires et accroissements voulus.
1832..	152,574	En déduisant les officiers et les 4es bataillons comme DÉPOTS.
1833 (1er et 17 janvier). . .	279,948	
1833 (1er mai).	275,149	RAPPORT de 1833, 1er mai.
1834..	205,100	Suivant le *Journal de la Société de statistique universelle*, t. V, p. 67.
1835..	200,092	Suivant la *Sentinelle de l'armée*, officiers non compris.

—N° 4. UNIFORME. — Les EFFETS D'UNIFORME de l'Infanterie française, les ARMES BLANCHES DE TROUPE, la CHARGE que doit porter sur lui le SOLDAT se composent de détails trop confus, trop changeants, trop nombreux pour que le sujet puisse être expliqué ici ; la seule histoire de la CHEVELURE exigerait un traité. — On peut recourir, pour ce genre d'étude, aux ORDONNANCES DE 1729 (10 MARS), 1757 (20 AVRIL), 1762 (10 DÉCEMBRE), 1775 (28 AVRIL), 1776 (31 MAI), le *Journal de l'Armée*, t. III, p. 165. Depuis le RÈGLEMENT DE 1792 (1er JANVIER), combien d'autres documents officiels ont à peine paru, qu'ils étaient oubliés ; combien peu de MINISTRES ont senti et jugé l'importance de cette partie. CLARKE est le seul qui ait eu à cet égard des vues développées et justes. BAUDOUIN et LATIRÉ ont donné des images de l'uniforme du dernier siècle. LAMY l'a retracé avec esprit et justesse à partir de la guerre de la révolution. — Les COULEURS DE FOND de l'HABILLEMENT ont été, en général, le BLANC et le BLEU. — Nous avons parlé des COULEURS TRANCHANTES de l'HABIT, de ses BOUTONS, BOUTONNIÈRES, BRANDEBOURGS, de sa DOUBLURE, de ses ATTRIBUTS DE RETROUSSIS ; nous avons fait mention du FRAC, du GILET, du PANTALON, de la CAPOTE, du BONNET DE POLICE, de la CULOTTE, de la JAQUE, du SAYON, du JUSTE-AU-CORPS, du HAUT DE CHAUSSES, du MAHEUTRE, du MANTEAU. — Les EFFETS DE COIFFURE ont été l'objet des recherches indiquées aux articles AIGRETTE, BOURGUIGNOTE,

CABASSET, CASQUE, CATOGAN, BONNET, CHAPEAU, CHAPEAU A QUATRE CORNES, COCARDE, MORION, PLUMET, POKALEM. — Les EFFETS DE DISTINCTION ont amené les explications données au sujet des ÉPAULETTES, des HOUPETTES, des GALONS, de l'ÉCHARPE, du HAUSSECOL, des CHEVRONS D'ANCIENNETÉ, de la DRAGONNE, des POMPONS. — Relativement à l'ARMEMENT, nous avons traité les mots : ARME D'UNIFORME, ARQUEBUSE, BOUCLIER, BRIQUET, CARABINE, COUTILLE, CUIRASSE DE FER PLEIN, ÉPÉE, ÉPIEU, ESPINGOLE, ESPONTON, FUSIL, GRENADE A MAIN, HALLEBARDE, JAVELINE, JAVELOT, LAME D'ÉPÉE, PERTUISANE, POTRINAL, PORT D'ARMES, RONDELLE, SABRE, POIGNARD, etc. — Les EFFETS D'ÉQUIPEMENT, DE CHAUSSURE, DE CAMPEMENT ont amené l'examen des mots : AIGUILLETTE, BAUDRIER, BIDON, BOTTES, CANAPSA, CARNASSIÈRE OU HAVRESAC D'OFFICIER, CEINTURON, CHAUSSURE, COFFINS, CRAVATE DE DRAPEAU, CUISSIÈRE, DEMI-GIBERNE, DRAPEAU, ÉPINGLETTE, FANION, FOURNIMENT, GANTS, GIBECIÈRE, GIBERNE, GRAND ÉQUIPEMENT, GRENADIÈRE, GUÊTRES, HACHE DE GRENADIERS et DE SAPEURS, HAVRESAC, PIC HOYAU, POIRE A POUDRE, PULVÉRIN, SAC A BALLES, SAC DE CAMPAGNE. — Le HARNACHEMENT, partie très-secondaire quand il s'agit d'Infanterie, le HARNACHEMENT réglé par la DÉCISION DE 1831 (22 AOUT), a amené quelques détails tels que BRIDE, ÉTRIER, HOUSSE, etc. — Enfin, en traitant du MATÉRIEL de l'Infanterie, nous avons dit quelque chose sur ses CAISSONS, CANONNIÈRES, CANTINES PORTATIVES, CARTOUCHES, CORDEAUX,

CORDES A FOURRAGE, OUTILS, TENTES et enfin l'ARTILLERIE manœuvrée par des CANONNIERS D'INFANTERIE, etc. — N° 5. LOCALISATION, ALLOCATIONS, SOLDE. — Le système de la permanence ou de la mobilité des GARNISONS de l'Infanterie française, la force de SES CHAMBRÉES, la forme de ses CASERNES, les moyens pratiques de son CAMPEMENT ou de SON BARAQUEMENT sont restés jusqu'ici vagues et dépourvus de principes. Le grand usage du BIVAC a fait oublier ou négliger la CASTRAMÉTATION. L'emploi des BARAQUES a fait revivre en partie la méthode des CAMPS DE HUTTES, et le camp de Reims, formé à l'époque du couronnement de CHARLES DIX, a renouvelé la mode des CAMPS MINCES. — Quelques principes mieux assis ont réglé le LOGEMENT DE L'INFANTERIE A LA CASERNE et en ROUTE. — Des recherches sur la nature des ALLOCATIONS, sur toutes les DÉPENSES que l'Infanterie entraînait, et sur ce qu'on nommait SON APPOINTEMENT, indiquent qu'il s'est évalué à la manière langaise, et en prenant pour base le prix du travail journalier de certains ouvriers. Il en était ainsi en 1480. — En 1527 (26 MAI), l'ORDONNANCE accordait, par mois, six livres à chaque HOMME DE PIED. — En 1557, la SOLDE annuelle se supputait à raison de quatre-vingt-quatre livres, équivalant à deux cent soixante-seize francs monnaie actuelle. — En 1600, époque depuis laquelle nous allons en offrir le tableau, la DÉPENSE qu'entraînait annuellement un SOLDAT était de cent à cent vingt livres, sur lesquelles il fallait que plus d'un CAPITAINE trouvât à bénéficier; car ils administraient d'une manière disparate, arbitraire, souvent infidèle. — Ce maniement inégal de la SOLDE se manifestait surtout dans la répartition du DÉCOMPTE. Les CAPITAINES promettaient aux HOMMES de belle taille qu'ils engageaient, une paye meilleure que celle qu'ils donnaient aux hommes qu'ils affectionnaient moins; les plus avantagés la touchaient, non en DENIERS DE POCHE, mais en DÉCOMPTE, aux dépens des autres; aussi les ORDONNANCES DE 1686 (20 DÉCEMBRE), DE

1714 (20 JUIN), DE 1716 (1er JUILLET) défendaient-elles à ces OFFICIERS, sous peine de DESTITUTION, de promettre aux SOLDATS une paye plus forte que celle que le ROI accordait; elles promettaient même leur CONGÉ aux dénonciateurs qui révéleraient les noms des SOLDATS qui jouiraient d'un PRÊT de faveur. Cette différence était une routine qui rappelait le temps où le piquier vêtu de fer coûtait plus que le mousquetaire vêtu de drap, et où le piquier soldat, plus vieux, plus estimé, exigeait plus de paye que le mousquetaire soldat, plus jeune, moins robuste. — M. le colonel CARRION (t. II, p. 29) affirme que sous HENRI QUATRE la levée d'un FANTASSIN ne coûtait que cent livres, et que la SOLDE individuelle et annuelle de l'Infanterie, calculée sans distinction d'OFFICIERS ou d'HOMMES DE TROUPE, n'était évaluée qu'à vingt et une livres, ce qui répondait à peu près à quarante-deux francs de notre monnaie actuelle. Aujourd'hui un SOLDAT coûte, tout compris il est vrai, trois cent quatre-vingt-dix-huit francs quatre-vingt-dix centimes par an. Le BUDGET discuté en 1829 le témoigne. — Nous nous sommes suffisamment étendus au sujet de la SOLDE, de l'ÉTAPE, des CHEVAUX SOIT DE TROUPE, SOIT DE VIVANDIERS, de leurs FOURRAGES et des autres ALLOCATIONS analogues, etc. Nous avons cherché à compléter le sujet en parlant comparativement de la CAVALERIE et des autres ARMES, et en donnant des aperçus à l'égard des BUDGETS, de leurs prévisions, de leurs COMPTES rendus. — On ne saurait, avant le règne de HENRI QUATRE, traiter de la SOLDE, puisque jusque-là elle ne concernait pas le TRÉSOR ROYAL, et que, s'il en faut croire BOUCHEL et M. MONTEIL, elle s'appelait, par cette raison, l'EXTRAORDINAIRE. — Bornons-nous à offrir, comme comparaison du taux de la SOLDE, un relevé des TARIFS uniquement appliqués aux SIMPLES SOLDATS. Quelques détails plus généraux sur ce sujet se trouvent dans LACHESNAIE (1758, I, au mot *Paye*), et dans SERVAN (1780, B, p. 508).

RÈGNES ET DATES.	PRIX du MARC D'ARGENT.	Simple soldat, par jour, en station.		Ce qui, au commencement du XIXe siècle, équivaudrait en monnaie actuelle à		OBSERVATIONS.
Henri Quatre. — 1600.	19 2	6	8	15	»	Ou 73 centimes, valeur actuelle, ou 14 sous 10 deniers, suivant M. le colonel Carrion. Ces 6 sous 8 deniers, équivalant par an à 120 livres, devaient nourrir, habiller, entretenir le soldat en paix et en guerre. On ne donnait ni pain ni viande, il n'existait pas d'hôpitaux.
Louis Treize. { 1610	20 5 4	6	8	15	»	En 1610, les 120 livres équivalaient à 259 francs, monnaie actuelle.
1637 (8 nov.).						
1640	25	6	8	9	6	
1651 (4 novembre).	26 10	6	»	8	10	Cette ordonnance de 1651 accorde pendant le quartier d'hiver un ustencile de 3 livres par mois par homme de troupe, acquittables aux frais du lieu de garnison ; elle leur accorde aussi une ration de pain de 24 onces, mais à charge d'une retenue de deux sous.
1660 (20 juillet)..	26 10	5	»	7	10	Une ordonnance de 1660 (7 sept.) supprime l'ustencile en argent ; mais modère la retenue opérée pour prix du pain et la réduit à 1 sou 6 deniers. Les 90 livres par an qui la composaient équivalaient à 166 francs.
1668 (1er juin). ...	26 10	4	8 2/3	7	9	
1672 (22 avril)....	26 10	5	»	7	9	Une ordonnance de 1672 (25 avril) veut qu'il soit exercé journellement une retenue de 2 deniers pour livre au profit de la caisse des invalides. — Cette mesure subsiste encore sous Louis seize. Une ordonnance de 1684 porte de nouveau à 2 sous le prix de la ration de pain.
1689 (16 avril)....	29 6 11	4	8 2/3	7	»	En 1690, il est retenu aux troupes faisant la guerre, 1 sou 6 deniers pour prix d'une fourniture d'une demi-livre de viande.
1699 (10 février)..	33 10	5	»	6	6	
1701 (16 avril)....	31 5	4	8 2/3	6	5	
1714 (10 mai)......	32 16 7	5	»	6	5	
1718 (6 avril).....	34 7 3	6	6	6	10	Philippe d'Orléans, régent, réduit les troupes mais augmente la solde, en vue de s'attacher l'armée.
1722 (20 avril)....	68 14 6	6	4	6	6	
Louis Quinze. { 1733.............	....	6	6	6	9	
1749 (10 février).						
1758 (1er mai).....	....	5	8			En 1759, la solde des hommes de troupe faisant la guerre est augmentée de 2 deniers par jour et leur pain de munition est porté à 28 onces au lieu de 24.
1762 (21 décembre).	51 3 3	5	8	5	9	Cette ordonnance dispose qu'en temps de guerre la solde des hommes de troupe sera augmentée d'un sou par jour. En temps de paix il était retenu sur cette solde 2 sous pour prix du pain fourni en nature.

RÈGNES ET DATES.	PRIX du MARC D'ARGENT.	Simple soldat, par jour, en station.	Ce qui, au commencement du XIXe siècle, équivaudrait en monnaie actuelle à	OBSERVATIONS.
LOUIS SEIZE. 1788 (28 FÉVRIER).	....	....	....	La masse de linge et chaussure augmente et il était accordé 6 deniers de poche.
(17 MARS)...	53 9 2	6 2	6 2	La SOLDE augmente de 6 deniers, c'est-à-dire que les ordonnances modèrent de 6 deniers la RETENUE exercée pour prix du PAIN. Le 31 du mois commence à être payé.
(6 et 24 JUIN).				
1790 (28 FÉVRIER).	....	....	....	Le décret de 1790 (28 FÉVRIER) augmente de 32 deniers par jour la SOLDE des HOMMES DE TROUPE, mais il n'en est mentionné ici que 16 parce que les 16 autres sont une augmentation de RETENUE sur le prix du PAIN. Ce décret est remarquable en ce qu'il alloue 6 deniers comme DENIERS DE POCHE et 10 deniers comme MASSE DE LINGE ET CHAUSSURE.
(1er MAI)....	53 9 2	7 6	7 6	
(6 et 24 JUIN).				
1792 (29 AVRIL)........	....	5 6	....	Le pain était fourni. — Il n'y a plus de calcul possible à raison des assignats.
AN CINQ (23 FLORÉAL)...	....	....	....	Rétablissement de la solde en numéraire.
AN SIX (1er VENTÔSE).				
AN SEPT (23 FRUCTIDOR)..	30 » »	....	....	Pain non compris.
AN ONZE (23 FRIMAIRE)..	53 9 5	6 »	6 »	Le PAIN DE SOUPE accordé le 24 FRIMAIRE AN ONZE (15 déc. 1802) augmente réellement de 5 centimes la SOLDE dans l'Infanterie comme dans la CAVALERIE, etc. Si on y ajoute le montant de la MASSE GÉNÉRALE à raison de 39 fr. par HOMME et par an, le total de la SOLDE par jour sera de 65 c. et quelques fractions.
AN TREIZE (12 FRUCTIDOR).	....	....	....	Tarif.
1806 (1er MAI)........	....	9 »	....	Ou 45 centimes.
1810 (30 DÉCEMBRE).				
1811 (4 MARS)........	....	....	....	Le prix de la masse d'ordinaire est ajouté à la solde. — La masse de linge et chaussure s'accroît.
1829 (27 SEPTEMBRE)....	....	47 cent.	....	Les jours de présence s'accroissent de 2 centimes.
1830 (21 FÉVRIER)......	....	37 cent.	....	La masse de linge et chaussure en est distraite.

Les droits à la PENSION DE RETRAITE sont moins favorablement fixés pour l'Infanterie que pour la plupart des autres ARMES. *La Sentinelle de l'Armée* (1835, 20 avril) donne à ce sujet quelques détails.

— N° 6. RANG, FONCTIONS. — Les ORDONNANCES DE 1662, 1670 (26 MARS) sont les premières qui fixent le RANG de l'Infanterie. — Le RÉGLEMENT DE 1665 (25 JUILLET) donnait à l'Infanterie le pas sur les MORTES-PAYES. — L'Infanterie française, l'ARTILLERIE, le GÉNIE, les INGÉNIEURS GÉOGRAPHES, n'ont, dans l'origine, formé qu'un seul et même CORPS. Cet état de choses s'est maintenu tant que l'Infanterie, ou plutôt les TROUPES A PIED furent sous les ordres du GRAND MAITRE DES ARBALÉTRIERS ; un autre système ne prévalut qu'à la création du GRAND MAITRE DE L'ARTILLERIE. — Actuellement l'Infanterie doit, en bien des circonstances, le pas à ses enfants, les ARTILLEURS et les INGÉNIEURS, devenus ARMES SPÉCIALES, ARMES SAVANTES, HOMMES D'ÉLITE. —Ainsi la DÉCISION DE L'AN SIX (16 BRUMAIRE) la classait après l'ARTILLERIE et les SAPEURS, mais avant la CAVALERIE. C'était une injustice et une malhabileté. — ODIER (1824, E) et tous les ÉCRIVAINS militaires modernes sont pourtant d'avis que, dans l'ordre de l'importance des ARMES, l'Infanterie se présente la première, parce qu'elle fait le fond de l'ARMÉE. — M. le colonel CARRION (1824, A, t. II, p. 577) place après elle la CAVALERIE, ensuite le MATÉRIEL et ses AGENTS, c'est-à-dire l'ARTILLERIE et le GÉNIE, ensuite la MARINE et l'ADMINISTRATION. Cette classification ne serait peut-être pas du goût de toutes les ARMES. La MARINE est tellement à part qu'elle ne va ni avant ni après l'Infanterie, puisqu'elle marche à l'égal de l'ARMÉE DE TERRE elle-même, et qu'elle n'est point un genre d'ARME ou de CATÉGORIE, mais un genre d'ARMÉE. — Reconnaître cette illusoire primauté que les théories et les LIVRES décernent de concert à l'Infanterie, c'est lui offrir un faible dédommagement des dégoûts qui l'attendent, et de l'ambiguïté du RANG qui lui appartient, soit dans les PLACES, soit en CAMPAGNE. — En effet elle n'est pas heureuse, elle n'est pas favorisée ; les PROMOTIONS de GÉNÉRAUX ne tournent pas, en TEMPS DE PAIX, à son avantage ; ainsi, en 1838, dix MARÉCHAUX DE CAMP étaient nommés en trois fois, et il n'en était tiré qu'un seul de l'Infanterie, au lieu de neuf qu'une répartition équitable eût dû lui accorder, et cependant sa force numérique est, par rapport au reste de l'ARMÉE, comme quatre est à un ; et, tactiquement parlant, les COLONELS D'INFANTERIE ne sont pas impropres à faire les meilleurs GÉNÉRAUX. — On met avant l'ARMÉE DE LIGNE la GENDARMERIE, qui n'est pas un CORPS uniquement MILITAIRE, mais qui est CORPS D'ÉLITE. En tête de toute l'Infanterie est, ou devrait être, le corps des INVALIDES, mais la GARDE DU SOUVERAIN lui

contestait cette priorité. On mettait avant l'INFANTERIE DE LIGNE celle de la GARDE ROYALE, quoique l'une soit la réalité et l'autre l'exception, et quoique la GARDE du souverain ne fût plus depuis 1815 une TROUPE D'ÉLITE , puisqu'elle se recrutait comme la LIGNE. On mettait avant la GARDE ROYALE la MAISON MILITAIRE , quoique celle-ci fût l'exception d'une exception. Ces CORPS PRIVILÉGIÉS ne peuvent être cependant, par rapport à l'ARMÉE DE LIGNE, que ce que les GRENADIERS sont à un RÉGIMENT, c'est-à-dire les fils aînés de la famille , et non des êtres d'une autre classe ou des aînés à majorats. —On ne place la CAVALERIE qu'après l'Infanterie , et cependant, en CAMPAGNE , les CHEVAUX prenaient la droite des HOMMES DE PIED , ou, comme on disait autrefois , COMMANDAIENT. Ce n'était que dans les VILLES FERMÉES que l'Infanterie commandait à la CAVALERIE et aux DRAGONS ; ce devrait être tout le contraire. — Si l'Infanterie jouit quelque part d'une prééminence incontestable, c'est surtout à la GUERRE ; mais ces vieilles règles de préséance , qui datent de 1768, étaient un souvenir des temps où CAVALERIE et NOBLESSE, MAITRE et GENDARME signifiaient à peu près même chose, et où les mots HOMMES DE PIED et hommes dépendants de GENTILSHOMMES étaient synonymes. — Si l'on demandait aux HOMMES DE CHEVAL dans quelle classe ils se rangent aujourd'hui , peut-être répondraient-ils qu'un homme de choix est plus qu'un premier venu ; qu'un homme sur un cheval est plus haut qu'un HOMME A PIED ; que les professions qui supposent une instruction plus difficile, plus coûteuse, plus variée, jouissent d'une prééminence reconnue. — Si l'on questionnait l'ARTILLERIE et le GÉNIE sur le RANG réel qu'ils tiennent à l'ARMÉE , la politesse plus que la sincérité disposeraient peut-être ces ARMES SAVANTES à éluder la question de préséance avec l'Infanterie, à moins qu'ils ne rappelassent cette DÉCISION DE L'AN SIX (16 BRUMAIRE) qui donnait rang à l'Infanterie après l'ARTILLERIE et les SAPEURS, et avant la CAVALERIE, et la CIRCULAIRE DE 1815 (20 JANVIER) qui plaçait l'Infanterie à la gauche de l'ARTILLERIE ; peut-être ces ARMES SPÉCIALES se borneraient-elles à dire que les CORPS SAVANTS se classent entre eux par date de création, et que si la CAVALERIE exige une éducation plus longue que celle qu'on donne aux TROUPES A PIED, la profession des ARTILLEURS et des INGÉNIEURS nécessite des études bien autrement profondes que celles de la CAVALERIE. Or, aujourd'hui, le savoir est la notabilité par excellence. — Quant au CORPS ADMINISTRATIF militaire, n'est-il pas privilégié, et même surprivilégié? consentirait-il à ne marcher que le dernier, comme il doit s'y résigner si les paroles d'ODIER (1824, E) font autorité. Il est vrai que la prépondérance des avantages dont jouit l'INTENDANCE peut lui faire supporter patiemment une classification à laquelle sa politique condescendrait. — Un tel état de confusion, de telles difficultés ne peuvent que soulever dangereusement de susceptibles amours-propres. Il faudrait d'ailleurs, pour pouvoir classer les ARMES, avoir défini ce que c'est qu'une ARME ; s'il y a des CORPS qui ne sont pas des ARMES, s'il y en a qui ne sont que des SOUS-ARMES ; graves questions qu'aucune ACADÉMIE MILITAIRE ne s'est occupée encore de résoudre. Il vaudrait donc mieux peut-être, en fait de RANG et de PRÉROGATIVES qui tiennent à un vain CÉRÉMONIAL, faire comme ces éditeurs qui ménagent la vanité chatouilleuse des écrivains collaborateurs en les classant dans l'ordre que tient alphabétiquement la lettre initiale du nom de chacun. — Suivant les anciens usages, les CONSEILS JUDICIAIRES se composaient de JUGES que l'Infanterie fournissait de préférence à la CAVALERIE ; cette distinction, dont on ne devine plus le motif, a cessé. — Suivant la LOI DE 1832 (14 AVRIL), l'ANCIENNETÉ DE GRADE des OFFICIERS courait sur toute l'arme, quoiqu'il eût été à préférer peut-être que l'INFANTERIE DE BATAILLE et l'INFANTERIE LÉGÈRE fussent, à cet égard, distinctes. — L'ORDONNANCE DE 1832 (5 MAI) réglait que si l'INFANTERIE EN CAMPAGNE formait un CORPS détaché, son chef devait, à GRADE égal, prendre le pas sur celui de la CAVALERIE qui serait attachée à cette TROUPE d'Infanterie, et que, au contraire, de l'Infanterie attachée à de la CAVALERIE serait soumise au chef de cette CAVALERIE, s'il y avait entre les chefs parité de grade. — Les FONCTIONS de l'Infanterie française ont d'abord embrassé l'ARTILLERIE et les SAPES ; elles se sont infiniment réduites, comme le témoignent les règlements de POLICE, DE SERVICE et DE CAMPAGNE. Retracer ces fonctions, ce serait copier ces RÈGLEMENTS. — Mais la manière de s'acquitter de ces FONCTIONS a différé suivant qu'il s'est agi d'INFANTERIE COMMUNALE, — FRANÇAISE, — DE GARDE ROYALE, — FRANÇAISE DE LIGNE. — N° 7. INSTRUCTION. — L'INSTRUCTION de l'Infanterie française diffère grandement d'elle-même, s'il s'agit du savoir pratique et théorique que doivent posséder les OFFICIERS et les MILITAIRES GRADÉS, ou s'il ne s'agit que de la somme des connaissances qui suffit au métier des SIMPLES SOLDATS. — Dans les autres ARMES, au contraire, de longues études ne sont pas moins indispensables à la classe

qui obéit qu'à la classe qui commande L'Infanterie, abstraction faite du SOLDAT, n'est pas moins une ARME SAVANTE, une ARME SPÉCIALE que les autres, puisque les OFFICIERS D'INFANTERIE étant ceux qui, dans l'ordre ordinaire, accomplissent le SERVICE le plus varié, et ceux parmi lesquels il est pris, en tout temps, le plus de GÉNÉRAUX, ils ne peuvent se mettre à la hauteur de leur destination et se rendre dignes de l'AVANCEMENT qu'ils ont en perspective, qu'en se livrant à des études non moins profondes que dans quelque arme que ce soit. Cependant, sauf les leçons que la GUERRE a données, sauf l'établissement de quelques ÉCOLES qui n'ont encore ni rudiment ni DICTIONNAIRE, qu'a-t-on fait en France, depuis 1791, pour le perfectionnement de l'Infanterie, de ses méthodes de PAIX, de ses théories de GUERRE, de sa LANGUE? Son INSTRUCTION, purement militaire, est moins assurée qu'elle ne l'était il y a quarante ans, puisqu'il y avait du moins quelque accord entre des RÈGLEMENTS maintenant conservés en partie, et en partie refaits sur des principes dépourvus d'unité. C'est une instruction dont les parties vieilles et les neuves manquent également de solidité et de liaison. Cette remarque s'applique surtout aux décisions qui ont faussé l'ORDONNANCE DE 1768 (1ER MARS), le RÈGLEMENT DE 1791 (1ER AOUT), l'ORDONNANCE DE 1831 (4 MARS). — Il avait été promulgué en 1755 des règles relatives aux BATTERIES DE CAISSE, et, depuis trois quarts de siècle, il n'y a plus à cet égard que des traditions. Si quelques ÉCOLES DE TAMBOURS ont été créées, elles ont aussitôt disparu. Nous citons ce fait peu important comme argument à *fortiori*. La CONTREPOINTE était presque le seul exercice académique. — Les ORDONNANCES ont parlé de BIBLIOTHÈQUES ; aucun moyen organique n'a été adopté pour réaliser ce vœu exprimé dans des lois sages, mais mortes en naissant. — La petite BALISTIQUE a été l'objet des travaux théoriques de l'ARTILLERIE, au lieu d'être expérimentale dans les CORPS D'INFANTERIE ; ils n'ont ni emplacement, ni CIBLE, ni POUDRE, et l'on n'est point d'accord sur cette question : Toute l'infanterie doit-elle cultiver une BALISTIQUE de PETITES ARMES? doit-il ou non y avoir deux genres d'EXERCICES A FEU? — L'ORDONNANCE DE 1768 (1ER MARS, titre XXII, art. 15), et d'autres dispositions législatives que nous avons indiquées, voulaient que l'Infanterie fût exercée aux OPÉRATIONS relatives à l'ATTAQUE et à la DÉFENSE des PLACES, qu'elle eût les OUTILS que ces OPÉRATIONS exigent, qu'elle sût façonner des CLAIES, concourir au TIR du CANON, etc.

Mais quelqu'un a-t-il vu cultiver ce genre d'étude, si ce n'est, par extraordinaire, une fois ou deux depuis quelques années? — Il n'a été promulgué de complet et d'approfondi que les préceptes relatifs aux REVUES DES INSPECTEURS GÉNÉRAUX; c'est avoir construit une pyramide en la commençant par sa pointe.—Depuis quarante ans, la grande organisation de GUERRE de nos ARMÉES comporte l'emploi des BRIGADES et des DIVISIONS; et, aujourd'hui encore, nos ÉCOLES TACTIQUES attendent qu'il y soit ajouté une ÉCOLE DE BRIGADE et une ÉCOLE DE DIVISION. — Comment l'instruction de détails de l'Infanterie eût-elle été forte, quand l'instruction d'ensemble était dans le chaos; quand des COMMIS DE LA GUERRE prononçaient sur des objets d'ART qui ne sont pas de leur compétence; quand le MINISTÈRE DE LA GUERRE, surchargé de BUREAUX si nombreux, n'avait pas de BUREAU DE TACTIQUE; quand enfin, en fait d'ART MILITAIRE DE TERRE, rien n'était fixé par une amirauté, ou une CHANCELLERIE, ou un CONSEIL DE LA GUERRE, ou une ACADÉMIE MILITAIRE. — Les ÉCRIVAINS qui ont considéré les FRANÇAIS comme plus propres à servir dans l'Infanterie que dans la CAVALERIE, en ont conclu, avec quelque apparence de raison, qu'un gouvernement sage devrait s'occuper surtout du savoir faire de l'Infanterie; que l'ÉDUCATION militaire de la nation devrait tendre à simplifier les ATTIRAILS, à alléger la CHARGE portative, à encourager la GYMNASTIQUE, à perfectionner le jeu des CARRÉS et des COLONNES, à donner la plus grande rapidité aux FORMATIONS, aux PLOIEMENTS, à improviser des TRAVAUX DE FORTIFICATIONS DE CAMPAGNE, à dresser des RAQUETTIERS; mais pendant longtemps ces opinions ont été peu goûtées de l'autorité.—La DÉCISION DE 1831 (14 JUIN) voulait qu'il fût fourni à chaque SOUS-OFFICIER un extrait de l'ordonnance sur la tactique, au compte de la MASSE D'ENTRETIEN. — Le germe d'une INSTRUCTION plus forte et un moyen d'utile émulation pourront sortir de l'ORDONNANCE DE 1851 (10 NOVEMBRE), qui fonde, dans les RÉGIMENTS, les ÉCOLES PRIMAIRES et SECONDAIRES, et qui ouvre une voie à l'AVANCEMENT, au moyen de l'admission des HOMMES DE TROUPE à l'ÉCOLE DE SAINT-CYR, à la suite de concours et d'examens. — En 1834, plusieurs feuilles publiques ont agité la question: Ne conviendrait-il pas que le TIR DU CANON fût enseigné à l'Infanterie? La polémique s'est emparée de ce projet, dont le débat se trouve dans le *Journal des Sciences militaires*, 1854, p. 173.—N° 8. TACTIQUE.—S'il ne s'agissait que du temps présent et des règles écrites, il suffirait d'indiquer le RÈGLEMENT DE 1791

(1er AOUT) et l'ORDONNANCE DE 1831 (4 MARS) aux lecteurs occupés de questions de tactique; mais nous reprendrons de plus haut la TACTIQUE française des HOMMES DE PIED, pour éclairer et éclaircir quelques points obscurs, incomplets, contradictoires. — Le lendemain de la bataille de CRÉCY, soixante mille PIÉTONS (peut-être ce nombre est-il enflé), rencontrés par six cents LANCES ANGLAISES, périrent sans avoir su se défendre; en supposant qu'une LANCE fût de trois hommes, un GENDARME, secondé de deux acolytes, était alors plus fort que six cents FANTASSINS FRANÇAIS. A ces époques où l'Infanterie était si méprisable, il n'y avait donc aucune TACTIQUE. — Le TAMBOURIN, aussi ancien que l'Infanterie française, paraît avoir servi à marquer le degré de VITESSE de la MARCHE. Mais MACHIAVEL (1510, A) témoigne que c'est une question mal éclaircie. — LOUIS DOUZE, dans ses GUERRES, imite la TACTIQUE ESPAGNOLE, et fait MANŒUVRER sur douze ou dix RANGS son Infanterie. La HAUTEUR des RANGS se réduit à dix ou huit, vers le temps de HENRI QUATRE.—MANESSON (1685, B) nous montre cependant, sous les règnes suivants, de l'Infanterie ordonnée en bataille sur vingt RANGS. — A la bataille de CÉRISOLES, en 1544, des PISTOLIERS à pied combattaient à coups de PISTOLES ou de PISTOLETS.—L'épaisseur, les DOUBLEMENTS et DÉDOUBLEMENTS DE RANGS et de FILES, les ECPÉRISPASMES, les HAIES, les FEUX, les CONTRE-MARCHES de l'Infanterie ont été analogues, d'abord, à ce qui se pratiquait dans la CAVALERIE; l'un et l'autre genre de TROUPE JALONNAIENT EN CAMPAGNE leur LIGNE DE BATAILLE sur les mêmes FANIONS; s'ALIGNAIENT EN BATAILLE, en marchant ou tâchant de marcher du même PAS. Cette similitude de TACTIQUE était un contresens qu'il était réservé à FRÉDÉRIC DEUX de sentir, de démontrer, de faire disparaître. De toutes les MANŒUVRES OU ÉVOLUTIONS pratiquées au temps de HENRI QUATRE, la seule que l'Infanterie exécute encore ou qu'au moins l'ordonnance mentionne, est l'ÉCHIQUIER. Tout le reste, même la POSITION SOUS LES ARMES, a sans cesse changé. — L'Infanterie française a conservé depuis plus d'un siècle, comme moyen principal, les ARMES A FEU qui jusque-là n'étaient que secondaires. La CAVALERIE n'emploie au contraire depuis longtemps que comme accessoires les PETITES ARMES, c'est-à-dire ses armes à feu. — Depuis la bataille de ROCROY qui fut le tombeau de la terrible INFANTERIE ESPAGNOLE, l'Infanterie française a commencé à jouer un rôle important et glorieux: cependant on voit dans PUYSÉGUR (t. II, ch. 6) que du temps de TURENNE, l'Infanterie n'avait encore ni consistance, ni solidité ; une fois abandonnée de la CAVALERIE, elle était écrasée. *Dans les batailles qu'on perdit*, dit cet AUTEUR, *l'Infanterie était toujours abandonnée à l'ennemi et à la merci des paysans, au lieu que la cavalerie trouvait à peu près à se retirer.* TURENNE le témoigne en parlant de l'affaire de DITTLINGEN ; il en advint autant à Mariendahl, à Nordlingen, à FRIBOURG. Voilà pourquoi dans les GUERRES d'ALLEMAGNE il se voyait plus de CAVALERIE que d'Infanterie ; il en était autrement dans les GUERRES d'ITALIE et d'ESPAGNE. — De 1610 à 1651, les PIQUIERS de l'Infanterie étaient sur HUIT RANGS partagés en DEMI-FILES. Les MOUSQUETAIRES à pied n'étaient que sur QUATRE RANGS. L'usage d'une SECONDE LIGNE DE BATAILLE s'établissait. — Sous TURENNE et dans les GUERRES DE 1667 et DE 1672, les PIQUIERS étaient sur six et cinq RANGS, et le COMBAT par le CHOC devenait plus fréquent. — Les ALIGNEMENTS, l'usage des CARTOUCHES, la multiplication des MOUSQUETS, les BAIONNETTES à douille appartiennent à la GUERRE DE 1688 ; les PIQUIERS étaient alors sur CINQ RANGS et quelquefois sur QUATRE, et ne formaient plus qu'un cinquième du BATAILLON. En 1695, ils étaient constitutivement SUR QUATRE RANGS, mais quelquefois SUR TROIS. — Dans la GUERRE DE 1701, les BATAILLONS cessent de se diviser par MANCHES, les MOUSQUÉTAIRES deviennent FUSILIERS ; le FUSIL remplace absolument la PIQUE ; l'AMINCISSEMENT à trois RANGS, d'exception qu'il était, se change en coutume, sinon absolue, au moins relative. — Les FILES ne sont plus regardées comme l'UNITÉ ; les DRAPEAUX se réunissent au centre des BATAILLONS. — Les PELOTONS deviennent une désignation technique ; l'Infanterie cesse de ROMPRE PAR QUATRE ; DESPAGNAC (1751, D) et LACUESNAIE (1758, 1, au mot *service*) témoignent que l'ORDRE PAR QUATRE lui était, jusque-là, familier. — L'ORDONNANCE DE 1763 (1ᵉʳ OCTOBRE) faisait encore DÉFILER par quatre devant les COMMISSAIRES. — On voit dans le RAPPORT AU ROI DE 1839 (25 AVRIL) que le RÈGLEMENT DE 1792 (15 MARS) mentionnait encore le DÉFILEMENT PAR QUATRE, encore bien que depuis le milieu du siècle, ce mécanisme ne fût plus reconnu en TACTIQUE ; mais telles étaient la malhabileté et la routine en fait de LÉGISLATION. — Dans la GUERRE DE 1744, l'Infanterie essaye les DÉPLOIEMENTS ; elle est sur quatre RANGS au commencement des CAMPAGNES, et sur trois quand elles finissent. — Au milieu du dernier siècle, elle est extraordinairement sur six RANGS ; elle est habituellement sur trois ; ce dernier nombre commence depuis 1750 à être le seul pra-

tiqué, et depuis 1774 à être formulé dans la loi. L'adoption des trois rangs y introduit le RANG DE TAILLE . Depuis ces époques jusqu'à la GUERRE DE LA RÉVOLUTION, l'Infanterie françoise passe pour l'emporter, par sa TACTIQUE, sur l'INFANTERIE AUTRICHIENNE , mais elle le cédait à l'INFANTERIE PRUSSIENNE ; cette dernière avait des RÈGLEMENTS stables, des principes fixes et des CAMPS D'EXERCICE périodiques ; c'étaient autant d'avantages dont nous étions dépourvus. — BONAPARTE aurait dit (Maximes du prisonnier de Sainte-Hélène, 1820) : *Depuis Charlemagne l'Infanterie fut toujours mauvaise. Sous mon règne il n'y avait pas un grenadier français qui ne se crût capable de vaincre l'ennemi à lui seul.* — La jactance et l'inexactitude de cette assertion auraient suffi pour prouver que l'OUVRAGE d'où le passage est tiré, est apocryphe. — Plusieurs fois dans le dernier siècle, l'Infanterie traîna avec elle des CANONS de trois ou de quatre, qu'elle appelait PIÈCES A LA SUÉDOISE, et dont GRIBEAUVAL régularisa le système, en constituant, à raison de huit PIÈCES, les BATTERIES, afin qu'il y eût une BATTERIE par BRIGADE, ou deux PIÈCES par BATAILLON. — Depuis le milieu du dernier siècle, les PLOIEMENTS et DÉPLOIEMENTS ont été pratiqués. Les PASSAGES DE DÉFILÉ ont pris une forme méthodique ; la composition des COLONNES s'est modifiée à raison du plus ou moins de vides nommés DISTANCES et du plus ou moins de SUBDIVISIONS. On a renoncé, depuis le dernier siècle, aux études puériles des APLOMBS, aux MOUVEMENTS DE JAMBES sur place pendant les MANIEMENTS D'ARMES, et aux MARCHES PROCESSIONNELLES. — Au commencement de la GUERRE DE LA RÉVOLUTION, une ARTILLERIE D'INFANTERIE fut rétablie ; mais on reconnut, en 1795, que la MANOEUVRE des PIÈCES DE BATAILLONS alourdissait la MARCHE des CORPS A PIED, qu'elle détournait du but principal l'attention pendant le COMBAT, qu'elle rendait timides les MOUVEMENTS, et que les pièces perdaient tout soutien à l'instant d'une mêlée ; on renonça encore une fois à ce moyen de GUERRE. — Le règlement de 1791, en accord avec la COMPOSITION des TROUPES, et combiné sur les ORDONNANCES qui établissaient un PIED DE PAIX et un PIED DE GUERRE, regardait deux RANGS comme l'épaisseur du PIED DE PAIX. Quelques MILICES ÉTRANGÈRES ont réalisé, même en temps de guerre, cette disposition longtemps oubliée en FRANCE. Depuis l'ORDONNANCE DE 1831 (4 MAI), l'Infanterie française ne sait pas mieux qu'auparavant si elle doit se former sur DEUX ou SUR TROIS RANGS, et renoncer ou non aux CARRÉS à SECTIONS doublées. La GUERRE DI

1792 donne le premier exemple de l'emploi du drapeau tricolore dans l'armée de terre, de la carabine wallone-française, de l'aérostat républicain, de la formation tactique des brigades, des divisions, des corps d'armée, des aigles, des fusées, et enfin de l'accroissement d'une garde de souverain hors de toute proportion avec le reste de l'Infanterie. — Maurice de Saxe était persuadé que l'Infanterie française, *quoique la plus brave de l'Europe, était incapable de résister en plaine à une charge de cavalerie.* L'expédition d'Egypte a effacé ce préjugé. *L'Egypte,* a dit M. le colonel Carrion (1824, A), *révéla à notre Infanterie le secret de sa force.* — Dans cette expédition l'Infanterie éprouve le besoin des carrés combinés, elle en perfectionne l'application, elle étudie une escrime de la baïonnette, arme qu'il ne suffit plus de croiser en restant immobile; elle fait de cette arme un emploi meilleur; ses tirailleurs commencent à s'en servir avec adresse, et elle renouvelle momentanément l'emploi des chevaux de frise portatifs. — On lit dans M. Lascases (t. vi, p. 24, al. 2 et 3) les paroles suivantes de Bonaparte qui *voulait que l'Infanterie chargée par la cavalerie, tirât de fort loin sur elle, au lieu de l'attendre à bout portant, comme on le fait aujourd'hui; il disait que l'Infanterie et la cavalerie laissées à elles-mêmes, sans artillerie, ne devaient point amener de résultats positifs; mais qu'avec de l'artillerie, et toutes choses d'ailleurs égales, la cavalerie devait détruire l'Infanterie.* — En 1793, Custine ayant son quartier général à Cambray, y appela de chacun des corps de son armée, un officier, un sous-officier, un tambour et un soldat en vue de leur faire apprendre un exercice modifié, et qui devait simplifier les règles du maniement d'armes, abolir la marche des bataillons par le flanc et donner plus de rapidité aux mouvements des colonnes et à ce qu'on appelle en tactique, les formations. L'objet de l'école de Cambray était surtout de fondre les différents pas de l'Infanterie en un pas unique. Cette espèce d'école normale était dirigée par le général Meunier, connu plus tard par une polémique savante sur l'exercice de l'Infanterie, et par un projet d'une école de brigade, et par son emploi de gouverneur de l'école de Saint-Cyr. Les événements de la révolution et de la guerre s'opposèrent à ce que ces essais de Cambray portassent fruit; mais depuis 1815 la milice néerlandaise réalisa dans sa tactique une partie de ces essais. — Quand on forma les demi-brigades, les bat-

teries furent destinées à accompagner les brigades et non les demi-brigades; aussi furent-elles composées de six pièces, à raison d'une par bataillon. — On regarda originairement la réunion de deux brigades comme devant former une division; cette pensée avait présidé à la formation des demi-brigades, considérées comme un quart de division. — Le fond de la tactique actuelle rappelle en grande partie celle de Frédéric deux; cependant quelques améliorations sont dues aux Français; ils ont posé les principes relatifs aux mouvements des ailes marchantes de subdivision, aux fonctions des guides généraux, aux alignements de bataillon; ils ont créé la colonne d'attaque; ils ont perfectionné dans l'école de bataillon l'arrière-jalonnement, le mécanisme des changements de direction et des conversions, les feux de deux rangs et quelques autres, etc.; ils ont donné plus d'aplomb à certaines formations tactiques. — Ils simplifieront peut-être le nombre et le système des commandements vocaux en usage dans les manœuvres d'infanterie; déjà on essaye du secours d'une langue musicale qui ressusciterait l'ancien mode du commandement instrumental et remplacerait le système germanique des fliegelman. — La poudre a fusil est, depuis 1818, plus fine que la poudre a canon. — Mais à la suite de l'éloge, doit venir la critique; ainsi, le terme chef de division est ambigu; les évolutions où commandent les chefs de division, pèchent par le défaut de principes; l'application du métrobate aux études de la marche est négligée. — Les termes empelotonnement, pelotonnement et tant d'autres qui manquent, attendent leur légitimation. — La mesure différente et proportionnelle du cheminement des armes diverses est peu étudiée et à peine éclaircie; au nombre des écoles que renferment le règlement de 1791 (1er août) et l'ordonnance de 1831 (4 mars), il n'existe pas d'école de brigade, ni d'école de division; aussi l'Infanterie française est-elle médiocrement habile aux changements de front sur deux lignes. — Depuis 1791, aucun document authentique ne démontrait la manière de former la haie ou la double haie, et il n'était pas encore donné force de règlement aux applications des carrés d'Egypte, à l'emploi des carrés combinés, à la formation des rangs de bataille, aux manœuvres de tirailleurs. L'ordonnance de 1831 (4 mars) a réparé quelques-unes de ces lacunes. — La préférence accordée au système de l'ordre mince a rendu vicieuse la marche par le flanc, encore prescrite à tort dans quelques ordonnances; elle occasionne l'inconvénient qu'on appelait autrefois DÉFILER. — L'ENDIVISIONNEMENT des COMPAGNIES DE FUSILIERS et d'ÉLITE, en accouplant des êtres et des AGRÉGATIONS non homogènes, accuse l'imprévoyance des inventeurs de ce système, puisqu'à la première séparation des COMPAGNIES DE GRENADIERS, séparation prévue par les RÈGLEMENTS anciens et l'ORDONNANCE DE 1832 (5 MAI), et inévitable en guerre, tout le système d'ENDIVISIONNEMENT sera bouleversé; par des raisons analogues le système actuel de la GARDE DU DRAPEAU était défectueux, comme la preuve en a été fournie. — Enfin, l'Infanterie française néglige jusqu'à présent de s'occuper des petites FUSÉES devenues des ARMES usuelles dans les MILICES où figurent des RAQUETTIERS. — N° 9. SUBORDINATION, PUNITIONS, PEINES. — Quantité de personnages, qu'en style de HIÉRARCHIE on appelle, d'une manière figurée, ÉCHELONS, ont pris, suivant les temps, des qualifications bien différentes. Ces personnages, soit à titre de coopérateurs, ou de surveillants, soit en vertu du droit de COMMANDEMENT, ont régi ou guidé l'Infanterie, en ont institué la LÉGISLATION, en ont suivi l'ADMINISTRATION, l'ont tenue sous leur DISCIPLINE ou leur POLICE, en ont fait ou fait faire les APPELS, lui ont notifié des ORDRES DU JOUR, ont promulgué les BANS à observer, etc. Tels ont été les militaires gradés nommés : ADJUDANT, AMIRAL, ANSPESSADE, APPOINTÉ, AUDITEUR, AUMONIER, BAS OFFICIER, CAPITAINE, CAPORAL, CHEF DE BATAILLON, CHEF DE BRIGADE, COLONEL, COLONEL GÉNÉRAL, COMMANDANT, COMMANDANT DE DIVISION TERRITORIALE, COMMISSAIRE DES GUERRES, CONNÉTABLE, DIRECTEUR GÉNÉRAL, ENSEIGNE, ÉTAT-MAJOR, FACTIONNAIRE, GÉNÉRAL D'ARMÉE, GRAND MAITRE DES ARBALÉTRIERS, INSPECTEUR AUX REVUES, INSPECTEUR GÉNÉRAL, INSTRUCTEUR, LIEUTENANT, MESTRE DE CAMP, OFFICIER, OFFICIER D'INTENDANCE, PRÉVOT, ROI, SERGENT, SOUS-LIEUTENANT. — Rappeler cette quantité de titres, les uns devenus historiques, les autres tout à fait oubliés, les autres existant encore, mais que d'autres systèmes feront plus ou moins prochainement disparaître à leur tour, c'est indiquer que rien de solide et de concerté, que rien qui émane d'un CODE MILITAIRE n'a encore régi l'Infanterie. — Au MOYEN AGE, la désertion des SOUDOYERS d'Infanterie était punie de la corde; mais cette PEINE ne s'appliquait pas aux GENDARMES, l'usage plus que la loi en décidait, et jusqu'aux derniers règnes la LÉGISLATION PÉNALE qui régissait l'ARMÉE était confuse ou remplie d'exception; ainsi, l'ORDONNANCE DE 1716 (4 JUILLET) punissait du PIQUET la CAVALERIE et des BAGUETTES les HOMMES DE PIED. — Quant à la POLICE sous

laquelle est actuellement placée l'Infanterie française, nous en avons donné une idée suffisante en parlant des ARMES DE SUPPLICE, de la BASTONNADE, de CHATIMENT, des BAGUETTES, des BRETELLES et des COUPS DE PLAT DE SABRE, des BANS DE PUBLICATION, de la rédaction des FEUILLES DE POLICE et DE RAPPORT, des formes de la DISCIPLINE et de la JUSTICE MILITAIRE et des REVUES. — En 1832, plus d'une moitié des PRÉVENUS mis en jugement appartenait à l'Infanterie; ainsi elle en avait plus à proportion que les autres armes, ou environ un sur soixante-deux. — N° 10. SERVICE. — La pauvreté de la LANGUE MILITAIRE nous oblige à déclarer qu'il est question ici du service considéré non comme civique, ou comme la profession de l'HOMME voué à l'ÉTAT MILITAIRE à la suite d'un ENROLEMENT, mais comme l'accomplissement de fonctions régimentaires, méthodiques, habituelles, la plupart même quotidiennes, telles que les GARDES, les CORVÉES, les DÉTACHEMENTS, les REVUES. — L'ORDONNANCE DE 1662 (6 MARS) est la première qui ait traité ce sujet. — Le service de l'Infanterie française se divise surtout en SERVICE AU CAMP, — EN CAMPAGNE, — EN GARNISON et EN ROUTE. Il en est un qui ressortit à ces diverses positions, c'est le SERVICE DE CÉRÉMONIAL; il consiste à assister aux CONVOIS FUNÈBRES, aux parades, à concourir à certaines escortes, à BORDER LA HAIE pour rendre certains HONNEURS, etc., etc. — Les principes suivis dans les diverses circonstances du SERVICE et dans les SIÉGES, sont, ou devraient être déterminés par des RÈGLEMENTS particuliers qu'il suffit de rappeler et qu'il serait superflu d'analyser. — Les règles sur cette matière ne datent, pour la plupart, que du dernier siècle. Dans les temps plus anciens, d'affreux désordres régnaient. Écoutons à ce sujet BRANTOME (1600, A) : *Aujourd'hui, dit-il, notre Infanterie est si corrompue et si bien différente à celle qui a esté, aussi dit-on qu'il n'y a plus de soldats d'assaut; ils regardent plus à piller, dérober, larroner qu'à gagner de l'honneur. Ils n'ont plus de discipline militaire, plus de règles, plus d'obéissance, et, sur ce, ils allèguent qu'ils ne sont plus payés et ne reçoivent aucune solde du roy; dès lors qu'ils s'enrôlent ou marchent sous une enseigne, c'est à prendre qui pourra l'un sur l'autre, autant ou plus sur l'amy de son parti que sur l'ennemy, tenir les champs, faut que l'enseigne se promène et non pas pour peu de tems, mais pour cinq ou six mois, comme j'ai veu, usant de ce mot inventé de nouveau : il faut paroistre, qui est d'aller de paroisse en paroisse. Si quelque régiment est licencié (quitte l'ARMÉE) pour se remettre, il vous arpentera deux ou trois provinces, les pillant, volant tout ce qu'il pourra, et appelle cela : nous allons nous rafraîchir.* — A cette dépravation des TROUPES succédèrent d'autres abus ; car si quelque régularité commença à s'établir, les principes restèrent vagues : les prétentions de l'ANCIENNETÉ DE CORPS furent extravagantes, les PRÉROGATIVES DES CORPS PRIVILÉGIÉS, les exigences de la MAISON MILITAIRE, la vanité de l'ancienne GENS D'ARMERIE furent intolérables ; il en fut ainsi de HENRI QUATRE à LOUIS QUINZE. — CHOISEUL et SAINT-GERMAIN rendirent des ordonnances longtemps en vigueur, telles que celle de 1768, etc., et des RÈGLEMENTS DE CAMPAGNE maintes fois reproduits sans changements, sauf la date ; ils mirent sur un meilleur pied l'Infanterie. — Son SERVICE, mieux réglé, fut longtemps commandé par le MAJOR et les AIDES-MAJORS ; ensuite, en toute position, l'ADJUDANT et l'ADJUDANT-MAJOR s'acquittaient de ce DÉTAIL ; la BATTERIE A L'ORDRE en donne le SIGNAL. — En GARNISON, le COMMANDANT DE PLACE requiert quelquefois, dans l'Infanterie, des HOMMES DE CORVÉE pour concourir à titre d'AUXILIAIRES aux TRAVAUX de force de l'ARTILLERIE, aux MANŒUVRES des ARSENAUX, au transport des BOULETS, au déplacement des PIÈCES et aux autres CORVÉES DE FORTERESSE. — L'ORDONNANCE DE 1818 (5 MAI) voulait que, si en route l'Infanterie rencontrait de la CAVALERIE, toutes deux continuassent, si le chemin le permettait, à marcher les tambours battant, etc., ou que si la MARCHE d'une des deux ARMES devait être un instant suspendue, ce fût l'Infanterie qui continuât sa route. — Depuis de récentes époques les INSTRUMENTISTES de l'Infanterie exécutent des FANFARES et des SONNERIES D'ORDONNANCE. — Le SERVICE EN CAMPAGNE se subdivise quelquefois en SERVICE DE SIÉGE ; l'Infanterie concourt, dans ce genre de GUERRE, à construire des BATTERIES et à aider les ARTILLEURS et les INGÉNIEURS dans les TRAVAUX de la FORTIFICATION, soit PERMANENTE, soit PASSAGÈRE. — Ce SERVICE DE SIÉGE avait exercé les méditations de CORMONTAINGNE et de FOURCROY, interprète et commentateur de CORMONTAINGNE ; mais cette partie était en général, jusqu'ici, peu développée dans les réglements. M. le général ROGNIAT y a porté remède ; on lui doit un traité du SERVICE de l'Infanterie dans une PLACE ASSIÉGÉE, publié dans le *Journal des Sciences militaires* (1827, 22e livraison). — Le service de MAISON DE PLACE, etc., était jadis un débouché ouvert surtout aux vieux OFFICIERS D'INFANTERIE. — Dans la GUERRE

DE LA RÉVOLUTION, on a vu l'ARTILLERIE DE MARINE faire avec distinction le service de l'Infanterie. — N° 11. ADMINISTRATION. — L'administration de l'Infanterie et de la MARINE ont quelque connexion, puisqu'en certaines circonstances les hommes de mer sont chargés du transport des HOMMES DE PIED, comme le témoigne et l'explique l'INSTRUCTION DE 1814 (22 DÉCEMBRE). — Nous nous sommes suffisamment étendus sur le fond de l'ADMINISTRATION en traitant de la CONFECTION de l'HABILLEMENT et de l'espèce des ÉTOFFES ; des ABONNEMENTS avec les MAITRES OUVRIERS ; des procédés de l'ARMURIER dans les RÉPARATIONS D'ARMES, etc. ; en mentionnant l'ADMINISTRATION des COLONELS, des CAPITAINES, des COMPAGNIES, des SUBDIVISIONS, etc. ; en énonçant les attributions des CONSEILS D'ADMINISTRATION, des COMPTABLES et du CORPS DE L'INTENDANCE ; en donnant des éclaircissements sur la PAYE, sur les ACCESSOIRES DE SOLDE, l'EXTRAORDINAIRE DES GUERRES, les GRATIFICATIONS, les INDEMNITÉS, les DISTRIBUTIONS, les DENIERS de la MASSE DE PETIT ÉQUIPEMENT, les DÉPENSES ADMINISTRATIVES, les DÉCOMPTES de LIQUIDATION, les ÉTATS QUATRIDIAIRES, les FOURRAGES, certains MARCHÉS, et enfin en parlant des CHAMBRÉES, des ESCOUADES, de la GÉLATINE, des HOPITAUX, etc., des INSPECTEURS GÉNÉRAUX D'INFANTERIE de la LIBÉRATION, de la MATRICULE, des TENTES.

INFANTERIE FRANÇAISE DE BATAILLE. V. BATAILLE. V. FRANÇAIS, adj. V. INFANTERIE DE BATAILLE. V. RÉGIMENT D'INFANTERIE FRANÇAISE. V. RANGS D'INFANTERIE. V. RÉGIMENT D'INFANTERIE FRANÇAISE DE BATAILLE. V. RETROUSSIS D'HABIT. V. SCHAKO.

INFANTERIE FRANÇAISE DE BATAILLE DE LIGNE. V. RÉGIMENT D'INFANTERIE FRANÇAISE DE BATAILLE DE LIGNE.

INFANTERIE FRANÇAISE DE GARDE ROYALE (A, 1). Sorte d'INFANTERIE FRANÇAISE prise par opposition à l'INFANTERIE FRANÇAISE DE LIGNE, à l'INFANTERIE FRANCO-SUISSE DE LA GARDE ROYALE, aux GRENADIERS GARDES DE LA MAISON ; elle appartient à la phase qu'on appelle la Restauration, elle a quelque analogie avec les anciens GARDES FRANÇAISES. — Ce qui la concernait sera examiné sous les rapports suivants : CRÉATION, COMPOSITION, FORCE, UNIFORME, SERVICE. — N° 1. CRÉATION, COMPOSITION, FORCE. — Il a existé probablement de tout temps des CORPS A PIED dans la GARDE des souverains, ou du moins il y était attaché des HOMMES DE CHEVAL qui y faisoient le SERVICE A PIED ; mais on voit distinctement une TROUPE D'INFANTERIE faire partie de la GARDE de FRANÇOIS PREMIER. — L'Infanterie de la GARDE ROYALE était depuis le règne de LOUIS DIX-HUIT, la partie principale d'une armée privilégiée. — Les lois qui concernent sa composition, son avancement, ses grandes manœuvres, sa solde, ses aumôniers, etc., etc., lui étaient particulières. — Elle avait été dès son origine de six régiments, chacun de dix-huit cents hommes et de trois bataillons. — L'ordonnance de 1825 (27 février) lui donnait sur pied de paix neuf mille sept cent quatre-vingt-dix hommes, et sur pied de guerre seize mille sept cents hommes. Nous avons démontré que le ministre qui a institué ce système d'augmentation de force, a adopté une mesure blâmable et fausse. — N° 2. Uniforme. — Les effets d'uniforme et l'habillement de l'Infanterie de la garde étaient d'une confection et d'une matière plus coûteuse que dans la ligne. — La capote était d'une forme particulière, les fourreaux de sabre différaient. — Les boutons de l'habillement étaient blancs et à attributs particuliers; ceux des officiers étaient en argent ou en étain argenté; ceux de la troupe en étain. — Les compagnies de grenadiers de la garde ont des bonnets à poils et à cordons; d'autres compagnies de cette garde en ont sans cordons; nous nous sommes résignés à rendre compte de ces futiles variétés. — Les compagnies de fusiliers ont des épaulettes à franges; celles des tambours-majors ressemblent à des épaulettes de colonels de ligne. Les colonels de la garde ont des épaulettes à étoiles et des chapeaux à plume. Des brandebourgs en galon du tissu nommé cordeplain, bariolaient les devants et les poches des habits; c'était une imitation des boutonnières de la milice anglaise, car au temps de la création de la garde de Louis dix-huit on avait de la propension à imiter les modes des vainqueurs; de là le chapeau septentrional, le schako allemand, la coupe prussienne des habits et leur plastron en ouate ou en chiffons, les contre-épaulettes en drap à la russe, le panache wurtembergeois et les habits chamarrés à l'anglaise; mais les couleurs nationales, sauf la différence de la place où elles figuraient, étaient restées cependant dans l'habillement, et n'avaient disparu que sur les drapeaux; ceux de l'Infanterie de la garde étaient de la couleur des autres drapeaux, mais ils présentaient des attributs différents. La croix de St-Louis n'y figurait pas. Le cordon de l'ordre du Saint-Esprit s'y voyait. Des souliers corioclaves y avaient été essayés; cet essai n'eut pas de suite. — La musique de l'Infanterie de la garde différait de celle de la ligne en ce qu'il s'y voyait des chapeaux chinois, des cymbales en plus grand nombre, des ophicléides, des cors harmo-

niques d'une forme perfectionnée, etc. Si dans la ligne trois clarinettes suffisaient, il en fallait onze dans la garde. — N° 5. Service. — En parlant de la garde en général et de la maison du roi, ce genre de service a été expliqué suffisamment. — La police des théâtres royaux était particulièrement confiée à l'Infanterie de cette garde. La garde du trésor royal était confiée aux Suisses.

INFANTERIE française de ligne (term. sous-génér.), ou infanterie de ligne. Sorte d'infanterie française ainsi nommée par opposition aux régiments de l'infanterie française de l'ex-garde royale et de l'ex-garde impériale. Ce qui la concerne demande à être examiné comme il suit : création, composition, dénomination, force, nombre, uniforme, allocations, fonctions, service, administration. — N° 1. Création. — Dans les usages français l'infanterie de ligne peut être regardée comme existant depuis qu'il a été créé des gardes françaises, ou du moins depuis que d'autres corps d'infanterie formés vers le même temps furent distincts des gardes françaises et désignés sous des noms de province; alors une infanterie ordinaire commença à être ligne, sinon nominalement, du moins de fait. — L'usage de spécifier par une qualification particulière le genre des troupes à pied non employées à la garde des souverains, est d'une date très-moderne; la législation et la langue de notre armée ne se sont pas encore mises d'accord avec elles-mêmes à ce sujet. — N° 2. Composition. — La composition de l'Infanterie française de ligne considérée soit dans ses principes, soit dans ses détails, a toujours différé de celle des corps attachés à la personne du monarque ou aux personnages exerçant les hautes fonctions de l'État; ce défaut d'harmonie était fâcheux et blâmable : les commis de la guerre compliquaient des rouages qui ne sauraient avoir trop de simplicité; était-ce pour se donner de l'importance ou pour créer une vaine science de mots, de détails, de chiffres, qui ne pût être possédée que par eux seuls? On a adressé aux ministres ces questions et ces reproches; mais en réalité les ministres avaient la main forcée. — Les renseignements réunis aux articles relatifs à la composition de l'infanterie en général, de l'infanterie française en particulier, et ce que nous avons dit des musiques, des musiciens, des prévôts, des tambours, etc., nous dispenseront de donner un grand développement à cette matière; quelques particularités cependant doivent prendre place ici. — La composition physique de l'Infanterie de ligne était médiocre et débile en France, à raison de l'espèce des HOMMES qui y étaient IMMATRICULÉS ; s'ils acquéraient de la force, de la TAILLE, de la dextérité et qu'ils fussent bons sujets et non REMPLAÇANTS, des CORPS D'ÉLITE s'en emparaient comme d'un tribut ; ainsi la LIGNE était journellement énervée par la perte des HOMMES que lui enlevaient et la GARDE ROYALE et la GENDARMERIE ; les sujets propres à être SOUS-OFFICIERS étaient rares dans la ligne ; si ceux qui obtenaient ces GRADES étaient instruits et bien tournés, la MAISON MILITAIRE s'en saisissait ; il en résultait que des imberbes y étaient SOUS-OFFICIERS, qu'une moustache y était un phénomène, et que les FUSILIERS n'étaient aptes qu'à donner des VOLTIGEURS, non à fournir des GRENADIERS. — La COMPOSITION légale et constitutive de l'INFANTERIE DE LIGNE a compris des RÉGIMENTS, des DEMI-BRIGADES, des LÉGIONS ; le système régimentaire a prévalu. — Les QUARTIERS MAITRES sont devenus TRÉSORIERS. — Au commencement de la GUERRE DE LA RÉVOLUTION, l'EMBRIGADEMENT a été une modification de COMPOSITION, une refonte générale et un AMALGAME des deux genres de TROUPES, l'une appartenant à l'ARMÉE DE LIGNE, l'autre composée de BATAILLONS DE VOLONTAIRES et de GARDES NATIONAUX ; l'ANCIENNETÉ des CORPS et des COMPAGNIES s'est alors effacée par l'institution d'un nouvel ordre numérique des CORPS. — La Restauration a amené le licenciement et la renaissance de l'ARMÉE ; elle a remplacé les AIGLES par des enseignes nouvelles. — L'ORDONNANCE DE 1820 (25 OCTOBRE) substitue quatre-vingts RÉGIMENTS aux LÉGIONS DÉPARTEMENTALES établies depuis les cent jours ; ces RÉGIMENTS devaient être tous à trois BATAILLONS ; mais les quarante premiers seuls avaient ce nombre de BATAILLONS, et les quarante derniers ainsi que les vingt d'INFANTERIE LÉGÈRE n'étaient qu'à deux BATAILLONS. — Une nouvelle COMPOSITION de l'Infanterie de ligne a eu lieu en 1825. — L'Infanterie de ligne se recrute par APPEL et par ENROLEMENT libre. — L'ENROLEMENT VOLONTAIRE lui fournissait plus qu'à toute autre ARME, à raison de la TAILLE généralement peu élevée des FRANÇAIS. Le RAPPORT de 1829 (6 mars) le témoignait. — Elle est soumise à une loi fixe d'AUGMENTATION DE FORCE qu'on appelle PIED DE GUERRE ; cette même disposi-

tion était commune à la GARDE ROYALE ; mais c'était à tort, puisque l'INFANTERIE DE LIGNE seule pouvait varier constitutivement du PIED DE PAIX au PIED DE GUERRE ; tandis qu'au contraire l'EFFECTIF légal d'un CORPS D'ÉLITE doit être fixe. — L'inégalité des systèmes de COMPOSITION que chaque MINISTRE DE LA GUERRE fait déplorablement varier à sa guise, s'est opposée à ce que jamais les ESCOUADES aient eu la force et la forme que leur supposent des RÈGLEMENTS mal d'accord entre eux. — Des changements non moins fréquents ont eu lieu à l'égard des AUMONIERS, des AIDES-MAJORS, des AIDES-CHIRURGIENS, des CAPITAINES, des CAPORAUX, des CHEFS DE BATAILLON, des CHIRURGIENS-MAJORS, des COLONELS, des FOURRIERS, des MAITRES D'ARMES, des MAITRES OUVRIERS. — ODIER (1824, E) a frappé d'un juste blâme le mode du CLASSEMENT d'une partie des OFFICIERS D'INFANTERIE. — N° 5. DÉNOMINATION. — Au milieu du dernier siècle on disait : INFANTERIE ORDINAIRE, comme le témoigne Rochefort (1753, D). — L'usage de l'expression INFANTERIE DE LIGNE n'a pas de date fixe, elle appartient au dernier siècle. On a d'abord employé cette désignation par opposition à la dénomination des BATAILLONS DE GARDES NATIONAUX. — Peu avant la fin de ce même siècle, on s'est servi de ce nom par opposition à l'INFANTERIE LÉGÈRE ; on l'a ensuite pris par opposition à l'INFANTERIE de la GARDE DES CONSULS. Ce changement de sens a amené l'usage de la locution INFANTERIE DE BATAILLE, et cette dernière expression s'est introduite par opposition à la dénomination de l'INFANTERIE LÉGÈRE. — La DÉCISION DE 1820 (15 DÉCEMBRE) a imité le style adopté par l'ASSEMBLÉE CONSTITUANTE, et elle employait INFANTERIE DE LIGNE dans le même sens que plusieurs documents officiels donnent aux termes INFANTERIE DE BATAILLE ; ainsi la décision de 1820 prend INFANTERIE DE LIGNE par opposition à INFANTERIE LÉGÈRE, ce qui implique contre-sens. — N° 4. FORCE, NOMBRE. — Le tableau qui suit donne seulement un aperçu des variations que l'INFANTERIE DE LIGNE a éprouvées depuis le commencement du siècle, car l'examen ne pouvait partir que de la création légale du terme INFANTERIE DE LIGNE.

DATES des USAGES OU RÉGLEMENS de COMPOSITION.	NOMS des CORPS.	NOMBRE DE BATAILLONS PAR RÉGIMENT.	NOMBRE DE COMPAGNIES PAR BATAILLON.	NOMBRE D'HOMMES, OFFICIERS Y COMPRIS, PAR BATAILLON.	OBSERVATIONS.
An sept (23 fructid.).	1/2 BRIGADES.	3	9	1,080	Le total de la hemi-brigade est de 3,231. La force générale de l'infanterie est de 407,106.
An huit (9 fructidor).	Id.	3, 2	9	1,080	
An neuf............	....	.....	....	......	Le recensement de cette époque porte le nombre des bataillons à 518 y compris les Suisses.
An onze (28 prairial).	....	.....	....	......	Un arrêté augmente de 100 hommes certains bataillons, d'autres de 200. C'est un chaos indéchiffrable.
1808 (18 février)...	....	5	6	840	
1812.............	PUPILLES.	9	8	890	Ils étaient à la fois et de la ligne et attachés à la garde, et formaient 8,090 homm. en 1 régiment de 9 bataillons.
1814 (12 mai)......	RÉGIMENTS.	2	6	450	
1815 (10 juillet)....	LÉGIONS.	2, 3	8	520	
1819 (3 août)......	Id.	2, 3, 4	8	520	
1820 (23 octobre)...	RÉGIMENTS.	2, 3	8	670	157,000.
1828.............	....	.....	....	......	131,166, PIED DE PAIX. 202,074, PIED DE GUERRE.
1829.............	....	.....	....	......	33,000 HOMMES GRADÉS.
1834.............	....	3	8	......	147,400 hommes.

— N° 5. UNIFORME. — Les COULEURS DE FOND de l'HABIT de l'INFANTERIE DE LIGNE ont été, suivant les temps ou les ARMES, BLANC, BLEU DE ROI, GRIS, VERT, etc. Quelques-uns des CORPS DE L'INFANTERIE française ont eu le ROUGE; quelques corps étrangers le bleu de ciel, quelques corps d'alliés, le JAUNE, etc. — Les LAMES DE BAIONNETTES françaises ont en général été courtes en comparaison de celles de quelques autres MILICES. Entre l'INFANTERIE DE LIGNE et la GARDE il y avait encore plus de différence quant aux EFFETS D'UNIFORME qu'il n'y en a quant à la COMPOSITION. — L'HABILLEMENT, les COULEURS, la BUFFLETERIE, la GIBERNE, les ATTRIBUTS DE DRAPEAU, les ATTRIBUTS DE BOUTONS, le CHAPEAU, l'ÉPÉE et jusqu'au FOURREAU DE SABRE présentaient des différences aussi fâcheuses que dispendieuses et inutiles. Le ministre LATOUR-MAUBOURG par la DÉCISION DE 1820 (15 DÉCEMBRE) établissait quelque uniformité entre ces deux genres de TROUPE; l'une et l'autre avaient également l'HABIT SANS REVERS, mais la CAPOTE n'était pas la même. Le MINISTRE BELLUNE modelait le costume de la LIGNE sur celui de la GARDE, et accroissait par là des DÉPENSES peu utiles et sans cesse croissantes; la rivalité amène progression de luxe. Le ministère n'assoupit les plaintes qu'en dépensant plus. Ainsi la REDINGOTE fut donnée aux SOUS-OFFICIERS. — Les sapeurs, les tambours-majors, les musiques entraînèrent d'énormes dépenses. — La DÉCISION DE 1828 (29 MAI) simplifiait l'UNIFORME de soixante-quatre RÉGIMENTS de l'INFANTERIE DE LIGNE; l'habit de l'INFANTERIE DE BATAILLE et de l'INFANTERIE LÉGÈRE ne différaient que par le numéro du BOUTON et la COULEUR TRANCHANTE du COLLET et des PASSEPOILS; le COLLET D'HABIT était échancré; les RETROUSSIS étaient de la COULEUR DE FOND; le DEVANT de l'HABIT était à BOUTONNIÈRES au lieu d'être à revers; mais ce système simplificateur ne s'étendait ni à l'INFANTERIE de la GARDE ni à l'UNIFORME de la CAVALERIE; elles conservaient des COULEURS TRANCHANTES qui variaient de RÉGIMENT à RÉGIMENT; elles avaient ainsi l'uniforme le plus disparate et le plus capricieusement varié; notre LÉGISLATION militaire ne marche jamais d'une allure franche. — Maintenant le COLLET D'HABIT est échancré et le RETROUSSIS est de la

COULEUR DE FOND; le DEVANT de l'HABIT est à BOUTONNIÈRES au lieu d'être à REVERS. — Certains SCHAKOS portent des AIGRETTES. — En 1830, des PETITS BIDONS en forme de BARILS sont délivrés; c'est le millième essai de ce genre. — N° 6. ALLOCATIONS, FONCTIONS, SERVICE, ADMINISTRATION. — Les ALLOCATIONS de l'Infanterie ont été suffisamment expliquées dans les articles où il est question des CAISSONS, des CHEVAUX DE BAT et d'OFFICIERS, des MASSES D'HABILLEMENT et de PETIT ÉQUIPEMENT, de la SOLDE, des FOURNITURES, des DISTRIBUTIONS, des INSTRUMENTS DE HAUT BRUIT, des PREMIÈRES MISES, des RETENUES, des TRAVAILLEURS. — La CIRCULAIRE DE 1857 (22 JANVIER) allouait à chaque BATAILLON D'INFANTERIE, pour DÉPENSES ÉVENTUELLES, deux cents francs par an. — En 1829, l'INFANTERIE DE LIGNE coûtait au trésor trente-cinq millions quatre cent soixante-treize mille sept cent quatre-vingt-six francs. — Pour l'accomplissement de ses FONCTIONS, l'INFANTERIE DE LIGNE se distingue en INFANTERIE DE BATAILLE et en INFANTERIE LÉGÈRE. — Ce qui a été dit à l'égard des ADJUDANTS, des ADJUDANTS-MAJORS, des CHEFS DE BATAILLON DE SEMAINE, des FONCTIONS de chaque GRADE, des MESSES MILITAIRES, etc., suffit aux éclaircissements relatifs au SERVICE, et les ordonnances de police de service et de campagne embrassent suffisamment le sujet. — Quant à l'ADMINISTRATION de l'infanterie française de ligne, il serait sans utilité de répéter ici ce qui se rapporte aux COMPTABLES, aux CONGÉS DE PASSE, aux CONSEILS D'ADMINISTRATION, aux DENIERS de la SOLDE et à ses ACCESSOIRES, aux GRATIFICATIONS, aux DENRÉES, aux DISTRIBUTIONS, aux INSPECTEURS GÉNÉRAUX, aux LIVRES divers, aux MAGASINS DE CORPS, aux DETTES et des HOMMES DE TROUPE et des OFFICIERS, aux PIÈCES DE RECHANGE tirées des MANUFACTURES D'ARMES.

INFANTERIE FRANCO-CORSE. V. COLONEL GÉNÉRAL DE L'INFANTERIE. V. FRANCO-CORSE.

INFANTERIE FRANCO-ÉTRANGÈRE (A, 1) OU INFANTERIE ÉTRANGÈRE, comme disaient les anciennes ordonnances ; mais cette dernière locution est louche à moins qu'on ne surcharge par les mots *au service de France* une dénomination déjà prolixe. — Sorte d'Infanterie considérée comme ARME PERSONNELLE et comme distincte de l'INFANTERIE FRANÇAISE proprement dite ; elle a compris des ALLEMANDS, des Catalans, des CORSES, des GÉNOIS, des HOLLANDAIS, des IRLANDAIS, des ITALIENS, des LIÉGEOIS, des Neufchâtelois, des PIÉMONTAIS, des POLONAIS, des Valaisans, des WALLONS. On aurait dû, sous la désignation d'INFANTERIE ÉTRANGÈRE, comprendre aussi des SUISSES ; mais les ordonnances les

mentionnent à part. — PHILIPPE LE BEL mit sur pied des TROUPES ÉTRANGÈRES et les attira au moyen des traités conclus avec les rois de Norwége et d'Écosse, avec le duc d'Autriche et d'autres princes d'ALLEMAGNE, avec le dauphin du Viennois. — PHILIPPE DE VALOIS solda également une INFANTERIE MERCENAIRE. — LOUIS ONZE est le premier qui appela en FRANCE des SUISSES formés en INFANTERIE DE BATAILLE ; il entretenait des ÉCOSSAIS comme CORPS LÉGERS. — Dans l'INFANTERIE ÉTRANGÈRE de CHARLES HUIT, il y avait un dixième d'ESCOPETIERS. — FRANÇOIS PREMIER avait à son service des BANDES ITALIENNES. — Dans les GUERRES CIVILES et de religion, les ARMÉES ROYALES et anti-royales avaient de l'Infanterie ALLEMANDE, SUISSE, WALLONE. — Les ARMÉES de LOUIS QUATORZE et de LOUIS QUINZE ont compris quantité de CORPS d'INFANTERIE ÉTRANGÈRE. — Les COMPAGNIES de TROUPES ÉTRANGÈRES étaient en général plus grosses que les COMPAGNIES D'INFANTERIE FRANÇAISE et avaient une JUSTICE à part, sous la direction d'un PRÉVOT. — Jamais la FRANCE n'avait disposé d'un aussi grand nombre de TROUPES de tout pays que quand BONAPARTE était le roi de plusieurs trônes ; cet accroissement apparent de forces amenait l'affaiblissement réel de son pouvoir ; les fleuves se perdent en s'étendant. — On peut consulter à l'égard des CORPS ÉTRANGERS, CARRION (1824, A), ENCYCLOPÉDIE (1785, C, au mot *Infanterie*), GUIGNARD (1725, B), LACHESNAIE (1758, I); id. au mot *Paye.* POTIER (1779, X, au mot *Infanterie étrangère*), RAY DE SAINT-GENIES (1755, A), SAINT-GERMAIN (1779, C), WIMPFEN (1780, A). — Depuis la restauration, l'Infanterie franco-étrangère a compris la LÉGION ÉTRANGÈRE, devenue en 1818 RÉGIMENT DE HOHENLOHE; elle comprenait aussi des RÉGIMENTS SUISSES de GARDE ROYALE et de LIGNE ; il était attaché à ces derniers de l'ARTILLERIE. Cet ensemble de TROUPES n'était pas soumis aux variations d'un PIED DE PAIX et d'un PIED DE GUERRE et se montait en 1829, non compris les SUISSES de la GARDE, à neuf mille deux cent quarante-sept hommes de TROUPES, et quatre cent cinquante-deux OFFICIERS. — On a fait valoir en faveur de l'admission des CORPS FRANCO-ÉTRANGERS, la nécessité d'avoir des SOLDATS parlant la langue des pays où l'on fait campagne, et de tenir ouverts des CADRES où puissent être versés les DÉSERTEURS venus de l'étranger en TEMPS DE PAIX ou abandonnant les LIGNES DE L'ENNEMI en TEMPS DE GUERRE. — On a objecté contre les TROUPES ÉTRANGÈRES l'inconvénient d'une TACTIQUE toujours plus ou moins disparate ; celui des COMMANDEMENTS prononcés en langue étrangère, souvent même la dissemblance des BATTERIES D'ORDONNANCE, des TAMBOURS. — Nous allons offrir un aperçu du total de l'Infanterie franco-étrangère qui a été directement soumise à des RÉGLEMENTS français et soldée par la FRANCE, sous la désignation d'INFANTERIE ALLEMANDE, IRLANDAISE, etc. Dans ce nombre ne sont pas comprises les TROUPES ÉTRANGÈRES qui, sous l'empire de leur régime national, ont servi la FRANCE à titre d'ALLIÉS.

ANNÉES.	RÉGIMENTS.	BATAILLONS.	MILITAIRES.	OBSERVATIONS.
1690.	..	..	. . . . . .	Les RÉGIMENTS sont à 2 BATAILLONS de 600 hommes, les BATAILLONS sont de 3 COMPAGNIES.
1719.	20	..	24,898	
1735	20	..	29,860	
1749.	29	..	. . . . . .	Sont à 1, 2, 3 BATAILLONS ; les BATAILLONS sont de 6 à 8 COMPAGNIES, les COMPAGNIES sont de 50 à 67 HOMMES.
1762 (10 décembre)..	23	47	24,990	
1776 (25 mars, 31 mai).	21	48	48,216	
1784 (12 juillet).....	21	46	27,417	Ou, suivant Grimoard (1808, G), 29,646 sur pied de paix, 46,006 sur pied de guerre.
1788 (17 mars).......	23	46	26,045	PIED DE PAIX. . . . . }
	23	46	39,222	PIED DE GUERRE...... } 8 RÉGIMENTS ALLEMANDS, 11 id. SUISSES ; 3 id. IRLANDAIS ; 1 id. LIÉGEOIS.
	23	46	41,063	GRAND PIED DE GUERRE. }
1791 (1er janvier)....	23	46	23,667	Les 12 RÉGIMENTS ALLEMANDS, IRLANDAIS, LIÉGEOIS prennent un numéro parmi les RÉGIMENTS FRANÇAIS. Le DÉCRET DE 1791 (21 JUILLET) les fond dans l'INFANTERIE FRANÇAISE. — De 1792 à 1799, il existe comme INFANTERIE LÉGÈRE des BELGES, des HOLLANDAIS, des POLONAIS, des PIÉMONTAIS, des HELVÉTIENS.
1799.	12	38	18,000	BONAPARTE rétablit l'usage de l'INFANTERIE ÉTRANGÈRE et l'admet dans une quantité jusque-là sans exemple.
1802 (24 septembre)..	16	60	50,824	
1808 (18 février).....	14	50	80,000	
1812 (1er septembre).	16	60	40,000	
1814 (12 mai).......	5	15	5,516	
1815 (16 juillet).....	5	15	8,435	
1828.	9	27	9,247	Plus 452 OFFICIERS. — Les PIEDS DE PAIX et de GUERRE sont les mêmes. — Les SUISSES DE LIGNE y sont compris ; ils se montent, avec ceux de la GARDE, à 12,500.

INFANTERIE FRANCO-ITALIENNE. V. COLONEL GÉNÉRAL DE L'INFANTERIE. V. FRANCO-ITALIEN.

INFANTERIE FRANCO-SUISSE (term. sous-génér.). Sorte d'INFANTERIE considérée comme ayant fait partie des TROUPES FRANÇAISES, mais comme distincte de l'INFANTERIE FRANÇAISE. Au temps de la PIQUE, celle de l'INFANTERIE FRANCO-SUISSE était plus longue. — Les ÉCRIVAINS tels que BRIQUET (1761, H) et LACHESNAIE (1758, 1) l'appellent, en général, INFANTERIE SUISSE ; mais c'est une source de quiproquos, puisque la véritable INFANTERIE SUISSE est celle qui, dans la patrie helvétique, serait tenue sur pied par les louables CANTONS. — On devrait regarder l'INFANTERIE SUISSE comme faisant partie de l'INFANTERIE FRANCO-ÉTRANGÈRE, puisque c'étaient également des étrangers MERCENAIRES. Tel n'est point l'usage ; mais nos règlements et notre LANGUE MILITAIRE se sont peu occupés de l'exactitude et du choix des termes. — Pour retenir les SUISSES sous les DRAPEAUX français, leurs OFFICIERS prenaient des précautions nombreuses et en général louables ; de là cet emploi d'un bouffon par compagnie, d'un LOUSTIC, dont le nom, emprunté à l'ALLEMAND *lustig*, est resté dans le français trivial; de là l'institution de différents jeux qui tenaient de la GYMNASTIQUE ; de là ces danses armées qui avaient quelques rapports avec celles de la GRÈCE antique ; de là enfin la défense aux musiques de jouer jamais le *Ranz des vaches*, dont la rude harmonie rappelait aux enfants de la SUISSE leurs montagnes, leurs troupeaux, leur village. — Les communications du gouvernement ont fait connaître, en 1829, que la capitulation suisse devait subir quelques modifications. — La révolution de 1830 a amené, en août, le LICENCIEMENT des CORPS SUISSES. Ce qui les concernait n'a pas moins conservé un intérêt historique. — Il a été traité de l'Infanterie suisse par BRIQUET, M. le colonel CARRION (1824, A, t. II, p. 108), CHENNEVIÈRES (1742, D), DANIEL (1721, A), LACHESNAIE (1758, I, au mot *Suisse*), MACHIAVEL (1510, A), SAINT-GERMAIN (1779, C, p. 84), M. DE SÉGUR (Phil.) (1825), M. SICARD, ZURLAUBEN (1760, G), le *Journal de statistique*, t. VII, p. 251. — Il convient de diviser le sujet comme il suit : CRÉATION, — COMPOSITION, — FORCE, — UNIFORME, — ALLOCATIONS, — PRÉROGATIVES, — RANG, — FONCTIONS, — PUNITIONS, — PEINES. — N° 1. CRÉATION. — Dès l'an 1305, suivant M. SICARD, les CANTONS SUISSES commencent à vendre des soldats à la FRANCE. — LOUIS ONZE, encore dauphin, conclut en 1444, avec les CANTONS, un traité pour une LEVÉE d'hommes. CHARLES SEPT renouvelle en 1452 ce traité. Tels furent les premiers arrangements conclus. — LOUIS ONZE devenu roi, satisfait de la manière dont cinq cents Suisses, commandés par Jean d'Anjou, duc de Calabre, combattirent à MONTLHÉRY sous ses yeux, en admit en 1479 six mille dans son ARMÉE ; ils en devinrent l'INFANTERIE DE BATAILLE; ils figurèrent au camp retranché du Pont de l'Arche en 1480 ; ils le servirent fidèlement après la conclusion du traité d'Enzisheim ; ils restèrent attachés à CHARLES HUIT lorsque les LANSQUENETS trahissaient le duc de Montpensier. — En 1500, il y en a dans l'armée de LOUIS DOUZE et dans celle des MILANAIS alors ses ennemis. Ce prince n'eut pas à se louer des TROUPES helvétiques. — Dans la campagne de 1521, douze mille Suisses au service de FRANCE et douze mille du parti opposé sont à la veille de s'entr'égorger. Les CANTONS suisses, pour prévenir ce fratricide, ordonnent aux uns et aux autres de rentrer dans leurs foyers ; mais le cardinal de Sion retient les Suisses des alliés et les grossit même de ceux de l'ARMÉE FRANÇAISE. FRANÇOIS PREMIER punit à MARIGNAN leur défection par un sanglant triomphe. — En 1549, HENRI DEUX, et en

1564, CHARLES NEUF renouvelèrent l'alliance avec les cantons. — A la bataille d'IVRY, il y en avait des deux côtés. DANIEL (1721, A) dit que pour ne pas perdre leurs MONSTRES (le droit à la SOLDE), ceux qui avaient combattu HENRI QUATRE s'attachèrent à lui après sa victoire ; mais quand la révolte du duc de Nemours éclata peu d'années après, ils tournèrent leurs armes contre le roi. — MONTLUC (1592, B) dit : *Cette nation a été la cause de la perte de bien des places; les Suisses servent bien, mais il ne faut pas que l'argent manque, car ils ne se payent pas de paroles.* — A la bataille de Saint-Denis, il y en avait six mille qui, tout luthériens qu'ils fussent, y taillèrent en pièces nos huguenots. — Peu avant la PAIX DE RISWICK, la FRANCE soldait trente-deux mille SUISSES, à ce que dit DANIEL (1721). — A l'instar des GARDES FRANÇAISES, LOUIS QUATORZE et LOUIS QUINZE eurent des GARDES SUISSES; ceux de la GARDE de LOUIS SEIZE se montrèrent dévoués et vaillants en 1792. Vers la même époque, ceux du RÉGIMENT de Châteauvieux, au contraire, se mutinèrent ; mais de criantes injustices les avaient exaspérés. — Au 20 août 1792, les Suisses sont licenciés. — Des DEMI-BRIGADES HELVÉTIQUES et des RÉGIMENTS SUISSES ont servi la FRANCE républicaine et impériale. — Après avoir violemment pris parti contre le protecteur de la confédération en s'unissant, en 1813, à la coalition contre la France, nos EX-ALLIÉS d'Helvétie posaient à peine leurs armes insurrectionnelles, que la CAPITULATION de 1816 et l'ORDONNANCE de la même année (18 JUILLET) admettaient des Suisses dans l'ARMÉE FRANÇAISE. Les largesses stipulées dans la CAPITULATION avaient couleur d'actions de grâce. — L'ORDONNANCE DE 1825 (27 FÉVRIER) maintenait cette capitulation. — N° 2. COMPOSITION. — L'INFANTERIE SUISSE a en général toujours été INFANTERIE DE BATAILLE, et, dans les siècles passés, les BATAILLONS SUISSES comprenaient moins de COMPAGNIES que les autres BATAILLONS de BATAILLE. On les appelait les PETITS SUISSES, pour les distinguer des GARDES. — Au seizième siècle, comme le témoigne M. MONTEIL, quelques MILITAIRES FRANÇAIS y étaient attachés comme guides, comme interprètes. — Au temps de TURENNE, les BATAILLONS SUISSES étaient de huit cents hommes en quatre COMPAGNIES; chacune d'elles avait trois TAMBOURS. — LES GRENADIERS SUISSES n'ont été formés en COMPAGNIES spéciales que bien postérieurement aux GRENADIERS des COMPAGNIES D'INFANTERIE FRANÇAISE. — En ne nous occupant que du temps de la restauration, l'INFANTERIE franco-suisse était composée en tout de six RÉGIMENTS à trois BATAILLONS chacun et à huit COMPAGNIES par BATAILLON ; elle comprenait des APPOINTÉS, des AUMÔNIERS sous le nom de MINISTRES, un GRAND JUGE ; elle était sous l'ADMINISTRATION et la POLICE d'un COMMISSAIRE GÉNÉRAL et d'un SECRÉTAIRE GÉNÉRAL ; elle était sous les ordres d'un COLONEL GÉNÉRAL ; elle avait sa souche dans les COMPAGNIES CANTONNALES. — L'ORDONNANCE DE 1816 (18 AOUT) comprenait dans la composition de l'Infanterie un INSPECTEUR PARTICULIER ; c'était le maréchal de camp, premier aide de camp du COLONEL GÉNÉRAL ; et cependant cette ordonnance soumettait l'Infanterie suisse aux revues des INSPECTEURS GÉNÉRAUX D'ARMES. — L'article 111 de la capitulation de 1816 déclarait habile *tout bourgeois suisse à être officier suisse*. Ainsi, disait le général LAMARQUE, en 1829 (27 juin), *les fils des Montmorency, des Masséna, etc., ne peuvent devenir officiers qu'après avoir servi quatre ans, ou avoir passé dans les écoles ; et le fils d'un bourgeois de Saint-Gall pourra porter l'épaulette de capitaine sans études préliminaires ; et une ordonnance de Clermont-Tonnerre (1824, 17 et 30 mars) leur donne le pas sur les officiers français de même grade, s'ils ont une ancienneté de rang aussi facile à acquérir.* — Les COMPAGNIES D'ÉLITE étaient un produit par égale portion des COMPAGNIES CANTONNALES OU AVOUÉES, c'est-à-dire que les COMPAGNIES DE FUSILIERS ne pouvaient se recruter que dans un canton déterminé, tandis que les COMPAGNIES D'ÉLITE étaient AVOUÉES des treize cantons, comme, autrefois, l'était la COMPAGNIE GÉNÉRALE. — Les CONSEILS D'ADMINISTRATION se distinguaient en CONSEIL GÉNÉRAL et en CONSEIL GÉRANT. — L'article 111 de la CAPITULATION permettait d'introduire dans les COMPAGNIES SUISSES un quart d'ÉTRANGERS ; ainsi, disait M. le général LAMARQUE à la session de 1829 : *Le rebut de toutes les populations, les déserteurs de toutes nations seront reçus chez nous dans des corps privilégiés.* Il ajoutait : *L'article 37 ne permet pas au roi de France d'améliorer le traitement des troupes françaises sans faire jouir les Suisses d'un avantage proportionné.* — N° 3. FORCE, UNIFORME. — En 1558, à une revue de HENRI DEUX, on comptait sous les armes douze mille Suisses. — En 1650, les BANDES SUISSES (on appelait encore ainsi cette INFANTERIE) se montaient à neuf mille hommes. — Sous LOUIS QUATORZE il n'y avait que trois COMPAGNIES par BATAILLON de six cents HOMMES ; un motif d'économie dictait cette mesure, et d'ailleurs on comptait sur

la sévérité de la DISCIPLINE helvétique. — En 1698 les RÉGIMENTS ne sont que d'un BATAILLON de quinze COMPAGNIES, ils forment trente deux-mille HOMMES ; en 1714 les huit RÉGIMENTS forment quatorze mille quatre cents HOMMES, y compris trois cent soixante-seize OFFICIERS. — Les RÉGIMENTS étaient à trois BATAILLONS, les BATAILLONS à trois ou à six COMPAGNIES, les COMPAGNIES à cent ou à deux cents HOMMES. — En 1756 il y avait dix RÉGIMENTS à deux BATAILLONS de six COMPAGNIES chacun ; les COMPAGNIES étaient à cent vingt HOMMES. — Il y avait onze RÉGIMENTS sous le ministère de SAINT-GERMAIN. — La force des CORPS SUISSES était en 1787 de onze mille quatre cent cinquante-neuf HOMMES ; en 1803 (23 septembre) il existait quatre DEMI-BRIGADES HELVÉTIQUES, transformées en RÉGIMENTS en 1808 (18 février). — Dans les usages modernes, les CORPS SUISSES ont été de même force que le reste de l'INFANTERIE ; sous la restauration ils avaient plus d'ADJUDANTS que l'infanterie française, ils avaient des APPOINTÉS, etc. — La force des SUISSES en 1828 était, comme le témoignent les discussions du budget de 1828 (17 juillet), de douze mille cinq cent quarante HOMMES, tant dans la GARDE que dans la LIGNE. L'effectif légal ne variait pas du PIED DE PAIX au PIED DE GUERRE. — En 1830, peu avant la suppression des CORPS FRANCO-SUISSES, ceux de l'INFANTERIE DE LIGNE se composaient de quatre RÉGIMENTS A QUATRE BATAILLONS. — Les CAPITAINES D'HABILLEMENT et les CHIRURGIENS étaient nommés par le COLONEL GÉNÉRAL, les CAPORAUX par le COLONEL, les CHEFS DE BATAILLON par le ROI, qui les choisissait entre les OFFICIERS des CANTONS CAPITULANTS. — Il suffisait pour devenir OFFICIER d'être le fils d'un bourgeois SUISSE. — L'HABILLEMENT des SUISSES a toujours différé de celui de l'INFANTERIE FRANÇAISE et ÉTRANGÈRE. Des BOUTONS bombés et unis et le HAUSSECOL blanc étaient particuliers aux SUISSES. — L'HABIT a été sang de bœuf ou ÉCARLATE. LES DRAPEAUX portaient des ATTRIBUTS particuliers. — Les HACHES DE DISTINCTION des SAPEURS étaient de couleur blanche ainsi que les ÉPAULETTES DE GRENADIERS. — N° 4. ALLOCATIONS. — LOUIS ONZE accordait à un SOLDAT SUISSE une PAYE évaluée l'équivalent du prix de quatre journées d'ouvriers SUISSES. La pension payée au canton était par chaque soldat de soixante-six francs environ, monnaie actuelle. — FRANÇOIS PREMIER en 1516 augmentait la solde des bandes suisses. L'énormité de cette SOLDE fut plus d'une fois l'occasion des retards que le SERVICE des MONSTRES (REVUES) éprouvait. Mais MAZARIN et LETELLIER mirent ordre à cette profusion ; elle ne fut pas de longue durée.

— A l'exception des GARDES SUISSES, les anciens RÉGIMENTS SUISSES au SERVICE DE FRANCE étaient sur le même pied que le reste de l'INFANTERIE DE LIGNE; ils coûtaient même moins cher parce que leur ÉTAT-MAJOR et le nombre de leurs OFFICIERS étaient moindres. — Les enfants de l'Helvétie ont consenti à servir sous la dénomination d'*Helvétiens* le DIRECTOIRE, et, sous la dénomination de SUISSES, BONAPARTE, protecteur de leur confédération; ils n'ont exigé ni de la république, ni de l'empire, un traitement qui excédât celui qui était alloué aux MILITAIRES FRANÇAIS, mais ils se sont montrés moins désintéressés vis-à-vis le gouvernement royal; ils ont oublié le long patronage des Bourbons. — En rentrant au SERVICE de cette famille ils s'assurèrent des avantages qui surpassaient tous ceux dont ils avaient joui jusque-là; ils ont exigé, en cas de LICENCIEMENT, une GRATIFICATION et la conservation de leur ARMEMENT; ils ont voulu des GRADES SUPÉRIEURS, une SOLDE plus forte, des RETRAITES énormes; ils ont mis le RECRUTEMENT à un haut prix, puisque le CONGÉ leur est délivré au bout de quatre ans. Une PRIME d'abord de cent cinquante francs et ensuite de deux cents était le prix de ces quatre années de SERVICE. Le SUISSE qui se rengageait avait cent francs par an; ainsi, à part le surcroît de DÉPENSE de SOLDE, d'ENTRETIEN et de PREMIÈRES MISES, les huit années de SERVICE d'un SUISSE coûtaient six cents francs de plus que le même temps du SERVICE d'un FRANÇAIS. — En 1821 (21 juin) les discussions de la chambre des députés ont témoigné que dix mille Suisses coûtaient autant que treize mille Français; tels étaient les disparates de notre LÉGISLATION. — En 1828, leur solde, l'entretien, le casernement, montaient à plus de sept millions et demi. Tels sont les écarts de notre LÉGISLATION. — Dans les discussions du budget en 1828 M. le général Gérard comparait les ALLOCATIONS d'un RÉGIMENT SUISSE et d'un RÉGIMENT FRANÇAIS; la dépense trimestrielle du premier était de deux cent quatre-vingt-huit mille francs; la dépense du CORPS FRANÇAIS était moindre de cent mille francs. —) Au total, douze mille cinq cent quarante Suisses coûtaient à la FRANCE un million de plus ou deux cinquièmes de plus que ce que coûtait le même nombre de MILITAIRES FRANÇAIS; l'on aurait, disait-il, dix-neuf mille deux cent trente-neuf FRANÇAIS pour la même somme; tels étaient les abus de l'ADMINISTRATION. — Le MINISTRE DE LA GUERRE allègue en 1828 à la tribune que les prétendues différences de dépenses sont exagérées, qu'un RÉGIMENT suisse est plus fort de cinq cents hommes qu'un RÉGIMENT français; mais

les discussions de 1829 ont mis la nation à même de juger le procès. — Les orateurs qui ont cherché à colorer l'emploi des TROUPES SUISSES ont fait sentir la nécessité où la FRANCE se trouve de ménager un peuple qui couvre nos frontières; *de grands sacrifices doivent acheter sa bienveillance; son alliance nous épargne la dépense de plusieurs places fortes*, etc. — M. le général LAMARQUE a réduit à sa juste valeur ces allégations. Pourquoi ont-ils exigé si impérieusement, a-t-il dit, la démolition de HUNINGUE, si leur pays devait être le boulevard du nôtre? Les sommes qu'ils lui ont coûté depuis la restauration n'eussent-elles pas suffi pour réparer la perte de cette PLACE, et pour construire des POSTES redoutables. Cet orateur ajoute : *Dans les capitulations signées en 1816, c'est la France qui a l'air de capituler.* — LACHESNAIE (1758, I, au mot *paye*) a donné sur ce sujet des détails qui peignent les usages du dernier siècle. — N° 5. PRÉROGATIVES, RANG, FONCTIONS. — Pendant longtemps les SUISSES ont eu, par une espèce de privilège, la garde de l'ARTILLERIE et le soin d'exécuter les ABATIS et de fabriquer les FASCINES nécessaires aux TRAVAUX DE CAMPAGNE. — Les privilèges dont les SUISSES jouissaient, les avantages pécuniaires qui leur étaient accordés, la courte durée de leur SERVICE, les dépenses onéreuses de leurs PREMIÈRES MISES, leur JURIDICTION soustraite en quelque sorte au pouvoir du ROI, ont été l'objet de discussions animées pendant l'examen du budget de 1829 (juin, 26, 27, 28). Plusieurs orateurs des chambres ont déclaré ce privilège *hostile envers la dignité nationale et les droits de la couronne;* il n'y avait que la moitié de la proposition qui fût juste. — Comparés aux FRANÇAIS, les OFFICIERS SUISSES avaient une PAYE plus forte, une RETRAITE plus favorable; les CAPORAUX et SOLDATS de ligne avaient cinq centimes de plus par jour; les CORPS coûtaient par an un demi-million de plus qu'un pareil nombre de FRANÇAIS, non compris un demi-million pour le RECRUTEMENT; ce qui portait, l'un dans l'autre, l'excédant de SOLDE du SIMPLE SOLDAT à quatorze centimes par jour. — En cas de LICENCIEMENT ils avaient droit à un TRAITEMENT DE RÉFORME et à une GRATIFICATION de trois mois de SOLDE. — Ils ne pouvaient être employés que sur le continent. — Les OFFICIERS SUISSES de la GARDE étaient réputés admissibles à toutes dignités civiles et militaires. La cour les avait favorisés plus que les Français sous le rapport de la PENSION DE RETRAITE ou du TRAITEMENT DE RÉFORME; il s'établissait entre ces étrangers et les nationaux un conflit difficile

à juger, quand il s'agissait entre compéti-
teurs du commandement d'un détachement,
d'un corps, d'une division. A cet égard, les
ordonnances ne présentaient qu'obscurité et
confusion. — Une DÉCISION DE 1818 (2 MARS)
relative au rang que devaient tenir entre eux
les officiers FRANÇAIS et SUISSES avait été détruite par une décision de 1822, bien plus
favorable à la nation SUISSE. — Les CAPITU-
LATIONS dispensaient les CORPS SUISSES de
servir contre des puissances qui solderaient
aussi des RÉGIMENTS SUISSES; elles les dispensaient de PORTER LES ARMES au delà des
mers; ils n'étaient pas tenus à combattre au
delà des Alpes, du RHIN et des PYRÉNÉES;
mais s'il y avait lieu de franchir ces limites,
comme il arriva à l'occasion du premier
siége de BARCELONNE, où se distinguèrent les
régiments de Manuel et de Chelborg, les
SUISSES simulaient une résistance convenue;
on les fait entourer, dit POTIER (1779, X, au
mot *gardes suisses*) *par tous les autres
régiments; on pointe contre eux le canon; ils protestent contre la violence, et
cèdent.* — Les CAPITAINES franco-suisses
étaient revêtus de quelques attributions particulières dont nous avons parlé. — L'IN-
FANTERIE franco-suisse se distinguait en
INFANTERIE FRANCO-SUISSE DE GARDE ROYALE
et en INFANTERIE FRANCO-SUISSE DE LIGNE. —
Nº 6. PUNITIONS, PEINES. — LACHESNAIE
(1758, I) et les AUTEURS qu'il a copiés nous
entretiennent de la JUSTICE exceptionnelle
que les CORPS SUISSES capitulés se réservaient
le droit d'exercer. Les ÉCRIVAINS, en nous
montrant ces AUXILIAIRES déclinant en tout
temps les formes judiciaires admises dans
les pays auxquels ils vendent leurs SERVICES,
ne nous disent pas positivement en quoi consiste leur JUSTICE nationale. — Rien de cette
JURISPRUDENCE n'est offert sous un point de
vue historique et moral dans des OUVRAGES
militaires français que nous connaissions; la
Thémis suisse ne vivait en FRANCE que de
traditions. —Faute de renseignements sûrs
et de pièces à consulter, l'AUTEUR qui veut
donner une idée de la manière d'instru-
menter juridiquement à l'helvétienne, est
donc réduit à rassembler en une simple
ébauche ce qu'il a vu, ou ce qu'il a ouï dire.
— Lorsqu'un délit est dénoncé, et que le
coupable est appréhendé, le CONSEIL DE GUER-
RE, réuni en plein air, s'assemble au milieu
du RÉGIMENT formé en CARRÉ, à aspects con-
centriques; une pile de tambours forme le
TRIBUNAL. S'il s'agit de JUGEMENT emportant
PEINE CAPITALE, la charrette qui, en cas de
condamnation, doit recevoir et voiturer le
cadavre ou les cadavres, est toute prête en
dehors du CARRÉ; telle est aussi la manière

anglaise. — Le MINISTRE du culte est présent, il aura à exercer un triste ministère à
l'instant suprême; ce sera à lui de bander
les yeux au patient agenouillé et demi-nu.
— Un CAPITAINE COMMANDANT remplit les
fonctions de GRAND JUGE. Avant la convocation du CONSEIL, ce GRAND JUGE, assisté de
deux assesseurs, a étudié la PLAINTE, écouté
le plaignant, pesé les déclarations des TÉ-
MOINS, interrogé le PRÉVENU et mis en confrontation les individus. — Ce GRAND JUGE,
quoique OFFICIER PARTICULIER, et quoique lui-
même ait instruit l'affaire, préside le CON-
SEIL. Il n'est que CAPITAINE, parce que la
JURISPRUDENCE helvétique est antérieure à la
création des CHEFS DE BATAILLON et des LIEU-
TENANTS-COLONELS, et qu'autrefois un CAPI-
TAINE était au-dessus d'un MAJOR. Il ouvre la
séance par la lecture du protocole de la CA-
PITULATION qui autorise les SUISSES à se juger
en famille. Un FOURRIER fait fonction de
GREFFIER, et c'est un homme de ce grade et
non un SERGENT-MAJOR qui est employé à
cette fonction, par la raison que l'institution
des FOURRIERS est bien antérieure à celle des
SERGENTS-MAJORS. Le FOURRIER-GREFFIER
donne en allemand et en idiome du pays la
lecture des PIÈCES de la PROCÉDURE. Un LIEU-
TENANT, faisant fonction de CAPITAINE RAP-
PORTEUR, conclut à l'application de la PEINE
conformément au CODE SUISSE. Un DÉFEN-
SEUR, ordinairement du GRADE de SOUS-OFFI-
CIER, assiste l'accusé, prend la parole et
prononce une défense dans l'idiome de l'un
ou de l'autre pays. — Après les questions
d'usage que le PRÉSIDENT adresse à l'ACCUSÉ,
le CONSEIL se retire, ou plutôt il fait éloigner
de la pile des tambours tous les individus
non délibérants. — Un roulement indique
que la décision est prise; on la signe debout
sur la peau d'une caisse. — Si une sentence de mort est prononcée, le GRAND JUGE
PRÉSIDENT, armé d'une petite baguette noire,
fait approcher le CONDAMNÉ et lui dit, dans
une langue qu'il puisse entendre : *Tout
commerce cesse entre vous et les hommes..... votre âme va être séparée de
votre corps..... vous allez mourir, aussi
vrai que je brise cette baguette.* — Au
même instant le PRÉSIDENT jette aux pieds du
CONDAMNÉ les deux brins de la verge rompue.
C'est une rigueur barbare, c'est un arrêt qui
implique peut-être mensonge, puisqu'une
révision va avoir lieu. — Dans un local, ou
sur un terrain peu distant du lieu où le RÉ-
GIMENT a formé le CARRÉ, ou bien dans un
autre CARRÉ particulier, un CONSEIL DE RÉVI-
SION se tient réuni et prêt à revoir le PROCÈS;
cette assemblée est composée de cinq JUGES
tous OFFICIERS du CORPS, sous la présidence

du colonel du régiment ; les pièces de la procédure et l'arrêt signé de lui sont portés ; les juges réviseurs annulent ou ratifient. Si le jugement est confirmé, un des côtés du carré s'ouvre, comme un fond de théâtre, pour l'exécution. Le condamné est dépouillé de ses vêtements par forme de dégradation ; le ministre lui adresse les consolations de la religion ; ses camarades le fusillent ; la charrette préparée l'emporte au cimetière voisin ; à défaut de cimetière et de charrette, ses frères d'armes l'enterrent. — Ainsi quelques heures ont suffi pour rassembler le régiment ; sous ses yeux le procès est entamé et clos ; par ses mains un coupable est en quelques minutes rayé du nombre des vivants. L'existence d'un homme vient de lui être ravie, sans publicité, sans audition de témoins, sans qu'il ait subi un interrogatoire itératif et solennel ; point de débats, ni de répliques, point de procureur du roi ; il n'y a eu ni lecture, ni application d'un Code authentique ; le pourvoi est impossible, le recours en grace est dénié ; le roi lui-même est inhabile à la pitié ; sans le prévoir, il a abdiqué, par l'ordonnance qu'il a signée ou par la capitulation qu'il a consentie, le droit de prononcer le pardon. — Telles sont les formes qu'on peut regarder comme usitées à différentes époques, et donnant un spectacle bien sombre aux peuples dont les Suisses embrassent le service et perçoivent la solde. — En 1824, le 21 septembre, la plaine de Grenelle a été le théâtre d'un jugement et d'une exécution qui ont eu lieu dans le sein du régiment suisse qui porte le n° sept dans la garde royale. La *Gazette des Tribunaux* rapporte que : *M. Kaiser, capitaine commandant, en était le grand juge ; le lieutenant Steiger remplissait les fonctions de capitaine rapporteur ; le sergent-major Renard y a plaidé comme défenseur, le grenadier Brullmann a été mis à mort pour vol d'une montre.* — En quatre ou cinq heures l'acte et son résultat étaient consommés. — La seule différence, eu égard à ce que nous avons dit, c'est qu'au milieu du carré on avait apporté une table et quelques chaises, sorte de mobilier dont on se passe quand on ne l'a pas sous la main. — Les peuples pasteurs peuvent sans doute conserver à la fois et leur innocence et leurs traditions ; ils se passent peut-être sans inconvénient de lois écrites, cependant il n'est pas que leurs usages ne finissent inévitablement par se modifier. La manière fort ancienne de purger judiciairement de ses criminels l'armée suisse ne consistait pas en arquebusades, avant que le fusil fût inventé ; il n'y a pas

très-longtemps que l'espadon ou la hallebarde étaient les instruments de supplice ; c'est donc par analogie et par modification, aux traditions que l'arquebusade est en vigueur. Cela ne fait sans doute rien au fond de la chose ; cependant quand il s'agit de la vie des hommes, c'est bien le moins que la manière de la leur ôter soit discutée, décrétée et légalement promulguée. Une autre altération des usages consiste dans l'échelonnement différent des grades. C'est bien le moins que l'administration et la distribution de la justice concordent avec les rangs de la hiérarchie militaire ; en est-il ainsi ? Si une simple ordonnance autorise un corps de troupe à réprimer un délit par du sang humain au sein même du royaume que cette troupe étrangère est venue servir en temps de paix, une autorisation, qui facilement se colorerait du nom d'ordonnance, pourrait donc accorder aussi à des ambassadeurs ou à des étrangers le droit de donner la mort à des individus étrangers qui les auraient accompagnés en France ; ainsi une seconde reine Christine ferait égorger sous ses yeux dans le château de Fontainebleau le volage amant qui encourrait sa disgrâce. — Sous le régime impérial l'ambassadeur de Perse eut l'intention d'infliger dans l'intérieur de son hôtel de sanglantes punitions ; le gouvernement d'alors lui fit notifier que tel n'était pas l'usage du pays ni le droit public moderne. — Si le nègre esclave qui touche le sol de la France, non-seulement ne peut plus être torturé par le maître qui l'a acheté, mais devient libre de fait et se trouve dès lors soustrait à la juridiction extra-légale, comment un étranger qui vient consacrer ses jours à la défense de la France, peut-il perdre la vie par le fait d'une justice qui n'est pas la justice nationale ? — Dans un pays constitutionnel ceci est une haute question de philosophie, de morale, de politique et de droit public ; mais nous laissons de côté la question qui ne serait pas purement militaire. — Cette justice expéditive, impitoyable, foudroyante, serait applicable tout au plus à l'état de guerre ; elle ressemble en beaucoup de points, il est vrai, à la justice de la milice anglaise ; mais combien de choses anglaises il serait impolitique et anti-français d'importer dans nos formes militaires. — Répétons que la justice suisse ne s'appuie sur rien d'authentique et d'officiel ; qu'on ignore quelles sont les archives publiques où seraient déposées les expéditions des actes de cette judicature ; que les qualifications qui se rencontrent dans le personnel de cette justice sont insolites pour nous, et par conséquent hors du cercle des définitions possibles ; qu'enfin les règles, les formes, la pénalité suisse, puisqu'elles étaient introduites, on pourrait presque dire greffées en France et sanctionnées par un colonel général des Suisses qui était Français, devraient pourtant n'être point inconnues des Français. — La *Gazette de Lauzanne* rapportait qu'à dater du 1er juin 1829 un nouveau code militaire serait en vigueur ; qu'il abolirait les peines corporelles, la fustigation, les coups de bâton ; mais les chefs des corps suisses ne goûtaient pas ces améliorations. Il n'y a plus lieu de s'en occuper, puisque l'Infanterie suisse a été licenciée le 7 août 1830.

INFANTERIE franco-suisse de garde royale (A, 1). Sorte d'infanterie franco-suisse dont l'état-major comprenait un grand juge ; ses bataillons étaient au nombre de trois, à huit compagnies l'un et formant environ six cents hommes. Elle était recrutée dans trente-six compagnies cantonales ; ses grenadiers fournissaient au recrutement des grenadiers gardes de la maison. — Sa composition était réglée par l'ordonnance de 1816 (18 juillet) ; elle se recrutait annuellement par cinquième, tandis que les corps français ne se recrutaient que par septième, ce qui constituait une plus forte somme pour dépense de première mise. — L'uniforme des Suisses était déterminé par le règlement de 1815 (14 octobre) ; cette troupe portait l'habit écarlate et à revers ; le bleu de roi était sa couleur distinctive ; ses boutons étaient convexes et à attributs ; son schako était à cordon natté. — Les fusiliers différaient surtout de ceux de l'infanterie française de la garde, en ce qu'ils avaient un schako à cordon et une houpette ovale. — Les lieutenants avaient rang de capitaines et ainsi de suite. — Le drapeau de chaque régiment portait des attributs particuliers, mais non l'emblème de l'ordre du Saint-Esprit. — En 1828, un régiment suisse de garde royale nécessitait une dépense de deux cent quatre-vingt-huit mille francs ; un régiment d'infanterie française coûtait cent mille francs de moins. En 1830, un fusilier suisse de la garde coûtait par an cinquante-cinq francs de plus qu'un fusilier français. Un colonel suisse de garde royale avait rang de maréchal de camp et percevait quinze mille francs ; un colonel français ne touchait que six mille deux cent cinquante francs ; les chefs de bataillon suisses avaient huit mille francs d'appointements et rang de lieutenant-colonel ; les adjudants-majors suisses de la garde avaient cinq mille francs ; les adjudants étaient en nombre double de ceux de

la garde royale française, et jouissaient des appointements de sous-lieutenant ; les caporaux avaient rang et paye de sergent de ligne. La solde des officiers, comparée à celle des officiers français de la même garde, s'élevait, dans les deux régiments, à un excédant de deux cent quatre-vingt-six mille francs. — La capitulation suisse donnait une forme particulière au conseil d'administration des Suisses de la garde royale, et le nommait conseil général.

INFANTERIE franco-suisse de ligne (A, 1). Sorte d'infanterie franco-suisse qui comprenait, en 1798, six demi-brigades helvétiques, réduites bientôt à trois ; elle était constituée, en 1829, en quatre régiments, formant un total de sept mille huit cent vingt-quatre hommes, y compris trois cent soixante-quatre officiers. Ces régiments étaient alimentés par quarante-huit compagnies cantonales. — Le budget discuté en 1829 a témoigné que la dépense occasionnée par l'Infanterie franco-suisse de ligne se montait à sept millions six cent soixante-treize mille deux cent soixante-trois francs. — L'infanterie suisse, celle de la garde non comprise, coûtait, en 1830, trois millions neuf cent quatorze mille cinq cent quatre-vingt-dix francs. — Cette Infanterie était la seule à laquelle il fût attaché de l'artillerie ; les cantons capitulants l'avaient demandé pour que, en cas de licenciement, les Suisses eussent droit d'emporter, en outre de leur armement, quelques pièces de canon dans leur patrie, et de quitter la France mèche allumée. — Les discussions du budget de 1828 témoignent que les avantages pécuniaires ou supplément de solde qui étaient accordés aux officiers et sous-officiers des corps suisses de ligne, excédaient de trois cent trente-sept mille francs les allocations d'une quantité égale de troupes françaises. — Leurs officiers avaient droit à une retraite d'un sixième plus forte que celle des troupes françaises. — La composition des corps suisses et les autres détails qui les concernaient ont été suffisamment exposés aux articles : adjudant, adjudant-major, artillerie, attribut de drapeau, bataillon, bleu de roi, capitaine, caporal, chef de bataillon, colonel, compagnie, compagnie d'élite, congé d'ancienneté, conseil d'administration, conseil gérant, drapeau, grenadiers, hache de distinction, infanterie franco-suisse de garde royale, régiment d'infanterie franco-suisse.

INFANTERIE gauloise. v. gaulois, adj. v. milice française n° 5, 6.

INFANTERIE grave. v. cavalerie gra-

YE. V. GRAVE. V. INFANTERIE Nº 4. V. INFANTERIE DE BATAILLE ; id. Nº 5. V. INFANTERIE LÉGÈRE Nº 2. V. SECONDE LIGNE DE BATAILLE.

INFANTERIE GRECQUE. V. DÉCURION. V. DIMAQUE. V. ELIEN (1757, G). V. ÉPAGOGUE. V. ÉPITAGME D'INFANTERIE. V. ÉPIXÉNAGE. V. ÉPIXÉNAGIE. V. GREC, adj. V. MILICE GRECQUE Nº 2, 6. V. MILICE HELLÉNIQUE. V. OPLITE. V. PAS DE COURSE. V. PELTASTE. V. PELTE. V. TORTUE TACTIQUE.

INFANTERIE HAITIENNE. V. HAITIEN, adj. V. MILICE HAITIENNE.

INFANTERIE HANOVRIENNE. V. FUSIL A PISTON. V. HANOVRIEN, adj. V. MILICE ANGLAISE Nº 4. V. MILICE HANOVRIENNE ; id. Nº 1, 2.

INFANTERIE HELLÉNIQUE. V. HELLÉNIQUE. V. MILICE HELLÉNIQUE.

INFANTERIE HESSOISE. V. HESSOIS, adj. V. MILICE HESSOISE.

INFANTERIE HOLLANDAISE. V. HOLLANDAIS, adj. V. INFANTERIE Nº 4. V. INFANTERIE FRANÇAISE Nº 4. V. MILICE HOLLANDAISE Nº 2, 4, 5. V. PUPILLE Nº 4.

INFANTERIE HOLLANDAISE DE GARDE IMPÉRIALE. V. GARDE IMPÉRIALE. V. HOLLANDAIS, adj. V. MILICE HOLLANDAISE Nº 2. V. MOUSQUETAIRE A PIED. V. RANGS D'INFANTERIE.

INFANTERIE HONGROISE. V. HONGROIS, adj. V. PANDOURE. V. SCHAKO. V. TOLPACHE.

INFANTERIE IRLANDAISE. V. ARZEGAIE. V. INFANTERIE FRANCO-ÉTRANGÈRE. V. IRLANDAIS, adj.

INFANTERIE IRRÉGULIÈRE. V. MILICE PERSANE Nº 4, 3. V. IRRÉGULIER, adj.

INFANTERIE ITALIENNE. V. CATANEO (1584, A). V. FLAVIO (1639, B). V. GIOVINE. V. ITALIEN, adj. V. MACHIAVEL (1510, A). V. MAULANDI.

INFANTERIE LÉGÈRE (A, 4), ou PSILAGIE. Sorte d'INFANTERIE FRANÇAISE DE LIGNE dont l'existence est équivoque, la législation peu complète, et dont la suppression était regardée comme imminente. Sur le bruit de cette abolition, proposée ou agitée au MINISTÈRE, un collaborateur du *Spectateur militaire* avait composé, en 1828, un article apologétique de l'Infanterie légère (t. VI, décembre), où il démontrait l'importance et l'utilité du service des TIRAILLEURS. — Les ÉCRIVAINS qui ont traité le même sujet, soit en FRANCE, soit en pays étrangers, sont : AUDOUIN, BEURMANN (1836, B), BOLISTERN, CAMPBELL, CARRION (1824, A), COOPER, DAGOBERT (1700, B), DAVILA, DUHESME (1814, C), ENCYCLOPÉDIE (1785, C), FONTENILLE (1700, B), FORESTIER, FRÉDÉRIC DEUX (1780, N), GIRARDIN, GROSS, M. GUENICHET, GUYARD (1803, A), HINRICHS, HOWARD, KLIPSTEIN (1799, E), LAROCHE-AYMON (1817,

C), M. MAUDUIT, MIRABEAU (1788, C), PORBECK, RENOL, ROGNIAT (1816, B), SCHEIDMANTEL (1800, F), SCHNEIDER, le *Spectateur militaire* (t. XXIII, p. 198 ; t. XXIV, p. 618 ; t. XXV, p. 253). — Le mot Infanterie légère sera distingué de la manière suivante : CRÉATION, COMPOSITION, DÉNOMINATION, FORCE, UNIFORME, ALLOCATIONS, INSTRUCTION, TACTIQUE, SERVICE, ADMINISTRATION. — Nº 1. CRÉATION. — L'Infanterie légère est chose ancienne ; son nom est moderne ; celle de la MILICE GRECQUE s'appelait PSILÉTIQUE ; celle des ROMAINS, ou du moins l'action qu'elle exerçait, s'appelait *velitatio* ; celle des HÉRISSONS SUISSES se composait des ESPADONS OU JOUEURS D'ÉPÉE. — La FRANCE n'a eu, par le fait, que de l'Infanterie légère jusqu'à la création des PIQUIERS, espèce d'ARME ou de troupe qui d'ailleurs ne se composait pas d'abord de SOLDATS nationaux. — Dans les CORPS dont une partie était armée de PIQUES, les hommes pourvus d'ARQUEBUSES ou de MOUSQUETS A MAIN y étaient Infanterie légère. GUISE le Balafré avait formé le projet de les en extraire par un DÉDOUBLEMENT, et de former des CORPS spéciaux et indépendants ; ils eussent répondu aux CHASSEURS A PIED que des MILICES de divers pays entretiennent. BRANTOME (1600, A) en fournit le témoignage à l'article historique de Alvaro de Sande. — GUISE voulait, dit cet AUTEUR, des montagnards et des hommes du Midi, *légers de chair, dispos, bien ingambes, armés de dagues et d'arquebuses légères, fournis de poudre fine et départis en quatre ou cinq bonnes bandes* (BATAILLON *de cinq cents hommes*), *ou quelquefois par esquades* (par COMPAGNIES) ; *nous avons bien eu et avons nos enfants perdus ; mais ils ne servent qu'à attaquer et faire quelques escarmouches avant les batailles* (c'est-à-dire en avant de la seconde ligne), *et ils se retirent.* — Près de deux siècles se sont écoulés avant que la pensée du duc de GUISE se réalisât. — Il se voit de l'Infanterie légère dans les GUERRES DE 1741 et DE 1756 ; c'étaient des CORPS FRANCS, des BATAILLONS LÉGERS, des PARTISANS, la fraction pédestre ou l'ARME A PIED des LÉGIONS. La plupart de ces TROUPES, créées pour la GUERRE, disparaissaient à la PAIX. CHOISEUL n'en conservait que hors ligne. — L'Infanterie légère, considérée comme une ARME ou une SOUS-ARME distincte et comme une SUBDIVISION de l'INFANTERIE FRANÇAISE, n'existe réellement que depuis le DÉDOUBLEMENT des LÉGIONS de LOUIS QUINZE. Ainsi le ministre SÉGUR est le vrai inventeur de ce genre de troupe ; elle se composait de douze BATAILLONS de CHASSEURS A PIED, car la loi n'employait pas encore la locution Infanterie légère; six de ces bataillons étaient provenus des chasseurs a cheval, autrefois légions; les six autres avaient été la transformation de divers corps. L'ordonnance de 1788 (17 mars) maintenait sur pied ce genre de troupe. — Les décrets de 1791 et le règlement de cette même année (1er avril) créaient nominalement l'Infanterie légère; ils la regardaient comme partie intégrante de l'armée de ligne; car alors troupe de ligne ne se prenait pas par opposition à troupes légères, comme on l'a fait irrégulièrement ensuite. — L'incorporation de la milice belge dans les rangs français fut, en quelque sorte, une ère nouvelle en fait d'Infanterie légère; le service, le costume, l'armement en furent modifiés. — Un arrêté de l'an sept (25 vendémiaire) ajoutait deux demi-brigades à celles qui existaient. — Les refontes nommées amalgame, en assimilant par le fait, si ce n'est par le nom, les deux genres d'Infanterie, ont mis l'Infanterie légère sur le pied encore subsistant aujourd'hui. La garde des consuls et la garde impériale ont compris de l'Infanterie légère. — N° 2. Composition. — Les hommes de trait munis de cornaboux (cornet a bouquin), les enfants perdus jetant la grenade, les premiers grenadiers, les premiers dragons ont été une véritable Infanterie légère; plus tard il a existé des tirailleurs, des compagnies franches et des légions franches, qui étaient un mélange d'armes. — En général, l'Infanterie légère était constituée en petites agrégations, en corps plus faibles que l'infanterie de bataille, de manière qu'elle eût assez de consistance pour se suffire à elle-même en campagne, et pour pouvoir facilement et utilement être détachée comme sa destination le veut. — Des détails positifs sur l'Infanterie légère proprement dite ne peuvent remonter au delà de l'existence des bataillons de chasseurs. — Les bataillons d'Infanterie légère qui leur succédèrent n'avaient que huit compagnies, point de compagnie d'élite, point de drapeau, point d'aumoniers; telle est encore, en général, la constitution de l'Infanterie légère dès milices étrangères, et, en général, un recrutement plus rationnel qu'en France y pourvoyait. — Un décret de l'an deux (9 pluviose) supprimait tous les bataillons de légion, tous les corps francs, et les organisait en bataillons d'infanterie légère. — L'institution s'est dénaturée depuis que l'Infanterie légère a été ordonnée en demi-brigades et en régiments, parce que l'assimilation de constitution a assimilé néces-

sairement le service des régiments de l'infanterie de bataille et le service d'infanterie légère; cette dernière troupe n'a plus existé que de nom. Les mots régiment et Infanterie légère sont en effet contradictoires, car il n'y a pas de cas où il faille à la guerre envoyer un régiment entier en tirailleurs, si en même temps on exige qu'il reste chargé de la garde d'un drapeau. — La restauration a donné à l'Infanterie légère un colonel général et des aumoniers; c'était une double inutilité. A quoi bon le colonel général si le service des deux Infanteries est le même? A quoi bon l'aumonier si le service est différent? Un grave ecclésiastique, vieux peut-être, ne pourra porter à la course et aux avant-postes les précieux secours de la religion, et en temps de paix les aumoniers ne sont pas indispensables. — Un projet qui ne s'est pas réalisé constituait en Infanterie légère un des bataillons des régiments de la garde royale. — Des légions départementales d'Infanterie légère ont existé en 1818; le ministre Gouvion, en les formant, avait emprunté de la milice anglaise le vicieux usage, le mode confus d'affecter certains numéros de la série générale de l'Infanterie à des corps d'Infanterie légère; le ministre Latour-Maubourg a remis les choses sur l'ancien pied. — L'ordonnance de 1820 (25 octobre) a formé de ces légions vingt régiments. — On a de tout temps regardé les habitants des Alpes, ceux des Pyrénées et les Corses, comme ayant surtout de l'aptitude au genre du service de l'Infanterie légère; mais dans tous les pays il y a des hommes dispos, lestes et vifs qui y sont plus propres qu'au service de l'infanterie grave. — Beaucoup d'écrivains se demandent ce que c'est que de l'Infanterie légère qui est habillée, exercée et armée comme le reste de l'Infanterie, qui a les mêmes compagnies de voltigeurs et dont la compagnie de grenadiers s'appelle compagnie de carabiniers, quoiqu'elle n'ait pas de carabines, tandis que les compagnies de fusiliers s'appellent compagnies de chasseurs, quoiqu'elles ne tirent pas mieux que des fusiliers. — L'ordonnance de 1831 (5 janvier) créait un vingt et unième régiment. — N° 3. Dénomination. — L'Infanterie légère, participant des formes et du service des psilites grecs, aurait pu, suivant quelques opinions, se nommer psilétique, du mot grec psiloi. — Le nom d'Infanterie légère est donné légalement par le règlement de 1791 (1er avril) aux douze corps jusque-là nommés bataillons de chasseurs; l'expression n'était pas sans justesse, puisque cette

TROUPE était réellement équipée et armée à la légère par comparaison avec le reste de l'Infanterie. — Actuellement la désignation donnée à l'Infanterie légère est fausse, puisque par sa pesanteur spécifique elle ne diffère en rien de l'INFANTERIE DE BATAILLE ou en diffère à peine par le fusil. Le nom de CHASSEURS A PIED lui convenait mieux, quoique pourtant nous ayons démontré, en parlant des CHASSEURS A CHEVAL, que l'expression chasseur n'eût jamais dû être adoptée. — Dans l'ARMÉE CONFÉDÉRÉE on n'emploie, au lieu d'Infanterie légère, que le terme CHASSEUR. — N° 4. FORCE. — Depuis sa création légale et nominale, l'Infanterie légère était de douze BATAILLONS; en 1791 elle fut portée à quatorze. Elle s'augmenta bientôt par des LEVÉES considérables de CORPS FRANCS et par la création des CORPS nommés CHASSEURS, LÉGIONS, FRANCS TIREURS, CARABINIERS, etc.; la plupart furent fournis par la HOLLANDE et la BELGIQUE; quelques-uns se composèrent de déserteurs étrangers, d'autres de VOLONTAIRES français. Quatre BATAILLONS d'Infanterie légère sont levés en CORSE par DÉCRET DE 1793 (5 FÉVRIER). — On voit dans le rapport de DUBOIS CRANCÉ, en 1793 (10 mars), que les quatorze BATAILLONS DE CHASSEURS étaient évalués à neuf mille huit cents hommes, et l'INFANTERIE des LÉGIONS et des CORPS FRANCS évaluée à trente-cinq mille hommes. Tous ces différents CORPS furent fondus dans les DEMI-BRIGADES. — L'Infanterie légère, rétablie par les ordonnances de 1819 et de 1820, ne différait de l'INFANTERIE DE BATAILLE qu'en ce qu'elle était de deux BATAILLONS au lieu de trois. — ODIER (1824, E) se demande s'il faut que l'Infanterie légère *soit dans la proportion d'un quart ou seulement d'un cinquième de l'Infanterie de bataille*. Il opine pour la proportion du quart; elle était du tiers sous le MINISTÈRE de CLERMONT-TONNERRE; mais qu'importe dans quelle proportion elle sera, si elle n'a pas un caractère particulier tel que celui qu'elle prend en général dans les autres MILICES. — Le tableau suivant indiquera les variations de force que l'Infanterie légère ou les CORPS analogues ont éprouvées depuis la CONSTITUTION de CHOISEUL.

ANNÉES.	1/2 BRIGADES, RÉGIMENTS, LÉGIONS.	BATAILLONS.	MILITAIRES.	OBSERVATIONS.
1762 (10 décembre)...	6	..	1,950	Ce sont des LÉGIONS.
1776 (25 mars, 31 mai).	7	..	2,200	Id.
1784 (12 juillet)......	7	..	2,424	Id.
1788 (17 mars)........	..	12	5,430	Ce sont des BATAILLONS DE CHASSEURS, dont la force ne varie pas du PIED DE PAIX AU PIED DE GUERRE.
1791 (1er janvier).....	..	14	8,852	Id.
1794 (12 août, 29 thermidor AN DEUX).....	30	90	96,960	Ce sont des DEMI-BRIGADES.
1796 (10 brumaire)...	30	90	06,960	
1799 (AN 7, 28 fructid.).	26	78	84,000	
1803 (24 septembre)...	28	86	61,108	Y compris 2,550 OFFICIERS. — Non compris l'Infanterie légère de la GARDE IMPÉRIALE.
1808 (18 février)......	82	150	107,190.	
1812 (1er septembre)..	37	185	123,070	
1813 (20 janvier)......	37	185	127,040	
1814 (12 mai)........	15	45	20,685	
1815 (16 juillet)......	..	..	.....	L'Infanterie légère cesse de compter à part de l'INFANTERIE DE BATAILLE DE LIGNE; c'est une conséquence de l'institution des LÉGIONS DÉPARTEMENTALES.
1820 (23 octobre).....	20	40	27,180	
1825 (27 février)......	20	60	37,020	PIED DE PAIX.
	20	60	56,220	PIED DE GUERRE.
1831 (8 janvier)......	21	63		
1831 (18 mars)........	21	63	34,875	Non compris l'accroissement voulu par ordonnance de 1831 (17 janvier).
1834...............	21	63	46,200	Suivant le *Journal de Statistique universelle*, t. v, p. 67.
1834............	21	63	47,280	Suivant la *Sentin. de l'Armée*, officiers non compris.

N° 5. Uniforme, allocations. — Au temps des légions de Louis quinze et sous le règne de ce prince, les usages sont trop variés, trop fugitifs pour qu'on les rappelle. — Dans les milices étrangères, les corps légers d'Infanterie portaient, pour la plupart, la giberne a la corse et le brodequin; ils avaient des cornets, des cornettes, des demi-lunes ou autres instruments a vent, au lieu de caisses, de tambours. — Il y en avait qui étaient entièrement armés de carabines, d'autres n'avaient que quelques carabiniers. — Dans certaines Infanteries légères, chaque officier ou sous-officier était porteur d'un sifflet. — Quand les bataillons de chasseurs a pied furent créés en France, l'habit, la veste et la culotte étaient de drap vert. En vertu des ordonnances du conseil de la guerre, les formes des effets d'habillement, du chapeau, des guêtres, etc., ne différaient pas de celles des effets de l'infanterie de bataille; mais les chasseurs n'avaient pas de drapeau. — Au commencement de la guerre de la révolution, l'habit des corps légers a été brun, gris, jaune, vert, noir, etc., etc.; son bouton était à cor de chasse. — Depuis l'embrigadement, l'habit, la culotte et la veste, bleus, ont été affectés aux demi-brigades d'infanterie légère; l'habit différait de celui de l'infanterie de bataille en ce qu'il avait les revers bleus et a pointes, les poches en long, les parements à patte pointue, le derrière de l'habit à retroussis bleus avec cor de chasse. — L'Infanterie légère changea, en l'an six, de coiffure, etc.; elle prit le schako, le pantalon collant, les demi-guêtres. Elle avait le sabre briquet; en 1807 il ne fut laissé qu'aux compagnies de carabiniers et de voltigeurs. — Au temps des légions départementales, il était donné une ceinture aux chasseurs de l'Infanterie légère, et leur grand équipement variait par la couleur et l'espèce des matières. Ce caprice du ministre Gouvion a coûté énormément; aucune utilité ne le justifiait. — Une instruction de 1819 (18 mars) donne à l'Infanterie légère le fusil de voltigeurs; nouvelle et incalculable dépense. — Depuis la création des chasseurs, le bouton a porté l'empreinte d'un cor de chasse. — L'ordonnance de 1822 (8 mai) leur donnait le jonquille pour couleur distinctive et le bleu pour couleur de fond, l'épaulette en drap vert clair à la prussienne et le bouton blanc. — Une décision de 1828 (20 mai) leur donnait un habit bleu de roi qui ne différait presque de celui de l'infanterie de bataille que par la couleur jonquille du passe-poil et du collet. — La loi de l'an sept (23 fructidor) évaluait la solde de l'In-

fanterie légère à treize millions sept cent cinquante-cinq mille cinq cent quatre-vingt-dix-sept francs. — La loi de l'an sept (26 fructidor) lui attribuait une masse d'entretien particulière et une masse d'habillement différente. — N° 6. Rang, instruction. — L'Infanterie légère a toujours pris rang après l'infanterie de bataille, quoiqu'elle eût peut-être dû marcher en tête, puisque c'est ainsi qu'elle le fait ou est censé le faire en campagne; mais n'ayant été créée que depuis 1788, elle ne venait qu'en second. L'ordonnance de 1831 (5 mars) voulait que, dans les brigades mixtes, l'Infanterie légère tînt la droite. — La balistique des petites armes, l'art de combattre éparpillés, l'escrime de la baïonnette, la natation, étant les éléments de la petite guerre, devraient être surtout les points d'étude de l'Infanterie légère. L'exemple en est donné dans presque tous les services étrangers, mais en France on a peu exercé devant une cible les chasseurs d'infanterie. Quel est le fruit des expériences de ce genre? Avant le ministre Clermont-Tonnerre, où sont les prix, les récompenses qui eussent dû être décernés aux plus habiles tireurs, comme il en est donné dans les corps d'artillerie au pointeur qui ajuste le mieux? — Dans les milices anglaise, autrichienne, prussienne, russe, l'Infanterie légère était dressée savamment et exercée au tir de la carabine. En Angleterre, son service, sa tactique, son exercice, ses feux étaient l'objet des ordonnances nommées *regulations*. Pendant longtemps l'absence de documents semblables a été, en France, une lacune de la législation, de l'art militaire et de la théorie des batailles. — N° 7. Tactique. — L'instruction de 1769 (1er mai), depuis longtemps oubliée et qui n'a même pas été mise en vigueur, était la seule qui s'occupât particulièrement de la tactique des troupes légères a pied de France; nous disons troupes a pied, parce qu'alors il n'existait pas encore nominalement d'Infanterie légère. — Cette ordonnance rangeait l'Infanterie légère sur un ordre plus mince; elle donnait au soldat des mouvements plus impulsifs, un exercice moins compassé; lui permettait, au pas de manœuvres, les rangs ouverts; elle faisait fondre les divisions plus rapidement que ne le fait le règlement de 1791 (1er août). — Ce dernier règlement voulait que l'Infanterie légère, dont la force légale, soit sur pied de paix, soit sur pied de guerre, devait être toujours la même, manœuvrât en tout temps sur deux rangs. Cette disposition n'a pas été observée; l'assimilation organique des deux Infanteries s'y opposa. L'AMINCISSEMENT à DEUX RANGS ne convenait pas plus à l'une qu'à l'autre, puisqu'elles étaient armées et formées de même. — L'ORDONNANCE DE 1831 (4 MARS) n'établissait point de différence entre l'INFANTERIE DE BATAILLE et l'Infanterie légère, quant aux MANOEUVRES; elle donnait à l'Infanterie légère la droite sur l'INFANTERIE DE BATAILLE. — Le général ROGNIAT (1816, B) voudrait que les FUSILS des TIRAILLEURS fussent à deux coups. Quantité d'auteurs ont demandé que l'Infanterie légère fût exercée au PAS DE COURSE. — Les MARCHES de l'Infanterie légère se sont entremêlées de BATTERIES et d'AIRS de CLAIRONS; quand ces deux genres d'INSTRUMENTS jouaient ensemble, c'était un renouvellement du système de MUSIQUE usité au temps des HAUTBOIS, mais plus ordinairement les BATTERIES et les SONNERIES alternaient. — N° 8, SERVICE, ADMINISTRATION. — La première disposition légale qui ait paru en FRANCE, relativement au genre du SERVICE DE CAMPAGNE dont l'Infanterie légère devait s'acquitter, est due à l'ASSEMBLÉE CONSTITUANTE (mars 1790). Les MILITAIRES qui siégeaient dans cette assemblée voulaient que ce SERVICE fût à part, que l'Infanterie légère *flanquât et éclairât l'armée, qu'elle occupât les villages et les bois, qu'elle défendît les lieux coupés et les postes avancés, qu'elle concourût enfin à former la chaîne extérieure de l'armée.* — Par une exception que rien ne justifiait, l'Infanterie légère était chargée de pourvoir directement elle-même à l'achat de ses ÉTOFFES D'HABILLEMENT et était autorisée, en conséquence, à conclure les MARCHÉS avec les FOURNISSEURS. Ce système n'a pas eu une longue durée, et l'ADMINISTRATION de toute l'INFANTERIE FRANÇAISE DE LIGNE est soumise aux mêmes principes administratifs.

INFANTERIE LÉGÈRE DE GARDE IMPÉRIALE. V. GARDE IMPÉRIALE N° 2. V. INFANTERIE LÉGÈRE N° 1. — V. LÉGER, adj.

INFANTERIE LÉGÈRE DE LIGNE. V. CHIRURGIEN-MAJOR D'INFANTERIE N° 9. V. INFANTERIE DE BATAILLE. V. INFANTERIE FRANÇAISE DE LIGNE N° 2. V. INFANTERIE LÉGÈRE. V. LÉGER, adj. V. LIGNE. V. OFFICIER DE TROUPES LÉGÈRES. V. QUEUE DE CHEVELURE.

INFANTERIE LOURDE. V. BATAILLON DE GARDE ROYALE. V. INFANTERIE DE BATAILLE. V. LOURD.

INFANTERIE MERCENAIRE. V. INFANTERIE N° 1. V. INFANTERIE FRANCO-ÉTRANGÈRE. V. INFANTERIE FRANCO-SUISSE. V. MERCENAIRE, adj.

INFANTERIE MEXICAINE. V. MEXICAIN, adj. V. MILICE MEXICAINE.

INFANTERIE NAPOLITAINE. V. MILICE NAPOLITAINE. V. NAPOLITAIN, adj.

INFANTERIE NÉERLANDAISE. V. MILICE NÉERLANDAISE N° 1, 2, 3, 4. V. NÉERLANDAIS, adj.

INFANTERIE NOBLE. V. ARMURE PÉDESTRE. V. COMPAGNIE DE GENTILSHOMMES. V. LANCE A MAIN. V. NOBLE, adj. et subs.

INFANTERIE NORWÉGIENNE. V. MILICE NORWÉGIENNE. V. NORWÉGIEN, adj.

INFANTERIE OPLITE OU OPLITIQUE. V. INFANTERIE DE BATAILLE N° 3. V. MILICE GRECQUE N° 2, 7. V. OPLITE.

INFANTERIE ORDINAIRE. V. INFANTERIE FRANÇAISE DE LIGNE N° 3. V. ORDINAIRE, adj. V. ROCHEFORT (1753, D).

INFANTERIE PARAGUÉENNE. V. MILICE PARAGUÉENNE. V. PARAGUÉEN, adj.

INFANTERIE PERMANENTE. V. INFANTERIE FRANÇAISE; id. N° 3. V. PERMANENT, adj. V. RÉGIMENT D'INFANTERIE FRANÇAISE N° 2.

INFANTERIE PERSANE. V. MILICE PERSANE N°s 1, 2, 3. V. MILICE PERSE. V. PERSAN, adj.

INFANTERIE PESANTE. V. GÈSE. V. INFANTERIE DE BATAILLE. V. PESANT. V. PHALANGE GRECQUE.

INFANTERIE PIÉMONTAISE. V. MILICE PIÉMONTAISE N° 4, 5, 5, 6. V. PIÉMONTAIS, adj.

INFANTERIE POLONAISE. V. BÊCHE. V. MILICE POLONAISE N° 1, 2, 3, 5. V. POLONAIS, adj. V. POLK.

INFANTERIE PORTUGAISE. V. ESCADRON. V. ESCOUADE. V. MILICE PORTUGAISE N° 1, 5. V. PORTUGAIS, adj.

INFANTERIE PRIVILÉGIÉE. V. COIFFURE. V. CORPS PRIVILÉGIÉ. V. ÉPÉE DE SOUS-OFFICIER. V. MANCHETTE DE SABRE. V. PRIVILÉGIÉ.

INFANTERIE PRUSSIENNE. V. ARMÉE FRANÇAISE N° 7. V. BAGENSKI. V. BAGUETTE DE FER. V. CADENIE. V. CHARGE D'INFANTERIE. V. DOHNA. V. DRAPEAU D'INFANTERIE FRANÇAISE DE LIGNE. V. EMBOLON. V. ENSEIGNE IDIOPLIQUE. V. FANION. V. FEU EN AVANÇANT. V. FUSIL S'AMORÇANT SEUL. V. GUERRE DE 1741, 1756. V. GUIDE DE SUBDIVISION. V. INFANTERIE FRANÇAISE N° 2. V. KLAATSCH. V. LINDENAU. V. MANCHE TACTIQUE. V. MARCHE DE BRIGADE D'INFANTERIE EN BATAILLE. V. MARCHE PAR LE FLANC. V. MILICE PRUSSIENNE; id. N° 1, 2, 3, 4, 5, 6, 7, 8. V. NOBLESSE. V. PANTALON. V. PAS. V. PAS CADENCÉ. V. PROLONGE. V. PRUSSIEN, adj. V. RANG DE TAILLE. V. ROMPEMENT PAR DEUX. V. SABRE D'HOMME DE TROUPE. V. SALDERN. V. SCHAKO. V. SECTION TACTIQUE.

INFANTERIE RÉGLÉE. V. INFANTERIE FRANÇAISE N° 1, 2, 3. V. RÉGLÉ.

INFANTERIE RÉGULIÈRE. V. ARME D'HAST.

v. ARMES DE SUPPLICE. V. INFANTERIE FRANÇAISE N° 1. V. MARCHE TACTIQUE. V. MILICE PERSANE N° 1, 2, 3. V. RÉGULIER, adj. V. TAMBOUR INSTRUMENTAL.

INFANTERIE ROMAINE. V. ADRIEN (138, A). V. ARMURE. V. CORNET INSTRUMENTAL. V. ÉPÉE. V. EXTRAORDINAIRES. V. LÉGION ROMAINE N° 1, 3, 5. V. MILICE ROMAINE; id. N° 2, 4, 5, 6, 7, 9, 10. V. OPTION. V. OURAGUE. V. PARME. V. PAS DE COURSE. V. PAYE. V. PILE, subs. masc. V. PRINCE DE LÉGION ROMAINE. V. PROMENADE. V. ROMAIN, adj. V. RONDELLE. V. SERVICE PERSONNEL. V. SOULIER. V. TACTIQUE. V. TRIBU. V. TRIBUN ROMAIN N° 5.

INFANTERIE RUSSE. V. COLONISATION. V. COLONNE PAR BATAILLON. V. COLONISATION. V. INFANTERIE N° 8. V. INFANTERIE FRANÇAISE N° 2. V. MILICE RUSSE; id. N° 1, 2, 3, 4, 5, 7. V. PANDOUR. V. PANTALON. V. RANGS D'INFANTERIE. V. RUSSE, adj. V. SAC DE CAMPAGNE. V. STRELITZ. V. TONICHKOF. V. TORTUE TACTIQUE.

INFANTERIE SAXONNE. V. MILICE SAXONNE N° 1, 2, 3. V. SAXON, adj.

INFANTERIE SÉDENTAIRE. V. COMPAGNIE SÉDENTAIRE. V. SÉDENTAIRE. V. VÉTÉRAN.

INFANTERIE SOUS LES ARMES. V. HONNEURS. V. SOUS LES ARMES.

INFANTERIE SUÉDOISE. V. ARTILLERIE D'INFANTERIE. V. CANON D'ARTILLERIE. V. CANON DE CUIR. V. COFFIN. V. EFFET D'UNIFORME. V. HESSENSTEIN. V. MILICE SUÉDOISE; id. N° 1, 2, 3, 4, 5. V. PLATINE A FEU. V. PLATINE DE MOUSQUET. V. SUÉDOIS, adj. V. TERZE.

INFANTERIE SUISSE. V. ARMÉE NATIONALE. V. ESPADON. V. INFANTERIE N° 1. V. INFANTERIE FRANÇAISE N° 1. V. INSTRUMENT DE MUSIQUE. V. INFANTERIE FRANCO-SUISSE, LIGNE COMBINÉE, MILICE ESPAGNOLE. V. MILICE SUISSE N° 1, 2, 3, 4, 6. V. PAYE. V. PERTUISANE. V. PHALANGE GRECQUE. V. RANGS D'INFANTERIE. V. SUISSE, adj.

INFANTERIE SUISSE DE GARDE ROYALE. V. GARDE ROYALE. V. INFANTERIE FRANCO-SUISSE DE GARDE ROYALE. V. LIEUTENANT GÉNÉRAL N° 4. V. RÉGIMENT FRANCO-SUISSE. V. SUISSE, adj.

INFANTERIE SUISSE DE LIGNE. V. INFANTERIE FRANCO-SUISSE DE LIGNE. V. LIGNE. V. SUISSE, adj.

INFANTERIE SYKE. V. MILICE SYKE N° 2, 4. V. SYKE.

INFANTERIE TURCO-ÉGYPTIENNE. V. MAMELOUCK N° 3. V. MILICE TURCO-ÉGYPTIENNE N° 2, 3, 5. V. TURCO-ÉGYPTIEN, adj.

INFANTERIE TURQUE. V. MILICE TURQUE N° 2, 3, 4, 7. V. RETRANCHEMENT. V. SPAHI. V. TIMAR. V. TURC, adj.

INFANTERIE VÉNITIENNE. V. MILICE VÉNITIENNE. V. VÉNITIEN, adj.

INFANTERIE WURTEMBERGEOISE. V. MILICE WURTEMBERGEOISE N° 1, 2, 3, 5, 6, 8. V. WURTEMBERGEOIS, adj.

INFÉODATION, subs. fém. V. FÉODALITÉ. V. FIEF. V. NOBLESSE. V. PASSE-VOLANT. V. SOUS-I...

INFÉRIEUR (inférieure), adj. V. GRADE I... V. MACHOIRE I... V. OFFICIER I... V. RANG I...

INFÉRIEUR, subs. masc. V. HIÉRARCHIE MILITAIRE. V. INSUBORDINATION. V. OFFICIER FRANÇAIS N° 13. V. SUBORDINATION. V. SUPPLICE.

INFERNAL (infernale), adj. V. ARMÉE I... V. COMPAGNIE I... V. MACHINE I...

INFESTER, verb. act. V. TROUPE.

INFÉUDATION, subs. fém. V. FIEF.

INFIDÉLITÉ, subs. fém. V. ADMINISTRATION MILITAIRE. V. CRIME. V. DISTRIBUTION. V. HOPITAL MILITAIRE. V. MILICE ROMAINE N° 9.

INFIRME, subs. masc. V. CHIRURGIEN-MAJOR D'INFANTERIE FRANÇAISE N° 13. V. FAUX INFIRME. V. OFFICIER INFIRME. V. RÉCOMPENSE. V. REVUE D'INSPECTEUR GÉNÉRAL.

INFIRMERIE, subs. fém. V. A L'I... V. MALADE A L'I... V. PLANTON D'I...

INFIRMERIE, subs. fém. (B, 1; D, 3), ou ANFIRMERIE suivant ROQUEFORT, ou ENFERMERIE suivant GANEAU; ou ENFIRMERIE ou INFIRMERIE RÉGIMENTAIRE. Le mot Infirmerie dérive, ainsi que INFIRMIER et INFIRMITÉ, du LATIN *infirmus*, et donne idée d'une espèce d'HOPITAL de famille établi pour le SERVICE d'un RÉGIMENT dans sa CASERNE ou dans son CAMP. — SAINT-GERMAIN essaya, à l'imitation des ALLEMANDS, d'instituer des HOPITAUX RÉGIMENTAIRES principalement pour les MALADIES CUTANÉES; le système expéditif propre à répercuter la GALE y prévalut, soit pour diminuer les DÉPENSES, soit parce que le MATÉRIEL nécessaire à ce genre de cure manquait dans les CASERNES; de graves inconvénients en résultèrent, s'il en faut croire AUDOUIN, et le système fut rejeté. — Tous les RÉGIMENTS consultés par SAINT-GERMAIN déclarèrent cette méthode inapplicable à la guerre, et ne pouvant se concilier, en temps de paix, qu'avec la permanence des GARNISONS. — La promulgation des dispositions légales qui ont trait aux infirmeries, est très-moderne. Le CONSEIL DE LA GUERRE essaya, en 1788, de créer des HOPITAUX RÉGIMENTAIRES; ce projet échoua et ne pouvait réussir; personne ne se prêtait à y remplir le SERVICE d'INFIRMIER. Une LOI DE 1791 (1er FÉVRIER) abolit ces ÉTABLISSEMENTS; ce système fut repris en 1794, au temps de l'ÉCOLE DE MARS, mais il eut peu de durée; on l'a reproduit en partie par la création des Infirmeries modernes. — L'INSTRUCTION DE L'AN SEPT (29 FLORÉAL) voulait que l'Infirmerie d'une

DEMI-BRIGADE contint trente lits. C'était une mesure nécessitée alors par la grande quantité de GALEUX et de CONVALESCENTS et par l'encombrement des HOPITAUX où, souvent, il manquait de place pour les MALADES ou les BLESSÉS eux-mêmes; aussi n'y admit-on plus les hommes attaqués de MALADIES LÉGÈRES. — L'ARRÊTÉ DE L'AN HUIT (24 THERMIDOR, art. 83) ordonnait le TRAITEMENT des MALADIES LÉGÈRES sous la tente, et chargeait les HOPITAUX MILITAIRES voisins de pourvoir aux fournitures de MÉDICAMENTS. — L'ARRÊTÉ DE L'AN DOUZE (9 FRIMAIRE) chargeait le MINISTRE DIRECTEUR de faire fournir sur la MASSE DES HOPITAUX les MÉDICAMENTS, etc. — Cette ADMINISTRATION des Infirmeries entraîne plus d'un inconvénient; elle multiplie des détails peu compatibles avec le SERVICE JOURNALIER des troupes, elle implique le système des GARNISONS PERMANENTES ou des CAMPS STABLES, elle cesse d'être praticable si un BATAILLON est dépourvu de CHIRURGIEN ou si une COMPAGNIE est isolée ou DÉTACHÉE; elle soumet à une surveillance laborieuse et toujours éludée des SOLDATS qui ne songent qu'à s'esquiver de la CASERNE, parce qu'ils n'ont rien à y faire et ne sont pas précisément souffrants. Ceux qui sont remuants ou d'une conduite peu réglée, violent les consignes, insultent les PLANTONS, franchissent les murailles et vont au dehors aggraver leurs maux par la boisson ou d'autres excès. La surveillance du CAPORAL D'INFIRMERIE est nulle, s'il faut qu'elle s'exerce vis-à-vis des SOUS-OFFICIERS admis à l'Infirmerie, parce qu'ils déclinent ou méprisent son autorité. L'ADMINISTRATION de l'Infirmerie exige l'acquisition de vases, de poteries, de médicaments, d'ustensiles qui sont en pure perte, si le CORPS reçoit subitement l'ordre de se mettre en route. Souvent les SOUS-OFFICIERS traités à l'Infirmerie y portent, malgré les défenses, leurs FOURNITURES DE LITERIE, et ces FOURNITURES y sont infectées de mercure et de miasmes contagieux. Il en résulte, pour le CORPS, des dépenses et des embarras sans fin, et pour les OFFICIERS DE SANTÉ des peines infinies et souvent perdues. — Ce système de SERVICE curatif semble présenter des économies, mais la guérison des HOMMES n'est que plâtrée, les affections cutanées s'aggravent, tout en semblant disparaître; les MALADIES syphilitiques ne sont que blanchies et le vice en devient quelquefois incurable. — Nous n'avons jamais vu les SOLDATS sortir guéris de l'Infirmerie, leurs MALADIES n'étaient que répercutées; il leur eût fallu, comme moyens curatifs, des ROLES mieux fournis de COMBUSTIBLE, des CÉNACLES mieux aérés à la fois et mieux échauffés, et surtout des bains et même des bains de vapeur ou des eaux minérales, si le mal tourne en ulcères et en scrofules. Comment eût-il été possible de leur en administrer, dans une CASERNE où rien n'est disposé ni ne peut l'être pour de tels ÉTABLISSEMENTS; de là un accroissement continuel du nombre des GALEUX, parce qu'au temps où l'on couchait deux, on croyait sains des SOLDATS encore infectés et on les donnait pour CAMARADES DE LIT aux RECRUES. — Quand la GUERRE a cessé, l'institution des Infirmeries aurait dû disparaître; il en a été autrement. — Des ÉCRIVAINS qui ne voient que la théorie ou plutôt la superficie des choses, et aux yeux desquels on a démontré quelques économies sur le papier, ont prôné le système des Infirmeries; ils ont contribué aux décisions que le MINISTRE a prises, en maintenant des usages dont on aperçoit aisément les vices nombreux. Ainsi que le témoigne la *Sentinelle de l'Armée*, n° 27, p. 194, la libération rejette dans les familles une masse prodigieuse de dartreux qui, devenus chefs de lignées, infectent ainsi les futures générations. — Rapportons maintenant la lettre de la loi. — Les Infirmeries, telles que les prescrivent les ordonnances, doivent recevoir les HOMMES atteints *d'affections cutanées ou syphilitiques si elles sont bénignes, de dartres, de fièvres éphémères, de luxations*, etc. Vingt-cinq ou trente LITS par RÉGIMENT y sont consacrés; les GALEUX sont traités à part et n'ont que des DEMI-FOURNITURES. Les CONVALESCENTS sont aussi admis dans l'Infirmerie. — Le LIEUTENANT-COLONEL dirige l'ADMINISTRATION de l'Infirmerie. Le MAJOR exerce une surveillance journalière sur l'ÉTABLISSEMENT. — L'ORDONNANCE DE 1818 (13 MAI) voulait qu'un CAPORAL D'INFIRMERIE en fût l'agent permanent sous les ordres du CHIRURGIEN-MAJOR du CORPS, dont ce genre de traitement est une des fonctions. Cette même ORDONNANCE voulait qu'après la REVUE SUR LE TERRAIN, le SOUS-INTENDANT visitât l'Infirmerie. — Le RÈGLEMENT DE 1824 (17 AOUT) accordait une CHAMBRE pour l'Infirmerie; il y était établi, si faire se peut, des ROLES. La DÉCISION DE 1825 (28 MARS) réglait quelques autres détails d'administration et accordait un certain nombre de SARRAUX et de PANTALONS. — Les OFFICIERS SUPÉRIEURS et le CAPITAINE de DISTRIBUTION font la VISITE de l'Infirmerie comme devait autrefois le faire le CAPITAINE DE POLICE. L'INSPECTEUR GÉNÉRAL lui-même n'est pas dispensé du même soin. — Le MARCHÉ DE LITERIES DE 1822 (5 MARS) voulait qu'à toutes mutations de MALADES, les DRAPS DE LIT fussent changés. — L'INSTRUCTION DE 1827 (15 AOUT) pourvoyait au

COMBUSTIBLE DE CUISSON en le prélevant sur les RATIONS D'ORDINAIRE du CORPS. — La DÉCISION DE 1829 (10 FÉVRIER) appliquait la dépense des PANTALONS et SARRAUX à la MASSE D'ENTRETIEN. — L'ORDONNANCE DE 1831 (1er AVRIL) réglait le SERVICE DE SANTÉ des RÉGIMENTS. Celles de 1832 (5 MAI) et de 1833 (2 NOVEMBRE) disaient quelques mots des Infirmeries au camp. Il était traité de ce mot dans le *Dictionnaire de la Conversation*, le *Journal de l'Armée*, t. IV, p. 276.

INFIRMERIE RÉGIMENTAIRE. V. AIDE CHIRURGIEN Nº 1. V. CONSEIL DE LA GUERRE Nº 5. V. INFIRMERIE. V. MASSE D'HOPITAL. V. MILICE AUTRICHIENNE Nº 2. V. MILICE ESPAGNOLE Nº 11. V. MILICE WURTEMBERGEOISE Nº 9. V. RÉGIMENTAIRE. V. TRAITEMENT SANITAIRE. V. TRANSPORT.

INFIRMIER (infirmiers) (term. génér.) ou ENFIRMIER suivant GANEAU. Mot qui a la même étymologie que le terme INFIRMERIE; il désigne les EMPLOYÉS MILITAIRES chargés de donner aux MILITAIRES MALADES AUX HOPITAUX, ou laissés sur le CHAMP DE BATAILLE, les soins manuels que leur position réclame. — Chez les peuples guerriers de l'antiquité et jusqu'au temps de l'EMPIRE D'ORIENT, il ne paraît pas qu'il ait été institué de fonctions pareilles; l'histoire du moins garde à cet égard un silence absolu. — Il a existé assez tard dans la MILICE BYSANTINE un SERVICE analogue à celui des INFIRMIERS DE GUERRE. Les EMPLOYÉS qui s'y consacraient et qui portaient secours aux BLESSÉS, se nommaient DÉPOTATS. — De nos jours, on commence à peine à poser des principes relatifs aux infirmiers employés dans les TEMPS DE GUERRE. C'est une longue et étonnante lacune de l'ART MILITAIRE de terre et de la CHIRURGIE MILITAIRE. — A l'égard des Infirmiers on peut consulter AUDOUIN, BERRIAT, DELIGNE (1780, I), LECOUTURIER (1825, A), MAIZEROY (1771, L), ODIER (1824, E, t. VI, p. 106), TURPIN (1783, O), et le *Dictionnaire de la Conversation*. — Il y a eu dans les ARMÉES modernes des Infirmiers d'ÉTABLISSEMENTS SÉDENTAIRES, et des Infirmiers incorporés dans des CADRES. Ainsi le mot demande à être examiné ici comme INFIRMIER D'HOPITAL et comme INFIRMIER IDIOPLIQUE.

INFIRMIER AMBULANT. V. AMBULANT. V. HOPITAL MILITAIRE. V. INFIRMIER D'HOPITAL. V. INHUMATION.

INFIRMIER de GARDE IMPÉRIALE. V. GARDE IMPÉRIALE Nº 2.

INFIRMIER de GUERRE. V. GUERRE. V. INFIRMIER.

INFIRMIER (infirmiers) D'HOPITAL (D, 2). Sorte d'INFIRMIERS employés dans un HOPITAL MILITAIRE, et qui y sont aux ordres des OFFICIERS DE SANTÉ, d'ADMINISTRATION, d'INTENDANCE, etc. — Les Infirmiers sont, au besoin, détachés pour le SERVICE DES AMBULANCES. Le RÈGLEMENT DE L'AN QUATRE (30 FLORÉAL) les divisait en deux CLASSES, les plaçait sous les ordres des OFFICIERS DE SANTÉ, et des COMMISSAIRES DES GUERRES, et les soumettait à un INFIRMIER EN CHEF, autrefois nommé INFIRMIER MAJOR. — L'ARRÊTÉ DE L'AN HUIT (24 THERMIDOR) réglait leur SERVICE, leur répartition, leurs fonctions, les PUNITIONS qu'ils encourent. — L'ORDONNANCE DE 1824 (18 SEPTEMBRE) relative au SERVICE DE SANTÉ, divisait ces EMPLOYÉS en cent cinquante INFIRMIERS MAJORS et quatre cents INFIRMIERS ORDINAIRES. Il était en outre employé un nombre indéterminé d'Infirmiers désignés sous la qualification de NON ENTRETENUS. — Les Infirmiers ont été placés à titre d'HOMMES DE TROUPE, sous la surveillance des OFFICIERS D'ADMINISTRATION DES HOPITAUX. — La DÉCISION DE 1833 (17 OCTOBRE) appelait INFIRMIERS AMBULANTS ceux des AMBULANCES.

INFIRMIER EN CHEF. V. EN CHEF. V. INFIRMIER D'HOPITAL.

INFIRMIER (infirmiers) IDIOPLIQUE (A, 1 ; D, 2). Sorte d'INFIRMIERS exerçant des fonctions analogues à celles des DÉPOTATS de l'antiquité; ils sont placés plus immédiatement sous les ordres et la direction du CORPS D'INTENDANCE; ils forment ainsi une sorte d'ARME PERSONNELLE, c'est pourquoi ils sont désignés ici par l'épithète IDIOPLIQUE. — DIX COMPAGNIES D'INFIRMIERS ont été créées par DÉCRET DE 1809 (13 AVRIL); elles étaient commandées par des CENTENIERS et des SOUS-CENTENIERS. On y encadrait les CONSCRITS regardés comme impropres au SERVICE DE GUERRE. Ces CORPS n'ont été que d'une médiocre utilité. — Les ORDONNANCES DE 1823 (29 JANVIER et 9 AVRIL) créaient des CORPS d'Infirmiers sous le nom de COMPAGNIES DE SOLDATS D'AMBULANCE; ils ont été de peu de secours pour les MALADES de l'ARMÉE.

INFIRMIER MAJOR. V. INFIRMIER D'HOPITAL. V. MAJOR.

INFIRMIER NON ENTRETENU. V. ENTRETENU. V. INFIRMIER D'HOPITAL.

INFIRMIER ORDINAIRE. V. INFIRMIER D'HOPITAL. V. ORDINAIRE, adj.

INFIRMITÉ, subs. fém. (D, 4, 5). Mot qui a la même étymologie que les mots INFIRMERIE, etc. — Les Infirmités contractées avant le SERVICE peuvent être un CAS DE RÉFORME; contractées par suite du SERVICE, et occasionnant INHABILETÉ à servir, elles peuvent être un cas de PENSION DE RETRAITE ou de RÉCOMPENSE. L'INSTRUCTION DE L'AN SEPT (11 GERMINAL), la CIRCULAIRE DE 1811 (14

OCTOBRE), l'INSTRUCTION DE 1834 (25 JUIN) ont prévu et défini les Infirmités de cette nature; elles les ont classées en ABSOLUES OU ÉVIDENTES et en RELATIVES; les unes sont l'objet d'un simple CONGÉ DE RÉFORME OU DE RENVOI : il y en a qui motivent, à l'égard des HOMMES APPELÉS, une DISPENSE DE SERVICE, ou qui sont de nature à ne pas permettre qu'un ENROLEMENT VOLONTAIRE puisse être contracté; il y en a qui motivent seulement l'envoi aux EAUX MINÉRALES. Toutes, excepté celles qu'on appelle ABSOLUES OU ÉVIDENTES, doivent être constatées avec un soin extrême, afin de distinguer des INFIRMITÉS SIMULÉES celles qui sont réelles; les examinateurs ont surtout à se tenir en garde vis-à-vis des hommes qui se plaignent de BÉGAIEMENT, de CLAUDICATION, d'ÉPILEPSIE, d'hébétement, d'INCONTINENCE D'URINE, de MYOPIE, de SURDITÉ et de TEIGNE. — L'ensemble des CAS d'Infirmité comprend AMBLYOPIE, ANÉVRISME, ANKYLOSE, APHONIE, ASTHME, ATROPHIE, DÉGAIEMENT, CACHEXIE, CALCUL, CANCER, CARIE, CATARACTE, CÉCITÉ, CICATRICE MALIGNE, CLAUDICATION, DARTRE, DÉMENCE, DIASTASIS, DIFFORMITÉ, ÉLÉPHANTIASE, ÉPILEPSIE, ÉTISIE, FAIBLESSE DE CONSTITUTION, FISTULE, GALE REBELLE, GIBBOSITÉ (OU DÉVIATION de la colonne vertébrale), GOITRE, GOUTTE, GRAVELLE, HÉMOPTYSIE, HÉMORROIDES, HERNIE, HYDROCÈLE, HYDROPISIE, IMBÉCILLITÉ, INCONTINENCE D'URINE, LÈPRE, MALADIE CUTANÉE, MALADIE DE POITRINE, MARASME, MUTITÉ, MUTILATION, MYOPIE, NÉCROSE, NYCTALOPIE, OZÈNE, PARALYSIE, PERTE DE DENTS, — DE DOIGTS, — DE GÉNITOIRES, — DE MEMBRE, — D'OEIL DROIT, — DU NEZ, POLYPE, RACHITISME, RÉTENTION D'URINE, SARCOCÈLE, SCIATIQUE, SCROFULE, SURDITÉ, TEIGNE, ULCÈRE, VARICE, VARICOCÈLE. — Suivant leur intensité, plusieurs de ces Infirmités sont des CAS D'INVALIDITÉ ABSOLUE, d'autres d'INVALIDITÉ RELATIVE. Celles qui sont graves et incurables, et provenant des fatigues ou dangers, donnent droit à la pension de retraite, comme le témoignait la LOI DE 1831 (11 AVRIL). — Il est du devoir des INSPECTEURS GÉNÉRAUX D'ARMES de présider à l'examen attentif de ces genres d'Infirmités. — On peut consulter à l'égard des Infirmités des MILITAIRES, M. BERRIAT, ODIER (1824, E), SOUVILLE. — ODIER (p. 218) a dressé une sorte de statistique des Infirmités qui, à l'époque où il écrivait, rendaient inadmissibles au SERVICE les FRANÇAIS susceptibles par leur âge d'être appelés au SERVICE CONSCRIPTIF; il a établi comme il suit le calcul relatif des cas de rejet, en divisant en cinquante parties les individus que ces diverses Infirmités affectent : PERTE DE DOIGTS, trois; CLAUDICATION, treize; GOITRE, un; MYOPIE, trois; HERNIE, quatre; MALADIE CUTANÉE, six; ÉPILEPSIE, un; MALADIE DE POITRINE, un; D'IFFORMITÉ des membres, onze; FAIBLESSE DE CONSTITUTION, sept. Touchant les Infirmités propres aux recrues tirés de Paris, on peut consulter le docteur VILLERMÉ. — Le *Dictionnaire de la Conversation* (au mot *Conscrit*) s'est étendu sur les Infirmités, et surtout sur celles qui sont simulées.

INFIRMITÉ ABSOLUE. V. ABSOLU. V. GRAVELLE. V. INFIRMITÉ.

INFIRMITÉ ÉVIDENTE. V. ATROPHIE. V. ÉVIDENT. V. INFIRMITÉ.

INFIRMITÉ ÉVIDENTE RELATIVE. V. INFIRMITÉ. V. RELATIF.

INFIRMITÉ ÉVIDENTE SIMULÉE. V. INFIRMITÉ. V. SIMULÉ.

INFLAMMABLE, adj. V. POUDRE INFLAMMABLE.

INFLAMMATION de POUDRE. V. HAUKSBÉE. V. POUDRE. V. POUDRE A FEU. V. POUDRE A FUSIL.

INFLEXION, subs. fém. (F). Mot tout LATIN que les ÉCRIVAINS militaires emploient pour exprimer une CONTRE-MARCHE qui était usitée dans la MILICE GRECQUE; c'était l'évolution pratiquée par la PHALANGE en ORDRE DE BATAILLE ou par une fraction de la PHALANGE dans ce même ORDRE. — Pour accomplir une Inflexion ou faire VOLTE-FACE, la TROUPE exécutait deux QUARTS DE CONVERSION, et se trouvait ainsi avoir FAIT FRONT du côté de la QUEUE. — Les modernes n'exécutent de CONTRE-MARCHES qu'en ORDRE DE COLONNE et non en BATAILLE. Cependant on peut regarder comme contre-marche l'évolution qui consiste à ROMPRE PAR LA DROITE pour marcher vers la gauche; elle a sur l'Inflexion des anciens, l'avantage de faire VOLTE-FACE sans perdre de terrain.

INFLEXIONNAIRE, adj. V. CONTRE-MARCHE I...

INFLIGER, verb. act. V. ARRÊTS. V. CHATIMENT. V. GRADE SUPÉRIEUR. V. OFFICIER D'INFANTERIE FRANÇAISE N° 4. V. OFFICIER FRANÇAIS N° 11. V. PRÉVOT DE CORPS. V. PUNITION.

INFORMATION, subs. fém. V. FORMULE DE REFUS D'I... V. PROCÈS-VERBAL D'I... V. REFUS D'I...

INFORMATION (D, 3) ou PROCÈS-VERBAL D'INFORMATION. Mot tout LATIN qui s'applique à la marche des AFFAIRES JUDICIAIRES; dans l'ARRÊTÉ DE L'AN DOUZE (19 VENDÉMIAIRE, art. 54) il est pris comme synonyme d'INSTRUCTION DE PROCÈS. — L'Information se terminait autrefois par un PROCÈS-VERBAL DE RÉCOLEMENT, et concernait, en FRANCE, comme cela se voit encore en quelques MILICES, les

AUDITEURS. — Cette opération est une recherche des CIRCONSTANCES d'un FAIT qui participe de la nature des CRIMES ou des DÉLITS ; c'est un examen préalable, entrepris à la suite d'une REQUÊTE présentée par la partie plaignante ou motivée par la POURSUITE d'office et par la PLAINTE formulée par l'organe du MINISTÈRE PUBLIC ; un CAPITAINE RAPPORTEUR se livre à ce genre d'enquête, aussitôt qu'il a reçu de qui de droit des PIÈCES DE PROCÉDURE revêtues d'une AUTORISATION D'INFORMER. Cet OFFICIER étudie la PLAINTE ; il consulte les PIÈCES A CHARGE ; il constate, s'il y a lieu, les preuves du DÉLIT ; il procède à l'AUDITION des TÉMOINS et à l'INTERROGATOIRE de l'ACCUSÉ ; il dresse ou fait dresser par le GREFFIER, sur papier libre, le RAPPORT sur les FAITS et remarques qui doivent être les éléments d'une décision de la JUSTICE ; il y motive ses CONCLUSIONS, il communique au DÉFENSEUR l'Information ; il expose au TRIBUNAL les FAITS imputés et les motifs qu'il aurait de présumer ou non que le PRÉVENU est COUPABLE ; il éclaire de cette manière les DÉBATS. Ainsi l'Information résume les TÉMOIGNAGES et l'INTERROGATOIRE, en déduit les conséquences au profit de la vérité. Les résultats de l'ENQUÊTE sont minutés en un ACTE authentique, muni des signatures des comparants et du RAPPORTEUR. — Une seule et même Information a lieu dans le cas où un COMPLOT DE DÉSERTION est l'objet d'un JUGEMENT. — Dans certains cas il peut y avoir Information sans qu'il y ait PLAINTE. — La marche suivie dans les cas d'Information a exercé la plume de M. FOUCHER. POTIER aussi en a traité.

INFORMÉ, part. passé. V. INFORMATION. V. SOIT INFORMÉ.

INFORMER, verb. act. V. AUTORISATION D'I... V. AUDITEUR. V. ORDRE D'I...

INFRACTION, subs. fém. V. ADMINISTRATION MILITAIRE. V. CALOTTE DISCIPLINAIRE. V. CASSATION DE SOUS-OFFICIER. V. CODE PÉNAL MILITAIRE. V. COUP DE PLAT DE SABRE. V. CRIME. V. DÉLIT. V. DISCIPLINE FRANÇAISE. V. GOUVERNEMENT STRATONOMIQUE. V. PEINE. V. JUGEMENT MILITAIRE. V. JUSTICE MILITAIRE. V. MILICE PRUSSIENNE N° 9. V. PIQUET CORRECTIONNEL. V. PUNITION. V. RAPPORT. V. RÉGIMENT FRANÇAIS N° 6. V. RÉPRESSION.

INGÉNIEUR, subs. masc. V. CORSELET D'INGÉNIEUR. V. SCIENCE.

INGÉNIEUR (term. génér.) ou ANGIGNOUR, ANGIGNIER, ou AUGIGUIER, ENGEIONEUR, ENGENIEUR, ENGIGNIER, ENGIGNEUR, INGIGNIÈRE, ENGIGNOUR, ENGINGNEUR, ENGINGNIER, ENGINGNIÈRE, ENGINGNIERRE, ENGINEUR, ENGINIER, ENGINIEUR, ENGINIOUR, INGIGNOUR, comme disent DANIEL (1721, A),

BARBAZAN, MONTAIGNE (Michel), MOUSKÈS, ROQUEFORT, etc. — Du vieux FRANÇAIS ENGINEUR ou ENGINIER les ANGLAIS ont fait *engineer*, et d'ENGIGNEOUR ou ENGIGNOUR, termes de la langue d'oc, les ESPAGNOLS ont fait *ingegneros*. — Les ALLEMANDS emploient pour signifier Ingénieur une expression qui répond au sens originaire d'ARTIFICIER ; c'est le mot *konstabler* ou *kunstabler*, à ce que dit GUIBERT (1775, E), mais leur vrai mot est *kriegs-bau-meister*, maître des constructions de guerre. — L'expression vient d'ENGIN ; aussi les PORTUGAIS appellent-ils encore les OFFICIERS DU GÉNIE *engenheiro*, comme le prouve le traité peu ancien d'AZÉÉVÉDO FORTÈS. M. PASTEUR a traité des INGÉNIEURS. — Le mot Ingénieur ayant eu des significations différentes, il convient de le distinguer en INGÉNIEUR GÉOGRAPHE et en INGÉNIEUR MILITAIRE.

INGÉNIEUR A FEU. V. A FEU. V. ARTIFICIER. V. ARTILLEUR. V. BOMBE. V. BOULET CREUX. V. MINE A FEU. V. OFFICIER D'ARTILLERIE N° 1.

INGÉNIEUR ANGLAIS. V. ANGLAIS, adj. V. CHAMP DE MANOEUVRES. V. MILICE ANGLAISE N° 2.

INGÉNIEUR AUTRICHIEN. V. AUTRICHIEN, adj. V. MILICE AUTRICHIENNE N° 3, 6.

INGÉNIEUR BAVAROIS. V. BAVAROIS, adj. V. MILICE BAVAROISE N° 1.

INGÉNIEUR CIVIL. V. CIVIL, adj. V. INGÉNIEUR MILITAIRE.

INGÉNIEUR DANOIS. V. DANOIS, adj. V. MILICE DANOISE N° 1.

INGÉNIEUR de CAMPAGNE. V. CAMPAGNE. V. CAMPEMENT POLÉMONOMIQUE. V. CLAIRAC (1752, A). V. HEWGILL. V. INGÉNIEUR MILITAIRE. V. LANDMANN. V. LEROUGE. V. OFFICIER D'ÉTAT-MAJOR GÉNÉRAL. V. PICHT. V. TACTIQUE. V. TIELKE (1779).

INGÉNIEUR des CAMPS et ARMÉES du ROI. V. ARMÉE. V. CAMP. V. CASEMATE A FEU. V. INGÉNIEUR GÉOGRAPHE ; id. N° 3, 4. V. INGÉNIEUR MILITAIRE. V. ROI.

INGÉNIEUR DIRECTEUR. V. DIRECTEUR. V. INGÉNIEUR MILITAIRE.

INGÉNIEUR EN CHEF. V. EN CHEF. V. GÉNIE. V. INGÉNIEUR MILITAIRE. V. OFFICIER DU GÉNIE N° 7. V. TRANCHÉE.

INGÉNIEUR GÉNÉRAL. V. GÉNÉRAL, adj. V. MILICE ESPAGNOLE N° 2. V. OFFICIER DU GÉNIE N° 5, 7.

INGÉNIEUR (ingénieurs) GÉOGRAPHE (A, 1). Sorte d'INGÉNIEURS à l'égard desquels on peut consulter AUDOUIN, M. GRIVET, LECOUTURIER (1825, A), M. MAUDUIT, POTIER (1770, X), M. SICARD, TURPIN (1783, O), l'ouvrage intitulé *Mémorial topographique*, le *Spec-*

tateur militaire (t. xxiv, p. 667). — La FRANCE a eu des TOPOGRAPHES ou un GÉNIE TOPOGRAPHIQUE avant qu'un corps pareil existât dans aucune autre ARMÉE. La MILICE ANGLAISE n'a imité en cela les usages FRANÇAIS que depuis 1806. — Dans la MILICE AUTRICHIENNE, les fonctions topographiques sont exercées par des OFFICIERS D'ÉTAT-MAJOR. — Ce qui concerne les Ingénieurs géographes français va être examiné sous les rapports suivants : CRÉATION, COMPOSITION, DÉNOMINATION, NOMBRE, AVANCEMENT, UNIFORME, ALLOCATIONS, RANG, FONCTIONS, SUBORDINATION. — N° 1. CRÉATION, COMPOSITION. — La création des Ingénieurs géographes remonte à 1696, époque qui répond à l'institution du CORPS des INGÉNIEURS MILITAIRES : en 1761, ils furent attachés au DÉPÔT DE LA GUERRE. L'institution n'avait rempli, à ce qu'il paraît, qu'imparfaitement son objet ; car, en 1782, le CONSEIL DE LA GUERRE, prenant en considération la nécessité d'attacher à l'ÉTAT-MAJOR de l'ARMÉE une section qui y manquait, proposa d'établir un corps permanent d'Ingénieurs géographes *chargés de s'occuper des marches et de l'établissement des camps ;* ce corps eût été indépendant des Ingénieurs alors sur pied, qu'on appelait GÉOGRAPHES D'ARMÉE. — Ceux-ci n'avaient point d'école où pût être étudié leur art. — Le CORPS des Ingénieurs géographes, supprimé en 1791 (17 août et 16 octobre), fut alors fondu dans le GÉNIE ; il a été rétabli en 1792 (22 février ou 6 juin) : il se composait de trente-six officiers. — Un décret de 1808 (9 novembre) confirma une partie des Ingénieurs géographes, et nomma les autres à des grades supérieurs. Un décret de 1809 (30 janvier) leur donna la dénomination de corps impérial des Ingénieurs géographes, et les porta, y compris six élèves, au nombre de quatre-vingt-dix. — Une ordonnance de 1814 (1er août) mit à leur tête un lieutenant général directeur général du dépôt ; ils furent réorganisés par ORDONNANCE DE 1826 (13 MARS). — La COMPOSITION du CORPS des Ingénieurs géographes a varié mainte fois ; ce n'était d'abord qu'une faible AGRÉGATION de mathématiciens et de dessinateurs militaires détachés aux ÉTATS-MAJORS ou employés aux travaux sédentaires du DÉPÔT DE LA GUERRE. En 1793, leur organisation est devenue plus militaire ; des GRADES analogues à ceux de l'armée leur ont été donnés. Cet excellent et vieux CORPS s'est fondu dans le jeune CORPS D'ÉTAT-MAJOR, en vertu de l'ORDONNANCE DE 1831 (22 FÉVRIER) : c'était l'adoption du système autrichien qui confiait à une seule classe d'OFFICIERS D'ÉTAT-MAJOR les deux fonctions. La nécessité justi-

fiait-elle l'imitation ? le résultat parlera-t-il en faveur de l'opportunité ? La question mérite qu'on l'examine. — Les novateurs ont mis à la retraite des vétérans qui étaient plus des savants que des SOLDATS, quoique toujours ils se fussent montrés HOMMES DE GUERRE au besoin. Les novateurs prétendent au contraire que, au besoin, des SOLDATS se changeraient en savants ; cette métamorphose est moins facile en FRANCE que l'autre. — L'État a congédié des artistes éprouvés par quarante ans de dévouement, de succès, de dangers ; il s'est débarrassé de personnages qui semblaient plus destinés à mourir académiciens que maréchaux de camp honoraires ; il a violé la loi qui voulait que l'ÉCOLE POLYTECHNIQUE recrutât cette GÉOGRAPHIE de la guerre, cette branche importante du service public ; une ORDONNANCE, qui était l'éteignoir d'une LOI, n'a plus exigé que ce fût du sein de l'ÉCOLE POLYTECHNIQUE que sortissent les néophytes de la TOPOGRAPHIE nouvelle ; et, en même temps qu'elle exigeait que les recrues de cette arme du privilége se rendissent aptes à être géomètres, dessinateurs, cavaliers, fantassins, voire même artilleurs et ingénieurs, elle dispensait ceux qu'elle appelait à cette universalité, de subir les épreuves, et de fournir les garanties qui constituent et témoignent l'aptitude des aspirants au simple rôle ou d'artilleur ou d'ingénieur. On voulait que l'OFFICIER D'ÉTAT-MAJOR de nouvelle fabrication fût juge et maître en six matières, en six professions, quand plusieurs de ces professions ne peuvent être enseignées élémentairement qu'au vieux sanctuaire des Monge et des Bertholet, et définitivement qu'aux ÉCOLES D'APPLICATION ; en d'autres termes, on voulait que l'ÉCOLE D'ÉTAT-MAJOR fût quatre ou cinq fois plus habile que l'ÉCOLE POLYTECHNIQUE. — En réalité, il s'agissait moins de fonder un CORPS qui pût satisfaire à tant de promesses, que de créer une sorte de sous-ministère, un gouvernement scientifique militaire ; il s'agissait moins de mettre sur pied un ÉTAT-MAJOR dont l'avenir assurât d'aussi brillants résultats que de façonner les choses à l'autrichienne et à l'anglaise, puisque des intérêts personnels et des fonctionnaires de haut rang y trouvaient leur compte. — A la création de ce CORPS, on a enchaîné par les amorces de la vanité l'adhésion des vieux Ingénieurs géographes qui allaient s'y amalgamer ; ils n'ont pas vu le piége ; on les alléchait par un peu plus de gloriole dans le titre, un peu plus d'écus dans la retraite ; mais c'était cette retraite, cet *expurgat* où l'on tendait ; l'important, pour les créateurs du projet, était de parvenir à faire disparaître prochainement des personnages qui avaient à faire place à de jeunes favoris, à des fils de GÉNÉRAUX, à des CANDIDATS par népotisme. Cette carte de France, ôtée des mains exercées qui la confectionnaient par amour autant que par métier, est tombée sous la gomme élastique de jeunes ÉLÈVES qui ne s'y résignent que comme à une corvée de noviciat. On change en un EMPLOI sérieux, sédentaire, insipide s'il n'y a vocation, les occupations favorites d'une jeunesse ardente, passionnée, aventureuse, dont le mouvement et l'éclat sont la vie; le temps qu'un adepte doit donner à l'étude de l'équitation, aux exercices de la TACTIQUE, à la salle d'armes, on veut qu'il le consacre à calculer des triangles, à faire concorder des formules, à pâlir sur les théories de la planchette; on enchaîne dans l'épaisse atmosphère des bureaux celui que sa future activité appelle à être l'appréciateur des ÉVOLUTIONS DE CAVALERIE, le grand jalon des MANŒUVRES à pied, l'auxiliaire des directeurs d'un ASSAUT de FORTERESSE, le porteur d'ORDRES; à l'instant d'une de ces tempêtes qu'on appelle une CHARGE. — A la première guerre, on sentira, on déplorera ce que des combinaisons dépourvues d'esprit de nationalité ont suggéré; on n'aura pas encore d'OFFICIERS D'ÉTAT-MAJOR; on n'aura plus d'ingénieurs géographes; on ne fera plus, comme on le dit familièrement, que de la TOPOGRAPHIE d'auberge; en détruisant l'établissement ancien, on se sera privé inconsidérément d'une scientifique section qu'il faudra vingt-cinq ans de guerre pour ressusciter; or, malheureusement ou heureusement, toutes les guerres ne durent pas vingt-cinq ans, comme celle qui a vu naître et mourir le corps distingué et précieux dont nous venons de tracer, les larmes aux yeux, l'article nécrologique, et dont la vie avait été honorée par l'estime de Bonaparte. Ce juge compétent savait ce que valent l'application studieuse et les résultats du travail opiniâtre. — La science, en marchant, tend à spécialiser les travaux; elle s'applique à fortifier les études en les simplifiant; on a fait rétrograder l'art en déclassant des divisions rationnelles, en réamalgamant ce que les découvertes d'une époque expérimentale avaient forcément scindé; on a oublié que nous n'étions plus au temps où il était de mode de dire que le mot impossible n'est pas français; l'on a dit à d'heureux prédestinés dont l'horoscope brode l'habit : Persuadez-vous, persuadez aux autres que sur les traces des Rantzau, des VAUBAN, des TURENNE, des Lasalle, des Monge, des Casa-

nova, il vous sera donné d'ENFONCER, comme cavaliers, des CARRÉS; de repousser, comme fantassins, des CHARGES : de vous faire rendre les clefs des FORTERESSES, de foudroyer des assiégeants; d'appliquer au LEVER des CHAMPS DE BATAILLE les sinus et les co-sinus, d'être les historiographes des gloires françaises, et de faire revivre sous votre compas et vos pinceaux les victoires auxquelles aura contribué votre sanglante épée. — N° 2. DÉNOMINATION, NOMBRE. — La dénomination des Ingénieurs géographes a varié plusieurs fois; ils reçurent, en 1696, celle d'INGÉNIEURS DES CAMPS ET ARMÉES DU ROI. Ce titre, donné à cinq ou six NON COMBATTANTS, était bien prolixe, bien pompeux; ils eussent porté plus convenablement celui de GÉOGRAPHES MILITAIRES ou d'INGÉNIEURS TOPOGRAPHES, puisqu'il s'agissait de GÉOGRAPHIE, de GÉOLOGIE, de TOPOGRAPHIE, du LEVER des TERRAINS et de la confection matérielle des CARTES et des PLANS. — Dans la guerre de la succession d'Espagne, ils se distinguèrent; ils n'avaient eu jusque-là ni avancement ni grades, ils commencèrent à être mieux traités; et, en 1717, leur chef, nommé Lillier, avait grade de brigadier des armées. — En 1726, le nom d'Ingénieurs géographes DES CAMPS ET ARMÉES leur fut donné. — Ils n'étaient encore que sept Ingénieurs géographes en 1735. L'année suivante, ils étaient au nombre de douze, dont un brigadier, un colonel, quatre capitaines et six lieutenants. — Ils étaient encore à peu près au même nombre en 1744, quand Dargenson leur donna une organisation plus stable, et les attacha au dépôt de la guerre. — En 1769, les INGÉNIEURS DES CAMPS ET ARMÉES recevaient la dénomination d'Ingénieurs géographes du roi; leur nombre était alors d'un Ingénieur en chef, quatre brigadiers, huit capitaines, seize lieutenants. En 1777 (26 février), le nom d'Ingénieurs géographes militaires leur fut donné. — Ils s'appelaient, suivant POTIER (1770, X), Ingénieurs des camps, marches et armées du roi; ils faisaient partie du MINISTÈRE DE LA GUERRE; ils étaient du nombre de vingt-sept OFFICIERS, savoir, un directeur en chef, deux brigadiers, deux sous-brigadiers, neuf capitaines et douze lieutenants. — En 1782, ils s'appelaient GÉOGRAPHES D'ARMÉE, leur nombre était à peine de vingt-quatre en 1790. En 1800, ils ont eu le titre de TOPOGRAPHES MILITAIRES. En 1808 (novembre), une organisation nouvelle leur rend le titre d'Ingénieurs géographes. — Ils furent augmentés de vingt-quatre OFFICIERS en 1809 (30 janvier); ils étaient progressivement montés au nombre de quatre-vingts : telle était leur force en 1825. Leur quantité s'est réduite à soixante-neuf en 1826 par la réorganisation du 26 MARS; ils étaient encore sur le même pied en 1829. — L'*Annuaire de l'état militaire* de 1830 reconnaissait trois colonels, trois lieutenants-colonels, neuf chefs d'escadron, trente-six capitaines, trente et un lieutenants, deux sous-lieutenants. — N° 3. AVANCEMENT, UNIFORME, ALLOCATIONS, RANG. — L'AVANCEMENT des Ingénieurs géographes ne roulait que dans le CORPS même. — Leur UNIFORME était d'abord, en 1744, gris, et pareil à celui des ingénieurs militaires ou ingénieurs ordinaires du roi; il a été ensuite BLEU DE ROI et à BOUTONS jaunes; ils avaient pour COULEUR DISTINCTIVE le BLEU DE CIEL, ils ont ensuite eu la couleur AURORE. Leur BOUTON D'UNIFORME était empreint d'attributs de géographie. — Depuis le régime impérial, ils s'étaient donné l'ÉPAULETTE A PETITE TORSADE. — Le budget de 1828 témoignait que la dépense relative au CORPS des Ingénieurs géographes excédait quatre cent mille francs. Leur PAYE excédait d'un tiers celle de l'INFANTERIE. — Le rang des Ingénieurs géographes est assez mal déterminé; on suppose qu'ils marchaient après les OFFICIERS DU GÉNIE, leur ancienneté cependant était la même. Les uns et les autres étaient au nombre des CORPS PRIVILÉGIÉS. — N° 4. FONCTIONS, SUBORDINATION. — L'ORDONNANCE DE 1776 (31 DÉCEMBRE) plaçait les géographes sous les ordres des directeurs du génie. — Les fonctions des Ingénieurs géographes n'avaient jamais été plus importantes qu'à l'époque de leur extinction comme CORPS spécial. Nombre de MILITAIRES distingués et savants en faisaient partie; mais leurs travaux étaient plus propres à avancer les sciences exactes et les arts graphiques que l'ART MILITAIRE DE TERRE; car, bien que quelques ÉCRIVAINS aient comparé les Ingénieurs géographes aux GROMATICIENS de l'antiquité, et que ceux de nos jours aient succédé aux INGÉNIEURS DES CAMPS ET ARMÉES, ni les uns ni les autres ne nous ont donné une doctrine de CASTRAMÉTATION, un système complet de RECONNAISSANCES, une bonne ordonnance sur les MARCHES D'ARMÉE, une CARTE D'ÉTAPE à l'usage des CORPS. — Cependant, EN TEMPS DE GUERRE, les Ingénieurs géographes concouraient utilement aux OPÉRATIONS DE GUERRE; des OFFICIERS de ce CORPS étaient à cet effet détachés du DÉPÔT et placés près des GÉNÉRAUX EN CHEF. — Une savante ÉCOLE D'APPLICATION était consacrée à leur instruction. — Depuis que les Ingénieurs sont un CORPS vraiment militaire, quoique NON COMBATTANT, ils ont été subordonnés à un GÉNÉRAL DE DIVISION; son titre s'est agrandi à

mesure de l'accroissement et de l'importance du CADRE. Le chef des Ingénieurs géographes a reçu le titre de DIRECTEUR du DÉPÔT DE LA GUERRE, et la qualification oiseuse d'INSPECTEUR GÉNÉRAL DES INGÉNIEURS GÉOGRAPHES. — En 1828 et 1829, un GÉNÉRAL distingué était censé représenter la FRANCE à CONSTANTINOPLE en même temps qu'il était censé DIRECTEUR du DÉPÔT et INSPECTEUR GÉNÉRAL DES INGÉNIEURS GÉOGRAPHES à PARIS. C'était une des plus curieuses bizarreries du cumul. Il n'y a eu d'aussi extraordinaire que le cumul des fonctions de major général et de ministre en 1823, et que le cumul du généralat et du ministère à ALGER. — Dans la MILICE ANGLAISE, une des fonctions des Ingénieurs géographes est la reconnaissance et le choix des CHAMPS DE MANŒUVRES.

INGÉNIEUR (ingénieurs) MILITAIRE (F), OU INGÉNIEUR DE CAMPAGNE, comme disaient MIRABEAU (1788, C) et d'autres ÉCRIVAINS. Sorte d'INGÉNIEURS dont les attributions rappellent des fonctions aussi anciennes que l'institution des ARMÉES RÉGULIÈRES, et que l'usage des SIÉGES et l'invention des REMPARTS. — La MILICE GRECQUE employait des constructeurs nommés *teichopoios*, mot que Scapula traduit par *machinarius qui instaurandis mœnibus seu reficiendis, prœest*, mécanicien qui préside à la construction et aux réparations des MURAILLES des villes. — Il y avait en outre, en GRÈCE, des ARCHITECTES principaux qui exerçaient la science nommée HERCOTECHTONIQUE; leur emploi répondait à celui des fonctionnaires ROMAINS appelés *magister fabrum*, intendant ou maître des OUVRIERS. — On prétend qu'un CORPS d'Ingénieurs suivait ALEXANDRE marchant à la conquête de l'ASIE; et que le plan du monde alors connu fut tracé par les Ingénieurs d'AUGUSTE; ces événements n'ont pas laissé de traces. — Les ROMAINS avaient des GROMATICIENS, des MÉTATEURS, des PRÉFETS DE CAMP, des PRÉFETS D'OUVRIERS, dont les fonctions, en quelques parties, participaient de celles des Ingénieurs modernes. — Le bas LATIN rendait par *ingeniosus, ingoniosi*, les ARCHITECTES du MOYEN AGE. — Philippe MOUSKES parle des INGIGNÉOURS et des MINOURS de CHARLEMAGNE; mais MOUSKES était romancier, et il a pu faire un anachronisme en attribuant au vieux temps ce qui était de son siècle. Au reste, ces INGÉNIEURS n'étaient que des charpentiers ou des constructeurs de MACHINES. — A la fin du onzième siècle, GODEFROI DE BOUILLON s'empara de JÉRUSALEM à l'aide d'Ingénieurs GÉNOIS; leur science jeta quelques racines dans la SYRIE et la Palestine, tant que ces pays demeurèrent chrétiens. PHILIPPE AUGUSTE acquit, lors de la croisade où il assista, quelques notions en POLIORCÉTIQUE; et, dans le siècle suivant, il les appliqua en FRANCE, après avoir fait venir de GRÈCE et d'ITALIE des mathématiciens et des mécaniciens; les SIÉGES qu'il entreprit avec leur secours commencèrent à être conduits avec habileté. — M. SICARD (*Spectateur militaire*, t. VII, p. 252) affirme que, en 1248, la séparation de l'ARTILLERIE et du GÉNIE commence à se manifester; mais c'est prendre les choses de bien haut. Il y a peu de lumières à tirer de ces époques; le même auteur dit que, en 1291, les CANONNIERS et les MAITRES D'ENGINS étaient sous les ordres du GRAND MAITRE DES ARBALÉTRIERS, ce qui renverse l'assertion précédente. — Au MOYEN AGE, le GRAND MAITRE DES ARBALÉTRIERS, et plus tard le GRAND MAITRE DE L'ARTILLERIE, avaient la suprême direction des TRAVAUX DE FORTIFICATIONS et des MINES; ils y employaient des PIQUEURS et des PIONNIERS. PHILIPPE DE CLÈVES (1520, A) se borne à dire que, de son temps, c'est le MAITRE DE L'ARTILLERIE qui fait construire les TAUDIS par un CAPITAINE secondé de PIONNIERS. — Les FRANÇAIS ont, dans le principe, appelé absolument ARCHITECTES, c'est-à-dire constructeurs de FORTERESSE, les artistes que, plus tard, on a nommés Ingénieurs; c'est par abus ou imitation que la construction des manoirs civils s'est appelée ARCHITECTURE; car il n'y avait d'architecture ou d'ouvrages par excellence que les CHATEAUX FORTS. C'étaient les francs-maçons composant une sorte de collége qui construisaient les PONTS et les églises; c'étaient des maçons de campagne ou de provinces qui édifiaient les huttes des ROTURIERS. — Les machinistes ou chefs des ingignours construisaient les TAUDIS. — Des FRANÇAIS secondèrent comme Ingénieurs BAYARD et MONTLUC; mais, en général, la FRANCE avait recours aux étrangers. — Pendant les GUERRES CIVILES et religieuses, il n'existait pas de CORPS du génie; des ITALIENS étaient appelés en FRANCE pour y servir à prix débattu comme MAITRES CANONNIERS ou de l'ARTILLERIE, MAITRES ARTIFICIERS, MAITRES INGÉNIEURS ou des FORTIFICATIONS; à ce dernier titre, les deux MARINI et les chevaliers Rélogio accompagnèrent en FRANCE CATHERINE DE MÉDICIS; mais ces ressources étaient insuffisantes; ce genre de secours manquait souvent; les GÉNÉRAUX D'ARMÉE étaient sans cesse aux expédients; il en était encore ainsi sous HENRI QUATRE et sous LOUIS TREIZE. — SULLY, joignant, en 1602, au titre de GRAND MAITRE DE L'ARTILLERIE celui de SURINTENDANT DES FORTIFICATIONS, créa, à l'issue des GUERRES CIVILES, comme le témoigne M. le colonel

CARRION (1824, A) et M. le colonel CHAMBRAY (1834), un CORPS d'Ingénieurs; mais ce n'était qu'une AGRÉGATION d'un petit nombre de CHEFS à paye fixe, destinés à se recruter passagèrement, au besoin, d'Ingénieurs volontaires tirés des CORPS D'INFANTERIE. Au nombre de ces chefs était ERRARD, le plus ancien de nos théoriciens. Telle fut l'origine des INGÉNIEURS DES CAMPS ET ARMÉES, et du grade de DIRECTEUR DES FORTIFICATIONS, titre créé en 1610. — La surintendance des FORTIFICATIONS fut séparée, sous LOUIS TREIZE, du titre de GRAND MAITRE DE L'ARTILLERIE, et la qualification de SURINTENDANT fut donnée AUX MINISTRES DE LA GUERRE SERVIEN, SUBLET, LETELLIER et LOUVOIS; elle se fondit alors dans les attributions du MINISTRE. — Le goût de LOUIS QUATORZE pour la GUERRE DE SIÉGE anima l'émulation de ceux qui s'y sentirent propres. Des mathématiciens non MILITAIRES ou des OFFICIERS D'INFANTERIE qui se livrèrent à l'étude de l'ATTAQUE et de la DÉFENSE DES PLACES, s'empressèrent de diriger les SIÉGES que le monarque entreprenait. Des OFFICIERS D'ARTILLERIE ou D'INFANTERIE qui, jusqu'en 1688, s'acquittaient des fonctions aujourd'hui confiées aux OFFICIERS DU GÉNIE, ne cessaient pas de compter dans leur corps pour l'AVANCEMENT; VAUBAN n'était devenu MARÉCHAL DE CAMP qu'après avoir pris tous ses GRADES dans des RÉGIMENTS D'INFANTERIE; il passa ensuite au rang de COMMISSAIRE GÉNÉRAL DES FORTIFICATIONS; il donna une certaine organisation au CORPS du GÉNIE FRANÇAIS; il accomplit, avec cinquante-cinq ou soixante Ingénieurs, tous les TRAVAUX de la FORTIFICATION PERMANENTE et DE CAMPAGNE, satisfit à tous les besoins, à tous les APPROVISIONNEMENTS DE SIÉGE. — Les MILITAIRES ou VOLONTAIRES faisant fonctions d'Ingénieurs étaient divisés par BRIGADES pendant la durée d'un SIÉGE; chaque BRIGADE était de six ou sept Ingénieurs; six ou sept BRIGADES commandées chacune par un BRIGADIER et un SOUS-BRIGADIER, étaient employées devant une FORTERESSE attaquée, de manière que trois BRIGADES pussent assister alternativement à chaque ATTAQUE du FRONT INSULTÉ de la FORTERESSE. — Du reste, les Ingénieurs ne s'occupaient pas du CAMPEMENT, comme le faisaient les Ingénieurs de quelques autres MILICES; ce soin ne regardait que certains emplois qui répondaient à ce qu'on appelle actuellement l'ÉTAT-MAJOR de l'ARMÉE. — En 1690, les Ingénieurs étaient sous les ordres d'un LIEUTENANT GÉNÉRAL DIRECTEUR GÉNÉRAL des FORTIFICATIONS; en cette même année le CORPS des Ingénieurs des CAMPS et ARMÉES ou INGÉNIEURS GÉOGRAPHES fut créé. — A la PAIX DE RYSWICK, en 1697, on comptait six cents

Ingénieurs, à ce que dit JABRO (1777, G); probablement, il fait entrer dans ce calcul le moindre employé de l'ARME. Par une injustice criante et une maladresse inexcusable, la moitié de ces Ingénieurs, qui étaient les élèves de VAUBAN, furent renvoyés sans PENSION DE RETRAITE, et sans conserver même le droit de rentrer dans les CORPS dont ils avaient été tirés. La plupart passèrent au SERVICE de l'étranger; cette circonstance y répandit les doctrines de leur maître; il devint, par là, le précepteur des Ingénieurs de toute l'EUROPE. CHOISEUL entrait au service comme Ingénieur volontaire, et était admis dans le corps en 1715. — Depuis que, en FRANCE, des Ingénieurs formèrent un CORPS de fonctionnaires publics, il était civil et militaire; sa séparation en deux catégories distinctes s'opéra en 1750 (14 septembre). Les Ingénieurs, qui devinrent purement militaires, n'eurent plus à s'occuper des PONTS et des chaussées, et furent entièrement employés à la construction, à l'ATTAQUE et à la DÉFENSE des PLACES. Ces artistes militaires furent fondus, en 1755, dans le corps de l'ARTILLERIE; cet amalgame fut de peu de durée. — En 1758 (5 mai), le CORPS DU GÉNIE prend le nom de CORPS ROYAL DU GÉNIE, et se divise en DIRECTEURS, INGÉNIEURS EN CHEF et INGÉNIEURS ORDINAIRES. On avait d'abord appelé INTENDANTS OU COMMISSAIRES DES FORTIFICATIONS les directeurs; on avait appelé SOUS-DIRECTEURS, les INGÉNIEURS EN CHEF. — L'ORDONNANCE DE 1759 (10 MARS) réglait la subordination, les fonctions, les devoirs. — Le titre de SURINTENDANT DES FORTIFICATIONS était donné, jadis, au CHEF du CORPS. Le titre de DIRECTEUR GÉNÉRAL des FORTIFICATIONS a été porté par COLBERT. — L'ORDONNANCE DE 1762 (5 AVRIL) reconnaissait quatre cents Ingénieurs; ils se divisaient, en 1770, en vingt et un INGÉNIEURS-DIRECTEURS, quatre-vingt-dix INGÉNIEURS EN CHEF, deux cent quatre-vingt-neuf INGÉNIEURS ORDINAIRES. — CHOISEUL commit la faute de repousser du CORPS des Ingénieurs les OFFICIERS ROTURIERS; en général cependant les CORPS SAVANTS ont été commandés par des ROTURIERS. — L'ORDONNANCE DE 1767 (25 AVRIL), celle DE 1768 (1er MARS), le RÈGLEMENT DE L'AN DEUX (30 THERMIDOR), et la LOI DE L'AN QUATRE (30 VENDÉMIAIRE) maintenaient la qualification d'Ingénieurs; mais, dès qu'il fut créé des CAPITAINES et des LIEUTENANTS DU GÉNIE, et dès l'époque de la séparation des deux CORPS, le titre d'Ingénieur avait commencé à perdre faveur. Dans le langage de la société, ceux qui l'avaient jusque-là porté, y substituaient, par de petits motifs de vanité, la dénomination d'OFFICIERS DU GÉNIE, pour n'être pas

confondus avec les Ingénieurs civils ou les INGÉNIEURS GÉOGRAPHES, et parce que l'autre désignation ne témoignait pas assez qu'ils étaient OFFICIERS COMBATTANTS. — En 1776, les INGÉNIEURS-DIRECTEURS consistaient en deux LIEUTENANTS GÉNÉRAUX et un MARÉCHAL DE CAMP, qu'on a désignés ensuite comme GÉNÉRAUX DU GÉNIE, et en quinze BRIGADIERS et trois COLONELS; les INGÉNIEURS EN CHEF étaient COLONELS, LIEUTENANTS-COLONELS ou MAJORS; les INGÉNIEURS ORDINAIRES étaient ou CAPITAINES OU LIEUTENANTS. — Il y avait dans chaque PLACE DE GUERRE un INGÉNIEUR EN CHEF, ou CHEF DU GÉNIE; il était subordonné au DIRECTEUR DES FORTIFICATIONS, et celui-ci au DIRECTEUR GÉNÉRAL. Une des fonctions des INGÉNIEURS ORDINAIRES était de remettre le CASERNEMENT aux QUARTIERS-MAITRES. — En traitant du GÉNIE, nous avons offert un tableau des variations de la force du CORPS, principalement depuis la CONSTITUTION de CHOISEUL. — L'UNIFORME des Ingénieurs a d'abord été, en 1733, ÉCARLATE, à PAREMENTS BLEUS; il était GRIS DE FER en 1744, et à REVERS de VELOURS noir; il est BLEU DE ROI et pareil à celui de l'ARTILLERIE, lors de la réunion en 1755; il a pris depuis, comme COULEUR DISTINCTIVE, le VELOURS noir. — La DÉCISION DE 1832 (12 AVRIL) réglait l'uniforme des GARDES DU GÉNIE. — Il n'était permis aux Ingénieurs de se présenter aux INVESTISSEMENTS et aux PARALLÈLES qu'après s'être muni d'ARMES DÉFENSIVES contre les COUPS DE FUSIL de l'ASSIÉGÉ. Le POT et le CORSELET, qui sont l'attribut des BOUTONS D'UNIFORME du GÉNIE, sont un souvenir de cet usage. — Pour nous conformer à l'ordre des temps et aux variétés de désignation, nous compléterons ce qui pourrait manquer ici, en traitant du CORPS DU GÉNIE, des DIVISIONS D'ARMÉE, des OFFICIERS DU GÉNIE, etc. — Les écrivains qui ont traité de l'ART ou du PERSONNEL des Ingénieurs sont : ARNOLD, ARNOULD, AUDOUIN, BELAIR (1787), BELIDOR (1755, F; 1768, F), BOEHM, M. BRICHE, CARRÉ (1783, E), M. le colonel CARRION (1824, A), DANIEL (1721, A), DARÇON (1773, P), DIDIER, ENCYCLOPÉDIE (1751, C), FAESCH (Jean), FURETIÈRE, M. GRIVET, GROENING, GRUBER, GUIGNARD (1725, B), HOURÈVE, HUMBERT, JAMES (1810, C; 1816, F), JOMBERT (1768, F), KINSKI, LACHESNAIE (1758, I), LENORMANT, LEROUGE, LAGUINE, MANESSON (1685, B), MAREA, MAROLOIS, MARTIUS, MEDRANO, NAUDIN, NODIN, POTIER (1770, X), POULLET, ROSENTHAL, ROTTERG, SCHLIEBEN, STARL, STETTNER, STURM, VILLEN, le *Journal de l'Armée* (t. III, p. 353), le *Journal des Sciences militaires* (1836 [juillet], p. 87).

INGÉNIEUR ORDINAIRE. V. GÉNIE. V. OF-

NIE IDIOPLIQUE N° 2. V. INGÉNIEUR MILITAIRE. V. ORDINAIRE, adj. V. QUARTIER-MAITRE GÉNÉRAL.

INGÉNIEUR PRUSSIEN. V. MILICE PRUSSIENNE N° 7. V. PRUSSIEN.

INGÉNIEUR RUSSE. V. MILICE RUSSE N° 2, 6. V. RUSSE, adj.

INGÉNIEUR TOPOGRAPHE. V. INGÉNIEUR GÉOGRAPHE N° 2. V. MILICE SUÉDOISE N°' 1. V. TOPOGRAPHE.

INGÉNIEUR VÉNITIEN. V. MILICE VÉNITIENNE. V. VÉNITIEN, adj.

INGÉNU, adj. et subs. masc. V. CHEVALERIE D'AFFILIATION N° 3. V. CONSCRIPTION. V. HOMME DE POESTÉ. V. INFANTERIE N° 1. V. LEUDE. V. MILICE FRANÇAISE N° 2. V. NOBLE. V. SERF.

INGIGNOUR, subs. masc. V. CABINET D'ARMES. V. ENGIN. V. INFANTERIE N° 2. V. INGÉNIEUR. V. INGÉNIEUR MILITAIRE. V. SOLDAT.

INHABILETÉ à l'ENROLEMENT. V. AGE D'INHABILETÉ. V. ENROLEMENT MILITAIRE. V. MILICE GRECQUE N° 2.

INHABILETÉ (subs. masc.) AU SERVICE (A, 2). Le mot Inhabileté dérive du terme de basse LATINITÉ qui se retrouve dans l'adjectif *abile* des ITALIENS, et *able* des ANGLAIS. — L'Inhabileté au SERVICE est une incapacité prévue par la loi française, soit qu'il s'agisse d'ENROLEMENT VOLONTAIRE ou de RECRUTEMENT par APPEL; la loi s'oppose à ce qu'un individu puisse être admis à SERVIR, s'il ne réunit certaines conditions d'âge, de TAILLE, de conformation, de complexion, ou s'il est atteint d'INFIRMITÉS, de DIFFORMITÉS, de MALADIES; elle détermine ces circonstances et applique en conséquence les CAS DE RÉFORME. — Un ouvrage de M. le docteur Villermé, relatif à la TAILLE MILITAIRE par rapport au RECRUTEMENT qui a lieu à PARIS, témoigne que la proportion numérique des hommes dont la TAILLE est trop peu élevée pour qu'ils puissent prendre du SERVICE, égale le nombre de ceux que leurs INFIRMITÉS rendent inadmissibles dans l'ARMÉE. Plus les statures sont hautes, plus les complexions sont vigoureuses; plus le pays est abondant et d'une vie heureuse, plus les TAILLES sont élevées et la santé florissante. Les souffrances des populations étiolent les races et débilitent les individus. — A nombre égal, les arrondissements riches de PARIS donnent à l'ARMÉE plus d'hommes que les arrondissements moins fortunés; également PARIS donne plus de sujets admissibles dans les CADRES, que n'en fournissent les banlieues et villages du même département. — Il a été traité de l'incapacité pour le service par M. le docteur COCHE.

INHUMATION, subs. fém. (E, 2). Ce mot, dont le substantif LATIN *humus* est la racine, s'applique ici au MILITAIRE FRANÇAIS, et répond au SERVICE qu'on nomme CÉRÉMONIAL. — Les Inhumations n'ont lieu en GARNISON, en cas de DÉCÈS AU CORPS et dans la CASERNE, qu'après l'obtention d'une autorisation délivrée sur papier libre et sans frais, par l'OFFICIER DE L'ÉTAT CIVIL du lieu, ainsi qu'elle serait accordée pour l'enterrement des citoyens. — Les Inhumations en CAMPAGNE et au CAMP, et celles qui ont lieu les JOURS D'ACTION regardaient les COMMISSAIRES ORDONNATEURS et les COMMISSAIRES DES GUERRES; elles ont été l'objet d'une INSTRUCTION remarquable qui a paru en l'AN DEUX (18 PLUVIOSE). La matière a été réglée, surtout, par le RÈGLEMENT DE L'AN HUIT (24 THERMIDOR). — La DÉCISION DE 1833 (17 OCTOBRE) voulait que l'Inhumation des MILITAIRES MORTS sur le CHAMP DE BATAILLE fût faite par les HABITANTS du pays et par les PRISONNIERS DE GUERRE, et, en cas d'insuffisance, par des MILITAIRES DE CORVÉE; elle veut que l'ENTERREMENT DES DÉCÉDÉS AUX HOPITAUX et AMBULANCES continue d'avoir lieu par le soin des BATAILLONS D'OUVRIERS DE L'ADMINISTRATION ou par les INFIRMIERS AMBULANTS, etc.— Les HONNEURS FUNÈBRES sont inhérents à l'Inhumation de tout MILITAIRE, à moins qu'une EXÉCUTION A MORT n'ait tranché sa vie. — Quelques recherches sur les Inhumations sont insérées dans ODIER (1824. E, t. VII, p. 124).

INITIATION (subs. fém.) MILITAIRE (F). Le mot Initiation vient du substantif LATIN *initium*, commencement; il exprime ici une CÉRÉMONIE en usage chez les anciens, et dans laquelle un jeune homme était voué au MÉTIER DES ARMES ou affilié à la CHEVALERIE. L'Initiation par le don d'une ÉPÉE imprimait à l'HOMME DE GUERRE un caractère politique. Telles furent chez les anciens GERMAINS l'AFFILIATION publique, et chez les CHEVALIERS DU MOYEN AGE la réception mystique. Tel était l'enrôlement des REITRES. Tel est, de nos jours, l'ENROLEMENT DES RECRUES et le SERMENT SOUS LE DRAPEAU.

INITIATIVE, subs. fém. V. ARMÉE. V. OFFENSIVE.

INJONCTION, subs. fém. V. CONSIGNE D'I... V. GÉNÉRAL FRANÇAIS N° 4. V. LÉGISLATION. V. ORDRE D'I... V. RÈGLEMENT. V. RETRAITE CÉLEUSTIQUE. V. SERGENT D'INFANTERIE FRANÇAISE DE LIGNE N° 12.

INNOCENT. V. NOMS PROPRES.

INNOCENT (innocente), adj. V. ARMÉ I... V. MORNE.

INONDANT (inondante), adj. V. ARMÉ I...

INONDÉ (inondée), adj. V. FOSSÉ IN. .

INONDER, verb. act. v. ATTACHEMENT DE MINEUR. V. AVANT-FOSSÉ DE FORTERESSE.

INQUIÉTER (verb. act.) l'ENNEMI. V. ENNEMI. V. PETITE GUERRE.

INROTULER (verb. act. et neut.). v. ENRÔLEMENT. V. REGISTRE. V. RÔLE.

INSCRIPTION, subs. fém. v. CONSCRIPTION. V. MILICE PROVINCIALE.

INSCRIPTION ADMINISTRATIVE. V. A-COMPTE. V. ADMINISTRATIF. V. ANCIENNETÉ DE GRADE. V. ANCIENNETÉ DE SOLDAT. V. COLONEL D'INFANTERIE FRANÇAISE DE LIGNE N° 37. V. CONTRÔLE ANNUEL DE COMPAGNIE. V. FACTEUR. V. FOURRIER D'INFANTERIE FRANÇAISE DE LIGNE N° 11. V. MATRICULE. V. MINISTRE DE LA GUERRE EN 1775. V. SERVICE PERSONNEL. V. VAGUEMESTRE.

INSCRIPTION de LAME. V. COTÉ DE GAUCHE. V. LAME. V. LAME D'ARME BLANCHE. V. LAME DE BRIQUET. V. LAME D'ÉPÉE.

INSERTION (subs. fém.) TACTIQUE. V. PHALANGE GRECQUE. V. TACTIQUE, adj.

INSIDIATEUR, subs. masc. v. EMBUSCADE. V. LÉGION ROMAINE N° 1. V. OFFICIER N° 2.

INSIGNE (insignes), subs. masc. (B, 1). Mot très-moderne, hormis en HÉRALDIQUE ; quelques ÉCRIVAINS l'ont fait féminin, genre qui répondrait mieux à l'origine ITALIENNE du terme. — Il n'était question d'Insignes ni dans BOISTE, édition de 1808, ni dans les éditions plus anciennes du dictionnaire de l'ACADÉMIE. La publication de 1835 a commencé à en faire mention. — Le mot Insigne vient du LATIN *insignia*, ou plutôt de l'ITALIEN *insegna*, signifiant ENSEIGNE, ARMOIRIES, SIGNAL. Le couronnement de Napoléon a exhumé ce terme du vieux idiome du BLASON. Dans cette cérémonie, les MARÉCHAUX DE FRANCE qui, pour la plupart, n'avaient jamais ouï dire que le substantif Insigne fût français, se sont vus métamorphosés à l'improviste en HOMMES DE SERGENTERIE, en porteurs d'Insignes, de NOBLOYS, d'HONNEURS, comme en avaient été chargés, dans les palais byzantins, les nobles commensaux que la LANGUE LATINE appelait DOMESTIQUES palatins. — M. le colonel CARRION (1824, A) prend Insigne comme analogue à CORNETTE, GUIDON, GONFALON, JAVELOT SANS FER, ORIFLAMME, TIMBALE ; mais il s'emploie aussi comme synonyme d'ORDRE DE CHEVALERIE, ou de MARQUE DISTINCTIVE de RANG individuel. — Une DÉCISION DE 1821 (10 JUILLET), relative aux GRADES et à leurs SIGNES DE DISTINCTION, employait les locutions *Insigne en or*, *Insigne en argent*, pour exprimer la différence des CORPS à BOUTONS JAUNES ou à BOUTONS BLANCS. Jusque-là, un terme

désignatif de cette variété idioptique manquait. — De tous les Insignes qui ont appartenu à la MILICE FRANÇAISE, les BANNIÈRES SEIGNEURIALES, la BANNIÈRE DE FRANCE, les AILETTES, le BATON DE MARÉCHAL et les FLEURS DE LIS sont ceux sur lesquels il reste le moins de données claires, unanimes, démontrées. On sait, au contraire, que les AIGLES sont des Insignes en usage depuis plus de trois mille ans. — Le LABARUM a succédé aux AIGLES des EMPEREURS et a fait place au drapeau du prophète, au *sandjiakschérif*. Le HEAUME, la COTTE D'ARMES, le HAUBERT, les emblèmes de l'ÉCU, les FLAMMES, le MANTEAU et les HOUSEAUX écarlates, l'hermine ou MENU VAIR, les ÉPERONS D'OR, l'ÉCHARPE, le PENNON ont été les Insignes des NOBLES, de la CHEVALERIE et des GENS D'ARMES du MOYEN AGE. — D'autres Insignes, telles que ANNEAUX, AIGUILLETTES, CROIX, PLAQUES, COLLIERS, ÉTOILES, DÉCORATIONS, ont été particulières à la CHEVALERIE, que, par cette raison, on a appelée DÉCORATIVE. — La COCARDE est un Insigne bien plus moderne que la plupart des MILITAIRES ne le supposent ; il n'y a pas un siècle que la loi en a sanctionné l'usage. — Maintenant les Insignes sont des emblèmes des signes auxquels le SALUT AVEC ARMES et le SALUT SANS ARMES sont dus. — Il a été traité des ENSEIGNES ou Insignes par M. ALLOU, DUCANGE, LA COLOMBIÈRE, M. REY.

INSIGNE D'ADJUDANT-MAJOR. V. ADJUDANT-MAJOR N° 5.

INSIGNE de CAVALERIE. V. CAVALERIE. V. CAVALERIE FRANÇAISE N° 5.

INSIGNE de CHEVALIER. V. CHEVALIER. V. CHEVALIER DU MOYEN AGE N° 4. V. HÉRAUT D'ARMES N° 3, 4. V. MARÉCHAL DE FRANCE N° 8. V. MILICE FRANÇAISE N° 4. V. ORDRE DE SAINT-LAZARE. V. ORDRE DE L'ÉTOILE. V. SAUTOIR.

INSIGNE de CONNÉTABLE. V. CONNÉTABLE N° 3.

INSIGNE de DÉCÉDÉ. V. COLONEL D'INFANTERIE FRANÇAISE DE LIGNE N° 25. V. DÉCÉDÉ. V. HONNEURS FUNÈBRES. V. MINISTRE DE LA GUERRE N° 9.

INSIGNE de GÉNÉRAL. V. GÉNÉRAL. V. GÉNÉRAL D'ARMÉE N° 5.

INSIGNE de GONFALONIER. V. GONFALONIER.

INSIGNE de la LÉGION D'HONNEUR. V. GRAND-CROIX DE LA LÉGION D'HONNEUR. V. GRAND OFFICIER DE LA LÉGION. V. LÉGION D'HONNEUR.

INSIGNE de LÉGION ROMAINE. V. LÉGION ROMAINE N° 4.

INSIGNE D'INFANTERIE FRANÇAISE DE LIGNE.

V. CRAVATE DE DRAPEAU. V. INFANTERIE FRAN-
ÇAISE DE LIGNE Nº 5. V. LIEUTENANT-COLONEL
Nº 2. V. RÉCEPTION.

INSIGNE D'OFFICIER. V. MILICE PRUSSIENNE
Nº 2.

INSOUMIS, subs. masc. V. BATAILLON-CO-
LONIAL. V. CONTUMACE. V. ENRÔLÉ VOLONTAIRE.
V. LÉGISLATION, 1827 (14 NOVEMBRE), 1832

(12 OCTOBRE). V. MILICE BRÉSILIENNE. V. RÉ-
FRACTAIRE. V. RÉGIMENT COLONIAL.

INSPECTEUR, subs. masc. V. CHIRUR-
GIEN I... V. COLONEL I... V. COMITÉ DES I...
V. GÉNÉRAL I... V. HOMME A L'I... V. MARÉ-
CHAL I... V. MÉDECIN I... V. OFFICIER DE SANTÉ
I...

$$
\text{INSPECTEUR}
\begin{cases}
\text{AUX REVUES.} \ldots
\begin{cases}
\text{INSPECTEUR EN CHEF.}
\end{cases} \\[2em]
\text{GÉNÉRAL.} \ldots
\begin{cases}
\text{D'ARTILLERIE.} \\
\text{D'INFANTERIE.} \\
\text{DU GÉNIE.}
\end{cases}
\end{cases}
$$

INSPECTEUR (term. géner.). Mot tout
LATIN ainsi que le mot INSPECTION ; il donne
ici l'idée d'un personnage exerçant un droit
d'examen et de surveillance sur le PERSON-
NEL ou le MATÉRIEL des TROUPES, ou quelques
parties de l'ARMÉE. Le terme se distingue en
INSPECTEUR AUX REVUES, — D'ARMES, — DE
MANUFACTURE D'ARMES, — DE MANUFACTURE
D'ÉTOFFES, — DE TROUPES, — D'HABILLEMENT, —
D'HÔPITAL, — D'INFANTERIE, — DIVISIONNAIRE,
— GÉNÉRAL, — GÉNÉRAL ANGLO-AMÉRICAIN,
— GÉNÉRAL D'ARMES, — GÉNÉRAL D'ARTILLE-
RIE, — GÉNÉRAL DE CAVALERIE, — GÉNÉRAL DE
GARDE ROYALE, — GÉNÉRAL DE GENDARMERIE,
— GÉNÉRAL DE LIGNE, — GÉNÉRAL DE MARÉ-
CHAUSSÉE, — GÉNÉRAL DES INGÉNIEURS GÉOGRA-
PHES, — GÉNÉRAL DES POUDRES, — GÉNÉRAL DU
GÉNIE, — GÉNÉRAL HANOVRIEN, — PARTICULIER,
— POLONAIS.

INSPECTEUR (inspecteurs) AUX REVUES
(term. sous-génér.) OU INSPECTEUR DIVISION-
NAIRE, comme les appelait l'INSTRUCTION DE
1808 (24 SEPTEMBRE). Sorte d'INSPECTEURS dont
la création date de l'ARRÊTÉ DE L'AN HUIT
(9 PLUVIOSE) ; leur CORPS a été aboli en 1817
(29 JUILLET) et remplacé par le CORPS de l'IN-
TENDANCE. — Les Inspecteurs et SOUS-INS-
PECTEURS, peu avant leur suppression, avaient
travaillé à s'assurer une autre, une meilleure
vie ; quelques-uns d'entre eux avaient tracé
dans des écrits, en général bien composés,
divers projets d'organisation dans lesquels
leurs intérêts n'étaient pas oubliés. La publication de ces projets a décidé de la forme
du CORPS de l'INTENDANCE, dont les principaux postes ont été dévolus aux MEMBRES du
CORPS de l'INSPECTION. — Une pensée principale avait présidé à la création du CORPS
de l'INSPECTION ; le gouvernement avait en
vue de séparer l'un de l'autre deux droits

jusque-là confondus, et de ne plus laisser à
la même autorité le CONTROLEMENT des OPÉ-
RATIONS ADMINISTRATIVES, et l'ORDONNANCE-
MENT des PAYEMENTS du MATÉRIEL. Depuis
l'institution de cette nouvelle section administrative, l'INSPECTION avait hérité de la
partie principale des fonctions des COMMIS-
SAIRES DES GUERRES, qui jusque-là avaient
seuls formé le CORPS ADMINISTRATIF. — Renoncer à tort ou à raison à cette démarcation
d'attributions auxquelles l'ancien régime n'a-
vait pas songé, et ressusciter le COMMISSARIAT
de l'ancien régime en changeant son nom,
et exagérant ses prérogatives et les frais qu'il
occasionne à l'État ; voilà ce qui a amené
l'abolition de l'INSPECTION et la création des
INTENDANTS. — Les MEMBRES du CORPS de
l'INSPECTION furent tirés originairement de la
classe des OFFICIERS SUPÉRIEURS et des ADMI-
NISTRATEURS d'un rang élevé et d'une capacité éprouvée. Ainsi l'INSPECTION s'amalgama
naturellement dans l'ÉTAT-MAJOR de l'ARMÉE ;
c'étaient des enfants d'une même famille
qui y formaient une AGRÉGATION particulière.
Dans les REVUES qu'elle passait, l'INSPECTION
avait une certaine autorité sur le PERSONNEL ;
elle présidait aux CONSEILS D'ADMINISTRATION ;
elle jouissait des préséances affectées à l'É-
PAULETTE ; elle voyait DÉFILER les CORPS sous
forme d'HONNEURS. La position des INSPEC-
TEURS, dont les droits étaient un fait, prit
par là un relief et en reçut un avantage dont
n'héritèrent pas les successeurs de l'INSPEC-
TION, puisqu'ils pouvaient arriver à l'ADMI-
NISTRATION sans avoir fait partie de l'armée.
— Dans le CORPS des Inspecteurs, dit ODIER
(1818, E), *la classe était grade et priorité.* Dans le COMMISSARIAT au contraire,
ce qu'on appelait les CLASSES était d'une nature différente ; c'était un de ces contrastes

que notre LÉGISLATION ne sait comment justifier. La dénomination des Inspecteurs rappelait la vieille qualification des COMMISSAIRES AUX MONSTRES, des LIEUTENANTS AUX MONSTRES et de ces CONDUCTEURS DE GENS DE GUERRE qu'en ITALIEN on nommait : *commissario alle mostre.* — De 1800 à 1815, le nombre des Inspecteurs fixé d'abord à dix-huit a monté à quarante. — En 1802, il y avait à PARIS un Inspecteur aidé de trois SOUS-INSPECTEURS et de quatre COMMISSAIRES DES GUERRES. — En 1820, la garnison de PARIS et le service de la GARDE ROYALE, occupaient soixante-deux MEMBRES du corps de l'INTENDANCE ; c'est presque la différence de un à huit, par rapport aux usages du règne précédent. — L'UNIFORME des Inspecteurs aux revues, d'abord ÉCARLATE, fut décoré d'ÉPAULETTES à TORSADES ; mais ce genre de DISTINCTION a été de peu de durée, et l'HABIT BLEU mêlé, orné de BRODERIES d'argent, a été ensuite affecté au corps de l'INSPECTION ; ainsi le voulut le RÈGLEMENT DE L'AN DOUZE (1er VENDÉMIAIRE). — Le SIGNE DE SERVICE des Inspecteurs était une CEINTURE de taffetas VERT. — Le RANG des Inspecteurs aux revues les assimilait aux GÉNÉRAUX DE BRIGADE. — Ils ne pouvaient être mis en jugement qu'en vertu d'un ordre du MINISTRE. — Une CIRCULAIRE DE 1809 (24 JANVIER) déterminait la place des Inspecteurs dans les CÉRÉMONIES. — Ils avaient sous leurs ordres les SOUS-INSPECTEURS et les ADJOINTS. — La surveillance des Inspecteurs aux revues s'exerçait principalement sur l'ADMINISTRATION des corps, sur la gestion des CONSEILS D'ADMINISTRATION et sur ce qu'on appelait le PERSONNEL, par opposition au MATÉRIEL, dont le COMMISSARIAT était resté chargé. Les MEMBRES de l'INSPECTION avaient le visa de toutes PIÈCES ADMINISTRATIVES ; constataient l'état des ÉCHANGES DE MONNAIES ÉTRANGÈRES ; examinaient les FEUILLES DE DÉCOMPTE ; s'assuraient de la légalité de l'admission des ENFANTS DE TROUPE, etc. ; recueillaient et confrontaient les ÉTATS D'EFFECTIFS, les MUTATIONS, les FEUILLES DE REVUES arrêtées par le visa du MAJOR, etc. — Les fonctions des Inspecteurs aux revues avaient été déterminées par l'ARRÊTÉ DE L'AN HUIT (20 VENTOSE), DE L'AN DIX (15 FRIMAIRE) et DE 1808 (24 SEPTEMBRE) ; ils étaient surtout préposés à la CONFECTION des REVUES, considérées comme base principale des DÉPENSES de l'ARMÉE ; ils étaient spécialement chargés des INCORPORATIONS, des LEVÉES D'HOMMES, des LICENCIEMENTS, de l'ORGANISATION, de la SOLDE et de la TENUE des CONTROLES ; ils devaient faire en personne une REVUE annuelle SUR LE TERRAIN, vérifier le MATÉRIEL, constater le PERSONNEL, recevoir les SERMENTS, recueillir

des notes sur les OFFICIERS et se faire exhiber les BREVETS. — Le premier résultat de la création des Inspecteurs fut, comme le dit ODIER (1824, E), la radiation de trente mille officiers ou hommes de troupe, qu'une inscription mensongère faisait indûment figurer sur les CONTROLES. — Un simple ordre du jour émis en 1809 (11 octobre) leur confia la promulgation des LOIS ; droit jusque-là inhérent aux fonctions des COMMISSAIRES DES GUERRES. — La loi de création avait placé les Inspecteurs aux revues sous les ordres des INSPECTEURS EN CHEF : l'ensemble du corps était sous les ordres immédiats du SECRÉTAIRE D'ÉTAT DE LA GUERRE, sauf les cas de l'intermédiaire des INSPECTEURS GÉNÉRAUX. — La LOI DE L'AN DIX (19 GERMINAL) prévoyait les cas où des Inspecteurs seraient mis en JUGEMENT. — La MILICE PORTUGAISE avait imité l'institution des INSPECTEURS. — Le grade d'Inspecteur était, suivant M. Ballyet (1817, D, p. 254), *une création en l'air, qui ne se rattachait à rien, une conception de luxe, une superfétation réelle, une véritable sinécure militaire ; le corps de l'inspection existait tout entier dans les sous-inspecteurs.* — Il a été traité de l'INSPECTION AUX REVUES par M. BERRIAT (1852), M. BALLYET (1817, D), BARDIN (1809, B), le général FOY, LECOUTURIER (1825, A), ODIER (1818, E), le *Spectateur militaire*, t. XIII, p. 258, le *Journal de l'Armée*, p. 148. — A l'égard des TROUPES FRANÇAISES, il y a à examiner à part les INSPECTEURS EN CHEF et les SOUS-INSPECTEURS.

INSPECTEUR d'ARMES. V. ARMES. V. COMPOSITION. V. CORPS RÉGIMENTAIRE Nº 5. V. INSPECTEUR EN CHEF. V. INSPECTEUR GÉNÉRAL : id. Nº 5.

INSPECTEUR de MANUFACTURE D'ARMES. V. ARMURIER DE CORPS Nº 4. V. CONTROLEMENT D'ARME D'UNIFORME DE TROUPE. V. INSPECTEUR GÉNÉRAL Nº 3. V. MANUFACTURE D'ARMES. V. MARQUE DE FUSIL. V. SABRE D'HOMME DE TROUPE.

INSPECTEUR de MANUFACTURE D'ÉTOFFES. V. CONSEIL D'ADMINISTRATION Nº 5. V. DRAP DE TROUPE. V. ÉTOFFE D'HABILLEMENT. V. INSPECTEUR GÉNÉRAL Nº 5. V. MANUFACTURE D'ÉTOFFES. V. MINISTÈRE DE LA GUERRE.

INSPECTEUR de TROUPES. V. COMMANDEUR EN CHEF. V. INTENDANT MILITAIRE Nº 4. V. MINISTRE DE LA GUERRE EN 1662. V. TROUPES.

INSPECTEUR d'HABILLEMENT. V. DÉPUTÉ ADJUDANT GÉNÉRAL. V. HABILLEMENT.

INSPECTEUR d'HOPITAL. V. HOPITAL. V. HOPITAL MILITAIRE. V. INSPECTEUR GÉNÉRAL Nº 3.

INSPECTEUR d'INFANTERIE. V. INFANTERIE. V. INSPECTEUR GÉNÉRAL Nº 4. V. INSPECTEUR GÉNÉRAL D'INFANTERIE.

INSPECTEUR DIVISIONNAIRE. V. DIVISIONNAIRE. V. INSPECTEUR AUX REVUES. V. LETTRE DE COMPAGNIE.

INSPECTEUR (inspecteurs) EN CHEF (F). Sorte d'INSPECTEURS AUX REVUES qui, conformément à l'INSTRUCTION DE L'AN DIX (1er PLUVIOSE), étaient au nombre de six; la plupart étaient tirés de la CLASSE des GÉNÉRAUX, tous étaient assimilés aux GÉNÉRAUX DE DIVISION. Chacun d'eux était chargé de la centralisation des OPÉRATIONS ADMINISTRATIVES, dans une des portions du territoire français, nommée ARRONDISSEMENT D'INSPECTION. — Avant que les Inspecteurs en chef s'appelassent ainsi, l'ARRÊTÉ DE L'AN NEUF (8 PLUVIOSE) les nommait INSPECTEURS GÉNÉRAUX. Le SALUT DE PRÉSENTATION D'ARMES leur était dû. — Ce GRADE a été de peu de durée; la surveillance que ces ADMINISTRATEURS exerçaient est tombée en partie dans le domaine des INSPECTEURS D'ARMES, en partie dans les attributions des INTENDANTS MILITAIRES.

INSPECTEUR (inspecteurs) GÉNÉRAL (term. sous-génér.), ou INSPECTEUR D'ARMES, ou INSPECTEUR GÉNÉRAL D'ARMES. Sorte d'INSPECTEURS considérés comme revêtus d'un haut GRADE militaire et comme exerçant une surveillance administrative et disciplinaire, soit continue, soit périodique, soit à époques inattendues, une autorité quelquefois unie au droit de COMMANDEMENT, quelquefois indépendante de ce droit. Les Inspecteurs ont été, suivant les temps, secondés par un MARÉCHAL DE CAMP INSPECTEUR ou ADJOINT A L'INSPECTION. — Les AUTEURS qu'on peut consulter sur ce sujet, sont : AUDOUIN, BALLYET (1817, D, p. 249), M. BERRIAT, DESPAGNAC (1751, D), DUROUSQUET (1769, B), M. GODEFROI, GUIGNARD (1725, B), LACHESNAIE (1758, I), LEBLOND (1758, B), LECOUTURIER (1825, A), LESSAC (1783, A), ODIER (1824), PICTET (1761, I), POTIER (1779, X), M. le général PRÉVAL (1815), PUYSÉGUR (1748, C), QUINCY (1741, E), SAINT-GERMAIN (1779, C), WIMPFEN (1780, A), et le *Spectateur militaire*, t. XI, p. 43; la *Sentinelle de l'Armée*, n° 27, p. 188; n° 30, p. 213; t. III, p. 225; t. IV, p. 244, 574 ; le *Journal de l'Armée*, t. IV, p. 224, 233; t. V, p. 10, 29, 54. — Les détails qui concernent les Inspecteurs généraux sont divisibles comme il suit : CRÉATION, COMPOSITION, DÉNOMINATION, DROITS, AUTORITÉ, PRÉROGATIVES, FONCTIONS, SUBORDINATION. — N° 1. CRÉATION. — L'ORDONNANCE DE 1372, relative aux REVUES des TROUPES que devaient passer les LIEUTENANTS du GRAND MAITRE DES ARBALÉTRIERS et des MARÉCHAUX DE FRANCE, offre le germe de la création des Inspecteurs, à titre passager. — MACHIAVEL (1510, A) proposait déjà, dans ses

ouvrages, l'institution des Inspecteurs; il exprimait leur fonction par un mot simple, par le substantif *lustratore*. — FRANÇOIS PREMIER donna la dénomination d'Inspecteurs à des SEIGNEURS qu'il chargeait éventuellement de la PASSATION DES REVUES. — Sous HENRI DEUX, les MARÉCHAUX DE FRANCE étaient Inspecteurs nominalement ; mais, depuis l'abolition du CONNÉTABLE, ils exerçaient de fait ou l'administration ou la haute surveillance des MONSTRES (REVUES), attribution analogue à l'INSPECTION, et maintes fois confiée à de simples MESTRES DE CAMP. — Jusqu'à la PAIX DES PYRÉNÉES, les SERGENTS DE BATAILLE exercèrent une sorte d'INSPECTION. — En 1662, le COLONEL Martinet est Inspecteur général d'Infanterie, Fonvielle et Desfourneaux le sont de la CAVALERIE; ils exercent à titre permanent. — En 1678, il n'y avait encore qu'un Inspecteur général d'infanterie. Plus tard ce nombre s'augmente et les fonctions cessent d'être distinctes par ARMÉS. Un même Inspecteur les PASSAIT également EN REVUE. — En 1694, les attributions d'Inspecteurs prennent une forme plus déterminée. Louis QUATORZE, mécontent de quelques COLONELS, les soumet à la surveillance des Inspecteurs. Depuis l'adoption de cette mesure, la grande autorité des CHEFS DE RÉGIMENT décline sensiblement. — Des OFFICIERS de GRADE peu élevé, tels que des MAJORS, exercèrent, sous ce prince, les INSPECTIONS. — En 1714, les fonctions étaient séparées; il y avait dix INSPECTEURS DE CAVALERIE. Avant la fin du règne de Louis quinze, il y en avait dix-sept de CAVALERIE. — Les Inspecteurs généraux eurent ensuite une mission plus étendue; elle consista à surveiller, à contrôler les travaux des COMMISSAIRES DES GUERRES, dont on commençait à frapper de censure le PERSONNEL et les OPÉRATIONS. Depuis ce système nouveau de haute INSPECTION, les COMMISSAIRES perdirent, hormis en TEMPS DE GUERRE, les droits qu'ils s'étaient donnés; ils n'eurent plus la conduite et la POLICE des TROUPES; elles ne se rangèrent plus qu'en HAIE pour les REVUES DES COMMISSAIRES DES GUERRES, et non en ORDRE DE BATAILLE comme pour les REVUES D'INSPECTEURS. — Sous LOUIS QUINZE, l'emploi des Inspecteurs généraux eut un autre objet. Dans un temps de mollesse et de relâchement, quand tous les personnages en dignité ne connaissaient que la vie de cour, quand le roi n'essayait pas plus de tenir en résidence les gouverneurs que les évêques, il fallait bien montrer de temps en temps aux TROUPES des broderies de GÉNÉRAUX. Le MINISTRE envoyait, pour ce motif, des Inspecteurs en tournée. Il y avait quelque similitude entre eux et ceux que plus tard créa Frédéric DEUX ; mais, en PRUSSE, les Inspecteurs exerçaient une autorité bien plus directe; ils étaient en rapport immédiat avec le roi. Ce prince les réunissait près de lui, leur donnait directement ses ordres, et se passait ainsi de MINISTRE DE LA GUERRE. — Les Inspecteurs généraux de FRANCE ont été réformés en 1776, par suite de la création des COMMANDANTS DE DIVISION; des MARÉCHAUX DE CAMP devinrent alors de simples Inspecteurs dans chaque DIVISION. — En 1778, époque de la suppression des DIVISIONS commandées par un GÉNÉRAL en même temps Inspecteur, les Inspecteurs de deux classes sont rétablis sous le titre d'Inspecteurs généraux (sans COMMANDEMENT militaire) et d'INSPECTEURS PARTICULIERS. — Leur emploi était maintenu en 1791, comme le témoignent les INSTRUCTIONS SUR L'INSPECTION DU 31 OCTOBRE et du QUINZE NOVEMBRE. — Le DIRECTOIRE, le premier consul, l'empereur, ont tenu sur pied des Inspecteurs. Leur emploi était, à peu de chose près, des sinécures. — Le rôle d'Inspecteur général n'est devenu sérieux et positif que depuis la restauration. — N° 2. COMPOSITION. — Dans la première moitié du siècle passé, les Inspecteurs généraux étaient tirés de la classe des LIEUTENANTS GÉNÉRAUX; ils étaient employés à la fois à l'INSPECTION de l'INFANTERIE, de la CAVALERIE et des DRAGONS. L'ORDONNANCE DE 1768 (1er MARS, art. 7) témoignait qu'il n'y avait que ces ARMES qui fussent soumises à INSPECTION. — L'INSTRUCTION DE L'AN DIX (15 FRIMAIRE) a réglé au temps du consulat les attributions des Inspecteurs généraux; elles furent déléguées à des GÉNÉRAUX DE DIVISION. — Il a commencé à exister, de nouveau, des INSPECTEURS GÉNÉRAUX D'ARTILLERIE en 1800; puis, ensuite, un PREMIER INSPECTEUR. Il a existé à diverses reprises, de 1800 à 1830, des INSPECTEURS DU GÉNIE et un PREMIER INSPECTEUR GÉNÉRAL. — On a poussé le luxe des emplois sans fonctions et l'abus des vains titres jusqu'à instituer un INSPECTEUR GÉNÉRAL DES INGÉNIEURS GÉOGRAPHES. — N° 3. DÉNOMINATION. — Sous LOUIS QUATORZE on appelait DIRECTEURS les fonctionnaires qu'il est d'usage d'appeler Inspecteurs. — CRÉMONE fut sauvée de la surprise habilement machinée par le prince EUGÈNE, parce que M. de Crénau, DIRECTEUR DE L'INFANTERIE, avait annoncé, par la voie de l'ordre, qu'au point du jour il passerait une inspection. — On s'est ensuite servi du terme Inspecteur. Bientôt ceux à qui il était donné trouvèrent qu'il était trop bref, trop peu sonnant; ils voulurent être appelés Inspecteurs généraux. Malgré le ri-

dicule de la redondance, on employa plus tard, en une même désignation, un adjectif géminé; on disait LIEUTENANT GÉNÉRAL, INSPECTEUR GÉNÉRAL; on disait GÉNÉRAL DE DIVISION, INSPECTEUR GÉNÉRAL. Cette progression de l'enflure des titres est une maladie qui affecte tous les GRADES. — Les RÈGLEMENTS DE 1792 (1er JANVIER et 24 JUIN) employaient la qualification d'OFFICIER GÉNÉRAL INSPECTEUR. L'INSTRUCTION DE L'AN QUATRE (1er VENTOSE) et celle de l'AN SEPT (12 BRUMAIRE) emploient simplement le terme Inspecteur général. — La DÉCISION DE 1808 (22 JUILLET) mentionne le titre ambigu d'INSPECTEUR GÉNÉRAL D'ARMES. On aurait pu croire qu'il s'agissait de l'examinateur des ARMES d'une manufacture ou des ARMES d'un RÉGIMENT, tandis qu'il était question de la catégorie des OFFICIERS surveillant les ARMES IDIOPLIQUES OU PERSONNELLES, c'est-à-dire appelés à être Inspecteurs de certains CORPS DE TROUPE. — La CIRCULAIRE DE 1808 (2 SEPTEMBRE) employait l'appellation GÉNÉRAL INSPECTEUR d'armes. On se borna ensuite à dire INSPECTEUR GÉNÉRAL DE CAVALERIE, INSPECTEUR GÉNÉRAL D'INFANTERIE, etc. Dans d'autres ARMES, il était créé des PREMIERS INSPECTEURS GÉNÉRAUX. — En 1822 (ORDONNANCE DES 20 JUIN et 3 JUILLET), des LIEUTENANTS GÉNÉRAUX et des MARÉCHAUX DE CAMP sont employés aux INSPECTIONS; les LIEUTENANTS GÉNÉRAUX, sous la dénomination d'Inspecteurs généraux; les MARÉCHAUX DE CAMP sous celle d'Inspecteurs ou d'ADJOINTS A L'INSPECTION. — L'ORDONNANCE DE 1823 (19 MARS, art. 656) renouvelle l'emploi des termes INSPECTEUR GÉNÉRAL D'ARMES. — La qualification donnée aux Inspecteurs généraux est équivoque comme la plupart des DÉNOMINATIONS en usage dans le militaire. Le titre qui caractérise leur emploi est loin, après tant de variations, d'être satisfaisant. Une obscurité inévitable résulte des locutions Inspecteur (ou INSPECTEUR PARTICULIER), et Inspecteur général, puisque le premier mouvement de celui qui entend proférer ces termes, est de demander : Inspecteur de qui? ou de quoi? En effet, n'a-t-il pas existé des INSPECTEURS D'HOPITAL, — DE MANUFACTURES, — DU SERVICE DE SANTÉ, des INSPECTEURS EN CHEF AUX REVUES, nommés aussi Inspecteurs généraux. Il eût donc mieux valu dire, comme les ITALIENS, INSPECTEURS DES TROUPES OU DE TROUPE, *inspettore delle truppe*. — N° 4. DROITS, AUTORITÉ, PRÉROGATIVES. — Dans l'origine, les Inspecteurs ont eu des droits qui sont devenus, plus tard, ceux du MINISTRE DE LA GUERRE; l'ORDONNANCE DE 1685 (1er FÉVRIER) les autorisait à permettre ou défendre le MARIAGE AUX OFFICIERS. — L'ORDONNANCE

DE 1768 (1er MARS) témoignait que, sauf le droit de commander dans les GARNISONS, les Inspecteurs généraux étaient, en quelque sorte, des Inspecteurs de GARNISONS, puisqu'ils inspectaient tous les RÉGIMENTS d'une PLACE DE GUERRE, à l'exception de la seule ARTILLERIE. En certaines circonstances, ils DONNAIENT LE MOT ; s'ils le jugeaient à propos, ils faisaient la RONDE des POSTES. Aussi le titre XV, article 39, prévoyait-il le cas où, pour mieux s'assurer de la ponctualité du SERVICE et de l'exactitude du MOT, l'Inspecteur général fait une RONDE des POSTES. — Les Inspecteurs étaient tenus, cependant, de faire avertir le COMMANDANT DE PLACE, quand ils voulaient PASSER LA REVUE. — Ils se faisaient représenter les états des REVUES périodiques passés par les COMMISSAIRES DES GUERRES. — L'ORDONNANCE DE 1768 (1er MARS) voulait que l'Inspecteur se fît désigner les OFFICIERS qui montraient de l'application et du talent dans les exercices relatifs à la DÉFENSE des PLACES. Il y a un siècle que cette pensée se reproduit sans porter fruit. — Maintenant, les Inspecteurs ont surtout la direction de l'instruction tactique. des RÉGIMENTS. Les ordres qu'ils donnent aux corps sont exécutoires, mais ne s'étendent ni au service à remplir, ni à ordonner des MOUVEMENTS DE TROUPES. — Les Inspecteurs généraux ont exercé, à l'égard du CORPS D'INTENDANCE, le même degré d'autorité qu'à l'égard de l'INSPECTION AUX REVUES. Le CORPS D'INTENDANCE, qui a su se soustraire à la juridiction du MINISTRE, puisque ses membres ne peuvent être mis en JUGEMENT que par décision du conseil d'État, voit peut-être avec quelque contrariété, ce rouage intermédiaire qui, huit jours par an, l'isole du MINISTRE. — La même ORDONNANCE DE 1768 (tit. I, art. 37) déterminait les droits honorifiques attachés à la qualité d'Inspecteur. Ces dispositions d'un RÈGLEMENT si longtemps en vigueur ont peu varié. — La DÉCISION DE 1823 (6 JUIN) les chargeait de la réception des SERMENTS. — Le DÉCRET DE L'AN DOUZE (24 MESSIDOR) attribuait aux Inspecteurs généraux les mêmes honneurs qu'aux COLONELS GÉNÉRAUX et aux LIEUTENANTS GÉNÉRAUX COMMANDANTS DE DIVISION. — La décision de 1836 traitait du genre des HONNEURS auxquels ils avaient droit. Ils recevaient, à leur arrivée dans un chef-lieu de préfecture, la visite du préfet, et la lui rendaient dans les vingt-quatre heures. — N° 5. FONCTIONS, SUBORDINATION. — Les Inspecteurs institués par LOUIS QUATORZE étaient Inspecteurs d'une seule ARME ; mais, ensuite, ils en surveillaient plusieurs. — Dans ce dernier siècle, être Inspecteur était avoir, dans une circons-

cription déterminée, le droit de passer une HAUTE REVUE, ou une MONTRE générale de l'INFANTERIE, de la CAVALERIE et des DRAGONS qui y stationnaient. Ce droit de constater, d'approfondir, de diriger la TENUE et l'ADMINISTRATION des CORPS, était distincte du COMMANDEMENT. — Quelques INSPECTIONS sérieuses, profitables, eurent lieu de 1748 à 1756. Cette impulsion fut due aux efforts du duc de BROGLIE, et aux dispositions sages et fermes de DARGENSON. Mais si l'on en croyait BONNEVILLE (1762), dans une peinture sardonique qu'il fait de ces ARMES, il s'en fallait de beaucoup que les TOURNÉES D'INSPECTEURS fussent toutes rigides et fructueuses. — Les plus modernes instructions sur l'inspection générale chargeaient les Inspecteurs généraux de l'examen attentif de toutes les mesures qui concernaient les TRANSCORPORATIONS. — Le MINISTÈRE publie l'ORDONNANCE DE 1764 (9 AOUT) ; elle établit, une des premières, les rapports réguliers entre les Inspecteurs et les CORPS. L'ORDONNANCE DE 1768 (1er MAI) entrait plus avant dans ce même sujet ; elle prescrivait aux COLONELS de rendre compte en tout temps, aux Inspecteurs, de tout ce qui intéressait l'administration et l'instruction, parce qu'alors les fonctions d'Inspecteurs n'étaient pas temporaires comme de nos jours. Mais quelle disparate encore dans la manière de procéder et dans ses résultats. — FRÉDÉRIC DEUX ordonnait aux Inspecteurs de ses TROUPES, à ce que rapporte ODIER (1824, E, t. IV), après la revue passée, de faire former en cercle les COMPAGNIES, sans qu'aucun OFFICIER ou SOUS-OFFICIER y pût assister, afin d'ouvrir une voie aux réclamations que pouvaient élever les SOLDATS. — En France, il en était autrement — Se laissant entraîner par leur zèle, ou cédant au plaisir si doux de substituer leur vouloir aux intentions de la loi, bien imparfaite encore, il est vrai, la plupart des Inspecteurs se regardaient, non comme les intermédiaires du gouvernement, mais comme des chefs revêtus d'un pouvoir absolu ou au moins discrétionnaire. Le CORPS le mieux instruit aux yeux de son Inspecteur tombait-il dans le ressort d'un Inspecteur nouveau, il était remis sans pitié à l'école et aux premiers principes ; il lui fallait refaire toute son éducation. Les Inspecteurs recherchaient un vain éclat, une immobilité d'automne et la pesanteur du mécanisme allemand, plutôt que les qualités réelles, essentielles qui font les bons et vigoureux soldats. — Il n'a commencé à en être autrement que depuis le MINISTÈRE de SAINT-GERMAIN. — L'ORDONNANCE D'ADMINISTRATION DE 1776 (25 MARS) tendit à modifier le système d'inspection jusque-là suivi. Elle attribuait les fonctions d'Inspecteurs aux GÉNÉRAUX DIVISIONNAIRES. Ceux-ci devaient PASSER en revue, dans le mois de septembre, les TROUPES placées sous leur COMMANDEMENT immédiat. Leurs examens embrassaient toutes les parties de la TENUE, du SERVICE, de la POLICE, de la DISCIPLINE et de l'INSTRUCTION, *et tout ce que doit connaître un officier subalterne, tout le mécanisme des fonctions qu'il doit remplir, jusqu'à celles de capitaine inclusivement.* — Le MINISTÈRE avait institué ce mode, qu'on a appelé système divisionnaire, pour obliger les CHEFS MILITAIRES à résider dans leur GOUVERNEMENT, ou, comme on disait dans d'autres pays, dans leur GÉNÉRALAT. C'était la forme PRUSSIENNE et ESPAGNOLE. Le système n'était pas bon, mais il pouvait remédier à un mal plus grand. On cherchait à mettre en rapport les TROUPES de FRANCE et leurs CHEFS, à lier connaissance entre eux; on tâchait d'environner de plus d'attraits le COMMANDEMENT exercé en province, pour que les hommes de naissance en prissent le goût, et pour que les autorités résidantes n'eussent plus rien à démêler avec l'autorité passagère des Inspecteurs; car la mission que ceux-ci avaient d'éclairer la cour sur les désordres existant ou tolérés dans les CORPS, était quelquefois un germe de rivalité ou d'animosité entre eux et les généraux qui commandaient les corps.—Si des chefs dépourvus de préjugés, appliqués à leurs devoirs, pleins de zèle et d'équité, ne s'éloignant jamais de leur résidence, occupés du seul perfectionnement militaire, eussent réuni en leurs mains et le COMMANDEMENT et l'INSPECTION, de merveilleux effets en fussent résultés, les bons OFFICIERS eussent été appréciés, connus, récompensés. LESSAC (1783, A) nous dit : Comment un Inspecteur passager répartira-t-il les récompenses méritées? *Est-ce en jetant un regard sur chacun d'eux dans l'instant d'une revue ou d'un exercice? Il les appréciera, dit-on, sur les notes de leurs chefs; mais sur quoi appréciera-t-il les chefs?* — Il y a à objecter contre le système divisionnaire que des GÉNÉRAUX, revêtus à perpétuité de la double autorité, s'en fussent reposés bientôt sur des sous-ordres; un prompt relâchement, une incurie imperçue, une disposition au despotisme en fussent résultés; le MINISTRE lui-même eût cessé de penser à SES GARNISONS, à SES DIVISIONS MILITAIRES, à leur INSPECTION; il se fût fié à ses Inspecteurs, et ceux-ci aux CHEFS des CORPS. C'eût été une féodalité en petit; chaque divisionnaire eût administré à sa guise. On le sentit; on reconnut qu'il ne peut y avoir d'INSPECTIONS bien faites que

par des délégués amovibles; que, d'ailleurs, le système de la permanence serait un obstacle à ce que les Inspecteurs devinssent le conseil consultatif du MINISTRE. Au bout de peu d'années les deux pouvoirs, momentanément fondus, furent donc de nouveau scindés.—Le vice de la permanence des inspections se révélait dans l'accomomdage de la CHEVELURE des RÉGIMENTS D'INFANTERIE; suivant le caprice de leur Inspecteur, les uns avaient la queue, les autres le catogan. Il en était ainsi quand nous entrions au service. —Les COMITÉS d'inspection, créés par DUMUY en 1774, furent maintenus par SAINT-GERMAIN; il les chargea de la direction de l'ADMINISTRATION et de la DISCIPLINE des TROUPES. Ces COMITÉS existaient encore sous le MINISTRE SÉGUR, et lui occasionnèrent de vives contrariétés.—En 1782, on agitait la question de savoir s'il ne convenait point qu'il y eût autant d'Inspecteurs que d'ARMES. Cette question a été résolue depuis le gouvernement consulaire.—En 1788, le CONSEIL DE LA GUERRE se prononçait pour que les Inspecteurs redevinssent divisionnaires. — Dans l'intervalle des GUERRES DE LA RÉVOLUTION, le gouvernement essaya d'appliquer la méthode des INSPECTIONS; mais le grand éloignement des CORPS, leur dispersion, la fréquence de leurs mouvements rendirent impraticables les opérations des Inspecteurs, et de peu d'effet ce système. — Pendant le règne de BONAPARTE, l'INSPECTION a été plutôt un principe et un souvenir qu'une mesure réelle et utile; il n'en pouvait être autrement au milieu des agitations de l'EUROPE. — Depuis le retour de la PAIX, les Inspecteurs sont devenus les yeux du MINISTRE, ses fondés de pouvoir, ses délégués. Ils entrent en tournée vers la fin de l'été; ils passent une REVUE de huit ou dix jours, ou même bien plus courte; ils connaissent de l'exécution de la loi, dressent des PROCÈS-VERBAUX réputés sincères, donnent force de chose jugée aux visa de l'INTENDANCE; ils s'assurent de l'état des corps, de la régularité de l'organisation et de la COMPOSITION du PERSONNEL; ils visitent les ÉCOLES; ils constatent la qualité du PAIN, des LIQUIDES, et autres DENRÉES; ils sont secondés par les MARÉCHAUX DE CAMP ADJOINTS, quant à l'exécution des ordres qu'ils donnent, quant à l'examen de la THÉORIE et des OFFICIERS INSTRUCTEURS, et au TON DE COMMANDEMENT, et quant à l'INSTRUCTION PRATIQUE de la TACTIQUE, soit de DÉTAILS, soit d'ENSEMBLE; ils consultent attentivement le REGISTRE des PUNITIONS des OFFICIERS; ils travaillent à imprimer une marche régulière à toutes les parties du SERVICE, réprouvent, réforment, dénoncent tout ce qui s'y oppo-

serait. Ils proposent les AVANCEMENTS D'OFFI-
CIERS, les admissions dans la LÉGION D'HON-
NEUR et autres RÉCOMPENSES. — Les rapports
qu'ils dressent se centralisent au MINISTÈRE,
facilitent les comparaisons, éclairent le MI-
NISTRE, forment son opinion, motivent les
décisions qu'il prend. Telle est, du moins,
l'intention de la loi. — M. le général PRÉ-
VAL opine dans plusieurs ouvrages pour le
rétablissement du système divisionnaire.
Peut-être son sentiment a-t-il influé sur
l'introduction de cette forme dans la GARDE
ROYALE. — Il résultait de cette particularité
de la GARDE un fâcheux défaut d'harmonie.
Les Inspecteurs de ligne exerçaient des
fonctions temporaires et intermittentes; leurs
collègues des Tuileries avaient des attributions permanentes et continues. Nécessai-
rement un de ces deux modes vaut mieux
que l'autre. Est-ce le pouvoir juge et partie
qui mérite la préférence? Tel était celui des
Inspecteurs de la garde. Ils commandaient
leurs TROUPES, et ils avaient mission d'informer le MINISTRE si leurs TROUPES étaient bien
commandées.—Si la garde se maintenait sur
ce pied, la cause en était dans la prépondérance dont jouissaient des chefs qui tenaient
à une douce toute-puissance. Cette armée,
d'ailleurs, était plus massée, plus en évidence, plus près des yeux du souverain.
Les excessives dépenses que son administration occasionnait résultaient du vice
d'un système qu'il faut se garder d'étendre
à la ligne. — Dans les usages actuels, les
Inspecteurs généraux sont, suivant les termes
d'ODIER (1818, E), *les lieutenants du ministre, les surveillants supérieurs de
l'administration intérieure des corps.* —
Cet ÉCRIVAIN aurait dû ajouter qu'ils doivent
être les examinateurs de l'INSTRUCTION, les
conservateurs de l'ORDONNANCE et de son
maintien littéral; mais que leurs fonctions
n'étaient praticables qu'en TEMPS DE PAIX;
quelles étaient illusoires dans la GARDE; que,
dans la ligne, les examens devraient être
plus fréquents, plus inattendus et bisannuels
au moins. La périodicité et la rareté des
tournées affaiblissent les bons effets des INS-
PECTIONS. — *L'Inspecteur doit surprendre
un corps,* disait l'INSTRUCTION SUR L'INSPEC-
TION DE L'AN CINQ (24 FLORÉAL); *l'Inspecteur prendra toutes les précautions nécessaires pour que le corps ne soit point instruit de son arrivée,* disait l'INSTRUCTION DE
L'AN SEPT (12 BRUMAIRE). — Celle de l'an dix
(vendémiaire) commençait à prévoir le cas où
*l'Inspecteur préviendra, s'il le juge à pro-
pos, les chefs de son arrivée.*—Maintenant,
les INSPECTIONS ont lieu suivant une rotation
déterminée et connue; elles durent quatre

mois. Pendant ce laps de temps, il s'établit
correspondance entre l'Inspecteur et le CO-
LONEL du corps inspecté ou à inspecter. —
Des INSTRUCTIONS ministérielles, renouvelées
presque annuellement, quelquefois particulières à une ARME, quelquefois embrassant
plusieurs ARMES, résumaient les FONCTIONS
des Inspecteurs généraux. Les DOCUMENTS
DE 1791 (31 OCTOBRE et 15 NOVEMBRE) avaient
commencé par quelques feuillets. Les OR-
DONNANCES DE 1836 (19 AOUT) et DE 1837
(24 MAI) étaient devenues des volumes. —
Dans les examens de COMPTABILITÉ, les Inspecteurs généraux prennent, au nom du
MINISTRE, certaines décisions de détails, ou
en réfèrent à lui s'ils n'ont point autorité
pour décider. Dans les cas de contestation,
ils sont juges s'ils sont compétents, ou rapporteurs de l'affaire ou de la difficulté si elle
outre-passe leur mandat. Ce droit cesse à
l'expiration de la durée légale de leur exercice, et, de ce moment, la correspondance
avec le MINISTRE redevient directe entre le
CORPS D'INTENDANCE et les BUREAUX du MINIS-
TÈRE; l'INTENDANCE reprend alors, sans intermédiaire, le droit des décisions de détails
dans le cercle de la loi. — M. Ch. DUPIN
(1820, B) pense qu'il serait avantageux pour
l'ARMÉE FRANÇAISE que les Inspecteurs fussent
tenus d'adresser au ministre des comptes
aussi détaillés que dans la MILICE ANGLAISE;
il voudrait que leurs revues fussent dressées
sur des plans aussi bien entendus. Là tous
les renseignemens obtenus pendant les INS-
PECTIONS d'automne et de printemps abou-
tissent, par la voie de l'ADJUDANT GÉNÉRAL,
au COMMANDEUR EN CHEF. Les moindres détails matériels ou moraux lui sont transmis
chaque semestre; ils donnent la mesure
des progrès et le tableau des améliorations.
Le texte du compte rendu n'en réfère jamais,
par voie d'abréviation, à des rapports antérieurement fournis; tout y a le complet
d'un premier et large enseignement. — Les
INSPECTEURS AUX REVUES, d'abord placés *sous
les ordres immédiats des Inspecteurs en
chef et du ministre,* ont été subordonnés
ensuite aux Inspecteurs généraux; ceux-ci
confirmaient ou infirmaient les décisions que
les membres de l'INSPECTION prenaient relativement aux ARRÊTÉS DE COMPTABILITÉ. Les INS-
PECTEURS D'ARMES ont, en cela, remplacé les
INSPECTEURS EN CHEF, dont l'existence n'avait
eu qu'une courte durée.—Depuis la restauration, un usage blâmable s'était introduit,
celui d'appeler, à peu près à tour de rôle,
tous les LIEUTENANTS GÉNÉRAUX disponibles.
Il y en avait peu qui fussent propres à ce
genre de travail. Le pouvoir semblait alors
s'occuper moins de rendre profitables les

INSPECTIONS, que de favoriser des protégés. — Un article du *Spectateur militaire* (t. II, p. 47) a consacré quelques pages à des considérations de ce genre, et a critiqué le changement annuel des Inspecteurs. — Si un Inspecteur n'est éclairé, laborieux, rompu aux détails, sourd aux sollicitations, patriotiquement économe des deniers de l'État, c'est un mauvais Inspecteur. S'il ne voit dans ses FONCTIONS que les émoluments qu'il en retire, et s'il n'est, dans ses travaux, que le prête-nom de son AIDE DE CAMP, c'est un détestable FONCTIONNAIRE. Les bons Inspecteurs sont rares. — Vouloir qu'un GÉNÉRAL COMMANDANT soit Inspecteur dans son commandement, c'est poser un principe ridicule, ou plutôt, c'est tuer le principe. NEY, LANNES, MASSÉNA, s'ils eussent été de bons Inspecteurs, n'eussent été ni NEY, ni LANNES, ni MASSÉNA. Ce serait phénomène que le mérite qui s'exerce au BUREAU et sur le CHAMP DE BATAILLE fussent réunis. Il n'y a eu peut-être que CATINAT, MONTÉCUCULI, FRÉDÉRIC DEUX à qui la double FONCTION eût convenu; il faut qu'un général d'armée soit dictateur; il serait monstrueux qu'un INSPECTEUR le fût. Un MINISTRE DE LA GUERRE qui exerçait en 1830 eût convenu aux deux rôles, s'il eût eu la force d'abdiquer les habitudes de la DICTATURE. — Le mot Inspecteur général, pris génériquement, est susceptible de se distinguer en INSPECTEUR GÉNÉRAL D'ARTILLERIE, — D'INFANTERIE, — DU GÉNIE.

INSPECTEUR GÉNÉRAL ANGLO-AMÉRICAIN. V. ANGLO-AMÉRICAIN. V. MILICE ANGLO-AMÉRICAINE N° 1.

INSPECTEUR GÉNÉRAL D'ARMES. V. ARMES. V. INSPECTEUR GÉNÉRAL. V. TABLE D'OFFICIERS.

INSPECTEUR (inspecteurs) GÉNÉRAL D'ARTILLERIE (F). Sorte d'INSPECTEURS GÉNÉRAUX dont le titre a succédé à celui de GRAND MAITRE DE L'ARTILLERIE. DEVALLIÈRE exerça cette inspection depuis 1755; GRIBEAUVAL lui succéda en 1765. En 1775, il est créé dix Inspecteurs généraux. — En 1780, à la mort de GRIBEAUVAL, cette fonction cessa, et un COMITÉ D'ARTILLERIE fut créé. — En 1786, le titre fut supprimé. — Le DÉCRET DE L'AN HUIT (15 NOVEMBRE 1800) nomma le général D'ABOVILLE PREMIER INSPECTEUR; tous les grades grandissant, l'ARTILLERIE n'avait garde de rester en arrière. Ce général conserva ce titre jusqu'en 1815, époque où il fut supprimé par ORDONNANCE DU 22 SEPTEMBRE. — En L'AN DOUZE (11 PLUVIOSE) le titre de premier inspecteur général d'artillerie conférait la qualité de GRAND OFFICIER. — En 1828 (15 février) la fonction de PREMIER INSPECTEUR reparaît sous le titre d'INSPECTEUR GÉ-

NÉRAL DU SERVICE D'artillerie; il est supprimé en 1830 (août). — Un historique de ce qui a rapport à ces variations se trouve dans le *Journal des Sciences militaires* (t. XXVIII, p. 178, et octobre 1856, p. 6).

INSPECTEUR GÉNÉRAL DE CAVALERIE. V. CAVALERIE. V. COMMISSAIRE GÉNÉRAL DE LA CAVALERIE. V. INSPECTEUR GÉNÉRAL N° 1, 3. V. INSPECTEUR GÉNÉRAL D'INFANTERIE N° 2.

INSPECTEUR GÉNÉRAL DE GARDE ROYALE. V. ARMÉE FRANÇAISE N° 2. V. GARDE ROYALE; id. N° 2.

INSPECTEUR GÉNÉRAL DE GENDARMERIE. V. GENDARMERIE. V. GENDARMERIE DE POLICE N° 1.

INSPECTEUR GÉNÉRAL DE LIGNE. V. ARMÉE FRANÇAISE N° 2. V. LIGNE.

INSPECTEUR GÉNÉRAL DE MARÉCHAUSSÉE. V. GRAND PRÉVOT DE CONNÉTABLIE. V. MARÉCHAUSSÉE.

INSPECTEUR GÉNÉRAL DES INGÉNIEURS GÉOGRAPHES. V. DÉPOT DE LA GUERRE. V. INGÉNIEUR GÉOGRAPHE. V. INSPECTEUR GÉNÉRAL N° 2.

INSPECTEUR DES POUDRES ET SALPÊTRES. V. POUDRE. V. POUDRERIE. V. SALPÊTRE.

INSPECTEUR (inspecteurs) GÉNÉRAL D'INFANTERIE (A, 1), OU INSPECTEUR D'INFANTERIE, OU INSPECTEUR GÉNÉRAL D'ARMES. Sorte d'INSPECTEURS GÉNÉRAUX considérés par rapport aux fonctions qu'ils exercent dans l'INFANTERIE FRANÇAISE et principalement dans l'INFANTERIE FRANÇAISE DE LIGNE. — Les règles, la marche, la forme des INSPECTIONS ne sauraient être trop mûrement méditées; elles ont gagné sensiblement, de nos jours, par l'esprit d'uniformité; quelques Inspecteurs cependant ont mis leurs idées à la place des volontés du MINISTRE et de la lettre de l'ordonnance; c'était le désespoir des CORPS et de l'Inspecteur qui y succédait. — Les changements fréquents d'Inspecteurs ont quelquefois leur utilité, souvent leur désavantage. GUIBERT (1806, G) parle d'une *petite manie des Inspecteurs commune à tous; ils croient qu'il ne faut louer que la seconde ou troisième année, et par conséquent ce qu'ils paraissent avoir formé.* — L'ORDONNANCE DE 1836 (SEPTEMBRE) réglait les attributions des Inspecteurs et donnait une forme nouvelle aux INSPECTIONS. — VITON a donné la chronologie des Inspecteurs généraux. — Ce qui concerne les Inspecteurs généraux d'infanterie va se diviser comme il suit : DÉNOMINATION, NOMBRE, ALLOCATIONS, DROITS, AUTORITÉ, PRÉROGATIVES, SURVEILLANCE, FONCTIONS. — N° 1. DÉNOMI-

NATION, NOMBRE, ALLOCATIONS. — FEU-
QUIÈRES (1750, A) parle des fonctions des
Inspecteurs comme confiées aux DIRECTEURS
GÉNÉRAUX D'INFANTERIE; ces DIRECTEURS, dont
l'existence a été de courte durée, étaient
un rouage de plus dans la machine militaire; ils étaient les supérieurs des Inspecteurs généraux en temps de guerre. — Sous
Louis QUATORZE, en 1662, il n'existait qu'un
seul Inspecteur, et des MARÉCHAUX DE BA-
TAILLE en ont exercé les fonctions. En 1714
il y avait huit Inspecteurs généraux, en 1776
vingt et un. — De nos jours, leur nombre
a été de six, de huit, de onze, à raison
d'un par ARRONDISSEMENT D'INSPECTION. —
En 1818, le gouvernement, en vue d'occuper un plus grand nombre d'OFFICIERS GÉ-
NÉRAUX, dont la quantité déjà exagérée
s'augmentait abusivement chaque jour,
imagina des REVUES PRÉPARATOIRES, confiées
à des MARÉCHAUX DE CAMP. — En 1822 (18
juin), il était employé onze Inspecteurs généraux et seize Inspecteurs (MARÉCHAUX DE
CAMP); la besogne à laquelle six personnages
suffisaient en occupait vingt-sept pour la
seule INFANTERIE. A quinze francs par poste,
les tournées coûtaient huit à dix mille francs
par Inspecteur; on a quadruplé la dépense
afin de donner des appointements à des
solliciteurs; on a songé bien moins à faire
faire des inspections qu'à faire des Inspecteurs. — On reconnut bientôt l'inutilité de
la dépense et le peu de résultats des inspections préparatoires; on y renonça. — N° 2.
DROIT, AUTORITÉ. — Les Inspecteurs ont eu
jadis un DROIT D'ATTACHE qui n'existe plus.
— Ils ont DROIT de faire assembler les corps
qu'ils ont mission d'inspecter; mais ils ne
peuvent les réunir qu'après s'être concertés
avec le COMMANDANT DE PLACE qui, seul, peut
donner ordre aux troupes de prendre les
armes hors des CASERNES. — Les Inspecteurs
décident des époques et de la tenue des AS-
SEMBLÉES du CONSEIL D'ADMINISTRATION; ils y
appellent le FONCTIONNAIRE de l'INTENDANCE
que l'ADMINISTRATION du CORPS concerne. Ils
s'y font rendre compte, s'il y a lieu, de la
suspension des DÉLIBÉRATIONS dont le CO-
LONEL aurait cru devoir interdire l'exécution;
ils s'assurent de l'enregistrement de toutes
les DÉLIBÉRATIONS du CONSEIL, de leur rédaction, de leur régularité, de leur mise à jour.
— Dans les CORPS de nouvelle levée; ils procèdent, conformément à la loi, à la formation du CONSEIL D'ADMINISTRATION. — Ils exigent, pendant la durée de leur INSPECTION,
qu'aux époques déterminées, le COLONEL et le
CONSEIL D'ADMINISTRATION leur adressent, ou
leur remettent tous les rapports qui concernent l'ADMINISTRATION, la COMPTABILITÉ, la

DISCIPLINE, l'INSTRUCTION, la POLICE. Ils donnent leurs ordres à l'égard des formes et de
la marche de l'INSTRUCTION. — Ils peuvent,
dans les cas de nécessité, placer comme
HOMMES EN SUBSISTANCE, les MILITAIRES momentanément trop éloignés de leurs CORPS.
— Ils statuent, touchant les RÉCLAMATIONS
des MILITAIRES, concernant l'ADMINISTRATION,
la POLICE, la DISCIPLINE, ou ils en réfèrent au
MINISTRE, si les réclamations présentent des
difficultés. — Ils ont le DROIT d'admettre ou
de rejeter les DÉFICIT des CAISSES, en motivant à cet égard leur opinion. — Les Inspecteurs ont le DROIT de réunir le CORPS
D'OFFICIERS, de régler le CLASSEMENT ou TIER-
CEMENT des GRADES; de faire les présenta-
tions aux EMPLOIS AU CHOIX DU ROI, de désigner les officiers de COMPAGNIES D'ÉLITE; de
transmettre au MINISTRE les demandes d'A-
VANCEMENT, et les propositions aux emplois
de COMMANDANTS DE PLACE, etc.; de nommer
aux EMPLOIS VACANTS de CAPITAINE DE GRENA-
DIERS; d'inscrire leurs observations sur l'ÉTAT
DE PROPOSITION dressé par le COLONEL, en
cas de VACANCE D'EMPLOI d'un ADJUDANT-
MAJOR. — Ils désignent les officiers qu'ils
jugent susceptibles d'être employés comme
CAPITAINES de COMPAGNIE DE DISCIPLINE, de
passer dans l'ÉTAT-MAJOR des PLACES, d'être
nommés SECRÉTAIRES ARCHIVISTES, d'être admis dans les GARDES DU CORPS, etc. (quand
il existe des gardes du corps). — Ils proposent au CHOIX DU ROI la NOMINATION des CO-
LONELS. — Les Inspecteurs donnent leur
opinion à l'égard des CASSATIONS de sous-
officiers et caporaux; ils examinent les
actes ou les jugements des CONSEILS DE DIS-
CIPLINE; ils donnent, s'ils le croient conve-
nable, leur adhésion aux CASSATIONS D'ADJU-
DANTS; exercent un examen sur toutes les
CASSATIONS de SOUS-OFFICIERS, et demandent
au MINISTRE son approbation s'il s'agit de la
CASSATION de LÉGIONNAIRES SOUS-OFFICIERS.
— Ils proposent le renvoi des INUTILES VO-
LONTAIRES. — Ils ont le droit d'infliger aux
COLONELS qui s'écartent de la lettre de l'or-
donnance, les punitions que la loi autorise.
— L'Inspecteur d'infanterie visite les ÉTA-
BLISSEMENTS MILITAIRES, les DENRÉES EN MAGA-
SIN, les HOPITAUX, les BOULANGERIES et MA-
GASINS A FARINE, les PRISONS de la PLACE; il a
exclusivement ce DROIT dans le cas où un
INSPECTEUR DE CAVALERIE passerait en même
temps une REVUE dans la même GARNISON;
mais, dans ce cas, les MAGASINS DE FOURRAGE
seraient visités par l'INSPECTEUR DE CAVALERIE;
— Pendant le cours de son INSPECTION, il
peut accorder à la troupe passée en revue
une DISTRIBUTION extraordinaire d'EAU-DE-VIE.
— L'ordonnance de 1818 (15 mai) autori-

soit l'Inspecteur à solliciter en faveur des
sous-officiers d'école une gratification,
s'il jugeait qu'ils l'eussent mérité par leurs
efforts et les résultats obtenus. — N° 3.
Prérogatives. — A son arrivée au corps
l'Inspecteur général reçoit la visite du corps,
d'officiers en grande tenue. — Il fait connaître au colonel quelle tenue devra observer le régiment pendant la durée de
l'inspection, et il donne avis de la passation
de la revue au commandant de place et à l'officier d'intendance. — A l'issue de la revue,
la troupe et tous ses officiers défilent devant
l'Inspecteur; ce défilement est à la fois administratif et d'honneurs. — L'Inspecteur
occupe la première place à l'assemblée du
conseil, ayant à sa droite le maréchal de
camp inspecteur, s'il en est employé un;
sinon l'intendant, s'il s'en trouve un;
sinon le sous-intendant. Le colonel du
corps prend place, soit à la droite, soit à la
gauche de l'Inspecteur général, suivant que
les fonctionnaires qui viennent d'être nommés sont ou ne sont pas présents. — N° 4.
Surveillance. — Les Inspecteurs s'assurent
de la légalité de la composition du corps,
du nombre vrai de ses musiciens et de
l'état des vacances d'emploi; ils examinent
les brevets, et approfondissent si chaque
grade jouit de la plénitude des droits qui
lui sont acquis; ils étudient l'esprit du corps;
ils demandent aux recrues s'il leur a été
fait lecture du Code pénal. — Ils constatent si l'admission des enfants de troupe
et les incorporations qui peuvent avoir eu
lieu depuis la tournée précédente, sont
conformes aux ordonnances; ils se font
présenter les recrues et tous les remplaçants
admis depuis la dernière revue, afin de
connaître s'ils remplissent les conditions
que la loi prescrit; ils font amener de même
à leur inspection particulière les caporaux
nommés dans l'armée, les sergents proposés
comme candidats aux sous-lieutenances, les
sous-officiers qui ont été cassés, et les enrôlés volontaires qui seraient susceptibles
d'être renvoyés. — Dans les revues sur le
terrain, ils visitent les livrets individuels,
les livres d'ordre, le contenu des havre-
sacs ouverts et déposés à terre; ils s'appliquent à découvrir s'il ne s'opère pas de
retenues illégales, si la masse d'habillement
des officiers est gérée régulièrement; ils
accueillent les réclamations fondées. —
Dans les séances du conseil, ils donnent
leur attention à la légitimité des achats, à
la régularité de leurs payements, aux dépenses occasionnées par la réparation des
effets d'équipement, par la fourniture des
effets d'habillement; ils confrontent le re-

gistre-journal d'habillement au moyen du
livre ou livret de recettes et des devis ministériels; ils font comparaison des états de
situation de tous les effets d'uniforme, en
s'appliquant à reconnaître si les effets de
petit et de grand équipement se rapportent
aux échantillons et ne dépassent pas les
tarifs; ils se font présenter en même temps
les devis ministériels relatifs aux fournitures d'étoffes et d'équipement faites par
les soins du ministre, et comparent ces
fournitures avec les modèles ou échantillons; ils font mettre sous leurs yeux les détails relatifs aux armes emportées par les déserteurs, et recherchent les causes de toutes
les pertes et consommations d'armes, en mettant en regard les pièces justificatives qui y
ont rapport et l'inscription des fournitures
de renouvellement sur le livret d'armement.
Ils s'assurent si les pièces de dépenses sont
régulières et ont été acquittées. — Conformément à la circulaire de 1815 (14 février)
et à bien d'autres documents, dictés par le
même esprit, ils recherchent si, en opposition
aux défenses, il existait des masses d'économie ou masses secrètes; ils s'appliquaient
aussi à découvrir s'il ne s'était pas introduit
dans le corps des effets de luxe, c'est-à-dire
non autorisés ou prohibés par les règlements. — Ils désignent sur la proposition
du colonel, l'officier d'armement; ils s'assurent que le prix des pensions où vivent
les officiers est régulièrement acquitté. —
Pour régulariser les congés de réforme et
l'obtention des pensions ou récompenses, ils
président à toutes les contre-visites, pour
y constater l'inhabilité au service, les infirmités; discerner surtout celles qui pourraient être simulées, telles que le bégaiement,
la myopie, l'incontinence d'urine, etc., etc.;
ils sévissent, en ce cas, contre les militaires
coupables de ces fourberies. — Ils ne souf-
frent point qu'il soit accordé de congé de
semestre à des permissionnaires atteints de
maladies vénériennes, reconnues par visite
du chirurgien-major. — Ils s'assurent de la
capacité et de l'exactitude des instructeurs,
du degré d'instruction des officiers et des
sous-officiers, sous le rapport des manœuvres, de la législation, des ordonnances, etc.
Ils s'assurent de l'instruction de la troupe,
sous le rapport des maniements d'armes, de
l'exercice en grand, de la gymnastique des
travaux de campagne; ils s'assurent de
l'instruction des hommes en consultant le
registre d'enseignement mutuel. — Ils visitent les casernes, les archives du corps, les
magasins, les matières qui y sont contenues,
les registres de visite qui doivent s'y trouver, les corps de garde de police, les cham-

nées, les écoles, etc.; ils se font accompagner du colonel, du lieutenant-colonel et du major; ils examinent le matériel du casernement; s'informent si les chambres sont saines, si les écoles d'enseignement, de danse, d'escrime, de natation, de gymnastique sont utilement suivies, si l'enseignement mutuel prospère, si les bibliothèques de corps sont fréquentées avec fruit. — Ils se font présenter et dégustent les aliments de l'ordinaire; voient si le cahier d'ordinaire est tenu d'une manière satisfaisante par le caporal d'ordinaire, et connaissent de l'espèce, de la quantité, de, l'état, de l'entretien ou des dégradations des effets de literie ou fournitures de couchage; ils s'informent de la ponctuelle délivrance des deniers du décompte de petit équipement. — Ils reconnaissent si les déclarations de réparations d'effets d'uniforme sont exactes. — Dans les visites qu'ils font de tous les locaux occupés, ils se font ouvrir les salles de discipline, et s'en font exhiber les fournitures. — En parcourant les ateliers, ils s'y font accompagner par le capitaine d'habillement et les officiers de détails, pour y examiner l'ordre, la tenue, l'espèce de tous les effets en magasin, reconnaître l'empreinte des marques, constater si les étoffes employées sont conformes aux chefs des pièces, si les pièces de rechange sont tirées des manufactures d'armes. — En parcourant les hôpitaux ou infirmeries, ils se font accompagner par le chirurgien-major. — Dans l'inspection qu'ils font des lieux de distributions, ils s'y font représenter les registres de distributions et de visite, pour s'assurer s'ils renferment les énonciations qu'ils doivent contenir. — Dans les revues qu'ils passent de l'armement ils ont près d'eux un officier d'artillerie, s'aident des lumières d'un controleur de manufacture d'armes, descendent dans des détails relatifs aux distributions, réparations et entretien des armes et à l'acquisition des pièces de rechange. Dans cette opération ils apprécient la capacité de l'armurier, et s'il s'élevait des plaintes fondées contre cet ouvrier, ils demanderaient au ministre son renvoi. — N° 5. Fonctions. — Les attributions des Inspecteurs ont pris une extension et un perfectionnement progressifs qu'elles doivent au document annuellement publié sous le titre de: *Instruction sur l'inspection*. Celle de 1791 (15 novembre), celle de l'an dix (15 frimaire) se composaient de quelques pages converties ensuite en un volume. Un livret confidentiel l'accompagne. — Cette instruction tendait à débrouiller le chaos de la législation; mais elle n'avait

pas de base fixe; le document confidentiel était tout empreint de l'esprit du temps et des passions régnantes; l'on marchait ainsi au jour le jour sans que rien suppléât réellement au code qui manquait. — Vouloir faire l'éducation d'une armée avec de l'arbitraire périodiquement changeant, au lieu de lui donner une charte solide, c'est vouloir qu'une pyramide se tienne sur sa pointe. Un code qui aurait de la durée exigerait peu d'Inspecteurs d'armes, il faut au contraire une quantité de fonctionnaires de ce grade. — L'ordonnance de 1818 (2 août) voulait qu'en campagne, les fonctions d'Inspecteurs fussent exercées par les généraux de division; mais si dans la division il se trouve des troupes d'armes différentes, un même Inspecteur exercera-t-il à l'égard de toutes sa surveillance et ses examens? Il serait plus simple d'avouer que des inspections pareilles à celles des temps de paix sont impraticables en temps de guerre; il est de fait qu'on n'en a jamais fait, ou que du moins on n'en a fait qu'inutilement en campagne. — L'ordonnance de 1832 (20 septembre) confiait à un comité permanent la centralisation des rapports des Inspecteurs. — L'ordonnance de 1836 (septembre) voulait que ce fût, non plus périodiquement et à époques fixes, que les inspections eussent lieu, mais inopinément, et qu'elles fussent faites, soit par des lieutenants généraux, soit par des maréchaux de camp, tenus à cet effet en activité pendant toute la durée de l'année. — C'était un moyen de donner des appointements d'activité à des officiers généraux restant oisifs neuf mois de l'année. — Exposons les principales attributions des Inspecteurs dans les temps ordinaires. — A leur arrivée au lieu de l'inspection, les Inspecteurs font dresser et recueillent tous les états de revue, de situation, d'effectif dont les modèles sont contenus dans le livret ministériel; ils procèdent au tiercement; ils se font remettre les mémoires sur l'art militaire, que, conformément à la lettre de leur institution, les aides-majors auraient rédigés dans le cours de l'année. — Ils opèrent conformément aux formes exprimées au livret d'inspection, et font de ce livret le dépôt du résumé de leurs observations. — Les Inspecteurs ont à examiner la régularité des admissions au corps, les congés absolus, temporaires, d'ancienneté, de réforme, de renvoi, et les propositions d'admission à la retraite, aux invalides, etc.; ils vérifient quels sont ou doivent être les remplacements aux emplois vacants, ils soumettent à leur intermédiaire tous les états de proposition. — Ils font examiner par l'orficier d'artillerie qui les accompagne, les pièces d'armes fournies par les manufactures, et que l'officier d'armement jugerait inadmissibles. Ils s'assurent s'il est fait une théorie du service de campagne. — La plume à la main et président suprême du conseil, ils font procéder devant eux à l'élection des capitaines de conseil. — Ils repassent et révisent tous les travaux préparatoires de l'intendant militaire; ils constatent la régularité des matricules. — Ils vérifient si les entrées de deniers et entrées en magasin sont régulièrement inscrites au registre des délibérations; si les entrées de deniers sont portées sur le journal de caisse du trésorier, si les entrées en magasin le sont au registre du capitaine d'habillement dont ils vérifient et arrêtent toutes les pièces comptables. — Ils s'entourent des contrôles voulus, de toutes les écritures probantes, des acquits comptabiliaires; ils recherchent et révisent tous les arrêtés provisoires. Ils donnent leur attention à l'emploi des fonds de première mise, et en suivent le versement à la masse des recrues; ils revoient de même tous les comptes ouverts. — Par la contexture des délibérations, par des enquêtes convenables, ils tendent à se convaincre si les membres du conseil assistent, comme ils le doivent, à tous les encaissements, à tous les versements de fonds de nature à s'opérer en conseil. — Ils reconnaissent si les consommations d'effets, si les remplacements d'habillement sont d'accord avec les durées légales, et si les récépissés de fournitures ont été exactement adressés aux fournisseurs des corps. — Ils recherchent les preuves de la régularité de l'engagement des enrôlés volontaires et constatent l'admissibilité des remplaçants et l'observation de la loi en fait de remplacement. — Ils fixent leur attention sur la nature et l'inscription des services donnant droit aux hautes payes. — Ils arrêtent définitivement pour l'année tous les registres, donnent leurs ordres pour l'année qui suit, et terminent leurs opérations par celle qui se nomme examen final et arrêté définitif; c'est la clôture des arrêtés provisoires; c'est une révision en dernier ressort des pièces comptables, des acquits et de l'exercice expiré. — Ils se font remettre par le chirurgien-major les rapports que déterminait l'instruction de 1836 (8 juin). — Après l'inspection terminée, les congés de semestre sont délivrés aux officiers. — Sur le terrain, l'Inspecteur procède à la revue de détails; il reçoit des mains du major le double des contrôles d'état-major; il fait lui-même l'appel du grand état-major et des officiers, ou bien le fait

faire par le trésorier; il prend des mains de chaque capitaine la feuille d'appel de sa compagnie, compare les hommes appelés et les effectifs inscrits; il se fait accompagner du capitaine pendant toute la durée de l'inspection qui concerne cet officier. — L'instruction de 1821 (5 juillet) voulait (art. 57) que les officiers et sous-officiers de chaque compagnie disposée sur un seul rang, fussent *à la droite de la section, de la subdivision, ou escouade*. Il eût donc fallu que la troupe fût par ordre d'escouades, ce qui ne s'est jamais fait, puisqu'en ce cas les compagnies n'auraient pas pu être par rang d'ancienneté, ce qui se fait toujours. Il y avait ainsi un malentendu dans l'ordonnance. — Les mêmes dispositions réglementaires se reproduisaient annuellement sur l'inspection, comme le témoignaient les instructions de 1822 (5 juillet), 1826 (24 décembre), 1829 (21 juin), 1834 (24 juin), 1835 (18 juin), etc. — Sous le rapport de l'instruction tactique, les Inspecteurs portent leur attention sur la formation des classes d'exercice, sur les contrôles qui en sont tenus, sur les principes qui y sont observés; ils s'assurent de la correction de la position sous les armes et des marches, de la capacité des guides et des sergents; ils assistent aux leçons de l'école de bataillon, président aux évolutions de ligne et font exécuter les simulacres d'attaque de convoi et de poste. — Sous le rapport de l'avancement des officiers, les Inspecteurs se font présenter, par le colonel, le tableau d'avancement, le registre d'état de services, le livre des punitions subies par les officiers et énonçant le genre de fautes. — Sous le rapport de l'armement ils se font représenter et compulsent le registre qui concerne cette partie. — Mais il y a des Inspecteurs généraux qui, trop restreints par l'instruction pourtant si volumineuse que promulgue chaque année le *Journal militaire officiel*, poussent plus loin le zèle des enquêtes; le *Spectateur militaire de 1834* en nomme un qui, sous la restauration, s'assurait de la capacité administrative des colonels, en commençant l'interrogatoire par ces mots : Combien doit-il y avoir de clous sous les souliers des soldats et de combien de chaînons se compose une épinglette.

INSPECTEUR général du génie (A, 1). Sorte d'inspecteur général dont la charge a été créée en 1800, sous le titre de premier inspecteur; il répondait à peu près par ses fonctions au *domesticus murorum* de l'antiquité. Son titre a existé jusqu'en 1815, a été rétabli en 1822, puis supprimé de nouveau en 1830.

INSPECTEUR GÉNÉRAL DU SERVICE D'ARTILLERIE. V. INSPECTEUR GÉNÉRAL N° 2. V. SERVICE D'ARTILLERIE.

INSPECTEUR GÉNÉRAL DU SERVICE DE SANTÉ. V. CONSEIL DE SANTÉ. V. SERVICE DE SANTÉ.

INSPECTEUR GÉNÉRAL HANOVRIEN. V. HANOVRIEN. V. MILICE HANOVRIENNE N° 1.

INSPECTEUR PARTICULIER. V. INSPECTEUR GÉNÉRAL; id. N° 3. V. PARTICULIER.

INSPECTEUR PARTICULIER DE RÉGIMENT SUISSE. V. COLONEL GÉNÉRAL DES SUISSES. V. INFANTERIE FRANCO-SUISSE N° 2. V. RÉGIMENT FRANCO-SUISSE. V. RÉGIMENT SUISSE.

INSPECTEUR POLONAIS. V. MILICE POLONAISE N° 1. V. POLONAIS, adj.

INSPECTION, subs. fém. V. ADJOINT A L'I... V. ADMINISTRATEUR. V. ARRONDISSEMENT D'I... V. CAPORAL DE SEMAINE N° 2. V. CAPORAL D'ESCOUADE N° 5. V. CHEF DE BATAILLON DE SEMAINE N° 2. V. COLONEL D'INFANTERIE FRANÇAISE DE LIGNE N° 28. V. CONGÉDIÉ. V. CORPS D'I... V. DÉFILEMENT DE PARADE. V. DÉTACHEMENT DE CORPS. V. GRANDE TENUE. V. INSTRUCTION SUR L'I... V. MEMBRE DE L'I... V. PASSER L'I... V. POLICE MILITAIRE.

INSPECTION ADMINISTRATIVE. V. ADMINISTRATIF, adj. V. BATAILLON D'OUVRIERS D'ADMINISTRATION. V. HOPITAL MILITAIRE. V. INTENDANT MILITAIRE N° 4. V. REVUE D'INSPECTION ADMINISTRATIVE.

INSPECTION AU CAMP. V. AU CAMP. V. CAPITAINE DE POLICE AU CAMP. V. CONSIGNE DE PIQUET AU CAMP. V. CONSIGNE DE POLICE AU CAMP.

INSPECTION AUX REVUES. V. ADMINISTRATION MILITAIRE. V. AUX REVUES. V. BERRIAT (1832, A). V. COMMISSAIRES DES GUERRES N° 1, 6. V. COMMISSAIRE DES GUERRES N° 6. V. CONSEIL D'ÉTAT. V. CORPS ADMINISTRATIF. V. CORPS D'INTENDANCE N° 1, 2. V. ÉTAT-MAJOR DE PLACE. V. INSPECTEUR AUX REVUES. V. MAIRE DE COMMUNE. V. MAJOR CHEF DE BATAILLON N° 2. V. MEMBRE DE L'INSPECTION. V. MINISTÈRE DE LA GUERRE. V. PENSION DE RETRAITE. V. POLICE. V. REVUE ÉCRITE. V. REVUE SUR LE TERRAIN. V. SOUS-INSPECTEUR AUX REVUES. V. SOUS-OFFICIER N° 3.

INSPECTION D'ADJUDANT. V. ADJUDANT. V. ADJUDANT D'INFANTERIE FRANÇAISE DE LIGNE N° 13.

INSPECTION D'ARMES. V. ARME EMPORTÉE PAR DÉSERTEUR. V. ARMES. V. ARMILUSTRE. V. BAGUETTE DE FUSIL. V. BAIONNETTE AU CANON. V. BATAILLE STRATÉGMATIQUE. V. CANON DE FUSIL. V. CHEF DE GARDE MONTANTE EN GARNISON. V. ORDONNANCE D'EXERCICE D'INFANTERIE.

INSPECTION DE CAPORAL. V. CAPORAL. V. CAPORAL DE SEMAINE N° 2.

INSPECTION DE CHEF DE BATAILLON. V. CHEF DE BATAILLON DE SEMAINE N° 2.

INSPECTION DE COLONEL. V. COLONEL. V. COLONEL D'INFANTERIE FRANÇAISE DE LIGNE N° 28. V. CONSIGNE DE POLICE AU CAMP.

INSPECTION DE COMPAGNIE. V. CAPITAINE D'INFANTERIE FRANÇAISE DE LIGNE N° 18. V. COMPAGNIE.

INSPECTION DE CORPS. V. CHEF DE BATAILLON D'INFANTERIE FRANÇAISE DE LIGNE N° 7. V. COLONEL D'INFANTERIE FRANÇAISE DE LIGNE N° 19. V. CORPS. V. CORPS AU GITE. V. HABILLEMENT. V. LIEUTENANT-COLONEL N° 6.

INSPECTION DE DÉTACHEMENT. V. CHEF DE BATAILLON DE SEMAINE N° 5. V. CHEF DE DÉTACHEMENT ADMINISTRATIF N° 3. V. DÉTACHEMENT.

INSPECTION DE DÉTACHEMENT RENTRANT. V. ADJUDANT-MAJOR DE SEMAINE N° 4. V. ARMEMENT DE DÉTACHEMENT. V. CHEF DE DÉTACHEMENT ADMINISTRATIF N° 3. V. DÉTACHEMENT RENTRANT.

INSPECTION DE DIMANCHE. V. DIMANCHE. V. FOURRIER D'INFANTERIE FRANÇAISE DE LIGNE N° 3. V. MILICE SIKE N° 5.

INSPECTION DE DÉTAIL. V. DÉTAIL. V. OFFICIER DE SECTION. V. ROULEMENT.

INSPECTION DE FUSIL. V. FUSIL. V. INSPECTION DES ARMES.

INSPECTION DE GARDE DE POLICE EN GARNISON. V. ADJUDANT-MAJOR DE SEMAINE N° 1. V. GARDE DE POLICE EN GARNISON. V. SERGENT DE POLICE EN GARNISON.

INSPECTION DE GARDE EN CAMPAGNE. V. COLONEL EN CAMPAGNE. V. GARDE EN CAMPAGNE. V. OFFICIER EN CAMPAGNE.

INSPECTION DE GARDE EN GARNISON. V. CAPITAINE DE POLICE EN GARNISON. V. GARDE EN GARNISON. V. HOMME DE GARDE. V. OFFICIER DE SEMAINE. V. SERGENT DE SUBDIVISION.

INSPECTION DE GARDE MONTANTE. V. ADJUDANT-MAJOR DE SEMAINE N° 4. V. CAPORAL D'ESCOUADE N° 5. V. CHEF DE BATAILLON DE SEMAINE EN GARNISON N° 3. V. GARDE MONTANTE. V. HOMME DE GARDE. V. MAJOR DE PLACE N° 2.

INSPECTION DE LIEUTENANT-COLONEL. V. CHEF DE BATAILLON DE SEMAINE N° 2. V. LIEUTENANT-COLONEL.

INSPECTION DE MAJOR. V. MAJOR. V. MAJOR LIEUTENANT-COLONEL N° 2.

INSPECTION DE MUSICIENS. V. ADJUDANT D'INFANTERIE FRANÇAISE DE LIGNE N° 13. V. ADJUDANT-MAJOR D'INFANTERIE FRANÇAISE DE LIGNE N° 12. V. MUSICIEN. V. MUSICIEN N° 6.

INSPECTION DE NEUF HEURES ET DEMIE. V. CARTOUCHE DE SERVICE. V. NEUF HEURES ET DEMIE.

INSPECTION DE PETIT ÉTAT-MAJOR. V. ADJUDANT D'INFANTERIE FRANÇAISE DE LIGNE N° 13. V. ADJUDANT-MAJOR D'INFANTERIE FRANÇAISE DE LIGNE N° 12. V. PETIT ÉTAT-MAJOR.

INSPECTION DE POSTES. V. POSTE. V. POSTE D'HOMMES DE GARDE.

INSPECTION DE SENTINELLE. V. RONDE. V. SENTINELLE.

INSPECTION DE SERGENT. V. BATTERIE DE CASERNE. V. SERGENT.

INSPECTION DE SERGENT DE SEMAINE. V. CAPORAL D'ESCOUADE N° 5. V. SERGENT DE SEMAINE.

INSPECTION DE TAMBOURS. V. ADJUDANT D'INFANTERIE FRANÇAISE DE LIGNE N° 13. V. ADJUDANT-MAJOR D'INFANTERIE FRANÇAISE DE LIGNE N° 12. V. TAMBOUR. V. TAMBOUR IDIOTIQUE D'INFANTERIE FRANÇAISE DE LIGNE N° 6. V. TAMBOUR-MAJOR N° 9.

INSPECTION DE TENUE. V. CARTOUCHE A BALLE. V. ORDRE DE PARADE. V. SOUS-OFFICIER N° 10. V. TENUE.

INSPECTION DE TRAVAILLEURS. V. ADJUDANT-MAJOR D'INFANTERIE FRANÇAISE DE LIGNE N° 12. V. TRAVAILLEUR. V. TRAVAILLEUR DE CORPS.

INSPECTION DE TROUPE. V. OUVRIR LES RANGS. V. TROUPE.

INSPECTION des ARMES (G, 6). Le mot Inspection a la même étymologie que le mot INSPECTEUR, et prend ici un sens tactique ou impératif. Dans le premier cas, c'est un substantif. Ainsi les PARADES sont l'occasion et le moyen d'une Inspection d'armes. Dans le second cas, c'est une interjection qui forme un COMMANDEMENT MIXTE qui équivaut à celui-ci : Préparez-vous à un ALIGNEMENT A RANGS OUVERTS, et présentez vos FUSILS pour que la REVUE en soit passée. — Un emploi de mots différents eût été préférable ; il eût été plus court et plus clair de se servir des expressions INSPECTION DE FUSIL ; mais les réglements de 1774, 1776, 1791, 1831 se sont recopiés les uns les autres. — Le réglement de 1791 (1er août) (école du soldat, n° 102), ne composait l'Inspection que d'un seul MOUVEMENT ; avec plus de raison l'ORDONNANCE DE 1831 (4 MARS) partage en trois mouvements ce MANIEMENT D'ARMES.

INSPECTION D'OFFICIER DE SEMAINE. V. OFFICIER DE SEMAINE.

INSPECTION EN ROUTE. V. CAPITAINE EN ROUTE. V. CORPS EN ROUTE SUR PIED DE PAIX. V. COMPAGNIE EN ROUTE. V. CORPS AU GITE. V. EN ROUTE. V. GITE. V. SÉJOUR.

INSPECTION GÉNÉRALE. V. ADJUDANT GÉNÉRAL ANGLAIS. V. CAPITAINE D'INFANTERIE FRANÇAISE DE LIGNE N° 18. V. CAPORAL D'IN-FANTERIE FRANÇAISE DE LIGNE N° 4. V. CASSÉ. V. CHIRURGIEN-MAJOR D'INFANTERIE FRANÇAISE DE LIGNE N° 12. V. CLASSE TACTIQUE. V. COCHE. V. COLONEL D'INFANTERIE FRANÇAISE DE LIGNE N° 25, 28. V. COMMANDEUR EN CHEF. V. COMPAGNIE EN ROUTE. V. CONTROLEUR DE MANUFACTURE D'ARMES. V. CORPS EN ROUTE SUR PIED DE PAIX. V. DÉMISSION. V. DENRÉE D'ORDINAIRE. V. DÉPENSE DE LUXE. V. DISCIPLINE FRANÇAISE. V. ÉVOLUTION DE LIGNE. V. FEUILLE DE JOURNÉE. V. FOURRAGE ARMÉ. V. GRAND ÉQUIPEMENT. V. GRANDE TENUE. V. HAVRESAC. V. HOPITALMILITAIRE. V. INCONTINENC D'URINE. V. LIVRE DE COMPAGNIE. V. MAJOR CHEF DE BATAILLON N° 11. V. MAGASIN DE CORPS. V. MAJOR GÉNÉRAL. V. MARÉCHAL DE FRANCE N° 10. V. MINISTÈRE DE LA GUERRE. V. MINISTRE DE LA GUERRE N° 6, 10. V. OFFICIER D'ARTILLERIE N° 5. V. OFFICIER D'INFANTERIE N° 1. V. OFFICIER DU GÉNIE N° 7. V. REMPLACEMENT. V. TIERCEMENT. V. TRANSCORPORATION. V. TRAVAILLEUR.

INSPECTION PRÉPARATOIRE. V. INSPECTEUR GÉNÉRAL D'INFANTERIE N° 11. V. PRÉPARATOIRE.

INSTIGATEUR (subs. masc.) A LA DÉSERTION. V. CHEF DE COMPLOT. V. DÉSERTION. V. LÉGISLATION (AN TREIZE, 25 VENTOSE).

INSTITUT MILITAIRE. V. MILICE ANGLO-AMÉRICAINE N° 1. V. MILICE AUTRICHIENNE N° 6. V. MILICE DANOISE N° 1, 5. V. MILICE PRUSSIENNE N° 6, 7. V. MILITAIRE, adj.

INSTITUTION (subs. fém.) OFFICIELLE. V. LÉGISLATION 1534 (24 JUILLET). V. OFFICIEL, adj. V. RÈGLEMENT.

INSTRUCTEUR, subs. masc. (term. génér.) ou INSTRUCTEUR MILITAIRE. Mot tout LATIN, ainsi que le substantif INSTRUCTION ; mais, dans cette langue, *instructor* n'avait pas le sens de l'expression française ; *instructio militum* était l'ORDRE DE BATAILLE des TROUPES ; l'*instructor* était l'ABRAYOUR. — Le terme Instructeur, signifiant précepteur dans une MILICE, CHEF DE CLASSE TACTIQUE D'INFANTERIE, est peu ancien. L'ORDONNANCE DE 1755 (6 MAI) et les INSTRUCTIONS DE 1774 (11 JUIN) et 1775 (30 MAI) employaient la locution MAITRE D'EXERCICE. L'ORDONNANCE DE 1776 (1er JANVIER) et le RÈGLEMENT DE 1791 (1er AOUT) y substituaient la qualification d'Instructeur. — Les Instructeurs des temps modernes rappellent, du petit au grand, les PŒDOTRIBES ou GYMNASTES des MILICES GRECQUES ; les CAMPIDUCTEURS, les CAMPIGÈNES, les DOCTEURS D'ARMES de la MILICE ROMAINE, et les CHEFS DE CLASSE ou MAITRES D'ARMES qu'on appelait LANISTES (*lanista, lanistæ*) dans les colléges de GLADIATEURS. — Dès l'époque où vivait SOCRATE, et dans les beaux temps de la GRÈCE, ATHÈNES avait des PROFESSEURS de TACTIQUE ; la Cyropédie de XÉNOPHON (livre VI) en rend témoiguage ; l'académie des belles-lettres (t. VI) a mis au jour quelques recherches sur ce point d'antiquité. — Le proconsul MARIUS avait été fustigé par les Instructeurs ; l'empereur MAXIMIN avait manié le FOUET de CAMPIGÈNE. — La langue militaire de FRANCE a d'abord donné une acception restreinte au titre d'Instructeur ; elle ne désignait ainsi, à proprement parler, que les MAITRES en fait de MANIEMENT du fusil. — LECOUTURIER (1825, A) a composé un article au sujet des Instructeurs. — L'ordonnance de 1774 (11 juin) voulait que les COLONELS fussent les principaux Instructeurs de leur TROUPE. — Les ordonnances de 1788 ont commencé à mentionner des INSTRUCTEURS EN CHEF. Le RÈGLEMENT DE 1816 (24 JUILLET) y a puisé ce système et celui des SOUS-INSTRUCTEURS ; l'ORDONNANCE DE 1818 (13 MAI) l'a consacré. — Maintenant le COLONEL, le LIEUTENANT-COLONEL, le MAJOR, les CHEFS DE BATAILLON, l'ADJUDANT-MAJOR, l'AIDE-MAJOR, etc., sont Instructeurs soit nominalement, soit de fait ; le mode d'instruction qu'ils exercent, et la manière dont ils s'acquittent de ce devoir, sont sous la surveillance d'un INSPECTEUR GÉNÉRAL. — Les procédés théoriques que doivent observer les Instructeurs étaient énoncés avec précision dans le RÈGLEMENT DE 1791 (1er AOUT) et dans l'ORDONNANCE DE 1831 (4 MARS). Mais les intentions de ces documents ne sont pas toujours assez ponctuellement suivies. Souvent les SOUS-OFFICIERS INSTRUCTEURS qui dressent les SIMPLES SOLDATS se perdent dans un babil inintelligible pour leurs élèves ; ils devraient au contraire se borner presque à exécuter eux-mêmes chaque TEMPS, chaque MOUVEMENT, à ne parler qu'aux yeux comme le fait l'enseignement mutuel, à réduire pour ainsi dire leurs explications à ceci : regardez et imitez ; mais la prétention de passer pour savants les travaille. Un vieil Instructeur de l'école polytechnique, sorti officier de la garde consulaire, disait à ses jeunes et railleurs écoliers : *Immobiles, citoyens, c'est le plus beau mouvement de l'exercice. — Ayez vos yeux à quinze pas devant vous.* — Le temps amènera probablement et la simplification du MANIEMENT D'ARMES si inutilement compliqué, et l'art de démontrer mieux et plus vite les principes du TIR aux élèves ; la CADENCE du pas et les FEUX devraient presque composer le rudiment du soldat et tout l'ensemble de l'EXERCICE DE DÉTAIL. — Le sens du terme Instructeur est à peine une chose convenue ; tantôt l'ORDONNANCE DE 1818 (13 MAI, art. 70) appelle ainsi des CHEFS DE CLASSE, c'est-à-dire des SOUS-OFFICIERS, tantôt (art. 518) un OFFICIER SUPÉ-

rieur que le RÈGLEMENT DE 1816 (art. 348) appelait INSTRUCTEUR EN CHEF. Cette même ORDONNANCE DE 1818 s'occupait des Instructeurs de COMPAGNIES DE DÉPOT ; voulait que des CAPITAINES fussent les Instructeurs de l'ÉCOLE DE PELOTON ; prescrivait de commencer les LEÇONS de l'instruction en FÉVRIER, etc. — Les Instructeurs, à défaut de TAMBOURS pour la cessation des feux, emploient le COMMANDEMENT : ROULEMENT. Le MINISTRE CLERMONT-TONNERRE a cherché à stimuler le zèle des Instructeurs par des RÉCOMPENSES PÉCUNIAIRES. Une CIRCULAIRE DE 1826 (13 JANVIER) affecte pour cet objet trois cents francs environ par bataillon. Les INSPECTEURS GÉNÉRAUX et les MARÉCHAUX DE CAMP INSPECTEURS ont été chargés de constater la capacité des Instructeurs. — Le mot Instructeur demande à être ici distingué en INSTRUCTEUR EN CHEF.

INSTRUCTEUR EN CHEF (G, 6). Sorte d'INSTRUCTEUR dont l'institution est moderne, mais dont il a été question déjà dans les ordonnances de 1788. Elles le chargeaient de concourir au choix des SOUS-OFFICIERS. — Le RÈGLEMENT DE 1816 (24 JUILLET) a fait revivre l'expression ; l'ORDONNANCE DE 1818 (13 MAI) lui a substitué le simple terme Instructeur ; mais le titre est insuffisant, et ne rend pas la pensée de l'ordonnance. — Il existait, dans la cavalerie, des Instructeurs en chef, c'étaient des maîtres de manége ; il n'a été admis dans l'INFANTERIE que depuis la restauration des chefs d'Instructeurs. — Un Instructeur, considéré dans le sens que l'ORDONNANCE DE 1818 (13 MAI) donne au mot, est le supérieur de plusieurs CHEFS DE CLASSES TACTIQUES. Il était nommé par le COLONEL sur la proposition du LIEUTENANT-COLONEL ; il était subordonné directement dans ses fonctions au LIEUTENANT-COLONEL ; il était, autant que possible, du grade de CHEF DE BATAILLON ; il commandait le BATAILLON D'INSTRUCTION. — L'Instructeur est tenu de s'assurer si chacun des CHEFS DE CLASSE tient une liste exacte des élèves de sa CLASSE ; il a sous ses ordres un SOUS-INSTRUCTEUR ; il désigne le MAITRE D'EXERCICE des TRAVAILLEURS. — Il exerce dès le mois de FÉVRIER tous les OFFICIERS ; il concourt à la désignation des OFFICIERS et SOUS-OFFICIERS CHEFS DE CLASSE ; il peut être employé à la THÉORIE qui embrasse le service ou les manœuvres. — Les ORDONNANCES DE 1825 (27 FÉVRIER et 6 AVRIL) et 1826 (3 DÉCEMBRE) réglaient ce qui concerne les Instructeurs en chef de CAVALERIE.

INSTRUCTEUR MILITAIRE. V. ÉCOLE DE MARS n° 2. V. INSTRUCTEUR. V. MILITAIRE, adj.

INSTRUCTION, subs. fém. V. BATAILLON D'I... V. CAMP D'I... V. CLASSE D'I... V.

ÉCOLE D'I... V. ÉTABLISSEMENT D'I... V. HOPITAL D'I... V. MANQUE A L'I...

INSTRUCTION (G, 5) ou INSTRUCTION MILITAIRE. Ce mot a la même étymologie que le mot INSTRUCTEUR; il est également tout LATIN; également aussi il diffère de la racine *instructio*; dans nos usages, et sous le point de vue militaire, il exprime des connaissances spéciales, un savoir acquis, un apprentissage calligraphique, tandis qu'au contraire il signifiait, il y a peu de siècles encore, ORDRE TACTIQUE OU ARRANGEMENT des TROUPES; DELANOUE (1559, A) et le traducteur d'ÉLIEN (1556, A) l'emploient sous cette acception. — Si l'on rapproche le mot Instruction du terme ENSEIGNEMENT, si on le conçoit comme une somme de savoir que le MÉTIER DES ARMES exige, l'ART MILITAIRE DE TERRE a encore à acquérir; l'INFANTERIE FRANÇAISE DE LIGNE n'est pas au degré qu'elle pourrait atteindre. Mais ce qu'on appelle Instruction est autre chose. — Le plus ordinairement les ORDONNANCES, celle DE 1818 (15 MAI) (art. 1, 508, 514), la CIRCULAIRE DE 1822 (17 MAI), l'ORDONNANCE DE 1833 (2 NOVEMBRE), les INSTRUCTIONS SUR L'INSPECTION ne mentionnent l'Instruction que sous un point de vue tactique, comme la pratique des MANŒUVRES, comme l'habileté à les exécuter; de là les noms d'INSTRUCTION PRATIQUE et THÉORIQUE, de là le nom d'INSTRUCTION DE DÉTAIL donné aux premiers principes, et d'INSTRUCTION D'ENSEMBLE supposant association d'hommes en MANŒUVRES. — L'expression Instruction est quelquefois synonyme d'injonction par écrit; quelquefois elle a trait aux AFFAIRES judiciaires, quelquefois elle comporte un sens réglementaire, en considérant l'Instruction comme une APPLICATION DES ARTS ET DES SCIENCES, comme un des produits de cette faculté que les anciens nommaient ARÉOTECTONIQUE, comme un fruit intellectuel de l'ENSEIGNEMENT, comme l'objet des travaux des ÉCOLES MILITAIRES, comme embrassant la pratique manuelle de l'ESCRIME et de l'ÉQUITATION. — Il a été traité de l'utilité et des procédés de l'Instruction militaire, et des questions qui s'y rapportent, par ARNOULD, BARDIN (1814, E), BELL, BENITEZ, BOHAN (1781, H), BOISROGER (1768, B), BOURSIER, COLLANDER, DECAPPE, DOYLE, DUPAIN-TRIEL, FACIUS, FERRO, le général GIRARDIN, M. GIRARDIN (Émile DE), GOETHE, HAYN, HOHENLOHE (1818, D), ILLING, JABRO (1777, G, au mot *Éducation*), KRANZOW, LECOUTURIER (1825, A), LESSAC (1783, A), LOSSOW, MARTIN (François), MAKINNAN, MARZIOTI, MAUGINBERT, MELFITANO, MIRABEAU (1788, C), MONTAGNI, MORA (1570, A), NAUDÉ (1637),

NOCKHERN, ODIER (1817), PLEYDELL, PORRONI, PUGA, REÏCH, REUSS (1776), RIOS, SAENZ, SAINT-PAUL (F.-W), SCHOLTEN, SCHWERIN, SERVAN (1780, B), SONTAY, THÉTIS, TRAUTSCHEN, la *Sentinelle de l'Armée* (1835, n° 17).

INSTRUCTION d'ADJUDANT. V. ADJUDANT. V. ADJUDANT D'INFANTERIE FRANÇAISE DE LIGNE N° 19.

INSTRUCTION d'ADJUDANT-MAJOR. V. ADJUDANT-MAJOR D'INFANTERIE FRANÇAISE DE LIGNE N° 15.

INSTRUCTION d'AFFAIRE. V. AFFAIRE. V. AFFAIRE JUDICIAIRE. V. CAPITAINE RAPPORTEUR. V. COMMISSAIRE AUDITEUR DES GUERRES. V. CONCLUSIONS DE PROCÉDURE. V. CONTUMACE. V. DÉBAT. V. GREFFIER DE CONSEIL DE GUERRE. V. INDEMNITÉ DE CHEVAL DE SELLE. V. INFORMATION. V. KNORR. V. PROCÉDURE.

INSTRUCTION d'AIDE DE CAMP. V. AIDE DE CAMP N° 4.

INSTRUCTION d'AIDE-MAJOR. V. AIDE-MAJOR ACTUEL. N° 2. V. LIEUTENANT-COLONEL D'INFANTERIE FRANÇAISE DE LIGNE N° 10.

INSTRUCTION d'ARMÉE FRANÇAISE. V. ARMÉE FRANÇAISE. N° 7. V. MINISTÈRE DE LA GUERRE. V. MINISTRE DE LA GUERRE N° 6, 10. V. ORDONNANCE OFFICIELLE.

INSTRUCTION d'ARMURIER. V. ARMURIER DE CORPS N° 4.

INSTRUCTION d'ARTILLERIE. V. ARTILLERIE. V. ARTILLERIE STRATOPÉDIQUE. V. DEDON. V. LOMBARD.

INSTRUCTION de BATAILLON. V. BATAILLON. V. BATAILLON D'INFANTERIE FRANÇAISE DE LIGNE N° 7.

INSTRUCTION de CAPORAL. V. CAPORAL. V. CAPORAL D'INFANTERIE FRANÇAISE DE LIGNE N° 14.

INSTRUCTION de CAVALERIE. V. ABELLANO. V. CAVALERIE. V. CAVALERIE FRANÇAISE N° 5, 7. V. LAROCHE-AYMON.

INSTRUCTION de CHEF DE BATAILLON. V. CHEF DE BATAILLON D'INFANTERIE FRANÇAISE DE LIGNE N° 11.

INSTRUCTION de CHEVALERIE. V. ARMES BLANCHES DE DUEL. V. CHEVALERIE. V. CHEVALERIE D'AFFILIATION N° 4.

INSTRUCTION de COLONEL. V. COLONEL. V. COLONEL D'INFANTERIE FRANÇAISE DE LIGNE N° 51. V. COMMANDANT DE PLACE N° 10.

INSTRUCTION de COMMANDANT DE PLACE. V. COMMANDANT DE PLACE N° 12.

INSTRUCTION de COMPAGNIE. V. COLONEL D'INFANTERIE FRANÇAISE DE LIGNE N° 11. V. COMPAGNIE. V. COMPAGNIE D'INFANTERIE FRANÇAISE DE LIGNE N° 9.

INSTRUCTION de CORNET. V. CORNET. V. CORNET IDIOPLIQUE N° 5, 6.

INSTRUCTION de CORPS. V. CHEF DE BATAILLON D'INFANTERIE FRANÇAISE DE LIGNE Nº 11. V. COLONEL D'INFANTERIE FRANÇAISE DE LIGNE Nº 24. V. CORPS. V. CORPS RÉGIMENTAIRE Nº 4. V. RÉGIMENT D'INFANTERIE FRANÇAISE Nº 2. V. REVUE D'INSPECTEUR GÉNÉRAL. V. SOUS-INTENDANT Nº 2.

INSTRUCTION de DÉTACHEMENT. V. CHEF DE DÉTACHEMENT Nº 1. V. DÉTACHEMENT.

INSTRUCTION de DESTINATION. V. CHEF DE DÉTACHEMENT ADMINISTRATIF Nº 1, 2. V. CHEF DE PATROUILLE. V. COLONEL D'INFANTERIE FRANÇAISE DE LIGNE Nº 18. V. CONVOI POLÉMONOMIQUE. V. DESTINATION.

INSTRUCTION de DÉTAIL. V. AIDE-MAJOR Nº 2. V. DÉTAIL. V. INSTRUCTION. V. INSPECTEUR GÉNÉRAL Nº 5.

INSTRUCTION de FOURRIER. V. FOURRIER. V. FOURRIER D'INFANTERIE FRANÇAISE DE LIGNE Nº 11.

INSTRUCTION de GARDES FRANÇAISES. V. GARDES FRANÇAISES Nº 5.

INSTRUCTION de GÉNÉRAL. V. GÉNÉRAL. V. GÉNÉRAL D'ARMÉE Nº 9. V. GÉNÉRAL FRANÇAIS Nº 6.

INSTRUCTION de GÉNIE. V. GÉNIE. V. GÉNIE IDIOPLIQUE Nº 5.

INSTRUCTION de HÉRAUT D'ARMES. V. HÉRAUT D'ARMES Nº 5.

INSTRUCTION de MAJOR. V. MAJOR CAPITAINE Nº 5. V. MAJOR CHEF DE BATAILLON Nº 7.

INSTRUCTION de MILICE ANGLAISE. V. MILICE ANGLAISE Nº 7.

INSTRUCTION de MILICE ANGLO-AMÉRICAINE. V. MILICE ANGLO-AMÉRICAINE Nº 1.

INSTRUCTION de MILICE AUTRICHIENNE. V. MILICE AUTRICHIENNE Nº 6. V. TRAVAUX DE CAMPAGNE.

INSTRUCTION de MILICE BAVAROISE. V. MILICE BAVAROISE Nº 3.

INSTRUCTION de MILICE CHINOISE. V. MILICE CHINOISE Nº 2.

INSTRUCTION de MILICE DANOISE. V. MILICE DANOISE Nº 5.

INSTRUCTION de MILICE ESPAGNOLE. V. MILICE ESPAGNOLE Nº 7.

INSTRUCTION de MILICE FRANÇAISE. V. MILICE FRANÇAISE Nº 5.

INSTRUCTION de MILICE GRECQUE. V. MILICE GRECQUE Nº 4.

INSTRUCTION de MILICE HANOVRIENNE. V. MILICE HANOVRIENNE Nº 2.

INSTRUCTION de MILICE HOLLANDAISE. V. MILICE HOLLANDAISE Nº 5.

INSTRUCTION de MILICE NAPOLITAINE. V. MILICE NAPOLITAINE Nº 2.

INSTRUCTION de MILICE NÉERLANDAISE. V. MILICE NÉERLANDAISE Nº 4.

INSTRUCTION de MILICE PERSANE. V. MILICE PERSANE Nº 4.

INSTRUCTION de MILICE PIÉMONTAISE. V. MILICE PIÉMONTAISE Nº 5.

INSTRUCTION de MILICE POLONAISE. V. MILICE POLONAISE Nº 5.

INSTRUCTION de MILICE PORTUGAISE. V. MILICE PORTUGAISE Nº 4.

INSTRUCTION de MILICE PRUSSIENNE. V. MILICE PRUSSIENNE Nº 7.

INSTRUCTION de MILICE ROMAINE. V. MILICE ROMAINE Nº 6.

INSTRUCTION de MILICE RUSSE. V. MILICE RUSSE Nº 6.

INSTRUCTION de MILICE SAXONNE. V. MILICE SAXONNE Nº 4.

INSTRUCTION de MILICE SIKE. V. MILICE SIKE Nº 5.

INSTRUCTION de MILICE SUÉDOISE. V. MILICE SUÉDOISE Nº 4.

INSTRUCTION de MILICE SUISSE. V. MILICE SUISSE Nº 5.

INSTRUCTION de MILICE TURCO-ÉGYPTIENNE. V. MILICE TURCO-ÉGYPTIENNE Nº 5.

INSTRUCTION de MILICE TURQUE. V. MILICE TURQUE Nº 6.

INSTRUCTION de MILICE WURTEMBERGEOISE. V. MILICE WURTEMBERGEOISE Nº 5.

INSTRUCTION de MINISTRE. V. MINISTRE. V. MINISTRE DE LA GUERRE Nº 15.

INSTRUCTION de MUSICIENS. V. CHEF DE MUSIQUE. V. MUSICIEN. V. MUSICIEN Nº 6.

INSTRUCTION de PROCÈS. V. GREFFIER. V. INFORMATION. V. PRÉVENU. V. PRÉVOT D'ARMÉE. V. PRÉVOT DE CORPS. V. PRÉVOT DES BANDES. V. PROCÉDURE. V. PROCÈS.

INSTRUCTION de PUPILLES. V. PUPILLE Nº 5.

INSTRUCTION de RECRUES. V. PORTE-DRAPEAU Nº 6. V. RECRUE.

INSTRUCTION de RÉGIMENT. V. RÉGIMENT. V. RÉGIMENT FRANÇAIS Nº 6.

INSTRUCTION de SERGENT. V. PELOTON D'INFANTERIE. V. SERGENT. V. SERGENT D'INFANTERIE FRANÇAISE DE LIGNE Nº 11.

INSTRUCTION de SERGENT-MAJOR. V. SERGENT-MAJOR Nº 9.

INSTRUCTION de SOLDAT. V. SOLDAT.

INSTRUCTION de SOUS-OFFICIER. V. ADJUDANT D'INFANTERIE FRANÇAISE DE LIGNE Nº 10. V. ADJUDANT-MAJOR D'INFANTERIE FRANÇAISE DE LIGNE Nº 13. V. INSPECTEUR GÉNÉRAL D'INFANTERIE Nº 4; ID. Nº 5, 9. V. SOUS-OFFICIER.

INSTRUCTION de TAMBOURS. V. TAMbour. v. tambour d'infanterie française de ligne. v. tambour-major n° 10.

INSTRUCTION de travailleur. v. travailleur.

INSTRUCTION de troupes. v. police. v. rengagement. v. troupe.

INSTRUCTION d'enfant de troupe. v. enfant de troupe. v. enfant d'homme de troupe n° 5.

INSTRUCTION d'ensemble. v. ensemble. v. inspecteur général. n° 5.

INSTRUCTION d'infanterie. v. cavalerie française n° 7. v. combat stratématique. v. infanterie. v. infanterie n° 7. v. infanterie de bataille n° 6. v. infanterie française n°. 5, 7. v. inspecteur général d'infanterie n° 4. v. Laroche-Aymon (1817, C). v. lieutenant-colonel n° 6. v. Maingarnaud (1822, B).

INSTRUCTION d'infanterie légère. v. infanterie légère n° 6.

INSTRUCTION d'intendant. v. intendant. v. intendant militaire n° 5.

INSTRUCTION d'officier. v. inspecteur général d'infanterie n° 4. v. officier n° 6.

INSTRUCTION d'officier d'artillerie. v. officier d'artillerie n° 6.

INSTRUCTION d'officier de cavalerie. v. officier de cavalerie n° 4.

INSTRUCTION d'officier d'infanterie française. v. officier d'infanterie française n° 6. v. ministère de la guerre.

INSTRUCTION d'officier du génie. v. officier du génie n° 8.

INSTRUCTION d'officier français. v. officier français n° 14.

INSTRUCTION judiciaire. v. débat. v. indemnité de cheval de selle. v. judiciaire.

INSTRUCTION militaire. v. instruction. v. militaire, adj.

INSTRUCTION officielle. v. législation, 1649 (janvier). — 1732 (2 août). — 1753 (1er juin). — 1755 (13 ou 17 février, 14 mai et 29 juin). — 1754 (14 mai). — 1705 (1er mai). — 1769 (1er mai). — 1771 (11 juin). — 1774 (11 juin). — 1775 (30 mai). — 1788 (20 mai; il y en a deux de même date). — 1791 (1er avril, 1er mai, 1er juin, 15 novembre et 16 décembre). — 1792 (1er janvier et 1er ou 2 mars, 18 pluviôse et 16 ventôse). — An trois (16 nivôse, 16 et 28 ventôse et 14 germinal). — An quatre (1er ventôse). — An cinq (1er ventôse et 24 floréal). — An six (1er et 18 germinal et 1er floréal). — An sept (19 vendémiaire, 2 brumaire, ventôse, 11 germinal, 19 et 29 floréal et 24 thermidor). — An huit (1er complémentaire). — An dix (15 fri-

maire, 1er et 24 pluviôse). — An treize (12 fructidor). — An quatorze (1er vendémiaire). — 1806 (1er janvier, 17 avril, 12 mai, 19 juin, 16 août et 4 décembre). — 1807 (25 mars, 14 et 31 décembre). — 1808 (8, 24 septembre et 25 novembre). — 1809 (1er juin, 15 novembre et 15 décembre). — 1810 (5 juillet et 25 octobre). — 1811 (4 mars, 10 et 28 septembre, 10 et 28 décembre). — 1812 (4 mars, 5 août et 17 septembre). — 1814 (12 août, 3 septembre et 25 décembre). — 1815 (5 décembre). — 1816 (1er février et 16 septembre). — 1818 (5 septembre, 1er et 5 décembre). — 1819 (18 mars). — 1821 (5 et 18 juillet). — 1822 (16 janvier, 16 et 30 mars, 12 avril et 17 août, 21 septembre et 14 octobre). — 1823 (3 février et 8 mars). — 1824 (10 janvier, 6 novembre et 23 décembre). — 1825 (28 août et 7 septembre). — 1826 (5 novembre et 24 décembre). — 1827 (24 juin, 13 août et 13 décembre). — 1828 (30 avril). — 1829 (19 juin). — 1830 (juin). — 1831 (25 janvier, 9 et 10 mars, 4 et 6 mai, 20 septembre). — 1832 (10 février, 30 mars, 19 et 28 avril et 12 octobre). — 1853 (22 juin). — 1834 (24 et 25 juin). v. officiel. v. règlement.

INSTRUCTION pratique. v. inspecteur général n° 5. v. instruction. v. pratique, adj.

INSTRUCTION réglementaire. v. règlement de campagne. v. réglementaire.

INSTRUCTION sur l'armement; de 1822 (30 mars). v. armement. v. armement d'uniforme. v. encaissement d'armes.

INSTRUCTION sur le campement. v. campement. v. législation 1792 (1er mars).

INSTRUCTION sur l'exercice. v. alignement. v. bataillon de direction. v. carré plein. v. déterminer la ligne de bataille. v. direction de bataillon en bataille. v. disposition contre la cavalerie. v. division de bataillon. v. doublement de sections. v. école de commandement. v. exercice. v. feu de demi-bataillon. v. feu d'infanterie. v. feu en retraite. v. former le bataillon sur la droite, etc. v. former les divisions. v. former les pelotons. v. guide tactique. v. règlement d'exercice de 1753. v. règlement d'exercice de 1774 (11 juin).

INSTRUCTION sur l'inspection. v. armement de corps. v. attaque de convoi. v. attaque de poste. v. cassé. v. conseil de discipline. v. défilement d'honneur. v. hiérarchie militaire. v. inspecteur général n° 5. v. inspection. v. instruction. v. jeune soldat. v. théorie.

INSTRUCTION tactique. v. adjudant-

MAJOR D'INFANTERIE FRANÇAISE DE LIGNE N° 10. V. CHEF DE BATAILLON D'INFANTERIE FRANÇAISE DE LIGNE N° 8. V. CLASSE TACTIQUE. V. CLASSE TACTIQUE DE COMPAGNIE. V. COLONEL D'INFANTERIE FRANÇAISE DE LIGNE N° 11, 15, 24, 28, 31, 32. V. COMBAT STRATEUMATIQUE. V. COMMANDEUR EN CHEF. V. DISCIPLINE. V. EXERCICE D'INFANTERIE. V. GUIDE TACTIQUE. V. INSPECTEUR GÉNÉRAL D'INFANTERIE N° 2, 4. V. INSTRUCTEUR. V. LIEUTENANT - COLONEL D'INFANTERIE FRANÇAISE DE LIGNE N° 11. V. LOT. V. MINISTRE

DE LA GUERRE EN 1761. V. PORTE-DRAPEAU N° 6. V. TACTIQUE, adj.

INSTRUCTION THÉORIQUE. V. INSTRUCTION. V. MARÉCHAL DE CAMP INSPECTEUR. V. THÉORIQUE.

INSTRUIRE (verb. act.) un PROCÈS. V. CAPITAINE RAPPORTEUR. V. CONTUMACE. V. PROCÈS.

INSTRUMENT, subs. masc. V. CLEF D'I... V. SONNERIE D'I...

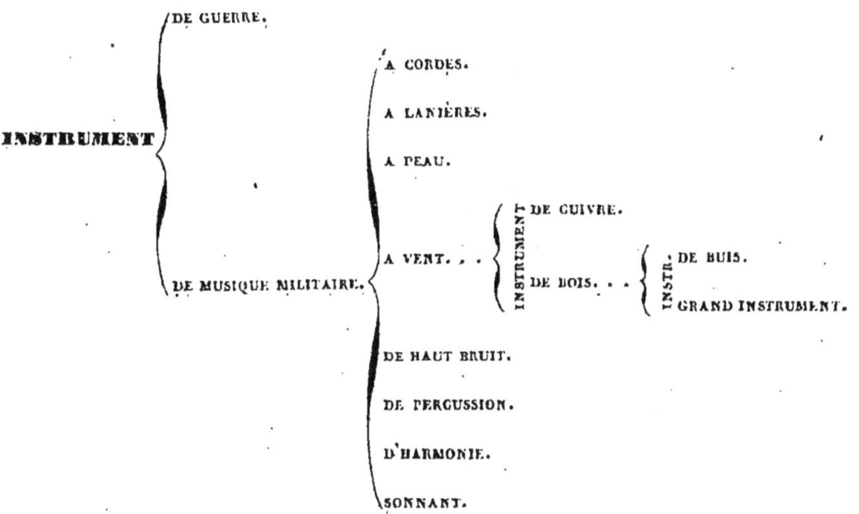

INSTRUMENT (term. génér.). Mot tout LATIN qui a eu des sens très-variés, et qui sera présenté ici d'une manière générale comme INSTRUMENT DE GUERRE, et d'une manière particulière comme INSTRUMENT DE MUSIQUE MILITAIRE. — Le mot sera distingué en INSTRUMENT A CHOC, — A CLEFS, — A EMBOUCHURE, — A PERCUSSION, — A SONNETTES, — CHINOIS, — DE CHIRURGIE, — DE GUERRE, — DE MUSIQUE MILITAIRE, — DE VOLTIGEURS, — D'INFANTERIE LÉGÈRE, — TURC.

INSTRUMENT A CHOC. V. A CHOC. V. GÉNÉRAL D'ARMÉE N° 5. V. INSTRUMENT DE PERCUSSION.

INSTRUMENT A CLEFS. V. A CLEF. V. CAVALERIE FRANÇAISE N° 5. V. TAMBOUR TURC.

INSTRUMENT (instruments) A CORDES (F). Sorte d'INSTRUMENT DE MUSIQUE MILITAIRE dont l'usage appartient à des temps éloignés et presque oubliés; telles ont été les SISTRES ou les HARPES ÉGYPTIENNES et PERSES; telles ont été les LYRES GRECQUES, que la FLUTE accompagnait; tel était le violon à trois cordes des MÉNESTRELS.

INSTRUMENT A EMBOUCHURE. V. A EMBOUCHURE. V. HAUTBOIS.

INSTRUMENT A LANIÈRES (F). Sorte d'INSTRUMENT DE MUSIQUE MILITAIRE dont l'usage a été répandu dans des ARMÉES barbares: les sons qu'elles tiraient des FOUETS à fléau ou du claquement de leurs ARCS équivalaient à des signes convenus, à des COMMANDEMENTS musicaux.

INSTRUMENT (instruments) A PEAU (B, 1; G, 6). Sorte d'INSTRUMENT DE MUSIQUE MILITAIRE qu'on a aussi nommé INSTRUMENT A PERCUSSION ou DE PERCUSSION; mais cette synonymie laisse régner de l'équivoque, parce qu'il y a des INSTRUMENTS DE PERCUSSION qui ne sont point à PEAU. — L'usage des Instruments à peau se perd dans l'antiquité; il paraît qu'ils ont été d'abord d'un emploi peu commun dans les ARMÉES, et qu'ils n'avaient qu'une seule peau; tels étaient les tambours des Corybantes; tels furent ceux des armées du conquérant qu'on a déifié sous le nom de Bacchus. — La langue française des temps modernes les a appelés TAMBOURS DE BASQUE,

TAMBOURS A MANCHE. — Cependant il existe des tambours à deux peaux d'une antiquité incalculable; on les voit parmi les curiosités ÉGYPTIENNES rassemblées au Louvre par le célèbre Champollion. — Les Instruments à PEAU sont à TIMBRE ou sans TIMBRE; ils se sont nommés ATTABALE, CAISSE, NACAIRE, TAMBOUR, TIMBALES; ils ont fait autrefois partie des INSTRUMENTS DE HAUT BRUIT; maintenant les INSTRUMENTS DE HAUT BRUIT ne sont plus qu'Instruments à peau. Dans la marche de la MUSIQUE MILITAIRE, ils sont placés en dernière ligne; ceux de la GRANDE MUSIQUE dépendent du CHEF DE MUSIQUE; ceux qui sont INSTRUMENTS DE HAUT BRUIT dépendent du TAMBOUR-MAJOR.

INSTRUMENT A PERCUSSION. V. A PERCUSSION. V. HAUTBOIS. V. INSTRUMENT DE BOIS. V. INSTRUMENT DE MUSIQUE. V. INSTRUMENT DE PERCUSSION. V. INSTRUMENT D'HARMONIE. V. MILICE ÉGYPTIENNE N° 1. V. MILICE GRECQUE N° 4. V. TRIANGLE INSTRUMENTAL.

INSTRUMENT A SONNETTES. V. A SONNETTES. V. MILICE TURQUE N° 2.

INSTRUMENT (instruments) A VENT (B, 1; G, 6). Sorte d'INSTRUMENTS DE MUSIQUE MILITAIRE qui ont été employés de toute antiquité dans les ARMÉES: ils y étaient surtout en airain, en coquillages, en CORNES d'animaux. Leur fabrication n'était d'abord qu'un art grossier et les sons qu'on en tirait se réduisaient à un petit nombre de notes. La MILICE ÉGYPTIENNE, une des premières, les avait perfectionnés. — TYRTÉE a mis en réputation la FLUTE de la MILICE GRECQUE. — Les Instruments à vent de la MILICE ROMAINE étaient de genres variés; longtemps elle n'employa que le CORNET, *cornu*; elle y joignit la BUCCINE, le CLASSICON, la TROMPETTE moyenne ou grande; les SIGNAUX que donnaient chacun des Instruments étaient spéciaux, et résultaient de la nature, de la qualité, de la force des sons, bien plus que de la modulation d'un AIR. Des pâtres qui produiraient, sur des Instruments différents, certains tons pareils, donneraient idée des SIGNAUX des anciens. — Le jeu de tous les Instruments à la fois était un signal particulier. — La TROMPETTE jouée seule donnait aux LÉGIONS le signal de la CHARGE. — Les Instruments à vent du MOYEN AGE ont été le CLAIRON, le COR, le CORNABOUX (cornet à bouquin), le BUCHET (cor de postillon), l'OLIFANT (dent d'éléphant); des CORNEMUSES ont guidé l'ARRIÈRE-BAN. — Les premiers Instruments à vent dont les RÉGIMENTS D'INFANTERIE aient fait usage ont été compris dans la classe des INSTRUMENTS DE HAUT BRUIT, parce que leur jeu et le jeu des TAMBOURS était simultané. — Mais les Instruments dont

NOS MUSIQUES actuelles, et surtout nos MUSIQUES D'HARMONIE font usage, sont, pour ainsi dire, inventés d'hier. — Les Instruments à vent qui ont fait partie des orchestres des théâtres commençaient à peine à s'y introduire vers 1769, quand Grétry mit au jour ses premières productions; mais ce fut surtout Gluck qui leur donna de la vogue par le grand emploi qu'il en fit dans ses opéras. — Les ALLEMANDS commençaient à peine alors à compléter le système des Instruments à vent, à en calculer les DESSUS et les BASSES, à échelonner, à l'instar des instruments à cordes, ceux qui se jouaient, soit à ANCHES, soit à EMBOUCHURES, soit à TROUS, tels que les BASSONS, CLARINETTES, FIFRES, HAUTBOIS, OCTAVINS, SERPENTS. — On peut donc rapporter l'époque de l'invention, ou du moins du perfectionnement des Instruments à vent, à l'époque où fleurirent les compositeurs qui se sont livrés à l'harmonie; Mozart, notre contemporain, est un des premiers. — Le plus moderne de ces Instruments est l'OPHICLÉIDE. — Les Instruments à vent se distinguent en INSTRUMENTS DE BOIS et INSTRUMENTS DE CUIVRE.

INSTRUMENT CHINOIS. V. CHINOIS, adj. V. MILICE CHINOISE. N° 5.

INSTRUMENT (instruments) DE BOIS (term. sous-génér.). Sorte d'INSTRUMENTS A VENT qui comprennent les DESSUS et certaines BASSES des MUSIQUES D'HARMONIE; ils marchent après les INSTRUMENTS DE CUIVRE, et avant les INSTRUMENTS SONNANTS OU A PERCUSSION; ils se distinguent en INSTRUMENTS DE BOIS et GRANDS INSTRUMENTS DE BOIS.

INSTRUMENT (instruments) DE BOIS (B, 1; G, 6). Sorte d'INSTRUMENTS DE BOIS qui ne consistaient autrefois que dans les HAUTBOIS, et qui comprennent maintenant les CLARINETTES et les OCTAVINS; ils tiennent la droite des GRANDS INSTRUMENTS DE BOIS.

INSTRUMENT DE CHIRURGIE. V. CAISSE DE CHIRURGIE. V. CHIRURGIE. V. CHIRURGIEN DE CORPS.

INSTRUMENT (instruments) DE CUIVRE (B, 1; G, 6). Sorte d'INSTRUMENTS A VENT qui étaient connus des ROMAINS; ils nommaient *aneatores*, comme le dit VARRON, les joueurs d'Instruments de cuivre (*à buccina ænea*). — La MILICE HANOVRIENNE perfectionnait, il y a près d'un siècle, les INSTRUMENTS DE CUIVRE, en y ajoutant des CLEFS; ce n'est que de nos jours que les autres ARMÉES ont mis à profit cette vieille découverte. — Dans la formation tactique d'un CORPS DE MUSIQUE moderne, les Instruments de cuivre en occupent le premier ou les premiers rangs; ils sont suivis des INSTRUMENTS DE BOIS. — Les Instruments de cuivre ont compris ou com-

prennent : CORS, CORNETS, OPHICLÉIDES, TROM-
BONES, TROMPETTES. Ils jouent ou des SONNE-
RIES D'ORDONNANCE ou des FANFARES.

INSTRUMENT (instruments) de GUERRE
(H). Sorte d'INSTRUMENTS qui, dans l'acception
donnée à cette locution par quantité d'AU-
TEURS, consistent dans les ARMES, les CHICANES,
les ENGINS, les MACHINES, les OUTILS, les SCOR-
PIONS, dont les ARMÉES et les GENS DE GUERRE
font ou ont fait emploi. — Quelquefois le
terme s'applique au PERSONNEL DES ARMÉES,
et surtout des ARMÉES AGISSANTES ; en ce
sens, on dit que l'INFANTERIE est le premier
des Instruments de guerre. — Pendant
quelques années, les AÉROSTATS ont été un
Instrument de guerre. — La POUDRE employée sous forme de FUSÉE, la VAPEUR subs-
tituée aux matières faisant explosion, les
AMORCES FULMINANTES, le galvanisme ou la
pile de Volta appliqués aux MINES, soumet-
tront peut-être à d'incalculables modifications les Instruments de guerre.

INSTRUMENT (instruments) de HAUT
BRUIT (B, 1; G, 6). Sorte d'INSTRUMENTS DE MU-
SIQUE qui ont d'abord été les seuls en usage
dans les CORPS DE MUSIQUE de l'INFANTERIE; on
ne les a nommés ainsi que depuis qu'il a
commencé à exister une MUSIQUE d'un ordre
supérieur qu'on a appelée MUSIQUE TURQUE
OU GRANDE MUSIQUE; ce dernier genre d'institution a amené la séparation des INSTRU-
MENTS A PEAU et des INSTRUMENTS A VENT,
qui auparavant ne jouaient jamais séparément, les uns étant la BASSE, les autres le
DESSUS. — Par des motifs analogues, on a
appelé BRUIT DE CAISSE les AIRS DE TAMBOURS.
— Les Instruments de haut bruit comprenaient FIFRES, HAUTBOIS, MUSETTES, TAMBOU-
RINS; ils ne comprennent plus, à quelques
exceptions près, que des TAMBOURS. — L'OR-
DONNANCE DE COMPOSITION DE 1776 (25 MARS)
ne reconnaissait point encore nominalement
de MUSICIENS, mais elle reconnaissait comme
INSTRUMENTISTES de haut bruit l'HOMME DE
TROUPE nommé FIFRE et le CLARINET jouant
du HAUTBOIS; l'un ou l'autre de ces deux
HOMMES DE TROUPE était attaché à une COM-
PAGNIE D'INFANTERIE, et il ne percevait que
la PAYE DE TAMBOUR. — Des modes qui ont
contraint la loi à se modifier, à admettre
des dispositions analogues aux progrès des
arts, ont commencé à régner, surtout depuis
le ministère de SAINT-GERMAIN. Les ordonnances qui composaient de SIMPLES SOLDATS
les MUSIQUES étaient généralement désobéies;
on recherchait, on enrôlait des artistes, on
les attachait à l'ÉTAT-MAJOR, en dépit de la
loi. L'ORDONNANCE DE 1788 (17 MARS) est
entrée dans une voie nouvelle; elle avouait
ces artistes; elle faisait mention de MUSI-

CIENS, supprimait les FIFRES et effaçait du
vocabulaire le mot CLARINET.

INSTRUMENT (instruments) de MU-
SIQUE MILITAIRE (term. sous-génér.). Sorte
d'INSTRUMENTS que la CÉLEUSTIQUE, ou art de
correspondre musicalement, a employés pour
annoncer l'heure et le genre du SERVICE,
pour donner des SIGNAUX, des ÉVOLUTIONS,
pour transmettre des COMMANDEMENTS aux
TROUPES, pour animer et récréer le SOLDAT;
ils ont servi aussi à moduler la VITESSE de la
MARCHE; ils ont donné la CADENCE DU PAS;
mais il n'est pas démontré que les anciens
en aient tiré ce dernier parti. — THUCYDIDE
parle cependant des FLUTES qui à MANTINÉE
réglaient le PAS; mais l'effet consistait-il
à précipiter ou à ralentir la MARCHE des TROU-
PES? Faut-il conclure du texte des traducteurs que l'INFANTERIE des anciens faisait simultanément le PAS du même pied. — Les
ÉGYPTIENS connaissaient le TAMBOUR à double
peau; mais les TROUPES ROMAINES ne se servaient pas d'INSTRUMENTS A PERCUSSION; les
TROUPES GRECQUES s'en servaient peu. — Les
antiquaires pensent, en général, qu'avant
ALEXANDRE, les ARMÉES GRECQUES marchaient
au son des FLUTES. — Ce que ATHÉNÉE raconte des SYRINGES lydiennes n'est pas facile
à comprendre : *Cum ad bellum eunt Lydi,
cum tibiis ac syringibus in acie ins-
truuntur, ut asserit Herodotus.* HÉRODOTE
affirme que les Lydiens se rangent en bataille et marchent à l'ennemi au son des
FLUTES et des SYRINGES. Ces syringes, dont
parle aussi l'ENCYCLOPÉDIE (1751, C), étaient,
à ce qu'on suppose, des instruments à sept
trous, ou la flûte du dieu Pan. C'étaient,
suivant ROBINSON, des pipeaux. — Les soldats du conquérant des INDES avaient des
méthodes bien opposées à celles des GRECS
dont parle HOMÈRE. Les PHALANGES, au siége
de TROIE, manœuvrent dans un silence profond; les soldats d'ALEXANDRE ne marchent
à l'ENNEMI qu'en poussant le CRI DE GUERRE.
Cet usage macédonien a pu faire abolir les
FLUTES; ce concert des voix humaines a pu
leur être substitué, ou amener l'usage d'instruments plus perçants, tels que les trompes.
Dans la GRÈCE les mêmes Instruments, les
mêmes airs étaient l'âme et des MANŒUVRES
et de la DANSE PYRRHIQUE. — Les Instruments militaires de l'antiquité, ou du moins
ceux des LÉGIONS de la MILICE ROMAINE, différaient surtout du système moderne en ce
que chaque genre d'Instrument exprimait un
genre de COMMANDEMENT, ou indiquait l'accomplissement d'un SERVICE spécial; tandis
que chez les modernes c'étaient ou ce sont
les AIRS différents et non la spécialité des
Instruments qui indiquent tel ou tel PAS,

telle ou telle MANŒUVRE, telle ou telle injonction. — Chez les ROMAINS, le jeu à part et seul d'un Instrument, ou le jeu de tous ou de plusieurs à la fois, donnaient différents signaux, mais au moyen de sons monotones plutôt que d'AIRS variés; le concert de certains Instruments s'appelait le CLASSICON, c'était à ce bruit que les HASTAIRES se portaient à la CHARGE; chez les modernes, au contraire, la GÉNÉRALE, qu'on croit analogue à l'antique CLASSICON, est un AIR musical. — La forme des méthodes modernes a été un résultat naturel du raffinement des arts; mais peut-être l'ancienne manière était-elle plus claire, plus sûre, plus puissante; les Instruments parlaient aux yeux et aux oreilles. Quand on voyait d'un quart de lieue sonner la BUCCINE, on connaissait s'il était question d'une EXÉCUTION A MORT, ou l'on devinait, au moyen de l'heure ou par d'autres circonstances, les motifs pour lesquels les BUCCINATEURS jouaient. Au camp, si l'on voyait jouer une réunion de certains Instruments, il n'était pas nécessaire de les entendre pour savoir qu'il fallait LEVER LE CAMP. Un JOUR D'ACTION et avant le CHOC, si l'on voyait s'élever les TROMPETTES, il était indubitable qu'une CHARGE allait s'exécuter. — Quand les SENTINELLES voyaient à certaines heures certains MUSICIENS se mettre en action, elles savaient que c'était l'instant de RELEVER LES GARDES ou les SENTINELLES. — Nous avons éprouvé souvent en campagne l'inefficacité de nos Instruments, quand, pendant un vent contraire, et du point extrême d'un CAMP MINCE, on voit les TAMBOURS de la droite exécuter une BATTERIE; on est longtemps avant de deviner si c'est la GÉNÉRALE, un RAPPEL, la RETRAITE, etc. — L'INFANTERIE SUISSE avait, au treizième siècle, pour Instruments, des CORNABOUX et d'énormes TROMPES; elle se servait, dans les siècles suivants, de TABOURINS ou de TAMBOURINS et de FIFRES. — Les MAMELOUCKS, à l'antique manière des ORIENTAUX, avaient des TAMTAMS. — Les CARROUSELS avaient augmenté le nombre et entretenu l'usage des Instruments. — Dans les TROUPES de FRANCE l'usage des INSTRUMENTS DE HAUT BRUIT se régularise depuis l'institution des LÉGIONS DE FRANÇOIS PREMIER; on connaissait un genre de TROMPETTE nommé SAQUEBOUTE, SACQUEBUTTE, mais les autres Instruments sont bien plus modernes; comment en eût-il été autrement, puisque la musique de la cour et de la ville, au temps de HENRI QUATRE, ne connaissait presque que le luth, et qu'il n'y avait pour ainsi dire en FRANCE, sous LOUIS QUATORZE, que la bande des vingt-quatre petits violons de Lully. — Mais PAUL JOVE

témoigne que les SUISSES et les ALLEMANDS de l'armée de CHARLES HUIT marchaient en cadence au son des FIFRES et des INSTRUMENTS DE HAUT BRUIT. — Les Instruments des TROUPES FRANÇAISES étaient en si petit nombre dans le dernier siècle que l'ENCYCLOPÉDIE (1751, C, t. III, pl. 2ᵉ suppl.) n'en connaissait que cinq, tant d'INFANTERIE que de CAVALERIE, et y compris le TAMBOUR et la TIMBALE. — POTIER (1779, X) témoigne qu'en 1776, sauf dans les GARDES FRANÇAISES et SUISSES, il n'existait dans l'infanterie d'autres Instruments autorisés que des TAMBOURS et des FIFRES; les autres Instruments n'étaient que tolérés. — La LANGUE MILITAIRE avait fixé si tard les noms des Instruments à employer, et avait négligé tellement de déterminer les DÉPENSES allouées pour cette partie, que la DÉCISION DE 1820 (24 JUILLET), celles DE 1822 (9 et 23 DÉCEMBRE) et les dispositions récentes sur la MASSE D'ENTRETIEN, sont les premiers documents qui s'en soient occupés. — Les RÉPARATIONS et l'entretien des Instruments ont lieu par ABONNEMENT; ils font partie des EFFETS DE GRAND ÉQUIPEMENT; le jeu en est enseigné par le CHEF DE MUSIQUE. — Les Instruments se nomment ou se sont nommés, suivant les pays et les temps : ARIGOT, ATTABALE, BASSON, BUCCIN, BUCCINE, BUYLE, CAISSE DE PERCUSSION, CAISSE ROULANTE, CASTAGNETTES, CHAPEAU CHINOIS, CLAIRON, CLAQUETTE, CLARINETTE, CLASSICON, CLOCHE, COR, COR DE CHEVALIER, CORDE D'ARC, CORNABOUX, CORNEMUSE, CORNET, CROMORNE, CYMBALES, DEMI-LUNE, FIFRE, FLUTE, FOUET, GRANDE CLARINETTE, GROSSE CAISSE, HARPE, HAUTBOIS, HUCHET, LYRE, MENUEL, NACAIRE, OCTAVIN, OLIFANT, OPHICLÉIDE, PETIT CORNET, PETITE CLARINETTE, POSAUNE, QUINTICLAVE, SAMBUQUE, SAQUEBUTE, SERPENT, SIFFLET, SYRINGE, SYSTRE, TAMBOUR, TAMBOUR A MANCHE, TAMBOUR TURC, TAMBOURIN, TANTAM, TIMBALES, TONNANT, TRIANGLE, TROMBONE, TROMPETTE. — Il n'y a qu'une faible partie de ces Instruments que la loi française ait reconnus. Plusieurs d'entre eux étaient admis par caprice; ainsi en 1839 le dixième d'infanterie légère avait dans sa musique CLAQUETTE et plusieurs paires de CASTAGNETTES. — Les MUSIQUES, peu utiles dans la CAVALERIE, y sont de pur luxe; elles sont déplacées dans l'ARTILLERIE DE LIGNE; elles sont d'ostentation dans la MARINE; mais elles soulagent les fatigues et les MARCHES du SOLDAT D'INFANTERIE; elles embellissent les PARADES; rompent la monotonie du DÉFILEMENT des TROUPES; saluent de leurs FANFARES la présence ou l'arrivée des CHEFS; donnent de la gravité aux CÉRÉMONIES FUNÈBRES; sont les GLAS du champ de bataille, et égayent les réunions où les militaires se livrent à des délassements de société et à des plaisirs délicats.— Par un abus du langage, les modernes et le MINISTÈRE confondent souvent sous la même appellation et l'instrument et l'INSTRUMENTISTE, comme cela a lieu à l'égard des CLAIRONS, des CORS, des CORNETS, des FIFRES, etc. — Plusieurs AUTEURS ont parlé d'Instruments militaires, GAYA (1670, D) est le plus ancien de tous; mais CARRÉ (1785, E) est le seul qui ait tracé à la fois et des explications raisonnées et des dessins qui s'y rapportent. — Les ÉCRIVAINS qui ont effleuré la matière sont : AUDOUIN, BOISROGER, CARRION (1824, A), DESPAGNAC (1751, D), ENCYCLOPÉDIE (*Dictionnaire des arts et métiers*), FÉTIS (*Revue musicale*), JABRO (1777, G), LACHESNAIE (1758, I), LAPORTERIE, MAIZEROY (1761, E), POTIER (1779, X), ROBINSON, SINCLAIRE (1775, L), TRAVERSE (1758, D; t. II, p. 22). — Les Instruments de musique militaire se sont distingués suivant les temps et les pays en INSTRUMENTS A CORDES, — A LANIÈRES, — A PEAU, — A VENT, — DE HAUT BRUIT, — DE PERCUSSION, — SONNANT.

INSTRUMENT DE PERCUSSION (B, 1 ; G, 6), OU INSTRUMENT A CHOC, OU INSTRUMENT A PERCUSSION. Sorte d'INSTRUMENTS DE MUSIQUE MILITAIRE dont les uns A PEAU, tels que ATTABALES, TAMBOURS, TIMBALES, etc., les autres non, tels que CLOCHES, CYMBALES, TAMTAMS.

INSTRUMENT DE VOLTIGEURS: V. VOLTIGEUR.

INSTRUMENT (instruments) D'HARMONIE (B, 1 ; G, 6). Sorte d'INSTRUMENTS DE MUSIQUE militaire ainsi nommés pour exprimer ceux qui sont de nature à être joués soit dans les exécutions de la MUSIQUE TURQUE OU PETITE MUSIQUE, soit sans accompagnement de BRUITS DE CAISSE et autres INSTRUMENTS A PERCUSSION. — Les CLARINETTES sont les violons de l'harmonie militaire, et le COR y remplit la même partition que dans un orchestre d'instruments à cordes.

INSTRUMENT D'INFANTERIE LÉGÈRE. V. COMPAGNIE D'INFANTERIE LÉGÈRE. V. INFANTERIE LÉGÈRE N° 5.

INSTRUMENT (instruments) SONNANT (B, 1 ; G, 6). Sorte d'INSTRUMENTS DE MUSIQUE MILITAIRE qui, dans l'ordre des places des INSTRUMENTISTES, viennent après les INSTRUMENTS DE BOIS ; ils consistent ou ont consisté, suivant les temps, en CHAPEAU CHINOIS, CYMBALES et TRIANGLE. La CLOCHE aussi en a fait partie ; elle donnait déjà des signaux aux troupes CHINOISES plus de deux mille ans avant Jésus-Christ.

INSTRUMENT TURC. V. MUSIQUE TURQUE. V. TURC, adj.

INSTRUMENTAL (instrumentale), adj.

V. BUGLE I... V. CAISSE I... V. CLAIRON I... V. CLOCHE I... V. COMMANDEMENT I... V. CORNE I... V. CORNET I... V. CORNETTE I... V. DEMI-LUNE I... V. FIFRE I... V. FOUET I... V. HARPE I... V. SAMBUQUE I... V. SERPENT I... V. TAMBOUR I... V. TRIANGLE I...

INSTRUMENTISTE, subs. masc. V. BATTERIE DE CAISSE. V. BRUIT DE CAISSE. V. BUCCINATEUR. V. COR IDIOPLIQUE. V. FANFARE. V. FIFRE. V. GUERRE DE 1756. V. HAUTBOIS. V. HÉRAUT. V. INFANTERIE FRANÇAISE N° 10. V. INSTRUMENT DE HAUT BRUIT. V. INSTRUMENT DE MUSIQUE MILITAIRE. V. INSTRUMENT SONNANT. V. LÉGION DE FRANÇOIS PREMIER. V. MUSICIEN N° 2. V. MUSIQUE. V. PETITE MUSIQUE. V. TAMBOURIN. V. TAMBOUR. V. TAMBOUR DE TROUPE. V. TAMBOUR IDIOPLIQUE. V. TAMBOUR INSTRUMENTAL. V. TAMBOUR INSTRUMENTAL D'INFANTERIE FRANÇAISE. V. TAMPON DE TAMBOUR. V. TRIANGLE INSTRUMENTAL. V. TRIBU ROMAINE.

INSUBORDINATION, subs. fém. (G, 5). Mot qui est un composé du substantif LATIN *ordinatio;* il donne idée d'un CRIME ou DÉLIT commis par un MILITAIRE résistant avec obstination ou violence aux ordres de ses CHEFS ou d'un CHEF. — L'Insubordination des masses encourait, aux premiers temps historiques, la DÉCIMATION. — La JUSTICE MILITAIRE moderne considère l'Insubordination comme atténuée ou aggravée à raison des temps, des cas, des habitudes reconnues, de la RÉCIDIVE, du GRADE, de l'ÉTAT DE PAIX, de l'ÉTAT DE GUERRE. — Les criminalistes placent l'Insubordination au delà de la DÉSOBÉISSANCE, qui quelquefois reste inerte ; l'Insubordination, au contraire, a un caractère actif; elle se manifeste avec mouvement et violence. — Le CODE PÉNAL DE L'AN CINQ a consacré un chapitre à l'Insubordination ; il y rattachait l'INSULTE envers les CHEFS, les SENTINELLES, les AUTORITÉS, et surtout les insultes avec voie de fait — M. le général VAUDONCOURT (1819) regarde la simple Insubordination comme excitée souvent par des injustices, des outrages, des violences de la part des CHEFS vis-à-vis de leurs inférieurs. La LOI, en le pressentant, eût obvié aux RÉPRESSIONS parfois trop rigoureuses de la JUSTICE. — Les CIRCULAIRES DE 1831 (25 DÉCEMBRE) et DE 1832 (12 NOVEMBRE) la regardant presque toujours comme une conséquence de l'ivresse, recommandaient d'éviter de provoquer la résistance des hommes pris de vin, en employant des moyens d'autorité qui compromettent la hiérarchie, et peuvent amener les événements les plus fâcheux. C'était par une sorte de répression fraternelle et d'exhortation de leurs camarades que les hommes ivres devaient être rame-

nés à l'obéissance et au calme. — Une législation qui ne punit pas plus gravement le
défaut de SUBORDINATION d'un GÉNÉRAL que
celle d'un inférieur, tombe dans un contre-
sens. — En PRUSSE l'Insubordination est un
des cas principaux de la pénalité purement
militaire. — La répression de l'Insubordination des gagistes était une question ambiguë. — A l'égard des cas d'Insubordination on peut consulter MM. BERRIAT, FOUCHER,
LECOUTURIER, etc.

INSULTABLE, adj. V. INSULTE.

INSULTE, subs. fém. (C, 5; H). Mot
provenu du verbe LATIN qui signifie sauter
dessus ou par-dessus; on le retrouve dans
insultare, et dans l'ESPAGNOL *assaltar*,
menacer d'ATTAQUE une PLACE, une LIGNE, en
TENTER l'ESCALADE. — Originairement les termes insulte, INSULTER, avaient un sens tou-
militaire; ASSAILLIR une FORTERESSE, ou insulter l'ENNEMI, étaient synonymes. — Le
mot est très-peu ancien; Insulte était masculin, comme dans les langues dont il dérivait; c'était au masculin que l'employaient
Bouhours et Fléchier; il a produit l'adjectif
peu usité INSULTABLE, qu'on trouve dans
GANEAU, en parlant des PLACES DE GUERRE;
il a produit les locutions ÊTRE HORS D'INSULTE,
METTRE HORS D'INSULTE. — L'expression IN-
SULTER s'est étendue ensuite en impliquant
DÉLIT; c'est l'acception que le langage vulgaire donne à ce mot; l'Insulte est le fait
d'une ATTAQUE avec outrage, quelquefois
avec VOIES DE FAIT. — Suivant les personnages contre qui elle est dirigée, l'Insulte est
du ressort de la justice militaire. Le CODE
PÉNAL DE L'AN CINQ la concevait comme une
particularité de l'INSUBORDINATION. — En prenant le substantif Insulte sous l'acception
de la COURSE d'un DÉTACHEMENT, du COUP DE
MAIN d'une COLONNE D'ATTAQUE, d'un épisode
du CHAMP DE BATAILLE, il donne idée d'une
OPÉRATION brusque, d'une ATTAQUE D'EMBLÉE,
d'une entreprise plus menaçante quelquefois
qu'elle n'est sérieuse. L'Insulte s'exerce soit
en RASE CAMPAGNE contre une CHAÎNE DE FOUR-
RAGES, contre des CANTONNEMENTS, soit contre
un POSTE, des FORTIFICATIONS DE CAMPAGNE,
un CAMP RETRANCHÉ, des DEHORS; elle est
quelquefois imprévue, elle participe ainsi de
la SURPRISE: elle ne frappe que sur un point,
bien différente en cela de l'ATTAQUE EN ORDRE
PARALLÈLE. — S'il s'agit de la DÉFENSE des
PLACES, les Insultes sont une entreprise ordinaire et prévue; mais il en est qu'il faut
savoir mépriser, parce qu'elles sont des
RUSES DE GUERRE. En plaine, des TROUPES im-
prévoyantes sont insultées par une CHARGE
inattendue de CAVALERIE. — Le besoin de se
couvrir, de se METTRE HORS D'INSULTES, a

donné le jour à la CASTRAMÉTATION. — Dans
le langage moderne on a pris quelquefois
dans le même sens Insulte de COUREURS et
HOURRA.

INSULTE de CHEMIN COUVERT. V. ASSIÉ-
GEANT. V. ATTAQUE DE CHEMIN COUVERT A FORCE
OUVERTE. V. ATTAQUE D'EMBLÉE. V. CHEMIN
COUVERT. V. INFANTERIE N° 11.

INSULTE de PLACE. V. ATTAQUE DE PLACE.
V. FORTERESSE. V. INFANTERIE N° 11. V. PLACE.
V. RAVELIN.

INSULTER, verb. act. V. ALGARADE. V.
ASSIÉGÉ. V. ATTAQUE DE CONVOI. V. ATTAQUE
D'EMBLÉE. V. BATAILLE STRATÉGMATIQUE. V.
BRUSQUER. V. CANONNER. V. CHEMIN COUVERT.
V. COLONNE D'ATTAQUE. V. COLONNE DE TROUPE.
V. CONTRE-APPROCHE. V. CONTRESCARPE. V. DE-
HORS. V. DÉTACHEMENT DE GUERRE. V. ÉCUYER
DE SUITE N° 4. V. ESCALADE. V. ESPADON. V.
FLANC TACTIQUE. V. HARCELER. V. INGÉNIEUR
MILITAIRE. V. INSULTE. V. MANIPULE N° 1. V.
OUVRAGE DE FORTIFICATION. V. PONT DE CAM-
PAGNE. V. PORTE DE FORTERESSE. V. POSITION
STRATÉGMATIQUE. V. REMPART DE FORTERESSE.
V. RETRANCHEMENT. V. REVÊTEMENT. V. SIÉGE
OFFENSIF. V. TRANCHÉE.

INSURRECTION, (subs. fém.) HONGROISE
(F). Le mot Insurrection est tout LATIN; il
est employé militairement dans le sens de
LEVÉE tumultuaire, ou de LANDWEHR ou de
LANDSTURM; il désigne une CAVALERIE LÉGÈRE
que l'AUTRICHE appelle aux armes, comme
ARRIÈRE-BAN de sa MILICE, dans des circonstances critiques; on l'a aussi nommée HUS-
SARDS, c'est-à-dire hommes levés à raison
du vingtième de la population; elle a fourni
jusqu'à soixante mille chevaux pour l'appui
du trône de MARIE-THÉRÈSE. Le *Journal des
Sciences militaires*, t. XXIX, p. 133, l'évaluait à quarante mille hommes dont moitié à
cheval. — L'Insurrection de HONGRIE a combattu contre les FRANÇAIS en 1797, 1805,
1809. Voici ce qu'en dit BONAPARTE (le général MONTHOLON, t. I, p. 261): *Elle était
pitoyable; ni l'Insurrection ni les Cosaques n'ont jamais formé les avant-gardes
des armées autrichiennes ou russes;
parce que, qui dit avant-garde ou arrière-garde, dit troupes qui manœuvrent.*

INTELLIGENCES, subs. fém. plur. V.
ATTAQUE PAR STRATAGÈME. V. ENTRETENIR DES
I... V. SURPRISE DE PLACE.

INTENDANCE, (subs. fém.) MILITAIRE. V.
ABSOUS. V. ADJOINT A L'INTENDANCE. V. AD-
JUDANT DE SEMAINE EN ROUTE. V. ADJUDANT-
MAJOR PRÉCÉDANT LE CORPS. V. ADJUDANT-MAJOR
DE SEMAINE EN ROUTE. V. ADMINISTRATEUR MI-
LITAIRE. V. ADMINISTRATION DE CORPS. V. AIDE-
MAJOR ACTUEL N° 2. V. AMBULANCE. V. APPAR-
TEMENTS DE TRIBUNAUX. V. ARME PERSONNELLE

Nº 2. V. ARMÉE FRANÇAISE Nº 2 (tab.). V. AR-
RÊTÉ PROVISOIRE. V. ARSENAL. V. ART MILITAIRE
DE TERRE. V. ARTILLERIE FRANÇAISE. V. BRO-
DERIE D'HABIT. V. BUREAU D'INTENDANCE. V.
CAISSE A TROIS SERRURES. V. CAPITAINE D'IN-
FANTERIE FRANÇAISE DE LIGNE Nº 5. V. CAPOTE
DE SENTINELLE. V. CASERNEMENT. V. CATÉGORIE
D'ARMÉE. V. CEINTURE A BOULET. V. CHAUFFAGE.
V. CHEF DE BATAILLON D'INFANTERIE FRANÇAISE
DE LIGNE Nº 5. V. CHEF DE DÉTACHEMENT AD-
MINISTRATIF Nº 5. V. CHEF D'ÉTOFFE. V. CHEF
D'INTENDANCE. V. CHEVAL. V. CHIRURGIEN DE
CORPS. V. CHIRURGIEN-MAJOR D'INFANTERIE FRAN-
ÇAISE DE LIGNE Nº 12. V. CODE MILITAIRE. V.
COLONEL D'INFANTERIE FRANÇAISE DE LIGNE
Nº 5, 22, 29. V. COMBUSTIBLE DE CUISINE. V.
COMMANDANT DE DIVISION TERRITORIALE Nº 4.
V. COMMIS D'I... V. COMMISSAIRE DES GUERRES
Nº 1, 5, 6. V. COMMISSAIRE ORDONNATEUR. V.
COMMISSION D'EXAMEN. V. CONGÉ LIMITÉ. V.
CONSEIL D'ADMINISTRATION DE RÉGIMENT Nº 4.
V. CONSEIL D'ÉTAT. V. CONSEIL PERMANENT
Nº 1, 3. V. CONTRE-SEING. V. CONVOI MILI-
TAIRE. V. CORPS DE GARDE DE GARNISON. V. CORPS
D'INTENDANCE ; id. Nº 6. V. CORPS DU GÉNIE.
V. CORPS EN ROUTE. V. COUPABLE. V. CROIX DE
SAINT-LOUIS. V. CUISINIER. V. DÉCOMPTE DE
LIQUIDATION. V. DÉCOMPTE EN DENIERS. V. DE-
MANDE DE MUNITIONS. V. DÉPENSE. V. DÉPENSE
ADMINISTRATIVE. V. DÉPENSE DE CORPS. V. DÉ-
SERTEUR DE L'HOPITAL. V. DÉTACHEMENT ADMI-
NISTRATIF. V. DÉTACHEMENT DE CORPS. V. DÉ-
TENU MIS EN JUGEMENT. V. DIRECTEUR D'HOPITAL.
V. DISTRIBUTION DE RATIONS. V. DISTRIBUTION
DE VIANDE AU CAMP. V. DISTRIBUTION EN GAR-
NISON. V. DISTRIBUTION EN ROUTE. V. DOMES-
TIQUE MILITAIRE. V. EAU MINÉRALE. V. EAU PO-
TABLE. V. EFFET AU COMPTE DU GÉNIE. V. EFFET
DE DÉCÉDÉ A L'HOPITAL. V. EFFET DE LITERIE.
V. ÉLÈVE D'INTENDANCE. V. ENRÔLÉ VOLON-
TAIRE. V. ÉQUIPEMENT D'HOMME DE TROUPE. V.
ÉTAPE. V. ÉTAT CIVIL. V. ÉTAT-MAJOR D'ARMÉE
Nº 2, 4. V. ÉTAT-MAJOR DE PLACE. V. ÉTAT
QUATRIDIAIRE. V. ÉTOFFE D'HABILLEMENT. V.
EXERCICE COMPTABILIAIRE. V. EXTRAIT DE REVUE.
V. FACTEUR. V. FEMME D'OFFICIER. V. FEUILLE
D'APPEL DE COMPAGNIE. V. FEUILLE DE MOUVE-
MENT. V. FEUILLE DE ROUTE. V. FONDS. V. FOUR-
RIER D'INFANTERIE FRANÇAISE DE LIGNE Nº 1.
V. GÉNÉRAL EN CHEF Nº 4. V. GÉNÉRAL FRAN-
ÇAIS Nº 4, 7. V. GEOLAGE. V. GITE. V. GRADE
D'OFFICIER. V. GRAND ÉQUIPEMENT. V. GUERRE
DE 1741. V. HABILLEMENT. V. HOMME DE TROUPE
Nº 5. V. HOTEL DES INVALIDES. V. INCORPORA-
TION. V. INDEMNITÉ DE FOURRAGE. V. INDEMNITÉ
DE PERTE. V. INFANTERIE FRANÇAISE Nº 11. V.
INFANTERIE FRANÇAISE DE LIGNE Nº 6. V. INS-
PECTEUR GÉNÉRAL Nº 5. V. INTENDANT DE PRO-
VINCE. V. INTENDANT MILITAIRE Nº 4. V. JUS-
TICE MILITAIRE. V. LÉGISLATION. V. LEVÉE. V.

LICENCIEMENT. V. LIEUTENANT-COLONEL D'IN-
FANTERIE FRANÇAISE DE LIGNE Nº 2. V. LIQUIDE.
V. LIVRET D'ARMEMENT. V. LIVRET INDIVIDUEL.
V. MAIRE DE COMMUNE. V. MAJOR CHEF DE BA-
TAILLON Nº 8, 11. V. MARCHÉ ADMINISTRATIF.
V. MARÉCHAL DE CAMP Nº 5. V. MARÉCHAL DE
FRANCE Nº 7. V. MEMBRE DE L'I... V. MILICE
ANGLAISE Nº 12. V. MILICE AUTRICHIENNE Nº 5.
V. MILICE NÉERLANDAISE Nº 1. V. MILICE PRUS-
SIENNE Nº 2, 10. V. MILICE SYKE Nº 2. V. MI-
LITAIRE, adj. V. MINISTÈRE DE LA GUERRE. V.
MINISTRE DE LA GUERRE ; id. Nº 6, 12, 13, 15 ;
id. en l'année 1817 (12 septembre), 1830
(18 novembre). V. MOT. V. OFFICIER DE SANTÉ.
V. OFFICIER D'ÉTAT CIVIL. V. OFFICIER D'I... V.
OFFICIER DU GÉNIE. V. OFFICIER FRANÇAIS Nº 5,
15. V. ORGANISATION. V. OUVRIER D'ADMINIS-
TRATION. V. PAIN DE MUNITION. V. PAYEMENT.
V. PENSION DE RETRAITE. V. PLACE A GARNISON.
V. POLICE. V. PROCÈS-VERBAL. V. QUARTIER-MAITRE
D'INFANTERIE FRANÇAISE DE LIGNE Nº 3. V. RÉ-
CEPTION DE DRAPEAUX. V. RÉGIMENT FRANÇAIS
Nº 6. V. REGISTRE DE CAISSE. V. REVUE D'AD-
MINISTRATION. V. REVUE D'INSPECTEUR GÉNÉRAL
D'ARMES. V. REVUE D'INTENDANT. V. REVUE SUR
LE TERRAIN. V. SALUT AVEC ARMES. V. SERMENT.
V. SERVICE DE GARNISON. V. SERVICE DE SANTÉ.
V. SOLDE, subs. fém. V. SOUS-INTENDANCE. V.
SOUS-INTENDANT Nº 1, 8. V. SOUS-PRÉFET. V.
SUBSISTANCE.

INTENDANT, subs. masc. V. ALLOCATION
D'I... V. AVANCEMENT D'I... V. DÉNOMINATION
D'I... V. DEVOIRS D'I... V. DROITS D'I... V.
FONCTIONS D'I... V. INSTRUCTION D'I... V. NOM-
BRE D'I... V. NOMINATION D'I... V. PRÉROGATIVE
D'I... V. RANG D'I... V. REMPLACEMENT D'I...
V. SUBORDINATION D'I... V. SURVEILLANCE D'I...
V. SURINTENDANT. V. UNIFORME D'I...

INTENDANT $\left\{ \begin{array}{l} \text{D'ARMÉE..} \\ \text{MILITAIRE.} \end{array} \right. \left\{ \begin{array}{l} \text{INTEN-DANT GÉNÉRAL.} \end{array} \right.$

INTENDANT (term. génér.). Mot qui a
été composé dans les derniers siècles en
souvenir du verbe LATIN *intendere*, s'occuper, donner ses soins, faire attention. —
Militairement, le substantif Intendant n'é-
tait pas encore connu sous le règne de
FRANÇOIS PREMIER. — Depuis cette époque,
on a quelquefois employé dans le même
sens, comme le témoigne AUDOUIN (t. II,
p. 221, 251), la qualification de SURINTEN-
DANT D'ARMÉE. — Le mot sera distingué ici
EN INTENDANT D'ARMÉE, - DE L'ARTILLERIE,
— DE PROVINCE, — DES FORTIFICATIONS, —
DES INVALIDES, — DES OUVRIERS, — DES VIVRES,
— DIVISIONNAIRE, — EN CHEF, — GÉNÉRAL DES

VIVRES, — MILITAIRE, — PIÉMONTAIS, — PRUSSIEN.

INTENDANT (*intendants*) d'ARMÉE (term. sous-génér.). Sorte d'INTENDANTS qui ont de l'affinité avec les FONCTIONNAIRES qui, dans la MILICE GRECQUE, s'appelaient BIARQUES suivant MORIN, et avec les DIGNITAIRES qui se nommaient QUESTEURS dans la MILICE ROMAINE au temps de la république, et qui étaient désignés sous le titre de PRÉFETS DE CAMP, comtes, *comes annonæ*, ou chefs des APPROVISIONNEMENTS sous les EMPEREURS. On les a aussi appelés en latin *logista, logistæ*; aussi a-t-on regardé l'art qu'ils exerçaient comme constituant la LOGISTIQUE ou une de ses parties. — Les Intendants et SURINTENDANTS d'ARMÉE n'ont existé dans les TROUPES FRANÇAISES que depuis que les CONNÉTABLES se furent dessaisis ou eurent été dépossédés de la suprême direction de l'ADMINISTRATION. — Au temps où l'on parlait encore bas LATIN, des FOURRIERS (*fodrarii*) faisaient fonction d'Intendants. — Les Intendants s'appelèrent d'abord CHANCELIERS ou GÉNÉRAUX DES FINANCES, comme le donne à entendre DUBELLAY (1549, p. 72). — Des Intendants d'armée sont mis sur pied sous les dernières années du règne de LOUIS TREIZE, comme le témoigne M. le colonel CARRION (1824, A); ils commencent à figurer dans l'ÉTAT-MAJOR GÉNÉRAL à la fin du règne de LOUIS QUATORZE. LETELLIER fut employé sous ce titre en ITALIE; il y étudia les détails relatifs aux troupes et à leurs SUBSISTANCES; il y fit l'apprentissage des fonctions de MINISTRE DE LA GUERRE; il y apprit tout ce qu'on pouvait savoir à cette époque, et fit l'expérience qu'en TEMPS DE GUERRE la meilleure ADMINISTRATION n'est que le moindre gaspillage possible des finances de l'État et des biens du pays occupé; il se proposa donc, comme but de la science, de réduire le désordre à son minimum. — Mais alors les Intendants étaient dans une dépendance absolue du GÉNÉRAL EN CHEF. En 1695, Delafont, intendant de l'ARMÉE du maréchal de Lorge, ayant blâmé sa conduite dans une lettre confidentielle qui fut interceptée, *fut chassé par ce maréchal*, comme nous l'apprend DANGEAU (1695, 18 août). Alors les Intendants d'armée étaient ordinairement tirés des INTENDANTS DE PROVINCE ou des ORDONNATEURS. — Depuis le règne de LOUIS QUATORZE jusqu'en 1762, époque où les COMPAGNIES passent au compte de l'État en vertu de la CONSTITUTION donnée par CHOISEUL, les Intendants des armées n'intervenaient dans l'ADMINISTRATION INTÉRIEURE des corps que comme agents intermédiaires entre les capitaines des COMPAGNIES et les

TRÉSORIERS du roi; c'étaient plutôt des certificateurs que des contrôleurs à l'égard des DENIERS DE SOLDE. — Dans la guerre de 1741, on voit exister deux INTENDANTS EN CHEF des ARMÉES. Hérault de Séchelles se fit en cette fonction une réputation. — Les Intendants d'armée étaient appelés aux séances des CONSEILS DE GUERRE du champ de bataille ou des PLACES DE GUERRE. — Ils commissionnaient les EMPLOYÉS DES SERVICES; ils ordonnançaient les DÉPENSES du matériel. — Dans les pays occupés par l'ARMÉE, ils devenaient en quelque sorte INTENDANTS DE PROVINCE et avaient sous leurs ordres les COMMISSAIRES DES GUERRES. — Le ministre SAINT-GERMAIN donna à deux ordonnateurs le titre d'Intendants, et les chargea d'une inspection générale de l'ADMINISTRATION; alors commença leur droit de contrôlement et de surveillance générale. — Un Intendant d'armée doit être assez éclairé pour que les secrets de l'économie politique lui soient connus; il doit être pourvu d'un esprit assez méthodique pour se livrer avec fruit à la laborieuse investigation de la STATISTIQUE du pays à administrer. — On peut consulter, à l'égard des Intendants d'armée : AUDOUIN, CHENNEVIÈRES (1750, C), GUIGNARD (1725, B), LACHESNAIE (1758, I), ODIER (1824, E). Le mot sera examiné comme INTENDANT GÉNÉRAL.

INTENDANT de l'ARTILLERIE. V. ARTILLERIE. V. GRAND MAITRE DE L'ARTILLERIE.

INTENDANT (intendants) de PROVINCE (F). Sorte d'INTENDANTS institués par le cardinal de RICHELIEU et chargés de fonctions en partie militaires, puisque les DÉPENSES des troupes réparties dans les PROVINCES les regardaient; ils n'étaient pas sans analogie avec les anciens commissaires départis dans les généralités, et qui, en 1551, étaient au nombre de trente-trois. — Les FOURNITURES de TRANSPORTS et leur prix concernaient les Intendants. — Sous leur administration le désordre des finances empira; aussi, dans les remontrances du milieu du dix-septième siècle, le parlement de Paris réclamait-il la révocation de ces FONCTIONNAIRES comme *magistrats sans titres, oppresseurs établis par la tyrannie et instruments des rapines du ministère.* Mais leur grand tort aux yeux du parlement, c'est que le MINISTÈRE les avait institués sans le consulter, et que, dans les pays d'états, ils n'agissaient pas toujours de concert avec les parlements, et quelquefois se refusaient à leur rendre compte ou en éludaient l'obligation. — Ils étaient les agents du CONTROLEUR GÉNÉRAL (ministre des finances), quant au maniement de l'EXTRAORDINAIRE DES GUERRES, dont ils étaient les ORDONNATEURS; ils correspondaient avec le MINISTRE DE LA GUERRE, quant à l'exécution de toutes les mesures relatives à la POLICE de l'ARMÉE; mais leurs fonctions étaient en général mal déterminées. — En 1635, le titre d'Intendants du militaire, police, justice et finances, commença à exister. Ceux du Barrois et de Lorraine se prétendaient Intendants des TROUPES, FORTIFICATIONS et FRONTIÈRES; tous s'arrogeaient des droits à l'égard desquels la loi se taisait, et ils s'étaient, en général, attribué la LEVÉE des MILICES et la haute main en fait de SUBSISTANCES MILITAIRES. — Ils décidaient de l'assiette des TROUPES sur les divers points de la généralité, et prenaient toutes les mesures relatives à l'ADMINISTRATION MILITAIRE et au RECRUTEMENT FORCÉ; ils approvisionnaient les magasins du roi ou des garnisons. — Dans les PROVINCES sans parlement, ils agissaient de leur propre autorité. Dans tous les cas, ils donnaient leurs ordres aux COMMISSAIRES DES GUERRES, et promulguaient comme exécutoires des RÈGLEMENTS-administratifs militaires qui avaient même valeur que les ORDONNANCES royales ou ministérielles; c'est une des causes du décousu et de la confusion de notre ancienne LÉGISLATION MILITAIRE, parce que ces rescrits se sont perdus faute d'enregistrement. — Pendant le dernier siècle, quand l'ADMINISTRATION MILITAIRE était pour ainsi dire facultative, qu'elle ne reposait que sur des traditions vagues, qu'elle n'était régie que par des décisions éparses, changeantes, peu connues, les Intendants de province avaient sous leurs ordres les COMMISSAIRES DES GUERRES, les TRÉSORIERS, et prenaient une part capitale au maniement de l'ADMINISTRATION MILITAIRE qu'on appelait l'ORDINAIRE et l'EXTRAORDINAIRE DES GUERRES; car le mot ADMINISTRATION lui-même était à peine connu, et nulle démarcation claire n'existait entre le gouvernement civil et l'ADMINISTRATION des SUBSISTANCES des TROUPES. C'étaient les Intendants qui faisaient fabriquer le PAIN DE MUNITION, réglaient le taux des DENRÉES d'ÉTAPE, et avaient la haute main sur la POLICE des HOPITAUX; mais, du reste, ils n'intervenaient point dans la transmission des DÉCOMPTES DE LIQUIDATION, quoiqu'une CIRCULAIRE DE 1765 (5 AVRIL) leur eût prescrit de PASSER REVUE de deux en deux mois; ils n'étaient pour quelque chose dans l'administration des COMPAGNIES qu'en ce qu'ils réglaient les tarifs des denrées, d'accord avec les capitaines. — Quand les Intendants de province s'absentaient momentanément, ils avaient pour substituts ou remplaçants dans leur gestion militaire les COMMISSAIRES DES

GUERRES, de même que ceux-ci, s'absentant, étaient suppléés par les SUBDÉLÉGUÉS. Cette substitution avait lieu à partir du haut de l'échelle hiérarchique, comme quand on voit, de nos jours, des SOUS-INTENDANTS être remplacés par des PRÉFETS ou des SOUS-PRÉFETS, par des MAIRES ou par des COMMANDANTS DE PLACE. — Les Intendants certifiaient les signatures des notables de leur province qui appuyaient des demandes de SOUS-LIEUTENANCE. — En TEMPS DE GUERRE, des Intendants de province avaient à s'acquitter de fonctions pareilles aux attributions des INTENDANTS D'ARMÉE, ou bien ceux-ci étaient tirés des Intendants de province. — Depuis l'ORDONNANCE DE 1788, les fonctions des Intendants de province se bornaient à ordonnancer certaines dépenses arrêtées par les COMMISSAIRES DES GUERRES, mais ils n'avaient plus à s'occuper des MUNITIONS DE BOUCHE.

INTENDANT des FORTIFICATIONS. V. FORTIFICATION. V. INGÉNIEUR MILITAIRE.

INTENDANT des INVALIDES. V. INVALIDE.

INTENDANT des OUVRIERS. V. OUVRIER. V. PRÉFET DES OUVRIERS.

INTENDANT des VIVRES. V. COMMISSAIRE GÉNÉRAL DES VIVRES. V. MILICE ROMAINE N° 11. V. VIVRES.

INTENDANT DIVISIONNAIRE. V. DIVISIONNAIRE. V. INTENDANT MILITAIRE N° 1.

INTENDANT EN CHEF. V. CONNÉTABLE. V. CORPS D'INTENDANCE N° 5, 9. V. EN CHEF. V. INTENDANT D'ARMÉE. V. INTENDANT MILITAIRE N° 1, 5. V. SUBSISTANCE.

INTENDANT (intendants) GÉNÉRAL. (F). Sorte d'INTENDANTS D'ARMÉE qui ont pris cette dénomination quand la qualification d'Intendant a commencé à paraître trop simple, ou quand le nombre des Intendants s'est augmenté. C'étaient les chefs suprêmes du COMMISSARIAT; ils dirigeaient, en TEMPS DE GUERRE, l'ADMINISTRATION de l'armée sous les ordres du GÉNÉRAL EN CHEF; ils avaient pour représentants ou substituts les COMMISSAIRES ORDONNATEURS; ils recevaient du CHIRURGIEN EN CHEF les demandes relatives aux FOURNITURES nécessaires aux HOPITAUX. Ils ont été abolis par l'ORDONNANCE DE 1788 et remplacés par les COMMISSAIRES ORDONNATEURS. — On a vu revivre leurs fonctions dans les ARMÉES FRANÇAISES sous le règne de BONAPARTE. — Le RÈGLEMENT DE 1813 (27 MARS) chargeait l'Intendant général de régler ce qui concernait le remplacement des MÉDICAMENTS de campagne, en conformité des demandes formées par les CHIRURGIENS-MAJORS. — De nos jours, un INTENDANT MI-

LITAIRE serait, au besoin, chargé des fonctions d'Intendant général, et l'ORDONNANCE DE 1852 (5 MAI) reconnaissait temporairement sous ce titre l'INTENDANT d'une ARMÉE composée de plusieurs ARMÉES. — Dans la MILICE ESPAGNOLE, un Intendant général est le chef de l'AUTORITÉ ADMINISTRATIVE de l'ARMÉE; c'est une sorte de MINISTRE DIRECTEUR. — LACHESNAIE (1758, 1) a traité des Intendants généraux.

INTENDANT GÉNÉRAL DES VIVRES. V. CHARGE HIÉRARCHIQUE. V. ÉTAT-MAJOR D'ARMÉE N° 2. V. VIVRES.

INTENDANT (intendants) MILITAIRE (A, 1). Sorte d'INTENDANTS dont l'EMPLOI a été mentionné d'une manière générale dans les articles consacrés au CORPS ADMINISTRATIF, au CORPS D'INTENDANCE, au MINISTÈRE DE LA GUERRE, etc. — Les AUTEURS qu'on peut consulter à l'égard des Intendants militaires sont : M. FLANDIN (1819), GUIBERT (Jean), LECOUTURIER (1825, A), ODIER (1818, E; 1824, E, t. VII, p. 244), M. le général PRÉVAL (1815), M. VAUCHELLE, la *Sentinelle de l'armée* (t. III, p. 52), le *Journal de l'armée* (t. IV, p. 273). — Ce qui concerne plus particulièrement les Intendants va être examiné sous les rapports suivants : DÉNOMINATION, NOMBRE, NOMINATION, AVANCEMENT, UNIFORME, REMPLACEMENT, ALLOCATIONS, DROITS, PRÉROGATIVES, RANG, SURVEILLANCE, FONCTIONS, DEVOIRS, INSTRUCTION, SUBORDINATION. — N° 1. DÉNOMINATION, NOMBRE, NOMINATION, AVANCEMENT, UNIFORME. — La dénomination des Intendants a eu l'avantage de la clarté et de la brièveté, si on la compare au titre que portaient les INSPECTEURS AUX REVUES et les COMMISSAIRES DES GUERRES, dont les qualifications étaient des solécismes. — Nous avions prêté le mot Intendant à l'ESPAGNE; nous le lui avons repris. — L'ORDONNANCE DE 1825 (19 MARS) appelait INTENDANTS DIVISIONNAIRES ceux qui étaient à la tête de l'ADMINISTRATION d'une DIVISION MILITAIRE TERRITORIALE. — L'ORDONNANCE de création DE 1817 (29 JUILLET) instituait trente-cinq Intendants. — L'organisation de 1822 (18 SEPTEMBRE) en reconnaissait vingt-huit; leur nombre était, en 1825, de vingt-neuf. L'ORDONNANCE DE 1829 (10 JUIN) en reconnaissait vingt. — Les ORDONNANCES DE 1850 (11 DÉCEMBRE) et 1835 (10 JUIN) portaient leur nombre à vingt-cinq. — La MILICE AUTRICHIENNE n'entretient, pour l'accomplissement de fonctions pareilles, que dix-neuf ORDONNATEURS, dont le grade est analogue à celui de nos Intendants. — L'ORDONNANCE DE 1829 (10 JUIN) déférait au roi le droit de leur nomination, et les tirait des SOUS-INTENDANTS DE — PREMIÈRE CLASSE après deux ans de service.

L'ORDONNANCE DE 1817 exigeait quarante ans d'âge pour qu'un sujet soit apte à être nommé Intendant. — Un aperçu de la marche de l'avancement des Intendants a été offert à l'article CORPS D'INTENDANTS N° 4 (tableau). — Ce qui concerne l'UNIFORME et l'HABIT des Intendants a été traité aux articles CORPS D'INTENDANCE. Ils ont eu d'abord la CEINTURE en taffetas blanc, à frange d'argent. La DÉCISION DE 1850 (11 SEPTEMBRE) donnait AUX INTENDANTS EN CHEF la CEINTURE en filet écarlate. La DÉCISION DE 1851 (15 AOUT) donnait la CEINTURE bleu de ciel à tout le CORPS DE L'INTENDANCE; celle des Intendants a été entremêlée de sept bandes en argent et accompagnée de glands. — N° 2. REMPLACEMENT, ALLOCATIONS, DROITS, PRÉROGATIVES. — Les Intendants sont remplacés, quand ils s'absentent, par les SOUS-INTENDANTS; en tout temps ils les chargent de tous les détails dont ils ne peuvent s'acquitter par eux-mêmes. — Les Intendants jouissaient d'ALLOCATIONS égales à celles du GRADE de MARÉCHAL DE CAMP, et étaient même presque aussi favorisés que les MARÉCHAUX DE CAMP SUISSES; ainsi ils obtenaient, après dix ans de GRADE, la PENSION DE RETRAITE de LIEUTENANT GÉNÉRAL. — Les discussions sur le budget de 1820 témoignent que l'Intendant employé à Paris touchait cinquante et un mille six cent quatre-vingt-dix-huit francs, et tels autres percevaient trente-deux mille cent quatre-vingt-dix-huit francs. — Les Intendants font, en TEMPS DE GUERRE, partie des CONSEILS DE DÉFENSE; ils sont informés, s'il y a lieu, par les OFFICIERS GÉNÉRAUX, des ordres donnés pour mettre en mouvement des GARNISAIRES. Ils exercent sur le BATAILLON D'OUVRIERS D'ADMINISTRATION les fonctions d'INSPECTEURS GÉNÉRAUX D'ARMES, conformément aux dispositions de la DÉCISION DE 1858 (29 AVRIL). — L'INSTRUCTION DE 1858 (5 MAI) employait l'expression mal imaginée, INSPECTION ADMINISTRATIVE, pour donner idée d'une passation de revue analogue aux INSPECTIONS D'ARMES passées par les INSPECTEURS GÉNÉRAUX. — Nous déclarons mal imaginée l'expression, parce que les revues d'INSPECTEURS, les revues de butin sont également des INSPECTIONS ADMINISTRATIVES. — Les Intendants pouvaient, en vertu du MARCHÉ DE 1852 (5 JUILLET), autoriser, si besoin est, et subsidiairement au service des CONVOIS MILITAIRES, l'emploi des coches, barques, diligences, etc. — Dans les cas de contestations entre parties prenantes et fournisseurs, les Intendants ont le droit de décider quel genre de COMBUSTIBLE peut être délivré. — Des Intendants se sont persuadés que leurs prérogatives allaient

jusqu'à prendre, en certains cas, le COMMAN-
DEMENT DES TROUPES, comme s'il n'y avait pas
incompatibilité entre le COMMANDEMENT SOUS
les armes et le CONTROLE de l'ADMINISTRA-
TION. — Les Intendants avaient droit à la
PENSION DE RETRAITE DU GRADE SUPÉRIEUR. —
En 1827, l'Intendant militaire d'une des
principales divisions territoriales de France
(Metz), en l'absence momentanée du lieutenant général commandant, a prétendu que,
étant le plus ancien des maréchaux de camp,
le commandement, l'épée à la main, lui re-
venait de droit. — En vertu de l'ORDONNANCE
DE 1823 (19 MARS), et quoiqu'elle concernât
l'ADMINISTRATION, non les HONNEURS, les Intendants, PASSANT REVUE D'ADMINISTRATION,
trouvaient, à l'instant de leur arrivée, la
TROUPE EN BATAILLE, DRAPEAUX déployés ; à
l'issue de la REVUE, ils étaient salués par le
DÉFILEMENT D'HONNEUR, le COLONEL défilant à
la tête de son CORPS. Ce droit, introduit
subrepticement, a été modifié par l'ORDON-
NANCE DE 1833 (2 NOVEMBRE); la MISE EN
BATAILLE n'était plus exigée des TROUPES.
Cette prétention, si elle eût été accueillie,
eût été un avantage de plus pour une classe
de FONCTIONNAIRES non soumis aux nécessités de l'ÂGE APOMAQUE, et pouvant, ainsi que
les MARÉCHAUX DE FRANCE, être centenaires
et en activité ; tandis qu'à soixante-cinq
ans les LIEUTENANTS GÉNÉRAUX devaient bri-
ser leur épée. — La CIRCULAIRE DE 1825
(6 JUIN) déclarait que les Intendants étaient
chargés, non de RECEVOIR le serment, mais
d'y assister et d'en dresser PROCÈS-VERBAL.
De 1818 à 1825, ils s'étaient crus autorisés
à le faire prononcer entre leurs mains. —
Une réclamation, insérée en 1835 dans la
Sentinelle de l'armée (n° 28, p. 200), témoignait que des SOUS-INTENDANTS étaient,
à soixante ans, MIS A LA RETRAITE, tandis
que les fonctions d'Intendants paraissaient
être à perpétuité. — N° 3. RANG, SURVEIL-
LANCE. — Pendant un exercice de cinq siècles, les COMMISSAIRES DES GUERRES n'étaient
parvenus qu'à obtenir l'assimilation au GRADE
DE CAPITAINE, qui, à la vérité, était bien plus
relevé que de nos jours, puisqu'il était le
second GRADE de la HIÉRARCHIE DES CORPS.
Les COMMISSAIRES ORDONNATEURS jouissaient,
par assimilation, du GRADE qui, depuis le
temps de leur création, commençait à pri-
mer celui de capitaine, c'est-à-dire du GRADE
de commandant de bataillon ou de LIEUTE-
NANT-COLONEL ; mais on n'en retrouve pas la
preuve. — Les INSPECTEURS AUX REVUES, provenus du dédoublement des COMMISSAIRES
ORDONNATEURS et tirés en grand nombre des
OFFICIERS SUPÉRIEURS en activité, obtinrent
par assimilation le grade de COLONEL ; quel-

ques-uns même, dans leurs fonctions nouvelles, ne firent que le conserver. — Le
corps militaire médical, non moins intéres-
sant, non moins méritant que l'INTENDANCE,
est loin d'avoir obtenu des avantages-pa-
reils ; mais le corps écrivant a rédigé lui-
même les ordonnances dont se plaignent le
corps guérissant et le corps combattant ; si
ceux-ci eussent été législateurs dans leur
propre cause, et par conséquent dans leur
intérêt, d'autres combinaisons en fussent
probablement résultées. — Successeurs des
INSPECTEURS AUX REVUES, les Intendants se
sont élevés de plein saut au RANG de GÉNÉ-
RAL. L'ORDONNANCE DE 1829 (10 JUIN) leur
donnait rang après les MARÉCHAUX DE CAMP
et avant les COLONELS. Ils infligent ou pro-
voquent, suivant les cas, les PUNITIONS en-
courues par les MAJORS ou autres MILITAIRES
qui négligeraient de leur adresser à temps
les FEUILLES D'APPEL. — Aux SÉANCES du CON-
SEIL D'ADMINISTRATION que préside l'INSPECTEUR
GÉNÉRAL, l'Intendant prend rang à la droite
de cet INSPECTEUR. — Les Intendants ont la
haute surveillance de la POLICE et de la DISCI-
PLINE des HOPITAUX MILITAIRES. — A titre de
délégués du MINISTRE, ils surveillent l'ADMI-
NISTRATION et la COMPTABILITÉ de l'ARMÉE et
des CORPS, ainsi que la tenue de la MASSE
D'OFFICIERS. — En campagne, ils surveillent
les COMPTABLES des deniers publics, comme
le faisaient les FONCTIONNAIRES leurs prédécesseurs, en vertu des LOIS DE 1791 (14 OC-
TOBRE) et de l'AN TROIS (28 NIVOSE). — Les
discussions du budget de 1829 et l'opinion
d'un député, membre de l'intendance, témoignent qu'un Intendant suffit dans les
plus grandes villes, et que dans celles où il
n'y a pas de troupes sa présence est sans
objet. — N° 4. FONCTIONS, DEVOIRS. — Suivant M. le général PRÉVAL (1815), les CHEFS
de l'INTENDANCE sont chargés de régler, selon les formes légales, l'ADMINISTRATION
MILITAIRE. Mais le mot régler n'est pas
juste ; c'est le mot diriger qui convient
mieux. — ODIER (1824, E) dit qu'il y a dans
cet OFFICIER deux personnes : *un chef médiat des agences qui pourvoient aux
besoins des troupes, et un magistrat
gardien du trésor et inspecteur de ces
mêmes troupes.* — Nous apercevons peu
l'importance et nous contestons la justesse
de ces distinctions, car le TRÉSOR militaire
est aussi une agence militaire dont l'Intendant est le CHEF médiat. Un Intendant, d'ailleurs, n'est pas inspecteur de troupes, mais
de chiffres et de matières ; l'INTENDANCE n'a
que la direction et la surveillance des ÉCRI-
TURES COMPTABILIAIRES et l'examen du MATÉ-
RIEL, mais n'a rien à voir en fait de PERSON-

NEL et de TACTIQUE. Ce dernier genre de surveillance concerne, au contraire, les INSPECTEURS DE TROUPES et le MINISTRE DE LA GUERRE. — Les Intendants posent leur visa sur toutes les demandes adressées au MINISTRE DE LA GUERRE par les corps; ils arrêtent annuellement tous les registres arrêtés trimestriellement par les SOUS-INTENDANTS. — Les Intendants pourvoient aux frais d'impression des JUGEMENTS MILITAIRES qui interviennent; ils passent une REVUE SUR LE TERRAIN quand ils la jugent utile au bien du SERVICE ou quand l'ordre leur en est donné spécialement par le MINISTRE. Cette REVUE, que l'INSTRUCTION DE 1837 (25 MAI) appelait REVUE D'INSPECTION ADMINISTRATIVE, prépare ordinairement celle de l'INSPECTEUR GÉNÉRAL. — Ils reçoivent, à la REVUE D'HONNEURS de l'INSPECTEUR GÉNÉRAL, le SERMENT des OFFICIERS nouvellement nommés. Le droit leur en a été déféré par une interprétation fausse des anciennes coutumes, car les COMMISSAIRES DES GUERRES ne recevaient jadis le SERMENT qu'en qualité de tabellion ou de garde-note, et le moindre OFFICIER D'INTENDANCE peut suffire à une pareille inscription. — Quand l'ARMÉE est EN CAMPAGNE, les Intendants pourvoient au CHAUFFAGE des TROUPES en faisant exécuter les ABATTIS de BOIS nécessaires. — Ils se concertent avec le CHEF DE L'ÉTAT-MAJOR DE LA DIVISION pour déterminer l'emplacement des BOUCHERIES; etc. — Ils sont chargés de transmettre au MINISTRE les ACTES DE DÉCÈS AUX HOPITAUX de l'ARMÉE. — Ils font passer à qui de droit les BORDEREAUX D'AVANCE. — Les Intendants assistent aux RÉCEPTIONS DE DRAPEAUX, sont les promulgateurs des LOIS MILITAIRES et exercent judiciairement les fonctions dont s'acquittaient, près des CONSEILS DE RÉVISION, les ORDONNATEURS. Mais en 1850, comme le remarquait le *Journal de l'armée* (t. IV, p. 275), sur vingt Intendants, plus de moitié se trouvaient à Paris, *sous un prétexte ou l'autre; de là les doubles frais de bureau dont se font gratifier les sous-intendants chargés des fonctions que dédaignent des personnages à sinécure. Il y avait un Intendant aux Invalides; il n'y en avait pas en Corse.* — L'INSTRUCTION DE 1857 (25 MAI) les chargeait de l'INSPECTION ADMINISTRATIVE du PERSONNEL et du MATÉRIEL des HOPITAUX. — Les Intendants doivent accompagner les INSPECTEURS GÉNÉRAUX dans leur tournée, et s'assurer en tout temps de l'exécution des ordres donnés par ces OFFICIERS GÉNÉRAUX; ils doivent procéder préliminairement à tous les examens de COMPTABILITÉ, à la vérification de tous REGISTRES que l'INSPECTEUR GÉNÉRAL doit arrêter; ils doivent

constater les DÉPENSES D'HABILLEMENT au moyen du REGISTRE JOURNAL D'HABILLEMENT, et repasser tous les calculs et examens trimestriels des SOUS-INTENDANTS. — Ils doivent, en tout temps, s'assurer des détails administratifs du LINGE ET CHAUSSURE des CORPS, de la MARQUE des EFFETS D'ORDONNANCE, de l'exacte tenue de l'ORDINAIRE. — Ils doivent vérifier si les PERMISSIONS accordées aux MILITAIRES sont revêtues du visa du SOUS-INTENDANT. — Ils doivent demander au COLONEL la punition du MAJOR coupable de fautes en fait d'ADMINISTRATION. — L'ORDONNANCE DE 1852 (3 MAI) attachait un Intendant par ARMÉE ou CORPS D'ARMÉE, et traçait par les articles 16 et 17 leurs devoirs en campagne. — N° 5. INSTRUCTION, SUBORDINATION. — L'importance des fonctions des Intendants exige que leur éducation ait été forte et que leur instruction soit consommée. En envisageant surtout ici leurs relations avec les TROUPES, il faut qu'ils possèdent le savoir pratique du jeu de l'ADMINISTRATION INTÉRIEURE; que leurs études se soient dirigées vers la LÉGISLATION MILITAIRE, la JURISPRUDENCE qui y ressortit, le DROIT DE LA GUERRE (si un jour les peuples modernes en connaissent un), le CODE MILITAIRE (si un jour notre ARMÉE en possède un), et enfin le CODE CIVIL applicable aux MILITAIRES. — Il faut que l'Intendant soit doué d'un esprit assez méthodique, assez lumineux pour descendre avec fruit dans les laborieuses explorations de la STATISTIQUE des pays à ADMINISTRER; il faut qu'il soit en état de stipuler en forme régulière des obligations contractuelles, d'interpréter les dispositions des anciens contrats ou MARCHÉS, de décider dans les CAS CONTENTIEUX, et de résoudre les difficultés élevées par les CORPS, leurs débiteurs, leurs créanciers; il faut que les CHEFS D'INTENDANCE puissent concourir à certaines opérations judiciaires, aux délibérations prises dans les CONSEILS du CHAMP DE BATAILLE ou de la FORTERESSE ASSIÉGÉE; enfin il faut qu'extraordinairement ils puissent exercer des fonctions d'un ordre civil qui, en TEMPS DE PAIX, concernent le notariat ou le trésor, les MAIRES ou les PRÉFETS. — Le CORPS de l'INTENDANCE a concouru à la rédaction des ordonnances qui ont mis les MEMBRES de ce corps hors de la dépendance des GÉNÉRAUX, des MARÉCHAUX même, et qui ont été jusqu'à lier les mains du MINISTRE s'il s'agissait de mettre en jugement des MEMBRES de l'INTENDANCE. Ainsi l'Intendant ne défère qu'aux ordres seuls du général en chef, ce qui signifie, en d'autres termes, qu'en TEMPS DE PAIX il ne reconnaît de supérieur que le MINISTRE DE LA GUERRE; ce serait du moins l'induction logique qu'on en dévrait tirer, mais la conséquence ne serait point exacte, puisque, en parlant des devoirs des Intendants, nous avons montré que leurs opérations sont soumises aux examens et aux révisions des inspecteurs généraux. L'Intendant ne peut d'ailleurs s'absenter de son poste qu'en vertu d'un congé visé par le lieutenant général, et l'ordonnance de 1823 (19 mars) voulait qu'à l'expiration de ce congé il le présentât au visa de l'autorité militaire. La législation qui les régit est donc imparfaite ou équivoque. — Les lois de création du corps de l'intendance n'avaient pas établi de grade au-dessus de celui des Intendants. Cependant, à l'instar des anciens ordonnateurs en chef, inspecteurs en chef et intendants généraux, il serait attaché des intendants en chef aux armées agissantes. — Une ordonnance de 1829 créait un comité consultatif permanent d'administration de la guerre, y appelait cinq Intendants avec titre d'intendants en chef, et leur allouait larges honoraires, logement, fourrages, etc., etc. Leur titre honorifique d'intendant en chef était une de ces antinomies qui tourmentent sans fin notre langue militaire et bouleversent les grades. Ces Intendants, en effet, n'étaient pas en chef, comme le serait un Intendant d'armée qui pourrait avoir d'autres Intendants sous lui; mais telle est cette passion de titres plus retentissants, passion qui va sans cesse appauvrissant les grades anciens et désolant la langue française. — Ainsi, un système d'organisation fondamental se trouvait changé par hasard, par occasion, par l'influence et l'intérêt de quelques hommes bien en cour, insinuants, ayant voix au ministère et se la donnant à leur avantage. — Cette disposition de 1829 (29 décembre) a été abrogée en 1830 (7 décembre). L'ordonnance de 1836 (21 mai) soumettait aux conseils d'enquête spéciale les Intendants.

INTENDANT piémontais. v. milice piémontaise n° 1. v. piémontais.

INTENDANT prussien, v. milice prussienne n° 2. v. prussien, adj.

INTENTER une action. v. action. v. action pour dette.

INTERCEPTER les communications, — un convoi, — un secours. v. camp volant. v. cavalerie française n° 8. v. communication. v. convoi. v. secours.

INTERDICTION, subs. fém. v. billet de logement d'officier. v. cassation disciplinaire. v. colonel d'infanterie française de ligne n° 16. v. colonel général de l'infanterie n° 4.

INTERDIRE (verb. act.) les approches. v. approches.

INTÉRESSÉ (intéressée), adj. v. régie i...

INTÉRIEUR (intérieure), adj. v. administration i... v. affiche i... v. avarie i... v. barrière i... v. contresanglon i... v. coté i... v. discipline i... v. force publique i... v. frais i... v. garde i... v. mouvement i... v. ouvrage i... v. pièce i... v. place d'armes i... v. plat i... v. polygone i... v. pont-levis i... v. porte i... v. poste i... v. rapport i... v. régime i... v. section i... v. sections. v. service i... v. sortie i... v. talus i...

INTÉRIEUR, subs. masc. v. a l'intérieur. v. acte de décès au corps. v. bataillon en route. v. certificat de bien vivre. v. compagnie en route. v. convoi a la suite. v. corps en route dans l'i... v. cour martiale. v. crédit comptabiliaire. v. dans l'i... v. désertion a l'i... v. détachement de corps. v. détachement en route. v. discipline d'armée. v. division. v. feuille de route de corps. v. guide de route. v. hôpital militaire. v. indemnité de logement. v. logement. en route. v. officier d'état civil. v. ordre de route. v. sentinelle. v. service de l'i... v. tranchant i...

INTÉRIM, subs. masc. v. commandant par i... v. par i... v. rapport général.

INTERMÉDIAIRE, adj. v. appel i... v. point i...

INTERNE, adj. v. maladie interne.

INTERPOSITION, subs. fém. v. milice byzantine. v. parembole.

INTERPRÉTATION, subs. fém. v. ministre de la guerre n° 14.

INTERPRÈTE, subs. masc. v. chef de détachement de guerre n° 4. v. guide interprète.

INTERPRÈTE judiciaire. v. judiciaire. v. jugement militaire.

INTERROGATOIRE, subs. masc. v. accusé. v. audition de témoin. v. capitaine rapporteur. v. conclusions. v. défenseur d'accusé. v. greffier de conseil de guerre. v. infanterie franco-suisse n° 6. v. jugement militaire. v. major de place n° 3. v. prévenu. v. procédure. v. procès-verbal d'interrogatoire.

INTERVALLE { de camp. { tactique.. }

INTERVALLE { de cavalerie. { d'infanterie. { en bataille. { en colonne.

INTERVALLE. V. A INTERVALLE.

INTERVALLE, subs. masc. (term. génér.). Mot dérivé du LATIN *intervallum* que FRONTIN (86, A) emploie techniquement, et qui avait un sens analogue à l'acception militaire qui va être donnée ici à ce substantif. — Le mot Intervalle présente l'idée du vide ménagé entre des cadres ou UNITÉS TACTIQUES, soit au CAMP, soit en manœuvres. — Les AUTEURS qui se sont occupés de la question des Intervalles sont : BARDIN (1807, D), BOHAN (1781, H), BOMBELLES (1754, D), BOTTÉE (1758), BOUCHAUD (1757, G), DANIEL (1721, A), DELAFONTAINE (1675), DESPAGNAC (1751, D), ENCYCLOPÉDIE (1751, C ; 1785, C, au mot *Alignement*), GISORS (1767, D), LACHESNAIE (1758, I, aux mots *Bataille, Ligne,* etc.), MAIZEROY (1767, E), MAURICE DE SAXE (1757), PUYSÉGUR (1748, C), TURPIN (1785, O). — Le mot Intervalle sera distingué ici en. INTERVALLE DE BATAILLON, — DE CAMP, — DE CAMP MINCE, — DE COHORTE, — DE COLONNE, — DE DÉPLOIEMENT, — DE MANIPULE, — DE MASSES, — DE PHALANGE, — DE TÉTRAPHALANGARCHIE, — D'ENSEIGNES, — D'ESCADRON, — MANIPULAIRE, — TACTIQUE.

INTERVALLE de BATAILLON. V. BATAILLON V. BATAILLON EN ROUTE. V. BRIGADE D'ARMÉE. V. CHANGEMENT DE FRONT A PIVOT VIDE. V. INTERVALLE D'INFANTERIE. V. LIGNE COMBINÉE. V. MARCHE DE BATAILLON PAR LE FLANC. V. MARCHE EN ÉCHELON. V. ORDRE MINCE.

INTERVALLE (intervalles) de CAMP (E, 1). Sorte d'INTERVALLES qui espacent les CORPS CAMPÉS et entrecoupent de FLANC à FLANC les BATAILLONS de la LIGNE ou des LIGNES. C'est sur cet Intervalle que s'ouvrent les TENTES DE GRENADIERS et de VOLTIGEURS. — Quand il s'est établi quelques règles de CASTRAMÉTATION, un CAMP D'INFANTERIE était comme un CORPS DE BATAILLE entre deux MASSES OU AILES de CAVALERIE. L'Intervalle entre ces AILES et l'INFANTERIE était de cinquante PAS DE CAMP (50 mètres), ou trois fois plus que les Intervalles intérieurs du TERRAIN. — L'invention des BATAILLONS modernes est due à l'usage des Intervalles dans les CAMPS DE HUTTES ; ce vide central, cette espèce de prétoire où s'établissait le COLONEL, donna l'idée de partager les RÉGIMENTS, non plus uniquement par COMPAGNIES, mais en deux grosses MASSES OU AGRÉGATIONS. Les règles de la formation des troupes et la TACTIQUE en éprouvèrent des modifications marquées. — Dans les usages de l'ARMÉE PRUSSIENNE, au temps de FRÉDÉRIC DEUX, la largeur de l'Intervalle de ses BATAILLONS CAMPÉS égalait la largeur des rues du CAMP, et était de cin-

quante pieds. — Depuis un siècle, comme le témoigne DANIEL (1721, A), la mesure des Intervalles est, en FRANCE, de dix toises ou soixante pieds. Mais POTIER (1779, X) témoigne qu'à l'époque où il écrivait il n'y avait, à cet égard, que des usages, non des règles — L'ORDONNANCE DE 1788 (12 AOUT) fixait encore cette mesure ; elle la proportionnait à la dimension qu'elle nommait FRONT CONSTITUTIONNEL ; ce front était de soixante files, l'Intervalle était de vingt mètres, dimension censée égale au quart ou au cinquième du FRONT. — A l'égard des Intervalles de camp on peut consulter : ENCYCLOPÉDIE (1785, C, supplément), LACHESNAIE (1758, I), LEBLOND (1742), MANESSON (1685, B), POTIER (1779, X), SAINT-GERMAIN (1779, C).

INTERVALLE de CAMP MINCE. V. CAMP MINCE.

INTERVALLE de CARRÉ COMBINÉ. V. CARRÉ COMBINÉ. V. DISPOSITION CONTRE LA CAVALERIE. V. ORDRE EN CARRÉ.

INTERVALLE (intervalles) de CAVALERIE (G, 6) ou INTERVALLE D'ESCADRON. Sorte d'INTERVALLE TACTIQUE que les FRANÇAIS ont commencé à pratiquer sous HENRI DEUX. Se ranger ainsi s'appelait : ESCADRONNER. — GUSTAVE-ADOLPHE perfectionna le système de l'ORDRE A INTERVALLE et ses principes furent imités. Ces Intervalles eurent d'abord pour objet, dans ses armées et dans la CAVALERIE de TURENNE, de favoriser le MÉLANGE des ARMES, et de ménager un emplacement pour poster des PELOTONS d'ARQUEBUSIERS A PIED. — Depuis l'adoption du système qui distribua la CAVALERIE sur deux LIGNES, la mesure des Intervalles fut calculée à raison du FRONT d'un ESCADRON, afin que les ESCADRONS de la SECONDE LIGNE, qu'il était d'usage de placer en QUINCONCE, pussent traverser le vide des ESCADRONS de la PREMIÈRE LIGNE. ou pussent, en venant s'y insérer, faire MURAILLE et concourir à une CHARGE exécutée sans Intervalle. — La mesure des Intervalles s'est diminuée de beaucoup, depuis la découverte de l'art des PLOIEMENTS, et depuis que le QUINCONCE ou l'échiquier n'ont plus été regardés comme le seul ORDRE DE BATAILLE que la cavalerie pût pratiquer.

INTERVALLE de COHORTE. V. COHORTE. V. COHORTE DE LÉGION ROMAINE N° 5. V. LÉGION ROMAINE N° 5. V. MANUBALISTE. V. ORDRE EN ÉCHIQUIER.

INTERVALLE de COLONNE. V. COLONNE. V. TAMBOUR IDIOPLIQUE D'INFANTERIE FRANÇAISE N° 4.

INTERVALLE de DÉPLOIEMENT. V. COLONNE COMBINÉE. V. DÉPLOIEMENT. V. FORMATION EN ARRIÈRE. V. FORMATION EN AVANT EN BATAILLE. V. ORDRE EN ÉCHELON.

INTERVALLE de manipule. v. hastaire n° 4. v. manipule n° 1.

INTERVALLE de masses. v. déploiement par bataillon en masse. v. masse. v. masse tactique. v. ordre a trois attaques. v. masse.

INTERVALLE de phalange. v. diphalangarchie. v. marche d'armée. v. milice grecque n° 6. v. phalange. v. phalange grecque. v. tétraphalangarchie.

INTERVALLE de tétraphalangarchie. v. tétraphalangarchie.

INTERVALLE d'enseignes. v. enseigne. v. enseigne agrégative.

INTERVALLE d'escadrons. v. escadron. v. escadron français n° 4. v. intervalle de cavalerie.

INTERVALLE (intervalles) d'infanterie (term. sous-génér.), ou intervalle de bataillons, c'est-à-dire entre bataillons. Sorte d'intervalle tactique dont la mesure était indéterminée, quand l'infanterie se formait par enseignes et par manches. Ce vide avait, au temps de Montluc, la dimension que jugeait convenable le sergent de bataille. C'était le point de départ et le lieu de retraite des enfants perdus. C'était le lieu de passage ou de station des dragons, alors attachés partiellement à chaque corps, et ne formant pas corps eux-mêmes. Dans le siècle suivant, le cinquain était un ordre a intervalle, l'un au centre, les autres intermédiairement. — Les Intervalles ont commencé à être un objet de règles étudiées depuis l'institution de l'infanterie de bataille. — Au temps de Turenne, les bataillons et leurs Intervalles formaient la ligne tant pleine que vide. On lit dans l'Encyclopédie (1751, C) : *Les auteurs de la première moitié du dernier siècle voulaient l'Intervalle égal au front du bataillon ;* il était donc proportionnel. — On diminua ensuite l'ouverture des Intervalles ; elle devint fixe et permanente. Daniel (1721, A) mentionne un règlement dont il néglige d'indiquer la date ; les Intervalles y étaient réglés à raison de soixante pas, *afin qu'un escadron pût y passer.* — Puységur (1748, C) a senti, le premier, quel était le désavantage de ces Intervalles encore trop larges ; aussi voulait-il, pour y remédier, qu'on ne combattît qu'en ligne pleine, puisque depuis l'usage général du fusil on perdait, par le fait des Intervalles, le quart du feu. — Folard était d'opinion d'y renoncer entièrement ; la colonne compacte dont il était l'inventeur, ou qu'il voulait renouveler de la phalange des Grecs, était une agglomération de bataillons sans Intervalles. — On voit dans Mesnil-Durand (1774, B, préface), que de son temps, les Intervalles progressivement res-

serrés avaient disparu, et qu'on était en ligne pleine. — Maurice de Saxe (1757, A) proposa de donner aux Intervalles huit toises. — L'instruction de 1774 (11 juin) fixait à six toises les Intervalles dans l'ordre de bataille. — Le règlement de 1791 (1er août) leur donnait huit toises (48 pieds) parce qu'il évaluait les compagnies à cent hommes à peu près ; leur front, dans l'ordre sur trois rangs, était supposé équivaloir à vingt-quatre pieds, à raison de vingt pouces environ par homme. La mesure de ce front égalait donc un demi-intervalle. — Mais à chaque changement de formation, à chaque nouvelle ordonnance de composition, il eût fallu remanier le règlement d'exercice, pour que la mesure des Intervalles se maintînt en harmonie ; car si les bataillons sont plus ou moins forts, les compagnies plus ou moins nombreuses, l'Intervalle cesse d'être d'accord avec les principes que ce règlement posait ; ainsi une question non décidée d'art militaire est celle-ci : La dimension des Intervalles doit-elle être invariable, quand la force organique des corps change sans cesse? faut-il coordonner cette dimension au front d'une division de bataillon? — Soit en ordre de bataille, soit en colonne, l'espace libre qui sépare les bataillons conserve la dénomination d'Intervalle ; l'ordonnance de 1831 (4 mars) le réglait à seize mètres. — Il ne faut point confondre l'Intervalle avec la distance, qui est un vide ménagé entre des subdivisions d'unités tactiques, ni avec l'espace, qui est la mesure du terrain individuel. — La distance est toujours parallèle au front, elle varie suivant le raccourcissement ou l'allongement des colonnes ; l'espace entre les rangs se proportionne à raison de circonstances diverses, l'Intervalle entre les bataillons est censé égal au quart du front, ou au front d'une des divisions des bataillons en bataille. — M. le général Pelet (1827) propose de tenir habituellement en colonne, sur la ligne de bataille, l'infanterie, c'est-à-dire d'accroître la profondeur et de réduire les fronts. Dans l'hypothèse de l'adoption de cet ordre de bataille, il y aurait entre les bataillons de larges Intervalles ; mais s'ils se déployaient dans l'ordre mince, il n'y aurait plus d'Intervalle, les bataillons *seraient en muraille comme les escadrons.* — Ce système, qui tiendrait habituellement les troupes formées par masses, rappelle les projets de Folard et de Mesnil-Durand, et les opinions de Bohan (1781, H) et de Maizeroy (1761, C) ; , cette proposition touche à une haute question d'art militaire, puisque nous avons démontré que les Intervalles sont aussi anciens que les premiéres notions de l'ART; si l'on renonçait à la méthode actuelle, où se placerait l'ARTILLERIE qui garnit les Intervalles des lignes déployées ou des carrés? par où s'écouleraient les canons de régiment, s'ils avaient à traverser la LIGNE? Comment, au milieu des orages d'une BATAILLE, chaque général discernerait-il à l'œil l'ensemble et les parties des TROUPES placées sous ses ordres? — Les Intervalles d'infanterie se distinguent en INTERVALLE D'INFANTERIE EN BATAILLE, et en INTERVALLE D'INFANTERIE EN COLONNE.

INTERVALLE (intervalles) d'infanterie EN BATAILLE (G, 6). Sorte d'INTERVALLE D'INFANTERIE considéré, si la LIGNE est de pied ferme, comme une espèce d'embrasure à l'usage de l'ARTILLERIE de campagne ou des pièces de bataillon, ou comme une voie ouverte aux CORPS ou aux OFFICIERS qui ont à traverser les LIGNES. Cet Intervalle perpendiculaire au FRONT était une imitation de l'ORDRE DE BATAILLE suédois et PRUSSIEN. Les SAPEURS s'y tenaient. — S'il s'agit de la MARCHE EN BATAILLE dans les GRANDES ÉVOLUTIONS, la conservation des Intervalles doit être attentivement surveillée par les CHEFS DE BATAILLON en se réglant du côté du BATAILLON DE DIRECTION. — En MARCHE, la perte ou l'altération de l'Intervalle peuvent provenir, soit d'une fausse direction du PORTE-DRAPEAU, soit de l'imperfection de la MARCHE du BATAILLON voisin, soit de l'ouverture des FILES. La MARCHE OBLIQUE y peut remédier.

INTERVALLE (intervalles) d'infanterie EN COLONNE (G, 6). Sorte d'INTERVALLE D'INFANTERIE qui est parallèle au FRONT; il varie suivant que la COLONNE est à DISTANCE ENTIÈRE OU EN MASSE. Dans le premier cas, dans les ÉVOLUTIONS DE LIGNE, l'Intervalle qui sépare un BATAILLON du BATAILLON suivant est, comme en bataille, de seize mètres, plus l'étendue du FRONT d'une SUBDIVISION; il n'est que de quatre mètres ou de six pas entre les BATAILLONS en COLONNE SERRÉE. — Le RÈGLEMENT DE 1791 (1er AOUT, évolutions de ligne n° 625) établissait un Intervalle spécial entre les RÉGIMENTS D'INFANTERIE qui défilaient; il voulait que de TÊTE à QUEUE de RÉGIMENT, il y eût un vide de quarante pas où pussent être contenus les TAMBOURS, la MUSIQUE, l'ÉTAT-MAJOR. — Dans les MARCHES MANOEUVRES, au contraire, c'est sur un des flancs de la colonne que se tiennent les TAMBOURS, le colonel, etc. Par conséquent l'Intervalle entre les RÉGIMENTS où entrent les BATAILLONS, peut sans inconvénient être le même, ce qui n'est pas le cas en DÉFILANT.

INTERVALLE MANIPULAIRE. V. MANIPULAIRE. V. PRINCE DE LÉGION ROMAINE.

INTERVALLE (intervalles) TACTIQUE (term. sous-génér.). Sorte d'INTERVALLE ainsi nommé par opposition à l'INTERVALLE DE CAMP ou de CAMPEMENT, quoique ce dernier soit cependant aussi un Intervalle tactique; mais à chaque pas l'absence d'une nomenclature raisonnée contrarie les définitions militaires et blesse la LANGUE. — L'Intervalle tactique, considéré comme s'appliquant à un CORPS DE BATAILLE et aux MANOEUVRES des ARMÉES AGISSANTES, rappelle des usages d'une haute antiquité. Plusieurs AUTEURS prétendent qu'on en doit l'idée à la MILICE ÉGYPTIENNE; mais la question de l'invention et de l'utilité des Intervalles a été l'objet de grands dissentiments. — Des AUTEURS ont affirmé que la PHALANGE GRECQUE n'avait point d'Intervalle; effectivement sa primitive ORDONNANCE n'en comportait pas; mais la DIPHALANGARCHIE ou grande PHALANGE fut ensuite entrecoupée d'un vide. L'assertion de ceux qui nient l'Intervalle grec provient de ce qu'on ne s'entendait pas sur le sens de l'expression, et que ce qu'on a appelé Intervalle, comportait l'idée du QUINCONCE, c'est-à-dire du vide égal au plein; en ce sens la PHALANGE GRECQUE n'ayant jamais été en QUINCONCE, n'avait pas d'Intervalles; mais, si par Intervalle on entend une ouverture perpendiculaire à un front de bataille, abstraction faite de la largeur de l'ouverture, la MILICE GRECQUE connaissait le système des Intervalles; ainsi l'Intervalle du milieu de la PHALANGE était une fois plus large que les deux autres Intervalles, et était de quarante pas; il s'appelait nombril, et les deux autres s'appelaient bouches. M. le colonel CARRION (1824, A) porte témoignage à cet égard. — La MILICE ROMAINE, au temps des centuries ou MANIPULES, connaissait les Intervalles, puisque les LÉGIONS étaient rangées en QUINCONCE; elle connut ensuite des Intervalles aussi profonds que l'ÉPAISSEUR et partageant les MANIPULES qui formaient ainsi comme autant de COINS TACTIQUES. Ce fut dans cet ordre qu'elle se rangea quand elle eut à combattre des ÉLÉPHANTS, parce que ces vides prolongés présentaient aux animaux des espèces de sentiers par où ils s'écoulaient droit devant eux, au lieu de venir buter ou se ruer contre la SECONDE LIGNE ou les ARRIÈRE-LIGNES, s'il y en avait plus de deux. — Les COHORTES combattaient quelquefois avec Intervalles de six mètres, quelquefois en LIGNE PLEINE. — En FRANCE, on a d'abord confondu Intervalle et DISTANCE. — Les ARMÉES de LOUIS QUATORZE ne combattaient qu'en QUINCONCE; l'alternation des FRONTS et des Intervalles présentait ainsi des dimensions égales. — On obtenait, comme le témoigne PUYSÉGUR (1748, G), ces Intervalles, en rangeant d'abord toute l'ARMÉE sur une seule LIGNE, et l'on faisait marcher en avant tous les BATAILLONS OU ESCADRONS impairs ; on formait de la sorte le QUINCONCE. — Cette grandeur des Intervalles favorisait les PASSAGES DE LIGNES ; mais elle était préjudiciable à la célérité des autres mouvements ; aussi PUYSÉGUR (1748, C) proposait-il de réduire à dix toises tous les Intervalles. — L'éloignement entre les FRONTS, à une époque où l'usage était de CHARGER EN BATAILLE, obligeait à CHARGER EN MURAILLE par l'amalgame des deux LIGNES. — LES TROUPES de FRÉDÉRIC DEUX ne chargeaient qu'en MURAILLE, mais sans préjudice à un soutien d'ARRIÈRE-LIGNE. — Les Intervalles modernes ont plusieurs usages : faciliter le mécanisme et conserver l'ALIGNEMENT des BRIGADES ; permettre que d'autres CORPS, formés en COLONNE, en traversent par des PASSAGES DE LIGNE un ou plusieurs sans se désunir ; présenter distinctement, séparément aux yeux d'un CHEF ou d'un GÉNÉRAL les portions de sa TROUPE qu'il doit surveiller, mouvoir, encourager. — Les Intervalles ont encore un autre objet ; ils permettent de FAIRE, sur-le-champ, des DÉTACHEMENTS ; ils diminuent pendant les MARCHES l'inconvénient des flottements ; ils préviennent le danger de CREVER ; ils facilitent la transmission des ordres, et offrent aux OFFICIERS GÉNÉRAUX les moyens de traverser et de parcourir leurs TROUPES. — La MILICE TURQUE n'avait pas encore de nos jours idée de ces importantes combinaisons. — GUSTAVE-ADOLPHE a fait revivre l'usage des Intervalles, comme le moyen des PASSAGES DE LIGNES. — FRÉDÉRIC DEUX a fait souvent exécuter à sa CAVALERIE, des charges en muraille, c'est-à-dire sans Intervalles ; il ne ménageait entre ses bataillons que sept à huit pas d'Intervalle. — L'Intervalle tactique se distingue en INTERVALLE DE CAVALERIE et en INTERVALLE D'INFANTERIE.

INTERVERSION, subs. fém. v. INVERSION.

INTESTIN (intestine), adj. v. GUERRE I...

INTONATION, subs. fém. v. TON DE COMMANDEMENT. V. MILICE DANOISE N° 5.

INTRA MUROS. V. CONSIGNE INTRA MUROS.

INUTILE, adj. V. BOUCHES I...

INVALIDE (invalides), subs. masc. v. ADMINISTRATION DES I... V. ADMISSION AUX I... V. ARCHIVISTE DES I... V. CAISSE DES I... V. DOTATION DES I... V. EMPLOYÉ DES I... V. ÉTAT-MAJOR DE L'HOTEL DES I... V. HOTEL DES I... V. INTENDANT DES I... V. OFFICIER D'I... V. OFFICIER I... V. PAYE D'I... V. PHARMACIEN DES I... V. PROPOSITION D'ADMISSION AUX I... V. SECRÉTAIRE GÉNÉRAL DES I... V. SOLDAT I... V. SOUS-INTENDANT DES I... V. SUCCURSALE DES I... V. TRAITEMENT D'I... V. TRÉSORIER DES I...

INVALIDE (A, 1). Mot tout LATIN qui donne idée des MILITAIRES FRANÇAIS devenus inhabiles au MÉTIER DES ARMES par le nombre de leurs ANNÉES DE SERVICE, ou par suite des ÉVÉNEMENTS de la GUERRE ; ils appartiennent à l'ARMÉE SÉDENTAIRE ; ils ont quelque analogie avec les vieux SOLDATS d'ATHÈNES que Pisistrate faisait nourrir aux frais du trésor ; avec les colons MACÉDONIENS dont parle QUINTE-CURCE, avec les BÉNÉFICIAIRES de la MILICE ROMAINE, avec les quinze-vingts réchappés de la Palestine, avec les FRÈRES LAIS du MOYEN AGE, avec les MORTES-PAYES des derniers siècles. — Les AUTEURS qui ont écrit au sujet des Invalides sont indiqués à l'article HOTEL DES INVALIDES. — PASQUIER, au mot OBLAT, donne à entendre que CHARLEMAGNE attachait à des abbayes les GUERRIERS devenus infirmes. — LOUIS NEUF ouvrit l'asile des Quinze-vingts aux chevaliers revenus aveugles de la CROISADE. — HENRI QUATRE, ne pouvant subvenir aux DEMI-SOLDES de tous les vieux OFFICIERS, réalisa le premier essai d'une institution d'OFFICIERS Invalides, sans préjudice aux places accordées aux hommes de troupe à titre de RELIGIEUX LAIS. Les vieux militaires mutilés qu'il réunit avant la fin du seizième siècle, rue des Cordeliers-Saint-Marcel, s'appelaient CHEVALIERS DE LA MAISON ROYALE ; leur manteau portait sur le sein gauche une décoration brodée en soie bleue, à fleurs de lis d'or, avec l'exergue : *Pour avoir bien servi la patrie.* — Sous ce règne, des militaires de la religion réformée avaient obtenu des emplois conventuels ; mais, sous LOUIS TREIZE, ils furent exclus des couvents en vertu de décisions dont les considérants étaient tirés de l'Ecriture sainte. — Les ORDONNANCES DE 1628 (12 octobre) et 1629 (JANVIER) s'occupent encore de placer des Invalides catholiques dans les couvents. L'institution de 1633 fut une imitation des CHEVALIERS DE LA MAISON ROYALE ; l'institution de 1666 est encore debout. — En 1690, des COMPAGNIES D'INVALIDES commencent à être détachées dans les provinces. — L'ORDONNANCE DE 1724 (7 octobre) défendait, sous peine d'expulsion, à tout MILITAIRE INVALIDE de contracter MARIAGE sans autorisation. — Dans la COMPOSITION de l'ARMÉE FRANÇAISE, les Invalides sont une CATÉGORIE appartenant à l'ARMÉE SÉDENTAIRE ; mais ils forment dans notre CODE MILITAIRE un chapitre incomplet et mal rattaché ; ils imposent au BUDGET une charge qui pourrait être moins lourde. — Depuis la CONSTITUTION de CHOISEUL, les EFFECTIFS des Invalides ont répondu au tableau qui suit; mais il convient d'observer que, à l'égard de ces nombres, si les documents divers et les écrivains ne sont pas d'accord entre eux, cela tient à ce que les uns n'appellent Invalides que ce qui est dans l'enceinte de l'HOTEL; d'autres appliquent la même signification aux hommes des COMPAGNIES DÉTACHÉES, et d'autres même aux ESTROPIÉS pensionnés. Un tableau exact et détaillé serait excessivement difficile à dresser.

DATE.	NOMBRE.	OBSERVATIONS.
1719	10,000	Environ, en 167 compagnies de 60 hommes chacune.
1748	11,000	
1761	10,418	Dont 4,000 au plus étaient en communauté.
1763	7,640	Dont 3,640 formés en COMPAGNIES DÉTACHÉES; c'étaient les VÉTÉRANS de l'époque.
1766	6,280	Dont 4,780 en COMPAGNIES DÉTACHÉES.
1787	5,900	Y compris détachés et pensionnés.
1788	9,600	Dont 5,846 en COMPAGNIES DÉTACHÉES.
1791	12,000	Dont 5,000 en COMPAGNIES DÉTACHÉES; mais le rapport qui précède le décret de 1791 (28 mars-17 avril) témoigne que le total des Invalides à l'HÔTEL, détachés, en RETRAITE avec solde ou DEMI-SOLDE, chez eux avec TRAITEMENT, s'élevait à 28,000; cette masse ne coûtait que 6,000,000.
1794	18,000	
1799	14,924	C'est du moins ce que M. Sicard affirme; mais il est surprenant que ce chiffre soit le même que celui par lequel il représente les VÉTÉRANS.
1804	12,000	Le décret de l'an onze (8 floréal) voulait que le total des Invalides à l'hôtel et aux succursales se réduisît à 3,000.
1808	18,000	L'hôtel et les succursales n'ont compris au plus que 8,000 hommes.
1813	26,000	
1814	8,900	
1815	5,160	
1820	4,266	
1825	3,060	
1828	3,058	Non compris la SUCCURSALE d'Avignon comprenant 872 militaires, dont vingt OFFICIERS.
1837	3,443	807 à Avignon et 45 aliénés.

La LOI DE 1792 (16 MAI) n'admettait plus aux Invalides que des hommes estropiés; elle remplaçait les COMPAGNIES DÉTACHÉES par un corps de cinq mille VÉTÉRANS. — L'ARRÊTÉ DE L'AN NEUF (19 FRIMAIRE) réglait les principes d'ADMISSION AUX INVALIDES. — Le DÉCRET DE L'AN ONZE (8 FLORÉAL) admettait aux Invalides les MILITAIRES de trente ans de service et de soixante ans d'âge, et *ceux qui ont perdu un ou plusieurs membres ou la vue.* — Les militaires dans le cas d'être admis aux Invalides sont proposés pour cette RÉCOMPENSE par le CONSEIL D'ADMINISTRATION du corps. La PROPOSITION d'admission est appuyée de certificats constatant leurs droits, ou les CAS D'INFIRMITÉS emportant INVALIDITÉ ABSOLUE OU PARTIELLE. Des INSPECTEURS GÉNÉRAUX examinent l'état des services, évaluent la légitimité des droits, et font subir, s'il y a lieu, aux sujets proposés une CONTRE-VISITE qu'un CHIRURGIEN-MAJOR passe en leur présence, ou qui a lieu dans un HOPITAL MILITAIRE. — Une partie des Invalides est reçue dans une CASERNE qu'on décore du nom d'HOTEL; une autre portion habite une SUCCURSALE. — Autrefois la portion la plus vigoureuse des Invalides était armée de MOUSQUETS et répartie sous le nom de COMPAGNIES DÉTACHÉES dans des CITADELLES où elles tenaient GARNISON. Ceux qui ne pouvaient porter MOUSQUET, avaient la PERTUISANE. — Les APPOINTEMENTS des OFFICIERS INVALIDES sont faibles : le sous-lieutenant touchait, en 1834, huit francs par mois, le lieutenant neuf, le capitaine dix, le colonel trente. L'ÉTAT-MAJOR DE L'HOTEL avait de plus favorables TRAITEMENTS. — Les Invalides ont été pendant un siècle et demi les sentinelles qui veillaient à la garde des DRAPEAUX pris sur l'ennemi; ils ont été dispensés, depuis 1814, du soin de ces trophées. — DANGEAU nous apprend (26 octobre 1688) que, à l'époque où il écrivait, plus de quatre cents Invalides s'enrôlent, et que ceux qui entrent dans l'INFANTERIE, y sont faits BAS OFFICIERS. — BONAPARTE a fait utilement aussi plusieurs appels aux Invalides. — Un MINISTRE qui tenait à la pompe des cérémonies religieuses avait attaché aux Invalides une MUSIQUE. — On peut consulter M. AMBERT, BERRIAT (1825, F), DULAURE, l'ENCYCLOPÉDIE (1751, C; 1785, C), MIRABEAU (*l'Ami des Hommes*), SAINT-GERMAIN (*Mémoire présenté au roi*), PASQUIER, POTTER (1779, X), SERVAN (1780), SICARD (1834), le *Journal de l'Armée* (t. IV, p. 159, 160), le *Spectateur militaire* (t. XXIV, p. 654).

INVALIDE ANGLAIS. V. ANGLAIS, adj. V. SOULIER CORIOCLAVE.

INVALIDE AUTRICHIEN. V. AUTRICHIEN, adj. V. MILICE AUTRICHIENNE N° 5, 5.

INVALIDE BAVAROIS. V. BAVAROIS, adj. V. MILICE BAVAROISE N° 1.

INVALIDE ESPAGNOL. V. ESPAGNOL, adj. V. MILICE ESPAGNOLE N° 2, 5.

INVALIDE NAPOLITAIN. V. MILICE NAPOLITAINE N° 2. V. NAPOLITAIN, adj.

INVALIDE NÉERLANDAIS. V. MILICE NÉERLANDAISE N° 7. V. NÉERLANDAIS, adj.

INVALIDE PIÉMONTAIS. V. MILICE PIÉMONTAISE N° 1, 2. V. PIÉMONTAIS, adj.

INVALIDE POLONAIS. V. MILICE POLONAISE N° 1. V. POLONAIS, adj.

INVALIDE PRUSSIEN. V. MILICE PRUSSIENNE N° 2. V. PRUSSIEN, adj.

INVALIDE SUÉDOIS. V. MILICE SUÉDOISE N° 1. V. SUÉDOIS, adj.

INVALIDE RUSSE. V. MILICE RUSSE N° 5. V. RÉCOMPENSE. V. RUSSE.

INVALIDE WURTEMBERGEOIS. V. MILICE WURTEMBERGEOISE N° 1. V. WURTEMBERGEOIS, adj.

INVALIDITÉ, subs. fém. V. AMBLYOPIE. V. ANÉVRISME. V. ANKYLOSE. V. APHONIE. V. ATROPHIE. V. BLESSURE. V. BÉGAIEMENT. V. CACHEXIE. V. CALCUL. V. CANCER. V. CARIE. V. CAS DE RÉFORME. V. CATARACTE. V. CÉCITÉ. V. CICATRICE. V. CLAUDICATION. V. DÉMENCE. V. DIASTASIE. V. ÉPILEPSIE. V. ÉTISIE. V. FISTULE. V. GOITRE. V. GRAVELLE. V. HÉMORRHOIDES. V. HERNIE. V. HÉMOPTYSIE. V. INFIRMITÉ. V. INVALIDE. V. MANIE. V. PAYE. V. NYCTALOPIE. V. PARALYSIE. V. SACHILISME. V. RÉFORME.

INVALIDITÉ ABSOLUE. V. ABSOLU. V. INVALIDE.

INVALIDITÉ PARTIELLE. V. INVALIDE. V. PARTIEL.

INVASION, subs. fém. V. ARME A VAPEUR. V. ARMÉE D'INVASION. V. CAMP ROMAIN. V. CONQUÊTE. V. COURSE. V. FÉODALITÉ. V. GÉOLOGIE. V. GÉNÉRAL D'ARMÉE N° 9. V. GUERRE D'INVASION. V. LANGUE GRECQUE. V. LEVÉE EN MASSE. V. MILICE PRUSSIENNE N° 2. V. POSTE STRATÉMATIQUE. V. PRISONNIER DE GUERRE.

INVENTAIRE, subs. masc. V. APPOSITION DE SCELLÉS. V. CAPITAINE D'INFANTERIE FRANÇAISE DE LIGNE N° 24. V. COMMISSAIRE DES GUERRES N° 7. V. DÉCÉDÉ. V. DÉCÈS. V. DETTE D'OFFICIER DÉCÉDÉ. V. EFFET D'OFFICIER DÉCÉDÉ. V. LÉGISLATION MILITAIRE, AN DEUX (11 VENTOSE). V. MAJOR DE CORPS. V. MAJOR DE PLACE N° 2. V. RELEVÉ D'INVENTAIRE.

INVENTAIRE CIVIL. V. CIVIL. V. ÉTAT CIVIL.

INVERSION, subs. fém. (G, 6), ou INTERVERSION, comme on a dit d'abord. Le mot Inversion est tout LATIN : il s'applique à la COLONNE, et signifie passage de l'ORDRE NATUREL, ou la DROITE EN TÊTE, à l'ORDRE INVERTI, ou la GAUCHE EN TÊTE. Militairement, l'emploi technique de cette expression est moderne; elle donne aussi idée d'une FORMATION EN BATAILLE par la gauche. La TACTIQUE n'a commencé à en faire usage que fort tard, parce que cette FORMATION blessait le préjugé du POSTE D'HONNEUR; on aimait mieux se faire battre que de ne pas se battre par la droite du BATAILLON. — GUIBERT (1775, E) et SERVAN (1780, B) sont les plus anciens AUTEURS qui en traitent en connaissance de cause; avant eux, on avait eu recours, en guise d'Inversions, à certaines CONTRE-MARCHES INFLEXIONNAIRES. — GUIBERT (1775) signalait comme un fatal préjugé, cette longue répugnance de l'ARMÉE FRANÇAISE pour les Inversions. Le savant général MEUNIER nous racontait que BONAPARTE, raisonnant avec lui sur des projets de MANŒUVRES, lui disait : *Surtout, faites-*

nous de grandes Inversions sur deux lignes. — L'Inversion est une ÉVOLUTION à laquelle recourt, pour sa plus prompte DÉFENSE EN RASE CAMPAGNE, une COLONNE AVEC DISTANCE ENTIÈRE ayant la droite en tête; elle passe à l'ORDRE EN BATAILLE, en FAISANT FACE AU FLANC opposé au CÔTÉ DE LA DIRECTION; on commande, en ce cas, GUIDE A DROITE, afin que chaque SUBDIVISION ait son point d'appui sur un seul et même PROLONGEMENT. — Telle est l'Inversion considérée comme MOUVEMENT ou MANOEUVRE. Si on la considère comme état de stationnement, elle est la FORMATION EN BATAILLE d'une TROUPE tellement disposée, que les SUBDIVISIONS sont en ORDRE INVERTI, et que la première occupe la gauche de la LIGNE, tandis que la dernière occupe la DROITE. — L'Inversion proprement dite, ou élémentaire, est d'un usage rare, parce qu'on MANOEUVRE peu à DISTANCE ENTIÈRE; mais elle est utile quand il est urgent de FAIRE FRONT par des moyens plus rapides que l'ORDRE NATUREL. — A l'instant d'une invasion, un ALIGNEMENT DE SUBDIVISIONS a lieu du côté où la COLONNE doit se FORMER EN BATAILLE. — Quoique le verbe LATIN *invertere* signifie RENVERSER, il faut distinguer tactiquement, INVERTIR et RENVERSER; INVERTIR une TROUPE, c'est déranger l'ordre accoutumé des SUBDIVISIONS SE FORMANT EN BATAILLE, ou se tenant en colonne la gauche en tête; la RENVERSER, c'est changer, par une VOLTE FACE, le FRONT d'une TROUPE en ORDRE DE BATAILLE; c'est modifier ainsi l'ORDRE accoutumé des RANGS, faisant du TROISIÈME le PREMIER; ou bien, en ORDRE DE COLONNE, c'est changer l'ordre des SUBDIVISIONS, faisant de la QUEUE la TÊTE, et de la dernière SUBDIVISION ROMPUE la première : telle est la différence de l'ORDRE INVERTI, comparé à l'ORDRE RENVERSÉ; ce dernier, soit EN BATAILLE, soit EN COLONNE, FAIT FACE par le TROISIÈME RANG. — L'INSTRUCTION DE 1774 (11 JUIN) interdisait l'Inversion par COMPAGNIES (on dirait, de nos jours, par SUBDIVISION); elle la permettait par BATAILLON dans le RÉGIMENT, par RÉGIMENT dans la BRIGADE, par BRIGADE dans la LIGNE; le principe était savant et sage. — Le RÈGLEMENT DE 1791 (1ᵉʳ AOUT), supposant possibles les ÉVOLUTIONS par COLONNES A DISTANCE ENTIÈRE, admit l'inversion par SUBDIVISION dans le BATAILLON. — *L'Inversion, a dit le général* MEUNIER (1814, A), *offre tant d'avantages dans les grands mouvements, que nous regardons comme important d'en faire usage en plusieurs circonstances..... L'Inversion doit être proscrite dans l'intérieur des bataillons comme pouvant nuire à l'ordre.*

INVERTI, adj. V. FORMATION I... V. MARCHE I... V. ORDRE I...

INVESTIR, verb. act. V. ALIGNEMENT DE SERRE-FILES EN COLONNE. V. ALIGNEMENT DE SUBDIVISION. V. ALIGNEMENT INDIVIDUEL. V. COLONNE D'ATTAQUE. V. CONTRE-MARCHE ÉPAGOGIQUE. V. DÉSINVERTIR. V. FORMATION EN BATAILLE. V. INVERSION. V. RENVERSER. V. SUBDIVISION DE COLONNE.

INVESTIR (verb. act.) une FORTERESSE. V. BOUCLER. V. BRIDER. V. FORTERESSE. V. INVESTISSEMENT. V. QUARTIERS DE GUERRE.

INVESTISSEMENT, subs. masc. (H. 1) ou INVESTITURE dans le vieux langage. Le mot Investissement dérive du LATIN *vestire*, habiller; *investire*, couvrir; parce qu'un Investissement EMBRASSE une FORTERESSE attaquée; ce qui s'est appelé aussi BOUCLER, BRIDER. — FURETIÈRE regardait comme un néologisme le mot Investissement; il n'osait encore s'en servir. CUGNOT (1766, C), FEUQUIÈRES (1750, A), GUIGNARD (1725, B) et leurs prédécesseurs ne faisaient usage que de l'expression INVESTITURE. — Un Investissement est COMPLET ou incomplet suivant qu'il ne RESSERRE qu'en partie une PLACE, ou qu'il lui interdit toute communication avec le dehors. Les RICOCHETS RÉCIPROQUES ne sont possibles que quand il est complet. — Une ARMÉE ASSIÉGEANTE commence l'Investissement en poussant brusquement sur les différents ABORDS de la PLACE une quantité suffisante de CAVALERIE LÉGÈRE pour rendre impossible l'arrivée des secours destinés à la FORTERESSE et pour empêcher les ASSIÉGÉS de faire rentrer des DENRÉES, des bestiaux, des contributions: cette CAVALERIE refoule, progressivement, dans son ENCEINTE les TROUPES TENANT POSTE au dehors; elle occupe, si faire se peut, toutes les avenues. — A la suite de cette opération le reste des TROUPES arrive et s'établit; les INGÉNIEURS accompagnés de TROUPES LÉGÈRES s'occupent de la RECONNAISSANCE des ABORDS et tracent les LIGNES, procèdent à l'OUVERTURE de la TRANCHÉE et poussent progressivement les COUPURES par le procédé qu'on nomme CHEMINEMENT. — Quelquefois l'Investissement est fait par l'AVANT-GARDE, et l'ARMÉE DE SIÉGE n'arrive que quelques jours après; quelquefois l'ARMÉE entière se présente à la fois; ainsi eut lieu en 1808 l'Investissement de SARAGOSSE. — Au commencement de l'Investissement, le COMMANDANT de la PLACE fait ses efforts pour le contrarier en faisant COMBLER par des SORTIES la TRANCHÉE; il ne fait tirer qu'à FAIBLE CHARGE ses PIÈCES DE REMPART afin de tromper ainsi, par le peu de sonorité des COUPS, l'ASSIÉGEANT sur la mesure des vraies PORTÉES. — Lever un SIÉGE, c'est ROMPRE l'Investissement. — Déclarer une PLACE en ÉTAT DE SIÉGE n'est pas toujours la conséquence de l'état d'Investissement ni d'un SIÉGE déjà entrepris. — Les AUTEURS qu'on peut consulter sur les détails de l'Investissement sont : BARDET (1740, A), BARDIN (1807, D ; 1814, E), BOTTÉE (1758, F), CUGNOT (1766, C), DESPREZ (1735, B), DUBOUSQUET (1769, B), DUFAIN (1757, B), ENCYCLOPÉDIE (1785, C), FEUQUIÈRES (1750, A), GUIGNARD (1725, B), KHEVENHUELLER (1771, F), LACHESNAIE (1758, I), LALLEMAND (1825), LEBLOND (1762, G), LECOUTURIER (1825, A), MANESSON (1685, B), MAIZEROY (1767, A), QUINCY (1741, E), VAUBAN.

INVESTISSEMENT COMPLET. V. COMPLET, adj. V. INVESTISSEMENT. V. RICOCHET RÉCIPROQUE.

INVESTITURE, subs. fém. V. INVESTISSEMENT.

IONIEN (ionienne), adj. V. CHASSEUR I...

IONIENS. V. NOMS PROPRES.

IPHICRATE. V. SONGE. V. NOMS PROPRES.

IRENARQUE, subs. masc. V. MILICE BYSANTINE.

IRENÉE. V. NOMS PROPRES.

IRÉNOPHILACE, subs. masc. V. AUMONIER N° 1. V. HÉRAUT. V. MILICE GRECQUE N° 2. V. OFFICIER N° 2.

IRÉNOPHILAQUE, subs. masc. V. HÉRAUT.

IRLANDAIS. V. NOMS PROPRES.

IRLANDAIS (irlandaise), adj. V. INFANTERIE I... V. RÉGIMENT I... V. TROUPE I...

IRONDE, subs. fém. V. QUEUE D'YRONDE.

IRRÉGULIER (irrégulière), adj. V. ARMÉE I... V. BASTION I... V. CAVALERIE I... V. CAVALIER I... V. CORPS I... V. COSAQUE I...

V. FORTIFICATION I... V. INFANTERIE I... V. PLACE I... V. SOLDAT I...

IRRUPTION, subs. fém. V. ARMÉE D'ENVAHISSEMENT. V. CAMP DE FORTERESSE. V. SUBSISTANCE. V. TOPOGRAPHIE.

ISEMBOURG ; ISIDORE ; ISNARD. V. NOMS PROPRES.

ISOLÉ (isolée), adj. V. HOMME DE TROUPE I... V. HOMME I... V. MILITAIRE I... V. OFFICIER I... V. TOUR I...

ISOLÉ, adj. et subs. masc. V. AVANCE AUX ISOLÉS. V. BORDEREAU D'AVANCE. V. COUPON DE CONVOI. V. COUPON D'INDEMNITÉ. V. DÉPART D'ISOLÉ. V. FEUILLE DE ROUTE DE MILITAIRE ISOLÉ. V. FOURNITURE AUX ISOLÉS. V. GÎTE. V. CONVOI. V. HOMME EN SUBSISTANCE. V. MASSE DE LINGE ET CHAUSSURE. V. MILITAIRE ISOLÉ. V. PAIN DE MUNITION. V. PASSAGE D'EAU. V. PRESTATION. V. SÉJOUR D'ISOLÉ. V. SOLDE. V. TITRE D'AVANCE. V. TRANSPORT D'ISOLÉS.

ISSELBOURG. V. NOMS PROPRES.

ISSIR, verb. neut. V. BOREL. V. SORTIE.

ISSUE, subs. fém. V. SORTIE D'ASSIÉGÉS.

ISTRIE ; ITALIE ; ITALIEN. V. NOMS PROPRES.

ITALIEN (italienne), adj. V. ARMÉE I... V. CAVALERIE I... V. CAVALIER I... V. FRANCO-ITALIEN. V. INFANTERIE I... V. LANGUE I... V. MILICE I... V. RÉGIMENT I... V. SOLDAT I... V. TACTIQUE I...

ITALIQUE, adj. V. LÉGION I...

ITINÉRAIRE, adj. V. PASSAGE I...

ITINÉRAIRE, subs. masc. V. CHEF DE DÉTACHEMENT ADMINISTRATIF N° 1. V. CHEF DE PATROUILLE. V. CONVOI POLÉMONOMIQUE. V. CORRESPONDANCE MINISTÉRIELLE. V. FEUILLE DE ROUTE. V. FOURRIER D'INFANTERIE DE LIGNE N° 4.

IUNGHANS ; IVERNOIS ; IVI ; IVRY ; IZZO. V. NOMS PROPRES.

Les chiffres entre parenthèses, qu'on rencontre dans le cours du texte, indiquent le millésime de l'année à laquelle appartiennent la citation ou l'événement.

Les abréviations entre parenthèses, qui sont en tête des articles, sont une concordance du tableau synoptique (*Disc. prélim.*, p. 10) et du vocabulaire sommaire (*Disc. prélim.*, p. 36-37). Ces abréviations donnent le moyen de remonter des conséquences aux principes.

D'autres abréviations indiquent le genre grammatical.

Les caractères italiques dénotent des phrases empruntées.

Les mots en petites capitales sont ainsi configurés comme *réclames*, comme preuve qu'on peut chercher à sa place générale alphabétique le mot représenté en lettres capitales.

JABOT (subs. masc). de CHEMISE. V. CHEMISE. V. CHEMISE D'ÉQUIPEMENT. V. FOURRIER D'INFANTERIE FRANÇAISE DE LIGNE N° 4. V. OFFICIER D'INFANTERIE FRANÇAISE N° 2.

JABRO. V. NOMS PROPRES.

JAC, subs. masc. V. JAQUE.

JACK, subs. masc. V. JAQUE.

JACKE, subs. masc. V. JAQUE.

JACKSON ; JACOBI ; JACOBUS. V. NOMS PROPRES.

JACQUE, subs. fém. V. CUIRASSE. V. JAQUE.

JACQUES. V. NOMS PROPRES.

JACQUEMART, subs. masc. V. BRAQUEMART.

JACQUINOT. v. noms propres.

JACULATEUR, subs. masc. v. acrobaliste. v. addit. v. archer. v. dardeur. v. hastaire n° 2. v. milice grecque n° 5. v. peltaste. v. tactique.

JAHN. v. noms propres.

JAILLET, subs. masc. v. jalet.

JAIOLE, subs. fém. v. géolage.

JAISARME, subs. fém. v. guisarme.

JAKE, subs fém. v. jaque.

JAKUBOUSKI. v. noms propres.

JALET, subs. masc. (F) ou jaillet, suivant Nicot et Rabelais, ou jallet suivant Borel (Pierre) et Ménage, ou galet. Roquefort (1835) dérive Jalet ou gailet du latin *calculus*, petit caillou rond ; Robert (Etienne) le tire du grec *jalein*, lancer, ou du latin *jaculum*, trait. Ménage le retrouve dans le latin barbare *jaculetum*, diminutif de *jaculum*. Coquillard regarde ce mot comme provenu des verbes jaillir ou jeter. Furetière pense que les Jalets ou galets étaient même chose, parce que les riverains de la Loire se sont servis de ces deux mots pour exprimer les cailloux sans aspérités que ce fleuve façonne en les roulant sans cesse et qu'il rejette ensuite sur les rives ; mais Borel (Pierre) au contraire prétend que les galets de la Loire et de la mer sont des pierres plates et non sphériques dont le nom fort ancien avait de l'analogie avec gâteau ou galette. — En Normandie, où, suivant l'idiome picard, on prononce le G au lieu du J, on appelait galets les cailloux ; M. Francœur tire ce mot du celtique *kaled*, dur. — Les Jalets ont donné leur nom à l'arc a jalets, et à l'arbalète a jalets ; on s'en est servi à la guerre, ainsi qu'à la chasse ; on les appelait aussi boulets ; mais ce n'étaient que de petits cailloux sphériques, ou de petites balles de plomb ; on en fabriquait même en terre glaise, cuite ou desséchée ; ces projectiles se portaient, suivant Carré (1783, E), dans la panetière ; ils se plaçaient, dit Furetière, dans le panier de l'arbalète, quand il s'agissait de les lancer. — La cannelure des arbriers était proportionnée au diamètre des Jalets. — On s'est servi aussi de Jalets ou de doncons, comme mobiles des arquebuses névrobalistiques. — On peut consulter, à l'égard des Jalets, Carré (1783, E), M. le général Cotty (1822, A), Lachesnaie (1758, 1).

JALLET, subs. masc. v. jalet.

JALON, subs. masc. (G, 6) ou galon, suivant Roquefort ; l'étymologie en est mal connue. La langue française a-t-elle tiré de l'italien ce mot, comme en viennent quantité de termes d'architecture ou de géo-

métrie pratique ? Vient-il du grec *ekalon* qui aurait aussi produit échalás et qui signifiait pieu ou pal. Vient-il, comme le pense Gébelin, du celtique *gal*, borne, *stade*, but : d'autres étymologistes le tirent du latin *camba* ; c'est également une rêverie. — Dans une production attribuée au même Roquefort (1833), Jalon viendrait du latin *jaculum*, javelot ; cette racine est fort douteuse ; Landais (Napoléon), cependant, y croit ; mais en 1834, son imprimeur ayant mal lu le manuscrit, a, par une transposition curieuse, appliqué, sans s'en apercevoir, au mot *Jalet*, l'origine que l'auteur appliquait à Jalon. Ainsi se font de nos jours les dictionnaires. — Le substantif Jalon a produit les termes jalonnement, jalonner, jalonneur. — Les Jalons des géomètres sont des rameaux ou des fiches ; on en fait emploi aussi pour le campement ; le tarif de 1851 (13 novembre) les classe au nombre des effets accessoires de campement. — Les aigles et les enseignes romaines servaient aux gromaticiens de Jalons pour tracer les camps. Nos piquets, drapeaux, fanions, etc., remplissent le même objet. — Dans les manœuvres le porte-drapeau et les guides sont Jalons ou jalonneurs, car ces mots se prennent l'un pour l'autre. C'est sur eux qu'on se dirige, qu'on se dresse, qu'on appuie.

JALONNEMENT, subs. masc. (G, 6). Mot dont le terme jalon est la souche ; il exprime l'action de tracer une direction à la manière des géomètres ou gromaticiens, et de déterminer une base tactique, une ligne de bataille, etc., en y employant, au lieu de fiches d'arpentage, les jalons militaires, c'est-à-dire des hommes ou jalonneurs, des guides généraux ou particuliers, des sapeurs, des fanions, des drapeaux, etc., et en en raccordant deux sur un troisième, ou sur un point central. — Le Jalonnement, retrouvé, dit-on, par le père du grand Frédéric, était pratiqué dans la tactique prussienne, comme on le voit dans Mirabeau (1788, C), principalement pour les formations en bataille ou sur la droite en bataille et les déploiements des colonnes ; mais aucun des Français qui allaient en Prusse chercher le modèle des chapeaux, des queues et des habits sans doublure, n'avait saisi ce que le Jalonnement avait d'important pour la marche en bataille de l'infanterie, d'utile pour les alignements des bataillons, et de préférable au moyen incertain des encadrements. Cette importation d'une découverte du reste si simple, fit la fortune et la réputation du baron Pirsch. Ce lieutenant prussien devint bientôt colonel et fut un des hommes qu'on appelait les *faiseurs allemands*. — La découverte du Jalonnement qui succéda au TATONNEMENT a fait tomber les MARCHES PROCESSIONNELLES. — Le Jalonnement s'applique aux CHANGEMENTS DE DIRECTION DE SUBDIVISION DE COLONNE; il est alternatif quand, successivement, les JALONNEURS se déplacent à mesure qu'une LIGNE DE BATAILLE qui marche, les a atteints, ou s'en est trop éloignée; tel est le système de l'ARRIÈRE-JALONNEMENT pour la DIRECTION de la MARCHE DES BATAILLONS EN BATAILLE. — Les ADJUDANTS-MAJORS, les AIDES DE CAMP ou de simples cavaliers servent surtout de jalonneurs dans les GRANDES MANOEUVRES. — Les ALIGNEMENTS des TROUPES EN BATAILLE sont assurés au moyen de JALONNEURS; leur surveillance et leur placement regardent principalement les ADJUDANTS-MAJORS et les ADJUDANTS. — Les DIRECTRICES, les PIVOTS, les AXES des MOUVEMENTS sont indiqués ou cherchés au moyen du Jalonnement des GUIDES DE BATAILLE ou des GUIDES DE SUBDIVISION. — Le Jalonnement de la MARCHE EN BATAILLE est assuré par un CHEF DE BATAILLON. — On peut consulter, à l'égard du Jalonnement, BARDIN (1807, D), LACHESNAIE (1758, I), LECOUTURIER (1825, A).

JALONNER; verb. act. et neut. v. ADJUDANT-MAJOR D'INFANTERIE FRANÇAISE DE LIGNE N° 11. V. AIDE DE CAMP N° 4. V. ALIGNEMENT DE PROFONDEUR. V. COLONNE ÉPAGOGIQUE N° 4. V. DÉPLOIEMENT DE PIED FERME. V. DRAPEAU D'INFANTERIE FRANÇAISE DE LIGNE. V. GUIDE DE BATAILLE. V. INFANTERIE FRANÇAISE N° 8. V. JALON. V. MARCHE DE BATAILLON EN BATAILLE. V. POINT DE VUE. V. SERRE-FILE. V. TRANCHÉE.

JALONNEUR, subs. masc. (G', 6). Ce mot dont le terme JALON est l'origine se prend quelquefois dans le même sens; il donne idée des MILITAIRES qui, dans les MANOEUVRES d'une compagnie ou dans les BATAILLONS D'INSTRUCTION, etc., sont employés comme JALONS, comme GUIDES DE BATAILLE. — L'invention du Jalonnement est PRUSSIENNE et on l'attribue au général SALDERN. Cependant PUYSÉGUR (1748, C) en expose l'utilité et peut-être la première idée lui en est-elle due. — L'emploi des Jalonneurs est peu ancien en FRANCE. L'ORDONNANCE DE 1775 (30 MAI) n'en faisait pas encore mention; cependant alors il était placé des TAMBOURS devant la SUBDIVISION sur laquelle devait s'opérer un DÉPLOIEMENT. Si on ne connaissait pas le mot, la chose du moins était usitée. — Le mode du Jalonnement s'est d'abord appliqué aux CONVERSIONS de COLONNES EN MARCHE, ensuite aux DÉPLOIE-

MENTS. — Dans la TACTIQUE actuelle on s'assure de la rectitude de plusieurs Jalonneurs en mettant l'œil près du premier; s'il masque tous les autres, la LIGNE est droite. — Les GUIDES DE SUBDIVISION marchent droit vers le Jalonneur comme vers un but. — On a recours à l'emploi des Jalonneurs dans les CHANGEMENTS DE DIRECTION DE BATAILLON EN BATAILLE, dans les CHANGEMENTS DE DIRECTION PAR LE FLANC DROIT, dans les CHANGEMENTS DE FRONT, dans la MARCHE DE BATAILLON EN COLONNE, dans le RALLIEMENT qui a lieu après que la BRELOQUE a éparpillé une TROUPE, et enfin à la suite d'une MARCHE DE BATAILLON EN BATAILLE, ou quand il s'agit d'aligner des SERRE-FILES. — Les ADJUDANTS-MAJORS font quelquefois office de Jalonneurs. Les SAPEURS y étaient surtout employés par le RÈGLEMENT DE POLICE DE 1816. — Deux Jalonneurs suffisent pour former la BASE D'ALIGNEMENT d'une petite TROUPE; trois Jalonneurs pour l'ALIGNEMENT d'un BATAILLON, ce sont le PORTE-DRAPEAU et deux GUIDES GÉNÉRAUX. — Dans la MARCHE EN BATAILLE, on assure le prolongement de la perpendiculaire au moyen d'ARRIÈRE-JALONNEURS. — Dans les FORMATIONS SUCCESSIVES, quand les BATAILLONS EN COLONNE SE FORMENT SUR LA DROITE EN BATAILLE, et quand des BATAILLONS par le flanc se FORMENT SUR LA DROITE PAR FILE EN BATAILLE, les ADJUDANTS sont chargés de la pose des Jalonneurs aux principaux points où doivent s'opérer les FORMATIONS. — Le commandement : GUIDES SUR LA LIGNE a pour objet de jeter de nouveaux Jalonneurs sur une ligne de jalonnement. — L'ALIGNEMENT des SERRE-FILES se rectifie par des Jalonneurs.

JALONNEUR A CHEVAL. V. A CHEVAL. V. AIDE DE CAMP N° 4. V. BATAILLON DE DIRECTION. V. MILICE ANGLAISE N° 8.

JALOUSIE, subs. fém. v. DONNER DE LA J... V. DONNER J... V. PRÉPARER J...

JAMACHS, subs. masc. plur. v. MILICE TURQUE.

JAMBE; subs. fém. v. ARMURE DE J... V. EN J... V. MOUVEMENT DE J...

JAMBE (jambes) (term. génér.), ou GAMBE, ou GANBE, ou *gembe*, suivant BARBAZAN (1808). Le mot JAMBE signifiant ici jambe humaine, a donné naissance au mot JAMBIÈRE ou GRÈVE, et dérive, suivant GÉBELIN, du substantif *gamb*, mot CELTIQUE qui, dans l'opinion de cet ÉCRIVAIN, aurait produit GAMACHE, et les verbes gaminer, caminer, c'est-à-dire CHEMINER, faire du CHEMIN. GÉBELIN affirme que jusqu'au quatorzième siècle on disait, non pas jambe, mais gambe, terme resté dans le patois picard. — On s'explique difficilement pourquoi l'EXERCICE militaire de l'INFANTERIE veut qu'une TROUPE prête à marcher parte plutôt de la Jambe gauche que de la droite. Ce mode ne semble pas naturel, puisqu'en escrime, marcher ou partir de la Jambe droite, c'est se metttre en garde, c'est attaquer. On ne peut pas plus rendre compte de cette coutume que de celle qui voulait, au temps de la chevalerie, que le néophile qu'on armait chevalier chaussât d'abord l'éperon gauche. — Peut-être l'usage de partir de la Jambe gauche vient-il de ce qu'au temps où l'on portait le bouclier, la partie gauche du corps se présentait la première à l'ennemi. — L'étude des aplombs a été longtemps regardée comme l'apprentissage nécessaire de l'art de mouvoir militairement les Jambes. — En s'occupant des Jambes sous un rapport différent et sous un point de vue administratif, il demande à être distingué en jambe de bois.

JAMBE de bois (B, 1). Sorte de jambe qui est la ressource à laquelle sont forcés de recourir, par suite d'amputation, des militaires blessés à la guerre. — Ce moyen supplémentaire est d'une origine fort ancienne; un cabinet célèbre contenait un vase antique de poterie peinte, de l'espèce de ceux qu'on appelle vases étrusques ou vases de la grande Grèce. Un satyre qui y est représenté a, d'un côté, sa jambe de chèvre, et de l'autre une Jambe de bois clairement accusée par le dessinateur, et qui, par sa forme et la manière dont elle est attachée, ne diffère en rien de celles qu'on voit de nos jours. — Le *Dictionnaire technologique* peut être consulté à l'égard des jambes artificielles.

JAMBIÈRE, subs. fém. v. armure plate. v. bottes. v. cuissard. v. genouillède. v. grève. v. heuse. v. légion romaine n° 4. v. législation, 1538 (juin). v. milice romaine n° 4. v. oplite. v. ordinaire romain. v. pédieux.

JAMES. v. noms propres.

JANCTAIRE, subs. masc. v. généraire.

JANÉTAIRE, subs. masc. v. généraire.

JANILLON. v. noms propres.

JANISSAIRE (janissaires) (F). Ce mot, dont l'étymologie va être indiquée, désigne des soldats d'infanterie longtemps célèbres dans la milice turque. On les a aussi nommés *ogliaki*, et adjemioglan, adjemoglan, *agemoglan, agiamoglan;* mais ces mots francisés qui, chez les Turcs et les Arabes, signifiaient fils d'Adjem, s'appliquaient plus techniquement à une des quatre divisions du corps des janissaires, à la division qui en

était comme le dépôt, l'école, la jeune garde. — L'ignorance de quelques écrivains a confondu ou supposé analogues les Janissaires et les génétaires. — En 1329, dit M. le colonel Carrion (1824, A), Orkan ébaucha la création des Janissaires, parce que les croisades avaient fait sentir le besoin des hommes de pied. En 1362, Mourat, ou Amurath premier, dans la troisième année de son règne, ou, suivant d'autres récits, en 1372, perfectionna l'institution de ce corps. Elle fut solennellement consacrée par le scheik Hadschi-Begtasch, ou Hadgi-Beltack, ou Bertach, suivant l'*Encyclopédie des Gens du monde*, fondateur de l'ordre des derviches. Ce pontife arrachant une manche de sa robe blanche, en fit l'ornement et l'accompagnement postérieur du kalpack d'un soldat, en disant : *Ils répandront la terreur et s'appelleront Jeni-Tcheri,* ou *Jenjit-Scheriffs,* ou, suivant l'Encyclopédie (1751, C), *gen-y-ceris,* ou *jenizeri,* ou *ichni-tcheri,* suivant Roquefort (1835), ou *jeuny-cherri,* citoyens nouveaux, troupe nouvelle. De là le mot corrompu Janissaire, et de là cette manche du santon qui, dans les cérémonies, pendait sur le dos du Janissaire. — Amurath second mit la dernière main à la fondation de ce corps, et chercha par là à remédier à la débilité des troupes féodales, nommées timariots, possesseurs de terres conquises en Asie par Osman et ses successeurs. — Les Janissaires ont été une imitation des bardariotes, et ont été composés, d'abord, de la portion des jeunes captifs albanais, serviens, bulgares qui formaient le lot que les sultans s'étaient attribué. Ce lot était le cinquième du total des prisonniers de guerre chrétiens. — A défaut de captifs qui pussent alimenter le recrutement de cette troupe, les sultans exigeaient de leurs possessions chrétiennes un tribut du dixième des enfants mâles; ils les incorporaient dans leur garde. Ainsi l'Europe entretenait la milice qu'elle avait pour implacable ennemie. — L'esclavage de cette troupe dégénéra bientôt en tyrannie. — Les Janissaires des quinzième et seizième siècles, quand ils se fatiguaient d'une oisiveté sans butin, forçaient leur maître à déployer l'étendard du prophète. — Les Janissaires, devenus une immense légion prétorienne, sous les ordres du *janitchar-aga,* furent répartis en odas ou compagnies, en ortas ou régiments, et furent établis en de spacieuses casernes. — Ils se partageaient en Janissaires de Constantinople et en Janissaires de Damas, comme les troupes turques se distinguaient en troupes d'Europe et d'Asie. — Mahomet deux, après la conquête de la Tur-

QUIE d'EUROPE, ayant consenti au rachat du tribut du dixième enfant mâle, les levées ne consistèrent plus qu'en sujets TURCS. Les SOLDATS se marièrent et se livrèrent à diverses professions. Une grande partie des hommes des ODAS logea hors des casernes. — Les compagnies avaient toutes leurs hommes de peine, leurs CUISINIERS, leurs sous-cuisiniers, leurs porteurs d'eau, sakkas, leurs VIVANDIERS et surtout leur MARMITE, pièce importante, insigne respecté, qui leur servait comme de drapeau. TOTT nous montre, dans une revue de Janissaires, un OFFICIER qu'il compare à un major en costume de chef CUISINIER. Quand la troupe défilait, il pliait sous le faix des casseroles et instruments pareils cousus sur un habit de cuir. Deux hommes le soutenaient sous les bras pour qu'il pût marcher. — Ce CORPS PRIVILÉGIÉ, d'abord si valeureux, et dont SOLIMAN tira un si grand parti, tombe, après son règne, dans le relâchement et l'indiscipline. Une infinité de Janissaires ne l'étaient que pour la forme et sans servir réellement. Les SPAHIS, alors, leur étaient supérieurs.—Cette soldatesque, composée d'enfants, de valetaille, d'artisans, de mortes-payes, s'élevait à quinze ou vingt mille hommes dans la seule ville de CONSTANTINOPLE. Le total réel des Janissaires, dans tout l'empire, était de quatre-vingt mille ou de cent mille. Les contrôles des ODAS en ont compris jusqu'à trois cent mille; mais ce n'était pas un effectif vrai, et quand il s'agissait de faire tête à l'ennemi, le maximum des combattants atteignait à peine soixante mille. Les sultans ne réussirent même jamais à en opposer aux RUSSES plus de vingt-cinq mille, encore la moitié de ce ban désertait-il avant d'être rendu à Andrinople. — Les Janissaires étaient partagés, jusqu'en 1826, en cent quatre-vingt-seize ORTAS, évalués à peu près à mille hommes. C'étaient des RÉGIMENTS divisés chacun en ODAS, ou chambrées, ou compagnies. — Soixante-deux ORTAS gardaient les frontières, trente-trois formaient la garnison sédentaire de CONSTANTINOPLE. Cent un ORTAS étaient répartis dans les garnisons de l'intérieur de l'empire.—Il y avait des chambrées de deux à trois cents hommes ; le cuisinier, *ashgi*, en était le second OFFICIER, en l'absence de son chef, nommé *odabaschi*. Il faisait l'appel et châtiait les coupables. — Il y avait onze ORTAS d'élèves Janissaires. On nommait ces novices *agia moglans*. MANESSON (1685, B) s'étend en quelques détails à ce sujet. — Le sultan était Janissaire de la soixante et unième ORTA, et en percevait la solde. C'était une capitulation du despotisme se courbant vis-à-vis du régime mili-

taire. Les Janissaires, jadis la terreur des chrétiens et l'appui du trône, étaient le fléau des cités et les tyrans de leur maître. — Depuis les défaites que Romanzof et SOUWAROF ont fait éprouver aux Janissaires, la réputation de cette troupe s'est perdue.— Les ortas de l'intérieur de l'empire, devenus propriétaires du sol qui leur avait été assigné, se faisaient entre elles des guerres cruelles. La trente et unième, une des plus renommées, des plus puissantes, s'était élevée à cinquante mille âmes, et écrasait sa voisine la troisième, forte à peine de trois à quatre mille hommes. Telles ortas s'étaient pour ainsi dire usées et avaient disparu. — Les Janissaires étaient reconnaissables par la coiffure en feutre à long chaperon, nommée *zarcola*; ils avaient le DOLIMAN rouge sans manches, renouvelé annuellement, et la CEINTURE nommée *coussac*. Ceux de service étaient armés, en TEMPS DE PAIX, de bâtons de bois d'Inde, de six pieds de long; en TEMPS DE GUERRE, ils portaient l'ARQUEBUSE A SERPENTIN, et un sabre que DELIGNE (1827) appelle *handschar*, et qu'on nomme communément CANDJIAR. Leur poudre et leur plomb étaient dans un fourniment; leur MÈCHE DE MOUSQUET s'entortillait le long de leur bras droit. Ceux d'ASIE n'étaient armés que d'ARCS. — Le commandement des forteresses était un droit acquis aux OFFICIERS de Janissaires. N'être justiciable que des chefs du corps était un droit du Janissaire. — En campagne, les Janissaires ne mangeaient qu'une fois le jour et au coucher du soleil.— Les Janissaires non casernés ne faisaient ni exercice, ni SERVICE, et touchaient seulement une PAYE trimestrielle. Tels d'entre eux aliénaient pour toute la vie cette PAYE, qui passait ainsi entre les mains des usuriers.— Cette troupe orgueilleuse, malhabile, turbulente, était le foyer des émeutes. — En signe de révolte, cette SOLDATESQUE transportait, en guise de BANNIÈRE, sur la place de l'hippodrome, les MARMITES, et les y tenait renversées. Ce symbole signifiait : Nous ne mangerons qu'après satisfaction.— Pour avoir occasion d'adresser des plaintes, ou de faire entendre des menaces au sultan, les ortas avaient coutume de mettre le feu à un des quartiers de la ville, parce que la loi obligeait le visir et le sultan à se porter au théâtre de l'incendie. — Les Janissaires déposent Bajazet deux, en 1512 ; ôtent la vie à Amurath trois, en 1595; menacent de la perte de son trône Mahomet trois ; accablent d'outrages Osman deux, et le conduisent du sérail aux Sept-Tours, où il est étranglé. En 1622, ils détrônent son successeur Mustapha, au bout de deux mois; mettent à mort Ibrahim, en 1649; arrachent la couronne à Mahomet quatre, tout étranger qu'il fût aux catastrophes du siége de Vienne, qu'ils lui imputent; appellent à l'empire et déposent son frère Soliman trois; renversent du trône, en 1730, Achmet trois, le jettent dans les fers et tirent de prison, pour le remplacer, Mahomet, fils de Mustapha deux. Ils dépouillent de son diadème Sélim trois, en 1807, et dispersent le corps d'essai formé alors à l'européenne et nommé *nizam djedid* (nouvelle règle). — En 1808, Mustapha Baïrachtar, grand visir, attaqué dans son palais par les Janissaires, comme fauteur des institutions nouvelles, se fit sauter, ainsi que ses ennemis, à l'aide d'un baril de poudre. Le corps des Janissaires s'en vengea en écrasant les TROUPES RÉGULIÈRES nommées SEIMANS, seïmens. — Il y avait quelques Janissaires parmi les troupes contre lesquelles les Grecs ont d'abord combattu dans le dix-neuvième siècle; mais pendant les trois dernières années de cette guerre il n'y en avait plus un seul. — Le célèbre Mahmoud, cousin de Sélim trois, n'a été épargné, peut-être, par les Janissaires que parce qu'il était sans postérité. Il voulait changer les choses sans changer les noms. Il laissa aux nouvelles institutions de tactique le nom de nizam (règle ancienne). Mais le 14 juin 1826, au milieu des manœuvres, un porte-drapeau s'écrie : *Cette évolution est russe.* Ce signal donne celui de la révolte, les marmites sont culbutées; la soupe, ou *chiorba,* que le sultan fait offrir aux mutins, est dédaignée; la sédition est au comble. — Le sandjak-chérif ou SANDJIAK (étendard de Mahomet) se déploie, la population turque se lève; les topchi (canonniers), les combaradji (bombardiers) prennent les armes, et la place publique, nommée *Ei-Mediani* (place de la Nourriture), est enveloppée de troupes. En vain les rebelles opposent une résistance opiniâtre; ils crient grâce de l'enceinte de leurs casernes en flammes... Placé entre le danger de périr de leurs mains et la nécessité de s'en défaire par la seule voie possible, par un massacre, leur maître prit le parti qu'on devait attendre d'un sultan irrité. Ainsi avaient disparu les STRELITZ. — Mais le janissérisme recélait la dernière étincelle de la nationalité et du fanatisme populaire; l'éteindre, c'était frapper au cœur la Turquie, qui, comme on l'a dit à la tribune française, périt faute de TURCS. — Des écrivains ont insinué que quelque chose de Janissaire revivait dans les PUPILLES français. — DUANE, POTTER (1779, X), le *Bulletin des Sciences militaires,* 1824, p. 196, le *Dictionnaire*

DICTIONNAIRE DE L'ARMÉE.

de la Conversation s'étendent en détails sur ce sujet. Il a été spécialement traité de leur destruction par M. JOUBERAU et par M. Caussin, et, en général, de leur historique par les AUTEURS modernes que nous indiquons en parlant de la MILICE TURQUE.

JANTIFAME, subs. fém. v. GENTILHOMME.

JANVIER, subs. masc. v. CONSEIL D'ADMINISTRATION N° 4. V. PREMIER JANVIER.

JAQQUE, subs. masc. v. JAQUE.

JAQUE, subs. fém. et masc. (term. génér.), ou JACQUE comme l'écrivent BRANTOME et M. de BARANTE, ou JAC suivant M. ALLOU, ou JACK comme l'écrit FURETIÈRE, ou JACKE, ou JAKE suivant VELLY, ou JAQQUE suivant POTTER (1780, X), ou JASQUE suivant ROQUEFORT, ou JOUQUE. Il s'appelait, en latin barbare, *jaquetanus, jaquemardus, jacobus.* — Le mot Jaque dérive de l'ALLEMAND *jacke,* espèce de JUSTAUCORPS ou de POURPOINT, comme le témoignent Pontalus et MÉNAGE. — Les ANGLAIS en ont fait *jack,* qui est fort ancien dans leur LANGUE, et dont il est question dans WALSINGHAM. Les Italiens en ont fait le substantif masculin *giaco.* — DUCANGE est d'avis que Jaque pourrait venir du nom donné à la troupe de factieux nommée jaquerie; c'est prendre l'effet pour la cause. Ce savant se trompe rarement de la sorte. — DANIEL et FURETIÈRE emploient, au féminin, le terme Jaque. BOREL (Pierre), GOETZMANN, DESPAGNAC (1751, D), M. de BARANTE l'emploient au masculin. A raison de sa racine étymologique et de la forme ITALIENNE, le masculin eût mieux convenu. Mais l'usage le plus général en a décidé autrement, et du terme féminin, consacré par l'ACADÉMIE, il nous est resté le diminutif féminin JAQUETTE, qui a aussi signifié un léger vêtement de guerre, comme le témoignent VELLY et l'ENCYCLOPÉDIE (1785, C). — Les Jaques rappelaient les THORACOMAQUES OU CUIRASSES de la MILICE ROMAINE; c'étaient des BLAUDES, des BUFFLES, des CASAQUES que l'INFANTERIE FRANÇAISE portait dès le douzième siècle. Ce VÊTEMENT rappelait le SAYON des GAULOIS et les HAUBERTS OU JAQUES DE MAILLES, imités, suivant Mézerai, de ces *hoquetons rembourrés et piqués* que portaient les SARRASINS à POITIERS. C'est surtout dans le quatorzième siècle que l'usage en a été commun, et que l'expression se rencontre dans le texte des ordonnances et dans certaines lois de police. — En 1412, le duc de Berry, à l'entrevue de BOURGES, avait, dit M. de BARANTE, un JACQUE de pourpre qui couvrait son ARMURE. — La Jaque a été principalement l'ARME DÉFENSIVE des HOMMES DE PIED et de la MILICE COMMU-

NALE, ou de la GARDE NATIONALE. Cependant l'histoire nous montre aussi de grands seigneurs vêtus de Jaques ; BRANTOME (1600, A) en fournit témoignage. — Comme cela arrive si fréquemment, le mot a d'abord été générique avant d'être spécial ; il a donné idée de toute espèce de COTTES, de CORSETS, de BLOUSES ; il a servi a dénommer un GAMBESON porté sous la CUIRASSE par les soldats d'un ordre inférieur, et quelquefois un SURTOUT porté par-dessus le HAUBERT. Suivant d'autres opinions, la Jaque, proprement dite, a succédé au GAMBESON. — En général, ce que les ÉCRIVAINS militaires appellent Jaque, était une CASAQUE en peau, en cuir ou en étoffe rembourrée et piquée qui partait du col et tombait jusqu'aux genoux. — On appelait Jaques les paysans vêtus d'une Jaque et combattant sous ce costume ; de là la qualification de jaquerie donnée à une sédition. Ces révoltés furent écrasés à Meaux, sous le règne de CHARLES SIX. — Il fut un temps où la Jaque était un composé de peaux de cerfs. Il y en entrait, disent les historiens, jusqu'à trente appliquées l'une contre l'autre ; mais c'est peu croyable. D'autres Jaques étaient un ensemble de vingt-cinq à trente toiles usées appliquées au cuir et garnies de bourre entre elles. — On était forcé de tenir très-ample un pareil VÊTEMENT ; aussi l'*homme flottait-il dedans ;* il se portait sans HAUT-DE-CHAUSSES. Voilà pourquoi on appelle JAQUETTE le JUSTAUCORPS d'enfant qui se porte sans culotte. — Il y avait des Jaques sans MANCHES. BRANTOME (1600, A) le dit ; il y en avait dont les MANCHES étaient d'un cuir plus mince. — Un manuscrit du temps de LOUIS ONZE, que mentionne JABRO (1777, G, au mot *Uniforme*), rappelle que ce roi en avait prescrit la matière, la forme, les dimensions ; ainsi l'institution de l'UNIFORME moderne peut se reporter à cette époque. C'était un vêtement petit et court, en étoffes rembourrées ou fortifiées par des cordes de boyaux, par des lacs de fil de fer. — LOUIS DOUZE donna des Jaques en cuir de cerf aux FRANCS-ARCHERS. — Il y a eu des Jaques en taffetas rembourrés et piqués ; on les portait comme matelassure de CUIRASSE. On les appelait CENDAUX, parce que le CENDAL était l'étoffe de soie alors en usage. — On lit dans M. MONTEIL que les ordonnances voulaient que les vendeurs de Jaques déclarassent, en détail, de quoi se composaient les parties non aperçues de ce vêTEMENT. — L'usage des Jaques a commencé à disparaître depuis la suppression des FRANCS-ARCHERS. Le grand usage des corselets date de cette époque, mais MONTLUC en faisait mention plus tard. — Les AUTEURS

qu'on peut consulter à l'égard des différentes espèces de Jaques, sont : M. ALLOU, BRANTOME (1600, A), CARRÉ (1783, E), COTTY (1822, A), DANIEL (1721, A), DELAROQUE, DESPAGNAC (1751, D), ENCYCLOPÉDIE (1785, C), GASSENDI, GOETZMAN, LACHESNAIE (1758, I), |MAIZEROY (1765, B ; 1771, A), POTIER (1779, X), VELLY, l'*Echo britannique.* — Les Jaques se sont distinguées en JAQUE DE MAILLE.

JAQUE (jaques) de MAILLES (F). Sorte de JAQUE que des AUTEURS regardent comme analogues aux anciennes COTTES DE MAILLES ; aussi, disent-ils qu'elles ont, vers l'an treize cents, fait place à l'ARMURE DE FER PLEIN. — On lit dans MÉNAGE qu'il y en avait *à haut gorgerin et foldières ou cuyssots,* et que les GENS DE CHEVAL le portaient *dessous le corselet qui n'avoit lors nuls braçals* (qui était alors sans brassards). — On lit aussi dans FURETIÈRE que c'était un HAUBERT, un HAUBERGEON que les HOMMES D'ARMES portaient sur leurs armes, sur la CUIRASSE. BRANTOME (1600, A) dit : *Bien en prit à Cosme de Medicis de se tenir couvert souvent d'une Jacque de mailles.* — Ce dernier ÉCRIVAIN nous apprend que de son temps la Jaque était un HABIT sans MANCHES. Mais il faut distinguer cette Jaque de la COTTE de CAVALERIE, et la regarder surtout comme un CORSELET ou une CUIRASSE D'INFANTERIE, ou comme le gambeson des soldats ne portant pas CUIRASSE. Cette ARME DÉFENSIVE était à l'usage des ARCHERS et des ARBALÉTRIERS. — La Jaque de mailles a été un perfectionnement de la simple JAQUE ; elle avait plus de longueur et de poids que la BRIGANDINE. Il y en avait qui étaient garnies de LAISCHES cousues entre deux doubles ; il y en avait qui étaient renforcées d'un TRICOT DE MAILLES assujetti en dehors. — FURETIÈRE dit que la Jaque de mailles se portait sous le POURPOINT, tandis que la Jaque simple était une espèce de POURPOINT. Il prétend que l'usage de mettre POURPOINT bas quand on se bat en duel, a pour objet de prouver qu'on ne cache pas sous ses VÊTEMENTS une Jaque de mailles. — FOLARD prétendait faire revivre l'usage de la Jaque de mailles.

JAQUEMAR, subs. masc. v. QUINTANE.

JAQUES. V. NOMS PROPRES.

JAQUETTE, subs. fém. v. JAQUE. v. MILICE SIRE N° 2.

JARDOT ; JARNAC. V. NOMS PROPRES.

JARRETIÈRE, subs. fém. v. BOUCLE DE J... V. CONTRE-SANGLON DE J... V. ORDRE DE LA J...

JARRETIÈRE de CUISSIÈRE (B, 1). Le mot JARRETIÈRE dérive du substantif jarret dont l'étymologie, serait, suivant GÉBELIN, le celtique *gar*. Ici la Jarretière est la courroie inférieure d'une cuissière de tambour; elle est destinée à l'assujettir au-dessus du genou; elle forme contre-sanglon du côté gauche et boucleteau du côté opposé; sa longueur totale est de quatre cent quarante millimètres.

JARRETIÈRE de culotte. v. culotte. v. maréchal de France n° 5.

JARRETIÈRE de guêtre. v. guêtre.

JARRY. v. noms propres.

JASARME, subs. fém. v. guisarme.

JASEQUENÉ (jasequenée), adj. v. jaseran.

JASERAN (jaserans), subs. masc. (F), ou jaserant suivant M. Allou, ou jaseron, suivant M. de Barante (1825), ou jasserans, comme dit Carré (1785, E), ou jaferans, ou jesseran. Mots qui dérivent de l'italien *ghiazzerino*, signifiant cotte de mailles; mais les étymologistes sont partagés à cet égard, et Gébelin croit le terme venu du celtique *jaz*, habillement militaire. Un Jaseran était, suivant Borel (Pierre), une chaînette; Lacombe et Nicot prennent ce substantif comme synonyme de haubert; Roquefort affirme que c'était le nom d'une cuirasse ou d'une jaque en usage au douzième siècle; il mentionne l'adjectif jasequené signifiant fait en tricot de mailles ou en cotte de mailles; cet adjectif provient-il des substantifs Jaseran ou jaque, nous l'ignorons. — Nicot dit qu'autrefois il y avait des Jaserans tricotés en or fin. — En 1429, suivant M. de Barante, Jeanne d'Arc portait le Jaseran, quand elle n'avait que le temps de revêtir cette légère armure de mailles. — Dans l'arrêt rendu en 1455 (19 mai) contre Jacques Cœur, ce traitant est accusé d'avoir fait passer aux Turcs *des Jaserans et autres habillements de guerre.* — Furetière rapporte qu'on disait d'un cheval défendu par un travail de mailles, qu'il était couvert de Jaserans, et qu'on disait de certains guerriers qu'ils étaient couverts de nobles *Jaserans.* Il s'agissait apparemment en ce cas du haubert qui était une armure noble. Duane regarde comme synonyme Jaseran et vétéran. Nous ignorons sur quels rapports se fonde l'analogie.

JASERANT, subs. masc. v. jaseran.

JASERON, subs. masc. v. cuirasse. v. jaseran.

JASMIN, subs. masc. v. épaulette de colonel. v. épaulette d'officier supérieur.

JASQUE, subs. masc. v. jaque.

JASSERANS, subs. masc. v. jaseran.

JAUBERT. v. noms propres.

JAUCLIDE, subs. fém. v. clide.

JAUCOURT; JAULT. v. noms propres.

JAUNE, subs. masc. et adj. v. aigrette. v. bouton j... v. buffleterie j... v. cartouche j... v. couleur j... v. craie j... v. épaulette de voltigeur.

JAVELINE, subs. fém. (F), ou mazère suivant l'*Encyclopédie du dix-neuvième siècle* (au mot *Arme*), ou lanssot, suivant Roquefort. Mot dont l'étymologie est analogue à celle de javelot; mais on ignore lequel des deux termes est primitif; il y a des auteurs qui prétendent, mais avec peu de vraisemblance, que le mot pourrait être une traduction du latin *javelina*, corruption du diminutif *clavelina*, provenu de *clava*, qui signifiait massue hérissée de fer; mais quel rapport y a-t-il entre une massue et une Javeline? — Les Javelines que portait la milice égyptienne étaient à fer fort long. — On croit que l'*acontium* des Latins était une arme dardelle de l'espèce des Javelines; Duane (1810, E) l'affirme. — Des auteurs ont supposé la Javeline une imitation de l'antique cateie, de l'antique matras; d'autres l'ont prise comme traduction de pilum. — Les célères et les chevaliers des légions romaines ont porté la Javeline; elle s'appelait *lancea*, lance à main. — Suivant M. Monteil, la Javeline de la milice française aurait été en usage dès Charlemagne; mais la plupart des modernes historiens mentionnent la Javeline comme une arme de demi-longueur que l'infanterie portait au douzième siècle; celle des hommes de cheval s'appelait aussi génetaire. — La hampe de la Javeline avait environ cinq pieds et demi; son fer, en général, était à trois faces ou carres. — Il y avait, suivant Carré (1785, E), des matères ou Javelines de cavalerie dont le fer était à crochet ou pirouettes, pour qu'il ne s'engageât pas trop avant dans la plaie, et que le cavalier pût retirer à lui l'arme aussitôt qu'il s'en était servi. — L'arzegaie du moyen age était une Javeline d'une espèce particulière. — Les coutilliers, en se servant de la Javeline comme demi-pique, l'assuraient au moyen de l'arrêt pareil à celui qu'on nommait arrêt de lance. — Il y avait des hérauts armés de Javelines à banderole; lancer cette arme sur un territoire équivalait à une déclaration de guerre. — La Javeline a été l'arme des gardes du corps. — On a comparé quant à la pesanteur les Javelines aux bourdonnasses. — La milice turque avait conservé la Javeline. — Les Anglais ont emprunté de notre idiome le substantif *javelin.* — Les auteurs auxquels on peut recourir sur ce sujet sont: Carré (1785, E), M. le général Cotty (1822, A), Encyclopédie (1751, C), Folard (1727, A), Gassendi, Lachesnaie (1758, I), Lecouturier (1825, A), Maizeroy (1767), Potier (1779, X), Robinson, Wilkinson, l'*Encyclopédie du dix-neuvième siècle*, au mot *Arme*.

JAVELINE empoisonnée. v. empoisonné. v. flèche empoisonnée.

JAVELOT, subs. masc. (F), ou brin d'estoc, ou couffourt, ou goufort, ou dard a main, ou esclavine, ou espare, ou esparre, ou gaurlot, ou gavrelot, ou gravelot, ou lorillard, suivant M. Roquefort, ou javrelot, ou méris, suivant Borel (Pierre) et Fauchet, ou volet, ou volete, suivant le premier de ces étymologistes, ou kirri et kist, suivant l'Encyclopédie (1785, C au mot *Arme*). — Le mot Javelot dérive, suivant Ducange, du latin *jaculum,* ou du bas latin *gaveloces*. Furetière et Ménage tirent Javelot du latin *capulus, capulottus,* signifiant garde d'épée, hampe, manche. — Leduchat pense qu'il y a analogie entre Javelot et glaive ou glaivelet. — Wachter croit que l'expression provient de l'allemand *schoeftlein,* d'où serait venu aussi javeline; on pourrait aussi bien le tirer de l'allemand *glefe,* d'où est sorti glaive. — Caseneuve prétend que le nom des javelles ou fagots vient de ce que les gens de guerre attachaient, sous forme de faisceaux, les Javelots de rechange ; ces projectiles se voituraient en effet ainsi à la suite des cohortes romaines ; et de vieilles lois écossaises, rédigées en latin, parlent également de gerbes de flèches. — Les Italiens disaient *giavelotto.* — Les Anglais employaient *gaveloc* dans le sens de Javelot, à ce que dit Ménage. — Le terme javeline est-il le diminutif de Javelot; celui-ci est-il l'augmentatif employé postérieurement à l'autre mot; c'est un fait douteux. — Le Javelot était un gros trait, un projectile a pointe que les Romains ont appelé *lancea,* lance a main, parce qu'il se jetait par l'effort du bras humain et non avec une arme névrobalistique ; cependant il s'en est lancé à l'aide d'arbalètes de passe, de pierriers et même d'engins a poudre. — Le Javelot était garni d'une lame en fer ordinairement à trois carres et à pointe très-effilée ; on évaluait à vingt-cinq ou trente pas la portée de cette arme; sa hampe avait un mètre, quelquefois cinq pieds et demi ; elle était cylindrique ou carrée. Cette description est à peu près celle qu'on a faite du pile. — Le Javelot, le *spiculum* des vélites romains, était de deux coudées (trente-deux pouces sept lignes), son fer était d'un spithame (sept pouces dix lignes). M. Lisenne en évalue la portée à quatre ou cinq cents pieds; s'il

s'agit de Javelot lancé à la main, la mesure de cette portée serait grandement exagérée; il n'y avait que des machines qui pussent produire cette projection. — Les ordinaires romains avaient un Javelot de deux mètres environ de long ; c'était aussi l'arme que portaient, depuis la corruption de la milice, les hastaires et les princes, en outre des plombées, qui étaient de petits Javelots. — Des Javelots de peu de longueur se sont nommés demi-javelots. — On a prétendu, peut-être sans preuve, que dans la formation de la tortue d'escalade les Javelots servaient comme de piliers à la toiture. — La milice perse faisait usage du Javelot. — Quelques enseignes antiques consistaient en un Javelot accompagné de quelque insigne. — Les bas-reliefs de Thèbes et les monuments d'Egypte présentent de nombreuses images de Javelots; on les retrouve aussi dans les hastes ou le pile des hastaires, des ordinaires, des triaires, des vélites, des archers a pied, des légions romaines, et parmi les armes du peltaste, du psilite, du grosphomaque des milices grecques. — Aux allocutions, le bruit que le soldat romain faisait avec son Javelot ou sa pique était un significatif langage. — Le Javelot des premiers Germains s'est nommé angon, cateie, framée. — Agathias, Appollinaire, Grégoire de Tours, Procope décrivent le Javelot des Francs et des Français. — Strabon témoigne que des peuples empoisonnaient le fer du Javelot comme certains fers de flèche. — Les barbares qui remplacèrent les armées romaines nommaient bebra le Javelot. — On pense généralement que le Javelot a été la principale arme projectile employée par l'infanterie de Clovis; cependant ce nom de Javelot présente en ce cas de l'équivoque s'il est vrai, comme le disent plusieurs écrivains et M. Rocquancourt, que le Javelot de cette époque eut un fer à dague; en cela l'angon a main aurait différé du simple Javelot. — La jouissance d'un fief d'écuyer impliquait dans la milice française l'obligation d'être pourvu d'un Javelot. — Au temps de l'usage du Javelot, en lancer un du côté de l'ennemi, c'était lui déclarer la guerre. — Velly à la date 1226 mentionne encore l'usage du Javelot. — Les sergents d'armes y renonçaient à la fin du quatorzième siècle. On s'en servit plus tard comme projectile de ribaudequin. — Depuis la troisième race la corsecque se substitua à l'ancien Javelot à main. — L'Encyclopédie (1785, C, au mot *Arme*) dit que l'usage des agas turcs était de porter dans un étui, à gauche de la selle, trois Javelots nommés kirris; elle appelle javelot à courroie, l'ar-

ZEGAIE. — De nos jours le Javelot et l'ARZE-
GAIE qui en est une variété, n'étaient pas inconnus dans certaines troupes de la MILICE
RUSSE. — Les AUTEURS dont ce sujet a exercé
les recherches sont : CARRÉ (1785, E), M.
le colonel CARRION (1824, A), M. le général
COTTY (1822, A), DANIEL (1721, A), DES-
PAGNAC (1751, D), ENCYCLOPÉDIE (1751, C;
1785, C), GASSENDI (1819), LACHESNAIE
(1758, I), MAIZEROY (1767), MONCHABLON,
TURPIN (1785, O), l'*Encyclopédie du dix-
neuvième siècle* (au mot *Arme*).

JAVELOT A COURROIE. V. A COURROIE. V.
ARZEGAIE. V. JAVELOT.

JAVRELOT, subs. masc. V. JAVELOT.

JAZERAN, subs. masc. V. JASERAN.

JAZERANS, subs. masc. V. JASERAN.

JEAN; **JEANNE**; **JECKEL**; **JEM-
MAPES**; **JEND'HEUR**; **JENEY**; **JEN-
NENG**; **JENSEN**; **JÉRUSALEM**. V. NOMS
PROPRES.

JESSERAN, subs. masc. V. JASERAN.

JÉSUITE, subs. masc. V. AUMONIER Nº 1,
4. V. COULEVRINE. V. ECCLÉSIASTIQUE.

JET, subs. masc. V. ARME DE JET. V. BA-
LISTIQUE. V. BALLE PROJECTILE. V. BOMBE. V.
GRENADE A MAIN. V. MACHINE DE JET.

JETER (verb. act.) des HOMMES, des MU-
NITIONS, des SECOURS, des VIVRES. V. CHEMIN
COUVERT. V. HOMME. V. MUNITION. V. SECOURS.
V. VIVRES.

JETER l'ALARME. V. ALARME. V. CAMP
MINCE.

JETER la GRENADE. V. GRENADE. V. GRE-
NADE A MAIN. V. OUTIL DE CAMPAGNE.

JETER le GAGE. V. GAGE. V. JUGEMENT DE
DIEU.

JETER le GANT. V. CHEVALERIE D'AFFILIA-
TION Nº 4. V. GANT. V. GANTELET. V. LANGUE
FRANÇAISE.

JETER les ARMES. V. ABANDON D'ARMES.
V. ARMES.

JETER un CAMP. V. CAMP.

JETER un PONT, des PONTONS. V. GÉNÉRAL
FRANÇAIS Nº 6. V. GUERRE DE 1741. V. PASSAGE
DE RIVIÈRE. V. PONT. V. PONT DE BATEAUX. V.
PONT DE CAMPAGNE. V. PONTON. V. PONTONNIER.

JETZE. V. NOMS PROPRES.

JEU (subs. masc.) A ARGENT. V. A ARGENT.
V. BON ORDRE. V. COLONEL D'INFANTERIE FRAN-
ÇAISE DE LIGNE Nº 22. V. CORPS DE GARDE. V.
DENIERS DE POCHE.

JEU COMPOSÉ. V. COMPOSÉ. V. JEU D'ESCRIME.

JEU COULANT. V. COULANT. V. JEU D'ES-
CRIME.

JEU de HASARD. V. BAN D'ARRIVÉE AU CAMP.
V. BON ORDRE. V. CAPITAINE D'INFANTERIE FRAN-
ÇAISE DE LIGNE Nº 13. V. COLONEL D'INFANTE-

RIE FRANÇAISE DE LIGNE Nº 22. V. COMMAN-
DANT DE PLACE Nº 5. V. CORPS DE GARDE. V.
DROGUE. V. HASARD. V. OFFICIER FRANÇAIS; id.
Nº 16.

JEU de LANCE. V. JOUTE. V. LANCE. V. NO-
BLESSE.

JEU de MINE. V. MINE.

JEU de POINTE. V. JEU D'ESCRIME. V. POINTE.

JEU d'ÉPÉE. V. ATTAQUE DANS LES ARMES.
V. ATTAQUE SUR LES ARMES. V. CONTRE-TEMPS.
V. DÉFENSIVE. V. ÉPÉE. V. ESCRIME. V. JEU D'ES-
CRIME. V. QUARTE. V. TIERCE.

JEU d'ESCRIME (G, 5), OU JEU D'ÉPÉE. Le mot
Jeu est une corruption du LATIN, et s'appli-
que ici dans le sens d'action. Il exprime un
MANIEMENT étudié de l'ÉPÉE et de l'ESPADON ;
une liaison ou PHRASE de FEINTES d'ATTAQUES
et de PARADES ; de là les expressions JEU
SIMPLE , — COMPOSÉ , — COULANT , — DE
POINTE, etc.

JEU SIMPLE. V. JEU D'ESCRIME. V. SIMPLE.

JEUDI, subs. masc. V. CAPITAINE D'IN-
FANTERIE FRANÇAISE DE LIGNE Nº 11, 21. V.
DÉTAIL D'ADMINISTRATION DE CORPS. V. MAJOR
CHEF DE BATAILLON Nº 6. V. OFFICIER DE SEC-
TION ADMINISTRATIVE.

JEUNE CHEF DE BATAILLON. V. CHEF DE BA-
TAILLON D'INFANTERIE FRANÇAISE DE LIGNE Nº 5.

JEUNE CHEF DE DIVISION. V. CHEF DE DIVI-
SION Nº 2.

JEUNE GARDE. V. CHEVELURE MILITAIRE. V.
ÉCOLE DE SOUS-OFFICIERS. V. GARDE DES CONSULS.
V. GARDE IMPÉRIALE Nº 2. V. GENDARMERIE DE
LA MAISON. V. JANISSAIRE. V. MAJOR. V. MARCHE
D'ARMÉE. V. MILICE RUSSE Nº 2. V. PUPILLE Nº 2.
V. QUEUE DE CHEVELURE. V. RÉGIMENT DE JEUNE
GARDE. V. TIRAILLEUR DE JEUNE GARDE.

JEUNE SOLDAT, subs. masc. (A, 1), OU BI-
SOGNE, OU TYRON. La locution moderne Jeune
soldat, dont les étymologies s'expliquent
d'elles-mêmes, cette expression mal choisie,
ce timide subterfuge de la LANGUE éludait le
mot CONSCRIT ; de même, on substituait les
impôts indirects aux droits réunis ; les noms
ont changé, les tributs sont restés. — Le
mot francisé BISOGNE a régné jusqu'au dix-
septième siècle. Le TYRON était le nom du
Jeune SOLDAT de la MILICE ROMAINE. Mieux
eût valu l'emploi ou la reproduction de l'un
de ces mots que celle de CONSCRIT ou de RE-
CRUE. — La LOI DE 1818 (10 MARS) et les instructions sur les APPELS au SERVICE résultant
de cette loi, ont mis en usage le terme
Jeune soldat. On appelait ainsi, contre toute
raison, des Individus qui n'étaient encore
ni SOLDATS ni soldés, puisqu'ils recevaient
cette désignation avant leur MISE EN ACTIVITÉ
et leur ORDRE DE ROUTE. C'étaient des CONS-
CRITS APPELÉS et inscrits sur une MATRICULE

particulière.—L'INSTRUCTION DE 1818 (1er DÉ-
CEMBRE, art. 17) voulait qu'il fût délivré des
CONGÉS aux Jeunes soldats qui avaient fini
leur TEMPS sans être INCORPORÉS; ce CONGÉ du
Jeune soldat est un titre attestant qu'il n'a
pas été SOLDAT; c'est ainsi que les COMMIS DE
LA GUERRE ont composé notre LANGUE MILI-
TAIRE.—Les Jeunes soldats sont des APPELÉS
admis; leur ENROLEMENT est distinct de leur
MISE EN ACTIVITÉ; il suffit qu'ils soient EN-
ROLÉS pour que leur ABSENCE puisse être ar-
guée de DÉSERTION, comme le témoignait la
CIRCULAIRE DE 1821 (31 MARS). Leurs ANNÉES
DE SERVICE (quoiqu'ils ne servent pas dans
l'ARMÉE) comptent pendant qu'ils restent
dans leurs foyers, ils arrivent ainsi à l'AN-
CIENNETÉ. C'est comme anciens que les Jeunes
soldats sont libérés. C'est une singulière
alliance dans notre LANGUE que celle des
mots SERVICE de qui ne sert pas; ANCIENNETÉ
et Jeune soldat. — L'ORDONNANCE DE 1820
(11 OCTOBRE) envoyait dans les COMPAGNIES
DE PIONNIERS, à titre de RÉFRACTAIRES, les
Jeunes soldats qui se seraient MUTILÉS pour
se soustraire au SERVICE. — Dans la même
année, une loi déclarait les Jeunes soldats
susceptibles en certains cas d'être employés
comme TAMBOURS-MAJORS. — La DÉCISION DE
1821 (8 DÉCEMBRE) voulait que les Jeunes
soldats INCORPORÉS restassent en jouissance
des EFFETS BOURGEOIS qu'ils apportaient de leur
pays, si ces EFFETS, *quant à la forme, ne
sont pas incompatibles avec la tenue.* —
Les INSTRUCTIONS SUR L'INSPECTION DE 1821
(5 JUILLET, art. 49) et DE 1822 (3 JUILLET)
appelaient Jeunes soldats ceux qui étaient
HOMMES DE RECRUE, c'est-à-dire IMMATRICULÉS
et INCORPORÉS; c'était confondre deux classes
distinctes dans le mécanisme du RECRUTE-
MENT : le Jeune soldat APPELÉ, le Jeune soldat INCORPORÉ.— Les ÉCOLES D'ESCRIME étaient
gratuitement ouvertes, pendant six mois, aux
Jeunes soldats INCORPORÉS.

JEUNESSE, subs. fém. v. MAITRE DE LA
J... V. OFFICIER N° 2.

JOCHER; JOHNSON; JOHNSTON.
V. NOMS PROPRES.

JOIE, subs. fém. v. FILLE DE J...

JOINDRE (verb. neut.) un CORPS. V.
CORPS. V. REJOINDRE.

JOINT de CUIRASSE. V. COUTEAU D'ARMES.
V. CUIRASSE. V. FAQUIN.

JOINVILLE ; JOLLOIS ; JOLY ;
JOMBERT; JOMINI. V. NOMS PROPRES.

JONC, subs. masc. v. CANNE DE TAMBOUR-
MAJOR. V. CHAINE DE CANNE DE TAMBOUR-MAJOR.
V. POMME DE CANNE.

JONES. V. NOMS PROPRES.

JONGLEUR (jongleurs), subs. masc. (F).

Ce mot, qui est une corruption du LATIN
joculator, était le nom de certains MÉNES-
TRELS dont la profession était d'amuser les
grands. *Plusieurs y gagnèrent*, dit VILLA-
RET, *le rang de chevaliers.* C'étaient apparemment ceux qui suivaient les ARMÉES. —
Les Jongleurs sont mentionnés, depuis
1056, comme associés des TROUBADOURS. —
Des Jongleurs deviennent, en 1382, des
histrions et des faiseurs de tours que PHILIPPE
AUGUSTE essaye vainement de bannir du
royaume. — Leur nom tombe en oubli depuis que les bateleurs, *batalores*, ou joueurs
d'épées et de bâton les remplacent.—L'EN-
CYCLOPÉDIE (1751, C) peut être consultée sur
ces matières.

JONQUILLE, subs. masc. v. LANCIER.

JONQUILLE, adj. et subs. masc. v. AI-
GRETTE. V. ATTRIBUT DE RETROUSSIS. V. COULEUR
TRANCHANTE. V. DRAPEAU DU TROISIÈME BATAIL-
LON. V. ÉPAULETTE DE VOLTIGEUR. V. ÉPAULETTE
EN DRAP. V. POMPON.

JORNÉE, subs. fém. v. JOURNÉE.

JOSEPH; JOSÉPHE; JOUBERT.
V. NOMS PROPRES.

JOUE, subs. fém. v. GARDE-J...

JOUE, interj. (G, 5), ou EN JOUE, mot
dont le substantif Joue humaine donne l'é-
tymologie. Une figure de rhétorique trans-
porte ici le nom de la Joue à un MANIEMENT
D'ARMES, à l'action d'appuyer contre la Joue
une CROSSE DE FUSIL. C'est un COMMANDEMENT
D'EXÉCUTION qui est une abréviation de cette
autre locution : *Mettez en Joue!* et qui est
suivi du COMMANDEMENT : Feu! — Dans les
FEUX DE PELOTON à GÉNUFLEXION, le TROISIÈME
RANG met en Joue d'une manière qui diffère
de celle des autres RANGS. — Le COMMANDE-
MENT Joue! reste sans résultat, si un ROULE-
MENT vient à se faire entendre,

JOUE de CROSSE. V. CROSSE. V. CROSSE DE
FUSIL. V. PLAT DE CROSSE.

JOUE de HAVRE-SAC. V. CLOISON DE HAVRE-
SAC. V. CORPS DE HAVRE-SAC. V. HAVRE-SAC. V.
OREILLON DE HAVRE-SAC. V. PROLONGEMENT DE
JOUE.

JOUE d'EMBRASURE. V. EMBRASURE. V.
MEURTRIÈRE.

JOUER, verb. act. et neut. v. FAIRE
JOUER. V. MERLON.

JOUER des MAINS. V. ACTION DE GUERRE.
V. MAIN.

JOUEUR (subs. masc.) d'ÉPÉE. V. ÉPÉE.
V. ESPADON. V. HÉRISSON TACTIQUE. V. INFAN-
TERIE LÉGÈRE N° 1.

JOUMARIÈRE. V. NOMS PROPRES.

JOUQUE (jouques), subs. masc. v. COTTE
DE MAILLES. V. JAQUE. V. SAYON.

JOUR, subs. masc. v. APPEL DE J... V.
APPEL DU J... V. COLONEL DE J... V. CONSIGNE

DE J... V. DE JOUR. V. FAIRE J... V. GÉNÉRAL DE J... V. GUET DE J... V. MARÉCHAL DE CAMP DE J... V. OFFICIER DE J... V. SE FAIRE J... V. ORDRE DU J... V. RONDE DE J... V. SENTINELLE DE J... V. SERVICE DE J... V. TIR DE J...

JOUR d'ACTION. V. ABATIS DÉFENSIF. V. A L'ORDRE. V. ACTION. V. ACTION DE GUERRE. V. AIDE DE CAMP N° 4. V. AMBULANCE. V. APPUYER. V. ARME D'UNIFORME DE TROUPE. V. ARMÉE AGISSANTE N° 4. V. ART DE LA GUERRE. V. ARTILLERIE D'INFANTERIE. V. ARTILLERIE STRATOPÉDIQUE. V. ATTAQUE EN RASE CAMPAGNE. V. AUMONIER DE CORPS N° 8. V. BATTERIE DE CAMPAGNE. V. BILLET D'ENTRÉE A L'HOPITAL. V. BLESSÉ. V. BOUGE. V. BRIGADIER DES ARMÉES. V. CHIEN DE GUERRE. V. CHIRURGIEN D'AMBULANCE. V. CHIRURGIEN-MAJOR D'INFANTERIE FRANÇAISE DE LIGNE N° 5. V. COCARDE. V. COLONEL D'INFANTERIE FRANÇAISE DE LIGNE N° 6. V. COLONNE ÉPAGOGIQUE N° 4. V. COMMUNICATION STRATEUMATIQUE. V. COMPAGNIE DE GRENADIERS D'INFANTERIE N° 5. V. COMPAGNIE D'INFANTERIE FRANÇAISE DE LIGNE N° 9. V. CONNÉTABLE N° 4, 7. V. CORDON DE BONNET. V. CORPS D'ARMÉE. V. CRI D'ARMES. V. COUP D'OEIL. V. DÉPOUILLEMENT. V. DÉROBER UN MOUVEMENT. V. DÉSERTEUR A L'ENNEMI. V. DÉTACHEMENT A L'ARMÉE. V. ÉLÉPHANT. V. ÉTAT CIVIL. V. ÉTAT-MAJOR D'ARMÉE N° 5. V. FEU D'INFANTERIE. V. GÉNÉRAL D'ARMÉE N° 9. V. GRENADIER D'INFANTERIE FRANÇAISE DE LIGNE N° 1. V. GUERRE DE 1665, — 1667, — 1688, — 1701. V. HAVRE-SAC. V. HUSSARD N° 4. V. INHUMATION. V. INSTRUMENT DE MUSIQUE MILITAIRE. V. JOUR D'AFFAIRE, — DE BATAILLE, — DE COMBAT. V. JOURNAL DE GUERRE. V. LANCE FOURNIE. V. MARCHE PROCESSIONNELLE. V. MARÉCHAL DE BATAILLE. V. MÉLANGE D'ARMES. V. MILICE AUTRICHIENNE N° 2. V. MILICE ROMAINE N° 10. V. OFFICIER SUPÉRIEUR. V. POLICE. V. PRISONNIER DE GUERRE ÉTRANGER. V. PROLONGE. V. RAVIN. V. RÉCEPTION DE CHEVALIER. V. RETRAITE EN ÉCHIQUIER. V. SERGENT-MAJOR N° 2. V. SERRE-FILE. V. SERVICE DE JOUR. V. SERVICE DE SANTÉ. V. STRATAGÈME. V. SUBORDINATION. V. TRIAIRE N° 4.

JOUR d'AFFAIRE. V. AFFAIRE.

JOUR d'ARRIVÉE. V. ARRIVÉE. V. DÉROBER UNE MARCHE. V. PRESTATION.

JOUR de BATAILLE. V. BATAILLE. V. CALIBRE DE CANON. V. ÉTENDARD. V. GÉNÉRAL FRANÇAIS N° 5. V. MARCHE-ROUTE. V. MARÉCHAL DE CAMP N° 6. V. MILICE FRANÇAISE N° 6. V. MILICE PRUSSIENNE N° 8. V. MUSIQUE. V. PAYE. V. PENNON. V. PORTÉE DE CANON. V. POSTE D'HONNEUR. V. RANG DE BATAILLE. V. TACTIQUE. V. TERRAIN STRATÉGIQUE.

JOUR de COMBAT. V. BATAILLON D'INFANTERIE FRANÇAISE N° 1. V. COMBAT. V. GÉNÉRAL FRANÇAIS N° 5. V. PAYE.

JOUR de DÉPART. V. DÉPART. V. DÉPART DE CORPS. V. DÉPART IMPRÉVU. V. PRESTATION. V. PROMOTION. V. TRAITEMENT D'ACTIVITÉ.

JOUR de GRACE. V. DÉLAI DE REPENTIR. V. GRACE.

JOUR de MARCHE. V. GARDE DE POLICE EN ROUTE. V. MARCHE. V. MARCHE-ROUTE.

JOUR de MARCHÉ. V. MARCHÉ. V. MARCHÉ FORAIN. V. PATROUILLE EN GARNISON. V. POSTE D'HOMMES DE GARDE EN GARNISON. V. SÉJOUR.

JOUR de POSTE. V. ADJUDANT DE SEMAINE N° 8. V. POSTE. V. POSTE AUX LETTRES.

JOUR de REPENTIR. V. DÉLAI DE REPENTIR. V. REPENTIR.

JOUR de SÉJOUR. V. APPEL DU SOIR EN ROUTE. V. CAPORAL EN ROUTE. V. COMPAGNIE EN ROUTE. V. GITE. V. SÉJOUR.

JOUR de SORTIE D'HOPITAL. V. BILLET DE SORTIE D'HOPITAL. V. SORTIE D'HOPITAL. V. TRAITEMENT SANITAIRE.

JOUR de TRANCHÉE. V. PREMIER JOUR DE T... V. TRANCHÉE.

JOUR d'ENTRÉE A L'HOPITAL. V. BILLET D'ENTRÉE A L'HOPITAL. V. ENTRÉE A L'HOPITAL. V. TRAITEMENT SANITAIRE.

JOURDAN. V. NOMS PROPRES.

JOURNAL, subs. masc. (term. génér.). Mot qui a la même racine que JOUR et JOURNÉE; ces substantifs viennent du LATIN *dies*, voici comment; l'adjectif LATIN *diurnus* s'est changé dans le bas LATIN ou L'ITALIEN en *jorno* qu'on prononce *djorno*; le mot jour en est sorti par corruption. — Un Journal, considéré dans le sens qu'il prend ici, est un REGISTRE tenu journellement; aussi dans la langue de l'administration les substantifs REGISTRE-JOURNAL sont souvent inséparables, mais il en est autrement dans le langage de la GUERRE. — Le mot Journal se distingue en JOURNAL DE GUERRE et en JOURNAL DE SIÉGE.

JOURNAL d'ARMEMENT. V. ARMEMENT. V. OFFICIER DE DÉTAIL.

JOURNAL de CAISSE. V. CAISSE. V. CAISSE A TROIS SERRURES. V. INSPECTEUR GÉNÉRAL D'INFANTERIE N° 5.

JOURNAL de CAPITAINE D'HABILLEMENT. V. CAPITAINE D'HABILLEMENT N° 3. V. REGISTRE-JOURNAL.

JOURNAL de GUERRE (G). Sorte de JOURNAL particulier à un CORPS FAISANT CAMPAGNE; il contient le récit circonstancié des POSITIONS, des MARCHES, des MOUVEMENTS, des ACTIONS où figure le CORPS; il en offre la FORCE EFFECTIVE par les relevés des TABLEAUX DE SITUATION; il doit être appuyé de PLANS GRAPHIQUES et d'observations stratégiques, et relater les BULLETINS publiés qui désignent le corps et les ORDRES DU JOUR où son nom est mentionné. — Le RÈGLEMENT DE 1816 (24 JUILLET) voulait qu'il fût rédigé par le LIEUTENANT-COLONEL. Maintenant l'AIDE-MAJOR est chargé de tenir ce journal sous la responsabilité du COLONEL.

JOURNAL de MÉDECINE MILITAIRE. V. CHIRURGIEN-MAJOR D'INFANTERIE N° 12. V. MÉDECINE MILITAIRE.

JOURNAL de MOUVEMENTS et DISTRIBUTIONS. V. DISTRIBUTION. V. MOUVEMENT. V. MOUVEMENT ADMINISTRATIF.

JOURNAL de QUARTIER-MAITRE. V. QUARTIER-MAITRE.

JOURNAL de RECETTE et DÉPENSE. V. DÉPENSE. V. RECETTE. V. REGISTRE-JOURNAL DE RECETTE N° 6. V. TRÉSORIER DE CORPS.

JOURNAL de RÉPARATIONS. V. LIEUTENANT D'ARMEMENT. V. RÉPARATION.

JOURNAL de SERVICE DE PLACE. V. COMMISSAIRE DES GUERRES N° 4. V. SERVICE DE PLACE. V. SOUS-INTENDANT N° 8.

JOURNAL de SIÉGE (H, 1). Sorte de JOURNAL qui répond à peu près à ce que les ROMAINS nommaient *memorialis*, comme le témoignent leurs historiens, et JABRO (1777, G). — Ce que le grand CONDÉ appelait son registre avait de l'analogie avec les Journaux de guerre et de siége. — L'usage des Journaux de siége n'était ni régulièrement adopté, ni légalement prescrit avant l'époque où FEUQUIÈRES (1750, A) écrivait. Les GOUVERNEURS des PLACES ASSIÉGÉES tenaient et conservaient de simples notes qui étaient par conséquent dépourvues d'authenticité, et les opérations de la défense n'étaient garanties par aucune solidarité. — Les opinions publiées par FEUQUIÈRES influèrent sur les décisions ministérielles, et depuis le milieu de l'autre siècle les ordonnances prescrivirent la tenue d'un journal dans les PLACES ASSIÉGÉES, et ordonnèrent que tous les événements y fussent régulièrement enregistrés. — Les ADJUDANTS ou autres OFFICIERS D'ÉTAT-MAJOR de PLACE sont chargés de la tenue du Journal de siége.

JOURNAL de TRÉSORIER DE CORPS. V. DÉPENSE DE CORPS. V. DENRÉE DE DISTRIBUTION. V. REGISTRE CENTRAL. V. REGISTRE-JOURNAL. V. TRÉSORIER. V. TRÉSORIER DE CORPS N° 6.

JOURNAL d'ÉQUIPEMENT. V. ÉQUIPEMENT. V. OFFICIER D'HABILLEMENT.

JOURNAL d'HABILLEMENT. V. CAPITAINE D'HABILLEMENT N° 3. V. HABILLEMENT. V. OFFICIER DE DÉTAILS. V. REGISTRE-JOURNAL D'HABILLEMENT.

JOURNAL d'OFFICIER D'ARMEMENT. V. BON DE RÉPARATION D'ARMEMENT. V. OFFICIER D'ARMEMENT.

JOURNAL d'OFFICIER D'HABILLEMENT. V. OFFICIER D'HABILLEMENT.

JOURNAL GÉNÉRAL de TRÉSORIER. V. GÉNÉRAL, adj. V. PAYEMENT. V. REGISTRE. V. REGISTRE-JOURNAL. V. TRÉSORIER DE CORPS.

JOURNAL HISTORIQUE. V. HISTORIQUE, adj. V. MILICE RUSSE N° 2.

JOURNAL MILITAIRE. V. MILITAIRE, adj. V. NOMS PROPRES.

JOURNALIER (journalière), adj. V. CONTROLE DE MOUVEMENT. V. CONSIGNE J... V. DEMANDE J... V. HAUTE PAYE J... V. PARTI J... V. MOUVEMENT J... V. RAPPORT J... V. SERVICE J...

JOURNÉE, subs. fém. V. APPEL DE J... V. COLONNE DE J... V. DÉCOMPTE DE J... V. FEUILLE DE J... V. RAPPEL DE J...

JOURNÉE (term. génér.), ou JORNÉE. Mot dont la racine est pareille à celle du substantif JOURNAL; il s'emploie principalement d'une manière figurée, soit pour signifier ACTION ou BATAILLE, soit administrativement; il indique, dans ce dernier cas, un droit mesuré à raison d'une durée de vingt-quatre heures; ainsi, quand on parle des Journées de la feuille d'appel, c'est comme cadre des prestations services en vertu d'un droit. — Le terme demande donc à être distingué en JOURNÉE ADMINISTRATIVE et en JOURNÉE DE GUERRE.

JOURNÉE ADMINISTRATIVE (B, 1). Sorte de JOURNÉE qui, par métonymie, indique une certaine portion des APPOINTEMENTS ou de la SOLDE, une certaine manière de calculer les PRESTATIONS services légalement à des MILITAIRES. — Les REVUES ÉCRITES dressées, suivant les temps, par les SOUS-INSPECTEURS ou les SOUS-INTENDANTS, étaient le calcul des Journées. — Le calcul des Journées est la base de certains ABONNEMENTS. Celles des ABSENTS PAR CONGÉ ne comptent que jusqu'au jour exclus du départ. — Les FEUILLES DE JOURNÉE tiennent une place importante parmi les ÉCRITURES COMPTABILIAIRES, et les FEUILLES D'APPEL comprennent des COLONNES de Journées. — Les APPOINTEMENTS se calculent à raison d'un nombre de Journées supposé égal pendant tous MOIS quelconques. — Les JOURNÉES DE ROUTE sont inscrites sur les FEUILLES D'APPEL. — Les JOURNÉES D'ABSENCE ILLÉGALE doivent être mentionnées sur la MATRICULE DES HOMMES DE TROUPE.

JOURNÉE A L'HOPITAL. V. A L'HOPITAL. V. COMMISSAIRE DES GUERRES N° 6. V. HOMME A L'HOPITAL. V. SOUS-INSPECTEUR.

JOURNÉE d'ABSENCE. V. ABSENCE. V. JOURNÉE ADMINISTRATIVE. V. MATRICULE. V. REVUE DE LIQUIDATION.

JOURNÉE d'ABSENCE ILLÉGALE. V. ABSENCE ILLÉGALE. V. ABSENCE PROHIBÉE. V. JOURNÉE ADMINISTRATIVE.

JOURNÉE de COMPAGNIE. V. COMPAGNIE. V. FEUILLE DE JOURNÉE DE COMPAGNIE.

JOURNÉE de DÉTENTION. V. AMENDE D'HOMME DE TROUPE. V. DÉTENTION. V. GEOLAGE.

JOURNÉE de FEUILLE D'APPEL. V. FEUILLE D'APPEL. V. JOURNÉE ADMINISTRATIVE.

JOURNÉE de GUERRE (H). Sorte de JOURNÉE dont le nom se rapporte au *jornada* des ESPAGNOLS de qui nous l'avons emprunté; il se prend dans maints récits historiques comme synonyme d'ACTION, de BATAILLE ou de COMBAT; c'est en ce sens qu'on dit : *La Journée fut chaude, fut brillante* par ses MANŒUVRES ...; la LIGNE D'OPÉRATIONS fut coupée dès la première journée.

JOURNÉE de MARCHE. V. ADJUDANT EN ROUTE. V. ARRIVÉE DE CORPS EN ROUTE. V. CHEMINEMENT SKEUOPHORIQUE. V. CONVOI A LA SUITE. V. FEUILLE DE ROUTE. V. FEUILLE DE ROUTE D'OFFICIER. V. GITE. V. GUERRE. V. HALTE DE ROUTE. V. MARCHE. V. MARCHE DE CORPS EN ROUTE. V. MARCHE-ROUTE. V. MILICE ESPAGNOLE N° 8.

JOURNÉE de PRÉSENCE. V. ÉTAPE. V. FEUILLE DE SUBSISTANCE. V. HABILLEMENT. V. PRÉSENCE. V. REVUE DE LIQUIDATION. V. SOLDE D'INFANTERIE FRANÇAISE DE LIGNE. V. SOUS-OFFICIER N° 7.

JOURNÉE de ROUTE. V. ARRIVÉE DE CORPS EN ROUTE. V. INDEMNITÉ DE CHEVAL DE SELLE. V. INDEMNITÉ DE ROUTE. V. JOURNÉE ADMINISTRATIVE. V. MARCHE EN POSTE. V. PREMIER CÉLEUSTIQUE. V. ROUTE. V. SOLDE.

JOURNÉE de SÉJOUR. V. INDEMNITÉ DE ROUTE D'HOMME DE TROUPE. V. INDEMNITÉ DE ROUTE D'OFFICIER. V. SÉJOUR.

JOURNÉE de SOLDE. V. ARME FRANÇAISE N° 3, TABLEAU. V. CONNÉTABLE N° 4. V. CONVALESCENT ABSENT. V. MUSICIEN N° 7. V. RETENUE SUR APPOINTEMENT. V. REVUE ÉCRITE. V. SOLDE.

JOURNÉE de TRAITEMENT. V. CHIRURGIEN-MAJOR D'INFANTERIE FRANÇAISE N° 18. V. HOPITAL MILITAIRE. V. TRAITEMENT.

JOURNÉE de TRAVAILLEUR. V. LIVRE DE COMPAGNIE. V. TRAVAILLEUR.

JOURNÉE d'ÉTAPE. V. ÉTAPE. V. MANŒUVRE D'ENSEMBLE.

JOURNÉE d'ÉTAT-MAJOR. V. ÉTAT-MAJOR. V. FEUILLE DE JOURNÉE D'ÉTAT-MAJOR.

JOURNÉE d'EXISTENCE. V. EXISTENCE. V. HAUTE-PAYE PÉCUNIAIRE.

JOURNÉE d'HOPITAL. V. CONTROLEUR D'HOPITAL. V. DISPONIBILITÉ. V. DOMESTIQUE D'OFFICIER. V. FEUILLE DE RETENUE. V. HOPITAL. V. HOPITAL MILITAIRE. V. MASSE D'HOPITAUX. V. RAPPEL DE JOURNÉES. V. RETENUE.

JOURNÉE EN ROUTE. V. APPEL DE JOURNÉE EN ROUTE. V. EN ROUTE.

JOUSTE, subs. fém. V. JOUTE.

JOUSTER, verb. neut. V. CHEVALIER DU MOYEN AGE N° 6. V. COMBAT A PLAISANCE. V. JOUTE. V. TOURNOIS.

JOUTE, subs. fém. (F), ou JOUSTE, comme le disaient encore BOREL (Pierre), FURETIÈRE, MÉNAGE, ou TUTINEIS suivant ROQUEFORT. — Le mot Joute vient, suivant Silvius Eneas (étymologiste parvenu à la papauté), du LATIN *juxta*, parce que la Joute avait lieu de près. SAUMAISE dérive au contraire ce substantif du GREC. DUCANGE et MÉNAGE le tirent du bas LATIN *juxta*, JEU DE LANCE, resté dans l'ESPAGNOL, et qui se retrouve dans l'ITALIEN *jiostra*: de là le verbe jolter, jouter, que mentionne BARBAZAN. — Une bulle de Clément cinq qui prohibe les Joutes témoigne qu'elles s'appellent aussi tables rondes, *justis ... quæ tabulæ rotundæ vulgariter nuncupantur.* — Les mots LATIN *troja* et bas LATIN *hostiludium* sont analogues en quelque chose au substantif Joute. — Les Joutes étaient ordinairement un DUEL simulé à cheval, à la LANCE ou à la ZAGAIE. Les TOURNOIS offraient ce genre de spectacle, et ordinairement se terminaient par la Joute nommée LANCE DES DAMES; mais il se donnait aussi des spectacles de Joutes, indépendamment des TOURNOIS. — Les MAURES en furent les inventeurs, ils les appelaient *juego de canas*, jeux de canne. C'était l'exercice d'un DJERID courtois dont le BOUCLIER parait les coups. — Les ESPAGNOLS empruntèrent des MAURES ces passe-temps, que les FRANÇAIS imitèrent d'eux. — Les Joutes de CARROUSEL s'appelaient aussi JOUTES DE COURTOISIE; c'étaient des COMBATS A PLAISANCE où les seuls CHEVALIERS étaient admis à figurer; c'étaient quelquefois des BEHOURDS annoncés avec pompe par les HÉRAUTS D'ARMES, et exécutés sous la police d'un MARÉCHAL; ou bien c'était un CHOC à la suite d'un CARTEL; ou enfin le dénoûment d'une ENTREPRISE; c'est en ce sens que la CHEVALERIE disait CLORE LE PAS. — On joutait à HEAUME, soit ouvert, soit fermé. — On joutait à LANCE BRISÉE, c'est-à-dire que, par COURTOISIE, la hampe était à moitié sciée, de sorte que, au moindre ROUSSIS, elle volait en éclats. — Des Joutes se terminaient par les wider — come de la TABLE RONDE, voilà pourquoi Joute et TABLE RONDE ont été synonymes. — Triompher dans une Joute et demeurer dernier vainqueur, s'appelait FORJOUSTER, FORJOUTER, FORJETER. — Autrefois on établissait cette différence que la LANCE, et surtout la LANCE GRACIEUSE, servait aux Joutes; le dard, aux TOURNOIS; la Joute était une variété et un diminutif du TOURNOI. — Les CHEVALIERS ou les SAVANTS D'ARMES, comme les appelle EUSTACHE DESCHAMPS, admis dans la LICE s'y présentaient sur le GRAND CHEVAL, et s'y escrimaient à la LANCE et à l'ÉPÉE. Le TOURNOI, au contraire, comprenait une plus grande réunion d'hommes, des COURSES militaires, des COMBATS galants. — Originairement une Joute était plutôt un combat de deux hommes, quelquefois un duel, et le TOURNOI était plutôt un COMBAT de plusieurs hommes où l'on ne se présentait pas avec l'intention de combattre à outrance. — Les AUTEURS qu'on peut consulter à ce sujet sont: BOREL (Pierre), CARRÉ (1785, E), CHAMPOLLION FIGEAC, DUCANGE, ENCYCLOPÉDIE (1751, C; 1785, C), FURETIÈRE, MÉNAGE, MÉNESTRIER.

JOUTE de COURTOISIE. V. CABINET D'ARMES. V. COURTOISIE. V. JOUTE. V. LANCE A MAIN.

JOUTER, verb. neut. V. BEHOURDER. V. JOUTE. V. QUINTAINE. V. TOURNOI.

JOUTEUR, subs. masc. V. ARMOIRIE. V. CARROUSEL. V. COMBAT A PLAISANCE. V. JOUTE.

JOVE. V. NOMS PROPRES.

JOVIENS, subs. masc. plur. (F). Dénomination donnée, dans la MILICE ROMAINE, à un CORPS PRIVILÉGIÉ qui formait la GARDE de Dioclétien, comme l'explique GANEAU; on appelait d'abord MARTIOBARBULES les soldats Joviens.

JOYEUX. V. NOMS PROPRES.

JUBE, subs. fém. (F). Mot LATIN francisé dans le sens de CIMIER, comme le témoigne l'ENCYCLOPÉDIE (1785, C), au mot AIGRETTE.

JUBÉ; JUCHEREAU. V. NOMS PROPRES.

JUDICIAIRE, adj. V. ACTE J... V. AFFAIRE J... V. AUDIENCE J... V. AUTORITÉS J... V. AVIS J... V. CASSATION J... V. COMBAT J... V. CONDAMNATION J... V. CONSEIL J... V. CONSEIL DE GUERRE J... V. CONSEIL DE RÉVISION J... V. CORPS J... V. COUR J... V. DÉFENSE J... V. DUEL J... V. ENQUÊTE J... V. INSTRUCTION J... V. OFFICIER J... V. OPÉRATION J... V. POLICE J... V. POURSUITE J... V. RÉPLIQUE J... V. RÉQUISITION J... V. RÉVISION J... V. TÉMOIN J...

JUDICIAIREMENT, adv. V. ACQUITTÉ J...

JUDICIEL (judicielle), adj. V. GENDARMERIE J... V. OFFICIER J...

JUGE, subs. masc. V. GRADE DE J... V. GRAND J... V. SERVICE DE J... V. SOUS-OFFICIER J...

JUGE (term. génér.). Mot qui est la souche du mot JUGEMENT, et qui dérive du LATIN *judex* ou *judicens*. Il se distingue en JUGE DE CAMP et en JUGE MILITAIRE.

JUGE AUDITEUR. V. AUDITEUR. V. GARDES FRANÇAISES N° 2. V. MINISTRE DE LA GUERRE EN 1761.

JUGE CIVIL. V. CIVIL., adj. V. DETTE DE MILITAIRE. V. DUEL. V. GOUVERNEUR DE PROVINCE. V. PRÉVÔT D'ARMÉE. V. PRÉVÔT DES BANDES.

JUGE D'ARMES de la NOBLESSE. V. ARMES. V. GENTILHOMME. V. NOBLESSE. V. ROI D'ARMES.

JUGE de CAMP (F), ou DISEUR, suivant M. SISMONDI, ou JUGE DE PAIX. Sorte de Juge qui avait la direction, la police, la surveillance d'un TOURNOI, d'un CARROUSEL, ou même d'un COMBAT plus sérieux en CHAMP CLOS. — Quand une LICE était sur le point de s'ouvrir, le Juge en faisait annoncer l'époque, le lieu, les conditions; il se logeait ordinairement dans un couvent, il s'assurait du nom, de la condition, du lignage des prétendants; il faisait suspendre, dans le cloître, et étaler aux yeux du public les CARTELS D'ARMOIRIES des CHAMPIONS, des adversaires de tout rang; il faisait dresser les barrières, construire les HOURS (échafauds), élever les TREFS (tribunes); il y siégeait comme PRÉSIDENT de l'assemblée et comme représentant des dames; il avait, à ce titre, sa LANCE ou une longue baguette blanche ornée d'une CORNETTE de femme, pour en toucher le vaincu et le sauver de la mort. — Le Juge de camp prononçait, s'il le jugeait à propos, la suspension d'un DUEL; il annonçait l'issue du COMBAT. — Les combats nommés ARMES A OUTRANCE, ou JUGEMENT DE DIEU, avaient lieu aussi sous les yeux d'un JUGE DE CAMP. — Les règles n'étaient pas tellement fixes et générales que le nombre et le rang des Juges n'aient varié; suivant les temps et les pays, ils étaient soumis à un PRÉSIDENT, ils étaient secondés par des MARÉCHAUX, par des HÉRAUTS D'ARMES, etc. — Quelquefois ils étaient à la fois Juges et MARÉCHAUX.

JUGE de COMMISSION MILITAIRE. V. COMMISSION MILITAIRE.

JUGE de CONSEIL DE GUERRE. V. CONSEIL DE GUERRE. V. JUGE MILITAIRE. V. MARAUDAGE. V. MILICE AUTRICHIENNE N° 9. V. ORDONNANCE OFFICIELLE.

JUGE de CONSEIL EXTRAORDINAIRE. V. CONSEIL EXTRAORDINAIRE.

JUGE de CONSEIL JUDICIAIRE. V. CONSEIL JUDICIAIRE. V. MILICE PRUSSIENNE N° 9.

JUGE de CONSEIL SPÉCIAL. V. CONSEIL SPÉCIAL.

JUGE de COUR JUDICIAIRE. V. COUR JUDICIAIRE.

JUGE de PAIX CIVIL. V. APPOSITION DE SCELLÉS. V. CIVIL. V. DÉCÈS. V. EFFET DE DÉCÉDÉ A L'HOPITAL. V. EFFET DE DÉCÉDÉ EN GARNISON. V. GARDE DE POLICE EN GARNISON. V. MAJOR

CHEF DE BATAILLON N° 8, V. PAIX. V. OFFICIER D'ÉTAT CIVIL. V. SOUS-INTENDANT N° 8.

JUGE de PAIX MILITAIRE. V. JUGE DE CAMP. V. MILITAIRE, adj. V. PAIX.

JUGE de RÉGIMENT FRANCO-SUISSE. V. GRAND JUGE D'INFANTERIE FRANCO-SUISSE. V. INFANTERIE FRANCO-SUISSE N° 6. V. RÉGIMENT FRANCO-SUISSE.

JUGE de TRIBUNAL MILITAIRE. V. MILICE ANGLAISE N° 10. V. MILICE PRUSSIENNE N° 7. V. TRIBUNAL MILITAIRE.

JUGE d'ÉPÉE. V. ÉPÉE. V. GRAND PRÉVOT. V. JUGE MILITAIRE.

JUGE du CAMP. V. CAMP. V. DUEL. V. HÉRAUT D'ARMES N° 4. V. JUGE DE CAMP. V. PARRAIN. V. TOURNOI.

JUGE du POINT D'HONNEUR. V. GOUVERNEUR DE PROVINCE. V. JUSTICE MILITAIRE. V. POINT D'HONNEUR. V. TRIBUNAL DU POINT D'HONNEUR.

JUGE (juges) MILITAIRE (A, 1; C, 5). Sorte de JUGES considérés par rapport à l'administration de la JUSTICE MILITAIRE et à la composition des COMMISSIONS, CONSEILS, COURS, TRIBUNAUX auxquels sont ou ont été déférés les MILITAIRES ACCUSÉS de CRIMES et DÉLITS prévus par le CODE PÉNAL français ou par les dispositions légales qui en tenaient lieu. — En outre des Juges militaires, considérés comme appelés à prononcer à l'égard des personnages faisant partie de l'ARMÉE, il y avait aussi des Juges militaires, des JUGES D'ÉPÉE prononçant comme PRÉVOTS, comme CONSEILLERS DE ROBE COURTE, dans des causes civiles; ils avaient cette qualification, parce qu'ils avaient le droit de siéger l'ÉPÉE AU COTÉ. On les a aussi appelés, suivant les temps et les cours de justice, CONSEILLERS D'ÉPÉE; tels étaient les BAILLIS, les DUCS ET PAIRS, les GOUVERNEURS, les PRINCES, les SÉNÉCHAUX, etc. — Tout ce qu'on lit touchant la manière dont les juges instrumentaient au temps du SÉNÉCHAL, du CONNÉTABLE, du ROI DES RIBAUDS, du GRAND PRÉVOT DE L'HOTEL, du POINT D'HONNEUR des MARÉCHAUX et des formes de l'ancienne DISCIPLINE FRANÇAISE, n'est que confusion et ne rappelle qu'inhumanité ou extravagance; l'espèce même des CHATIMENTS, leur gravité, le genre des SUPPLICES étaient laissés à l'arbitraire des juges. — Dans les derniers siècles, les TROUPES étant hors du royaume ou à l'armée, les Juges militaires avaient droit de prendre connaissance des ACTIONS intentées POUR DETTES à des OFFICIERS OU HOMMES DE TROUPE de leur ressort. — Suivant nos anciennes lois, si les juges étaient de différentes ARMES, les OFFICIERS de l'ARME à laquelle l'HOMME EN JUGEMENT appartenait, donnaient, les premiers, leur AVIS. — Nous disons les OFFI-

CIERS, parce que, en général, eux seuls étaient appelés à siéger à TOUR DE PIQUE comme juges. Cependant, depuis Louis QUATORZE, des SERGENTS eurent accès aux TRIBUNAUX, quand il ne se trouvait point, sur les lieux, un nombre suffisant d'OFFICIERS d'infanterie. Ceux de CAVALERIE n'étaient convoqués non plus comme juges, qu'à défaut d'OFFICIERS D'INFANTERIE. — Depuis l'abolition du casque et sauf quelques corps qui le conservèrent, les juges donnaient leur opinion en se découvrant. — L'ORDONNANCE DE 1750 (25 JUIN) est la première qui s'occupe, nominalement, des Juges militaires; ils étaient nommés suivant l'ordre du tableau. Il y avait en cela une sorte de garantie pour le PRÉVENU. — Il était prescrit aux juges de ne se rendre au lieu des SÉANCES qu'à jeun et après avoir ouï la messe. — Ceux qui étaient de l'ARME portant HAUSSE-COL en étaient décorés.— Avant l'introduction de l'ACCUSÉ, les juges recevaient communication de la CONFRONTATION; ils appliquaient ensuite tel ou tel genre de PEINE. Les ordonnances en laissaient le choix à la conscience de la COUR. — Jusqu'en 1791, l'autorité ou un simple ORDRE DU JOUR nommaient et convoquaient les juges. Au temps des COMMISSIONS, des CONSEILS EXTRAORDINAIRES, des CONSEILS SPÉCIAUX, il en était encore de même. — Depuis les LOIS DE 1791 (30 SEPTEMBRE, etc.), les juges étaient choisis à TOUR DE ROLE; c'était un genre de SERVICE. Si ce choix, dont le hasard décidait, ne fournissait pas toujours les sujets les plus éclairés, les plus équitables, du moins il mettait l'autorité dans l'impossibilité de trouver des séides. — Le DIRECTOIRE confia par la LOI DE L'AN QUATRE (4 BRUMAIRE) au MINISTRE DE LA GUERRE et aux GÉNÉRAUX le droit de nommer à leur volonté les juges, dans certaines classes ou GRADES déterminés; c'était reconstituer ce qu'on appelait jadis JUGEMENT par commissaires.— La LOI DE L'AN CINQ (13 BRUMAIRE) ne permettait pas de siéger aux juges qui eussent été parents du prévenu *au degré prohibé par la constitution.* — La LOI DE L'AN CINQ (4 FRUCTIDOR) réglait le GRADE des juges par rapport à celui des ACCUSÉS. — La LOI DE L'AN SEPT (14 FRUCTIDOR) et la DÉCISION DE 1807 (16 FÉVRIER) permettaient, en cas d'insuffisance de militaires en activité, d'appeler comme JUGES des MILITAIRES EN RETRAITE. — Le nombre insuffisant des juges était de même prévu par les DÉCRETS DE L'AN QUATORZE (17 FRIMAIRE) et DE 1807 (16 FÉVRIER), 1812 (24 JANVIER), mais aucun législateur n'avait songé à déclarer inhabiles à être juges les MILITAIRES frappés de surdité, de cécité, de mutisme, de monomanie, etc. ; or tel pourrait être le cas d'OFFICIERS EN RE-TRAITE, ou de MARÉCHAUX en activité, puisque l'activité des maréchaux est censée ne finir qu'avec leur vie. — Les OFFICIERS JUGES jouissent du TRAITEMENT de leur GRADE, peuvent en être payés mensuellement sur les lieux, et voyagent sur PIED DE PAIX, avec INDEMNITÉ DE ROUTE. — Sept juges composent les CONSEILS PERMANENTS; six sont OFFICIERS, un SOUS-OFFICIER en fait partie. Ils tiennent SÉANCE dans des APPARTEMENTS ad hoc; ils siégent en grande tenue, en hausse-col s'il y a lieu, et la tête découverte; ils connaissent de l'AFFAIRE pour laquelle ils sont convoqués. Leurs SÉANCES sont publiques en ce sens que l'AUDITOIRE peut égaler le triple des juges; ils prononcent par GRADES; l'AVIS du GRADE INFÉRIEUR est recueilli le premier. Si la PEINE de mort est encourue, les condam-nés sont passés par les ARMES. — Les AUTEURS qui ont traité des Juges militaires et de la marche des AFFAIRES JUDICIAIRES OU PROCÈS, sont : AUDOUIN, M. BERRIAT, CHÉNIER, D'HÉRICOURT (1756), ENCYCLOPÉDIE (1785, C), FRAVETH, LACHESNAIE (1758, I), ODIER (1818, E; 1824, E), PERRIER et tous ceux que nous mentionnons en traitant de la JUSTICE MILITAIRE.

JUGE ORDINAIRE. V. GOUVERNEUR DE PROVINCE. V. ORDINAIRE, adj.

JUGE ROYAL. V. DUEL. V. ROYAL.

JUGEMENT, subs. masc. V. ABSENT PAR J..., V. ANNULATION DE J... V. CASSATION DE J... V. COMBAT DE J... V. CONFIRMATION DE J... V. COPIE DE J.. V. EN JUGEMENT. V. EXÉCUTION DE J... V. EXPÉDITION DE J... V. EXTRAIT DE J... V. FORMULE DE J... V. MINUTE DE J... V. PASSER EN J... V. PIED DE J... V. PRONONCÉ DE J... V. RENDRE UN J...

JUGEMENT { DE DIEU. MILITAIRE... { JUGE-MENT CONTRADICTOIRE. EN MARCHE.

JUGEMENT (term. génér.). Mot dont la racine est la même que celle du mot JUGE; il se distingue en JUGEMENT A MORT, — CIVIL, CRIMINEL, — DE COMMISSION MILITAIRE, — DE CONSEIL DE DISCIPLINE, — DE CONSEIL DE GUERRE, — DE CONSEIL DE RÉVISION, — DE CONSEIL EXTRAORDINAIRE, — DE CONSEIL JUDICIAIRE, — DE CONSEIL MILITAIRE, — DE CONSEIL PERMANENT, — DE CONSEIL SPÉCIAL, — DE DÉSERTEUR, — DE DIEU, — D'EMBAUCHEUR, — D'INSPECTEUR AUX REVUES, — D'OFFICIER D'INTENDANCE, — EN DÉSERTION, — INFAMANT, — JUGEMENT D'OFFICIER, — MILITAIRE, — PAR CONTUMACE, — PÉNAL, — PRÉVOTAL, — SUISSE.

JUGEMENT A MORT. V. A MORT. V. APPLICATION DE PEINE. V. EXÉCUTION A MORT. V. GÉNÉRAL D'ARMÉE N° 6. V. MINISTRE DE LA GUERRE N° 12. V. PEINE DE MORT.

JUGEMENT CONTRADICTOIRE (C, 5). Sorte de JUGEMENT qui est l'opposé d'un JUGEMENT PAR CONTUMACE; il s'appelle CONTRADICTOIRE, parce qu'il est le résultat d'un PROCÈS aux DÉBATS duquel l'ACCUSÉ prend part contradictoirement ou en personne, tandis que s'il est contumace, cette sorte de DÉBATS ne peut avoir lieu. — Subir un JUGEMENT CONTRADICTOIRE, s'appelle aussi PURGER UNE CONTUMACE.

JUGEMENT CIVIL. V. CIVIL. V. RETENUE. V. RETENUE SUR APPOINTEMENT.

JUGEMENT CRIMINEL. V. CRIMINEL, adj. V. JUGEMENT MILITAIRE.

JUGEMENT de COMMISSION MILITAIRE. V. APPEL DE PROCÈS. V. COMMISSION MILITAIRE.

JUGEMENT de CONSEIL DE DISCIPLINE. V. AVIS DE CONSEIL DE DISCIPLINE. V. CONSEIL DE DISCIPLINE. V. EXPULSION. V. PUNITION.

JUGEMENT de CONSEIL DE GUERRE. V. APPEL DE PROCÈS. V. CASSATION JUDICIAIRE. V. CONSEIL DE GUERRE. V. CONSEIL JUDICIAIRE. V. DESTITUTION. V. GREFFIER. V. JUGEMENT MILITAIRE. V. MILICE AUTRICHIENNE N° 9. V. MINISTÈRE DE LA GUERRE.

JUGEMENT de CONSEIL DE RÉVISION. V. CONSEIL DE RÉVISION.

JUGEMENT de CONSEIL EXTRAORDINAIRE. V. CONSEIL EXTRAORDINAIRE.

JUGEMENT de CONSEIL JUDICIAIRE. V. CONSEIL JUDICIAIRE. V. MINISTRE DE LA GUERRE N° 14; id. année 1775.

JUGEMENT de CONSEIL MILITAIRE. V. CONSEIL MILITAIRE. V. MILICE PIÉMONTAISE N° 7.

JUGEMENT de CONSEIL PERMANENT. V. APPEL DE PROCÈS. V. ARTILLERIE IDIOPLIQUE. V. CONSEIL PERMANENT. V. LÉGION D'HONNEUR.

JUGEMENT de CONSEIL SPÉCIAL. V. APPEL DE PROCÈS. V. CONSEIL SPÉCIAL.

JUGEMENT de DÉSERTEUR. V. CAPITAINE RAPPORTEUR. V. COLONEL D'INFANTERIE FRANÇAISE DE LIGNE N° 26. V. CONDAMNÉ A MORT. V. CONDAMNÉ POUR DÉSERTION. V. COPIE DE JUGEMENT. V. DÉLAI DE REPENTIR. V. DÉSERTEUR. V. JUGEMENT MILITAIRE. V. ORDRE DE CORPS.

JUGEMENT de DIEU (F), ou COMBAT DE JUGEMENT, ou DUEL JURIDIQUE. Sorte de JUGEMENT augural qui nous reporte aux premiers temps connus de la Gaule et des contrées celtiques, et qui rappelle les pratiques superstitieuses auxquelles les druides présidaient. A les en croire, la Divinité permettait que, dans un combat litigieux, la partie qui avait le bon droit de son côté sortît vainqueur d'un DUEL ou d'une ÉPREUVE. C'était au succès ou à la défaite à manifester l'approbation ou l'improbation céleste. — Chez les CELTES, ces ÉPREUVES étaient ordonnées par les magistrats, mais les prêtres s'emparaient de la connaissance des délits et du maniement du PROCÈS, et ils dirigeaient les POURSUITES qui devaient éclairer la conscience des JUGES. — En appliquant à un temps plus moderne la même expression, le Jugement de Dieu fut l'imitation chrétienne de ces usages païens. Le moyen de chercher de quel côté était le bon droit consistait à consulter le sort au moyen des DÉS, et c'est même, suivant quelques opinions manifestées par des ÉTYMOLOGISTES, ce qui a donné aux DÉS leur nom venu de *deus*, ou bien il consistait à subir des ÉPREUVES soit en combattant, soit en s'exposant à diverses chances périlleuses, soit en s'imposant de laborieuses fatigues. On peut distinguer surtout les épreuves en COMBATS à FER ÉMOULU et en ORDALIES, signifiant épreuve par les éléments. —La LOI GOMBETTE fournirait, à ce que Montesquieu a dit un peu à la légère, le plus ancien témoignage de ces coutumes; elle passe des BOURGUIGNONS chez les ALLEMANDS, les BAVAROIS, les LOMBARDS, les SAXONS. On retrouve clairement chez les FRANÇAIS, au neuvième siècle, l'ÉPREUVE par le fer chaud. — Depuis le treizième siècle, cette JURISPRUDENCE absurde et sanguinaire a commencé à se tempérer ou à s'abolir en plusieurs pays; mais, à cette époque, elle était encore dans toute sa force en ANGLETERRE. Une trace de ce système barbare n'y est pas encore effacée. Ainsi à la porte des TRIBUNAUX criminels civils, la TROMPETTE annonce l'arrivée du JUGE, comme jadis elle précédait le JUGE DU CAMP, sonnait à l'entrée de la LICE, donnait le signal des ÉPREUVES ou des COMBATS SINGULIERS. — Il n'est pas dans le genre de nos recherches d'approfondir les ÉPREUVES par les éléments ou par la voie du sort; c'est le COMBAT DE JUGEMENT qui doit être l'objet de quelques remarques, puisque le sujet est militaire, et que dans la JURISPRUDENCE de certaines nations il y a encore quelque trace de l'ancienne forme des JUGEMENTS par la voie des armes. —Ce plaid de l'épée (*placitum ensis*) était quelquefois autorisé, quelquefois ordonné par la justice du temps; le demandeur JETAIT LE GAGE de bataille, le défendeur ACCEPTAIT LE GAGE. Le premier pre-

nait le nom d'ASSAILLANT, et le second le nom de TENANT. L'organisation de leur DUEL était une des fonctions des HÉRAUTS D'ARMES. — Sous LOUIS LE DÉBONNAIRE, en 851, un certain Bernard demande à se laver des accusations qu'on lui a intentées, en recourant à la voie du DUEL, *more Francis solito*, à la manière reçue par les Francs ou les FRANÇAIS. — Sous LOUIS LE GROS, des COMBATS DE JUGEMENT sont fréquemment livrés; une ordonnance de ce règne en témoigne. — Les évêques autorisaient ces pratiques stupides et sacriléges. Le CONCILE DE NARBONNE en 902, et celui de TOURS en 925, en faisaient un point de doctrine religieuse. Les ASSISES DE JÉRUSALEM, les coutumes du pays normand et du Beauvoisis, les *establissements* de SAINT LOUIS, deviennent le code de cette LÉGISLATION plicable également au civil et au criminel. —En matière civile, la défaite d'un des deux COMBATTANTS donnait gain de cause à l'adversaire, *le battu payait l'amende*. — En matière criminelle, cette défaite était suivie de la PEINE réservée au genre de délit mentionné dans l'accusation; ainsi le plaideur qui avait le dessous dans le COMBAT, encourait ou la mort ou la mutilation. S'il avait recours à l'épée d'un CHAMPION, celui-ci était compris dans la même sentence. L'avocat ne perdait pas impunément sa cause; on coupait ses AIGUILLETTES, on dispersait dans la poussière ses vêtements, on mettait en pièces son ÉCU, on traînait dans la fange son cadavre. — Nous avons parlé d'ALPHONSE SIX et du rit mozarabique, c'est un des plus singuliers Jugements de Dieu. — A ORLÉANS, le plaid de l'épée était interdit si l'objet de la contestation était d'une valeur inférieure à celle de cinq sous (valeur du temps). — La LICE était ouverte aux créanciers qui intentaient procès à leurs débiteurs, aux VASSAUX qui se disputaient pour la mouvance avec leur SEIGNEUR, aux plaignants qui accusaient un témoin du CRIME DE FAUX, aux parties qui regardaient leurs JUGES comme s'étant laissés corrompre. Se pourvoir ainsi pour arriver au DUEL entre plaideurs et magistrats est appelé, dans les ASSISES DE JÉRUSALEM, *fausser la court*, c'est-à-dire accuser de prévarication les JUGES. — En matière civile, les frères pouvaient se battre par le ministère des AVOUÉS ou CHAMPIONS; en matière criminelle, il leur était loisible de s'entr'égorger face à face. — Le DUEL entre le père et le fils était prohibé.— Les ECCLÉSIASTIQUES défendaient leur cause ou de leur épée ou par représentants. Chesnel, clerc de l'évêque de Xaintes, se battit contre Guillaume, moine du couvent de l'abbé de Vendôme. — Les femmes, les MEHAIGNÉS ou

NAVRÉS (estropiés ou infirmes), les hommes au-dessous de vingt et un ans et au-dessous de soixante, et en plusieurs cas les JUIFS, étaient dispensés du DUEL personnel. — Les NOBLES surtout ne pouvaient le refuser. — Plus d'une autorité cependant cherchèrent à tempérer cette LÉGISLATION impie. — Le CONCILE DE VALENCE EN 855, Nicolas premier, contemporain de CHARLES LE CHAUVE, CÉLESTIN TROIS, Alexandre trois, le CONCILE DE TRENTE et plusieurs souverains se déclarèrent vainement contre le COMBAT DE JUGEMENT. LOUIS SEPT en restreignit les cas. — LOUIS NEUF, dans une ordonnance de 1260, prohibe les DUELS JUDICIAIRES et essaye d'y substituer les preuves par témoins. Cette intention louable reste sans effet, l'usage est le plus fort, les BARONS FRANÇAIS repoussèrent cette amélioration. Le projet de réforme attire au saint roi mille invectives de la part des SEIGNEURS laïques et ECCLÉSIASTIQUES ; l'évêque de PARIS, l'abbé de Saint-Denis se déchaînent en reproches contre lui, parce que la suppression des Jugements de Dieu eût diminué ou détruit les droits d'amende ou de confiscation qui constituaient pour eux une branche de revenu. SAVARON redit ces invectives qu'il serait indiscret de citer en parlant d'un prince canonisé. — Le monarque FRANÇAIS cède à la nécessité, ses incertitudes ou son impuissance percent dans l'ambiguïté des capitulaires nommés *Establissemens-le-Roi*. S'il y témoigne qu'il supprime dans ses domaines personnels les DUELS (liv. I, chap. 2), s'il cherche à diminuer dans le reste de la FRANCE le nombre des cas qui donnent lieu à ces luttes atroces, il les légitime en d'autres baronnies, et il décide que le vaincu y sera *pendu par la goule*. Ainsi, ceux qui ont prétendu que LOUIS NEUF avait aboli les DUELS JUDICIAIRES, ont avancé une proposition qui n'est qu'à moitié vraie. LOUIS NEUF a consacré au contraire le DUEL JUDICIAIRE en certaines provinces ; il l'a restreint, mais avec peu de succès, dans les autres ; et cet usage barbare existait encore deux siècles après son règne. — PHILIPPE LE BEL rétablit le Jugement de Dieu dans une ordonnance compliquée qu'on retrouve dans le *Glossaire* de DUCANGE. — Sous PHILIPPE DE VALOIS, CHARLES CINQ, CHARLES SIX, on retrouve quantité d'exemples de cette exécrable forme de PROCÉDURE. — De 1306 à 1386, on voit plusieurs fois le parlement se refuser à autoriser le DUEL ; quelquefois il y donne les mains. — Les évêques assistaient au COMBAT quand il avait lieu dans la cour du palais épiscopal. PIERRE LE CHANTRE, qui écrivait en 1180, le témoigne et appelle MONOMACHIE

ce genre de COMBAT. — Dans chaque pays, les formalités judiciaires différaient ; mais, en général, il fallait que le JUGE du lieu donnât son adhésion au combat et déclarât qu'il *écheoit gage*. Les SEIGNEURS OU BARONS FRANÇAIS exigeaient ensuite que les futurs contendants déposassent une valeur ou fournissent des cautions qui répondissent des amendes à prélever, car ils percevaient sur les ROTURIERS et les SERFS vaincus soixante sous, et sur les NOBLES vaincus, soixante-huit livres ; ils s'emparaient des dépouilles des défunts et revendaient leur cadavre à la famille. — La cour du Louvre, la place de l'Hôtel de ville et des terrains dépendants des abbayes étaient, à PARIS, le lieu des COMBATS JURIDIQUES. — Le DUEL ordonné par FRANÇOIS PREMIER entre Lavonnière et Vanlay peut encore être regardé comme un COMBAT DE JUGEMENT. — Cette manie ne s'est éteinte que depuis l'influence que les parlements ont obtenue dans l'administration du royaume — Les AUTEURS qui ont traité de cette matière, sont : CARRÉ (1783, E), DUCANGE, DUCLOS, DUTILLET, ENCYCLOPÉDIE (1751, C), M. JACOB, LACOLOMBIÈRE, MONTESQUIEU (*Esprit des lois*, chap. 18), ODIER (1824, E, t. IV, p. 247), PASQUIER, RAGUEAU, SAVARON, SAUVAL (*Antiquités de Paris*), l'*Encyclopédie des Gens du monde*, au mot COMBAT JUDICIAIRE.

JUGEMENT d'EMBAUCHEUR. V. EMBAUCHAGE. V. EMBAUCHEUR.

JUGEMENT d'INSPECTEUR AUX REVUES. V. INSPECTEUR AUX REVUES.

JUGEMENT d'OFFICIER. V. OFFICIER. V. OFFICIER EN JUGEMENT. V. OFFICIER FRANÇAIS N° 10.

JUGEMENT d'OFFICIER D'INTENDANCE. V. CORPS D'INTENDANCE N° 10. V. INSPECTEUR GÉNÉRAL N° 4. V. OFFICIER D'INTENDANCE.

JUGEMENT EN DÉSERTION. V. CAPITAINE RAPPORTEUR. V. COLONEL D'INFANTERIE FRANÇAISE DE LIGNE N° 26. V. COPIE DE JUGEMENT. V. DÉSERTION. V. EN DÉSERTION.

JUGEMENT EN MARCHE (F). Sorte de JUGEMENT MILITAIRE que les lois françaises ne mentionnent pas ; mais il est usité dans plusieurs MILICES. Les ANGLAIS l'appellent *jugement de tambour (drumshead trial)*, parce que les officiers s'assemblaient autour d'une caisse de TAMBOUR, qui est comme le bureau ou du moins le pupitre de ce TRIBUNAL en plein air. — L'exécution suit immédiatement le jugement.

JUGEMENT INFAMANT. V. DÉCORATION. V. INFAMANT.

JUGEMENT MILITAIRE (term. sous-génér.), ou JUGEMENT PÉNAL. Sorte de JUGE-

MENT considéré comme émanant d'un TRIBUNAL légalement constitué et de la nature de ceux qui se sont appelés, suivant les temps, COMMISSION MILITAIRE, CONSEIL DE DISCIPLINE, — DE GUERRE, — DE RÉVISION, — EXTRAORDINAIRE, — JUDICIAIRE, — MILITAIRE, — PERMANENT, — SPÉCIAL; COUR JUDICIAIRE, — MARTIALE, — PRÉVOTALE, TRIBUNAL MILITAIRE, TRIBUNAL SPÉCIAL. — Il y avait autrefois entre les expressions SENTENCE et JUGEMENT CRIMINEL une nuance qui n'était pas sans utilité et qui s'est effacée. On appelait SENTENCE tout ACTE DE CONDAMNATION par opposition aux jugements d'ABSOLUTION. Ainsi, dans les formes des anciens PROCÈS MILITAIRES dont l'ENCYCLOPÉDIE (1785, C) traite au mot CONSEIL DE GUERRE, il est question de SENTENCE, hormis dans les cas d'ACQUITTEMENT. Telle était la JURISPRUDENCE des PRÉVOTS, des MAJORS DE PLACE, des MAJORS DE RÉGIMENT. On en trouve le témoignage dans DELAFONTAINE (1675, A) et CHENNEVIÈRES (1742, D). Dans l'ancienne pratique civile, l'INSTRUCTION des PROCÈS CRIMINELS exigeait INFORMATION, INTERROGATOIRE, RÉCOLEMENT et CONFRONTATION. Ces FORMES de PROCÉDURES s'appliquaient aux Jugements militaires, comme le témoignent CHENNEVIÈRES (1742, D), JABRO (1777, G), LACHESNAIE (1758, I). — Dans les usages militaires, les Jugements sont ou des actes d'ACQUITTEMENT, ou des actes de RÉPRESSION; ils émanent de la JUSTICE; elle REND des Jugements. La DISCIPLINE, au contraire, sorte de justice au petit pied, n'en rend point. — Jugement a deux acceptions; c'est l'action des JUGES qui prononcent, ou bien c'est l'écrit énonciatif du prononcé. Dans le premier cas, une position individuelle s'appelle PIED DE JUGEMENT; dans le second cas, le GREFFIER signe au PIED du Jugement. — La découverte d'une complication de délits est un cas de suspension de Jugement par fait d'INCOMPÉTENCE; avis en est donné au MINISTRE DE LA GUERRE. — Il est des cas où des INTERPRÈTES étaient appelés aux INFORMATIONS et aux SÉANCES. Cette nécessité était fréquente, surtout aux époques où la moitié de l'ARMÉE FRANÇAISE ne parlait pas français; en ce cas, une INDEMNITÉ leur était payée sur la représentation de la CÉDULE ou CITATION qui les avait convoqués. — Un Jugement est une déclaration ou un ACTE précédé de DÉBATS et éclairé de PREUVES; il porte ou l'ABSOLUTION et la DÉCHARGE d'un PRÉVENU NON CONVAINCU, ou la CONDAMNATION d'un ACCUSÉ CONVAINCU; dans ce cas, il exprime la PEINE encourue. Il s'exerce ordinairement à l'égard d'un HOMME présent, et quelquefois à l'égard d'un absent ou CONTUMACE; il est rendu à la majorité des VOIX. — En l'an quatre, s'il s'agissait d'EXÉCUTION A MORT, le Jugement devait même être rendu à la MAJORITÉ des deux tiers des VOIX. — Le Jugement est écrit par le greffier au pied du PROCÈS-VERBAL; il est libellé suivant des FORMULES que la LÉGISLATION détermine; il contient le texte de l'article de la LOI que le PRÉSIDENT a dû lire; il est prononcé à haute voix par le PRÉSIDENT, en présence de l'AUDITOIRE qui a assisté aux DÉBATS de la CAUSE. — Une COPIE du Jugement est lue par le CAPITAINE RAPPORTEUR au CONDAMNÉ, en présence de la GARDE sous les armes. A cette lecture succède l'AVERTISSEMENT relatif au droit de POURVOI. — Une EXPÉDITION ou un EXTRAIT du Jugement sont adressés, dans les trois jours, si le CONDAMNÉ faisait partie d'un CORPS RÉGIMENTAIRE, au CONSEIL D'ADMINISTRATION de ce CORPS. Si le CONDAMNÉ subit EMPRISONNEMENT, une EXPÉDITION de Jugement lui est remise. — Suivant la différence des temps ou des lieux, il était ou il est adressé un EXTRAIT du Jugement au GOUVERNEUR ou COMMANDANT DE PLACE, ou au GÉNÉRAL de la division. Il est transmis une COPIE du Jugement au MINISTRE DE LA GUERRE, soit de suite, soit périodiquement au commencement du mois. Cet ENVOI avait ou a lieu par les soins et à la diligence des MAJORS DE CORPS ou DE PLACE, de l'AUDITEUR DES GUERRES, de l'accusateur militaire ou du CAPITAINE RAPPORTEUR. — Un REGISTRE coté et paraphé, dont le PRÉSIDENT est institué dépositaire, contient la MINUTE de tout Jugement rendu. L'ARRÊTÉ DE L'AN CINQ (17 FLORÉAL) pourvoyait à la fourniture de ce registre. — Le MINISTRE DE LA GUERRE est tenu de notifier dans la quinzaine, aux MAIRIES des CONDAMNÉS, les Jugements qui les concernent. — Les COMMISSAIRES ORDONNATEURS (maintenant les INTENDANTS) étaient chargés par l'arrêté de l'AN CINQ (17 FLORÉAL) de pourvoir aux frais d'impression des Jugements d'une importance marquée. — L'INSTRUCTION DE L'AN QUATRE (18 PRAIRIAL) a consacré le principe de l'examen de tout Jugement rendu. Cet examen s'est ensuite nommé RÉVISION; il était le préliminaire indispensable de la mise à exécution. Le GÉNÉRAL COMMANDANT convoquait pour cet examen les trois plus anciens OFFICIERS SUPÉRIEURS sous ses ordres; ils décidaient si le Jugement devait être exécuté ou si un nouveau PROCÈS devait être entamé. — La JURISPRUDENCE de l'ARMÉE FRANÇAISE a changé depuis l'institution du CODE PÉNAL DE L'AN CINQ (21 BRUMAIRE). — La création des CONSEILS DE RÉVISION chargés de prononcer ANNULATION ou CONFIRMATION a été la conséquence de ces dispositions diverses. — Ce qui est resté dans l'obscurité et le vague, c'est la distinction ou la gradation des CRIMES, des DÉLITS et des CONTRAVENTIONS d'un ordre moindre; de là cette disproportion entre l'INFRACTION et la peine; de là souvent par conséquent l'impunité. — Les LOIS DE L'AN QUATRE (18 FRUCTIDOR) et DE L'AN SIX (15 BRUMAIRE) s'occupaient des cas de RÉVISION et de POURVOI. — Les COMMISSAIRES qui, après avoir porté divers noms, s'appellent actuellement COMMISSAIRES DU ROI, sont devenus un anneau important de la justice, puisqu'ils ont le droit d'arguer d'irrégularité un Jugement, et d'en provoquer la RÉVISION. — Une DÉCISION DE 1807 voulait, en cas de COMPLOT DE DÉSERTION, qu'un seul Jugement comprît tous les ACCUSÉS. — Les Jugements des DÉSERTEURS ont été tour à tour prononcés ou par des CONSEILS SPÉCIAUX ou par les CONSEILS MILITAIRES qui avaient mission de connaître des autres genres de CRIMES. — Le soin, la surveillance, la police de l'EXÉCUTION des Jugements rendus sont confiés à la GENDARMERIE. — Une question mal déterminée était celle-ci : La DESTITUTION d'un OFFICIER peut-elle et doit-elle, en temps de paix, avoir lieu autrement qu'en vertu d'un JUGEMENT LÉGAL? L'affirmative est supposable, puisque le GRADE même des SOUS-OFFICIERS ne peut leur être enlevé qu'après une espèce d'ENQUÊTE et en vertu d'une sorte de Jugement privé. — Les Jugements par lesquels est prononcé un EMPRISONNEMENT qui doit durer plus d'un an sont mentionnés sur la MATRICULE des HOMMES DE TROUPE DÉTENUS dans les PRISONS PUBLIQUES. Tout Jugement motivant RADIATION y est également mentionné. Si le CONDAMNÉ est PASSÉ PAR LES ARMES, l'inscription sur les REGISTRES se tait sur cette circonstance. — L'impression et l'affiche des Jugements susceptibles de produire, par cette mesure, un effet utile étaient ordonnées par la CIRCULAIRE DE 1828 (5 SEPTEMBRE). — S'il s'agit de MEMBRES DE LA LÉGION D'HONNEUR, quelques formes particulières s'appliquent en ce cas. — Toute ABSENCE par MISE EN JUGEMENT est indiquée sur les tableaux de l'effectif des CORPS. — Toute DÉTENTION par suite de Jugement est suspensive des ANNÉES DE SERVICE. — Une CIRCULAIRE DE 1836 (20 MAI) traitait des Jugements des militaires absents. — Le nombre des Jugements prononcés en 1832, dans l'ARMÉE FRANÇAISE, a été dans la proportion d'un homme sur soixante et dix. Plus d'un tiers des Jugements frappait des ENRÔLÉS VOLONTAIRES; plus d'un tiers s'appliquait à des REMPLAÇANTS; un peu moins d'un quart s'exerçait sur des CONSCRITS. Il

avait été mis en Jugement un simple soldat sur cinquante. — En 1833, six cent quatre-vingt-huit PRÉVENUS ont été MIS EN JUGEMENT, ce qui équivalait à un homme sur cinquante-huit; le nombre des CONDAMNÉS équivalait à un sur quatre-vingt-cinq. — Les auteurs qu'on peut consulter à l'égard des diverses espèces de Jugements et de leurs formes légales sont : BARDIN (1807, D; 1816, E), M. BERRIAT (1812, A), CHENNEVIÈRES (1742, D), DELAFONTAINE (1675, A), ENCYCLOPÉDIE (1785, C), FOUCHER, JABRO (1777, G), LACHESNAIE (1758, I), M. LEGRAVEREND, ODIER (1824, E), M. PERRIEN, M. QUILLET. — Les Jugements militaires seront examinés, surtout comme JUGEMENTS CONTRADICTOIRES et comme JUGEMENTS EN MARCHE.

JUGEMENT PAR CONTUMACE. V. ACCUSÉ. V. CONTUMACE. V. DÉSERTEUR. V. JUGEMENT CONTRADICTOIRE. V. PAR CONTUMACE.

JUGEMENT PÉNAL. V. ABSENCE PROHIBÉE. V. COMMISSAIRE DES GUERRES N° 5. V. JUGEMENT MILITAIRE. V. MILICE BAVAROISE N° 4. V. MILICE PRUSSIENNE N° 9. V. MILICE ROMAINE N° 9. V. PÉNAL. V. PRÉVOT D'ARMÉE.

JUGEMENT PRÉVOTAL. V. GRAND PRÉVOT. V. PRÉVOT. V. PRÉVOTAL. V. ROI DES RIBAUDS.

JUGEMENT SUISSE. V. INFANTERIE FRANCO-SUISSE N° 6. V. SUISSE, adj.

JUGER, verb. act. V. CONTUMACE.

JUGULAIRE, subs. fém. (B, 1) ou MARTINGALE, ou MENTONNIÈRE, mot dérivé du LATIN : *jugulum, jugularis*, du gosier. — Il y a eu des POTS à Jugulaires, mot qui, par rapport à certaines coiffures, s'est confondu avec BAVIÈRES. — Le terme Jugulaire est employé depuis 1812, pour donner idée de la paire de martingales qui s'attachent à chacun des côtés d'un CASQUE ou sur le BOURDALOU d'un SCHAKO, et qui peuvent se nouer sous le menton, afin de retenir solidement la COIFFURE. — A certains casques romains des courroies servaient de Jugulaires; elles étaient larges à la joue et allaient en s'amoindrissant vers l'extrémité; elles s'appelaient *bucculæ*. — Les casques franco-gaulois offrent très-peu d'exemples de Jugulaires. Les casques de 1066 à 1090 n'en offrent jamais. Les casques du temps des croisades n'en offrent que par exception. — Les Jugulaires des SCHAKOS sont composées d'une LANIÈRE en basane double, lustrée et recouverte de seize ÉCAILLES en cuivre jaune; un CORDON les termine; elles sont fixées latéralement par une ROSACE en cuivre jaune, au bas du CORPS du SCHAKO. — Une DÉCISION DE 1826 (11 AOUT) voulait que les Jugulaires des hommes hors des rangs, ou celles de la troupe qui n'était pas de service, fussent nouées au-dessus de la COCARDE, en forme de chevron, et que, sous les armes, les Jugulaires de la CAVALERIE et de l'INFANTERIE fussent nouées sous le menton, chose incommode et difficile à cause du col et du collet d'habit. — La CIRCULAIRE DE 1829 (31 JANVIER) indiquait des modifications qui augmentaient le prix de la Jugulaire. — La CIRCULAIRE DE 1830 (11 SEPTEMBRE) en déterminait les changements.

JUGURTHA ; JUIF. V. NOMS PROPRES.

JUILLET, subs. masc. (mois de). V. DÉCORATION DE J... V. EXERCICE D'INFANTERIE. V. ORDRE DE J...

JUIN, subs. masc. (mois de). V. EXERCICE D'INFANTERIE.

JUISARME, subs. fém. V. GUISARME.

JUISARMER, subs. masc. V. GUISARME.

JUISARMIER, subs. masc. V. GUISARME.

JUIZARMIER, subs. masc. V. GUISARME.

JULES ; JULIEN. V. NOMS PROPRES.

JUMEAU, JUMELLE, adj. V. COLONNE J... V. ÉPÉE J... V. LICE. V. PIÈCE J...

JUMELLE, subs. fém. (G, 2, 6). Mot dérivé du LATIN *geminus*, double. La TACTIQUE a donné ce nom à un genre de COLONNE D'ATTAQUE ; le BLASON a conservé des Jumelles en souvenir des TOURNOIS ; mais le terme a exprimé plus généralement un DOUBLE CANON que décrit DANIEL (1721, A). Son PROJECTILE consistait en une barre de fer recourbée dont chaque extrémité s'introduisait dans un des deux TUBES de la PIÈCE qui n'avait qu'une LUMIÈRE, et dont les deux CHARGES s'enflammaient à la fois.

JUMENT, subs. fém. V. HAQUENÉE. V. NOBLE.

JUNOT. V. NOMS PROPRES.

JURAT, subs. masc. V. MAIRE DE COMMUNE.

JURÉ (subs. masc.) MILITAIRE. V. COMMANDANT DE DIVISION N° 2. V. COUR MARTIALE. V. DÉLIT MILITAIRE. V. JUSTICE MILITAIRE. V. LANGUE ANGLAISE. V. MILICE AUTRICHIENNE N° 9.

JURIDICTION (subs. fém.) MILITAIRE. V. APPEL DE PROCÈS. V. BOURGEOIS. V. CODE PÉNAL. V. CODE PÉNAL SUISSE. V. COMMISSAIRE DES GUERRES N° 5. V. CONNÉTABLE N° 5. V. CONNÉTABLIE. V. CONSEIL PERMANENT N° 1. V. CORPS D'INTENDANCE N° 6. V. COUR MARTIALE. V. COUR PRÉVOTALE. V. EMPLOYÉ. V. ENFANT TROUVÉ. V. FAUTEUR DE DÉSERTION. V. GRAND PRÉVOT. V. GRAND PRÉVOT DE L'HOTEL. V. GRAND SÉNÉCHAL. V. INFANTERIE FRANCO-SUISSE N° 5. V. JURISPRUDENCE MILITAIRE. V. JUSTICE MILITAIRE. V. LEUDE. V. MARÉCHAL DE FRANCE N° 7. V. MARÉCHAUSSÉE. V. NOBLESSE. V. PRÉ-

VOT. V. PRÉVOT DE CONNÉTABLIE. V. PRÉVOT DES BANDES. V. PRÉVOT DES MARÉCHAUX. V. RÈGLEMENT. V. RESSORT. V. ROI D'ARMES. V. ROI DES RIBAUDS. V. TRIBUN ROMAIN N° 7. V. TRIBUNAL DU POINT D'HONNEUR.

JURIDIQUE, adj. V. ACQUITTEMENT J... V. ACTION J... V. ARRESTATION J... V. AVERTISSEMENT J... V. CAUSE J... V. CHARGE J... V. COMBAT J... V. DÉBAT J... V. DÉCHARGE J... V. DÉGRADATION J... V. DUEL J... V. EXAMEN J... V. FAIT J... V. OPPOSITION J... V. POURSUITE J...

JURISPRUDENCE (subs. fém.) MILITAIRE (B, 3). Le mot Jurisprudence est tout LATIN ; il exprime une science peu perfectionnée dans l'ARMÉE FRANÇAISE, une doctrine qui en éclaire mal les CONSEILS JUDICIAIRES, un répertoire qui n'a longtemps été que le formulaire du DUEL, des CHEVALIERS, des SERFS et le recueil des caprices de la férocité. — La LANGUE MILITAIRE appelle vaguement Jurisprudence l'échelonnement des DÉLITS, la manière de les constater, la forme des JUGEMENTS et des SENTENCES, l'action du CODE PÉNAL, le droit commun de la PROFESSION DES ARMES ; mais le mot est si peu déterminé dans la plupart des AUTEURS, qu'on ne sait à quelle partie du CODE MILITAIRE et sous quelle forme d'ORDONNANCE ou de chapitre doit se rattacher la chose. — La Jurisprudence est-elle liée à l'économie générale d'une MILICE, aux déterminations qui concernent l'assiette des FORTERESSES, au DROIT DE PAIX ET DE GUERRE ? embrasse-t-elle le DROIT DE LA GUERRE ? doit-elle ne se rapporter qu'à la marche de la JUSTICE légale ? faut-il y fondre le droit d'intervention ou droit international si confusément défini de notre temps encore ? Ce sont de hautes questions d'ART MILITAIRE et de LÉGISLATION ; elles n'ont jamais été abordées non plus que l'omnipotence des CONSIGNES et le coup de feu des SENTINELLES EN TEMPS DE PAIX. Le MINISTÈRE y reste inhabile ou hésite. Un CONSEIL DE LA GUERRE, une ACADÉMIE pourraient seuls descendre dans cette enquête, et la loi réglera un jour, nous l'espérons, la position des PRINCES FRANÇAIS sous le rapport de leurs droits militaires. — La Jurisprudence des ROMAINS était profonde et savante, mais peu développée, traditionnelle, ombrageuse, sanguinaire ; elle a régné depuis l'érection du consulat jusqu'à l'abolition de la DICTATURE ; le pouvoir partagé de deux CONSULS FAISANT CAMPAGNE, et la souveraineté d'un DICTATEUR assumant temporairement leur autorité, et l'exerçant plus étendue et irresponsable, la pompe des TRIOMPHES, la solennité des RÉCOMPENSES sont les dispositions les plus saillantes qui aient régi les vainqueurs du monde. Dans tout le reste, leur haute discipline n'est que de l'arbitraire tempéré par le pouvoir des traditions. — Au moyen age, dans l'occident de l'Europe barbare, les jugements de Dieu, les ordalies ou épreuves, espèce de combats civils, ont été le fond de la Jurisprudence judiciaire. Pendant le régime de la féodalité, les défis d'armes, les combats de jugements, les honneurs exigés, les méthodes ou les routines de la chevalerie, de la connétablie, des prévots, des prévôtés ont constitué la Jurisprudence guerrière. Les hérauts d'armes de la milice française étaient les interprètes de la règle et les conservateurs des formes du plaid de l'épée. — Longtemps sévère, jusqu'à en être barbare, la Jurisprudence de la milice anglaise s'est sensiblement adoucie. — La Jurisprudence de France aurait encore à gagner, puisqu'on y voit des frères passant par les armes leurs frères. — La France ne possède, depuis le retour du règne des lois et depuis la renaissance des armées nationales, que la traduction du traité de Grotius et les radotages de Bonnor (1481, A). Au contraire, les Allemands se sont profondément adonnés aux études de la Jurisprudence militaire; dans l'acception qu'ils donnent à cette locution, elle indique une des branches de l'économie ou administration en grand; elle est l'ensemble de la justice et du droit public militaire. — Cette attention que nos voisins d'outre-Rhin ont apportée à une matière qui n'est jusqu'ici pour nous qu'une pure abstraction, est toute naturelle dans une contrée qui, comme l'Allemagne, a été le berceau du droit des gens; dans les cercles de l'empire, le droit commun s'est étendu à toutes les branches de la politique, et respire dans les règlements de leurs armées. — Sous le titre de Jurisprudence ou sous des dénominations correspondantes, il a paru chez les peuples allemands quantité de productions littéraires qui concernent plus ou moins directement l'état militaire; mais ces traités ont perdu une partie de leur intérêt, parce que la plupart renferment des dispositions locales et des questions de diplomatie qui, d'un électorat ou d'une province à l'autre, étaient variables, et qui se sont dénaturées par le fait des révolutions politiques, du démembrement des cercles, des mutations de souverainetés, des transformations de milices. — Ainsi, la Saxe, la Bavière, l'Autriche, etc., avaient chacune leur Jurisprudence militaire. Certaines relations publiques et communes y étaient indiquées minutieusement; quantité de cas litigieux y

étaient prévus, tels que le passage des troupes d'un territoire sur l'autre en temps de guerre, le ressort des juridictions sur les militaires des pays voisins ou limitrophes, les obligations réciproques, les neutralités, la forme des échanges de prisonniers de guerre, les extraditions de déserteurs, les rançons, etc., etc. — Les bibliographes allemands ont négligé de distinguer et de classer les livres qui traitent spécialement de l'administration de la justice militaire ou spécialement du droit public militaire; ils les confondent avec le code pénal, en les comprenant dans la même catégorie et sous un seul dénominateur, ce qui rend compliquées et ingrates les recherches qu'on pourrait tenter. — Les bibliothèques d'outre-Rhin renfermaient, à la fin du dernier siècle, plus de cent vingt productions de cette nature, dont une trentaine en langue latine. Les villes qui se disputent la publication de ces travaux sont Francfort, Goettingue, Gotha, Iéna, Leipsig, Nuremberg, Stuttgard, Zell, etc. — L'étude de la Jurisprudence germanique serait de peu de fruit pour nous; elle s'arrêtait à des rêveries telles que le genre des balles de fusil qu'il était permis d'employer; cependant elle offrirait un répertoire à consulter si jamais il devait être dressé en France un code militaire appuyé sur une base large et forte; la Jurisprudence serait une des branches ou une des ordonnances d'un tel travail; elle embrasserait les alliances politiques, la répartition du butin de guerre, la levée des contributions, les armistices, les capitulations de villes et la dimension des brèches praticables, les cartels, le droit de la guerre, les déclarations d'hostilités, l'état civil approprié aux troupes; la direction militaire à donner aux enfants trouvés, le système d'encouragements ou de restrictions des mariages, l'état de siége approprié au civil, les cas d'absences d'officiers, la manière de dénoncer les délits, les garanties dues aux propriétés des militaires absents, sujet effleuré dans la loi de l'an cinq (6 brumaire); la marche des conseils permanents, la législation des peines, la compétence du ministre de la guerre en fait de destitutions, etc.; les prérogatives ou priviléges militaires des députés et des pairs de France faisant partie de l'armée, la nature et la mesure d'action des corps privilégiés et de la cavalerie, les règles convenues du cérémonial des honneurs à rendre, des saluts à adresser; les trèves, les négociations, les reprises d'hostilités, et enfin les degrés de l'autorité confiée aux généraux en chef dans les circonstances de surprise d'ESPIONS, dans les différents cas de PAIX ou de GUERRE, d'attaque ou de défense, de victoires ou de désastres. — Elle définirait le mot SOUS-OFFICIER; elle expliquerait ce que c'est que le TEMPS DE PAIX, — DE GUERRE, — de siége, distinction si importante s'il s'agit de certaines formes d'ADMINISTRATION ou de certaines prérogatives gouvernementales; elle énoncerait si le TEMPS DE GUERRE de l'ARMÉE DE MER devient le TEMPS DE GUERRE de l'ARMÉE DE TERRE, ou au moins des DÉTACHEMENTS de terre qui sont embarqués. Le calcul du DROIT aux PENSIONS, à l'AVANCEMENT, aux RÉCOMPENSES se rattache à cette question, si peu approfondie encore et si importante à soulever. Quand des FRANÇAIS combattaient en Morée, à Navarin, à ALGER, à ANVERS, la FRANCE tout entière ou seulement une partie de la FRANCE était-elle en TEMPS DE PAIX ou en TEMPS DE GUERRE? On pourrait dire qu'il n'y a pas de paix pour la MARINE, puisqu'il y a à côté de chacune de ses chances un péril. Au contraire, l'ARMÉE DE TERRE peut être en partie en ÉTAT DE PAIX, en partie en ÉTAT DE GUERRE: il en est même presque toujours ainsi. — Un digeste qui effacerait tant d'incertitudes serait une des importantes études à prescrire aux OFFICIERS D'ÉTAT-MAJOR, aux OFFICIERS SUPÉRIEURS et GÉNÉRAUX, aux INTENDANTS MILITAIRES. Ces derniers devraient en être les conservateurs responsables. — Si l'ARMÉE FRANÇAISE n'a pas de Jurisprudence, elle a eu deux JUSTICES militaires, puisque sa LÉGISLATION permettait que l'INFANTERIE FRANCO-SUISSE importât en FRANCE la sienne, et qu'elle instrumentât à l'helvétique vis-à-vis des ACCUSÉS. L'excés était à côté de la disette. — On lit dans BONAPARTE (le général GOURGAUD, 1823, tom. II, p. 93, art. 1ᵉʳ) : *Le droit des gens dans les siècles de barbarie était le même sur terre que sur mer. Les individus des nations ennemies étaient faits prisonniers, soit qu'ils eussent été pris les armes à la main, soit qu'ils fussent de simples habitants, et ils ne sortaient d'esclavage qu'en payant une rançon. Les propriétés mobilières et même foncières étaient confisquées en tout ou en partie. La civilisation s'est fait sentir rapidement et a entièrement changé le droit des gens dans la guerre de terre, sans avoir eu le même effet dans celle de mer. De sorte que, comme s'il y avait deux raisons et deux justices, les choses sont réglées par deux droits différents.* — Ce léger et incomplet aperçu laisse voir combien il y aurait encore à faire. — Les auteurs qu'on peut consulter à l'égard de la Jurisprudence militaire sont : AYALIUS,

BECKE, BEHAMB, BEIER, BERTOCH, BEUST, BOCHAT, CASPART, CHENIER (1838), DANCKO, DIÉTRICH, DOELFER, ENENCKEL, ENGELHARDT, ERHARD, ESTOR, FISCHER, FRAVETH, FRIDERICI (1762), FRONSPERG (1552), GROTIUS, GUYOT (1785), KIRCHOFF, KLEIN, KLOTZ, KOCH, LEGRAND (1835), LUENIG, MANSFELD, MYLER (1746), NAUDÉ, ODIER (1824, E), RUEHLE (1815), RUMPF (1824, F), SCHIARA, SPATEN, WALDINUZZI.

JURY, subs. masc. V. CODE PÉNAL. V. CONSEIL JUDICIAIRE. V. COUR MARTIALE. V. CRIME. V. DÉLIT. V. EMBAUCHAGE. V. JUSTICE MILITAIRE. V. LANGUE ANGLAISE. V. MILICE AUTRICHIENNE Nº 9.

JUSARME, subs. fém. V. GUISARME.

JUSTAUCORPS, subs. masc. V. JUSTE-AU-CORPS. V. LAISCHES.

JUSTE, adj. et adv. V. ARME J... V. PORTER J... V. TIRER. J...

JUSTE-AU-CORPS, subs. masc. (F), ou JUSTAUCORPS. Ces mots, dont l'étymologie ne demande pas à être recherchée, expriment un ancien VÊTEMENT qu'il ne faut pas confondre avec le POURPOINT. — Au temps de la CUIRASSE DE FER PLEIN, les formes de cette CUIRASSE étaient sous l'influence de la mode du Juste-au-corps des bourgeois ou de la cour; ou peut-être était-ce l'inverse; en tout cas, cette remarque peut donner lieu à des comparaisons qui fassent connaître à quelle époque appartiennent tels ou tels COSTUMES ou DE FER ou d'ÉTOFFE. — Le Juste-au-corps des MILITAIRES a été le premier HABIT D'UNIFORME qui leur ait été donné, après l'abandon de la CUIRASSE et de son POURPOINT; après la suppression ou l'allégement du HOQUETON; après l'abolition de la CASAQUE D'ARMES. Le Juste-au-corps, HABIT ample ou lévite, était nommé ainsi, parce qu'il était une modification du MANTEAU s'étrécissant et prenant des MANCHES, tandis que le POURPOINT devenait VESTE à basques. — On pourrait, cependant, citer des livres, tels que GUINET (1771, I), dans lequel POURPOINT est pris comme synonyme de Juste-au-corps. — Le Juste-au-corps était un VÊTEMENT que les chefs de troupe et les bourgeois portaient avec le HAUT DE CHAUSSES et la FRAISE; il se mettait par-dessus la VESTE ou en tenait lieu; il se recouvrait du MANTEAU COURT; ainsi ce genre d'HABILLEMENT appartient au temps où les FRANÇAIS cessèrent de porter de longs VÊTEMENTS et adoptèrent les modes ESPAGNOLES. Les GARDES FRANÇAISES avaient dès 1653 et en 1672 le Juste-au-corps. — On peut inférer de la lecture de WALTER SCOTT qu'il y a eu des Juste-au-corps à manches et sans manches, et qu'il y en a eu même de façonnés en forme de chemise; mais cet écrivain ou ses traducteurs eussent été plus exacts en appelant JAQUES ces genres de vêtements. — Le Juste-au-corps s'introduisit donc en FRANCE, comme HABILLEMENT d'homme, entre le règne de CHARLES SIX et celui de FRANÇOIS PREMIER. FURETIÈRE témoigne que ce VÊTEMENT d'abord à l'usage des militaires, fut emprunté ensuite par les bourgeois. Au temps où écrivait cet AUTEUR, le Juste-au-corps descendait à mi-cuisse, accusait la taille et avait des poches ou plus hautes ou plus basses. Les femmes aussi portaient des Juste-au-corps. — Quand le MANTEAU COURT a cessé d'être en usage, le rabat, la CRAVATE, le col ont succédé à la FRAISE, le Juste-au-corps s'est porté avec la CASAQUE ; il a pris des BASQUES et il est devenu ce qu'on a appelé HABIT, de même que le HAUT DE CHAUSSES prenait le nom de CULOTTE. — Il était indispensable de donner cette explication relative surtout au costume bourgeois des élégants et des hommes de cour, ou à celui des OFFICIERS, pour expliquer comment, au temps de LOUIS QUATORZE, le Juste-au-corps était un HABIT DE TROUPE. — M. le colonel CARRION (1824, A) et l'ENCYCLOPÉDIE (1785, C, au mot *Arme*) comparent à la JAQUE le Juste-au-corps et regardent même ces termes comme synonymes ; or la JAQUE était surtout en usage au temps de CHARLES SEPT et de LOUIS ONZE ; et, depuis l'abolition de l'ARMURE, les troupes qui la quittèrent ne conservèrent plus que la JAQUE ou la jaquette, espèce de Juste-au-corps d'abord en buffle et plus tard en gros drap de Vire. — Cependant la JAQUE était en forme de corps de chemise, tandis qu'il y a eu des Juste-au-corps, et c'est le plus grand nombre, qui se sont boutonnés par devant. — Le BUFFLE DÉFENSIF était comparable à un Juste-au-corps à quatre BASQUES ; on peut regarder cet usage comme appartenant à l'époque où le Juste-au-corps, jusque-là sans BASQUES, commence à en prendre. — La MAISON ROUGE avait, en manière de Juste-au-corps, la SOUBREVESTE. — Les historiens ont appelé Juste-au-corps les HABITS D'UNIFORME des troupes de GUSTAVE-ADOLPHE. — La MILICE SUÉDOISE transmit à la nôtre l'usage de l'UNIFORME ; ainsi l'on peut regarder le Juste-au-corps, légalement et militairement parlant, comme le premier HABIT D'UNIFORME que l'INFANTERIE FRANÇAISE ait porté ; mais le mot ne donnait plus comme autrefois l'idée d'une VESTE courte, collante, ronde, avec ou sans manches, avec manches boutonnées ou fermantes, avec manches ou courtes, ou pendantes jusqu'aux genoux, avec aiguillettes et plis crevés ; il donnait au contraire l'idée d'une espèce de CASAQUE ou de CAPOTE juste

à MANCHES courtes et fermées, à petit COLLET retombant, à PAREMENTS en BOTTES susceptibles de se rabattre ; il se portait par-dessus une VESTE à longues BASQUES qu'il excédait de huit pouces ; il boutonnait croisé et formait quantité de PLIS par derrière. — DESPAGNAC (1751, C) nous parle de l'époque où l'on commença à réduire ces PLIS, à rendre apparents les REVERS ; à accourcir les BASQUES des VESTES et à diminuer la quantité de l'ÉTOFFE employée ; ces changements eurent lieu après le règne de LOUIS QUATORZE. — L'ORDONNANCE D'HABILLEMENT DE 1729 (10 MARS) porte en substance que l'HABILLEMENT des HOMMES DE TROUPE de l'INFANTERIE continuera à être composé d'un Juste-au-corps, etc.; en parlant des OFFICIERS D'INFANTERIE, elle appelle HABITS les VÊTEMENTS qu'en parlant des soldats elle nommait Juste-au-corps; *habits qui seront*, dit l'ordonnance, *semblables à ceux des soldats.* Cela prouve donc qu'il n'y avait alors qu'une différence nominale, mais non positive ou matérielle entre un HABIT et un Juste-au-corps. — Le RÈGLEMENT DE 1757 (20 AVRIL) accorde une aune trois quarts de DRAP pour le Juste-au-corps des HOMMES DE TROUPE D'INFANTERIE ; il supprime les plis par derrière, n'en laisse que deux sur le côté, et réduit de moitié l'ampleur des manches à parements en bottes. — L'ORDONNANCE DE 1747 (19 JANVIER) fixe à la même quantité le DRAP à employer, réduit le PAREMENT, allonge les MANCHES, croise à RETROUSSIS les BASQUES et accourcit en même temps les BASQUES de la VESTE, elle leur donne neuf pouces de moins qu'aux Juste-au-corps. — Le RÈGLEMENT DE 1767 (25 AVRIL) est un des derniers qui parle de Juste-au-corps ; il veut que leurs débris servent à la confection des BONNETS DE POLICE des HOMMES DE TROUPE. — Ainsi depuis que le costume uniforme a été adopté, et pendant plus des trois quarts du dernier siècle, le Juste-au-corps des OFFICIERS devient HABIT quand ils cessent de porter la FRAISE. Quant aux HOMMES DE TROUPE de l'infanterie qui ne portaient que la CRAVATE, nommée col, leur HABIT a continué à s'appeler Juste-au-corps; cet usage a cessé depuis le RÈGLEMENT DE 1779 (21 FÉVRIER) ; il n'en était plus question dans le RÈGLEMENT DE 1786 (1er OCTOBRE). Le Juste-au-corps s'est appelé HABIT pour la TROUPE comme pour les OFFICIERS. — Les AUTEURS qui donnent quelques lumières sur ces matières, sont : BOMBELLES (1746, A), BRIQUET (1761, H), M. le colonel CARRION (1825, E), DESPAGNAC (1751, D), FURETIÈRE, LACHESNAIE (1758, I, au mot *Sergent*), MAIZEROY (1773, A).

JUSTE-LIPSE. V. NOMS PROPRES.

JUSTICE, subs. fém. V. APPEL DE J... V. AUDITEUR DE J... V. CHEF DE J... V. CHEVALIER DE J... V. COUR DE J... V. DÉNI DE J... V. FRAIS DE J... V. ORDONNANCE DE J... V. RÈGLEMENT DE J...

JUSTICE ANGLAISE. V. ANGLAIS, adj. V. MILICE ANGLAISE N° 10.

JUSTICE AUTRICHIENNE. V. AUTRICHIEN, adj. V. MILICE AUTRICHIENNE N° 2.

JUSTICE CIVILE. V. ACCUSATION. V. ACCUSÉ. V. AUTORITÉS MILITAIRES. V. BRIGADIER DES ARMÉES. V. CIVIL. V. CONSEIL JUDICIAIRE. V. CONTRAINTE PAR CORPS. V. CIVIL. V. CRIME. V. DÉBITEUR. V. DÉGRADATION DE CHEVALIER. V. DÉLIT. V. DÉLIT COMMUN. V. DETTE D'HOMME DE TROUPE. V. GENTILHOMME. V. GOUVERNEUR DE PLACE DE GUERRE N° 4. V. GOUVERNEUR DE PROVINCE. V. GRAND PRÉVÔT DE L'HOTEL. V. HOMME DE TROUPE N° 5, 9. V. JUSTICE MILITAIRE. V. LEUDE. V. ORDALIE. V. PRÉVENU. V. PRÉVOT D'ARMÉE. V. RELIEF. V. SERVICE DE GARNISON. V. SERVICE PERSONNEL.

JUSTICE COMMUNE. V. COMMUN, adj. V. DÉSERTION. V. JUSTICE MILITAIRE.

JUSTICE CRIMINELLE. V. COUR DE JUSTICE. V. CRIMINEL, adj. V. JUSTICE MILITAIRE. V. SERVICE PERSONNEL.

JUSTICE D'EXCEPTION. V. CONNÉTABLE N° 7. V. CONSEIL PERMANENT. V. COUR PRÉVOTALE. V. EXCEPTION. V. JUSTICE MILITAIRE. V. OFFICIER D'INFANTERIE ÉTRANGÈRE. V. TRIBUNAL DE POINT D'HONNEUR.

JUSTICE DISCIPLINAIRE. V. DISCIPLINAIRE, adj. V. JUSTICE MILITAIRE.

JUSTICE FRANCO-SUISSE. V. BRETELLES CORRECTIONNELLES. V. CONSEIL JUDICIAIRE. V. INFANTERIE FRANCO-SUISSE N° 6.

JUSTICE GÉNÉRALE. V. DÉLIT. V. GÉNÉRAL, adj. V. JUSTICE MILITAIRE.

JUSTICE ORDINAIRE. V. JUSTICE MILITAIRE. V. ORDINAIRE, adj.

JUSTICE MILITAIRE (C, 5). Le mot Justice est tout LATIN, et avait donné naissance au vieil adjectif JUSTICIER. Il exprime ici la principale branche du POUVOIR DE RÉPRESSION confiée à l'AUTORITÉ MILITAIRE; nous disons principale branche, car cette AUTORITÉ exerce aussi sur la MILICE un autre moyen légal de RÉPRESSION; ce ressort d'un ordre inférieur est la DISCIPLINE. — Il est difficile, il serait sans intérêt de prendre de très-haut l'histoire de la Justice; la recherche des traditions produirait peu de renseignements profitables et de documents positifs, car l'ADMINISTRATION légale de la Justice et la régularité des PROCÉDURES appliquées à l'ARMÉE FRANÇAISE ne remontent

guère à plus d'un siècle. — Pourtant l'étude du sujet exige quelque examen du passé. — Sous les SECONDE et TROISIÈME RACES, le GRAND SÉNÉCHAL, le CONNÉTABLE exerçaient souverainement la Justice. — La Justice militaire et la JUSTICE CIVILE ont été confondues pendant bien des siècles; c'était à titre de MILITAIRES, c'était en COSTUME de guerre, et quelquefois à l'issue d'une orgie, que les SEIGNEURS FIEFFÉS rendaient la JUSTICE CIVILE; les ordonnances qui recommandaient encore, pendant le dernier siècle, aux JUGES MILITAIRES de n'occuper qu'à jeun les siéges du TRIBUNAL, reproduisaient ce qu'avaient prescrit les CAPITULAIRES: Que le COMTE, disait CHARLEMAGNE, se garde de tenir le plaid, s'il n'est à jeun (*nec placitum comes habeat, nisi jejunus.* — CHARLES SEPT, pour remédier au brigandage des GENS DE GUERRE, avait livré aux JUSTICES CIVILES du ressort royal les MILITAIRES qui se rendaient coupables de DÉLITS COMMUNS. — En 1445, dit M. de BARANTE, il enjoignit *aux* SÉNÉCHAUX, BAILLIFS, PRÉVOTS *et à la* JUSTICE ORDINAIRE, *de connoître des crimes de gens de guerre.* — Cette mesure tenait à ce que les CHEFS des MILITAIRES étaient eux-mêmes des brigands; leur manière de rendre la Justice eût assuré l'impunité de leurs propres complices. — Cette évocation devant les TRIBUNAUX CIVILS avait produit d'heureux effets; LOUIS ONZE, au contraire, avait remis, dit M. de BARANTE (à la date 1480), *cette juridiction aux prévots, et commis des maréchaux, qui, durs pour le peuple, indulgents pour leurs hommes, ne les trouvèrent* (leurs soldats) *jamais en faute.* — Le POUVOIR MILITAIRE s'était habitué même à prononcer disciplinairement, ou, comme on dirait de nos jours, correctionnellement, à l'égard des HABITANTS. — Cette longue confusion des deux justices régnait encore, ou du moins expirait, quand l'ORDONNANCE DE 1768 (1er MARS, titre 4, art. 10) défendait aux GÉNÉRAUX et aux BRIGADIERS des ARMÉES *d'entreprendre sur la justice ordinaire, ni de s'entremettre dans les matières contentieuses.* — Interdire le fait, c'était l'accuser et en signaler l'abus. Cet empiétement était fréquent. DEVILLE (Antoine) en reçut témoignage, et au milieu du dernier siècle l'AUTORITÉ MILITAIRE punissait de la peine du CHEVAL DE BOIS, et sans FORME DE PROCÈS, et barbouillait d'encre indélébile les FEMMES DE MAUVAISE VIE surprises avec des SOLDATS. — La Justice militaire des TRIBUNS ROMAINS, celle des PREMIÈRES RACES, celle de la FÉODALITÉ sont le chaos de l'arbitraire; les époques où des ARMÉES ROYALES sont mises sur PIED n'offrent guère plus de lumières. Depuis le système expéditif de CLOVIS, à la fois accusateur, JURÉ, juge et bourreau, le maniement des choses judiciaires était devenu une prérogative que les ROIS avaient cédée au DAPIFER, au MAIRE DU PALAIS, au GRAND SÉNÉCHAL, au CONNÉTABLE, au ROI DES RIBAUDS, au GRAND PRÉVOT. — Dans le quatorzième siècle, à ce que dit M. MONTEIL, l'assemblée des juges communaux, la plupart CHEVALIERS, s'appelait CONJURE ou JURÉ; de là l'expression JURY, empruntée à notre langue par les ANGLAIS qui ont rendu à la FRANCE ce terme, sous forme défigurée par l'y final. — Les FRANÇAIS, en 1791, se sont persuadés que l'ANGLETERRE était régie par le JURY, tandis que les seuls BOURGEOIS ANGLAIS, à l'ancienne manière des COMMUNES françaises, observaient cette forme de JUGEMENT, non pratiquée dans les cas nobiliaires militaires, ecclésiastiques, ni universitaires. Cette ignorance des jurisconsultes français a été jusqu'à vouloir appliquer aux ARMÉES le système du JURY. Le COLONEL GÉNÉRAL DE L'INFANTERIE FRANÇAISE, les GOUVERNEURS DE PLACE et DE PROVINCES, les GÉNÉRAUX D'ARMÉE, à titre de LIEUTENANTS DU ROI, exercèrent à leur tour le DROIT DE VIE ET DE MORT sur leurs justiciables, et empiétèrent, plus d'une fois, sur les justices des SEIGNEURS, des bailliages, des écoles, des officialités. — Quand les MARÉCHAUX acquirent une importance qui rappelait presque la puissance du CONNÉTABLE, ils devinrent JUGES suprêmes des TROUPES, d'abord comme chefs isolés et indépendants, ensuite comme COUR JUDICIAIRE; enfin, dans les derniers temps, ils s'assemblèrent à titre de TRIBUNAL D'EXCEPTION, et siégèrent à la TABLE DE MARBRE, sous la présidence du plus ancien; mais ils ne constituaient pas un centre de Justice militaire; leur mission était mal éclaircie; s'il s'agissait de DUELS, ou des AFFAIRES qu'on appelait le POINT D'HONNEUR, ils étaient plutôt un corps d'arbitres ou de censeurs, que de juges; comme OFFICIERS DU ROI, ils n'avaient aucune action sur la JUSTICE RÉGIMENTAIRE, et comme JUGES DU POINT D'HONNEUR, ils avaient droit d'arrestation à l'égard des NOBLES. — Dans les vieux usages de la MILICE ESPAGNOLE, les CHEFS nommés ADALIDES avaient de même le maniement d'une justice mal pondérée, mal définie. — Maintenant, suivant les usages généralement établis, la direction ou l'administration de la Justice militaire, l'interprétation de ses dispositions, l'initiative des propositions qui modifieraient sa LÉGISLATION, forment une des branches du COMMANDEMENT militaire délégué au SOUVERAIN et confiée par lui au MINISTRE qui le représente. — Cette digression

a interverti l'ordre chronologique, revenons-y. — Les COMBATS DE JUGEMENT étaient une voie judiciaire ouverte aux MILITAIRES du MOYEN AGE, c'est-à-dire aux GENTILSHOMMES. Les prolétaires jouirent ensuite, avec la permission des papes, de la faveur de figurer dans les LICES, couverts d'une HARASSE et armés d'un BATON (*cum scuto et baculo*); ainsi il devenait de mode de préférer une justice plus militaire, celle des DUELS JURIDIQUES, et de renoncer à la JUSTICE CIVILE, qui consistait dans les ORDALIES ou ÉPREUVES *par les éléments de nature,* comme on disait alors. — Dans la dernière moitié de ce période historique qui finit au règne de CHARLES SEPT, les PEINES infligées aux CHEVALIERS avaient été l'objet de quelques règles grossières; elles étaient ou atroces ou absurdes; ainsi, Hugues de Châlons, évêque d'Auxerre, fut condamné à *sele* (selle) *chevaliere,* c'est-à-dire à porter sur son dos une SELLE D'ARMES pour avoir forfait à quelques coutumes de CHEVALERIE. — La DÉGRADATION était la PEINE INFAMANTE dont les NOBLES étaient passibles; les ASSISES DE JÉRUSALEM en 1096, et les ESTABLISSEMENTS DE SAINT-LOUIS en 1250, nous montrent les cuisiniers transformés en BOURREAUX et *trenchant du coustel* (tranchant avec le couteau de cuisine sur un fumier) LES ÉPERONS D'OR. — Dans le quatorzième siècle, le ROI DES RIBAUDS est une espèce de GRAND PRÉVOT DE L'HOTEL; il administre en TEMPS DE PAIX la justice autour du palais, et en TEMPS DE GUERRE, autour du quartier du ROI sans distinction de juridiction, si ce n'est peut-être la juridiction nobiliaire. Ses attributions ont été d'une nature singulière, mais il ne conviendrait pas à la gravité du sujet de rappeler ici les droits exercés par ce burlesque magistrat, et les redevances que prélevait en nature, cet administrateur érotique, cet archimandrite des mauvais lieux. — Dans le quinzième siècle, sans distinction de droits ni de classes, Tristan l'Hermite instrumente sommairement, comme chacun sait, à titre de PRÉVOT GÉNÉRAL DE LA CONNÉTABLIE ou de PRÉVOT DES MARÉCHAUX. Dans le seizième siècle, les OFFICIERS D'ÉPÉE nommés BAILLIS étaient les chefs des JUSTICES CIVILES particulières. C'était une trace des droits de la Justice militaire exercée sur des individus non militaires. — Depuis FRANÇOIS PREMIER, la haute Justice militaire faisait PASSER PAR LES HALLEBARDES ou entre deux rangées de hallebardiers les PIÉTONS CRIMINELS; de là provient la locution PASSER PAR LES ARMES. — A ces époques il n'y avait pas encore de LOIS écrites à l'usage de l'armée. DUBELLAY (1549, p. 94) le témoigne dans un long passage du livre de la DISCIPLINE; il y établit et y combine les cas des PEINES CAPITALES; quant aux délits moindres, aux désordres commis dans les MARCHES, aux infractions en fait de SERVICES, à leurs CHATIMENTS, il les laisse à la discrétion des PRÉVOTS ou des MESTRES DE CAMP. Ce DUBELLAY peut être considéré comme le plus ancien criminaliste militaire des FRANÇAIS, puisque les ORDONNANCES PÉNALES promulguées postérieurement dans l'ARMÉE ne sont presque qu'une copie du système de PÉNALITÉ qu'il avait proposé et mis en lumière. Cette identité entre le projet d'un particulier et les dispositions officiellement adoptées ont porté quelques ÉCRIVAINS, tels que SAINTE-MARTHE, à attribuer à FRANÇOIS PREMIER le livre de la DISCIPLINE. — Les derniers Valois rendent, dans le seizième siècle, quelques ORDONNANCES PÉNALES où la barbarie le disputait à la superstition; les unes, telles que celles de 1534, parlent de *mort d'un genre non fixé*; les autres, telles que celles de 1550 (20 MARS), 1553 (23 DÉCEMBRE), 1557 (22 MARS), prononcent des supplices atroces, des PEINES MUTILANTES, et voulaient par exemple que celui qui jettera un CRI DE GUERRE, ait la LANGUE PERCÉE d'un fer rouge. Le blasphème aussi était puni de l'AMPUTATION DE LA LANGUE. L'ÉDIT DE 1574 (1er JUILLET) et celui de Blois (1579) disposaient que les GOUJATS, *s'il s'en trouve plus d'un par trois soldats, seront chastiés du fouet pour la première fois, et* (devront) *s'ils y retournent, être pendus et estranglés sans forme ne figure de procès.* — En 1590, au siége de PARIS, HENRI QUATRE fait grâce à deux paysans que les CHEFS de son ARMÉE avaient condamnés, de leur pleine et absolue autorité, à être pendus. De simples CAPITAINES exerçaient donc DROIT DE VIE ET DE MORT, même sur des compatriotes et sur des individus non MILITAIRES. — Sous ce prince la basse justice, usitée en répression des CONTRAVENTIONS des FANTASSINS, s'exerçait à coups de HAMPE DE HALLEBARDE, mais par privilége on n'appliquait aux HOMMES DE CHEVAL que le SUPPLICE des COUPS DE PLAT D'ÉPÉE; cette correction, toute nobiliaire, toute glorieuse qu'elle fût, n'était pas douce, car les ÉPÉES du temps pesaient deux kilogrammes. — BILLON (1612, B), contemporain de HENRI QUATRE, exhorte sérieusement les CHEFS qui infligent aux SOLDATS un châtiment *à coup d'épée, de ne se servir que du plat et de ne pas tuer le soldat.* — L'ÉDIT DE 1597 (24 FÉVRIER) ordonnait de livrer aux parlements les OFFICIERS arrêtés à la suite de désordres commis sur le PLAT PAYS. Ainsi les DÉLITS MILITAIRES retombaient sous l'empire de la JUSTICE COMMUNE, et pourquoi,

parce que ces violations étaient trop souvent encouragées ou tolérées par les chefs des troupes. — L'ORDONNANCE DE 1635 (14 FÉVRIER) s'occupait de JURIDICTION MILITAIRE et commettait aux mêmes mains et la poursuite de l'accusation et le droit de la répression; le même personnage pouvait être procureur royal et JUGE applicateur à son gré du genre de SUPPLICE. — Dans le siécle suivant, quantité d'ORDONNANCES sur la DISCIPLINE ont été l'occasion d'éloges décernés par la flatterie à LOUIS QUATORZE; mais ces promulgations, à partir de celle de 1651 (4 NOVEMBRE), étaient loin d'offrir un corps de JURISPRUDENCE; si elles s'occupaient de réprimer, elles étaient dépourvues de proportion et d'équité; elles laissaient indéterminée la manière de rendre la justice; elles laissaient arbitraires la forme et l'application des PEINES. Quelques-uns de ces rescrits méritent d'être rapportés; telle est l'ORDONNANCE DE 1679 (AOUT), elle punit *du fouet ou des galères, tout laquais porteur d'un billet d'appel* (APPEL PROVOCATIF), et tout cocher conduisant un carrosse à un lieu de DÉFI. — Telle est aussi l'ORDONNANCE DE 1682 (11 JUILLET), elle est relative aux *Bohémes* (Bohémiens) *Caymans, Egyptiens, vagabonds, mendiants;* elle dispose que : *toutes telles gens pris par la maréchaussée seront attachés à la chaîne* (mis aux galères), *sans autre forme ni figure de procès.* — Enfin Louis quatorze défend à ses gardes de *maltraiter personne sans sujet.* — On ne peut donner un exemple plus frappant de la justice arbitraire exercée militairement sur des citoyens ou sur des inconnus, sans distinction de sexe ni d'âge, sans évocation de TÉMOINS, sans étude des PREUVES, sans RECOURS possible, sans APPEL. — Depuis HENRI TROIS et surtout depuis LOUIS QUATORZE, de volumineuses ORDONNANCES fulminent des PEINES contre l'HOMME DE TROUPE; à côté de ces dispositions on en cherche en vain qui soient dirigées contre les OFFICIERS délinquants; le COLONEL pouvait, il est vrai, interdire provisoirement ses CAPITAINES, comme le témoigne GAYA (1679, A), mais il devait de suite se plaindre en cour; le CAPITAINE pouvait enjoindre à ses SOLDATS de ne plus reconnaître le LIEUTENANT et de lui refuser l'obéissance, ce qui était une trace du droit que les CHEFS DE COMPAGNIES avaient eu longtemps de choisir et de nommer leur LIEUTENANT ou second; mais, dans le dix-septième siècle, ces dénonciations, ces interdictions n'étaient que de pure DISCIPLINE et souvent de nul effet, et l'on voit rarement dans les annales militaires la JUSTICE PÉNALE sévir contre les OFFI-

CIERS. L'épée de Thémis glissait sur l'homme puissant et ne s'appesantissait que sur les rangs inférieurs; l'indiscipline des grands restait impunie, la DISCIPLINE exercée sur les subalternes était écrasante. — Quelques exemples, il est vrai, peuvent prouver que l'autorité du COMMANDANT D'ARMÉE décidait de la vie des OFFICIERS CRIMINELS; ceux qui se révoltèrent à Trèves en 1675, contre CRÉQUI, furent CONDAMNÉS A MORT; mais c'était le fait du pouvoir dictatorial, non le résultat des prévisions de la loi. — Ailleurs GAYA prouve quelle puissance exerçaient les descendants de la FÉODALITÉ sur les descendants des SERFS, quand il dit du CAPITAINE, ces paroles qu'il emprunte de PRAISSAC (1622, A) : *Il n'est pas en son pouvoir de punir un soldat de mort, si ce n'est qu'il soit rebelle, en ce cas il le doit tuer.* DELAFONTAINE (1675, A) va plus loin ; il dit en parlant du CAPORAL (p. 341) : *Si quelqu'un commet chose préjudiciable, il le désarmera et le fera lier, et icelui ne voulant obéir, il le peut tuer.* — Cette impunité des personnages en dignité s'est pour ainsi dire convertie en coutume; MONTESQUIEU a été jusqu'à la préconiser ; cette disposition à peser sur le faible s'est enracinée dans nos mœurs, comme peuvent en témoigner les souvenirs des temps consulaire et impérial, et nos quinze ans de restauration; la marche contraire est pourtant toute la DISCIPLINE ; il n'y a pas de HIÉRARCHIE sage, si dans le cours du SERVICE et pendant l'accomplissement des FONCTIONS, le GÉNÉRAL DE DIVISION est moins soumis à son CHEF que le CAPORAL ne l'est au SERGENT. — Les formes de la justice étaient encore si incertaines sous LOUIS QUATORZE, que ce prince écrit en 1640 (19 décembre) à BUSSY-RABUTIN, MESTRE DE CAMP GÉNÉRAL de la cavalerie, que l'intention de sa majesté n'est pas que *les officiers de ses régiments connaissent seuls des crimes de leurs soldats, les intendants de la justice, les juges présidiaux, les prévôts devant en connaître lorsqu'il ne s'agissait pas de crime de soldat à soldat.* — Donnons une preuve de l'arbitraire des formes dans l'exécution des SENTENCES ; c'est FUNDERFELDT (1711, A, p. 65) qui parle : *En 1673 un Suisse en garnison à Ath, ayant trouvé une fille de campagne, la viola. Les Suisses ayant interrogé le coupable, le condamnèrent à être enterré vif jusqu'à la ceinture les mains liées derrière le dos et que la fille elle-même le tuerait à coups de poignard. La fille ne voulut pas poignarder ce misérable, de sorte qu'ils le condamnèrent à être pendu.* — GAYA (1679, A) dit que de son temps la justice ré-

gimentaire se compose de *l'estat-major, du major, de l'aide-major, de l'aumosnier, du maréchal des logis, du prévôt et de son lieutenant, du greffier, du chirurgienmajor, de six archers et de l'exécuteur.* — Cette assertion renferme l'opinion de l'ÉCRIVAIN, non la lettre d'une loi ; il confond, d'ailleurs, comme on le voit, les membres délibérants et les personnages assistants et exécutifs. Il n'y avait pas de bornes posées entre une justice publique ou générale et une JUSTICE RÉGIMENTAIRE. — Depuis l'ORDONNANCE DE 1665 (25 JUILLET), la Justice était rendue par des CONSEILS JUDICIAIRES présidés par le GOUVERNEUR de la place, et composés de sept JUGES, CAPITAINES au moins, ou, de préférence, MESTRES DE CAMP; le COMMISSAIRE DES GUERRES pouvait y assister. — Ces formes étaient à peu près les mêmes dans la MILICE ANGLAISE ; mais les JUGES y étaient bien plus nombreux. — On trouve dans ce même FUNDERFELDT (p. 62) une image de la Justice distributive sous le grand règne. *Je n'ai vu, dit-il, d'injustice dans le conseil de guerre qu'une seule fois, mais il y alloit de l'intérêt de tous les officiers de l'armée, ce qui fit qu'on sacrifia un malheureux; d'autant plus qu'on ne le condamnoit pas à la mort. Un régiment avoit eu d'assez bons quartiers d'hyver, et en avoit beaucoup tiré tant pour les places des officiers que pour celles des cavaliers, sans néanmoins en faire aucune part à ceux-ci. Les cavaliers voulant qu'on leur en fît part, la demandèrent d'abord avec soumission, mais voyant qu'on se mocquoit d'eux, ils se mutinèrent, et l'un d'eux se chargea de porter la parole pour tous, au général, afin qu'il leur rendît Justice; en effet, dès qu'on fut à l'armée, il fut à sa tente dans ce dessein, mais le colonel du régiment l'y rencontrant malheureusement pour lui, l'en écarta avec assez d'adresse sous promesse de lui donner contentement. Cependant ils ne furent pas à cent pas du quartier du roy, que le colonel le fit arrêter et conduire à l'étendard; il fit ensuite sa plainte contre lui, et l'ayant fait mettre au conseil de guerre, comme un séditieux et un porteur de parole, il fut dégradé des armes et condamné à une prison de dixhuit mois.* — Puisqu'il n'advint pas mort d'homme, notre historien trouve simple qu'il y eût dilapidation et spoliation concertées, railleries de la part des débiteurs envers les créanciers dupés, DÉNI DE JUSTICE et PEINE INFAMANTE frappant un innocent sacrifié à l'avarice des CHEFS de toute l'ARMÉE ; c'était la Justice du temps. — *Autrefois*, dit le même AUTEUR, *les officiers avaient pouvoir de vie et de mort sur les soldats pour quelque cause que ce fût, et ce n'est que depuis environ trentecinq ans (depuis 1665) que les officiers de Justice en connoissent* (connaissent des INFRACTIONS des SOLDATS), *quand ils ont volé ou fait quelqu'autre crime qui regarde le public.* — Dans le siècle dernier les OFFICIERS étaient généralement persuadés que le droit de tuer une SENTINELLE ENDORMIE leur était acquis, incontestable ; seulement la mode n'était pas d'en agir ainsi. — Le plus ancien AUTEUR qui ait recueilli les documents relatifs à l'application de la Justice propre à l'INFANTERIE est DEVILLE (1672, B), mais les principes étaient si peu arrêtés au milieu du dernier siècle, que DESPAR (1755, A) disait que le GÉNÉRAL D'ARMÉE n'était *pas moins le premier juge que le premier capitaine de son armée.* On sent combien la partie de cette proposition qui intéresse la Justice serait aujourd'hui erronée. — L'ENCYCLOPÉDIE (1751, C) témoigne qu'aux mêmes époques le pouvoir judiciaire était exercé sur les HOMMES DE PIED, au nom du ROI considéré comme colonel général de l'INFANTERIE, et sur les HOMMES DE CHEVAL au nom du COLONEL GÉNÉRAL de la CAVALERIE, mais pas au nom du ROI ; on aperçoit aisément ce que cette disparate avait de monstrueux ; c'était un reste de prérogative nobiliaire, la cavalerie se regardant, par la puissance de l'habitude, comme corps noble. — Dans la première moitié du règne de LOUIS QUINZE, il n'y avait, en fait de Justice appliquée aux TROUPES, que des coutumes vagues, quelques règles éparses, mais point de coprs de doctrine ; toute AFFAIRE JUDICIAIRE roulait sur le MAJOR ; toute décision dépendait de lui ; AUDITION DE TÉMOINS, confrontation, récolement, tout le regardait. — LEBLANC avait reproduit, avec de légères modifications, l'ORDONNANCE DE 1570 (10 DÉCEMBRE). Avant 1754, le MINISTÈRE DE LA GUERRE n'avait introduit aucune forme fixe dans l'application de la Justice militaire, mais seulement dans le nombre et la qualité des JUGES. Les PRÉVÔTS convoquaient les membres des TRIBUNAUX, ou jugeaient sans leur concours. DARGENVILLERS, par l'ORDONNANCE DE 1754 (2 SEPTEMBRE), introduisit obligatoirement les COMMISSAIRES DES GUERRES dans les CONSEILS DE GUERRE, comme un rouage indispensable ; ils n'y siégeaient jusque-là que facultativement ; c'est de cette époque que date une certaine amélioration dans la

formation des TRIBUNAUX. Quant à la PÉNALITÉ, elle était encore un dédale sanglant et l'arsenal de l'arbitraire. — En 1756, D'HÉRICOURT (t. III, p. 597) public comme extraite d'ordonnances diverses la série des CRIMES prévus et des DÉLITS, et donne un aperçu des PUNITIONS qui s'y appliquent. On croit lire un CODE composé à l'usage du dixième siècle, et pourtant les documents officiels étaient encore si peu anciens qu'après avoir seulement rappelé les édits des Valois, les ordonnances de 1665, de 1668 (27 MARS), de 1679, D'HÉRICOURT ne fait presque pas mention de réglements antérieurs à ceux de 1701 (18 DÉCEMBRE), 1702 (10 AVRIL), 1704 (10 FÉVRIER), de 1718 (28 DÉCEMBRE), et 1727 (1ER JUILLET) ; c'étaient autant de résumés informes de la LÉGISLATION PÉNALE MILITAIRE du grand règne. — Une LOI MILITAIRE dépourvue de gradations, poursuivait de la même PEINE, c'est-à-dire de la MORT, le sommeil du FACTIONNAIRE en garnison, l'occupation par force du domicile de l'ÉTAPIER, la désertion DEVANT L'ENNEMI. Elle livrait à des CHATIMENTS arbitraires les PARTISANS non commissionnés ; elle regardait la DÉSOBÉISSANCE à l'OFFICIER comme plus fautive que la DÉSOBÉISSANCE de l'OFFICIER ; comme si le besoin de l'ordre et le pouvoir de la LOI pouvaient être de deux degrés, suivant le rang du justiciable ; elle contraignait, en quelque sorte, les JUGES à ruser dans l'application de la LOI, pour n'être pas complices de ses formes acerbes et sans proportions. — On lit dans TURPIN (1785, O ; livre III, ch. 2) qu'à la fin de la campagne de 1742, BRÉZÉ, BRIGADIER D'INFANTERIE, commandant à Amberg, pour remédier au désordre de l'ADMINISTRATION de l'HOPITAL, fit planter une potence dans la cour, *avec menace d'y faire pendre le premier qui contreviendroit à ses ordres, fût-ce l'entrepreneur.* A vingt ans de là, TURPIN (1780, O) recommandait encore l'application de ce moyen, tout violent qu'il soit. — L'ORDONNANCE DE 1756 (1ER MAI) créa le MINISTÈRE PUBLIC, terme malheureusement obscur que définit M. BALLYET (1817, D, p. 451) ; elle fit ainsi la séparation du double POUVOIR D'ACCUSATION et de RÉPRESSION, jusque-là confondu dans les mêmes mains. L'institution des RAPPORTEURS, des ACCUSATEURS MILITAIRES, du PROCUREUR DU ROI près la justice des TROUPES, datent de cette époque. Les COMMANDANTS DE PLACE reçurent injonction de prêter main-forte à la Justice, et elle commença à graduer ses PEINES, suivant les positions ou les PIEDS différents sur lesquels était l'ARMÉE. — Malgré l'introduction de quelques principes plus sages, il s'en fallait de beaucoup que la Justice fût une dans tous les CORPS, et mille inconvénients en résultaient ; aussi des observations propres à y remédier étaient-elles adressées au MINISTÈRE DE LA GUERRE par les COMITÉS des INSPECTEURS ; ils soumettent au ministre SÉGUR ce qu'on va lire : *Les capitulations des régiments étrangers portent qu'aucun de leurs soldats ne pourra être jugé que par son corps ; il n'y a nul inconvénient quand il n'y a qu'un coupable, ou si plusieurs coupables sont du même régiment ; mais comment se conduire si l'un des coupables est d'un régiment français, l'autre d'un régiment étranger ; ils ne seront donc pas jugés par le même tribunal et suivant les mêmes lois, ce qui semble une monstruosité dans le fait et le droit ? Qu'un soldat d'un corps étranger ait une affaire criminelle avec un bourgeois, par quel tribunal seront-ils jugés ?* — Ces difficultés avaient disparu depuis la GUERRE DE LA RÉVOLUTION. Le rappel des CORPS ÉTRANGERS par BONAPARTE et le rétablissement de leur Justice qui est une atteinte au droit commun, ont fait renaître le mal dont on se plaignait en 1784. Le décret de 1811 (25 MARS) donne idée de ces JUSTICES D'EXCEPTION. — Mais l'ordre des temps veut pour l'éclaircissement de la question n'être pas troublé. — La FRANCE avait pris dans toutes les parties de l'ART MILITAIRE DE TERRE l'initiative des institutions de l'EUROPE, la Justice militaire était la seule branche qu'elle n'eût pas enseignée aux autres nations. — Telle était notre situation quand les symptômes de la révolution se manifestèrent. — Nos deux premières ASSEMBLÉES politiques s'émurent à l'aspect des perfectionnements introduits dans les autres MILICES de l'EUROPE et dans les lois anglaises ; elles furent entraînées par le mouvement du siècle philosophique, par les opinions d'un petit nombre d'ÉCRIVAINS français et par les commentateurs de Beccaria ; elles donnèrent une sérieuse attention aux matières criminelles ; c'est un des bienfaits de la révolution. Si le mal ne disparut pas, il devint tolérable, et de sages intentions renfermèrent du moins le germe du mieux : l'éveil était donné. — Ces ASSEMBLÉES avaient pensé que dans l'ARMÉE le JURY d'accusation et celui de JUGEMENT devaient être un des éléments de la Justice rendue ; mais ce principe ne pouvait être tout au plus applicable qu'au TEMPS DE PAIX, car la philanthropie ne saurait effacer ce vieux adage sans lequel la conduite d'une ARMÉE deviendrait impossible :

Inter arma silent leges.

Ce qui signifie, non pas que l'arbitraire doit décider du sort des GUERRIERS FAISANT CAMPAGNE, mais que la lenteur des formes tutélaires de la cité est inapplicable devant l'ENNEMI, et que l'action de la POURSUITE y doit être rapide, immédiate, mais conforme à la loi. — Une philantrophie exagérée a dit : *Il vaut mieux que mille coupables échappent, plutôt qu'un innocent périsse ;* mais dans le tumulte des CAMPS, ce quakérisme serait une hérésie : *Salus populi prima lex esto.* Le salut de tous, avant le salut de quelques-uns. — La compétence, l'organisation, les formes de PROCÉDURE des TRIBUNAUX MILITAIRES furent réglées par le DÉCRET DE 1790 (22 SEPTEMBRE et 29 OCTOBRE). Un CODE PÉNAL parut en 1791 (30 SEPTEMBRE et 19 OCTOBRE). Il était permis aux légistes militaires d'errer, quand les légistes civils de FRANCE s'étaient montrés si peu éclairés touchant le jury anglais. — Les dispositions philanthropiques que vit éclore l'année 1791, ne firent révolution complète, susceptible de durée que dans la JUSTICE CIVILE. — Dans la Justice militaire des COURS MARTIALES furent instituées, le COMMISSARIAT fut appelé à d'importantes et nouvelles fonctions judiciaires ; les COMMISSAIRES ORDONNATEURS furent créés GRANDS JUGES et revêtus de la présidence ; des AUDITEURS furent institués avec attributions d'ACCUSATEURS. *C'était aller trop loin,* dit M. BALLYET (1787, D), *parce que le privilège d'être jugé par ses pairs est, de tous, le plus respectable ; c'était pécher contre les principes, parce que l'administration est une fonction ministérielle, et la Justice un attribut de la souveraineté ; il en résultait confusion de pouvoirs.* — Le COMMISSARIAT ne doit être appelé en effet qu'à des fonctions du MINISTÈRE PUBLIC et à la surveillance de l'exécution de la loi. — Une distinction, effacée bientôt, classait en des catégories différentes les INFRACTIONS à la loi commune et les simples FAUTES contre la SUBORDINATION. C'était le rudiment de la gradation des méfaits, et l'essai d'une démarcation de la DISCIPLINE. — Dans les cas qui rentraient dans le domaine de la Justice générale, le MILITAIRE conservait ses droits de citoyen, puisqu'à l'égal des autres FRANÇAIS, il était sous l'égide des JURÉS, et puisque dans les DÉLITS communs il était soumis à la JUSTICE CIVILE. — Dans les dispositions plus modernes, la LOI a donné au mot *pair* un sens à peu près analogue au mot *juré ;* mais la multiplicité et la dissemblance des GRADES MILITAIRES permettent-elles qu'on regarde comme PAIRS d'un MILITAIRE d'un RANG inférieur, les MILITAIRES d'un RANG plus élevé; un OFFICIER est-il PAIR d'un officier; un SOUS-LIEUTENANT est-il pair d'un COLONEL, — Mais ces formes judiciaires furent de peu de durée; la Justice en campagne fut modifiée par la LOI DE 1792 (16 MAI). — La CONVENTION NATIONALE qui, au sein d'une conflagration universelle, ne pouvait réussir que par la force aveugle, dut lui sacrifier l'équité; pour elle Mars était bien au-dessus de Thémis; elle ne s'occupait que du temps présent, ne vit que la GUERRE et la victoire, et y accommoda à la hâte les formes judiciaires qu'elle y crut le moins mal appropriées; elle créa les TRIBUNAUX MILITAIRES et les ACCUSATEURS MILITAIRES. — Par le même DÉCRET DE 1795 (12 MAI), elle mit au jour un nouveau CODE PÉNAL qui, en partie, était encore en vigueur sous le régime de la restauration, quoiqu'il eût été créé pour le seul TEMPS DE GUERRE; la JURIDICTION militaire sur les EMBAUCHEURS non militaires en était une trace. — Un décret rendu en vue de réprimer la DÉSERTION commença à se ressentir de l'âpreté qui allait prévaloir en LÉGISLATION. — Tout, même la JURISPRUDENCE, est soumis à une force inaperçue, à une puissance d'habitudes que la raison blâme à froid, que l'opinion réprouve, et dont elle ne sait pas triompher; ainsi la convention, alors qu'elle promulguait des lois draconiennes, ne vit pas que sa Justice écrite n'atteignait que les HOMMES DE TROUPE, et qu'elle négligeait comme doués d'infaillibilité les OFFICIERS, et surtout les GÉNÉRAUX, que pourtant la justice pratique des représentants aux ARMÉES faisait fusiller, quand l'envie leur en prenait, comme le témoigne Gouvion (1829). — Il faut que le criminaliste sache lire dans les vieux textes qu'il étudie, et ce qui y est et ce qui y manque; c'est ce que la CONVENTION ne sut pas faire; l'attention des rédacteurs d'ordonnances ne fut frappée que de ce qu'ils voyaient écrit. — Une DÉCISION DE L'AN DEUX (14 FLORÉAL) enjoignait aux TRIBUNAUX CRIMINELS MILITAIRES qui avaient été dispensés de l'intervention des JURÉS de ne juger dorénavant qu'avec le concours du JURY. La fluctuation des partis politiques qui se combattaient se manifestait dans leur LÉGISLATION. — En L'AN DEUX (5 PLUVIOSE) une nouvelle organisation de la Justice eut lieu. La loi voulait que, pendant la GUERRE, tout DÉLIT commis par un MILITAIRE ou individu à la suite de l'ARMÉE, fût jugé par les TRIBUNAUX MILITAIRES; c'était l'abolition des cas de DÉLITS COMMUNS. — Les CONSEILS DE DISCIPLINE, quoique en désuétude dès leur naissance, étaient

reconnus encore; les TRIBUNAUX DE POLICE CORRECTIONNELLE furent créés, ils avaient à réprimer les DÉLITS, et occupaient un moindre degré par rapport aux TRIBUNAUX CRIMINELS MILITAIRES qui avaient à connaître du fait des CRIMES; ces modifications sont restées sans résultats. — Sous une dénomination impropre, une LOI sur la POLICE MILITAIRE réformait, en l'AN TROIS (2 COMPLÉM.), la Justice de l'an deux; elle substituait aux TRIBUNAUX CRIMINELS MILITAIRES de véritables COMMISSIONS qu'elle qualifiait de CONSEILS MILITAIRES; ils étaient composés de trois OFFICIERS et de six HOMMES DE TROUPE. Les prévenus hommes de troupe voyaient ainsi des PAIRS s'asseoir parmi leurs JUGES. — Dans les cas emportant PEINE DE MORT, les JUGES nommés en nombre double étaient en partie révocables au choix de l'ACCUSÉ; il pouvait en réduire de moitié la liste; cette LÉGISLATION, dans laquelle les formes tutélaires du JURY se trouvaient détruites, était cependant la moins acerbe des JUSTICES D'EXCEPTION, et elle reposait sur des principes faux, en appelant comme juges tels hommes que le TOUR DE PIQUE du CONTROLE DE SERVICE allait appeler peut-être au rôle de BOURREAU. — En outre de la Justice publique ou générale, les CONSEILS DE DISCIPLINE étaient maintenus. — Neuf lois organiques concernant la Justice avaient vu le jour en sept ans. — Le DIRECTOIRE confiait par la LOI DE L'AN QUATRE (4 BRUMAIRE) au MINISTRE DE LA GUERRE et aux GÉNÉRAUX le droit de désigner les JUGES; ils cessèrent d'être appelés par tour de SERVICE, dès lors la Thémis militaire jeta loin d'elle la balance, et ne conserva que le glaive. — La LOI de l'AN QUATRE (17 GERMINAL) approfondit les détails à observer avant l'exécution des JUGEMENTS, et continua à soumettre les PROCÉDURES à l'examen d'un CONSEIL D'OFFICIERS SUPÉRIEURS rassemblés par le même GÉNÉRAL, convocateur du CONSEIL DE GUERRE. Une CIRCULAIRE DU 18 PRAIRIAL confirmait et développait les principes de la RÉVISION. — En l'an quatre, la loi commençait à s'occuper de la forme des JUGEMENTS applicables aux GÉNÉRAUX. — Intervint la LOI de l'AN CINQ (15 BRUMAIRE) qui donna naissance aux CONSEILS DE GUERRE PERMANENTS substitués aux CONSEILS MILITAIRES de l'an trois. Cette loi confiait aux COMMANDANTS DE DIVISION TERRITORIALE et de DIVISION D'ARMÉE le droit de rassembler et de mettre en action ces CONSEILS, comme autrefois le faisaient les GOUVERNEURS DE PLACE et les GOUVERNEURS DE PROVINCE; elle abolit le concours du JURY, l'évocation par la voie du tour de service, l'introduction des PAIRS de l'ACCUSÉ, la révocabilité permise d'une partic des JUGES; mais ces rigueurs pouvaient n'être regardées que comme une dérogation passagère, puisque cette LOI n'était présentée elle-même que comme accidentelle; elle n'en a pas moins duré bien plus tard que la restauration.—Le CODE de l'AN CINQ (21 BRUMAIRE) rajeunit la pénalité de 1793; mais les CONSEILS PERMANENTS continuaient à appliquer quantité de dispositions antérieures; tout était complication et obscurité. — Le DÉCRET de l'AN CINQ (4 MESSIDOR) devint interprétatif des décisions relatives à la composition des CONSEILS devant lesquels seraient traduits des GÉNÉRAUX FRANÇAIS.—La LOI DE L'AN SIX (18 VENDÉMIAIRE) instituait, sous forme permanente, et suivant un système plus complet, les CONSEILS DE RÉVISION; elle les chargeait de l'opération qui, jusque-là, s'était appelée EXAMEN; c'est l'époque où le pourvoi se régularise. — L'ARRÊTÉ DE L'AN SIX (8 FRIMAIRE) réglait le libellé des FORMULES DE CITATIONS de TÉMOINS et de JUGEMENTS. — Le représentant Vaublanc, frappé des imperfections de la LÉGISLATION de l'an cinq, essayait déjà, en un discours prononcé aux cinq-cents, et rappelé bien plus tard par Benjamin Constant, de faire améliorer un système resté le même trente ans plus tard. — Les TRIBUNAUX SPÉCIAUX furent établis en l'AN NEUF (18 PLUVIOSE); ils étaient mi-partie civils et militaires, et devaient juger les VAGABONDS et GENS SANS AVEU; c'était un pas rétrograde vers la confusion des anciennes JURIDICTIONS. — L'ARRÊTÉ DE L'AN DOUZE (19 VENDÉMIAIRE) était une loi terrible négligemment jetée aux FRANÇAIS sous la forme commode d'une ORDONNANCE. Ce rescrit était répressif de la DÉSERTION ou de la résistance aux lois conscriptionnelles; édit bursal, ukase républicain, il enfantait des hommes de guerre et battait monnaie; mais il frappait de confiscation les biens des parents des RÉFRACTAIRES ou des fugitifs; il rappelait tant soit peu l'ancien droit de suite que les SEIGNEURS FIEFFÉS exerçaient à l'égard des transfuges de la glèbe. — L'ARRÊTÉ DE L'AN DOUZE réalisait le système des GALÈRES de terre inventées par le maréchal de SAXE et le comte de SAINT-GERMAIN; il créait une bourse fiscale d'achat de REMPLAÇANTS; il maintenait hideusement, dans la grande famille des CONSCRITS, la sauvage coutume qui transformait des FRÈRES D'ARMES en BOURREAUX, et quelquefois en complices d'assassinats. La CONSCRIPTION et cette législation devinrent le nerf de la puissance consulaire et impériale. — Les prévenus de DÉSERTION étant placés, par le fait de cette LÉGISLATION, sous l'empire de dispositions spéciales par rapport à la jus-

tice militaire elle-même, l'arrêté entrait dans la prévision des cas de COMPLICATION DE DÉLITS dont une Justice ordinaire avait à connaître. — Un DÉCRET DE L'AN DOUZE (17 MESSIDOR) procréait les COURS DE JUSTICE CRIMINELLE SPÉCIALES; c'était une contre-épreuve des TRIBUNAUX CRIMINELS SPÉCIAUX et un renouvellement des COMMISSIONS MILITAIRES si déplorablement célèbres aux temps de l'émigration; mais celles-ci étaient destinées à juger les ESPIONS et les EMBAUCHEURS. Un DÉCRET DE 1810 (22 OCTOBRE) apportait en cette LÉGISLATION quelques tempéraments. — Ce genre de Justice dont ressortissait la REDDITION des FORTERESSES, et qui embrassait l'examen de la régularité de leur DÉFENSE, avait été effleuré dans une lettre de LOUIS QUATORZE. Un DÉCRET DE 1811 (24 DÉCEMBRE) faisait revivre le fond de cette LÉGISLATION du grand règne, et donnait naissance aux CONSEILS D'ENQUÊTE. — Le DÉCRET DE 1812 (1er MAI) créait les CONSEILS EXTRAORDINAIRES; ils étaient destinés à connaître des CAUSES de cette nature que les CONSEILS D'ENQUÊTE leur renvoyaient, si de l'enquête il résultait qu'il y eût lieu à suivre contre le GÉNÉRAL ou le GOUVERNEUR dont la FORTERESSE s'était rendue par CAPITULATION. — La Charte abolissait les COMMISSIONS MILITAIRES; elles furent néanmoins rétablies en 1815 (11 MARS); des prévôts étaient à la veille de faire reculer de deux siècles la Justice française. — En l'année 1816 (24 JUILLET), l'arrêté consulaire de l'AN DOUZE (19 VENDÉMIAIRE) venait se fondre dans la loi directoriale de l'AN CINQ, ou plutôt les CONSEILS MILITAIRES SPÉCIAUX s'amalgament aux CONSEILS PERMANENTS, le seul système des AMENDES à l'égard des RÉFRACTAIRES s'effaçait; toutes les autres imperfections restèrent sanctionnées; le MINISTÈRE DE LA GUERRE décorait du nom d'ORDONNANCE cet avortement, ce replâtrage. — La CIRCULAIRE DE 1827 (16 MARS) s'occupait des frais que la Justice entraîne; la DÉCISION DE 1831 (7 SEPTEMBRE) traitait de la PEINE DE MORT. Le rapport de 1835 (9 décembre) renfermait une curieuse statistique des DÉLITS. — Pendant la restauration la Justice flottait encore dans le vague, tout était matière à dissentiment ou à interprétation; les TRIBUNAUX prononçaient diversement sur des cas pareils. De là cette ORDONNANCE publiée dans le *Moniteur* en 1828 (29 JANVIER), rendue sur le rapport du CONSEIL D'ÉTAT; elle maintenait la PEINE de six ans de fers, prononcée par la LOI DE 1793, en RÉPRESSION du CRIME DE VOL commis par un MILITAIRE qui détourne les EFFETS de ses camarades; ce même DÉLIT commis par des MARINS, ou ayant lieu dans les arsenaux ou dans la vie civile, n'entraînait qu'une simple PEINE CORRECTIONNELLE dont le maximum était de cent jours. — Ainsi le CODE DE 1795, promulgué pour les TROUPES républicaines en TEMPS DE GUERRE et refondu dans le CODE directorial de l'an cinq, se trouvait maintenu par ordonnance royale en pleine PAIX, et ce n'était pas par une décision spéciale et législative, mais par le fait d'une volonté de détail. — Egalement on continuait à reconnaître, comme ayant force, ce CODE de l'AN CINQ, quoique son propre texte déclarait (art. 1er) que cette JURISPRUDENCE n'était instituée que pour l'ÉTAT DE GUERRE. Cette prorogation d'une LOI qui, depuis la PAIX, portait en elle sa violation, portait en même temps sa censure. — M. COURTIN (au mot *Discipline*) a mis en lumière bien d'autres imperfections. Il a dit : *Encore bien que la loi seule ait droit de vie et de mort, il y a telles ordonnances qui prononcent la peine capitale ; il y a tels chefs qui ont implicitement, en temps de guerre, le droit de gracier le condamné. Un même pouvoir soupçonne, incarcère, accuse, juge, condamne et met à mort ; il compose et révoque le tribunal, suspend l'effet des jugements, les fait réviser, envoie la victime, acquittée par des juges récalcitrants, devant des juges plus dociles, arrête toute espèce de poursuites, etc.* — On pourrait ajouter à ce tableau que la LOI, en reconnaissant des CAS AGGRAVANTS et pas de cas atténuants, a poussé un peu loin l'esprit de simplification ; car les PEINES doivent pouvoir s'adoucir s'il est permis de les appesantir, et devraient avoir, comme en JUSTICE CIVILE, un maximum et un minimum. — Les irrégularités et les anomalies du CODE PÉNAL de l'ARMÉE, la rigueur des lois qui la régissaient, leur défaut d'accord avec celles de la vie civile témoignaient assez qu'une refonte judiciaire était urgente, qu'elle pouvait seule produire un CODE raisonnable et complet, promis depuis longues années, et qu'il était temps qu'elle fît oublier un amalgame fortuit de dispositions révolutionnaires, directoriales, consulaires, impériales et royales. — Le MINISTRE SOULT sentit, en 1815, la nécessité de réviser la Justice ; les travaux d'une commission qu'il créa furent sans résultat, et à cette époque on restait dans une erreur fâcheuse, car on regardait la Justice militaire comme susceptible de ne dépendre que des ordonnances royales. — Telle était la position des choses, quand un auteur anonyme (1817, D) disait : *Nous avons vu la Justice militaire, armée du glaive de la tyrannie dans les conseils*

spéciaux, livrée à l'arbitraire dans les conseils permanents, manquer de garantie contre les excès ou les abus du pouvoir ; nous avons vu siéger, dans ses tribunaux, des militaires plus habiles à manier l'épée que la plume, à commander l'exercice qu'à bien appliquer les lois, nouvelle espèce de juges amovibles comme des garnisons ; des présidents sans présidence continue ; des greffiers sans greffe, des rapporteurs sans jurisprudence, enlevés aux corps, ainsi privés de leurs officiers les plus intelligents ; un ministère public nul dans les conseils de première instance, illusoire dans ceux de révision. — Ce tableau rembruni et exagéré, ce hors-d'œuvre était contenu dans un traité sur l'administration. Il paraît que la réparation de tant de prétendus abus n'était pas si urgente qu'elle le semblait, puisque vingt ans plus tard tout, sauf l'existence des conseils spéciaux, était encore dans le même état. — Sous le ministère du maréchal GOUVION, une commission entreprit et termina un projet judiciaire plus complet ; le CONSEIL D'ETAT fut chargé de l'examiner en 1820. En 1822, la chambre des PAIRS mit en question si cette publication aurait lieu. — Plusieurs fois avant cette époque, et annuellement depuis 1822 (14 mars), Benjamin Constant a appelé l'attention des chambres sur cette matière ; il regardait les CONSEILS PERMANENTS comme susceptibles d'être transformés en instruments de parti, de ne pas donner aux DÉFENSEURS le temps de préparer la DÉFENSE, ou de leur refuser la communication des PIÈCES indispensables aux débats du PROCÈS. — En 1837, l'attentat de STRASBOURG a amené de tristes révélations, sorties de la bouche même du garde des sceaux, dans la séance des députés du 3 mars 1837. En voici le résumé : Un MILITAIRE qui commet seul, ou en compagnie de MILITAIRES, un CRIME, est traduit devant un CONSEIL PERMANENT ; mais qu'il ait la précaution de se mettre en complicité avec des individus non militaires, il change de JURIDICTION, se soustrait à la PÉNALITÉ de sa PROFESSION, et en réalité échappe au législateur. S'il se joint au CRIME qui a motivé la POURSUITE du MILITAIRE DÉLINQUANT des CRIMES purement militaires, ce délinquant se fût-il déclaré le séide des sociétés anarchiques, sa comparution devant des JUGES non militaires va le sauver des INFRACTIONS du SOLDAT, quelque répréhensibles qu'elles soient ; il se jouera ainsi du glaive de la LOI et rendra impuissants ses vrais JUGES. — Ainsi un JURY qui, en présence de MILITAIRES qui s'avoueraient coupables d'un

CRIME capital, leur dirait : *Nous déclarons dans notre conscience que tout ce qui est arrivé n'est pas arrivé*, ce JURY laisserait la société désarmée devant les ATTENTATS les plus graves. — De session en session, et jusqu'à la fin de la restauration, les MINISTRES promirent une LOI militaire pénale à la chambre des députés. Une des graves questions était l'ordre à préférer pour la présentation des articles en raison du degré de leur importance ; car, de ces questions, les unes sont fondamentales, les autres de détails. Ainsi, l'attention des législateurs devait embrasser d'abord les garanties à accorder aux MILITAIRES EN JUGEMENT ; la LOI devait régler si, à l'instar de la JUSTICE CIVILE, il serait fait distinction de l'état de prévention et de l'état d'accusation ; elle devait décider si la Justice militaire serait graduée en RÉGIMENTAIRE, en CORRECTIONNELLE, en CRIMINELLE. — Il n'importait pas moins de discuter : la concordance à établir entre une Justice inévitablement exceptionnelle et les lois fondamentales du pays ; entre les formes de la JUSTICE CRIMINELLE à laquelle sont soumis des citoyens non MILITAIRES et le système de la JUSTICE CRIMINELLE à laquelle doivent se soumettre des MILITAIRES citoyens. — Le caractère différent à donner aux Justices des TEMPS DE GUERRE et des TEMPS DE PAIX. — La classification des INFRACTIONS, divisées en FAUTES OU CONTRAVENTIONS, en DÉLITS, en CRIMES. — Le genre de la PÉNALITÉ, ses degrés, ses proportions, son application. — La désignation et le choix de cet instrument vivant qui est l'agent des EXÉCUTIONS A MORT, et qu'on a nommé PIQUET, BOURREAU, EXÉCUTEUR, TIREUR. — Plus d'une question restait à éclaircir, il ne nous appartient de les présenter que dans le style dubitatif. — Des principes d'une PÉNALITÉ particulière s'appliqueront-ils aux INFRACTIONS commises dans des CORPS DE PUNITION, et par des galériens de terre nommés CONDAMNÉS AUX TRAVAUX ? — Les DOMESTIQUES D'OFFICIERS, les GAGISTES (on appelle ainsi des MUSICIENS non SOLDATS, des OUVRIERS non matriculés), les EMPLOYÉS, les FONCTIONNAIRES et cette nuée d'individus qualifiés sous le titre de suite de l'ARMÉE, seront-ils sous le coup de la Justice militaire ? Les répressions pour INSUBORDINATION ou INSULTE leur seront-elles applicables ? — Les VIVANDIÈRES et les AUMÔNIERS, dont la position dans l'ARMÉE est ambiguë et fausse, seront-ils sous l'empire de la PÉNALITÉ militaire ? A l'égard des AUMÔNIERS, nous ne connaissons pas d'antécédents à invoquer. — Quant aux VIVANDIÈRES, elles ont été justiciables des TRIBUNAUX de l'ARMÉE, et nous

lisons, en 1836, dans le *Constitutionnel* du 5 juin : *La plainte en adultère de la femme du sergent Salomon, vivandière dans la caserne du vingtième de ligne, sera jugée par le conseil de guerre.*

Risum teneatis...

— Des incidents sont venus compliquer cet imbroglio judiciaire. Après l'information faite par M. le général commandant Tugnot de la Noye, faisant fonction de rapporteur, le mari trompé déclara se désister de sa plainte, et il n'y avait pas de Cujas en France qui eût osé prononcer si le désistement de la partie plaignante était recevable. — Un DÉPUTÉ, un PAIR DE FRANCE qui feront partie de l'ARMÉE, et y seront présents et en fonctions pendant la session des chambres, sont-ils justiciables du CODE PÉNAL de l'ARMÉE ? — Les GARDES NATIONAUX mis en ACTIVITÉ DE SERVICE sont-ils soumis à toute la sévérité de la Justice et de la DISCIPLINE militaire, comme le prescrivaient le DÉCRET DE 1806 (12 NOVEMBRE) et l'AVIS DU CONSEIL D'ÉTAT DE 1807 (3 MARS) ? — Le MINISTRE DE LA GUERRE étant le grand lieutenant du ROI et son délégué comme chef politique de l'ARMÉE, semble, en point de droit, avoir l'autorité de mettre en jugement un MARÉCHAL ; continuera-t-il à se dépouiller du droit de mettre en jugement le moindre fonctionnaire de l'INTENDANCE ? Un ADJOINT A L'INTENDANCE sera-t-il admis à dire au GÉNÉRAL D'ARMÉE : « Si ma conduite vous paraît répréhensible, adressez-vous au conseil d'État, qui peut seul suspendre mon inviolabilité ? » — La Justice des CORPS ÉTRANGERS au SERVICE de FRANCE et le CODE PÉNAL suisse, ces criantes infractions aux lois du simple bon sens, reprendront-ils jamais vigueur ? Verrait-on renaître un COLONEL GÉNÉRAL DES SUISSES qui, en vertu d'une ordonnance à peine connue, soit l'intermédiaire chargé d'arranger les cas de conflits entre les cours royales de FRANCE et les MILITAIRES SUISSES AU SERVICE FRANÇAIS ? Cet étrange abus régnait tout récemment. — Le ROI de FRANCE, s'il rappelle des militaires suisses, se privera-t-il spontanément du droit de faire grâce aux MILITAIRES FRANCO-SUISSES condamnés fédéralement ? — Les MILITAIRES, quelle que soit leur position ou GRADE, sont-ils autorisés à adresser au MINISTRE DE LA GUERRE une requête en DÉNI DE JUSTICE, comme le permet une CIRCULAIRE DE 1813 (16 JUIN) ? — Dans les DÉLITS COMMUNS, ou de complicité entre MILITAIRES et citoyens, les PRÉVENUS seront-ils ramenés devant les JURÉS, comme le voulaient les dispositions de

1791? — Suivant Odier (1824, E), et conformément à plusieurs dispositions légales qu'il rappelle, les délits purement militaires sont les seuls dont, en temps de paix, la Justice militaire devrait connaître. — La jurisprudence relative aux délits justiciables des conseils permanents était modifiée depuis 1830, non par un vouloir manifesté par la loi, mais par des décisions *ab irato*, prononcées par des compagnies de judicature ; les arrêts de 1831 (17 juin) et de 1832 (27 juillet) ont annulé une partie des dispositions de la loi de l'an cinq (21 brumaire) ; ils ont déclaré incompétents ces conseils, dans la poursuite à diriger contre des individus non militaires impliqués dans une accusation d'embauchage ; ainsi, l'échauffourée de Strasbourg, en 1836, où figuraient à la suite de Napoléon-Louis Bonaparte, des embaucheurs les uns militaires, les autres non militaires, retombant dans les délits communs, a été déférée à la justice non militaire. — Les cours prévotales seront-elles rétablies ou à jamais abolies ? ou, en d'autres termes, l'armée a-t-elle ou non un grand prévot, quoiqu'il n'existe plus de prévots dans l'infanterie de ligne depuis 1762, et quoique depuis quarante ans il n'y ait plus de prévots. En 1832 (septembre), on voyait cependant un grand prévot de l'armée au quartier général de Valenciennes. — Par qui seront jugés les espions ? Le seront-ils de la même manière en temps de paix et en temps de guerre ? Les embaucheurs non militaires seront-ils justiciables des tribunaux militaires ? Le maraudage sera-t-il toléré si les troupes restent privées de distributions de vivres. — Les formes de la Justice militaire peuvent-elles contraindre un Français non militaire à ne demander qu'à un tribunal militaire réparation des actes de violence, des déportements, des délits dont un militaire se serait rendu coupable envers lui ? Une telle procédure semble celle d'un pays où la loi martiale serait déployée et détournerait les citoyens de leurs juges naturels. Cette opinion concorde avec les intentions des deux chartes, et il semble que la Justice ordinaire doit seule connaître, soit des délits communs, soit des services ou dommages exercés contre des bourgeois ou citoyens par des militaires, surtout quand les délinquants sont hors de l'exercice de leurs fonctions, et non en service commandé et armé. — La Justice militaire restera-t-elle étrangère à la connaissance des duels ; et, en temps de guerre, si la rixe a lieu entre militaires et citoyens, les tribunaux renverront-ils du fond des

pays lointains aux cours royales de France, les prévenus de ce genre d'infraction ? — Doit-on nommer emprisonnement ou incarcération le geolage du fait de Justice ? —Les ascendants ou descendants, les alliés ou parents pourront-ils être simultanément juges d'une même affaire ? — Les grades élevés resteront-ils plus élevés que la loi criminelle, ou, en d'autres termes, toute législation militaire qui ne proportionnera pas la gravité des peines à l'élévation du rang, en s'appesantissant d'autant plus que le coupable est environné de plus de puissance, ne sera-t-elle pas une législation faible, fausse, dérisoire ? pourquoi faiblirait-elle envers des chefs coupables, mais puissants. puisqu'à l'égard des hommes de troupe elle frappe plus fort et quelquefois uniquement l'ancien dont elle ménage d'autant ou absout les complices ? — Aplanira-t-on les difficultés qui résultent de la démarcation équivoque des cas de culpabilité, de la classification mal établie entre les justices générales ou publiques, régimentaires, disciplinaires ? — La justice civile connaît des quasi-délits et des délits ; ce sont des infractions intermédiaires entre la contravention et le crime. — La loi militaire au contraire ne s'explique qu'avec obscurité sur les délits, les crimes, les fautes ; elle délimite mal le domaine de la loi et celui des règlements, et elle laisse confuses les classes de Justices et de justiciables ; y sera-t-il apporté remède ? Par exemple, l'absence à la générale sera-t-elle recherchée par la Justice ou par la discipline ? Le crime sera-t-il regardé comme un surdélit ou comme un acte de plus de gravité que le délit et dont les tribunaux publics seuls, en toute circonstance de paix ou de guerre, sont chargés de tirer vengeance ? Une justice régimentaire aura-t-elle à connaître du fait des délits ? La puissance hiérarchique qui a le maniement de la discipline aura-t-elle à réprimer les fautes qui sont en police militaire ce que les contraventions sont en police civile. — En morale, il y a au delà du crime, le forfait ; ce mot ne serait-il pas applicable à l'attentat ou à l'action de mutiler les blessés pour les spolier ? Crime à la fois le plus vil, le plus lâche, et qui n'est pas un des moins fréquents. — Légalement et administrativement parlant, certains travaux, certaines écritures, relatifs à la Justice militaire, sont du ressort de l'administration des compagnies et des colonels de l'infanterie française ; la voie du rapport en donne ordinairement connaissance ; mais les conseils d'administration restent étrangers à la Justice, si ce n'est, en quelques cas, à titre de certificateurs. — Un arrêt de la COUR DE CASSATION et une CIRCULAIRE DE 1835 (29 MARS) descendaient dans l'examen de l'application de la loi civile, en cas de CIRCONSTANCES ATTÉNUANTES. La LOI DE 1832 (28 AVRIL) semblait introduire le principe des CIRCONSTANCES ATTÉNUANTES; quelques juristes le croyaient ainsi. — Pendant plus de huit mois, des CONSEILS DE GUERRE prononcèrent des JUGEMENTS disparates, les uns interprétant en faveur des ACCUSÉS militaires une disposition obscure, mais qu'on pouvait supposer d'un effet général, les autres se restreignant aux formes positives plus anciennes. Le MINISTRE DE LA GUERRE et la COUR DE CASSATION étaient de ce dernier avis; les décisions ministérielles ne s'en expliquaient pas aux époques où cette question était traitée par M. LEGRAND (Pierre). — En vue d'aplanir la difficulté, une proposition d'admettre des CIRCONSTANCES ATTÉNUANTES a été proposée à la chambre des députés, en janvier 1838; la question a été décidée par le rejet de ce projet. — En 1837, le CODE judiciaire de l'ARMÉE n'avait pas encore embrassé la question des COMMISSIONS ROGATOIRES, c'est-à-dire des INFORMATIONS par procuration, et de ce genre d'INTERROGATOIRES, en vertu de mission légalement imposée par un JUGE ou un TRIBUNAL, à un JUGE ou un TRIBUNAL d'un pays étranger, éloigné, mais soumis à la loi commune. Pourtant le célèbre procès du général de Rigny à Marseille s'est, en partie, éclairé de témoignage par commissions. — Dans la MILICE AUTRICHIENNE, la COUR AULIQUE fait fonction de COUR DE CASSATION; dans la MILICE ESPAGNOLE le TRIBUNAL SUPRÊME DE GUERRE a la haute direction de la Justice. — En FRANCE, un bureau, un COMMIS du MINISTÈRE DE LA GUERRE, sont de fait, sinon de droit, investis de l'autorité régulatrice de la Justice; ainsi, il nous manque un pouvoir central dont l'institution semble une conséquence du régime constitutionnel, tandis que ce degré judiciaire se trouve dans des pays gouvernés par le pouvoir absolu.— La criante imperfection de la Justice militaire s'est révélée en 1837, à l'occasion du complot de Strasbourg. — La question de la Justice militaire a été approfondie par quantité d'AUTEURS ALLEMANDS, soit en leur LANGUE, soit en LATIN; elle a été traitée par quelques ANGLAIS; mais, jusqu'à présent, les Français se sont occupés beaucoup moins de ce sujet que des autres parties de l'ART; la plupart même n'ont fait qu'effleurer ce thème. Cette assertion peut se vérifier en recourant aux ÉCRIVAINS qui,

dans les diverses LANGUES, se sont exercés sur ce point de doctrine et dont voici les noms : ADYE (1802), AUDOUIN (1811), M. BALLYET (1817 D, p. 451), BARDET (1740, A), BARDIN (1807, D; 1816, E), BENHAMB (1692), BOMBELLES (1746, A), BONNOR (1481, A), BRIQUET (1761, II), M. CHÉNIER, CHENNEVIÈRES (1750, C), COURTIN (1823, E), DEVILLE (1672), DUANE (1810, E), DUBELLAY (1549, A), ERHARD (1818), FLAMITZER (1688), FOUCHER, FOURNIER (1815, 1819), FOY, FRAVETH (1781), GAYA (1670, D), GUIGNARD (1725), B, JOLY (1598), KÉRALIO (1757, F), KLOTZ, KNORR (1754), LACHESNAIE (1758, 1), LAURENTIUS (1745), LECOUTURIER (1825, A), LEGRAND (Pierre), LEGRAND (édition 1837, A), LEGRAVEREND, LOBRINUS (1686), LUDOVICI (1729), MACARTHUR, MELHORN (1757), MERLIN (au mot *Délit*), MICHEL (1714, 1734), MUELDER (1798), ODIER (1818, E), ORLANDINI (1782), PERRIER (1808), POLVEZEL, PONS (de), POTIER (1779, X, aux mots *Crime, Juge, Jugement*), PUYSÉGUR (1702, A; 1218, I), ROBERTS, SAMUEL, SERVAN (1780, B), M. SICARD (1830), SIMES (1766, 1), TYTLER, M. le général VAUDONCOURT (1825, D), et enfin les *ordonnances d'Espagne* de 1701 (18 décembre), et 1702 (10 avril). — *Le Vocabulaire classique de la science du droit*, qui traite des termes des procédures militaires (1825, Rondonneau). — *Le Journal des Sciences militaires* (19e et 20e livraisons, et t. XXII, p. 64). — *La Sentinelle de l'Armée*, n° 50, p. 213. — *Le Journal de l'Armée*, t. V, p. 87. — *Le Bulletin des Sciences militaires*, 1825, p. 285; 1827, p. 75 et 161. — *Le Journal de la Société française de statistique universelle*, t. IV, p. 126. — *Le Spectateur militaire*, t. XXIV, p. 404; t. XXV, p. 518. — Un auteur anonyme (1824, M). — Un rapport au roi, 1833 (9 décembre). — Une note ministérielle de 1834 (5 février), qui embrassait la question des FRAIS DE JUSTICE; question qui a été traitée par M. VAUCHELLE. — *Le Dictionnaire de la Conversation*, au mot *Militaire*. — *Le Journal de l'Armée* (1837, p. 218; 1838, p. 276).

JUSTICE PÉNALE. V. JUSTICE MILITAIRE. V. MILICE PRUSSIENNE N° 9. V. PÉNAL.

JUSTICE PRÉVÔTALE. V. INFANTERIE FRANCO-ÉTRANGÈRE. V. MÉDECINE MILITAIRE. V. MILICE ANGLAISE N° 2. V. PRÉVÔT D'ARMÉE. V. PRÉVÔT DE CORPS. V. PRÉVÔT DES MARÉCHAUX. V. PRÉVÔTAL.

JUSTICE PUBLIQUE. V. DÉLIT. V. JUSTICE MILITAIRE. V. PUBLIC.

JUSTICE RÉGIMENTAIRE. V. ADMINISTRA-

TION DE COMPAGNIE. V. DÉLIT. V. JUSTICE MILI-
TAIRE. V. MILICE ANGLAISE N° 10. V. RÉGIMEN-
TAIRE.

JUSTICE SÉDENTAIRE. V. DÉLIT. V. SÉDEN-
TAIRE.

JUSTICE SEIGNEURIALE. V. CHATIMENT. V.
NOBLESSE. V. SEIGNEURIAL. V. SERGENT CIVIL.

JUSTICE WURTEMBERGEOISE. V. WURTEM-
BERGEOIS, adj.

JUSTICIER, adj. v. HAUT J... V. JUSTICE
MILITAIRE. V. SERGENT HAUT J...

JUSTIFICATIF (justificative), adj. V.
PIÈCE J...

**JUSTIN ; JUSTINIANI ; JUSTI-
NIEN ; JUVÉNAL.** V. NOMS PROPRES.

Les chiffres entre parenthèses, qu'on rencontre dans le cours du texte, indiquent le millésime de l'année à laquelle appartiennent la citation ou l'événement.

Les abréviations entre parenthèses, qui sont en tête des articles, sont une concordance du tableau synoptique (*Disc. prélim.*, p. 10) et du vocabulaire sommaire (*Disc. prélim.*, p. 36-37). Ces abréviations donnent le moyen de remonter des conséquences aux principes.

D'autres abréviations indiquent le genre grammatical.

Les caractères italiques dénotent des phrases empruntées.

Les mots en petites capitales sont ainsi configurés comme réclames, comme preuve qu'on peut chercher à sa place générale alphabétique le mot représenté en lettres capitales.

KABAL, subs. masc. v. CHEVAL.

KABASSET, subs. masc. v. CABASSET.

KACE, subs. fém. v. CHASSE.

KACEOR, subs. masc. v. CHASSE. V.
QUACHEOR. V. CHASSEUR.

KACHA, subs. masc. v. POUDRE ALIMEN-
TAIRE.

KACHE, subs. fém. v. CHASSE.

KACHEOR, subs. masc. v. CHASSE. V.
QUACHEOR.

KACHIER, verb. act. et neut. v. CHASSE.

KACHIER, verb. act. et neut. v. CHASSE.

KACHIERE, subs. masc. v. QUACHEOR.

KACHIERRE, subs. masc. v. QUACHEOR.

KACIERRE, subs. masc. v. QUACHEOR.

KAENE, subs. fém. v. CADÈNE.

KAESTNER ; KAHN. V. NOMS PROPRES.

KAIENE, subs. fém. v. CADÈNE.

KAINE, subs. fém. v. CADÈNE.

KAISERER ; KALMOUCK. V. NOMS
PROPRES.

KALMUK. V. NOMS PROPRES au mot CAL-
MOUCK.

KALPACK, subs. masc. v. COLBACH. V.
JANISSAIRE.

KALPAK, subs. masc. v. COLBACH.

KAN, subs. masc. v. GÉNÉRAL D'ARMÉE.

KAR, subs. masc. v. CHAR.

KARHI - MESRAC, subs. masc. v.
LANCE.

KARRIER, verb. act. et neut. v. CHAR-
GER.

KARNEL, subs. masc. v. CRÉNEAU.

KARNIAS, subs. masc. v. CRÉNEAU.

KARNIAX, subs. masc. v. CRÉNEAU.

KARSTEN ; KASCHUB. V. NOMS PRO-
PRES.

KATABALISTIQUE, adj. v. ARME
CAT...

KAUSLER ; KAUSMAN. V. NOMS PRO-
PRES.

KAVAL, subs. masc. v. CHEVAL.

KAZAG, subs. masc. v. COSAQUE.

KAZAK, subs. masc. v. COSAQUE.

KEHL. V. NOMS PROPRES.

KEISERLICK, subs. masc. v. MILICE
AUTRICHIENNE.

KEITH ; KELLY ; KELTE. V. NOMS
PROPRES.

KEMINÉE, subs. fém. v. CHEMINÉE.

KEMISE, subs. fém. v. CHEMISE.

KENAGIE, subs. fém. v. XÉNAGIE.

KENNER. V. NOMS PROPRES.

KEPI, subs. masc. v. BONNET DE POLICE.

KÉRATARQUE. V. CÉRATARQUE.

KÉRALIO ; KÉRENVEYER. V. NOMS
PROPRES.

KERNES, subs. masc. v. ARZEGAIE.

**KENNERT ; KERFORTER ; KET-
TNER ; KEUNAER.** V. NOMS PROPRES.

KHAZAR, subs. masc. v. COSAQUE.

KHEVENHUELLER. V. NOMS PROPRES.

KHILIARQUE, subs. masc. v. CHI-
LIARQUE.

KHOZARD, subs. masc. v. COSAQUE.

KIEF, subs. masc. v. CHEF. V. CHEVETAIN.

KIEN, subs. masc. v. CHIEN.

KIES, subs. masc. v. CHEF.

KIESEWETTER ; KILIAN. V. NOMS
PROPRES.

KILIARCHIE, subs. fém. v. CHILIAR-
CHIE.

KILIARKIE, subs. fém. v. CHILIARCHIE.

KILIARQUE, subs. masc. v. CHILIARQUE.

KILT, subs. masc. v. CAMPESTRE. V. CU-
LOTTE. V. HAUT-DE-CHAUSSES. V. MILICE AN-
GLAISE N° 4. V. TONNELET D'HABILLEMENT.

KIND. v. noms propres.

KING, subs. masc. (F), ou Vou-King. Mot chinois pris par quelques écrivains dans le sens de livre ou de doctrine de la milice chinoise. — Le King dont il est ici mention, et qu'il ne faut pas confondre avec ce qu'on appelle les cinq Kings des Chinois, qui sont les livres sacrés de l'empire, est une collection de traités, moitié morale, moitié tactique; l'étude de ce code est exigée en Chine de tous les aspirants à des emplois militaires d'une certaine importance; ils n'obtiennent des grades qu'après avoir subi examen. — Le *Vou-King* existe en chinois à la bibliothèque du roi. L'un des livres ou chapitres de l'ouvrage passe pour être antérieur de onze cent vingt-deux ans à la naissance de l'ère vulgaire et de quatre cents ans environ à la législation de Romulus. — Le *Vou-King* contient six livres classiques rédigés à des époques fort distantes les unes des autres; le premier de ces livres a autrefois été composé de quatre-vingt-deux chapitres, mais il n'en reste plus que treize. — L'Europe a eu connaissance fort tard de ce document envoyé au ministère français en 1766; l'art militaire moderne aurait eu, au reste, peu à y emprunter, si ce n'est le système des concours et des examens. — On doit la traduction de trois des livres classiques du *Vou-King* à Amiot (1772, D), missionnaire à Pékin.

KINSCHAR, subs. masc. v. Candjiard.

KINSKI; KIRCHOF; KIRCKOFF; KIRGHIS. v. noms propres.

KIRGHIS, subs. masc. v. milice russe nº 2.

KIRRI, subs. masc. v. javelot.

KIST, subs. masc. v. javelot.

KITUS, subs. masc. v. quitus.

KLAATSCH; KLATTE; KLEIN; KLEIST; KLIPSTEIN; KLOTZ; KNOCK; KNORR. v. noms propres.

KNOUT, subs. masc. (F), ou knoute, ou knut. Mot russe francisé depuis le commencement du dix-neuvième siècle; il exprime un instrument de correction, ou même de supplice, un fouet robuste dont le manche de bois est long comme le bras et pliant; un fléau de cuir de bœuf de deux à trois pieds de long y est attaché; il est taillé en carré et terminé en angle aigu; il se manie à tire-fouet pour que ses angles tranchent la peau du patient qui y est condamné; c'est un instrument chinois, tartare, russe, etc. — Chez ce dernier peuple, des criminels à qui il est fait grâce de la vie, à charge de rester en état de réclusion, et de remplir les fonctions de bourreau, sont exercés au maniement de cette arme terrible qui, d'un seul coup, donné sur les reins, ôte quelquefois, à l'instant, la vie au patient. — Les coups s'en administraient sur le dos du coupable, et la dextérité de l'exécuteur consistait à ne frapper jamais deux fois à la même place, afin qu'on pût constater la profondeur et le nombre des empreintes, ainsi que l'incorruptible intégrité du distributeur. — Le nom donné à l'instrument s'est appliqué, par analogie, à la fustigation, en usage dans la milice russe; ce châtiment y répondait aux moyens correctionnels de la milice romaine, à la baguette de pommier des Gaulois, à la bastonnade des Allemands, aux coups de baton, ou de baguettes, ou de bretelles de notre ancienne discipline militaire. — Sans forme de procès, le Knout et la mort étaient le châtiment des Cosaques. — Pierre trois, par amour des Prussiens bien plus que de l'humanité, modifia les punitions et substitua la canne germanique au Knout national et héréditaire. — Les exécutions a mort sous le Knout des bourreaux sont devenues rares de nos jours. — La milice chinoise est châtiée aussi à coups de fouet; le Knout était le véhicule de l'obéissance chez tous les Tartares. — Le *Dictionnaire de la Conversation* a traité du Knout.

KNOUTE, subs. masc. v. knout.

KNUT, subs. masc. v. knout.

KOBEL; KOCH; KOCK; KŒNIG; KOEPPEN; KOEPTE; KŒSTER. v. noms propres.

KOLBACH, subs. masc. v. colbach.

KOLÉE, subs. fém. v. accolade.

KOPTIPTEUR, subs. masc. v. fusil k...

KOSCIUSKO; KOSINSKI. v. noms propres.

KOSSINIER, subs. masc. v. faux de défense. v. milice polonaise nº 1.

KOSTNER. v. noms propres.

KOULOUGLIS, subs. masc. v. colouglis.

KOZAK. v. cosaque.

KRAKOUSE, subs. masc. v. milice polonaise nº 1.

KRAMER. v. noms propres.

KRANCQUIN, subs. masc. v. cranequin.

KRANCQUINIER, subs. masc. v. cranequinier.

KRANZOW; KRAUZ; KRAZENSTEIN; KRAZINSKI; KREIPS; KREITSCHMER; KREUS; KRIEG; KRIEGMANN; KRIEGS. v. noms propres.

KRISS, subs. masc. v. cric.

KROHN; **KROUENRE**; **KRUEGER**; **KRUG**; **KUENLIN.** V. NOMS PROPRES.

KURDES ou **KOURDES**, subs. masc. plur. V. MILICE RUSSE N° 2.

KURETTA. V. NOMS PROPRES.

KURTCHIS, subs. masc. plur. V. MILICE PERSANE N° 1.

KURTKA, subs. masc. V. LANCIER. V. MILICE POLONAISE N° 3. V. PASSE-POIL. V. RETROUSSIS DE K... V. REVERS DE K...

Les chiffres entre parenthèses, qu'on rencontre dans le cours du texte, indiquent le millésime de l'année à laquelle appartiennent la citation ou l'événement.

Les abréviations entre parenthèses, qui sont en tête des articles, sont une concordance du tableau synoptique (*Disc. prélim.*, p. 10) et du vocabulaire sommaire (*Disc. prélim.*, p. 36-37). Ces abrévations donnent le moyen de remonter des conséquences aux principes.

D'autres abréviations indiquent le genre grammatical.

Les caractères italiques dénotent des phrases empruntées.

Les mots en petites capitales sont ainsi configurés comme réclames, comme preuve qu'on peut chercher à sa place générale alphabétique le mot représenté en lettres capitales.

LABAIRA; **LABALME**; **LABARTHE.** V. NOMS PROPRES.

LABARUM, subs. masc. (F), ou LABORUM, suivant plusieurs AUTEURS sacrés, tels qu'Ambroise, Grégoire de Nazianze, Prudence, etc. — Labarum est un mot LATIN dont les étymologies sont suspectes ou controuvées. GÉBELIN veut qu'il ait pour racine le GAULOIS ou le CELTIQUE *lab*, élever, d'où serait venu, suivant son opinion, le substantif *labarva*, ÉTENDARD. — On a appelé Labarum le DRAPEAU A CROIX donné à la MILICE BYZANTINE par CONSTANTIN premier; mais, avant la corruption de la MILICE ROMAINE, on appelait Labarum non la totalité de l'ENSEIGNE NATIONALE, mais seulement sa DRAPERIE. — BENETON (1742, A, p. 30) et TURPIN (1785, O) nomment Labarum l'étoffe qui pendait au-dessous des IMAGES des EMPEREURS, et l'ENCYCLOPÉDIE (1751, C) dit, dans le même sens, que, du temps de la république, l'AIGLE ROMAINE n'avait pas de Labarum. POTTER (1779, X) dit qu'il était imité des enseignes des Daces, des Sarmates, des Pannoniens. — CARRÉ (1785, E) répète, d'après EUSÈBE, que, avant CONSTANTIN, le Labarum des EMPEREURS était un étendard pourpre où était brodé un AIGLE d'or, et que cinquante hommes d'élite le gardaient tour à tour. Peut-être cette assertion n'est-elle pas complétement exacte. — Le Labarum de CONSTANTIN remplaça l'AIGLE d'or; JULIEN fit un instant reparaître l'AIGLE; mais l'ENSEIGNE chrétienne triompha et fut mise sous la garde du corps des DOMESTIQUES. Les VEXILLES des COHORTES des LÉGIONS ROMAINES devinrent également toutes des ENSEIGNES A DRAPERIES, et les MILICES chrétiennes, à l'instar les unes des autres, adoptèrent un GONFALON, comme le firent les VÉNITIENS, ou plantèrent un Labarum sur le CARROUZE traîné à la guerre, comme le firent les TOSCANS, les MILANAIS, etc. — Les ARMÉNIENS, les PERSES, quantité de peuples d'ORIENT avaient eu de tout temps un DRAPEAU analogue au Labarum, un PENNON affecté à la personne du prince; voilà pourquoi DUCANGE ne regarde pas le Labarum comme précisément romain, mais comme une imitation de coutumes idolâtres. — Des historiens crédules ou dévoués au pouvoir ont entouré de fables l'origine du Labarum; ils y rattachent des miracles en faveur d'un factieux dont le succès avait couronné les armes; ils font d'un monstre couvert de sang un saint, et, qui plus est, un grand homme : CONSTANTIN, simple général en ANGLETERRE, se fait nommer EMPEREUR par six mille SOLDATS, vient renverser du trône Maxime, prince couronné par le sénat, le peuple et les GARDES PRÉTORIENNES, un Labarum apparaît au ciel; ce signe légitime l'usurpation, justifie la victoire, sanctifie le spoliateur, et devient la BANNIÈRE NATIONALE. — EUSÈBE prétend avoir vu le Labarum; il en fait une description détaillée, et dit que, vers 430, on le gardait dans le palais de CONSTANTINOPLE. Si l'on en croit Théophane dans sa chronique, le Labarum se voyait encore au neuvième siècle. Baronius en donne la gravure dans ses *Annales*. JUSTE-LIPSE (1598, P) en reproduit l'image vraie ou imaginaire; suivant ces AUTEURS, il portait sa DRAPERIE attachée au travers de la croix; une couronne d'or qui la surmontait offrait le monogramme du Christ. — Prudence dépeint cette enseigne comme enrichie d'or et de pierres précieuses. M. Rey la dépeint fendue par le bas comme le fut plus tard la CHAPE DE SAINT MARTIN. — JABBO (1777, au mot *Enseigne*) pense que la seule différence du Labarum aux DRAPEAUX A CROIX plus anciens ne consista que dans l'addition de cette couronne. —

On peut consulter sur ce point de TACTIQUE
et d'antiquités AUDOUIN, BENETON (1742, A),
CARRÉ (1783, E), l'ENCYCLOPÉDIE (1751, C),
EUSÈBE, GIBBON, JABRO (1777, G), Lactance,
Loisel, savant antiquaire, qui a réfuté ce
miracle, Millin (*Dictionnaire des Arts*),
MORETTI, qui y ajoute foi, POTIER (1779, X),
M. REY, TURPIN (1783, O), qui s'en fiait
aux vieux récits, VOLTAIRE, qui n'y croyait
guère, le *Dictionnaire de la Conversation*, et quantité de médailles frappées depuis CONSTANTIN, et même du temps de ses
prédécesseurs.

**LABAT; LABAUME; LABAU-
MELLE; LABBE; LABBÉ.** V. NOMS
PROPRES.

LABEL, subs. masc. V. LAMBEL.

LABOESSIÈRE; LABORDE. V. NOMS
PROPRES.

LABORUM, subs. masc. V. LABARUM.

LABOURER (verb. act.) un BASTION, un
CAVALIER. V. BASTION. V. CAVALIER. V. CAVA-
LIER DE FORTERESSE. V. OFFICIER D'ARTILLERIE
N° 6. V. PROJECTILE, subs. V. RICOCHET.

LABOUREUR. V. NOMS PROPRES.

LABYRINTHE, subs. masc. V. ÉVOLU-
TION.

LAC (subs. masc.) de CORDON A CRAVATE
(B, 1). Le mot Lac, dérivé du LATIN *laqueus*,
a donné naissance au verbe LACER, aux substantifs LACHES ou LAISCHES, et au diminutif
LACET; il exprime ici un des accessoires d'un
DRAPEAU FRANÇAIS. C'est un ornement, une
manière de nœud dont l'objet est de régler
à volonté la longueur du CORDON, pour que
les GLANDS ne pendent pas au delà de la
CRAVATE; on trouve la représentation et les
détails de ce futile enjolivement dans un
ouvrage moderne (1818, B). — Le mot Lac
s'est appliqué aussi aux AIGUILLETTES et aux
PLAQUES des CORDONS DE BONNETS.

LACAIS, subs. masc. V. LAQUAIS.

LACAY, subs. masc. V. LAQUAIS.

LACAYS, subs. masc. V. LAQUAIS.

LACÉDÉMONE; LACÉDÉMONIEN.
V. NOMS PROPRES.

LACER (verb. act.) le HARNAIS (F). Le
verbe Lacer a la même étymologie que le
substantif LAC; cette locution s'était appliquée d'abord à l'ARMURE DE MAILLES dont
toutes les parties se laçaient. Elle se conserva depuis l'usage de l'ARMURE DE FER
PLEIN, quoiqu'on ne laçât plus que les
ÉPAULIÈRES et le HEAUME; ainsi l'expression
ne signifiait plus uniquement ajuster à l'aide
de LACETS; mais, assembler, accrocher,
faire jouer ou pivoter les BOUCLES, BOUTONS
TOURNANTS, CLAVETTES, COURROIES, CROCHETS,
FERMOIRS, FRÉMAILLETS, MORAILLES, RESSORTS
RIVETS, qui servaient d'ajustement, de liens,

de serrures aux différentes parties métalli-
ques des ARMES DÉFENSIVES PORTATIVES, et
surtout du HEAUME et de la CUIRASSE. — En
1524, BAYARD, retenu au lit, apprend que
Pescaire force les POSTES; il s'élance, le
heaume et la cuirasse *à peine lacés*. — Ce
même guerrier périt d'une ARQUEBUSADE que
son HARNAIS, mieux lacé, lui eût épargnée
peut-être.

LACERNE, subs. fém. (F). Mot dérivé du
LATIN *lacerna*, *lacernum*; suivant l'ENCY-
CLOPÉDIE (1751, C), c'était un MANTEAU de
guerre à l'usage des hommes de troupe des
LÉGIONS ROMAINES; il s'agrafait sur le devant
ou sur le côté; il fut, de tout temps, en
usage à l'ARMÉE; il répondait à la CHLAMIDE,
mais celle-ci était un MANTEAU d'officier. A
la fin de la république, l'usage des Lacernes
devint commun à toutes les classes de citoyens. — Le BLIAUD a été une imitation de
la Lacerne. — On peut consulter à l'égard
des Lacernes de la MILICE ROMAINE l'ENCY-
CLOPÉDIE (1751, C), JABRO (1777, G), Lampride, M. LISKENNE (t. II, p. 59), SAUMAISE,
SPARTIAN.

LACET, subs. masc. V. LAC. V. LACER. V.
SOUTACHE.

LACET A BOULES. V. A BOULES. V. ARME A
LACS.

LACET de SOULIER. V. SOULIER.

LACHER (verb. act.) le PIED. V. DÉCIMA-
TION. V. PIED.

LACHES, subs. fém. plur. V. LAISCHES.

LACHÈSE; LACHESNAIE. V. NOMS
PROPRES.

LACHETÉ, subs. fém. V. CRIME.

**LACKINGTON; LACOLOMBIÈRE;
LACOMBE.** V. NOMS PROPRES.

LACQUAIS, subs. masc. V. LAQUAIS.

LACQUET, subs. masc. V. LAQUAIS.

LACROIX. V. NOMS PROPRES.

LACS (subs. masc.) A LACS. V. ARMES A
MAILLES.

LACUÉE. V. NOMS PROPRES.

LACUNETTE, subs. fém. V. CUNETTE.

**LACURNE; LADMIRAL; LAFAU-
GÈRE; LAFAYETTE; LAFÈRE; LA-
FEUILLADE; LAFFAILLE; LAFITTE-
CLAVÉ; LAFLÈCHE; LA FONTAINE;
LAFOSSE; LAGARDIÔLE; LAGNY;
LAGUERINIÈRE; LA HAYE; LA-
HIRE; LAHORE.** V. NOMS PROPRES.

LA DROITE EN TÊTE. V. COLONNE AVEC
DISTANCE. V. DROITE EN TÊTE. V. INVERSION. V.
PAR BATAILLON EN MASSE SUR LA DROITE. V.
PASSAGE DE DÉFILÉ EN AVANT. V. SERGENT D'EN-
CADREMENT.

LAI, subs. masc. (F), OU FRÈRE-LAI, OU LAI-
QUE, OU LAY, OU OBLAT. Les mots Lai, laïque,
dérivent, suivant GÉRELIN, du GREC *laos*, peu-

ple, par opposition à ecclésiastique, ou du LATIN *laicus.* — L'adjectif Lai, lay s'est appliqué surtout à de VIEUX SOLDATS nommés MOINES LAYS. L'HOTEL DES INVALIDES a conservé l'usage de ce terme.

LAICHES, subs. fém. plur. V. LAISCHES.

LAINE, subs. fém. V. BALLOT DE L... V. BRIDE D'ÉPAULETTE A FRANGE. V. CHEVRON D'ANCIENNETÉ. V. EN L... V. ÉTOFFE. V. TRAVERSIN. V. TRICOT DE L...

LAIQUE, subs. masc. V. LAI.

LAISCHES, subs. fém. (F), ou LACHES, ou LAICHES suivant LACOMBE., ou LESCHES, comme l'écrit l'ENCYCLOPÉDIE (1785, C). Mots que ROQUEFORT tire du LATIN *lamina,* et du bas LATIN *lama,* et qu'il traduit par LAME. CARRÉ (1785, E) en donne la même idée en disant que c'étaient des *lames de fer pendantes des épaules sur les bras, de la ceinture sur les cuisses,* etc. — Peut-être le mot Laisches et ses analogues se rapportent-ils au mot LAC, et exprimeraient-ils un enlacement de MAILLES de métal particulières à certaines JAQUES, ou un assemblage d'ÉCAILLES d'ARMES DÉFENSIVES; telles étaient les CUIRASSES OU JAQUES DE MAILLES des ARCHERS A PIED. — Suivant l'opinion énoncée dans le *Journal des Sciences militaires* (1835, p. 264), les Laisches étaient de petites plaques qui se plaçaient entre l'étoffe et la doublure d'un JUSTAUCORPS ou d'une JAQUE, d'un SAYON; c'est aussi la description qu'en fait l'*Encyclopédie du dix-neuvième siècle,* au mot *Armure.* — On peut, à cet égard, consulter BOREL (Pierre) au mot *Lesches,* CARRÉ (1785, E), M. le général COTTY (1822, A), l'ENCYCLOPÉDIE (1785, C; p. 151), GASSENDI.

LAISNÉ; LAISSAC. V. NOMS PROPRES.

LAISSER (verb. act.) sur le CARREAU. V. BLESSÉ. V. CARREAU. V. CHAMP DE BATAILLE.

LAISSEZ-PASSER, subs. masc. V. FEUILLE DE ROUTE. V. MAIRE DE COMMUNE. V. ORDRE DE ROUTE.

LAIT, subs. masc. V. ALIMENT D'HOPITAL. V. AU L... V. BLANC AU L... V. BOUILLIE AU L... V. LÉGERS ALIMENTS.

LAJAILLE; LAJAISSE; LAJARD; LAJONCHÈRE; LALLEMAND; LALONDE; LALUZERNE; LAMARE; LAMARQUE; LAMARSAILLE; LAMARTILLIÈRE. V. NOMS PROPRES.

LAMAYEUL, subs. masc. V. ROI D'ARMES.

LAMBAL, subs. masc. V. LAMBREQUIN.

LAMBEL, subs. masc. (F) OU LABEL. Mots analogues à lambeau, et dérivés, suivant BOREL (Pierre), du LATIN *labellum,* déchirure, dont est venu aussi LAMBREQUIN. — Le Lambel était un nœud de rubans qui, suivant l'ENCYCLOPÉDIE (1751, C), se portait

sur le CASQUE, et distinguait, aux yeux des HÉRAUTS D'ARMES, les enfants de leurs pères, ou les célibataires des GUERRIERS mariés. — Il semble qu'il y avait en cela une différence entre les Lambels et les LAMBREQUINS. — On appelait aussi Lambels, certaines découpures de DRAPERIES DE BANNIÈRE. — Les Lambels sont restés comme MEUBLES DE BLASON.

LAMBEQUIN, subs. masc. V. CAPELLINE. V. CASQUE. V. ÉCHARPE. V. LAMBREQUIN.

LAMBERT; LAMBERTYE. V. NOMS PROPRES.

LAMBOIS, subs. masc. plur. V. BRACONNIÈRE.

LAMBREQUIN, subs. masc. (F), ou FEUILLARD, OU HOCHEMENT, OU HOCHEURE, OU LAMBAL, OU LAMBEL, OU LAMBEQUIN, OU LAMEQUIN, OU TORTIL, OU VOLET. Le mot Lambrequin est analogue au substantif lambeau; il signifiait également taillades, FANONS. — Les Lambrequins étaient des rubans ou des courroies, ou des étoffes découpées qui pendaient du CIMIER ou du CHAPERON, qu'ils attachaient au HAUBERT; ils ornèrent ensuite les BEAUMES, à ce que dit CARRÉ (1785, E). Ils accompagnaient une espèce d'étui destiné à garantir le CASQUE de la pluie et de la poussière. — On les appelait aussi, suivant M. ALLOU, COUVRE-CHEF de PLAISANCE, parce qu'ils ornaient les CASQUES DE TOURNOIS. — M. ROQUEFORT appelle Lambrequins des ÉCHARPES OU des PANACHES en usage surtout dans les TOURNOIS. — MÉNESTRIER est d'avis, ainsi que DANIEL (1721, A), que les Lambrequins ont même été des enveloppes, des étuis propres à garantir, à conserver brillants les CASQUES précieux. — Les Lambrequins se sont conservés dans la langue du BLASON; ils sont une enjolivure des ÉCUS D'ARMOIRIES, ils sont un accompagnement des MANTEAUX D'ARMES, MANTELETS, etc. — Des Lambrequins tombaient en manière d'ornement du bas de certaines CUIRASSES antiques, et descendaient jusqu'à la croupe du cheval. — On a aussi appelé AIGUILLETTES, des Lambrequins disposés en ornements d'épaules. Il est traité de ces objets par M. ALLOU, AUDOUIN, BOREL (Pierre), CARRÉ (1785, E), DANIEL (1721, A), ENCYCLOPÉDIE (1751, C), FURETIÈRE, MÉNAGE, l'*Encyclopédie des Gens du monde* (au mot *Blason*).

LAME, subs. fém. V. A LAME. V. BISEAU DE L... V. CANNELURE DE L... V. CARRÉ DE L... V. CONTRE-POINTE DE L... V. CORPS DE L... V. COTÉ DE L... V. FORT DE L... V. INSCRIPTION DE L... V. PAN DE L... V. PLAT DE L... V. POINTE DE L... V. TAILLANT DE L... V. TALON DE L... V. TRANCHANT DE L...

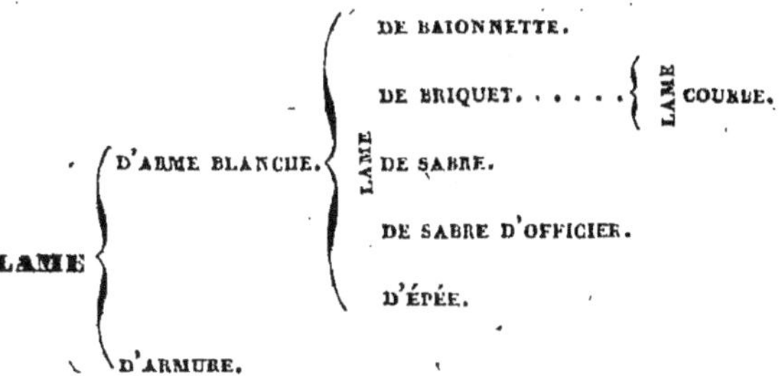

LAME (term. génér.). Le mot Lame dérive du LATIN *lama*, *lamella*, *lamina*, *lamna*, suivant MÉNAGE; ALLUMELLE en dérive également. ROQUEFORT a donné pour synonymes LAISCHES et LEMELLE à certains genres de Lames. — Le terme se distingue en LAME A SCIE, — D'ANGON, — D'ARME A HAMPE, — D'ARME BLANCHE, — D'ARME BLANCHE D'OFFICIER, — D'ARME DÉFENSIVE PORTATIVE, — D'ARME OFFENSIVE PORTATIVE, — D'ARMURE, — DE BAIONNETTE DE MOUSQUETON, — DE BATON FOURRÉ, — DE BAUDELAIRE, — DE BRAQUEMART, — DE BRETTE, — DE CLEYMORE, — DE COLISMARDE, — DE COUTEAU D'ARMES, — DE COUTEAU DE BRÈCHE, — DE CHAR A FAUX, — DE COUTELAS, — DE COUTILLE, — DE CRIC, — DE CUIRASSE, — DE DAGUE, — DE DAMAS, — DE DEMI-ESPADON, — DE DRAPEAU, — DE FANION, — DE FAUCHARD, — DE FER DE HACHE, — DE FLAMBE, — DE DJERID, — DE HACHE, — DE HALLEBARDE, — DE PILE, — DE PIQUE, — DE SABRE-BRIQUET, — DE SABRE D'INFANTERIE, — DE SELLE, — DE SERPE, — DE SOLERET, — D'ÉPÉE D'ADJUDANT, — D'ÉPÉE D'ESCRIME, — D'ÉPÉE D'OFFICIER, — D'ÉPÉE GRACIEUSE, — D'ESPADON, — D'ESPONTON, — D'ESTOCADE, — DROITE, — FLAMBOYANTE, — PLATE.

LAME A SCIE. V. SABRE DE SAPEUR.

LAME (lames) COURBE (F). Sorte de LAME DE BRIQUET qui va être ici l'occasion de quelques données générales sur le système de tout SABRE à Lame courbe. — Cette *forme*, dit VOLNEY, *n'a pas été adoptée sans motifs. L'expérience apprend que l'effet d'une lame droite est borné au lieu et au moment de sa chute, parce qu'elle ne coupe qu'en appuyant; une Lame courbe au contraire, présentant le tranchant en retraite, glisse par l'effort du bras, et continue son action dans un long espace; les barbares, dont l'esprit s'exerce de préférence sur les arts meurtriers, n'ont pas manqué cette observation, et de là l'usage des cimeterres si général et si ancien dans l'Orient.* — Il est une autre remarque à faire : ce sont aussi les ORIEN-

TAUX, grands coupeurs de têtes, qui ont découvert qu'une Lame courbe devait être à MANCHE et non à GARDE, parce que le moindre poids ajouté plus à droite ou plus à gauche donne de l'obliquité au coup et en affaiblit l'effet. C'est donc une faute de mécanique et de calcul que d'avoir donné à quelques-unes de nos TROUPES LÉGÈRES des SABRES COURBES à GARDE en PANIER. — Les Lames courbes de l'ORIENT n'ont pas toutes le taillant du même côté; celles qu'on a nommées FAUCHONS ont le TRANCHANT du côté concave de la Lame.

LAME d'ANGON. V. ANGON A MAIN.

LAME d'ARME A HAMPE. V. ARME A HAMPE. V. FER BARBELÉ.

LAME d'ARME BLANCHE (B, 1; G, 1). Sorte de Lame qui sera principalement considérée ici par rapport à l'ARMEMENT de l'INFANTERIE. — Dans les temps héroïques, les Lames étaient d'airain; PAUSANIAS le témoigne en parlant des antiquités de la GRÈCE; dans HOMÈRE, la lance d'Achille est d'airain, car à cette époque, comme l'atteste HÉSIODE, le fer n'était pas encore en usage, mais on commença à l'employer avant le temps où VIRGILE florissait, témoin ce vers de l'Enéide :

Ferrum exercebant vasto cyclopes in antro.

Aux forges de Vulcain le fer se change en glaive.

LUCRÈCE parle du fer avec plus de précision encore dans ce passage :

Posterius ferri vis et ærisque reperta;
Et prior æris erat quam ferri cognitus ensis.

Renonçant à l'airain qu'il préféra d'abord,
Mars a changé le fer en instrument de mort.

Les Lames de nos armes, leur fabrication, la manière de les CORROYER, ne sauraient être ici l'objet de détails étudiés. On pourrait en faire l'étude en consultant le général CORRY (1822, A), GASSENDI, HOYER, dans ce qu'ils disent des MANUFACTURES D'ARMES. — Voici seulement quelques observations pratiques qui s'appliquent à nos divers genres de Lames, celles de baionnettes exceptées. — On appelle talon le tiers environ de la Lame à partir de la soie. On appelle fort la partie qui règne du talon au faible ; le tranchant ou taillant est l'opposé du dos. — L'extrémité affilée qui est à l'opposite du taillant s'appelle contre-pointe. — On donne le nom de corps à la partie de la Lame qui porte la soie et se termine par le faible, ce corps se distingue en coté de droite et côté de gauche. — Certaines Lames ont leur coté de gauche orné d'inscriptions. — Suivant les temps, suivant les milices, il a été ordonné, il a été défendu d'affiler les Lames. — Si les Lames sont à évidures, cette cannelure ou pan règne du talon au biseau. La lame de briquet n'a pas de biseau. — Les Lames en usage sont en général à deux plats ; mais il y en a eu à trois ou à quatre carres. — Les Lames d'armes blanches d'officiers sont décrites et gravées, de grandeur naturelle, avec tous leurs détails, leurs profils, leurs côtes, etc., dans un ouvrage moderne (1818, B). Il en est traité aussi dans le *Dictionnaire* de M. Francoeur, au mot *Arme blanche.* — Ici nous devons surtout distinguer les Lames en lames de baionnette, — de briquet, — de sabre d'officier, — d'épée.

LAME d'arme blanche d'officier. v. arme blanche d'officier. v. biseau de l... v. corps de l... v. coté de droite de l... v. coté de gauche de l... v. dos de l...

LAME d'arme défensive portative. v. arme défensive portative.

LAME d'arme offensive portative. v. arme offensive portative.

LAME (lames) d'armure (F). Sorte de lames disposées en bandelettes de fer plus ou moins courbées et jouant les unes sur les autres, comme le font les écailles de poisson. — Les Lames des cuirasses et autres pièces d'armure n'étaient fixées que par un de leurs bords ; elles étaient en général superposées du bas en haut, pour ne pas présenter d'ouvertures à la pointe des armes de l'ennemi ; il y a cependant des armures plates où ces Lames sont superposées du haut en bas ; cela a tenu aux différences des temps, mais les vrais motifs des différences sont mal connus. — A leur jonction du côté opposé au coude, ou à leur pli rentrant, les brassards de fer plein étaient accompagnés de Lames ; il y avait des cubitières aussi qui en étaient garnies. — Les halecrets étaient des armures principalement composées de Lames de fer. — Il y avait des heaumes qui se terminaient par le bas en un prolongement de Lames. — Cer-

tains cuissards étaient d'une seule platine, d'autres étaient un composé d'une plus ou moins grande quantité de Lames. — Il en était de même des braconnières.

LAME (lames) de baionnette de fusil (B, 1 ; G, 1). Sorte de lame d'arme blanche considérée par rapport au fusil d'uniforme de l'infanterie française de ligne. — Les Lames sont en acier de fusion ; elles sont soudées à la branche ; elles s'engatnent dans le fourreau ; leur longueur, du talon à la pointe, est de quatre cent six millimètres (quinze pouces). Une marque y est empreinte. — Elles sont à trois gouttières cannelées le long des faces, pareillement aux arêtes ou carres ; l'arête du milieu est à l'opposé du plat, et forme le dos de la baionnette. — Les lames de baionnette de mousqueton des sapeurs d'infanterie, etc., ont quatre cent quatre-vingt-sept millimètres (dix-huit pouces) de long.

LAME de baionnette de mousqueton. v. baionnette de mousqueton. v. lame de baionnette de fusil.

LAME de baton fourré. v. baton fourré.

LAME de baudelaire. v. baudelaire.

LAME de braquemart. v. braquemart.

LAME de brette. v. brette.

LAME (lames) de briquet (B, 1 ; G, 1). Sorte de lames d'armes blanches qui, depuis le règlement de 1767 (27 avril), étaient longues de cinq cent quatre-vingt-seize millimètres (vingt-deux pouces) ; elles étaient un peu courbes, plates, sans biseau ; elles pesaient cinq cent cinquante-deux grammes l'une (une livre deux onces trois grains). *Klingenthall* était le lieu de leur fabrication. — Dans plusieurs milices étrangères, le plat de la Lame des sabres d'infanterie portait anciennement une inscription gravée en toutes lettres, et exprimant le nom du régiment et de la compagnie ainsi que le numéro de l'homme. — Les Lames de sabre ne doivent être emmagasinées et remises dans le fourreau qu'après avoir été nettoyées et passées à la pièce grasse. — La coquetterie des semestriers y adjoignait une manchette. — On les employait autrefois au supplice de la fustigation. — C'est surtout par rapport au briquet qu'il sera ici mention de la lame courbe.

LAME de carlet. v. carlet.

LAME de char a faux. v. char a faux.

LAME de cimeterre. v. cimeterre.

LAME de cleymore. v. cleymore.

LAME de colismarde. v. colismarde.

LAME de couteau d'armes. v. couteau d'armes.

LAME de coutelas. v. coutelas.

LAME de COUTILLE. V. CARRE DE LAME. V. COUTILLE.

LAME de CRIC. V. CRIC.

LAME de CUIRASSE. V. A LAMES. V. CUIRASSE. V. CUIRASSE A LAMES. V. HASTAIRE N° 3.

LAME de DAGUE. V. DAGUE.

LAME de DAMAS. V. DAMAS.

LAME de DEMI-ESPADON. V. DEMI-ESPADON.

LAME de DJERID. V. DJERID.

LAME de DRAPEAU. V. CRAVATE DE DRAPEAU. V. DRAPEAU.

LAME de FANION. V. FANION. V. FANION TACTIQUE.

LAME de FAUCHARD. V. FAUCHARD.

LAME de FAUX. V. FAUX. V. RANCON.

LAME de FER DE HACHE. V. BORD DE LAME DE F... V. COLLET DE FER DE L... V. FER DE HACHE. V. TRANCHANT DE FER DE HACHE.

LAME de FLAMBE. V. FLAMBE.

LAME de FLÈCHE. V. FLÈCHE. V. FLÈCHE PROJECTILE.

LAME de JAVELOT. V. JAVELOT.

LAME de HACHE. V. COLLET DE FER DE HACHE. V. CORPS DE MANCHE DE HACHE. V. FACE DE LAME DE HACHE. V. HACHE. V. HACHE D'ARMEMENT. V. HACHE DE SAPEUR.

LAME de HALLEBARDE. V. HALLEBARDE.

LAME de LANCE. V. DRAPEAU D'INFANTERIE FRANÇAISE. V. LANCE.

LAME de PERTUISANE. V. GARDES DE LA MANCHE. V. PERTUISANE.

LAME de PILE. V. PILE, subs. masc.

LAME de PIOCHE. V. PIOCHE.

LAME de PIQUE. V. PIQUE.

LAME de RAPIÈRE. V. RAPIÈRE.

LAME de ROELLE. V. ROELLE.

LAME de SABRE. V. ARÊTE DE LAME DE BAIONNETTE. V. ARME PERSONNELLE N° 3. V. BISEAU DE LAME DE SABRE. V. CONTRE-POINTE DE LAME DE SABRE. V. CORPS DE LAME DE SABRE. V. CUVETTE DE CHAPE. V. DOS DE LAME DE SABRE. V. SABRE. V. SOIE D'ARME BLANCHE. V. TAILLANT DE LAME DE SABRE.

LAME de SABRE D'INFANTERIE. V. LAME DE BRIQUET. V. MANCHETTE DE SABRE. V. PLAT DE LAME. V. SABRE D'INFANTERIE.

LAME (lames) de SABRE D'OFFICIER D'INFANTERIE (B, 1 ; G, 1). Sorte de LAMES D'ARME BLANCHE d'un usage très-moderne, puisque le SABRE D'OFFICIER est d'une date postérieure à la restauration. — La Lame décrit une courbe comparable à celle d'un arc qui, vers son milieu, serait à quarante millimètres de sa corde. — Les CANNELURES de la Lame règnent jusqu'à la naissance de la CONTRE-POINTE. — La longueur de la CONTRE-POINTE est de cent cinquante millimètres;

la longueur du CORPS de la Lame mesurée en ligne droite, SOIE non comprise, est, à partir de la GARDE, de sept cent millimètres. — La longueur du TALON en peut former le tiers; le poids de la Lame est de quatre cents grammes.

LAME de SELLE. V. SELLE. V. SELLE DE CAVALERIE.

LAME de SERPE. V. SERPE D'ARMES.

LAME de SOLERET. V. SOLERET.

LAME de STYLET. V. STYLET.

LAME de TRIDENT. V. TRIDENT.

LAME (lames) d'ÉPÉE (B, 1 ; G, 1). Sorte de LAME D'ARME BLANCHE, qui a eu des formes trop variées pour que la description en puisse être complète. Ce serait un travail peu utile. Ce genre d'étude ne serait possible que *de visu*, dans les CABINETS D'ARMES curieuses. — Quantité de Lames anciennes ont porté des DEVISES, ou ont été enrichies de nickel ou damasquinage précieux; c'était surtout la mode au quinzième siècle. — Bornons-nous à quelques souvenirs touchant les LAMES D'UNIFORME de l'INFANTERIE FRANÇAISE. — La SOIE DE COCHON a été le nom d'une LAME employée, au besoin, en guise de BAIONNETTE. — Au temps où le SOLDAT portait l'épée, sa lance, TAILLANT innocent, était de même mesure que la LAME des armes d'OFFICIERS; l'ORDONNANCE DE 1747 (18 JANVIER) lui donnait, SOIE non comprise, vingt-six pouces de longueur. Cette dimension, reproduite dans le RÈGLEMENT DE 1779 (21 FÉVRIER), s'est maintenue. — La Lame d'épée des OFFICIERS D'ÉTAT-MAJOR était plus longue; dans la main de quelques-uns elle a été un instrument de SUPPLICE. — La Lame d'épée n'avait que deux faces ou PLATS sans CARRES ni BISEAUX, et était de l'espèce nommée LOUP, ou LAME PLATE. — En 1818, de nouveaux MODÈLES de Lames ont été adoptés, elles formaient DEMI-ESPADON. — Le COTÉ DE DROITE et celui de gauche du corps de la Lame présentaient les INSCRIPTIONS, dessins ou divisions que nous avons indiqués. — La Lame était terminée en LANGUE DE CARPE; son biseau est de dix millimètres; sa longueur, mesurée à partir du dessous de la GARDE, est de huit cent vingt à huit cent trente millimètres; la longueur de son FAIBLE est de deux cent soixante-dix-huit millimètres environ; la longueur du TALON est environ le tiers de la Lame. Son poids est de deux cent quatre-vingts grammes. — L'usage de la CUVETTE DE CHAPE est un moyen de conservation du FOURREAU de la Lame.

LAME d'ÉPÉE D'ADJUDANT. V. ADJUDANT D'INFANTERIE FRANÇAISE DE LIGNE N° 7. V. ÉPÉE D'ADJUDANT.

LAME d'épée d'escrime. v. couper sur pointe. v. épée d'escrime. v. parade d'escrime.

LAME d'épée d'officier. v. épée d'officier. v. lame d'épée. v. rappel céleustique. v. salut avec arme. v. soie d'arme blanche.

LAME d'épée gracieuse. v. épée gracieuse.

LAME d'épieu. v. épieu. v. pertuisane.

LAME d'espadon. v. écu. v. espadon.

LAME d'esponton. v. esponton.

LAME d'estocade. v. estocade.

LAME droite. v. caddor. v. cley-more. v. droit, adj. v. infanterie n° 5.

LAME flamboyante. v. espadon. v. fer barbelé. v. flamboyant.

LAME plate. v. lame d'épée. v. plat, adj.

LAMEQUIN, subs. masc. v. lambrequin.

LAMETH; LAMONNOIE; LAMONT; LAMORAL; LAMOTHE. v. noms propres.

LAMPIAN (lampians), subs. masc. (F). Mot que Roquefort dérive du grec *lampios*, ou du bas latin *lamprocius*, et qui signifiait épée ou flamberge en usage dans la milice byzantine.

LAMPION (subs. masc.) a parapet (G, 1). Cet augmentatif de lampe, mot tout grec, désigne un vase de fer plein de résine, qu'on allume dans les siéges défensifs.

LAMY; LANARIO. v. noms propres.

LANÇADE, subs. fém. v. blessure. v. coup d'arme. v. lance. v. lance a main.

LANCE, subs. fém. v. a l... v. aile de l... v. arrêt de l... v. baisser la l... v. banderole de l... v. bois de l... v. capitaine de l... v. cent l... v. chef de l... v. cheval de l... v. clouer la l... v. compagnie de l... v. coppon de l... v. coucher la l... v. coup de l... v. courroie de l... v. demi-l... v. éclisse de l... v. fausse l... v. fer de l... v. flamme de l... v. forgeur de l... v. garde de l... v. grap de l... v. grape de l... v. grapin de l... v. hampe de l... v. jeu de l... v. lame de l... v. manchette de l... v. maniement de l... v. pignon de l... v. pied de l... v. poignée de l... v. porte-l... v. retailler la l... v. roc de l... v. rompre une l... v. talon de l...

LANCE { A FEU. / A MAIN. . . . . . . { LANCE DE LANCIER. / DE CHEVAL DE FRISE. / IDIOPLIQUE. . . . . . { LANCE FOURNIE.

LANCE (term. génér.). Mot que Diodore de Sicile prétend gaulois, comme le remarque Casfneuve; Wachter le regarde comme provenant du celtique. Ménage le tire du latin *lancea*, qui, suivant Aulu-Gelle et Varron, serait emprunté de l'espagnol, et qui, suivant Festus, viendrait du grec *loixo*. Il a produit les verbes lancer, lancher, lanchier, lancier, l'adjectif lanceice et les substantifs lançade, lanceour, lancier, lancepessade, lanssot; on a même cru y trouver la racine de lansquenet. Il se distingue en lance a banderole, — a feu, — a feu puant, — a main, — a outrance, — a roquet, — brisée, — courte, — courtoise, — d'armes, — de bataille, — de bidau, — de cheval de frise, — de chevalier, — de gendarme, — de hullan, — de joute, — d'écuyer, — des dames, — d'escrime, — en arrêt, — fraisine, — -gaie, — garnie, — -gaye, — génétaire, — gracieuse, — -guale, — idioplique, — noble, — -poingniau, — -projectile, — verte.

LANCE a banderole. v. a banderole. v. drapeau. v. gendarme du moyen age n° 4. v. gonfalon. v. hullan. v. lance. v. lance de lancier.

LANCE a feu (G, 2, 3). Sorte de lance qui est analogue aux pièces d'artifice nommées fusées a main. Carré (1785, E) la compare aux falariques des anciens. Il y avait à Milan, en 1521, suivant Martin Dubellay, de grands approvisionnements de Lances à feu de ce genre. — Les Lances à feu étaient imbibées d'huile de lin; elles brûlaient pendant cinq à dix minutes; elles servaient à défendre le chemin couvert; à communiquer le feu à des matières inflammables, à des grenades cachées, etc., à empester une galerie de mine occupée par l'ennemi, etc.; dans ce cas, la fusée prenait le nom de lance a feu puant. — En 1804, les baguettes a feu ont remplacé les Lances à feu de ce genre. — Malthus, le premier, aurait, suivant M. Moritz-Meyer, employé, en 1654, les Lances à feu, pour allumer les charges du mortier. — L'artillerie a employé au tir du canon, des Lances ou fusées d'une combustion lente, qui ont remplacé l'ancienne mèche destinée à mettre le feu à l'amorce; ces Lances étaient en papier, et enflammaient l'étoupille des pièces d'artillerie. — Un porte-lance en tôle, à peu près fait comme un porte-crayon, contenait la Lance. — On peut consulter, à l'égard des Lances à feu, Carré (1785, E), M. le général Cotty (1822, A), Daniel (1721, A), Gassendi, Jacoby, Lachesnaie (1758, I), M. Legrand (1837, A), Meyer (Moritz), à la date 1771, Praissac (1622, A), Sionville (1756, E).

LANCE a feu puant. v. a feu. v. feu puant. v. galerie de mine. v. lance a feu. v. mineur français.

LANCE (lances) A MAIN (term. sous-génér.). Sorte de LANCES qui se sont aussi nommées ASTE, ASTI, ASTONE, ATÉGAR, BOIS, CADDOR, FRAISINE, GAFFE (du bas breton *gwaf*), GELDIÈRE, GLAIVE, GROFFE, GROS-BOIS, HASTE, HASTI, LANCHE, LORILART, OTELLE, PANSTERÈCHE ; ces divers noms lui sont donnés surtout par CARRÉ (1783, E), GANEAU, LACHESNAIE (1758, I), ROQUEFORT ; ce dernier AUTEUR indique aussi, comme synonyme à Lance, les expressions SACHEBOUTE et EPPARON ; cette dernière serait venue, par corruption, de l'ITALIEN *spadrone*, grande ÉPÉE, ESPADON, ESTOCADE, parce que ces ARMES se maniaient, se PAUMOYAIENT comme la Lance.— Le sens des mots Lance et PIQUE, ou du moins des mots LATINS que les modernes ont ainsi traduits, n'a pas moins varié pour l'un que pour l'autre ; le terme *lancea* ne donnait pas, comme de nos jours, l'idée d'une PIQUE DE CAVALERIE, mais d'un simple DARD A MAIN, comme celui que portaient les ARCHERS A PIED et les CÉLÈRES de la MILICE ROMAINE ; ou bien, il exprimait un JAVELOT auquel tenait une COURROIE qu'on appelait *amentum*. Servius dit : *amentum loreum, quo hastâ mediâ religatur*, COURROIE qui attache le milieu de la HAMPE ; de là vient, suivant ISIDORE, le nom de Lance, parce que, dit-il, *œquâ lance, id est œqua bili amento, ponderata vibratur*, on la vibre et on l'abandonne en la tenant en équilibre par sa COURROIE ; ainsi, ce qu'on appelait originairement Lance, était une ACLIDE, une ANZEGAIE qu'on retirait à soi après l'avoir dardée à la manière des GÉNÉTAIRES, tandis que la Lance de manége, de TOURNOI, de CHEVALIER, de GENS D'ARMES était d'un usage tout différent, et ne servait, comme on disait alors, qu'au ROUSSIS ; la main ne s'en dessaisissait pas, mais elle la rejetait sitôt que la HAMPE était brisée, ce qui arrivait toujours ; de là cette locution si commune : ROMPRE UNE LANCE, ROMPRE BOIS. — Le latin *lancea* a eu primitivement un autre sens que ce que la CHEVALERIE, le MOYEN AGE, les temps modernes ont appelé ou appellent une Lance ; ce fait et tant d'autres déposent contre ces définitions absolues à l'aide desquelles on prétend tout expliquer ; tel étymologiste, en traduisant *lancea* par Lance, abuse ses lecteurs, puisqu'il faut, suivant les époques, rendre Lance par ANZEGAIE, ou ÉPIEU, ou JAVELINE. — MEURSIUS emploie, dans le sens de Lance, *barducium*, expression de basse latinité qui a été l'origine ou la traduction des termes BOURDON, BOURDONASSE.—Les ITALIENS ont nommé *bigordo* et *lancia* la Lance. — Un AUTEUR du MOYEN AGE que mentionne JABRO (1777, G, au mot

Pique) dit que la Lance des ANGLAIS se nommait ategar. — Dans la basse latinité, les mots *lancea* et *hasta*, BOIS D'HAST, avaient un sens non moins confus que dans le temps du pur LATIN ; il en va être fourni quelques preuves. — On a appelé RUSTE ou NUSTRE, suivant DUANE, la Lance des AVENTURIERS nommés RUSTRES ; sous le nom de RUSTE, l'image d'un FER de Lance est restée dans le BLASON ; de même que le nom d'une LAME ou d'un FER plein et plus effilé y est resté, sous le nom de FUSÉE, espèce de losange allongé. — Le terme Lance à main distingue la Lance instrument ou ARME de la lance-homme ou CAVALIER qu'on a nommée LANCE-FOURNIE, LANCE IDIOPLIQUE. — PLINE attribue à Etolus, fils de Mars, l'invention de la Lance qu'il appelle *jaculum cum amento*, TRAIT A COURROIE.— Les DORYPHORES PERSES étaient des SOLDATS porte-lance ; il n'est pas démontré si c'était une LANCE PROJECTILE ou une LANCE D'ESCRIME. — VARRON regarde les ESPAGNOLS comme les inventeurs de la Lance. — Défions-nous, au reste, de toutes les origines annoncées comme positives. — Nos historiens parlent de Lances dès les temps reculés de notre monarchie. Childebert, dit VELLY, est adopté et appelé au trône par son oncle en 585 ; *il le montre à son armée, et lui met la Lance à la main ; c'était l'ancienne façon de désigner son successeur à la couronne.* — Cette Lance, propre aux investitures de la PREMIÈRE RACE, n'était pas une ARME DE LONGUEUR, elle répondait à celle primitivement nommée *lancea*, signifiant FRAMÉE, ANGON, CATEIE, DARD sans fer, à l'imitation des sceptres des divinités païennes. — Au temps de la CHEVALERIE ERRANTE, quand les COTTES DE MAILLES furent d'usage, quand les TOURNOIS, les CARROUSELS devinrent plus communs, et les COSTUMES DE FER plus emprisonnants, les ARMES D'ESCRIME furent préférées aux ARMES DARDELLES : ainsi la Lance ne se lance plus, sa HAMPE acquiert plus de longueur, cette ARME devient surtout un instrument à POUSSER des BOTTES, à désarçonner l'ENNEMI ; grand moyen de victoire, sinon absolu, du moins d'un effet puissant aux yeux des assistants ; à quoi eût servi de jeter contre un HOMME couvert de fer et maniant habilement son CHEVAL, une HAMPE ferrée, qui n'aurait pu être formidable qu'au temps où l'on combattait presque nu ? depuis le grand usage des ARMES DÉFENSIVES et du GAMBESON, cette HAMPE n'avait plus prise sur l'HOMME ni sur le CHEVAL CATAPHRACTE, d'autant que le FER de la Lance, autrefois de forme tourmentée, barbelée, propre à SACHER, à culbuter l'ENNEMI, était devenu simple, étroit, léger, uni, plat et à pointe aiguë; c'est ainsi qu'il a survécu dans le BLASON sous le nom d'OTELLE. — Cette transformation de l'ÉPIEU ou LANCE PROJECTILE, se changeant en un genre de SARISSE ou d'ARMES D'ESCRIME, fut une révolution qui n'est pas indigne de remarque; ainsi, jusqu'au neuvième siècle, les Lances des HOMMES DE CHEVAL et DE PIED se dardent à COURROIE, ou bien se gardent à la main comme une DEMI-PIQUE; depuis CHARLES LE CHAUVE, elles deviennent une perche démesurée à l'usage de la seule CAVALERIE noble. — Dans un opuscule manuscrit, ou roman en vers, composé du temps de LOUIS NEUF, et intitulé *l'Outillement du vilain*, il est question, il est vrai, de Lances; mais par là il faut entendre un BRIN D'ESTOC, un BATON FOURRÉ, une broche nommée ALLUMELLE, mais non pas une LANCE DE CHEVALIER ou de CHAMPION féodal; celle-ci était exclusivement ARME LIBRE; les CAPITULAIRES en défendaient l'emploi au VILAIN. GUILLAUME LEBRETON témoigne que, de son temps, cet usage régnait encore, et que les GENTILSHOMMES seuls faisaient usage de cette ARME; c'était en ce sens qu'on disait d'un HOMME porteur d'une Lance qu'il était armé *à la gens d'armes*. — Les RIDAUX cependant, des FRANCS-ARCHERS, des SERGENTS MILITAIRES ou d'autres HOMMES DE TROUPE de même classe portaient Lance, du moins les historiens le disent; mais c'était plutôt une espèce de HALLEBARDE, et non une LANCE NOBLE; si, dans la CAVALERIE FRANÇAISE, des ÉCUYERS ont figuré comme LANCIERS, c'étaient des ÉCUYERS FIEFFÉS, des SERGENTS D'ARMES, non des ÉCUYERS DE SUITE. — Quelque INFANTERIE, connue sous le nom de GELDES ou de LANCIERS, a porté cependant des LANCES D'ARMES, des GELDIÈRES; les SOLDATS qui portaient la Lance étaient probablement de l'INFANTERIE NOBLE ou des GARDES DE SOUVERAIN. — M. ROQUEFORT dit qu'on appelait GRAP, GRAPE, GRAPIN, certaines portions de la Lance; ces portions étaient les piquants recourbés du FER des Lances ou GUISARMES de la PREMIÈRE RACE. — Ce même ÉCRIVAIN dit que la MILICE FRANÇAISE appelait LANCE-POINGNIAUS, comme on eût dit lance-POIGNARD, celle qui se composait d'une HANPE courte et d'un FER très-aigu. Des FERS de Lance de ces diverses formes se sont conservés assez tard. — Il appelle l'AILE ou la POIGNÉE de la Lance: ARESCUEL, ARESTOEL, ARESTOL, ARESTUEL; mais peut-être ces substantifs et ARESTEUL exprimaient-ils ce qu'on a nommé ARRÊT DE LANCE. — Au temps de l'usage du HAUBERT, les CHEVALIERS ne pouvant y *clouer*, comme on disait alors, *la Lance*, parce que cette ARMURE n'était pas suscep-

tible d'avoir un ARRÊT DE LANCE, ils appuyaient, ou, comme on disait, ils COUCHAIENT la Lance contre la BATTE de la SELLE D'ARMES; voilà pourquoi les vieilles selles avaient des BATTES si hautes et fortifiées d'une enveloppe de métal; on en a retrouvé, de nos jours, l'usage chez les MAMELOUCKS. — On a cru que cette cavité de la SELLE où s'emboîtaient les reins du cavalier était un moyen de le consolider à cheval; mais ce n'était pas le principal objet. Le rempart antérieur donnait un point d'appui au POUSSIS ou aux BOTTES de la Lance, et défendait le bas du buste, comme l'eût fait un BOUCLIER; le rempart postérieur était le point d'appui et de résistance du CAVALIER frappé d'une Lance. Aussi quand on COUCHAIT LA LANCE, dans les chocs sérieux, visait-on surtout au DÉFAUT DE LA CUIRASSE, ou à la tête; de là l'expression: ROMPRE EN VISIÈRE. — Quand la CUIRASSE DE FER PLEIN prévalut dans la MILICE FRANÇAISE, cette CUIRASSE porta l'ARRÊT DE LANCE qu'on a aussi nommé FAUCRE. — Au treizième siècle on se servait du FAUCRE, en s'escrimant de la DEMI-LANCE, de la COUTILLE, de l'ÉPÉE LONGUE. On employait, à peu près, de même la PANSTÉNÈCHE. — Avoir la Lance au POING, l'agiter le bras tendu, était le signal du COMBAT; ensuite elle se COUCHAIT, ou couchiait pour le POUSSIS; en appuyer le TALON, s'appelait la CLOUER. — On disait: BAISSER LA LANCE, dans le sens de s'avouer vaincu; de là les locutions: ARMES BAS, BAS LES ARMES. — PHILIPPE DE COMMINES dit qu'avant l'an 1300 il n'y avait point de Lances à POIGNÉE, comme en avaient, de son temps, les BOURDONS et les BOURDONNASSES; ainsi, jusqu'au quatorzième siècle, la Lance avait la forme d'une PIQUE, forme qu'elle a, de nos jours, reprise dans les mains du LANCIER. — Des Lances à POIGNÉE étaient aussi à MANCHETTE; c'était une rondelle de fer, une espèce d'écu à demeure, ou de bassin percé qui garantissait la main, et était fixé en avant de la POIGNÉE. — A l'imitation des Lances des SARRASINS, celles des chrétiens prirent, au temps des CROISADES, les BANDEROLES, les FLOQUETS, les FLAMMES, qui ont si longtemps orné le pied du FER ou ALLUMELLE de la Lance; les ARMES, transformées en autant de petits DRAPEAUX, étaient encore décorées de cette manière au temps où écrivait DELANOUE (1559, A); il le dit dans son dix-huitième livre. — Pendant le cours de la FÉODALITÉ, un PENNON était une Lance à FLAMME, une BANNIÈRE était une Lance à grande DRAPERIE; servir soubz la Lance d'un BANNERET, d'un CAPITAINE DE LANCES, c'était être son VASSAL, c'était suivre SES ENSEIGNES, l'accompagner comme PENNONIER, comme ARQUÉBUSIER A CHEVAL, etc.; de ces locutions est restée celle-ci : servir sous un chef, comme on dirait : être à l'ombre de la BANDEROLE d'une LANCE NOBLE. — Dans les COMBATS SINGULIERS, quand le COUP de la Lance était mutuel, ou de l'espèce des COUPS FOURRÉS, cette double atteinte s'exprimait, suivant ROQUEFORT, par le verbe ENTRACOULER. — On rendait par CLORE LE PAS, l'idée du dernier COUP de Lance d'un TOURNOI. — On appelait, suivant CARRÉ (1785, E), esclisses (ÉCLISSES), COPPONS (copeaux), PIGNONS, les éclats ou tronçons de Lances brisées dans la LICE. — La manière dont un ASSAILLANT DE TOURNOI BRANDISSAIT sa Lance, l'ENTOISAIT, en touchait un CARTEL exposé par un TENANT, était désignative du genre de COMBAT qu'il se proposait de livrer. — La Lance des JUGES du CAMP était quelquefois ornée d'une CORNETTE de femme; en touchant de ce signe révéré, que LACURNE appelle LANCE DES DAMES, les CHAMPIONS du TOURNOI ou du PAS D'ARMES, le JUGE les obligeait à suspendre le COMBAT. — ROQUEFORT dit qu'on appelait TRAC OU LANÇADE, le COUP de Lance; de même l'ITALIEN disait : *lanciata, lanciatteta*; trac signifiait aussi FER DE LANCE; de là le diminutif TRAQUET. — Suivant DUANE, on appelait dans les TOURNOIS, ROC DE LANCE, la partie de la Lance qui était en BOIS. On appelait, dans un PAS D'ARMES, LANCE A OUTRANCE un COMBAT à mort. — RETAILLER les Lances, c'était les accourcir, les transformer en DEMI-PIQUES; la GENDARMERIE DU MOYEN-AGE en agissait de la sorte, quand elle devait combattre à pied, à l'instar des CHEVALIERS ANGLAIS ou ALLEMANDS. — Les FERS de Lance fabriqués, au quatorzième siècle, à TOULOUSE et à BORDEAUX (Bourdeaux), ont été en réputation; le nom de Bourdeaux était regardé comme en analogie avec les mots BOURDONS, BOURDONNASSES. En général le FER DE LANCE était de peu de largeur, quelquefois à quatre CARRES; on appelait FERS REBOUCHÉS, ceux qui étaient garnis ou enfermés dans une enveloppe, à l'effet de ne point blesser. — Les BOIS à la fois droits et légers étaient ceux qu'on préférait pour les HAMPES de Lances; on y employait le frêne, le pin, le sycomore, le tremble, etc. — On appelait FRAISINES, OU LANCES FRAISINES, celles qui étaient de frêne. — On appelait TILLEUL, suivant ROQUEFORT, une Lance de JOUTE dont la HAMPE était de tilleul. — Par opposition à la LANCE DE BATAILLE, on se servait de LANCES COURTOISES, GRACIEUSES à rochet, ou A ROQUET; c'étaient des ARMES INNOCENTES, des armes de QUINTANES ou de JOUTES DE

COURTOISIE. — Quand les COMPAGNIES DE LANCES OU ESCADRONS, les COMPAGNIES D'ORDONNANCE, les COMPAGNIES DE GENTILSHOMMES AU BEC DE CORBIN, succèdent aux CHEVALIERS et aux TROUPES FÉODALES, elles héritent de la Lance, et les GENS D'ARMES sont commandés par des CAPITAINES DE CENT LANCES, ou par des CHEFS d'un moindre nombre de CHEVAUX. — La manière dont les GENDARMES chargeaient s'appelait *faire Lance basse*. La manière de fournir le COUP DE LANCE se terminait par la CARACOLE. — COMMINES dit que, de son temps, la Lance FRANÇAISE s'était accourcie, mais que la POLONAISE était restée longue. — Au quinzième siècle la BOURDONNASSE était en usage; c'était une Lance grosse et longue, par opposition au GLAIVE, Lance mince et plus courte. Avoir la LANCE EN ARRÊT, c'était la tenir presque verticalement appuyée sur la cuisse, la main droite saisissant la poignée. — Au seizième siècle, la MILICE ESPAGNOLE *ne portait pas de Lances qui se missent en arrêt comme celles des gens d'armes français; mais seulement des Lances gayes*, à ce que dit M. le colonel CARRION (1824, A). — Cette assertion n'est peut-être pas entièrement exacte; seulement on doit dire que, par proportion avec sa GENS D'ARMERIE, l'Espagne tenait sur pied bien plus de CAVALERIE LÉGÈRE que les autres nations; c'était une trace des coutumes moresques; mais les ESPAGNOLS se sont servi de grandes Lances plus tard que les FRANÇAIS; ils conservèrent, dit ROHAN, *quelques compagnies de Lances plutôt par gravité que par raison.* — La Lance de SPAHI se nommait CADDOR; c'était une espèce d'ÉPÉE DE HUSSARD. — En FRANCE, on commença à ne plus se servir de Lances sous HENRI QUATRE; à Ivry le PISTOLET et le SABRE lui sont préférés. — Le discrédit où les Lances tombèrent, s'explique par l'emploi plus général de la POUDRE, par les événements de l'époque. Les ESCADRONS de CUIRASSES, comme on disait alors, avaient pris de la vogue; cette CAVALERIE LÉGÈRE avait cessé d'être aux ordres de la GENS D'ARMERIE, de composer sa domesticité; elle était commandée par des seigneurs puissants; depuis HENRI DEUX l'espèce des grands CHEVAUX, seuls propres au MANIEMENT de la Lance, avait été détruite par les guerres de la Ligue. Ce jeu de la Lance exigeait, d'ailleurs, des études de manège auxquelles les dissensions civiles ne permettaient plus qu'on se livrât; l'emploi des REITRES, la réputation des CARABINS, la multiplication des ARMES A FEU qui demandait une CAVALERIE plus mobile, tout concourait à déprécier la Lance. — La Lance ne permettant aux GENS

D'ARMES de COMBATTRE que sur un seul RANG, fut reconnue impuissante contre des ESCADRONS de quelque PROFONDEUR, secondés par des FEUX D'ARTILLERIE, ou des PISTOLIERS; elle survécut quelque temps encore à la chute de la CHEVALERIE et à l'invention des ARMES A FEU, mais elle disparut successivement partout, en même temps que l'ARMURE. — Gheyn nous montre les Lances hollandaises ayant six à sept pieds environ, quelques-unes avaient la POIGNÉE défendue par une GARDE ou branche spirale. — MAURICE DE NASSAU abolit cette ARME un des premiers, parce que l'expérience démontra que la HOLLANDE, pays coupé, était celui où la Lance convenait le moins. — Sous Louis TREIZE, les FRANÇAIS y avaient renoncé absolument, quoique ROHAN (1729, A) la mentionne encore dans le détail qu'il fait de l'ARMEMENT en usage. — La CAVALERIE ALLEMANDE persévérait à s'en servir du temps de MONTÉCUCULI; cependant ce général, partisan de la PIQUE, ne l'était pas de la Lance; BASTA (1612) aussi en était l'antagoniste; WALHAUSEN (1616, A), au contraire, s'en était déclaré le défenseur. — Cette obstination des ALLEMANDS explique pourquoi nos premiers HUSSARDS avaient une ÉPÉE LONGUE ou plutôt une broche dont ils se servaient comme d'une Lance. — Dans le siècle dernier, FOLARD (1727, A) et MAURICE DE SAXE (1757, A) ont vainement essayé de faire revivre la Lance et la PIQUE. Elles étaient reléguées parmi les MEUBLES DE BLASON. La cavalerie elle-même combattait à COUPS D'ARMES A FEU. — LESSAC (1783, A) a eu plus de succès; il conseillait de rendre la Lance à la CAVALERIE, ou d'armer du moins de la sorte un ESCADRON par RÉGIMENT. BONAPARTE a réalisé ce projet; il semble en avoir goûté plusieurs autres du même ÉCRIVAIN, qui regrettait l'abolition des CUIRASSES de CAVALERIE, conseillait une irruption en ANGLETERRE, etc. — A la fin du dernier siècle, il se voyait dans la MILICE TURQUE un genre de Lances qui s'y nommait KARKI-MESRAC, à ce que dit l'ENCYCLOPÉDIE (1785, C, au mot Arme), d'autres s'appelaient COSTANITZA. Une Lance chinoise s'appelle MEOU. — La Lance s'est conservée dans la cavalerie papale; à l'enterrement des pontifes, l'avant-garde défile la Lance basse. — Jamais Lances ne furent si longues que celle des ganchos de la MILICE BRÉSILIENNE. — En 1828, quand l'ARMÉE RUSSE se préparait à porter la guerre en TURQUIE, un ordre du jour du treize mars donna la Lance au premier rang de toute la CAVALERIE mise en campagne. — La MILICE PERSANE fait grand usage de la Lance. — La longueur de la Lance varie

chez presque tous les peuples, et y répond aux dimensions indiquées dans le *Journal de l'Armée*, t. II, p. 297. — Les AUTEURS qu'on peut consulter au sujet des Lances, sont : AUDOUIN, BASTA (1612), BENATON (1742, A), CABRÉ (1783, E), M. CARRION (1824, A), M. COTTY (1822, A), DANIEL (1721, A), DELIGNE (1780, I), DESPAGNAC (1751, D), ENCYCLOPÉDIE (1785, C), FOLARD (1727, A), GASSENDI, GHEYN, GOETZMANN, KRAZINSKI, LACHESNAIE (1758, I), LESSAC (1783, A), MONCHABLON, MONTÉCUCULI (1692, A), MONTMORENCY, MULLER (1816), POLLUX, POLYBE, PLUVINET, RAY DE SAINT-GENIÈS (1755, A), ROBINSON, ROHAN (1729, A), SERVAN (1780, B), WALHAUSEN (1616, A), WILKINSON, l'*Encyclopédie du* XIXe *siècle*, au mot *Armes*. Le terme Lance à main sera distingué en LANCE DE LANCIER.

LANCE A OUTRANCE. V. A OUTRANCE. V. PAS D'ARMES.

LANCE A ROQUET. V. A ROQUET. V. LANCE A MAIN. V. ROCHET. V. ROQUET.

LANCE BRISÉE. V. BRISÉ, adj. V. JOUTE.

LANCE COURTE. V. A LA GENETTE. V. COURT, adj. V. ESPADON. V. GÉNÉTAIRE. V. GENETTE. V. INFANTERIE N° 5. V. LANCE IDIOPLIQUE. V. PANSTÉRÈCHE. V. RETRANCHEMENT. V. STRADIOT.

LANCE COURTOISE. V. COURTOIS. V. LANCE A MAIN. V. PAS D'ARMES. V. VERROUL.

LANCE D'ARMES. V. ARMES. V. CHEVALIER DU MOYEN AGE N° 4. V. INFANTERIE N° 5. V. LANCE A MAIN. V. LANCE IDIOPLIQUE.

LANCE DE BATAILLE. V. BATAILLE. V. LANCE A MAIN. V. SERGENTERIE.

LANCE DE BIDAU. V. BIDAU. V. LANCE A MAIN.

LANCE (lances) DE CHEVAL DE FRISE (G, 2. 4; H). Sorte de LANCES ordinairement en bois équarri, elles traversent en sens différents et à angle droit l'ARBRE du cheval; elles ont chaque extrémité garnie d'une pointe de fer; elles soutiennent l'arbre à deux pieds environ de terre. Leur longueur est d'un mètre et demi à deux mètres; leur équarrissage est de cinq centimètres environ. Quelquefois ces Lances sont en fer. GASSENDI donne trente-trois Lances à un arbre de trois mètres, et évalue à un kilogramme le poids de chaque Lance.

LANCE DE CHEVALIER. V. CHEVALIER. V. CHEVALIER DU MOYEN AGE N° 4. V. GAMBESON. V. GENDARME DU MOYEN AGE N° 4. V. LANCE A MAIN. V. MILICE POLONAISE N° 3.

LANCE DE GENDARME. V. GENDARME. V. GENDARME DU MOYEN AGE N° 1, 2, 3, 4, 7. V. GOUJAT. V. LANCE A MAIN. V. SOIE DE COCHON.

LANCE de HULLAN. V. HULLAN. V. LANCE DE LANCIER. V. MILICE PRUSSIENNE N° 4.

LANCE de JOUTE. V. JOUTE. V. LANCE A MAIN.

LANCE de LANCIER OU LANCE DE HULLAN (B, 1). Sorte de LANCE A MAIN considérée comme étant ou ayant été en usage dans différentes milices, dans les RÉGIMENTS FRANÇAIS de LANCIERS de la GARDE et de la ligne, dans les CHASSEURS A CHEVAL DE LIGNE, etc. — Une arme comparable à une Lance était portée sous LOUIS QUATORZE par les HUSSARDS qui venaient d'être créés ; cette mode fut de peu de durée. — A l'imitation des COSAQUES et des HULLANS, la légion du maréchal de SAXE, au service de France, portait la Lance ; à l'abolition de ce corps, vers le milieu du dernier siècle, la Lance cessa de faire partie de l'ARMEMENT FRANÇAIS. — Elle a reparu en FRANCE avec les RÉGIMENTS DE LANCIERS, et elle a été donnée aux HOMMES DE TROUPE des corps nommés CHEVAU-LÉGERS-LANCIERS. — C'est une LANCE A BANDEROLE, en forme de PIQUE ; une COURROIE la tient attachée au bras du lancier quand il porte verticalement dans la BOTTE de l'ÉTRIER droit le TALON ou SABOT de l'arme. — Un traité du général Krasinski avait en vue le maniement et le SALUT de la Lance. — Les modèles de la Lance française se nomment modèle de l'an onze, et de 1816 ; ce dernier a été corrigé par le RÈGLEMENT DE 1826 (24 DÉCEMBRE) qui en donne la description. — Une INSTRUCTION DE 1855 réglait à dix francs soixante-dix-huit centimes le prix de la Lance hampée. — Les RÉGIMENTS de CAVALERIE WURTEMBERGEOISE sont tous armés en partie de Lances ; un FORGEUR est créé en TEMPS DE GUERRE pour l'entretien de ces ARMES. — M. le général COTTY, GASSENDI, M. LEGRAND (1837, A), l'*Encyclopédie du* XIXe *siècle*, au mot *Arme*, peuvent être consultés sur la nature, la dimension, la configuration de cette ARME.

LANCE d'ÉCUYER. V. ÉCUYER. V. LANCE A MAIN.

LANCE des DAMES. V. DAME. V. JOUTE. V. LANCE A MAIN. V. TOURNOI.

LANCE d'ESCRIME. V. ESCRIME. V. LANCE A MAIN.

LANCE EN ARRÊT. V. ARRÊT. V. ARRÊT DE LANCE. V. EN ARRÊT. V. LANCE A MAIN.

LANCE (lances) FOURNIE (F) OU LANCE GARNIE, comme disent JABRO (1777, G) et plusieurs autres. Sorte de LANCE IDIOTAQUE, c'est-à-dire de CHEVALIER OU de GENDARME porteurs d'une LANCE et accompagné de leurs SATELLITES OU CLIENTS. Ce petit ensemble de SOLDATS, cette AGRÉGATION armée constituaient la Lance fournie. — On retrouve une image de la Lance fournie dans les temps les plus reculés. PAUSANIAS rapporte que chez les GAULOIS, un CAVALIER OU MAITRE était accompagné de deux VALETS montés comme lui, exercés au métier des armes, et destinés à le seconder, à le secourir, à le remplacer ; c'était la TRIMACRÉSIE. — La CROISADE DE 1202 ne donne pas encore l'idée de la Lance fournie ; ou du moins la Lance ne se compose que d'un CHEVALIER et de deux ÉCUYERS. — La CROISADE DE 1240 ne présente pas non plus absolument un système de CAVALERIE dans lequel la Lance soit accompagnée de sous-ordres COMBATTANTS. — Cependant dès la la naissance des ARMÉES FÉODALES il était institué de fait, si ce n'est de nom, des Lances fournies fieffées ou à SERVICE FORCÉ ; les CAPITULAIRES témoignent qu'il y a eu des contrées où dix Lances fournies (cinquante ou soixante SATELLITES sous un BACHELIER) formaient une BACÈLE ; cinq BACÈLES (cinquante ou soixante Lances fournies) avaient pour CHEF DE LANCE un BANNERET ; ce CHEF avait ainsi trois cents CHEVAUX ou plus sous ses ordres ; dans d'autres lieux, ou d'autres temps, on a appelé PENNONIES l'ensemble des hommes sous un PENNON ; mais ces formes, ces dénominations, ces quantités ont varié sans cesse, suivant les temps et les lieux. — Depuis l'époque où la GENDARMERIE DU MOYEN AGE se substitue à la CHEVALERIE, les Lances fournies figurent à chaque page de l'histoire ; elles sont commandées par des GENTILSHOMMES nommés GENDARMES, HOMMES D'ARMES OU MAITRES ; ces Lances ne sont plus fieffées, elles sont volontaires. — WARNERY (1828) affirme positivement qu'un GENDARME avait quatre CHEVAUX ; c'est une erreur, comme toutes les propositions absolues, en fait d'antiquités. — HALLAM dit que les Lances comprennent trois ARCHERS, un COUTILIER, un PAGE OU VALET, tous à cheval ; ce n'est également qu'une vérité relative et locale. — Les BARBUTES ITALIENS du quatorzième siècle étaient ordonnés en Lances fournies composées de deux CUIRASSIERS et de deux chevaux ; il y avait, dans cette même contrée, des AVENTURIERS organisés en Lances fournies, de force diverse ; mais, en général, les Lances ITALIENNES étaient moitié moins fortes que les Lances FRANÇAISES. — Celles-ci ont, suivant les temps, traîné à leur suite des ANDALÉTRIERS, des ARCHERS, des CHEVAU-LÉGERS, des COUTILIERS, des ÉCUYERS, des CUISARMIERS, des PAGES, des VALETS. — Ainsi VELLY se montre plus correct dans ses assertions que HALLAM et WARNERY ; il dit avec raison que les Lances ont varié, dans la MILICE FRANÇAISE, depuis un minimum de trois SATELLITES secondant le gendarme, jusqu'à un maximum de quatorze SERGENTS D'ARMES (*servientes armorum*); deux ou trois combattaient près du CHEF, les autres le servaient, ou étaient en SECONDE LIGNE. — Au quatorzième siècle, le duché de BOURGOGNE tenait sur pied deux mille cinq cents à trois mille Lances; c'était une CAVALERIE de quinze à dix-huit mille hommes. — Sous le règne de JEAN, chaque CHEF DE LANCE a sous ses ordres trois à quatre COMBATTANTS. — En 1372, les COMPAGNIES D'ORDONNANCE françaises de cent hommes étaient réellement de six à sept cents hommes et de près de douze cents CHEVAUX, parce que chaque CHEF DE LANCE OU GENDARME avait onze CHEVAUX, savoir : pour lui, un CHEVAL DE BATAILLE, un BIDET, un SOMMIER (cheval de somme); pour le VALET, un COURTAUT; pour le PAGE, un CHEVAL ou une HAQUENÉE; pour chaque ARCHER, deux CHEVAUX. On voit quel encombrement, quel désordre devait occasionner un tel attirail; que devenaient les hommes ou les CHEVAUX malades? Comment avitailler une troupe dont l'EFFECTIF ne pouvait être consulté? Comment MANOEUVRER, quand le nombre des RANGS était disparate dans chaque FILE, et n'était jamais deux jours de suite le même? — Chaque MAITRE OU GENDARME avait à sa suite, sous CHARLES SEPT, cinq hommes, savoir : trois ARCHERS OU COUSTILIERS et un PAGE OU VARLET; il avait en outre un gros VARLET OU VALET. Ces hommes se rangeaient derrière le CHEF de la Lance, le secondaient, le servaient et le secouraient un JOUR D'ACTION, mais ils n'étaient pas GENS D'ARMES. — En 1439, la Lance était de cinq CHEVAUX, dont deux ARCHERS A CHEVAL, un PAGE, un gros VARLET. — En 1444, elle comprenait trois ARCHERS, un ÉCUYER, un COUTILIER et un PAGE, en tout six CHEVAUX. — Les LETTRES DE 1467 (AVRIL) réglaient le LOGEMENT à raison, par Lance, d'une chambre à cheminée, et trois LITS garnis de draps; mais cette mesure a dû être aussi variable que l'était la force de la Lance. —Sous LOUIS ONZE, les ARCHERS de la GARDE ÉCOSSAISE formaient une Lance de six hommes; c'était la force que ce prince avait fixée pour toutes les Lances. — Par un autre STATUT DE 1474, nommé *la Grande ordonnance*, il n'est plus armé que deux ARCHERS par Lance, un PAGE, un COUTILIER, un VALET D'ÉQUIPAGES; en tout, six CHEVAUX. —PAUL JOVE dépeint la Lance fournie, sous CHARLES HUIT, comme se composant d'un HOMME D'ARMES, qu'il appelle CATAPHRACTE, de deux ÉCUYERS et d'un PAGE. — En 1498 (7 JUILLET), LOUIS DOUZE consti-

tuait, à raison de sept hommes, la Lance. — Des images qui sont venues jusqu'à nous et qui représentent les anciennes MONSTRES des quinzième et seizième siècles, on tire la preuve, dit M. MONTEIL, que l'HOMME D'ARMES se tenait au PREMIER RANG, l'ARCHER ou les ARCHERS au SECOND, le PAGE au TROISIÈME, le COUTILIER au QUATRIÈME; c'était en effet le RANG de préséance; mais un JOUR D'ACTION, c'étaient le PAGE et le COUTILIER qui restaient près de leur MAITRE, l'HOMME D'ARMES, tandis que les ARCHERS VOLTIGEAIENT et n'avaient pas de poste fixe. — Par l'ORDONNANCE DE 1526, FRANÇOIS PREMIER composait la Lance de huit hommes, savoir : l'HOMME D'ARMES, deux ARCHERS, cinq CHEVAU-LÉGERS sans distinction de PAGES OU VALETS, ÉCUYERS OU COUTILIERS. — Les ordonnances de HENRI DEUX (1539) par une sorte de DÉDOUBLEMENT ne composaient la Lance que de quatre CHEVAUX. Celle de 1549, sous le même prince, s'exprimait comme il suit : *Chaque Lance de nos ordonnances sera formée de huit chevaux, d'un homme d'armes et de deux archers, suivant les anciennes ordonnances.* — Sous CHARLES NEUF, les ARCHERS furent retirés de la Lance fournie, pour devenir CAVALERIE LÉGÈRE, et servir à part; les CHEFS DE LANCE deviennent GENS D'ARMERIE enrégimentée. — Depuis ces époques, les CAPITAINES D'HOMMES D'ARMES faisaient porter leur LIVRÉE OU DEVISE sur chaque HOQUETON OU CASAQUE de Lances, c'est-à-dire de LANCIERS. — En parlant des GENDARMES DU MOYEN AGE, nous avons dit quelque chose de la SOLDE des Lances fournies, et des précautions prises par LOUIS ONZE pour empêcher la dilapidation de la PAYE des inférieurs, que les CHEFS s'appropriaient souvent. Ces CHEFS trompaient également le roi au moyen de FAUSSES LANCES, c'est-à-dire de PASSE-VOLANTS présentés aux MONSTRES OU REVUES, comme vraies Lances, et comme des COMBATTANTS ENROLÉS. Mais le taux des émoluments des Lances est un sujet mal éclairci et qui ne le sera jamais mieux. —Au quinzième siècle on amalgamait quelquefois, mais accidentellement, les ARMES diverses des LANCES GARNIES; on en formait ce qu'on appelait alors des ESCHELLES (ÉCHELLES TACTIQUES). — Peu après l'institution de l'INFANTERIE formée en grandes COMPAGNIES, les Lances disparaissent, les ESCADRONS prennent naissance. Jusque-là, il n'y avait pas eu de TACTIQUE possible pour la CAVALERIE. — La variation perpétuelle de la force et de la composition des Lances explique pourquoi la CAVALERIE FRANÇAISE a été si longtemps inhabile aux MANOEUVRES. — Dans le siècle dernier les HULLANS POLO-

MAIS étaient encore un genre de Lance fournie. — Il existait encore de nos jours en Espagne une imposition qu'on appelait *lanza*, la Lance ou le lancier, car en ESPAGNOL ces mots se prennent l'un pour l'autre ; cette imposition, devenue un tribut en argent, se levait autrefois en nature ; il était, dans les siècles derniers, acquitté pécuniairement par les ducs, par la grandesse, en acquit de leurs terres et comme une représentation du contingent féodal payé jadis en hommes armés. — Dans le dernier siècle, des GARDES DU CORPS de la MILICE ANGLAISE, nommés GENTILSHOMMES PENSIONNAIRES, étaient tenus d'entretenir un VALET armé ; des HULLANS SAXONS étaient également suivis de leurs PACOLETS ; c'étaient les dernières traces des Lances fournies. — Les AUTEURS qu'on peut consulter sur ces différent sujets, sont : BÉNETON (1742, A), CARRÉ (1785, E), CARRION (1824, A), DANIEL (1721, A), DARU (*Histoire de Bretagne*), DESPAGNAC (1751, B), ENCYCLOPÉDIE (1785, C), GOETZMANN, VELLY.

LANCE FRAISINE. V. FRAISINE. V. LANCE.

LANCE GAIE. V. ARZEGAIE. V. GAI, adj.

LANCE GARNIE. V. CARRÉ VIDE. V. GANTELET. V. GARNI, adj., V. LANCE FOURNIE.

LANCE GAYE. V. ARZEGAIE. V. GAY, adj.

LANCE GÉNÉTAIRE. V. ARZEGAIE. V. GÉNÉTAIRE. V. LANCE IDIOPLIQUE.

LANCE GRACIEUSE. V. GRACIEUX, adj. V. JOUTE. V. LANCE A MAIN. V. TABLE RONDE.

LANCE GUAYE. V. ARZEGAIE. V. GUAY. V. LANCE A MAIN.

LANCE (lances) IDIOPLIQUE (terme. sousgénér.). Sorte de Lances ainsi nommées par opposition aux LANCES A MAIN. — Il s'agit ici des Lances, c'est-à-dire des CAVALIERS, des CHEVALIERS ou des GENDARMES du MOYEN AGE qui combattaient armés d'une Lance. — On faisait par Lances le DÉNOMBREMENT des ARMÉES. La raison eût voulu que le substantif Lance ainsi employé prît le genre masculin ; mais l'usage l'a maintenu féminin. On donnait absolument le nom de Lances à des HOMMES DE GUERRE ayant la LANCE D'ARMES, qu'on appelait GÉNÉTAIRE, OU LANCE GÉNÉTAIRE des CHEVAU-LÉGERS qui avaient la LANCE COURTE. — Les COMPAGNIES D'ORDONNANCE s'appelaient, par cette raison, COMPAGNIES DE LANCES. — A CRÉCY, quelques Lances ANGLAISES taillèrent en pièces la nombreuse INFANTERIE des communes. — Dire d'un HOMME DE GUERRE que c'était une Lance, c'était donner à entendre que c'était un jouteur habile à manier le glaive, à courre ou COURIR LA BAGUE, à BRIDER LE FAQUIN, à fournir une COURSE DE QUINTANE. — Sous CHARLES

SEPT, les Lances, c'est-à-dire les ESCADRONS de LANCIERS, se distinguaient par la CORNETTE du casque. — VOLTAIRE a dit dans la Henriade :

Il court ; il voit au loin ces lances espagnoles...

parce que, en ESPAGNOL comme en français, Lance et lancier étaient synonymes. — Sous le règne de MAXIMILIEN deux, une CORNETTE de CAVALERIE AUTRICHIENNE comprenait soixante Lances ARMÉES DE TOUTES PIÈCES. — Le terme sera distingué ici en LANCE FOURNIE.

LANCE NOBLE. V. FÉODALITÉ. V. LANCE A MAIN. V. NOBLE, adj. et subs. V. NOBLESSE. V. OFFICIER Nº 3. V. SEIGNEUR.

LANCE POINGNIAU. V. LANCE A MAIN. V. POINGNIAU.

LANCE PROJECTILE. V. LANCE A MAIN. V. PROJECTILE, adj.

LANCE VERTE. V. AVENTURIER. V. VERT, adj.

LANCEICE, adj. V. BARRE L... V. LANCE.

LANCELOT. V. NOMS PROPRES.

LANCEOUR, subs. masc. V. ARCHIÈRE. V. CRÉNEAU. V. LANCE. V. LANCIER. V. OUVRAGE DE FORTIFICATION.

LANCEPASSADE. V. ANSPESSADE.

LANCEPEÇAT. V. ANSPESSADE. V. GENDARME DU MOYEN AGE Nº 7.

LANCEPESSADE. V. ANSPESSADE. V. LANCE.

LANCER, verb. neut. (F), ou LANCERER, OU LANCHER, OU LANCHIER, OU LANCIER, suivant ROQUEFORT. Mot dérivé du bas LATIN *lanceare*, signifiant JOUTER à la LANCE, porter des COUPS DE LANCE ; les ESPAGNOLS en ont fait le verbe *lançar*. — Maintenant le verbe Lancer donne idée de l'action de mettre en mouvement un PROJECTILE au moyen d'une ARME DE DÉCLIC ou d'une BALISTE, de jeter un DJERID, une GRENADE, etc.

LANCER une SORTIE. V. MILICE TURQUE Nº 7. V. SORTIE. V. SORTIE D'ASSIÉGÉS.

LANCERER, verb. neut. v. LANCER.

LANCESPEZATE, subs. masc. V. ANSPESSADE.

LANCHE, subs. fém. v. LANCE.

LANCHER, verb. neut. v. LANCE. V. LANCER.

LANCHIER, verb. neut. v. LANCE. V. LANCER.

LANCIER, verb. neut. v. LANCE. V. LANCER.

LANCIER (lanciers), subs. masc. (F), ou LANCEOUR. Mot qui tient à la même racine que le substantif LANCE, et qui dérive du bas latin *lancearius*. Il va être surtout envisagé comme LANCIER FRANÇAIS. — Il s'est vu, mais rarement, de l'INFANTERIE porter le nom de Lanciers. — A la fin du MOYEN AGE, on prenait lance ou Lancier par opposition à GÉNÉTAIRE. — Les Lanciers vont être considérés ici comme une ARME DE CAVALERIE LÉGÈRE moderne et comme des CAVALIERS DE TROUPE introduits dans l'ARMÉE FRANÇAISE à l'imitation des HULLANS des MILICES du NORD, empruntés eux-mêmes aux HORDES ASIATIQUES. — L'ARME des Lanciers était à peine connue des FRANÇAIS avant la GUERRE DE 1792; car on ne se souvenait presque plus des HULLANS de la légion du maréchal de SAXE. — En l'an neuf, le colonel du troisième régiment de HUSSARDS donna de son propre mouvement des lances à une compagnie de son corps; il la présenta à la parade du premier consul, aux Tuileries; cet essai alors n'eut pas de suite. — Sous le règne de NAPOLÉON, quatre RÉGIMENTS de Lanciers furent créés, en 1808, à l'instar des Lanciers de sa GARDE. Les LANCIERS DE LIGNE étaient à quatre ESCADRONS, les seize ESCADRONS formaient trois mille cinq cents hommes. Ils avaient la SELLE ANGLAISE HONGROISE. Ils avaient PAYE DE CAVALERIE LÉGÈRE. — Le DÉCRET DE 1811 (25 NOVEMBRE) attachait un régiment de Lanciers à chaque DIVISION DE CUIRASSIERS. — Ces régiments franco-polonais et les CORPS français qui en furent une imitation se nommèrent CHEVAU-LÉGERS-Lanciers; la dernière de ces désignations eût suffi; le titre de CHEVAU-LÉGERS était bien inutile. — Le caprice et l'irréflexion avaient donné aux RÉGIMENTS de Lanciers un HABILLEMENT et un HARNACHEMENT différent de ceux du reste de la CAVALERIE LÉGÈRE; aucun motif sensé ne justifiait cette disparate, ce KURTKA étriqué, ce SCZAPSKA étranger, qui étaient la caricature du vrai costume polonais. — En 1812, il y avait neuf RÉGIMENTS; leurs cinquante ESCADRONS se composaient de neuf mille huit cent trente hommes. L'ORDONNANCE DE 1815 (3 AVRIL) ne portait la force des Lanciers qu'à six mille trois cent trente hommes. L'ORDONNANCE DE 1814 (12 MAI) ne reconnaissait que six RÉGIMENTS; leurs vingt-quatre ESCADRONS équivalaient à trois mille huit cent vingt-quatre hommes. — La Sentinelle de l'Armée, n° 7, donne à entendre que les puissances étrangères, redoutant le formidable usage de la LANCE, dans la main des SOLDATS FRANÇAIS, leur auraient imposé l'obligation d'abolir ce genre de CORPS A CHEVAL; nous ne saurions croire à une telle supposition, mais il est vrai que l'ORDONNANCE DE 1815 (30 AOUT) ne reconnaissait plus de Lanciers. — Les seigneurs de la cour de Louis DIX-HUIT ne goûtaient pas les

corps de Lanciers, parce qu'ils croyaient que c'était une innovation introduite par BONAPARTE; ils ignoraient qu'un ancien allié de la famille royale, que le maréchal de SAXE avait amené, en FRANCE, des HOULANS avant que NAPOLÉON en créât. Mais l'esprit de coquetterie poussa les généraux qui influèrent dans la composition de la GARDE du souverain, à y introduire un RÉGIMENT DE LANCIERS. En cela ils étaient bien plus préoccupés du brillant de la tenue étrange et étrangère que des intérêts de l'ART. — A l'époque de la restauration, le MINISTRE DE LA GUERRE Gouvion biaisa pour faire admettre dans l'ARMÉE FRANÇAISE des Lanciers, sans réorganiser des RÉGIMENTS que les courtisans repoussaient, et il fut amené à sa malheureuse, mais excusable conception des régiments métis, des RÉGIMENTS DE CHASSEURS entremêlés de Lanciers. — Il y a en FRANCE peu d'unanimité dans les opinions touchant l'organisation, l'importance, l'utilité du SERVICE des Lanciers; des ÉCRIVAINS voulaient qu'ils fussent, à l'instar des COSAQUES, une CAVALERIE LÉGÈRE irrégulière; qu'ils ne servissent qu'en COMPAGNIES ou en ESCADRONS, non en RÉGIMENTS. Mais une organisation de cette nature livre, pour ainsi dire, à eux-mêmes les hommes de troupe; de là proviennent mille désordres. — D'autres, par un abus contraire, voulaient voir les Lanciers escadronner comme la GROSSE CAVALERIE; l'opinion du MINISTRE DE LA GUERRE était, à cet égard, si peu arrêtée, que, en 1833, il n'avait pas fait rédiger encore, à l'usage des Lanciers, le moindre document touchant leurs MANOEUVRES et le maniement de leur ARME. Il n'existait dans l'ARMÉE FRANÇAISE qu'un recueil de gravures, à peine connu et peu répandu, que M. le colonel KRAZINSKI avait fait tirer à un petit nombre d'exemplaires en 1811 (24 septembre) pour l'instruction du régiment des Lanciers de la GARDE; mais il n'y était question que de l'ESCRIME de la LANCE, nullement des MANOEUVRES. — BONAPARTE avait créé les Lanciers en CAVALERIE LÉGÈRE régulière en vue de les opposer à la CAVALERIE IRRÉGULIÈRE de l'ennemi; mais l'ARME avait le défaut de n'être pas nationale, et le désavantage de ne trouver que difficilement, en FRANCE, des CHEVAUX d'une espèce propre à la monter; aussi, dans le commencement, elle ne réalisa pas ce qu'on en attendait. Néanmoins on voulait tirer parti des Lanciers avant de s'être occupé de leur éducation; on renonça à s'en servir comme COSAQUES ou HULLANS, et l'on commença à les regarder comme les auxiliaires et les voltigeurs des CUIRASSIERS, comme destinés à effaroucher les CHEVAUX de la CAVALERIE ENNEMIE par le flottement et les couleurs de la BANDEROLE, enfin comme une TROUPE propre, par sa vélocité et son ARMEMENT, à terminer les CHARGES ENTAMÉES contre l'infanterie par les ESCADRONS cuirassés. Les GÉNÉRAUX D'ARMÉES employaient utilement aussi les Lanciers aux ATTAQUES des CARRÉS déjà ébranlés par les PROJECTILES de l'ARTILLERIE.—Suivant ce qu'on lit dans M. COURTIN (1827, au mot *Escrime*), les Lanciers POLONAIS de l'ARMÉE FRANÇAISE n'auraient reçu la lance que par un pur caprice du chef de l'Etat; leur colonel *était fort mécontent d'une perche armée d'un fer aigu, les cavaliers polonais étaient bien plus redoutables le sabre ou le palanche à la main.* — M. le général ROGNIAT (1816) proposait qu'on armât de lances tous les CUIRASSIERS; c'était vouloir recommencer la TACTIQUE du MOYEN AGE. — En FRANCE, l'ARME des Lanciers ne consistait plus sous la restauration que dans un RÉGIMENT qui faisait partie de la GARDE ROYALE et dans des ESCADRONS attachés, à tort ou à raison, à NOS RÉGIMENTS DE CHASSEURS A CHEVAL.—Quand chez nous les opinions étaient encore flottantes, ce genre de CAVALERIE était de plus en plus goûté par de grandes puissances, toutes les MILICES du NORD l'adoptaient. Leur CAVALERIE MIXTE prenait même la lance; il en résultera, dans la manière de combattre, des modifications marquées. Peut-être l'importance de la BAIONNETTE s'en ressentira-t-elle; peut-être dans les actions où les cartouches manqueraient, où l'humidité de l'air rendrait nul l'usage du FUSIL, les CARRÉS D'INFANTERIE attaqués par des Lanciers résolus, adroits et bien armés, se trouveraient-ils dans une position défavorable; qui sait si ces considérations ne décideront pas de l'adoption des AMORCES FULMINANTES, et n'exciteront pas la culture de la GYMNASTIQUE et l'étude plus sérieuse d'une ESCRIME DE LA BAIONNETTE. — En 1830 (août), les Lanciers de la garde sont dissous, un régiment de ligne nommé Lanciers d'Orléans est créé. — Le ministre SOULT a formé des régiments de Lanciers d'une manière qui a eu peu d'approbateurs, comme le témoigne la *Sentinelle de l'Armée* (t. II, p. 350). Les cinq premiers de chasseurs devenaient les cinq premiers de Lanciers, ce qui bouleversait toute l'arme des chasseurs. Ce ministre a changé cinq fois en deux ans le PANTALON des OFFICIERS. — L'ORDONNANCE DE 1831 (19 FÉVRIER) reconnaissait comme CAVALERIE DE LIGNE six RÉGIMENTS de Lanciers, ayant chacun deux escadrons de tirailleurs, ne portant pas de LANCE. En 1831 (18 mars), la force en était

fixée à mille vingt-six hommes. Leur uniforme était réglé par l'INSTRUCTION DE 1831 (6 MAI); leurs couleurs étaient le bleu et le garance; leur CEINTURE était de deux couleurs; leur FLAMME DE LANCE était tricolore. Leur BONNET OU SCZAPSKA était de la forme la plus incommode. — La DÉCISION DE 1831 (7 JUILLET) modifiait cette ordonnance. — En 1835 (22 MARS) une compagnie modèle du troisième régiment de Lanciers était envoyée à Paris pour y être examinée au ministère et à la cour, et y donner idée d'un nouveau système d'ARMEMENT qui plaçait un MOUSQUETON dans la fonte gauche; cette nouveauté est dessinée dans le GHEYN à cheval, publié il y a deux siècles et demi. — La DÉCISION DE 1836 (24 NOVEMBRE) et l'ORDONNANCE DE 1836 (27 NOVEMBRE) transformaient en 7e et 8e de Lanciers, deux RÉGIMENTS DE CHASSEURS A CHEVAL; la première de ces DÉCISIONS les surchargeait d'un MOUSQUETON. — Une DÉCISION DE 1836 (8 DÉCEMBRE) s'occupait de leur TACTIQUE.— L'ORDONNANCE DE 1836 (28 DÉCEMBRE) que les RÉGIMENTS de LANCIERS avaient surnommée *l'ordonnance impossible*, ressuscitait une blâmable méthode des POLONAIS de la GARDE IMPÉRIALE, c'est-à-dire que le COMITÉ de l'infanterie et de la cavalerie voulait que le Lancier portât à pied LANCE, SABRE et MOUSQUETON. Un MINISTRE signataire d'une pareille décision eût mérité d'être destitué. Une autre aberration de la même ordonnance retirait la LANCE au cinquième ESCADRON, et renouvelait ce genre bâtard de SOLDATS métis qu'avait imaginé GOUVION SAINT-CYR. — Une NOTE DE 1837 (14 MARS) donnait aux Lanciers l'UNIFORME BLEU avec COULEUR DISTINCTIVE JONQUILLE pour les quatre premiers RÉGIMENTS, et GARANCE pour les quatre derniers. — On était si peu arrêté sur l'ARMEMENT des Lanciers, et par conséquent sur la manière de les employer en guerre, qu'en 1839, comme le témoigne la *Sentinelle de l'Armée* (t. V, p. 126), aucun RÉGIMENT de cette ARME n'avait été appelé à faire partie de l'ARMÉE FRANÇAISE rassemblée sur la frontière de la Belgique. — Quelques détails sur les Lanciers se trouvent dans M. AMBERT, dans M. SICARD; et une image de leur COSTUME est donnée dans le *Journal de l'Armée* (t. III, p. 262 et pl. 9), dans la *Sentinelle de l'Armée* (t. II, p. 220; t. V, p. 154), dans l'*Armée* (journal) (p. 67). — Il est traité du maniement de leur lance dans COURTIN (182 , au mot *Escrime*).

LANCIER A PIED. V. A PIED. V. TACTIQUE, subs.

LANCIER ANGLAIS. V. ANGLAIS, adj. V. MILICE ANGLAISE N° 2.

LANCIER AUTRICHIEN. V. AUTRICHIEN, adj. V. CARABINE. V. MILICE AUTRICHIENNE N° 2.

LANCIER BELGE. V. BELGE, adj. V. MILICE BELGE.

LANCIER COLOMBIEN. V. COLOMBIEN, adj. V. MILICE COLOMBIENNE.

LANCIER DANOIS. V. DANOIS, adj. V. MILICE DANOISE N° 1.

LANCIER DE GARDE IMPÉRIALE. V. AGE D'ENROLEMENT D'OFFICIER. V. GARDE IMPÉRIALE N° 2. V. MOUSQUETON. V. SELLE DE CAVALERIE.

LANCIER DE GARDE ROYALE. V. AGRÉGATION. V. ARME PERSONNELLE N° 2. V. ARMÉE FRANÇAISE N° 2. V. GARDE ROYALE. V. RÉGIMENT FRANÇAIS.

LANCIER DE LIGNE. V. ARME PERSONNELLE. V. LIGNE.

LANCIER ESPAGNOL. V. ESPAGNOL, adj. V. MILICE ESPAGNOLE N° 2.

LANCIER FRANÇAIS. V. DÉPOT DE LA GUERRE. V. ESCOPETTE. V. FRANÇAIS, adj. V. LANCIER.

LANCIER GREC. V. GREC, adj. V. MILICE HELLÉNIQUE.

LANCIER HANOVRIEN. V. HANOVRIEN, adj. V. MILICE HANOVRIENNE.

LANCIER HOLLANDAIS. V. HOLLANDAIS. V. MILICE HOLLANDAISE N° 2.

LANCIER NÉERLANDAIS. V. MILICE NÉERLANDAISE N° 1. V. NÉERLANDAIS, adj.

LANCIER PARAGUÉEN. V. MILICE PARAGUÉENNE. V. PARAGUÉEN, adj.

LANCIER POLONAIS. V. AGE D'ENROLEMENT D'OFFICIER. V. CORPS ÉTRANGERS. V. MILICE POLONAISE N° 1. V. POLONAIS, adj.

LANCIER RUSSE. V. MILICE RUSSE N° 2. V. RUSSE, adj.

LANCIER TURCO-ÉGYPTIEN. V. MILICE TURCO-ÉGYPTIENNE N° 2. V. TURCO-ÉGYPTIEN, adj.

LANDAU; LANDERBERCK; LANDI; LANDMANN; LANDO; LANDRECIE; LANDRI; LANDSBERG; LANDSHUT. V. NOMS PROPRES.

LANDSKNECTE, subs. masc. V. LANSQUENET.

LANDSPEZZATE, subs. masc. V. ANSPESSADE.

LANDSTURM, subs. fém. et masc. (F). Mot ALLEMAND, ou plutôt prussien, qui signifie LEVÉE EN MASSE. Les Landsturms NÉERLANDAIS, PRUSSIEN, SUISSE, etc., étaient le complément de la LANDWEHR, ou l'ARRIÈRE-BAN du pays ; telles étaient aussi les ORDONNANCES PORTUGAISES, l'INSURRECTION HONGROISE, la POSPOLITE POLONAISE, les COSAQUES, etc. — Il a été traité de ce sujet par WEISE et le *Dictionnaire de la Conversation*. M. KOCH, dans le *Bulletin des Sciences militaires*, fait féminin le mot LANDSTURM.

LANDTWEHR, subs. fém. et masc. V. LANDWEHR.

LANDWEHR, subs. fém. et masc. (F), OU LANDTWEHR. Mot TEUTON ou vieux SAXON, devenu LATIN, puis ALLEMAND, puis FRANÇAIS ; il donne idée d'une RÉSERVE DE GUERRE ou d'une GARDE NATIONALE formée par la voie des APPELS, mais laissée, en tout ou en partie, dans ses foyers. — Le caprice des soldats a fait féminin le substantif Landwehr. — Dans le *Bulletin des Sciences militaires*, M. KOCH le fait féminin en quelques passages. Des AUTEURS l'ont fait masculin ; il est tantôt de ce genre, tantôt de l'autre, dans le *Spectateur militaire* (septembre 1826, janvier 1827, octobre 1829) ; il aurait dû être masculin, puisque, dans le LATIN barbare, il était neutre. — Quoique le terme ne se soit répandu que depuis trois à quatre lustres, il n'en a pas moins dix siècles d'existence ; on le retrouve dans des usages écrits que M. HALLAM regarde comme plus anciens qu'aucune des lois coutumières de l'EUROPE ; il se trouve dans un des capitulaires de CHARLES LE CHAUVE relatif aux LEVÉES EN MASSE, comme le témoigne BALUZE (t. II, p. 44) ; il figure dans le corps des lois aragonaises confirmées par ALPHONSE trois, et connues sous le nom de *fueros*. — Une ces lois qui est un modèle de CONSCRIPTION est rapportée par WALTER SCOTT (la Dame du lac), cette loi commence ainsi : *De appellitis ita statuimus. Cum homines de villis, vel qui stant in montanis cum suis ganatis (gregibus) audierint appellitum ; omnes capiant arma, et demissis ganatis et omnibus aliis suis faziendis (negotiis) sequantur appellitum.* — Ce LATIN barbare peut se traduire dans les termes que voici : Nous avons réglé comme il suit ce qui concerne les APPELS ; lorsque les hommes, soit des communes, soit des montagnes où ils gardent leurs troupeaux, auront connaissance du RECRUTEMENT, il leur est enjoint de prendre les armes, d'abandonner leurs troupeaux, de renoncer à tous leurs autres intérêts, et de se rendre au poste que leur assigne l'APPEL, etc. — Il y avait analogie entre cette CONSCRIPTION aragonaise et l'ancienne institution que les GERMAINS appelaient *heerbann*, BAN DE GUERRE. — Les uns dérivent Landwehr, de *wehr*, arme ou défense, et de *land*, terre ; d'autres de *heer*, armée. — Plus d'un écrivain le croient moderne : ce mot suppose que la Landwehr est une imitation de la LEVÉE des MILICIENS de Louis QUATORZE ; c'est une complète erreur. — Dans les siècles passés, l'INSURRECTION HONGROISE, et, de nos jours, les ORDONNANCES PORTUGAISES et la SCHUTTERY de HOLLANDE étaient une espèce de Landwehr. — La Landwehr moderne a pris naissance en PRUSSE ; cette puissance possède ainsi, en CAS DE GUERRE, une troupe nombreuse toute préparée dans le silence de paix, toute formée, sans que le trésor se soit mis en grands frais ; c'est une troupe prête, s'il le faut, à combattre, parce que son instruction est dégrossie. — La Landwehr prussienne a été un accroissement conscriptionnaire des forces ; s'elle ordonne par BANS ; elle fournit des hommes pour le SERVICE SÉDENTAIRE des GARNISONS, afin de rendre disponibles les TROUPES DE LIGNE si la guerre éclate. — En SUISSE, le SECOND BAN de la Landwehr se nomme *bundesheer ;* c'est une RÉSERVE sédentaire, locale, ou une GARDE CIVIQUE considérée comme distincte de l'armée fédérale. — Ce que la milice suédoise appelle *landwoërn* est au contraire une RÉSERVE de VÉTÉRANS, tels que ceux que le ministre GOUVION essaya d'instituer en FRANCE. — Les MILICES anglaises et les RÉSERVES de la MILICE PIÉMONTAISE sont une sorte de LANDWEHR. — Dans la MILICE SAXONNE, une faible Landwehr est toute l'ARMÉE. — Dans la plupart des MILICES du Nord, telles que celle du WURTEMBERG, etc., la Landwehr est une GARDE NATIONALE de SECOND BAN ou de second degré. Des institutions analogues à celle-ci se retrouvaient dans la MILICE NÉERLANDAISE. — Dans la MILICE HOLLANDAISE, la Landwehr s'appelle SCHUTTERY. — L'institution de la Landwehr prussienne a changé l'ARMÉE de ligne en un cadre toujours prêt à recevoir la totalité de la portion virile de la nation. — En 1812, la MILICE RUSSE avait convoqué, en manière de Landwehr, les MILICES PROVINCIALES. — En 1814, l'exercice de la PIQUE, par WALHAUSEN, était réimprimé à l'usage de la Landwehr de PRUSSE. — En 1831, les puissances du NORD avaient armé toutes leurs Landwehrs. — Les AUTEURS qui ont spécialement traité de la Landwehr sont : HINRICHS (1814), LEYDEN, RAPPART (1818), ROEDER (1815), SCHRADER, WALHAUSEN (1814), WEISE, le *Dictionnaire de la Conversation,* au mot *Landsturm.*

LANGRANS ; LANGE ; LANGEAIS ; LANGEAY ; LANGEY ; LANGLÈS. V. NOMS PROPRES.

LANGUE, subs. fém. V. AMPUTATION DE LA L... V. PERCEMENT DE L...

LANGUE (term. génér.), ou LANGUE MILITAIRE. — Le mot Langue est une corruption du LATIN *lingua.* — La Langue de FRANCE surtout va nous occuper, puisque la FRANCE et l'EUROPE usent, pour ainsi dire, des mêmes termes militaires. — L'objet ici est de traiter le sujet sous le rapport philologique et historique, et de constater dans quelle proportion chaque peuple aurait concouru à la composition de la Langue militaire européenne. — La GUERRE est antérieure à la civilisation ; ainsi la Langue militaire, prise par opposition à celle des autres arts, est une des premières que l'homme ait parlée. — L'histoire des révolutions des Langues de tous les peuples est liée intimement aux événements de la GUERRE ; cette influence des ARMES sur le langage n'a pas été assez étudiée. — Le perfectionnement du parler vulgaire témoigne de la maturité des peuples ; le perfectionnement de chaque Langue didactique est le garant du raffinement de la science qu'elle sert à interpréter : les déductions de cette proposition viendront bientôt. — Le CELTIQUE a régné, dit M. MONTEIL, dans la GRÈCE et dans l'ITALIE avant que des hordes orientales et des tribus maritimes fissent la conquête de ces contrées. — Que cette assertion soit ou non fondée, il est sûr que quelques expressions militaires en proviennent, et n'étaient pas inconnues dans les idiomes mélangés des vainqueurs et des peuples vaincus dans la GRÈCE orientale et dans la Grande-GRÈCE. — Les savants ont appelé, dit le même ÉCRIVAIN, *expansion coloniale,* l'introduction des Langues orientales de l'ASIE dans le NORD et l'ORIENT de l'EUROPE, et *expansion militaire* l'usage général de la LANGUE LATINE dans les pays conquis par les ROMAINS. — Mais quelque distinction qu'on établisse entre les *expansions coloniale, militaire* ou *littéraire* (c'est-à-dire grecque), réellement elles sont toutes plus ou moins militaires. — Ce qui va être dit sur l'ensemble du sujet, concerne également toutes les MILICES, car la civilisation moderne a créé pour les nations une existence commune ; les études qui intéressent l'une sont du ressort des autres ; les ÉCRIVAINS à grandes vues lèvent tribut sur toutes les Langues. Si, dans ce commerce des peuples, les échanges ne sont pas réciproques, si des contributions sont moins productives, rappellent un terroir stérile, ne renferment qu'un savoir local, elles n'en concourront pas moins à former un tout européen ; l'esprit de nationalité se fondra en un foyer commun de lumières. — VOLNEY a dit : *Le premier livre d'une nation est le dictionnaire de sa Langue.* — CONDORCET a dit : *La perfection de la Langue de chaque science contribue plus qu'on ne l'imagine* *à y rendre les découvertes plus promptes et plus faciles.* — Les ARMÉES possèdent-elles le premier, le plus utile de leurs livres, ont-elles un DICTIONNAIRE officiel authentique? — Forçons la proposition et disons: — Les ARMÉES ont-elles une Langue, et son développement a-t-il favorisé celui de la logique militaire? — Le débat de cette question donnerait une faible idée des institutions de l'EUROPE; les législateurs qui siégent dans les CHANCELLERIES MILITAIRES n'ont ni encouragé la culture de méthodes claires et étudiées, ni même compris leur utilité; ils ne se soucient nullement que la SCIENCE DES ARMES obtienne les avantages que le dix-neuvième siècle assure à tant d'autres sciences; celle qui nous occupe est de toutes la moins avancée; que de preuves n'en trouve-t-on pas dans les dissentiments des AUTEURS occupés de définitions, dans la difficulté qu'ils ont à s'entendre en eux et à se faire comprendre de nous, dans les essais épineux et rarement heureux des traducteurs! — Signaler ce mal c'est faire un pas vers le remède, car si les autres découvertes humaines ont tiré profit du mécanisme des nomenclatures et de l'artifice d'un classement raisonné, l'application des mêmes moyens nous promet un jour des effets analogues; il est à croire que des esprits profonds feront pour l'ensemble de la SCIENCE DES ARMES ce que nous avons tenté pour une de ses branches. — La pauvreté de la technologie militaire tient au défaut de DICTIONNAIRES spéciaux et de définitions convenues, à l'absence ou à l'instabilité des régles, au peu d'ancienneté de l'ART moderne et à la complication que les ARMES et la TACTIQUE ont éprouvée depuis l'invention de la POUDRE. — Les anciens ne connaissaient pas de DICTIONNAIRES, et cependant la Langue militaires des GRECS et des ROMAINS abondait plus ou moins en termes précis et en images justes; ce phénomène s'explique par la simplicité de leurs ARMES et le genre d'ORDRE DE BATAILLE qui en découlait; par le soin qu'ils apportaient, non à innover, mais à perfectionner; par la durée des principes qu'ils n'amendaient, pour ainsi dire, que de siècle en siècle; par le long emploi qu'ils firent de petites armées, et de l'ORDRE PROFOND dont un coup d'œil embrassait à la fois les détails et la masse; enfin par la facilité de composer à la manière grecque, des substantifs d'amalgame, heureuse faculté que, de nos jours, la LANGUE ALLEMANDE a conservée seule, mais qu'elle n'a pas été à même d'appliquer à la Langue militaire, parce qu'elle a plus emprunté que prêté. — La plupart des Langues qui vont nous oc-

cuper prennent naissance au MOYEN AGE; leur apparition rappelle ces récits symboliques de la tour de Babel; elles sont un résultat de l'état de fermentation de l'OCCIDENT quand les vaincus et leurs maîtres occupent pêle-mêle l'immense espace que l'EMPIRE ROMAIN avait foulé aux pieds. — La Langue des soldats du MOYEN AGE et celle de la CHEVALERIE avaient du nerf et de la fécondité, parce que la CHOSE MILITAIRE était moins alors l'affaire de l'Etat qu'un intérêt de particuliers. On savait à peine écrire; et pourtant les termes propres à la PROFESSION DES ARMES n'étaient pas composés sans habileté; des provinces toujours en guerre étaient tombées d'accord sur les acceptions, tandis que, depuis la création des ACADÉMIES et des DICTIONNAIRES, depuis le retour à une existence moins agitée, la Langue des guerriers est privée de ressources et dépourvue de clarté: les dénominations sont restées stationnaires quand l'ART faisait de grands pas. Comment s'entendra-t-on dans quelques siècles, puisque quantité de mots sont abandonnés successivement comme inutiles, et qu'il n'est créé qu'incomplétement des périphrases pour rendre les idées simples que chaque jour voit éclore? — La Langue militaire est un produit auquel ont contribué, suivant leur genre et leur influence, les peuples des divers âges. — S'agit-il de BLASON, science primitivement toute militaire, la CHEVALERIE de FRANCE s'ingénie; ses HÉRAUTS D'ARMES font loi. — L'ESPAGNE, instruite à l'école des MAURES, pourvoit en grande partie aux termes de CAVALERIE et d'ESCRIME. — L'ITALIEN, parlé par les CONDOTTIERI dans les divers Etats de la Péninsule, marque d'une ineffaçable empreinte la Langue qu'ils ont prêtée à la TACTIQUE des MILICES de l'EUROPE. — L'ARCHITECTURE MILITAIRE, l'ARTILLERIE, la marine ont leur vocabulaire primitif dans la Langue des VÉNITIENS. — Le florentin respire dans l'ORGANISATION des ARMÉES et la SCIENCE de l'INFANTERIE, parce que MACHIAVEL (1500, A) en a répandu les premières notions. — La HOLLANDE vient à contribution pour les détails des SIÉGES et des CAMPS. — Le DROIT DE LA GUERRE serait sorti de l'enfance si l'éducation des FRANÇAIS les eût familiarisés davantage avec l'ALLEMAND, Langue natale de la JURISPRUDENCE DES ARMES. — Pendant tout un siècle, les armées de la FRANCE ont donné le ton à celle du monde connu; le français devient en faveur du NORD l'interprète de la SCIENCE MILITAIRE du MIDI. L'ALLEMAND, le POLONAIS, le RUSSE nationalisent ce langage mêlé que la légèreté française avait admis sans examen, et qu'elle répand sans l'avoir châtié. — La renaissance des ARMÉES dont le pouvoir monarchique est l'âme, cet événement, pour ainsi dire d'hier, a altéré, modifié ou renouvelé toutes les formes, tous les usages qui régissent les TROUPES; mais, comme ce pouvoir n'agit que nonchalamment ou par saccades, tantôt de lui-même, tantôt par des interventions dont le hasard décide, il n'entrevoit que le dernier les variétés de détails qui sautent aux yeux du commun des peuples : ainsi la refonte, l'uniformité de principes de la CHOSE MILITAIRE et l'unité d'expressions y ont à peine gagné; des termes d'une application juste ne sortiront que d'un avenir bien incertain, parce que les HOMMES DE GUERRE n'ont pas mission pour de telles créations; faire loi ne saurait être rôle d'amateur; s'y essayer serait s'exposer au ridicule; ce soin académique est laissé à quelques COMMIS ignorants ou indifférents qui hasardent peu à peu, à l'ombre d'un MINISTRE endormi, les lourdes périphrases qui réparent les lacunes trop évidentes; au lieu d'exactitude et de signes on a un patois informe, équivoque, parce que les gouvernements sont peu enclins à y remédier; ils craindront que des compagnies savantes, car il faudrait bien y recourir, ne fussent une barrière pour le bon plaisir; ainsi point d'ACADÉMIES, point de Langue, et par conséquent point de CODE MILITAIRE, point d'ART MILITAIRE basé sur des principes. La Langue, pour être au niveau du siècle, demanderait au contraire à être revue par un aréopage compétent, à être remaniée avec réflexion et maturité; mais des BUREAUX indolents se contentent de mots inexacts; ils les propagent par des circulaires qui sont l'écho du jargon des soldats et la sanction de l'argot des tavernes. — Sans doute, comme l'a dit VOLTAIRE : *En tous les pays c'est le peuple qui fait les langues, mais non pas les Langues didactiques.* — De l'insouciance qu'on y a mise qu'est-il arrivé? — Des homonymes sans nombre ont été ou accumulés ou conservés; on a négligé de tirer des variétés du langage un enchaînement d'idées nettes; les ressources linguistiques sont restées incomplètes; les acceptions sont détournées ou fausses, inexactes ou contradictoires; les locutions sont prolixes ou grossières; les termes sont ou indéfinissables ou dépourvus de définitions qui les légalisent; tel verbe est sans substantif, tel substantif sans verbe. Nous appuierons bientôt ces assertions de tant de preuves, qu'elles manqueront moins à l'évidence de la proposition et à la conviction du lecteur que la persévérance ne lui manquera pour les constater ou les controverser. — La vé-

nerie et le BLASON sont de la famille de la GUERRE, l'une est sa sœur, l'autre son fils; de ces deux arts, le premier est peu utile aujourd'hui, le second est tout à fait frivole; et pourtant ils ont une Langue riche qui fait honte à leur mère, à leur aînée; il est vrai que les veneurs et les HÉRAUTS D'ARMES ont pris la peine de composer leur dialecte, et que les hommes de cour l'ont acheté tout fait; ils attachaient plus de prix aux hochets héraldiques ou aux daguets d'un cerf qu'à la précision des récits de l'histoire qu'ils ne lisaient pas plus que les théories de la GUERRE. — La Langue des arts mécaniques est expressive, juste, abondante, l'industrie particulière y pourvoit. — Au milieu des progrès du siècle, les HOMMES D'ÉPÉE n'ont pas de Langue arrêtée, l'art militaire s'en est ressenti; les aphorismes, plus haut cités, de VOLNEY et de CONDORCET ont été justifiés. — Le développement de ces propositions et les explications de détails que demande l'expression Langue militaire seront offerts dans les articles LANGUE ALLEMANDE, — ANGLAISE, — CELTIQUE, — ESPAGNOLE, — FRANÇAISE, — GRECQUE, — ITALIENNE, — LATINE, — ROMANE, — RUSSE.

LANGUE ALLEMANDE (F), OU LANGUE FRANCIQUE, OU FRANQUE, OU SAXONNE, OU TEDESQUE, OU TEUDIQUE, OU TEUTONIQUE, OU THÉOTIQUE, OU THÉOTISQUE, OU THÉOTISTE, OU THIOISE, OU THIVILE, OU TUDESQUE, comme l'appellent M. ALLOU (4828), ENCYCLOPÉDIE (1785, C), FAUCHET, PASQUIER, M. SISMONDI, etc. Sorte de LANGUE que la plupart des citateurs occupés d'étymologies confondent avec les idiomes qui ont été parlés, de temps immémorial, par les nations septentrionales de l'EUROPE; l'ENCYCLOPÉDIE (1751, C) en traite au mot *Tudesque*; elle l'appelle *Franctheuch, théotique, théotisque, théotiste, thivile;* GÉVELIN établit des différences entre le FRANC, le TEUTON, l'ALLEMAND; on en trouve le témoignage au mot *Duc;* mais ces distinctions sont devenues bien difficiles à justifier. — L'allemand, langue moderne, veut être distingué, surtout, des anciens dialectes qui appartiennent à la famille nombreuse et répandue connue le plus communément sous le nom de germanique ou de teutonique. Les variétés de ce TEUTON, *lingua teutonica,* se sont appelées, dans les divers ÉCRIVAINS, la LANGUE FRANCKE OU francique, le TUDESQUE, le vieux SAXON; celui-ci dérive-t-il du SANSCRIT OU du PERSAN, comme l'insinue l'*Encyclopédie des Gens du monde,* au mot *Allemandes*? c'est à de plus habiles à en décider. — M. ROQUEFORT nomme TEUTON ou tudesque la Langue apportée dans les GAULES par les FRANCS;

on l'a distinguée du SAXON, du GOTH, du DANOIS, par le nom de FRANCO-TEUTON. — CHARLEMAGNE s'exprimait en FRANCO-TEUTON. Certaines provinces françaises, et surtout celles du NORD, l'ont également parlé jusqu'au dixième siècle. M. SISMONDI rapporte, à la date 948, qu'à Mouzon, dans une conférence entre les rois Othon et Louis d'Outre-mer, l'archevêque Artaud, après avoir lu le rescrit du pape, *le traduisit en Langue théotisque* (FRANCO-TEUTON) *pour l'intelligence des deux rois*. — Les vestiges de cet idiome mêlés avec le LATIN formèrent la LANGUE ROMANE. — ROQUEFORT affirme que le TEUTON était fort différent de l'allemand moderne; il croit que l'allemand actuel n'existe que depuis le commencement du treizième siècle; des actes qui appartiennent à ces époques se retrouvent, dit-on; mais la plus ancienne charte minutée en Langue allemande date de l'an 1272 sous l'empereur Rodolphe; on en trouve le témoignage dans le *Nouveau traité de diplomatique*. — Cette distinction des Langues TEUTONNE et allemande justifie l'assertion de JOHNSON, qui range sous la dénomination de TEUTON ou teutonique le vieux allemand, le SAXON, tous les dialectes de la même famille, et qui prétend que la Langue allemande est la sœur et non la mère de l'ANGLAIS et du HOLLANDAIS, dérivés tous deux de la LANGUE TEUTONIQUE. — Ce qui n'est pas douteux, c'est que l'allemand vieux de trois siècles n'est que difficilement compris des Allemands eux-mêmes, puisque le savant docteur MEYER (Moritz) ne traduit qu'avec défiance de lui-même des inscriptions empreintes sur des pièces coulées à Breslau en 1507. — Dans la spécialité militaire, il y aurait à établir la différence que voici : les termes originaires d'ALLEMAGNE, importés dans la Langue des hommes de guerre, sont-ils en usage avant le treizième siècle, ils sont TEUTONS; si, au contraire, ils n'ont eu que plus tard du rapport avec les Langues militaires modernes, ils sont allemands. — Nous ne consacrerons pas nominalement un article au TEUTON, à raison du petit nombre de ses dérivés; ils seront réunis ici comme s'ils étaient purement allemands; la sagacité du lecteur en fera, s'il le juge à propos, la séparation et la distinction. — L'allemand moderne, Langue grave, savante, méthodique, renferme cependant quantité d'expressions FRANÇAISES et ITALIENNES qui, dépaysées et mal déguisées, y figurent d'une manière plus choquante que les termes allemands, que nous avons empruntés en petit nombre, ne figurent dans notre Langue; elle a mieux francisé ses emprunts que l'autre n'a germanisé les siens; les verbes *bivakiren*, *marschiren*, *chargiren*, etc., les substantifs *sergeant*, *soldat*, *captain*, etc., le prouvent; mais dans ses emprunts au français, elle a conservé dans leur intégrité, armée, artillerie, cavalerie, compagnie, division, infanterie, régiment, et tant d'autres. — Au nombre des AUTEURS que nous avons cités comme allemands en quantité de passages, ceux dont l'ouvrage se rapporte le plus au présent sujet, sont : REINHOLD (M, F), SOMMERUS, WACHTER. — Les expressions qui, en outre des locutions indiquées comme TEUTONES, se rapportent à la LANGUE MILITAIRE de FRANCE par les racines que nous indiquons, par les analogies que nous exposons, ou parce qu'elles ont été prises au FRANÇAIS par l'allemand, sont celles-ci : ADJUDANT D'INFANTERIE FRANÇAISE DE LIGNE N° 2, AFFUT, AGRAFE, ALLEMAND, ALTE, ANTRUSTION, ARME A FEU, ARME PERSONNELLE N° 3, ARQUEBUSE, ARRIÈRE-BAN, ART DE LA GUERRE, ART MILITAIRE, ARTILLERIE D'ARMEMENT, ARTILLERIE STRATOPÉDIQUE, AUBERGE, AUMONIER : id. N° 2, DAGUE, BAN, BANC, BANDE, BANNERET N° 1, BARON N° 1, BATAILLE STRATEUMATIQUE, BATARDE, BAUDELAIRE, BEDEAU, BENNE, BERGE, BERME, BILLET, BIVAC, BLANC, BLANC DE CIBLE, BLASON, BLEU, BLINDE, BLOCKAUS, BLOCUL, BLOCUS, BOMBARDE, BONNETTE, BORD, BOUCHE A FEU, BOUCLIER, BOULET CREUX, BOULEVARD, BRAIES D'HABILLEMENT, BRANC, BRANDEBOURG, BRANDEVIN, BRANDON, BRAVE, BRÈCHE, BRIDE, BRUGNE, BUFFLE, BUTIN, CADET, CANAPSA, CARCASSE, CARQUOIS, CARROUZE, CASEMATE A FEU, CATOGAN, CHEMIN COUVERT, CHEF, CHENAPAN, CHOUCROUTE, CIBLE, CLIQUETIS, CLOCHE, COFFRE, COHORTE DE LÉGION ROMAINE N° 3, COMTE N° 2, CONSEIL JUDICIAIRE, COR D'INFANTERIE LÉGÈRE, COTTE, CORPS, COUP, CRAMPON, CRANEQUIN, CRAPAUD, CROC, CRUCHE, DAGUE, DAGUE A ROELLES, DANSE, DISCIPLINE, DOUBLEMENT, DRAGON A FEU, subs., DRAGON FRANÇAIS N° 2, DRESSER LES SOLDATS, DRILLE, DROIT PUBLIC MILITAIRE, ÉCUYER, ÉCHAUGUETTE, ÉCOLE MILITAIRE PRÉPARATOIRE, ÉLIN, ENFANT PERDU, ENTURE, ÉPERON DE BOTTES, ÉPIEU, ESCADRE, ESCARMOUCHE, ESCARPE, ESCRIME, ESPINGARDE, ESPION, ESTAFILADE, ESTOC, ESTRAPADE, ÉTENDARD, ÉTAPE, ÉTRIER, FANION, FANTASSIN, FELDMARSCHAL, FELZEUGMEISTER, FÉODALITÉ, FIFRE, FLÉAU D'ARMES, FLÈCHE, FLIEGELMAN, FORTIFICATION, FORTIFICATION DE CAMPAGNE, FOURRIER D'INFANTERIE FRANÇAISE DE LIGNE N° 2, FUSÉE DE GUERRE, GAIN, GALERIE, GAMACHE, GAMBESON, GANT, GARDE, GAZON, GÉNIE, GIBECIÈRE, GIBERNE, GODENDAC, GORGE, GOUJAT, GUÉRITE, GUERRE, GUET, GUÊTRE, HACHE, HACQUEBUTE, HALLEBARDE,

HALTE, HAMBACK, HAMPE, HANICROCHE, HAR-
NOIS, HARPE, HAUBERT, HAVRE-SAC, HEAUME,
HÉRAUT, HETMAN, HEUSE, HOMME A L'HOPITAL,
HOQUETON, HUSSARD N° 4, HUTTE, INFANTERIE
FRANCO-SUISSE, JAQUE, JAVELOT, JUSTICE MILI-
TAIRE, LANDSTRUM, LANDWEHR, LAQUAIS, LANS-
QUENET, LEUDE, LIEUTENANT, MARAUDAGE,
MARCHE, MARÉCHAL, MARÉCHAL DE CAMP N° 2,
MARÉCHAL DE FRANCE N° 2, MARQUE, MARQUIS,
MAT, MEURTRIÈRE, MILICE RUSSE N° 6, MOR-
TIER, OBUS, PAL, PARC, PELOTON, PÉRIBOLOGIE,
PIQUE, PISTOLET, PLACE, PIÉGE, PYROTECHNIE,
QUARTIER, QUARTIER-MAITRE, QUARTIERS DE
GUERRE, RAISE, RANÇON, RAPIÈRE, RAQUETIER,
REDOUTE, RÉGIMENT, REITRE, RISBAN, RISBERME,
RONDACHE, ROUSSIN, ROUT, ROUTIER, SABRE,
SABRETACHE, SAC DE VILLE, SALADE, SATELLITE,
SCHAKO, SCHLAGUE, SCHUTTERY, SCIE TACTIQUE,
SCORPION A MAIN, SÉNÉCHAL, SERGENT, SER-
VICE, SOLDAT, SOUPE, TAMBOUR INSTRUMENTAL,
TARGE, TERZE, THALWEG, TOPOGRAPHIE, TRABAN,
TRÈVE, TRICOT, TRIMACRESIE, WAGUEMESTRE,
WURTZ.

LANGUE ANGLAISE (F). Sorte de LANGUE
à laquelle l'ARMÉE DE TERRE n'a fait que de
faibles emprunts, tandis qu'au contraire la
MARINE lui doit les plus anciens et les plus
nombreux traités sur la science navale. —
Ce que nous avons à en dire est donc d'un
intérêt plus général que militaire; mais
l'examen s'en rattache à notre sujet, en
contribuant à démontrer le peu d'influence
de l'idiome anglais sur la Langue des ARMES.
— L'anglais est un des langages le plus
mélangés. Il diffère de province à province
par la prononciation plus que par les idiomes;
celui des Pictes s'y maria au jargon des
BRETONS encore sauvages; les Angles, les
DANOIS y ont laissé des traces de leur dialecte; les irruptions de CÉSAR, le séjour de
quelques LÉGIONS IMPÉRIALES, mais surtout
les incursions des missionnaires qui y plantèrent la croix, y introduisirent quelque
peu de LATIN. Les rois SAXONS y mirent en
usage un SAXON assez pur. — Au neuvième
siècle, l'ANGLO-SAXON, qui avait une partie
de ses racines dans le TEUTON, y était parlé.
— L'invasion de GUILLAUME LE CONQUÉRANT
y répandit et y nationalisa le langage roman
wallon usité en FRANCE; le NORMAND corrompit le SAXON ou s'y corrompit; de leur
union résultèrent, depuis le milieu du
douzième siècle, une phraséologie plus analogue au FRANÇAIS. — Aussi JOHNSON re-
garde-t-il l'anglais comme un ROMAN uni à
des éléments d'origine germanique. — Le
treizième siècle a donné naissance à l'anglais moderne; mais ce n'était que le patois
des classes inférieures et des provinces re-
culées; ses essais littéraires ne datent, réel-

lement, que du milieu du quatorzième siècle; ce fut ÉDOUARD TROIS qui le substitua
au ROMAN-français et en fit la Langue obligée
des affaires publiques. — Après cette suite de
vicissitudes, à peine reste-t-il dans l'anglais
quelques traces des locutions propres aux
indigènes qui occupaient la GRANDE-BRETAGNE
avant l'usurpation des SAXONS. — Ainsi
cette Langue, qui en 1837 était parlée par
plus de cent millions d'âmes, s'est formée
la dernière, comme le témoigne sa littérature tardive qui a d'abord pris pour modèle
la nôtre; depuis l'an 1400, quantité de romans français furent mis en anglais; la
traduction des ouvrages de WACE sont les plus
anciens essais en ce genre. — Le plus ancien
acte public rédigé en anglais, est une charte de
1343, et suivant M. Thierry, le premier acte
qui, dans la chambre basse du parlement fut
écrit, entièrement en anglais, est de 1425;
la LANGUE FRANÇAISE ne cessa entièrement
d'être pratiquée qu'en 1450. — On a prétendu que le perfectionnement de cette
Langue datait de la fin du dix-septième siècle,
et pourtant l'ENCYCLOPÉDIE (1751, C) lui re-
prochait au milieu du siècle dernier de ne
pas songer encore à se créer des règles. —
Pendant longtemps les meilleurs traités
qu'elle ait mis au jour étaient tirés des ouvrages FRANÇAIS et ALLEMANDS; mais il en
faut excepter ce qui a trait à la MARINE. —
La Langue anglaise fait usage de mots usités jadis en FRANCE, et qui s'y sont altérés
ou en ont disparu; ils sont au contraire
restés en anglais sous leur forme primitive;
elle nous aide par là à expliquer plusieurs
étymologies dont les traces seraient perdues
sans cette circonstance. Ainsi le substantif
COMMANDERE, jadis FRANÇAIS, et resté dans le
commander des Anglais, s'est changé en
COMMANDEUR et a été relégué dans le style
des ordres nobiliaires; les vieux mots français, jure, conjure, appartenaient à la province de BRETAGNE où l'institution du JURY
était antérieure à la législation analogue
dans le royaume de FRANCE; ces mots transportés dans la GRANDE-BRETAGNE ont, de
nouveau, franchi le détroit sous les formes
JURÉ, JURY. Quelque chose de pareil peut se
dire du mot COUVRE-FEU, etc. — En bien
des cas, la similitude du ROMAN que nos
pères ont transplanté en ANGLETERRE et du
ROMAN que les FRANÇAIS ont continué à
parler, s'est effacée pendant les siècles dépourvus de littérature et au milieu de
guerres acharnées; mais le peuple anglais
peut, en général, regarder comme ROMAN
tout ce qui n'est pas d'origine ANGLO-SAXONNE;
de même qu'il doit reconnaître comme
FRANÇAIS tous les termes qui ont la dési-

nence des nôtres, ou se terminent par l'y.
— Les expressions qu'on peut appeler morales, sont issues du latin; les termes militaires y dérivent du saxon ou du français.
— Qu'on ne s'étonne pas si nous avons cité si souvent cette Langue, quoiqu'elle ne soit pas la plus militaire; car si elle l'est un peu davantage que l'allemand, elle l'est moins que l'italien et l'espagnol; mais son étude jette de vives lumières sur quantité de vieux termes français, oubliés en France depuis l'ancienne communauté de langage, et restés vivants de l'autre côté du détroit. — On peut consulter sur ce sujet CHAMBERS, DUANE (1810, E), l'ENCYCLOPÉDIE (1751, C), l'*Encyclopédie des Gens du monde* (au mot *Anglais*), JOHNSON, WILLIAMSON (1782, I), et tous les ÉCRIVAINS cités comme anglais, aux articles ART MILITAIRE et DICTIONNAIRE. — Les expressions anglaises qui sont en rapport avec notre LANGUE MILITAIRE, qui ont pu contribuer à sa formation, ou qui en sont un composé, sont celles qui suivent : AIDE DE CAMP N° 1, AILETTE, ALLOCATION, ANSPESSADE, ARBALÈTE, ARBALÈTE A JALET, ARME MATÉRIELLE, ARME PLATE, ARMÉE FRANÇAISE N° 2, ARMET, ARMURE, ARMURE PLATE, ARROY, ART DE LA GUERRE, ARTILLERIE D'ARMEMENT, ARTILLERIE STRATOPÉDIQUE, ASPECT, ATÉGAR, BACINET, BAGUE, BARIL, BATAILLE STRATEUMATIQUE, BATTERIE DE CAISSE, BERME, BILLET, BILLETER, BIVAC, BLANC DE CIBLE, BLINDE, BLOCKAUS, BONNET, BOUCLIER, BOULEVARD, BRAIES D'HABILLEMENT, BROCHE, BUDGET, BUFFLE, BUGLE, BUTIN, CANAPSA, CANON D'ARTILLERIE, CHAMADE, CHARROI MILITAIRE, CHAUSSE-TRAPE, CHEMIN COUVERT, CHENAPAN, CHEVÉTAIN, CHIRURGIE, CHIRURGIEN, CIPAIE, CLAN, CLOCHE, COLONEL D'INFANTERIE FRANÇAISE DE LIGNE N° 2, COLONNE ÉPAGOGIQUE N° 2, COMBAT, COMBE, COMITÉ, COMMANDER, COMMANDEUR, COMMISSION D'EMPLOI, CONNÉTABLE N° 2, CONSIGNE, CONTROLE, CONVOI, COTTE D'ARMES, COULEUR, COUR, COUVRE-FEU, COURTINE, CRIQUE, CUBITIÈRE, DAGUE, DÉGAT, DÉRODER, DISCIPLINE, DONJON, DRESSER LES SOLDATS, DUEL, ÉCUAGE, ÉCUYER, ENFANT PERDU, ENGIN, ENSEIGNE, ESCRIME, ÉQUIPAGES, ÉPERON DE BOTTES, ESCARPE, ESCOPETTE, ESCOUADE, ESPADON, ESPINGARDE, ESPION, ESPONTON, ESTAFE, ESTOC, ÉTAPE, ÉTENDARD, ÉTOUR, ÉTRIER, FRAC, FAUCHON A GARDE, FAUCONNEAU, FAUCRE, FLUTE, FENCIBLE, FÉODALITÉ, FICLE, FLÉAU D'ARMES, FLÈCHE, FLÈCHE PROJECTILE, FLIBUSTE, FLIEGELMAN, FORT, subs. masc., FOURRAGE, FOURRAGE ARMÉ, FRATERNITÉ D'ARMES, FRONDE, GA., GALIOTE, GARDE-COLLET, GARDE DU CORPS N° GASTADOUR, GÉNIE, GENTILHOMME, GLAIVE, GOBERIN, GRADE, GRAND'GARDE, GRAND PRÉVOT, GUÉRITE, GUERRE, GUÊTRE, HAGUE, HALLE-BARDE, HAQUENÉE, HARCELER, HART, HEAUME, HÉRAUT, HOQUETON, HOST, JAQUE, JAVELINE, JAVELOT, LIEUTENANT, MANDE, MARCHÉ, MARÉCHAL, MARÉCHAL DE CAMP, MARQUISE, MASSE D'ARMES, MÉDECIN, MEURTRIÈRE, MILICE ANGLAISE, MINISTRE DE LA GUERRE N° 2, MONTRE ADMINISTRATIVE, MOUSQUET, ORDONNANCE OFFICIELLE, PALEFROI, PATROUILLE, PAULDRON, PELOTON, PERTUISANE, POTERNE, PRÉVOT, PROJECTILE, QUARTIER-MAITRE, QUINTANE, RAIE DE CARABINE, RAISE, RAQUETIER, REDINGOTE, RÈGLEMENT, RELIEF, REMPART, REPRÉSAILLES, RETRANCHEMENT, RIBAUD, ROCHETTE, ROLE, ROQUET, ROTURIER, ROUET, ROUFFLE, ROUT, SACRE, SALADE, SALPÊTRE, SCHRAPNELL, SENTINELLE, SERGENT, SERGENTERIE, SIÉGE DÉFENSIF, SOLDAT, SOUS-GARDE, SPAHI, SPLINT, TABAR, TAMBOUR DE TROUPE, TAMBOUR INSTRUMENTAL D'INFANTERIE FRANÇAISE, TAMPON D'ARTILLERIE, TAPUL, TARGE, TASSETTES, TOLPACHE, TOPOGRAPHIE, TREF.

LANGUE ANGLO-SAXONNE. V. ANGLO-SAXON. V. BAGUE. V. ESCADRE. V. ESCRIME. V. LANGUE ALLEMANDE. V. LANGUE ANGLAISE. V. TARGE.

LANGUE ARABE. V. ALFIER. V. AMIRAL. V. AMOGABARE. V. ARABE, adj. V. ARMOIRIES. V. ARSENAL. V. ARZEGAIE. V. ASSASSIN. V. ATTABALE. V. BANDE. V. BARBACANE. V. BARDE. V. BEFFROI. V. BLASON. V. CAFÉ. V. CALIBRE. V. CARABIN. V. CARABINE. V. CARACOLE. V. CAVALERIE FRANÇAISE N° 7. V. CHAGRINER. V. CHAT OFFENSIF. V. CHIFFRE. V. CONNÉTABLE N° 2. V. CRAMOISI. V. CROISADE. V. DANSE. V. DÉ. V. DJERID. V. FANFARE. V. FELLAH. V. FOUR. V. GIBERNE. V. GUÉRITE. V. HALLEBARDE. V. JANISSAIRE. V. MAGASIN. V. MAMELOUCK; id. N° 2. V. MARMITE. V. MAURE. V. MÉDAILLE. V. MILICE ESPAGNOLE N° 2, 9. V. MONTRE ADMINISTRATIVE. V. MUNITIONS. V. NACAIRE. V. PAPEGAI. V. PHÉCY. V. PIONNIER. V. SABRE. V. SACHER. V. SATELLITE. V. TAMBOUR. V. TARGE. V. ZOUAVE.

LANGUE BYSANTINE. V. BYSANTIN, adj. V. GALÈRES. V. LANGUE GRECQUE. V. LANGUE LATINE.

LANGUE CELTIQUE (F). Sorte de LANGUE rangée, à tort ou à raison, au nombre des langues mères; suivant d'autres opinions elle serait un dialecte du phénicien. Quantité d'historiens et de grammairiens croient qu'elle s'est conservée ou a laissé des vestiges dans la basse BRETAGNE, dans le pays de GALLES, dans l'IRLANDE; ses racines ont de l'analogie avec celles de l'hébreu. GÉBELIN (t. V, p. 514) distingue le celtique du GAULOIS, comme le témoigne le mot gisarme. La plupart des auteurs n'établissent au contraire nulle différence entre le celtique et la LANGUE GAULOISE; quelques-uns croient le GAULOIS un dialecte du celtique, et que la Gaule était la principale partie du pays des Celtes. Nous nous reconnaissons inhabiles à ouvrir à cet égard un avis, et ce que nous dirons de l'une de ces langues est applicable à l'autre. — Avant de traiter du langage, recueillons quelques souvenirs sur les peuples qui passent pour l'avoir parlé; voyons quelles contrées ont été regardées par les anciens comme celtiques ou GAULOISES. — On a dit que les CELTES descendaient des Daces, et adoraient Teut, dont le nom a donné naissance à la dénomination prise par les TEUTONS; ainsi ces derniers seraient une subdivision des CELTES, ou du moins auraient été soumis aux mêmes croyances. — STRABON appelle CELTES les GAULOIS conduits par Brennus; cet écrivain et DIODORE DE SICILE regardent comme CELTES une partie des GERMAINS; PLINE partage cette opinion, et donne ce nom au grand peuple ou à cette république de peuples aborigènes qui existait avant la fondation de ROME, et s'étendait depuis le cap Finistère en Galice jusqu'en RUSSIE. — Les riverains du Rhin étaient CELTES, témoins ces vers :

Audaces rapido Celtæ nqvá pignora Rheno Explorant…

Des flots du Rhin le Celte obtient le témoignage Que d'un chaste hyménée un enfant est le gage.

parce qu'un Celte, nouveau-né, exposé au milieu du Rhin sur un bouclier transformé en nacelle, se noyait s'il était le fruit d'un adultère. — A des époques moins obscures une partie de la GAULE se nommait particulièrement celtique, par opposition à celle où se parlait le TEUTON et à la GAULE où se parlait le LATIN. — Suivant César, les CELTES ou Eduens de la GAULE celtique avaient pour limites la Garonne, la Marne, la Seine, et habitaient la partie de la GAULE qui n'était ni la Belgique ni l'Aquitaine; deux pays où une autre langue était parlée. — Dans cette explication César n'a en vue que les CELTES occidentaux, ce qui ne prouve pas qu'il n'y en eût pas de septentrionaux, comme il y en avait eu peut-être plus anciennement de méridionaux. — Suivant les uns, CELTE et Européen seraient synonymes; suivant d'autres, tels que AMMIAN MARCELLIN, le CELTE ou le GAULOIS est un même peuple compris entre la la Manche et l'Océan, les PYRÉNÉES et les ALPES, la Méditerranée et le Rhin. — On pourrait conclure que le GAULOIS devint le CELTE quand les colonies des premiers GAULOIS connus se répandirent dans toute l'EUROPE, dans l'ASIE même, et firent partout des conquêtes plus ou moins durables. —

Cette transplantation non interrompue a peuplé l'ANGLETERRE avant que les DANOIS, les LATINS, les SAXONS vinssent y mêler leurs idiomes; de pareilles migrations ont produit les Cello-Scythes, les Celtibériens, les Gallo-Grecs, les Galates, qui ont dominé une partie de l'ASIE. — Ce qui rend si obscurs ces points, c'est que ces peuples n'ont laissé aucune tradition écrite; il paraît qu'ils ignoraient même l'art de l'écriture, et ne la connurent qu'après l'invasion ROMAINE. Les médailles gauloises n'offrent que des caractères grecs. — Jetons maintenant un coup d'œil sur la langue des CELTES. — PAUSANIAS rapporte que *mark* signifiait cheval, et *turcos*, ÉCU ou BOUCLIER. — Suivant DIODORE DE SICILE, les Gaulois appelaient *zithum*, une boisson pareille à la bière des modernes. César et d'autres historiens romains nous apprennent que les substantifs *spatha, spata,* ÉPÉE, *alauda,* alouette, étaient GAULOIS. — Quintilien en dit autant de *rheda,* CHAR DE GUERRE, et Sénèque, de *esseda,* qui a eu le même sens. — HENRI ESTIENNE, d'après Catulle, dit que *benna* signifiait un chariot, une charrette; Cluvier dit que le verbe *galleno* signifiait voyager; BARBAZAN (1808) prétend que *gulba* exprimait un homme gras; et l'on ne doute plus que Brennus ne répondit au mot roi, ou général d'armée. MONÉRI déclare celtique *march,* signifiant frontière; VOLTAIRE affirme que parlement vient du verbe celte *parlier,* et dans l'Encyclopédie (1751, C au mot *Français*), il dérive de la même source : ALLER, arpent, coutume, crier, écouter, ensemble, JAMBE, pointe, sabre, tête. Une glose de la loi salique prend *coccum,* coq, dans le sens de *gallus.* — Enfin on dit que *dor* ou *dur* signifiaient fleuve, *briga,* pont, *ham,* habitation; de là le français hameau et l'anglais *home.* — Mais ce sont de bien faibles renseignements, ainsi que ceux que l'on doit, comme le témoigne M. ALLOU (1828), à AUSONE, à SUÉTONE, à TACITE. — César (*De bello gal.,* liv. I) déclare que les trois GAULES, Aquitanique, Belgique, Celtique, différaient autant par les usages et les lois que par la langue; *l omnes linguá, institutis, legibus, inte se differunt.* Cette assertion est tempéré par STRABON (liv. IV) qui rapporte seulemat que de province à province la langue vrie un peu. — ROQUEFORT nie l'identité du bas breton et du celtique; il s'appuie sur l'opinion de TACITE qui dit des GAULS et des anciens Bretons de la GAULE, qu leur parler avait de la ressemblance, ms qui n'affirme pas qu'il fût tout à fait semblable. — La BRETAGNE française ayant tou à tour servi de refuge aux GAULOIS persécutés par les ROMAINS et aux ROMAINS expulsés par les FRANCS, perdit probablement quantité de termes de son langage primitif, puisque le LATIN y était généralement parlé et que la LANGUE ROMANE wallone s'y répandit pendant la domination des ANGLAIS. — Cette observation a porté ROQUEFORT (au mot *Divona*) à traiter de *rêveurs* les savants qui ont fouillé les monuments GAULOIS et celtiques, et qui en ont fait sortir des systèmes en linguistique. Ce qu'on suppose être les restes de la langue celtique et celto-bretonne est, suivant lui, *un ramas de tous les jargons.* Il est sûr que l'Armorique et les territoires limitrophes se disputent en patois différents l'honneur de parler le celtique. — Sans épouser la critique de ROQUEFORT, on est fondé à n'admettre qu'avec réserve des assertions dénuées de preuves; car, à l'exception du petit nombre de termes que des anciens apprirent de la bouche même des GAULOIS, tout se borne à des conjectures. Ce serait par la décomposition des langues vivantes qu'il faudrait refaire une langue morte; on sent combien une entreprise semblable aurait une réussite douteuse et importe peu à nos travaux. — Ainsi la recherche des étymologies celtiques éclaire bien moins la LANGUE MILITAIRE FRANÇAISE que ne le font les LANGUES LATINE, GRECQUE et ALLEMANDE. — La langue celtique, après s'être mélangée de GREC, de punique, de LATIN, commença à s'effacer depuis l'invasion ROMAINE; elle disparut presque entièrement dans les GAULES au quatrième siècle, elle se fondit dans le mélange du TEUTON et du LATIN corrompu que parlaient les ARMÉES de BOURGUIGNONS, de VISIGOTHS, de FRANCS, qui tourmentaient la GAULE; cependant n'est-ce pas un reste du celtique que cet idiome BASQUE qui n'est ni espagnol ni français? — Les recherches qui viennent d'être faites avaient pour objet d'arriver à la question que voici : Y a-t-il dans la LANGUE MILITAIRE FRANÇAISE un fonds de mots CELTIQUES ou GAULOIS? Certes, il s'en trouve; probablement quantité de monosyllabes n'ont pas d'autre origine; mais les preuves en sont perdues. — Les lecteurs curieux de pousser plus loin ce genre de recherches, pourraient consulter, touchant la nation celte ou GAULOISE : Pelloutier, *Histoire des Celtes;* Mallet, *Introduction à l'histoire de Danemark;* l'ENCYCLOPÉDIE (1751), C) et Monéri, qui énumère les auteurs anciens. — Touchant la langue même les lecteurs pourraient ouvrir : BACON-TACON, BULLET, COURTIN (1825, E, au mot *Celtes*), DUCLOS, l'ENCYCLOPÉDIE (1751, C, au mot *Langue*),

FRANÇOIS (don Jean), GÉBELIN, LATOUR D'AUVERGNE, LEBRIGANT, LEGONIDEC, PASQUIER, PELLETIER (*Dictionnaire celtique*), PELLOUTIER, PEZRON, PONTANUS, ROSTRENEN, THIERRY, l'*Encyclopédie des Gens du monde*, au mot *Breton;* le *Journal de l'Institut historique* (t. V, p. 158). — Les mots actuellement usités dans le langage des ARMÉES, et qui sont ou sont censés être en rapport avec le celtique sont ceux-ci : ALLER, AMBACTE, ANTRUSTION, APPUI, ARME MATÉRIELLE, ARZEGAIE, ATELIER, BACÈLE, BALLE, BANDE, BARON N° 1, BAS, subs., BASQUE, BAT, BATTRE, BEC, BLANC, BLOCUS, BOIS, BORD, BOTTES, BOUCLE, BOUT, BRAIES D'HABILLEMENT, BRÈCHE, BRIDE, BRIGADE, BRIGANT, BRISURE, BRUGNE, CAMOUFLET, CAMP, CANAL, CAVALERIE N° 5, CHARGE, CHEF, CHICANE, CHOSE, CHOU, CLAN, CLEY-MORE, COCARDE, COMTE N° 1, COQ, CORPS, CRAIE, CRI, CULOTTE, DAGUE, DANSE, DARD, DARD A MAIN, DEBOUT, DONJON, DOUVE, DRAP, DRILLE, DUC, ÉCOUTE, ÉPÉE, ESPION, ÉTANÇON, FÉODALITÉ, FEU, FLEUR DE LIS, FLUTE, FOUET, GAGE, GAIN, GAMACHES, GARANCE, GARDE, GÈSE, GUERRE, GUÉTRE, HARNAIS, HART, HAUBERT, HÉRAUT, HENSE, HOTE, JALET, JALON, JAMBE, JARRETIÈRE, JASERAN, LABARUM, LANCE, LANCE A MAIN, LEUDE, MAILLE, MARAUDAGE, MARCHE, MARÉCHAL, MARMITE, MARQUIS, MASSUE, MATELAS, MILICE FRANÇAISE N° 6, MORION, MOULIN, NOBLE, OLIFANT, ORIFLAMME, PAGE, PAL, PALEFROI, PATROUILLE, PAYE, PELLE, PIC, PLAQUE, PLAT, subs., PLOMB A PIERRE, POINTE, PORTE, PREUX, RABACHE, RANG, RAVELIN, RIBAUD, RIVIÈRE, ROUT, ROUTE, SABRE, SALADE, SAYON, SÉNÉCHAL, TABAR, TAILLE, TARGE, TARRIÈRE, TENTE, TÊTE, TIMBALE, TIR, TOUR DE FORTIFICATION, TOURNOI, TROUPE, TUBE, TRIMACRESIE.

LANGUE CHINOISE. V. CHINOIS, adj. V. COSAQUE. V. KING. V. LANGUE ROMANE. V. SOLDAT. V. TAMBOUR INSTRUMENTAL. V. TAM-TAM.

LANGUE de CARPE. V. CARPE. V. FER DE PIQUE. V. LAME D'ÉPÉE. V. PIQUE.

LANGUE d'OC. V. CHAT. V. LANGUE FRANÇAISE. V. LANGUE ROMANE. V. OC. V. SEIGNEUR.

LANGUE d'OYL. V. LANGUE FRANÇAISE. V. LANGUE ROMANE. V. OYL. V. SEIGNEUR.

LANGUE ESCLAVONE. V. BAN. V. ESCLAVON, adj. V. HEIDUQUE. V. PANDOUR. V. SABRE. V. SCHAKO.

LANGUE ESPAGNOLE (F). Sorte de LANGUE qui a été une modification de la LANGUE ROMANE parlée au dixième siècle. — Née vers le même temps que l'ITALIEN, plus ancienne peut-être que le FRANÇAIS, la Langue des ESPAGNOLS ne s'est formée pourtant que bien tard en comparaison de ses deux sœurs. — Ainsi que l'ITALIEN elle a conservé une teinte plus LATINE que notre LANGUE, parce qu'elle s'est peu mélangée des débris des langues d'origine germanique; mais elle est la moins douce des trois, parce qu'elle a reçu de ses communications avec les MAURES l'accent guttural qui lui est particulier. — Les plus anciens traités en espagnol remontent, dit-on, au douzième siècle; mais c'était un patois grossier comme celui de la plupart des peuples sans métropole. — Les termes que la LANGUE MILITAIRE FRANÇAISE a tirés de l'espagnol n'appartiennent en général qu'à des époques peu éloignées, parce que le peuple des ESPAGNES est celui qui, le dernier, a appris à lire et à écrire; aussi son histoire est-elle insignifiante avant Ferdinand et Isabelle. — Avant le règne de CHARLES-QUINT, l'Espagnol n'avait pas produit de traités militaires, et il n'en est même sorti qu'un petit nombre depuis le règne de ce grand prince. Peuple le plus tard instruit, peuple par conséquent le plus moderne, l'Espagnol, après un éclair de virilité, a vu sa caducité succéder presque à son enfance. De là vient que depuis si longtemps sa littérature militaire ne fournit plus rien à celle de l'EUROPE. —Nous citerons cependant ALDERÈTE comme un de ses étymologistes à consulter. — Les expressions qui mettent en rapport avec la Péninsule notre langue sont celles-ci : ARDI, ADARGUE, ADRESSE, ALFIER, ALGARADE, ALTE, ANSPESSADE, ARBALÈTE, ARGANÈTE, ARME A LACS, ARMÉE, ARMET, ARMURE, ARROY, ATTABALE, AVENTURIER, BACINET, BALISTIQUE, BANDON, BARAQUE, BARBACANE, BARDE, BARIL, BARON N° 1, BATAILLE, BATAILLON D'INFANTERIE FRANÇAISE DE LIGNE N° 3, BICOQUE, BISOGNE, BONNET, BOTTE D'ESCRIME, BOTTES, BOULET, BOUTEROLLE, BRAVE, BRICOLE BALISTIQUE, BROQUEL, CABASSET, CADÈNE, CAISSE DE TAMBOUR, CAISSE DE PERCUSSION, CANTINE, CAPARAÇON, CAPORAL D'INFANTERIE FRANÇAISE DE LIGNE N° 2, CARABIN, CARACOLE, CARQUOIS, CASERNE, CASQUE, CASTELAN, CHOC, CIMIER, CLIQUETIS, COFFIN, COL DE MONTAGNES, COLISMARDE, COLONEL, COLONEL D'INFANTERIE FRANÇAISE N° 2, COMBAT A LA MAZZA, CONNÉTABLE N° 2, CONTREBANDE, CONTREMARCHE POLÉMONOMIQUE, CORNETTE, CORRIDOR, CORRIDOR DE FORTERESSE, COUR, DÉBUSQUER, DIANE, DUEL, ÉCUYER, EMBUSCADE, EMPRISE, ÉPÉE, ESCADRON, ESCAMOTTER, ESCOPETTE, ESCOPETIER, ESCOUADE, FANFARE, FANTASSIN, FAUTE, FLÈCHE, FOURNIR, GAIN, GALIOTE, GAMACHE, GÉNÉTAIRE, GENETTE, GOUJAT, GUÉRILLA, HAQUENÉE, HEAUME, INFANTERIE N° 3, INSULTE, JOURNÉE DE GUERRE, JOUTE, LANCE, LANCE FOURNIE, LANCE IDIOPIQUE, LANCER, LAQUAIS, LIEUTENANT DE ROI N° 1, LIMAÇON, MAITRE, MARCHE, MARQUE, MARTINGALE, MASQUE, MASSE, MESTRE DE CAMP N° 2, MILICE ESPAGNOLE N° 2, 9, MINISTRE DE LA GUERRE, MIROIR, MORION, MORTIER, ORDRE,

PALETOT, PARADE DE TROUPE, PARADE D'ESCRIME, PASSER, PAVANE, PAVILLON, PAVOIS, PENNON, PÉTRINAL, PIC GÉOLOGIQUE, PIERRIER, PIONNIER, POIGNARD, QUADRILLE, QUINTANE, RATION, RÉGIMENT, ROBE, ROC, ROCHET, RONDE, ROQUET, ROUPILLE, SACHER, SALADE, SEIGNEUR, SENTINELLE, SERGENT, SOLDAT, SOULIER, TABAR, TAILLE, TAILLE FISCALE, TAMBOUR, TAMBOUR DE BASQUE, TENTE, TRABUCHET, TRAHISON, TRANCHÉE.

LANGUE ÉTRANGÈRE. V. ÉTRANGER. V. OFFICIER DE L'ÉTAT-MAJOR GÉNÉRAL.

LANGUE FLAMANDE. V. BRAIES D'HABILLEMENT. V. BRIN D'ESTOC. V. ENTURE. V. ESPINGARDE. V. FLAMAND, adj. V. FLAQUE D'EAU. V. GAMBESON. V. GANT. V. HACHE. V. HUGUE. V. LANGUE ALLEMANDE. V. PIQUIER N° 2. V. RISBAN. V. RISBERME. V. TERZE. V. TIR.

LANGUE FRANÇAISE (F), OU LANGUE MILITAIRE FRANÇAISE. Sorte de LANGUE considérée par rapport à l'ARMÉE DE TERRE et aux nomenclatures qui intéressent la PROFESSION DES ARMES. — Des récits entremêlés de fables donnent à croire que, longtemps avant l'ère chrétienne, les GUERRIERS fameux et puissants de la GAULE avaient à leur suite un BARDE pour chanter leurs PROUESSES; il accompagnait sur la MUSETTE ses poésies; un CHEF DE GUERRE traînait après lui un panégyriste à gages, comme les SEIGNEURS ont eu plus tard un CLERC, un CHAPELAIN, un chroniqueur. — Telle est la plus ancienne tradition militaire qui se rapporte à la Langue dont l'idiome FRANÇAIS est en partie provenu ou qu'il a remplacée; cette Langue plus ancienne était-elle CELTIQUE? doit-elle être appelée GAULOISE? La question n'est pas résolue. — Dès les premiers temps historiques, des expressions grecques s'introduisent dans la Langue des GAULOIS par l'intermédiaire des HOMMES DE GUERRE et par les communications avec MARSEILLE, fondée par une colonie grecque. Cette ville phocéenne, l'une des plus importantes de la GAULE, était celle où la BALISTIQUE importée de la GRÈCE était le plus savante. Des Marseillais parlaient également le LATIN, le GREC et le GAULOIS, ce qui leur avait valu le surnom de triglottes, de trilingues; *triglottos, trilinguis,* comme les appellent les GRECS et VARRON. Les sciences, enseignées dans les écoles de MARSEILLE et propagées au loin, se ressentirent partout de l'idiome phocéen. — Les SOLDATS de tous pays que MARSEILLE tenait sur pied en répandirent les termes franco-grecs; de là cette portion du GREC antique, devenu français sans l'intermédiaire du LATIN. — BARRAZAN (1808) est persuadé que le séjour que fit ANNIBAL sur les terres gauloises, et surtout dans l'Aquitaine, nommée plus tard GAULE narbonnaise, jeta plus d'une expression punique dans le CELTE; d'autant que les GAULOIS, qui avaient pris parti dans les ARMÉES CARTHAGINOISES, avaient fini par en parler la langue, comme le remarque et l'affirme POLYBE (150 ans avant J.-C.). — D'autres causes produisirent un effet semblable. M. SISMONDI atteste que des gymnosophistes, des artistes, des traficants s'étaient introduits dans les GAULES à la suite des Césars BYZANTINS et de leurs nomades ARMÉES. L'histoire témoigne que quantité de GÉSATES et de GAULOIS allaient servir en Attique, en MACÉDOINE, en ORIENT; les soldats congédiés en rapportaient dans leur patrie un langage mêlé. De là plus d'un reflet du grec moderne dans le français du MOYEN AGE. — Rien n'ayant été écrit en GAULOIS ni en CELTIQUE, puisqu'on ne connaissait dans la Gaule, comme l'atteste CÉSAR, que la calligraphie grecque, il ne nous a été rien transmis qui témoigne s'il y avait des nuances entre le GAULOIS et le CELTIQUE; tout souvenir de ces dialectes s'est effacé quand la LANGUE ROMANE leur a succédé dans l'ancienne GAULE celtique. — Voltaire affirme que les désignations des objets d'un usage journalier et que le mode de dénomination des parties du corps humain sont CELTIQUES. On conjecture que la plupart des monosyllabes français sont ou GAULOIS, ou CELTIQUES, ou puniques; car il y en a peu qui aient leurs analogues dans les idiomes primitifs et savants dont il reste des monuments écrits. Quelques-uns cependant de ces monosyllabes que mentionne M. ALLOU (1828) ont été des abréviations du LATIN, parce que l'idiome gaulois avait surtout le caractère de la brièveté. — L'irruption des ROMAINS et leurs colonisations pendant le cours de plusieurs siècles enracinèrent sur le sol conquis le LATIN; cette LANGUE reçut elle-même de cette circonstance quantité de termes indigènes qui s'y amalgamèrent. — Les FRANCS, vainqueurs à leur tour, au lieu de rien fonder, ne jetèrent d'abord que des camps de passage. S'ils continuèrent à communiquer entre eux au moyen du SAXON, ils furent obligés d'employer, comme langue légale et religieuse, le LATIN; il était parlé, sous la PREMIÈRE RACE, par les dominateurs et les tributaires, ou au moins par les personnages d'un ordre élevé. — Vers le tiers du neuvième siècle le peuple FRANC, suivant l'opinion de M. SISMONDI, commence à devenir le peuple FRANÇAIS; c'est alors que les anciens GAULOIS prennent le nom LATIN *Franci* et donnent à leur patrie le nom de *Francia*. Jusque-là on n'avait appelé *Franci* que les habitants des GAULES parlant le franco-teuton et les HOMMES DE GUERRE des colonies franques ou teutones implantées en Neustrie et en Aquitaine par CHARLEMAGNE. — Sous la SECONDE RACE, la partie méridionale de la FRANCE, PARIS et les provinces circonvoisines, commencent à plaider en LANGUE ROMANE, les uns en LANGUE D'OC, les autres en LANGUE D'OYL; les tribunaux du nord de la FRANCE continuent à employer le TEUTON. — Ces plaidoiries tudesques rappellent le temps où la GAULE wallone et les Saliens avaient TOURNAY pour capitale. Cette GAULE, berceau de la FRANCE, parlait le walesche ou le velche, dont VOLTAIRE s'est tant moqué pour persifler ceux qui invoquent les coutumes de nos pères. — Les Gallons, Gualons, Wallrins, Walons ou WALLONS, c'est-à-dire les hommes de la vallée ou des pays bas, avaient un dialecte dont le fond TEUTON avait admis du GAULOIS, mais peu de LATIN; la LANGUE D'OYL et le patois néerlandais, quoique si différents, en sont l'un et l'autre sortis, l'une y résumant ce qui y était dé souche septentrionale, l'autre ce qui y était de souche méridionale. — Quand, du Tournaisis, les conquérants de race franque se furent étendus jusqu'à la Loire et jusqu'à l'Ebre, ils semèrent le pays de colonies plusieurs fois renouvelées et détruites depuis CLOVIS jusqu'à CHARLEMAGNE, quoique les princes eussent maintes fois essayé d'en entretenir la race et d'en rajeunir le sang. Si ces races y eussent conquis pour leur lignée l'indigénat, l'allemand prenait racine; il eût effacé le latin et repoussé le roman comme un jargon de serfs. — Dès le temps de CHARLES MARTEL, comme le témoigne M. SISMONDI, les habitants de ces provinces, fiers de leur langage natal, appelaient barbare tout ce qui parlait teuton. — CHARLEMAGNE, qu'on qualifie de roi français, quoiqu'il fut en réalité roi d'AUSTRASIE, c'est-à-dire d'ALLEMAGNE, ne recrutait qu'en SAXE ses ARMÉES, fut douze ans sans mettre le pied sur le sol de la FRANCE actuelle, et regardait la plus grande partie de ce territoire comme un désert qui bordait ses Etats. Si la lignée de ce prince eût continué à résider sur le Rhin, nous parlerions allemand; mais le contraire arriva, les possessions d'outre-Rhin échappèrent à ses successeurs, la cour se rapprocha de la Neustrie ou BOURGOGNE, et le ROMAN méridional s'infusa légèrement de cette LANGUE D'OYL que la cour importait en se déplaçant. Ainsi l'idiome du grand CHARLES fut répudié et relégué sur les frontières du Nord par ses descendants, et surtout par la TROISIÈME RACE. — Pourtant plus d'un vestige de l'ALLEMAND a survécu; on le retrouve dans les termes qui rappellent les usages des FRANCS, et réciproquement les locutions qu'ils empruntèrent du sol conquis sont imprégnées de gaulois et de latin. Ces différences d'origine sont caractéristiques de notre Langue, où les germanismes sont en minorité, mais où le saxon se retrouve dans des termes d'une antiquité évidente et d'une importance capitale, tels que antrustion et leude, francisque et guerre, féodalité et ordalie, haubert et maréchal, etc., etc. — Au milieu du neuvième siècle, l'amalgame grossier du vieux langage des indigènes et de leurs oppresseurs s'adoucissait, et le mélange du teuton, du latin, du roman allait produire, comme le dit Voltaire, l'espagnol, l'italien et le français. Cette dernière Langue se forma le plus tard. Jusqu'au onzième siècle, la langue d'oyl ou langue thioise régnait de Tournay à Lyon; au delà de cette dernière ville le roman provençal avait cours. Cette assertion, du reste, est contredite dans l'*Encyclopédie du dix-neuvième siècle*, au mot *Age*. — En 987, dit M. Sismondi, *le latin était encore la Langue de l'Eglise et de la loi; l'allemand, la Langue des rois et peut-être de l'armée; mais le français était la Langue du peuple.* — Le roman commençait à se changer en français, au dire de l'Encyclopédie (1751 , C, au mot *Français*); c'est l'époque où paraissait la production romanesque de Philomena, composée en langue romane, et qui différait peu du langage des lois normandes. — Au commencement du douzième siècle, sous Louis le Gros, le français, suivant M. Sismondi, avait *pris de la souplesse et de l'élégance.* — Ce français, pourtant, n'était que du grossier roman, et les prédications rocailleuses de saint Bernard, vers 1137, peuvent être rangées parmi les premiers essais de la Langue proprement française. — La langue romane du Nord, portée en Angleterre par Guillaume le Conquérant, y est parlée depuis le onzième siècle jusqu'au milieu du quatorzième. Ce n'est qu'à cette époque, suivant M. Allou (1828), dont le sentiment diffère des opinions qui viennent d'être rapportées, que le roi de France et sa cour firent de la langue d'oyl la Langue française proprement dite. — Edouard trois, en 1562, proscrivit l'idiome de nos pères et défendit de publier en français aucun acte du gouvernement anglais; il montra en cela plus d'orgueil que d'habileté et de raison. C'était un novateur rétrograde comme ceux qui proscrivaient naguère le français en Belgique. Si Edouard n'eût pas pris cette détermination, dictée par une gloriole étroite, par un patriotisme de marguillier, l'Amérique du Nord, les Indes occi-

dentales, l'Inde britannique, l'Australie parleraient français; le bienfait d'une Langue universelle se serait en grande partie réalisé. — Cette phase historique, cette communauté de grammaire anglaise et française qui a duré trois cents ans, ont donné à l'anglais la teinte française, qui ne s'effacera jamais de son langage militaire; elles ont jeté dans notre dialecte le peu de mots militaires anglais qui s'y sont naturalisés, parce que, pendant la guerre de la succession de France, les enfants de la Grande-Bretagne, devenus en quelque sorte les condottieri des aventuriers de nos principales provinces, étaient nos précepteurs en fait d'art militaire, qu'ils nous enseignaient en nous battant. Nous verrons que plus tard les expressions militaires de l'art moderne français ont dominé le jargon des trois royaumes, et que la Grande-Bretagne, devenue en cela imitatrice, a cessé de rien fournir aux locutions de nos troupes; à son tour il lui a fallu emprunter. — Mais reprenons l'ordre historique. — Un fragment de charte de l'an 940, les assises de Jérusalem, les constitutions du Châtelet, les coutumes données au Beauvoisis en 1120 par Louis six, les establissements de saint Louis sont regardés comme les plus anciens monuments ou titres législatifs de la Langue française; mais tout ce qui est antérieur au onzième siècle n'est encore que du roman. Les premières poésies qu'on pourrait appeler françaises ne prennent naissance qu'à cette époque, et il n'est mis au jour de la prose lisible que depuis la fin du douzième siècle. — Il y avait plus de cent ans déjà que l'italien était classique quand le français sortait du berceau; cette priorité veut être remarquée; elle sert à éclaircir plus d'un doute et à témoigner de quel pays telles ou telles racines étymologiques de termes militaires sont natives. — Velly prétend que sous le règne de Louis sept, vers 1180, *les poëtes français qui écrivirent en roman prirent naissance.* Il serait plus exact de dire, au contraire, qu'alors les poëtes romans commencèrent à composer en français, et que les trouvères, poëtes de la langue romane du Nord, devinrent les émules des troubadours du Midi. — Depuis Philippe le Bel, les arrêts du parlement furent minutés en latin; mais on y plaidait indifféremment ou en français ou en latin. — La haute classe parlait le latin barbare, la classe inférieure parlait français. — Dès le règne de Louis neuf, le français était devenu, en d'autres pays, un langage d'élégance et de mode. Ginguené (t. i, p. 584) cite un manuscrit de l'histoire de Venise qui va jusqu'en 1725; il est écrit en français par un certain Martin de Canale, qui justifie la préférence qu'il a donnée à cette Langue par la déclaration que voici : *pour ce que la Langue françoise cort* (court) *parmy li monde, et est la plus délitable* (délectable) *à lire et à oir* (écouter) *que nulle auftre.* — Jusqu'aux treizième et quatorzième siècles le royaume comprenait encore deux grandes divisions de dialectes et de territoire; c'était la LANGUE D'OYL et la LANGUE D'OC. DUCANGE dit (au mot *Linguæ*) que la dernière syllabe de ces deux expressions signifiait également *oui* dans chacune des deux parties de la FRANCE; voilà pourquoi VOLTAIRE (*Histoire des parlements*) appelle LANGUE DE OUI la LANGUE D'OYL. — Cette distinction des LANGUES D'OC et de OUI s'était maintenue jusqu'au temps de CHARLES SEPT. L'appui que ce prince trouvait dans les pays des langues de oc était en partie le fruit de la rivalité entre ces contrées et celles de la langue de oui. Les lois de ces deux parties du royaume ne différaient pas moins que leur parler; les coutumes féodales des FRANCS régnaient d'un côté et sur eux et sur l'HABITANT indigène; le droit romain était reçu de l'autre côté et y régissait l'ancien peuple. — Les VISIGOTHS ayant occupé la GAULE narbonnaise et l'ESPAGNE, les BOURGUIGNONS s'étant répandus dans la partie orientale des GAULES, les FRANCS saliens ayant conquis le surplus de la contrée, on en peut induire que si le dialecte de ces diverses tribus germaines différait, la LANGUE D'OC tenait davantage du parler latinisé des VISIGOTHS, et que la LANGUE D'OYL était plus en rapport avec les expressions que les BOURGUIGNONS et les FRANCS introduisirent dans le GAULOIS. — Malgré les renseignements donnés par le savant DUCANGE, malgré les lumières que VOLTAIRE et HALLAM cherchent à jeter sur ce sujet, quantité de points en restent obscurs. — Dans le cours du treizième siècle, les CROISADES dégrossissent le ROMAN et répandent le français dans une partie de la GRÈCE et de l'ORIENT. — Les actes authentiques du quatorzième siècle qui nous sont parvenus ne sont rédigés qu'en LANGUE LATINE ou en français participant de la LANGUE D'OC; la LANGUE D'OYL n'était donc qu'un patois d'hommes illettrés. — Les actes revêtus du sceau royal s'expédiaient en LATIN; mais les officiers publics, tels que clercs, tabellions, greffiers, etc., se servaient de la Langue du pays ou de celle qu'ils savaient. — Il y a cette distinction à faire, que le ROMAN avait succédé au bas LATIN, et que c'était le LATIN barbare qui était employé dans les siècles plus modernes

comme auxiliaire du français naissant; ainsi nous ne confondrons pas le bas LATIN et le LATIN barbare. — LOUIS DOUZE avait permis l'usage dés patois dans les actes notariés; mais en vertu de son ordonnance de 1512, la Langue française, *uniquement et exclusivement à toute autre,* dut y être employée. Ces dispositions furent confirmées par les ORDONNANCES DE FRANÇOIS PREMIER en 1529, 1532, 1539 (août). Ce dernier rescrit en fit la Langue légale et obligée; le français devint d'un usage général dans le royaume. La cour des Valois fit ainsi prévaloir la LANGUE D'OYL. — RABELAIS, mais surtout AMYOT, MAROT père et fils et MONTAIGNE donnèrent la vie à la Langue française, que MÉNAGE, l'ACADÉMIE et les TRAITÉS DE WESTPHALIE et de NIMÈGUE rendirent européenne en la polissant. Ces détails, qui semblent étrangers au sujet qui nous occupe, étaient d'une étude indispensable pour comprendre les nomenclatures militaires usitées aux époques diverses. — HENRI ESTIENNE (1579, 1585) s'indigne de ce que l'ART MILITAIRE de FRANCE ait emprunté tant de mots à l'ITALIEN, comme si les FRANÇAIS, dit-il, n'avaient pas la supériorité, dans la SCIENCE DES ARMES, sur toutes les autres nations. En cela, Estienne se montre grammairien patriote plus qu'historien éclairé; chaque Langue a versé dans la nôtre ce que l'état des diverses connaissances locales et le développement des sciences contemporaines nous obligeaient à admettre; ces locutions étrangères ont été par nous restituées françaises à l'EUROPE, qui se résignait à recevoir modifié ce qui nous venait d'elle. — Il était inévitable que l'ARMÉE reçût de l'ITALIEN le scientifique du langage et les noms appliqués aux inventions italiques; il lui fallait tirer du GREC et du LATIN les expressions de TACTIQUE, de l'ALLEMAND les choses d'ORGANISATION primitive, de l'ESPAGNOL le style des cavalcadours et de l'ESCRIME; il eût été impossible de rien demander à la PRUSSE et à la RUSSIE, qu'on ne connaissait qu'à peine. A chacun sa part de gloire en fait de découvertes; les Langues en sont la constatation. On en aurait la preuve si l'histoire des mots n'était à faire. — La simplicité de la contexture du français, la régularité de sa phraséologie laissent loin de notre Langue l'ALLEMAND, le GREC, le LATIN. Suivant GANEAU (au mot *Français*), l'HÉBREU seul partage cette clarté qui n'exprime rigoureusement les idées que dans l'ordre où elles se présentent à l'esprit. Le français est la Langue qui en rappelle le plus la syntaxe. — Notre Langue est de genre analogue, suivant l'expression de l'abbé Girard et de l'ENCYCLOPÉDIE

(1751, C , au mot *Langue*) ; elle est ainsi l'opposé du genre des Langues interpositives ou à construction libre. Elle doit ce nom d'analogue à sa construction analytique et non arbitraire, à l'emploi des articles, à l'indéclinabilité des substantifs; elle participe ainsi des Langues espagnole, italienne, anglaise; mais elle a sur elles l'avantage d'interdire les inversions, et, de toutes, elle est la plus enchaînée dans sa contexture, la plus ennemie de l'enflure. Elle diffère du latin, du grec et de l'allemand, qui sont Langues interpositives; mais elle a plus d'analogie avec le grec. *La clarté en est la base*, a dit Rivarol ; *ce qui n'est pas clair n'est pas français; ce qui n'est pas clair est encore* anglais, italien, grec *ou* latin. — Répétons ici qu'on accusera peut-être l'exposé qui vient d'être tracé de s'écarter de notre sujet; mais cet aperçu est lié à l'étude des choses de la guerre. Le langage des troupes a éprouvé, de siècle en siècle, des révolutions qui se rattachent aux événements résumés plus haut. On n'étudie pas assez ces modifications et leurs causes; aussi, dans les définitions qu'on ébauche, on s'égare souvent. Combien de savants se déclarent inhabiles à expliquer les noms des machines de guerre des bas siècles et tant d'autres vieux termes, quoique la découverte de leur étymologie n'eût pas dû leur résister? Les études dont nous avons parlé donnent la clef de ces énigmes. — Notre Langue, si on la compare à l'allemand, est dépourvue de mécanisme ; mais, militairement, elle est plus abondante, plus originale. Aussi Frédéric deux, Deligne, Mauvillon, le colonel Butturlin, le P. Charles, le général Lossow, M. le colonel Okouneff, M. le comte de Saluces, M. Wagner (Aug.) l'ont-ils employée de préférence à leur Langue maternelle. Duane, Foerster, Grassy, M. James, M. Reinhold, Rumpf, Simes, Solar, M. Tonichkof, MM. Carbone et Arno, Walther et tant d'autres écrivains n'ont pu se dispenser ou de l'adopter pour la publication de traités scientifiques, ou d'entrecouper d'une multitude de mots français leurs récits, leurs lexicon. Dans l'étranger, tous les catalogues officinaux de bibliographie regorgent de français, et le russe a pris de nous les mots : caserne, chef, commissariat, contre-marche, déployade, déploiement, échelon, échiquier, exercice, général, ordonnance, et mille autres mots. — Dans les écoles militaires de l'Angleterre, de la Russie, de la Prusse, des Etats-Unis, du Danemarck, du Piémont, du Portugal, etc., la Langue française est enseignée comme indispensable aux officiers; elle est mon-

trée même aux sous-officiers hessois et wurtembergeois ; elle est la Langue des évolutions à Lahore. Mais son crédit a décru en diplomatie depuis 1814 ; les chancelleries qui la cultivaient ne l'ont plus regardée comme exclusive, et la Néerlande elle-même avait élevé la prétention, heureusement repoussée, d'appliquer son patois barbare aux communications officielles avec le ministère de France. — Il est à regretter, il est sans remède, que les ministres de la guerre n'aient pas osé emprunter à la tactique grecque sa langue, dont Robinson nous retrace toute la richesse ; notre tactique et notre langue y eussent merveilleusement gagné. — Considérée techniquement, la langue militaire a tiré beaucoup du latin et de l'italien, moins de l'allemand, quelque chose de l'espagnol, peu du hollandais ; elle a repris de l'anglais certains mots qu'elle lui avait prêtés ; elle a laissé se perdre quantité de termes qui revivent dans le blason. Elle a tiré quelques images de la chasse a courre, de la fauconnerie, tels que : abois, ameuter des recrues, déboucher, donner le change, embuscade, éventer, faire tête, fondre, forcer, gibecière, prendre le change, se rendre. — La Langue des troupes de terre a emprunté à la marine les locutions : aborder, amiral, ange, arborer, armée, armoiries, arrivée, arsenal, au large, bastingue, berche, bidon, biscuit, bordée, bouclier, brulot, consigne, convoi, diane, division d'armée, en panne, flamme a hampe, flibustier, galère, gargousse, manœuvre, paletot, pavillon. — L'ensemble des locutions qu'elle a empruntées, amalgamées, imaginées, a eu force de loi coutumière pour les Etats voisins depuis le règne de Louis quatorze. Guibert a dit (1773, E, t. 1er, p. 156) : *L'Europe militaire voudrait en vain désavouer que les armées et les documents de la France lui ont donné le ton pendant plus d'un siècle, tous les termes techniques de l'art de la guerre tirés de notre Langue déposeraient contre elle.* — Faut-il citer en preuve les mots armée, discipline, soldat, etc., etc., qui, par l'intermédiaire du français, sont passés de l'italien dans l'allemand, et sont dans la bouche de toutes les nations. — Les emprunts que la Langue militaire française a faits, s'expliquent par la priorité des règles établies dans l'armée de mer, quand les hommes de terre étaient encore dans la barbarie; par l'habileté italienne, dans les sciences exactes, au temps de la renaissance ; par l'émulation guerrière des villes souveraines de la Péninsule qui fournissaient à la France les artisans qui y tiraient le canon et y construisaient les fortifications; par la prépondérance dont jouissait l'infanterie de Charles-Quint quand nous ne combattions qu'à l'aide d'infanterie étrangère; par la fréquentation de nos ancêtres avec les Italiens et les Espagnols durant les expéditions qui, pendant trois règnes, ont promené des armées françaises des Alpes aux Apennins, à l'Etna, au Vésuve. — L'espèce de monopole que la Langue française s'est attribué s'explique, se justifie par l'influence que notre chevalerie a exercée, par l'homogénéité du royaume et la longue durée de la royauté, par l'éclat des conquêtes et le nombre des grands généraux de Louis quatorze, par la quantité d'écrits importants qui ont paru depuis ce monarque. Ainsi la France est devenue le centre de la polémique militaire, et nos aïeux se sont rendus les truchements accrédités entre le Midi et le Nord. — Mais l'insouciance que le ministère de la guerre a mis à créer des mots nouveaux, alors que des inventions nouvelles l'exigeaient; mais cette pusillanimité des écrivains, appréhendant d'être accusés de néologisme et torturant, pour s'y soustraire, des analogues prolixes ou faux, ont semé d'obscurités le langage de la science des armes. De peur de n'être pas compris des contemporains, nos professeurs n'ont produit que des écrits qui, vieux de cinquante ans, deviennent incompréhensibles pour le lecteur. — Aucun auteur purement militaire ne s'est livré aux recherches qui viennent de nous occuper; mais quantité de traités embrassent d'une manière générale ou relative le sujet, tels sont: l'*Histoire littéraire de France*, in-4° (t. xii); le *Discours sur les révolutions de la Langue française*, que la Ravalière a mis en tête des poésies de Thibaut, roi de Navarre; M. Monteil (t. vi, p. 1); la préface du *Dictionnaire* de M. Morin; Rivarol (*De l'universalité de la Langue française*), in-8°, Berlin, 1784; Schwab (*Dissertation sur la Langue française*), in-8°, Paris, 1803, et M. Allou, etc., etc. On peut aussi recourir aux lexicologues cités au mot *Dictionnaire*, et aux étymologistes ou grammairiens que voici : Académie (Dictionnaire de l'), Aldereste, Bacon-Tacon, Baïf, Bardazan, Bernières, Bochard, Borel (Pierre), Bouhours, Bourdelot, Bullet, Carpentier, Caseneuve, Champollion, Covarruvias, Davelouet, Dedrieux, Desbrosses, Dessauvages, Ducange, Duclos, Encyclopédie (1751, C, au mot *François*), Estafier, Fauchet, Fontanier, Furetière, Ganeau, Gébelin, Henri (Étienne). Huet, Isidore, Jault, Jean-François (dom), Johnson, Juste Lipse, Ké-

ralio, Laude, Lacombe, Lacurne, Latour d'Auvergne, Lebrigant, Leduchat, Lenglet, Lindenbrog, Ménage, Monet, Montignot, Morin, Nicot, Pasquier, Pezron, Pithou, Pougens, Ragueau, Ramus, Roquefort, Rostrenen, Saumaise, Scaliger, Skinner, Spelman, Vossius, Wachter. — Après avoir traité des sources, de l'utilité, de la prééminence actuelle ou précellence, comme dit Estienne, de la Langue militaire française, examinons de plus près en quoi elle peut mériter la louange ou encourir le blâme. — Sa partie pittoresque, imitative, a été assez riche pour fournir aux emprunts fréquents que lui font la tribune, le barreau, la chaire, la Langue vulgaire; ainsi, ce sont des locutions toutes de ce genre que celles-ci : abandonner un parti, aborder une question, affronter un adversaire, s'aguerrir contre la flatterie, arborer des couleurs, avoir des vues, s'armer de courage, arriver de but en blanc, être assailli de regrets, être assiégé d'importuns, battre un orateur, blesser les mœurs, demander quartier, faire brèche à une réputation, se faire chef de file, être en guerre ouverte, être en garde dans la société, faire tête à une difficulté, se gendarmer, jeter le gant, lever le masque, lever l'étendard, marcher de front, mener de front, partir en avant-coureur, payer de sa personne, prendre carrière, prendre feu, prendre garde, mordre la poussière, repousser une insinuation, riposter à une attaque, rompre en visière, saper une réputation, se décider sur-le-champ, se défendre sur le terrain, se jeter hors de ligne, se rendre à l'évidence, se retrancher dans ses aveux, se rompre aux affaires, se tenir en garde dans une affaire, se tenir sur ses gardes, soudoyer un parti, subjuguer les esprits, donner des armes contre soi, tenir une marche oblique, triompher d'un préjugé, vaincre une résistance, se tenir sur le qui vive, venir à composition. — Mais si les belles-lettres et la transcendance des talents français ont imposé notre Langue à l'Europe, si la Langue de nos généraux est mise à contribution par nos orateurs, la Langue militaire de nos soldats est sous le poids de bien des reproches; ses impropriétés, son peu de nuances ont semé de fables l'histoire de l'ancienne chevalerie, parce que nos écrivains ont voulu expliquer ce qu'ils ne comprenaient pas. Notre Langue est restée, même sous Louis quatorze, bien au-dessous de son sujet; elle s'est trouvée inhabile à exprimer sous le règne suivant, et à mesure des changements survenus, les particularités qui se rattachaient à l'uniforme, à l'organisation des armées, à la répartition des gra-

DES, à la forme des LEVÉES. Les premiers DICTIONNAIRES dataient à peine de trois siècles, et leur publication, au lieu de porter fruit pour les militaires, empêcha que des expressions neuves s'adaptassent aux idées nouvelles. Jusque-là le moindre heaumier, à qui l'on commandait un CASQUE d'une forme inaccoutumée, créait le nom de la pièce d'armure dont il devenait le créateur; l'appellation équivalait à un brevet d'invention. Depuis qu'il y eut des DICTIONNAIRES, la SCIENCE qui en profita le moins fut celle des armes, et, quoiqu'ayant pris une face nouvelle sous le grand roi, elle est restée pourtant la plus dépourvue d'ÉCRIVAINS spéciaux; c'est une autre et puissante cause des imperfections que nous signalons. — Sous ce monarque les ACADÉMIES voient le jour, mais la Langue vulgaire ne tire pas de leurs vocabulaires le fruit qu'on en devait attendre; les intérêts de l'ARMÉE y sont entièrement oubliés, on croirait ces recueils composés pour un pays sans soldats, ou pour des soldats sans lumières et sans officiers. — Nos académiciens, longtemps persuadés qu'il fallait faire leur cour aux hommes de la cour, en ont emprunté le langage musqué; en le légalisant, ils ont corrompu l'idiome national et détourné de leur acception vraie quantité d'expressions. Se conformer aux belles manières était le but et l'excuse de l'aréopage, qui se faisait l'écho de quelques fats de Versailles. Par là, les quarante courtisans ont semé d'obscurités l'étude des étymologies, et s'en sont eux-mêmes si peu occupés qu'ils se sont bornés presque à dire que *disparate* venait de l'espagnol. Leurs continuateurs ont jugé trop difficile et ont négligé la recherche des racines; nos contemporains de l'Institut ont trouvé commode de frapper de ridicule cette étude, et ils la passent sous silence dans leur nouveau DICTIONNAIRE. —Tandis que la cour efféminait ou estropiait le langage, sa virilité se réfugia dans le parler des campagnes et des SOLDATS, la pureté des traditions y est devenue rudesse et grossièreté. Les villageois, les SOUDOYERS conservaient, les citadins innovaient; ceux-ci arrachaient de leurs racines les mots que les autres laissaient intacts, et qu'ils redisent encore au grand préjudice de nos oreilles puristes. Ainsi, AMMUNITION, COUTIAU, CORONEL, CORPORAL, SOUDART étaient corrects, quand MUNITION, CAPORAL, COLONEL, COUTEAU et SOLDAT étaient des innovations défectueuses et d'élégants barbarismes. Et pourtant l'injustice de l'opinion attribue aux hommes des champs les incorrections de langage, dont l'altération ne vient nullement de leur fait. — Le bon

sens populaire court au simple; de là, BRIQUET admis comme SABRE, la loquacité des bureaux n'ose pas préciser; de là, SABRE-POIGNARD, qui n'est ni un SABRE, ni un POIGNARD. — De même l'allemand de Strasbourg, pour lequel la Saxe professe un si hautain mépris, était l'allemand dont s'étaient occupés César et Tacite, et que parlait Charlemagne. — Peu d'AUTEURS ont entrevu ou du moins dénoncé cette dépravation du langage académique et ministériel, parce qu'il faut, pour en être frappé, s'être occupé du patois des hameaux et des camps, de l'idiome comparé des provinces et du génie des Langues des bas siècles, dont le français est sorti. Or, ces études n'ont ni rudiment, ni professeurs, ni récompenses. — Donnons quelques exemples des transformations vicieuses empreintes d'un cachet légal. — Le mot PENNACHE, si longtemps usité, était un produit indirect du LATIN *penna*, et une dérivation immédiate de l'ITALIEN *pennachio*. Les historiens incorrects de HENRI QUATRE ont parlé du PANACHE qu'il portait à IVRY. Cette circonstance a suffi peut-être pour que PENNACHE s'effaçât. —RAMPAR, racine du verbe RAMPARER, se rapportait au substantif RAMPE; on a brisé leurs rapports en écrivant REMPART. — ARMAIRE, dépôt d'ARMES, s'est corrompu en ARMOIRE. — Pétrine, qui avait donné à l'arme nommée PÉTRINAL le nom qui lui est resté, dérivait du latin *pectora*; il a pris l'orthographe défectueuse poitrine, et a rompu par là avec les mots pétrin, pétrir, qui lui appartiennent. — Le substantif SOLERET et ses nombreux synonymes signifiaient enveloppe de la sole ou de la plante du pied; c'est cependant le terme corrompu SOULIER qui est resté français. — Les plus vieux AUTEURS disaient TRABUCHER, trabuchier, tomber, se renverser, comme le faisait la MACHINE DE GUERRE nommée TRABUCHET, TRABUCCHIER: les académiciens ont préféré la vicieuse orthographe trébucher; de déclique, qui se rapportait à cliquète et à cliquetis, ils ont fait déclin. — Combien d'autres imperfections ne signalerait-on pas? Nos ACADÉMIES nous ont-elles appris d'où viennent les substantifs casier, catogan, douve, GIBERNE, GLACIS, SALON, morion, et l'adjectif GAUCHE, substitué, on ne sait pourquoi, depuis un siècle à peine, à l'adjectif senestre, resté dans le blason. Le mot GAUCHE viendrait, suivant BOREL (Pierre) et GANEAU, du vieux verbe guenicher, se détourner, tourner, éviter; de là le verbe gaucher. Elles nous ont laissé ignorer lequel des deux dialectes d'oc ou d'oyl a le premier prononcé les syllabes ca, ce, ci, etc., ou cha, che, chi, etc., lequel est primitif de

CHENAL ou de CANAL, de CHEVALIER ou de CA-VALIER, de CAPE ou de CHAPE. A l'égard les uns des autres, ces substantifs sont-ils des variantes ou des corruptions? Ces éclaircissements fixeraient le vrai sens à attacher à des termes restés confus, et aideraient à résoudre une question importante et épineuse, comme on le verra aux éclaircissements donnés au sujet de la LANGUE ROMANE. — Le dépérissement de la Langue des armes est sensible pour qui étudie les règles vieilles de moins d'un siècle; le texte des ordonnances de manœuvres, promulguées il y a soixante ou quatre-vingts ans, est une Langue morte dont il ne reste ni vocabulaire, ni interprètes. Il faut deviner par analogie; mais si l'on remonte à quelques siècles, l'obscurité ne peut plus se dissiper. Ainsi, l'ÉCU était une évolution probablement de forme analogue à un ÉCU, soit d'armure, soit d'armoiries, soit de monnaie. Ceux qui supposeront qu'il s'agit de l'écu monnayé imagineront un ordre tactique de forme ronde; ceux qui penseront à l'écu héraldique le jugeront parallélogramme, ayant en pointe le milieu d'une de ses faces; ceux qui songeront à l'écu défensif auront à choisir entre le triangle, le croissant, le lozange; de telles questions sont le triomphe de l'équivoque. — La Langue militaire de l'Europe est de toutes pièces; c'est une pastiche composée surtout aux dépens de la FRANCE. La Langue militaire de FRANCE est, en mainte occasion, stérile, de temps en temps prolixe, quelquefois triviale, souvent ambiguë, obscure, incorrecte, parce que le MINISTÈRE DE LA GUERRE est resté entièrement indifférent à sa formation, à ses constructions, à ses allures.— Nous allons dénoncer ce qu'elle a de confus, de bizarre, de vague, de faux, de contradictoire et de louche, vices inévitables dans un pays où le MINISTÈRE laisse au SOLDAT le soin de composer et le droit d'altérer son parler. — La Langue française, comme le disait VOLTAIRE, *est une gueuse fière, il faut lui faire l'aumône malgré elle.* — Mais dans l'ARMÉE il y a peu de riches disposés à cette libéralité. Le haro, qui poursuit avec raison le néologisme, s'opposera longtemps à ce que les lacunes des mots soient comblées; quelques emprunts pourtant seraient utilement faits à l'ancienne MILICE GRECQUE; des hellénistes habiles l'ont essayé. Nous avons eu recours, par esprit de classification, au petit nombre de mots qu'ils ont créés. — L'ART MILITAIRE se perfectionnera ou par des innovations ou par les améliorations des découvertes anciennes. Dans le premier cas, si les innovations ne sont pas caractérisées par des expressions mères, comment se tenir au courant de la science? Dans le second cas, s'il n'y a que développement des coutumes admises, se contentera-t-on de peindre les modifications par des périphrases, quand déjà on a épuisé la ressource des homonymes, des adjectifs, des génitifs? — Une ACADÉMIE militaire pourrait seule remédier à ces imperfections, ne plus tolérer de verbes dépourvus de substantifs et d'adjectifs, puisqu'il n'y a, en grammaire, ni action sans substance ou substantif, ni substance sans action; enfin, ne plus laisser vagabonder *la gueuse fière,* enlaidie par son costume plein de trous et de taches. — Quelques mots ont été créés *ad hoc,* tels que CARONNADE, CONGRÈVE, QUATIDIAIRE, TRAIN, TIERCEMENT; ils sont à peu près l'unique produit, la misérable conquête d'un siècle entier, et pourtant mille autres termes auraient dû répondre à mille autres idées toutes neuves. Mais les COMMIS DE LA GUERRE ont fait abus de mots composés; au lieu d'en chercher de simples, ils ont conservé, reproduit même ceux qui étaient viciés par l'homonymie. Ainsi ils redisent sans les éclaircir : ARMÉE, BRIGADE, CHARGE, CHEF, DIVISION, GÉNÉRAL, MAJOR, MARÉCHAL, etc. Ils ont introduit quantité de verbes qui n'avaient pas de substantifs, tels que : ALLER AUX DRAPEAUX, APPOINTER DE SERVICE, ARRÊTER LA COLONNE, SE METTRE EN BATAILLE, REMETTRE LA BAIONNETTE, SERRER EN MASSE, ROMPRE, FAIRE FACE, MARQUER OU DRESSER LE CAMP, MARQUER LE PAS, PASSER DE L'ORDRE EN COLONNE A L'ORDRE EN BATAILLE, PRÉSENTER LES ARMES, METTRE LES ARMES A TERRE, SE REFORMER, REPOUSSER L'ENNEMI, SE REPLIER, SE REPOSER SUR LES ARMES, SE RETRANCHER, SE TENIR EN GARDE, SE TENIR SUR SES GARDES. — *La Langue de l'art militaire,* dit LESSAC (1785, A), *doit toujours tendre à abréger.* —En effet, abréger c'est éclaircir; mais le système contraire semble régner. De vaines querelles au sujet de l'ORDRE MINCE et de l'ORDRE PROFOND n'ont duré un demi-siècle, avec un caractère si passionné, que par suite des équivoques de la Langue et de sa stérilité. Le mal de l'autre siècle est encore la plaie de celui-ci; l'imperfection de la Langue et de la LÉGISLATION ont réciproquement réagi l'une sur l'autre. Darut (1789) en fournit les preuves dans ce qu'il dit au sujet de l'influence fâcheuse des mots mal expliqués, tels que ceux de MARÉCHAL DE CAMP, MARÉCHAL DES LOGIS, etc.—La Langue des ARMES est un fruit du hasard, un enfant de parents inconnus; le raisonnement et la logique lui ont peu tendu la main. — On dit GARDE DU CAMP et NON DE CAMP, MARÉCHAL DE CAMP et NON du camp, école de peloton et école du soldat, etc. — On a créé des ADJUDANTS COMMANDANTS qui n'étaient ni adjudants, ni commandants; des COMPAGNIES et des RÉGIMENTS DE VOLTIGEURS qui n'ont jamais exécuté de voltige; des RÉGIMENTS DE FLANQUEURS qui n'ont rien flanqué; des VÉLITES, qui n'ont de commun avec leurs devanciers que le nom; des CORNETS qui étaient des instruments d'une autre espèce; des CLAIRONS qui sont des trompettes à clef; des CHEFS DE BRIGADE qui n'en commandaient pas; des CHEFS DE BATAILLON DU GÉNIE qui n'avaient pas de BATAILLON; des MAJORS, qui sont les moins grands parmi les OFFICIERS SUPÉRIEURS; des LIEUTENANTS DE ROI, dont le ROI n'avait jamais entendu prononcer le nom ni vu la figure; des LÉGIONS qui ne se composaient que d'hommes à pied et n'étaient pas des corps de choix; des BATAILLONS DU TRAIN qui ne se composaient que d'HOMMES A CHEVAL; des AIDES DE CAMP, résidant en des VILLES DE GARNISON, dans une cour de prince, sur un BATIMENT DE MER ou aux Invalides; des ADJUDANTS SUPÉRIEURS qui étaient les inférieurs de la MAISON DU SOUVERAIN; des AIDES-MAJORS DE COUR, quoiqu'il n'y eût pas de majors de cour; des MARÉCHAUX DE CAMP, des LIEUTENANTS GÉNÉRAUX porteurs, les uns et les autres, d'un titre inintelligible; des AIDES-MAJORS de RÉGIMENT qui n'aidaient que par exception le MAJOR du régiment; des CARABINIERS SANS CARABINES, etc. — Nous avons prouvé, en parlant des GAGISTES, que les ambiguïtés des expressions compromettent la vie des hommes. Voici une autre preuve du danger des équivoques de la Langue. Un militaire est au SERVICE, son SERVICE dure depuis l'enrôlement jusqu'à la libération; mais ce mot SERVICE a des sens fort différents et signifie aussi durée de vingt-quatre heures de garde. En 1830, l'article 46 du projet du code pénal porte : *Tout militaire qui, pendant le service ou à l'occasion du service, exercerait des voies de fait contre son supérieur, sera puni de mort.* Le rédacteur de cet article a-t-il en vue la durée de l'enrôlement ou le fonctionnement pendant la durée d'une garde? Quel riche cadre pour le bavardage d'un avocat! — Tout verbe, nous disait le savant et profond DARU, devrait se résoudre en deux genres de substantifs qui seraient, l'un passif, l'autre actif. Ainsi, la temporisation est l'action de celui qui temporise; le temporisement serait la position de celui qui a temporisé; l'isolement est l'état de ce qui est isolé; l'isolation serait l'acte qui isole. L'habileté des écrivains, la souplesse du style se passent de ces variétés de substantifs; mais la raison et la logique, en fai-

sant emploi de quantité de verbes, déplorent cette lacune. — Récapitulons les termes à qui nos divers reproches sont spécialement applicables; le lecteur, s'il en fait la recherche, sera à même de constater que ce sont autant de mots accueillis fortuitement, admis sans examen, conservés sans calcul, composés en dépit du bon goût; que les uns sont des contre-sens ou des preuves d'indigence; que les autres sont le produit des caprices soldatesques. L'ensemble de ces censures ne les intéresse pas tous à titre égal, mais il n'y en a pas un qu'une de ces portions de blâme n'atteigne. Les preuves de ces propositions vont ressortir des explications données aux termes : ABANDON, ABSENCE, ACADÉMIE, ACTIVITÉ DE SERVICE, ADJUDANT-COMMANDANT, ADJUDANT DE PLACE, ADJUDANT-MAJOR D'INFANTERIE FRANÇAISE DE LIGNE N° 2, ADMINISTRATION D'ARMÉE, AIDE DE CAMP N° 1, AIDE-MAJOR ACTUEL, AIGRETTE, AILE DROITE, AILETTE, AJUSTER, ALARME, ALLOCATION, AMIRAL, AMORCE, ANNÉE DE SERVICE ORDINAIRE, ANNÉE EFFECTIVE, APPOINTEMENT, ARME, ARMÉE, ARMURE, ARTILLERIE, ARTILLERIE D'ARMEMENT, ARTILLERIE FRANÇAISE, ARTILLERIE IDIOPIQUE, AUMONIER N° 2, AUX CHAMPS, AVANCEMENT, BAS OFFICIER, BATAILLE STRATEUMATIQUE, BATAILLON D'ARTILLERIE A PIED, BATTERIE A BARBETTE, BATTERIE DE CAISSE, BATTERIE D'ARTILLERIE, BATTRE EN RETRAITE, BILLEBAUDE, BIVAC, BLINDE, BOIS ET LUMIÈRES, BONNET DE POLICE, BORDER LA HAIE, BOUCHE A FEU, BRELOQUE, BRIGADE, BRIGADIER DES ARMÉES, BRIQUET, BUT DE TIR, BUT EN BLANC, CABINET D'ARMES, CAMPAGNE, CAMPAGNE DE MER, CANONNIER, CAPITAINE D'INFANTERIE FRANÇAISE DE LIGNE N° 2, CAPONNIÈRE, CARABINE, CARRÉ TACTIQUE, CARTOUCHE, CASERNIER, CASSE, CASTRENSE, CAVALERIE FRANÇAISE N° 2, CENTRE, CHAMP DE BATAILLE, CHANGEMENT DE FRONT, CHAPELAIN, CHARGE DE FUSIL, CHARGE PRÉCIPITÉE, CHASSEUR, CHATIMENT, CHAUFFAGE, CHAUFFAGE EN NATURE, CHEF, CHEF DE BATAILLON, CHEF DE BRIGADE, CHEF DE CORPS, CHEF DE DIVISION, CHEF D'ESCADRON, CHEF D'ÉTAT-MAJOR, CHEF OUVRIER, CHEVAL DE PELOTON, CHEVAU-LÉGER, CHIRURGIEN-MAJOR N° 2, CLAIRON, CLAN, CLERC, CLISE, CLOU DE CHIEN, CODE PÉNAL MILITAIRE, COLLIER DE TAMBOUR, COLONNE SERRÉE, COMBAT SINGULIER, COMMANDANT, COMMANDANT D'ARMES, COMMANDANT DE DIVISION TERRITORIALE N° 1, COMMANDANT DE QUARTIER GÉNÉRAL, COMMANDANT SUPÉRIEUR, COMMANDEMENT VOCAL, COMMISSAIRE DES GUERRES N° 2, COMPAGNIE DE CARABINIERS, COMPAGNIE DE CENTRE, COMPAGNIE D'INFANTERIE FRANÇAISE, COMPAGNIE-ESCADRON, COMPAGNIE FRANCHE, COMTE N° 2, CONCIERGE, CONGÉ, CONGÉ DE SEMESTRE D'OFFICIER, CONGÉDIÉ, CONNÉTABLE N° 1, CONSEIL DE GUERRE, CONSEIL DE

LA GUERRE N° 2, CONSEIL D'ENQUÊTE, CONSEIL PERMANENT N° 1, 2, CONTRE-ÉPAULETTE, CONTREMARCHE TACTIQUE, CONVERSION, CONVOI MILITAIRE, CONVOI POLÉMONOMIQUE, COR IDIOPLIQUE, CORNET IDIOPLIQUE N° 2, CORNETTE IDIOPLIQUE, CORPS D'ARMÉE, CORPS DE GARDE, CORPS D'ÉTAT-MAJOR, CORPS DU GÉNIE, CORVÉE CÉLEUSTIQUE, CRÉNEAU, CROSSE DE FUSIL, DÉCOMPTE, DÉDOUBLEMENT, DÉLIT, DEMI-LUNE, DEMI-BRIGADE, DISPONIBILITÉ, DRAPEAU D'INFANTERIE FRANÇAISE DE LIGNE, DROGUE, DUEL, ÉCHELON, ÉCHIQUIER, ÉCOLE DE SOLDAT, EFFECTIF, EMBRIGADEMENT, EMBUSCADE, ENFANT PERDU N° 3, ENFANT D'HOMME DE TROUPE, ENPELOTONNEMENT, ENSEIGNE IDIOPLIQUE, ENTURE, ÉPAULETTE EN DRAP, ESCADRON FRANÇAIS N° 2, ÉTAT CIVIL, ÉTAT-MAJOR, ÉTAT-MAJOR D'ARTILLERIE, ÉTAT QUATRIDIAIRE, ÉTOILE DE LA LÉGION, EXEMPT IDIOPLIQUE, FACE EN ARRIÈRE EN BATAILLE, FACTIONNAIRE, FEU DE BILLEBAUDE, FONCER, FORCE MILITAIRE, FORCE PUBLIQUE, FORMATION EN BATAILLE, FORMATION EN COLONNE, FORMER LA COLONNE AVEC DISTANCE, FORMER LES DIVISIONS, FORTIFICATION, FOURRAGE ARMÉ, FOURRIER D'INFANTERIE FRANÇAISE DE LIGNE N° 2, FUSÉE DE GUERRE, FUSIL DE DRAGON, FUSIL DE REMPART, GAGISTE, GARDE D'ARME BLANCHE, GARDE DU CORPS N° 3, GARDES FRANÇAISES N° 2, GENDARMERIE DE POLICE N° 1, 2, GÉNÉRAL AU CORPS D'ÉTAT-MAJOR, GÉNÉRAL DE DIVISION N° 2, GIBERNE, GRAINE D'ÉPINARDS, GRAND PRÉVÔT, GRAND SÉNÉCHAL, GROSSE CAVALERIE N° 2, HABILLEMENT, HAUNET, HAUT-LE-PIED, HAUTE PAYE IDIOPLIQUE, HAVRE-SAC, HIÉRARCHIE, HOMME A L'HOPITAL, INFANTERIE N° 3, INFANTERIE DE BATAILLE, INFANTERIE FRANÇAISE N° 7, 10, INFANTERIE FRANCO-SUISSE, INTENDANT MILITAIRE N° 5, INTERVALLE TACTIQUE, JAQUE, JEUNE SOLDAT, LANGUE ANGLAISE, LÉGION D'HONNEUR, LIBÉRATION, LICENCIEMENT, LIEUTENANT, LIEUTENANT-COLONEL N° 1, LIEUTENANT DE ROI N° 1, LIEUTENANT GÉNÉRAL N° 2, LIGNE TACTIQUE, LIT DE CORPS DE GARDE, MACHINE, MAISON DU ROI, MAITRE MAJOR, MATÉRIEL, MANŒUVRE, MARCHE (subs. fém.), MARCHE DE FLANC, MARCHE ROUTE, MARÉCHAL, MARÉCHAL DE FRANCE N° 2, MARÉCHAUSSÉE, MARQUE DISTINCTIVE, MARQUISE, MASSE COMPTABILIAIRE, MASSE DE LINGE ET CHAUSSURE, MASSE D'HABILLEMENT, MASSE TACTIQUE, MESTRE DE CAMP N° 2, MILICE, MILICE AUTRICHIENNE N° 7, MILICE ESPAGNOLE N° 9, MILICE RUSSE N° 6, MILICE SYKE N° 5, MINE A FEU, MINEUR FRANÇAIS, MINISTÈRE DE LA GUERRE, MINISTRE DE LA GUERRE N° 7, 15, MOUCHETER, MOUSQUETON, MUNITIONNAIRE, OFFICIER, OFFICIER DE SANTÉ, OFFICIER D'ÉTAT CIVIL, ORDONNANCE OFFICIELLE, ORDRE DE BATAILLE, ORDRE EN CARRÉ, ORDRE TESSÉRAIRE, ORGANISATION, PAIR DE FRANCE, PALISSADE, PAS REDOUBLÉ, PASSAGE DE LIGNES, PASSAGE D'OBSTACLES, PASSER PAR LES ARMES, PATROUILLE, PAVILLON, PAYE, PELOTON D'INFANTERIE (subs.), PELOTON HORS RANG, PÉNITENCIER, PENNON, PENSION DE RETRAITE, PETITE MONTURE, PISTOLIER, PIVOT D'ARMURERIE, PIVOTEMENT DE TÊTE, PLACE A GARNISON, PLACE D'ARMES, PLACE D'ARMES A FEU, POIGNARD, PORT D'ARMES, PORTE-DRAPEAU N° 1, PORTE-MANTEAU, POSTE AUX LETTRES, POSTE D'HOMMES DE GARDE, POSTE D'HONNEUR, POSTE PÉRIBOLOGIQUE, POSTE STRATEUMATIQUE, PREMIER CÉLEUSTIQUE, PREMIÈRE MISE, PREMIÈRE MISE DE PETIT ÉQUIPEMENT, PRESTATION PÉCUNIAIRE, PRÊT, PRINCE FRANÇAIS, PRISON DE PLACE, PRISONNIER DE GUERRE, PROJECTILE, PROMENADE, PULVÉRIN, QUARTIER, QUARTIER-MAITRE, QUINTANE, QUINZAINE, RALLIER, RANG, RAQUETIER, RAPPORT GÉNÉRAL, RECRUE, RÉGIMENT, RÉGIMENT DE CAVALERIE FRANÇAISE N° 3, RÈGLEMENT, REITRE, RELIEF, REMPART DE FORTERESSE, REMPLACEMENT D'ENRÔLÉ, RETENUE, RETRAITE CÉLEUSTIQUE, REVUE, RICOCHET, ROI DES RIBAUDS, RONDE, ROUT, SABRE, SABRE-POIGNARD, SABRETACHE, SALADE, SAPE, SATELLITE, SAYON, SCHABRAQUE, SCHAKO, SECTION TACTIQUE, SEIGNEUR, SELLE DE CAVALERIE, SENTENCE, SENTINELLE, SERGENT, SERGENT DE BATAILLE, SERGENT GÉNÉRAL, SERVICE, SERVITUDE FORTIFICATOIRE, SIÉGE, SIGNALEMENT, SKEUOPHORE, SOLDE (subs. fém.), SONNERIE, SONNERIE D'INFANTERIE, SOULIER, SOUS-LIEUTENANT N° 6, SOUS-OFFICIER, SPAHI, STRATÉGIE, SUBDIVISION, SUBDIVISION DE COMPAGNIE, TACTIQUE (subs.), THÉORIE, TIERCEMENT, TIR, TIREBALLE, TOURNOI, TRANSCORPORATION.

LANGUE FRANCIQUE. V. FRANCIQUE. V. LANGUE ALLEMANDE.

LANGUE FRANCO-TEUTONE. V. BAN. V. BARON N° 1. V. BLANC. V. BLEU. V. BRAIES D'HABILLEMENT. V. BRIDE. V. CHANT MILITAIRE. V. SÉNÉCHAL. V. FLÈCHE. V. FRANCO-TEUTON. V. GUERRE. V. HAUBERT. V. HÉRAUT. V. LANGUE ALLEMANDE, — ITALIENNE, — LATINE, — ROMANE. V. MARCHE-FRONTIÈRE. V. MARCHER. V. MARÉCHAL. V. MARQUIS. V. NOBLE.

LANGUE FRANQUE ou des FRANCS. V. LANGUE ALLEMANDE.

LANGUE GAULOISE. V. ALANDA. V. ARRIÈRE. V. BARDOCUCULLE. V. BARON N° 1. V. BASSIN. V. BEC. V. BRAIES D'HABILLEMENT. V. BUDGET. V. CARREAU. V. CATERVE. V. CAVALERIE FRANÇAIRE N° 3. V. CHAR DE GUERRE. V. CHEVELURE MILITAIRE. V. COQ. V. COMPAGNON. V. DRAP. V. DRILLE. V. DRONGE. V. ÉPÉE. V. FIEF. V. FLÈCHE EMPOISONNÉE. V. GAULOIS, adj. V. GUISARME. V. HAUBERT. V. LABARUM. V. LANCE. V. LANCE A MAIN. V. LANGUE CELTIQUE, — FRANÇAISE, — ITALIENNE, — ROMANE. V. MARCHE. V. MATRAS. V. MILICE FRANÇAISE N° 6. V. RANG. V. SAYON. V. SPAHI.

LANGUE GRECQUE (F). Sorte de LANGUE que quelques grammairiens ont supposée avoir succédé à l'idiome des CELTES jusque-là parlé dans les contrées que vinrent envahir des peuplades ASIATIQUES, ou à celle des Pélages qui cédèrent la place aux Hellènes. — De tous les dialectes connus, celui des GRECS s'est plié le plus habilement à la démonstration des théories de GUERRE ; il n'y avait pas un instrument, pas une fonction, pas une idée propre à la tactique qui n'y fussent classés sous une dénomination simple et précise. Cette Langue, dit GUISCHARDT (1758, H), donnait des dénominations *à toutes les subdivisions ou unités, à toutes les évolutions, à tous les mouvements.* — Cependant plus d'une obscurité, plus d'une équivoque ont jeté des traducteurs dans le doute ou l'erreur. Ainsi que la LANGUE LATINE, celle des GRECS n'a exprimé que par allégorie et par conséquent avec ambiguïté quantité d'objets. Une brique, une PLINTHE, sont un CARRÉ TACTIQUE ; une TENAILLE d'artisan, un PEPHLEGMENON sont un CROISSANT TACTIQUE ; une pompe à main, un SYPHON, sont une FUSÉE GRÉGEOISE. FOLARD (1727, A) a senti et accusé ces imperfections ; elles sont communes à bien des Langues et faciles à expliquer. Comme ART pratique ou MÉTIER, la guerre est un des plus anciens ; comme ART étudié et écrit, il est un des plus modernes chez toutes les nations ; ce sont, en tout temps et partout, les particuliers, jamais les mandataires des gouvernements, qui professent les premières leçons de la SCIENCE DES ARMES ; de là cette nécessité où ils se trouvent, pour se faire goûter et comprendre, de n'employer que timidement les formules, les allusions, les locutions consacrées dans des théories différentes et déjà admises. Ce que FOLARD disait des anciens, s'applique aux Langues modernes qui, sous le point de vue militaire, ont mis peu de discernement dans leurs fréquents emprunts, et sont infusées de barbarismes. — En nous bornant à des considérations grammaticales ou philologiques, nous comprendrons en un même article, et ce qui a quelque rapport avec la Langue savante de l'Attique, et ce qui se rattache à la LANGUE BYSANTINE, où tant de mots furent un amalgame de LATIN et de GREC ancien. — Au temps d'AUGUSTE, le GREC était parlé assez purement en Provence et en LANGUEDOC ; ceux de l'Aquitaine, suivant saint Jérôme, y étaient habiles. Les premiers Pères de l'Eglise n'employaient pas d'autre Langue ; quantité de médailles GAULOISES portent des légendes grecques ; Irénée second, évêque de Lyon, adressait aux femmes du diocèse ses pastorales en grec ; les actes publics de MARSEILLE se rédigeaient ainsi. — VOLTAIRE s'étonne que cette Langue ait laissé si peu de vestiges dans le FRANÇAIS, puisqu'elle a été bien plus répandue, bien plus Langue savante que le LATIN, comme le témoigne CICÉRON ; mais les invasions d'une longue durée sont la grande cause propagatrice des Langues ; et la nôtre serait fort différente sans doute, si CÉSAR eût commandé des GRECS. Cependant sa contexture, son génie se rapprochent bien plus du grec que du LATIN, et le langage militaire lui a fait de nombreux emprunts. Les usages de la MACÉDOINE et d'ATHÈNES et les coutumes modernes qui s'y rapportent respirent dans les mêmes expressions, et l'on a plié le grec ancien à des objets nouveaux que les idiomes actuels chercheraient vainement à caractériser ; ainsi il y a du grec que le FRANÇAIS s'est approprié en conservant la chose exprimée ; il y en a qui sert à dépeindre tels de nos usages qui n'ont pas d'analogues dans la MILICE GRECQUE ; il y a enfin du grec versé dans le FRANÇAIS par l'intermédiaire de la LANGUE ROMANE, par la voie de la basse LATINITÉ, par des relations établies pendant les CROISADES, ou enfin par la LANGUE ITALIENNE. — Les AUTEURS qui peuvent en fournir des preuves sont M. AILOU, DUCANGE, HENRI ESTIENNE, LANCELOT (dom Claude), MORIN, Potter, Nicas (ETYMOLOGICON), POLLUX, Robinson abréviateur de Scapula. — Voici la récapitulation des termes militaires, nationalisés dans les Langues modernes par ces diverses causes : ACADÉMIE, ACONTISMOLOGIE, ACOUSTIQUE, ACROBALISTE, ACTE CATALOGIQUE, AGATHOERGE, AGÉMA, AIR VITAL, AMALGAME, AMBLYOPIE, AME, AMIRAL, AMNISTIE, ANCHE, ANCILE, ANCONE, ANÉVRISME, ANGE, ANGLE, ANGON, ANISOCYCLE, ANKILOSE, ANTISTROPHE, APHONIE, APOGOGUE, APOMAQUE, APOMÉCOMÉTRIE, APPUI, ARAIGNÉE, ARCHER A CHEVAL, ARCHEVÊQUE, ARCHITECTURE, ARCHIVES, ARÉOTECTONIQUE, ARGYRASPIDE, ARIGOT, ARITHMÉTIQUE, ARME MATÉRIELLE, ARME PERSONNELLE, ARRESTATION, ARSENAL, ART MILITAIRE, ASTHME, ASTIOCHE, ASTRAGALE, ATHANATE, ATROPHIE, ATTABALE, AUMONIER N° 2, BAIN, BALISTE, BALLE, BANDE, BARAQUE, BARDARIOTE, BARON N° 1, BASTON, BATON, BÉLIER, BIBLIOTHÈQUE, BLÉMOMÈTRE, BLESSÉ, BOEUF, BOITE, BOMBARDE, BOMBE, BOND, BOSSE, BOUCLIER, BOULE, BOULEVARD, BOURSE, BOUT, BOUTEILLE, BRACELET, BRAIES D'HABILLEMENT, BRAQUEMART, BRASER, BRETELLE, BRIDE, BRIQUE, BRODEQUIN, BUCCELLAIRE, BUCCINATEUR, BUCCINE, BUFFLE, CABARET, CACHEXIE, CADUCÉE, CAISSE, CALPIN, CAMARADE, CANNE, CANON, CANTON, CAPE, CAPITAINE D'IN-

FANTERIE FRANÇAISE DE LIGNE Nº 2, CARTE, CA-
TALOGUE, CATAPHRACTE, CATAPULTE, CATARACTE,
CATÉGORIE, CÉDULE, CÉLEUSTIQUE, CÉRATARQUE,
CESTRE, CHACASPISTE, CHAMBRE, CHANTEUR,
CHAR DE GUERRE, CHAUSSETRAPE, CHEF, CHEMIN,
CHEMINÉE, CHEVAL, CHICANE, CHIEN, CHIFFRE
STÉGANOGRAPHIQUE, CHILIARCHIE, CHILIARQUE,
CHIROBALISTE, CHIRURGIE, CHIRURGIEN, CHLA-
MYDE, CHRONOMÈTRE, CHRYSASPIDE, CIMETERRE,
CLEF, CLISE, CŒLEMBOLON, COIN, COMBE, COM-
MANDANT DE DIVISION TERRITORIALE, COMPAGNIE
D'INFANTERIE FRANÇAISE DE LIGNE Nº 5, COMTE
Nº 2, CONSCRIPTION, CORNISTITE, CORPS DE TROUPE,
COSAQUE, COUP, COUPER, COUREUR, CYCLODIA-
TOMIE, CRÉMAILLÈRE, CRIME, CROISADE, CRUCHE,
CRUPELLAIRE, CUBISTIQUE, CUIRASSE, CYMBALE,
DAGUE, DAMAS, DARTRE, DÉCURIE, DÉCURIE
GRECQUE, DENDROPHORE, DÉPOTAT, DEXTROCHÈRE,
DIALECTIQUE, DIASTASIS, DICTIONNAIRE, DILO-
CHIE, DIMOERIE, DIMAQUE, DIPHALANGARCHIE,
DORYBOLE, DORYPHORE, DRAPEAU, DRÉPANOPHORE,
DROMADAIRE, DRONGE, DUC Nº 2, ECPERISPASME,
ÉCU, ÉGIDE, EICOSIPENTARQUE, EMBASE, EMBOLON,
ÉMERY, EMPROSTATE, ÉNOMARCHE, ÉNOMOTAR-
QUE, ÉNOMOTIE, ENGIN, ENSEIGNE D'ÉQUIPEMENT,
ÉPAGOGUE, ÉPÉE, ÉPERON DE BOTTES, ÉPHIPAR-
CHIE, ÉPILEPSIE, ÉPISTATE, ÉPISTROPHE, ÉPI-
TAGME, ÉPITARCHIE, ÉPITAXE, ÉPIXENAGE, ÉPIXE-
NAGIE, ÉRYMOMACHIE, ESCOPETTE, ESTAMETTE,
ÉTAT, ÉTISIE, ÉTRIER, EUTAXE, EUTHYTONE,
ÉVÊQUE, EXOSTRE, FALARIQUE, FALOT, FEU, FEU
HYPOCLASTIQUE, FEUILLE, FLAMME A HAMPE,
FORTIFICATION, FUSTIBALE, GALIOTE, GÉNIE, GÉO-
LOGIE, GÉOSTRATÉGIE, GIROUETTE, GRAPHONUC-
TIOMÈTRE, GRECQUE, adj., GREFFIER, GROSPHO-
MAQUE, GUÊTRE, GUBINOS, GYMNASE, GYMNAS-
TIQUE, HALECRET, HARCELER, HARNOIS, HARPE,
HEAUME, HÉCATONTARCHIE, HÉLÉPOLE, HÉLICE,
HÉMÉRODROME, HÉMISTRIGE, HÉMOPTYSIE, HÉMOR-
RHOIDES, HÉRAUT, HERCOTECTONIQUE, HÉTÉRO-
PLÉSIONNAIRE, HIÉRARCHIE MILITAIRE, HOMA-
COSTOME, HOPLOMACHIE, HOQUETON, HYDROCÈLE,
HYDROPISIE, HYPOCLASTIQUE, HYPOÉTROMACHIE,
HYPORICTIQUE, HYPOTAXE, IDIOPLIE, ILE, INFAN-
TERIE Nº 5, INFANTERIE LÉGÈRE, IRÉNOPHILA-
QUE, JALET, JALON, JOUTE, KÉNAGIE, LAI, LAM-
PIAN, LAMPION, LANCE, LEUDE, LIGNE TACTIQUE,
LITHOBOLE, LOCHAGUE, LOCHOS, LOGEMENT, MA-
CHÈRE, MACHINE, MANCHE TACTIQUE, MANGON-
NEAU, MASQUE, MASSE, MAURE, MÈCHE, MENSEUR,
MÉRARCHIE, MÉRIE, MÉROS, MÉSOPLÉSIONNAIRE,
MÉTABOLE, MÉTROBATE, MEZAIL, MONANCONE,
MONOTAXE, MORA, MOT, MOUSTACHE, MULET DE
MARIUS, MUSCULE, MUSIQUE, MYOPIE, MYRE, MY-
RIARQUE, NÉVROBALISTIQUE, NYCTALOPIE, OFFI-
CIER Nº 2, ONAGRE, OPHICLÉIDE, OPISTATE, OPLI-
TIQUE, ORGANISATION, OURAGUE, OXYBOLE,
OZÈNE, PAL, PALETER, PALESTRIQUE, PAGE, PA-
LINTONE, PANCRACE, PAPEGAI, PARAGOGUE, PA-
RALLÈLE, PARASTATE, PARASYNTHÈME, PARA-

TAXE, PARAZONE, PÉDOMÈTRE, PÉDOTRIBE,
PELTE, PENTACONTARCHIE, PENTACOSIARCHIE,
PENTARQUE, PÉPHLEGMÉNON, PÉRIBOLOGIE, PER-
BUQUE, PÉTROBOLE, PHALANGE, PHARMACIEN,
PHALANGE HÉTÉROSTOME, PHTEGMATIQUE, PHYLA-
TIQUE, PHILARQUE, PIQUE, PLÉSION, POLÉMARQUE,
POLÉMONOMIE, POLICE, POLIORCÉTIQUE, PRO-
BOSOIDE, PROPHYLACTIQUE, PROPHYLAQUE, PROS-
TAXE, PROTAXE, PROTOLOGIE, PROTOSTASE, PROTOS-
TATE, PSILAGIE, PSILETIQUE, PSILITE, PYRITE, PY-
ROBALISTIQUE, PYROTÉCHNIE, RACHITISME, REM-
PART DE FORTERESSE, RIZ, SAC PÉRIPHORE, SARISSE,
SAYON, SCAPHANDRE, SCIAMACHIE, SEIGNEUR,
SÉMANTIQUE, SÉMAPHORE, SÉNÉCHAL, SERVICE
CONSCRIPTIF, SIPHON A MAIN, SKEUOPHORE, SKY-
TALE, SOMASKIE, STÉGANOGRAPHIE, STILET, STRA-
DIOT, STRATŒGÈME, STRATÈGE, STRATÉGIE, STRA-
TIOTIDE, STRATONOMIE, STRATOPÉDIE, STYPHE,
SYNTAGME, SYLLOCHISME, SYNASPISME, SYNTHÈME,
SYSTASE, SYSTRÈME, TACTICOGRAPHIE, TACTIQUE,
TARENTINARCHIE, TAXIARCHIE, TÉLARCHIE, TÉLÉ-
GRAPHIE, TÉLOS, TENAILLE, TESSÈRE, TÉTRARCHIE,
THÉORIE, THÉRARQUE, TIARE, TIMBALE, TOPO-
GRAPHIE, TORTUE MÉCANIQUE, TOURNOI, TRI-
BOLE, TRIBULE, TRIMACRÉSIE, YPPOCLASTE.

LANGUE HÉBRAIQUE. V. ARME MATÉRIELLE.
V. BRAIES D'HABILLEMENT. V. DANSE. V. ÉPÉE. V.
ESCRIME. V. GUERRE. V. GUICHARD. V. HÉBRAI-
QUE. V. LANGUE CELTIQUE. V. LANGUE FRAN-
ÇAISE. V. LEUDE. V. MARAUDAGE. V. NACAIRE.
V. PARE. V. PERRUQUE. V. PETIT, adj. V. POSTEL.
V. SAC. V. SATELLITE. V. THOMASSIN. V. VALET.

LANGUE HOLLANDAISE. V. ARLAN. V. BIVAC.
V. BOMBARDE. V. BONNET. V. BRAIES D'HABILLE-
MENT. V. CAMP. V. CHENAPAN. V. CONTRE-MARCHE
PHALANGIQUE. V. DISCIPLINE. V. GODENDAC. V.
HARNAIS. V. HOLLANDAIS, adj. V. HOQUETON. V.
HUQUE. V. MILICE ANGLAISE. V. OBUS. V. QUAR-
TIER-MAITRE. V. SCHUTTERY.

LANGUE HONGROISE. V. COLBACH. V. FIEF.
V. HEIDUQUE. V. HONGROIS. V. HUSSARD Nº 5, 4.
V. SCHABRAQUES. V. SCHAKO. V. TOLPACHE.

LANGUE HUMAINE. V. AMPUTATION DE LAN-
GUE. V. CHATIMENT. V. CRI DE GUERRE. V. CRIME.
V. HUMAINE. V. INFANTERIE Nº 10. V. JUSTICE
MILITAIRE. V. PEINE. V. PERCEMENT DE LANGUE.

LANGUE INDIENNE. V. CIPAIE. V. CRIC. V.
ÉCHEC. V. INDIEN, adj. V. PIONNIER. V. SOLDAT.
V. SPAHIS. V. TAMBOUR.

LANGUE ITALIENNE (F). Sorte de LANGUE
qui, par sa littérature, est la plus ancienne
entre toutes celles qui dérivent de la LANGUE
ROMANE; il est difficile d'assigner l'époque
où elle s'est formée; mais elle était lettrée
et illustrée déjà dès le quatorzième siècle
par ses écrivains. — L'altération du LATIN
grammatical commençait dès le sixième siècle en ITALIE; il y était corrompu au temps
qui répond au règne de CHARLEMAGNE. Les
prières composées pour le pape Adrien,

mort en 795, portent, au lieu de l'ancienne formule : *Tu illum jura*, cette locution barbare : *Tu lo jura*. — Rien n'est écrit en italien pendant les quatre siècles qui succèdent au gouvernement du grand Charles ; c'est donc pendant ce laps de temps que l'ancien idiome du Latium se déprava tout à fait ; mais il imprimait au dialecte qui en effaçait la syntaxe et qui lui succédait, la douceur et l'harmonie de l'accent des Latins. L'italien est resté gracieux et sonore, parce qu'il n'a pas été infecté de gaulois et de franco-teuton comme le français, ni entremêlé de finales rudes et d'intonations gutturales comme l'espagnol où respire quelque chose de moresque. — La langue romane du Languedoc et de la Provence avait alors ses troubadours ; ils devinrent les précepteurs de la Péninsule ; les poëtes lombards épousèrent l'idiome de Provence ; le dialecte sarde en reçut également le jour ; l'un et l'autre devinrent absolument étrangers aux formes du latin. Florence et Rome, où le roman du midi de la France se communiquait plus lentement ou plus difficilement, conservèrent ou se composèrent un parler moins abâtardi ; il se modelait, disent de savants Italiens, sur celui de la Sicile. — A partir de l'an 1200 environ, on commence à retrouver des chartes ou des poésies italiennes. Vers le milieu du siècle paraît le poëme du Dante. Cette Italie qui, au commencement du moyen age, était, sur quelques points, imitatrice des Français du midi, devient, à la fin du moyen age, le modèle de la littérature de France. Le gouvernement plus libre, quoique non moins agité, des principautés de la Péninsule, et l'émulation de tant de villes rivales, ennemies même, donnent le secret de cette supériorité littéraire. — La linguistique de nos troupes doit beaucoup à l'italien, non pas seulement parce que le pays pratiquait une tactique dont nous n'avions aucune idée, mais parce que cette belle contrée s'éclairait lorsque la France ne se policait pas encore ; car le chaume des huttes parisiennes n'avait pas encore disparu quand, depuis deux siècles, les palais de Bologne, Florence, Gênes, Pise, Sienne, Venise excitaient l'admiration des étrangers. — L'historien Paul Jove est, des écrivains italiens, le premier qui s'occupe avec quelques détails de la profession des armes ; il tient la plume cent ans avant que la France voie éclore dans son sein un seul écrit sur de semblables matières. Machiavel (1510, A), plus judicieux, plus spécial, plus profond que son prédécesseur, donne l'impulsion à nos premiers auteurs. — D'autres causes dont voici l'aperçu con-

courent à empreindre fortement d'italien le français militaire, et, par contre-coup, l'allemand. — Depuis Charles huit, nos ancêtres portent incessamment la guerre en Italie. — Les Suisses, qui nous louent leurs services depuis Louis onze, sont principalement ceux qui confinent aux Alpes, et qui participent des jargons qui s'y parlent. — Les Gascons, dont le langage a de l'affinité avec l'italien, les Gascons, rattachés à leur métropole depuis que l'Anglais perd l'Aquitaine, constituent, depuis Charles huit, une forte partie de l'armée française ; les fabriques d'armes de leur pays et celles de Milan approvisionnent la France. Les archers de Louis douze sont Génois comme l'avaient été ceux de Philippe Auguste et de tant d'autres souverains du royaume. — Des bandes noires du seizième siècle sont en partie composées d'Italiens et résident en Piémont. — Depuis François premier jusqu'à Henri quatre, notre cavalerie légère est italico-grecque et italienne. — Les armées, en grande partie italiennes, de Philippe deux, et les aventuriers d'Alexandre Farnèse enseignent la tactique aux Nassau, comme les Nassau sont les précepteurs des Français. — Enfin Catherine de Médicis solde des corps italiens. — Mais, nous l'avons dit, la muse militaire est nomade et aventurière. — L'occupation de l'Italie par les Français a porté une atteinte fâcheuse à la Langue de l'Arioste en y introduisant des formes toutes françaises. — Soumis à l'influence de nos modes du dix-huitième siècle, l'italien vulgaire a dégénéré ; quantité de nos expressions se sont substituées à ses locutions nationales, nos tournures même s'y sont enracinées : de là ce reproche que quelques-uns lui font de devenir un patois macaronique qui menace de proscription le pur toscan, et qui viole les règles fondées par les savants qui ont consacré quarante ans au beau *Dictionnaire de la Crusca*. — Les étymologistes qui éclairent le même sujet sont : Antonini, Ferrari, Ménage. — Les termes italiens qui sont en relation avec ceux de la Langue et de l'Art militaire français sont ceux-ci : ADANDON, ABATAGE, ABATIS, ADJUDANT, ADJUDANT D'IN-FANTERIE FRANÇAISE DE LIGNE N° 2, ADRESSE, AFFAIRE, AFFRONTER, AIDE, AILETTE, ALARME, ALERTE, ALPIER, ALGARADE, ALLER, ALLUMER, ALTE, AMBASSADEUR, AMIRAL, AMONT, AMORCE, AMPOULETTE, ANSPESSADE, APERTISE, APPUI, AR-BALÈTE, ARCHIÈRE, ARDILLON, ARME PERSON-NELLE N° 3, ARMÉE, ARMET, ARMURE, ARQUE-BUSE, ARRIÈRE, ARRIÈRE-GARDE, ARRIVÉE, ARROY, ARSENAL, ART MILITAIRE, ARTILLERIE, ASPIC, ASSAUT, ASSEMBLÉE, ATTACHE, AU LARGE, AUG-

MENTATION, AUBADE, AVANT-GARDE, AVERTISSEMENT, BACINET, BAGAGE, BALAFRE, BALISTE, BAN, BANDER UN ARC, BANDEROLE, BANDIÈRE, BANDIT, BANDON, BANDOULIÈRE, BANQUETTE, BARAQUE, BARBACANE, BARDE, BARIL, BASTILLE, BASTION, BATAILLE, BATAILLON, BATAILLON D'INFANTERIE FRANÇAISE DE LIGNE N° 3, BÂTIMENT, BATON, BATTERIE DE CAISSE, BEFFROI, BEHOURD, BEHOURDER, BERME DE FORTIFICATION, BERSAULT, BICOQUE, BIDAU, BIDON, BISCUIT, BLOCKHAUS, BOCAL, BOMBARDE, BONCON, BOTTE D'ESCRIME, BOTTES, BOULANGER, BOULET, BOULEVARD, BOURDON, BOURDONNASSE, BOUTON, BRACONNIÈRE, BRAIE DE FORTIFICATION, BRANC, BRANDIR, BRAQUEMART, BRAQUER, BRAVE, BRÈCHE, BRELOQUE, BRETÈCHE, BRICOLE, BRIGADE, BRIN D'ESTOC, BRODEQUIN, BRONZE, BROQUEL, BROSSE, BRUSQUER, BULLÉTIN, BUT, BUTIN, CADRE, CAGE, CAHIER, CAISSE, CAISSON, CALEÇON, CALIBRE, CAMARADE, CAMISARD, CAMPAGNE, CANON, CANONNADE, CANTINE, CANTON, CANTONNEMENT, CAP, CAP DE MAILLES, CAP D'ESCOUADE, CAPE, CAPELINE, CAPITAINE, CAPITAINE D'INFANTERIE FRANÇAISE DE LIGNE N° 2, CAPONNIÈRE, CAPORAL, CAPORAL D'INFANTERIE FRANÇAISE DE LIGNE N° 2, CAPUCE, CARABINE, CARQUOIS, CARREAU, CARROUSEL, CARROUZE, CARTE, CARTEL, CARTOUCHE, CASSINE, CASTILLE, CAVALERIE FRANÇAISE N° 3, CAVALIER DE TROUPE, CERVELIÈRE, CENTRE, CHAMADE, CHAMPION, CHANGEMENT, CHAPERON, CHARPENTIER, CHAUSSE-TRAPE, CHEF, CHEMIN, CHEMIN COUVERT, CHEVAU-LÉGER, CHEVRON, CHIRURGIE MILITAIRE, CIBLE, CIMAISE, CIMETERRE, CIMIER, CITADELLE, CITOYEN, CLAIRON, COCARDE, COCHE, COCHE D'ÉCUSSON, COLONEL, COLONEL D'INFANTERIE FRANÇAISE DE LIGNE N° 2, COLONNE, COMBAT A LA MIAZZA, COMPAGNON, CONDOTTIÈRE, CONFRONTATION, CONNÉTABLE N° 2, CONTOUR, CONTREBANDE, CONTROLE, CONVOI, CORACE, CORNE DE FORTIFICATION, CORNET, CORNETTE, CORRIDOR, CORSECQUE, CORSELET, COTTE D'ARMES, COULEVRINE, COUP, COUP D'ARMES, COURONNADE, COURSIER, COURTINE, COUSSINET, COUTILLE, CROISADE, CROSSE, CUIRASSE, CULASSE, CULBUTER L'ENNEMI, CUNETTE, CUVETTE, DAGUE, DARD, DÉBOUCHER, DÉBUSQUER, DÉCONFITURE, DÉFILER, DÉMANTELER, DENRÉE, DÉROBER, DEUIL, DEVANT, DISPENSE, DJERID, DONJON, DOUVE, DRAGON, DRAP, DRAPEAU, DRAPERIE DE BANNIÈRE, DRESSER, DUEL, ÉCHANTILLON, ÉCHARPE, ÉCHAUGUETTE, ÉCLOPPÉ, ÉCOLE DE PELOTON, ÉCORCHEUR, ÉCOUTE, ÉCOUVILLON, EMBAUCHAGE, EMBUSCADE, ÉMERILLON, EMPRISE, ENGIN, ENRÔLÉ, ENSEIGNE, ENVELOPPE, ÉPAULEMENT, ÉPÉE, ÉPERON DE BOTTES, ÉPERON DE FORTIFICATION, ÉPIEU, ÉPINGARD, ÉQUIPAGES, ESCADRE, ESCARMOUCHE, ESCARPE, ESCOPETTE, ESCORTE, ESCOUADE, ESCRIME, ESPALET, ESPADON, ESPINADE, ESPINGARDE, ESPINGOLE, ESPIC, ESPION, ESPLANADE, ESPONTON, ESQUIERRE, ESTAFIER, ESTAFILADE, ESTAMETTE, ESTAMPILLE, ESTOC, ESTRAPADE, ESTRADE, ESTRAMAÇON, ÉTANÇON, ÉTOFFE, ÉTRIER, ÉTOUPILLE, ÉTUI, EXERCICE, EXERCITE, FACTION, FAGOT, FAIRE BRÈCHE, FAIRE FERME, FALTE, FANION, FANTASSIN, FAQUIN, FASCINE, FAUCON, FELTRE, FEUILLE DE ROUTE, FICHE, FILE, FINANCE, FLACHE D'EAU, FLANC, FLAQUE D'EAU, FLASQUE, FLÈCHE, FLÈCHE PROJECTILE, FLOCHE, FLUTE, FORQUINE, FORTERESSE, FOUGASSE, FOURNIMENT, FOURNIR, FOURRAGE, FOURRAGE ARMÉ, FOURREAU, FOURRIER, FOURRIER D'INFANTERIE FRANÇAISE DE LIGNE N° 2, FRAISE DE FORTIFICATION, FRONDE, FUSÉE, FUSIL, FUSTIGATION, GABION, GAGE, GAIN, GAINE, GALERIE, GALIOTE, GALON, GANT, GARGOUSSE, GASTADOUR, GÉNIE, GÉNETAIRE, GENETTE, GIBERNE, GIREL, GLACIS, GONFALONNIER, GORGE, GOUJAT, GOUSSET, GRAND'GARDE, GUÉ, GUÉRITE, GUERRE, GUERRE DE PLAINE, GUIDON, GUINDARD, HACHE, HAIE, HALLEBARDE, HALTE, HARANGUE, HARNOIS, HASTE, HAUBERT, HEAUME, HÉRISSON ROULANT, HERSE, INFANTERIE N° 3, 7, INSIGNE, INSPECTEUR AUX REVUES, INSULTE, JALON, JAQUE, JASERAN, JAVELOT, JOURNAL, JOUTE, LANCE A MAIN, LATRINES, LICENCIEMENT, LIEUTENANT, LIGNE TACTIQUE, LOGEMENT, MACHICOULIS, MACHINE, MAGASIN, MAILLE, MAITRE, MALADE, MALANDRIN, MALLÉOLE, MANGONNEAU, MANŒUVRE, MARCHE, MARCHE DE NUIT, MARQUE, MARQUE DISTINCTIVE, MARTELLO, MARTINGALE, MARTIOBARBULE, MATACHINADE, MASQUE, MÉHAIGNÉ, MÊLÉE, MENER BATTANT, MERLON, MEURTRIÈRE, MÉZAIL, MINE, MITRAILLE, MONNAIE, MONT-PAGNOTE, MONTANT, MONTRE, MORION CORRECTIONNEL, MORTIER, MOT, MOUCHETTE, MOUSQUET, MOUSQUETON, MOUSTACHE, MUSCULE, NACAIRE, NETTOYER, OBUS, ORDONNANCE TACTIQUE, ORPHELIN, OST, PALANQUE, PALEFROI, PALISSADE, PANACHE, PAPEGAI, PARADE DE TROUPES, PARADE D'ESCRIME, PARADOUZ, PARALLÈLE, PARAPET, PARAZONE, PASSATION DE REVUE, PASSER, verb. act., PASSE-VOLANT, PASSE-VOLANT D'ARTILLERIE, PATÉ, PATROUILLE, PAULDRON, PAVANE, PAVESADE, PAVOIS, PAYE, PENNON, PERRUQUE, PERTUISANE, PETIT, adj., PIERRE A FEU, PIERRIER, PILLAGE, PIONNIER, PIQUICHIN, PLASTRON, PLATE-FORME, PLATINE DE DESSOUS, PLIER, PLUTEUS, POIGNARD, POINT, PORTÉE, POUDRE A FEU, PRIÈRE, PROFIL, QUACHEOR, QUADRILLE, QUARTE, QUARTIER-MAITRE, QUINTANE, QUI-VIVE, RACOLEUR, RAMPE, RANÇON, RAPPEL CÉLEUSTIQUE, RAQUETIER, RAVELIN, RECRUE, REDAN, REDOUTE, RÉDUIT, REFOULOIR, RÉGIMENT, RELIEF, REMPART, RENCONTRE DE GUERRE, REPRÉSAILLES, RETIRADE, RETRAITE, REVERS, REVUE, RIBAUD, RICOCHET, RIZ, ROBE, ROCHETTE, RONDACHE, RONDELLE, ROSAIRE, ROTURIER, ROULEMENT, SABRE, SAC DE VILLE, SACRE, SAETTE, SALADE, SALLE, SALUT A FEU, SAMBUQUE INSTRUMENTAL, SANG DE BEZ, SAPE,

BARBACANE, SAVATE, SAYON, SCIE TACTIQUE, SECRETTE, SEIGNEUR, SÉJOUR, SENTINELLE, SERPE, SOLDAT, SOLERET, SONNERIE, SOUBRE-VESTE, SOULIER, SOUPE, SPIRALE, SUBDI-VISION TACTIQUE, SURPRISE, TABAR, TAILLE, TAILLEVAS, TALON, TAMBOUR DE TROUPE, TAM-BOUR INSTRUMENTAL, TARGE, TASSETTES, TEIGNE, TENAILLE, TENAILLON, TENCE, TENTE, TENUE, TERZE, TIERCE, TIR A TOUTE VOLÉE, TIRAILLEUR, TIRER, TOLLENON, TOPOGRAPHIE, TORRION, TOR-TORELLE, TOUR, TOURNOI, TRABUCHET, TRAHISON, TRANCHÉE, TRESSE, TREUIL, TRÊVE, TROIE.

LANGUE LATINE (F). Sorte de LANGUE qui fut un produit de l'ancien ÉTRUSQUE; du samnite, du GREC; elle aurait succédé au CELTIQUE, à ce que supposent quelques anti-quaires, et probablement elle y a puisé; elle a une analogie marquée, disent des orientalistes, avec le SANSCRIT; elle s'est mé-langée avec le TEUTON, s'est altérée sous forme de ROMAN, et est entrée pour beau-coup dans la composition de l'ESPAGNOL, du FRANÇAIS et de l'ITALIEN. — La Langue de ROME, quoique née au sein des armes, et créée pour et par elles, était moins riche en fait de termes militaires que celle des GRECS; mais à ce même égard elle la surpassait en pré-cision, du moins il en fut ainsi tant que le système des LÉGIONS CONSULAIRES se main-tint. La Langue militaire des GRECS, toute abondante qu'elle soit, est cependant semée d'obscurité; il est plus facile aux modernes de comprendre les détails de la LÉGION pri-mitive que ceux de la PHALANGE antique; cela vient de ce que le style militaire du La-tium fut, pendant longtemps, plus sem-blable à lui-même, plus également convenu sur les divers points de la domination ro-maine, tandis que les GRECS formaient trop de peuplades pour s'être composé et im-posé une technologie aussi une que celle de la MILICE des Latins; mais cette dernière pourtant est loin d'employer des expressions toujours claires. FOLARD (1727), ou plutôt son collaborateur reproche avec raison au latin un fond d'indigence. Beaucoup de termes y sont nés d'une allusion; une VIGNE, *vinea*, est une sape couverte; et faute de locutions techniques, le cheval entier, l'aigle, le BÉLIER, le CHAT, le CORBEAU, le HÉRISSON, le mulet, la TORTUE, les lapins se transfor-ment en images de guerre. — Beaucoup d'autres termes, il est vrai, sont plus ex-pressifs que ceux des Langues modernes; mais leur propriété ne survécut pas à l'a-bolition de la république; les expressions devinrent insuffisantes ou inexactes au mi-lieu des vicissitudes d'une LÉGISLATION mi-litaire aussi variable que les inspirations de la DICTATURE et les caprices des EMPEREURS.

Dès le temps d'AUGUSTE et depuis l'expan-sion du LATIN dans une partie de la GAULE, la Langue devient inhabile à caractériser les innovations survenues dans les troupes; l'étendue de son domaine brise son unité; il lui faut, en mille circonstances, déduire d'un même terme des acceptions fort di-verses; ainsi le mot *tessera*, tessère, signifie quelquefois des tablettes, un LIVRE D'ORDRE, un BAN, un ORDRE DU JOUR, une taille (TAILLE A COCHES), une PLACE D'ÉTAPE, c'est-à-dire la manifestation d'un DROIT et la quotité des PRESTATIONS de l'ÉTAPE. — CONSTANTIN dé-place l'EMPIRE; de là, dans l'Orient, l'idiome métis, le BYSANTIN militaire qui confond des termes qui s'étaient appropriés aux TAC-TIQUES GRECQUE et ROMAINE. — Le latin cesse en 581 d'être vulgaire en Italie. — Lorsque la MILICE romaine se corrompt et périt, le latin de la Péninsule, défiguré par des ter-mes barbares, deshonoré par du FRANCO-TEUTON, se fond dans le ROMAN naissant. Dès le milieu du sixième siècle, GRÉGOIRE DE TOURS, peu châtié lui-même, se plaint de cette décadence. En outre de ce patois po-pulaire, on savait dans le siècle suivant, de l'Ebre à l'Elbe, le LATIN ou l'ALLEMAND; CHARLEMAGNE, qui parlait aussi facilement l'un que l'autre, essaye en vain de faire re-vivre l'usage vulgaire du latin; il était déjà, sous son règne, une Langue savante. — Le CONCILE d'ARLES, tenu en 851, sous CHARLES LE CHAUVE, enjoint aux prêtres de composer en LANGUE ROMANE les HOMÉLIES et les instructions pastorales, *afin d'être com-pris de chacun.* — Ainsi commençait l'a-bandon du LATIN pur, dans la partie méri-dionale de la Gaule, et il cessait d'être vul-gaire en France. — Depuis les premiers symptômes du déclin du latin, il en a existé deux modifications; on les a confondues en les appelant indifféremment bas LATIN et latin barbare. La distinction demande à en être faite dans l'intérêt de la SCIENCE MILI-TAIRE. — Ainsi, en prenant HAUBERT pour exemple, ce mot a été exprimé par le bas latin *habergellum*, et, par le latin bar-bare, *ausbergotum*, *osbergum*. — Le bas latin a été, depuis le troisième siècle, une corruption de la Langue latine; le latin barbare, plus moderne de quelques siècles, a été une traduction successive, un inégal amalgame du bas latin, du ROMAN et même du vieux FRANÇAIS. Ce latin barbare com-mence avec GRÉGOIRE DE TOURS, est employé par CHARLEMAGNE, est usité dans les traités de quelques historiens des CROISADES, et touche aux temps modernes par l'intermé-diaire des clercs, des parlements, de l'E-glise. — Ce qui sème d'épines l'étude du latin dépravé, c'est que telle expression tombée du roman pur dans le bas latin, puis vulgarisée en ROMAN, est passée sous une autre forme dans le latin barbare quand il était la Langue des clercs en même temps que le ROMAN était la Langue populaire. — Entre quantité d'exemples, produisons-en qui jetteront quelque lumière. — Le latin *pannus*, panne, DRAP, étoffe, propres à faire une ENSEIGNE, a donné le bas latin *pannichellus* pris dans le même sens et par extension signifiant ENSEIGNE. Le ROMAN en a fait PANNON, PÉNEN, PENNON, petit DRAPEAU; ses synonymes PENIAU, PENIAX étaient employés au onzième siècle; sous LOUIS NEUF, le FRANÇAIS en a tiré les substantifs PHANON, FANON; de ces derniers termes le latin barbare a composé *fallio* que le FRANÇAIS moderne a adopté dans l'expression FANION. — Récapitulons : *pannichellus*, PENNON qui appartient aux huit premiers siècles d'une période, s'est incorporé dans le ROMAN, puis s'est renouvelé en *fallio* employé pendant les six derniers siècles de la même période. — Le latin *pagus*, coin de terre, arrondissement (pays, paysan, païen en sont sortis), est devenu le mot FRANÇAIS PAS, pris surtout comme synonyme de PAS D'ARMES; celui-ci a été la racine du latin barbare *passagium*, d'où est tiré PASSAGE. — Le pur latin *trabucchus*, métamorphosé dans le FRANCO-TEUTON en *tribock*, s'est régénéré dans le latin barbare *tribucetum*, translaté dans le FRANÇAIS moderne trébuchet. — Le latin *jaculum*, traduit dans le ROMAN *gaveloc*, qui est resté dans l'ANGLAIS, à ce que dit MÉNAGE, a été transporté dans le latin barbare *gaveloces*, traduit par JAVELOT. — Le bas latin *carellus* a produit le terme ROMAN ou vieux FRANÇAIS CARREAU, grosse FLÈCHE, qui, corrompu en GARREAU, est repassé dans le latin barbare *garottus*, reproduit dans le français GAROT, FLÈCHE, et garot de cheval, partie qui a de l'analogie avec un FER DE FLÈCHE. — Le vieux ITALIEN a produit au temps des CROISADES *malandrino* composé de *male andare*, être malade. Le latin barbare en a fait *malandrinus* que le FRANÇAIS a imité dans malandrin. — Ainsi telles expressions du ROMAN ou du vieux français ou de l'italien sont comme un point de partage ou une déviation entre du LATIN générateur et du latin engendré. — Le latin barbare a reçu aussi quantité de mots venus du NORD, du TEUTON, du GAULOIS. — Les mots VASSAL, VASSEUR, VAVASSEUR ont été TEUTONS et ROMANS avant d'être transportés dans le latin barbare *vassor, valvassor, vavassor*. — Le vieux ALLEMAND *kaval* a enfanté le substantif *cavalleria*

devenu ITALIEN et ESPAGNOL. — Le terme FRANCO-TEUTON *march*, frontière, limite, domaine d'un MARQUIS, a produit le bas latin *marjo*; ce substantif et le terme ALLEMAND ont été traduits en vieux FRANÇAIS, MARCHER, synonyme de FRONTIÈRE; celui-ci s'est métamorphosé en latin barbare *marcia, marchia*, devenu synonyme de ROUTE, et reproduit dans le moderne substantif MARCHE. — Le substantif *banchus*, banc, provient du TEUTON ou du vieux FRANÇAIS latinisé. — Le substantif HAUBERT, qui a d'innombrables synonymes et qu'on croit un amalgame de TEUTON et de CELTIQUE, a jeté dans le latin barbare *albergellum* et tant d'autres analogues; le TEUTON landwehr est passé dans le latin barbare *landwerium*. — Ces aperçus démontrent de quelle utilité serait un travail qui approfondirait ce sujet; les difficultés qu'il présente seront l'excuse des inexactitudes échappées, soit à nous, soit à d'autres. — Cette distinction du mauvais latin devenu FRANÇAIS gothique, et du vieux FRANÇAIS recomposé en latin barbare, est une clef de l'étude des choses militaires du MOYEN AGE; la génération et l'échelonnement des étymologies ne sauraient être complétement dévoilés que par cette comparaison des usages anciens. — Quelques éléments d'ADMINISTRATION se répandaient au quatorzième siècle; l'usage de dresser en latin les inventaires des couvents, d'appliquer cette Langue à la publication de certains édits, à la rédaction des testaments, amenait la nécessité de latiniser une quantité de mots qui exprimaient des meubles, des effets, des objets créés par une civilisation enfantant des usages nouveaux; tel fut surtout le latin tout à fait barbare, parce que des locutions analogues à celles qu'il adoptait forcément n'avaient jamais existé dans le latin pur. — En FRANCE, le latin s'est conservé jusqu'en 1539; les actes commencent alors à se publier, généralement, en idiome vulgaire; c'est FRANÇOIS PREMIER, qui, comme le témoigne VOLTAIRE (1751, C, au mot *François*), a aboli définitivement l'usage de contracter et de plaider en latin. — Des recherches de cette nature ont leurs éclaircissements dans DUCANGE, HENRI ETIENNE, GÉBELIN, MONET, ROBERT ETIENNE, VARRON, VOSSIUS. — Les locutions que le latin a prêtées, par une transition plus ou moins directe, à la LANGUE MILITAIRE FRANÇAISE, ou les termes de ces deux Langues dont les lecteurs voudraient constater les rapports, sont ceux-ci : ABATAGE, ABDUCTION, ABONNEMENT, ABRI, ABSENCE, ABSOLUTION, ABUTER, ACADÉMIE, ACCENSE, ACCEPTER, ACCESSOIRE DE SOLDE, ACCIDENT, ACCOLADE, ACCUSATEUR,

ACIER, ACINACE, ACQUIT, ACTE, ACTION, ACTIVITÉ, ACTUAIRE, ACHAT, ADDIT, ADJOINT, ADJUDANT, ADMINISTRATEUR, ADMINISTRATION, ADMISSION, ADOPTION, ADOURER, A DROITE, AÉROSTAT, AFFAIRE, AFFAMER, AFFICHE, AFFLUENT, AFFLICTION, AFFRONTER, AFFUT, AGE, AGENCE, AGRAFE, AGRÉGATION, AGRÉMENT, AGRESSEUR, AGRESSION, AGUETS, AIGLE, AIGUILLETTE, AILE, AILE DE TROUPE, AILE DROITE, AIR, AIR DE TAMBOUR, AIR VITAL, AJUSTER, ALARE, ALARME, ALBÉSIE, ALDIONNAIRE, ALÈNE D'ARCHER, ALERTE, ALIGNEMENT, ALIGNER, ALIMENT, ALLEMAND, ALLER, ALLIANCE, ALLOCATION, ALLOCUTION, ALLONGE, ALLUMELLE, ALTÉRATION, AMAS, AMBASSADEUR, AMBULANCE, AME, AMENDE, AMNISTIE, AMOGABARE, AMORCE, AMPLITUDE, AMPOULETTE, AMPUTATION, ANCHE, ANCIEN, ANCILE, ANCONE, ANGE, ANGLE, ANGON, ANIMÉ, ANNEAU, ANNÉE, ANNULATION, ANSE, ANTÉSIGNAIRE, ANTESTATURE, AOUT, APOGOGE, APPAREIL, APPARTEMENT, APPEL, APPEL ÉVOCATIF, APPLICATION, APPOINTEMENT, APPORTER, APPOSITION, APPRÊTEZ, APPROCHES, APPROVISIONNEMENT, APPUI, APUREMENT, AQUILIFÈRE, ARAIGNÉE, ARBALÉTRIER, ARBORER, ARBRE, ARBRIER, ARC, ARCHER, ARCHER A CHEVAL, ARCHEVÊQUE, ARCHIÈRE, ARCHITECTURE, ARCHIVES, ARDILLON, ARÊTE, ARGENT, ARMATURE, ARME, ARME MATÉRIELLE, ARMÉE, ARMEMENT, ARMILUSTRE, ARMOIRE, ARMURE, ARMURIER, ARRÊT, ARRIÈRE, ARRIÈRE-BAN, ARRIÈRE-GARDE, ARROSOIR, ARROY, ARSENAL, ART, ART MILITAIRE, ARTICLE, ARTILLIER, ARTILLERIE, ARTILLEUR, ASCENDANT, subs., ASPECT, ASSAILLANT, ASSAUT, ASSEMBLÉE, ASSENER, ASSEOIR, ASSIGNATION, ASSISTANT, ASSURER, ASTIOCHE, ATELIER, ATTABALE, ATTACHE, ATTAQUE DE PLACE, ATTENTAT, ATTENTION, ATTESTATION, ATTRIBUT, ATTRIBUTION, AUBERGE, AUDITEUR, AUDITION, AUDITOIRE, AUGE, AUGUSTALE, AUMONIER ; id. N° 2, AUTEL, AUTEUR, AUTORISATION, AUTORITÉ, AUXILIAIRE, AVAL, AVANCE, AVANT-COUREUR, AVANT-GARDE, AVARIE, AVENTURIER, AVITAILLEMENT, AVOINE, AVOUÉ, BACÈLE, BACHELIER, BACINET, BAGAGE, BAGUE, BAGUETTE, BAILLE, BAILLI, BAIN, BALAFRE, BALANCE, BALISTE, BAN, BANC, BANDE, BANDON, BANNERET, BANNIÈRE, BAQUET, BARBACANE, BARBE, BARBOLE, BARBUTE, BARDE, BARDOCUCULLE, BARIL, BARON ; id. N° 1, BARRE, BASTAGAIRE, BASTILLE, BASTON, BATAILLE, BATON, BATTRE, BATTERIE DE BOUCHES A FEU, BAUDEL, BAUDRIER, BEC, BEDEAU, BEFFROI, BEHOURD, BÉLIER, BELLIGÉRANT, BÉNÉDICTION, BÉNÉFICE, BÉNÉFICIAIRE, BERSAULT, BESACE, BESAIGUE, BESTIAUX, BÊTE, BÊTE DE SOMME, BIBAU, BIBLE, BICOQUE, BIDAU, BILLET, BISCUIT, BISEAU, BLIAUD, BLOCUS, BLOQUER, BOCAL, BOEUF, BOIS D'HAST, BOITE, BOMBARDE, BONNET, BORD, BOSSE, BOTTE DE FOURRAGE, BOTTES, BOUCHE, BOUCHER, BOUCLER, BOUCLIER, BOUGE,

BOUILLIE, BOULANGER, BOULE, BOULET, BOULEVARD, BOURDON, BOURRE, BOURSE, BOUT, BOUTEILLE, BOUTON, BOYAU, BRAIES D'HABILLEMENT, BRACELET, BRANC, BRANCARD, BRAS, BRÈCHE, BRETÈCHE, BRETTE, BREVET, BRICOLE OFFENSIVE, BRIGADE, BRIGANT, BRIQUE, BRODERIE, BRONZE, BROSSE, BROUETTE, BRUIT, BRUNIR, BRUSQUER, BUCCELLAIRE, BUCCINATEUR, BUCCINE, BUFFLE, BUGLE INSTRUMENTALE, BUGLE OFFENSIVE, BULLETIN, BUREAU, BUT, CABARET, CABINET, CABULE, CADENCE, CADÈNE, CADET, CADRE, CADRE AGRÉGATIF, CADUCÉE, CAGE, CAHIER, CAISSE, CALCUL, CALEÇON, CALIBRE, CAMBRURE, CAMOUFLET, CAMP, CAMP DE SÉJOUR, CAMPAGNE, CAMPESTRE, CAMPIDUCTEUR, CANAL, CANCER, CANDIDAT, CANNE, CANON, CAP DE MAILLES, CAPE, CAPITAINE, CAPITAINE D'INFANTERIE DE LIGNE N° 2, CAPITALE, CAPITULATION, CAPORAL D'INFANTERIE DE LIGNE N° 2, CAPTAL, CAPUCE, CAPUCHON, CARABIN, CARCAMUSE, CARDINAL, CARIE, CARQUOIS, CARRÉ, CARREAU, CARTE, CARTEL, CAS, CASAQUE, CASAQUE D'ARMES, CASE DE CONTROLE, CASERNE, CASQUE, CASSATION, CASSIDAIRE, CASTELAN, CASTRAMÉTATION, CASTRENSE, CATAPULTE, CATEIE, CATERVE, CAVALIER, CAVALERIE FRANÇAISE N° 5, CAVIN, CÉCITÉ, CÉDULE, CEINDRE, CEINTURE, CÉLÉBRATION, CÉLÈRE, CÉLEUSTIQUE, CENTON, CENTONAIRE, CERCLE, CÉRÉMONIAL, CERNER, CERTIFICAT, CERVELIÈRE, CERVICALE, CESSATION, CESTRE, CÈTRE, CHAINE, CHAISE, CHALCASPISTE, CHALIT, CHAMADE, CHAMAILLER, CHAMBRÉE, CHAMPION, CHANCELIER, CHANDELIER, CHANDELLE, CHANFREIN, CHANGEMENT, CHANT MILITAIRE, CHANTEUR, CHAPEAU, CHAPEAU DE FER, CHAPERON, CHAPERON DE MAILLES, CHAPITEAU DE FOURREAU, CHAPLE, CHAR, CHAR DE GUERRE, CHAR A FAUX, CHARBON, CHARDON, CHARGE, CHARGE IMPULSIVE, CHARIOT, CHARPENTIER, CHARPIE, CHASSE, CHASSIS DE BARRIÈRE, CHAT, CHATEAU, CHATEL, CHATELAIN, CHATELET, CHATIMENT, CHAUFFAGE, CHAUSSE, CHAUSSE-TRAPE, CHAUSSÉE, CHEMIN, CHEMINÉE, CHEMISE, CHENAL, CHEVAL, CHEVALERIE, CHEVALIER, CHEVALIER A LA PROIE, CHEVILLE, CHEVRON, CHIFFRE, CHIFFRE STÉGANOGRAPHIQUE, CHLAMYDE, CHOSE, CHRYSASPIDE, CIBLE, CICATRICE, CILICE, CIMAISE, CIMETERRE, CIRCONSTANCES AGGRAVANTES, CIRCONVALLATION, CIRCULATION TACTIQUE, CIRE, CISEAUX, CITERNE, CLAIE, CLAIRON, CLAMEUR, CLASSE, CLASSICON, CLAUDICATION, CLAVICULE, CLEF, CLERC, CLIENT, CLOCHE, CLOCHE INSTRUMENTALE, CLOISON, CLOU, CLYPE, COALISÉ, CODE, COFFIN, COFFRE, COIFFE, COIN, COL, COLLINE, COLONEL D'INFANTERIE DE LIGNE N° 2, COMBE, COMBLEMENT, COMBUSTIBLE, COMÉDIE, COMMANDANT, COMMENTARISTE, COMMIS, COMMISSAIRE DES GUERRES N° 2, COMMUNES, COMMUTATION, COMPAGNIE D'INFANTERIE FRANÇAISE DE LIGNE N° 5, COMPARSE, COMPARTIMENT, COMPASSER, COMPÉTENCE, COMPLET, COMPLICA-

TION, COMPLICE, COMPLOT, COMPOSITION, COMPTE, COMPULSEUR, COMTE N° 2, 3, CONCIERGE, CONCORDAT, CONDAMNATION, CONDUCTEUR, CONFECTION, CONFÉDÉRÉ, CONFIRMATION, CONGÉ, CONGÉ ABSOLU, CONGÉ LIMITÉ, CONGRÈS, CONNÉTABLE ; id. N° 2, CONSCRIPTION, CONSOMMATION, CONSTITUTION, CONSUL, CONTRAINTE PAR CORPS, CONTRE, CONTRE-MARCHE TACTIQUE, CONTRESCARPE, CONTRIBUTION, CONTROLE, CONTUMACE, CONVALESCENT, CONVERSION, CONVOI, CONVOI MILITAIRE, COPIE, COQ, COR, COR DE CHEVALIER, CORACE, CORBEAU, CORBEILLE, CORNE, CORNICULE, CORNICULAIRE, CORNISTITE, CORPS, CORPS DE TROUPE, CORRESPONDANCE, CORRIDOR, CORROIS, CORROYER, CORVÉE, COSAQUE, COTÉ, COTEREAU, COTTE, COTTE D'ARMES, COUCHAGE, COUDE, COUIN, COULER, COULEVRINE, COUP, COUPABLE, COUR, COUREUR, COURIR, COURONNADE, COURONNE DE CASQUE, COURROIE, COURTAUT, COURTINE, COUSIN, COUTEAU, COUTELAS, COUVRE-FEU, COUVRIR, COY, CRAN, CRAN DE FLÈCHE, CRANEQUINIER, CRÉANCE, CRÉDIT, CRÉMAILLÈRE, CRÉNEAU, CRÊPE, CRÊTE, CREVER, CRI, CRI D'ARMES, CRI DE GUERRE, CRIBLER, CRIME, CROISADE, CROIX, CROMORNE, CROSSE DE FUSIL, CRUPELLAIRE, CUBITIÈRE, CUILLER, CUIR, CUIRASSE, CUISINE, CUISSARD, CUIVRE, CULTE DIVIN, CUMULATION, CUNETTE, CYLINDRE, CYMBALE, DAGUE, DAMAS, DAMOISEAU, DAPIFER, DARD, DÉBET, DÉBIT, DÉBUSQUER, DÉCÉDER, DÉCHARGE, DÉCIMATION, DÉCLARATION, DÉCONFITURE, DÉCORATION, DÉCURIE, DÉCURIE GRECQUE, DÉFAIRE, DÉFECTION, DÉFENSE, DÉFI, DÉFICIT, DÉGAT, DÉGRADATION, DEHORS, DÉLAI, DÉLÉGATION, DÉLIBÉRATION DE CONSEIL D'ADMINISTRATION, DÉLIT, DÉ, DEMANDE, DEMBLÉE, DÉMENCE, DEMI, DÉMISSION, DÉMONSTRATION, DÉNIER, DÉNOMBREMENT, DÉNONCER, DENRÉE, DENT, DÉPART, DÉPENSE, DÉPOSITION, DÉPOT, DÉPOTAT, DÉPOUILLE OPIME, DÉPUTÉ, DERNIER, DÉROBER, DÉROUTE, DERRIÈRES, DESCENTE, DÉSERTEUR, DÉSOLER, DESSIN, DESSOUS, DESSUS, DESTITUTION, DESTRIER, DÉTENU, DETTE, DEUIL, DEVOIR, DEXTROCHÈRE, DIANE, DICTATEUR, DICTIONNAIRE, DIMAQUE, DIRECTEUR, DISCIPLINE, DISLOCATION, DISPENSE, DISPONIBLE, DISTANCE, DISTRIBUTION, DIVISION, DIXAINIER, DOLOIRE, DOMESTIQUE MILITAIRE, DONJON, DONNER, DOUILLE, DOUILLE, DOUVE, DRACONNAIRE, DRAGON, DRAP, DRAPEAU, DRAPERIE, DRAPERIE DE BANNIÈRE, DRESSER, DROIT, DROIT PUBLIC MILITAIRE, DROMADAIRE, DRONGE, DUC N° 2, DUCENAIRE, DUEL, DURÉE LÉGALE, DURILLON, EAU, ECCLÉSIASTIQUE, ÉCHARPE, ÉCHAUGUETTE, ÉCHELLE, ÉCLAIRER, ÉCLUSE, ÉCOLE, ÉCONOMIE, ÉCORCHEUR, ÉCOUVILLON, ÉCRITURES, ÉCU, ÉCUAGE, ÉCURIE, ÉCUYER, ÉCUYER DE SUITE, ÉCUYER FIEFFÉ, EFFECTIF, EFFET, ÉGALISATION, ÉGIDE, ÉLÉPHANT, EMBUSCADE, ÉMÉRI, EMPANON, EMPEIGNE, EMPEREUR, EMPRISE, ENCASTREMENT, ENCEINTE, ENFANT, ENGIN, ENRÔLÉ, ENSEIGNE,

ENTURE, ENVELOPPE, ÉPEAUTRE, ÉPÉE, ÉPÉE GRACIEUSE, ÉPERON DE BOTTES, ÉPIEU, ÉPINGLETTE, ÉQUESTRE, ÉQUIPAGES, ÉQUITATION MILITAIRE, ESCADRE, ESCADRON, ESCARMOUCHE, ESCOPETTE, ESCOUADE, ESCRIME, ESCRIMER, ESPACE, ESPADON, ESPION, ESPLANADE, ESPONTON, ESTAFIER, ESTAMETTE, ESTAMPILLE, ESTRADE, ESTRAMAÇON, ESTRAPADE, ÉTABLISSEMENT, ÉTAPE, ÉTAT, ÉTENDARD, ÉTISIE, ÉTOFFE, ÉTOUR, ÉTRIER, ÉTUI, ÉVAGINER, ÉVÊQUE, ÉVOCAT, ÉVOLUTION, EXÉCUTER, EXEMPTÉ, EXERCICE, EXERCICE TACTIQUE, EXERCITE, EXPLORATEUR, EXPULSION, EXTINCTION, EXTRAIT, EXTRAORDINAIRE DES GUERRES, EXTRAORDINAIRES, FACE, FACTEUR, FACTION, FACTURE, FAGOT, FAIRE FERME, FAISCEAU, FAIT JURIDIQUE, FALARIQUE, FALCAIRE, FALOT, FANION, FALTE, FANFARE, FARINE, FASCINE, FAUCHARD, FAUCRE, FAUTE, FAUTEUIL, FAUTEUR, FAUX, FEINTE, FELTRE, FEMME, FÉODALITÉ, FER, FÉRENTAIRE, FERMETURE DE PORTE, FERRET, FERTÉ, FEU, FEU GRÉGEOIS, FEUILLE, FEUTRE, FÉVRIER, FIEF, FIÈVRE, FIFRE, FILET D'ARMES, FIOLE, FISTULE, FLACHE, FLÉAU, FLAMBE, FLÈCHE PROJECTILE, FLEUR, FLUTE, FOIN, FONDS, FONDELLE, FORCE, FOSSÉ, FORMATION, FORTERESSE, FORTIFICATION, FOUILLER, FOURCHE, FOURRAGE, FOURREAU, FOURRIER, FOURRIER D'INFANTERIE FRANÇAISE DE LIGNE N° 2, FRATER, FRÉMAILLET, FRONDE, FRONDEUR, FRONT, FRONTIÈRE, FRUMENTAIRE, FUSÉE, FUSIL, FUSTIBALE, FUSTIGATION, FUT, GACHE, GAGE, GALÉAIRE, GALE, GALÈRES, GALERIE, GAMACHE, GAMBESON, GAMELLE, GANT, GARDE, GARNISON, GASTADOUR, GAZON, GÉLATINE, GENDARME DU MOYEN AGE N° 5, GÉNÉRAL, GENETTE, GÉNIE, GENS, GENTIL, GENTILHOMME, GÉOLAGE, GÈSE, GESTION, GIBAULT, GIBECIÈRE, GIBERNE, GIROUETTE, GITE, GLAIVE, GLOBE, GOITRE, GONFALON, GORGE, GORGERIN, GOUJAT, GOUPILLE, GOUTTIÈRE, GOUVERNEUR, GRACE, GRADE, GRAIN, GRAND, GRAPPE DE BISCAIEN, GREFFIER, GRENON, GRÈVE, GRIFFE DE NOIX, GROMATICIEN, GROS, GROSPROMAQUE, GUÉ, GUERRE, GUERRE PRIVÉE, GUET, GUÉRITE, GUÊTRE, GUIDE, GUISARME, GYMNASTIQUE, HABILLEMENT, HACHE, HAIE, HALECRET, HALTE, HAMPE, HAQUENÉE, HARANGUE, HARCELER, HARNOIS, HARPE, HARPÉ, HAST, HAUBERT, HAUSSE-COU, HAUTBOIS, HAVET, HAVRE-SAC, HÉMISTRIGE, HÉRAUT, HÉRISSON, HÉRITIER, HERNIE, HERSE, HEUSE, HISTORIQUE MILITAIRE, HOMME, HONNEURS, [HOPITAL MILITAIRE, HORDIS, HOSTE, HOTTE, HOUR, HOURDOIS, HOUSSE, HUGUE, ILE, IMPOSITION, INDEMNITÉ, INFANTERIE N° 5, INFANTERIE COMMUNALE N° 5, INFIRMERIE, INFLEXION, INFORMATION, INGÉNIEUR MILITAIRE, INHABILETÉ AU SERVICE, INHUMATION, INITIATION MILITAIRE, INSIGNE, INSPECTEUR, INSTRUCTEUR, INSTRUCTION, INSTRUMENT, INSUBORDINATION, INSULTE, INSURRECTION, INTENDANT, INTENDANT D'ARMÉE, INTERVALLE, INVALIDE, INVERSION, INVES-

TISSEMENT, JALET, JALON, JAVELINE, JAVELOT, JEU D'ESCRIME, JONGLEUR, JOURNAL, JOUTE, JUBE, JUGE, JUGULAIRE, JUMELLE, JURISPRUDENCE MILITAIRE, JUSTICE MILITAIRE, LABARUM, LAC, LACERNE, LAI, LAISCHES, LAMBEL, LAME, LAMPIAN, LANCE, LANCER, LANCIER, LANDWEHR, LAPIDATION, LAQUAIS, LATRINES, LATRON, LAVOIR, LÉGION, LÉGISLATION, LÉGUME, LETTRE, LEUDE, LEVÉE, LIBÉRATION, LIBRILLE, LICE, LICENCIEMENT, LIEUTENANCE, LIEUTENANT, LIEUTENANT GÉNÉRAL N° 2, LIGE, LIGNE, LIGNE TACTIQUE, LINGULE, LIQUIDE, LIVRE, LIVRE D'ORDRE, LIT, LOGEMENT, LOGISTIQUE, LOI MARTIALE, LORILLART, LOUP DÉFENSIF, LUMIÈRE DE FUSIL, MACRÈRE, MACHICOULIS, MACHINE, MAIL D'ARMES, MAILLE, subs. fém., MAIN DE FER, MAISON DU ROI, MAIRE DE COMMUNE, MAIRE DU PALAIS, MAITRE, MAITRE D'ARMES, MAJOR, MALANDRIN, MALLÉOLE, MAMELIÈRE, MANCHE, MANDAT, MANGANELLE, MANGONNEAU, MANIE, MANIEMENT D'ARMES, MANIFESTE, MANIPULE, MANŒUVRE, MANTEAU, MANTELET, MANUBALISTE, MAQUILLEUR, MARASME, MARCHE, MARCHE-FRONTIÈRE, MARCHÉ, MARÉCHAL, MARÉCHAUSSÉE, MARIAGE, MARMITE, MARQUIS, MARTEAU, MARTIOBARBULE, MASQUE, MASSE, MASSE TACTIQUE, MASSUE, MATELAS, MATRAS, MATRICULE, MATTIAIRE, MÉDECIN, MÉHAIGNÉ, MÉLANGE D'ARMES, MÊLÉE, MEMBRE, MÉNESTREL, MENSEUR, MERLETTE, MERLON, MESSE, MESURE, MÉTALEUR, METTRE DES FILES EN ARRIÈRE, MEURTRIÈRE, MILICE, MINE, MINEUR FRANÇAIS, MINISTRE DE LA GUERRE, MIRMILONIUM, MIROIR, MISÉRICORDE, MOINE LAY, MOLIÈRE, MONNAIE, MONT, MONTANT, MONTRE, MORTIER, MOT, MOUCHETTE, MOUCHOIR, MOUSQUET, MULET, MUNITIONNAIRE, MUNITIONS, MUNITIONS DE BOUCHE, MUR DE BLINDE, MUSCULE, MUSIQUE, MUTILATION VOLONTAIRE, MYRE, NACAIRE, NASAL, NATATION, NETTOYER, NEUTRALITÉ, NID, NOBLE, NOBLESSE, NOEUD, NOIX, NOM, NOURRITURE, NUIT DE REPOS, NUMÉRO DE FUSIL, OBÉISSANCE, OBLAT, OBLIQUE A DROITE, OBSIDION, OBSTACLE, OCTAVIN, OFFENSIVE, OFFICE, OFFICIER, OLIFANT, ONAGRE, OPTION, ORDALIE, ORDINAIRE, ORDONNANCE, ORDONNANCE OFFICIELLE, ORDONNANCE TACTIQUE, ORDRE, ORDRE TACTIQUE, ORGANISATION, OREUR, ORIFLAMME, ORPHELIN, OTAGE, OURAGUE, OUTIL, OUVRAGE, OUVRAGE DE CAMPAGNE, OUVERTURE, OUVRIER, subs. masc., PAILLE, PAILLER, PAGE, PAIN, PAIR DE FRANCE, PAL, PALADIN, PALANQUE, PALEFRENIER, PALEFROI, PALESTRIQUE, PALETER, PALETOT, PALISSADE, PALISSADEMENT, PAN, PANACHE, PANCHIÈRE, PANIER, PANSERNE, PARADE DE TROUPES, PARAGE, PARAPET, PARAZONE, PAREMENT, PARME, PARRAIN, PARTISAN, PAS, PAS D'ARMES, PAS TACTIQUE, PASSAGE, PASSATION DE REVUE, PASSER, PATRICE, PATROUILLE, PAVESSIER, PAVILLON, PAVILLON DISTINCTIF, PAVILLON D'HABITATION, PAVOIS,

PEAU DE CAISSE, PECTORAL, PÉDIEUX, PÉDOMÈTRE, PÉDOTRIBE, PEINE, PELLE, PÉNARD, PÉNART, PENDANT, PÉNITENCIER, PENNE DE FLÈCHE, PENNE DE FORTIFICATION, PENNON, PENSION DE RETRAITE, PEPHLEGMENON, PERDRIAU, PÉRIBOLOGIE, PERMISSION, PERRIER, PERRUQUE A LA BRIGADIÈRE, PERTUISANE, PÉTARD CATABALISTIQUE, PETIT, adj., PHALÈRE, PIC, PIÈCE, PIED, PIERRE, PIERRIER, PIÉTON, PIL, PILLAGE, PIOCHE, PIONNIER, PIQUE, PIQUICHIN, PIQUIER, PLACE, PLAN, PLANCHE A PAIN, PLAQUE, PLOMB A PIERRE, PLOMBÉE, PLUME FRISÉE, PLUTEUS, POIGNAIS, POIGNARD, POINT, POINTE, POMPON, PONT, PONTON, PORTÉ, PORTE-AIGLE, PORTE-ENSEIGNE, POSITION, POSTE, POT, POTEAU D'EAU, POTERNE, POUDRE, POURPOINT, POURSUIVANT, PREMIER, PRESTATION, PRÊT, PRÊTEUR, PRÉTOIRE, PREUX, PRÉVENU, PRÉVOT, PRIÈRE, PRINCE, PRISON, PRIVILÉGE ADMINISTRATIF, PROCÉDÉ, PROFESSION DES ARMES, PROJECTILE, PROLONGE, PROMENADE, PROMOTION, PUITS DE FORTIFICATION, PUNITION, PUPILLE, QUARTIERS DE GUERRE, QUESTEUR, QUEUE, QUINTANE, QUITUS, RADEAU, RAIE, RAISE, RAMEAU DE MONTAGNES, RAMPE, RANÇON, RATÉ, RATELIER, RATION, RAVELIN, RAVINE, RAVITAILLER, RÉCEPTION, RÉCHAUD, RECLAIM, RÉCOLEMENT, RÉCOMPENSE, RECONNAISSANCE, RECOUSSE, RECRUE, RECRUTEMENT, RÉCUSATION, REDDITION, RÉDUIT, REFOULOIR, RÉFRACTAIRE, RÉGIE, RÉGIMENT, REGISTRE, RÈGLEMENT, RELIEF, REMPART, RÉMUNÉRATION, RENCONTRE, RENGAGEMENT, RENVERSER, REPÈRE, RÉPRESSION, RÉQUISITION, RÉSERVE, RETENUE, RETRAIRE, RETRAITE STRATEUMATIQUE, RETRANCHEMENT, REVERS, RÉVERSION, RÉVÊTEMENT, RÉVISION, REVUE, RIZ, ROBE, ROCHETTE, ROI, ROI DES RIBAUDS, ROLE, ROMPEMENT, RONDE, ROQUET, RORAIRE, ROTURIER, ROUPILLE, ROUSSIN, ROUT, ROUTE, ROUTTE, RUDIAIRE, RUSE, SABRE, SAC, SAC DE VILLE, SAC PÉRIPHORE, SACHÉE, SAETTE, SALADE, SALAISONS, SALLE, SALPÊTRE, SALUT, SAMBUQUE, SAPE, SARISSE, SATELLITE, SAUCISSE, SAUCISSON, SAUTOIR, SAVATE, SAYON, SCARF, SCIAMACHIE, SCIPION (F.), SCORPION, SECOND., SECRÉTAIRE, SECTION, SEIGNEUR, SEL, SELLE, SELLE DE CAVALERIE, SEMONCE, SÉNÉCHAL, SENTENCE, SENTINELLE, SERF, SERGENT, SERMENT, SERPE, SERPENT, SERPENTINE, SERREMENT DE COLONNE, SERVICE, SERVITUDE, SEWER, SIGNAL, SILEX, SINGULAIRE, SISTRE, SITAIRE, SOBRIQUET, SOLDAT, SOLDE, SOLDURIER, SOLERET, SOMMER, SOMMET, SORTIE, SORTIE D'ASSIÉGÉS, SOUFFLE, SOULIER, SOULIER A LA POULAINE, SOUTE, SPARE, SPÉCULATEUR, SPHÉRISTIQUE, STRATÉGIE, STRATIOTIDE, SUBDIVISION TACTIQUE, SUBORDINATION, SUBSIGNAIRE, SUPPLICE, SUSPENSION, SUZERAIN, TABAC, TABLE, TACTIQUE, TAILLE, TAILLE FISCALE, TAILLEVAS, TALON, TALUS, TAMBOUR INSTRUMENTAL, TAQUET, TARGE, TARRIÈRE, TASSETTES, TEIGNE, TÉMOIN, TENAILLE, TENANT,

TENTE, TERGIDUCTEUR, TERGISTITE, TERZE, TES-
SÈRE, TIARE, TIRER, TITRE D'AVANCE, TOISE,
TOIT, TOLLENON, TON DE COMMANDEMENT, TOR-
PILLE, TORTIL, TORTORELLE, TORTUE, TORTUE
MÉCANIQUE, TOUR, subs. fém. et masc., TOUR-
NOI, TRABAN, TRABE, TRABUCHET, TRAHISON,
TRAIN, TRAIT, TRAJECTOIRE, TRANCHANT, subs.
masc., TRANCHÉE, TRANSPORT, TRAPE, TRAVAIL,
TRAVÉE, TRAVERS, TRAVERSIN, TRÉBUCHET,
TREF, TRENCHEOR, TRÉSOR, TRÉSORIER, TRESSE,
TRÈVE, TRIAIRE, TRIANGLE, TRIBU, TRIBUNAL,
TRICOLORE, TRICOT, TRIGE, TRIMACRÉSIE, VI-
GUIER.

LANGUE MILITAIRE. V. LANGUE. V. MILICE
AUTRICHIENNE. V. MILITAIRE, adj.

LANGUE MILITAIRE FRANÇAISE. V. ADJU-
DANT SUPÉRIEUR. V. ARMÉE DE TERRE. V. CANAL.
V. CODE MILITAIRE. V. ÉVENTER. V. FAIRE TÊTE.
V. FRANÇAIS, adj. V. GÉNÉRAL FRANÇAIS N° 5.
V. GIBECIÈRE. V. GIBERNE. V. JURISPRUDENCE
MILITAIRE. V. LANGUE FRANÇAISE. V. LÉGISLA-
TION. V. LIGNE. V. LIT MILITAIRE. V. LOGEMENT
ACTIF. V. MAJOR GÉNÉRAL. V. MILITAIRE, adj.
V. MANIEMENT D'ARMES. V. MOT. V. MUSICIEN.
V. ORDONNANCE D'EXERCICE D'INFANTERIE. V.
ORDONNANCE D'UNIFORME. V. PASSAGE A L'OR-
DRE EN COLONNE. V. PÉNITENCIER. V. PASSA-
TION DE REVUE. V. RUSE DE GUERRE.

LANGUE MUSICALE. V. MUSICAL, adj. V.
WEYRICH.

LANGUE ORIENTALE. V. ARZEGAIE. V.
CHIFFRE. V. DÉ. V. GALIOTE. V. LAQUAIS. V.
MITRE. V. ORIENTAL. V. PARC. V. SAMBUQUE.
V. SAPE. V. SOUPE. V. TOUR DE FORTIFICATION.

LANGUE PERCÉE. V. CHATIMENT. V. JUS-
TICE MILITAIRE. V. INFANTERIE N° 10. V. MI-
LICE ESPAGNOLE N° 9. V. PEINE. V. PERCÉ, adj.
V. SUPPLICE.

LANGUE PERSANE. V. ARMOIRIES. V. BANDE.
V. CIMETERRE. V. CIPAÏE. V. CROISADE. V. DJE-
RID. V. LANGUE ALLEMANDE. V. MIL. V. PERSAN,
adj. V. PION. V. NADAB. V. RADJAH. V. SPAHI.

LANGUE POLONAISE. V. BAN. V. COSAQUE.
V. HETMAN. V. HULLAN. V. PARSERNE. V. PO-
KALEM. V. POLONAIS, adj. V. POURCHOUC. V.
SCHAKO. V. SCZAPSKA.

LANGUE PORTUGAISE. V. COL DE MON-
TAGNE.

LANGUE ROMANCE. V. NOTE. V. LANGUE
ANGLAISE. V. LANGUE ROMANE. V. MACHINE. V.
MAITRE. V. ROMANCE. V. COHORTE DE LÉGION
ROMAINE N° 5.

LANGUE ROMANE (F) OU LANGUE RO-
MANCE, comme dit BARDAZAN (1808), ou
Langue ROMANCE, comme disent M. RAY-
NOUARD, VELLY, etc., etc. — Sorte de LAN-
GUE qu'on a aussi appelée le ROMAN, le RO-
MANCE, le romant, le roumance, le roumanch,
le roumanche, le roumant. Ces substantifs,

syncopes de l'adjectif, étaient autant de
traductions de *romanum rusticum*, LATIN
populaire ; de là le verbe roumancer, pris
par opposition à latiniser, et signifiant écrire
ou traduire en Langue vulgaire. — Dès le
sixième siècle, les Langues qui allaient former de leur mélange le roman, commençaient à s'altérer dans le midi des GAULES.
Les restes de la Langue des BARDES, presque
entièrement dénaturée par le FRANCO-TEUTON
et par le LATIN, allaient s'y fondre ; le LATIN
ne se maintenait que comme Langue de la
loi et de l'Eglise ; le TEUTON ne se répandait
que comme jargon des ARMÉES D'INVASION ;
mais ces armées s'éteignant dans le midi de
la France à mesure qu'elles s'y colonisaient,
la latinité domina dans le roman provençal,
et influa moins sur le roman du Nord, où
les FRANCS étaient plus nombreux et leur
dialecte plus pratiqué. — Il eût mieux
valu que la Langue de CICÉRON nous eût été
transmise pure par les VISIGOTHS de nos
provinces méridionales, et fût devenue nationale chez les FRANCS, comme le vieux
CHINOIS s'est conservé dans la bouche des
TARTARES au profit des CHINOIS modernes.
Les altérations perpétuelles du langage de
nos ancêtres n'eussent pas remis les sciences
en question, une partie du monde connu
n'eût pas eu à recommencer son éducation ;
mais il faut se féliciter de cette circonstance singulière qui, en jetant dans des
moules celtiques la latinité, y a amalgamé
quantité de monosyllabes GAULOIS, y a introduit une concision nerveuse qui était
propre aux Celtes, a donné à la phraséologie
une tendance directe vers le but de l'argument, et a fait du FRANÇAIS le langage le plus
clair qui soit connu. — Le CONCILE d'AUXERRE
défend, en 528, de laisser chanter des
cantiques entremêlés de roman. Plus tard,
au contraire, le troisième CONCILE de TOURS,
en 813, et celui d'ARLES, ordonnent de traduire en Langue romane des prières que le
peuple ne pouvait plus comprendre en LATIN.
Ces deux circonstances sont la transition
marquée de deux régimes linguistiques. —
GRÉGOIRE DE TOURS, avant le milieu du
sixième siècle, se plaint de l'invention d'un
langage nouveau. C'est le roman que ce
reproche signale. — Cependant la plus ancienne charte romane n'est que du neuvième siècle. C'est un traité conclu en 843,
entre CHARLES LE CHAUVE, qui parlait le roman, et son frère Louis de Bavière ou le
Germanique, qui parlait le tudesque. Cette
charte, en forme de serment, a été transmise par l'historien Nithard ; elle a été re-
trouvée dans la bibliothèque du Vatican et
y est retournée de PARIS. Le roman y est

interprété en LATIN et en FRANCO-TEUTON. — Dès le commencement du même siècle, le roman était d'un usage général au delà de la LOIRE, en NEUSTRIE, en Gascogne, en Catalogne; mais il nous est parvenu bien peu d'écrits qui en soient des vestiges. L'art d'écrire semblait presque perdu depuis quatre cents ans. — Nous arrivons à l'époque où se dissout cet empire des FRANCS, qui comprenait l'ALLEMAGNE, l'ITALIE et le territoire, alors presque désert et aujourd'hui si peuplé, qui forme la France proprement dite et s'étendait déjà jusqu'aux PYRÉNÉES. La vraie monarchie française et sa Langue commencent sous CHARLES LE CHAUVE. La Langue allemande y perd ce que le ROMAN y gagne. De cette révolution proviennent en FRANCE deux dialectes : l'un, désigné sous le nom de LANGUE D'OC, parlé de la Seine à l'Ebre, est appelé aussi Langue catalane, langue limousine, ou même, mais improprement, le ROMAN ; l'autre, nommé LANGUE D'OYL ou des frontières, et que M. ROQUEFORT appelle, improprement aussi, le ROMAN du Nord. Le roman qui était leur souche commune allait donner naissance à l'ITALIEN et à l'ESPAGNOL, quand ces deux dialectes que nous venons d'indiquer allaient enfanter la LANGUE FRANÇAISE. La littérature des TROUBADOURS ou le ROMAN de la LANGUE D'OC ne commence, suivant M. SISMONDI (*de la Littérature du Midi*), que de 879 à 887; la littérature des TROUVÈRES ou le ROMAN WALLON ne se répand, suivant le même ÉCRIVAIN, que de 917 à 943. Ce dernier, devenu la langue de la capitale, a réduit son aînée, la LANGUE D'OC, à n'être plus que le patois du Midi. Cette dernière révolution n'eut lieu, suivant M. ALLOU (1828), qu'au milieu du quatorzième siècle; mais n'anticipons pas ici sur la marche des temps. — Au milieu du neuvième siècle, le ROMAN devient la Langue de la prédication; l'usage le consacre; l'histoire remarque que, dans le concile de Mouzon, en 995, Aimon, évêque de Verdun, s'exprime en gaulois ou roman ; cette Langue s'introduit dans les États subalpins, dans les deux péninsules, dans la FRANCE; les CHEVALIERS du MOYEN AGE concourent, dans leur vie vagabonde, à la propager, et quelques rapports de langage entre ces coureurs d'aventures ARABES, ESPAGNOLS, FRANÇAIS, ANGLAIS, établirent cette fraternité qui unit si longtemps la CHEVALERIE de tous les pays. — Dans le cours du dixième siècle on écrit communément en roman; il était devenu une langue soumise à la syntaxe LATINE, mais avec de plus simples tournures ; il avait conservé quelque chose du CELTIQUE,

Langue sans littérature, et par conséquent pauvre, mais nette comme le parler des peuplades peu éloignées encore de l'état de nature. De là vient que le FRANÇAIS, issu du roman, offre un ensemble de formes plus claires, mais moins souples que ne l'était la contexture des dialectes de l'antiquité. — Les contes et les histoires remplies de fictions que la licence du dixième siècle a produits ont pris le nom de roman, parce qu'ils sont écrits en Langue romane, et comme au MOYEN AGE on ne composait que des contes, des fabliaux, des allégories, on a continué à appeler romans les contes en prose d'une certaine étendue. — Nous touchons à l'époque où le roman du Midi donne à la FRANCE ses premiers poëtes. La célèbre CHANSON DE COMBAT composée en l'honneur du paladin ROLAND était-elle en cet idiome? Le fait est douteux ; mais cet hymne chevaleresque qui a traversé six siècles avant de s'effacer à jamais, dut se ressentir de plus d'une variante. Il a peut-être été d'abord allemand, ROMAN ensuite, puisque la fameuse complainte sur ce sujet, qui courait les Espagnes, était en roman. — Les TROUBADOURS commencèrent à plier à la poésie le ROMAN. Le plus ancien poëme qu'on possède en cette langue date de la fin du onzième siècle; il est dû à Guillaume neuf, comte de Poitiers. — Depuis le milieu du onzième siècle, dit M. SISMONDI, *cette Langue exclue de la bonne compagnie, ce patois devint une Langue élégante, destinée à la chevalerie, à la poésie, à l'amour, une Langue qu'on se glorifia de parler, que l'on importa dans les cours étrangères, et qui servit de lien entre les Français. En 1043, Edouard le Confesseur, en montant sur le trône d'Angleterre, fit du français la Langue de sa cour ; Guillaume le Conquérant en fit la langue légale; les chevaliers français la portèrent jusqu'à l'Ebre.* —Quand le roman, de patois méprisé qu'il était, est devenu littéraire, on a traduit (ou trait ou trect, comme on disait) en roman le LATIN. Ainsi le fit, comme il le déclare, Lambert li Cor (le Court), l'un des nombreux collaborateurs d'ALEXANDRE DE BERNAY. — On suppose, mais il n'est pas avéré, que les vers amoureux d'Abailard, qui étaient, à ce qu'il dit, dans toutes les bouches, étaient en roman. — La plupart des traducteurs qui roumancèrent, comme disaient leurs contemporains, du onzième au quatorzième siècle, sont devenus peu intelligibles à bien des lecteurs pour qui ils demanderaient eux-mêmes à être traduits. Le roman de la Rose, quoique commencé par LORRIS en 1255, offre quantité de passages difficiles à entendre; mais les compositions plus modernes ne résistent pas aux lecteurs qui ont quelque littérature. Chaque année épurait le langage que MAROT et RABELAIS devaient un jour transmettre à Boileau et à Racine. — On a distingué, surtout depuis le milieu du onzième siècle, la Langue romane en deux espèces qu'on a appelées la provençale et la française ou le roman provençal et le roman wallon. Les Langues d'ITALIE et d'ESPAGNE sont les filles de la première; le patois de nos provinces qui y confinent en dérive aussi. La seconde espèce est devenue la Langue aujourd'hui nationale. — LES recherches savantes que M. RAYNOUARD a faites au sujet du roman se rapportent surtout au roman provençal. — La LANGUE D'OYL, qui, à des époques plus modernes, était parlée en deçà de la Loire, s'est appelée romane-française; elle est regardée comme le germe du FRANÇAIS des provinces où coulent l'Escaut, la Marne, la Seine. Du côté du Nord, elle participait davantage de la Langue des FRANCS, et contenait moins de LATIN que de FRANC-TEUTON, parce qu'elle se parlait dans des contrées et plus voisines de l'ALLEMAGNE et plus éloignées de la métropole chrétienne. Sa littérature ne commence à se façonner à la poésie que du onzième au douzième siècle. Les TROUVÈRES sont ses poètes. Sa fusion dans le roman méridional a marqué la création véritable du français. — VELLY dit, à la date de 1180, que *le roman était devenu la seule Langue vulgaire;* mais on vient de voir que depuis longtemps le roman du Midi était vulgaire et très-répandu. Il y a bien plus loin de sa naissance aux premières CROISADES, que des dernières CROISADES à son déclin. — *La Langue que parlait Philippe le Bel,* dit M. SISMONDI, *était le roman wallon.* — La Langue romane n'a pas eu assez de consistance et d'ÉCRIVAINS, n'a pas appartenu à une délimitation territoriale assez précise, n'a pas eu une durée assez positive pour être classique; de là vient que quantité de termes, quoiqu'ils lui aient appartenu, ne sont pas regardés ici comme s'y rattachant, parce que leur étymologie se retrouve dans les Langues antérieures et plus correctes dont le mélange forma le roman; mais il serait aisé cependant au lecteur de constater ce qui a appartenu au roman, soit en comparant la désinence des expressions, soit en constatant si l'emploi des choses dénommées répond à la période qui règne du septième au treizième siècle : ainsi ARZEGAIE, GANT, HÉRAUT, MARÉCHAL, SEIGNEUR, qui tous ont une étymologie

douteuse, ont appartenu incontestablement au roman. Donnons un moyen de préciser mieux ce qui y a appartenu, en déclarant que tous les synonymes devenus barbares, que tous les termes de notre traité qui sont en désuétude, ou que le *Dictionnaire de l'Académie* passe sous silence, sont les vestiges du roman militaire. — Les termes romans recueillis par des grammairiens modernes n'ayant été longtemps employés que dans les seules communications verbales du langage, et sans que l'art d'écrire en ait enregistré l'orthographe, se sont multipliés en innombrables synonymes ou analogues, comme le témoignent les mots FLÈCHE, HAUBERT, PENNON, etc. — Quantité d'expressions romanes sont des barbarismes. On ne saurait signaler comme méritant ce reproche l'une plutôt que l'autre des variantes nombreuses que l'usage consacrait, mais le fait n'en est pas moins certain : ce vice résulte de ce que les modernes ont mal lu les manuscrits, ou que les copistes en ont estropié les locutions. L'inattention a commis les premières erreurs; elles se sont perpétuées par l'ignorance ou par la difficulté, l'impossibilité même de remonter aux sources de la vérité; une quantité incalculable de termes synonymes en est résultée. On ne peut cependant se dispenser maintenant de les reproduire tous, quelque défectueux qu'on les suppose, puisqu'ils ont reçu une sorte de sanction en passant par quantité de bouches et de livres. — Il se rattache à la Langue romane une question dont la solution éclaircirait les étymologies et les définitions de la LANGUE FRANÇAISE. Nous avons dit quelques mots de cette difficulté; voici en quoi elle consiste. — Les syllabes cha, che, chi, etc., ca, ce, ci, etc., prises tantôt sous une de ces formes, tantôt sous l'autre, ont-elles eu cette consonnance par suite de la différence de prononciation des peuples qui, en lisant la lettre k du FRANCO-TEUTON, lui donnaient les uns le son originel, les autres une consonnance relative au génie de leur dialecte natal? — Dans la LANGUE D'OC, dans les patois participant de ceux du MIDI de l'EUROPE, dans le pur ITALIEN, la lettre k existe, non dans l'écriture, mais dans la prononciation : che se prononce qué ou ké. — Le kaval ou kabal du vieux allemand s'est changé dans le LATIN barbare et le roman provençal en *caballarius,* en *cavallo;* le capel s'est changé en *cappa* et en CAPE. — Dans des provinces de la LANGUE D'OYL, on a traduit, au contraire, kaval par CHEVAL, kaballarius par CHEVALIER, capel par CHAPE; ainsi, de toute ancienneté, il y a eu à Tours la CHAPE DE SAINT-MARTIN, et à Paris

la rue Tire-Chape. — Ces nuances n'ont
rien d'étonnant, mais l'une devrait, à ce
qu'il semble, être propre au langage du
midi de la FRANCE, l'autre au langage du
nord; il n'en est pas ainsi. — Dans l'idiome
picard, comme l'appelle GÉBELIN, c'est-à-
dire dans cette LANGUE D'OYL parlée en Ar-
tois, en FLANDRES, en PICARDIE, dans les
environs de TOURNAY, métropole primitive
du royaume de FRANCE, la prononciation
participe de celle de la LANGUE D'OC : on dit
CAPE au lieu de CHAPE, CAT au lieu de CHAT;
QUEVAL, QUEVALIER au lieu de CHEVAL, CHE-
VALIER; CAVALERIE au lieu de CHEVALERIE;
CATEAU, CATELET au lieu de CHATEAU, CHATE-
LET; carrette au lieu de charette; vaque au
lieu de vache, etc. — Les mots français
commençant par ca ou cha, ce ou che, etc.,
se sont prononcés, on ne sait pourquoi,
d'une de ces manières plutôt que de l'autre;
le caprice s'est changé en loi académique;
on aura, dans certaines contrées, dit plutôt
CHEVALIER que CAVALIER, suivant que tel
écrivain plus ancien, plus accrédité, devenu
législateur fortuitement, aura popularisé les
termes qui venaient de son propre pays ou
qui tenaient à ses habitudes d'enfance. —
Si l'on était plus éclairé sur ces matières,
les vérifications des dates, et par conséquent
l'éclaircissement de l'origine des expressions et des usages y gagneraient. On pourrait déduire de la forme de tel terme, qu'o-
riginairement il doit avoir appartenu à telle
province; on pourrait dire, par exemple,
que chénal, synonyme de canal, et les mots
CHEVALERIE, CHEVALIER ont été propres d'a-
bord aux provinces centrales de la FRANCE;
que le mot CAVALIER, synonyme d'homme
bien fait et de bon ton, est gascon et ESPA-
GNOL; que le mot CAVALIER, synonyme de
CHEVALIER ou de soldat, appartient à la
LANGUE D'OC et à l'ITALIEN; que les substantifs CÉVALIER, QUEVALIER participent du WAL-
LON ou de la LANGUE D'OYL. — Les AUTEURS
qu'on peut consulter touchant la Langue
romane sont: BARBAZAN, BOREL (Pierre), au
mot *Romans*; l'ENCYCLOPÉDIE (1751, C, au
mot *Romane*); FAUCHET, JEAN FRANÇOIS
(Dom); HUET, JOHNSON, LACOMBE, LA-
MONNOIE, LAVALLIÈRE, LEBŒUF, LEGRAND
D'AUSSY, M. MONTEIL, MONTIGNOT, PASQUIER,
M. RAYNOUARD, M. ROQUEFORT, SAUMAISE; le
Dictionnaire de la Conversation, au mot
Romane. — Les termes romans qui ont ou
qui ont eu rapport à la Langue militaire
moderne, et les termes français qui ont eu
rapport au roman sont relatés à la suite des
noms de ROQUEFORT, de BARBAZAN, de GÉ-
BELIN. Les mots romans que nous avons dû
faire revivre à raison d'anciennes synony-

mies sont faciles à retrouver à l'aide de
leurs analogues, que nous décrivons. Le
relevé des uns et des autres serait donc ici
un double emploi.

LANGUE RUSSE. Sorte de LANGUE, ou plutôt de dialecte slave ou esclavon qui, suivant
M. ALLOU (1828), *a acquis, depuis quelques années, une consistance et une perfection notable; sa littérature commence
à attirer l'attention de l'Europe.* Elle a
emprunté à la langue française quantité de
termes militaires, mais nous en prête aussi
quelques-uns; des militaires russes écrivent
habilement en français. — V. CALMOUCK. V.
CASERNE. V. COSAQUE. V. CZAR. V. DÉPLOIEMENT.
V. HETMAN. V. HOULLAN. V. HOURRA. V. HURRA.
V. KNOUT. V. KREMLIN. V. LANGUE FRANÇAISE.
V. MILICE RUSSE Nº 6. V. MOSKOWA. V. MOU-
GIK. V. POSPOLITE. V. PULK. V. RUSSE, adj. V.
SOUKARI. V. STRÉLITZ. V. UKASE.

LANGUE SANSCRITE. V. ARMURE. V. CHAR DE
GUERRE. V. COSAQUE. V. ÉCHEC. V. LANGUE ALLE-
MANDE. V. LANGUE LATINE. V. SANSCRIT. V. TAC-
TIQUE, subs.

LANGUE SAXONNE, ou vieux allemand,
ou vieux saxon, ou anglo-saxon. — V. ALLE-
MAND. V. ARMISTICE. V. BOULEVARD. V. BRIDE.
V. BRUNIE. V. BRUNIR. V. BUTIN. V. CASTILLE.
V. CIBLE. V. CRIQUE. V. CRUCHE. V. ÉLIN. V. FIEF.
V. FLAMBE. V. FLÈCHE. V. GAIN. V. GUERRE. V.
HALLEBARDE. V. LANDWEHR. V. LANGUE ALLE-
MANDE. V. LANGUE FRANÇAISE. V. LEUDE. V.
MAIRE DU PALAIS. V. MARÉCHAL. V. NOBLE. V.
NOBLESSE. V. ORDALIE. V. SEIGNEUR. V. SIÈGE
DÉFENSIF. V. TRABUCHET. V. SAXON, adj.

LANGUE SUÉDOISE. V. GUERRE. V. PERTUI-
SANE. V. SUÉDOIS, adj.

LANGUE SYRIAQUE. V. SEMONCE.

LANGUE TARTARE. V. MILICE RUSSE Nº 6.
V. TARTARE, adj.

LANGUE TEUDIQUE. V. LANGUE ALLE-
MANDE. V. TEUDIQUE.

LANGUE TEUTONE OU TEUTONIQUE. V. AN-
TRUSTION. V. BAN. V. BARON Nº 1. V. BERME. V.
BLANC. V. BLEU. V. BRIDE. V. BRUNIR. V. CATEIE.
V. CAVALERIE FRANÇAISE Nº 3. V. CHANT MILI-
TAIRE. V. CHEF. V. CIBLE. V. ESPION. V. FIEF. V.
FLÈCHE. V. GAGE. V. GAIN. V. GANT. V. GARDE.
V. GARNISON. V. GAZON. V. GONFALON. V.
GUERRE. V. GUET. V. GUIDE. V. GUINDARD. V.
HAIE. V. HAUBERT. V. HEAUME. V. HÉRAUT. V.
HOST. V. INFANTERIE Nº 5. V. LANDWEHR. V.
LANGUE ALLEMANDE, — ANGLAISE, — CELTI-
QUE, — FRANÇAISE, — LATINE, — ROMANE.
V. LEUDE. V. RONDACHE. V. SAC DE VILLE. V. SÉ-
NÉCHAL. V. TEUTON, adj. V. TEUTONIQUE.

LANGUE THÉOTIQUE. V. LANGUE ALLE-
MANDE. V. THÉOTIQUE.

LANGUE THÉOTISQUE. V. LANGUE ALLE-
MANDE. V. THÉOTISQUE.

LANGUE THÉOTISTE. V. LANGUE ALLE-
MANDE. V. THÉOTISTE.

LANGUE THIOISE. V. LANGUE ALLEMANDE.
V. LANGUE FRANÇAISE. V. THIOIS.

LANGUE THIVILE. V. LANGUE ALLEMANDE.
V. THIVILE.

LANGUE TUDESQUE. V. FRANÇOIS (don
Jean). V. LANGUE ALLEMANDE. V. TUDESQUE.

LANGUE TURQUE. V. ATTABALE. V. AZAPE.
V. BEY. V. CADDOR. V. CAPITAINE D'INFANTERIE
FRANÇAISE DE LIGNE N° 2. V. CARIPI. V. CHA-
GRINER. V. CHIAOUX. V. CIMETERRE. V. COLBACH.
V. COLOUGLIS. V. DELHI. V. DJERID. V. FAU-
CHARD. V. GROSSE CAISSE. V. HUSSARD N° 4. V.
JANISSAIRE. V. MEG. V. MILICE TURQUE; id. N° 2,
4, 6. V. PACHA. V. SPAHI. V. TAMBOUR. V. TI-
MAR. V. TOGACHT. V. TURC, adj.

LANGUE VÉNITIENNE. V. AMIRAL. V. AR-
SENAL. V. BIDON. V. LANGUE ITALIENNE. V. VÉ-
NITIEN, adj.

LANIÈRE, subs. fém. V. A L... V. CONTRE-
SANGLON DE L...

LANIÈRE de BAVETTE. V. BAVETTE DE TA-
BLIER. V. TABLIER DE SAPEUR.

LANIÈRE de BRETELLE DE FUSIL. V. BRE-
TELLE. V. BRETELLE DE FUSIL.

LANIÈRE de BRETELLES PORTE-CAISSE. V.
BRETELLES PORTE-CAISSE.

LANIÈRE de COLLIER DE TAMBOUR. V.
BANDE DE COLLIER DE TAMBOUR. V. COLLIER DE
TAMBOUR.

LANIÈRE de JUGULAIRE. V. CORDON DE
SCHAKO. V. JUGULAIRE.

LANISTE, subs. masc. V. CAMPIDUCTEUR.
V. INSTRUCTEUR.

LANNES; **LANOUE**. V. NOMS PROPRES.

LANSKENET, subs. masc. V. LANSQUE-
NET.

LANSPEÇAT, subs. masc. V. ANSPESSADE.

LANSPESSADE, subs. masc. V. ANS-
PESSADE.

LANSQUENET (lansquenets), subs.
masc. (F), ou LANDSKNECTE, comme l'écrit
AUDOUIN, ou landsquenet suivant GANEAU,
ou LANSKENET, comme l'emploie BRANTOME
(1600, A). — Les Lansquenets furent, dans
le principe, des SERFS attachés aux BANDES de
REITRES. Chacun de ceux-ci avait son Lansquenet, c'est-à-dire son GOUJAT, son PALE-
FRENIER, qui le suivait à pied à la GUERRE;
il en fut ainsi tant que la CHEVALERIE ou les
COMPAGNIES D'ORDONNANCE formaient, dans
presque toute l'EUROPE, le fonds des ARMÉES;
ces Lansquenets n'avaient d'autres ARMES
qu'un COUSTEL ou une mauvaise pique, ou
un HACHEREAU; ils n'avaient point de rondelle, comme les HOMMES DE PIED, à qui ils
avaient affaire. — Quand l'INFANTERIE prit
faveur, ces Lansquenets dépaysés par la

GUERRE, habitués à la voir faire, peu sou-
cieux de reprendre les chaînes de leur ser-
vage, et surtout avides de BUTIN, se jetèrent
aux COMPAGNIES D'AVENTURIERS, formèrent
des corps de RIQUIERS, qui furent une sorte
de dédoublement des reitres. Ces ramas de
bandits que vomissait l'ALLEMAGNE, et surtout les CERCLES peu distants du Rhin, se
rendirent célèbres par leur valeur féroce et
par leur soif du PILLAGE. — Des CORPS de
cette espèce ont servi en FRANCE. — Depuis
le règne de CHARLES HUIT, en 1486, jusqu'à
HENRI QUATRE, c'étaient des TRABANS réunis
en TROUPES nommées BANDES, BANDES NOIRES,
ENSEIGNES; ils s'engageaient, à prix débattu,
à servir les gouvernements ou les partis qui
les payaient le mieux. Ces FANTASSINS, supérieurs comme HOMMES DE GUERRE à l'INFANTE-
RIE FRANÇAISE, étaient moins estimés que
l'INFANTERIE FRANCO-SUISSE dont ils imitaient
la manière de COMBATTRE; mais ils étaient
plus vigoureux et d'une plus haute stature.
— Des Lansquenets ont été, en 1543, la
tige de la MILICE SUÉDOISE. — BÉNETON (1742,
A) tire leur nom de lanzknect, serviteurs
armés de la lance; de ce même mot serait
aussi venu LAQUAIS, synonyme de SOLDAT,
suivant quelques opinions. — Le terme
Lansquenet est une corruption de l'ALLE-
MAND *lands-knecht*, composé de *land*,
terre ou pays, et de *knecht*, serviteur ou
valet. Les ALLEMANDS donnaient aussi à ces
TROUPES MERCENAIRES la dénomination de
kriegs-knecht, serviteur de guerre. C'é-
taient des ROTURIERS RECRUTÉS par des seigneurs dans l'arrondissement des villes con-
fédérées des pays d'outre-Rhin : ils ven-
daient leur épée et leur sang à la manière
des AVENTURIERS; ils paraissent dans la MI-
LICE FRANÇAISE, sous le règne de CHARLES
HUIT, qui en soldait six mille; ils ont surtout figuré dans nos dissensions religieuses.
Quand la FRANCE ne soldait pas de SUISSES,
son ARTILLERIE était confiée à la garde des
Lansquenets, comme le témoigne DANIEL
(1721, A). — BRANTOME (1600, A) rapporte
qu'au siège de Pampelonne (PAMPELUNE),
sous le roy Jean (Jean trois d'Albret,
1512), *la police lui fist commandement
(à Bayard) d'aller prendre un chasteau.
Bayard fist commandement aux Lansquenets sous la conduite de Suffolck,
Anglais, qu'ils allassent à l'assaut, qui
firent response qu'ils n'iroient point qu'ils
n'eussent double paye, etc. Ils étoient là
quatre mille Lansquenets.* — Des Lansquenets COMBATTENT dans la même année à
RAVENNES. — BRANTOME parle d'un corps de
huit mille Lansquenets que commandait un
COLONEL, et qui étaient au service de Louis

DOUZE. — A MARIGNAN, dit le même auteur, Claude de Lorraine, duc de Guise, était COLONEL de six mille Lansquenets. D'autres historiens disent qu'il en était le CAPITAINE GÉNÉRAL. — Au siége de METZ, en 1552, le duc d'ALBE s'approcha pour en FAIRE RECONNAISSANCE à la tête d'un RÉGIMENT DE LANSQUENETS. — A une revue passée par HENRI DEUX en PICARDIE, en 1558, vingt mille Lansquenets font partie de l'ARMÉE FRANÇAISE. Ils avaient CASQUE et CUIRASSE noirs. Ils marchaient au son de tambours de cuivre; du moins on est autorisé à le supposer d'après ce que DANIEL (1721, A) dit des TAMBOURS. — A la bataille d'IVRY, il se voyait des CORPS de Lansquenets dans l'une et dans l'autre ARMÉE. — Les Lansquenets étaient des TROUPES pillardes, féroces, qui se mutinaient à la moindre interruption que le SERVICE de la SOLDE éprouvait; ces STIPENDIAIRES étaient toujours prêts à trahir les gouvernements qui les soudoyaient, ou à se rendre aux ENNEMIS s'ils en espéraient un traitement meilleur. En mille occasions ils se livrèrent à tous les forfaits. BRANTOME (1600, A) raconte froidement, et comme chose connue et accoutumée, que, au SAC de ROME, en 1527, les Lansquenets du COLONEL Fronsperg se paraient de bandoulières formées de membres virils; mais que si ce chef *n'eût été retenu malade à Ferrare, cela, peut-être, eût été pis, car il avait fait fabriquer une chaîne d'or pour pendre le pape.* — Tel était le ramas de BANDITS que commandait le connétable de BOURBON, et que vomissait l'ALLEMAGNE en ces temps de fanatisme, d'ignorance et de barbarie. BRANTOME ajoute : *On a dit et escrit que tel soldat allemand et capitaine se trouva qui avoit une chaîne, et la portoit enfilée de soixante et dix testicules de prêtres. En nos guerres civiles, s'en sont aussi trouvés plusieurs qui en ont porté de telles.* — On lit dans les Mémoires de DUBELLAY (1555, A): *Les Lansquenets ayant à leur tête le comte de Guise, passèrent les premiers, après avoir baisé la terre, selon la coutume qui s'observe régulièrement parmi eux, lorsqu'ils vont au combat.* — On voit par cet acte de superstition que ces luthériens professaient rigidement leur religion: du reste ils répandaient aussi volontiers le sang des calvinistes que des catholiques, suivant que c'était un parti ou l'autre qui les achetaient. — Il courait parmi eux ce dicton : Un Lansquenet, repoussé du paradis par saint Pierre, n'avait pas pu avoir accès en enfer, parce que sa turbulence avait fait peur au diable. — L'usage de solder des Lansque-

nets disparaît depuis HENRI QUATRE. — Le jeu de cartes nommé Lansquenet, le substantif CANAPSA, encore en usage dans le siècle dernier, le mot HAVRE-SAC, aujourd'hui si usité, étaient ou sont des traces de l'existence des Lansquenets. — Les écrivains qui peuvent être consultés à l'égard des Lansquenets sont : AUDOUIN, BENETON (1742, A), CARRÉ (1785, E), M. le colonel CARRION (1824, A), DANIEL (1721, A), DESPAGNAC (1751, D), DUANE (1810, E, au mot *Infanterie*), ENCYCLOPÉDIE (1785, C), LACHESNAIE (1758, I), MAIZEROY (1767, E), RAY DE SAINT-GENIES (1755, A), SERVAN (1780, B), le *Journal des Sciences militaires* (1834, p. 226), le *Spectateur militaire* (t. XVII, p. 614).

LANSSOT, subs. masc. V. DARD. V. JAVELINE. V. LANCE. V. STILET.

LANTERI. V. NOMS PROPRES.

LANTERNE, subs. fém. V. A L.... V. CABINET D'ARMES. V. FEU D'ÉCLAIRAGE.

LANTERNE A MITRAILLE. V. A MITRAILLE. V. MITRAILLE.

LANTERNE A POUDRE (G, 2), OU CHARGEOIR, OU CUILLER A POUDRE, OU CUILLER A CHARGER, suivant GANEAU, au mot *Lanterne*. Le mot Lanterne dérive du LATIN *laterna*, employé par analogie à la forme cylindrique d'une Lanterne : il est le nom d'un instrument, ou d'une espèce de grande cuiller de cuivre, à long manche, qui servait à introduire la POUDRE dans les MORTIERS et dans les CANONS d'un calibre supérieur à celui de douze, et qu'on ne chargeait pas à GARGOUSSES. — On s'en est servi jusqu'au milieu du dix-huitième siècle. DESPREZ (1735) en donne l'image.

LANTERNE D'ÉCU. V. BOUCLIER. V. CABINET D'ARMES. V. ÉCU.

LANZA, subs. fém. V. CONSCRIPTION. V. MILICE.

LAON; **LAPALICE**; **LAPÈNE**; **LAPENÉ**; **LAPEYRONIE**. V. NOMS PROPRES.

LAPIDATION, subs. fém. (F). Mot tout LATIN, exprimant un CHATIMENT MILITAIRE, une EXÉCUTION A MORT; cette peine était pratiquée dans la milice romaine, quand le CONSUL ou le TRIBUN l'ordonnait; elle l'était dans la MILICE GRECQUE à l'égard des DÉSERTEURS. — Ce SUPPLICE usité en FRANCE au temps de la PREMIÈRE RACE, est passé d'usage ensuite. — En 570, Sigebert, roi d'Austrasie, combattant aux environs de Chartres son frère Chilpéric premier, roi de France, réprime une sédition de son infanterie, en faisant périr sous une grêle de PIERRES les révoltés; du moins des historiens le disent; mais ces temps sont les ténèbres de notre histoire.

LAPORTERIE. v. LAPRUGNE.

LAPSANE, subs. fém. v. NOURRITURE. v. NOMS PROPRES.

LAQUAIRE, subs. masc. v. ARME A TACS.

LAQUAIS, subs. masc. (F), ou ALACAYS, ou ALAGUÈS, ou HALAGUÈS suivant BRANTOME (1600, A), ou ALLAQUAIS, ou LACAIS, ou LACAY, ou LACAYS, ou LACQUAIS, ou LACQUET suivant Lobineau, ou LAQUET, ou NAQUET. Ce dernier mot s'était conservé pour signifier valet de paume ou marqueur du jeu de balle. — Les LACAYS ou LAQUETS, suivant GANEAU, étaient des troupes du duc de Bretagne. — CARPENTIER prend ces substantifs comme synonymes d'ARBALÉTRIERS, d'ARCHERS ou de GENS DE GUERRE. — ROQUEFORT regarde les termes ALLAGUE ou ALLAGUAIS comme s'étant pris pour Laquais, et il les dérive du LATIN *laqueator*, qu'il traduit par ARCHER ou ARBALÉTRIER, quoique *laqueator* n'ait jamais signifié ARCHER. Ce même écrivain (1855), ou l'ouvrage que la librairie lui attribue et qui n'est pas de lui, ne reproduit plus ces opinions, il se contente d'y témoigner combien est incertaine l'étymologie du mot. — L'étymologie commune à ces expressions de formes si diverses, et pourtant d'acception analogue, est mal connue; elle est basque ou ESPAGNOLE suivant les ALLEMANDS; suivant WACHTER, elle signifie coureur; l'ENCYCLOPÉDIE (1751, C, au mot *Dictionnaire*) tourne en dérision l'opinion de ceux qui avancent que Laquais vient de *verna*, changé en *vernacula*. — GÉBELIN tire l'expression de l'ORIENTAL *lacq*, envoyer. — Fauchet (1600) dit que les pages *estoient nobles enfants qui suivoient leurs maistres: il y a cent ans que les pages vilains, allant à pied, ont commencé d'être nommés laquets et naquets.* — On a supposé avec aussi peu de fondement que le mot venait de LANSQUENET. — On lit dans BRANTOME (1600, A): *Avant ce nom aventurier pratiqué, aucuns* (quelques-uns) *appeloient les soldats Laquais, et plus anciennement allaquais, c'est-à-dire gens à pied, allant et marchant près de leur capitaine, comme aujourd'hui nous appelons ceux qui vont en devant ou après nous, Laquais.* — MONSTRELET dit, en parlant du massacre de Vassi, ordonné par François de GUISE, que *ses officiers, pages et lacquais commencèrent le jeu,* etc. Mais ici OFFICIERS et Laquais, etc., signifient DOMESTIQUES de la maison, bien plutôt que SOLDATS attachés à la personne du duc. — Quelle que soit la souche du terme, nous ne doutons pas qu'à l'origine des ARMES A FEU ceux qui étaient chargés de les porter sur leur dos n'aient été des allagués; de là l'application de Laquais dans le sens de valet. — Le terme Laquais et ceux qui y correspondent paraissent avoir donné primitivement l'idée d'un homme à gages qui était moitié DOMESTIQUE, moitié SOLDAT, comme les ESTAFIERS d'ITALIE; c'était une seconde classe de DOMESTIQUES D'ÉPÉE ou de GARDES DU CORPS; les PAGES étaient la première classe. Ces valets armés sont devenus ensuite les porte-épées de leurs maîtres, leurs sbires, leurs assassins à gages. — Les PAGES et Laquais de la NOBLESSE étaient comme inséparables dans les séditions émues par des grands SEIGNEURS. Ces mots sont associés fréquemment aux seizième et dix-septième siècles dans les registres du parlement, pour désigner les boutefeu, les acteurs principaux des scènes de désordre dont Paris était le théâtre. Les PAGES étaient les instigateurs et les guides; les Laquais étaient les hommes de main. — On peut consulter à l'égard des Laquais : BOREL (Pierre) (au mot *Laquet*), M. DULAURE, LACHESNAIE (1758, I, au mot *Lacay*) et le *Dictionnaire de la Conversation.*

LAQUET, subs. masc. v. LAQUAIS. v. PAGE.

LARCHIER, subs. masc. v. ARCHER.

LARCIN, subs. masc. v. MILICE ROMAINE Nº 9. v. VOL.

LARD SALÉ. V. RATION DE L... V. SALAISON. V. SALÉ.

LARDER (verb. act.) un SAUCISSON. V. SAUCISSON DE SAPE.

LAREYNIÈRE. v. NOMS PROPRES.

LARGE, adj. v. PANTALON L... V. SOLERET L...

LARIGAUD, subs. masc. v. ARIGOT.

LARIGOT, subs. masc. v. ARIGOT.

L'ARME A GAUCHE. V. A GAUCHE. V. ARME A GAUCHE. V. CHARGE EN DOUZE TEMPS. V. COMMANDEMENT MIXTE.

L'ARME A VOLONTÉ. V. A VOLONTÉ. V. ARME A VOLONTÉ. V. COLONNE DE ROUTE. V. COMMANDEMENT MIXTE. V. MARCHE DE BATAILLON PAR LE FLANC. V. MARCHE PAR LE FLANC. V. METTRE L'A...

L'ARME AU BRAS. V. ARME AU BRAS. V. ARME SUR L'ÉPAULE DROITE. V. AU BRAS. V. COMMANDEMENT GÉNÉRAL. V. COMMANDEMENT MIXTE. V. DISPOSITION CONTRE LA CAVALERIE. V. MARCHE PAR LE FLANC. V. METTRE L'A... V. PATROUILLE. V. SERREMENT DE RANGS.

L'ARME AU PIED. V. ARME AU PIED. V. AU PIED. V. COMMANDEMENT VOCAL.

L'ARME SOUS LE BRAS GAUCHE. V. ARME SOUS LE BRAS GAUCHE. V. COMMANDEMENT MIXTE. V. PASSER L'A... V. SOUS LE BRAS GAUCHE.

LAROCHE ; LAROCHE-AYMON ; LAROCHE-BARNAUD ; LAROCHELLE ; LAROQUE ; LARREY ; LASAUS-

SAYE; LASAUVAGÈRE; LASCAZES; LASCY. v. NOMS PROPRES.

LASSES, subs. masc. v. ARME A LACS.

LATÉRAL (latérale), adj. v. CORNE L... v. COURROIE L... v. FORMATION L...

LATIN (latine), adj. v. LANGUE L...

LATIN, subs. **LATOUR; LATOUR D'AUVERGNE; LATOUR-DUPIN; LATOUR - FOISSAC; LATOUR - MAU- BOURG; LATRAN; LATREILLE; LA- TRILLE.** v. NOMS PROPRES.

LATRINES, subs. fém. plur. (term. gé- nér.). Mot analogue au bas LATIN *latrina*, *latrinæ* ou *lavatrinæ*, qu'on retrouve dans VARRON; c'était, suivant l'ENCYCLOPÉDIE (1751, C), le lieu où les esclaves allaient, à l'extérieur des maisons, déposer les or- dures, et où ils lavaient les vases qui les avaient contenues. Le mot en est resté dans l'ITALIEN *laterina*, ce qui a donné à croire qu'il signifiait lieu situé à côté, ou, suivant GÉBELIN, qu'il venait du verbe LATIN *latere*, cacher. — Il sera seulement question ici des LATRINES DE CAMP et des LATRINES DE CASERNE.

LATRINES de CAMP (E, 1). Sorte de LA- TRINES mentionnées, depuis 1755 (17 FÉ- VRIER), dans les RÈGLEMENTS DE CAMPEMENT; à cet égard, ils prescrivent des règles de voi- ries trop souvent négligées; ainsi ils vou- laient qu'un clayonnage ou une feuillée les entourât; qu'elles fussent comblées et re- faites de nouveau tous les huit jours; que la SENTINELLE de la GARDE DU CAMP observât comme CONSIGNE de ne laisser aller aux La- trines les PRISONNIERS que sous l'escorte d'un SOLDAT armé, etc., etc. — L'INSTRUCTION DE 1809 (11 OCTOBRE) plaçait les LATRINES DE SOLDATS à cent dix mètres en avant du centre du FRONT DE BANDIÈRE de chaque BATAILLON campé; elles étaient ainsi à la hauteur de la TENTE des PRISONNIERS; les Latrines des OF- FICIERS au contraire étaient à cinq mètres en arrière du centre de la ligne des TENTES des OFFICIERS SUPÉRIEURS. — L'ORDONNANCE DE 1832 (5 MAI, art. 41, 42) déterminait les règles à suivre. — De nos jours, les Latrines des camps d'instruction prussiens sont environ- nées de cloisons en toile. — Des détails sur ce sujet se trouvent dans le *Journal de l'Armée* (t. IV, p. 540).

LATRINES de CASERNE (C, 2; G, 5). Sorte de LATRINES dont les MEMBRES DU CORPS DU GÉNIE ont commencé à reconnaître, depuis 1824, les imperfections, comme le témoigne leur *Mémorial* (1824, n° 4); ils donnent enfin à cette partie une attention qu'on avait vainement réclamée depuis qu'il existe des CASERNES. Ce journal nomme LATRINES à la turque, celles de nouveau modèle, ayant le siége en dallage et non en bois, etc. — En

1855, un moyen de désinfecter les Latrines était pratiqué dans la CASERNE du quai d'Or- say, à Paris, à l'instar d'un procédé pareil déjà employé dans plusieurs casernes de province. Cette méthode, inventée par le cé- lèbre Darcet, consiste à pratiquer un tuyau d'appel qui prend air dans un corps de che- minée où il est fait du feu.

LATRINES de PARALLÈLES. v. PARALLÈLE.

LATRINES de SOLDATS. v. LATRINES DE CAMP. V. SOLDAT.

LATRINES d'OFFICIERS. V. LATRINES DE CAMP. V. OFFICIER.

LATRON (latrons), subs. masc. (F). Mot par lequel JABRO (1777, G) traduit le LATIN *latro, latrones*, qui se rapporte au temps des EMPEREURS, et qui signifiait, dans la mi- lice BYSANTINE, SOLDATS, GARDES DU CORPS, GARDES DE LA MANCHE, SATELLITES; mais le mot remonte à une antiquité bien plus haute. — Par analogie, on appelait *latro- nes, latrunculi*, petits soldats, comme le témoignent GANEAU et l'ENCYCLOPÉDIE (1751, C), les PIONS ou dames des jeux analogues à celui des échecs. — Les éclaircissements donnés par les ÉCRIVAINS sur ce genre d'IN- FANTERIE, qui répond au temps de la déca- dence des LÉGIONS, sont peu satisfaisants; la similitude qui se trouve entre *latrones*, MI- LITAIRES D'ÉLITE, et *latrones*, voleurs, est difficile à expliquer. — Des étymologistes disent que *latrocinium*, fonction ou SERVICE DE SOLDATS, vient du substantif inusité *late- rocinium*. — Dans le même esprit JABRO (1777, G) pense que *latrones* était dérivé de *à latere*, qui se tient à côté de l'EMPEREUR; cet AUTEUR est persuadé que les CORPS ainsi nommés étaient des troupes de confiance, des CORPS PRIVILÉGIÉS, et non pas des suivants ou des DOMESTIQUES armés, comme quelques- uns l'ont cru. — Le livre des Rois (liv. II, ch. 4) dit que le fils de Saül avait près de lui deux capitaines de Latrons : *Viri prin- cipes latronum erant filio Saül.* — Plaute témoigne que le service dont s'acquittaient les Latrons s'appelait *latrocinatum*, etc., témoins ces phrases : *Qui apud regem in latrocinio fuisti, stipendium acceptasti.* Toi qui as servi dans la GARDE ROYALE, tu en as accepté le salaire. *Ibit latrocinatum in Asiam, aut in Siciliam;* le corps des La- trons se rendra ou en ASIE ou en SICILE. Ce même ÉCRIVAIN dit (in milit.) : *Rex senecus me opere oravit maximo ut sibi latrones cogerem et conscriberem;* le roi m'a bien engagé à lever pour son service une cons- cription de Latrons. — AMMIAN MARCELLIN appelle *latrocinalia castra*, les CAMPS PAS- SAGERS ou STABLES de ce genre de troupes, et *latrocinales globi*, leurs COHORTES.

LATTE, subs. fém. V. SABRE.

LATTES, subs. fém. plur. V. CACHOT. V. MILICE HESSOISE. V. MILICE PRUSSIENNE N° 9.

LATTRÉ. V. NOMS PROPRES.

LAUBEPIN. V. NOMS PROPRES.

LAUDANUM. V. CAISSE DE PHARMACIE. V. CHIRURGIEN DE CORPS.

LAUDON; LAUFFELOT; LAURENS; LAURENTIUS; LAURIÈRE; LAUTENSACK; LAUTERBACK; LAUTHER; L'AUTREC; LAUVERGNE; LAUZUN; LAVALLE; LAVALLÉE; LAVALLIÈRE; LAVATER. V. NOMS PROPRES.

LAVAGE (subs. masc.) DE CANON DE FUSIL. V. CANON D'ARME PORTATIVE. V. CANON DE FUSIL. V. COUP DE FUSIL. V. LAVOIR.

LAVER, verb. act. V. A L... V. LAVOIR.

LAVERGNE; LAVERNE. V. NOMS PROPRES.

LAVOIR, subs. masc. (C, 3). Ce mot, dont l'origine est LATINE, exprime, comme le témoigne M. le général COTTY, une BAGUETTE A LAVER les CANONS des PETITES ARMES. Elle est ordinairement en fer, à poignée, et fendue en aiguille; au besoin, c'est une simple baguette de bois.

LAVRILLIÈRE. V. NOMS PROPRES.

LAY, adj. V. FRÈRE L... V. MOINE L... V. RELIGIEUX L...

LAYBACH; LAZARO; LAZERME. V. NOMS PROPRES.

LEBEAU; LEBÈGUE; LEBER; LEBLANC; LEBLOND; LE BOUCHER; LE BRETON; LEBRIGANT; LEBRUN; LECHUGA; LECLERC; LÉCLUSE; LECOMTE. V. NOMS PROPRES.

LE CHIEN AU REPOS, interj. V. CHIEN AU REPOS. V. COMMANDEMENT MIXTE. V. FEU D'INFANTERIE. V. MANIEMENT D'ARMES.

LEÇON d'ARMES. V. ARMES. V. ÉCOLE D'ESCRIME. V. ESCRIME.

LEÇON DE DANSE. V. DANSE. V. ÉCOLE D'ESCRIME.

LEÇON DE MUSIQUE. V. CHEF DE MUSIQUE. V. MUSIQUE.

LEÇON d'ESCRIME. V. ÉCOLE D'ESCRIME. V. ESCRIME.

LEÇON d'EXERCICE. V. BRELOQUE. V. ÉCOLE DE BATAILLON. V. EXERCICE. V. EXERCICE TACTIQUE. V. INSTRUCTEUR. V. MANIEMENT D'ARMES. V. PORT D'ARMES. V. TÈTE A DROITE.

LECTURE, subs. fém. V. CLASSE DE L... V. ÉCOLE DE L... V. SALLE DE L...

LECTURE d'ACTE DE CONDAMNATION. V. ACTE DE CONDAMNATION. V. AVERTISSEMENT JURIDIQUE. V. BAN DE PUBLICATION.

LECTURE DE CODE PÉNAL. V. CODE PÉNAL.

LECTURE DE DEVOIRS DE CAPORAL. V. CAPORAL D'INFANTERIE FRANÇAISE DE LIGNE N° 13. V. DEVOIR DE CAPORAL. V. OFFICIER DE SECTION.

LECTURE d'ORDRE DU JOUR. V. ADJUDANT-MAJOR DE SEMAINE N° 1. V. APPEL DE SOUPE. V. CERCLE D'ORDRE. V. ORDRE DE CORPS. V. ORDRE DU JOUR.

LEDEIST; LEDRAN; LEDUCHAT; LEFÉBURE; LEFEBVRE; LEFÉRON; LEFÈVRE; LEFREN. V. NOMS PROPRES.

LÉGAL (légale), adj. V. ARRÊTÉ L...

LÉGAT CONSULAIRE. V. CONSULAIRE, adj. V. MILICE ROMAINE N° 9. V. TRIBUN.

LÉGAT DE LÉGION. V. LÉGION. V. LÉGION ROMAINE N° 6. V. PRÉFET DE LÉGION.

LÉGAT DU PRÉTOIRE. V. MILICE ROMAINE N° 2, 9. V. PRÉTOIRE.

LÉGAT IMPÉRIAL. V. IMPÉRIAL. V. LIEUTENANT GÉNÉRAL N° 2.

LÉGENDE (subs. fém.) DE BOUTON. V. ATTRIBUT DE BOUTON. V. BOUTON. V. BOUTON A ATTRIBUTS.

LEGENDRE. V. NOMS PROPRES.

LÉGER (légère), adj. V. A LA L... V. ARMÉ L... V. ARMÉ A LA L... V. ARMURE A LA L... V. ARMURE L... V. ARTILLERIE L... V. BATAILLON L... V. CAVALERIE L... V. CAVALIER L... V. CHEVAU-L... V. COMPAGNIE L... V. CORPS L... V. COULEVRINE L... V. DRAGON L... V. DEMI-L... V. FANTASSIN L... V. FAUTE L... V. INFANTERIE L... V. MALADIE L... V. OBUSIER L... V. OUVRAGE L... V. PIÈCE L... V. RÉGIMENT L... V. SOLDAT L... V. TROUPE L...

LÉGERS ALIMENTS, subs. masc. plur. (D, 2). ALIMENTS D'HOPITAL qu'on distribue extraordinairement; ils consistent en œufs, pruneaux, LAIT simple, BOUILLIE AU LAIT, PANADE, RIZ AU GRAS, RIZ AU LAIT; ils ne peuvent être ordonnés par supplément qu'en une espèce seulement, et aux MALADES qui, étant au régime gras, sont à la DEMI-PORTION ou au-dessous.

LÉGION, subs. fém. V. BATAILLON DE L... V. CAPORAL DE L... V. CAPITAINE DE L... V. CHEF DE L... V. COLONEL DE L... V. COMPAGNIE DE L... V. COMPOSITION DE L... V. DÉNOMINATION DE L... V. DROITE DE L... V. ENSEIGNE DE L... V. FORCE DE L... V. FRONT DE L... V. GÉNÉRAL DE L... V. GRENADIER DE L... V. LÉGAT DE L... V. LIEUTENANT DE L... V. OFFICIER DE L... V. PROFONDEUR DE L... V. PUNITION DE L... V. SERGENT DE L... V. SOLDAT DE L... V. SUBORDINATION DE L... V. TACTIQUE DE L... V. TAMBOUR DE L... V. TRIBUN DE L...

LÉGION
- FRANÇAISE
  - D'HONNEUR.
  - LÉGION
    - DE FRANÇOIS PREMIER.
    - DE HENRI DEUX.
    - DE LOUIS QUINZE.
    - DÉPARTEMENTALE.
    - D'ÉTRANGERS.
- ROMAINE.

LÉGION (term. génér.). Mot tout LATIN dérivé du verbe *legere, eligere,* choisir; au temps de la république les LÉGIONS ROMAINES étaient formées d'hommes choisis par les CONSULS. — Au MOYEN AGE le terme caterve représentait à peu près le mot Légion. — On a appelé Légions, des TROUPES qui servaient PHILIPPE AUGUSTE et des compagnies de MILICES COMMUNALES; mais, en ce cas, l'application du terme rendait mal l'idée à exprimer. — Dans le sens ordinaire une Légion est un cadre ou un CORPS de troupes qui renferme plusieurs armes sous des OFFICIERS à plusieurs attributions, comme cela se voyait dans la MILICE ROMAINE; cependant il y a eu des Légions composées uniquement d'HOMMES A PIED, et d'autres, uniquement, d'HOMMES DE CHEVAL. — L'expression Légion ne se rapporte pas sans quelques exceptions à la COMPOSITION d'une ARMÉE, puisque la LÉGION D'HONNEUR est une AGRÉGATION où sont admissibles des personnages de l'ordre civil et militaire, et même des étrangers.— Le terme sera distingué ici en LÉGION A DEUX BATAILLONS, — A QUATRE BATAILLONS, — A TROIS BATAILLONS, — ALLIÉE, — BATAVE, — BELGE ; — DE CHASSEURS, — DE GARDE NATIONALE, — DE GENDARMERIE, — DE HOHENLOHÉ, — DE LA LOIRE, — DE LA VISTULE, — DE MAILLEBOIS, — DE MARTIOBARBULES, — DE POLICE, — DE RÉSERVE, — DE ROSENTHAL, — DE SAXE, — DES ALPES, — DES ARDENNES, — DES FRANCS, — DES GRASSINS, — DES MONTAGNES, — D'ÉTRANGERS, — D'HONNEUR, — D'INFANTERIE, — D'INFANTERIE LÉGÈRE, — DU NORD, — ÉTRANGÈRE, — FRANÇAISE, — FRANCHE, — FRANCO-ÉTRANGÈRE, — HANOVRIENNE, — ITALIQUE, — LIÉGEOISE, — PIÉMONTAISE, — POLONAISE, — PORTUGAISE, — PRÉTORIENNE, — ROMAINE, — ROYALE ÉTRANGÈRE.

LÉGION A DEUX BATAILLONS. V. A DEUX BATAILLONS. V. BATAILLON DE CHASSEURS. V. LÉGION DÉPARTEMENTALE.

LÉGION A QUATRE BATAILLONS. V. A QUATRE BATAILLONS. V. BATAILLON DE CHASSEURS. V. LÉGION DÉPARTEMENTALE.

LÉGION A TROIS BATAILLONS. V. A TROIS BATAILLONS. V. AIDE-CHIRURGIEN N° 1. V. ADJUDANT D'INFANTERIE FRANÇAISE DE LIGNE N° 3.

V. BATAILLON DE CHASSEURS. V. LÉGION DÉPARTEMENTALE.

LÉGION ALLIÉE. V. ALLIÉ, adj. V. LÉGION ROMAINE N° 2.

LÉGION BATAVE. V. BATAVE, adj. V. LÉGION FRANÇAISE. V. PANTALON. V. RECRUTEMENT. V. TIRAILLEUR.

LÉGION BELGE. V. BELGE. V. COMPAGNIE DE CARABINIERS. V. INFANTERIE LÉGÈRE N°4. V. LÉGION FRANÇAISE. V. MILICE BELGE. V. PANTALON. V. RECRUTEMENT. V. TIRAILLEUR.

LÉGION CONSULAIRE. V. CONSULAIRE. V. LANGUE LATINE. V. LÉGION ROMAINE N° 3. V. MANIPULE N° 3. V. RÉSERVE DE BATAILLE.

LÉGION DE CHASSEURS. V. CHASSEUR. V. CORNET IDIOPLIQUE N° 3. V. LÉGION DÉPARTEMENTALE.

LÉGION (légions) de FRANÇOIS PREMIER (F). Sorte de LÉGIONS FRANÇAISES dont la création tenait à une grande pensée. Cet essai d'ORGANISATION d'une INFANTERIE régulière et nationale l'emportait de beaucoup sur le mode de COMPOSITION jusque-là suivi. L'idée était empruntée de MACHIAVEL (1510, A), si ce n'est que le secrétaire de Florence réglait suivant le système décimal le nombre des BANDES dont il composait les légions. — FRANÇOIS PREMIER, fatigué de recourir aux COMPAGNIES D'AVENTURE, et de dépendre des étrangers qui depuis LOUIS ONZE composaient presque toute l'INFANTERIE FRANÇAISE, institua sept légions LEVÉES chacune dans l'arrondissement d'une province; MONTLUC (1535, A) et DUBELLAY (1575, A) rapportent à l'année 1534 (24 JUILLET) cet événement; c'est effectivement la date d'une ordonnance touchant leur HABILLEMENT, etc. — Ces Légions modelées en quelque chose sur celles des ROMAINS, en différaient en beaucoup de points; elles comprenaient chacune six BANDES de mille hommes partagées en deux DIVISIONS et en quarante ESCADRES. — Les Légions n'étaient que d'INFANTERIE; quatre OFFICIERS D'ADMINISTRATION, sous le nom de FOURRIERS, y étaient attachés; deux ENSEIGNES ou DRAPEAUX étaient donnés à chaque BANDE; des TABOURINS (TAMBOURINS) et des FIFRES en faisaient partie; c'est la première ordonnance qui fasse mention d'INSTRUMENTS et de TAM-

BOURS, d'INSTRUMENTISTES et de SERGENTS. — Les CAPITAINES des Légions étaient au choix du ROI, mais ces OFFICIERS nommaient, depuis le CAP D'ESCOUADE jusqu'au LIEUTENANT inclus, tous leurs subordonnés. — Chaque Légion était sous les ordres d'un CAPITAINE-COLONEL, c'est-à-dire premier parmi les CAPITAINES de la Légion ; il avait à ce titre paye de CAPITAINE et paye de COLONEL, c'est-à-dire une paye une fois plus forte que ses collègues. — La DÉSERTION DES OFFICIERS était un cas prévu et assimilé au crime de lèse-majesté. — Les SOLDATS admis dans les Légions étaient exempts de l'impôt nommé TAILLE; l'EXTRAORDINAIRE DES GUERRES pourvoyait à leur entretien ; l'existence et la SOLDE DE MORTE PAYE étaient assurées à ceux qui vieilliraient au SERVICE ; des RÉCOMPENSES étaient promises à ceux qui recevraient des BLESSURES à la GUERRE; des LETTRES DE NOBLESSE étaient la perspective du simple soldat qui, de faction (fonction) en faction, de grade en grade, obtiendrait celui de LIEUTENANT. — Les Légions devaient être formées de deux ARMES OU HABILLEMENTS en nombre inégal, savoir : les PIQUIERS ou les HALLEBARDIERS et les ARQUEBUSIERS ; ces derniers étaient comme les ARMÉS A LA LÉGÈRE ou les ESCARMOUCHEURS de la TROUPE ; ils ne formaient qu'un cinquième de la force de la COMPAGNIE des BANDES; leurs ARQUEBUSES A FEU étaient encore bien imparfaites et ils n'étaient appelés qu'à un rôle très-secondaire. — C'était autant d'innovations majeures. On trouve dans les Légions une sage combinaison de GRADES, le germe de la NOBLESSE MILITAIRE du dernier siècle, la pensée des RÉMUNÉRATIONS modernes de l'ARMÉE FRANÇAISE, le projet d'une CONSCRIPTION provinciale, la signature royale des BREVETS, et quelque chose d'analogue à la VÉTÉRANCE, AUX PENSIONS DE RETRAITE, à l'ADMISSION AUX INVALIDES. — Mais le roi chevalier manqua de persévérance, d'esprit d'ordre et de précautions administratives, car ces qualités-là n'étaient pas celles des chevaliers et du siècle. On a coloré son inconstance en accusant les chefs de mutineries, les troupes d'indiscipline, et les provinces d'une zizanie qui paralysa les LEVÉES. — Quelles qu'en soient les vraies causes, le projet fut plus grand que profitable; la création des Légions s'ébaucha à peine par l'incorporation des restes des BANDES DES AVENTURIERS ; les CORPS, incomplètement rassemblés, furent licenciés en 1536, et le monarque en revint à l'usage si défectueux des BANDES de trois à quatre cents hommes, qu'on voit s'éteindre plus tard à la création des LÉGIONS DE HENRI DEUX et des RÉGIMENTS qui les remplacèrent.

—DELANOUE (1559, A) peut être consulté touchant l'organisation des Légions. — On a regardé comme identiques les BANDES NOIRES et les Légions; nous ne partageons pas ce sentiment.

LÉGION de GARDE NATIONALE. V. GARDE NATIONALE.

LÉGION de GENDARMERIE. V. GENDARMERIE. V. GENDARMERIE DE POLICE Nº 1, 3. V. MILICE HAITIENNE.

LÉGION (légions) de HENRI DEUX (F). Sorte de LÉGIONS FRANÇAISES dont la création fut un nouvel essai du projet avorté sous FRANÇOIS PREMIER. — HENRI DEUX eut recours à cette ressource en 1558, avant Pâques, ayant perdu à SAINT-QUENTIN presque toute son INFANTERIE ; il voulait, suivant les termes de l'ORDONNANCE DE 1557 (22 MARS), *dresser et mettre sus une force de gens de pied*. — Les Légions de Henri devaient être de même force et de même nombre que celles de FRANÇOIS PREMIER, elles devaient être levées dans les mêmes provinces; mais au lieu d'être divisées chacune en six BANDES de mille HOMMES, elles se partageaient en quinze COMPAGNIES de quatre cents HOMMES chacune sous les ordres d'un capitaine alors nommé MESTRE DE CAMP. — Chaque COMPAGNIE DE LÉGION devait être commandée par un CAPITAINE, un LIEUTENANT, un ENSEIGNE, deux SERGENTS et huit CAPORAUX. L'un des sergents s'appelait sergent-major, ce qui équivalait à SERGENT DE BATAILLE. — Cette FORMATION donne lieu à plusieurs remarques ; ainsi le GRADE DE CAPITAINE commence à décroître, puisqu'il n'y en avait que six par LÉGIONS DE FRANÇOIS PREMIER, et qu'il y en a quinze par Légions de HENRI DEUX. On commence à appeler CAPORAUX les BAS OFFICIERS jusque-là appelés CAPS D'ESCOUADE. — Cette organisation eut peu de succès d'abord, si l'on en juge par la quantité de CORPS ÉTRANGERS que le roi passait en revue en PICARDIE en 1558. — DANIEL (1721, A) regarde les Légions de Henri comme ayant été la souche des régiments d'infanterie tenus sur pied dans les règnes suivants; cependant il paraît qu'une troupe qu'on nommait spécialement le RÉGIMENT D'INFANTERIE existait depuis 1552.

LÉGION de HOHENLOHE. V. HOHENLOHE. V. LÉGION FRANÇAISE. V. RÉGIMENT D'INFANTERIE FRANÇAISE Nº 1.

LÉGION de la LOIRE. V. LÉGION FRANÇAISE. V. LOIRE.

LÉGION de la VISTULE. V. ARMÉE FRANÇAISE Nº 4. V. CORPS ÉTRANGER. V. LÉGION FRANÇAISE. V. VISTULE.

LÉGION (légions) de LOUIS QUINZE (F). Sorte de LÉGIONS FRANÇAISES créées sous le ministère de d'ARGENSON, à l'instar de celle du maréchal de SAXE, nommée LÉGION DE SAXE. Ce corps de Saxe, composé d'ÉTRANGERS, est le premier qui, en France, ait fait usage d'OBUSIERS. — D'autres Légions, soit d'indigènes, soit de CORSES, soit d'ÉTRANGERS, ont été mis sur pied en 1743, 1744, 1745, 1756, 1757, 1761 ; elles étaient composées de CHASSEURS A PIED et A CHEVAL, d'autres de HUSSARDS, d'autres de CHEVAU-LÉGERS ; elles ont formé, pendant la GUERRE DE 1756, les six Légions nommées : royale, de Flandre, de Lorraine, de Condé, de Soubise, du Dauphiné ; leur force était de deux mille hommes, dont le tiers, seulement, de CAVALERIE. — Mais sans avoir le nom de Légions, d'autres corps en furent réellement aussi ; tels furent en 1745 les CHASSEURS DE FISCHER ; en 1745 les FUSILIERS de la Morlière, corps de sept cents hommes à pied et trois cents hommes à cheval ; en 1760, des RÉGIMENTS de HUSSARDS comprenaient de l'INFANTERIE. — L'ORDONNANCE DE 1765 (1er MARS) ne conserva que quatre Légions ; elle les composait de dix-sept COMPAGNIES, savoir : une de GRENADIERS, coiffés de BONNETS A POIL, huit de FUSILIERS et huit de DRAGONS coiffés de CASQUES de fer et décorés d'AIGUILLETTES. Cette ORDONNANCE donnait au COLONEL et au LIEUTENANT-COLONEL des ÉPAULETTES presque pareilles ; ces Légions s'appelaient royale, — de Condé, — de Flandre, — de Soubise. — Le chevalier de JAUCOURT, connu comme ÉCRIVAIN militaire, était COLONEL de la Légion de Flandre. — GRASSIN, PARTISAN célèbre, était COLONEL des Grassins formés en 1745, supprimés en 1749. — L'ORDONNANCE DE 1767 (25 AVRIL) coiffait de BONNETS A POIL les DRAGONS des Légions. — Sous le ministère de SAINT-GERMAIN il existait dans la COMPOSITION de l'ARMÉE FRANÇAISE sept Légions de formation pareille ; chacune d'elles comprenait trois cent quatre-vingt-dix-sept COMBATTANTS, dont deux cent trente-deux à cheval ; elles étaient de huit compagnies à cheval et de neuf à pied. — L'ORDONNANCE DE 1776 (25 MARS) supprima des Légions, en réorganisa d'autres. La CAVALERIE de la Légion de Conflans fut convertie en un RÉGIMENT DE HUSSARDS ; la CAVALERIE des autres Légions forma des ESCADRONS qui entrèrent, chacun, sous le nom de CHASSEURS, dans un RÉGIMENT DE DRAGONS. L'ORDONNANCE DE 1779 (29 JANVIER) retirait des DRAGONS ces CHASSEURS, qu'on appelait aussi CHEVAU-LÉGERS, et elle en formait SIX RÉGIMENTS DE CHASSEURS A CHEVAL. — Les Légions étaient coiffées d'un CHAPEAU A DEUX CORNES sous le ministère de M. DE SÉGUR. — Les Légions furent dédoublées par l'ORDONNANCE DE 1784 (8 AOÛT) ;

leur INFANTERIE forma les BATAILLONS DE CHASSEURS A PIED. Depuis cette époque la COMPOSITION de l'ARMÉE a compris d'une manière permanente l'INFANTERIE LÉGÈRE, et le système qui rappelait l'ancien MÉLANGE D'ARMES a perdu faveur ; il a repris crédit, il a été abandonné de nouveau. — Les AUTEURS qui ont traité de la question des Légions comme historiens, comme antagonistes, comme partisans de ce système, sont : AUDOUIN, BOISROGER (1773, G), DAUTHVILLE (1762, K), DELAROUE (1760, F), ENCYCLOPÉDIE (1785, C), MAURICE DE SAXE (1757, A), POTIER (1779, X), POULTINET (1786, B), SAINT-GERMAIN (1779, C).

LÉGION de MAILLEBOIS. V. MAILLEBOIS (Yves). V. NATATION.

LÉGION de MARTIOBARBULES. V. MARTIOBARBULE.

LÉGION de POLICE. V. LÉGION FRANÇAISE. V. GARDE DE PARIS. V. POLICE.

LÉGION de RÉSERVE. V. GUERRE DE 1792. V. LÉGION FRANÇAISE. V. RÉSERVE.

LÉGION de ROZENTHAL. V. LÉGION FRANÇAISE. V. ROZENTHAL.

LÉGION de SAXE. V. CIMIER. V. FUSIL A DÉ. V. FUSIL A LA MONTALEMBERT. V. HAUTBOIS. V. LÉGION DE LOUIS QUINZE. V. OBUSIER. V. RÉGIMENT DE PRINCE. V. SAXE. V. TIMBALE.

LÉGION (légions) DÉPARTEMENTALE (A, 1). Sorte de LÉGIONS FRANÇAISES qui ont momentanément remplacé les anciens RÉGIMENTS D'INFANTERIE FRANÇAISE DE LIGNE ; leur organisation cachait une arrière-pensée, celle d'avoir sur pied des troupes de la Vendée, du Poitou, du Maine, de la BRETAGNE, etc., pour les opposer, au besoin, à des corps levés dans des provinces où régneraient un autre esprit, d'autres opinions. — M. ROCQUANCOURT (1831, t. II, p. 135) démontre que ce système de corps provinciaux est devenu inapplicable. Le maréchal GOUVION, en travaillant à le rétablir, détrompa ceux qui avaient foi en son habileté ; et ne fut pas plus heureux en grammaire quand il créa, en 1815, le mot TIERCEMENT. — Les Légions départementales ont été créées par les ORDONNANCES DE 1815 (16 JUIN et 3 AOÛT), au nombre de quatre-vingt-six, portées ensuite à quatre-vingt-quatorze. Leur force totale devait, dans le principe, être de deux cent cinquante-huit BATAILLONS et de deux mille soixante-quatre compagnies, tant DE BATAILLE que de CHASSEURS. Le ministère calquait cette institution sur celle de Prusse, et gâtait son modèle. — Chaque Légion devait être levée dans un département ; cette mesure fut bientôt reconnue impraticable : tel département fournissait trop, tel autre trop peu. — A raison de la différence de la population des départements, il y eut des Légions A DEUX, A TROIS, A QUATRE BATAILLONS; il y en eut d'INFANTERIE DE BATAILLE, et d'autres d'INFANTERIE LÉGÈRE; il y en eut où ces deux ARMES se trouvaient réunies; les unes furent habillées de BLANC, d'autres de VERT, d'autres en partie de VERT, en partie de BLANC. Les musiques étaient en bleu, les TAMBOURS en bleu bariolé, les OFFICIERS en bleu de ciel ou gris jaunâtre, les éclopés en beige. C'était un tohu-bohu, une tour de Babel. — Les Légions de trois et de quatre BATAILLONS avaient un BATAILLON DE CHASSEURS. Ce même principe devait être appliqué dans la GARDE ROYALE, mais resta sans effet. — Les Légions d'INFANTERIE LÉGÈRE étaient A DEUX BATAILLONS, mais devaient être portées A TROIS; elles étaient recrutées dans les pays de montagnes. — Des COMPAGNIES DE CANONNIERS devaient être attachées aux Légions. Ainsi l'on ressuscitait le système si usé, si blâmé de l'ARTILLERIE D'INFANTERIE; mais cette adjonction n'a pas eu lieu. Il était aussi attaché aux Légions une COMPAGNIE D'ÉCLAIREURS A CHEVAL; mais cette disposition si peu plausible est également restée sans application. — Une COMPAGNIE DE DÉPOT était attachée à chaque Légion. — Ces détails, aujourd'hui dépourvus d'intérêt, montrent combien la SCIENCE marche d'un pas lent. Les conseillers de FRANÇOIS PREMIER et de HENRI DEUX en savaient plus que ceux de LOUIS DIX-HUIT. Jamais formation n'avait reposé sur un plan plus vague, jamais MÉLANGE D'ARMES n'avait été plus compliqué, plus dépourvu d'harmonie; en voici les preuves : — Point d'égalité de formes et de forces entre les Légions, point d'accord entre le système de la LIGNE et de la GARDE. Dans un même corps, habit BLANC et HABIT VERT; GRAND ÉQUIPEMENT dissemblable, CHASSEURS affublés d'inutiles CEINTURES DE COURSE, et ayant du cuir fauve au lieu de BUFFLETERIE, etc., etc. — En outre des disparates des CADRES et des PELOTONS, aucune similitude de TAILLE, de force physique, d'aptitude au SERVICE. Chaque Légion aurait eu ou un mérite spécial ou un vice radical, puisque l'espèce des hommes, et même leurs facultés morales, différaient de province à province. — Telles Légions restaient incomplètes et n'eussent jamais atteint l'effectif voulu; d'autres avaient un RECRUTEMENT surabondant. — Les zizanies politiques, l'esprit d'armes et de département, la dissemblance des patois, les vanités de castes émurent dans l'intérieur des Légions de sanglants débats; la jeune armée et le drapeau blanc, la vieille armée et ses souvenirs y étaient

brutalement aux prises. — La composition des Légions exigeait plus de sept mille OFFICIERS; quantité hors de toute proportion avec le nombre des hommes que fournissaient les appels. — L'ORDONNANCE DE 1819 (19 FÉVRIER) faisait tacitement l'aveu de ces conceptions malheureuses et des désordres qu'elles avaient entraînés pendant le ministère de GOUVION (1). Les militaires les moins experts, les hommes les plus étrangers aux premières règles d'administration semblaient avoir été réunis à plaisir pour créer le système le plus défectueux, le plus décousu. — Force a été d'en revenir aux COMPOSITIONS PAR AMALGAME. Le MINISTRE LATOUR-MAUBOURG en a pris le parti. Les Légions ont été remplacées en 1820 (23 OCTOBRE) par quatre-vingts RÉGIMENTS D'INFANTERIE DE BATAILLE DE LIGNE, et par vingt RÉGIMENTS D'INFANTERIE LÉGÈRE. — Le nombre de huit COMPAGNIES par BATAILLON, adopté au mépris des sages principes du RÈGLEMENT DE 1791 (1er AOUT), s'est perpétué et a perverti la forme de la DIVISION du BATAILLON. — Quelques détails sur les Légions ont été insérés dans la *Sentinelle de l'Armée*, t. IV, p. 355.

LÉGION des ALPES. V. ALPES. V. LÉGION FRANÇAISE.

LÉGION des ARDENNES. V. ARDENNES. V. LÉGION FRANÇAISE.

LÉGION des FRANCS DU NORD. V. FRANCS DU NORD. V. LÉGION FRANÇAISE.

LÉGION des GRASSINS. V. GRASSIN. V. LÉGION DE LOUIS QUINZE.

LÉGION des MONTAGNES. V. LÉGION FRANÇAISE. V. MONTAGNE.

LÉGION d'ÉTRANGERS (A, 1). Sorte de LÉGION FRANÇAISE créée par la LOI DE 1851 (9 MARS). — L'ORDONNANCE DE 1851 (21 MARS), qui s'appuie sur cette loi pour une formation de ZOUAVES, se servait de la locution LÉGION ÉTRANGÈRE. — La circulaire et l'INSTRUCTION DE 1831 (10 MARS), et l'ORDONNANCE DE 1831 (11 NOVEMBRE), réglaient les conditions de l'admission dans la Légion des ÉTRANGERS. — En 1833, elle était de six BATAILLONS, dont quatre ALLEMANDS, un ITALIEN, un ESPAGNOL, et une COMPAGNIE POLONAISE. — Sa force, en 1833 (1er JANVIER), était de quatre mille quatre cent trente-sept hommes. — Une nouvelle Légion était l'objet de la CIRCULAIRE DE 1836 (2 JANVIER).

(1) NOTE DE L'ÉDITEUR. — L'auteur n'a pas compris les hautes vues politiques qu'avait le maréchal Gouvion Saint-Cyr; les étrangers qui tenaient alors la France sous le joug furent plus clairvoyants : ils exigèrent le renvoi de ce ministre et la destruction de son ouvrage. (Voir les *Mémoires sur l'avancement*, par le général Preval, 1842 (*Avant-propos*), chez Corréard, éditeur militaire).

LÉGION d'honneur (C, 4), ou ordre de la Légion d'honneur. Sorte de légion ou d'ordre décoratif, dont les statuts ont été trois fois modifiés en moins de trente ans.— Napoléon Bonaparte en est le créateur. — Le projet de cette institution fut débattu longuement, et discuté avec talent et chaleur devant le tribunat. Lucien Bonaparte, orateur d'office du gouvernement, y prononça un discours philosophique où respiraient des théories qui se sont diamétralement démenties chez le prince de Canino. Ce discours, suivant l'*Encyclopédie des Gens du monde*, n'avait pas été rédigé par lui, mais il en donna toutes les idées.— La Légion a été créée par décret de l'an dix (29 floréal), en vue de récompenser les actions d'éclat, le mérite reconnu, les services extraordinaires des Français, soit militaires, soit de la classe civile ; elle était accessible aux hommes de troupe aussi bien qu'aux officiers, et bonifiait les pensions de retraite des uns et des autres. — Tous les défenseurs de la patrie qui avaient obtenu des armes d'honneur, des sabres d'honneur, en étaient membres de droit. Des étrangers y furent admis, en violation de la seconde moitié de l'exergue : Honneur et Patrie. — Quatre grades y furent d'abord établis. Le législateur ne leur donna que des dénominations toutes militaires, telles que celles de légionnaire, officier, commandant, grand officier. La mesure fut blâmée, comme attribuant à des personnages non militaires des titres particuliers à la profession des armes. C'était une chicane d'ergoteurs.—L'arrêté de l'an dix (15 messidor) réglait une organisation qui ne s'est pas réalisée. — Bientôt les principes de constitution de l'ordre (car c'en était un sans en avoir le nom) furent retouchés; le titre huit qui prohibait le rétablissement des titres féodaux fut enfreint. Une nuance nobiliaire résulta, en 1808 (1er et 11 mars), de la substitution du titre de chevalier à celui de légionnaire; mais, à cette époque, presque aucun des nobles de nouvelle création n'adhéra à cette modification, ou du moins n'accompagna du titre de chevalier sa signature. Ce titre, qu'on dédaigne aujourd'hui comme trop peu relevé, on le repoussait alors comme blessant l'égalité, et disant moins que légionnaire. Les mœurs et les goûts changent avec le temps.—Le chef de l'État se fit chef de l'ordre, c'est la coutume ; nul n'est en position d'empêcher un souverain de se donner sa propre accolade, de se prêter serment de fidélité.—Un grand chancelier de la Légion en eut l'administration ; il avait dans sa compétence les propositions

d'admission, l'examen de l'ancienneté de service des aspirants, le classement des demandes d'avancement, le contre-seing et la délivrance des lettres d'avis et brevets, l'envoi des insignes, la distribution des décorations. Il lui était rendu compte, par les colonels, des punitions infligées dans leurs corps à des membres de la Légion ; il lui était donné communication par les bureaux du ministre de la guerre, des dégradations prononcées contre des membres de l'ordre, par jugements de conseils permanents. — Des campagnes constatées, des blessures honorables, un nombre déterminé d'années de service étaient des titres à l'admission. — L'inauguration de la Légion eut lieu en 1804, à un anniversaire fameux; c'était le 14 juillet. — La distribution des croix au camp de Boulogne ne fut pas moins célèbre. Les décorations reposaient dans le casque de Duguesclin et dans le bouclier de Bayard, qui cantonnaient à droite et à gauche le trône de fer de Dagobert. — La Légion d'honneur avait amené l'abolition de la double paye, qui, originairement, *assaisonnait*, comme disait le soldat, les armes d'honneur. Le traitement de la Légion devint une haute paye. La double paye des anciens donataires en fut réduite en proportion. — La Légion fut d'abord organisée en cohortes; mais ce système ne s'est jamais totalement réalisé. Il a été aboli par ordonnance de 1814 (19 juillet). Un arrêté de l'an douze (24 ventose) expliquait les causes qui faisaient perdre la qualité de membre de la Légion. — Un décret de l'an treize (10 pluviose) institua la grande décoration; elle devint un grade nouveau pour soixante grands officiers. Ceux qui l'obtinrent s'appelaient grands cordons. — Un décret de la même année (16 thermidor) autorisa les militaires membres de la Légion à faire la délégation de leur traitement pendant la durée de longues absences pour fait de service. — Depuis 1814 (6 avril), les nominations, à l'exception de celles des simples soldats, ne furent plus qu'honorifiques. — Le total des membres était, au 1er janvier 1814, de 29,346.—La charte de 1814 (4 juin) attribua au roi le renouvellement du règlement intérieur de l'ordre et le choix de la décoration à y attacher. — L'ordonnance du 21 juin effaça l'ancienne effigie, la remplaça par celle de Henri quatre, supprima l'exergue *Honneur et Patrie*, attacha aux étoiles et aux plaques les fleurs de lis, donna la décoration en collier aux commandants et le cordon en sautoir aux grands officiers. — L'ordonnance de 1814 (19 juillet) n'attacha pas de traitement aux promotions ultérieures. — Deux articles formels de la LOI DE 1815 (15 MARS) promettaient aux MEMBRES de la LÉGION le payement intégral de l'arriéré qui leur était dû. La LOI DE 1820 (6 JUILLET) n'en tint compte, et fut regardée par le ministère comme une transaction entre l'État et les LÉGIONNAIRES. Singulière transaction que celle qui s'accomplit sans que le débiteur s'entende avec le créancier. — L'ORDONNANCE DE 1816 (26 MARS) créa le nom d'ordre royal, en dénatura la constitution, l'assimila aux ORDRES de CHEVALERIE, exigea des RÉCIPIENDAIRES le serment de révéler tout ce qu'ils jugeaient contraire aux intérêts de l'État, et régla qu'il pourrait y avoir deux époques de PROMOTIONS. — Le gouvernement toléra l'infraction qui bariolait le RUBAN et l'entrecoupait de la couleur de l'ORDRE DU LIS ou des nuances des ORDRES ÉTRANGERS, au mépris de l'ORDONNANCE DE 1816, qui voulait que sa couleur fût moirée rouge. Ceux des MEMBRES qui faisaient en même temps partie de l'ORDRE DE SAINT-LOUIS, prirent sur eux de partager d'une raie blanche le RUBAN; l'habitude a maintenu le caprice, en dépit des réclamations adressées au préfet de police par la GARNISON AUTRICHIENNE de Paris, qui s'indignait que des OFFICIERS FRANÇAIS portassent un RUBAN qui se confondait avec le RUBAN rouge traversé de blanc, qui appartient à un ordre de l'AUTRICHE. — Sans égard pour l'article 16, recopié lui-même des précédentes lois, on donna le grade d'OFFICIER à des personnages qui n'étaient pas LÉGIONNAIRES. En 1814 cette dérogation eut lieu en faveur du préfet du Var, en faveur d'officiers de la garde, en faveur d'étrangers. Les COMMANDANTS devinrent COMMANDEURS; les GRANDS CORDONS se changèrent en GRANDS-CROIX; les GRANDS OFFICIERS quittèrent la GRANDE DÉCORATION en sautoir pour la PLAQUE à droite. L'ordre prit une physionomie entièrement nobiliaire; il ne fut plus qu'une CHEVALERIE DÉCORATIVE primée, quant aux HONNEURS et aux préséances, par l'ORDRE DE SAINT-LOUIS, qui, jadis aboli, venait d'être rétabli par une ordonnance. — Le texte de la loi sur la Légion était si peu précis, que le même document énonçait que *la petite décoration consiste en une étoile à cinq branches*, tandis que le nom de GRAND-CROIX était donné aux DIGNITAIRES décorés de la grande ÉTOILE. Ainsi marchent notre langue et notre LÉGISLATION militaire. — Le droit à l'obtention des DÉCORATIONS fut reconnu au profit des employés des différents ministères, suivant des proportions dont un quarantième était le chiffre ou l'unité. Ainsi la MAISON DU ROI percevait annuellement un quarantième; l'intérieur,

six quarantièmes; la GUERRE, vingt quarantièmes. Des formules d'algèbre donnaient le chiffre intrinsèque des classes de fonctionnaires. Mais, dit M. MOUNIER, *les nominations ont cessé d'être publiées depuis qu'on en a fait largesse; on cache son œuvre dans l'ombre, on n'ose pas l'avouer.* — LES INSPECTEURS GÉNÉRAUX avaient mission de proposer au MINISTRE les noms des MILITAIRES qu'ils jugeaient susceptibles d'être nommés ou avancés dans la Légion d'honneur. Dans les autres classes dotées d'admissibilité, chaque ministre proposait directement ses protégés. CARRION (1824, A) a traité de l'institution dans le passage que voici : *La Légion d'honneur récompensa tous les genres de mérite du même signe honorifique, comme pour réunir sous ce symbole ces deux idées : que la patrie voit du même œil tous les services d'une utilité pareille dans des genres différents, et que tout citoyen, défenseur né de la patrie, n'est dispensé du service personnel que par exception et pour la plus grande utilité du pays, n'est pour ainsi dire absent des drapeaux que par congé.* Cet aperçu recherché est le romantique du sujet. — FLEURY DE CHABOULON (t. Ier, p. 45) a dit au contraire, en termes amers : *Il lui restait* (au gouvernement) *un autre moyen d'avilir la Légion d'honneur, c'était de la prodiguer; il l'employa. La croix* (l'étoile), *qu'on n'obtenait qu'après l'avoir méritée et attendue, devint la proie facile de la faveur et de la bassesse; elle fut prostituée à une foule d'intrigants et de favoris subalternes, sans autre titre que le caprice des uns ou la protection vénale des autres.* — Le général FOY a prononcé, en faveur des Légionnaires, en 1819 (30 décembre), un discours plein de vérité et de logique. Il disait à la tribune, en 1825 (24 février) : *Elle a été confisquée, dans son arriéré, au mépris de la charte et de la loi.* — Pour la centième fois, des réclamations concernant l'arriéré dû aux MEMBRES de la Légion étaient adressées à la chambre élective en 1829. Le rapport (1829, 9 mai) qu'une commission faisait sur cette pétition est le plus savant et le plus lumineux qui ait paru sur la matière. — On y voit que le château d'Écouen qui appartenait à la Légion d'honneur, et où elle avait dépensé quatorze millions, lui a été ravi par ordonnance pour être donné à un prince. — Les ministres qui ont appelé au banquet du milliard les émigrés, ont, ainsi que leurs successeurs, renié, sous prétexte d'une sorte de prescription, la dette d'honneur contractée envers la Légion d'honneur; quelques millions dont les créanciers demandaient non le fonds mais la rente viagère, semblent perdus pour eux. La prodigalité et l'équité n'ont jamais marché de front.—Dans un discours remarquable, le général LAMARQUE s'est écrié : *Pourquoi cette administration si coûteuse, lorsqu'un petit nombre de commis laborieux suffirait ? pourquoi cet établissement somptueux ? pourquoi ces sinécures, ces salons dorés ? Sacrifie-t-on au luxe, quand on manque du nécessaire ? Doit-on bâtir des palais avec des débris de chaumières.*—Une ORDONNANCE DE 1829) 10 DÉCEMBRE) a réduit à vingt ans l'ANCIENNETÉ DE SERVICE exigée, antérieurement, pour donner droit de prétendre à la DÉCORATION. — Un MINISTRE affirmait, en 1830, que la GUERRE D'ALGER était en partie entreprise pour éteindre l'arriéré de la LÉGION D'HONNEUR. Le général BOURMONT l'attestait au maréchal Macdonald. — L'ORDONNANCE DE 1830 (13 AOUT) effaçait des emblèmes de l'ÉTOILE et de la PLAQUE les FLEURS DE LIS, rétablissait l'exergue *Honneur et Patrie*, et y faisait refleurir les trois couleurs. — Dans toute l'année 1830 , il est fait cent quatre-vingt une promotions. — En 1831, les nominations nouvelles, pendant les six premiers mois, s'élevaient à trois mille quatre cent cinquante-sept. On n'avait pas encore vu, en temps de paix , pareille profusion. — En 1831, un journal (*Courrier français*, 3 mai) récapitulait les traitements et sinécures du GRAND CHANCELIER, l'énormité des PENSIONS accordées à quelques-uns. Il avait, en 1830 , deux cent trente-quatre mille francs d'appointements; il n'avait plus, en 1881, que cent quatre-vingt-treize mille francs, non compris logement , chauffage , éclairage, fournitures de bureau, émoluments de secrétaire, etc. — L'*Almanach royal* de 1833 témoignait qu'au premier janvier il y avait quatre-vingt-dix-huit grands-croix, dont dix-sept accordées depuis 1830 ; cent quatre-vingt-douze GRANDS OFFICIERS, dont quarante-quatre depuis la même époque; huit cent seize COMMANDEURS, dont deux cents depuis la même époque ; quatre mille cinq cents OFFICIERS, dont sept cent soixante et un depuis 1831. Il y avait en outre plus de cinq cents étrangers jouissant de divers grades. Le nombre des CHEVALIERS s'élevait à un chiffre que l'*Almanach royal* ne faisait pas connaître; mais un journal (*Le Constitutionnel*) assurait que plus de trente mille nominations de ce grade avaient eu lieu depuis 1830. — Le chiffre fixé comme maximum de chaque GRADE, par les statuts originaires, était outrepassé de plus de moitié. — De 1830 à 1833, ce que le MINISTÈRE a dépensé, et eût pu

économiser sans avoir de moins un soldat ou un cheval, eût suffi et au delà pour éteindre la dette de l'État envers les anciens MEMBRES de la Légion.—En 1833, des grades d'OFFICIERS et de COMMANDEURS sont décernés à plusieurs membres du ministère, quoiqu'ils n'aient pas quatre ans de grade dans l'échelon inférieur. Les statuts de l'ORDRE l'exigeaient cependant, à moins d'actions d'éclat ou de services éminents. — En 1838, le garde des sceaux avait, en sept ans, pris tous ses grades, y compris celui de grand officier. — En 1834 (30 septembre) la force de la Légion était de cinquante mille trois, dont quarante-quatre mille trois cent treize CHEVALIERS. Du 1er octobre 1833 au 30 septembre 1834, il y avait eu dix-huit cent vingt nominations ou promotions; vingt-six mille trois cent soixante-trois membres jouissaient d'un traitement. L'évaluation des traitements, en 1835, était de huit millions quatre cent soixante-quatorze mille francs. — Du 1er août 1830 au 4 juillet 1837, il y avait eu quinze mille sept cent soixante-dix-neuf avancements ou promotions. Il y avait entre l'ancien et le nouvel état de choses la différence qu'il y aurait, militairement parlant, entre Légion et multitude. Ainsi ont péri les Légions romaines, ainsi ont péri les ordres de chevalerie. L'accroissement des membres amène la déconsidération de la récompense. En 1837, le sieur Simon, premier diable vert de l'Opéra, était fait chevalier. De même Napoléon détachait, un jour d'opéra, de sa boutonnière la couronne de fer, pour la faire remettre, séance tenante, à Crescentini, par le comte Marescalchi, peu flatté de la commission , ce qui amena ce joli mot qu'une célèbre Lombarde dit à l'instant même : *Non l'ha dato a un coglione.* Bien des Crescentini décorés ont, par rapport à l'autre , le désavantage de ne devoir leur célébrité qu'à leur nomination. Puisqu'il n'est plus exigé de virilité, pourquoi les femmes en seraient-elles exclues? — *Le Constitutionnel* de 1835 (19 juin) et le *Messager* déclaraient que, dans l'année, plus de trente mille chevaliers avaient été promus ; mais il n'y en avait eu, en réalité, que mille trois cent quarante de nommés.—Le total des MEMBRES de la Légion qui, en 1831, était de quarante-deux mille huit cent quatre-vingt-quatorze, s'élevait, en 1835 (1er octobre), à cinquante mille cent quatre-vingt-treize. En 1839, le nombre seul des chevaliers s'élevait presque à cinquante mille. Des détails, à cet égard, étaient consignés dans le *Journal de la statistique française*, t. VI, p. 575. — Les nominations n'étaient pas consignées au *Moniteur*, et c'était un fâcheux abus. —

Le RUBAN de la Légion a été, suivant les temps, ou admis ou à l'index dans les milices AUTRICHIENNES, etc.—Mais le voyage des princes français en quelques cours du Nord, en juin 1836, a eu entre autres effets celui de réhabiliter cette décoration en Autriche. — M. Ch. DUPIN (1819, A, chap. des récompenses) et M. KAUSLER (1827) ont traité de la question rémunératoire. Les questions légales ont été tracées par MM. BERRIAT, GONVOT, LECOUTURIER et MOUNIER ; l'histoire de l'institution a été traitée par M. SAINT-MAURICE. — En mai 1838, une proposition relative au remboursement de l'arriéré dû aux membres de la Légion fut soumise à la chambre des députés, et repoussée à une faible majorité. Si la France eût été représentée par des députés qui n'eussent pas compté autant d'insouciants parmi eux, la solution eût été peut-être différente ; mais le nombre des présents à la délibération allait à peine aux deux tiers de ce qu'il eût dû être.—Des observations critiques, et non sans fondement, sont insérées dans la *Sentinelle de l'Armée* (1835, p. 109, et t. III, p. 212 ; t. IV, p. 154), dans le *Journal de l'Armée* (t. IV, p. 385), dans le *Dictionnaire de la Conversation*, dans l'*Armée* (journal, p. 34).

LÉGION D'INFANTERIE. V. AGRÉGATION RÉGIMENTAIRE. V. INFANTERIE ; id. N° 2. V. LÉGION FRANÇAISE.

LÉGION D'INFANTERIE LÉGÈRE. V. INFANTERIE LÉGÈRE N° 2, 4.

LÉGION du NORD. V. LÉGION FRANÇAISE. V. NORD.

LÉGION ÉTRANGÈRE. V. ARMÉE FRANÇAISE. V. ENGAGEMENT LIMITÉ. V. ÉTRANGER, adj. V. INFANTERIE FRANCO-ÉTRANGÈRE. V. LÉGION D'ÉTRANGERS. V. LÉGION FRANÇAISE. V. LÉGISLATION MILITAIRE, 1831 (9, 10 mars) ; 1835 (25 juin) ; 1835 (16 décembre). V. RECRUTEMENT. V. RÉGIMENT D'INFANTERIE FRANÇAISE ; id. N° 2, tableau.

LÉGION (légions) FRANÇAISE (A, 1 ; F). Sorte de LÉGIONS dont l'existence date surtout de la GUERRE DE 1741 ; elles étaient composées, le plus ordinairement, d'INFANTERIE LÉGÈRE et de CAVALERIE LÉGÈRE ; quelquefois il y était attaché de l'ARTILLERIE. — Des AUTEURS ont appelé Légions, les corps de l'ancienne MILICE COMMUNALE ; mais ce n'est pas d'elles qu'il est question ici.— L'ordonnance qui, la première, se soit occupée de la TACTIQUE des Légions, est celle DE 1769 (1er MAI). — GUIBERT (1773, E) penche pour l'institution de Légions de douze cents hommes, dont deux tiers de CAVALERIE ; c'est ainsi qu'il conseille de composer, mais en petit nombre, des TROUPES LÉGÈRES. — Le système de la formation de certaines TROUPES en CORPS ou AGRÉGATIONS nommés Légions, a été tour à tour admis, prôné, abandonné dans l'ARMÉE FRANÇAISE. — Il y a eu des Légions qui consistaient en un BATAILLON et deux ESCADRONS ; l'infanterie occupait, en ORDRE DE BATAILLE, le centre ; la CAVALERIE était aux AILES ; un seul CHEF, ordinairement du rang de COLONEL, en avait le commandement. — L'ÉCOLE DE MARS fut un nouvel essai d'une Légion à l'antique. — Le raffinement de la SCIENCE et la complication du mécanisme de l'ADMINISTRATION ne permettent plus l'application du système légionnaire ; les MINISTRES qui ont tenté de le ressusciter, ont prouvé qu'ils étaient moins avancés que leur siècle. Le savoir-faire qu'on exige de chaque ARME embrasse trop, pour qu'il soit possible à un même CHEF d'être initié à tous les détails que nécessitent la conduite et le maniement de TROUPES non homogènes. — Le dernier siècle, la GUERRE DE LA RÉVOLUTION, la restauration ont eu passagèrement des corps constitués en Légions ; tels ont été les ARQUEBUSIERS de Grassin, la LÉGION BATAVE (an deux), — les LÉGIONS BELGES ET LIÉGEOISES (1793), la LÉGION DE HOHENLOHE (1816), — DE LA LOIRE (an neuf), — DE LA VISTULE (1810), — DE POLICE (an trois), — DE RÉSERVE (1807), — DE ROZENTHAL (1793), — DES ALPES (1793), — DES ARDENNES (1792), — DES FRANCS DU NORD (an sept), — DES MONTAGNES (1793), — DU NORD (1793), — FRANCHE (1792, 1803, 1808), — HANOVRIENNE (1810), — ITALIQUE (an sept), — PIÉMONTAISE (an treize), — POLONAISE (an quatre, an sept), — PORTUGAISE (1810), — ROYALE ÉTRANGÈRE (1815). — Le costume adopté par la plupart de ces corps a donné à notre infanterie légère l'usage du REVERS A POINTE. — Plusieurs AUTEURS ont traité, *ex professo*, de la question des Légions ; d'autres s'en sont occupés plus ou moins directement dans leurs écrits ; tels sont : AUDOUIN, M. le colonel CARRION (1824, A), DANIEL (1721, A), DELANOUE (1760, F), DESPAGNAC (1751, D), DHÉROUVILLE (1753, B), ENCYCLOPÉDIE (1785, C), GUIGNARD (1725, B), LACHESNAIE (1758, I), MAURICE DE SAXE (1753, C), MULLER (1821, M), PICAINE (1590, B), POULTIRET (1786, B), le général ROGNIAT (1816, B), SINCLAIRE (1762, D). — M. le commandant LABAUME (1827), dit que FRÉDÉRIC DEUX a composé un traité sur les Légions, mais nous ne le connaissons pas. — Les Légions françaises seront surtout distinguées ici en LÉGION DE FRANÇOIS PREMIER, — DE HENRI DEUX, — DE LOUIS

QUINZE, — DÉPARTEMENTALE, — D'ÉTRAN-
GERS.

LÉGION FRANCHE. V. FRANC, adj. V. IN-
FANTERIE LÉGÈRE N° 2.

LÉGION FRANCO-ÉTRANGÈRE. V. FRANCO-
ÉTRANGER. V. LÉGION FRANÇAISE.

LÉGION HANOVRIENNE. V. CORPS ÉTRAN-
GER. V. HANOVRIEN.

LÉGION IMPÉRIALE. V. LÉGION ROMAINE
N° 5. V. IMPÉRIAL. V. LANGUE ANGLAISE.

LÉGION ITALIQUE. V. LÉGION FRANÇAISE.
V. RECRUTEMENT.

LÉGION LIÉGEOISE. V. LIÉGEOIS, adj. V.
TIRAILLEUR.

LÉGION MANIPULAIRE. V. LÉGION ROMAINE
N° 5. V. MANIPULAIRE.

LÉGION PHALANGIQUE. V. LÉGION RO-
MAINE N° 5. V. PHALANGIQUE.

LÉGION PIÉMONTAISE. V. INFANTERIE
FRANÇAISE N° 5. V. LÉGION FRANÇAISE. V. PIÉ-
MONTAIS, adj.

LÉGION POLONAISE. V. LÉGION FRANÇAISE.
V. MILICE POLONAISE N° 1. V. POLONAIS, adj.
V. RECRUTEMENT. V. SCHODZKO. V. SCZAPSKA.

LÉGION PORTUGAISE. V. ARMÉE FRANÇAISE
N° 4. V. CORPS ÉTRANGER. V. LÉGION FRANÇAISE.
V. MILICE PORTUGAISE N° 1. V. PORTUGAIS, adj.

LÉGION PRÉTORIENNE. V. COHORTE PRÉTO-
RIENNE. V. JANISSAIRE. V. LÉGION ROMAINE
N° 1. V. PRÉTORIEN, adj.

LÉGION (légions) ROMAINE (F). Sorte de
LÉGIONS dont l'histoire complète n'a jamais
été tracée, et ne saurait l'être; quelques
ÉCRIVAINS cependant l'ont essayé; mais ce
qu'ils donnent comme vrai, sans restriction,
ne l'est, au contraire, que par exception.
Dire, comme la plupart le disent, que la
Légion était de quatre mille hommes, qu'elle
se partageait en COHORTES, qu'elle comprenait des MANIPULES, qu'une ARMÉE CONSULAIRE
(ENCYCLOPÉDIE, 1751, C, au mot *Guerre*)
était de dix-huit mille six cents hommes, etc.,
ce n'est pas offenser la vérité, et pourtant
c'est ne rien dire d'exact, puisque, suivant
les époques et le théâtre de la guerre, la
Légion fut de trois, quatre, cinq, six mille
LÉGIONNAIRES. Elle fut rangée tour à tour en
PHALANGE, en MANIPULES, en COHORTE; elle
fut de deux LIGNES ou ordres, sans VÉLITES;
de deux LIGNES, non compris les VÉLITES;
de trois LIGNES, y compris les TRIAIRES. Ne
consulter que tel ou tel AUTEUR, et ne les
pas consulter tous, pour éclairer ces questions, c'est risquer, la plupart du temps, de
prendre des suppositions pour des vérités.
Débrouiller les différences ou même les op-
positions que présentent les récits, est difficile; en assigner les époques précises est
quelquefois impossible; il faut donc se borner à reproduire, dans un esprit de sage

critique, ce qui paraît avéré. — Comment
soulèverait-on entièrement le voile du passé,
pour ressusciter en image la Légion? Les
interprètes de la langue militaire des Latins
ne signalent ni les lacunes historiques, ni
les altérations de l'ordonnance des troupes
sur le terrain. TITE LIVE, inintelligible en
beaucoup de points, égare ses commentateurs; VÉGÈCE (390, A) est superficiel,
inexact ou incomplet; CÉSAR (51 ans avant
J.-C.) ne dit rien des temps antérieurs à ses
expéditions, et n'esquisse que ses propres
théories, comme un précepteur en agirait
avec ses écoliers suffisamment nourris de
toutes les notions préparatoires; POLYBE
seul est digne de foi, et décrit nettement
les formes que la Légion avait au temps
que ses récits embrassent; mais avant et
après lui, et surtout après César, c'est le
chaos. Parmi les historiens de l'antiquité, il
y en avait peu qui fussent militaires, et tous
concourent à perpétuer l'incertitude, en employant à des explications analogues des
termes dissemblables: leurs traités, ensevelis
pendant douze siècles, dans la poussière
des cloîtres, n'en ont été tirés que par des
traducteurs qui n'avaient étudié les armes
que dans les livres et le cabinet, et qui ne
travaillaient que sur des manuscrits infidè-
lement recopiés pour la plupart; tels de
ces traducteurs ne donnent que de seconde
ou de troisième main les récits qu'ils semblent directement puiser à la source: de
commentaires en commentaires, de publications en publications, les textes se sont
obscurcis et altérés; LEBEAU en fournit les
preuves; il essaye péniblement, dans ses
investigations savantes, de concilier les AU-
TEURS, en expliquant les variations des usages; mais ni lui, ni personne, ne lèvera
tous les doutes. — Les erreurs sont donc
presque inévitables pour les modernes,
quand ils se fient aux guides qui tiennent
pourtant les seuls flambeaux dont on puisse
s'éclairer. Une période de temps qui commence à ROMULUS, et ne finit qu'après JUS-
TINIEN, ne saurait être explorée sans omis-
sions, ni dépeinte sans inexactitudes. —
Les ÉCRIVAINS qui ont exercé leur plume
sur ce sujet sont: ALEXANDRI, BENETON
(1741, A; 1742, A), M. le colonel CARRION
(1824, A), CÉSAR (51 ans avant J.-C.), M. le
colonel CHAMBRAY (1827), COURTIN (1823,
E, au mot *Division*), M. CYRIACE, DÉCRAN-
NEVILLE (1789, A), DELANOUE (1559, A),
DENIS D'HALICARNASSE, DESPAGNAC (1751, D),
DUANE, EIKEMEYER, ENCYCLOPÉDIE (1751, C,
planches, et au mot *Arme*), FABRETTI, FLO-
RUS, FOLARD (1755, E), FRONTIN (86, A),
GUISCHARDT (1758, H), HIRTIUS, HYGIN (120,

A), JARRO (1777, G), JULES AFRICAIN (220, A), JUSTE LIPSE (1598, A), JOSÈPHE, LACHESNAIE (1758, I), LEHFAU (*Académie des inscriptions*, t. XXV, XXVIII, XXIX, XXXII, XXXV, XXXVII, Lloyd (1801, B), MACHIAVEL (1510, A), MAIZEROY (1766, F), MAUBERT (1758, K), MODESTE (275, A), MONCHABLON, PLUTARQUE, POLYBE (150 avant J.-C.), POLYEN, (176, A), POTIER (1779, X; PRAISSAC, (1622, A), PUYSÉGUR (1748, C), M. le capitaine ROCQUANCOURT, M. le général ROGNIAT (1816, B), ROHAN (1757, Q), SALLUSTE, SAUMAISE, SERVAN (1780, B), STEWECHIUS (1569, A), STIERNEMAN (TITE LIVE, livre huit, avec les annotations de Lemaire), TURPIN (1783, O), VÉGÈCE (390, A), WALHAUSEN (1616, A), le *Dictionnaire de la Conversation.* — Les particularités de la Légion seront présentées ici dans l'ordre suivant : CRÉATION; — COMPOSITION, — DÉNOMINATION, — FORCE; — NOMBRE, — UNIFORME, — TACTIQUE, — SUBORDINATION, — PUNITIONS, — PEINES, — ADMINISTRATION. — N° 1. CRÉATION, COMPOSITION. — La Légion est moins ancienne que ROME; la PHALANGE de la MILICE GRECQUE ou une AGRÉGATION à peu près MACÉDONIENNE fut imitée par les ROMAINS primitifs, jusqu'à ce qu'ils inventassent le système manipulaire. — Dès le règne de ROMULUS, la Légion existait, nominalement il est vrai, mais non sous la forme tactique qu'elle prit depuis; et en effet, l'ARMÉE à sa naissance n'avait pas de vieux SOLDATS d'élite dont on pût faire des TRIAIRES; elle n'avait pas de CENTURIONS ayant passé par les vingt-neuf CENTURIES de HASTAIRES, de PRINCES, de TRIAIRES, pour arriver au commandement de la trentième, ou au rang de CENTURION EN CHEF. Ovide, cependant, dans ses Fastes, attribue à ROMULUS l'invention des trois ORDRES de MANIPULES; mais dans un pays qui fut pendant des siècles dépourvu d'historiens, OVIDE n'en savait pas plus que nous à cet égard, et l'on ne peut regarder comme organisateur que SERVIUS TULLIUS qui mit la dernière main à ce qu'avait préparé TULLUS HOSTILIUS: Ce furent d'ailleurs la permanence des TROUPES employées au siége de VÉIES, et la régularité de la SOLDE qu'elles commencèrent à y toucher, qui perfectionnèrent l'organisation de l'armée. — La COMPOSITION de la Légion, le nombre et l'espèce des GRADES qui y étaient reconnus, la force et la quantité de ses DÉCURIES, les formes de son RECRUTEMENT, la nature du SERMENT, l'espèce de ses TRAVAUX ont varié maintes fois; les personnages, leurs AGRÉGATIONS, les ARMES, leurs SUBDIVISIONS se sont nommés, suivant les temps, ACCENSES, ADDITS, AILES, ALOUETTES, ANTÉSIGNAIRES, ARCHERS, ARMÉS A LA LÉGÈRE, ARMURES DOUBLES,

BÉNÉFICIAIRES, BUCCINATEURS ou joueurs de FLUTE, CAMPIGÈNES, CANDIDATS, CÉLÈRES, CENTURIES, CENTURIONS, COMTES, CHEVALIERS, COHORTES, DARDEURS, DÉCURIONS, DRACONNAIRES; DUCÉNAIRES, DUPLAIRES OU DUPLICAIRES (suivant GANEAU), ÉLÉPHANTS, ÉVOCATS, FÉCIAUX, FÉRENTAIRES, FLAVIALES, FOURRIERS (*librarius*); FRONDEURS, FRUMENTAIRES, HASTAIRES, IMAGINIFÈRES, INSIDIATEURS, MAITRES; MAITRES DE MACHINES, MAITRES DE LA CAVALERIE, MANIPULES; MÉDECINS, MENSEURS, MÉTATEURS, OPTIONS; ORDINAIRES, OURAGUES, PORTÉ-AIGLE, PORTE-ENSEIGNE, POSTSIGNAIRES, PRÉFETS, PRÉTEURS, PRINCES, QUESTEURS, RORAIRES, SARCINATEURS, SIGNIFÈRES, SINGULAIRES, STATEURS, SUBSIGNAIRES, SURNUMÉRAIRES, TERGIDUCTEURS, TESSERAIRES, TIRONS, TRIAIRES, TRIBUNS, VÉLITES, VEXILLAIRES. — La CONSCRIPTION des Légions s'opérait suivant de savantes méthodes. ROHAN (1757, Q) a exercé à ce sujet ses recherches, ainsi que M. le colonel CARRION (1824, A, p. 159). — Depuis l'adoption de l'ORDRE en MANIPULES, jusqu'au consulat de MARIUS, la Légion comprenait cinq ARMES, savoir : CAVALERIE, VÉLITES, HASTAIRES, PRINCES, TRIAIRES. Cette division habilement réglée n'a été mise en pratique que par les ROMAINS; elle a convenu admirablement à la TACTIQUE, aussi longtemps que la GUERRE s'est faite sur un THÉATRE peu étendu; elle assurait la victoire aux Légions, tant qu'elles n'ont marché que par CAMPEMENTS méthodiques et en se couvrant de solides RETRANCHEMENTS. — Mais leurs forces prirent une extension sans bornes, de grandes distances furent franchies; il fallut combattre dans d'immenses plaines rases; se défendre contre une CAVALERIE impétueuse, et renoncer, faute de temps, d'outils, de matériaux, à retrancher les CAMPS et à les ceindre de FOSSÉS. Dès lors la COMPOSITION dut se conformer aux nécessités de la TACTIQUE et favoriser un ORDRE de combat plus MASSÉ. C'était revenir à l'enfance de l'ART, en rendant compacte le CORPS D'ARMÉE; c'était agir à la grecque, après avoir si longtemps triomphé à la romaine; mais il fallait ou altérer l'ART ou suspendre la conquête du monde; le choix ne fut pas long à faire, l'ART se déprava, la puissance alla déclinant, et les conquêtes échappèrent au lieu de se consolider et de s'étendre. — Mais la marche des événements et l'explication des faits veulent n'être pas intervertis. — Sous SERVIUS TULLIUS, des CENTAINES D'OUVRIERS sont mis sur pied, les HASTAIRES changent de rôle; de VÉLITES qu'ils étaient, ils se transforment en une ARME solide, et forment les MANIPULES antérieurs ou l'avant-front des PRINCES; ceux-ci, jusque-là vrai et seul CORPS DE BA-

TAILLE, se rangent en première RÉSERVE; les TRIAIRES, créés ensuite, deviennent seconde ou double RÉSERVE; de là les dénominations d'ACCENSES et d'ÉVOCATS; de là la composition des Légions en trente MANIPULES. Ce système, dont la création se rapporte au siége de VEIES, suivant l'opinion de MAIZEROY (1767, A), se maintint pendant plusieurs siècles; c'est le plus bel éloge à en faire. — Au temps de la république il n'était reconnu ni toléré dans les Légions aucun OFFICIER MONTÉ; c'était une grande et profonde pensée. Si vous n'avez assez de force, assez de jeunesse pour marcher, courir, combattre à pied, pérorez au forum, ou faites le commerce. — C'était une loi si sévère à ROME, que quand la DICTATURE était décernée, celui qui en était revêtu se soumettait à invoquer une dispense en présence du peuple assemblé, et lui demandait l'autorisation de monter à cheval, si l'âge, les infirmités, les blessures l'y contraignaient. Le salut du peuple dépendait d'un homme; il fallait bien dans cette extrémité le dispenser de la loi commune. — Un grand changement dans la composition des Légions prétoriennes et dans les lois longtemps admirables de l'AVANCEMENT et de la répartition des RÉCOMPENSES, résulta de la création des COHORTES PRÉTORIENNES et MILITAIRES, de l'admission et de l'amalgame des LATRONS, des OPTIMATES, des corps de DOMESTIQUES, funeste exemple dont les corps PRIVILÉGIÉS et les COMPAGNIES D'ÉLITE ont été l'imitation, et dont les COMPAGNIES DE GRENADIERS sont en partie l'image. — Sous MARIUS, ou peut-être dès le temps des SCIPIONS, la Légion cessa de se composer de TRIAIRES, de HASTAIRES, de PRINCES; ou si quelques-unes de ces dénominations se conservent, elles changent d'acceptions, et ne représentent plus une AGRÉGATION de SOLDATS d'espèce homogène; les MANIPULES cèdent la place aux COHORTES qui se divisent en CENTURIES comparables à nos compagnies. *Les modifications*, dit M. le colonel CARRION (1824, A), *furent évidemment un remède appliqué par une main habile, mais coupable, à un mal qu'il aurait mieux valu, aussi bien pour l'art que pour la politique, n'avoir jamais occasionné.* — Cependant les changements essayés déjà avant MARIUS ne s'opérèrent qu'à la longue, puisque soixante-cinq ans après la destruction de CARTHAGE, SYLLA combattait encore à l'ancienne manière. Les Légions gallo-romaines de CÉSAR se divisaient encore comme au temps de la république, quoiqu'elles combattissent sous des formes différentes. Les Légions de POMPÉE observèrent au contraire, jusqu'à leur incorporation, la TACTIQUE et la

constitution consulaire. — Au temps d'ADRIEN, l'an 120, la constitution ancienne a disparu; les CENTURIES ne sont plus une fraction de MANIPULE; les COHORTES, amalgames de trois MANIPULES, présentent un mélange d'ÉVOCATS, de BÉNÉFICIAIRES, de FRUMENTAIRES, de VÉTÉRANS, de PRINCES confusément incorporés; des ARMES NÉVROBALISTIQUES de grande dimension deviennent l'ARTILLERIE inséparable de la Légion. — Suivant M. de MONTVERAN, la composition ne varie pas depuis les Antonins jusqu'à Dioclétien, mais l'organisation prend une face nouvelle en 321, sous CONSTANTIN; l'amollissement de l'INFANTERIE introduit dans chaque CHAMBRÉE un VALET ou un esclave que MAIZEROY (1767, E) nomme *sarsinator;* l'espèce appauvrie des SOLDATS amène l'invention de la COHORTE MILITAIRE et l'accroissement des LÉGIONS PRÉTORIENNES, misérable ressource qui énerve et avilit le reste des COMBATTANTS. — Au quatrième siècle, les ADDITS et les OPTIONS remplacent les ACCENSES, et une partie des VÉLITES sont ARCHERS A PIED; les MUSICIENS sont au rang des personnages gradés. — Depuis VÉGÈCE jusqu'au règne de Justinien, vers le milieu du sixième siècle, aucun éclaircissement n'indique la COMPOSITION et le genre de SUBDIVISION des ARMÉES et le genre de leurs manœuvres. Les Légions de BÉLISAIRE, si la dénomination de Légions leur convient encore, sont les dernières qui paraissent sur la scène. L'ART MILITAIRE était entièrement dépravé; les HOMMES DE PIED étaient dans l'avilissement, la CAVALERIE s'était multipliée à l'instar des barbares; elle mettait pied à terre, pour combattre comme INFANTERIE, et faute d'infanterie; les BANDES, les CATERVES, les DRONGES, les TAGMES, commencent à faire oublier les Légions. — N° 2. DÉNOMINATION. — TITE LIVE parle des Légions des Etrusques, des Sabins, des Samnites, des Volsques; ce qui a donné à penser et presque prouvé que les ROMAINS avaient imité les usages de ces peuples. — Aussi longtemps qu'une ARMÉE CONSULAIRE fut le total de la force armée de ROME, rien de plus simple que la dénomination des Légions romaines et ALLIÉES; il y avait première et seconde de ROMAINS, première et seconde d'ALLIÉS. *Delectum facere, instituere,* c'était, suivant VARRON, lever les Légions. — Il arriva ensuite ce qui est arrivé mille fois depuis; les accroissements de forces, la multiplication des ARMÉES, les caprices des GÉNÉRAUX, le bon plaisir des EMPEREURS, embrouillèrent les dénominations; telle Légion chrétienne dont parle DION, fut appelée fulminante parce qu'elle avait un foudre point sur le BOUCLIER; MARC AURÈLE l'employait contre les SARMATES; telle autre était la martiale, parce qu'elle était vouée à Mars; telle autre Légion s'appelait des alouettes (*alaudarum legio*); ainsi fut désignée par CÉSAR une Légion de GAULOIS composée de SOLDATS dont la CHEVELURE ou le casque étaient disposés en crête d'alouette. — N° 3. FORCE, NOMBRE. — La force des Légions et leur nombre ont varié mainte fois; le tableau suivant va en offrir un aperçu. — La première modification que reçut leur composition et leur force eut lieu quand SERVIUS TULLIUS forma une nouvelle tribu; la Légion s'accrut, momentanément, jusqu'à cinq mille SOLDATS d'INFANTERIE, à l'occasion du siége de VÉIES, l'an 354 de ROME; elle redescendit ensuite à son chiffre primitif. — On a comparé sa force la plus habituelle à celle de six ou sept BATAILLONS modernes, et sa CAVALERIE à deux ESCADRONS; mais ces suppositions vagues sont toujours trompeuses. — Pendant longtemps une ARMÉE ROMAINE OU CONSULAIRE ne se composa que de quatre Légions, dont deux de nationaux et deux d'ALLIÉS; Polybe le témoigne et dit que la CAVALERIE comprenait un tiers de CHEVALIERS ROMAINS et deux tiers de CAVALERIE des ALLIÉS. Une ARMÉE CONSULAIRE a donc été pendant longtemps un ensemble de vingt-deux mille hommes d'INFANTERIE et de deux mille chevaux; elle donnait son nom au CAMP CONSULAIRE. — L'apparition d'ANNIBAL en ITALIE occasionna une levée de vingt-trois Légions. — A CANNES il se voyait réunies huit Légions de cinq mille hommes chacune; VÉGÈCE (390, A) mentionne cette réunion comme extraordinaire. — Dans la seconde GUERRE PUNIQUE, il y a sur pied dix-sept Légions. — Sous Dioclétien il y avait, suivant M. de MONTVERAN, cinquante-deux Légions. — CÉSAR en commandait dix dans la GAULE; elles étaient presque toutes composées de GAULOIS; elles triomphèrent à PHARSALE des ROMAINS attachés au sort de POMPÉE; ainsi, ce qu'on appelait encore Légion romaine n'était le plus souvent qu'un amalgame ou un ramas d'étrangers. — DESPAGNAC (1751, D) et l'ENCYCLOPÉDIE (1751, C) entrent en quelques détails sur ces matières; mais il n'est possible d'établir que des données approximatives. Tel sera le tableau qui va suivre, comme aperçu du chiffre, de l'organisation et des variétés de la Légion.

ÉPOQUES.	INFANTERIE.	CAVALERIE.	OBSERVATIONS.
Sous ROMULUS.	3,000	. . .	Il y a 300 CHEVAUX pour la totalité des légions.
SERVIUS TULLIUS.	4,000	200	Il y a 4 légions.
L'an de Rome 354.	5,000	. . .	Chevaux y compris.
Sous PAUL EMILE (538). . .	6,000	. . .	Telle est aussi la force temporaire des légions de SCIPION en AFRIQUE.
Sous Fabius (517 av. J.-C.).	. . .	. . .	Il y a de 8 à 23 légions, comme le témoigne POLYBE.
L'an de ROME 600.	4,200	300	
Sous MARIUS.	6,000	. . .	
Sous CÉSAR, en GAULE. . .	5,000	. . .	Il y en a 10 en Gaule et 30 à PHARSALE; à sa mort il y a 39 légions; jusqu'au temps de Végèce la force est à peu près la même.
Sous AUGUSTE.	6,100	726	
Et après sa mort.	5,000	600	
Sous Tibère.	6,000	600	
Sous Adrien (117 de J.-C.).	6,100	726	L'infanterie de la légion, suivant M. de MONTVERAN, avait 177 officiers et 550 sous-officiers.
Sous Septime Sévère. . . .	5,000	. . .	Il forme de 6 légions une espèce de phalange macédonienne de 30,000 hommes.
CONSTANTIN.	. . .	. . .	Le nombre des légions s'accroît et la force s'en restreint.

— N° 4. UNIFORME. — Il y a peu à s'étendre au sujet des EFFETS MILITAIRES des Légions romaines, puisque sur chacun d'eux il a été donné des explications particulières; ils ont, d'ailleurs, varié trop fréquemment dans leur espèce et leurs formes pour qu'on les puisse décrire en détail dans un même article. — ROMULUS ou SERVIUS TULLIUS abolirent, suivant quelques AUTEURS, le CLYPE ou le BOUCLIER rond; ils lui substituèrent le grand écu des SAMNITES; il était parallélogramme et analogue au *thyreos* des GRECS. — Suivant TITE LIVE, cette substitution n'eut lieu, au contraire, que bien plus tard, et seulement depuis l'invention de la SOLDE. — Ce bouclier, ce *scutum* était large de trente pouces romains (vingt-sept pouces français); il était haut de quatre pieds romains, ou de quarante-trois pouces et demi; il était formé de planches entoilées et recouvertes d'une peau de veau; les bords inférieurs et supérieurs étaient garnis d'une bande de fer ou d'airain. — La parme, BOUCLIER rond, le plus ordinairement, avait un diamètre de trois pieds romains, ou de trente-deux pouces sept lignes de France. — Cette PARME, quelquefois en DISQUE ou en lentille à l'extérieur, quelquefois de forme ovale, servait aux VÉLITES et aux cavaliers ou chevaliers; elle ressemblait par sa légèreté et son emploi à la PELTE des GRECS. — Tel, à peu près, a été plus tard, quant à la forme, le BOUCLIER qu'on a nommé PAVOIS. — Le BOUCLIER des LÉGIONNAIRES de CÉSAR était assez grand, assez robuste pour servir ou s'ajuster au besoin en manière de nacelle. — Les ARMES DE TRAIT empruntées par les ROMAINS aux SAMNITES, et l'ARC connu de toute antiquité, ont amené l'usage des MANUBALISTES et des grandes MACHINES sur roues. — La PLOMBÉE ou balle de fronde portait un signe de reconnaissance ou une inscription qui faisait connaître en quelles mains elle avait passé. — La terrible ÉPÉE espagnole, la MACHÈRE, si vantée par POLYBE, s'approprie aux mains romaines. — Sa lame avait vingt-deux pouces et demi, était large de quinze lignes à la poignée, n'en avait que six vers la pointe et finissait en langue de carpe. — Ces INSIGNES si vénérés que Tacite appelle les dieux de la légion, *numina legionum*, et qui rendaient témoignage de l'ancienneté des corps, subirent eux-mêmes de fréquentes métamorphoses; MARIUS supprima les ENSEIGNES à figure en ronde bosse; des DRAPERIES et les IMAGES des EMPEREURS devinrent ensuite l'accompagnement des ENSEIGNES; l'AIGLE d'or seul fut conservée jusqu'à l'invention du LABARUM. — VÉGÈCE (390, A) dit que, de son temps, les *pesamment armés* ont le CASQUE,

la CUIRASSE, les JAMBIÈRES, deux sortes d'ÉPÉES (*spathas* et *semi-spathas*) et un grand BOUCLIER garni de cinq TRAITS plombés. — Au MOYEN AGE, ces TRAITS étaient devenus des FUSÉES de FEU GRÉGEOIS. — On s'égarerait si l'on confondait avec les usages antérieurs, et ce que dit VÉGÈCE et cet emploi du FEU GRÉGEOIS. — Résumons le positif de l'uniforme. L'ARMEMENT comprenait : ARC, BALISTE, BÉLIER, BOUCLIER, CATAPULTE, COIN D'AIRAIN, DEMI-ÉPÉE, DEMI-PIQUE, ÉPÉE, ÉPIEU, FALARIQUE, FLÈCHE, FRONDE, FUSTIBALE, HASTE, JAVELINE, JAVELOT, MALLÉOLE, ONAGRE, PIQUE, PILUM, PLOMBÉE. — Au nombre des EFFETS DE CAMPEMENT étaient la BÊCHE, la COIGNÉE, la CORDE A FOURRAGE, la COURROIE, la DOLOIRE ou PIOCHE, le PANIER, les PIEUX, la SCIE. — La COIFFURE était le BONNET (*codo*), le casque (*galea*) à CIMIER, à CORNICULE, à PANACHE. — Les MARQUES DISTINCTIVES consistaient dans l'espèce de la COTTE DE MAILLES; la couleur pourpre du PALUDAMENTUM; les ornements du soulier nommé *caliga*, la couleur, les ornements, les inscriptions du BOUCLIER, le *scipio* de SARMENT OU BATON DE COMMANDEMENT, les trois plumes ou l'AIGRETTE qui surmontaient le CASQUE. — L'ÉQUIPEMENT et la CHAUSSURE se composaient de l'AIGLE, de la CHAUSSE TRAPE, de la CUILLER, des DRAGONS A HAMPE, de l'ÉCUELLE, de l'ÉTUI DE BOUCLIER, des FANIONS, des IMAGES D'EMPEREURS, des INSTRUMENTS A VENT, du LABARUM, du MULET DE MARIUS, des souliers nommés *caliga* ou *calceamentum*, des JAMBIÈRES OU GRÈVES (*ocrea*), des VEXILLES. — L'HABILLEMENT des Légions a consisté dans la CUIRASSE, le GARDE-COEUR, la COTTE DE MAILLES, l'espèce de CAPOTE nommée *abolla, lacerna* (LACERNE), *paludamentum, sagum* (SAYON), l'espèce de MANTEAU d'officier ou de COTTE D'ARMES nommé *chlamys* (CHLAMYDE) et la tunique. — L'énorme charge qui pesait sur le LÉGIONNAIRE, lui fit donner le sobriquet de MULET DE MARIUS, surnom emprunté de l'espèce d'instrument ou de rameau qui servait de support à une partie du fardeau. — L'ENCYCLOPÉDIE (1751, C) décrit l'armement de la CAVALERIE; elle la représente d'abord mal équipée, et ensuite armée à la grecque; mais elle néglige d'indiquer les époques de ces variations. POLYBE peut surtout être consulté sur ces sujets; mais il ne relate que les usages de son temps. — Cette CAVALERIE n'usait que de SELLES rases ou plutôt de POMMEAUX, et ne connaissait l'usage ni du FERRAGE ni des ÉTRIERS; elle portait CASQUE, BOUCLIER, GANTELETS, COTTE DE MAILLES et JAVELINE OU LANCE; ses ÉTENDARDS étaient bleus; leur draperie était taillée à banderole. — Quant à la CAVALERIE légère, longtemps fournie par les ALLIÉS seuls, et imitée d'eux quand les EMPEREURS attachèrent aux Légions des ARCHERS, elle était sans ARMURE défensive, et portait seulement ARC, ÉPÉE et CARQUOIS. — Des détails sur ces matières se trouvent dans M. LISKENNE (t. II, p. 25). — N° 5. TACTIQUE. — Un exposé de l'ORDONNANCE et de la TACTIQUE des Légions exigerait de profondes recherches; car la manière différente dont elles ont combattu, suivant les époques, est une question obscure et difficile. — Ce qui va être reproduit vient de sources respectables; mais peut-être les assertions de nos prédécesseurs renferment-elles plus d'une inexactitude, plus d'un anachronisme; peut-être affirment-ils ce qui n'est que supposable, ou déplacent-ils parfois, d'un siècle ou d'un pays à l'autre, la vérité. Les planches que donnent M. le colonel CARRION (1824, A), FOLARD (1727), PRAISSAC (1622, A), JUSTE LIPSE, CLARKE, l'ENCYCLOPÉDIE (1751, C), MAIZEROY, M. LISKENNE (t. II), et enfin celles qui vont suivre, appartiennent à des systèmes différents, entre lesquels le lecteur est libre de choisir. — TITE LIVE (liv. VII) donne à la Légion primitive la forme d'une PHALANGE MACÉDONIENNE; ainsi, de ROMULUS à SERVIUS TULLIUS, les HASTAIRES étaient VÉLITES ou comparables à des PELTASTES; on ne connaissait pas encore les TRIAIRES. Les PRINCES étaient PESAMMENT ARMÉS ou comparables à des PHALANGITES; ils se rangeaient, pour le COMBAT, en un CARRÉ long et compacte: On ignore les dimensions de cette LIGNE PLEINE. — Une nouvelle tribu politique s'est créée; l'ordre du COMBAT en fut modifié; il devint essentiellement ROMAIN, et constitua ce qu'on peut appeler la Légion pure ou consulaire; c'était un savant MÉLANGE D'ARMES, c'était un ORDRE mobile et décimal, devenant PROFOND ou MINCE suivant le besoin. — Une modification immense succéda à cet état de choses. — Des jeunes gens enrôlés sous le nom de VÉLITES (voltigeurs) remplacèrent, hors rang, les HASTAIRES; ces derniers, quittant la HASTE pour le PILUM ou ÉPIEU, conservèrent cependant le nom de HASTAIRES, dont le mot *pilani* fut synonyme, mais ce dernier n'a pas été traduit en français; ils cessèrent d'être ARMÉS A LA LÉGÈRE, d'agir comme DARDEURS, comme PÉRENTAIRES; ils constituèrent une troupe combattant en ligne solide, formèrent l'avant-front de la Légion, et eurent recours, dans le COMBAT, ou aux finesses de l'ESCRIME, ou à l'effort des CHARGES EN MASSE. — Les PRINCES, de premiers (*principes*) ou principaux qu'ils étaient avant la modification dont nous avons parlé, devinrent SECONDE LIGNE

ou ÉPITAXE. La puissance de l'habitude leur laissa le nom de princes, qui n'était plus rationnel. — La plus brave ou la plus vigoureuse moitié des PRINCES primitifs, ou avant la modification, fut constituée en TRIAIRES, qui s'établirent en tierce LIGNE; ils eurent la PIQUE et l'ÉPÉE. FOLARD (1753, E) et MAIZEROY (1767, E) supposent que la HAUTEUR de cette RÉSERVE était de cinq RANGS et de douze FILES. M. le colonel CARRION (1824, A) la suppose de dix RANGS et de six FILES. — Les autres LIGNES se placèrent sur dix RANGS; la PREMIÈRE et la SECONDE étaient du double plus fortes que la TROISIÈME, et elles combattaient du PILUM et de l'ÉPÉE; leurs MANIPULES étaient de douze à seize FILES; les VÉLITES remplirent les INTERVALLES des TRIAIRES ou bien se tinrent en avant d'eux; leur place n'était pas fixe. FOLARD (1753, p. 45) les suppose répartis en arrière par petits groupes, pour se lancer de tous côtés où besoin était. — Concluons que si tant d'obscurités se sont répandues, si tant d'erreurs se sont accréditées, c'est que dans ce passage d'un mode à l'autre le fond des choses était entièrement changé, que la manière d'exprimer les anciennes coutumes s'était conservée en s'appliquant aux nouvelles, et que les termes ne disaient plus ce qu'ils semblaient signifier. — Passons à la cavalerie. — L'institution des CÉLÈRES attachés à la personne du souverain amena l'usage des CHEVALIERS attachés aux Légions; leurs TURMES ou escadrons furent de trente ou trente-deux hommes, sur trois ou sur quatre RANGS. — Tel était l'ORDRE MANIPULAIRE ou l'échiquier romain modifié comme il vient d'être dit; il le fut, soit successivement, soit d'ensemble, à des époques dont on n'est pas clairement instruit, mais qui sont postérieures à SERVIUS TULLIUS. Ce système s'est perfectionné au siége de VÉIES, l'an de ROME 354 environ; il a été retouché au temps des guerres contre PYRRHUS, vers l'an de ROME 474 (275 ans environ avant l'ère chrétienne); aussi n'est-ce que de cette dernière époque que quelques ÉCRIVAINS font dater l'invention de la Légion pure ou consulaire. — L'ORDRE MANIPULAIRE s'est maintenu jusqu'au temps des SCIPIONS. — CINCIUS, AUTEUR dont les ouvrages sont perdus, mais que les anciens ont cité, donnait à la Légion manipulaire soixante CENTURIES et trente MANIPULES; il appelait COHORTE une tranche ou PROFONDEUR de trois MANIPULES. Cette COHORTE manipulaire ne doit pas être confondue avec la COHORTE qui lui a succédé, et qu'on pourrait appeler phalangique. L'ancienne, étant en bataille, formait colonne rangée en ligne, soit droite, soit en zigzag; la moins ancienne, étant en bataille, se rangeait comme un bataillon moderne. — Turpin (1785, O) est d'avis, ainsi que Cincius, qu'il aurait existé des COHORTES depuis l'établissement de la république; mais Tite Live, comme le remarque Furetière, autorise à croire le contraire. On conciliera les opinions en disant que c'est l'acception du mot COHORTE qui a changé. — L'ORDRE DE BATAILLE présentait trois LIGNES de dix RANGS chacune, sauf peut-être la troisième; elles étaient réparties en dix groupes ou MASSES. La disposition en QUINCONCE fut donnée à ces trente masses quatre siècles avant l'ère chrétienne, ou peut-être depuis la bataille de Bérévent (275 ans avant l'ère chrétienne). — Au lieu d'être en ÉCHIQUIER, les Légions ont quelquefois observé un ALIGNEMENT DE PROFONDEUR, que quelques auteurs ont supposé répondre à la forme nommée *acies cuneata*, COIN TACTIQUE. — Dire que la Légion était sur trois lignes, c'est employer les seuls termes dont on puisse se servir; mais entre ces LIGNES et nos modernes LIGNES DE BATAILLE il n'y a pas de similitude. Les trois lignes romaines étaient d'armes différentes, mais formant un même CORPS, ne combattant que déployées, agissant à un seul commandement, ne cessant jamais de se prêter appui. Les deux LIGNES des modernes sont, au contraire, d'ARMES pareilles et de CORPS différents; notre SECONDE LIGNE est quelquefois ployée, quelquefois déployée; sa destination est indéterminée; les circonstances décident de son emploi. — La LÉGION MANIPULAIRE, quoique sur trois LIGNES, n'en formait réellement qu'une; jamais deux LÉGIONS MANIPULAIRES ne s'établirent l'une en avant de l'autre, comme pourraient le faire deux modernes DIVISIONS D'ARMÉES. — Cependant des ÉCRIVAINS disent qu'à la bataille d'Asculum (Ascoli), contre Pyrrhus, l'an de Rome 475, les Légions étaient par manipules, sur deux LIGNES. Ce récit manque de clarté. — On suppose que les MANIPULES se rangeaient comme l'expriment les figures n° 1 et 2 (p. 3082); celles-ci diffèrent quelque peu de l'image qu'en donne Maizeroy (1767, E, t. I⁽ᵉʳ⁾, p. 10). Probablement, quoi qu'en dise ce savant AUTEUR, les TRIAIRES étaient plutôt rangés comme le représente le dessin n° 2, puisque les ÉCRIVAINS s'accordent à dire que quand le COMBAT tournait au désavantage des ROMAINS, les manipules de TRIAIRES étaient destinés à recevoir et à enchâsser dans leurs INTERVALLES les lignes de manipules refoulés par l'ennemi; de là ces expressions : *Res ad triarios rediit, per-*

venit; les TRIAIRES ont dû prendre part à l'affaire. Et cette autre expression : *Triplici acie in frontem;* les trois LIGNES se sont fondues sur un même front. — Quelquefois, mais rarement, les MANIPULES se sont formés en LIGNE PLEINE contre la CAVALERIE; quelquefois, au lieu d'être rangés en QUINCONCE, ils ont pris un ORDRE à intervalles directs ou un ALIGNEMENT DE PROFONDEUR, afin d'offrir des défilés aux ÉLÉPHANTS, aux DROMADAIRES, aux CHARS DE GUERRE. — Gareau prétend qu'on appelait Légion carrée (*legio quadrata*) une Légion de quatre cents hommes. Nous doutons du fait, et il n'y a pas eu de Légion de quatre cents hommes. — Les incertitudes à l'égard de la PROFONDEUR de la Légion ne seront jamais entièrement éclaircies, parce qu'on ignore quels étaient les principes qui en réglaient la mesure, et d'ailleurs elle a varié. — Quels étaient précisément les espaces ménagés dans l'intérieur des LIGNES et des MANIPULES? En d'autres termes: Quels étaient les DISTANCES, les INTERVALLES; le TERRAIN INDIVIDUEL des ARMÉES AGISSANTES? marchaient-elles d'un PAS CADENCÉ? Les ÉCRIVAINS se contredisent sur ces questions, comme sur la force et la forme des FILES, parce qu'ils ont confondu les proportions des Légions primitives, consulaires, impériales. — Folard (1753, p. 41) dit que *la distance d'une cohorte à l'autre était égale à son front.* La proportion est vraie, s'il s'agit de l'ordre manipulaire tel qu'il est représenté dans les planches n° 1 et 2 (p. 3082); elle est fausse, s'il s'agit des cohortes phalangiques. Turpin (1783, O, t. II, p. 302) établit d'autres conjectures que Folard; les livres qui inspirent le plus de confiance offrent de pareils dissentiments. Ainsi les dessins qui accompagnent la production de Clarke (1712, A), et ceux que donne Juste Lipse (1598, A), sont imaginaires, si l'on en croit Folard (1753, E); ceux qui sont joints au traité de M. le colonel Carrion (1824, A) diffèrent totalement de ceux de Decranmeville (1789, A), et M. le général Rogniat (1816, B), qui accuse d'inexactitude Juste Lipse, et qui lui-même ne passe pas pour exempt d'erreurs, est d'une opinion qui s'éloigne de toutes les autres. — Il paraît sûr que les INTERVALLES des Légions étaient moins ouverts avant la guerre contre Pyrrhus. La planche 1⁽ʳᵉ⁾ (p. 3082) en donne idée. On les augmente en vue de rendre moins formidable le choc des ÉLÉPHANTS, pour qui ces INTERVALLES devinrent des issues et des couloirs. Ainsi manœuvra Scipion à Zama, où il vainquit Annibal. — Lentulus et Régulus avaient agi dans le même esprit, et l'on suppose que l'ordre qu'ils préférérent répond surtout à la figure n° 2 (p. 5082), sauf la différence de l'ordre en quinconce à l'ordre croisé, qui ne fut qu'accidentel. — Le terrain individuel était de cinq pieds à deux mètres par légionnaire, suivant M. le colonel Chambray, Guischardt, Lebeau, Mauvillon, c'est-à-dire que chaque soldat d'un manipule s'escrimait sur un carré équilatéral d'un pas romain. M. le général Rogniat, au contraire, ne donne au terrain individuel qu'un mètre. Le vrai absolu n'est ni dans l'une ni dans l'autre de ces assertions. Le premier de ces systèmes rappelle les usages plus anciens ; le second appartient surtout au temps des légions impériales. — Si, dans les manipules, le terrain individuel n'eût été habituellement que d'un mètre, il ne fût pas resté entre les soldats un pied de distance de coude à coude, ou plutôt de coude à bouclier ; le mécanisme des passages de lignes et l'insertion d'un nouvel homme entre deux autres fussent devenus impossibles ; or c'était le fond et la fin des évolutions manipulaires. — La légion consulaire se mesura pour la première fois avec la phalange grecque à la bataille des monts Cynocéphales. Flaminius y combattit Philippe de Macédoine. — Les engagements contre Annibal furent les dernières actions où les Romains aient agi sous la forme manipulaire. — Cependant Decrammeville (1789, A), sur le témoignage de Frontin (86, A), suppose qu'à Pharsale les Légions de Pompée étaient rangées sur dix rangs, comme les anciens manipules. Peut-être ses troupes, composées de vieilles Légions romaines, combattaient-elles encore en manipules, tandis que les Légions nouvelles ou plus jeunes de son compétiteur combattaient en ordre de cohorte à la grecque. — La Légion avait sa cavalerie rangée sur les ailes, par turmes de trente chevaliers. C'est l'opinion de Folard (1753, E), qui entremêle des vélites aux petits escadrons. — Tant que les armées consulaires ne furent, suivant l'esprit de l'institution, que de quatre Légions, dont deux d'alliés, celles des Romains occupèrent le centre ; la cavalerie occupa les ailes des alliés ; les vélites furent derrière et autour de chaque Légion. — Il fut un temps (mais ce fut celui où se corrompirent les institutions), où le général commandait ordinairement à cheval ses Légions. — Au camp, les Légions s'établissaient entre le prétoire et le rempart. — La forme savante de la Légion et la distribution admirable des camps romains se maintinrent tant qu'il fallut surtout combattre contre de l'infanterie ; mais quand

il fallut repousser les insultes d'une cavalerie nombreuse et entreprenante, l'ordre à intervalles fut reconnu trop faible ; de là le parti auquel s'arrétérent Marius, César et leurs imitateurs ; ils rapprochèrent les manipules, en formèrent des cohortes ou espèces de bataillons de cinq à six cents hommes, et donnèrent des piques au premier rang. — Les Légions de César, entremêlées de sa cavalerie, étaient sur huit ou neuf rangs ; c'est dans cet ordre qu'elles exécutaient ces charges à la course dont parle ce grand capitaine. — Dans son combat contre Afranius, ses Légions étaient de trois lignes de cohortes. On suppose qu'elles se rangeaient comme le représentent la planche n° 5 ou la planche n° 4 (p. 5083). — Dans la guerre contre les Juifs, Titus, vers la fin du premier siècle, formait ses troupes sur six rangs. — Arrien (110, A) rapporte que, dans la guerre contre les Alains, l'infanterie était sur huit rangs. — Peu à peu et jusqu'au règne d'Adrien, l'an 120, la composition de la Légion se rapprocha des formes de la phalange. Ce fut décidément une phalange particulière sous le règne d'Alexandre Sévère, l'an 122, comme l'attestent Jules Africain et Lampride (Vie d'Alexandre Sévère) ; une cohorte milliaire en occupe la droite. — Vers le milieu du second siècle, les Légions des Antonins, conformément aux conjectures de M. le colonel Carrion (1824, A), étaient ordonnées sur quatre lignes terminées en tête de porc. Chaque cohorte formait à peu près un carré ; la cohorte milliaire en était l'avant-front ; mais l'institution de deux cohortes milliaires par Légion aurait changé ce système, puisque Végèce place chacune des cohortes milliaires à une des ailes de la Légion (voy. pl. 5, p. 5084). — Aucun témoignage ancien et authentique ne prouve que les cohortes fussent de vingt de front sur vingt-cinq de profondeur, comme le suppose M. Carrion dans le dessin qui suit (voyez planche ci-après) ; elles sont censées sur dix rangs, et non sur vingt-cinq. — Peut-être une décurie formait-elle la file ; c'est l'opinion de plusieurs auteurs. — Nous sommes arrivés à l'époque où l'on voit la Légion recourir de temps en temps à l'ordre en coin, à la scie, au globe. — La Légion, ramenée à la forme grecque, paraît être le modèle que s'était proposé Charles-Quint, quand il créa ses fameuses enseignes espagnoles. — Après la translation de l'empire à Byzance, les formes grecques prévalurent décidément ; les Légions ne connurent plus qu'un ordre ; il convenait mieux à la défensive qu'à l'attaque, et la victoire abandonna leurs ENSEIGNES. — La fusion des MANIPULES en une troupe compacte commença vers le temps de l'adoption des MACHINES DE GUERRE rangées, soit à la suite, soit au sein des Légions. Ce système amena l'ordonnance tactique nommée COIN OU TÊTE DE PORC. — Au temps de VÉGÈCE, la Légion dégénérée comptait moins sur la valeur des hommes que sur la puissance de ces MACHINES; les règles étaient devenues si vagues, que cet AUTEUR dit qu'on forme quelquefois la troupe SUR DEUX, TROIS, QUATRE, SIX, NEUF RANGS. — Il est croyable que les petites BALISTES, les ONAGRES et les ADDITS formèrent un rang central; que les VÉTÉRANS OU TRIAIRES, les VÉLITES, les TIRONS formaient les autres RANGS, et que le tout pouvait s'élever à neuf ou dix RANGS. Cette supposition est exprimée dans la planche qui suit, n° 6 (p. 3084).— Les vieux SOLDATS tenaient le premier et le dernier RANG; les quatre premiers RANGS étaient ANTÉSIGNAIRES; les quatre derniers étaient POSTSIGNAIRES. — Ou bien, suivant d'autres opinions, le premier rang se composait de PRINCES; il y en avait un d'ARCHERS, deux de VÉLITES, un de TRIAIRES. — Les MACHINES A TIR COURBE étaient au troisième rang de la Légion; celles A TIR DIRECT étaient aux ailes de l'armée; mais, suivant M. de Montveran, les grandes balistes étaient au premier rang, dans les intervalles; les petites, aux ailes. — Mais tous ces renseignements sont vagues; plusieurs ne reposent que sur des suppositions modernes. — Depuis que la Légion s'était distribuée en COHORTES PHALANGIQUES, quel était son ORDRE primitif, habituel DE BATAILLE? sur combien de LIGNES se rangeait-elle? quel TERRAIN occupait-elle? comment rompait-elle pour défiler ou faire route? en quels cas la PREMIÈRE LIGNE était-elle de moins de cinq cohortes? en quels cas était-elle de cinq cohortes égales, comme la représente la planche n° 5 (p. 3083)? Est-il certain, comme le dit M. LISKENNE, que *pilatim iter facere* signifiât MARCHER EN COLONNE; que *passim iter facere* signifiât DÉPLOYER LA COLONNE? Ces assertions prêtent à la controverse. L'auteur a essayé, et c'est un mérite, de dérouler le tableau des manœuvres antiques; il décrit ce qui a pu se faire, et qui peut-être s'est fait; mais est-il démontré qu'il ne reconstruise pas à la moderne l'antiquité? — La TACTIQUE romaine ne s'est jamais élevée à la perfection de la TACTIQUE moderne, quant au jeu des RÉSERVES, quant au concours des MACHINES dont nos BOUCHES A FEU sont les analogues, quant à l'efficacité du secours qu'une CAVALERIE prête à son INFANTERIE, et quant aux résultats qu'elle

produit à l'instant où plie l'ENNEMI. Les récits de CÉSAR, lui-même sont loin de nous donner idée de ces admirables combinaisons de nos ARMÉES, combinaisons dont FRÉDÉRIC DEUX a donné de si mémorables exemples; mais, l'ORDRE TANT PLEIN QUE VIDE qu'observait la Légion a été longtemps une loi respectée; il se trouvait dans la MARCHE des BRIGADES en bataille, dont la renaissance de l'ART avait fait revivre l'usage. — Fondre sur l'ENNEMI ou l'attendre, lui DRESSER des EMBUSCADES, le prendre à dos, s'il n'avait pas ou n'avait plus de cavalerie, tels étaient la pratique, le but, l'effort de la TACTIQUE romaine. — Fabius, le premier, a appris aux Légions que l'ART DE LA GUERRE ne consiste pas uniquement dans la valeur qui livre des batailles. Jusqu'au temps de ce grand homme, le point d'honneur était d'offrir le COMBAT; ce qui annonce un genre de GUERRE sans plan et une pétulance de barbares. — Des détails ont pu être rassemblés ici à l'égard de l'ordre de pied ferme, et du jeu connu ou supposé des Légions. Quant au mécanisme des MARCHES, les historiens anciens et les recherches de nos précurseurs nous offrent peu de secours; le sujet est à jamais obscur; les conjectures qu'on formerait varieraient d'ailleurs autant que la CONSTITUTION et la formation sur le terrain ont changé. — Quand la Légion marchait à l'ENNEMI, elle conservait, on le conçoit, son ORDRE DE BATAILLE, et pendant longtemps combattit en ORDRE PARALLÈLE; mais quand elle devait DÉFILER OU FAIRE ROUTE, on ignore quelle forme elle prenait. FAISAIT-elle PAR LE FLANC, comme on doit le supposer? mais, en ce cas, tous les MANIPULES de TRIAIRES marchaient-ils en tête ou en queue? était-ce, au contraire, les HASTAIRES qui partaient en COLONNE, ayant pour avant-garde les VÉLITES, ou bien la MARCHE s'ordonnait-elle par agrégation de trois MANIPULES, dont un de chaque LÉGION? la Légion, pour FAIRE ROUTE, se disloquait-elle d'une manière analogue à la manœuvre que nous nommons *rompre par la droite pour marcher vers la gauche*, ou l'inverse, ce qui eût substitué à l'exécution des CLISES celle des CONVERSIONS? Ce sont autant de questions insolubles. — Rien ne fut plus sérieux, plus réellement instructif que les EXERCICES tactiques de la Légion, rien de mieux entendu que le parti qu'elle tirait de ses INSTRUMENTS DE MUSIQUE. Nous avons parlé de la PETITE GUERRE simulée, des MARCHES en armes, des rudes PROMENADES que faisaient faire les SCIPIONS. — JULES CAPITOLIN va jusqu'à dire que des EMPEREURS regardaient l'EXERCICE de

la CHASSE comme le complément des EXER-
CICES de la TACTIQUE, et ordonnaient des
CHASSES A COURRE pour tenir en haleine leurs
Légions. — L'ENCYCLOPÉDIE (1751, C, t. III
des planches) offre diverses images de la
TACTIQUE des Légions, et décrit leur manière de camper (au mot *Logement*).
— Une gravure qui accompagne la traduction de VÉGÈCE, due à SIGRAIS (1759,
G), donne une idée des ÉVOLUTIONS telles
que le traducteur les suppose. — M. LIS-
KENNE (t. II, p. 26) peut aussi être consulté. Cet ÉCRIVAIN se prononce en faveur de ceux qui ont préféré à l'ancien
système manipulaire le système phalangique. Le premier mode pourtant était
plus profondément combiné, plus puissant;
l'autre était un retour vers l'enfance de l'art.
— N° 6. SUBORDINATION. — Pendant longtemps, un CONSUL n'eut sous ses ordres que
deux Légions; au temps de l'invasion d'AN-
NIBAL, il en fut mis sur pied vingt-trois,
dont dix-neuf étaient commandées par des
PRÉTEURS ou des PROCONSULS ou des SOUS-
CONSULS. — On appelait, dans l'empire bysantin, *magister militum* un GÉNÉRAL qui
commandait deux ou plusieurs Légions; on
nommait, au temps des EMPEREURS, *magister equitum* le GÉNÉRAL DE LA CAVALERIE. Le
PRÉFET de la Légion, *praefectus legionis*,
dont le titre était créé depuis Auguste, en
était le colonel ou le premier TRIBUN, et y
exerçait la justice; il avait titre de COMTE de
première classe. — Le LÉGAT exerça les fonctions primitivement dévolues aux CONSULS;
et, sous l'empire, il était un des lieutenants
de l'EMPEREUR, *legatus imperatoris*. — Il
existait un officier d'un autre grade, nommé
praefectus castrorum, PRÉFET DES CAMPS;
l'ADJUDANT GÉNÉRAL ANGLAIS, ou son ASSIS-
TANT, répondent en quelques points à cet
officier, dont le grade est inconnu dans les
ARMÉES de FRANCE. — Le PRÉFET DES OUVRIERS
était à la fois le chef du GÉNIE et de l'ARTIL-
LERIE et le directeur de la FABRICATION des
ARMES. — Mais de siècle en siècle tous ces
usages s'effaçaient ou variaient. — N° 7.
PUNITIONS, PEINES, ADMINISTRATION. — L'allocution des CAMPS ou du FORUM était l'espèce
d'ORDRE DU JOUR qui proclamait les PUNI-
TIONS prononcées dans les cas graves par le
CONSUL, le DICTATEUR, l'EMPEREUR. — La
perte du BOUCLIER était réputée un cas d'in-
famie chez les ROMAINS. Le crime qu'ils dé-
signaient par les mots *armis carere*, perdre
le BOUCLIER, était poursuivi et jugé par les
HÉRAUTS (*feciales*). Etre privé, soi et sa famille, de la faveur de servir l'Etat, déchoir des
droits de citoyen, avoir ses habits déchirés
de la main du LICTEUR, telles étaient les
PUNITIONS de la perte du BOUCLIER. — Figurer sur le contrôle des Légions était un
honneur; en être biffé, une honte. Les AU-
TEURS expriment cette expulsion par les expressions *tradi, expungi à militia, tradi
ab albo*. — Ce qui a été dit de l'administration des COHORTES, de la répartition des
MUNITIONS DE BOUCHE, etc., de la fabrication
du PAIN et de la transmission des ordres au
moyen de la TESSÈRE, est à peu près tout ce
qu'on sait de relatif au sujet. Leurs GRATI-
FICATIONS, leurs MASSES PÉCUNIAIRES étaient
l'objet de mesures régulières et équitables.
— L'étonnement qu'on éprouve, c'est de ne
trouver aucun renseignement relatif aux HÔ-
PITAUX, dans une ARMÉE où la DISCIPLINE,
où le SERVICE des VIVRES et tant d'autres détails étaient si soigneusement dirigés. Toutefois on est mal éclairé touchant les moyens
de TRANSPORT. ALEXANDRE SÉVÈRE cherchait
à y remédier en attachant aux ARMÉES des
chariots à blessés, et ordonnant que les
malades fussent confiés à des habitants, à
des femmes irréprochables à qui le trésor
public tiendrait compte de leurs dépenses.

Voir d'autre part les Planches indiquées
dans cet article.

PLANCHES INDIQUÉES DANS L'ARTICLE LÉGION ROMAINE.

PLANCHE N° 1.

Ordre supposé conforme au système de Polybe.

LÉGION DE 3,000 SOLDATS, NON COMPRIS 1,200 VÉLITES ET 300 CAVALIERS.

Cette ordonnance a été en vigueur depuis Tullus ou depuis le siége de VÉIES, ou depuis la bataille de BÉNÉVENT, jusqu'au consulat de MARIUS.

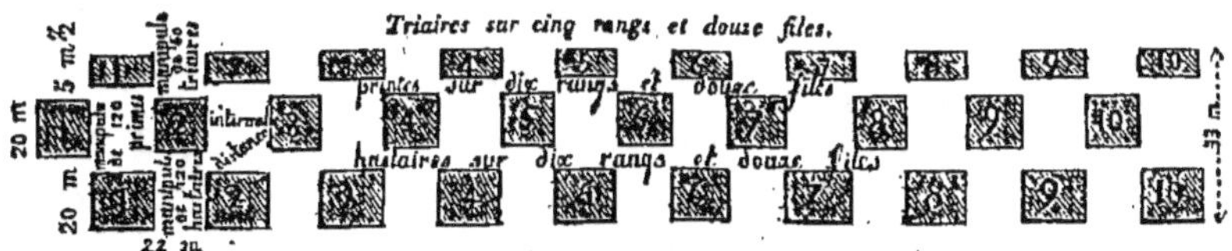

CHAMP DE BATAILLE.

Quelquefois l'ordre manipulaire est en ligne pleine. Quelquefois les manipules s'alignent en profondeur au lieu d'être en quinconce.

Les vélites sont supposés dans les intervalles des manipules de triaires, ou en avant de ces manipules.

Les traits noirs indiquent les premiers rangs.

Les hommes occupent ici 2 mètres carrés, un TERRAIN carré de 6 pieds romains, ou 5 pieds 6 pouces français; mais quelquefois le TERRAIN INDIVIDUEL était moitié moindre.

Le pas romain répondait, suivant M. Liskenne, à 5 pieds français. Il évalue le front d'une Légion de 4,200 hommes à 1,680 pieds romains (1,400 pieds français); sa profondeur à 692 pieds romains (585 pieds français), ce qui égalerait 466 mètres sur 195 mètres. Nous sommes d'accord avec lui pour le front; nous ne le sommes pas pour la profondeur.

PLANCHE N° 2.

Ordre supposé conforme au système de Polybe.

Suivant Folard (1753, E, p. 45) et suivant M. le colonel Carrion (1824, A, t, ı, p. 185, al. 5). Ce serait la Légion de Marius.

CHAMP DE BATAILLE.

Les hommes sont ici sur un carré de moins d'un mètre; si l'on suppose le terrain individuel de 2 mètres, comme il était quelquefois, toutes les proportions seraient doubles.

Le pied romain, de 10 pouces 9 à 10 lignes, différait du pied grec, qui était de 11 pouces 4 lignes. En parlant de la phalange, c'est du pied romain que se sert Polybe; ce pied donnerait des quantités un peu plus faibles que celles exprimées ci-dessus; mais on a supposé, pour plus de clarté, des nombres ronds, et on admet que 37 pieds romains sont 11 mètres; 111 pieds romains, 34 mètres; 185 pieds romains, 56 mètres.

Suivant M. Liskenne, la Légion de Marius avait 1,855 pieds romains de front, ce qui répondait à 1,550 pieds français, ou 510 mètres. Notre évaluation est plus faible.

PLANCHE Nº 3.

Ordre conforme au système de César,

Ou *Triplex acies,* suivant Maizeroy (1767, t. 1, p. 58).

LÉGION DE 5,000 HOMMES, NON COMPRIS LES ARMÉS A LA LÉGÈRE ET LES CAVALIERS.

Cette ordonnance a été en vigueur depuis Marius jusqu'à Trajan, l'an 100, d'une manière plus ou moins modifiée.

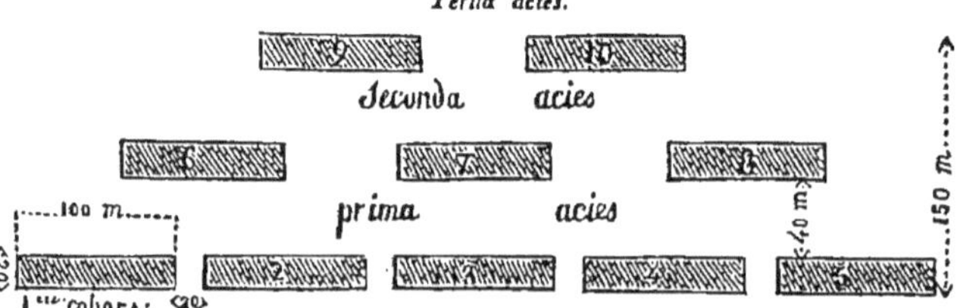

CHAMP DE BATAILLE.

Les dix cohortes sont de 500 hommes l'une, sur dix rangs et cinquante files. Chaque homme occupe 2 mètres carrés. Les intervalles sont de 10 mètres.—Il n'a quelquefois été donné qu'un mètre de front par homme. — La troisième ligne (*tertia acies*), ou réserve, n'avait pas de place absolument fixe; on la suppose ici en échiquier.

Maizeroy (1767, p. 51) calcule, au contraire, la distance à raison, non de 40 mètres, mais de 74; il ne doute pas que depuis la transformation des manipules en cohortes, le terrain individuel ne fût que de 2 mètres de profondeur sur un mètre de front, au lieu d'être carré comme on le suppose ici; il ne suppose les intervalles entre cohortes que de 10 mètres et non de 20.

M. Liskenne évalue à 74 mètres la distance d'une ligne à l'autre; il évalue le front à 1,464 pieds romains ou 1,220 pieds français, égalant 406 mètres. Nos calculs et celui-ci ne concordent pas.

PLANCHE Nº 4.

Ordre conforme au système de César.

Suivant une des conjectures de M. Carrion (t. 1, p. 574, al. 2; p. 375, llg. 4).

LÉGION ROMAINE.

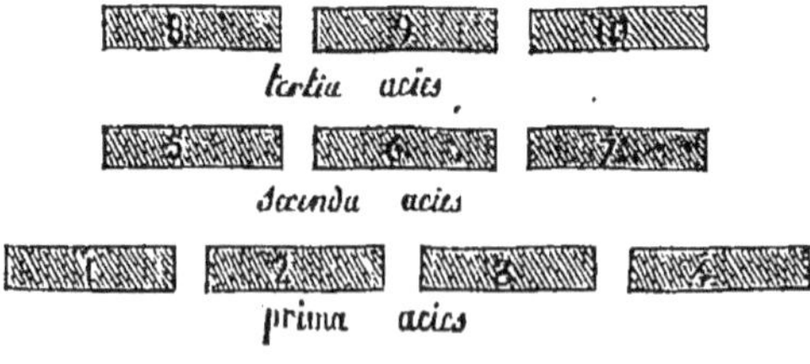

CHAMP DE BATAILLE.

Il n'y a point encore ici de cohorte milliaire.

M. Liskenne ne donne à la troisième ligne que deux cohortes; il en donne quatre à la seconde.

PLANCHE N° 5.

Ordre de la légion des Antonins,

Ou *quadratum agmen*, ou *acies cuneata*, suivant la principale conjecture de M. le colonel Carrion.

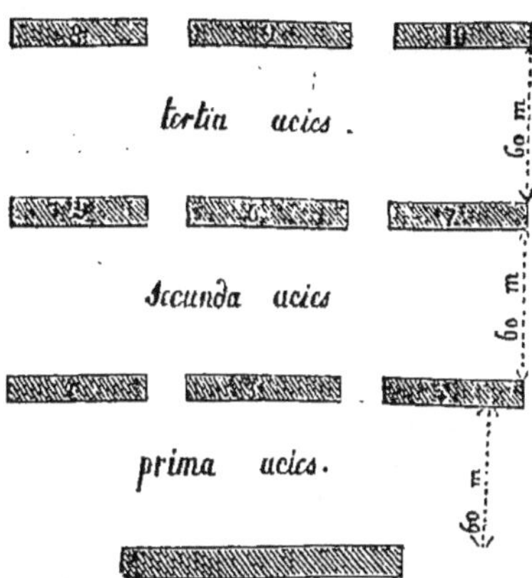

Première cohorte milliaire.

CHAMP DE BATAILLE.

Les hommes seraient sur 25 de profondeur et 20 de front par cohorte, suivant la supposition de quelques écrivains qui ont conçu sous cette forme le coin tactique.

PLANCHE N° 6.

Ordre conforme au système de Végèce.

Suivant l'opinion de Malzeroy (1767, t. 1, p. 39).

LÉGION DE 6,600 HOMMES, NON COMPRIS LES ARMÉS A LA LÉGÈRE ET LES CAVALIERS.

Cette ordonnance a été en vigueur, sauf diverses modifications, depuis les Antonins, l'an 150, environ, jusqu'à Végèce (l'an 370).

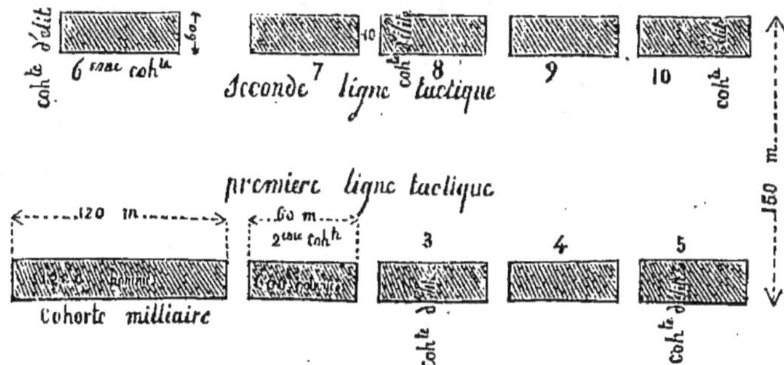

CHAMP DE BATAILLE.

Pour arriver à des nombres ronds, on excède tant soit peu ici l'évaluation numérique de Végèce.

On suppose dix rangs pour la facilité des calculs.

On n'a donné qu'un mètre par homme, mais plus généralement le terrain était de deux mètres.—Quelquefois la Légion s'est rangée en échiquier, Voyez Turpin (1785, O, p. 299),

LÉGION ROYALE ÉTRANGÈRE. V. LÉGION FRANÇAISE. V. RÉGIMENT DE HOHENLOHE. V. ROYAL ÉTRANGER.

LÉGIONNAIRE, adj. V. COHORTE L... V. SOUS-OFFICIER L... V. TRIBUN L...

LÉGIONNAIRE (subs. masc.) de la LÉGION D'HONNEUR. V. CAPITAINE RAPPORTEUR. V. CASSATION DE SOUS-OFFICIER. V. DÉGRADATION DE MEMBRE DE LA LÉGION. V. CHEVALIER DE LA LÉGION. V. LÉGION D'HONNEUR. V. MINISTRE DE LA GUERRE N° 12; id. EN 1824 (5 AVRIL). V. OFFICIER DE LA LÉGION D'HONNEUR. V. PEINE DE L... V. PUNITION DE L... V. RÉCOMPENSE. V. SERMENT DE L...

LÉGIONNAIRE ROMAIN. V. AGEMA. V. BASTONNADE. V. BOUCLIER. V. CAMP DE VÉTÉRANS. V. CENTURION N° 5. V. CHARGE DE SOLDAT. V. COHORTE DE LA LÉGION ROMAINE N° 6. V. COHORTE PRÉTORIENNE. V. CORDE A FOURRAGE. V. DÉCURION. V. DÉSERTION. V. ÉPÉE. V. GRATIFICATION. V. GRÈVE. V. HOMME DE TROUPE N° 10. V. INFANTERIE N° 2. V. LÉGION ROMAINE N° 4, 5. V. MILICE ROMAINE N° 2, 4, 5, 7. V. MOULIN A BRAS. V. NATATION. V. ORDINAIRE. V. PAL. V. PAS CADENCÉ. V. ROMAIN, adj. V. RONDE. V. SECONDE LIGNE DE BATAILLE. V. SOLDAT. V. TACTIQUE, subs. V. TERRAIN INDIVIDUEL. V. TRIAIRE N° 2.

LÉGIONNAIRE SOUS-OFFICIER. V. INSPECTEUR GÉNÉRAL D'INFANTERIE N° 2. V. SOUS-OFFICIER.

LÉGISLATIF (législative), adj. V. BUDGET L... V. CORPS L... V. CRÉDIT L...

LÉGISLATION (subs. fém.) MILITAIRE (F). Le mot Législation est d'origine toute LATINE, ainsi que le substantif LOI, renfermé logiquement dans la même locution. — La Législation militaire française n'a point été définie encore; difficilement elle eût pu l'être; car sous des gouvernements mobiles, dissemblables, ses éléments, ses vues, son but ne se ressemblaient pas. — La Législation des armes, d'abord imposée par le pouvoir absolu, dénaturée ensuite par le pouvoir féodal, successivement modifiée ou consentie par le pouvoir tempéré, par l'institution des communes, par l'invention des parlements, a composé, de nos jours, un ensemble indigeste qui s'est altéré, compliqué, obscurci en raison du laisser-aller royal, de l'influence populaire, des caprices du bon plaisir, des aberrations de la DICTATURE et du GÉNÉRALISSIMAT. Ce CODE, sans homogénéité, ne saurait être cimenté comme celui que promulguerait, sur un plan complet, un ministre constitutionnel, ou auquel coopéreraient des pouvoirs balancés, une législature, un corps aulique, une académie militaire. — Le général Foy prétend que la Législation de l'ARMÉE FRANÇAISE ne vaut

pas *la peine qu'on l'étudie;* cette accusation est facile, ce reproche est léger, ce dédain est commode. Nous sommes toutefois persuadé que cette investigation, toute rebutante et peu fructueuse qu'elle soit, était exigée par la nature du présent travail, et nous sommes décidé à surmonter les dégoûts de cette étude. — La confection de la LOI MILITAIRE doit-elle dépendre du seul pouvoir souverain? Doit-elle être révisée et consentie, elle et tous ses détails, par des représentants de la nation? Le gouvernement n'en doit-il proposer que la pensée; les assemblées législatives n'en doivent-elles arrêter que les bases, laissant au MINISTRE le soin d'achever la construction? La solution de ces propositions graves déciderait, en partie, de l'acception à donner au mot. — Avant la révolution française, la Législation de la MILICE du pays comprenait les vouloirs écrits, ou les ORDRES DU JOUR des CONNÉTABLES, des COLONELS GÉNÉRAUX; les MANDEMENTS promulgués par des AUTORITÉS, tout au plus juxtamilitaires, telles que les INTENDANTS DE PROVINCE, les GOUVERNEURS CIVILS, les CASTELLANS; à des époques moins anciennes, la plus insignifiante CIRCULAIRE, rédigée ou revue par un COMMIS dépositaire de la griffe, venait s'amalgamer dans ce qu'on appelait la Législation. — La GUERRE DE 1792 maintint des principes, en mutila d'autres, sema à pleines mains les ARRÊTÉS, les DÉLIBÉRATIONS, les LETTRES INTERPRÉTATIVES, les AVIS du CONSEIL, les SÉNATUS-CONSULTES, etc. Rien n'était plus versatile, plus disparate que ces rescrits; leur caducité touchait à leur enfance. — *La constitution de 1793, dit M. Thiers, considérait les décrets comme une loi spéciale exécutoire de suite, et la loi comme un décret d'un intérêt général moins urgent, et sanctionné de fait, quand, dans un délai donné, les assemblées primaires n'avaient pas réclamé contre ce genre de rescrit;* mais ces assertions sont plutôt une théorie qu'un fait. — A la fin du consulat, et sous le règne impérial, de simples ORDRES DU JOUR s'incorporèrent dans notre CODE; les FORCES des armes diverses n'eurent jamais de PIED FIXE; des DÉCISIONS de cabinet soumettaient l'HOMME DE TROUPE à l'expropriation, aux AMENDES, à la PEINE CAPITALE. Des DÉCRETS dictés dans cet esprit ont été dénoncés comme abus de pouvoir; on les a lacérés à l'époque où ceux qui avaient élevé BONAPARTE sur le pavois, changèrent de rôle, cherchèrent sous d'autres livrées la justification de sa déchéance, et incriminèrent les écarts d'une législation que leur adhésion et leur concours avaient cimentée. — Depuis l'institution de pouvoirs balancés, ce qu'il faut entendre par Législation est aussi indéterminé qu'auparavant ; les Puffendorf en épaulettes a étoiles expliqueraient difficilement quel genre de décrets et de statuts doivent constituer un corps de Législation. Ne doit-on prendre strictement le mot que dans le sens avoué par la grammaire et la logique ? La chose ne doit-elle être que la manifestation de la loi régulièrement élaborée, consentie, publiée ? Les ordonnances s'y classent-elles ou en sont-elles à part ? les règlements, considérés comme développement organique des ordonnances, y prennent-ils rang ? enfin laissera-t-on la Législation se gonfler sans terme de cette correspondance quotidienne, de ces rêveries ministérielles qui, sous couleur d'interprètes, dénaturent, replâtrent, effacent, embrouillent. — Une Législation ne devrait être remaniée que comme on refond des monnaies, c'est-à-dire en jetant au creuset les vieilles pièces. Mais cette marche paraît au-dessus des forces humaines. On hérisse de renvois un texte suranné, on ajoute, on surcharge un code déjà obscur, on prétend l'éparer, le simplifier ; mais la persévérance, le temps, l'habileté manquent à la fois aux architectes et aux réparateurs de ce monument sans ensemble, et comme le dit Odier (1824, E) avec justesse : *Combien de mesures prescrites restent sans exécution, parce que rien ne prescrit la manière d'exécuter, rien n'en fournit les moyens.* — Ajoutons à ces paroles cette autre exclamation : Combien de dispositions légales deviennent comme autant de non-sens ou d'aberrations, par suite d'altérations successives des documents rapiécés ! Ainsi pendant un demi-siècle la loi continuait à dire aux militaires français : dans tel cas, croisez vos revers d'habit, alors que les habits n'avaient pas ou n'avaient plus de revers, ou alors que les revers encore en usage n'étaient plus susceptibles d'être croisés, comme le pouvaient ceux du siècle précédent. — Ainsi un règlement de 1792 (5 avril) parlait encore de partis de guerre, quoique depuis le milieu du siècle on ne sût plus ce que c'était. L'ordonnance de 1768, encore en vigueur en 1838, voulait qu'en prison les sous-officiers fussent en veste ; le mot veste avait disparu du vocabulaire de l'uniforme depuis trente ans, et depuis quinze ans l'usage du gilet de sous-officier était aboli. — Nous signalons ici les petits abus, pour n'avoir pas à accuser les grands ridicules. — Les décisions, les règlements n'ont émané, en général, que du ministre de la guerre ; et, au contraire, le

règlement de 1665 (25 juillet) et la décision de 1835 (25 février) provenaient directement du roi. — Partout se montre le défaut d'accord, dans les termes et le fonds ; partout se manifestent les exceptions sans nombre qui rendent si difficile la classification des rescrits. Ce grand procès en fait de linguistique et de logique qui s'est ému entre la loi et les ordonnances ne sera pas vidé de longtemps ; combien de fois celles-ci ont transgressé la loi ? Leurs limites peuvent-elles être posées ? La profession des armes est chose à part. Les règles relatives aux armées agissantes peuvent-elles n'être pas infusées d'arbitraire ? *Salus populi, suprema lex esto;* et la paix revenue, comment détrôner subitement l'arbitraire enraciné en temps de guerre ? — L'Encyclopédie (1785, C, au mot *Lois militaires*) a compris en partie la difficulté du sujet ; elle a proposé de diviser la Législation en lois constitutives et en lois de police ; il serait plus logique de les partager en constitutives, pénales, policiaires, *qui devraient être rassemblées dans un seul code, sans cependant être confondues* (Encyclopédie, p. 23). — Les constitutives seraient de tous les temps, les autres seraient modifiables en campagne. — Les améliorations de ce genre tiennent à des théories qu'il ne nous appartient pas d'aborder ; bornons-nous aux choses de fait ; supposons, comme nos précurseurs, que toute injonction ministérielle, d'une durée indéterminée mais longue, que tout ordre permanent intimé par un général en chef à l'autorité, a été ou est un acte de Législation ; rassemblons les documents de ce genre dans un exposé où il y ait plutôt surabondance que défaut ; chaque lecteur restera libre, dans sa sagesse, de retrancher ce qu'il jugerait superflu, mais il ne retrouverait qu'avec peine ce que nous omettrions. — La Législation de l'armée va donc être traitée comme comparable à la législation civile, si à celle-ci on ajoutait les arrêtés de police de la métropole, les dispositions qui ont trait à la tenue de la maison du souverain et les interprétations des ministres, interprétations dont leurs scribes ne sont pas économes. — Le mot Législation vient d'être examiné par rapport surtout à la logique et à la langue de l'armée ; considérons actuellement sous un aspect plus général le côté historique du sujet. — La Législation des milices anciennes est pour nous la nuit des temps ; elle a été savante en quelques contrées, et surtout sous le régime consulaire de Rome, mais c'est un des chapitres perdus de l'histoire ; cette lacune est la conséquence du défaut d'enregistrement et de la destruc-

tion des bibliothèques ; les moindres mouvements des champs de bataille peuvent
être ressaisis ; des points obscurs de TACTIQUE
peuvent être expliqués par des conjectures
plausibles ; mais le système de l'ÉCONOMIE et
de l'ORGANISATION des ARMÉES, antérieurement aux codes impériaux, est une science
effacée à jamais.—Les historiens de l'antiquité rapportent que chez les SCYTHES les
lois militaires étaient des espèces de cantates
qu'on faisait apprendre par cœur aux petits
garçons ; apparemment ce catéchisme était
moins étendu que ne le serait un recueil de
nos lois modernes ; l'abécédaire musical de
nos enfants de troupe serait volumineux. —
CHARLEMAGNE faisait délibérer la LOI, ou du
moins certaines lois de principe, par les co-
mices qu'on appelait CHAMP DE MAI ; là se
manifestait le concours du ROI et du peuple,
ou plutôt de ceux qui opprimaient le peuple ;
l'édit de PISTES, promulgué en 864, sous
CHARLES LE CHAUVE, témoigne de ce concert
des autorités qui élaboraient les LOIS militaires; mais quelle estime attacher à des DÉ-
LIBÉRATIONS d'ivrognes en plein air, et la
pique à la main. — Sous la TROISIÈME RACE,
des traditions modifiées par des caprices
régissaient l'ARMÉE; les règles actuelles s'en
ressentent; les progrès de l'ART MILITAIRE en
ont été retardés; son perfectionnement, l'établissement de sages LOIS, l'usage d'une LAN-
GUE logique et bien faite se tiendront intimement toujours.—Si nous ne nous occupions
que comme juristes, de notre Législation, à
peine faudrait-il remonter à LOUIS QUATORZE,
dont quelques actes n'ont pas disparu encore de notre JURISPRUDENCE MILITAIRE; mais
pour l'éclaircissement de la partie historique, il faut tirer de la poussière des char-
triers, les LOIS SALIQUE et GOMBETTE, les formules de MARCULFE, les ESTABLISSEMENS, les
ASSISES, et compulser même les DÉLIBÉRATIONS
de CONCILES et les CAPITULAIRES qui s'y rédigeaient depuis que le CHAMP DE MAI était un
prétoire ouvert aux ECCLÉSIASTIQUES; car tant
que l'art d'écrire fut, pour ainsi dire, le secret des clercs et le privilége de l'Eglise,
la conduite des choses de la GUERRE a été
plus d'une fois l'objet des méditations des
docteurs tenant séance sous les ailes du
Saint-Esprit.—Au temps de la FÉODALITÉ, la
Législation militaire de la BRETAGNE, de l'A-
quitaine, de la NORMANDIE, de la BOURGO-
GNE, etc., n'émanait que des ducs GRANDS
VASSAUX; ce qui reste des fugitives institutions de la plupart de ces PRINCES n'est
qu'incohérence, mais renferme quelques
souvenirs qui peuvent être exhumés des chartes de BRETAGNE et surtout de BOURGOGNE ;
CHARLES LE TÉMÉRAIRE, comme le témoigne

à la date de 1474 M. DE BARANTE, *faisait
sans cesse des ordonnances sur l'armement, l'ordre et la discipline;* sa législation, quant aux détails des choses militaires, a précédée celle de nos rois. — Aux
premiers temps des grands FIEFS, la MAISON
MILITAIRE du souverain était pour ainsi dire
toute l'ARMÉE FRANÇAISE, puisque le surplus des troupes formait des hordes sans
règles, non une armée; le MAIRE DU PALAIS,
le SÉNÉCHAL DE FRANCE, le CONNÉTABLE, revêtus du droit de la COMMANDER, ont à ce titre
été, en même temps, législateurs et GRANDS
JUGES; les COLONELS GÉNÉRAUX, les LIEUTE-
NANTS GÉNÉRAUX du royaume, ont eu, à des
époques plus rapprochées, la signature des
ORDONNANCES de la MAISON MILITAIRE et des
TROUPES DE LIGNE; interprètes supposés de la
volonté du ROI, ils parlaient en leur propre
nom, et agissaient en réalité de leur seul mouvement. Des statuts qu'ils ont publiés, ceux
que nous avons surtout recherchés sont les
promulgations relatives à l'INFANTERIE. —
— Les dissensions civiles et religieuses re-
mirent tout en question. —BOUILLÉ vante les
LOIS militaires rendues par le conseil présidé par Séguier, et composé de LETELLIER,
LOUVOIS, COLBERT, SERVIEN ; ce n'était pourtant qu'une JURISPRUDENCE de circonstances
et un édifice sans base. — Les premières
RÈGLES publiées touchant les CASERNES et les
CONVOIS MILITAIRES appartiennent au règne
de LOUIS QUINZE; c'étaient les essais de la
Législation ministérielle, capricieuse Législation qui, suivant BOHAN (1781, H), *a
changé en raison inverse du temps que
les ministres sont restés en place.* — La
plupart des ordonnances restaient inédites
et en feuilles volantes. Des dispositions générales et peu connues étaient abrogées ou
mutilées par des décisions particulières tout
à fait ignorées ; la plupart d'entre elles étaient
dictées par la partialité, arrachées par l'in-
trigue, minutées par l'ignorance; elles renfermaient des vues fausses, des projets dé-
cousus; les vœux ou l'intérêt de la patrie n'y
entraient pour rien. —DUMUY est le MINIS-
TRE qui, le premier, se soit occupé de composer un recueil officiel d'ORDONNANCES. Cet
essai et bien d'autres sont restés sans résultat. —SAINT-GERMAIN eut la pensée de réunir en un seul CODE tous les documents concernant l'ADMINISTRATION ; on en trouve la
preuve dans l'ORDONNANCE DE 1776 (14 SEP-
TEMBRE), relative aux COMMISSAIRES DES GUER-
RES ; ce fut un projet avorté comme celui de
DUMUY. — A quatre époques il y a eu assez
de force de tête chez les MINISTRES ou assez
de savoir dans le MINISTÈRE pour que des
rescrits aient eu de la portée et de la durée ;

c'est ce qu'on appelle constitution de DAR-GENSON, de CHOISEUL, de SAINT-GERMAIN et de BRIENNE. Les RÈGLES qui intéressent les HOPITAUX, la POLICE, le SERVICE des TROUPES ont, il est vrai, éprouvé depuis ces ministres plus d'une modification; mais les principes et maints détails sortis de ces sources ne s'effaceront plus de notre CODE. On peut, depuis le CONSEIL DE LA GUERRE de 1788, en dire autant des CONSEILS D'ADMINISTRATION et de la TACTIQUE, autant des BUDGETS et du mécanisme administratif depuis PETIET. — En 1789, d'unanimes réclamations étaient adressées aux états généraux par les OFFICIERS de l'ARMÉE FRANÇAISE; ils demandaient justement qu'à l'avenir la DISCIPLINE, le PERSONNEL, le système des TRAITÉS, soit ADMINISTRATIFS, soit CONTRACTUELS, l'ORGANISATION des TROUPES, fussent régis par la loi, non par des ORDONNANCES. Le régime des ORDONNANCES n'en a pas moins survécu. — La GUERRE DE LA RÉVOLUTION remua dans ses fondements la Législation ou ce qu'on appelait ainsi; elle en conserva quantité de principes, alourdit le fatras de nos LOIS et leur imprima ce caractère de précipitation, de passion, de vertige qui entraînait le pouvoir. — Entre mille exemples qui accusent et la langue et la LOI, en voici quelques-uns : l'ÉTAT DE SIÉGE est une mesure indéfinissable, et le pouvoir facultatif laisse en ce cas aux préfets une énigme; nulle part il n'est dit quelle doit être la force d'une GARNISON en cas de BLOCUS; des CONSEILS DE DISCIPLINE ont été créés sans avoir été mis en vigueur, ils sont tombés en oubli sans être abrogés; des DEMIBRIGADES n'étaient pas la moitié d'une BRIGADE; les RÉGIMENTS DE CAVALERIE étaient commandés par des CHEFS DE BRIGADE, quoique ces corps fussent distincts d'une BRIGADE; des MASSES PÉCUNIAIRES, variables, disparates, ont été mal dénommées, mal définies; des CAMPS de VÉTÉRANS, des COHORTES de la LÉGION, un ORDRE DES TROIS TOISONS ont été des pensées ou des essais morts en naissant; des MAJORS ont été, en dépit de l'étymologie, des personnages tantôt plus, tantôt moins grands; le substantif RECRUE était d'acception et de genre douteux; dans des CORPS FRANCO-SUISSES, les ADJUDANTS sous-officiers n'étaient pas des sous-officiers, et il s'y voyait des sous-caporaux ayant titre et paye d'appointés. — L'ÉTAT-MAJOR des INVALIDES comprenait des AIDES DE CAMP, dont le grade était aussi peu utile et la dénomination aussi incorrecte que l'étaient l'emploi et le titre des AIDES DE CAMP de la cour, des princes, des OFFICIERS GÉNÉRAUX non employés et de la MARINE. — L'ORDRE DE SAINT-LOUIS s'est éteint sans être abrogé, a survécu sans l'a-

veu de la loi, est tombé en défaveur en vertu d'insinuations et non de mesures officielles. L'ORDRE DE LA LÉGION a été salué de promesses mensongères quant à son arriéré; le chiffre légal des MEMBRES a été violé; quantité d'entre eux ont bariolé à leur guise leur RUBAN, d'abord avec du blanc, ensuite avec du bleu. Aucune disposition civile n'a exprimé les prérogatives militaires des PRINCES FRANÇAIS. — Il ne faut pas voir que les défectuosités, tout se balance en bien et en mal. — La CONVENTION proscrivait le PILLAGE. — Sous le consulat, la promulgation de l'état civil fut un immense bienfait; quelques parties de la Législation se simplifièrent, quelques combinaisons sages et économiques s'introduisirent; mais les mesures nouvelles, peu en harmonie avec de vieilles RÈGLES maintenues, ne virent le jour que pièce à pièce et furent trop tôt commentées, contrariées, annulées. — Le reste des rescrits n'a été jusqu'ici que rêveries d'hommes puissants. imitations décousues, exceptions sans motifs, priviléges sans utilité, et changements, non pour faire mieux, mais pour faire autrement que ses devanciers. — J.-J. ROUSSEAU disait : *Je regarde les nations modernes; j'y vois force faiseurs de lois et pas un législateur.* Cette pensée pouvait s'appliquer à l'ARMÉE, puisque cette Législation, ayant eu longtemps pour pivot l'effroi des PEINES, ignorait le parti à tirer des RÉCOMPENSES. — Décharnée dans beaucoup de parties par suite de dispositions dérogeantes, surchargée en beaucoup d'autres par des modifications modifiées bientôt elles-mêmes, notre Législation était dépourvue de plan et hérissée d'antinomies; elle était ou obscure, ou inapplicable, ou jésuitiquement muette, pour n'être pas prise par ses paroles et ne pas lier les mains du pouvoir à venir. Elle s'est gonflée au point que, en 1835, si l'on en croit ce qu'on affirmait à la tribune des députés, l'INTENDANCE avait dix mille dispositions à consulter et à appliquer. — Les lois de la MILICE ANGLAISE se sont primitivement calquées sur notre Législation; le modèle s'est effacé, la copie a en partie survécu, et aujourd'hui nous aurions bien quelque chose à reprendre des institutions des Anglais, quoique tout n'y soit pas sans reproches. — Par un cercle vicieux, les imperfections ont multiplié les ORDONNANCES, et celles-ci ont accru les imperfections. Aujourd'hui, il n'est pas de courage si robuste qui ne s'étonne à la vue des montagnes de papier qu'il faudrait remuer, dépouiller et étudier avant de les brûler, puisque, de 1789 à 1835, il a paru soixante-seize mille sept cent cinquante-huit documents, ce qui équivaut à cent quatre-vingt-huit par mois, comme le témoigne avec quelques détails le *Mémorial encyclopédique* (n° LIX, p. 680). — Mais les gouvernements ne sont pas assez convaincus de cette vérité que proclame l'ENCYCLOPÉDIE (1785 , C, § XVI) : *En laissant subsister des lois mortes , on affaiblit les lois vivantes et celles dont l'observation est essentielle.... Rien, dans l'état militaire, ne doit être régi par la coutume ou par l'usage.* — MONTESQUIEU (*Lettres persanes*) déclare : *La plupart des législateurs se sont jetés dans des détails inutiles; ils ont donné dans les cas particuliers, ce qui marque un génie étroit, qui ne voit les choses que par parties et n'embrasse rien d'une vue générale.* — MONTESQUIEU n'a rien dit qui pût s'appliquer avec plus de justesse à la chose militaire; mais cet AUTEUR, Locke, Beccaria, J.-J. ROUSSEAU n'ont presque point abordé la question des LOIS purement militaires. Les publicistes semblent convaincus, ou que le sujet est trop délicat pour en traiter, ou que la Législation des troupes devrait être dictatoriale. BOUILLÉ le donne à entendre dans le passage de ses mémoires où il dit : *Les lois doivent être actives dans leur exécution; telles étaient celles des armées romaines, etc. L'état d'une armée est toujours violent, souvent convulsif; il faut donc, pour la conduire et la diriger, employer des moyens qui sortent de la méthode ordinaire et qui soient analogues à ces principes.* — Mais n'y a-t-il pas à faire distinction du TEMPS DE GUERRE et du temps de repos? Faut-il confondre l'ARMÉE EN CAMPAGNE et l'armée citoyenne, comme le pouvoir absolu n'y est que trop disposé? La Législation des TEMPS DE GUERRE pourrait être l'œuvre du pouvoir militaire, celle des TEMPS DE PAIX doit émaner de la puissance législative. — Depuis le ministère du maréchal GOUVION, l'ARMÉE FRANÇAISE, quant aux charges qui lui sont imposées, quant aux devoirs qu'elle a à remplir, quant aux LEVÉES qui alimentent ses cadres, a été placée sous un régime plus régulier; mais, sous le rapport des DROITS, des avantages, des RÉCOMPENSES, de l'AVANCEMENT, elle n'a pas été soustraite à l'empire du caprice. Si la loi réglait la manière d'entrer dans la carrière des armes, elle glissait sur la manière de la fournir; si elle s'occupait de l'AVANCEMENT, elle laissait les GRADES sans garanties contre les suspensions et les DESTITUTIONS arbitraires; elle souffrait que la multiplication des AVANCEMENTS de faveur dévorât le trésor; elle tolérait des GRADES surabondants, dont le nombre était compa-

rable à celui des PENSIONS non méritées ou délivrées en vue de faire vaquer des emplois. Enfin, dans la confection des lois de l'armée, on voyait, au lieu de la garantie des expériences, au lieu de l'évidence des enquêtes, triompher les lubies des inspirations. — De la fluctuation fréquente des dispositions légales résultait, pour les esprits studieux, l'obligation d'avoir sans cesse l'esprit tendu vers les interprétations. Les militaires les mieux intentionnés se voyaient forcés, pour satisfaire au vœu de la loi, d'en violer la lettre. Ainsi, en 1814, le titre de MARÉCHAL DE CAMP reparaissait; dès lors nécessité, sans que le législateur le disc, d'attribuer au GRADE, non son ancienne compétence, devenue inapplicable, mais les attributions du GÉNÉRAL DE BRIGADE. Un jour, et bientôt peut-être, le GÉNÉRAL DE BRIGADE effacera à son tour le MARÉCHAL DE CAMP. Dès lors il faudra que tout ce qui, depuis 1814, a été réglementaire pour ce dernier, devienne le code de son successeur. — On calcule qu'il a été imprimé, de 1789 à 1829, cinquante mille LOIS. Si on les suppose émaner à peu près également de chaque grand MINISTÈRE, le DÉPARTEMENT DE LA GUERRE y aurait contribué pour dix mille; il y faudrait ajouter dix fois plus de décisions, d'interprétations, de circulaires. Voilà, de compte fait, en moins d'un demi-siècle, cent mille dispositions ayant force de loi. Les cent volumes du *Journal militaire* confirmeraient cette supputation. — La multiplication des lois, dit M. BALLYET (1817), *les rend inintelligibles, prête à l'arbitraire, touche à l'anarchie.* — Odier (1818, E) expose avec raison que, *pour savoir être juste, il faut comprendre les lois, en remarquer les défauts et les avantages, en apercevoir les conséquences, les effets, en saisir l'intention et l'esprit, en connaître l'origine, les sources, les motifs.* — Ce passage d'Odier est ou une ironie, ou un conseil déguisé d'abattre tout ce qui est législatif, pour réédifier le monument en le simplifiant. — Après ce travail d'Hercule chez Augias, après cette épuration d'une Législation dont la caducité et l'enfance se donnent la main, il s'agirait de prévenir le retour du désordre en interdisant aux MINISTRES DE LA GUERRE les fonctions de législateur; car les chefs de portefeuilles ne sont pas tous des hommes profonds et supérieurs, les COMMIS ne sont pas tous pourvus d'expérience et de talents. — *Que d'abus, que de maux,* s'écrie LESSAC (1785, A), *enfante l'abus d'abandonner à un secrétaire d'État la Législation de la guerre!* — Il ne faut pas, suivant l'ENCYCLOPÉDIE (1785, C,

§ 13 et 24), que les lois militaires *permet-tent de changer ce qu'elles ont décidé, ni d'y faire la plus petite addition, sur-tout pendant la paix.... Les lois mili-taires doivent être examinées de temps en temps, afin d'y faire les changements que les circonstances rendent nécessaires.* — Combien d'autres propositions aussi péremptoires, aussi fondées, ne pourrait-on pas tirer de l'opuscule de M. le général Préval (1824). — Le droit de discuter et de proposer ces modifications devrait être dévolu à une académie, à une université, non à un chef de portefeuille. Dans l'opinion du célèbre Liancourt (1791), la Législation, considérée à part de l'administration, *devait appartenir essentiellement à l'assemblée nationale.* — Mais des intérêts puissants et cachés maintiennent, et peut-être sans remède, l'état vicieux des choses. Si la clarté et la règle s'établissaient, l'unité d'action ferait évanouir l'importance des sous-ordres, espèces de machines à projets de loi. — Dans une brochure anonyme (*Martius Veter*), l'auteur (le général Fournier) disait au ministre Latour-Maubourg : *Il y a tant de gens, dans votre département, ennemis, par état, des règles et de leur inflexible équité.... C'est dans l'absence des lois qu'ils peuvent s'ériger en législateurs; c'est dans l'obscurité et l'incohérence des arrêtés, décrets, ordonnances et circulaires qu'ils décident à leur gré; leur utilité reconnue est en raison des vices et des abus de l'administration.... Il faut que la loi soit d'accord avec elle-même; il faut que la déclaration du vouloir de la loi soit claire et intelligible; c'est tout l'opposé dans notre galimathias législatif.* — De pareils sentiments pourraient être fortifiés par des preuves moins amères et plus concluantes; la Législation générale en fournirait plus d'une, et elles surabondent dans la Législation spéciale. — A l'égard de la première, ce qui a trait au droit commun, à la police publique, aux rapports entre le militaire et le civil (ou le bourgeois, comme on disait jadis), comprenait telles dispositions qui, depuis les institutions nouvelles, pouvaient être arguées de forfaiture par les autorités civiles; ceci s'appliquait à l'ordonnance si longtemps maintenue de 1768. Heureusement le bon sens des militaires et l'expérience des commandants de place laissaient dormir des articles de lois encore vivantes. Pour en respecter l'esprit, ils en violaient la lettre; pour se montrer soumis au gouvernement, ils transgressaient intelligemment le principe qui maintient dans toute

sa vitalité la loi, tant qu'une disposition nouvelle ne la supprime pas. — A l'égard de la Législation spéciale des troupes, de la constitution de l'armée, de son économie, de son gouvernement, de son service, et de l'application de certains arts, de certaines sciences à la chose militaire, du rang des armes entre elles, combien de points restent indéterminés, obscurs, contradictoires. En doutera-t-on si l'on porte son attention sur : — Les imperfections de l'organisation, depuis la forme des escouades jusqu'à la nomination des adjoints a l'intendance, jusqu'à la composition de l'état-major général. — Les lacunes réglementaires touchant les démissions en temps de guerre. — La difficulté de faire cadrer les règles jadis relatives aux généraux de division, et applicables maintenant aux généraux français de création plus moderne et de grade correspondant. — La nature mal définie, en général, des devoirs et des droits. — La mobilité des principes de la haute administration de l'armée, et les dissentiments au sujet des agences, des entreprises, des régies. — La défectueuse administration des corps et des compagnies, les hautes payes sans cesse changeantes, la question de l'emploi à faire des effets des militaires décédés. — Le désordre des choses de l'uniforme, depuis les principes administratifs de l'habillement de l'infanterie française de ligne jusqu'à la confection de la guêtre. — La hiérarchie louche où sont placés les aumoniers; le rang mal assuré des chirurgiens-majors, la position incertaine des employés, l'imbroglio des classes des anciens inspecteurs aux revues et de tant d'autres fonctionnaires modernes. — La mesure insuffisante dont la police des femmes est l'objet, la disparate entre la constitution de l'armée et les vieux us de l'hotel des Invalides. — L'application mal déterminée de la discipline et des formes répressives du duel, la position fausse des grands prévots. — Le défaut de classification des fautes, des délits, des crimes. — L'ambiguïté des mesures relatives à la désertion des officiers et aux dettes qu'ils contracteraient au service. — Le système à peine dégrossi du baraquement, des cantonnements, du campement, de l'alignement des camps de tentes. — Les ordonnances si mal digérées sur le service des armées agissantes, leurs convois, leurs bagages, leurs colonnes de route, leurs fourrages, la répartition du butin, le rachat des chevaux de prise. — La préférence à donner à la permanence ou au roulement des garnisons. — L'instruction si incomplète de l'infanterie légère, et le désaccord entre le système de la composition et de la tactique de toute l'infanterie. — Combien d'autres critiques sortiraient de l'examen des mots : adjudant, adjudant-major, arrêts de rigueur, art militaire, bataillon garde drapeau, batterie d'ordonnance, butin, caisse de chirurgie, cantine de comptabilité, capitaine de grenadiers et de voltigeurs, capitaine de visite, chauffage d'officiers, chef de bataillon, chef de division, chef de peloton pair et impair, endivisionnement, fourrage de distribution, haut les armes, musicien n° 2, porte-drapeau n° 7. — Les budgets offerts à l'examen des chambres sont des énigmes sans clef; le renvoi des pièces à la chambre des comptes est une déception; les corps étrangers ou privilégiés ont été, pendant les quinze années du régime de la restauration, le foyer de bien des abus, et l'infanterie franco-suisse s'est distinguée de l'infanterie française par la fâcheuse différence des appointés, de l'artillerie, de la solde, des récompenses et du code pénal. — S'agit-il de la peine de mort ?... Notre Législation a fourni les tireurs qui ont supplicié un maréchal de France; ils ont fait feu en vertu d'une loi de la république rendue quand le grade de maréchal n'existait pas. — Les volumes, par centaine, qui renferment tant d'incohérences, tant de contradictions, sont la bibliothèque obligée de nos intendants militaires. Qu'ils étudient et qu'ils appliquent, c'est leur mission, c'est leur devoir; si quelqu'un peut s'y connaître et s'y reconnaître, c'est eux; mais n'est-il pas dérisoire que la loi charge les inspecteurs généraux de s'assurer si l'infanterie étudie et sait la loi. L'infanterie!... elle qui n'a ni bibliothèque, ni fonds *ad hoc*, ni emplacement pour des livres, ni moyens de transporter ceux qu'elle aurait, et qui, si rien de tout cela ne manquait, pourrait, avec raison, dire au ministre : Y a-t-il un législateur? Et de quels livres former nos bibliothèques? — Le publiciste anglais Bentham a inséré dans ses œuvres, comme le témoigne Odier (1825), un traité de Législation où il est question d'un code militaire. Les auteurs qui ont traité nominalement du même sujet, ou indirectement de ses théories, sont : un anonyme (1828, F), M. Ballyet (1817, D; id. p. 459), M. Bardin (1809, B; 1810, E; 1818, B), M. Berriat (1812, A; 1817, A; 1825, F), Bohan (1781, H), Briquet (1761, H), M. Carrion (1824, A), M. Chénier, Chennevières (1750, C), M. Courtin (1809), Daru, Decappe, Decrammeville, Denervo, Dennier (1830), Desbans, Duverdier, Encyclopédie (1751, C, au mot *Ordonnance*,

et 1785, C, au mot *Lois militaires*), Fontanon, Fournier, Gonvot, Guénois, James (1799, D), M. Joubert, le *Journal militaire*, Juste Lipse (1598, A), Laurière, Legrand (1855), Lelouterel, Mazas, Ménandre, Odier (1818, E; 1824, E), Paillard, Perrier, Pithou, Potier (1779, X, au mot *Ordonnance*), Quillet (1803), Rebuffe, Rumpf (1824, F), M. Sainte-Chapelle, Samuel, Savarin, Secousse, Servan (1780, B), Tacite, Tytler, M. Vauchelle, M. Vaudoncourt (1829), Veisse, un auteur anonyme (1824, M), le *Dictionnaire de la Conversation* (au mot *Militaire*), la *Sentinelle de l'armée* (t. v, p. 10), le *Spectateur militaire* (t. xiii, p. 622; t. xxiv, p. 404), le *Journal de l'armée* (t. ii, p. 225), qui ont fait ressortir tout ce que la Législation de France a d'incomplet et de dissonnant. — Un exposé des matériaux de la Législation entière des armées serait un hors-d'œuvre, un travail démesuré, inexécutable même; mais un relevé des statuts qui ont eu ou ont action sur notre armée permanente, et surtout sur l'infanterie, depuis les premiers temps de la monarchie, va être offert. — Si l'on n'embrassait que la Législation positive ou qui régit la chose actuelle, le travail ne remonterait pas haut; mais à chaque ligne du présent ouvrage quelques lacunes se feraient sentir, puisque quantité de traditions, converties en règles mal débrouillées, tiennent à des causes qui resteraient inconnues. — C'était donc la Législation génératrice dont il fallait retracer les actes; elle influe sur la création ou les modifications des coutumes qui lui ont survécu; elle est une branche curieuse de l'histoire; elle a un rapport plus ou moins évident, plus ou moins bien ressaisi, entre les moindres parties de notre ouvrage et la jurisprudence militaire. Tout ce que ce digeste renferme ne saurait être le flambeau des tribunaux, le guide de la conscience, le miroir des devoirs; c'est pourtant la Législation. A de plus habiles, à de plus puissants, laissons le droit et l'espoir de faire autorité; laissons le soin de résoudre ce problème difficile : quelle est la Législation aujourd'hui légale? — Récapitulons d'abord alphabétiquement les différents genres de recueils, en délimitant la période pendant laquelle ils ont été en vigueur. Les totaux que présentera ce résumé ne sauraient être rigoureusement vrais, puisque tel de ces documents est, par exemple, simultanément et une ordonnance et un règlement; mais il s'agit d'autant moins de résultats rigoureusement authentiques, que chaque jour augmente ou modifie le chiffre de la veille.

En 1561,	1	ACTE.
De 1561 à 1775,	14	ARRÊTS.
De 1789 à 1825,	116	ARRÊTÉS.
De l'an xii à 1807,	7	AVIS.
De 1640 à 1835,	299	CIRCULAIRES.
De 1670 à 1856,	307	DÉCISIONS.
De 1356 à 1756,	13	DÉCLARATIONS.
De 1597 à 1809,	2	DÉLIBÉRATIONS.
De 1789 à 1815,	201	DÉCRETS.
De 864 à 1776,	44	ÉDITS.
En 1534,	1	INSTITUTION.
De 1649 à 1834,	120	INSTRUCTIONS.
De 1330 à 1652,	6	LETTRES PATENTES.
De 1351 à 1655,	16	LETTRES ROYAUX.
De 1789 à 1835,	157	LOIS.
De 1824 à 1856,	22	NOTES OFFICIELLES.
De 1815 à 1831,	4	NOTICES OFFICIELL.
De 1304 à 1347,	5	MANDEMENTS.
De 1260 à 1856,	626	ORDONNANCES.
De 1809 à 1856,	5	ORDRES DU JOUR.
De 1508 à 1812,	9	ORDRES OFFICIELS.
En 1791,	1	PROCLAMATION.
De 1351 à 1833,	125	RÈGLEMENTS.
De l'an xiv à 1808,	2	SÉNATUS-CONSULTE
En 1476,	1	STATUT.

En tout 2,080 DOCUMENTS OU RESCRITS.

Ainsi, depuis la SECONDE RACE jusqu'en 1836, ce sont près de deux mille INJONCTIONS gouvernementales ; c'est la cinquantième partie, peut-être, de ce qui a paru ; mais c'est à peu près la totalité de ce qui intéresse directement notre sujet. — Les ACTES, ARRÊTS, DÉCLARATIONS, ÉDITS, INSTITUTIONS, LETTRES PATENTES, LETTRES ROYAUX, ORDRES DU ROI, SÉNATUS-CONSULTES, STATUTS, sont passés de mode. — Le terme RÉGULATION était technique avant que le RÈGLEMENT ne s'y substituât. — Les MANDEMENTS ne sont plus français que dans le style de l'Église. — Les ARRÊTÉS, les DÉCRETS appartiennent aux archives révolutionnaires et napoléoniennes. — Les ORDRES DU JOUR rappellent les proconsuls conventionnels et la DICTATURE. — Les CIRCULAIRES, DÉCISIONS, DESCRIPTIONS, INSTRUCTIONS, LOIS sont des qualifications conservées ; les NOTICES sont des inventions récentes. — Les NOTES, les RAPPORTS au roi prennent faveur. — Les CIRCULAIRES sont en usage du dix-huitième siècle, et surtout de la révolution. — Nous aurions pu ajouter ici les CODES, DEVIS, MARCHÉS CONTRACTUELS, TARIFS, TRAITÉS, TRANSACTIONS, qui occupent aussi une place importante en législation ; ce sont autant d'articles dont nous avons parlé. — Faut-il, dira-t-on, connaître, étudier ce fatras pour être un MILITAIRE habile, non certes ; mais celui qui n'y aura pas fait un choix, qui n'aura pas consulté, parcouru ce que nous en avons recherché, n'aura pu approfondir l'histoire de l'ART. — Exposons maintenant un rescrit sommaire que suive pas à pas la marche de la Législation ; il témoignera quels événements, quelles époques ont favorisé son développement ; quels objets ont obtenu le plus d'attention sous les divers règnes ; il fera connaître en quoi nos articles s'appuient sur la lettre des lois vivantes, oubliées ou abolies ; il ouvrira la voie des études de l'ART ; il constatera statistiquement le degré de capacité, les inclinations, la portée d'esprit, l'insouciance ou l'activité de chaque ministre de la guerre ; il aidera à débrouiller les questions de l'ADMINISTRATION, des DEVOIRS, de la JUSTICE, de l'ÉTAT CIVIL, de la COMPOSITION, de la HIÉRARCHIE des GRADES ; il témoignera l'absence et l'utilité d'une ACADÉMIE ou d'un CONSEIL DE LA GUERRE qui prépareraient les travaux législatifs et conserveraient les traditions. L'esprit d'ordre ne s'est développé si lentement que parce qu'une législature académique est encore à naître.

RELEVÉ CHRONOLOGIQUE

des documents officiels cités dans le cours du présent traité.

CINQUIÈME SIÈCLE.

438, 450. CODE THÉODOSIEN, contenant les édits, lois, rescrits, statuts des empereurs d'OCCIDENT et d'ORIENT jusque 450, commenté par GODEFROY. V. TAILLE DE MILITAIRE. — LOI SALIQUE, *lex salica.* Elle répond au temps de CLOVIS ; elle date, suivant M. BONTEMPS, de l'an 422 ; elle a été mise en vigueur par les rois mérovingiens ; elle a été publiée, vers 630, par les ordres de Dagobert, ainsi que les vieilles LOIS BAVAROISES et ALLEMANDES ; elle s'appelait SALIQUE comme loi des Saliens, tribu des FRANCS qui occupait le Tournaisis ; c'est surtout le code rural du temps ; elle est répressive de quelques crimes : elle porte que *les femmes n'ont nulle part à l'héritage de la terre salique ;* elle ne parle pas précisément des droits des mâles à la couronne ; mais ces droits ont été une conséquence obligée de l'esprit de cette loi. Cette disposition politique en a fait la première de nos lois militaires ; puisque, par une tradition d'une autorité irrévocable, elle fonde l'unité de COMMANDEMENT, confond en un seul être le GÉNÉRAL et le SOUVERAIN, ne confie le sceptre qu'au sexe dont les mains TIENNENT L'ÉPÉE, et déclare soldats tous les Français. — On peut à cet égard consulter : DUBOS, MÉZERAY, M. PEYNÉ, PITHOU, M. SISMONDI, le *Dictionnaire de la*

Conversation (au mot *Loi Gombette*). — Quelques mots empruntés par la féodalité à la loi salique, quelques règles qui sont un reflet de cette loi, appartiennent encore à l'art militaire de terre; tels sont : antrustion, arc, armure, baron, bouclier, écluse, faute, leude, maréchal. v. taille de militaire.

SIXIÈME SIÈCLE.

502 (29 mars). *Loi Gombette,* publiée à Lyon, et composée de dix-neuf titres dont le plus long n'a que vingt et un paragraphes. Gondebaud, roi de Bourgogne, lui donne son nom; on l'appelle aussi les Gombettes; c'est le seul des codes des barbares d'outre-Rhin dont le texte primitif se soit conservé, et dont la date soit certaine, comme le témoigne le *Dictionnaire de la Conversation.* v. Bourgogne. v. combat de jugement. v. Gondebaud. v. jugement de Dieu. v. loi Gombette.

528. *Concile d'Auxerre.* v. Auxerre. v. concile. v. langue romane.

558. Commencement du régime des capitulaires. v. neuvième siècle.

SEPTIÈME SIÈCLE.

660. *Formules de Marculfe. Traité ou recueil des actes législatifs et des dispositions féodales du temps.* v. féodalité. v. Marculfe.

HUITIÈME SIÈCLE.

742. *Concile de Narbonne.* v. aumonier n° 1. v. concile. v. Narbonne.

743. *Concile de Leptines.* Un second concile y est tenu en 759. v. aumonier n° 1. v. concile. v. Leptines.

744. *Concile de Soissons.* v. concile. v. ecclésiastique. v. Soissons.

NEUVIÈME SIÈCLE.

812. Capitulaire. v. conscription.

851. *Concile d'Arles.* v. Arles. v. concile. v. langue latine. v. langue romane.

855. *Concile de Valence.* v. combat de jugement. v. concile. v. jugement de Dieu. v. Valence.

864. *Edit de* Pistes. Capitulaire détaillé et curieux. v. cavalerie française n° 1. v. édit. v. forteresse. v. Pistes.

Capitulaires. Capitularia regum francorum. Lois ou ordonnances délibérées en conseil (*ex consensu omnium*) et sanctionnées par le roi; ceux de Charles le Chauve portent : *Lex populi consensu fit et constitutione regis.* — Le régime des capitulaires est regardé par les savants comme ayant duré de 558 à 929; suivant M. de Savigny, ils ne remontent qu'à 650. Nous ne les avons mentionnés qu'à une époque avancée, et quand ils faisaient corps de lois; mais, suivant M. Bontemps (1858), la publication des premiers capitulaires serait de 602. La publication des capitulaires de Louis daterait de 822. — Il est traité des capitulaires par Baluze, par M. Guizot (*Cours d'histoire moderne,* 1829), par Pithou, par M. de Savigny (*Histoire du droit romain au moyen âge*), par l'*Encyclopédie des Gens du monde.* v. achat. v. armée de mer. v. arrière-ban. v. auberge. v. bacèle. v. Baluze. v. ban et arrière-ban. v. baril. v. bénéficier. v. casque. v. chatelain. v. chevalerie. v. chevalier du moyen age n° 2. v. chevalier ecclésiastique. v. comte n° 3, 5. v. conscription. v. cour. v. cuirasse. v. décimation. v. défaite. v. discipline. v. ecclésiastique. v. exécution a mort. v. féodalité. v. gonfalonier. v. host. v. infanterie communale n° 2. v. justice militaire. v. lance a main. v. lance fournie. v. levée. v. marche. v. maréchal. v. milice. v. milice française n° 1, 2, 7. v. ordonnance officielle. v. paye. v. peine. v. rançon. v. seigneur. v. service féodal. v. tarrière.

DIXIÈME SIÈCLE.

902. Concile de Narbonne. v. concile. v. jugement de Dieu. v. Narbonne.

925. Concile de Tours. v. concile. v. jugement de Dieu. v. langue romane. v. Tours.

ONZIÈME SIÈCLE.

1008. *Edit.* v. combat de jugement. v. édit.

1099. Assises de Jérusalem, rédigées, conformément aux ordres de Godefroy de Bouillon, en français barbare. Code féodal qui fut un fruit de la croisade de 1096, et qui est le plus ancien monument de ce genre. Il a été révisé, en 1250, par Jean d'Ybelin, comte de Jaffa; il a été retouché de nouveau, en 1369, dans le royaume de Chypre; il a été imprimé à Bourges, 1690, in-folio. v. chausse. v. combat de jugement. v. croisade de 1096. v. gonfalon. v. jugement de Dieu. v. justice militaire. v. langue française. v. médecin. v. noblesse. v. Ybelin.

1049. Concile de Reims. v. concile. v. ecclésiastique. v. Reims. v. seigneur.

DOUZIÈME SIÈCLE.

1138, 1139. Concile de Latran. v. arbalète. v. arbalétrier. v. concile. v. Latran.

1163. *Concile de* Tours. v. arme contondante. v. concile. v. Tours.

1179. *Concile de* Latran. v. concile. v. Latran. v. tournoi.

TREIZIÈME SIÈCLE.

1214 (mars). *Establissement ou ordonance touchant les croizez.* v. CROISADE DE 1213. v. CROISÉ. v. ÉTABLISSEMENT.

1229. *Concile de Toulouse.* v. FORTERESSE. v. TOULOUSE.

1250. *Establissemens de saint Louis, ou establissemens-le-Roi, ou Ly establissement dou roys de France.* Sorte de charte féodale du royaume de France dont il est traité dans le *Dictionnaire de la Conversation.* v. ARRIÈRE-FIEF. v. BARON N° 2. v. CHEVALIER DU MOYEN AGE N° 3, 4. v. COMBAT DE JUGEMENT. v. FÉODALITÉ. v. GENTILHOMME. v. HAUBERT. v. JUGEMENT DE DIEU. v. JUSTICE MILITAIRE. v. LANGUE FRANÇAISE. v. LOUIS NEUF. v. MEHAIGNE. v. NOBLESSE. v. RÈGLEMENT. v. SAINT LOUIS. v. SEIGNEUR. v. SERF. v. TAILLE DE MILITAIRE.

1254. *Ordonnance.* v. GUET DE PARIS.

1260 (2 février). *Ordonnance touchant les batailles ou les duels,* OU ORDONNANCE DE JUSTICE. v. BATAILLE. v. COMBAT DE JUGEMENT. v. DUEL.

1271. *Ordonnance.* v. ORDONNANCE DE JUSTICE. v. SOLDE.

1280 (23 février). *Edict.* v. ROI DES RIBAUDS.

1290 (15 août). *Ordonnance portant qu'il ne subsistera de commandans appointés que dans les forts et châteaux qui y sont nommés,* OU ORDONNANCE DE COMPOSITION. v. CHATEAU. v. CHATELAIN. v. FORT. v. ORDONNANCE DE COMPOSITION.

QUATORZIÈME SIÈCLE.

1302 (juin). *Ordonnance de Philippe le Bel,* OU ORDONNANCE DE COMPOSITION. v. CONSCRIPTION. v. ORDONNANCE. v. PHILIPPE QUATRE.

1303 (15 janvier). *Edict de Toulouse, ou ordonance par laquelle le roy défend les guerres privées pour toujours et les duels pendant que sa guerre durera.* v. ORDONNANCE DE JUSTICE. v. DUEL. v. ÉDIT. v. GUERRE PRIVÉE. v. ORDONNANCE.

1303 (20 janvier). *Ordonnance,* OU ORDONNANCE DE COMPOSITION. v. BAN ET ARRIÈRE-BAN. v. ORDONNANCE DE COMPOSITION. v. REMPLAÇANT.

1303. *Ordonnance* (septembre), le lundi devant la fête de Saint-Denis. v. AGE MILITAIRE. v. ARMÉE FRANÇAISE N° 2. v. ORDONNANCE DE COMPOSITION.

1304 (avril, après Pasques flouries). *Mandement portant défenses de faire des tournoys,* OU ORDONNANCE DE POLICE. v. MANDEMENT. v. ORDONNANCE DE POLICE. v. TOURNOI.

1306. *Ordonnance de Philippe le Bel,* dont il est fait mention dans Daniel, OU ORDONNANCE DE COMPOSITION et DE SERVICE. v.

AMIRAL. v. ARMÉE FRANÇAISE N° 2. v. ARRIÈRE-GARDE D'ARMÉE AGISSANTE. v. AVANT-GARDE D'ARMÉE AGISSANTE. v. BANNIÈRE DE FRANCE. v. BARON N° 2. v. BUTIN. v. CAMP DE GUERRE. v. CHAPEAU. v. COMPOSITION. v. DÉCOUVREUR. v. ÉCHELLE TACTIQUE. v. ESQUIERRE. v. MAITRE DES ARBALÉTRIERS. v. ORDONNANCE DE COMPOSITION, — DE SERVICE. v. PHILIPPE QUATRE. v. PRINCE FRANÇAIS. v. PRISONNIER DE GUERRE. v. TRAIT PROJECTILE.

1306 (juin). *Ordonnance sur les gages de bataille et duels, lesquels sont permis en certains cas.* v. BACINET. v. CHAPEAU DE FER. v. DUEL. v. GAGE DE BATAILLE. v. ORDONNANCE DE JUSTICE. v. SALADE.

1311 (30 décembre). *Ordonance par laquelle le roy défend les tournois et les guerres privées,* OU ORDONNANCE DE JUSTICE. v. GUERRE PRIVÉE. v. ORDONNANCE DE JUSTICE. v. TOURNOI.

1312 (28 décembre). *Mandement par lequel le roy deffend les joustes et tournois.* v. JOUTE. v. TOURNOI. v. ORDONNANCE DE POLICE.

1316 (12 mars). *Ordonance portant establissement des capitaines dans les villes du royaume.* v. CAPITAINE. v. CHATELAIN. v. ORDONNANCE DE COMPOSITION.

1316 (1er avril). *Ordonance contre les tournois.* v. ORDONNANCE DE POLICE. v. TOURNOI.

1317 (17 novembre). *Ordonnance.* v. ROI DES RIBAUDS.

1318 (18 juillet). *Ordonnance,* OU ORDONNANCE DE COMPOSITION. v. ARMÉE FRANÇAISE N° 1. v. ORDONNANCE DE COMPOSITION.

1330 (8 février). *Lettres patentes par lesquelles le roy permet les guerres privées dans le duché d'Aquitaine.* v. GUERRE PRIVÉE. v. LETTRES PATENTES. v. ORDONNANCE DE POLICE. v. RÈGLEMENT.

1335 (2 février). *Lettres portant que lorsque les sergens de Carcassonne mourront, leurs fils, etc., rempliront leur place s'ils sont bons arbalestriers, bien tendans et bien traïans de l'arbalestre.* v. LETTRES ROYAUX. v. ORDONNANCE DE COMPOSITION. v. SERGENTERIE.

1338 (juin). *Ordonance touchant la solde des gens de guerre dans tout le royaume.* v. ARBALÉTRIER A PIED. v. BACINET. v. CHEVALIER DU MOYEN AGE N° 5. v. ÉCUYER DE SUITE N° 2. v. GENS DE GUERRE. v. GENTILHOMME. v. GRÈVE. v. ORDONNANCE DE SOLDE. v. PAYE. v. PIÉTON. v. SOLDE.

1340 (février). *Letres concernant les droits du connestable de France en temps de guerre sur les gens d'armes.* v. CONNÉTABLE N° 3. v. GENDARME DU MOYEN AGE N° 6. v. GENS D'ARMES. v. LETTRES ROYAUX. v. ORDONNANCE DE POLICE.

1347 (1er mai). *Mandement portant que les simples soldats ou sergens en garnison dans les chasteaux sont justiciables des chastelains*, ou ORDONNANCE DE JUSTICE. V. CHATELAIN. V. ORDONNANCE DE JUSTICE. V. SERGENT DU MOYEN AGE. V. SIMPLE SOLDAT.

1347 (13 mai). *Ordonnance de Philippe de Valois*, ou ORDONNANCE DE COMPOSITION. V. FÉODALITÉ. V. ORDONNANCE DE COMPOSITION. V. PHILIPPE DE VALOIS.

1349 (2 octobre). *Edit.* V. COMPAGNIE D'ORDONNANCE N° 1. V. ÉDIT.

1351 (4 février). *Lettres par lesquelles le roy fait deffense à ses trésoriers des guerres de faire aucun prest aux gens que pour un mois seulement*, ou ORDONNANCE DE SOLDE. V. GENDARME DU MOYEN AGE N° 5. V. GENS D'ARMES. V. LETTRES ROYAUX. V. ORDONNANCE DE SOLDE. V. PRÊT. V. TRÉSORIER.

1351 (dernier avril). *Règlement pour les gens de guerre*, ou RÈGLEMENT DE SERVICE. V. ARBALÉTRIER A PIED. V. BANNERET N° 4, 5. V. BATAILLE TACTIQUE. V. CHEVETAIN. V. CHEVALIER DU MOYEN AGE N° 5. V. COMPAGNIE D'ORDONNANCE N° 1, 2. V. CONNÉTABLIE. V. GENDARMERIE DU MOYEN AGE; id. N° 2. V. HAUBERT. V. INFANTERIE COMMUNALE. V. PIÉTON. V. PLATE. V. RÈGLEMENT DE SERVICE. V. RÈGLEMENT MILITAIRE. V. ROUT. V. ROUTTE. V. SOLDE. V. VALET.

1351 (6 novembre). *Institution de l'ordre de l'Etoile ou des chevaliers de la noble maison.* V. INSTITUTION. V. ORDRE DE L'ETOILE.

1352 (octobre). *Ordonnance du roi Jean.* V. CHEVALERIE D'AFFILIATION N° 1. V. ORDONNANCE MILITAIRE. V. ORDRE DE L'ETOILE.

1355 (février). *Lettres concernant la juridiction des chastelains ou gouverneurs de chasteaux sur les frontières.* V. CHATEAU. V. CHATELAIN. V. ORDONNANCE DE JUSTICE.

1355 (décembre). *Ordonnance*, ou ordonnance de police, citée par VELLY, dont une partie concerne le service militaire, les monstres ou revues, la marque des chevaux de cavalerie, les gîtes pris par les troupes en route, les vivres en route, les PUNITIONS, etc. V. CAVALERIE FRANÇAISE N° 9. V. COMMISSAIRE DES GUERRES N° 2. V. GITE. V. GITE EN ROUTE. V. MARQUE DE CHEVAUX. V. MONTRE ADMINISTRATIVE. V. ORDONNANCE DE POLICE. V. PUNITION. V. REVUE D'ADMINISTRATION. V. SERVICE JOURNALIER. V. SERVICE PERSONNEL. V. VELLY. V. VIVRES EN ROUTE.

1356 (28 janvier). *Déclaration.* V. COMMISSAIRE DES GUERRES N° 1, 2. V. DÉCLARATION OFFICIELLE.

1361 (22 janvier). *Arrêt.* V. ARRÊT OFFICIEL. V. COUR DES MARÉCHAUX. V. RÈGLEMENT.

1361 (25 janvier). *Acte du roy.* V. ACTE

OFFICIEL. V. MARÉCHAL DE FRANCE N° 9. V. ROI DE FRANCE.

1365 (6 mars). *Ordonnance qui contient un règlement pour le guet (service des postes) de Paris*, ou ORDONNANCE DE SERVICE EN GARNISON, qu'on peut regarder comme la plus ancienne. V. ORDONNANCE DE SERVICE. V. RÈGLEMENT DE SERVICE. V. SERVICE DE GARNISON.

1367 (février). *Règlement pour le guet (placement et service des postes) de Paris.* Sorte d'ordonnance qui instituait les sergents du guet à cheval, les chevaliers du guet, etc. V. CHEVALIER DU GUET. V. GUET A CHEVAL. V. RÈGLEMENT DE COMPOSITION. V. RÈGLEMENT DE SERVICE. V. SERGENT DU GUET.

1375 (13 janvier). *Ordonnance générale sur la police militaire, la composition*, etc. V. CAPITAINE D'INFANTERIE FRANÇAISE N° 1. V. COMMISSAIRE DES GUERRES N° 1, 2. V. COMMISSION D'EMPLOI. V. COMPAGNIE D'ORDONNANCE N° 5. V. COMPOSITION. V. CONGÉ. V. GENDARMERIE DU MOYEN AGE N° 4, 6. V. GRAND MAITRE DES ARBALÉTRIERS. V. INSPECTEUR GÉNÉRAL N° 1. V. LIEUTENANT AUX MONTRES. V. MARÉCHAL DE FRANCE N° 7. V. MONTRE ADMINISTRATIVE. V. ORDONNANCE DE COMPOSITION. V. ORDONNANCE DE POLICE. V. POLICE. V. REVUE D'ADMINISTRATION.

1376 (1er juin). *Ordonnance.* V. ORDONNANCE MILITAIRE. V. PASSE-VOLANT.

QUINZIÈME SIÈCLE.

1403 (25 mai). *Ordonnance.* V. COMMISSAIRE DES GUERRES N° 2. V. ORDONNANCE DE COMPOSITION.

1410 (11 août). *Lettres patentes.* V. PAYE.

1410 (28 août). *Ordonnance.* V. BAN ET ARRIÈRE-BAN. V. ORDONNANCE DE SERVICE.

1411 (22 avril). *Lettres qui portent que les maréchaux de France auront, à l'exclusion du maître des arbalétriers, juridiction sur les archers et les canonniers*, ou ORDONNANCE DE JUSTICE. V. ARCHER A PIED. V. CANONNIER. V. GRAND MAITRE DES ARBALÉTRIERS. V. LETTRES ROYAUX. V. ORDONNANCE DE JUSTICE.

1411 (14 octobre). *Ordonnance.* V. BARON N° 1. V. LETTRES ROYAUX. V. MARÉCHAL DE FRANCE N° 7. V. ORDONNANCE DE SERVICE.

1412 (janvier). *Lettres du roy par lesquelles il maintient les maréchaux et le maître des arbalétriers dans le droit de faire ou de faire faire par leurs lieutenants les monstres et revues des gens de guerre.* V. LIEUTENANT DE MARÉCHAL. V. MAITRE DES ARBALÉTRIERS. V. MARÉCHAL DE FRANCE N° 7. V. MONSTRE. V. MONSTRE ADMINISTRATIVE. V. ORDONNANCE DE REVUES. V. REVUE. V. REVUE D'ADMINISTRATION.

1415 (25, 26, 27 mai). *Ordonnance re-*

lative à la police générale. Un titre y traite des gendarmes. V. COMMISSAIRE DES GUERRES Nº 6. V. GENDARME DU MOYEN AGE Nº 8. V. MONTRE ADMINISTRATIVE. V. ORDONNANCE DE POLICE. V. REVUE. V. REVUE D'ADMINISTRATION. V. REVUE ÉCRITE.

1417 (2 février). *Ordonnance.* V. ARRIÈRE-BAN. V. ORDONNANCE DE SERVICE.

1425. *Ordonnance de Jean cinq, duc de Bretagne.* V. DOUGE. V. INFANTERIE COMMUNALE Nº 1. V. JEAN CINQ. V. ORDONNANCE D'UNIFORME.

1439. *Ordonnance sur les crimes et délits militaires.* V. CRIME. V. DÉLIT.

1439 (2 octobre). Cette année avait commencé le 27 mars. *Edit.* V. ARMÉE PERMANENTE. V. COMPAGNIE D'ORDONNANCE Nº 1. V. ÉDIT. V. ORDONNANCE DE COMPOSITION.

1448 (28 avril). *Lettres de Charles sept pour l'institution des francs archers.* V. CHARLES SEPT. V. FRANC ARCHER. V. LETTRES ROYAUX. V. ORDONNANCE DE COMPOSITION.

1451 (1er décembre). *Lettres de Charles sept, portant règlement pour le guet et garde des villes fortifiées et châteaux du royaume, ou ordonnance de service en garnison.* V. CHARLES SEPT. V. CHATEAU. V. GUET. V. LETTRES ROYAUX. V. ORDONNANCE DE SERVICE EN GARNISON. V. RÈGLEMENT DE SERVICE EN GARNISON. V. SERVICE EN GARNISON. V. VILLE FORTIFIÉE.

1454 (30 janvier). *Lettres de Charles sept qui prescrivent la manière dont les nobles doivent être habillés pour venir servir en armes, et les gages qu'ils recevront,* OU ORDONNANCE D'ARMEMENT, D'UNIFORME ET DE SOLDE. V. ARMEMENT D'UNIFORME. V. BAN ET ARRIÈRE-BAN. V. CHARLES SEPT. V. HABILLEMENT. V. LETTRES ROYAUX. V. ORDONNANCE D'ARMEMENT. V. ORDONNANCE D'UNIFORME. V. ORDONNANCE DE SOLDE. V. SOLDE.

1467 (avril). *Lettres royales relatives aux gens de guerre,* OU ORDONNANCE DE POLICE. V. LANCE FOURNIE. V. LETTRES ROYAUX. V. LOGEMENT. V. ORDONNANCE DE POLICE. V. PAYE. V. SOLDE.

1467 (juin). *Ordonnance.* V. ARMURIER DE CORPS. V. BANNIÈRE. V. GARDE NATIONALE. V. ORDONNANCE DE SERVICE.

1469 (1er août). Année qui commença le 22 avril. EDIT D'AMBOISE. V. ÉDIT. V. ORDRE DE SAINT-LOUIS.

1474. *La grande ordonnance.* V. ARCHER A CHEVAL. V. LANCE FOURNIE. V. ORDONNANCE DE SERVICE. V. TACTIQUE.

1476 (22 décembre). *Statuts de l'ordre de Saint-Michel.* V. STATUT.

1477. *Règlement sur la solde.* V. COMMISSAIRE DES GUERRES Nº 2. V. GENDARME DU MOYEN AGE Nº 5. V. RÈGLEMENT DE SOLDE.

1478 (7 juillet). *Ordonnance.* V. LANCE FOURNIE. V. ORDONNANCE OFFICIELLE.

1479 (août). *Ordonnance.* V. BUTIN. V. ORDONNANCE OFFICIELLE. V. PRISONNIER DE GUERRE.

1494 (8 mai). *Règlement de Charles huit.* V. BARON Nº 1, 5. V. CHARLES HUIT. V. CHEVALIER DU MOYEN AGE Nº 1. V. GOUVERNEUR. V. RÈGLEMENT DE SERVICE.

1498. *Ordonnance de Louis douze.* V. ARCHER A CHEVAL. V. COMPAGNIE D'ORDONNANCE. V. LOUIS DOUZE. V. ORDONNANCE DE SERVICE.

1499. *Edit.* V. ÉDIT. V. GOUVERNEUR. V. GOUVERNEUR DE PROVINCE. V. ORDONNANCE DE SERVICE. V. PAYE.

SEIZIÈME SIÈCLE.

1508 (12 janvier). *C'est l'ordre que le roy veult être observé par les capitaines de gens de pied pour la conduite des dits gens en l'armée qu'il fait pour aller de là les monts.* Sorte d'ordonnance qui traite succinctement de la police et du service de campagne. V. ORDONNANCE DE SERVICE EN CAMPAGNE. V. ORDONNANCE DE POLICE EN CAMPAGNE. V. POLICE. V. POLICE EN CAMPAGNE.

1514 (20 et 21 janvier). *Ordonnance du roy concernant les gens de guerre, ou ordonnance de marche et de service en garnison.* V. BAN CONTRE LES DETTES. V. COURTAUT. V. COMMISSAIRE ORDINAIRE. V. COMMISSAIRE DES GUERRES Nº 2, 4. V. FEMME D'ARMÉE. V. GENDARMERIE DU MOYEN AGE. V. ORDONNANCE DE POLICE EN GARNISON. V. ORDONNANCE DE POLICE EN ROUTE. V. ORDONNANCE DE ROUTE. V. REVUE D'ADMINISTRATION. V. SERMENT.

1517 (24 janvier). *Règlement du roy pour les monstres de la gens d'armerie,* OU ORDONNANCE FORT SUCCINCTE D'ADMINISTRATION ET DE REVUES. V. ADMINISTRATION MILITAIRE. V. GENDARME DU MOYEN AGE Nº 5. V. GENS D'ARMERIE. V. MONTRE ADMINISTRATIVE. V. RÈGLEMENT D'ADMINISTRATION.

1523 (12 août). *Ordonnance portant que les monstres et reveues seront faictes par les commissaires et controleurs, et qu'ils seront présents aux payemens faits aux soldats par les trésoriers.* V. ADMINISTRATION MILITAIRE. V. COMMISSAIRE DES GUERRES Nº 6. V. CONTROLEUR DES GUERRES. V. MONSTRE DE GENDARME. V. MONTRE ADMINISTRATIVE. V. ORDONNANCE DE REVUES. V. PAYEMENT. V. REVUE. V. SOLDAT. V. TRÉSORIER.

1523 (25 septembre). *Edict contre les adventuriers pillards et mangeurs de peuple,* OU ORDONNANCE DE POLICE. V. AVENTURIER. V. ÉDIT.

1526 (28 juin). *Ordonnance.* V. LANCE FOURNIE. V. ORDONNANCE DE SERVICE.

1527 (26 mai). *Ordonnance de François premier, l'ordre que le roy veut être d'orénavant gardé parmi les bandes des gens de pied français et italiens,* ou ORDONNANCE succincte DE POLICE, DE COMPOSITION, DE COMPTABILITÉ et DE SOLDE. V. BANDE AGRÉGATIVE. V. CAPITAINE D'INFANTERIE FRANÇAISE DE LIGNE N°10. V. COMPTABILITÉ. V. COMPOSITION. V. ENSEIGNE IDIOTIQUE N° 1, 4. V. FRANÇOIS PREMIER. V. INFANTERIE FRANÇAISE N° 5. V. LIEUTENANT D'INFANTERIE FRANÇAISE DE LIGNE N° 1. V. OFFICIER D'INFANTERIE FRANÇAISE N°3. V. ORDRE OFFICIEL. V. ORDONNANCE DE COMPOSITION, — DE COMPTABILITÉ, — DE POLICE, — DE SOLDE. V. SOLDAT D'INFANTERIE. V. SOLDE.

1530 (15 juillet). *Ordonnance concernant les hommes d'armes,* ou ORDONNANCE succincte DE POLICE de la GENS D'ARMERIE. V. COMMISSAIRE DES GUERRES N° 6. V. GENDARME DU MOYEN AGE. N° 6. V. GENS D'ARMERIE. V. HOMME D'ARMES. V. ORDONNANCE DE POLICE. V. POLICE. V. REVUE D'ADMINISTRATION.

1533 (12 février). *Ordonnance. L'Estat, gages et reiglement sur les habits* (habits signifie ici habitudes) *et manière de vivre de la gens d'armerie ; comme se font les enrôlemens et la création des offices des payeurs des compagnies,* ou ORDONNANCE SUCCINCTE SUR LA COMPOSITION, L'UNIFORME, LES SUBSISTANCES. V. ARMEMENT D'UNIFORME. V. CASAQUE D'ARMES. V. COMPOSITION. V. ENGAGEMENT DE RECRUE. V. GENS D'ARMERIE. V. HABILLEMENT. V. JOURNALIER. V. ORDONNANCE DE COMPOSITION. V. ORDONNANCE D'UNIFORME. V. ORDONNANCE DE SUBSISTANCES. V. PAYE. V. SERVICE. V. SERVICE PERSONNEL. V. SOLDE. V. SOLDE DE GENDARMERIE. V. SUBSISTANCES. V. UNIFORME.

1533 (18 octobre). *Le règlement que doivent suivre les commissaires controlleurs et payeurs des compagnies aux monstres (et payemens de la gens d'armerie.* V. COMMISSAIRE DES GUERRES N° 6. V. COMPTABILITÉ. V. CONTROLEUR DES GUERRES. V. ORDONNANCE DE COMPTABILITÉ. V. ORDONNANCE DE REVUE. V. RÈGLEMENT DE COMPTABILITÉ. V. RÈGLEMENT DE REVUE. V. REVUE D'ADMINISTRATION.

1533 (1er novembre). *Ordonnance.* V. COMMISSAIRE DES GUERRES N° 5. V. CONNÉTABLIE.

1533 (23 décembre). *Ordonnance relative à l'infanterie.* V. INFANTERIE N° 5. V. ARMURE. V. CERVELIÈRE.

1534 (30 janvier). *Ordonnance.* V. ARQUEBUSIER A CHEVAL. V. COIFFURE. V. HABILLEMENT. V. SECRÈTE.

1534 (13 février). *Les enrollés à la grande paye ne seront cassez s'ils n'ont forfait : quelles personnes doivent être* enrollées : *des absens aux monstres et quel nombre de chevaux sera nourri au taux de l'ordonnance,* ou ORDONNANCE DE REVUES DE SUBSISTANCES, etc., de la GENDARMERIE. V. ABSENT ILLÉGALEMENT. V. ALLOCATION. V. CASSÉ, adj. V. CHEVAL DE CAVALERIE. V. ENRÔLÉ. V. GENDARMERIE DU MOYEN AGE. V. ORDONNANCE DE REVUES. V. REVUE. V. ORDONNANCE DE SUBSISTANCES.

1534 (24 juillet). *Ordonnance. L'institution des légionnaires au royaume de France, leurs priviléges, gages, équippage et devoir,* ou ORDONNANCE DE COMPOSITION, D'UNIFORME, DE SOLDE, etc. V. COMPAGNON. V. CONSTITUTION. V. CRI DE GUERRE. V. DÉSERTION D'OFFICIER. V. INSTITUTION OFFICIELLE. V. LÉGION DE FRANÇOIS PREMIER. V. JUSTICE MILITAIRE. V. ORDONNANCE DE COMPOSITION. V. ORDONNANCE D'UNIFORME. V. ORDONNANCE DE SOLDE. V. SERMENT. V. UNIFORME.

1534 (10 décembre). *Ordonnance.* V. DÉSERTION.

1537 (19 janvier). *Lettres patentes.* V. COMMISSAIRE ORDINAIRE. V. LETTRES PATENTES. V. ORDONNANCE DE COMPOSITION. V. RÈGLEMENT.

1537 (26 mai). *Comment on procédera à la punition des aventuriers et gens de guerre tenant les champs,* ou ORDONNANCE DE JUSTICE. V. AVENTURIER. V. ORDONNANCE DE JUSTICE.

1537 (6 octobre). *Ordonnance que le roy veut être gardée parmy les bandes de gens de pied français et italiens, avec la forme du serment que les capitaines, lieutenans, enseignes et compaignons auront à faire pour chacun mois ez-mains des commissaires. Rescrit peu étendu sur la police en campagne.* V. ARMET. V. ORDONNANCE DE CAMPAGNE. V. POLICE. V. POLICE EN CAMPAGNE. V. SERMENT. V. SERVICE DE CAMPAGNE.

1539 (janvier). *Du guet (service des postes) de Paris.* Espèce d'ORDONNANCE DE SERVICE EN GARNISON particulière à la capitale. V. GUET DE PARIS. V. ORDONNANCE DE SERVICE EN GARNISON. V. SERVICE DE GARNISON.

1539 (20 août). *Comment seront expédiés les rolles au temps de la monstre ; des congés pour un temps ou pour muer une compagnie en d'autres. Ceux (les habitants) des villes où les compagnies seront en garnison pourvoiront aux munitions,* ou ORDONNANCE D'ADMINISTRATION, DE COMPOSITION, DE REVUES, DE SUBSISTANCES, DE COMPTABILITÉ. V. ADMINISTRATION MILITAIRE. V. CONGÉ. V. FEUILLE D'APPEL. V. GARDE-BRAS. V. LANCE FOURNIE. V. ORDONNANCE D'ADMINISTRATION, — DE COMPOSITION, — DE COMPTABI-

LITÉ, — DE REVUES, — DE SUBSISTANCES. V. REVUE D'ADMINISTRATION. V. ROLE. V. SUBSISTANCE.

1540 (19 mars). *Ordonnance sur l'obligation du service de l'arrière-ban.* V. ARRIÈRE-BAN.

1540 (28 novembre). *Ordonnance.* V. POUDRE A FEU.

1541 (15 juillet). *Édit,* OU ORDONNANCE DE SERVICE. V. BANDE AGRÉGATIVE. V. ECCLÉSIASTIQUE. V. ÉDIT. V. ORDONNANCE DE SERVICE.

1543 (3 janvier). *Edict sur le devoir que feront les nobles subjets au ban et à l'arrière-ban avec les gages des capitaines, lieutenans, enseignes, mestres de camp et autres,* OU ORDONNANCE DE SOLDE. V. BAN ET ARRIÈRE-BAN. V. ÉDIT. V. ORDONNANCE DE SERVICES, — DE SOLDE.

1543 (3 juin). *C'est l'ordre et Estat que le roy veut être gardé sur le faict, monstres et payemens des avanturiers et légionnaires qu'il fera mettre sus, etc.* V. BANDE AGRÉGATIVE. V. ORDONNANCE DE SOLDE, — DE REVUES. V. SOLDE.

1543 (10 août). *Ordonnance.* V. COMMISSAIRE DES GUERRES N° 5. V. GENDARMERIE DE LA MAISON.

1543 (septembre). *Ordonnance.* V. RECRUTEMENT.

1543 (19 novembre). *Ordonnance.* V. PAYE.

1544 (janvier). *Ordonnance,* OU ORDONNANCE DE SUBSISTANCE. V. AVENTURIER. V. ÉTAPE. V. ORDONNANCE DE SUBSISTANCES. V. RECRUTEMENT.

1544 (novembre). *Édit,* OU ORDONNANCE DE SUBSISTANCES. V. PRÉVÔT DES MARÉCHAUX.

1545. *Concile de Trente,* jusqu'en 1563. V. 1563. V. CONCILE. V. TRENTE.

1545 (3 mai). *Ordonnance.* V. BAN ET ARRIÈRE-BAN.

1545 (6 mai). *Édit.* V. LIEUTENANT GÉNÉRAL N° 1.

1545 (23 mai). *Règlement.* V. BAN ET ARRIÈRE-BAN.

1546. *Ordonnance de Henri deux.* V. SERVICE PERSONNEL.

1547 (9 février). *Ordonnance.* V. ARC. V. ARCHER A CHEVAL. V. BAN ET ARRIÈRE-BAN. V. BOURGUIGNOTE. V. GENDARME DU MOYEN AGE N° 4. V. ORDONNANCE D'UNIFORME. V. PAGE DE LANCE FOURNIE.

1547 (31 mars). *Lettres royales.* V. LIEUTENANT GÉNÉRAL N° 1.

1547 (4 août). *Ordonnance.* V. COMMISSAIRE ORDINAIRE.

1548 (7 avril). *Ordonnance portant rè-*

glement, c'est-à-dire quotité ou proportion des fournitures militaires. V. FOURNITURE.

1549 (20 août). *Ordonnance.* V. REVUE ÉCRITE.

1549 (12 novembre). *Ordonnance de Henri deux.* V. GENDARMERIE DU MOYEN AGE. V. LANCE FOURNIE. V. ORDONNANCE DE SERVICE. V. REVUE D'ADMINISTRATION. V. TAILLE FISCALE.

1549 (19 novembre). *Ordonnance.* V. ADMINISTRATION D'ARMÉE. V. ÉTAPE. V. PAYE. V. SOLDE. V. VIVRES MILITAIRES.

1550 (20 mars). *Ordonnance de Blois,* rédigée au nom de HENRI DEUX par le COLONEL DE L'INFANTERIE, et approuvée par le connétable ; elle contient moins de deux cents lignes, et embrasse toute l'INFANTERIE ; OU ORDONNANCE D'ADMINISTRATION, DE POLICE, DE JUSTICE, DE COMPOSITION. V. ADMINISTRATION MILITAIRE. V. COMBAT A OUTRANCE. V. CONSEIL JUDICIAIRE. V. DÉSERTION. V. DISCIPLINE FRANÇAISE. V. INFANTERIE FRANÇAISE. V. JUSTICE. V. LIBÉRATION. V. ORDONNANCE D'ADMINISTRATION, DE POLICE, DE JUSTICE, DE COMPOSITION. V. POLICE.

1551 (16 juillet). *Ordonnance de Blois,* renouvelée en 1555 (23 décembre). V. ORDONNANCE DE JUSTICE. V. GRAND PRÉVÔT DE LA CONNÉTABLIE. V. SERMENT.

1553 (26 janvier). *Ordonnance.* V. BAN ET ARRIÈRE-BAN. V. COMMISSAIRE DES GUERRES N° 5. V. GENDARMERIE DE LA MAISON.

1553 (5 février). *Ordonnance.* V. BAN ET ARRIÈRE-BAN.

1553 (26 février). V. BAN ET ARRIÈRE-BAN.

1555 (23 décembre). *Ordonnance de Fontainebleau, confirmative de celle de 1551 (16 juillet), registrée en la chambre des comptes.* V. COMBAT A OUTRANCE. V. DÉSERTION. V. JUSTICE MILITAIRE. V. MAJOR CAPITAINE N° 1. V. PEINE DE MORT. V. ORDONNANCE DE JUSTICE. V. PASSE-VOLANT. V. PIQUE. V. PIQUIER. V. REVUE D'ADMINISTRATION.

1554 (janvier). *Ordonnance.* V. BAN ET ARRIÈRE-BAN. V. ORDONNANCE DE SERVICE.

1555. *Ordonnance.* V. AUMONIER N° 1. V. BANDE AGRÉGATIVE. V. ORDONNANCE DE SERVICE.

1557 (22 mars). *Ordonnance.* V. CRI DE GUERRE. V. JUSTICE MILITAIRE. V. LÉGION DE HENRI DEUX. V. ORDONNANCE DE JUSTICE. V. RÉGIMENT D'INFANTERIE FRANÇAISE N° 1. V. REVUE D'ADMINISTRATION. V. SERMENT.

1558. *Ordonnance.* V. AUMONIER N° 1. V. BANDE AGRÉGATIVE. V. BATAILLE TACTIQUE. V. ORDONNANCE DE SERVICE. V. RÉGIMENT D'INFANTERIE.

1558 (26 octobre). *Traité pour fourniture de vivres aux compagnies de gens* de pied en garnison es-places fortes de Picardie. V. ORDONNANCE DE SUBSISTANCES. V. SUBSISTANCES.

1558 (6 novembre). *Ordonnance pour la monstre de gendarmerie*, ou ORDONNANCE DE REVUE. V. GENDARMERIE.

1560 (juillet). *Edit.* V. ÉDIT. V. GOUVERNEUR. V. GOUVERNEUR DE PROVINCE. V. ORDONNANCE DE SERVICE.

1560 (11 décembre). *Règlement du roy touchant la cognoissance des crimes et délits qui se commettent dans les lieux où il y a des troupes en garnison.* V. ORDONNANCE DE JUSTICE. V. RÈGLEMENT DE JUSTICE.

1561 (16 juillet). V. BANDE AGRÉGATIVE.

1563. *Concile de Trente*, commencé en 1545. V. AUMONIER DE CORPS Nº 7. V. COMBAT A LA MAZZA. V. COMBAT DE JUGEMENT. V. COMBAT EN CHAMP CLOS. V. CONCILE. V. DUEL. V. JUGEMENT DE DIEU. V. MILICE PIÉMONTAISE Nº 1. V. TRENTE.

1564. *Epoque où l'année commence au 1er février.* Elle commençait jusque-là le samedi saint, après vêpres. Le parlement n'y adhère qu'en 1567.

1566 (février). *Edit portant création d'un trésorier de l'extraordinaire des guerres.* V. GOUVERNEUR. V. GOUVERNEUR DE PROVINCE. V. ORDONNANCE DE COMPTABILITÉ. V. TRÉSORIER DE L'EXTRAORDINAIRE.

1566 (9 février). *Ordonnance de Charles neuf qui défend toutes voies de fait à la noblesse, renvoie les parties devant les connétables et maréchaux de France, etc.*, ou ORDONNANCE DE POLICE, DE JUSTICE qui crée le tribunal du point d'honneur. V. CONNÉTABLE Nº 7. V. MARÉCHAL DE FRANCE. V. ORDONNANCE DE POLICE. V. TRIBUNAL DU POINT D'HONNEUR.

1566 (12 février). *Ordonnance.* V. ADMINISTRATION MILITAIRE. V. FOURRIER EN ROUTE. V. ORDONNANCE D'ADMINISTRATION.

1567 (15 décembre). *Edit*, ou ORDONNANCE DE COMPOSITION. V. COMMISSAIRE DES GUERRES Nº 5 et 6. V. HISTORIQUE MILITAIRE. V. ORDONNANCE DE COMPOSITION.

1570. *Ordonnance de Strozzi, colonel général de l'Infanterie française, sur le faict de la police et de la discipline des troupes en marche;* ordre du jour en cinq articles, ou ORDONNANCE DE POLICE. V. FEMME SUSPECTE. V. GOUJAT. V. ORDONNANCE DE POLICE. V. RÈGLEMENT DE MARCHE.

1570 (10 décembre). *Ordonnance du roy concernant la punition des crimes et délits des gens de guerre.* Ordonnance royale un peu plus détaillée que celle du colonel général de la même année. C'est principalement une ORDONNANCE DE POLICE

EN MARCHE et de justice. V. FEMME SUSPECTE. V. FOUET CORRECTIONNEL. V. GOUJAT. V. INSTIGATION. V. JUSTICE MILITAIRE.

1570 (29 décembre). *Ordonnance du roy concernant les fonctions du grand prévôt de France, ses officiers et archers,* ou ORDONNANCE DE SERVICE. V. ARCHER DE CONNÉTABLIE. V. BANDE AGRÉGATIVE. V. DAGUE. V. FOUET CORRECTIONNEL. V. FOURRIER EN ROUTE. V. GOUVERNEUR DE PROVINCE. V. MARÉCHAUSSÉE. V. ORDONNANCE DE SERVICE.

1572 (mars). *Edit de Blois,* ou ORDONNANCE DE COMPOSITION. V. ARTILLERIE D'ARMEMENT. V. CANON D'ARTILLERIE. V. ORDONNANCE DE COMPOSITION. V. POUDRE A FEU.

1573 (3 août). *Lettres patentes concernant la juridiction des mareschaux de France à la table de marbre du palais,* ou ORDONNANCE DE POLICE ET DE JUSTICE. V. AUMONIER Nº 1, 7. V. MARÉCHAL DE FRANCE. V. MARÉCHAUSSÉE.

1574 (1er février). *Ordonnance sur le reiglement de gendarmerie, formes de vivre et payemens d'y-celle.* V. ARCHER A CHEVAL. V. BOURGUIGNOTE. V. COMMISSAIRE DES GUERRES Nº 5. V. COMPAGNIE D'ORDONNANCE. V. CONNÉTABLIE. V. GENDARME DU MOYEN AGE Nº 5, 6. V. GENDARMERIE DU MOYEN AGE. V. HOQUETON. V. JUSTICE MILITAIRE. V. MORION. V. ORDONNANCE DE POLICE, — DE REVUES, — DE SOLDE. V. RÈGLEMENT DE POLICE. V. REVUE.

1574 (1er juillet). *Edit de Paris,* ou ORDONNANCE DE JUSTICE. V. GOUJAT. V. JUSTICE MILITAIRE. V. ORDONNANCE DE JUSTICE.

1574 (5 juillet). *Ordonnance sur le faict de la police et discipline, et règlement des gens de guerre, tant de pied que de cheval.* V. DISCIPLINE FRANÇAISE. V. ORDONNANCE DE DISCIPLINE. V. ORDONNANCE DE POLICE. V. POLICE.

1574 (15 septembre). *Règlement.* V. GRAND PRÉVOT DE L'HOTEL. V. RÈGLEMENT DE POLICE.

1574 (22 novembre). *Ordonnance.* V. COMMISSAIRE DES GUERRES Nº 5. V. GENDARMERIE DE LA MAISON.

1575 (1er juillet). *Ordonnance du roy sur le faict et reiglement de ses gens de guerre, conduite et forme de vivre d'iceux.* V. FOURRIER EN ROUTE. V. GENS DE GUERRE. V. GOUJAT. V. NOBLESSE. V. ORDONNANCE DE POLICE.

1576. *Edit de Blois.* V. CASAQUE. V. ROBE.

1578 (28 février). *Lettres patentes.* V. GRAND PRÉVOT DE L'HOTEL. V. LETTRES PATENTES. V. ORDONNANCE DE POLICE.

1578 (4 mars). *Edict sur les places de religieux laiz, pour tous capitaines, gentilshommes et soldats blécez et estropiez.* V. BLESSÉ. V. COMPOSITION. V. FRÈRE LAI

GENTILHOMME. V. HOTEL DES INVALIDES. V. ORDONNANCE. V. RELIGIEUX LAI.

1578 (11 août). *Ordonnance.* V. EXEMPT IDIOPLIQUE. V. FRANC ARCHER. V. ORDONNANCE MILITAIRE.

1578 (31 décembre). *Edit de Henri trois*, qui crée l'ordre du Saint-Esprit. V. ORDRE DU SAINT-ESPRIT.

1579. *Ordonnance de Blois.* V. ÉCUYER NOBLE. V. GOUJAT. V. JUSTICE MILITAIRE. V. ORDONNANCE DE JUSTICE.

1583 (26 décembre). *Ordonnance.* V. RECRUTEMENT.

1584. *Ordonnance.* V. SALPÊTRE.

1584 (9 février). *Ordonnance.* V. COMMISSAIRE DES GUERRES Nº 5. V. CONNÉTABLIE. V. GENDARMERIE DU MOYEN AGE.

1584 (décembre). *Edit.* V. COLONEL GÉNÉRAL DE L'INFANTERIE Nº 1.

1584 (3 décembre). *Ordonnance.* V. CONSEIL JUDICIAIRE. V. CRIME. V. DÉLIT. V. ORDONNANCE DE JUSTICE. V. PRÉVOT D'ARMÉE. V. PRÉVOT DE CONNÉTABLIE.

1586. *Ordonnance.* V. BANDE AGRÉGATIVE. V. GOUVERNEUR DE PROVINCE. V. ORDONNANCE DE SERVICE.

1588 (août). *Reiglement pour le rétablissement de la discipline militaire.* V. DISCIPLINE FRANÇAISE. V. RÈGLEMENT DE DISCIPLINE, — DE JUSTICE, — DE MARCHE, — DE POLICE.

1588 (18 août). *Ordre pour le payement de la solde et subsistances du régiment de Picardie et de ceux de Rubenpré et de Rigneux en Poitou.* V. ORDONNANCE DE SUBSISTANCES. V. RÉGIMENT DE PICARDIE. V. RÉGIMENT D'INFANTERIE. V. RÉGIMENT D'INFANTERIE FRANÇAISE Nº 1.

1588 (15 septembre). *Ordonnance.* V. MINISTRE DE LA GUERRE Nº 1.

1588 (9 novembre). *Ordre du roy pour la distribution du pain de munition*, ou ORDONNANCE DE SUBSISTANCES. V. ORDONNANCE DE SUBSISTANCES. V. PAIN DE MUNITION.

1589 (1er janvier). *Règlement.* V. MINISTRE DE LA GUERRE Nº 1.

1589. *Edict de Blois.* V. GENTILHOMME. V. GOUVERNEUR. V. MINISTRE DE LA GUERRE. V. ORDONNANCE DE COMPOSITION.

1589 (3 juin). *Arrêt.* V. GRAND PRÉVOT DE L'HOTEL. V. ORDONNANCE DE POLICE.

1589 (juillet). *Règlement pour la charge de maréchal de bataille.* V. MARÉCHAL DE BATAILLE.

1590 (29 juillet). *Ordonnance du roy pour deffendre aux gens de guerre de souffrir à leur suite des putains.* V. FEMME SUSPECTE. V. GRAND PRÉVOT. V. ORDONNANCE DE POLICE.

1590 (3 novembre). *Ordonnance faicte*

sur *l'ordre des gens de guerre en la prise des villes forcées par assaults.* V. ASSAUT OFFENSIF. V. ORDONNANCE DE CAMPAGNE. V. ORDONNANCE DE SERVICE. V. PRISONNIER DE GUERRE. V. SAC DE VILLE. V. SERVICE DE CAMPAGNE.

1590 (5 décembre). *Ordonnance concernant les vivandiers.* V. ORDONNANCE DE CAMPAGNE. V. VIVANDIER.

1591 (25 février). *Ordonnance du roy portant règlement qui soit observé lorsqu'il y aura des villes prises d'assault,* OU ORDONNANCE DE CAMPAGNE. V. ASSAUT OFFENSIF. V. ORDONNANCE DE CAMPAGNE. V. SAC DE VILLE. V. TRIBUNAL DU POINT D'HONNEUR.

1592 (17 mars). *Règlement pour la police des charges des gouverneurs, lieutenans généraux des provinces, capitaines et commandans ez-villes, places et chateaux.* V. CHATEAU. V. GOUVERNEUR DE PLACE DE GUERRE. V. RÈGLEMENT DE POLICE. V. RÈGLEMENT DE SERVICE.

1594 (8 mai). *Ordonnance.* V. ORDONNANCE DE SERVICE. V. SERVICE ARMÉ. V. SERVICE DE GARNISON.

1595 (21 février). *Ordre et règlement pour le logement des bandes françaises et régimens,* OU RÈGLEMENT DE LOGEMENT. V. ORDRE OFFICIEL. V. RÉGIMENT D'INFANTERIE FRANÇAISE Nº 3. V. RÈGLEMENT DE LOGEMENT.

1595 (mars). *Edit.* V. COMMISSAIRE PROVINCIAL. V. ORDONNANCE DE COMPOSITION.

1595 (12 novembre). *Ordonnance concernant les partys.* V. ORDONNANCE DE SERVICE. V. PARTI DE GUERRE.

1597 (7 janvier). *Délibération.* V. ORDRE DU SAINT-ESPRIT.

1597 (24 février). *Déclaration du roy sur la police et discipline militaires,* ou ORDONNANCE DE POLICE. V. DISCIPLINE FRANÇAISE. V. JUSTICE MILITAIRE. V. POLICE. V. ORDONNANCE DE POLICE.

1598 (4 septembre). *Ordonnance.* V. EXEMPT IDIOPLIQUE.

1599 (16 juin). *Arrêt du parlement,* ou ORDONNANCE DE POLICE. V. ARRÊT OFFICIEL. V. ORDONNANCE DE JUSTICE. V. DUEL.

DIX-SEPTIÈME SIÈCLE.

1601 (janvier). *Lettres patentes portant création de l'état et office de grand maître de l'artillerie de France en officier de la couronne.* V. GRAND MAITRE DE L'ARTILLERIE. V. ORDONNANCE DE COMPOSITION.

1601 (décembre). *Ordonnance.* V. POUDRE A FEU.

1602 (avril). *Edict du roy pour la défense des duels.* V. DUEL. V. ÉDIT. V. OR-

DONNANCE DE JUSTICE. V. TRIBUNAL DU POINT D'HONNEUR.

1609 (juin). *Edict du roy sur la prohibition et punition des querelles et duels,* OU ORDONNANCE DE JUSTICE. V. DUEL. V. ORDONNANCE DE JUSTICE.

1611 (29 avril). *Ordonnance.* V. GENDARMERIE DE LA MAISON.

1611 (1er juillet). *Déclaration du roy portant deffence d'user d'appels n'y de rencontres suivant l'édict des duels de juin 1609.* V. DUEL. V. ORDONNANCE DE JUSTICE.

1615 (18 janvier). *Déclaration du roy sur la deffense des duels.* V. DUEL.

1619 (29 avril). *Règlement de composition.* V. MINISTÈRE DE LA GUERRE. V. ORDONNANCE DE JUSTICE. V. RÈGLEMENT DE COMPOSITION.

1620 (26 septembre). *Ordonnance pour remédier aux abus et malversations des monstres et revues de l'infanterie.* V. MONSTRE. V. MONTRE ADMINISTRATIVE. V. ORDONNANCE DE REVUE. V. REVUE D'ADMINISTRATION.

1623 (4 août). *Ordonnance.* V. BAN CONTRE LES DETTES. V. ORDONNANCE DE POLICE. V. SERVICE DE CAMPAGNE.

1623 (14 août). *Ordonnance.* V. CASERNE. V. ÉTAPE. V. PASSE-VOLANT.

1624. *Edit.* V. COMMISSAIRE DES GUERRES N° 2. V. ORDONNANCE DE COMPOSITION.

1625 (30 octobre). *Ordre des estappes baillées par chacun jour aux soldats et capitaines envoyés en Piémont,* OU ORDONNANCE DE SUBSISTANCES. V. ÉTAPE. V. RÈGLEMENT DE SUBSISTANCES.

1626 (16 janvier). *Règlement concernant la police et discipline des gens de guerre en route.* V. RÈGLEMENT DE DISCIPLINE, — DE MARCHE, — DE POLICE. V. RÈGLEMENT DE ROUTE.

1626 (février). *Edict du roy sur le faict des duels et rencontres.* V. DUEL. V. ORDONNANCE DE JUSTICE.

1626 (11 mars). *Règlement.* V. MINISTRE DE LA GUERRE N° 1.

1627 (juin). *Edit.* V. TRÉSORIER.

1627 (25 octobre). *Lettre du roy au prévôt des marchands, etc., de Paris, commandant de faire tenir deux mille cinq cens paires d'habits de beure (bure) minime pour le régiment de ses gardes, avec autant de paires de souliers.* V. ORDONNANCE D'UNIFORME.

1628 (18 août). *Ordonnance.* V. RECRUE.

1628 (12 octobre). *Ordonnance portant le règlement pour distribution de places de religieux-lais,* OU ORDONNANCE DE COMPOSITION. V. HOTEL DES INVALIDES. V. INVA-

LIDE. V. ORDONNANCE DE COMPOSITION. V. RELIGIEUX LAI.

1628 (13 novembre). *Ordonnance pour les ustenciles.* V. USTENCILE. V. ORDONNANCE DE SUBSISTANCES.

1629 (5 juillet). *Ordonnance.* V. CONGÉ ABSOLU. V. ORDONNANCE DE COMPOSITION.

1629 (9 octobre). *Règlement que le roy veut être observé par les gens de guerre tant de pied que de cheval, et par les habitans des lieux où les troupes logeront pour la fourniture des étapes.* V. AVOINE. V. CHEVAL EN ROUTE. V. DISCIPLINE FRANÇAISE. V. ÉTAPE. V. FOURRAGE. V. ORDONNANCE DE SUBSISTANCES. V. RÈGLEMENT DE LOGEMENT. V. RÈGLEMENT DE SUBSISTANCES.

1632 (19 janvier). *Ordonnance du roy pour la police du régiment de ses gardes. Elle n'est que de quelques lignes.* V. GARDES FRANÇAISES N° 2. V. ORDONNANCE DE POLICE.

1633 (2 janvier). *Ordonnance concernant la police et discipline des troupes en quartier dans la ville de Lyon, publiée de par le roy par Villeroy, gouverneur du Lyonnais.* V. ORDONNANCE DE POLICE. V. RÈGLEMENT DE POLICE EN GARNISON.

1633 (14 février). *Ordonnance et règlement général faict par le roy pour l'art militaire de France, pour le bien et soulagement de ses sujets. Sorte de règlement* OU D'ORDONNANCE D'ADMINISTRATION, DE JUSTICE, DE POLICE, DE REVUES, DE SOLDE, DE SUBSISTANCE. Le mot *art militaire* n'y a rien de son sens actuel; il y est question d'ÉTAPE, de FOURRAGE, JUSTICE, MONSTRE, PAIN DE MUNITION, POLICE EN ROUTE, PRÊT, TARIF DE SOLDE, USTENCILE, etc. V. ADMINISTRATION MILITAIRE. V. ARMÉE PERMANENTE. V. ART MILITAIRE. V. CHEVAU-LÉGER. V. ÉTAPE. V. FOURRAGE DE DISTRIBUTION. V. GENDARMERIE. V. GRAND PRÉVÔT. V. JUSTICE. V. MONTRE ADMINISTRATIVE. V. ORDONNANCE D'ADMINISTRATION — DE JUSTICE, — DE POLICE, — DE REVUES, — DE SOLDE, — DE SUBSISTANCES. V. PAIN DE MUNITION. V. POLICE EN ROUTE. V. PRÊT. V. PRÉVÔT DES BANDES. V. REVUE D'ADMINISTRATION. V. SOLDE.

1633 (dernier août). *Ordonnance pour enjoindre aux gens de guerre d'observer une même discipline et police dans des païs étrangers que dans le royaume,* OU ORDONNANCE DE POLICE qui est en quelques lignes et en style prévôtal.

1634. V. ORDONNANCE. V. ORDONNANCE DE POLICE. V. POUDRE A FEU.

1635 (mai). *Edit.* V. COMMISSAIRE DES GUERRES N° 3. V. COMMISSAIRE ORDONNATEUR. V. COMMISSAIRE PROVINCIAL. V. ÉDIT. V. ORDONNANCE DE POLICE.

1635 (30 juillet). *Ordonnance.* V. BAN

ET ARRIÈRE-BAN. V. ORDONNANCE DE SERVICE.

1635 (9 septembre). *Règlement pour la garde du camp, promulgué par le cardinal de Lavalette, lieutenant général en Allemagne.* V. GARDE DE CAMP. V. GARDE DU CAMP. V. RÈGLEMENT DE SERVICE.

1636 (26 mars), *Ordonnance portant reiglement pour fourniture des vivres par estapes, en la campagne et dans les garnisons.* Les quantités de pain et de viande, d'avoine et de fourrage y sont tarifées. V. ÉTAPE. V. FOURRAGE DE DISTRIBUTION. V. ORDONNANCE DE SUBSISTANCE. V. PAIN DE MUNITION. V. VIANDE. V. VIVRES EN ROUTE.

1636 (6 août). *Ordonnance.* V. ORDONNANCE DE COMPOSITION. V. LEVÉE. V. RECRUTEMENT.

1636 (8 août). *Ordonnance.* V. MOUSQUET. V. ORDONNANCE D'UNIFORME.

1636 (1er octobre). *Ordonnance de Dépernon, touchant les gens de guerre de l'infanterie.* Règlement, en quelques lignes, répressif des absences sans congé et de la désertion. V. ABSENCE PROHIBÉE. V. DÉSERTION. V. ORDONNANCE DE JUSTICE. V. ORDONNANCE DE POLICE. V. PASSER PAR LES ARMES.

1637 (8 novembre). *Règlement fait par le roy, pour le logement et les subsistances de ses troupes, tant d'infanterie que de cavallerie.* Règlement qui porte tarif de solde pour les vieux et petits VIEUX RÉGIMENTS. V. ANSPESSADE. V. ARCHER DE CORPS. V. AUMONIER DE CORPS N° 5. V. CAPITAINE D'INFANTERIE FRANÇAISE DE LIGNE N° 10. V. CAPORAL D'INFANTERIE FRANÇAISE DE LIGNE N° 8. V. CARABIN. V. CHEVAU-LÉGER. V. COMPAGNIE D'INFANTERIE FRANÇAISE DE LIGNE N° 2. V. ENSEIGNE IDIOPLIQUE N° 4. V. GENDARMERIE DE LA MAISON. V. INFANTERIE FRANÇAISE N° 5. V. LIEUTENANT D'INFANTERIE. V. MESTRE DE CAMP N° 4. V. MONTRE ADMINISTRATIVE. V. RÈGLEMENT DE LOGEMENT, — DE SUBSISTANCES. V. REVUE. V. SERGENT D'INFANTERIE DE LIGNE N° 6.

1638 (28 janvier). *Ordonnance.* V. PASSE-VOLANT.

1638 (mars). *Edit.* V. COMMISSAIRE ORDINAIRE. V. COMMISSAIRE PRINCIPAL. V. COMMISSAIRE PROVINCIAL. V. ÉDIT. V. ORDONNANCE DE COMPOSITION.

1638 (avril). *Ordre que le cardinal de Lavallette veut estre observé en Italie.* Il s'étend, le premier, à l'égard des rendez-vous, de l'ordre de marche, de la marche des bagages, des retranchements, de la garde du camp, des fourrages armés. V. FOURRAGE ARMÉ. V. GARDE DE CAMP. V. LOGEMENT DE MILITAIRE. V. MARCHE D'ARMÉE. V. MARCHE DE BAGAGES. V. ORDONNANCE DE CAMPAGNE, — DE LOGEMENT, — DE POLICE, — DE SERVICE. V.

ORDRE DE MARCHE. V. ORDRE OFFICIEL. V. POLICE. V. POLICE EN CAMPAGNE.

1638 (15 mai). *Règlement.* V. CAVALERIE FRANÇAISE N° 8. V. ORDONNANCE DE POLICE, — DE SERVICE. V. POT DÉFENSIF.

1638 (24 juillet). *Ordonnance.* V. CONGÉ ABSOLU. V. ORDONNANCE DE COMPOSITION.

1638 (septembre). *Ordonnance qui autorise les généraux à ne tenir de conseils de guerre que quand ils les croiront utiles, et à n'y admettre que les officiers en qui ils auront confiance.* V. CONSEIL POLÉMONOMIQUE. V. GÉNÉRAL EN CHEF N° 6. V. ORDONNANCE DE SERVICE EN CAMPAGNE.

1638 (2 septembre). *Ordonnance.* V. COMMISSAIRE DES GUERRES N° 8. V. CUIRASSE DE CAVALERIE FRANÇAISE. V. HABILLEMENT. V. ORDONNANCE D'UNIFORME. V. POT DE FER.

1639 (18 janvier). *Ordonnance.* V. BAN ET ARRIÈRE-BAN. V. ORDONNANCE DE SERVICE.

1639 (14 mai). *Ordonnance.* V. ARRIÈRE-BAN. V. ORDONNANCE DE SERVICE.

1640 (25 mai). *Circulaire.* V. AUMONIER N° 1. V. CIRCULAIRE OFFICIELLE.

1640 (8 octobre). *Ordonnance.* V. POUDRE A FEU.

1641 (18 octobre). *Ordonnance.* V. RÉFORME.

1641 (25 avril). *Lettre du roy à M. de Châtillon.* V. AIDE DE CAMP N° 1.

1641 (25 mai). *Ordonnance.* V. FEMME SUSPECTE. V. ORDONNANCE DE POLICE.

1641 (4 octobre). *Règlement pour la distribution des étapes, logement et police.* V. ÉTAPE. V. LOGEMENT DE MILITAIRE. V. ORDONNANCE DE POLICE, — DE SUBSISTANCES. V. POLICE. V. RÈGLEMENT DE LOGEMENT, — DE POLICE, — DE SUBSISTANCES.

1642 (25 février). *Règlement pour la distribution des étapes, logement et police, ou DE POLICE, DE SUBSISTANCES.* V. ÉTAPE. V. LOGEMENT DE MILITAIRES. V. POLICE. V. RÈGLEMENT DE LOGEMENT, — DE POLICE, — DE SUBSISTANCES.

1642 (9 octobre). *Lettre.* V. AIDE DE CAMP N° 1.

1643 (3 ou 28 févr.). *Ordonnance portant que les gouverneurs ou commandans de places frontières assisteront à toutes revues, en signeront les rolles, etc.* V. COMMISSAIRE DES GUERRES N° 6. V. ORDONNANCE DE REVUES. V. GOUVERNEUR. V. REVUE ADMINISTRATIVE.

1643 (avril). *Edit.* V. CONNÉTABLE.

1643 (22 mai). *Ordonnance portant règlement sur les abus qui se commettent au fait des revues, ou DE JUSTICE.* V. ORDONNANCE DE JUSTICE. V. ORDONNANCE DE REVUE. V. REVUE D'ADMINISTRATION.

1643 (15 juin). *Ordonnance.* V. DÉSER-

TION D'OFFICIER. V. OFFICIER FRANÇAIS N° 11, 16. V. ORDONNANCE DE JUSTICE.

1645 (10 juillet). *Ordonnance.* V. LEVÉE. V. ORDONNANCE DE COMPOSITION. V. RECRUTEMENT.

1645 (15 juillet). *Arrest du conseil pour l'establissement d'une route certaine pour les estapes, et d'un fonds assuré pour la dépense d'icelles, et des quartiers d'assemblée.* V. ÉTAPE. V. QUARTIERS D'ASSEMBLÉE. V. ORDONNANCE DE SERVICE. V. ORDONNANCE DE SUBSISTANCE.

1645 (4 septembre). *Ordonnance.* V. COMPAGNIE DE GENTILSHOMMES AU BEC DE CORBIN.

1645 (8 octobre). *Ordonnance.* V. SERMENT.

1645 (14 novembre). *Règlement portant que les sergens de bataille doibvent avoir commandement en l'absence des généraux d'armée et des maréchaux de camp.* V. GÉNÉRAL D'ARMÉE. V. MARÉCHAL DE CAMP. V. ORDONNANCE DE SERVICE. V. SERGENT DE BATAILLE.

1645 (22 septembre). *Règlement.* V. SERGENT DE BATAILLE.

1646 (4 mai). *Règlement.* V. TRAVAUX DE CAMPAGNE. V. TRAVAUX DE SIÈGE.

1647 (25 février). *Ordonnance.* V. ÉTAPIER. V. ORDONNANCE DE MARCHE. V. MARCHE ROUTE. V. SERVICE DE ROUTE.

1640 (17 avril). *Ordonnance.* V. SERGENT DE BATAILLE.

1648 (11 avril). *Ordre du roy.* V. PETITS-VIEUX.

1649 (janvier). *Instruction prompte et facile aux Parisiens, pour bien apprendre l'exercice du mousquet ou de la picque, et les rendre parfaits à l'art militaire,* ou RESCRIT, comprenant moins d'une feuille d'impression. V. EXERCICE D'INFANTERIE. V. MOUSQUET. V. ORDONNANCE D'EXERCICE D'INFANTERIE. V. PIQUE. V. TACTIQUE, subs.

1649 (21 janvier). *Règlement pour la gendarmerie et chevau-légers.* V. AUMONIER DE CORPS N° 2. V. CHEVAU-LÉGER. V. GENDARMERIE DE LA MAISON. V. ORDONNANCE DE COMPOSITION.

1649 (25 septembre). *Déclaration.* V. COMPAGNIE DE GENTILSHOMMES AU BEC DE CORBIN. V. DÉCLARATION OFFICIELLE.

1649 (4 décembre). *Règlement pour la fourniture de l'ustencile et subsistances des troupes.* V. MONTRE ADMINISTRATIVE. V. ORDONNANCE DE SUBSISTANCES. V. USTENCILE.

1650 (9 avril). *Ordonnance portant commandement d'obéir aux lieutenans généraux et aux maréchaux de camp.* C'est un des premiers rescrits où le mot lieutenant général signifie le second, ou l'un des représentants d'un général d'armée. V. GOUVERNEUR DE PROVINCE. V. LIEUTENANT GÉNÉRAL. V. ORDONNANCE DE POLICE, — DE SERVICE.

1650 (8 octobre). *Règlement.* V. ÉTAPE. V. GOUVERNEUR DE PROVINCE. V. RÈGLEMENT DE SUBSISTANCES.

1650 (16 décembre). *Ordonnance,* ou ORDONNANCE DE SUBSISTANCES. V. ÉTAPE. V. ORDONNANCE DE SUBSISTANCES.

1651 (12 janvier). *Arrêt du parlement qui défend aux soldats des gardes de s'attrouper, porter armes défendues, tenir les advenues de Paris, exiger de ceux qui y viennent, sous peine de mort.* V. GARDES FRANÇAISES N° 2. V. ORDONNANCE DE JUSTICE. V. ORDONNANCE DE POLICE.

1651 (25 mai). *Arrêt du parlement, répressif des désordres, crimes, vols, incendies, journellement commis par les gens de guerre.* V. DISCIPLINE FRANÇAISE. V. GENS DE GUERRE. V. ORDONNANCE DE JUSTICE. V. ORDONNANCE DE POLICE.

1651 (15 juillet). *Lettre royale qui rectifie l'itinéraire de 1642.* V. ÉTAPE.

1651 (4 novembre). *Déclaration ou règlement de Poictiers pour le logement, subsistances et police des gens de guerre.* Ce document confus pourrait même passer pour une ordonnance de composition. Il a été réimprimé en 1745 (décembre); il a été au moins en grande partie en vigueur pendant un siècle. V. APPOINTEMENT, tableau. V. ARCHER DE CORPS. V. ARME DE SOLDAT. V. AUTEUR MILITAIRE (1695, A). V. AVOINE. V. DAN DE PUBLICATION. V. BATAILLON D'INFANTERIE FRANÇAISE N° 2. V. CAPORAL D'INFANTERIE N° 9, 11. V. CHIRURGIEN. V. CHIRURGIEN-MAJOR D'INFANTERIE N° 2, 7. V. COLONEL D'INFANTERIE FRANÇAISE DE LIGNE N° 9. V. COMPAGNIE D'INFANTERIE FRANÇAISE DE LIGNE N° 2, tableau. V. ÉCUYER NOBLE. V. EXERCICE D'INFANTERIE. V. FOURRAGE DE DISTRIBUTION. V. INFANTERIE FRANÇAISE N° 5, tableau. V. JUSTICE MILITAIRE. V. LOGEMENT DE MILITAIRES. V. MESTRE DE CAMP N° 4. V. MINISTRE DE LA GUERRE EN 1643. V. MOUSQUET. V. ORDONNANCE DE LOGEMENT, — DE POLICE, — DE SUBSISTANCES. V. PAIN DE MUNITION. V. POLICE EN ROUTE. V. PRÉVOT DE CORPS. V. PRÉVOT DES BANDES. V. RÈGLEMENT DE LOGEMENT, — DE POLICE, — DE SUBSISTANCES. V. SUBSISTANCE. V. TAMBOUR-MAJOR N° 2, 6.

1652 (7 octobre). *Lettres patentes.* V. BAN ET ARRIÈRE-BAN. V. ORDONNANCE DE SERVICE.

1655 (28 avril). *Ordonnance pour la discipline des troupes,* ou ORDONNANCE DE POLICE, DE SOLDE, DE SUBSISTANCE, D'UNIFORME. Cette ordonnance mentionne, une des premières, le grade des lieutenants-colonels, des OFFICIERS-MAJORS, etc. — Elle règle le nombre des mousquets et piques, la solde, l'ustencile ; elle embrasse quelques détails des revues, restreint le nombre des vivandiers, et les enrôle. — Le mot discipline y est ainsi pris comme synonyme d'art militaire. V. ART MILITAIRE. V. ART MILITAIRE DE TERRE. V. CAPORAL D'INFANTERIE FRANÇAISE DE LIGNE Nº 10. V. DISCIPLINE. V. ÉTAT-MAJOR DE CORPS Nº 1. V. LIEUTENANT-COLONEL D'INFANTERIE FRANÇAISE Nº 1. V. MINISTRE DE LA GUERRE EN 1643. V. MOUSQUET. V. OFFICIER-MAJOR. V. ORDONNANCE DE POLICE, — DE SOLDE, — DE SUBSISTANCE, — D'UNIFORME. V. PIQUE. V. REVUE D'ADMINISTRATION. V. SOLDE. V. USTENCILE. V. VIVANDIER.

1653 (20 mai). *Lettres du roi.* V. ARTILLERIE D'INFANTERIE.

1653 (29 juillet). *Déclaration.* V. TRIBUNAL DU POINT D'HONNEUR. V. TRIBUNAL MILITAIRE.

1653 (24 décembre). *Ordonnance,* ou ORDONNANCE D'ARMEMENT. V. FUSIL. V. ORDONNANCE D'ARMEMENT.

1654 (6 novembre). *Ordonnance.* V. DISCIPLINE FRANÇAISE. V. ORDONNANCE DE POLICE.

1654 (20 novembre). *Ordonnance.* V. AVANCEMENT. V. CAPITAINE D'INFANTERIE FRANÇAISE DE LIGNE Nº 4. V. COLONEL D'INFANTERIE FRANÇAISE DE LIGNE Nº 11. V. COMMISSAIRE DES GUERRES Nº 6. V. FACTIONNAIRE. V. ORDONNANCE D'AVANCEMENT.

1655 (26 janvier). *Lettres royales.* V. SOUS-LIEUTENANT Nº 1.

1655 (27 mai). *Lettre du roi.* V. MARÉCHAL DE BATAILLE.

1655 (25 juillet). *Ordonnance.* V. PASSE-VOLANT.

1656 (20 avril). *Ordonnance.* V. PIQUE.

1657 (22 mai). *Ordonnance.* V. MARÉCHAL DE BATAILLE.

1658 (10 avril). *Ordonnance.* V. OFFICIER DE CAVALERIE Nº 2.

1658 (15 novembre). *Arrêt du conseil.* V. POUDRE A FEU.

1659 (4 mai). *Ordonnance des maréchaux.* V. COMMISSAIRE DES GUERRES Nº 5. V. MARÉCHAL DE FRANCE Nº 7. V. ORDONNANCE DE COMPOSITION.

1660 (21 février). *Ordonnance.* V. GARNISAIRE. V. ORDONNANCE DE SERVICE.

1660 (20 juillet). *Ordonnance.* V. INFANTERIE FRANÇAISE Nº 5, tableau. V. MONTRE ADMINISTRATIVE. V. ORDONNANCE DE REVUES. V. SOLDE.

1660 (27 juillet). *Ordonnance.* V. ENTRETIEN.

1660 (7 septembre). *Ordonnance.* V. INFANTERIE FRANÇAISE Nº 5, tableau. V. COLONEL D'INFANTERIE FRANÇAISE DE LIGNE Nº 1.

1661 (28 juillet). *Ordonnance.* V. COLONEL GÉNÉRAL DE L'INFANTERIE Nº 1. V. COMPAGNIE

COLONELLE. V. RÉGIMENT D'INFANTERIE FRANÇAISE Nº 2. V. SOUS-LIEUTENANT Nº 1.

1661 (9 octobre). *Ordonnance.* V. PAVILLON DISTINCTIF.

1661 (12 octobre), ou, suivant Daniel (t. I, p. 569), du 21 octobre. *Règlement concernant le commandement, l'ordre, la discipline dans les villes, places, garnisons.* V. BAN DE PUBLICATION. V. BON ORDRE. V. CERCLE D'ORDRE. V. CÉRÉMONIAL. V. CITADELLE. V. DISCIPLINE. V. ENSEIGNE IDIOPLIQUE. V. FORTERESSE. V. GARNISON. V. HONNEURS. V. MOT. V. ORDONNANCE DE POLICE, — DE SERVICE EN GARNISON. V. PLACE DE GUERRE. V. RONDE. V. SERVICE DE GARNISON. V. VILLE DE GUERRE.

1661 (1er décembre). *Ordonnance.* V. CITADELLE. V. GOUVERNEUR DE PROVINCE. V. MORTE-PAYE. V. POSTE D'HOMMES DE GARDE EN GARNISON. V. SERVICE DE GARNISON.

1662 (6 mars). *Ordonnance.* V. INFANTERIE FRANÇAISE Nº 6, 10.

1663 (29 mars). *Ordonnance,* ou ORDONNANCE DE SERVICE. V. CITADELLE. V. MOT. V. ORDONNANCE DE SERVICE.

1663 (7 juillet). *Arrêt du parlement.* V. POUDRE A FEU.

1663 (17 septembre). *Ordonnance.* V. TAMBOUR IDIOPLIQUE D'INFANTERIE FRANÇAISE Nº 7.

1663 (6 octobre). *Ordonnance,* ou ORDONNANCE DE CÉRÉMONIAL. V. HONNEURS. V. ORDONNANCE DE CÉRÉMONIAL.

1663 (20 novembre). *Ordonnance.* V. SOLDE.

1664 (avril). *Edit.* V. ORDRE DE SAINT-LAZARE.

1664 (4 avril). *Ordonnance,* ou ORDONNANCE D'AVANCEMENT. V. GRADE D'OFFICIER. V. ORDONNANCE D'AVANCEMENT.

1664 (3 novembre). *Ordonnance,* ou ORDONNANCE DE SERVICE. V. MOT. V. MOT D'ORDRE. V. ORDONNANCE DE SERVICE.

1664 (22 novembre). *Ordonnance,* ou ORDONNANCE DE CÉRÉMONIAL. V. HONNEURS. V. ORDONNANCE DE CÉRÉMONIAL.

1665 (22 janvier). *Déclaration royale.* V. PAGE.

1665 (7 juillet). *Ordonnance.* V. POUDRE A FEU.

1665 (25 juillet). *Ordonnance.* V. BILLET DE LOGEMENT. V. CITADELLE. V. COMMISSAIRE DES GUERRES Nº 6. V. CONSEIL JUDICIAIRE. V. DIANE. V. DRAGON FRANÇAIS Nº 6. V. DRAPEAU D'INFANTERIE DE LIGNE. V. FERMETURE DE PORTES. V. GOUVERNEUR DE PLACE DE GUERRE Nº 4. V. GOUVERNEUR DE PROVINCE. V. HONNEURS. V. INFANTERIE FRANÇAISE Nº 6. V. JUSTICE MILITAIRE. V. LIEUTENANT-COLONEL D'INFANTERIE FRANÇAISE DE LIGNE Nº 1. V. MESTRE DE CAMP Nº 3. V. MINISTRE DE LA GUERRE EN 1643, EN 1662.

V. MORTE-PAYE. V. MOT. V. MOT D'ORDRE. V. ORDONNANCE DE SERVICE EN GARNISON. V. OUVERTURE DE PORTE. V. PARADE DE TROUPES. V. POSTE D'HOMMES DE GARDE. V. POSTE D'HOMMES DE GARDE EN GARNISON. V. RETRAITE CÉLESTIQUE. V. REVUE D'ADMINISTRATION. V. RONDE. V. SERMENT.

1665 (12 novembre). *Ordonnance.* V. PEINE. V. ORDONNANCE DE JUSTICE.

1666 (20 mars). *Ordonnance.* V. DÉSERTEUR. V. ORDONNANCE DE JUSTICE.

1666 (28 octobre). *Ordonnance.* V. CONTROLE DE SIGNALEMENT. V. ORDONNANCE D'ADMINISTRATION. V. SIGNALEMENT.

1666 (16 novembre). *Ordonnance.* V. CANON DE MOUSQUET. V. MOUSQUET. V. ORDONNANCE D'ARMEMENT. V. PIQUE.

1666 (15 décembre). *Ordonnance.* V. MASSE D'HABILLEMENT.

1667. *Edit.* V. COMMISSAIRE DES GUERRES. V. CONTROLEUR DES GUERRES.

1668 (8 janvier). *Ordonnance.* V. HOMME DE TROUPE.

1668 (1er mars). *Ordonnance.* V. PASSE-VOLANT.

1668 (27 mars). *Ordonnance.* V. CRIME. V. JUSTICE MILITAIRE. V. ORDONNANCE DE JUSTICE. V. PEINE.

1668 (1er juin). *Ordonnance* ou ORDONNANCE DE SUBSISTANCES. V. AVOINE. V. INFANTERIE FRANÇAISE N° 5, tableau. V. ORDONNANCE DE SUBSISTANCES. V. PASSE-VOLANT.

1668 (28 juin). *Arrêt.* V. POUDRE A FEU.

1668 (26 juillet). *Ordonnance.* V. DÉSERTEUR. V. ORDONNANCE DE JUSTICE.

1668 (20 septembre). *Ordonnance.* V. CARTOUCHE IMPRIMÉE. V. CRIME. V. ORDONNANCE DE JUSTICE. V. PASSE-VOLANT.

1668 (25 novembre). V. COMPAGNIE D'INFANTERIE FRANÇAISE DE LIGNE N° 2.

1669 (21 février). *Ordonnance.* V. HUSSARD N° 4. V. ORDONNANCE DE COMPOSITION.

1669 (avril). *Ordonnance.* V. FUSIL A LA MONTALEMBERT.

1669 (août). *Ordonnance.* V. FUSIL A LA MONTALEMBERT.

1669 (16 août). *Ordonnance.* V. CONGÉ ABSOLU. V. ORDONNANCE D'ADMINISTRATION.

1670 (4 février). V. COMPAGNIE D'INFANTERIE FRANÇAISE DE LIGNE N° 2.

1670 (6 février). *Ordonnance.* V. ARMEMENT DE TROUPE. V. CANON DE MOUSQUET. V. CONGÉ ABSOLU. V. FUSIL D'INFANTERIE. V. MOUSQUET. V. ORDONNANCE D'ARMEMENT.

1670 (16 février). *Ordonnance.* V. COMMISSAIRE DES GUERRES N° 6.

1670 (25 février). *Ordonnance.* V. CADET. V. ORDONNANCE DE COMPOSITION. V. PARTISANE.

1670 (28 février). *Ordonnance de marine.* V. AMIRAL. V. CORNETTE BLANCHE. V. FLAMME A HAMPE. V. MARINE.

1670 (28 février). *Ordonnance de terre* ou ORDONNANCE DE COMPOSITION. V. AIDE-MAJOR ANCIEN. V. MAJOR CAPITAINE N° 1. V. ORDONNANCE DE COMPOSITION.

1670 (26 mars). *Ordonnance.* V. GARDES FRANÇAISES N° 4. V. INFANTERIE FRANÇAISE N° 6. V. RÉGIMENT FRANÇAIS ; id. N° 2.

1670 (10 juillet). *Ordonnance.* V. GÉNÉRALE.

1670 (10 décembre). *Décision.* V. MAJOR CAPITAINE N° 1.

1671 (26 mai). *Ordonnance.* V. HONNEURS. V. ORDONNANCE DE CÉRÉMONIAL.

1671 (22 juin). V. COMPAGNIE D'INFANTERIE FRANÇAISE DE LIGNE N° 2.

1671 (20 novembre). *Ordonnance.* V. ÉQUIPEMENT D'HOMME DE TROUPE. V. ORDONNANCE D'UNIFORME. V. RETENUE. V. RETENUE SUR PRÊT.

1672. *Ordonnance.* Rescrit peu connu, peu important, et cité par WALTHER, p. 119, lettre 2. V. BATAILLE STRATEUMATIQUE. V. FEU D'INFANTERIE. V. ORDONNANCE D'EXERCICE.

1672 (5 avril). *Ordonnance.* V. SERGENT D'INFANTERIE FRANÇAISE N° 2.

1672 (22 avril). *Ordonnance.* V. INFANTERIE FRANÇAISE N° 5.

1672 (25 avril). *Ordonnance.* V. RETENUE. V. RETENUE SUR PRÊT.

1672 (28 avril). *Arrêt du conseil.* V. HOTEL DES INVALIDES.

1673. *Ordonnance.* V. CONTRAINTE PAR CORPS. V. ORDONNANCE DE JUSTICE.

1673 (8 mars). *Ordonnance.* V. RONDE.

1673 (22 mai). *Ordonnance.* V. FANION DE BAGAGE. V. ORDONNANCE DE MARCHE.

1673 (15 décembre). *Ordonnance.* V. ÉTAPE.

1674. *Ordonnance.* V. AGE MILITAIRE. V. ORDONNANCE DE COMPOSITION.

1674 (22 mars). *Ordonnance.* V. CRIME. V. ORDONNANCE DE JUSTICE. V. PEINE.

1674 (avril). *Edit.* V. HOTEL DES INVALIDES.

1675. *Ordonnance.* V. FUSIL D'INFANTERIE.

1676 (16 mai). *Ordonnance.* V. BAIONNETTE DE FUSIL. V. BAUDRIER. V. DRAGON FRANÇAIS N° 4. V. ÉPÉE DE SOLDAT. V. HABILLEMENT. V. ORDONNANCE D'ARMEMENT. V. ORDONNANCE D'UNIFORME. V. UNIFORME.

1676 (1er juin). *Ordonnance.* V. PASSE-VOLANT.

1676 (26 août). *Ordonnance.* V. RÉFORME.

1677. *Déclaration.* V. DÉCLARATION OFFICIELLE. V. PARTI DE GUERRE.

1677 (3 juillet). *Ordonnance.* v. COMMANDANT DE BATAILLON.

1677 (17 septembre). *Ordonnance.* v. COMMANDANT DE BATAILLON. V. ORDONNANCE DE COMPOSITION.

1677 (24 septembre). v. MAJOR CAPITAINE N° 1.

1678 (5 janvier). *Ordonnance.* v. CRIME. V. DUEL. V. ORDONNANCE DE JUSTICE.

1678 (21 janvier). *Arrêt.* v. POUDRE A FEU.

1679 (8 février). *Ordonnance.* v. CERCLE D'ORDRE.

1679 (28 février). v. COMPAGNIE D'INFANTERIE FRANÇAISE DE LIGNE N° 2, tableau.

1679 (1er avril). *Ordonnance.* v. DUEL. V. MARCHE-ROUTE.

1679 (22 août). *Ordonnance.* v. APPEL PROVOCATIF. V. BILLET D'APPEL PROVOCATIF. V. DUEL. V. JUSTICE MILITAIRE. V. ORDONNANCE DE JUSTICE. V. TRIBUNAL DU POINT D'HONNEUR.

1679 (1er septembre). *Edit.* v. SECOND DE DUEL.

1679 (14 décembre). *Déclaration.* v. DUEL.

1679 (15 décembre ou 15 novembre). *Ordonnance.* v. CONGÉ ABSOLU. V. CONGÉ D'ANCIENNETÉ. V. ORDONNANCE DE COMPOSITION.

1680 (17 septembre). *Ordonnance.* v. TRAVAUX MILITAIRES.

1680 (23 septembre). *Ordonnance.* v. MASSE DE PROPRETÉ. V. PRÊT.

1680 (18 octobre). *Ordonnance.* v. GARDE ARMÉE.

1680 (25 novembre). *Ordonnance.* v. CONVOI A LA SUITE.

1681 (13 décembre). *Ordonnance.* v. MARIAGE.

1681 (15 décembre). *Ordonnance.* v. AUMONIER N° 7. V. CÉLÉBRATION DE MARIAGE. V. MARIAGE.

1682 (17 février). *Arrêt du conseil.* v. ARRÊT OFFICIEL. V. HOTEL DES INVALIDES.

1682 (11 juillet). *Ordonnance.* v. JUSTICE MILITAIRE. V. MARÉCHAUSSÉE. V. ORDONNANCE DE JUSTICE.

1682 (1er août). *Ordonnance.* v. ENGAGEMENT DE RECRUE. V. CONGÉ D'ANCIENNETÉ. V. ORDONNANCE DE COMPOSITION. V. RECRUTEMENT.

1682 (5 novembre). *Ordonnance.* v. CONGÉ D'ANCIENNETÉ.

1683 (7 janvier). *Ordonnance.* v. RONDE.

1683 (18 janvier). *Ordonnance.* v. CLARINET. V. COMPAGNIE D'INFANTERIE FRANÇAISE DE LIGNE N° 2. V. FIFRE. V. HAUTBOIS. V. ORDONNANCE DE COMPOSITION.

1683 (20 mars). *Ordonnance,* ou ORDONNANCE DE COMPOSITION. V. CITADELLE. V. MORTE-PAYE.

1683 (14 octobre). *Ordonnance.* v. PULVÉRIN.

1683 (14 décembre). *Ordonnance.* v. ORDONNANCE DE COMPOSITION. V. PAIN DE MUNITION. V. POIRE A POUDRE.

1684 (24 décembre). *Ordonnance.* v. DÉSERTEUR.

1685 (1er février). *Ordonnance.* v. INSPECTEUR GÉNÉRAL N° 4. V. MARIAGE.

1685 (17 mars). *Ordonnance.* v. CASERNEMENT.

1685 (25 juillet). *Ordonnance.* v. SERMENT.

1685 (8 septembre). *Circulaire.* v. CONSEIL JUDICIAIRE.

1686 (4 avril). *Règlement.* v. POUDRE A FEU.

1686 (6 avril). *Ordonnance.* v. CONGÉ D'ANCIENNETÉ. V. MARIAGE.

1686 (8 avril). *Ordonnance.* v. DUEL.

1686 (20 mai). *Ordonnance.* v. CRIME. V. ORDONNANCE DE JUSTICE.

1686 (18 septembre). *Ordonnance.* v. POUDRE A FEU.

1686 (26 octobre). *Ordonnance.* v. TRAVAUX MILITAIRES.

1686 (20 décembre). *Ordonnance.* v. DESTITUTION. V. INFANTERIE FRANÇAISE N° 5. V. PAYE.

1687 (1er mars). *Ordonnance.* v. CITADELLE.

1688 (28 juin). *Ordonnance.* v. COMPAGNIE DE GENTILSHOMMES AU BEC DE CORBIN.

1688 (8 octobre). *Ordonnance.* v. TABAC.

1688 (5 novembre). *Ordonnance.* v. MILICE PROVINCIALE.

1688 (29 novembre). *Ordonnance.* v. CONSCRIPTION. V. MILICE PROVINCIALE. V. ORDONNANCE DE COMPOSITION.

1689 (1er février). *Ordonnance.* v. ÉTENDARD.

1689 (8 mars). *Ordonnance.* v. DÉSERTEUR.

1689 (15 avril). *Ordonnance.* v. CHAPELLE DE CORPS.

1689 (16 avril). *Règlement.* v. INFANTERIE FRANÇAISE N° 5, tableau.

1690 (22 mars). *Ordonnance.* v. ÉQUIPAGES.

1690 (10 mai). *Ordonnance.* v. ARME D'OFFICIER D'INFANTERIE. V. ESPONTON. V. ORDONNANCE D'ARMEMENT.

1691. *Edit.* v. COMMISSAIRE DES GUERRES N° 1. V. CONTROLEUR DES GUERRES.

1691 (26 avril). *Ordonnance.* v. GARDES FRANÇAISES N° 4. V. QUARTIER.

1691 (8 août). *Règlement.* v. CASERNE. V. GARDES FRANÇAISES N° 3.

1691 (4 novembre). *Ordonnance.* v. RE-
TENUE SUR PRÊT.

1691 (5 décembre). *Ordonnance.* v. CA-
SERNE. V. CASERNEMENT. V. LOGEMENT. V. OR-
DONNANCE DE CASERNEMENT. V. ORDONNANCE
DE LOGEMENT.

1691 (8 décembre). *Ordonnance.* v.
GARDES FRANÇAISES ; id. N° 2. V. QUARTIER. V.
TAILLE DE MILITAIRE.

1692 (15 janvier). *Ordonnance.* v. CA-
PITAINE DE GRENADIERS N° 2. V. GRENADIER
D'INFANTERIE FRANÇAISE N° 2.

1692 (11 février). *Ordonnance.* v. GAR-
DES FRANÇAISES N° 2.

1692 (5 mai). *Ordonnance.* v. SERVICE DE
CAMPAGNE.

1692 (1er août). *Ordonnance.* v. ENGAGE-
MENT DE RECRUE. V. ORDONNANCE DE COMPOSI-
TION. V. RECRUTEMENT.

1693 (8 mai). *Ordonnance.* v. GARDES
FRANÇAISES N° 4.

1693 (15 juillet). *Ordonnance.* v. DRA-
GON FRANÇAIS N° 5.

1693 (4 août). *Arrêt du conseil fixant
les priviléges, attributions et appointements des commissaires.* v. COMMISSAIRE DES
GUERRES N° 4, 5, 6.

1694. *Edit.* v. CONTROLEUR DES GUERRES.
V. ORDONNANCE DE COMPOSITION.

1694 (10 septembre). *Ordonnance.* v.
CLOCHE DE FORTERESSE.

1695. *Ordonnance.* v. ÉCHARPE MILI-
TAIRE.

1696 (12 mai). *Ordonnance.* v. DRAPEAU
BLANC. V. HONNEURS. V. ORDONNANCE DE CÉ-
RÉMONIAL.

1697 (20 mars). *Ordonnance.* v. MILICE
PROVINCIALE. V. ORDONNANCE DE CÉRÉMONIAL.

1698 (25 août). *Ordonnance.* v. CAMPE-
MENT TACTIQUE. V. ORDONNANCE DE SERVICE EN
CAMPAGNE.

1699 (10 février). v. INFANTERIE FRAN-
ÇAISE, tableau.

1699 (1er mai). *Ordonnance.* v. CAVA-
LERIE FRANÇAISE N° 6. V. RANG HONORIFIQUE.

1699 (20 août). *Ordonnance.* v. CRIME.
V. ORDONNANCE DE JUSTICE. V. PEINE.

DIX-HUITIÈME SIÈCLE.

1701 (26 janvier). *Ordonnance.* v. REM-
PLAÇANT MILITAIRE. V. TIRAGE A LA MILICE.

1701 (20 mars). v. COMPAGNIE D'INFAN-
TERIE FRANÇAISE DE LIGNE N° 2, tableau.

1701 (16 avril). *Ordonnance.* v. INFAN-
TERIE FRANÇAISE N° 5.

1701 (1er mai). *Ordonnance.* v. BAGAGE
D'ARMÉE. V. FLEUR DE LIS. V. ORDONNANCE DE
SERVICE EN CAMPAGNE. V. PARC D'ARTILLERIE.
V. SERVICE DE CAMPAGNE. V. TIRE-BALLE.

1701. (18 novembre). v. CONGÉ D'AN-
CIENNETÉ.

1701 (18 décembre). *Ordonnance d'Espagne.* v. AUTEUR MILITAIRE (1702 , A). v.
DISCIPLINE. V. JUSTICE MILITAIRE. V. POLICE.

1702 (10 avril). *Ordonnance d'Espagne.*
V. AUTEUR MILITAIRE (1702, A). v. DISCIPLINE.
V. JUSTICE MILITAIRE. V. MILICE ESPAGNOLE N° 7.
V. POLICE.

1702 (10 juin). *Ordonnance.* v. MARCHE
ROUTE. V. SERVICE DE ROUTE.

1702 (14 juillet). *Ordonnance.* v. MARCHE
ROUTE. V. SERVICE DE ROUTE.

1703 (1er février). *Ordonnance.* v. CUI-
RASSE. V. ÉCHARPE MILITAIRE. V. PLASTRON.

1703 (2 mars). *Ordonnance sur l'exer-
cice.* C'est un IN-DIX-HUIT d'une feuille d'im-
pression qui n'a pas même de gravures. v.
AMORCEZ. V. BRIQUET (1761, H). V. CAPITAINE
D'INFANTERIE DE LIGNE N° 7. V. DÉFILER. V.
CARTOUCHE A FUSIL. V. LIEUTENANT GÉNÉRAL
N° 6. V. ORDONNANCE D'EXERCICE D'INFANTE-
RIE. V. PAS CADENCÉ. V. PAS DE CAMP. V. RANGS
D'INFANTERIE. V. SOUS-LIEUTENANT N° 5. V.
TACTIQUE, subs.

1703 (20 mars). *Ordonnance.* v. FUSIL.
V. MOUSQUET. V. ORDONNANCE D'ARMEMENT. V.
PIQUE.

1703 (1er avril). *Ordonnance.* v. ÉQUI-
PAGES.

1704 (10 février). v. FUSTIGATION. V. JUS-
TICE MILITAIRE.

1704 (avril). *Edit.* v. COMMISSAIRE ORDON-
NATEUR.

1704 (14 juin). *Edit.* v. COMMISSAIRE DES
GUERRES N° 4.

1704 (août). *Edit.* v. COMMISSAIRE PRO-
VINCIAL. V. MARÉCHAL DE FRANCE N° 7. V. SER-
MENT.

1705 (22 janvier). *Ordonnance* ou OR-
DONNANCE DE REVUES. V. MONTRE ADMINISTRA-
TIVE. V. ORDONNANCE DE REVUES. V. REVUE
ÉCRITE.

1705 (1er avril). *Ordonnance.* v. CIRCU-
LAIRE.

1705 (6 avril). *Circulaire.* v. ASSAUT DE
CORPS DE PLACE.

1705 (20 mai). *Ordonnance.* v. ABAN-
DONNEMENT.

1706. *Ordonnance.* v. CASERNE.

1707. *Ordonnance donnée par Chamillart.* v. CHAMILLART. V. ORDONNANCE DE
MARCHE.

1707. *Ordonnance.* v. FEU D'INFANTERIE.
V. ORDONNANCE D'EXERCICE D'INFANTERIE. V.
PARADE DE TROUPES. V. TACTIQUE, subs.

1707 (1er avril). *Ordonnance sur le
service de place.* v. FERMETURE DE PORTES.
V. MAJOR. V. MAJOR DE PLACE N° 1. V. ORDON-
NANCE DE SERVICE EN GARNISON. V. OUVERTURE

DE PORTE. V. PARTI DE GUERRE. V. POLICE. V. POSTE D'HOMMES DE GARDE. V. RETRAITE CÉLÉBUSTIQUE. V. RONDE. V. SERVICE DE GARNISON.

1710 (6 janvier). *Ordonnance concernant l'inventaire des effets des officiers décédés.* V. EFFET D'OFFICIER.

1710 (50 novembre). *Ordonnance.* V. PARTI DE GUERRE. V. ORDONNANCE DE JUSTICE. V. PEINE.

1710 (1er décembre). *Ordonnance.* V. ARME D'OFFICIER D'INFANTERIE. V. ARMEMENT D'OFFICIER. V. ESPONTON. V. FUSIL D'OFFICIER. V. HALLEBARDE. V. ORDONNANCE D'ARMEMENT. V. SERGENT D'INFANTERIE FRANÇAISE DE LIGNE N° 4.

1711 (26 janvier). *Ordonnance.* V. MILICE PROVINCIALE.

1712 (17 janvier). *Ordonnance.* V. SERMENT.

1715 (9 décembre). *Ordonnance.* V. SERVITUDE.

1714 (10 mai). *Ordonnance.* V. INFANTERIE FRANÇAISE N° 5, tableau.

1714 (20 juin). *Ordonnance.* V. DESTITUTION. V. INFANTERIE FRANÇAISE N° 5. V. PAYE.

1714 (1er juillet). *Ordonnance.* V. CRIME.

1714 (20 juillet). *Ordonnance.* V. POSTE D'HOMMES DE GARDE.

1715 (10 avril). V. COMPAGNIE D'INFANTERIE FRANÇAISE DE LIGNE N° 2, tableau.

1716 (1er janvier). *Ordonnance.* V. HOPITAL MILITAIRE.

1716 (10 janvier). V. CASERNEMENT.

1716 (28 février). *Ordonnance.* V. ACHAT D'EFFETS DE TROUPE. V. ARME DE TROUPE. V. BOURGEOIS. V. HABILLEMENT.

1716 (2 juin). *Ordonnance.* V. BILLET DE SORTIE D'HOPITAL.

1716 (1er juillet). *Ordonnance.* V. DESTITUTION. V. INFANTERIE FRANÇAISE N° 5. V. PAYE.

1716 (2 juillet). *Ordonnance de justice.* V. CARTOUCHE IMPRIMÉE. V. CONGÉ ABSOLU. V. CONGÉ LIMITÉ. V. DÉSERTEUR. V. ENGAGEMENT DE RECRUE. V. MILICE PROVINCIALE. V. ORDONNANCE DE COMPOSITION. V. ORDONNANCE DE JUSTICE. V. PASSE-VOLANT. V. PEINE. V. RECRUTEMENT.

1716 (4 juillet). *Ordonnance.* V. BAGUETTES CORRECTIONNELLES. V. BASTONNADE. V. CRIME. V. DISCIPLINE FRANÇAISE. V. INFANTERIE FRANÇAISE N° 9. V. ORDONNANCE DE DISCIPLINE. V. ORDONNANCE DE JUSTICE. V. PEINE. V. PIQUET CORRECTIONNEL.

1716 (25 octobre). *Ordonnance.* V. CASERNEMENT. V. COMBUSTIBLE DE CUISINE DE CASERNE. V. ORDONNANCE DE CHAUFFAGE.

1717 (4 juillet). V. CASERNEMENT.

1717 (26 août). *Edit.* V. CARTOUCHE IMPRIMÉE.

1718 (6 avril). *Ordonnance.* V. ARMÉE FRANÇAISE N° 5, tableau. V. BATAILLON D'INFANTERIE FRANÇAISE N° 2, tableau. V. COMPOSITION. V. INFANTERIE FRANÇAISE N° 5, tableau. V. OFFICIER D'INFANTERIE FRANÇAISE N° 1. V. ORDONNANCE DE COMPOSITION. V. SOLDE.

1718 (8 avril). *Ordonnance de justice.* V. BAGAGE DE CORPS EN ROUTE. V. LOGEMENT ACTIF. V. LOGEMENT DE MILITAIRE. V. ORDONNANCE DE JUSTICE. V. ORDONNANCE DE MARCHE. V. PEINE. V. SOLDE.

1718 (15 avril). *Ordonnance.* V. CASERNEMENT. V. ÉTAPE. V. ORDONNANCE DE SUBSISTANCES.

1718 (23 juillet). *Edit* ou DÉLIBÉRATION DU CONSEIL DE GUERRE. V. COMMISSAIRE DES GUERRES N° 4. V. SERMENT.

1718 (1er septembre). V. COMPAGNIE D'INFANTERIE FRANÇAISE DE LIGNE N° 2, tableau.

1718 (20 décembre). *Ordonnance.* V. AUMONIER N° 7. V. HOPITAL MILITAIRE.

1718 (21 décembre). *Ordonnance.* V. CHIRURGIE MILITAIRE.

1718 (28 décembre). *Ordonnance.* V. CRIME. V. JUSTICE MILITAIRE. V. ORDONNANCE DE JUSTICE.

1719 (avril). *Lettre du régent.* V. CASERNEMENT.

1719 (20 avril). *Ordonnance.* V. CRIME. V. ORDONNANCE DE JUSTICE.

1719 (1er septembre). V. COMPAGNIE D'INFANTERIE FRANÇAISE DE LIGNE N° 2, tableau.

1719 (25 septembre). *Ordonnance.* V. CASERNE. V. CASERNEMENT.

1719 (50 septembre). *Edit sur l'ordre de Saint-Louis.* V. ÉDIT OFFICIEL. V. ORDRE DE SAINT-LOUIS.

1719 (10 décembre). V. COMPAGNIE D'INFANTERIE FRANÇAISE DE LIGNE N° 2, tableau.

1720 (5 février). V. ARTILLERIE FRANÇAISE. V. MINEUR FRANÇAIS. V. SAPEUR DU GÉNIE.

1720 (mars). *Edit.* V. MARÉCHAUSSÉE.

1720 (6 mars). *Ordonnance.* V. CHASSE A COURRE. V. CRIME.

1720 (21 juin). V. COMPAGNIE D'INFANTERIE FRANÇAISE DE LIGNE N° 2, tableau.

1720 (50 juillet). *Règlement.* V. TABAC.

1721 (28 avril). V. COMPAGNIE D'INFANTERIE FRANÇAISE DE LIGNE N° 2, tableau.

1721 (50 mai). *Ordonnance.* V. COLONEL GÉNÉRAL DE L'INFANTERIE N° 1.

1722 (1er janvier). V. CONGÉ DE SEMESTRE D'OFFICIER. V. OFFICIER SEMESTRIER.

1722 (8 avril). *Ordonnance.* V. CAPITAINE EN SECOND.

1722 (20 avril). *Ordonnance.* V. INFANTERIE FRANÇAISE N° 5, tableau. V. SOLDE.

1722 (22 mai). V. ARTILLERIE FRANÇAISE.

1722 (28 juin). *Ordonnance.* v. service personnel.

1723 (1er mai). *Ordonnance.* v. dépot de la guerre.

1723 (22 février). *Edit.* v. duel. v. tribunal du point d'honneur.

1723 (12 avril). *Déclaration.* v. duel.

1723 (18 septembre). *Ordonnance.* v. crime.

1724 (7 octobre). *Ordonnance qui défend le mariage aux soldats.* v. invalide. v. mariage.

1724 (11 octobre). *Arrêt.* v. caserne. v. casernement.

1725 (14 août). *Ordonnance.* v. broderie d'habit.

1726 (26 février). v. milice provinciale.

1726 (16 décembre). *Edit ou ordonnance de composition.* v. administration d'armée. v. armée française n° 3, tableau. v. cadet. v. milice provinciale. v. ordonnance de composition. v. service personnel.

1727 (4 février). *Ordonnance.* v. caserne.

1727 (30 mars). *Ordonnance.* v. milice provinciale. v. ordonnance de justice. v. peine. v. procédure militaire.

1727 (20 avril). *Ordonnance.* v. honneurs. v. ordonnance de cérémonial. v. salut.

1727 (1er juillet). *Ordonnance concernant les crimes et délits militaires; n'est qu'une contre-épreuve un peu plus étendue de l'ordonnance de 1570 (10 décembre) et un résumé de la pénalité de l'époque.* v. abandon de drapeau. v. alarme. v. baguettes correctionnelles. v. cheval de bois. v. conseil judiciaire. v. crime. v. délit. v. faction. v. fustigation. v. justice militaire. v. ordonnance de justice. v. ordonnance de police. v. passe-volant. v. passer par les armes. v. peine. v. procédure militaire.

1727 (15 juillet). *Ordonnance relative aux changements de garnison et marches-routes dans l'intérieur, ou ordonnance de marche.* v. aumonier n° 5. v. capitaine d'infanterie n° 10. v. changement de garnison. v. chirurgien-major d'infanterie n° 7. v. colonel d'infanterie française n° 9. v. commissaire des guerres n° 4. v. convalescent absent. v. étape. v. fourrage de distribution. v. garnison. v. marche-route. v. ordonnance de marche. v. ordonnance de service. v. prévot des bandes. v. service de route. v. tambour-major n° 6.

1728 (12 février). v. gentilhomme a drapeau.

1728 (26 août). *Ordonnance.* v. cadet.

1728 (22 novembre). *Ordonnance qui*

effleurait la législation des hôpitaux. v. aumonier n° 8. v. hopital militaire.

1729 (10 mars). *Ordonnance.* v. habillement. v. infanterie française n° 4. v. juste-au-corps. v. officier d'infanterie n° 2. v. officier français n° 7. v. ordonnance d'uniforme. v. uniforme.

1729 (10 mai). *Edit.* v. poudre a feu.

1729 (20 mai). *Ordonnance.* v. cadet. v. cavalerie française n° 5.

1729 (5 juillet). *Ordonnance.* v. artillerie idioplique. v. rang honorifique.

1729 (30 novembre). *Ordonnance.* v. étape.

1730 (17 février). *Ordonnance.* v. contumace.

1730 (27 juillet). *Circulaire.* v. ban contre les dettes.

1730 (5 décembre). *Ordonnance.* v. convoi a la suite.

1731 (5 février). *Déclaration.* v. fauteur de désertion. v. prévot des maréchaux.

1731 (4 mars). *Ordonnance.* v. ordre en carré.

1731 (20 mars). *Ordonnance.* v. congé absolu.

1731 (28 mars). *Règlement.* v. règlement d'exercice. v. plastron.

1731 (15 septembre). *Ordonnance.* v. concordat militaire.

1732 (10 juin). *Ordonnance.* v. cadet.

1732 (2 août). *Instruction sur le campement relatif au camp d'instruction de Richemont, ou ordonnance de campement.* v. campement tactique. v. cordeau de campement. v. ordonnance de campement. v. tente.

1732 (26 septembre). *Circulaire.* v. congé absolu.

1732 (7 octobre). *Ordonnance.* v. bouche a feu. v. calibre de canon d'artillerie. v. canon d'artillerie. v. projectile.

1733 (25 mars). *Ordonnance.* v. dragon français n° 5. v. fourrage de distribution.

1733 (28 mai). *Ordonnance.* v. armement de troupe. v. calotte de fer. v. cuirasse. v. ordonnance d'armement.

1733 (1er juin). *Instruction sur le campement, ou ordonnance de campement.* v. bataillon d'infanterie française de ligne n° 7. v. campement tactique. v. exercice d'infanterie. v. ordonnance de campement. v. ordonnance d'exercice d'infanterie. v. service de campagne. v. tactique, subs.

1733 (1er août). *Ordonnance.* v. cercle de soin. v. citadelle. v. conseil judiciaire. v. crime. v. état-major de place. v. faction. v. ordonnance de justice. v. ordonnance de service en garnison. v. peine. v. service de campagne.

1733 (1er décembre). *Ordonnance.* v. CONSTITUTION.

1733 (10 décembre). *Ordonnance.* v. CONSTITUTION.

1733 (22 décembre). *Ordonnance.* v. CADET.

1734 (18 janvier). *Règlement.* v. HABILLEMENT. V. ORDONNANCE D'UNIFORME. V. RÈGLEMENT D'HABILLEMENT. V. RÈGLEMENT D'UNIFORME.

1734 (15 février). *Ordonnance.* v. ÉQUIPAGES.

1734 (1er avril). *Ordonnance.* v. RÉGIMENT DE CAVALERIE FRANÇAISE N° 4.

1734 (20 avril). *Règlement.* v. TABAC.

1734 (20 juin). *Décision.* v. HONNEURS FUNÈBRES.

1734 (30 juin). *Circulaire.* v. SERMENT.

1734 (1er juillet). *Ordonnance.* v. RÉGIMENT DE CAVALERIE FRANÇAISE N° 4.

1734 (21 août). *Décision.* v. CRÊPE. V. HONNEURS FUNÈBRES.

1734 (2 septembre). *Ordonnance.* v. JUSTICE MILITAIRE. V. ORDONNANCE DE JUSTICE.

1734 (10 décembre). *Ordonnance.* v. CHEF DE BATAILLON N° 1. V. COMMANDANT DE BATAILLON.

1735 (8 février). *Ordonnance.* v. BAGAGE D'ARMÉE.

1734 (8 avril). *Ordonnance concernant la discipline dans les camps et marches d'armée.* v. COMMISSAIRE DES GUERRES N° 6. V. CONSEIL JUDICIAIRE. V. CRIME. V. ORDONNANCE DE CAMPAGNE. V. ORDONNANCE DE JUSTICE. V. ORDONNANCE DE MARCHE. V. PEINE. V. SERVICE DE CAMPAGNE.

1736 (20 avril). *Ordonnance.* v. HABIT.

1737 (8 janvier). v. COMPAGNIE D'INFANTERIE FRANÇAISE DE LIGNE N° 2, tableau.

1737 (10 janvier). *Ordonnance.* v. CRIME. V. PROCÉDURE.

1737 (10 avril). *Ordonnance.* v. OFFICIER D'INFANTERIE FRANÇAISE N° 2. V. OFFICIER FRANÇAIS N° 7.

1737 (20 avril). *Ordonnance.* v. BOUTON D'HABILLEMENT. V. HABILLEMENT. V. INFANTERIE FRANÇAISE N° 4. V. JUSTE-AU-CORPS. V. ORDONNANCE D'HABILLEMENT. V. ORDONNANCE D'UNIFORME.

1737 (30 juin). *Ordonnance.* v. ÉTAPE.

1738 (1er décembre). *Ordonnance.* v. AIDE-MAJOR ANCIEN. V. APPOINTEMENTS, tableau. V. AUMÔNIER DE CORPS N° 5. V. CHIRURGIEN-MAJOR D'INFANTERIE N° 7. V. COLONEL D'INFANTERIE FRANÇAISE N° 9. V. GRENADIER D'INFANTERIE FRANÇAISE N° 5. V. ORDONNANCE DE SOLDE. V. PAYE.

1739 (20 janvier). *Décision.* v. HONNEURS FUNÈBRES.

1740 (11 janvier). *Ordonnance.* v. GENTILHOMME A DRAPEAU.

1741 (20 juillet). *Ordonnance sur le campement et le service de campagne.* Elle a servi de base au RÈGLEMENT DE 1753 (17 FÉVRIER). V. CAMPEMENT. V. CRIME. V. MINISTRE DE LA GUERRE EN 1740. V. ORDONNANCE DE CAMPEMENT. V. ORDONNANCE DE JUSTICE. V. ORDONNANCE DE SERVICE EN CAMPAGNE. V. PEINE. V. SERVICE DE CAMPAGNE.

1742 (1er août). *Ordonnance.* v. ARMÉE FRANÇAISE N° 3, tableau. v. BATAILLON D'INFANTERIE FRANÇAISE N° 2, tableau. v. COMPAGNIE D'INFANTERIE FRANÇAISE N° 2, tableau. V. COMPOSITION. V. ORDONNANCE DE COMPOSITION.

1743 (18 juin). *Cartel de guerre.* v. RANÇON.

1743 (1er novembre). *Ordonnance.* v. CHASSEUR. V. CHASSEUR A CHEVAL.

1744 (1er février). *Ordonnance sur l'uniforme des officiers généraux.* v. GÉNÉRAL FRANÇAIS N° 3. V. LIEUTENANT GÉNÉRAL. V. MARÉCHAL DE CAMP. V. MARÉCHAL DE FRANCE N° 5. V. OFFICIER GÉNÉRAL. V. ORDONNANCE D'UNIFORME.

1744 (7 février). *Ordonnance.* v. GÉNIE. V. GÉNIE IDIOPLIQUE N° 3.

1744. *Règlement provisionnel sur le service de l'infanterie en campagne.* v. SERVICE DE CAMPAGNE.

1744. *Décision.* v. FUSIL D'INFANTERIE.

1745 (10 avril). *Ordonnance.* v. GRENADIERS ROYAUX.

1745 (30 août). *Ordonnance de police.* V. CAPORAL D'INFANTERIE FRANÇAISE N° 12. V. POLICE.

1746 (28 janvier). *Ordonnance.* v. GRENADIERS ROYAUX.

1746 (1er mars). *Ordonnance d'exercice faisant suite au traité de Bombelles* (1746, A). V. BOMBELLES. V. ORDONNANCE D'EXERCICE D'INFANTERIE. V. TACTIQUE, subs.

1746 (27 mars). *Ordonnance sur l'uniforme des commissaires des guerres, ou ORDONNANCE D'UNIFORME.* V. COMMISSAIRE DES GUERRES. V. ORDONNANCE D'UNIFORME.

1746 (5 mai). *Ordonnance.* v. CROATE.

1746 (18 juin). *Ordonnance.* v. ORDONNANCE DE CHAUFFAGE.

1746 (1er décembre). *Ordonnance.* v. ÉQUIPAGES.

1747 (1er janvier). *Ordonnance sur les hôpitaux.* V. AMBULANCE. V. AUMÔNIER N° 7. V. EAU MINÉRALE. V. HÔPITAL MILITAIRE. V. MINISTRE DE LA GUERRE EN 1743.

1747 (19 janvier). *Ordonnance sur l'habillement, l'armement, l'équipement de l'infanterie, ou ORDONNANCE D'ARMEMENT, D'UNIFORME.* V. ARMEMENT. V. BAIONNETTE DE

FUSIL. V. BALLE DE FUSIL. V. BANDOULIÈRE. V. BRIQUET. V. ÉPÉE DE SOLDAT. V. ÉQUIPEMENT. V. HABILLEMENT. V. HABIT. V. JUSTE-AU-CORPS. V. MARQUE DISTINCTIVE. V. ORDONNANCE D'ARMEMENT. V. ORDONNANCE D'UNIFORME. V. RETROUSSIS D'HABIT. V. REVERS D'HABIT. V. SAPEUR D'INFANTERIE.

1747 (30 avril). *Ordonnance concernant les prisonniers de guerre.* V. PRISONNIER DE GUERRE.

1747 (1er juin). *Ordonnance.* V. HABIT.

1748 (28 février). *Règlement du tribunal des maréchaux de France.* V. DETTE D'OFFICIER. V. TRIBUNAL DU POINT D'HONNEUR.

1748 (10 avril). *Ordonnance.* V. MILICE PROVINCIALE.

1748 (12 juin). *Ordonnance sur la distribution du tabac.* V. TABAC.

1748 (2 décembre). *Ordonnance.* V. CROATE.

1749 (10 février). *Ordonnance.* V. APPOINTEMENT, tableau. V. ARMÉE FRANÇAISE N° 5, tableau. V. BATAILLON D'INFANTERIE FRANÇAISE N° 2, tableau. V. COMPAGNIE D'INFANTERIE FRANÇAISE DE LIGNE N° 2, tableau. V. DRAPEAU D'INFANTERIE FRANÇAISE DE LIGNE. V. ORDONNANCE DE SOLDE. V. SOLDE.

1749 (15 février). *Ordonnance.* V. GRENADIERS DE FRANCE.

1749 (15 mars). *Ordonnance.* V. ESCADRON FRANÇAIS N° 5. V. RÉGIMENT DE CAVALERIE FRANÇAISE N° 2.

1749 (30 juin). *Circulaire.* V. CHIRURGIEN-MAJOR D'INFANTERIE FRANÇAISE DE LIGNE N° 7.

1749 (1er et 3 juillet). *Ordonnances portant règlement sur les revues des commissaires et les décomptes,* ou ORDONNANCES DE REVUES. V. DÉCOMPTE. V. MASSE DE LINGE ET CHAUSSURE. V. NOM DE GUERRE. V. ORDONNANCE DE REVUES. V. PASSE-VOLANT. V. REVUE D'ADMINISTRATION. V. REVUE SUR LE TERRAIN.

1749 (8 juillet). *Circulaire.* V. CONCORDAT.

1749 (1er août). *Ordonnance.* V. RENGAGEMENT.

1750. *Ordonnance.* V. GÉNIE.

1750 (1er mars). *Ordonnance.* V. GRENADIERS ROYAUX.

1750 (27 mars). *Circulaire.* V. DÉFILEMENT D'HONNEUR.

1750 (1er mai). *Ordonnance d'habillement des dragons.* V. DRAGON FRANÇAIS N° 4. V. HABILLEMENT. V. ORDONNANCE D'UNIFORME.

1750 (2 ou 20 mai). *Règlement d'armement.* V. BAGUETTE DE FER.

1750 (7 mai). *Ordonnance sur le maniement des armes de l'infanterie,* ou ORDONNANCE D'EXERCICE. V. ALLER AUX DRAPEAUX. V. ALLONGEZ LA BAIONNETTE. V. BAIONNETTE DE FUSIL. V. CAPITAINE D'INFANTERIE FRANÇAISE N° 5, 7. V. COMPAGNIE DE GRENADIERS D'INFANTERIE FRANÇAISE DE LIGNE N° 6. V. ÉVOLUTION. V. EXERCICE D'INFANTERIE. V. FEU A GÉNUFLEXION. V. FEU D'INFANTERIE. V. MANIEMENT D'ARMES. V. ORDONNANCE D'EXERCICE D'INFANTERIE. V. PORTE-DRAPEAU N° 7. V. PORTEZ VOS ARMES. V. RANGS D'INFANTERIE. V. TACTIQUE, subs. V. TACTIQUE D'INFANTERIE.

1750 (1er juin). *Ordonnance.* V. CAVALERIE FRANÇAISE N° 5. V. CUIRASSE. V. PLASTRON.

1750 (25 juin). *Ordonnance concernant les gouverneurs et les lieutenants généraux des provinces, les gouverneurs et états-majors des places, et le service dans les places,* ou ORDONNANCE DE SERVICE EN GARNISON. V. BAIONNETTE DE FUSIL. V. CHEVAL DE BOIS. V. COMMISSAIRE DES GUERRES N° 5, 6. V. CRIME. V. ÉTAT-MAJOR DE PLACE. V. FEMME SUSPECTE. V. FORTERESSE. V. GOUVERNEUR DE PLACE. V. GOUVERNEUR DE PROVINCE. V. HONNEURS. V. HONNEURS FUNÈBRES. V. LIEUTENANT GÉNÉRAL. V. ORDONNANCE DE SERVICE EN GARNISON. V. PLACE A GARNISON. V. POLICE. V. PROCÉDURE MILITAIRE. V. REVUE D'ADMINISTRATION. V. REVUE ÉCRITE. V. RONDE. V. RONDE D'OFFICIER. V. SALUT. V. SERVICE DE GARNISON.

1750 (25 juin). *Ordonnance concernant les crimes et délits,* ou ORDONNANCE DE JUSTICE. V. CONSEIL JUDICIAIRE. V. CRIME. V. DÉLIT. V. FEMME SUSPECTE. V. JUGE. V. ORDONNANCE DE JUSTICE. V. PEINE. V. PROCÉDURE.

1750 (novembre). *Edit.* V. NOBLESSE.

1751 (22 janvier). *Ordonnance.* V. ÉCOLE MILITAIRE.

1751 (1er février). *Ordonnance.* V. CRIME.

1752 (6 mars). *Déclaration.* V. NOBLESSE.

1752 (15 mai). *Ordonnance.* V. HUSSARD N° 4.

1752 (26 juillet). *Ordonnance.* V. ASSAUT DE CORPS DE PLACE.

1753 (17 février). *Ordonnance portant règlement sur le service de l'infanterie en campagne. Rescrit basé sur l'ordonnance* DE 1741 (20 JUILLET) *et révisé en* 1755. V. BAN CÉLEUSTIQUE. V. BRIGADE D'ARMÉE. V. CAMPEMENT TACTIQUE. V. CANONNIÈRE DE CAMPEMENT. V. CAPITAINE DE PIQUET. V. CONSTITUTION. V. CORDEAU DE CAMPEMENT. V. DRAPEAU BLANC. V. DRAPEAU DE COLONELLE. V. ÉPÉE DE SOLDAT. V. FANION DE BAGAGES. V. FOURRAGE ARMÉ. V. GARDE DE CAMP. V. GARDE DE FATIGUE. V. GÉNIE. V. GRAND BIDON. V. HACHE DE CAMPAGNE. V. HONNEURS. V. LATRINES DE CAMP. V. MANTEAU D'ARMES. V. MARCHE-ROUTE. V.

MARQUEUR. V. MARQUISE. V. ORDONNANCE DE
CAMPAGNE. V. ORDONNANCE DE CAMPEMENT. V.
OUTIL DE CAMPAGNE. V. PARTI DE GUERRE. V.
PELLE DE CAMPAGNE. V. PIQUET AU CAMP. V.
POLICE. V. RÈGLEMENT DE CAMPAGNE. V. SAU-
VEGARDE. V. SERPE DE CAMPAGNE. V. TENTE
D'ANCIEN MODÈLE.

1755 (17 février), ou peut-être 15 février
ou 29 juin, suivant Lachesnaie au mot Exer-
cice. *Instruction sur l'exercice,* ou OR-
DONNANCE D'EXERCICE. V. BATAILLON D'INFAN-
TERIE FRANÇAISE N° 7. V. COLONNE D'ATTAQUE. V.
COLONNE MÉSOPLÉSIONNAIRE. V. COMMANDEMENT
VOCAL. V. COMPAGNIE D'INFANTERIE FRANÇAISE
DE LIGNE N° 9. V. EXERCICE D'INFANTERIE. V.
FEU A GÉNUFLEXION. V. ORDONNANCE D'EXER-
CICE D'INFANTERIE. V. PELOTON D'INFANTERIE,
subs. V. ROULEMENT. V. SERVICE DE CAMPAGNE.

1753 (14 mai). *Instruction provisoire
sur l'exercice de la cavalerie.* V. CAVA-
LERIE FRANÇAISE N° 7. V. RANGS DE CAVALERIE.

1755 (29 juin). *Instruction provisoire
sur l'exercice de l'infanterie* V. GÉNÉRALE.
V. ORDONNANCE D'EXERCICE. V. TACTIQUE, subs.
V. TENTE.

1753 (29 juin). *Ordonnance sur le service de la cavalerie en campagne.*

1754. *Ordonnance* D'EXERCICE DE CAVA-
LERIE qui renouvelle et augmente celle de
1755. V. CAVALERIE FRANÇAISE N° 7. V. D'HÉ-
RICOURT (1756, t. V, p. 136).

1754 (14 mai). *Instruction sur l'exer-
cice,* ou ORDONNANCE D'EXERCICE. V. ASSEMBLÉE
CÉLEUSTIQUE. V. BATAILLON CARRÉ. V. BATTERIE
DE CAISSE. V. BATTERIE D'ORDONNANCE. V. COM-
MANDEMENT VOCAL. V. COMPAGNIE D'INFANTE-
RIE FRANÇAISE DE LIGNE N° 9. V. EXERCICE
D'INFANTERIE. V. FEU DE BATAILLON. V. FEU A
GÉNUFLEXION. V. MUSIQUE. V. ORDONNANCE
D'EXERCICE D'INFANTERIE. V. PAS CADENCÉ. V.
TACTIQUE, subs. V. TACTIQUE D'INFANTERIE. V.
TAMBOUR IDIOPLIQUE D'INFANTERIE FRANÇAISE
N° 7. V. TAMBOUR-MAJOR N° 10. V. TLA. V.
TYMPANONIQUE.

1755 (6 mai). *Ordonnance* insérée dans
Lachesnaie (1758, I, au mot *Exercice*), dans
Briquet, t. IV; dans d'Héricourt, t. V. V.
ALIGNEMENT DE TROUPES. V. ALLER AUX DRA-
PEAUX. V. APPORTER LES DRAPEAUX. V. APPRÊ-
TEZ VOS ARMES. V. BATAILLON CARRÉ. V. BA-
TAILLON D'INFANTERIE FRANÇAISE N° 7. V. BAT-
TERIE DE CAISSE. V. BORDER LA HAIE. V. CAMPE-
MENT TACTIQUE. V. CAPITAINE D'INFANTERIE
FRANÇAISE N° 5, 7. V. CARRÉ TACTIQUE. V.
CARRÉ VIDE. V. CAVALERIE FRANÇAISE N° 7.
V. CHANGEMENT DE DIRECTION DE SUBDIVISION.
V. CHARGE D'INFANTERIE. V. COCARDE. V. CO-
LONNE D'ATTAQUE. V. COLONNE DE RETRAITE. V.
COLONNE DE ROUTE. V. COLONNE ÉPAGOGIQUE
N° 1, 2. V. COMPAGNIE COLONELLE. V. COM-

PAGNIE D'INFANTERIE FRANÇAISE DE LIGNE N° 9.
V. COUP DE BAGUETTES. V. DÉDOUBLEMENT. V.
DEMI-FILE. V. DEMI-RANG. V. DOUBLEMENT. V.
DISPOSITION CONTRE LA CAVALERIE. V. ÉCOLE DE
SOLDAT. V. EMBOÎTEMENT DE PAS. V. ENSEIGNE
IDIOPLIQUE N° 5. V. ESPONTON. V. EXERCICE D'IN-
FANTERIE. V. FEU A GÉNUFLEXION. V. FEU DE
BATAILLON. V. FEU DE PELOTON. V. FEU DE
RANG. V. FEU DE SECTION. V. FEU D'INFANTERIE.
V. FORMATION SUR LA DROITE EN BATAILLE. V.
FORMER LES HAIES. V. FUSIL D'OFFICIER. V. GARDE
DE DRAPEAU. V. GIBERNE. V. HAUT LES ARMES.
V. INSTRUCTEUR. V. MARCHE DE BRIGADE D'IN-
FANTERIE EN BATAILLE. V. MARCHE EN BATAILLE.
V. ORDONNANCE D'EXERCICE D'INFANTERIE. V.
ORDRE DE PARADE. V. PAS CADENCÉ. V. PAS DE
CONVERSION. V. PAS D'ÉCOLE. V. PAS OBLIQUE.
V. PAS ORDINAIRE. V. PELOTON D'INFANTERIE.
V. PETIT PAS. V. PIQUET TACTIQUE. V. PORTE-
DRAPEAU N° 7. V. RANG DE TAILLE. V. RANGS
D'INFANTERIE. V. SECTION TACTIQUE. V. SUBDI-
VISION TACTIQUE. V. TACTIQUE, subs. V. TALONS
HUMAINS. V. TENTE.

1755 (2 juin). *Ordonnance.* V. SALUT.

1755 (22 juin). *Ordonnance sur l'exercice de la cavalerie,* ou ORDONNANCE
D'EXERCICE; se trouve dans d'Héricourt, t. V,
et dans Lachesnaie (1758, 1, t. II, p. 161).
V. CAVALERIE FRANÇAISE N° 7.

1755 (5 décembre). *Ordonnance.* V. AR-
TILLERIE FRANÇAISE. V. GÉNIE IDIOPLIQUE N° 1.
V. MINISTRE DE LA GUERRE en 1743.

1755 (8 décembre). *Ordonnance.* V. AR-
TILLERIE FRANÇAISE. V. GÉNIE.

1756 (8 septembre). *Ordonnance.* V.
CORNETTE IDIOPLIQUE.

1756 (7 décembre). *Ordonnance.* V.
ÉTAT-MAJOR D'ARMÉE N° 5. V. GÉNÉRAL FRAN-
ÇAIS N° 5.

1756 (26 décembre). *Ordonnance.* V.
GUIDE D'ARMÉE.

1757. *Ordonnance.* V. CHASSEUR A CHEVAL.

1757 (5 janvier). *Ordonnance.* V. COR-
NETTE IDIOPLIQUE.

1757 (20 janvier). *Ordonnance.* V. AR-
TILLERIE D'INFANTERIE.

1757 (24 février). *Ordonnance.* V. AR-
TILLERIE IDIOPLIQUE. V. RANG HONORIFIQUE.

1757 (26 février). *Ordonnance.* V. AR-
TILLERIE D'INFANTERIE.

1757 (9 mars). *Ordonnance.* V. ÉQUI-
PAGES.

1757 (25 avril). *Ordonnance.* V. PAYE.

1757 (15 août). *Ordonnance.* V. CHAS-
SEUR. V. CHASSEUR A CHEVAL.

1757 (16 octobre). *Règlement d'exercice.*
V. CAPITAINE D'INFANTERIE FRANÇAISE DE LIGNE
N° 5.

1757 (16 octobre). *Arrêt du conseil.* V.
ÉCOLE MILITAIRE.

1758 (14 janvier). *Ordonnance.* V. POUDRE A FEU.

1758 (15 mars). *Ordonnance.* V. ARTILLERIE FRANÇAISE. V. GÉNIE IDIOPLIQUE. V. MINISTRE BELLE-ISLE.

1758 (29 mars). *Ordonnance,* OU ORDONNANCE D'AVANCEMENT. V. AVANCEMENT. V. ORDONNANCE D'AVANCEMENT.

1758 (29 avril). *Ordonnance.* V. ACTION D'ÉCLAT. V. CAPITAINE D'INFANTERIE FRANÇAISE DE LIGNE N° 4.

1757 (1er mai). *Ordonnance.* V. PAIN DE MUNITION. V. SOLDE.

1758 (5 mai). *Ordonnance.* V. ARTILLERIE FRANÇAISE. V. GÉNIE IDIOPLIQUE N° 2.

1758 (3 juin). *Ordonnance.* V. ÉQUIPAGES.

1758 (5 novembre). *Ordonnance.* V. MINEUR FRANÇAIS.

1758 (9 décembre). *Ordonnance d'armement et d'équipement,* OU ORDONNANCE D'ARMEMENT, D'UNIFORME. V. DEMI-GIBERNE. V. ORDONNANCE D'ARMEMENT, — D'UNIFORME.

1759 (12 janvier). *Règlement.* V. ÉPAULETTE D'OFFICIER.

1759 (10 mars). *Ordonnance.* V. GÉNIE. V. GÉNIE IDIOPLIQUE N° 3. V. INGÉNIEUR MILITAIRE.

1759 (10 mars). *Ordonnance qui institue l'ordre du mérite militaire.* V. ORDRE DE SAINT-LOUIS. V. ORDE DU MÉRITE.

1759 (22 avril). *Circulaire.* V. SERMENT.

1759 (1er mai). *Ordonnance.* V. CALOTTE DE FER. V. DRAGONS FRANÇAIS N° 4.

1759 (12 juin). *Ordonnance.* V. CAPITAINE D'INFANTERIE FRANÇAISE DE LIGNE N° 5.

1759 (30 juin). *Ordonnance.* V. COMMISSAIRE DES GUERRES N° 8.

1759 (1er juillet). *Ordonnance.* V. APPOINTEMENT, tableau. V. ORDONNANCE DE SOLDE.

1759 (10 décembre). *Ordonnance.* V. MINEUR FRANÇAIS. V. SAPEUR DU GÉNIE.

1760 (17 février). *Ordonnance portant règlement sur le service de l'infanterie en campagne,* OU ORDONNANCE DE SERVICE EN CAMPAGNE. Elle est indiquée dans Walther, p. 121, lettre P. V. ORDONNANCE DE SERVICE EN CAMPAGNE. V. RÈGLEMENT DE CAMPAGNE. V. SERVICE DE CAMPAGNE.

1760 (mars). *Ordonnance.* V. HUSSARD N° 1.

1760 (26 mars). *Ordonnance relative aux surprises en fait de recrutement.* V. RECRUTEMENT.

1762 (21 mars). *Ordonnance.* V. DEMI-SOLDE. V. PENSION DE RETRAITE.

1762 (5 avril). *Ordonnance.* V. INGÉNIEUR MILITAIRE.

1762 (10 juin). *Ordonnance.* V. PAYE.

1762 (12 octobre). *Ordonnance de solde.* V. CAPITAINE D'INFANTERIE. V. CHIRURGIEN-MAJOR D'INFANTERIE FRANÇAISE DE LIGNE N° 7.

1762 (1er décembre). *Ordonnance.* V. PAIN DE MUNITION. V. SOLDE.

1762 (4 décembre). *Ordonnance.* V. GÉNIE IDIOPLIQUE N° 5.

1762 (10 décembre). *Ordonnance d'avancement, de composition, d'administration, de solde, d'habillement.* V. AIDE-MAJOR ANCIEN. V. ANSPESSADE. V. APPOINTÉ. V. APPOINTEMENT, tableau. V. ARCHER DE CORPS. V. ARME DE TROUPE. V. ARMÉE FRANÇAISE N°. 3, tableau. V. AVANCEMENT. V. AVANCEMENT AU GRADE DE SOUS-OFFICIER. V. BAS OFFICIER. V. BATAILLON D'INFANTERIE FRANÇAISE N° 2, tableau. V. CAISSE A TROIS SERRURES. V. CAPITAINE DE GRENADIERS N° 2. V. CAPITAINE D'INFANTERIE FRANÇAISE N° 9. V. CAPORAL D'INFANTERIE FRANÇAISE N° 4, 12, 14. V. CHIRURGIEN-MAJOR D'INFANTERIE. V. CLASSE HIÉRARCHIQUE. V. COLONEL D'INFANTERIE FRANÇAISE N° 9. V. COMMANDANT DE BATAILLON. V. COMPAGNIE DE GRENADIERS D'INFANTERIE FRANÇAISE DE LIGNE N° 3. V. COMPAGNIE D'INFANTERIE FRANÇAISE DE LIGNE N° 2, tableau, et N° 12. V. COMPOSITION. V. CONGÉ. V. CONGÉ ABSOLU. V. CONGÉ D'ANCIENNETÉ. V. CONSEIL D'ADMINISTRATION N° 1. V. DÉDOUBLEMENT. V. DENIERS DE PETIT ÉQUIPEMENT. V. DENIERS DE BAGUETTES. V. ENGAGEMENT DE RECRUES. V. ENSEIGNE IDIOPLIQUE N° 1. V. ÉPAULETTE DE LIEUTENANT. V. ÉPAULETTE D'OFFICIER. V. ESCOUADE. V. ÉTAT-MAJOR DE CORPS N° 1. V. EXÉCUTEUR. V. FONDS. V. FORMATION TACTIQUE. V. FOURRIER D'INFANTERIE N° 1, 8. V. GREFFIER DE RÉGIMENT. V. GRENADIER D'INFANTERIE FRANÇAISE N° 5. V. HABILLEMENT. V. HABIT. V. HOMME DE TROUPE. V. INFANTERIE DE BATAILLE N° 4. V. INFANTERIE FRANÇAISE N° 4, 5, tableau. V. INFANTERIE FRANÇAISE DE LIGNE N° 9. V. INFANTERIE LÉGÈRE N° 4. V. LIEUTENANT-COLONEL N° 2. V. MAISON DU ROI N° 4. V. MAITRE-OUVRIER N° 1. V. MAJOR-CAPITAINE ; id. N° 1, 3, 4, 5. V. MARÉCHAL DES LOGIS D'INFANTERIE. V. MASSE D'ENTRETIEN. V. MASSE D'HABILLEMENT. V. MEMBRE DE CONSEIL D'ADMINISTRATION. V. MINISTRE DE LA GUERRE EN 1761. V. OFFICIER FRANÇAIS N° 6. V. ORDONNANCE D'ADMINISTRATION, — D'AVANCEMENT, — DE COMPOSITION, — DE SOLDE, — D'UNIFORME. V. ORDRE DU TABLEAU. V. PAYE. V. POLICE. V. PORTE-DRAPEAU N° 1. V. PRÉVOT DE CORPS. V. RECRUE. V. RECRUTEMENT. V. RÉGIMENT DE CAVALERIE FRANÇAISE N° 4. V. RÉGIMENT D'INFANTERIE FRANÇAISE N° 5. V. SERGENT D'INFANTERIE FRANÇAISE N° 2. V. SOUS-AIDE-MAJOR. V. SOUS-OFFICIER N° 3. V. TAMBOUR-MAJOR N° 1, 6. V. TRÉSORIER DE CORPS N° 1.

1762 (21 décembre). *Ordonnance.* V. AUMONIER. N° 1. V. COLONEL D'INFANTERIE FRANÇAISE DE LIGNE N° 9. V. CONSTITUTION. V. CORNETTE IDIOPLIQUE. V. GRENADIER DE FRANCE. V. HUSSARD N° 1, 2. V. MARÉCHAL DES LOGIS DE LA CAVALERIE. V. ORDRE DU TABLEAU. V. PORTE-DRAPEAU. V. RÉGIMENT D'INFANTERIE FRANÇAISE DE BATAILLE. V. SOUS-AIDE-MAJOR D'INFANTERIE. V. TRÉSORIER DE CORPS. V. SOLDE.

1763 (1er février). *Ordonnance.* V. AGE MILITAIRE. V. ENGAGEMENT DE RECRUE. V. SERMENT.

1763 (1er mars). *Ordonnance.* V. AIGUILLETTE. V. BONNET A POILS. V. CORNETTE IDIOPLIQUE. V. DRAGON FRANÇAIS N° 4. V. ÉPAULETTE DE COLONEL. V. HABILLEMENT. V. LÉGION DE LOUIS QUINZE. V. ORDONNANCE D'UNIFORME.

1763 (20 mars). *Ordonnance.* V. CONGÉ DE SEMESTRE D'OFFICIER.

1763 (25 mars). *Ordonnance.* V. FOURRAGE DE DISTRIBUTION.

1763 (1er avril). *Ordonnance.* V. CONGÉ D'ANCIENNETÉ.

1763 (1er juin). *Ordonnance.* V. COMPAGNIE GÉNÉRALE. V. GARDES SUISSES. V. GUÊTRE. V. GUÊTRE BLANCHE. V. MUSIQUE. V. PRÉVOT DE CORPS. V. SOUS-OFFICIER N° 3.

1763 (1er octobre). V. COMMISSAIRE DES GUERRES N° 4. V. DÉFILEMENT ADMINISTRATIF. V. INFANTERIE FRANÇAISE N° 8.

1764 (29 janvier). *Ordonnance.* V. ARCHER DE CORPS. V. AUMONIER DE CORPS N° 5. V. BARBIER DE COMPAGNIE. V. CASERNE. V. CHIRURGIEN-MAJOR D'INFANTERIE N° 1. V. EXÉCUTEUR. V. GARDES FRANÇAISES N° 2. V. GREFFIER DE RÉGIMENT. V. GUÊTRE. V. GUÊTRE BLANCHE. V. MINISTRE DE LA GUERRE EN 1761. V. MUSICIEN N° 1. V. MUSIQUE. V. ORDONNANCE DE COMPOSITION. V. PRÉVOT DE CORPS. V. SERGENT D'ARMES. V. SERGENT D'INFANTERIE FRANÇAISE DE LIGNE N° 11. V. SOUS-OFFICIER N° 3.

1764 (10 février). *Ordonnance.* V. HUSSARD N° 1, 2.

1764 (26 février). *Ordonnance.* V. PENSION DE RETRAITE.

1764 (5 mars). *Ordonnance.* V. TAMBOUR INSTRUMENTAL.

1764 (20 mars). *Ordonnance,* OU ORDONNANCE D'EXERCICE. V. CHARGE D'INFANTERIE. V. FEU DE CHAUSSÉE. V. FEU DE PARAPET. V. FEU EN MARCHANT. V. ORDONNANCE D'EXERCICE D'INFANTERIE. V. PAS CADENCÉ. V. PAS DE ROUTE. V. PETIT PAS. V. RANG DE TAILLE. V. TACTIQUE, subs.

1764 (20 mars). *Ordonnance sur l'administration,* OU ORDONNANCE D'ADMINISTRATION. V. CONTROLE. V. CONTROLE ANNUEL. V.

HOPITAL MILITAIRE. V. MARCHE EN BATAILLE. V. MASSE DE LINGE ET CHAUSSURE. V. MASSE D'ENTRETIEN. V. ORDONNANCE D'ADMINISTRATION. V. REVUE D'ADMINISTRATION. V. REVUE ÉCRITE.

1764 (5 juillet). *Ordonnance,* OU ORDONNANCE DE JUSTICE. V. CHATIMENT MILITAIRE. V. FUSTIGATION. V. ORDONNANCE DE JUSTICE.

1764 (9 août). *Ordonnance.* V. INSPECTEUR GÉNÉRAL N° 5.

1764 (10 août). *Ordonnance.* V. CAPORAL D'INFANTERIE FRANÇAISE. N° 14. V. FOURRIER D'INFANTERIE FRANÇAISE N° 8. V. ORDONNANCE DE COMPOSITION. V. QUARTIER-MAITRE D'INFANTERIE FRANÇAISE DE LIGNE N° 1.

1765 (15 avril). *Circulaire.* V. INTENDANT DE PROVINCE. V. REVUE D'ADMINISTRATION.

1765 (25 avril). *Règlement.* V. CAPITAINE D'INFANTERIE FRANÇAISE DE LIGNE N° 6. V. GRAINE D'ÉPINARDS.

1765 (1er mai). *Ordonnance.* V. EXERCICE DE CAVALERIE.

1765 (1er mai). *Instruction.* V. AUBERGE D'OFFICIER.

1765 (1er mai). *Ordonnance.* V. ACCUSATEUR MILITAIRE. V. CAPITAINE RAPPORTEUR. V. JUSTICE MILITAIRE. V. ORDONNANCE DE SERVICE EN GARNISON. V. SERVICE DE GARNISON.

1765 (1er août). V. CONGÉ DE SEMESTRE D'OFFICIERS. V. FOURRIER D'INFANTERIE FRANÇAISE DE LIGNE N° 8.

1765 (13 août). *Ordonnance.* V. ARTILLERIE DE CAMPAGNE. V. BRIGADE D'ARTILLERIE. V. FOURRIER D'INFANTERIE FRANÇAISE DE LIGNE N° 1.

1765 (27 novembre). *Ordonnance.* V. MILICE PROVINCIALE. V. TAILLE DE MILITAIRE.

1766 (1er janvier). *Ordonnance d'exercice.* V. ABDUCTION. V. ALLER AUX DRAPEAUX. V. APPRÊTEZ VOS ARMES. V. ARMES PRÈS DU PIED. V. ASSEMBLÉE CÉLEUSTIQUE. V. AUX DRAPEAUX. V. BAIONNETTE DE FUSIL. V. BATTERIE DE CAISSE. V. BORDER LA HAIE. V. BOURREZ. V. BRELOQUE. V. BRIQUET. V. CAPORAL D'INFANTERIE FRANÇAISE DE LIGNE N° 14. V. CAPORAL TAMBOUR. V. CARRÉ TACTIQUE. V. CARTOUCHE POSTICHE. V. CEINTURON DE TROUPE. V. CHANGEMENT DE FRONT. V. CHARGE CÉLEUSTIQUE. V. CHARGE EN DOUZE TEMPS. V. CHEF DE BATAILLON D'INFANTERIE FRANÇAISE DE LIGNE N° 1. V. CLASSE TACTIQUE. V. COFFRET DE GIBERNE. V. COLONEL D'INFANTERIE FRANÇAISE DE LIGNE N° 6. V. COLONNE D'ATTAQUE. V. COLONNE DE RETRAITE. V. COLONNE ÉPAGOGIQUE N° 1. V. COMPAGNIE DE FUSILIERS. V. COMPAGNIE D'INFANTERIE FRANÇAISE DE LIGNE N° 5. V. CONVERSION EN BATAILLE. V. COUP DE BAGUETTE. V. CUIRASSE. V. DEMI-BATAILLON. V. DÉDOUBLEMENT TACTIQUE. V. DÉFILEMENT D'HONNEURS. V.

DEMI-FILE. V. DISTANCE. V. DIVISION. V. DOU-
BLEMENT. V. DOUBLEMENT DE FILES. V. DRAPEAU
D'INFANTERIE FRANÇAISE DE LIGNE. V. ÉCOLE DE
SOLDAT. V. ÉGALISATION DE PELOTONS. V. ÉVOLU-
TION. V. EXERCICE A FEU. V. EXERCICE D'IN-
FANTERIE. V. EXERCICE D'OFFICIERS. V. EXERCICE
TACTIQUE. V. FACTIONNAIRE. V. FEU DE CHAUS-
SÉE. V. FEU DE DEUX RANGS. V. FEU DE DIVI-
SION. V. FEU DE FILE. V. FEU DE PARAPET. V.
FEU DE PELOTONS. V. FEU DE RANGS. V. FEU DE
SECTION. V. FEU EN AVANÇANT. V. FLIE-
GELMAN. V. FORMATION A DEUX MOUVEMENTS.
V. FORMER LES HAIES. V. GARDE A VOUS. V.
GARDE DE DRAPEAU. V. GIBERNE. V. GUIDE
GÉNÉRAL. V. GUIDE TACTIQUE. V. HAUSSE-COL.
V. HAUTEUR TACTIQUE. V. INFANTERIE EN BA-
TAILLE. V. LIEUTENANT D'INFANTERIE FRAN-
ÇAISE N° 6. V. MAJOR-CAPITAINE N° 4. V. MA-
NIEMENT D'ARMES. V. MARCHE DE BATAILLON
EN COLONNE. V. MARCHE DE BRIGADE D'INFAN-
TERIE EN BATAILLE. V. MARCHE EN BATAILLE.
V. MARQUE DISTINCTIVE. V. MOUVEMENT TAC-
TIQUE. V. ORDINAIRE D'HOMME DE TROUPE. V.
ORDONNANCE D'EXERCICE D'INFANTERIE. V.
ORDRE EN CARRÉ. V. OUVRIR LES RANGS. V. PA-
RADE DE TROUPES. V. PAS DE FLANC. V. PAS DE
ROUTE. V. PAS OBLIQUE. V. PAS ORDINAIRE. V.
PASSAGE DE DÉFILÉ. V. PASSAGE DE DÉFILÉ EN
AVANT. V. PASSAGE DE DÉFILÉ EN RETRAITE. V.
PASSAGE DE LIGNES. V. PELOTON D'INFANTERIE,
subs. V. PIQUET TACTIQUE. V. PORT D'ARMES.
V. PORTE-DRAPEAU N° 4, 6, 7. V. PROMENADE.
V. RANG DE TAILLE. V. RANGS D'INFANTERIE.
V. RANGS OUVERTS. V. RAPPEL CÉLEUSTIQUE. V.
RÉCEPTION DE DRAPEAU. V. RECRUE. V. REVUE
D'HONNEUR. V. REVUE SUR LE TERRAIN. V. ROM-
PEMENT EN BATAILLE. V. SALUT AVEC ARMES. V.
SALUT DE DRAPEAUX. V. SECTION TACTIQUE. V.
SERREMENT DE RANGS. V. SOUS-LIEUTENANT
N° 4. V. SUBDIVISON TACTIQUE. V. TACTIQUE,
subs. V. TALONS HUMAINS. V. TAMBOUR-
MAJOR N° 9.

1766 (1er mars). *Ordonnance.* V. LIEU-
TENANT-COLONEL N° 2.

1766 (19 avril). *Ordonnance sur la
composition.* V. CLARINET. V. COMPAGNIE
D'INFANTERIE FRANÇAISE DE LIGNE N° 2. V.
FIFRE. V. HAUTBOIS. V. MUSICIEN N° 1. V. OR-
DONNANCE DE COMPOSITION. V. SAPEUR D'INFAN-
TERIE. V. TABLIER DE SAPEUR.

1766 (25 avril). *Ordonnance.* V. AIDE-
MAJOR ANCIEN. V. ARMEMENT D'OFFICIER. V.
ORDONNANCE D'ARMEMENT.

1766 (1er mai). *Ordonnance.* V. AGE MI-
LITAIRE. V. CONGÉ DE GRACE. V. ENFANT
D'HOMME DE TROUPE N° 1. V. ORDONNANCE DE
COMPOSITION.

1766 (1er juin). *Ordonnance sur l'exercice de la cavalerie.* V. CAVALERIE FRAN-
ÇAISE N° 7.

1766 (1er novembre). *Ordonnance.* V.
OFFICIER DE SEMAINE. V. ORDINAIRE D'HOMME
DE TROUPE. V. ORDONNANCE DE SERVICE EN GAR-
NISON. V. SERVICE EN GARNISON.

1766 (2 novembre). *Ordonnance.* V.
TAILLE DE MILITAIRE.

1766 (15 décembre). *Ordonnance.* V.
MUSICIEN N° 1.

1767 (25 avril). *Règlement sur l'arme-
ment, l'habillement et l'équipement,* ou
ORDONNANCE D'UNIFORME. Jusque-là presque
rien n'était arrêté officiellement sur aucune
de ces branches. V. AIDE DE CAMP N° 5. V.
ARMEMENT. V. ARMEMENT DE TROUPE. V. BA-
GUETTE DE FER. V. BESACE DE CAVALERIE. V.
BLANC A BUFFLE. V. BONNET A LA DRAGONNE.
V. BONNET A POILS. V. BONNET DE POLICE
D'HOMME DE TROUPE. V. BONNET D'OFFICIERS DE
GRENADIERS. V. BOUCLE DE CHEVEUX. V. BRIQUET.
V. BUFFLE DÉFENSIF. V. CADENETTE. V. CAPORAL
D'INFANTERIE FRANÇAISE DE LIGNE N° 6. V.
CHAPEAU. V. CAVALERIE FRANÇAISE N° 5. V.
CEINTURON DE TROUPE. V. CHAPEAU DE TROUPE.
V. CLARINET. V. COCARDE. V. COIFFURE. V. COL
D'ÉQUIPEMENT. V. COLLET D'HABIT. V. COLONEL
D'INFANTERIE FRANÇAISE DE LIGNE N° 5. V. COM-
MISSAIRE DE BOTTES. V. COULEUR D'HABILLEMENT.
V. COUVRE-PLATINE. V. CRAVATE DE DRAPEAU.
V. DRAGON FRANÇAIS N° 4. V. DRAGONNE D'OF-
FICIER. V. ÉPAULETTE DE COLONEL. V. ÉPAU-
LETTE D'OFFICIER. V. ÉQUIPEMENT. V. ÉQUIPE-
MENT D'HOMME DE TROUPE. V. ÉQUIPEMENT
D'HIVER. V. ÉTAT-MAJOR DE PLACE. V. ÉTEN-
DARD. V. FACE DE CHEVELURE. V. FANION DE
COMPAGNIE. V. FICHE. V. FIFRE. V. FOURRIER
D'INFANTERIE FRANÇAISE DE LIGNE N° 4. V.
FUSIL D'INFANTERIE. V. FUSIL D'OFFICIER. V.
GIBERNE. V. GOUVERNEUR. V. GRAINE D'ÉPINARDS.
V. GUÊTRE. V. GUÊTRE DE TOILE. V. HABILLE-
MENT. V. HABIT. V. HAUSSE-COL. V. HAUTBOIS.
HAVRE-SAC. V. INGÉNIEUR MILITAIRE. V. JUSTE-
AU-CORPS. V. LAME DE BRIQUET. V. LÉGION DE
LOUIS QUINZE. V. LIEUTENANT-COLONEL N° 2.
V. LIEUTENANT D'INFANTERIE N° 5. V. MAJOR-
CAPITAINE N° 2. V. MARQUE DISTINCTIVE. V.
MUSICIEN N° 1, 4. V. ORDONNANCE D'UNIFORME.
V. PASSEPOIL. V. PLUMET. V. POKALEM. V. PORTE-
DRAPEAU N° 5. V. QUEUE DE CHEVELURE. V. RE-
DINGOTE D'OFFICIER. V. RÈGLEMENT D'ARME-
MENT. V. RÈGLEMENT D'ÉQUIPEMENT. V. RÈGLE-
MENT D'HABILLEMENT. V. REVERS D'HABIT.
V. SABRE D'HOMME DE TROUPE. V. SABRETACHE.
V. SAPEUR D'INFANTERIE. V. SCHAKO. V. SERGENT
D'INFANTERIE FRANÇAISE DE LIGNE N° 4. V.
TABLIER DE SAPEUR. V. TAMBOUR INSTRUMENTAL.
V. TAMBOUR INSTRUMENTAL D'INFANTERIE FRAN-
ÇAISE. V. TAMBOUR-MAJOR N° 4. V. TENUE. V.
TIMBALE. V. TIREBALLE.

1767 (31 mai). *Ordonnance.* V. APPEL DE
POLICE.

1767 (17 juillet). *Ordonnance*. v. congé de semestre d'officier.

1767 (1er août). *Ordonnance*. v. gendarmerie de Lunéville.

1761 (20 août). *Ordonnance*. v. commissaire des guerres n° 5. v. gendarmerie de la maison.

1767 (25 août). *Règlement*. v. pistolet.

1767 (1er décembre). *Ordonnance*. v. capitaine commandant.

1767 (14 décembre). *Décision*. v. ministre de la guerre en 1761.

1768 (1er janvier). *Ordonnance*. v. serment.

1768 (1er mars). *Ordonnance*, ou ordonnance de service, en partie confirmée par le décret de 1811 (24 décembre) et par l'ordonnance de 1829 (31 mai). v. abonnement au théâtre. v. adjudant de place n° 3. v. aide-major ancien. v. aide-major de place. v. alarme. v. appel au corps de garde. v. appel de matin en garnison. v. appel de sergent de semaine a la parade. v. appointé. v. appointement. v. arme de déserteur étranger. v. arme de longueur. v. arrêts. v. assemblée céleustique. v. attaque de place. v. balle de cible. v. billet d'appel de police. v. billet de logement. v. billet de logement de compagnie en route. v. bourgeois. v. brigadier des armes. v. cabaret. v. cabaretier. v. cachot. v. capitaine de grenadiers d'infanterie française de ligne n° 4. v. capitaine de postes. v. capitaine d'infanterie française de ligne n° 8, 15, 16, 18, 20, 22. v. caporal de semaine n° 1. v. caporal d'ordre. v. cartel de guerre. v. casse. v. cercle de soir. v. chef de bataillon d'infanterie française de ligne n° 1. v. chef de chambrée. v. cheval de bois. v. cheval de déserteur étranger. v. citadelle. v. cinquième tour de service. v. cloche de fermeture. v. cloche d'ouverture. v. colonel d'infanterie française de ligne n° 18, 20, 28. v. comédie. v. commandant de division territoriale n° 2, 5. v. commandant de place; id. n° 2, 5, 7, 10. v. commandement de service. v. commissaires des guerres n° 6. v. concierge. v. condamné a mort. v. congé limité. v. conseil judiciaire. v. consigne intra muros. v. consigne-portier. v. convalescent de corps en route. v. convalescent présent au corps. v. convoi a la suite. v. convoi funèbre. v. corvée de pain. v. corvée d'homme de troupe. v. corvée en garnison. v. couchage de prisonnier. v. couvre-platine. v. crédit commercial. v. criminel. v. décharge de cérémonie funèbre. v. défense de place. v. défilement de parade. v. dégradation de casernement. v. départ de corps. v. descente de garde. v. déserteur a l'ennemi. v. détachement de corps. v. détachement de guerre. v. dette d'officier. v. deuil militaire. v. diane. v. discipline française. v. distribution de rations. v. école de construction, etc. v. effet de casernement. v. effet de décédé en garnison. v. embauchage. v. épée d'officier décédé. v. escorte de distribution. v. escouade. v. état-major de place. v. exécution a mort. v. exercice tactique. v. extraordinaire des guerres. v. faction. v. falot. v. fanfare. v. faute. v. fauteuil. v. fauteur. v. femme a la suite. v. femme suspecte. v. fermeture de portes. v. feu d'éclairage. v. feuille de prêt. v. fort. v. forteresse. v. fortification permanente. v. fourrier d'infanterie française n° 6, 9, 12. v. fourrier en route. v. fusil d'infanterie. v. gale. v. garde armée. v. garde de la place. v. garde de police en garnison. v. garde descendante. v. garde en garnison. v. garnison. v. général français n° 5. v. glacis de fortification. v. gouverneur de place de guerre n° 4, 5. v. gouverneur de province. v. grade d'officier. v. grade supérieur. v. guêtre noire. v. habillement. v. haie. v. halte de route. v. halte-la. v. haut les armes. v. hausse-col. v. havre-sac. v. homme de garde. v. homme de troupe n° 6. v. honneurs. v. honneurs funèbres. v. hôpital militaire. v. hôte. v. infanterie française n° 6, 7. v. ingénieur militaire. v. inspecteur général n° 2, 4. v. justice militaire. v. lieutenant d'infanterie française de ligne n° 7, 8. v. logement d'habitation. v. maire de commune. v. major-capitaine n° 4, 5. v. major de place n° 5. v. marche-route. v. marron de service. v. milice bourgeoise. v. mot. v. mot d'ordre. v. munitions d'exercice. v. nuit de repos. v. officier chef de poste. v. officier de compagnie. v. officier de garde. v. officier de ronde. v. officier de semaine. v. officier d'état-major de place. v. officier d'infanterie française n° 4, 6, 7. v. officier français n° 7, 12, 13, 14. v. officier du génie n° 7. v. officier inférieur. v. ordinaire de soldats. v. ordonnance de service. v. ouverture de porte. v. parade de troupe. v. parade générale. v. parti de guerre. v. peine de mort. v. permission. v. piquet correctionnel. v. place a garnison. v. plat pays. v. police. v. pont de fortification. v. pont-levis. v. porte-drapeau n° 6. v. poste d'hommes de garde en garnison. v. premier céleustique. v. prison. v. prison de caserne. v. prison de place. v. procédure. v. punition. v. quartier-maître d'infanterie française de ligne n° 1. v. qui vive. v. rang honorifique. v. réception d'officier. v. régiment franco-étranger. v. retenue sur appointements. v. retraite céleustique. v. revers d'habit. v.

RONDE. V. RONDE D'OFFICIER. V. RONDE MAJOR. V. SALLE DE DISCIPLINE. V. SERGENT D'INFANTERIE FRANÇAISE DE LIGNE N° 10. V. SERGENT-MAJOR N° 1. V. SERVICE DE GARNISON. V. SERVICE DE SEMAINE. V. SIÉGE OFFENSIF. V. SOUS-AIDE-MAJOR. V. SOUS-LIEUTENANT N° 1. V. SOUS-OFFICIER N° 6, 8, 10. V. SUBORDINATION. V. TAMBOUR IDIOPLIQUE D'INFANTERIE FRANÇAISE N° 1, 4. V. TENUE. V. TRAVAILLEUR. V. TRAVERSIN. V. TRÉSORIER DE CORPS N° 3, 5, 6. V. TRÉSORIER DE CORPS EN ROUTE.

1768 (21 mai). *Ordonnance.* V. GALE.

1768 (1er juillet). *Ordonnance.* V. ÉQUIPAGES. V. VOITURES D'ÉQUIPAGE.

1769 (10 mars). *Ordonnance.* V. RANG HONORIFIQUE.

1769 (1er mai). *Instruction aux troupes légères sur l'exercice d'infanterie,* ou ORDONNANCE D'EXERCICE. V. ABDUCTION. V. ARME SOUS LE BRAS GAUCHE. V. ARMEMENT D'UNIFORME. V. BAIONNETTE AU CANON. V. BATAILLON GÉOMÉTRIQUE. V. CHANGEMENT DE FRONT A DEUX MOUVEMENTS. V. CHANGEMENT DE POSITION. V. CHARGE D'INFANTERIE. V. COLONNE D'ATTAQUE. V. COMBAT CONTRE INFANTERIE. V. COMMANDEMENT VOCAL. V. COMPAGNIE D'INFANTERIE FRANÇAISE DE LIGNE N° 9. V. CONVERSION EN COLONNE. V. CROISEZ LA BAIONNETTE. V. DEMI-BATAILLON. V. DÉPLOIEMENT. V. DÉPLOIEMENT CENTRAL. V. DÉPLOIEMENT DE PIED FERME. V. DÉPOT DE LA GUERRE. V. DIVISION DE BATAILLON. V. DOUBLE HAIE. V. DOUBLEMENT. V. DOUBLEMENT DE SECTIONS. V. DUMOURIEZ. V. ÉCHELON. V. ÉCHELON ANGULAIRE. V. ÉCHELONNEMENT. V. ÉCOLE DE COMMANDEMENT VOCAL. V. ESPACE DE RANGS. V. EXERCICE D'INFANTERIE. V. FEU A GÉNUFLEXION. V. FEU DE BILLEBAUDE. V. FEU DE DEUX RANGS. V. FEU DE PARAPET. V. FEU DE SECTION. V. FEU D'INFANTERIE. V. FEU EN AVANÇANT. V. FLIEGELMAN. V. FORMATION EN BATAILLE. V. FORMER LES DIVISIONS. V. FUSIL D'OFFICIER. V. GIBERNE. V. GUIDE DE SUBDIVISION. V. GUIDE GÉNÉRAL. V. GUIDE TACTIQUE. V. INFANTERIE LÉGÈRE. V. MANIEMENT D'ARMES. V. MARCHE DE BATAILLON EN BATAILLE. V. MARCHE DE BATAILLON EN COLONNE PAR LE FLANC. V. MARCHE DE BRIGADE D'INFANTERIE EN BATAILLE. V. MARCHE EN BATAILLE. V. MASSE TACTIQUE. V. ORDONNANCE D'EXERCICE D'INFANTERIE. V. ORDRE EN ÉCHELON. V. ORDRE MINCE. V. PAS DE CHARGE. V. PAS DE COURSE. V. PAS D'ÉCOLE. V. PAS OBLIQUE. V. PASSAGE DE DÉFILÉ EN RETRAITE. V. PELOTON D'INFANTERIE, subs. V. PLOIEMENT. V. PRÉSENTEZ VOS ARMES. V. PRÊT. V. RANG DE TAILLE. V. RANGS D'INFANTERIE. V. RANGS OUVERTS. V. REMETTEZ LA BAIONNETTE. V. ROMPEMENT EN BATAILLE. V. ROMPEMENT PAR LA DROITE, etc. V. SALUT AVEC ARMES. V. SECTION TACTIQUE. V. SERRE-FILE. V.

TERRAIN INDIVIDUEL. V. TIERCEMENT. V. TON DE COMMANDEMENT.

1769 (1er mai). *Ordonnance sur la composition.* V. ARMÉE FRANÇAISE N° 3, tableau. V. ORDONNANCE DE COMPOSITION.

1771 (4 avril). V. MILICE PROVINCIALE.

1771 (14 avril). *Ordonnance.* V. GARDES FRANÇAISES N° 2.

1771 (16 avril). *Ordonnance.* V. HAUTE PAYE. V. MÉDAILLON DE VÉTÉRANCE.

1771 (11 juin). *Instruction.* V. LIEUTENANT D'INFANTERIE FRANÇAISE DE LIGNE N° 4.

1771 (19 juin). *Ordonnance sur la composition et la formation,* ou ORDONNANCE DE COMPOSITION. V. BATAILLON D'INFANTERIE FRANÇAISE DE LIGNE N° 2, tableau. V. CAPITAINE D'INFANTERIE FRANÇAISE DE LIGNE N° 7. V. CAPORAL D'INFANTERIE FRANÇAISE N° 3. V. CASSATION DE SOUS-OFFICIER. V. CASSATION DISCIPLINAIRE. V. CASSE. V. CHASSEUR D'INFANTERIE DE BATAILLE. V. CLARINET. V. COMPAGNIE COLONELLE. V. COMPAGNIE DE CHASSEURS D'INFANTERIE. V. COMPAGNIE DE GRENADIERS N° 3, 6. V. COMPAGNIE D'INFANTERIE DE LIGNE N° 2, tableau. V. DIVISION. V. DRAPEAU D'INFANTERIE FRANÇAISE DE LIGNE. V. ESCOUADE. V. FORMATION CONSTITUTIVE. V. FORMATION TACTIQUE. V. FOURRIER D'INFANTERIE FRANÇAISE N° 8. V. GRENADIER D'INFANTERIE FRANÇAISE N° 2. V. OFFICIER D'INFANTERIE FRANÇAISE N° 5. V. ORDONNANCE DE COMPOSITION. V. PORTE-DRAPEAU N° 7. V. RANG DE TAILLE. V. RANGS D'INFANTERIE. V. SAPEUR D'INFANTERIE. V. SECTION ADMINISTRATIVE. V. SERGENT DE GRENADIERS. V. SERGENT D'INFANTERIE FRANÇAISE DE LIGNE. V. SOUS-LIEUTENANT N° 4.

1771 (4 août). *Edit.* V. CHEVRON D'ANCIENNETÉ. V. FIFRE. V. GRENADIER DE FRANCE. V. HAUTBOIS. V. LIEUTENANT D'INFANTERIE FRANÇAISE DE LIGNE N° 4. V. MILICE PROVINCIALE. V. MUSICIEN N° 1, 2, 3. V. OFFICIER DE COMPAGNIE. V. SERGENT D'INFANTERIE FRANÇAISE DE LIGNE N° 4.

1772. — *Arrêt de ....* V. COMMISSAIRE DES GUERRES N° 5.

1772 (13 janvier). *Lettre ministérielle.* V. COMÉDIE.

1772 (16 février). *Ordonnance.* V. HAUTBOIS. V. MOUSQUETAIRE DE LA GARDE.

1772 (9 juin). *Ordonnance.* V. HAUTBOIS. V. HUSSARD; id. N° 2.

1772 (17 août). *Ordonnance.* V. AUMONIER N° 3. V. COMPAGNIE COLONELLE. V. CONGÉ DE SEMESTRE D'HOMME DE TROUPE. V. CONGÉ D'ÉTÉ. V. CONSEIL DE SANTÉ. V. ESCADRON FRANÇAIS N° 2, 3.

1774 (21 février). *Règlement.* V. EFFET DE PETIT ÉQUIPEMENT.

1774 (8 juin). *Règlement,* ou ORDONNANCE D'UNIFORME. V. ORDONNANCE D'UNIFORME.

1774 (11 juin). *Instruction sur l'exercice*, OU ORDONNANCE D'EXERCICE. V. ALIGNEZ-VOUS. V. ALLER AUX DRAPEAUX. V. ARME AU BRAS. V. BATAILLON DE DIRECTION. V. BATAILLON D'INFANTERIE FRANÇAISE DE LIGNE N° 8. V. BORDER LA HAIE. V. CAPITAINE D'INFANTERIE FRANÇAISE DE LIGNE N° 19. V. CARRÉ PLEIN. V. CHANGEMENT DE POSITION. V. CHARGE EN DOUZE TEMPS. V. CHARGE PRÉCIPITÉE. V. CHEF DE BATAILLON D'INFANTERIE FRANÇAISE DE LIGNE N° 1. V. COLONEL D'INFANTERIE FRANÇAISE DE LIGNE N° 6, 31. V. COLONNE D'ATTAQUE. V. COLONNE DE ROUTE. V. COLONNE SERRÉE. V. COMMANDEMENT GÉNÉRAL. V. COMPAGNIE COLONELLE. V. COMPAGNIE DE GRENADIERS D'INFANTERIE FRANÇAISE DE LIGNE N° 5, 6. V. CONTRE-MARCHE ÉPAGOGIQUE. V. DÉDOUBLEMENT TACTIQUE. V. DÉFILEMENT D'HONNEURS. V. DEMI-RANG. V. DEMI-TOUR. V. DÉPLOIEMENT. V. DÉPLOIEMENT DE BRIGADES. V. DÉTERMINER LA LIGNE DE BATAILLE. V. DIRECTION DE BATAILLON EN BATAILLE. V. DISPOSITION CONTRE LA CAVALERIE. V. DISTANCE. V. DIVISION DE BATAILLON. V. DOUBLEMENT. V. DOUBLEMENT DE FILES. V. DOUBLEMENT DE SECTIONS. V. DRAPEAU D'INFANTERIE DE LIGNE. V. ÉCOLE DE COMMANDEMENT VOCAL. V. ÉCOLE DE PELOTON. V. ÉCOLE DE SOLDAT. V. EN ARRIÈRE, OUVREZ VOS RANGS. V. EXERCICE DE DÉTAILS. V. FACTIONNAIRE. V. FEU DE DEMI-BATAILLON. V. FEU DE DIVISION. V. FEU DE PELOTON. V. FEU D'INFANTERIE. V. FEU EN AVANÇANT. V. FEU EN RETRAITE. V. FEUILLE D'APPEL. V. FORMEZ LE BATAILLON SUR LA DROITE, etc. V. FORMER LES DIVISIONS. V. FORMER LES PELOTONS. V. FUSIL D'INFANTERIE. V. FUSIL D'OFFICIER. V. GARDE A VOUS. V. GARDE-DRAPEAU. V. GUIDE DE BATAILLE. V. GUIDE DE SUBDIVISION. V. GUIDE TACTIQUE. V. INSTRUCTEUR. V. INSPECTION DES ARMES. V. INTERVALLE D'INFANTERIE. V. INVERSION. V. LIGNE COMBINÉE. V. MARCHE DE BATAILLON EN BATAILLE. V. MARCHE EN BATAILLE. V. MOUVEMENT DE MANIEMENT D'ARMES. V. MUSICIEN N° 2, 5. V. OBSTACLE. V. OFFICIER FRANÇAIS N° 5. V. ORDONNANCE D'EXERCICE D'INFANTERIE. V. ORDRE DE PARADE. V. OUVRIR LES RANGS. V. PARADE DE TROUPE. V. PAS ALLONGÉ. V. PAS D'ÉCOLE. V. PAS ORDINAIRE. V. PAS REDOUBLÉ. V. PASSAGE DE DÉFILÉ. V. PASSAGE DE LIGNES. V. PASSAGE D'OBSTACLES. V. PELOTON D'INFANTERIE. V. PETIT PAS. V. PLOIEMENT. V. POINT DE VUE. V. PORT D'ARMES. V. PORTE-DRAPEAU N° 7. V. POSITION SOUS LES ARMES. V. PROMPTE MANŒUVRE. V. QUARTIER-MAITRE D'INFANTERIE FRANÇAISE DE LIGNE N° 5. V. RANG DE TAILLE. V. RANGS D'INFANTERIE. V. RANGS OUVERTS. V. RÉCEPTION DE DRAPEAUX. V. RELEVEZ VOS ARMES. V. REVUE D'HONNEUR. V. REVUE SUR LE TERRAIN. V. ROMPEMENT EN BATAILLE. V. ROMPEMENT PAR LA DROITE, etc. V. SECTION TACTIQUE. V. SERGENT D'INFANTERIE FRANÇAISE

DE LIGNE N° 5. V. SOUS-AIDE-MAJOR. V. SOUS-LIEUTENANT N° 4. V. TÊTE A DROITE. V. TON DE COMMANDEMENT.

1774 (3 octobre). *Ordonnance*. V. ARTILLERIE FRANÇAISE. V. AUMONIER N° 5.

1775 (26 avril). *Ordonnance de composition*. V. ANCIENNETÉ DE GRADE POUR COMMANDEMENT. V. BAS OFFICIER. V. CLARINET. V. COLONEL D'INFANTERIE FRANÇAISE DE LIGNE N° 4. V. COLONEL EN SECOND. V. COMMANDANT DE BATAILLON. V. COMMANDEMENT HIÉRARCHIQUE. V. COMPAGNIE DE CHASSEURS. V. COMPAGNIE D'INFANTERIE FRANÇAISE DE LIGNE N° 2, tableau. V. DÉDOUBLEMENT CONSTITUTIF. V. ESCOUADE. V. FINANCE. V. INFANTERIE FRANÇAISE N° 4. V. FIFRE. V. MINISTRE DE LA GUERRE EN 1774 (8 juin). V. OFFICIER D'ÉTAT-MAJOR DE CORPS. V. ORDONNANCE DE COMPOSITION. V. PAYE. V. PORTE-DRAPEAU N° 2. V. RANG DE TAILLE. V. SOUS-OFFICIER N° 3. V. TAMBOUR-MAJOR N° 1.

1775 (25 mai). *Ordonnance*. V. MINISTRE DE LA GUERRE EN 1775. V. MOUSQUETON DE LA GARDE.

1775 (30 mai). *Arrêt du conseil*. V. POUDRE A FEU.

1775 (30 mai). *Instruction pour régler provisoirement l'exercice d'infanterie*, OU ORDONNANCE D'EXERCICE. V. ABDUCTION. V. ALIGNEMENT. V. ANCIENNETÉ DE GRADE D'OFFICIER. V. APPOINTEMENT, tableau. V. CAMPEMENT TACTIQUE. V. CAPITAINE D'INFANTERIE FRANÇAISE DE LIGNE N° 19. V. CARRÉ VIDE. V. CHANGEMENT DE POSITION. V. CHEF DE BATAILLON D'INFANTERIE FRANÇAISE DE LIGNE N° 1. V. CLARINET. V. COLONEL D'INFANTERIE FRANÇAISE DE LIGNE N° 4. V. COLONNE D'ATTAQUE. V. COLONNE DE RETRAITE. V. COLONNE SERRÉE. V. COMMANDEMENT GÉNÉRAL. V. COMMANDEMENT VOCAL. V. COMPAGNIE DE CHASSEURS D'INFANTERIE. V. COMPAGNIE DE GRENADIERS D'INFANTERIE FRANÇAISE DE LIGNE N° 3. V. CONVERSION A PIVOT FIXE. V. COUP DE BAGUETTE. V. DÉPLOIEMENT. V. DÉPLOIEMENT DE BRIGADES. V. DENIERS DE PETIT ÉQUIPEMENT. V. DISTANCE. V. DOUBLEMENT. V. DRAPEAU D'INFANTERIE FRANÇAISE DE LIGNE. V. ÉCHELON. V. ÉCHIQUIER. V. EN ARRIÈRE, OUVREZ VOS RANGS. V. FACTIONNAIRE. V. FEU A GÉNUFLEXION. V. FEU DE DEMI-BATAILLON. V. FEU DE DEUX RANGS. V. FEU D'INFANTERIE. V. FEU EN AVANÇANT. V. FICHE. V. FORMATION SUR LA DROITE. V. FOURRIER D'INFANTERIE FRANÇAISE DE LIGNE N° 5. V. GARDE DE DRAPEAU. V. GUIDE DE SUBDIVISION. V. GUIDE GÉNÉRAL. V. GUIDE TACTIQUE. V. HAUTBOIS. V. INSTRUCTEUR. V. JALONNEUR. V. MAJOR-CAPITAINE N° 1. V. ORDONNANCE D'EXERCICE D'INFANTERIE. V. ORDRE DE PARADE. V. PAS D'ÉCOLE. V. PASSAGE DE DÉFILÉ. V. PASSAGE DE DÉFILÉ EN RETRAITE. V. PASSAGE

DE LIGNES. V. SERREMENT DE COLONNE. V. TAC-
TIQUE, subs.

1775 (26 juin). *Ordonnance.* V. ARMU-
RIER N° 1.

1775 (2 septembre). *Règlement d'habil-
lement.* V. BONNET A POILS. V. CASQUE DE CUIR.
V. CATOGAN. V. CHAPEAU A QUATRE CORNES.
V. CLOU DE SOULIERS. V. COL DE TROUPE. V.
ÉTAT-MAJOR D'ARMÉE N° 5. V. GUÊTRES. V.
FOUET A HABILLEMENT. V. FUSIL D'INFANTERIE.
V. GÉNÉRAL FRANÇAIS N° 5. V. GÉNIE IDIOPLI-
QUE N° 4. V. MASSE D'HABILLEMENT. V. OR-
DONNANCE D'UNIFORME. V. QUEUE DE CHEVELURE.
V. RÈGLEMENT D'HABILLEMENT. V. TALON DE
SOULIERS. V. TENUE.

1775 (27 septembre). *Règlement.* V. AR-
MURIER DE CORPS N° 1.

1775 (12 décembre). *Ordonnance.* V.
CONGÉ DE SEMESTRE D'HOMME DE TROUPE. V. DÉ-
SERTEUR. V. GALÈRES DE TERRE.

1776 (1er janvier). *Edit.* V. CONVOI A LA
SUITE.

1776 (1er février). V. ÉCOLE MILITAIRE.

1776 (18 mars). *Ordonnance.* V. GOU-
VERNEUR DE PROVINCE. V. LIEUTENANT DE ROI
N° 2.

1776 (25 mars). *Ordonnance d'admi-
nistration,* etc. V. CAISSE A TROIS SERRURES.
V. CAPITAINE D'HABILLEMENT N° 1. V. COMMIS-
SAIRE AUX RÉCEPTIONS D'EFFETS. V. COMMIS-
SAIRE DES GUERRES N° 6, 8. V. CONSEIL D'AD-
MINISTRATION DE RÉGIMENT N° 1. V. CORPS
D'INTENDANCE N° 7. V. DÉCOMPTE D'EXCÉDANT
DE MASSE. V. DRAP DE TROUPE. V. DRAP D'HABIT
DE SOUS-OFFICIER. V. ÉCHANTILLON D'ÉTOFFE.
V. EFFET DE PETIT ÉQUIPEMENT. V. EXTRAIT DE
REVUE. V. FACTURE. V. FINANCE. V. HABILLE-
MENT. V. HAVRESAC. V. INSPECTEUR-GÉNÉRAL;
id. N° 5. V. MAGASIN DE CORPS. V. MASSE GÉ-
NÉRALE. V. MEMBRE DE CONSEIL D'ADMINISTRA-
TION. V. ORDINAIRE D'HOMME DE TROUPE. V.
ORDONNANCE D'ADMINISTRATION. V. ORDON-
NANCE D'UNIFORME. V. PAYE. V. PENSION DE RE-
TRAITE. V. PETIT ÉQUIPEMENT. V. PETITE MON-
TURE. V. PLASTRON. V. PRÊT. V. REGISTRE
JOURNAL. V. RÈGLEMENT D'ADMINISTRATION. V.
RETENUE SUR PRÊT. V. REVUE SUR LE TERRAIN.

1776 (25 mars). *Ordonnance,* ou ORDON-
NANCE DE COMPOSITION. V. ADJUDANT D'IN-
FANTERIE FRANÇAISE DE LIGNE N° 1. V. AGE
D'ENROLEMENT D'OFFICIER. V. AIDE-MAJOR AN-
CIEN. V. APPOINTÉ. V. ARMÉE FRANÇAISE N° 5,
tableau. V. AUMÔNIER N° 7. V. BATAILLON
D'INFANTERIE FRANÇAISE N° 2, tableau. V.
CADET. V. CAPITAINE D'INFANTERIE FRANÇAISE
DE LIGNE N° 5. V. CAPITAINE EN SECOND. V. CA-
VALERIE FRANÇAISE N° 2. V. CHASSEUR A CHEVAL.
V. CHEF DE BATAILLON D'INFANTERIE FRANÇAISE
DE LIGNE N° 1. V. COMMANDANT DE BATAILLON. V.

COMMISSAIRE DES GUERRES N° 8. V. COMPAGNIE
AUXILIAIRE. V. COMPAGNIE DE CHASSEURS. V.
COMPAGNIE DE GRENADIERS N° 5. V. COMPAGNIE
D'INFANTERIE FRANÇAISE DE LIGNE N° 2, ta-
bleau. V. CONGÉ D'ANCIENNETÉ. V. CONGÉ DE
GRACE. V. CONGÉ DE SEMESTRE. V. COMPOSITION.
V. DÉDOUBLEMENT. V. DIVISION D'ARMÉE. V.
DIVISION DE BATAILLON. V. DIVISION MILITAIRE.
V. DRAGON FRANÇAIS N° 1, 4. V. ENGAGEMENT
DE RECRUE. V. ESCADRON FRANÇAIS N° 5. V.
ÉTAT-MAJOR DE CORPS N° 2. V. FRATER. V.
FOURRIER D'INFANTERIE FRANÇAISE DE LIGNE
N° 8. V. FUSIL D'OFFICIER. V. HUSSARD N° 2.
V. INFANTERIE FRANÇAISE N° 2. V. INSTRUMENT
DE HAUT BRUIT. V. LÉGION DE LOUIS QUINZE. V.
LIEUTENANT-COLONEL N° 7. V. MAITRE-OUVRIER.
V. MAJOR CAPITAINE N° 1, 5. V. MINISTRE DE
LA GUERRE ANNÉE 1775. V. OFFICIER DE FOR-
TUNE. V. OFFICIER DE COMPAGNIE. V. ORDON-
NANCE DE COMPOSITION. V. PASSAGE DE DÉFILÉ.
V. PELOTON D'INFANTERIE, subs. V. PORTE-
DRAPEAU N° 2, 5. V. PRÉVOT DE CORPS. V.
QUARTIER-MAITRE D'INFANTERIE FRANÇAISE DE
LIGNE N° 5. V. RÉGIMENT DE CAVALERIE FRAN-
ÇAISE N° 2, 4. V. SERGENT-MAJOR N° 1, 7.
V. SOUS-AIDE-MAJOR. V. TAILLE DE MILITAIRE.
V. TIMBALE.

1776 (25 mars). *Ordonnance de police.*
V. APPEL DE POLICE. V. BONNET A POILS. V.
BOUCLE DE CHEVEUX. V. CONGÉ DE SEMESTRE
D'HOMME DE TROUPE. V. COUP DE PLAT DE
SABRE. V. DÉLAI DE REPENTIR. V. DÉSERTEUR. V.
GRACE. V. GÉNÉRAL D'ARMÉE N° 6. V. MAJOR
DE PLACE N° 5. V. MUSICIEN N° 5. V. OFFICIER
DE SEMAINE. V. OFFICIER D'ÉTAT-MAJOR DE
CORPS. V. OFFICIER FRANÇAIS N° 15. V. ORDON-
NANCE DE POLICE. V. PIQUET CORRECTIONNEL.
V. PRISON DE PLACE. V. PROMENADE MILITAIRE.
V. RANGS D'INFANTERIE. V. RECRUE. V. REPAS
DE CORPS. V. SERGENT D'INFANTERIE FRANÇAISE
DE LIGNE N° 5. V. SUBORDINATION. V. TRÉSO-
RIER DE CORPS N° 1.

1776 (28 mars). *Décision.* V. ÉCOLE MILI-
TAIRE. V. GÉNIE IDIOPLIQUE N° 4.

1776 (31 mars). *Règlement.* V. HAVRESAC.

1776 (31 mai). *Ordonnance d'habille-
ment.* V. BAUDRIER D'HOMME DE TROUPE. V.
BONNET A POILS. V. CAPOTE DE TROUPE. V. CAS-
QUE. V. CEINTURE DE COURSE. V. CHAPEAU A
QUATRE CORNES. V. CRAPAUD DE CHEVELURE. V.
FACE DE CHEVELURE. V. INFANTERIE FRANÇAISE
N° 4. V. ORDONNANCE D'HABILLEMENT. V. OR-
DONNANCE D'UNIFORME. V. PELOTON. V. RE-
DINGOTE. V. SERGENT-MAJOR N° 4.

1776 (31 mai). *Ordonnance relative
aux fourrages.* V. ENTREPRISE DE FOURNI-
TURES. V. FOURRAGE DE DISTRIBUTION.

1776 (1er juin). *Ordonnance d'exercice
d'infanterie.* V. ABDUCTION. V. ALLER AUX
DRAPEAUX. V. BORDER LA HAIE. V. BRIGADE

D'INFANTERIE FRANÇAISE. V. CAPITAINE D'INFAN-
TERIE FRANÇAISE N° 2. V. CARRÉ TACTIQUE. V.
CHANGEMENT DE POSITION. V. CHARGE DE CAVA-
LERIE. V. COLONNE D'ATTAQUE. V. COMMANDE-
MENT VOCAL. V. COMPAGNIE COLONELLE. V.
COMPAGNIE DE FUSILIERS. V. COMPAGNIE D'IN-
FANTERIE FRANÇAISE DE LIGNE N° 5. V. CONTRE-
MARCHE ÉPAGOGIQUE. V. DÉFILEMENT D'HON-
NEURS. V. DEMI-RANG. V. DÉPLOIEMENT. V.
DÉPLOIEMENT DE BRIGADES. V. DISPOSITION CON-
TRE LA CAVALERIE. V. DRAPEAU BLANC. V. ÉVO-
LUTION A DEUX LIGNES. V. ÉVOLUTION DE LIGNES.
V. ÉTAT-MAJOR DE CORPS. V. EXERCICE. V. FAC-
TIONNAIRE. V. FANION DE BAGAGE. V. FEU A
GÉNUFLEXION. V. FEU DE BATAILLON. V. FEU
DE CHAUSSÉE. V. FEU DE DEMI-BATAILLON. V.
FEU DE DEUX RANGS. V. FEU DE FILE. V. FEU
DE TROIS RANGS. V. FEU D'INFANTERIE. V. FEU
EN AVANÇANT. V. FEU EN RETRAITE. V. FORMER
LES DIVISIONS. V. FOURRIER D'INFANTERIE FRAN-
ÇAISE DE LIGNE N° 4. V. GARDE DE DRAPEAU. V.
GUIBERT (1773, E). V. HONNEURS. V. INFAN-
TERIE LÉGÈRE N° 4. V. INSPECTION DES ARMES.
V. INSTRUCTEUR. V. LIGNE TACTIQUE. V. MAJOR-
CAPITAINE N° 4. V. MUSICIEN N° 1, 2. V. OR-
DONNANCE D'EXERCICE D'INFANTERIE. V. PAS
ALLONGÉ. V. PAS DE CHARGE. V. PAS DE FLANC.
V. PAS DE MANŒUVRES. V. PAS D'ÉCOLE. V. PAS
OBLIQUE. V. PAS ORDINAIRE. V. PAS REDOUBLÉ.
V. PASSAGE DE DÉFILÉ EN AVANT. V. PASSAGE
D'OBSTACLE. V. PETIT PAS. V. PROMPTE MA-
NŒUVRE. V. RANG DE TAILLE. V. RÉGIMENT
D'INFANTERIE FRANÇAISE N° 4. V. REVUE D'HON-
NEUR. V. REVUE SUR LE TERRAIN. V. SALUT
AVEC ARMES. V. SUBDIVISION TACTIQUE. V. TAC-
TIQUE, SUBS. V. TIR D'INFANTERIE. V. TON DE
COMMANDEMENT.

1776 (17 juin). *Ordonnance.* V. HOTEL
DES INVALIDES.

1776 (27 juin). *Règlement.* V. COMMIS-
SAIRE DES GUERRES N° 4. V. PREMIER COMMIS.

1776 (30 juin). *Décision.* V. CONVOI A LA
SUITE.

1776 (2 juillet). *Ordonnance.* V. PION-
NIER.

1776 (31 août). *Ordonnance.* V. COMPA-
GNIE AUXILIAIRE. V. ORDONNANCE DE COMPO-
SITION.

1776 (1er septembre). *Ordonnance.* V.
COMMISSAIRE DES GUERRES N° 5. V. GENDARME-
RIE DE LA MAISON.

1776 (13 septembre). *Ordonnance.* V.
CENT-SUISSES.

1776 (14 septembre). *Ordonnance.* V.
CHIRURGIEN. V. COMMISSAIRE DES GUERRES N° 3,
8. V. COMMISSAIRE PRINCIPAL. V. COMMISSAIRE
ORDONNATEUR.

1776 (3 novembre). *Ordonnance.* V. AR-
TILLERIE FRANÇAISE. V. MINISTRE DE LA GUERRE
EN 1775.

1776 (16 décembre). *Ordonnance.* V.
CADET.

1776 (30 décembre). *Ordonnance qui
réorganise le corps royal du génie.* V.
GÉNIE.

1776 (31 décembre). *Ordonnance, ou OR-
DONNANCE D'EXERCICE relative aux travaux de
siége.* V. ATTAQUE DE PLACE. V. COLONEL D'IN-
FANTERIE FRANÇAISE N° 51. V. COMMANDANT
DE DIVISION TERRITORIALE N° 5. V. COMMAN-
DANT DE PLACE N° 10. V. DÉFENSE DE PLACE. V.
GARNISON. V. GÉNIE. V. GÉNIE IDIOPLIQUE N° 2.
V. INGÉNIEUR GÉOGRAPHE N° 4. V. MINISTRE
DE LA GUERRE ANNÉE 1775. V. ORDONNANCE
D'EXERCICE D'INFANTERIE. V. TRAVAILLEUR A LA
TRANCHÉE.

1777 (26 février). *Ordonnance.* V. AIDE
CHIRURGIEN.

1777 (1er mai). *Ordonnance d'exercice
des troupes à cheval.* V. CAVALERIE FRAN-
ÇAISE N° 7. V. DRAGON FRANÇAIS N° 4. V.
DRAPEAU D'INFANTERIE FRANÇAISE.

1777 (2 juin). *Ordonnance.* V. CONGÉ DE
SEMESTRE D'HOMME DE TROUPE.

1777 (17 juillet). *Ordonnance.* V. GARDES
FRANÇAISES N° 2. V. PENSION DE RETRAITE.

1777 (26 juillet). *Circulaire.* V. SERMENT.

1777 (18 octobre). V. CADET. V. DETTE DE
MILITAIRE. V. ÉCOLE MILITAIRE.

1778 (9 mars). *Ordonnance.* V. RELEVEZ
VOS ARMES.

1778 (28 avril). *Ordonnance provisoire
sur le service de campagne,* OU ORDON-
NANCE DE CAMPEMENT, DE SERVICE EN CAMPAGNE.
V. ARTILLERIE D'INFANTERIE. V. BATAILLON DE
CHASSEURS. V. BATAILLON DE GRENADIERS. V.
BIDON D'HOMME DE TROUPE. V. BOUCHER MILI-
TAIRE. V. BOULANGER MILITAIRE. V. CAISSON
DE RÉGIMENT. V. CAMP D'INSTRUCTION. V. CAM-
PEMENT ACTIF. V. CAMPEMENT TACTIQUE. V.
CANTONNEMENT. V. CAPITAINE DE GRENADIERS
D'INFANTERIE FRANÇAISE DE LIGNE N° 3. V.
CAPITAINE EN SECOND. V. CHEVAL DE VIVAN-
DIER. V. COMMANDANT DE QUARTIER GÉNÉRAL.
V. CONDUCTEUR DE BÊTES DE SOMME. V. CONVA-
LESCENT DE CORPS EN ROUTE. V. CORDEAU DE
CAMPEMENT. V. COUVERTE DE CAMPEMENT. V.
DIVISION D'ARMÉE. V. ÉTUI D'OUTILS DE CAM-
PAGNE. V. FANION DE BAGAGE. V. FANION DE
CAMPEMENT. V. FEMME A LA SUITE DES CORPS.
V. FICHE. V. FOURCHE DE TENTE. V. FOURRIER
D'INFANTERIE FRANÇAISE DE LIGNE N° 9. V.
GAMELLE. V. GENDARMERIE DE POLICE N° 5. V.
HACHE DE CAMPAGNE. V. HAVRESAC. V. MAJOR
DE BRIGADE. V. MAJOR GÉNÉRAL. V. MANTEAU
D'ARMES. V. MARMITE DE CAMPAGNE. V. MAR-
QUISE. V. MESSE MILITAIRE. V. ORDONNANCE DE
CAMPAGNE. V. ORDONNANCE DE CAMPEMENT. V.
OUTIL DE CAMPAGNE. V. PAS DE CAMP. V. PELLE
DE CAMPAGNE. V. PIOCHE. V. PIQUET AU CAMP.

V. RANG HONORIFIQUE. V. SAC A DISTRIBUTION. V. SAPEUR D'INFANTERIE. V. SERPE DE CAMPAGNE. V. SERVICE DE CAMPAGNE. V. TENTE. V. TENTE D'ANCIEN MODÈLE. V. TENUE. V. TROISIÈME CÉLEUSTIQUE.

1778 (18 septembre). *Ordonnance.* v. PAIN DE MUNITION.

1778 (22 novembre). *Ordonnance.* v. HUSSARD N° 2.

1779 (29 janvier). *Ordonnance.* v. CHASSEUR A CHEVAL. V. ESCADRON FRANÇAIS N° 5. V. LÉGION DE LOUIS QUINZE. V. RÉGIMENT DE CAVALERIE FRANÇAISE N° 2.

1779 (21 février). *Règlement sur l'habillement.* v. AGRAFE. V. ATTRIBUT DE RETROUSSIS. V. BANDEROLE DE GIBERNE. V. BAS. V. BAUDRIER. V. BONNET A POILS. V. BOUCLE DE CHEVEUX. V. BRODERIE D'ÉPAULETTES. V. BROSSE. V. CATOGAN. V. CEINTURON DE TROUPE. V. CHAPEAU A QUATRE CORNES. V. CHAPEAU D'OFFICIER. V. CHEMISE D'ÉQUIPEMENT. V. CHEVELURE. V. CLARINET. V. COCARDE. V. COLLET D'HABIT. V. CONTRE-ÉPAULETTE. V. CORDELIÈRE. V. CRAVATE DE DRAPEAU. V. CULOTTÉ. V. DÉ A COUDRE. V. DEMI-BOUCLE. V. DOUBLURE D'HABIT. V. DRAGONNE D'OFFICIER. V. EFFET DE PETIT ÉQUIPEMENT. V. ÉPAULETTE D'ADJUDANT. V. ÉPAULETTE DE COLONEL. V. ÉPAULETTE DE GRENADIERS. V. ÉPAULETTE DE LIEUTENANT. V. ÉPAULETTE D'OFFICIER. V. ÉPÉE D'OFFICIER. V. ÉPINGLETTE. V. FACE DE CHEVELURE. V. FANION DE COMPAGNIE. V. FIFRE. V. FOURRIER D'INFANTERIE FRANÇAISE DE LIGNE N° 4. V. FRATER. V. FUSIL D'OFFICIER. V. GANSE DE CHAPEAU. V. GIBERNE DE SERGENT. V. GILET. V. GRAINE D'ÉPINARDS. V. GUÊTRES DE TOILE. V. GUÊTRES NOIRES. V. HABILLEMENT. V. HABIT. V. HAUTBOIS. V. HAVRESAC. V. HOUPPE A POUDRER. V. HOUPPE DE COIFFURE. V. JUSTAUCORPS. V. LAME D'ÉPÉE. V. LETTRE DE COMPAGNIE. V. MOUCHOIR. V. MOUSTACHE. V. ORDONNANCE D'UNIFORME. V. PETIT ÉQUIPEMENT. V. POKALEM. V. QUEUE DE CHEVELURE. V. RÈGLEMENT D'HABILLEMENT. V. REVERS D'HABIT. V. SAC A DISTRIBUTION. V. SOULIER. V. TALON DE SOULIER. V. TAMBOUR INSTRUMENTAL D'INFANTERIE FRANÇAISE. V. TAMBOUR-MAJOR N° 4. V. TOURNEVIS. V. TRICOT EN LAINE.

1779 (8 avril). *Ordonnance.* v. GRENADIERS ROYAUX.

1779 (août). *Edit.* v. SERF.

1779 (30 septembre). *Circulaire.* v. CONVOI A LA SUITE.

1780 (5 avril). *Ordonnance.* v. ATTACHE DE CHANCELLERIE. V. COLONEL D'INFANTERIE FRANÇAISE DE LIGNE N° 1. V. COLONEL GÉNÉRAL DE L'INFANTERIE FRANÇAISE N° 1. V. DRAPEAU BLANC. V. MESTRE DE CAMP N° 2.

1781 (2 mai). *Ordonnance.* v. CHIRUR-GIEN-MAJOR D'INFANTERIE FRANÇAISE DE LIGNE N° 2.

1781 (22 mai). *Règlement.* v. AVANCEMENT. V. MINISTRE DE LA GUERRE EN 1780. V. NOBLESSE.

1782 (31 octobre). *Ordonnance.* v. COCARDE.

1783 (17 mars). *Ordonnance.* v. COMMISSAIRE DES GUERRES N° 5. V. SERGENT-MAJOR N° 1.

1783 (10 août). *Ordonnance.* v. ÉCOLE D'ENFANTS DE TROUPE.

1784 (12 juillet). *Ordonnance de composition.* v. APPOINTÉ. V. BATAILLON D'INFANTERIE FRANÇAISE N° 2, tableau. v. COMPAGNIE DE GRENADIERS N° 5. V. COMPAGNIE D'INFANTERIE FRANÇAISE DE LIGNE N° 2, tableau. v. ESCADRON FRANÇAIS N° 4. V. INFANTERIE DE BATAILLE N° 4. V. INFANTERIE LÉGÈRE N° 4. V. ORDONNANCE DE COMPOSITION.

1784 (25 juillet). *Ordonnance.* v. CAVALERIE FRANÇAISE N° 2. V. CHASSEUR A CHEVAL. V. RÉGIMENT DE CAVALERIE FRANÇAISE N° 4.

1784 (1er août). *Ordonnance.* v. BATAILLON DE CHASSEURS.

1784 (8 août). *Ordonnance.* v. LÉGION DE LOUIS QUINZE.

1785 (12 mai). *Ordonnance.* v. COMPAGNIE DE GRENADIERS D'INFANTERIE FRANÇAISE DE LIGNE N° 5. V. COMPAGNIE D'INFANTERIE FRANÇAISE DE LIGNE N° 2. V. MUSICIEN N° 1.

1786 (1er juillet). *Ordonnance de justice.* v. BAGUETTES CORRECTIONNELLES. V. BRETELLES CORRECTIONNELLES. V. CRÉDIT COMMERCIAL. V. DÉSERTEUR. V. HALLEBARDE. V. MINISTRE DE LA GUERRE EN 1780. V. ORDONNANCE OFFICIELLE. V. PORTE-BAIONNETTE.

1786 (10 août). *Ordonnance.* v. ÉCOLE D'ENFANTS DE TROUPE. V. ENFANT D'HOMME DE TROUPE N° 5.

1786 (1er octobre). *Règlement d'habillement.* v. ADJUDANT D'INFANTERIE FRANÇAISE DE LIGNE N° 7. V. BAUDRIER DE SABRE. V. BONNET A POILS. V. BONNET DE POLICE. V. BOUCLE DE CHEVEUX. V. BOUCLE DE SOULIER. V. BRIQUET. V. CHAPEAU D'OFFICIER. V. COULEUR D'HABILLEMENT. V. CULOTTE. V. ÉPAULETTE D'ADJUDANT. V. ÉPAULETTE DE GRENADIERS. V. ÉPAULETTE EN DRAP. V. ÉQUIPEMENT D'HOMME DE TROUPE. V. FACE DE CHEVELURE. V. FUSIL D'OFFICIER. V. GANSÉ DE CHAPEAU. V. GIBERNE DE SERGENT. V. GUÊTRE. V. HABILLEMENT. V. HACHE DE SAPEUR. V. HALLEBARDE. V. JUSTAUCORPS. V. RÈGLEMENT D'HABILLEMENT. V. REVERS D'HABIT. V. SABRE D'HOMME DE TROUPE. V. SERGENT D'INFANTERIE FRANÇAISE DE LIGNE N° 4. V. SERGENT-MAJOR N° 4. V. SOULIER. V. TABLIER DE SAPEUR. V. TAMBOUR-MAJOR N° 4. V. TRICOT EN LAINE.

1787 (30 septembre). *Ordonnance.* V. CHEVAU-LÉGER.

1787 (9 octobre). *Ordonnance.* V. CONSEIL DE LA GUERRE N° 2. V. ÉCOLE MILITAIRE.

1788 (28 février). *Ordonnance.* V. INFANTERIE FRANÇAISE N° 5, tableau.

1788 (2 mars). *Ordonnance.* V. GENDARMERIE DE LUNÉVILLE.

1788 (17 mars). *Ordonnance d'administration, de composition, de solde, d'organisation.* V. ADMINISTRATION DE CORPS. V. ADMINISTRATION DE BOULANGERIE. V. AGE D'ENROLEMENT D'OFFICIER. V. AGE MILITAIRE. V. APPOINTÉ. V. APPOINTEMENT, tableau. V. ARMÉE FRANÇAISE N° 5, tableau. V. ARMURIER DE CORPS N° 5. V. ATTACHE DE CHANCELLERIE. V. AUMONIER DE CORPS N° 5. V. BAS OFFICIER. V. BATAILLON DE CHASSEURS. V. BATAILLON D'INFANTERIE DE LIGNE N° 2, tableau. V. BOULANGERIE MILITAIRE. V. BRIGADE D'ARMÉE. V. CAPITAINE DE GRENADIERS D'INFANTERIE FRANÇAISE DE LIGNE N° 2. V. CAPITAINE EN SECOND. V. CAPORAL D'INFANTERIE FRANÇAISE DE LIGNE N° 5, 11, 14. V. CAPORAL-TAMBOUR. V. CARABINIER A CHEVAL. V. CAVALERIE FRANÇAISE N° 2, 4, tableau. V. CHAMP DE MANOEUVRES. V. CHASSEUR A CHEVAL. V. CHEF DE MUSIQUE. V. CHIRURGIEN-MAJOR D'INFANTERIE FRANÇAISE DE LIGNE N° 2. V. CLARINET. V. CLARINETTE. V. CODE MILITAIRE. V. COLONEL EN SECOND. V. COLONEL GÉNÉRAL DE L'INFANTERIE N° 1, 5. V. COMMISSAIRE DES GUERRES N° 8. V. COMPAGNIE AUXILIAIRE. V. COMPAGNIE DE GRENADIERS D'INFANTERIE FRANÇAISE DE LIGNE N° 5. V. COMPAGNIE DE CHASSEURS. V. COMPAGNIE D'ÉLITE N° 1. V. COMPAGNIE D'INFANTERIE FRANÇAISE DE LIGNE N° 2, tableau. V. COMPOSITION. V. CONSEIL D'ADMINISTRATION DE RÉGIMENT N° 1. V. CONSTITUTION. V. CORPS D'INTENDANCE N° 7. V. DIRECTOIRE D'HABILLEMENT. V. DIVISION D'ARMÉE. V. DIVISION DE BATAILLON. V. DRAPEAU BLANC. V. ENFANT DE TROUPE. V. ESCOUADE. V. ÉTAT-MAJOR DE CORPS N° 2. V. FACTIONNAIRE. V. FIFRE. V. FOURRIER D'INFANTERIE FRANÇAISE DE LIGNE N° 1, 8. V. GRADE D'OFFICIER. V. HABILLEMENT. V. HAUTBOIS. V. INFANTERIE DE BATAILLE N° 4. V. INFANTERIE FRANÇAISE N° 5, tableau. V. INFANTERIE DE LIGNE N° 1, 4, tableau. V. INSTRUMENT DE HAUT BRUIT. V. MAITRE CORDONNIER. V. MAITRE OUVRIER N° 1, 4. V. MAJOR EN SECOND. V. MARÉCHAL DE CAMP N° 6. V. MARÉCHAL DE FRANCE N° 6. V. MESTRE DE CAMP. V. MUSICIEN N° 1, 6. V. OFFICIER D'INFANTERIE FRANÇAISE N° 3. V. ORDONNANCE D'ADMINISTRATION, — DE COMPOSITION, — DE SOLDE, — D'UNIFORME. V. ORGANISATION. V. PAIN DE MUNITION. V. PAYE. V. PIED D'ARMÉE. V. PIED DE GUERRE. V. PORTE-DRAPEAU N° 2, 4. V. QUARTIER-MAITRE D'INFANTERIE FRANÇAISE DE LIGNE N° 5. V. RANG HONORIFIQUE. V. RÉGIMENT DE CAVALERIE FRANÇAISE N° 4. V. RÉGIMENT D'INFANTERIE. V. RENGAGEMENT. V. SERGENT-MAJOR N° 7. V. SOLDE. V. SOUS-OFFICIER N° 8, 11. V. TAMBOUR IDIOTIQUE D'INFANTERIE FRANÇAISE N° 1. V. TAMBOUR-MAJOR N° 7, 10.

1788 (17 mars). *Ordonnance d'avancement, sous l'intitulé : Hiérarchie et promotions.* V. ANNÉE DE GRADE POUR AVANCEMENT. V. AVANCEMENT. V. BREVET D'OFFICIER. V. CAPORAL D'INFANTERIE FRANÇAISE DE LIGNE N° 14. V. CAPORAL TAMBOUR. V. GRADE D'OFFICIER. V. GRADE EN SECOND. V. HIÉRARCHIE. V. MAJOR-CAPITAINE N° 5. V. MAJOR EN SECOND. V. OFFICIER DE FORTUNE. V. OFFICIER DE COMPAGNIE V. PROMOTION.

1788 (17 avril). *Ordonnance.* V. COMMISSAIRE ORDONNATEUR. V. COMMISSAIRE DES GUERRES N° 6.

1788 (18 mai). *Règlement.* V. CONSEIL DE SANTÉ.

1788 (20 mai). *Instruction provisoire sur l'exercice des troupes à cheval,* revue au commencement de 1789, et signée Puységur et Schomberg. V. CAVALERIE FRANÇAISE N° 7.

1788 (20 mai). *Instruction provisoire sur l'exercice de l'infanterie;* elle diffère peu du règlement de 1776 (1er juin), ou ORDONNANCE D'EXERCICE. V. ABDUCTION. V. BATAILLON DE DIRECTION. V. CARRÉ TACTIQUE. V. CHANGEMENT DE DIRECTION EN MASSE. V. COLONNE SERRÉE. V. CONTRE-MARCHE ÉPAGOGIQUE. V. CONTRE-MARCHE A DÉBOITEMENT. V. DISTANCE. V. ÉCOLE DE BATAILLON. V. ÉCOLE DE BRIGADE. V. FEU DE FILE. V. FRONT CONSTITUTIONNEL. V. GARDE DE DRAPEAU. V. MARCHE DE BATAILLON EN COLONNE. V. ORDONNANCE D'EXERCICE D'INFANTERIE. V. PAS D'ÉCOLE. V. PAS OBLIQUE. V. PAS ORDINAIRE. V. PELOTON D'INFANTERIE, subs. V. RANG DE TAILLE.

1788 (6 juin). V. INFANTERIE FRANÇAISE N° 5, tableau.

1788 (20 juin). *Ordonnance,* ou ORDONNANCE D'ADMINISTRATION, — DE COMPTABILITÉ, etc. Elle a été le modèle de l'ARRÊTÉ DE L'AN HUIT (8 FLORÉAL). V. CONSEIL D'ADMINISTRATION N° 1. V. MASSE DE BOULANGERIE. V. MEMBRE DE CONSEIL D'ADMINISTRATION. V. ORDONNANCE D'ADMINISTRATION, — DE COMPTABILITÉ. V. RÉGIMENT D'INFANTERIE FRANÇAISE N° 4. V. TAILLE DE MILITAIRE.

1788 (24 juin). V. INFANTERIE FRANÇAISE N° 5, tableau.

1788 (1er juillet). *Ordonnance,* ou ORDONNANCE DE POLICE SUR LE SERVICE INTÉRIEUR. V. ADJUDANT D'INFANTERIE FRANÇAISE DE LIGNE N° 19, 22. V. APPEL DANS LES CHAMBRES. V. APPEL DE POLICE. V. APPEL DE SOIR EN GARNISON. V. APPEL DE SOUPE EN GARNISON. V. APPEL DE

TAMBOURS. V. APPEL POUR L'ORDRE. V. ARRÊTS DE RIGUEUR. V. BAIN. V. BAGUETTES CORRECTIONNELLES. V. BAQUET DE CHAMBRÉ. V. BAS OFFICIER. V. BIBLIOTHÈQUE MILITAIRE. V. BILLET D'APPEL DE MATIN. V. BILLET D'APPEL DE POLICE. V. BONNET DE NUIT. V. CACHOT. V. CAFÉ DE RÉGIMENT. V. CAPITAINE DE POLICE EN GARNISON. V. CAPORAL DE GRENADIERS. V. CAPORAL DE SEMAINE. V. CAPORAL D'ESCOUADE N° 10. V. CAPORAL D'INFANTERIE FRANÇAISE DE LIGNE N° 14. V. CAPORAL D'ORDRE. V. CASERNE. V. CASSATION DISCIPLINAIRE. V. CASSE. V. CATOGAN. V. CHEF DE POSTE DE POLICE EN GARNISON. V. CHIRURGIEN-MAJOR D'INFANTERIE N° 2. V. COLONEL D'INFANTERIE FRANÇAISE DE LIGNE N° 9, 33. V. COMPAGNIE DE GRENADIERS N° 1. V. CONSIGNÉ. V. COUVRE-GUERRE. V. COUP DE PLAT DE SABRE. V. CRÉANCIER D'OFFICIER. V. CRIMINEL. V. CUISINIER. V. DANSE. V. DÉFILEMENT DE PARADE. V. DESCENDEZ VOS ARMES. V. DÉTENU A LA SALLE DE DISCIPLINE. V. DETTE DE MILITAIRE. V. DETTE D'OFFICIER. V. DISCIPLINE FRANÇAISE. V. DISTRIBUTION DE PAIN. V. DISTRIBUTION DE RATIONS. V. ÉCOLE D'ENSEIGNEMENT PRIMAIRE. V. ÉCOLE D'ESCRIME. V. EFFET DE DÉSERTEUR. V. EXERCICE EXTRAORDINAIRE. V. FAUTE. V. FORTERESSE. V. FOURRIER D'INFANTERIE FRANÇAISE DE LIGNE N° 3, 12. V. GARDE ARMÉE. V. GARDE DE POLICE EN ROUTE. V. GEOLAGE. V. GRANDE TENUE. V. INTENDANT DE PROVINCE. V. INTENDANT GÉNÉRAL. V. LIVRE DE COMPAGNIE. V. LIVRE D'ORDRE. V. MARCHE-ROUTE. V. MARIAGE. V. MASSE DE COMPAGNIE. V. MATELAS. V. MESSE MILITAIRE. V. NATATION. V. OFFICIER DE SEMAINE. V. OFFICIER FRANÇAIS N° 14. V. ORDINAIRE DE SOLDAT. V. ORDINAIRE DE SOUS-OFFICIERS. V. ORDONNANCE DE POLICE. V. ORDRE DE CORPS. V. PAILLASSE DE CASERNEMENT. V. PAIN DE MUNITION. V. PARADE PARTICULIÈRE. V. PELOTON D'INFANTERIE. V. PETIT ÉQUIPEMENT. V. PIQUET CORRECTIONNEL. V. POLICE. V. PORTE-DRAPEAU N° 6. V. PRISON DE PLACE. V. QUEUE DE CHEVELURE. V. RÉCEPTION DE MILITAIRE. V. RECRUE. V. REPAS DE CORPS. V. RETENUE SUR APPOINTEMENTS. V. SABRE D'HOMME DE TROUPE. V. SALLE D'ASSEMBLÉE. V. SALLE DE DISCIPLINE. V. SALUT SANS ARMES. V. SARRAU. V. SECTION TACTIQUE. V. SERGENT D'INFANTERIE FRANÇAISE DE LIGNE N° 2, 10, 11. V. SERGENT-MAJOR N° 2, 3. V. SERVICE DE SEMAINE. V. SERVICE INTÉRIEUR. V. SOUPE. V. SOUS-OFFICIER N° 3. V. SUBDIVISION ADMINISTRATIVE. V. SUSPENSION DE GRADE. V. TABLE D'OFFICIERS. V. TENUE. V. TRAVAILLEUR.

1788 (12 août). *Ordonnance provisoire pour le service de l'infanterie en campagne,* OU ORDONNANCE DE SERVICE EN CAMPAGNE. V. AUMÔNIER DE CORPS N° 8. V. CAISSON D'ARTILLERIE. V. CAMP. V. CAMPEMENT TACTIQUE. V. CAVALERIE FRANÇAISE N° 6. V. CHASSEUR D'INFANTERIE DE BATAILLE. V. CHEVAL DE COMPAGNIE. V. CONSTITUTION. V. CONTRIBUTION DE GUERRE. V. CORDEAU DE CAMPEMENT. V. DIVISION DE CAVALERIE. V. DIVISION D'INFANTERIE. V. EFFET DE CAMPEMENT. V. ÉQUIPEMENT D'HIVER. V. GANT. V. HALTE DE ROUTE. V. HAVRESAC. V. INTERVALLE DE CAMP. V. MANTEAU D'ARMES. V. MARÉCHAL DE CAMP N° 6. V. MARMITE DE CAMPAGNE. V. MESSE MILITAIRE. V. OFFICIER D'ORDONNANCE. V. ORDONNANCE DE SERVICE EN CAMPAGNE. V. OUTIL DE CAMPAGNE. V. PIQUET AU CAMP. V. PONT DE CAMPAGNE. V. PRÉVÔT DE CORPS. V. PRIÈRE. V. REDAN. V. RETRAITE CÉLEUSTIQUE. V. SERVICE DE CAMPAGNE. V. TENTE. V. TRAVERS.

1788 (18 août). *Ordonnance.* V. DIVISION DE CAVALERIE.

1789 (16 mars). *Décret.* V. ENROLEMENT VOLONTAIRE. V. RECRUTEMENT.

1789 (13 juillet). *Arrêté de la constituante.* V. GARDE NATIONALE.

1789 (14 juillet). *Ordonnance.* V. CONSEIL DE LA GUERRE ; id. N° 3. V. COUP DE PLAT DE SABRE.

1789 (4 août). *Décret.* V. FÉODALITÉ. V. MILICE PROVINCIALE. V. RECRUTEMENT.

1789 (10 août). *Décret.* V. SERMENT.

1789 (1er septembre). *Ordonnance.* V. CONGÉ D'ANCIENNETÉ.

1789 (20 octobre). *Loi.* V. DRAPEAU ROUGE. V. LOI MARTIALE.

1789 (19 décembre). *Ordonnance.* V. SERMENT.

1790 (23 février). *Règlement.* V. RÉGIE DES VIVRES.

1790 (28 février). *Décret.* V. INFANTERIE FRANÇAISE N° 5, tableau. V. MASSE DE LINGE ET CHAUSSURE. V. PAIN DE MUNITION. V. SOLDE.

1790 (26 mars). *Arrêté.* V. OFFICIER FRANÇAIS N° 5.

1790 (1er mai). *Loi.* V. INFANTERIE FRANÇAISE N° 5.

1790 (2 juin). *Loi.* V. GARDE NATIONALE.

1790 (5 juin). *Ordonnance.* V. MASSE COMPTABILIAIRE.

1790 (6 juin). *Décret.* V. DENIERS DE PETIT ÉQUIPEMENT. V. DENIERS DE POCHE. V. INFANTERIE FRANÇAISE N° 5, tableau. V. MASSE DE LINGE ET CHAUSSURE. V. PAIN DE MUNITION. V. PRÊT. V. SOLDE.

1790 (8 juin). *Circulaire.* V. CARTOUCHE JAUNE.

1790 (18 juin). *Loi.* V. GARDE NATIONALE.

1790 (19 juin). *Loi.* V. NOBLESSE.

1790 (20 juin). *Loi.* V. ARMOIRIES. V. LIVRÉE. V. NOBLESSE.

1790 (24 juin). *Loi.* V. DENIERS DE POCHE. V. INFANTERIE FRANÇAISE N° 5, tableau. V. MASSE DE LINGE ET CHAUSSURE. V. PAIN DE MUNITION.

1790 (27 juin). *Loi.* V. GARDE NATIONALE.

1790 (5 juillet). *Ordonnance.* V. PAIN DE MUNITION. V. PAYE. V. SOLDE.

1790 (19 juillet). *Loi.* V. GARDE NATIONALE.

1790 (10 août). *Décret.* V. ARTILLERIE IDIOPLIQUE. V. MARÉCHAL DE CAMP N° 5.

1790 (18 août). *Décret relatif à la composition de l'armée,* OU ORDONNANCE DE COMPOSITION. V. ARMÉE FRANÇAISE N° 2. V. COMPOSITION D'ARMÉE. V. GENDARMERIE DE POLICE N° 1. V. GÉNÉRAL D'ARMÉE N° 3. V. GÉNÉRAL FRANÇAIS N° 2. V. LIEUTENANT GÉNÉRAL N° 3. V. MARÉCHAUSSÉE. V. ORDONNANCE DE COMPOSITION.

1790 (22 août). *Loi.* V. PENSION DE RETRAITE.

1790 (12 septembre). *Décret.* V. BREVET D'OFFICIER.

1790 (22 septembre et 29 octobre). *Décret qui fixe la compétence des tribunaux militaires, etc.,* OU ORDONNANCE DE JUSTICE. V. ARME PERSONNELLE N° 2. V. COMMISSAIRE AUDITEUR. V. CONSEIL DE RÉGIMENT. V. COUR MARTIALE. V. GENDARMERIE DE POLICE N° 1. V. JUSTICE MILITAIRE. V. MARÉCHAUSSÉE. V. ORDONNANCE DE JUSTICE. V. TRIBUNAL MILITAIRE.

1790 (5 octobre). *Décret concernant la formation de l'état-major de l'armée,* OU ORDONNANCE DE COMPOSITION. V. AIDE DE CAMP N° 2. V. ÉTAT-MAJOR D'ARMÉE N° 4. V. GÉNÉRAL EN CHEF N° 3. V. ORDONNANCE DE COMPOSITION.

1790 (22 octobre). *Décret.* V. CRAVATE DE DRAPEAU.

1790 (24 octobre). *Décret.* V. GÉNIE IDIOPLIQUE N° 3, 4.

1790 (29 octobre). *Loi qui fixe la compétence des tribunaux militaires. — Loi du même jour concernant la discipline militaire. — Autre sur l'avancement.* V. ARME PERSONNELLE N° 1. V. AVANCEMENT. V. BAS OFFICIER. V. CAPORAL-TAMBOUR. V. COMMISSAIRE AUDITEUR DES GUERRES. V. CONSEIL DE DISCIPLINE. V. COUR MARTIALE. V. DÉLIT COMMUN. V. DISCIPLINE MILITAIRE. V. GENDARMERIE DE POLICE N° 1. V. JUSTICE MILITAIRE. V. PROCÉDURE. V. QUARTIER-MAITRE D'INFANTERIE FRANÇAISE DE LIGNE N° 1. V. SERGENT-MAJOR N° 2. V. SOUS-OFFICIER N° 1, 2, 3. V. TAMBOUR-MAJOR N° 3. V. TRIBUNAL.

1790 (18 novembre). *Décret.* V. ADJUDANT GÉNÉRAL. V. AIDE DE CAMP N° 2.

1790 (6 décembre). *Loi.* V. ARMÉE FRANÇAISE N° 3.

1790 (7 décembre). *Décret.* V. GÉNIE.

1790 (12 décembre). *Loi.* V. ARMÉE FRANÇAISE N° 3. V. GARDE NATIONALE.

1790 (14 décembre, sanctionnée le 25). V. PENSION DE RETRAITE. V. RÉCOMPENSE.

1790 (15 décembre). *Décret.* V. RANG HONORIFIQUE.

1791 (1er janvier). *Circulaire relative au décret de 1790 (1er octobre).* V. ENFANT D'HOMME DE TROUPE N° 1. V. FOURRIER D'INFANTERIE FRANÇAISE DE LIGNE N° 5.

1791 (1er janvier). *Circulaire relative au décret de 1790 (29 octobre).* V. AVANCEMENT. V. RÉCEPTION. V. SOUS-OFFICIER N° 4.

1791 (1er janvier). *Ordonnance de composition.* Elle est fort succincte et comprend des choses étrangères à la formation. V. ADJUDANT D'INFANTERIE FRANÇAISE DE LIGNE N° 14. V. ADJUDANT-MAJOR D'INFANTERIE FRANÇAISE DE LIGNE N° 1, 10. V. APPOINTÉ. V. ARMÉE FRANÇAISE N° 5, tableau. V. ARMURIER DE CORPS N° 2. V. AUMONIER N° 1. V. BAS OFFICIER. V. BATAILLON DE CHASSEURS. V. BATAILLON D'INFANTERIE FRANÇAISE DE LIGNE N° 2, tableau. V. CAVALERIE FRANÇAISE N° 4, tableau. V. CHASSEUR A CHEVAL. V. CHEF DE BATAILLON D'INFANTERIE FRANÇAISE DE LIGNE N° 5. V. CHEF DE MUSIQUE. V. CHIRURGIEN-MAJOR D'INFANTERIE FRANÇAISE DE LIGNE N° 1, 9. V. COMPAGNIE D'INFANTERIE FRANÇAISE DE LIGNE N° 2, tableau. V. DRAGON FRANÇAIS N° 3. V. ESCOUADE. V. ÉTAT-MAJOR DE CORPS. V. FORCE NUMÉRIQUE. V. FORMATION CONSTITUTIVE. V. FOURRIER D'INFANTERIE FRANÇAISE DE LIGNE N° 8, 12. V. GENDARMERIE DE POLICE N° 1, 2, 4. V. INFANTERIE DE BATAILLE N° 4. V. INFANTERIE LÉGÈRE N° 4. V. LIEUTENANT D'INFANTERIE FRANÇAISE DE LIGNE N° 6. V. LIEUTENANT-COLONEL N° 9. V. MAITRE CORDONNIER. V. MAITRE OUVRIER N° 1. V. MAJOR EN SECOND. V. MOUCHOIR. V. MUSICIEN N° 6. V. ORDONNANCE DE COMPOSITION. V. QUARTIER-MAITRE D'INFANTERIE FRANÇAISE DE LIGNE N° 1, 3. V. RANG HONORIFIQUE. V. RÉGIMENT DE CAVALERIE FRANÇAISE N° 2. V. SECTION ADMINISTRATIVE. V. SOLDE. V. SOUS-OFFICIER N° 1. V. TAMBOUR-MAJOR N° 7.

1791 (16 janvier). *Loi.* V. GENDARMERIE DE PLACE N° 3.

1791 (1er février). *Décret sanctionné le 11.* V. CRAVATE DE DRAPEAU. V. EFFET DE CAMPEMENT. V. GAMELLE. V. INFIRMERIE. V. MASSE COMPTABILIAIRE. V. MASSE D'HOPITAUX.

1791 (5 février). *Décret.* V. ÉTAT-MAJOR DE CORPS N° 2.

1791 (16 février). *Ordonnance.* V. GENDARMERIE DE POLICE N° 5. V. RANG HONORIFIQUE.

1791 (20 février). *Décret sanctionné le 25.* V. GOUVERNEUR. V. GOUVERNEUR DE PROVINCE. V. LIEUTENANT GÉNÉRAL N° 1.

1791 (20 février). *Règlement sur la formation, les appointements et la solde de l'infanterie française,* OU RÈGLEMENT DE COMPOSITION, DE SOLDE, etc. V. APPOINTE-

MENTS. V. FORMATION CONSTITUTIVE. V. INFAN-
TERIE FRANÇAISE N° 2. V. MAITRE OUVRIER. V.
MAJOR DE PLACE N° 1. V. RÉGIMENT D'INFAN-
TERIE FRANÇAISE N° 3. V. RÈGLEMENT DE COM-
POSITION. V. RÈGLEMENT DE SOLDE.

1791 (25 février). *Loi.* V. ADJUDANT DE
PLACE N° 1. V. LIEUTENANT DE ROI. V. LIEUTE-
NANT GÉNÉRAL. V. OFFICIER D'ÉTAT-MAJOR DE
PLACE.

1791 (4 mars) sanctionné le 20 mars.
*Décret relatif aux maréchaux de France
et lieutenants généraux en activité.* V.
MARÉCHAL DE FRANCE N° 5, 6, 10. V. MILICE
PROVINCIALE. V. RECRUTEMENT. V. RÈGLEMENT
DE COMPOSITION. V. RÈGLEMENT DE SOLDE.

1791 (8 mars). *Circulaire aux com-
mandants des corps.* V. AUMONIER DE CORPS
N° 5. V. CHIRURGIEN-MAJOR D'INFANTERIE FRAN-
ÇAISE N° 7.

1791 (25 mars). *Loi.* V. CONGÉ ABSOLU.
V. CONGÉ DE GRACE. V. ENGAGEMENT. V. RE-
CRUTEMENT. V. RENGAGEMENT.

1791 (28 mars). *Décret.* V. MANICROT.

1791 (31 mars). *Règlement.* V. MASSE
D'HABILLEMENT.

1791 (1er avril). *Instruction sur l'ha-
billement,* OU ORDONNANCE D'UNIFORME. V.
AIDE DE CAMP N° 5. V. ARTILLERIE IDIOPLIQUE.
V. BAUDRIER DE SABRE DE TROUPE. V. BOUTON
A ATTRIBUTS. V. GÉNÉRAL FRANÇAIS N° 3. V.
GRAND ÉQUIPEMENT. V. HABILLEMENT. V. HOUPPE
DE COIFFURE. V. MASSE COMPTABILIAIRE. V. OR-
DONNANCE D'UNIFORME. V. PLUMET. V. POMPON.
V. PORTE-BAIONNETTE. V. SCHAKO. V. TRICOT
EN LAINE.

1791 (1er avril). *Règlement sur la com-
position.* V. ARTILLERIE IDIOPLIQUE. V. BATAIL-
LON DE CHASSEURS. V. CHIRURGIEN-MAJOR D'IN-
FANTERIE FRANÇAISE DE LIGNE N° 1. V. COM-
PAGNIE D'INFANTERIE FRANÇAISE DE LIGNE N° 2,
tableau. V. ESCOUADE. V. FORCE NUMÉRIQUE. V.
FORMATION CONSTITUTIVE. V. FORMATION DE
COMPAGNIE. V. INFIRMERIE. V. ORDONNANCE DE
COMPOSITION. V. PORTE-DRAPEAU. V. RANG HO-
NORIFIQUE. V. RÈGLEMENT DE COMPOSITION. V.
TAMBOUR IDIOPLIQUE D'INFANTERIE FRANÇAISE
N° 5.

1791 (1er avril). *Décret.* V. AUMONIER
N° 1. V. CHIRURGIEN-MAJOR D'INFANTERIE FRAN-
ÇAISE DE LIGNE N° 1, 9. V. ESCOUADE. V. FOUR-
RIER D'INFANTERIE FRANÇAISE DE LIGNE N° 4.

1791 (17 avril). *Décret.* V. ARTILLERIE A
CHEVAL. V. MANICROT.

1791 (22 avril). *Décret.* V. GARDE NA-
TIONALE. V. RECRUTEMENT.

1791 (1er mai). *Instruction.* V. GRENA-
DIER D'INFANTERIE FRANÇAISE DE LIGNE N° 5.

1791 (24 mai). *Ordonnance.* V. CRAVATE
DE DRAPEAU.

1791 (1er juin). *Instruction.* V. ADJU-
DANT GÉNÉRAL. V. CAPITAINE ADJOINT.

1791 (1er juin). *Ordonnance.* V. CARABI-
NIER A CHEVAL.

1791 (4 juin). *Loi.* V. ARMÉE AUXILIAIRE
FRANÇAISE. V. GARDE NATIONALE.

1791 (15 juin). *Loi.* V. EMBAUCHAGE.

1791 (21 juin). *Décret.* V. GARDE NATIO-
NALE.

1791 (30 juin). *Décret relatif aux dra-
peaux,* etc. V. AIDE DE CAMP N° 2. V. DRA-
PEAU D'INFANTERIE FRANÇAISE DE LIGNE. V.
DRAPEAU TRICOLORE.

1791 (6 juillet). *Décret.* V. AIDE DE CAMP
N° 2.

1791 (10 juillet). *Loi sur la police des
places de guerre* V. AIDE-MAJOR DE PLACE. V.
AUTORITÉ. V. COLONEL EN ROUTE. V. COMMAN-
DANT AMOVIBLE. V. COMMANDANT DE PLACE
N° 2. V. CONSERVATEUR DE BATIMENTS. V. CON-
SIGNE PORTIER. V. DETTE DE MILITAIRE. V. ÉTAT
DE SIÈGE. V. FEMME SUSPECTE. V. FORTERESSE.
V. FORTIFICATION PERMANENTE. V. GARDE NA-
TIONALE. V. GARNISON. V. GÉNIE. V. GÉRANCE.
V. GOUVERNEUR. V. GOUVERNEUR DE PLACE DE
GUERRE. V. LOGEMENT D'HABITATION. V. MAJOR
DE PLACE N° 1. V. MOT D'ORDRE. V. NUIT DE
REPOS. V. PORTE DE FORTERESSE. V. RANG HO-
NORIFIQUE. V. RETENUE. V. RETENUE SUR AP-
POINTEMENTS. V. SECRÉTAIRE ARCHIVISTE.

1791 (22 juillet). *Loi.* V. DIVISION TERRI-
TORIALE.

1791 (1er août). *Règlement.* V. ÉTAPE.
V. GARDE NATIONALE.

1791 (1er août). *Règlement concernant
l'exercice et les manœuvres de l'infante-
rie,* OU ORDONNANCE D'EXERCICE. V. ABDUCTION.
V. ADJUDANT D'INFANTERIE FRANÇAISE DE LIGNE
N° 20. V. ADJUDANT-MAJOR D'INFANTERIE FRAN-
ÇAISE DE LIGNE N° 13. V. AIDE DE CAMP N° 4.
V. ALIGNEMENT DE BATAILLON LOCOMOUVANT.
V. ALLER AUX DRAPEAUX. V. AMINCISSEMENT.
V. ARME AU PIED. V. ARMÉE FRANÇAISE N° 7. V.
ARTILLERIE D'INFANTERIE. V. AUX ARMES. V.
BAIONNETTE AU CANON. V. BAN CÉLEUSTIQUE.
V. BAS OFFICIER. V. BATAILLON DE DIRECTION. V.
BATAILLON D'INFANTERIE FRANÇAISE DE LIGNE
N° 2, 7. V. BATAILLON GARDE-DRAPEAU. V.
BRAS DE SOLDAT D'INFANTERIE. V. BRELOQUE. V.
BRIGADE D'INFANTERIE FRANÇAISE. V. CADENCE.
V. CANNE D'ADJUDANT. V. CANNE DE TAMBOUR-
MAJOR. V. CAPITAINE DE GRENADIERS N° 5. V.
CAPITAINE D'INFANTERIE FRANÇAISE DE LIGNE
N° 5, 19. V. CAPITAINE EN ROUTE. V. CA-
PUÇINE DE FUSIL. V. CARRÉ TACTIQUE. V. CAR-
RURE. V. CASQUE DE CUIR. V. CHANGEMENT DE
DIRECTION DE BATAILLON EN BATAILLE. V. CHAN-
GEMENT DE DIRECTION EN MASSE. V. CHANGE-
MENT SUR DEUX LIGNES. V. CHARGE A VOLONTÉ.
V. CHARGE CÉLEUSTIQUE. V. CHARGE PRÉCIPITÉE.

v. chef de brigade. v. chef de division n° 2. v. chef de peloton pair. v. chef de subdivision policiaire. v. cible. v. classe d'école de soldat. v. colonel d'infanterie française de ligne n° 6, 25. v. colonne d'attaque. v. colonne de route. v. colonne épagogique. v. colonne serrée. v. commandement général. v. commandement vocal. v. compagnie de fusiliers d'infanterie franco-suisse. v. compagnie de grenadiers d'infanterie française de ligne n° 6. v. compagnie d'élite n° 2. v. compagnie d'infanterie française de ligne n° 5, 8, 9. v. compagnie division. v. composition. v. conducteur d'aile de subdivision. v. contre-marche épagogique. v. conversion en colonne. v. conversion rompante. v. corps régimentaire n° 1. v. coup de fusil. v. défilé. v. défilement d'honneur. v. défilement en tiroir. v. demi-bataillon. v. demi-brigade. v. déploiement. v. déploiement a repos. v. déploiement de brigade. v. déterminer la ligne de bataille. v. direction de bataillon en bataille. v. direction de bataillon en colonne. v. disposition contre la cavalerie. v. distance. v. division d'armée, — de bataillon, — d'infanterie. v. échelon. v. échiquier. v. école de bataillon. v. école de brigade. v. école de soldat. v. école tactique. v. égalisation de pelotons. v. en avant en bataille. v. endivisionnement. v. enpelotonnement. v. escamoter. v. espace. v. évolution. v. évolution a deux lignes. v. évolution de lignes. v. exercice d'infanterie. v. face en arrière en bataille. v. face par le troisième rang. v. faire rentrer des files. v. feu a génuflexion. v. feu a poudre. v. feu de bataillon. v. feu de demi-bataillon. v. feu de deux rangs. v. feu de peloton. v. feu de rangs. v. feu d'infanterie. v. feu en arrière. v. feu en avançant. v. file de bataillon. v. formation a deux mouvements. v. formation de compagnie. v. formation de rang de taille. v. formation en cas d'obstacle. v. formation en colonne d'une troupe en bataille. v. formation sur la droite en bataille. v. formation successive. v. former la colonne avec distance entière. v. former les divisions. v. former les pelotons. v. fourrier d'infanterie française de ligne n° 5. v. garde de drapeau. v. grenadier d'infanterie française de ligne n° 7. v. guerre de 1792. v. guerre de 1852. v. guide de subdivision. v. guide général. v. guide tactique. v. honneurs. v. infanterie de bataille n° 7. v. infanterie française n° 8. v. infanterie légère n° 7. v. inspection des armes. v. instructeur. v. intervalle d'infanterie. v. intervalle d'infanterie en colonne. v. inversions. v. lieutenant d'infanterie n° 3. v. li-

gne combinée. v. ligne de bataillons en masse. v. ligne pleine. v. major-capitaine n° 4. v. major-lieutenant - colonel n° 1. v. maniement d'armes. v. marche de bataillon en bataille en retraite. v. marche de bataillon en colonne. v. marche de bataillon en colonne par le flanc. v. marche de brigade d'infanterie en bataille. v. marche de flanc. v. marche en bataille. v. marche par le flanc. v. marche-route. v. masse tactique. v. mettre des files en arrière. v. milice anglaise n° 8. v. milice russe n° 7. v. musicien n° 6. v. obstacle. v. ordonnance d'exercice d'infanterie. v. ordre de route. v. ordre en carré. v. ordre en échelons. v. pas accéléré. v. pas cadencé. v. pas de charge. v. pas de pivot. v. pas de route. v. pas d'école. v. pas oblique. v. pas ordinaire. v. passage de défilé. v. passage de défilé en avant. v. passage de lignes. v. passage d'obstacle. v. peloton d'infanterie, subs. v. pelotonnement. v. petit pas. v. plat de crosse. v. ploiement. v. prompte manoeuvre. v. rang de taille. v. rangs d'infanterie. v. rangs ouverts. v. régiment d'infanterie française n° 4. v. retraite en échiquier. v. rompement de peloton. v. rompement en bataille. v. rompement par la droite. v. salut avec armes. v. salut de drapeau. v. seconde ligne de bataille. v. section tactique. v. sergent d'infanterie française de ligne n° 5. v. serre-file. v. serrement de colonne. v. sous - lieutenant n° 4. v. sous-officier n° 4, 8. v. subdivision de colonne. v. subdivision tactique. v. tête a droite. v. tiercement. v. ton de commandement. v. tranchant de crosse de fusil.

1791 (5 août). *Loi.* v. loi martiale.

1791 (4 août). *Ordonnance,* ou ordonnance de composition. v. compagnie d'infanterie française de ligne n° 2, tableau. v. composition. v. garde nationale. v. major chef de bataillon n° 2. v. marche de bataillon en bataille.

1791 (5 août). *Règlement provisoire sur le service des gardes nationales.* v. garde nationale.

1791 (6 août). *Loi qui supprime tout signe extérieur,* etc. v. chevron d'ancienneté. v. croix de Saint-Louis. v. médaillon. v. ordre de Saint-Louis.

1791 (4 septembre). *Décret relatif à l'équipement des gardes nationales.* v. devis.

1791 (17, 23 septembre). *Décret.* v. serment.

1791 (20 septembre). *Constitution.* v. garde nationale.

1791 (20 septembre). *Règlement relatif*

à *l'artillerie.* V. FORMATION CONSTITUTIVE. V. FORMATION DE COMPAGNIES.

1791 (20 septembre). *Décret sanctionné le 14 octobre.* V. 14 OCTOBRE.

1791 (27 septembre). *Décret.* V. MASSE DE CASERNEMENT.

1791 (28 septembre). *Décret.* V. ARTILLERIE A CHEVAL.

1791 (30 septembre). *Décret.* V. GARDE CONSTITUTIONNELLE. V. JUGE MILITAIRE.

1791 (30 septembre). *Code militaire sanctionné le 19 octobre,* OU ORDONNANCE DE JUSTICE. V. ACCUSATEUR MILITAIRE. V. CONSEIL DE RÉGIMENT. V. CONSEIL JUDICIAIRE. V. CONSIGNE DE SENTINELLE. V. CRIME. V. DÉLIT. V. DÉLIT COMMUN. V. DÉSERTEUR. V. DÉSOBÉISSANCE. V. DUEL. V. EFFET D'UNIFORME. V. FAUX TÉMOIN. V. FEMME SUSPECTE. V. JUSTICE MILITAIRE. V. MILITAIRE, SUBS. V. MOT D'ORDRE. V. ORDONNANCE DE JUSTICE. V. PEINE. V. SENTINELLE. V. SUBORDINATION.

1791 (12 octobre). *Loi.* V. PAYEUR. V. TRÉSORIER DE LA GUERRE.

1791 (12 octobre). *Règlement de logement.* V. AMEUBLEMENT. V. CAPITAINE D'INFANTERIE FRANÇAISE DE LIGNE N° 9. V. CASERNE. V. CHIRURGIEN-MAJOR D'INFANTERIE FRANÇAISE DE LIGNE N° 7. V. ÉCURIE. V. INDEMNITÉ DE LOGEMENT. V. LOGEMENT D'HABITATION. V. RÈGLEMENT DE LOGEMENT. V. TRÉSORIER.

1791 (14 octobre). *Décret relatif à la garde nationale.* V. GARDE NATIONALE.

1791 (14 octobre). *Décret sur l'organisation du commissariat.* V. COMMISSAIRE AUDITEUR. V. COMMISSAIRE DES GUERRES N° 5, 6. V. COMMISSAIRE ORDINAIRE. V. COMMISSAIRE ORDONNATEUR. V. CROIX DE SAINT-LOUIS. V. GÉNÉRAL D'ARMÉE N° 6. V. INTENDANT MILITAIRE N° 3. V. REVUE D'ADMINISTRATION. V. REVUE SUR LE TERRAIN.

1791 (16 octobre). *Décret.* V. CROIX DE SAINT-LOUIS. V. DÉCORATION. V. GARDE CONSTITUTIONNELLE. V. ORDRE DE SAINT-LOUIS.

1791 (19 octobre). *Code pénal militaire* (30 septembre). V. cette date. Le *Journal militaire* le date du 16 octobre.

1791 (28 octobre). *Proclamation.* V. CROIX DE SAINT-LOUIS.

1791 (31 octobre). *Instruction.* V. INSPECTEUR GÉNÉRAL. V. INSPECTEUR GÉNÉRAL N° 5. V. SERMENT.

1791 (13 novembre). *Règlement.* V. GARDE CONSTITUTIONNELLE.

1791 (15 novembre). *Instruction.* V. INSPECTEUR GÉNÉRAL. V. INSPECTEUR GÉNÉRAL N° 5. V. INSPECTEUR GÉNÉRAL D'INFANTERIE N° 5.

1791 (10 décembre). *Instruction sur l'uniforme des commissaires des guerres.* V. COMMISSAIRE DES GUERRES N° 3.

1791 (28 décembre). *Décret.* V. CONSEIL D'ADMINISTRATION DE RÉGIMENT N° 1.

1792 (1er janvier). *Règlement concernant l'administration et la comptabilité des régiments et bataillons d'infanterie,* OU ORDONNANCE D'ADMINISTRATION, DE COMPTABILITÉ. V. ADMINISTRATION DE CORPS. V. APPOINTEMENTS. V. ATELIER DE CORPS. V. CAISSE A TROIS SERRURES. V. CANTINE DE COMPTABILITÉ. V. CAPITAINE D'HABILLEMENT N° 3. V. COMPTABILITÉ. V. CONGÉ. V. CONGÉ DE GRACE. V. HABILLEMENT. V. INFANTERIE FRANÇAISE N° 4. V. LETTRE DE COMPAGNIE. V. MAGASIN DE CORPS. V. MAITRE OUVRIER. V. MEMBRE DE CONSEIL D'ADMINISTRATION. V. ORDONNANCE D'ADMINISTRATION. V. ORDONNANCE DE COMPTABILITÉ. V. PETIT ÉQUIPEMENT. V. REGISTRE DE CORPS.

1792 (1er janvier). *Règlement sur le recrutement, les engagements, rengagements et congés.* V. CONGÉ. V. ENGAGEMENT. V. RECRUTEMENT. V. RENGAGEMENT.

1792 (1er janvier). *Instruction pour les capitaines d'habillement.* V. CAPITAINE D'HABILLEMENT N° 3. V. LETTRE DE COMPAGNIE. V. MAGASIN DE CORPS. V. MAITRE OUVRIER. V. MASSE GÉNÉRALE. V. ORDONNANCE D'UNIFORME.

1792 (2 janvier). *Règlement.* V. COMMISSAIRE DES GUERRES N° 6. V. ENGAGEMENT DE RECRUE.

1792 (5 janvier). *Loi.* V. GENDARMERIE DE POLICE N° 1.

1792 (15 janvier). *Décision.* V. ADJUDANT DE PLACE N° 3.

1792 (15 janvier). *Circulaire.* V. GUÊTRE. V. GUÊTRE BLANCHE. V. GUÊTRE DE TOILE. V. MANTEAU D'HABILLEMENT.

1792 (17 et 29 janvier). *Loi.* V. GRATIFICATION D'ENTRÉE EN CAMPAGNE.

1792 (25 janvier). *Décret concernant le recrutement des troupes de ligne.* V. RECRUTEMENT. V. TROUPE DE LIGNE.

1792 (27 janvier). *Loi.* V. LIEUTENANT GÉNÉRAL N° 3.

1792 (2 février). *Décret.* V. CAISSON DE RÉGIMENT. V. CHEVAL DE BAT. V. CHEVAL DE PELOTON.

1792 (14 février). *Loi.* V. CRÉANCIER DE MILITAIRE DÉCÉDÉ. V. SOLDE.

1792 (29 février). *Loi.* V. GRATIFICATION D'ENTRÉE EN CAMPAGNE.

1792 (1er mars). *Instruction sur le campement.* V. CORDEAU DE CAMPEMENT. V. GARDE NATIONALE. V. MARQUISE. V. ORDONNANCE DE CAMPEMENT. V. OUTIL DE CAMPEMENT. V. TENTE.

1792 (15 mars). *Règlement.* V. COMMISSAIRE DES GUERRES N° 6. V. RÈGLEMENT DE REVUES. V. REVUE ADMINISTRATIVE.

1792 (15 mars). *Loi.* V. GRATIFICATION D'ENTRÉE EN CAMPAGNE.

1792 (15 mars). *Ordonnance sur la composition*, OU ORDONNANCE DE COMPOSITION. V. COMPAGNIE D'INFANTERIE FRANÇAISE Nº 2, tableau. V. ORDONNANCE DE COMPOSITION. V. REVUE D'ADMINISTRATION.

1792 (1ᵉʳ avril). *Règlement.* V. ARTILLERIE DE CAMPAGNE. V. ARTILLERIE DE SIÉGE. V. TRAVAILLEUR.

1792 (5 avril). *Règlement provisoire sur le service en campagne*, OU ORDONNANCE DE SERVICE EN CAMPAGNE. V. ABANDON POUR PILLER. V. ADJUDANT-MAJOR D'INFANTERIE FRANÇAISE DE LIGNE Nº 10. V. ALERTE. V. ANCIENNETÉ DE GRADE D'OFFICIER. V. APPEL DE SOIR AU CAMP. V. ARME AU CAMP. V. ARTILLERIE D'INFANTERIE. V. ASSAILLANT DE SIÉGE OFFENSIF. V. ATTAQUE DE FRONT DE PLACE. V. ATTAQUE EN RASE CAMPAGNE. V. AVANT-GARDE D'ARMÉE. V. BALLE ROULANTE. V. BAN D'ARRIVÉE AU CAMP. V. BANQUE DE FOSSÉ. V. BARAQUE. V. BATAILLE STRATEUMATIQUE. V. BILLET D'APPEL AU CAMP. V. BIVAC. V. BLESSÉ. V. BOUCHER MILITAIRE. V. BRANCARD A BLESSÉ. V. BRELOQUE AU CAMP. V. BREVET D'OFFICIER. V. BRIGADE D'ARMÉE. V. BRIGADE DE LIGNE. V. BRIGADE D'INFANTERIE FRANÇAISE. V. CAISSON D'AMBULANCE. V. CAISSON DE RÉGIMENT. V. CAISSON DE VIVRES. V. CAMP DE SÉJOUR. V. CAMP D'INFANTERIE. V. CAMPEMENT ACTIF. V. CAMPEMENT TACTIQUE. V. CANTONNEMENT. V. CAPITAINE DE GRENADIERS D'INFANTERIE FRANÇAISE DE LIGNE Nº 3, 4. V. CAPITAINE D'INFANTERIE FRANÇAISE DE LIGNE Nº 22. V. CAPITULATION DE POSTE FERMÉ. V. CAVALERIE LÉGÈRE. V. CHEF DE BATAILLON D'INFANTERIE FRANÇAISE DE LIGNE Nº 1. V. CHEF DE BATAILLON EN CANTONNEMENT. V. CHEF DE TRANCHÉE. V. CHEF D'ÉTAT-MAJOR D'ARMÉE. V. CHEMIN MILITAIRE. V. CHEVAL DE COMPAGNIE. V. CHEVAL DE DÉSERTEUR ÉTRANGER. V. CHEVAL DE PRISE. V. CHEVAL DE VIVANDIER. V. CHEVAL TROUVÉ. V. CLAIE. V. COLONEL DE TRANCHÉE. V. COMMANDEMENT DE SERVICE AU CAMP. V. COMMUNICATION DE CAMP. V. CONTRE-SORTIE. V. CONVALESCENT ABSENT. V. CORPS EN ROUTE. V. CORVÉE AU CAMP. V. CORVÉE EN CAMPAGNE. V. COUVRE-PLATINE. V. CRIMINEL. V. CRIMINEL EN ROUTE. V. DÉSERTEUR A L'ENNEMI. V. DÉTACHEMENT AU CAMP. V. DÉTACHEMENT DE GUERRE. V. DISTRIBUTION DE RATIONS. V. DIVISION D'ARMÉE. V. DIVISION D'INFANTERIE. V. DOMESTIQUE D'OFFICIER. V. DRAPEAU D'INFANTERIE FRANÇAISE DE LIGNE. V. ÉTAT-MAJOR D'ARMÉE Nº 3. V. EXERCICE A FEU. V. FAISCEAU DE CAMPEMENT. V. FAUX, subs. fém. V. FICHE. V. FRONT D'ATTAQUE. V. GARDE DE CAMP. V. GARDE DE POLICE AU CAMP. V. GARDE DE POLICE EN ROUTE. V. GARDE EN CAMPAGNE. V. GÉNÉRAL DE BRIGADE Nº 1, 3. V. GÉNÉRAL DE DIVISION Nº 5. V. GÉNÉRAL EN CHEF Nº 2. V. GÉNÉRAL FRANÇAIS Nº 5. V. GRAND'GARDE. V. HAVRE-SAC. V. HON-

NEURS DE LA GUERRE. V. INFANTERIE FRANÇAISE Nº 10. V. MAJOR DE BRIGADE. V. MARCHE D'ARMÉE. V. MARCHE-ROUTE. V. MESSE MILITAIRE. V. MOT. V. MOT DE RALLIEMENT. V. OFFICIER DE GARDE. V. OFFICIER DE TRANCHÉE. V. OFFICIER DE SEMAINE. V. OFFICIER D'ORDONNANCE. V. OFFICIER FRANÇAIS Nº 3. V. ORDONNANCE DE SERVICE DE CAMPAGNE. V. OUTIL DE CAMPAGNE. V. OUTIL DE CAMPEMENT. V. PAILLE DE CAMPEMENT. V. PARTI DE GUERRE. V. RANG HONORIFIQUE. V. RÈGLEMENT DE MARCHE. V. RETRAITE STRATEUMATIQUE. V. SEL. V. SERVICE DE CAMPAGNE. V. SERVICE DE JOUR.

1792 (5 avril). *Règlement sur le campement.* V. BATAILLON DE GARDES NATIONALES. V. CORDEAU DE CAMPEMENT. V. FANION DE CAMPEMENT. V. PARC. V. PAS DE CAMP. V. PIQUET AU CAMP. V. POSTE FERMÉ. V. PRIÈRE. V. PRISONNIER DE GUERRE.

1792 (5 avril). *Règlement sur les subsistances*, OU ORDONNANCE DE SUBSISTANCES. V. BISCUIT. V. COMMISSAIRE GÉNÉRAL. V. FOURRAGE. V. FOURNITURE DE CAMPAGNE. V. LÉGUME SEC. V. LIQUIDE. V. PAIN DE MUNITION. V. RÈGLEMENT DE SUBSISTANCE. V. RIZ.

1792 (10 avril). *Décret.* V. COMMISSAIRE ORDONNATEUR.

1792 (14 avril). *Décret.* V. CAVALERIE FRANÇAISE Nº 6. V. GENDARMERIE DE POLICE Nº 2, 5.

1792 (17 avril). *Décret.* V. ARTILLERIE A CHEVAL. V. GUIDE D'ARMÉE.

1792 (22 avril). *Loi.* V. DRAPEAU TRICOLORE.

1792 (25 avril). *Règlement.* V. DÉPOT DE LA GUERRE.

1792 (29 avril). *Décret.* V. ARTILLERIE A CHEVAL. V. CAVALERIE FRANÇAISE Nº 6. V. GENDARMERIE DE POLICE Nº 2, 5. V. INFANTERIE FRANÇAISE Nº 5, tableau. V. SOLDE.

1792 (30 avril). *Décret.* V. HOTEL DES INVALIDES. V. MORTE-PAYE.

1792 (1ᵉʳ mai). *Décret relatif aux officiers généraux, etc.* V. LIEUTENANT GÉNÉRAL Nº 3. V. OFFICIER GÉNÉRAL.

1792 (4 mai). *Décret.* V. PRISONNIER DE GUERRE ÉTRANGER.

1792 (5 mai). *Loi.* V. GRATIFICATION D'ENTRÉE EN CAMPAGNE.

1792 (11 et 12 mai). *Décret relatif à la tenue des cours martiales et à la forme des jugements militaires en campagne.* V. ABANDON DE GARNISON. V. ARRESTATION ILLÉGALE. V. COUR MARTIALE. V. TRIBUNAL MILITAIRE.

1792 (15 mai). *Loi.* V. COMMANDEMENT AMOVIBLE.

1792 (16 mai). *Loi relative à la tenue des cours martiales et à la forme des jugements en campagne.* V. ABANDON DE

CAMP. V. COMMISSAIRE AUDITEUR. V. COUR MARTIALE. V. JUSTICE MILITAIRE.

1792 (16 mai). *Loi relative aux invalides et vétérans.* V. HOTEL DES INVALIDES. V. VÉTÉRAN.

1792 (17 mai). *Décret relatif aux congés, permissions.* V. ABSENCE D'OFFICIER. V. CONGÉ. V. CONSEIL D'ADMINISTRATION DE RÉGIMENT N° 3. V. DÉSERTION D'OFFICIER. V. PERMISSION.

1792 (23 mai). *Loi et règlement de logement.* V. NOTE. V. INDEMNITÉ DE LOGEMENT. V. LOGEMENT DE MILITAIRE. V. LOGEMENT D'HABITATION. V. LOGEMENT EN ROUTE. V. PAVILLON DE CASERNEMENT. V. RÈGLEMENT DE LOGEMENT. V. RETENUE. V. SOUS-OFFICIER N° 6.

1792 (1er juin). *Règlement.* V. ARTILLERIE A CHEVAL.

1792 (20 juin). *Règlement.* V. PRISONNIER DE GUERRE ÉTRANGER.

1792 (24 juin). *Règlement qui portait d'abord la date du 1er janvier, comme le témoigne le Journal militaire (an VI, p. 499).*

1792 (24 juin). *Règlement concernant le service intérieur, la police et la discipline de l'infanterie. Rescrit remplacé par le règlement de 1816 (24 juillet).* V. ABONNEMENT AU THÉATRE. V. ADJUDANT D'INFANTERIE FRANÇAISE DE LIGNE N° 22. V. ADJUDANT-MAJOR DE SEMAINE N° 1, 3. V. APPEL DE MATIN EN GARNISON. V. APPEL DE MUSICIENS. V. APPEL DE SOIR EN GARNISON. V. APPOINTEMENT. V. ARRÊTS SIMPLES. V. AVANT-GARDE DE CHEVELURE. V. BANDOULIÈRE. V. BAQUET DE CHAMBRÉE. V. BATTERIE TUMULTUAIRE. V. BAUDRIER D'OFFICIER. V. BILLET D'APPEL DE POLICE. V. BOTTE A RETROUSSIS. V. BOUCLE DE CHEVEUX. V. BRELOQUE. V. CACHOT. V. CAHIER D'APPEL. V. CAPITAINE DE POLICE EN GARNISON. V. CAPITAINE D'INFANTERIE FRANÇAISE DE LIGNE N° 24. V. CAPORAL D'ESCOUADE N° 1. V. CAPORAL D'INFANTERIE FRANÇAISE DE LIGNE N° 11, 12. V. CAPORAL-TAMBOUR. V. CASSATION DISCIPLINAIRE. V. CEINTURON D'OFFICIER PARTICULIER. V. CHAPEAU A TROIS CORNES. V. CHEF DE BATAILLON DE SEMAINE EN GARNISON; id. N° 3. V. CHEF DE BATAILLON D'INFANTERIE FRANÇAISE DE LIGNE N° 1, 8, 11. V. CHEF DE COMPLOT. V. CHEF DE MUSIQUE. V. CHEVELURE MILITAIRE. V. COL BLANC. V. COL DE CHEMISE. V. COLONEL D'INFANTERIE FRANÇAISE DE LIGNE N° 28. V. COMMISSAIRE AUDITEUR DES GUERRES. V. COMMISSAIRE ORDINAIRE. V. COMMISSAIRE ORDONNATEUR. V. CONSEIL DE DISCIPLINE. V. CONSIGNE INTRA MUROS. V. CONSIGNÉ A LA CASERNE. V. CONTRAINTE PAR CORPS. V. CONTROLE DE DEMI-SIGNALEMENT. V. CONVALESCENT PRÉSENT AU CORPS. V. CORRIDOR DE CASERNE. V. COUP CORRECTIONNEL. V. COUVERTE DE SOLDAT. V. CRÉANCIER DE MILITAIRE DÉCÉDÉ. V. CRÉDIT COMMERCIAL. V. CRIMINEL EN ROUTE. V. CULOTTE. V. DANSE. V. DÉGRADATION DE CASERNEMENT. V. DÉGRADATION DE SALLE DE DISCIPLINE. V. DÉMISSION. V. DENIERS DE POCHE. V. DÉSERTION D'OFFICIER. V. DÉTENU DE CORPS EN ROUTE. V. DETTE D'HOMME DE TROUPE. V. DETTE D'OFFICIER. V. DISCIPLINE FRANÇAISE. V. DISTRIBUTION DE PAIN. V. DOMESTIQUE D'OFFICIER. V. DRAGONNE D'OFFICIER. V. ÉCOLE DE DANSE. V. ÉCOLE D'ENSEIGNEMENT PRIMAIRE. V. ÉCOLE D'ESCRIME. V. EFFECTIF. V. EFFET DE PETIT ÉQUIPEMENT. V. ÉPÉE D'OFFICIER. V. FACE DE CHEVELURE. V. FAUTE. V. FEUILLE DE RAPPORT DE COMPAGNIE. V. FEUILLE DE RAPPORT GÉNÉRAL. V. FOURRIER D'INFANTERIE FRANÇAISE DE LIGNE N° 6. V. GALE. V. GARDE DE POLICE EN ROUTE. V. GARDE DE SABRE. V. GENDARMERIE DE POLICE N° 1. V. GEOLAGE. V. GRENADIER D'INFANTERIE N° 2, 3. V. GUÊTRE NOIRE. V. INSPECTEUR GÉNÉRAL N° 3. V. LIEUTENANT D'INFANTERIE FRANÇAISE DE LIGNE N° 6, 7, 8. V. LIVRE DE POLICE. V. LIVRE DE PUNITIONS. V. LIVRE D'ORDRES D'ADJUDANT. V. LIVRE D'ORDRES DE COMPAGNIE. V. LIVRE D'ORDRES DE CORPS. V. LOGEMENT D'HABITATION. V. MAITRE OUVRIER N° 1, 2. V. MOUSTACHE. V. MOUVEMENT MUTATIONNAIRE. V. MUSICIEN N° 5, 6. V. OFFICIER DE SECTION ADMINISTRATIVE. V. OFFICIER DE SEMAINE. V. ORDINAIRE DE SOLDATS. V. ORDONNANCE DE POLICE. V. PIERRE A FEU. V. PRÊT. V. PRISON. V. PRISON DE CASERNE. V. PUNITION. V. QUARTIER-MAITRE D'INFANTERIE FRANÇAISE DE LIGNE N° 2. V. QUEUE DE CHEVELURE. V. RÈGLEMENT DE SERVICE. V. REPAS DE CORPS. V. REVERS D'HABIT. V. SALLE DE DISCIPLINE. V. SECTION ADMINISTRATIVE. V. SERGENT-MAJOR N° 4, 7, 10. V. SERVICE DE SEMAINE. V. SERVICE INTÉRIEUR. V. SIGNALEMENT. V. SOUS-OFFICIER N° 10, 11. V. SUBDIVISION ADMINISTRATIVE. V. TAILLE DE MILITAIRE. V. TAMBOUR IDIOPLIQUE D'INFANTERIE FRANÇAISE N° 1, 2, 4. V. TAMBOUR-MAJOR N° 5, 9. V. TENUE. V. TRÉSORIER DE CORPS N° 6.

1792 (29 juin). *Décret.* V. SOUS-LIEUTENANT N° 2.

1792 (17 juillet). *Décret.* V. CORNET IDIOPLIQUE N° 1.

1792 (19 juillet). *Décret.* V. RÉCOMPENSE.

1792 (22 juillet). *Décret.* V. BATAILLON DE VOLONTAIRES NATIONAUX. V. GARDE CONSTITUTIONNELLE. V. TAILLE DE MILITAIRE.

1792 (26 juillet). *Loi.* V. BRÈCHE PRATICABLE. V. COMMANDANT DE PLACE ASSIÉGÉE. V. FORTERESSE. V. REDDITION DE PLACE. V. SIÉGE DÉFENSIF.

1792 (2 août). *Loi.* V. DÉSERTEUR A L'ENNEMI.

1792 (3 août). *Décret sanctionné le 7.* V. PRISONNIER DE GUERRE ÉTRANGER.

1792 (3 août). *Décret.* V. QUARTIER-MAITRE D'INFANTERIE FRANÇAISE DE LIGNE N° 1, 3.

1792 (4 août). *Ordonnance.* V. CONSEIL DE SANTÉ.

1792 (19 août). *Loi.* V. MANUFACTURE D'ARMES.

1792 (22 août). *Décret.* V. ENGAGEMENT DE RECRUE.

1792 (27 août). *Circulaire.* V. PIQUIER.

1792 (27 août). *Loi.* V. DÉSERTEUR A L'ENNEMI.

1792 (28 août). *Décret.* V. GARDE CONSTITUTIONNELLE.

1792 (1er septembre). *Décision.* V. GOUVERNEUR DE PLACE ASSIÉGÉE.

1792 (2 septembre). *Loi.* V. BLUTAGE. V. PAIN DE MUNITION.

1792 (4 octobre). *Loi.* V. BOUTON A ATTRIBUTS.

1792 (9 octobre). *Décret.* V. COMMISSION MILITAIRE.

1792 (15 et 17 octobre). *Décret.* V. DÉCORATION.

1793 (1er février). *Décret.* V. BOUTON A ATTRIBUTS. V. RANG HONORIFIQUE.

1793 (6 février). *Décret.* V. MINISTÈRE DE LA GUERRE.

1793 (21 février). *Décret relatif à l'organisation de l'armée,* ou ORDONNANCE DE COMPOSITION. V. AMALGAME. V. ANCIENNETÉ DE COMPAGNIE. V. ARMÉE FRANÇAISE N° 5, tableau. V. ARTILLERIE D'INFANTERIE. V. AVANCEMENT. V. CAPORAL D'INFANTERIE FRANÇAISE DE LIGNE N° 4. V. CAVALERIE DE BATAILLE. V. CAVALERIE LÉGÈRE. V. CHEF DE BATAILLON D'INFANTERIE FRANÇAISE DE LIGNE N° 1. V. CHEF DE BRIGADE. V. COLONEL D'INFANTERIE FRANÇAISE DE LIGNE N° 1. V. COMPAGNIE D'INFANTERIE FRANÇAISE DE LIGNE N° 2, tableau. V. CONSCRIPTION. V. CONSEIL D'ADMINISTRATION DE RÉGIMENT N° 1. V. DEMI-BRIGADE. V. DRAGON FRANÇAIS N° 3. V. EMBRIGADEMENT. V. ÉTAT-MAJOR DE CORPS N° 2. V. GÉNÉRAL EN CHEF N° 4. V. LIEUTENANT-COLONEL N° 1. V. MARÉCHAL DE CAMP N° 2. V. MARÉCHAL DE FRANCE ; id. N° 1. V. ORDONNANCE DE COMPOSITION. V. ORGANISATION. V. RÉGIMENT D'INFANTERIE FRANÇAISE N° 5. V. RÉGIMENT FRANÇAIS. V. SOLDE. V. SOUS-OFFICIER N° 1, 5. V. TIERCEMENT. V. TRÉSORIER DE CORPS N° 2.

1793 (24 février). *Décret sur la levée de trois cent mille hommes.* V. CONTINGENT. V. LEVÉE. V. RECRUTEMENT. V. REMPLACEMENT D'ENRÔLÉ. V. RÉQUISITION CONSCRIPTIVE.

1793 (5 mars). *Règlement.* V. MASSE DE BOULANGERIE.

1793 (8 mars). *Décret.* V. MARIAGE.

1793 (9 mars). *Décret.* V. CONTRAINTE PAR CORPS.

1793 (10 mars). *Décret.* V. CORPS FRANC. V. FORCE NUMÉRIQUE.

1793 (22 mars). *Règlement de convoi.* V. CONVOI A LA SUITE. V. ORDONNANCE DE CONVOI.

1793 (28 mars). *Décret relatif à la vente des armes.* V. ARME D'UNIFORME DE TROUPE. V. VENTE D'ARMES.

1793 (31 mars). *Décret sur l'organisation.* V. ORDONNANCE DE COMPOSITION. V. ORGANISATION. V. PETIT ÉQUIPEMENT.

1793 (8 avril). *Loi.* V. SOLDE.

1793 (16 avril). *Décret.* V. COMMISSAIRE DES GUERRES N° 1. V. COMMISSAIRE ORDINAIRE. V. COMMISSAIRE ORDONNATEUR.

1793 (30 avril). *Loi.* V. FEMME D'ARMÉE.

1793 (7 mai). *Décret.* V. ÉQUIPAGES.

1793 (7 mai). *Loi.* V. CONDAMNÉ A MORT. V. EXÉCUTION A MORT.

1793 (12 mai). *Décret qui institue les tribunaux militaires.* V. TRIBUNAL. V. TRIBUNAL MILITAIRE.

1793 (12 mai). *Code pénal.* V. ACCUSATEUR MILITAIRE. V. CHEF DE COMPLOT. V. CONDAMNÉ A MORT. V. CORRESPONDANCE AVEC L'ENNEMI. V. DÉSERTEUR. V. EMBAUCHEUR. V. ESPION D'ARMÉE. V. EXÉCUTION A MORT. V. FAUSSE CONSIGNE. V. FOURRAGE DE DISTRIBUTION. V. FAUX, subs. masc. t. FEUILLE DE ROUTE DE MILITAIRE ISOLÉ. V. GÉNÉRAL EN CHEF N° 2. V. GREFFIER DE CONSEIL DE GUERRE. V. JUSTICE MILITAIRE. V. MATRICULE. V. ORDONNANCE DE JUSTICE. V. PILLAGE. V. REDDITION DE PLACE. V. SENTINELLE. V. TRIBUNAL CRIMINEL MILITAIRE.

1793 (juin). *Décret.* V. ÉCOLE MILITAIRE.

1793 (16 juin). *Décret.* V. COMMISSION MILITAIRE. V. COUR MARTIALE. V. ESPION D'ARMÉE. V. GREFFIER DE CONSEIL DE GUERRE.

1793 (23 juin). *Décret.* V. GUIDE D'ARMÉE.

1793 (26 juillet). *Décret.* V. PIONNIER.

1793 (27 juillet). *Décret.* V. TRAIN. V. TRANSPORT.

1793 (6 août). *Décret.* V. CHATEAU FORT.

1793 (7 août). *Décret.* V. HOPITAL MILITAIRE.

1793 (12 août). *Décret.* V. ADJUDANT D'INFANTERIE FRANÇAISE DE LIGNE N° 14. V. CHEF DE BATAILLON N° 3, 5. V. CHEF DE MUSIQUE. V. EMBRIGADEMENT. V. FOURRIER N° 9. V. SERGENT-MAJOR N° 7.

1793 (16 août). *Décret.* V. COMMISSION MILITAIRE. V. COUR MARTIALE. V. RÉQUISITION CONSCRIPTIVE.

1793 (23 août). *Décret.* V. LEVÉE EN MASSE. V. RÉQUISITION CONSCRIPTIVE. V. REMPLACEMENT D'ENRÔLÉ.

1795 (1er septembre). *Instruction.* v. RÉQUISITION CONSCRIPTIVE.

1795 (14 septembre). *Décret.* v. ARMÉE RÉVOLUTIONNAIRE.

1795 (15 décembre). v. GÉNIE IDIOPLIQUE N° 5. v. MINEUR FRANÇAIS.

1795 (31 décembre). *Règlement.* v. MASSE DE LINGE ET CHAUSSURE.

An DEUX (2 brumaire). *Décret.* v. MINEUR FRANÇAIS. V. GÉNIE IDIOPLIQUE N° 1.

An DEUX (15 brumaire). *Décret.* v. DÉSERTEUR A L'ENNEMI.

An DEUX (16 brumaire). *Décret.* v. CHEVAL D'OFFICIER. V. SIÉGE DÉFENSIF.

An DEUX (20 brumaire). *Décret.* v. TIRAILLEUR.

An DEUX (21 brumaire). *Loi.* v. ASSAUT DE CORPS DE PLACE.

An DEUX (26 brumaire). *Circulaire.* v. RENGAGEMENT.

An DEUX (28 brumaire). *Décret.* v. CROIX DE SAINT-LOUIS. V. ORDRE DE SAINT-LOUIS.

An DEUX (1er frimaire). *Décret.* v. ASSAUT OFFENSIF.

An DEUX (2 frimaire). *Décret et règlement y faisant suite.* v. APPOINTÉ. V. ARMÉE FRANÇAISE N° 3, tableau. v. BATAILLON D'INFANTERIE FRANÇAISE N° 2, tableau. v. COMPAGNIE D'INFANTERIE FRANÇAISE DE LIGNE N° 2, tableau. v. COMPAGNIE DE GRENADIERS D'INFANTERIE FRANÇAISE DE LIGNE N° 3. V. FOURRIER D'INFANTERIE FRANÇAISE DE LIGNE N° 8. V. LIEUTENANT-COLONEL N° 9. V. QUARTIER-MAITRE D'INFANTERIE FRANÇAISE DE LIGNE N° 5. V. TAMBOUR-MAJOR N° 7.

An DEUX (12 frimaire). *Décret.* v. DÉSERTEUR A L'ENNEMI.

An DEUX (14 frimaire). *Décret.* v. TRAITEMENT PRESTATIONNAIRE.

An DEUX (25 frimaire). *Décret.* v. PIONNIER. V. SAPEUR DU GÉNIE.

An DEUX (26 frimaire). *Décret relatif aux appointements perçus deux fois.* v. APPOINTEMENTS.

An DEUX (15 nivôse). *Décret.* v. COMMANDANT AMOVIBLE.

An DEUX (19 nivôse). *Décision.* v. EMBRIGADEMENT.

An DEUX (21 nivôse). *Décret.* v. CAVALERIE FRANÇAISE N° 4. V. CAVALERIE LÉGÈRE. V. CHASSEUR A CHEVAL. V. DRAGONS FRANÇAIS N° 5. V. HUSSARD N° 2. V. RÉGIMENT DE CAVALERIE FRANÇAISE N° 2.

An DEUX (24 nivôse). *Décret.* v. CAISSON D'AMBULANCE.

An DEUX (5 pluviôse). *Décret sur l'organisation de la justice militaire.* v. ACCUSATEUR MILITAIRE. V. CONSEIL PERMANENT N° 5. V. EXÉCUTION A MORT. V. JUSTICE MILITAIRE. V. PROCÉDURE. V. TRIBUNAL.

An DEUX (6 pluviôse). *Décret.* v. EMBRIGADEMENT.

An DEUX (9 pluviôse). *Décret.* v. COMPAGNIE DE CARABINIERS. V. CORPS FRANC. V. EMBRIGADEMENT. V. INFANTERIE LÉGÈRE N° 2. V. ORGANISATION. V. RANG HONORIFIQUE.

An DEUX (13 pluviôse). *Décret.* v. CHATEAU FORT.

An DEUX (15 pluviôse). *Décret.* v. CAVALERIE FRANÇAISE N° 2. V. RÉGIMENT DE CAVALERIE FRANÇAISE N° 2, 4.

An DEUX (18 pluviôse). *Instruction.* v. INHUMATION.

An DEUX (27 pluviôse). *Décret.* v. CAPORAL D'INFANTERIE FRANÇAISE DE LIGNE N° 14. V. PROMOTION.

An DEUX (3 ventôse). *Loi.* v. SERVICE DE SANTÉ.

An DEUX (7 ventôse). *Instruction.* v. HOPITAL MILITAIRE.

An DEUX (11 ventôse). *Loi relative aux inventaires et scellés.* v. APPOSITION DE SCELLÉS. V. INVENTAIRE. V. SCELLÉ.

An DEUX (19 ventôse). *Loi.* v. MEMBRE DU CONSEIL D'ADMINISTRATION.

An DEUX (3 germinal). *Décret.* v. FAUX TÉMOIN.

An DEUX (4 germinal). *Loi.* v. INDEMNITÉ DE PERTE D'ÉQUIPAGE. V. INDEMNITÉ DE PERTE EN CAMPAGNE.

An DEUX (12 germinal). *Loi qui institue la commission de l'organisation, etc.* v. COMMISSION DE... V. MINISTRE DE LA GUERRE.

An DEUX (28 germinal). *Loi.* v. REMPLACEMENT D'ENROLÉ.

An DEUX (14 floréal). *Décision.* v. JUSTICE MILITAIRE.

An DEUX (7 prairial). *Circulaire.* v. RIZ.

An DEUX (7 prairial). *Décret.* v. PRISONNIER DE GUERRE ÉTRANGER.

An DEUX (13 prairial). *Décret.* v. ÉCOLE DE MARS N° 1.

An DEUX (17 prairial). *Arrêté.* v. LÉGUME SEC.

An DEUX (18 prairial). *Décret.* v. DÉPOSITION.

An DEUX (27 prairial). *Loi.* v. GENDARMERIE DE GUERRE.

An DEUX (14 messidor). *Loi.* v. REMPLACEMENT D'ENROLÉ.

An DEUX (2 thermidor). *Loi.* v. BATIMENT MILITAIRE. V. CASERNEMENT. V. CONSEIL D'ADMINISTRATION N° 4. V. FACTEUR. V. LÉGUME SEC. V. LIVRET DE PAYEMENT. V. MAITRE OUVRIER N° 2. V. MASSE D'ENTRETIEN. V. MASSE RÉGIMENTAIRE. V. PAIN DE MUNITION. V. RETENUE. V. SOLDE. V. TAMBOUR IDIOPLIQUE D'INFANTERIE FRANÇAISE N° 5.

An DEUX (9 thermidor). *Loi relative aux*

pertes d'équipages. V. ÉQUIPAGES. V. PERTE D'ÉQUIPAGE.

AN DEUX (29 thermidor). V. INFANTERIE DE BATAILLE N° 4, tableau. V. INFANTERIE LÉGÈRE N° 4, tableau.

AN DEUX (30 thermidor). *Règlement de casernement.* V. ADJUDANT EN GARNISON. V. BAQUET DE COUR. V. BATIMENT MILITAIRE. V. CAPITAINE DE VISITE DE CASERNEMENT. V. CAPITAINE D'INFANTERIE FRANÇAISE DE LIGNE N° 9. V. CASERNE. V. CASERNEMENT. V. CASERNIER. V. CONSERVATEUR DE BATIMENTS MILITAIRES. V. COUVERTE D'HOMMES DE TROUPE. V. DÉPART IMPRÉVU. V. EFFET DE CASERNEMENT. V. EFFET DE LITERIE. V. ÉTABLISSEMENT MILITAIRE. V. HOPITAL MILITAIRE. V. INGÉNIEUR MILITAIRE. V. LIT MILITAIRE. V. LOGEMENT D'HABITATION. V. OFFICIER DE CASERNEMENT. V. RÈGLEMENT DE CASERNEMENT. V. RÈGLEMENT DE LOGEMENT. V. PAILLASSE DE CASERNEMENT. V. PAVILLON DE CASERNEMENT. V. SERGENT-MAJOR N° 7.

AN DEUX (2 fructidor). *Règlement.* V. CASQUE DE CUIR. V. EFFET DE PETIT ÉQUIPEMENT. V. ORDONNANCE D'UNIFORME. V. RÈGLEMENT D'HABILLEMENT. V. SOULIER.

AN DEUX (6 fructidor). *Circulaire.* V. ÉTAPE. V. FEUILLE DE ROUTE.

AN DEUX (8 fructidor). *Arrêté.* V. SABOT DE CHAUSSURE.

AN DEUX (16 fructidor). *Loi relative aux procurations, etc.* V. HÉRITIER DE MILITAIRE.

AN TROIS (7 vendémiaire). *Loi.* V. ÉCOLE POLYTECHNIQUE. V. FACTEUR.

AN TROIS (18 vendémiaire). *Loi.* V. MARIAGE.

AN TROIS (25 vendémiaire). *Arrêté sur le logement.* V. CAPITAINE DE VISITE DE CASERNE. V. FOURRAGE DE DISTRIBUTION. V. LOGEMENT DE MILITAIRE.

AN TROIS (27 vendémiaire). *Arrêté.* V. FACTEUR.

AN TROIS (2 brumaire). *Décret.* V. ÉCOLE DE MARS N° 4.

AN TROIS (4 brumaire). *Circulaire.* V. LÉGUMES SECS.

AN TROIS (15 brumaire). *Arrêté.* V. SABOT DE CHAUSSURE.

AN TROIS (24 brumaire). *Arrêté.* V. APPOINTEMENTS.

AN TROIS (25 brumaire). *Loi.* V. COMMISSION MILITAIRE.

AN TROIS (14 frimaire). *Décret.* V. PRISONNIER DE GUERRE ÉTRANGER.

AN TROIS (22 frimaire). *Loi.* V. GÉNIE IDIOPLIQUE; id. N° 3.

AN TROIS (27 frimaire). *Décret.* V. PRISONNIER DE GUERRE ÉTRANGER.

AN TROIS (6 nivôse). *Circulaire.* V. AVANCEMENT. V. CAPITAINE D'INFANTERIE FRANÇAISE

DE LIGNE N° 5. V. QUARTIER-MAITRE D'INFANTERIE FRANÇAISE DE LIGNE N° 5.

AN TROIS (15 nivôse). *Ordonnance.* V. ARMURIER DE CORPS N° 4.

AN TROIS (16 nivôse). *Instruction.* V. ABATIS DE BOIS DE CHAUFFAGE.

AN TROIS (28 nivôse). *Loi.* V. AMBULANCE A CHEVAL. V. COMMISSAIRE DES GUERRES N° 1, 4, 5, 6, 7, 8. V. COMMISSAIRE ORDONNATEUR. V. GÉNÉRAL D'ARMÉE N° 6. V. INTENDANT MILITAIRE N° 3. V. TRAVERSIN.

AN TROIS (16 pluviôse). *Circulaire.* V. CAPORAL-TAMBOUR. V. MUSICIEN N° 5.

AN TROIS (16 pluviôse). *Instruction.* V. CORPS D'INTENDANCE N° 8. V. FIÉVREUX. V. MASSE RÉGIMENTAIRE. V. RETENUE.

AN TROIS (19 pluviôse). *Loi.* V. DETTE D'OFFICIER. V. RETENUE.

AN TROIS (14 ventôse). *Loi.* V. GÉNIE IDIOPLIQUE N° 1, 3.

AN TROIS (16 ventôse). *Instruction faisant suite à la loi du 28 nivôse (an trois), ou ordonnance d'administration.* V. BARAQUEMENT. V. BIDON A VINAIGRE. V. CAISSON D'AMBULANCE. V. CAMPEMENT ADMINISTRATIF. V. COMMISSAIRE DES GUERRES N° 1, 4, 6. V. COMMISSAIRE ORDONNATEUR. V. COMPTABILITÉ DE CORPS. V. CORPS D'INTENDANCE N° 8. V. EFFET DE CAMPEMENT. V. EFFET DE PETIT ÉQUIPEMENT. V. ÉTUI D'OUTILS DE CAMPAGNE. V. FARINE. V. FAUX DE CAMPEMENT. V. FOUR. V. FOUR DE CAMPAGNE. V. GAMELLE. V. GRAINS DE MANUTENTION. V. GRAND ÉQUIPEMENT. V. GUÊTRE. V. HOPITAL MILITAIRE. V. LIVRET DE PAYEMENT. V. LÉGUMES SECS. V. LIT D'OFFICIER. V. LOGEMENT D'HABITATION. V. MARMITE DE CAMPAGNE. V. MOUCHOIR. V. ORDONNANCE D'ADMINISTRATION. V. OUTILS DE CAMPAGNE. V. OUTILS DE CAMPEMENT. V. PAILLASSE DE CASERNEMENT. V. PAIN DE MUNITION. V. PARC. V. PETIT ÉQUIPEMENT. V. PROCÈS-VERBAL. V. RATION. V. REGISTRE DE CAISSE. V. RETENUE SUR APPOINTEMENTS. V. SERVICE DE SANTÉ. V. SOULIER. V. TENTE. V. TENTE DE NOUVEAU MODÈLE. V. TRANSPORT. V. TRAVERSIN.

AN TROIS (28 ventôse). *Instruction.* V. CAISSON D'AMBULANCE. V. DÉPART DE CORPS.

AN TROIS (5 germinal). *Arrêté.* V. BRUTAGE.

AN TROIS (14 germinal). *Loi sur l'avancement et instruction y faisant suite.* V. ACTION D'ÉCLAT. V. ADJUDANT-MAJOR D'INFANTERIE FRANÇAISE DE LIGNE N° 5. V. ANCIENNETÉ DE GRADE D'OFFICIER. V. ARME PERSONNELLE N° 2. V. AVANCEMENT. V. CAPITAINE D'INFANTERIE FRANÇAISE DE LIGNE N° 5. V. CAPORAL D'INFANTERIE FRANÇAISE DE LIGNE N° 4. V. CHEF DE BATAILLON D'INFANTERIE FRANÇAISE DE LIGNE N° 5. V. COLONEL D'INFANTERIE FRANÇAISE DE LIGNE N° 4. V. CONSEIL D'ADMINIS-

TRATION N° 5. V. LIEUTENANT D'INFANTERIE FRANÇAISE DE LIGNE N° 2. V. MAITRE OUVRIER N° 2. V. QUARTIER-MAITRE D'INFANTERIE FRANÇAISE DE LIGNE N° 1. V. SOUS-OFFICIER N° 5. V. TAMBOUR-MAJOR N° 5.

AN TROIS (18 floréal). *Loi sur l'arme de l'artillerie.* V. ARTILLERIE IDIOPLIQUE. V. PONTONNIER. V. RÉGIMENT D'ARTILLERIE N° 5.

AN TROIS (28 floréal). *Décision.* V. REVUE D'ADMINISTRATION. V. REVUE SUR LE TERRAIN.

AN TROIS (6 et 25 prairial). *Circulaire.* V. MÉDECINE MILITAIRE.

AN TROIS (15 messidor). *Loi.* V. GARDE NATIONALE.

AN TROIS (26 messidor). *Loi.* V. MUSIQUE.

AN TROIS (30 messidor). *Loi.* V. COMMANDANT AMOVIBLE.

AN TROIS (4 thermidor). *Loi.* V. GARDE DU CORPS LÉGISLATIF. V. GARDE DU DIRECTOIRE.

AN TROIS (21 thermidor). *Arrêté du comité des finances.* V. DÉLÉGATION DE TRAITEMENT.

AN TROIS (24 thermidor). *Arrêté.* V. FACTEUR.

AN TROIS (28 thermidor). *Circulaire.* V. MASSE D'ENTRETIEN.

AN TROIS (1er fructidor). *Arrêté du comité de salut public.* V. CHIRURGIEN-MAJOR D'INFANTERIE FRANÇAISE DE LIGNE N° 9. V. OFFICIER DE SANTÉ.

AN TROIS (6 fructidor). *Loi.* V. EMBRIGADEMENT.

AN TROIS (14 fructidor). *Loi.* V. BLESSÉ. V. HONNEURS. V. SALUT.

AN TROIS (17 fructidor). *Arrêté.* V. TAMBOUR IDIOPLIQUE D'INFANTERIE FRANÇAISE N° 5.

AN TROIS (19 fructidor). *Arrêté du comité de salut public.* V. DETTE D'OFFICIER.

AN TROIS (22 fructidor). *Circulaire.* V. TAMBOUR IDIOPLIQUE D'INFANTERIE FRANÇAISE N° 5.

AN TROIS (2 complémentaire). *Loi pour le jugement des délits militaires.* V. CAPITAINE RAPPORTEUR. V. CONSEIL DE DISCIPLINE. V. CONSEIL JUDICIAIRE. V. CONSEIL MILITAIRE. V. DÉLIT MILITAIRE. V. JUSTICE MILITAIRE. V. POLICE. V. TRIBUNAL.

AN QUATRE (18 vendémiaire). *Loi.* V. GARDE NATIONALE.

AN QUATRE (22 vendémiaire). *Arrêté.* V. EAU-DE-VIE. V. ÉTAPE. V. ÉTAPIER. V. INDEMNITÉ DE LOGEMENT. V. VINAIGRE.

AN QUATRE (29 vendémiaire). *Arrêté.* V. DÉSERTION D'OFFICIER.

AN QUATRE (30 vendémiaire). *Loi.* V. INGÉNIEUR MILITAIRE.

AN QUATRE (5 brumaire). *Loi relative à l'artillerie de marine.* V. ARTILLERIE DE MARINE. V. CONSEIL DE DISCIPLINE. V. POLICE.

AN QUATRE (4 brumaire). *Loi. Code ordinaire des délits et des peines* (et 5 brumaire suivant le *Journal militaire* et M. Legraverend). V. DÉLIT. V. GÉNÉRAL EN CHEF; id. N° 5. V. JUGE MILITAIRE. V. JUSTICE MILITAIRE. V. MINISTRE DE LA GUERRE N° 12, 13. V. PEINE. V. PEINE DE MORT.

AN QUATRE (10 brumaire). *Arrêté, ou ordonnance de composition.* V. ARMÉE FRANÇAISE N° 5. V. ARTILLERIE IDIOPLIQUE. V. AVANCEMENT. V. AVANCEMENT AU GRADE D'OFFICIER SUPÉRIEUR. V. CAPITAINE D'INFANTERIE FRANÇAISE DE LIGNE N° 5. V. CAVALERIE FRANÇAISE N° 4. V. CAVALERIE DE BATAILLE. V. CHASSEUR A CHEVAL. V. CHEF DE BATAILLON D'INFANTERIE FRANÇAISE DE LIGNE N° 5. V. DEMI-BRIGADE. V. DRAGON FRANÇAIS N° 5. V. GARDES-COTES. V. GÉNIE IDIOPLIQUE. V. HUSSARD N° 2. V. INFANTERIE DE BATAILLE N° 4. V. INFANTERIE FRANÇAISE N° 5. V. INFANTERIE LÉGÈRE N° 4. V. MINEUR DU GÉNIE. V. ORDONNANCE DE COMPOSITION. V. SAPEUR DU GÉNIE.

AN QUATRE (24 brumaire). *Arrêté.* V. PAIN DE MUNITION.

AN QUATRE (28 frimaire). *Arrêté concernant le logement.* V. LOGEMENT DE MILITAIRE.

AN QUATRE (4 nivôse). *Loi.* V. CRIME. V. EMBAUCHAGE. V. EMBAUCHEUR.

AN QUATRE (15 nivôse). *Loi.* V. OFFICIER DE SANTÉ.

AN QUATRE (16 nivôse). *Loi.* V. AMENDE DE DÉSERTEUR. V. DÉSERTEUR. V. EFFETS DE DÉSERTEUR.

AN QUATRE (18 nivôse). *Arrêté sur l'organisation.* V. COMPAGNIE AUXILIAIRE. V. DEMI-BRIGADE. V. FORMATION CONSTITUTIVE. V. ORDONNANCE DE COMPOSITION. V. ORGANISATION D'ARMÉE. V. QUARTIER-MAITRE D'INFANTERIE FRANÇAISE DE LIGNE N° 1.

AN QUATRE (4 pluviôse). *Marché pour fourniture de pain.* V. BLUTAGE. V. PAIN DE MUNITION.

AN QUATRE (26 pluviôse). *Arrêté relatif aux armes vendues.* V. ARME D'UNIFORME. V. VENTE D'ARMES.

AN QUATRE (27 pluviôse). *Arrêté.* V. ÉTAPIER.

AN QUATRE (1er ventôse). *Instruction.* V. INSPECTEUR GÉNÉRAL N° 5. V. REVUE D'INSPECTEUR GÉNÉRAL.

AN QUATRE (50 ventôse). *Arrêté.* V. CHEF DE BATAILLON D'INFANTERIE N° 2. V. MAJOR D'INFANTERIE.

AN QUATRE (12 germinal). *Règlement.* V. FORTIFICATION PERMANENTE.

AN QUATRE (17 germinal). *Loi.* V. JUSTICE MILITAIRE.

AN QUATRE (22 germinal). *Règlement de police des places de guerre.* V. ÉCLUSIER. V. FORTERESSE. V. GÉNIE. V. GÉRANCE. V. LOGE-

MENT D'HABITATION. V. OFFICIER DU GÉNIE Nº 6. V. PLACE DE GUERRE.

AN QUATRE (24 germinal). *Arrêté.* V. CASERNIER.

AN QUATRE (28 germinal). *Circulaire.* V. GALE.

AN QUATRE (4 floréal). *Instruction.* V. EAU MINÉRALE.

AN QUATRE (30 floréal). *Règlement.* V. HOPITAL MILITAIRE. V. INFIRMIER D'HOPITAL.

AN QUATRE (6 prairial). *Avis particulier à l'armée d'Italie* V. EAU POTABLE. V. SERVICE DE SANTÉ. V. TENTE.

AN QUATRE (18 prairial). *Circulaire.* V. JUGEMENT MILITAIRE. V. JUSTICE MILITAIRE. V. RÉVISION JUDICIAIRE.

AN QUATRE (22 messidor). *Loi.* V. DÉLIT. V. DÉLIT COMMUN.

AN QUATRE (18 fructidor). *Loi sur la révision des jugements.* V. JUGEMENT MILITAIRE. V. RÉVISION.

AN QUATRE (20 fructidor). *Règlement.* V. ÉTAPE.

AN QUATRE (21 fructidor). *Loi.* V. CASSATION JUDICIAIRE.

AN QUATRE (27 fructidor). *Loi qui autorise le choix d'un défenseur.* V. DÉFENSEUR D'ACCUSÉ.

AN QUATRE (5 complémentaire). *Décret.* V. BLESSÉ.

AN CINQ (4 vendémiaire). *Loi.* V. GARDE NATIONALE.

AN CINQ (7 vendémiaire). *Circulaire.* V. FOURRAGE DE DISTRIBUTION.

AN CINQ (17 vendémiaire). *Décision.* V. RATION.

AN CINQ (27 vendémiaire). *Circulaire relative aux vaguemestres.* V. FACTEUR. V. VAGUEMESTRE.

AN CINQ (6 brumaire). *Loi.* V. JURISPRUDENCE.

AN CINQ (11 brumaire). *Arrêté.* V. GRATIFICATION D'ENTRÉE EN CAMPAGNE. V. INDEMNITÉ DE PERTE DE CHEVAL. V. INDEMNITÉ DE PERTE D'ÉQUIPAGES.

AN CINQ (11 brumaire). *Arrêté.* V. FORTERESSE. V. SECRÉTAIRE ARCHIVISTE.

AN CINQ (12 brumaire). *Décision et traité d'habillement.* V. CADIS. V. GUÊTRE DE TOILE. V. HABILLEMENT. V. ORDONNANCE D'UNIFORME. V. SARRAU. V. TRICOT EN LAINE.

AN CINQ (13 brumaire). *Loi relative aux conseils permanents.* V. CAPITAINE RAPPORTEUR. V. COMMISSAIRE DU ROI. V. CONSEIL JUDICIAIRE. V. CONSEIL PERMANENT. V. DÉLIT. V. DESTITUTION. V. EMBAUCHEUR. V. EXÉCUTION A MORT. V. GREFFIER DE CONSEIL DE GUERRE. V. JUGE MILITAIRE. V. JUSTICE MILITAIRE. V. MÉDECIN. V. MILITAIRE, subs. V. PROCÉDURE.

AN CINQ (17 brumaire). *Loi.* V. GARDE DU CORPS LÉGISLATIF.

AN CINQ (21 brumaire). *Code des délits et des peines.* V. CHEF DE COMPLOT. V. CHEF DE PATROUILLE. V. CLAMEUR SÉDITIEUSE. V. CONSIGNE DE SENTINELLE. V. CORRESPONDANCE AVEC L'ENNEMI. V. CRIME. V. DÉCOUVERTE. V. DÉGAT A MAIN ARMÉE. V. DÉGRADATION D'HOMME DE TROUPE. V. DÉSERTEUR. V. DÉSOBÉISSANCE. V. DESTITUTION. V. EFFECTIF. V. EMBAUCHAGE. V. EMBAUCHEUR. V. EMPLOYÉ. V. ESPION D'ARMÉE. V. ÉTAT DE SITUATION. V. FAUSSE CONSIGNE. V. FAUTEUR DE DÉSERTION. V. GÉNÉRAL EN CHEF Nº 2. V. GOUVERNEUR DE PLACE ASSIÉGÉE. V. INSUBORDINATION. V. INSULTE. V. JUGEMENT MILITAIRE. V. JUSTICE MILITAIRE. V. MARAUDAGE. V. MOT D'ORDRE. V. MUNITIONNAIRE. V. ORDONNANCE DE JUSTICE. V. OUVRIER D'ARMÉE. V. PEINE. V. PILLAGE. V. PROCÉDURE. V. REDDITION DE PLACE. V. SENTINELLE.

AN CINQ (29 frimaire). *Circulaire.* V. SOULIER.

AN CINQ (10 nivôse). *Circulaire.* V. HABILLEMENT.

AN CINQ (15 nivôse). *Circulaire.* V. SAC A DISTRIBUTION.

AN CINQ (25 pluviôse). *Arrêté.* V. INDEMNITÉ DE ROUTE D'HOMME DE TROUPE.

AN CINQ (1er ventôse). *Instruction sur les subsistances.* V. BLUTAGE. V. COLONEL D'INFANTERIE FRANÇAISE DE LIGNE Nº 9. V. DISTRIBUTION EXTRAORDINAIRE. V. LÉGUME SEC. V. OFFICIER D'INFANTERIE FRANÇAISE Nº 3. V. LIQUIDE. V. PAILLE DE CAMPEMENT. V. PAIN DE MUNITION. V. RATION. V. RIZ. V. SALAISON. V. SEL. V. SUBSISTANCE MILITAIRE.

AN CINQ (4 floréal). V. REVUE D'INSPECTEUR GÉNÉRAL.

AN CINQ (17 floréal). *Arrêté concernant le conseil de guerre.* V. CONSEIL PERMANENT. V. EMPLOYÉ. V. JUGEMENT MILITAIRE.

AN CINQ (25 floréal). *Loi et arrêté sur la solde.* V. ANCIENNETÉ DE GRADE D'OFFICIER. V. CAPITAINE DE PREMIÈRE CLASSE. V. CLASSE HIÉRARCHIQUE. V. CONSEIL D'ADMINISTRATION DE RÉGIMENT Nº 4. V. ÉTAPE. V. FOURRIER D'INFANTERIE FRANÇAISE DE LIGNE Nº 7. V. INDEMNITÉ DE LOGEMENT. V. INDEMNITÉ DE ROUTE D'HOMME DE TROUPE. V. INDEMNITÉ DE ROUTE D'OFFICIER. V. RETENUE. V. SOLDE.

AN CINQ (24 floréal). *Instruction.* V. INSPECTEUR GÉNÉRAL Nº 5.

AN CINQ (28 floréal). *Décision.* V. CAPITAINE RAPPORTEUR. V. COMMISSAIRE ORDONNATEUR. V. CONSEIL PERMANENT Nº 3. V. GREFFIER DE CONSEIL DE GUERRE.

AN CINQ (4 messidor). *Décret.* V. JUSTICE MILITAIRE.

AN CINQ (25 messidor). *Arrêté.* V. ÉTUI D'OUTILS DE CAMPAGNE. V. MANTEAU D'ARMES.

V. PANTALON DE TOILE. V. SCHAKO D'HOMME DE TROUPE. V. TENTE DE NOUVEAU MODÈLE. V. TENTE D'HOMME DE TROUPE.

AN CINQ (4 fructidor). *Loi additionnelle à celle de l'an cinq* (21 brumaire), *jugement des délits militaires.* V. COMMISSAIRE DES GUERRES N° 8. V. CONSEIL JUDICIAIRE. V. CONSEIL PERMANENT N° 1. V. DÉLIT. V. GÉNÉRAL FRANÇAIS N° 7. V. JUGE MILITAIRE. V. PROCÉDURE.

AN CINQ (10 fructidor). *Loi.* V. ÉTAT DE SIÉGE.

AN CINQ (15 fructidor). *Arrété.* V. GARDE NATIONALE.

AN CINQ (19 fructidor). *Loi.* V. ÉTAT DE SIÉGE. V. GARDE NATIONALE.

AN CINQ (23 fructidor). *Loi.* V. DENIERS D'ORDINAIRE. V. INDEMNITÉ DE ROUTE D'OFFICIER. V. MEMBRE DE CONSEIL D'ADMINISTRATION.

AN CINQ (25 fructidor). *Loi.* V. SOULIER.

AN CINQ (29 fructidor). *Arrété.* V. RATION. V. SUBSISTANCE. V. VIVRES.

AN SIX (18 vendémiaire). *Loi relative aux conseils de révision.* V. COMMISSAIRE ORDINAIRE. V. CONSEIL DE RÉVISION. V. DIVISION. V. GREFFIER DE CONSEIL DE GUERRE. V. JUSTICE MILITAIRE.

AN SIX (4 brumaire). *Décision.* V. SOULIER.

AN SIX (15 brumaire). *Loi.* V. JUGEMENT MILITAIRE. V. PROCÉDURE. V. RÉVISION JUDICIAIRE.

AN SIX (16 brumaire). *Loi.* V. COMPAGNIE DE CANONNIERS.

AN SIX (16 brumaire). *Décision.* V. ARTILLERIE IDIOPLIQUE. V. CAVALERIE FRANÇAISE N° 6. V. INFANTERIE FRANÇAISE N° 6. V. SAPEUR DU GÉNIE.

AN SIX (18 brumaire). *Loi.* V. CAPITAINE RAPPORTEUR. V. CONSEIL PERMANENT N° 2. V. DIVISION.

AN SIX (24 brumaire). *Loi.* V. FAUTEUR DE DÉSERTION. V. RÉQUISITION CONSCRIPTIVE.

AN SIX (29 brumaire). *Circulaire. Décision.* V. ARTILLERIE IDIOPLIQUE. V. CAISSE A TROIS SERRURES. V. DENIERS DE PETIT ÉQUIPEMENT. V. EFFET DE PETIT ÉQUIPEMENT. V. GÉNIE IDIOPLIQUE. V. HOUPPE A POUDRER. V. INFANTERIE N° 6. V. LIVRET INDIVIDUEL. V. MASSE DE LINGE ET CHAUSSURE. V. RANG HONORIFIQUE. V. SAC A FEU. V. SOULIER. V. TOURNEVIS.

AN SIX (3 frimaire). *Marché.* V. ÉTAPE.

AN SIX (8 frimaire). *Arrété.* V. JUSTICE MILITAIRE. V. PROCÉDURE.

AN SIX (11 frimaire). *Loi.* V. CONSEIL DE PLACE ASSIÉGÉE. V. ÉTAT DE SIÉGE. V. FORTERESSE. V. PROCÉDURE.

AN SIX (7 nivôse). *Arrété.* V. MASSE DE LINGE ET CHAUSSURE. V. PETIT ÉQUIPEMENT.

AN SIX (10 nivôse). *Décision,* OU ORDONNANCE SUR L'HABILLEMENT. V. HABILLEMENT. V. ORDONNANCE D'UNIFORME.

AN SIX (18 nivôse). *Circulaire.* V. CAPITAINE DE GRENADIERS D'INFANTERIE FRANÇAISE DE LIGNE N° 3.

AN SIX (28 nivôse). *Décision.* V. QUARTIER-MAITRE D'INFANTERIE FRANÇAISE DE LIGNE N° 2. V. SECRÉTAIRE DE TRÉSORIER.

AN SIX (5 pluviôse). *Arrété.* V. ARTILLERIE D'INFANTERIE. V. SAPEUR DU GÉNIE.

AN SIX (10 pluviôse). *Circulaire.* V. HOUPPE DE COIFFURE.

AN SIX (15 pluviôse). *Circulaire.* V. FEUILLE DE PRÊT.

AN SIX (1er ventôse). *Loi.* V. SOLDE.

AN SIX (12 ventôse). *Circulaire.* V. CONSEIL PERMANENT N° 3.

AN SIX (28 ventôse). *Loi.* V. HOTEL DES INVALIDES.

AN SIX (1er et 18 germinal). *Instruction.* V. EAU MINÉRALE.

AN SIX (23 germinal). *Règlement sur les subsistances.* V. BLUTAGE. V. GRAINS DE MANUTENTION. V. PAILLE DE CAMPEMENT. V. PAIN DE MUNITION. V. POLICE. V. REVUE D'ADMINISTRATION. V. SUBSISTANCE.

AN SIX (24 germinal). *Circulaire.* V. TENUE.

AN SIX (28 germinal). *Loi.* V. GENDARMERIE DE POLICE N° 1, 3.

AN SIX (1er floréal). *Instruction.* V. DÉTACHEMENT. V. INDEMNITÉ DE LOGEMENT. V. LIVRET DE PAYEMENT. V. PRÊT. V. RÉFORME D'OFFICIER. V. RÉQUISITION CONSCRIPTIVE. V. TRAITEMENT DE RÉFORME. V. TRAITEMENT PRESTATIONNAIRE.

AN SIX (15 floréal). *Arrété.* V. PRISONNIER DE GUERRE.

AN SIX (29 prairial). *Loi.* V. ANNULATION. V. CONSEIL DE RÉVISION JUDICIAIRE. V. PROCÉDURE.

AN SIX (16 messidor). *Arrété.* V. BRÈCHE PRATICABLE.

AN SIX (5 thermidor). *Arrété qui interdit le port des drapeaux à légende.* V. DRAPEAU D'INFANTERIE FRANÇAISE DE LIGNE.

AN SIX (8 thermidor). *Lettre ministérielle ou circulaire.* V. CAPITAINE DE GRENADIERS D'INFANTERIE FRANÇAISE DE LIGNE N° 3.

AN SIX (14 fructidor). *Loi relative aux veuves, etc.* V. ORPHELIN. V. VEUVE.

AN SIX (19 fructidor). *Loi sur la formation de l'armée.* V. ACTION D'ÉCLAT. V. AGE DE CONSCRIPTION. V. ARMÉE FRANÇAISE N° 2. V. CONGÉ D'ANCIENNETÉ. V. CONSCRIPTION. V. ENGAGEMENT DE RECRUE. V. ENRÔLÉ VOLONTAIRE. V. FAUTEUR DE DÉSERTION. V. FORMATION CONSTITUTIVE. V. HAUTE PAYE DE REN-

CAGEMENT. V. RECRUTEMENT. V. REMPLACEMENT D'ENRÔLÉ. V. RENGAGEMENT. V. SERVICE CONSCRIPTIF. V. TAILLE DE MILITAIRE.

AN SIX (23 fructidor). *Arrêté.* V. CHEF DE BATAILLON D'INFANTERIE FRANÇAISE DE LIGNE N° 2. V. GÉNÉRAL DE BRIGADE N° 2.

AN SIX (23 fructidor). *Loi.* V. ÉTAPE.

AN SIX (27 fructidor). *Loi.* V. CAPITAINE RAPPORTEUR. V. CONSEIL PERMANENT N° 3. V. GREFFIER DE CONSEIL DE GUERRE. V. PROCÉDURE.

AN SEPT (17 vendémiaire). *Arrêté.* V. COMPAGNIE AUXILIAIRE.

AN SEPT (19 vendémiaire). *Instruction.* V. BATAILLON DE GARNISON.

AN SEPT (12 brumaire). *Instruction.* V. INSPECTEUR GÉNÉRAL N° 3, 5.

AN SEPT (2 nivôse). *Règlement.* V. ÉQUIPAGES.

AN SEPT (16 nivôse). *Arrêté.* V. ASSAUT DE CORPS DE PLACE.

AN SEPT (4 pluviôse). *Décision.* V. GRATIFICATION D'ENTRÉE EN CAMPAGNE. V. OFFICIER DE SANTÉ.

AN SEPT (28 pluviôse). *Arrêté.* V. POUDRE À FEU.

AN SEPT (22 ventôse). *Règlement pour le service des voitures extraordinaires.* V. PARC. V. VOITURE EXTRAORDINAIRE.

AN SEPT (ventôse). *Instruction.* V. HABILLEMENT.

AN SEPT (11 germinal). *Instruction.* V. CAS DE RÉFORME. V. INFIRMITÉ.

AN SEPT (13 floréal). *Arrêté.* V. GARDE NATIONALE. V. PRISONNIER DE GUERRE ÉTRANGER.

AN SEPT (19 floréal). *Instruction.* V. MUSICIEN N° 5.

AN SEPT (29 floréal). *Circulaire.* V. BOEUF SALÉ. V. CASERNEMENT. V. DURÉE DE SIÈGE. V. EAU-DE-VIE. V. INFIRMERIE. V. LÉGUMES SECS. V. ORDONNANCE DE SUBSISTANCES. V. RIZ. V. TENTE.

AN SEPT (29 floréal). *Instruction sur le casernement.* V. CASERNEMENT. V. TAMBOUR IDIOPLIQUE D'INFANTERIE FRANÇAISE N° 4.

AN SEPT (13 prairial). *Arrêté.* V. CHEF DE BATAILLON D'INFANTERIE DE LIGNE N° 2. V. TAMBOUR-MAJOR N° 5.

AN SEPT (14 prairial). *Arrêté.* V. BATAILLON DE GARNISON. V. BATAILLON DE GUERRE. V. FORMATION CONSTITUTIVE.

AN SEPT (14 messidor). *Loi relative à la composition.* V. ARMÉE FRANÇAISE N° 3. V. COMPAGNIE D'INFANTERIE FRANÇAISE DE LIGNE N° 2, tableau. V. COMPOSITION. V. FORMATION CONSTITUTIVE. V. GUÊTRE BLANCHE. V. MOUCHOIR.

AN SEPT (16 messidor). *Loi.* V. COMMANDANT DE PLACE ASSIÉGÉE. V. FORTERESSE.

AN SEPT (27 messidor). *Loi.* V. DESTITUTION.

AN SEPT (3 thermidor). V. REVUE D'INSPECTEUR GÉNÉRAL.

AN SEPT (11 thermidor). *Décision.* V. DEVIS. V. ÉQUIPEMENT D'HOMMES DE TROUPE. V. GILET. V. GUÊTRE. V. SOULIER. V. TAMBOUR INSTRUMENTAL D'INFANTERIE FRANÇAISE.

AN SEPT (24 thermidor). *Instruction.* V. DENRÉE DE SIÈGE.

AN SEPT (2 fructidor). *Loi.* V. PAIN DE MUNITION.

AN SEPT (14 fructidor). *Loi.* V. JUGE MILITAIRE.

AN SEPT (23 fructidor). *Loi relative à la* COMPOSITION et au PERSONNEL DE LA GUERRE. V. ADJUDANT DE PLACE N° 1, 4. V. ADJUDANT GÉNÉRAL. V. AIDE DE CAMP N° 2. V. ARMÉE FRANÇAISE N° 3, 4. V. ARTILLERIE À CHEVAL. V. BATAILLON DE PONTONNIERS. V. BATAILLON DE SAPEURS. V. BLESSÉ. V. BRIGADE. V. CAPORAL-TAMBOUR. V. CARABINIER À CHEVAL. V. CAVALERIE DE BATAILLE. V. CHASSEUR À CHEVAL. V. CHEF DE BATAILLON D'INFANTERIE FRANÇAISE DE LIGNE N° 2. V. CHEF DE MUSIQUE. V. COMMANDANT DE PLACE N° 3. V. COMMISSAIRE ORDONNATEUR. V. COMPAGNIE D'OUVRIERS D'ARTILLERIE. V. COMPOSITION. V. CONSIGNE-PORTIER. V. DEMI-BRIGADE. V. DRAGON FRANÇAIS N° 3. V. ÉTAPE. V. ÉTAT-MAJOR D'ARMÉE N° 4. V. ÉTAT-MAJOR D'ARTILLERIE. V. ÉTAT-MAJOR DE PLACE. V. GARDE DU CORPS LÉGISLATIF. V. GARDE DU DIRECTOIRE. V. GENDARMERIE DE POLICE N° 1, 4. V. GÉNÉRAL DE BRIGADE N° 2. V. GÉNÉRAL DE DIVISION N° 3. V. GÉNÉRAL EN CHEF N° 1. V. GÉNIE IDIOPLIQUE. V. GUIDE D'ARMÉE. V. HUSSARD N° 3. V. INFANTERIE DE BATAILLE N° 4, tableau. V. INFANTERIE LÉGÈRE N° 4, 5. V. MAITRE OUVRIER N° 1, 3. V. MINISTRE DE LA GUERRE N° 5. V. PERSONNEL DE LA GUERRE. V. RÉGIMENT D'ARTILLERIE N° 7. V. SECRÉTAIRE ARCHIVISTE. V. SOLDE. V. TAMBOUR-MAJOR N° 6.

AN SEPT (26 fructidor). *Loi sur le rétablissement des masses.* V. DÉCOMPTE D'EXCÉDANT DE MASSE. V. FOURRAGE DE DISTRIBUTION. V. GAMELLE. V. GRAND ÉQUIPEMENT. V. HOPITAL MILITAIRE. V. HOTEL DES INVALIDES. V. INFANTERIE LÉGÈRE N° 5. V. INDEMNITÉ DE ROUTE D'HOMME DE TROUPE. V. MASSE COMPTABILIAIRE. V. MASSE DE BOULANGERIE. V. MASSE DE CAMPEMENT. V. MASSE DE CHAUFFAGE. V. MASSE DE LINGE ET CHAUSSURE. V. MASSE DE CASERNEMENT. V. MASSE D'ENTRETIEN. V. MASSE D'HABILLEMENT. V. MATÉRIEL, subs. V. MUSICIEN N° 3, 5.

AN SEPT (28 fructidor). *Loi.* V. CERTIFICAT. V. DÉMISSION. V. PENSION DE RETRAITE.

DIX-NEUVIÈME SIÈCLE.

AN HUIT (11 vendémiaire). *Loi.* V. RÉCOMPENSE.

AN HUIT (1er brumaire). *Circulaire.* V. FORTIFICATION PERMANENTE.

AN HUIT (3 frimaire). *Arrêté.* V. COMMISSION MILITAIRE.

AN HUIT (12 frimaire). *Arrêté.* V. HOPITAL MILITAIRE.

AN HUIT (22 frimaire). *Acte constitutionnel.* V. GARDE NATIONALE. V. RÉCOMPENSE.

AN HUIT (25 frimaire). *Loi.* V. ÉCOLE POLYTECHNIQUE.

AN HUIT (50 frimaire). *Règlement.* V. ÉTAPE.

AN HUIT (4 nivôse). *Loi.* V. ARME D'HONNEUR.

AN HUIT (8 nivôse). *Loi.* V. DÉMISSION. V. DÉSERTION D'OFFICIER.

AN HUIT (15 nivôse). *Arrêté.* V. GARDE DES CONSULS

AN HUIT (17 nivôse). *Circulaire.* V. HAUTE PAYE PÉCUNIAIRE.

AN HUIT (17 nivôse). *Loi.* V. AMENDE DE DÉSERTEUR.

AN HUIT (8 pluviôse). *Décision.* V. REVUE D'ADMINISTRATION. V. REVUE SUR LE TERRAIN.

AN HUIT (9 pluviôse). *Arrêté.* V. COMMISSAIRE DES GUERRES N° 1. V. INSPECTEUR AUX REVUES. V. PENSION DE RETRAITE.

AN HUIT (17 pluviôse). *Arrêté.* V. COMMISSION MILITAIRE. V. PRISONNIER DE GUERRE ÉTRANGER.

AN HUIT (16 ventôse). *Règlement.* V. DEMANDE DE REMPLACEMENT. V. REMPLAÇANT.

AN HUIT (17 ventôse). *Loi et règlement sur la conscription.* V. CONSCRIPTION. V. REMPLACEMENT D'ENROLÉ.

AN HUIT (22 ventôse). *Arrêté.* V. GUIDE D'ARMÉE.

AN HUIT (26 ventôse). *Arrêté.* V. DÉFILEMENT ADMINISTRATIF. V. INSPECTEUR AUX REVUES. V. REVUE D'ADMINISTRATION.

AN HUIT (26 ventôse). *Arrêté.* V. MIQUELET.

AN HUIT (4 germinal). *Arrêté.* V. CONSEIL DE SANTÉ. V. CORPS D'INTENDANCE N° 8. V. HOPITAL MILITAIRE.

AN HUIT (4 germinal). *Décret. Création des demi-brigades de vétérans.* V. DEMI-BRIGADE DE VÉTÉRANS. V. SOUS-LIEUTENANT N° 2. V. VÉTÉRAN.

AN HUIT (26 germinal). *Arrêté.* V. COMMANDANT D'ARMES. V. COMMANDANT TEMPORAIRE. V. MAJOR DE PLACE N° 1. V. SECRÉTAIRE ARCHIVISTE.

AN HUIT (8 floréal). *Arrêté portant règlement d'administration,* imité de l'ordonnance de 1788 (20 JUIN). V. ADMINISTRATION DE CORPS. V. ADMINISTRATION MILITAIRE.

V. APPOINTEMENT. V. ARRÊTÉ OFFICIEL. V. CAHIER DE DÉPOUILLEMENT. V. CAPORAL D'ESCOUADE N° 10. V. CODE MILITAIRE. V. CONGÉ DE SEMESTRE D'HOMME DE TROUPE. V. CONSEIL D'ADMINISTRATION DE RÉGIMENT N° 1, 4. V. CONSEIL DE LA GUERRE. V. CONTROLE DE LINGE ET CHAUSSURE. V. DÉCOMPTE D'EXCÉDANT DE MASSE. V. DENIERS DE PETIT ÉQUIPEMENT. V. DIVISION. V. EFFETS DE DÉSERTEUR. V. EFFET D'UNIFORME. V. ÉTAPE. V. FEUILLE DE DÉCOMPTE. V. FEUILLE DE PRÊT. V. FEUILLE DE RETENUE. V. FEUILLE DE SUBSISTANCES. V. FRATER. V. GUÊTRE. V. GUÊTRE BLANCHE. V. LETTRE DE COMPAGNIE. V. LIVRE DE COMPAGNIE. V. LIVRET INDIVIDUEL. V. MASSE DE LINGE ET CHAUSSURE. V. MEMBRE DE CONSEIL D'ADMINISTRATION. V. MOUCHOIR. V. PERMISSIONNAIRE. V. PRÊT DE COMPAGNIE. V. RÈGLEMENT. V. SAC A DISTRIBUTION. V. SECTION ADMINISTRATIVE. V. SIGNALEMENT. V. SOULIER.

AN HUIT (7 prairial). *Arrêté.* V. APPARTEMENTS DE TRIBUNAUX. V. TRIBUNAL.

AN HUIT (8 prairial). *Décret.* V. CHEVALIER DE LA LÉGION.

AN HUIT (15 prairial). *Circulaire.* V. REMPLACEMENT D'ENROLÉ.

AN HUIT (27 prairial). *Arrêté.* V. CONTRE-SEING.

AN HUIT (1er messidor). *Circulaire.* V. PERMISSIONNAIRE.

AN HUIT (1er messidor). *Arrêté.* V. CHIRURGIEN EN CHEF. V. CONGÉ DE CONVALESCENCE.

AN HUIT (17 messidor). *Arrêté.* V. ADJUDANT COMMANDANT.

AN HUIT (20 messidor). *Arrêté.* V. MINISTÈRE DE LA GUERRE.

AN HUIT (27 messidor). *Arrêté relatif aux bâtiments.* V. BATIMENT MILITAIRE. V. DÉGAT.

AN HUIT (27 messidor). *Arrêté.* V. GÉNÉRAL FRANÇAIS N° 5. V. HOTE.

AN HUIT (7 thermidor). *Arrêté relatif aux enfants,* etc. V. BLANCHISSEUSE DE CORPS. V. ENFANT DE TROUPE N° 1. V. FEMME A LA SUITE. V. MAITRE OUVRIER N° 4. V. MUSICIEN N° 2. V. TAMBOUR IDIOPLIQUE D'INFANTERIE FRANÇAISE N° 2.

AN HUIT (9 thermidor). *Arrêté.* V. DIRECTOIRE D'HABILLEMENT.

AN HUIT (24 thermidor). *Arrêté relatif aux hôpitaux.* V. AMBULANCE PRINCIPALE. V. BILLET D'HOPITAL. V. BLESSÉ. V. BRANCARD A BLESSÉ. V. CHIRURGIEN EN CHEF. V. CRÊPE NOIR. V. DIVISION. V. EAU MINÉRALE. V. EMPLOYÉ. V. HOPITAL MILITAIRE. V. INFIRMERIE. V. INHUMATION.

AN HUIT (1er fructidor). *Règlement sur le chauffage,* ou ORDONNANCE DE CHAUFFAGE. V. ABATIS DE BOIS DE CHAUFFAGE. V. BRANCARD A CHAUFFAGE. V. CHAUFFAGE. V. CHAUFFAGE DE CAMPAGNE. V. CORPS DE GARDE DE CAMPAGNE. V.

GARDE EN GARNISON. V. FACTION. V. LIT DE
CORPS DE GARDE. V. NUIT DE REPOS. V. ORDON-
NANCE DE CHAUFFAGE.

AN HUIT (1er fructidor). *Arrêté*. V. ÉTAPE.
V. GITE. V. INDEMNITÉ DE ROUTE. V. INDEMNITÉ
DE ROUTE D'HOMME DE TROUPE.

AN HUIT (9 fructidor). *Arrêté relatif à
la composition*. V. ARMÉE FRANÇAISE N° 3,
tableau. V. COMPOSITION. V. DEMI-BRIGADE. V.
HOTEL DES INVALIDES.

AN HUIT (13 fructidor). *Arrêté*. V. GARDE
DES CONSULS. V. GARDE IMPÉRIALE N° 1.

AN HUIT (21 fructidor). *Arrêté*. V. GARDE
DES CONSULS. V. GARDE IMPÉRIALE N° 1.

AN HUIT (23 fructidor). *Arrêté*. V. CLASSE
DE MASSES. V. MASSE COMPTABILIAIRE. V. MASSE
DE CAMPEMENT. V. MASSE DE CASERNEMENT. V.
MASSE DE CHAUFFAGE. V. TRANSPORT.

AN HUIT (25 fructidor). *Règlement de
marche*, ou RÈGLEMENT DE SERVICE EN ROUTE.
V. AVANT-GARDE DE CORPS EN ROUTE. V. BAN DE
ROUTE. V. CHEVAL DE SELLE DE CONVOI. V. CO-
LONEL EN ROUTE. V. CONVOI A LA SUITE. V.
CORPS DE GARDE DE PASSAGE. V. CORPS EN ROUTE
EN TEMPS DE PAIX. V. DÉGAT. V. DÉPART DE
CORPS EN ROUTE. V. DISTRIBUTION EN ROUTE. V.
FEUILLE DE ROUTE DE CORPS. V. FEUILLE DE
ROUTE DE MILITAIRE ISOLÉ. V. GARDE DE POLICE
EN ROUTE. V. GARDE NATIONALE. V. GENDARMERIE
DE POLICE N° 6. V. HALTE DE ROUTE. V. HOTE.
V. LOGEMENT EN ROUTE. V. LOGEMENT D'HABI-
TATION. V. MARAUDAGE. V. MARCHE-ROUTE. V.
ORDONNANCE DE MARCHE. V. PAIN DE MUNITION.
V. PIQUET DE LOGEMENT. V. REVUE D'ADMINIS-
TRATION. V. SÉJOUR. V. SERVICE DE ROUTE. V.
TRÉSORIER DE CORPS EN ROUTE.

AN HUIT (25 fructidor). *Circulaire*. V. LI-
VRET INDIVIDUEL.

AN HUIT (1er complémentaire). *Instruction*. V. BULLETIN DE GUERRE.

AN NEUF (11 vendémiaire). *Circulaire*. V.
INDEMNITÉ DE ROUTE.

AN NEUF (16 vendémiaire). *Arrêté*. V. AIDE
DE CAMP N° 2. V. DESTITUTION. V. ÉTAT-MAJOR
D'ARMÉE N° 2.

AN NEUF (23 vendémiaire). *Circulaire
relative au chauffage*. V. BARIL A EAU. V.
CHAUFFAGE. V. EFFET DE CAMPEMENT. V. GA-
MELLE. V. MASSE DE CHAUFFAGE.

AN NEUF (1er brumaire). *Circulaire rela-
tive aux places de guerre*. V. FORTERESSE.
V. FORTIFICATION PERMANENTE. V. PLACE DE
GUERRE.

AN NEUF (19 frimaire). *Arrêté relatif à
la solde de retraite*. V. INVALIDES. V. PEN-
SION DE RETRAITE.

AN NEUF (19 frimaire). *Arrêté relatif aux
distributions*. V. DISTRIBUTION DE PAIN. V.
PAIN DE MUNITION.

AN NEUF (29 frimaire). *Arrêté*. V. COMMIS-
SION MILITAIRE.

AN NEUF (8 pluviôse). *Arrêté*. V. INSPEC-
TEUR EN CHEF.

AN NEUF (18 pluviôse). *Loi relative à
l'établissement des tribunaux spéciaux*.
V. EMBAUCHAGE. V. JUSTICE MILITAIRE. V. TRI-
BUNAL. V. TRIBUNAL SPÉCIAL.

AN NEUF (19 pluviôse). *Arrêté*. V. ÉTAPE.

AN NEUF (8 germinal). *Arrêté*. V. ÉTAT-
MAJOR D'ARMÉE N° 4. V. GÉNÉRAL DE BRIGADE
N° 2.

AN NEUF (24 messidor). *Arrêté*. V. ARRÊTS
DE RIGUEUR. V. COMMANDANT DE PLACE N° 7.
V. CONGÉ DE SEMESTRE D'OFFICIER. V. OFFICIER
SEMESTRIER.

AN NEUF (27 messidor). *Arrêté*. V. HOTEL
DES INVALIDES.

AN NEUF (2 thermidor). *Arrêté*. V. MINIS-
TÈRE DE LA GUERRE.

AN NEUF (16 thermidor). *Arrêté*. V. CA-
NONNIER SÉDENTAIRE. V. COMPAGNIE D'OU-
VRIERS D'ARTILLERIE.

AN NEUF (25 fructidor). *Arrêté relatif
aux vivres*. V. BISCUIT. V. LÉGUME SEC. V.
LIQUIDE. V. PAIN DE MUNITION. V. RIZ. V.
VIVRES.

AN DIX (9 vendémiaire). *Arrêté*. V. FOUR-
RAGE DE DISTRIBUTION. V. RATION.

AN DIX (23 vendémiaire). *Arrêté*. V. EF-
FET DE CORPS DE GARDE. V. INDEMNITÉ DE FOUR-
RAGE.

AN DIX (4 brumaire). *Décision*. V. BAU-
DRIER DE SABRE. V. BONNET A POILS. V. EFFET
D'ÉQUIPEMENT. V. ÉQUIPEMENT D'HOMME DE
TROUPE. V. GIBERNE. V. GRAND ÉQUIPEMENT.
V. GUÊTRE BLANCHE. V. HAVRE-SAC. V. MOU-
CHOIR. V. PETIT ÉQUIPEMENT. V. SAC A DISTRI-
BUTION. V. SCHAKO D'HOMME DE TROUPE. V. TA-
BLIER DE SAPEUR. V. TAMBOUR INSTRUMENTAL
D'INFANTERIE FRANÇAISE.

AN DIX (9 brumaire). *Règlement*. V.
MASSE DE CHAUFFAGE.

AN DIX (16 brumaire). *Arrêté*. V. DÉLÉ-
GATION.

AN DIX (23 brumaire). *Décision*. V. AD-
JUDANT SUPÉRIEUR.

AN DIX (15 frimaire). *Instruction sur
l'inspection*. V. DÉFILEMENT D'HONNEURS. V.
INSPECTEUR AUX REVUES. V. INSPECTEUR GÉNÉ-
RAL N° 2. V. INSPECTEUR GÉNÉRAL D'INFAN-
TERIE N° 5. V. REVUE D'INSPECTEUR.

AN DIX (8 nivôse). *Décret*. V. PEINE DE
MORT.

AN DIX (8 nivôse). *Arrêté*. V. MASSE DE
CHAUFFAGE.

AN DIX (13 nivôse). *Arrêté*. V. APPOSITION
DE SCELLÉS. V. SCELLÉ.

AN DIX (15 nivôse). *Circulaire*. V. REM-
PLACEMENT D'ENRÔLÉ.

AN DIX (17 ventôse). *Arrêté.* V. DIRECTEUR. V. MINISTRE. V. MINISTÈRE D'ARMÉE. V. SOLDE.

AN DIX (1er pluviôse). *Instruction.* V. INSPECTEUR EN CHEF.

AN DIX (24 pluviôse). *Instruction.* V. GALE.

AN DIX (19 germinal). *Arrêté qui fixe le nombre des rations de fourrage, ou règlement d'administration.* V. CHEVAL DE SELLE DE CONVOI. V. FOURRAGE DE DISTRIBUTION. V. INDEMNITÉ DE FOURRAGE. V. INDEMNITÉ DE ROUTE. V. ORDONNANCE D'ADMINISTRATION. V. PAILLE DE CAMPEMENT. V. RÈGLEMENT.

AN DIX (19 germinal). *Loi.* V. INSPECTEUR AUX REVUES. V. CORPS D'INTENDANCE N° 10. V. PROCÉDURE.

AN DIX (25 germinal). *Arrêté.* V. AVANCEMENT AUX COLONIES. V. LIEUTENANT D'INFANTERIE N° 2.

AN DIX (10 floréal). *Décret.* V. ÉCOLE MILITAIRE.

AN DIX (23 floréal). *Loi relative aux délits emportant flétrissure et aux tribunaux spéciaux.* V. FAUX, subs. masc. V. FLÉTRISSURE. V. TRIBUNAL SPÉCIAL. V. PROCÉDURE.

AN DIX (26 floréal). *Arrêté.* V. CONCIERGE DE PRISON. V. COUCHAGE DE PRISONNIER. V. DÉTENU EN PRISON PUBLIQUE. V. DÉTENU MIS EN JUGEMENT. V. PRISON. V. PRISON DE PLACE.

AN DIX (29 floréal). *Décret de création de la Légion.* V. GRAND OFFICIER DE LA LÉGION. V. LÉGION D'HONNEUR.

AN DIX (21 prairial). *Arrêté.* V. DRAPEAU D'INFANTERIE FRANÇAISE DE LIGNE.

AN DIX (5 messidor). *Décision.* V. OFFICIER DU GÉNIE N° 8.

AN DIX (13 messidor). *Arrêté relatif à l'organisation de la Légion d'honneur.* V. LÉGION D'HONNEUR.

AN DIX (3 thermidor). *Décision.* V. CHEVRON D'ANCIENNETÉ. V. RENGAGEMENT.

AN DIX (7 thermidor). *Arrêté.* V. PENSION DE RETRAITE.

AN DIX (10 thermidor). *Arrêté.* V. CONTRIBUTION INDIVIDUELLE.

AN DIX (18 thermidor). *Arrêté.* V. TAILLE DE MILITAIRE.

AN DIX (28 fructidor). *Arrêté.* V. ÉTAPE.

AN ONZE (1er vendémiaire). *Décret.* V. RÉGIMENT D'INFANTERIE FRANÇAISE N° 3.

AN ONZE (10 vendémiaire). *Décision du grand juge.* V. GRACE. V. PROCÉDURE.

AN ONZE (12 vendémiaire). *Arrêté.* V. ÉCOLE D'ARTILLERIE. V. GÉNIE STRATOPÉDIQUE.

AN ONZE (14 vendémiaire). *Circulaire.* V. MASSE COMPTABILIAIRE. V. MASSE DE CAMPEMENT.

AN ONZE (20 vendémiaire). *Décret.* V. SAPEUR DU GÉNIE.

AN ONZE (9 frimaire). *Arrêté relatif à la première mise des sous-officiers promus.* V. GRATIFICATION DE PREMIÈRE MISE. V. PREMIÈRE MISE. V. PREMIÈRE MISE DE SOUS-OFFICIER. V. SOUS-OFFICIER FRANÇAIS.

AN ONZE (17 frimaire). *Arrêté.* V. DRAPEAU D'INFANTERIE FRANÇAISE DE LIGNE. V. GIBERNE. V. MASSE COMPTABILIAIRE. V. MASSE D'ENTRETIEN. V. MASSE D'HABILLEMENT. V. MASSE GÉNÉRALE. V. MUSICIEN N° 4. V. PANTALON DE TOILE. V. ORDONNANCE D'UNIFORME. V. SCHAKO D'HOMME DE TROUPE.

AN ONZE (23 frimaire). *Loi.* V. INFANTERIE FRANÇAISE N° 5, tableau.

AN ONZE (24 frimaire). *Arrêté.* V. PAIN DE SOUPE. V. SOLDE.

AN ONZE (28 frimaire). *Arrêté.* V. SCHAKO D'HOMME DE TROUPE.

AN ONZE (8 nivôse). *Arrêté.* V. SOLDE.

AN ONZE (16 nivôse). *Circulaire.* V. HOPITAL MILITAIRE.

AN ONZE (8 pluviôse). *Arrêté.* V. ÉCOLE MILITAIRE DE SAINT-CYR.

AN ONZE (16 pluviôse). *Règlement.* V. CONVOIS. V. TRANSPORT A LA SUITE.

AN ONZE (12 ventôse). *Circulaire.* V. SOLDE.

AN ONZE (15 ventôse). *Circulaire.* V. INDEMNITÉ DE ROUTE.

AN ONZE (17 ventôse). *Arrêté.* V. DIRECTEUR-MINISTRE.

AN ONZE (15 germinal). *Arrêté.* V. CONSEIL D'ADMINISTRATION DE RÉGIMENT N° 1.

AN ONZE (28 germinal). *Arrêté.* V. GARDE NATIONALE.

AN ONZE (2 floréal). *Loi.* V. FAUX, subs. masc.

AN ONZE (6 floréal). *Loi.* V. RÉFRACTAIRE.

AN ONZE (7 floréal). *Arrêté.* V. CORPS DE GARDE DE GARNISON. V. MASSE DE CHAUFFAGE.

AN ONZE (8 floréal). *Décret sur les retraites.* V. CAMPAGNE. V. INVALIDE. V. LIEUTENANT D'INFANTERIE N° 4. V. ORPHELIN. V. PENSION DE RETRAITE. V. RÉFORME D'OFFICIER. V. RETRAITE PÉCUNIAIRE. V. TRAITEMENT DE RÉFORME.

AN ONZE (12 floréal). *Arrêté.* V. CANONNIER SÉDENTAIRE. V. PONTON.

AN ONZE (15 floréal). *Décret relatif à l'artillerie de marine.* V. ARTILLERIE DE MARINE. V. FORMATION CONSTITUTIVE. V. MAJOR LIEUTENANT-COLONEL N° 1.

AN ONZE (21 floréal). *Arrêté.* V. PIONNIER.

AN ONZE (27 floréal). *Décision.* V. TRIBUNAL.

AN ONZE (28 floréal). *Arrêté relatif à une création de légions.* V. FORMATION CONSTITUTIVE.

An onze (9 prairial). *Décret.* v. bataillon colonial.

An onze (17 prairial). v. traitement de réforme.

An onze (25 prairial). *Décret relatif à la composition.* v. armée française nº 5, tableau. v. composition. v. demi-brigade.

An onze (2 messidor). *Décision.* v. capitaine d'habillement nº 5. v. infanterie de bataille nº 4. v. officier d'armement. v. secrétaire de trésorier.

An onze (27 messidor). *Arrêté.* v. pension de retraite.

An onze (2 thermidor). *Décision.* v. chauffage. v. fourrier d'infanterie française de ligne nº 7.

An onze (5 thermidor). *Arrêté.* v. haute paye pécuniaire. v. masse générale.

An onze (21 thermidor). *Circulaire.* v. paillasse de casernement.

An onze (28 thermidor). *Décret.* v. bataillon colonial.

An onze (29 thermidor). *Arrêté relatif au geôlage.* v. concierge de prison. v. geôlage. v. prison de place.

An onze (2 fructidor). *Arrêté.* v. chevron d'ancienneté. v. sergent d'infanterie française de ligne nº 4.

An onze (19 fructidor). *Arrêté.* v. hôtel des Invalides.

An onze (28 fructidor). *Arrêté.* v. force numérique.

An onze (29 fructidor). *Circulaire.* v. bois et lumières.

An douze. *Constitution.* v. garde nationale.

An douze (1er vendémiaire). *Arrêté relatif aux forteresses.* v. forteresse.

An douze (1er vendémiaire). *Règlement sur les uniformes des généraux, etc.,* ou ordonnance d'uniforme. v. adjudant de place nº 5. v. commandant de place nº 3. v. commissaire des guerres. v. état-major d'armée nº 5. v. état-major de place. v. général de brigade nº 2. v. général de division nº 3. v. général français nº 5. v. inspecteur aux revues. v. major lieutenant-colonel nº 1, 3. v. officier de santé. v. officier du génie. v. officier général. v. ordonnance d'uniforme. v. secrétaire archiviste. v. uniforme.

An douze (1er vendémiaire). *Arrêté qui crée les majors.* v. demi-brigade. v. major lieutenant-colonel. v. régiment d'infanterie française de ligne.

An douze (4 vendémiaire). *Circulaire.* v. pantalon de toile.

An douze (12 vendémiaire). *Arrêté.* v. guide d'armée.

An douze (14 vendémiaire). *Décret.* v. fauteur de désertion.

An douze (19 vendémiaire). *Arrêté concernant les conseils de guerre spéciaux,* ou ordonnance de justice. v. amende de déserteur. v. abandon de garnison. v. absence d'officier. v. boulet de condamné. v. commission militaire. v. complication de délit. v. congé outre-passé. v. conscription. v. conseil spécial. v. contumace. v. crime. v. défilement de dégradation. v. déserteur. v. exécution a mort. v. fauteur de désertion. v. forteresse. v. information. v. justice militaire. v. ordonnance de justice. v. ordonnance officielle. v. passer par les armes. v. peine. v. peine de mort. v. permission. v. recrue. v. réfractaire. v. sabots de chaussure. v. sentence. v. témoin judiciaire. v. travaux spéciaux.

An douze (19 vendémiaire). *Circulaire.* v. indemnité de route.

An douze (24 vendémiaire). *Décision.* v. adjudant d'infanterie française de ligne nº 12.

An douze (16 brumaire). *Instruction.* v. bureau régimentaire. v. secrétaire de trésorier.

An douze (16 brumaire). *Règlement de campement.* v. baraque. v. bidon a vinaigre. v. cordeau métrique. v. effet de campement. v. file de bataillon. v. fourniture de campagne. v. gamelle. v. hache de campagne. v. règlement. v. campement. v. pas de camp. v. tente. v. terrain de campement.

An douze (29 brumaire). *Circulaire du directeur de l'administration.* v. couverture de caserne. v. draps de lit. v. effet de casernement.

An douze (30 brumaire). *Circulaire.* v. sarrau.

An douze (6 frimaire). *Circulaire.* v. première mise de sous-officier.

An douze (8 frimaire). *Circulaire.* v. indemnité de route.

An douze (9 frimaire). *Arrêté sur le service de santé.* v. bandage herniaire. v. chirurgien de corps. v. chirurgien-major d'infanterie française de ligne nº 8. v. colonel d'infanterie française de ligne nº 15. v. conseil de santé. v. gale. v. hôpital militaire. v. infirmerie. v. masse de médicaments. v. service de santé.

An douze (22 frimaire). *Décision sur les formules de jugement.* v. déserteur. v. jugement militaire.

An douze (25 frimaire). *Arrêté sur les cumulations de traitements.* v. traitement pécuniaire.

An douze (11 pluviôse). *Décret.* v. inspecteur général d'artillerie.

AN DOUZE (5 ventôse). *Arrêté.* V. MAJOR
LIEUTENANT-COLONEL N° 1.

AN DOUZE (17 ventôse). *Décision.* V. ARME
EMPORTÉE. V. PEINE DE MORT.

AN DOUZE (22 ventôse). *Arrêté qui crée
les voltigeurs.* V. CARABINE. V. COMPAGNIE
DE VOLTIGEURS D'INFANTERIE LÉGÈRE N° 1. |V.
CORNET IDIOPLIQUE N° 1. V. RANG HONORIFIQUE.
V. TAILLE DE MILITAIRE. V. VOLTIGEUR D'INFAN-
TERIE.

AN DOUZE (24 ventôse). *Décret.* V. CASSA-
TION DE SOUS-OFFICIER. V. CASSATION DISCIPLI-
NAIRE. V. DÉGRADATION DE MEMBRE DE LA LÉ-
GION. V. LÉGION D'HONNEUR.

AN DOUZE (germinal). *Instruction.* V. CAMP
DE CAVALERIE. V. CAVALERIE FRANÇAISE N° 5.

AN DOUZE (16 germinal). *Décision.* V.
ÉTAPE.

AN DOUZE (14 floréal). *Circulaire.* V.
BOULET DE CONDAMNÉ. V. HABILLEMENT.

AN DOUZE (28 floréal). *Sénatus-consulte.*
V. CONNÉTABLE. V. DIRECTEUR-MINISTRE. V.
GRAND OFFICIER DE LA COURONNE. V. MARÉCHAL
DE FRANCE; id. N° 5, 6.

AN DOUZE (8 prairial). *Décision.* V. FOUR-
RIER D'INFANTERIE FRANÇAISE DE LIGNE N° 7.

AN DOUZE (9 prairial). *Circulaire.* V.
TRANSPORT DIRECT.

AN DOUZE (10 prairial). *Circulaire.* V.
ÉTAPE. V. REVUE D'ADMINISTRATION.

AN DOUZE (11 prairial). *Circulaire.* V.
BANDAGE. V. CHARPIE. V. MASSE DE MÉDICA-
MENTS.

AN DOUZE (7 messidor). *Circulaire.* V.
FORTERESSE.

AN DOUZE (11 messidor). *Arrêté.* V. AIGLE.
V. PORTE-AIGLE.

AN DOUZE (17 messidor). *Décret relatif
aux commissions militaires spéciales.* V.
COUR DE JUSTICE CRIMINELLE. V. COMMISSION MI-
LITAIRE. V. EMBAUCHEUR. V. EMBAUCHAGE. V.
ESPION D'ARMÉE. V. JUSTICE MILITAIRE.

AN DOUZE (17 messidor). *Décret.* V. CO-
LONEL GÉNÉRAL.

AN DOUZE (22 messidor). *Décret.* V. ÉTOILE
DE LA LÉGION.

AN DOUZE (24 messidor). *Décret sur les
honneurs,* ou ORDONNANCE DE CÉRÉMONIAL,
confirmé à quelques égards par l'INS-
TRUCTION DE 1831 (20 SEPTEMBRE). V. CÉRÉ-
MONIE. V. CLEF DE FORTERESSE. V. COLONEL
GÉNÉRAL. V. COMMANDANT DE PLACE N° 8. V.
COMMISSAIRE DES GUERRES N° 5. V. CORPS EN
ROUTE. V. DEUIL MILITAIRE. V. ÉPÉE D'OFFICIER.
V. GARNISON. V. GÉNÉRAL DE BRIGADE N° 3. V.
GÉNÉRAL DE DIVISION N° 5. V. GÉNÉRAL EN
CHEF N° 2. V. GRAND OFFICIER DE LA COURONNE.
V. HONNEURS. V. INFANTERIE N° 6. V. INSPEC-
TEUR GÉNÉRAL N° 4. V. LIEUTENANT GÉNÉRAL
N° 1, 5. V. MARÉCHAL DE FRANCE N° 8. V.

OFFICIER FRANÇAIS N° 11. V. RANG HONORIFI-
QUE. V. SALUT.

AN DOUZE (27 messidor). *Décret.* V.
ÉCOLE POLYTECHNIQUE.

AN DOUZE (25 thermidor). *Décret.* V.
HAUTE PAYE IDIOPLIQUE.

AN DOUZE (6 fructidor). *Circulaire.* V.
RENGAGEMENT.

AN DOUZE (7 fructidor). *Avis du conseil
d'État.* V. DÉLIT COMMUN. V. PERMISSIONNAIRE.

AN DOUZE (8 fructidor). *Décret.* V. MARÉ-
CHAL DE FRANCE N° 5, 6.

AN DOUZE (9 fructidor). *Circulaire.* V.
TRICOT EN LAINE.

AN DOUZE (11 fructidor). *Décision.* V. GI-
BERNE. V. GRAND ÉQUIPEMENT. V. MOUSQUETON.
V. MUSICIEN N° 4. V. SAPEUR D'INFANTERIE. V.
TAMBOUR IDIOPLIQUE D'INFANTERIE FRANÇAISE
N° 5.

AN TREIZE (1er vendémiaire). *Règlement
d'armement.* V. ARMEMENT DE TROUPE. V.
MANUFACTURE D'ARMES. V. MOUSQUETON. V.
MUNITIONS D'EXERCICE. V. RÈGLEMENT D'ARME-
MENT. V. RESSORT DE GACHETTE. V. SABRE
D'HOMMES DE TROUPE.

AN TREIZE (1er vendémiaire). *Règlement
provisoire sur l'exercice de la cavalerie.*
V. CAVALERIE FRANÇAISE N° 7. Cette ordonnance avait éprouvé successivement tant de
modifications qu'elle n'était plus exécutable.
V. LÉGISLATION 1829 (6 décembre). V. RÈGLE-
MENT D'EXERCICE.

AN TREIZE (5 brumaire). *Avis du conseil
d'État.* V. CÉRÉMONIE. V. ÉPÉE D'OFFICIER DÉ-
CÉDÉ.

AN TREIZE (15 frimaire). *Circulaire.* V.
HOPITAL MILITAIRE.

AN TREIZE (28 frimaire). *Décision.* V. AC-
CESSOIRE DE SOLDE. V. INDEMNITÉ DE FRAIS DE
REPRÉSENTATION.

AN TREIZE (8 nivôse). *Décret.* V. REMPLA-
CEMENT D'ENRÔLÉ.

AN TREIZE (15 nivôse). *Circulaire.* V. AR-
MURIER DE CORPS N° 4.

AN TREIZE (26 nivôse). *Décision.* V. SA-
BOTS DE CHAUSSURE.

AN TREIZE (10 pluviôse). *Décret.* V. LÉ-
GION D'HONNEUR.

AN TREIZE (23 pluviôse). *Décret.* V.
POUDRE A FEU.

AN TREIZE (11 ventôse). *Circulaire.* V.
GALE.

AN TREIZE (22 ventôse). *Décret.* V. BRIQUET.

AN TREIZE (25 ventôse). *Loi sur les instigateurs à la désertion.* V. CRIME. V. INS-
TIGATEUR A LA DÉSERTION.

AN TREIZE (25 germinal). *Décret.* V. AD-
MINISTRATION DE CORPS. V. ADMINISTRATION
MILITAIRE. V. BISCUIT. V. CAPITAINE D'INFAN-
TERIE FRANÇAISE DE LIGNE N° 24. V. CAPITAINE

RAPPORTEUR. V. CAPORAL D'INFANTERIE FRAN-
ÇAISE DE LIGNE N° 11. V. CHEF DE BATAILLON
D'INFANTERIE FRANÇAISE DE LIGNE N° 12. V.
CODE MILITAIRE. V. COMPTABILITÉ DE CORPS. V.
CONGÉ LIMITÉ. V. CONSEIL PERMANENT N° 3. V.
CONTROLE GÉNÉRAL DE SIGNALEMENT. V. COU-
CHAGE DE PRISONNIER. V. DÉFILEMENT ADMINIS-
TRATIF. V. DÉSERTEUR. V. DÉTACHEMENT DE
CORPS. V. DÉTACHEMENT ADMINISTRATIF. V.
DÉTENU MIS EN JUGEMENT. V. ÉTAPE. V. ÉTAT
DE SITUATION. V. EXTRAIT DE REVUE. V. FAUX,
subs. masc. V. FEUILLE D'APPEL D'EFFECTIF. V.
FEUILLE DE RETENUE. V. FEUILLE DE SUBSIS-
TANCE. V. HOMME A L'HOPITAL. V. HOPITAL MI-
LITAIRE. V. INCORPORATION. V. INDEMNITÉ DE
CHEVAL DE SELLE. ¡V. INDEMNITÉ DE ROUTE
D'HOMME DE TROUPE. V. INDEMNITÉ DE VIVRES.
V. LICENCIEMENT. V. LIVRET DE PAYEMENT. V.
MAITRE OUVRIER N° 3. V. MAJOR LIEUTENANT-
COLONEL N° 3. V. MASSE GÉNÉRALE. V. ORDON-
NANCE DE COMPTABILITÉ. V. PASSE-VOLANT. V.
PENSION DE RETRAITE. V. PERMISSIONNAIRE. V.
PRÊT DE COMPAGNIE. V. PRISON DE PLACE. V.
PRISONNIER DE GUERRE FRANÇAIS. V. RÈGLE-
MENT. V. RETENUE. V. REVUE D'ADMINISTRATION.
V. REVUE SUR LE TERRAIN. V. SIGNALEMENT. V.
SOUS-OFFICIER N° 1.

AN TREIZE (11 floréal). *Circulaire.* V.
GALE.

AN TREIZE (15 floréal). *Circulaire.* V.
AVANCEMENT. V. CAPITAINE D'INFANTERIE
FRANÇAISE DE LIGNE N° 4. V. CHEF DE BATAILLON
D'INFANTERIE FRANÇAISE DE LIGNE N° 3. V.
CODE MILITAIRE. V. COLONEL D'INFANTERIE
FRANÇAISE DE LIGNE N° 4. V. PROMOTION. V.
RÉCEPTION D'OFFICIER.

AN TREIZE (16 thermidor). *Décret.* V. DÉLÉ-
GATION DE TRAITEMENT. V. LÉGION D'HONNEUR.

AN TREIZE (8 fructidor). *Décret.* V. MAJOR
LIEUTENANT-COLONEL N° 2. V. MUTILATION VO-
LONTAIRE. V. OFFICIER DE SANTÉ. V. REMPLA-
ÇANT. V. TAILLE DE MILITAIRE.

AN TREIZE (8 fructidor). *Décret.* V. REM-
PLACEMENT D'ENROLÉ.

AN TREIZE (12 fructidor). *Instruction.*
V. CAISSE DE CHIRURGIE. V. CONCIERGE DE PRI-
SON. V. CONSEIL PERMANENT N° 5. V. ÉTAPE.
V. FOURRAGE DE DISTRIBUTION. V. HAUTE PAYE
IDIOPLIQUE. V. HOPITAL MILITAIRE. V. MASSE DE
CHAUFFAGE. V. PAILLE DE CAMPEMENT. V. PRI-
SON DE PLACE. V. RÈGLEMENT. V. REVUE D'AD-
MINISTRATION. V. SOLDE.

AN TREIZE (13 fructidor). *Décret.* V. ÉCOLE
MILITAIRE.

AN TREIZE (14 fructidor). *Décret.* V. CAIS-
SON D'INFANTERIE.

AN TREIZE (20 fructidor). *Circulaire.* V.
CAISSE DE CHIRURGIE. V. CAISSON D'AMBULANCE.

AN TREIZE (1er complémentaire). *Décret.*

AN TREIZE (2e complémentaire). *Décision.*
V. MARIAGE.

AN TREIZE (2° complémentaire). *Décret.*
V. BRIQUET. V. CARABINE. V. COMPAGNIE DE
VOLTIGEURS DE BATAILLE. V. CORNET IDIOPLIQUE
N° 1. V. RANG HONORIFIQUE.

AN TREIZE (3° complémentaire). *Décret.*
V. GARDE IMPÉRIALE N° 3.

AN QUATORZE (1er vendémiaire). *Instruc-
tion publiée par le payeur général.* V.
HOPITAL MILITAIRE. V. MASSE DE MÉDICAMENTS.
V. PAYEUR.

AN QUATORZE (2 vendémiaire). *Sénatus-
consulte.* V. GARDE NATIONALE.

AN QUATORZE (8 vendémiaire). *Loi.* V.
CHEF DE COMPLOT. V. CRIME.

AN QUATORZE (12 vendémiaire). *Arrêté
relatif à une levée de Valaisans.* V. FOR-
MATION CONSTITUTIVE.

AN QUATORZE (19 vendémiaire). *Décret.*
V. PENSION DE RETRAITE.

AN QUATORZE (20 vendémiaire). *Circu-
laire.* V. MAJOR LIEUTENANT-COLONEL N° 2.
V. QUARTIER-MAITRE D'INFANTERIE FRANÇAISE
DE LIGNE N° 2.

AN QUATORZE (25 vendémiaire). *Circulaire.* V. CONTROLE GÉNÉRAL DE SIGNALEMENT.

AN QUATORZE (29 vendémiaire). *Décret.*
V. CAMPAGNE. V. GARDE NATIONALE.

AN QUATORZE (10 brumaire). *Décret.* V.
MINEUR FRANÇAIS. V. OUTILS DE CAMPAGNE. V.
SAPEUR DU GÉNIE.

AN QUATORZE (frimaire). *Tarif.* V. TAM-
BOUR INSTRUMENTAL D'INFANTERIE FRANÇAISE.

AN QUATORZE (17 frimaire). *Décret.* V.
CONSEIL PERMANENT N° 1. V. JUGE MILITAIRE.
V. PRISONNIER DE GUERRE.

AN QUATORZE (18 frimaire). *Règlement
de convoi.* V. CHARGE DE BÊTE DE SOMME. V.
CHEVAL DE BAT. V. CONVOI A LA SUITE. V.
FEUILLE DE ROUTE DE MILITAIRE ISOLÉ. V. RÈ-
GLEMENT DE CONVOI. V. TRANSPORT A LA SUITE.
V. TRANSPORT DIRECT. V. TRANSPORTS.

AN QUATORZE (24 frimaire). *Décret.* V.
SAPEUR DU GÉNIE.

AN QUATORZE (29 frimaire). *Circulaire.* V.
GUÊTRE.

1806 (1er janvier). *Instruction du
payeur général.* V. AVANCE AUX ISOLÉS. V.
DÉGAT. V. DÉGRADATION DE CASERNEMENT. V.
DETTE. V. EFFET D'ÉQUIPEMENT. V. EFFET D'HA-
BILLEMENT. V. RETENUE. V. TRAITEMENT D'HO-
PITAL. V. TRAITEMENT SANITAIRE.

1806 (4 janvier). *Décret.* V. CHASSE A
COURRE.

1806 (4 janvier). *Circulaire.* V. PRÉFET
DE DÉPARTEMENT. V. REVUE D'ADMINISTRATION.
V. SOUS-PRÉFET.

1806 (23 janvier). *Circulaire.* V. DÉSER-
TEUR A L'HOPITAL.

1806 (2 février). *Instruction*. V. SECRÉTAIRE DE TRÉSORIER.

1806 (4 février). *Décret*. V. GRAND OFFICIER DE LA COURONNE.

1806 (10 février). *Règlement sur l'administration*. V. ARMEMENT DE TROUPE. V. BUFFLETERIE. V. CAPITAINE D'HABILLEMENT N° 3. V. DÉTACHEMENT DE CORPS. V. EFFET D'UNIFORME. V. FOURRIER D'INFANTERIE FRANÇAISE DE LIGNE N° 15. V. GILET D'HABILLEMENT. V. FUSIL D'INFANTERIE. V. HAVRE-SAC. V. LETTRE DE COMPAGNIE. V. LIEUTENANT D'ARMEMENT. V. MASSE DE LINGE ET CHAUSSURE. V. MASSE GÉNÉRALE. V. NUMÉRO DE FUSIL. V. ORDONNANCE D'ADMINISTRATION, — D'UNIFORME. V. PIÈCE D'ARMES. V. PREMIÈRE MISE. V. QUARTIER-MAITRE D'INFANTERIE FRANÇAISE DE LIGNE N° 2. V. RÈGLEMENT D'ADMINISTRATION. V. RÈGLEMENT DE COMPTABILITÉ. V. SABRE D'HOMMES DE TROUPE. V. TABLIER DE SAPEUR.

1806 (25 février). *Décret sur la masse de campement*. V. BARIL A EAU. V. BIVAC. V. BOUTEILLE CLISSÉE. V. EFFET DE CAMPEMENT. V. FOURRAGE DE DISTRIBUTION. V. GAMELLE. V. HACHE DE SAPEUR. V. MASSE DE CAMPEMENT. V. MASSE GÉNÉRALE. V. OUTIL DE CAMPEMENT.

1806 (25 février). *Décret*. V. SCHAKO. V. SCHAKO D'INFANTERIE.

1806 (12 mars). *Décret*. V. COMPAGNIE DE PIONNIERS. V. MASSE D'ORDINAIRE. V. MUTILATION VOLONTAIRE. V. PIONNIER.

1806 (27 mars). *Circulaire*. V. SCHAKO D'HOMME DE TROUPE.

1806 (29 mars). *Loi*. V. ÉTABLISSEMENT MILITAIRE.

1806 (30 mars). *Décret*. V. NOBLESSE.

1806 (10 avril). *Décret sur les transports, etc*. V. TRANSPORTS DIRECTS.

1806 (10 avril). *Décret sur la masse*. V. MASSE DE COMPAGNIE.

1806 (17 avril). *Instruction sur les transports*. V. TRANSPORTS DIRECTS.

1806 (25 avril). *Décret sur la masse d'habillement*. V. BLANC D'HABILLEMENT. V. CULOTTE. V. GAMELLE. V. GILET. V. HABILLEMENT. V. MASSE D'HABILLEMENT. V. MASSE GÉNÉRALE.

1806 (12 mai). *Instruction, ou* ORDONNANCE D'UNIFORME. V. HABILLEMENT. V. ORDONNANCE D'UNIFORME. V. TRANSPORT.

1806 (17 mai). *Circulaire*. V. EFFET DE CAMPEMENT. V. OUTIL DE CAMPEMENT.

1806 (19 juin). *Instruction sur les armes*. V. ARME D'UNIFORME. V. BRIQUET. V. CAISSE D'ARMES. V. CIBLE. V. FUSIL D'INFANTERIE. V. MAGASIN DE CORPS. V. MARQUE DE FUSIL. V. MONTE-RESSORT. V. MOUSQUET. V. PISTOLET. V. PORTÉE DE FUSIL. V. RESSORT DE BATTERIE. V. RESSORT DE GARNITURE. V. SABRE D'HOMMES DE TROUPE.

1806 (20 juin). *Circulaire*. V. CORPS DE GARDE DE PASSAGE.

1806 (6 juillet). *Décret*. V. MASSE D'HABILLEMENT.

1806 (12 juillet). *Décision*. V. FEUILLE DE ROUTE.

1806 (18 juillet). *Décret*. V. INDEMNITÉ DE ROUTE.

1806 (24 juillet). *Décision*. V. BLANC D'HABILLEMENT. V. ÉTAT QUATRIDIAIRE DE COMPAGNIE. V. MASSE COMPTABILIAIRE.

1806 (14 août). *Décret*. V. NOBLESSE.

1806 (16 août). *Instruction*. V. CHAUFFAGE DE POSTE DE GARNISON. V. CORPS DE GARDE DE GARNISON. V. CORPS DE GARDE DE POLICE EN GARNISON. V. NUIT DE REPOS. V. REVUE D'ADMINISTRATION. V. SENTINELLE. V. SENTINELLE EN GARNISON.

1806 (23 septembre). *Décret*. V. EFFET DE DÉCÉDÉ A L'HOPITAL. V. HÉRITIER MILITAIRE.

1806 (24 octobre). *Décret*. V. COMMANDANT DE PLACE N° 5.

1806 (12 novembre). *Décret*. V. GARDE NATIONALE. V. JUSTICE MILITAIRE.

1806 (4 décembre). *Instruction*. V. GEOLAGE. V. PRISON DE PLACE.

1807 (5 janvier). *Circulaire*. V. COLONEL EN ROUTE. V. COMPLOT DE DÉSERTION.

1807 (6 janvier). *Décret*. V. MUTILATION VOLONTAIRE.

1807 (14 janvier). *Circulaire*. V. PRISON DE PLACE.

1807 (24 janvier). *Circulaire*. V. CÉRÉMONIE. V. GRAND OFFICIER DE LA COURONNE.

1807 (25 janvier). *Avis du conseil d'Etat*. V. EMPLOYÉ.

1807 (5 février). *Circulaire*. V. DÉGRADATION DE CASERNEMENT.

1807 (16 février). *Décret*. V. CONSEIL DE RÉVISION JUDICIAIRE. V. DÉSERTION D'ENROLÉ VOLONTAIRE. V. JUGE MILITAIRE.

1807 (5 mars). *Avis du conseil d'Etat*. V. JUGE MILITAIRE. V. JUSTICE MILITAIRE.

1807 (25 mars). *Instruction*. V. MUTILATION VOLONTAIRE.

1807 (26 mars). *Décret*. V. TRAIN DES ÉQUIPAGES.

1807 (18 avril). *Circulaire*. V. CONTUMACE. V. ENROLÉ VOLONTAIRE. V. JUGEMENT MILITAIRE.

1807 (19 avril). *Circulaire*. V. DÉPENSE DE LUXE. V. TENUE.

1807 (21 avril). *Décret*. V. TAILLE DE MILITAIRE.

1807 (30 avril). *Circulaire*. V. TRÉSORIER DE CORPS N° 6.

1807 (12 mai). *Avis du conseil d'Etat*. V. GARNISAIRE.

1807 (2 juin). *Circulaire.* V. MASSE DE CAMPEMENT.

1807 (24 juin). *Circulaire.* V. TRÉSORIER DE CORPS N° 5.

1807 (26 juin). *Décision.* V. BLANC D'HABILLEMENT.

1807 (5 juillet). *Circulaire.* V. COLONEL EN ROUTE.

1807 (24 juillet). *Circulaire.* V. CHANGEMENT DE COMPAGNIE. V. MOUVEMENT MUTATIONNAIRE.

1807 (7 août). *Décision.* V. FEUILLE DE DÉCOMPTE.

1807 (7 septembre). *Loi.* V. FAUX, subs. masc.

1807 (11 septembre). *Loi.* V. GRAND OFFICIER DE LA COURONNE. V. MARÉCHAL DE FRANCE N° 9. V. MINISTRE DE LA GUERRE N° 5. V. PENSION DE RETRAITE.

1807 (2 octobre). *Décision.* V. BLANC D'HABILLEMENT.

1807 (7 octobre). *Décret.* V. BRIQUET.

1807 (2 novembre). *Décision.* V. CAGISTE. V. MUSICIEN N° 3, 7.

1807 (15 novembre). *Circulaire.* V. PIÈCE D'ARMES.

1807 (20 novembre). *Marché, etc.* V. AMEUBLEMENT DE PAVILLON. V. COUVERTE D'HOMME DE TROUPE. V. EFFET DE CASERNEMENT. V. LIT DE TROUPE. V. LIT D'OFFICIER. V. PAILLASSE DE CASERNEMENT.

1807 (14 décembre). *Instruction.* V. DÉTENU A LA SALLE DE DISCIPLINE. V. EFFET DE CASERNEMENT.

1807 (31 décembre). *Instruction.* V. MASSE DE CHAUFFAGE.

1808 (11 janvier). *Décret.* V. COLONEL GÉNÉRAL DES SUISSES.

1808 (11 janvier). *Avis du conseil d'Etat.* V. PENSION DE RETRAITE.

1808 (20 janvier). *Décision.* V. SAC A DISTRIBUTION.

1808 (30 janvier). *Circulaire.* V. ÉPINGLETTE. V. MONTE-RESSORT. V. TOURNE-VIS.

1808 (2 février). *Avis du conseil d'Etat.* V. PENSION DE RETRAITE.

1808 (18 février). *Décret, ou ORDONNANCE DE COMPOSITION.* V. AIGLE. V. ARMÉE FRANÇAISE N° 3, [tableau. V. BATAILLON DE GUERRE. V. BATAILLON D'INFANTERIE FRANÇAISE DE LIGNE N° 2, tableau. V. CAPITAINE DE GRENADIERS D'INFANTERIE FRANÇAISE DE LIGNE N° 2, 3. V. CAVALERIE FRANÇAISE N° 4, tableau. V. CHASSEUR A CHEVAL. V. COMPAGNIE DE GRENADIERS N° 6. V. COMPAGNIE D'ÉLITE N° 3. V. COMPAGNIE D'INFANTERIE FRANÇAISE DE LIGNE N° 2, tableau; id. N° 5, 9. V. COMPOSITION. V. DÉFILEMENT DE TROUPE. V. ÉTAT-MAJOR DE CORPS N° 2. V. FORMATION CONSTITUTIVE. V. GRENADIER D'INFANTERIE FRANÇAISE DE LIGNE N° 2.

V. INFANTERIE DE BATAILLE N° 4. V. INFANTERIE FRANÇAISE N° 2. V. INFANTERIE LÉGÈRE N° 4. V. LIEUTENANT D'ARMEMENT. V. LIEUTENANT D'INFANTERIE FRANÇAISE DE LIGNE N° 5. V. OFFICIER PAYEUR. V. ORDONNANCE DE COMPOSITION. V. PELOTON. V. PORTE-AIGLE. V. RÉGIMENT D'INFANTERIE FRANÇAISE N° 2. V. SAPEUR D'INFANTERIE. V. SECTION ADMINISTRATIVE. V. SERVICE CONSCRIPTIF.

1808 (1er mars). *Avis du conseil.* V. ENFANT D'OFFICIER.

1808 (1er mars). *Décret.* V. CHEVALIER DE LA LÉGION D'HONNEUR. V. LÉGION D'HONNEUR. V. NOBLESSE.

1808 (11 mars). *Décret et sénatus-consulte.* V. CHEVALIER DE LA LÉGION D'HONNEUR. V. LÉGION D'HONNEUR. V. NOBLESSE.

1808 (15 mars). *Décision.* V. CHAMP DE MANŒUVRES. V. CHANGEMENT DE DIRECTION DE SUBDIVISION DU COTÉ DU GUIDE. V. DÉFILEMENT DE TROUPE. V. ESPLANADE.

1808 (8 avril). *Circulaire.* V. CANTINE STABLE. V. GARNISON.

1808 (25 avril). *Circulaire relative au décret de 1808 (18 février).* V. FORMATION CONSTITUTIVE.

1808 (7 juin). *Circulaire.* V. BANDAGE HERNIAIRE. V. HERNIE.

1808 (16 juin). *Décret.* V. MARIAGE. V. OFFICIER D'INFANTERIE FRANÇAISE N° 7.

1808 (16 juin). *Décision.* V. DÉTENU EN PRISON PUBLIQUE.

1808 (26 juin). *Décision.* V. MARIAGE.

1808 (7 juillet). *Décret.* V. FORMATION CONSTITUTIVE.

1808 (13 juillet). *Décision.* V. PAIN DE MUNITION.

1808 (22 juillet). *Décision.* V. INSPECTEUR GÉNÉRAL N° 3.

1808 (5 août). *Décision interprétative du décret de 1808 (7 juillet).* V. FORMATION CONSTITUTIVE. V. ORGANISATION.

1808 (10 août). *Décision.* V. MARIAGE.

1808 (2 septembre). *Circulaire.* V. INSPECTEUR GÉNÉRAL N° 3.

1808 (8 septembre). *Décision.* V. EFFET D'HABILLEMENT.

1808 (8 septembre). *Instruction.* V. CERTIFICAT. V. GRACE. V. PEINE. V. PENSION DE RETRAITE. V. TRAITEMENT DE RÉFORME.

1808 (9 septembre). *Circulaire.* V. FEUILLE DE RETENUE. V. REVUE D'ADMINISTRATION.

1808 (22 septembre). *Circulaire.* V. BILLET D'HOPITAL.

1808 (24 septembre). *Instruction sur les revues.* V. CONVOI A LA SUITE. V. CORPS D'INTENDANCE N° 8. V. DÉSERTEUR. V. EFFET D'HABILLEMENT. V. GRAND ÉQUIPEMENT. V. HABILLEMENT. V. HOPITAL MILITAIRE. V. INSPECT

TEUR AUX REVUES. V. LIVRET INDIVIDUEL. V. MASSE COMPTABILIAIRE. V. MASSE DE CHAUFFAGE. V. MASSE GÉNÉRALE. V. ORDONNANCE D'UNIFORME. V. REVUE D'ADMINISTRATION. V. REVUE ÉCRITE. V. SOUS-INSPECTEUR AUX REVUES. V. TRANSPORT.

1808 (25 octobre). *Circulaire.* V. PRISONNIER DE GUERRE FRANÇAIS. V. RETENUE.

1808 (25 novembre). *Instruction.* V. APPARTEMENT DE TRIBUNAUX.

1808 (8 décembre). *Circulaire.* V. RÉFRACTAIRE.

1808 (21 décembre). *Décision.* V. CLEF DE CAISSE A TROIS SERRURES. V. CONSEIL D'ADMINISTRATION DE RÉGIMENT N° 1. V. MEMBRE DE CONSEIL D'ADMINISTRATION.

1808 (22 décembre). *Circulaire.* V. BILLET DE SORTIE D'HOPITAL. V. BILLET D'HOPITAL.

1809 (11 janvier). *Circulaire.* V. DRAGONNE D'HOMME DE TROUPE.

1809 (24 janvier). *Circulaire.* V. INSPECTEUR AUX REVUES.

1809 (28 janvier). *Circulaire.* V. BILLET D'HOPITAL.

1809 (1er mars). *Circulaire.* V. ENFANT D'HOMME DE TROUPE N° 4.

1809 (9 mars). *Circulaire.* V. ENFANT D'HOMME DE TROUPE N° 3.

1809 (9 mars). *Décret.* V. OFFICIER A LA SUITE.

1809 (17 mars). *Décret.* V. PRISONNIER DE GUERRE FRANÇAIS.

1809 (23 mars). *Décret.* V. COLONEL EN SECOND.

1809 (5 avril). *Circulaire.* V. BILLET D'HOPITAL.

1809 (7 avril). *Décret.* V. CAISSON D'INFANTERIE.

1809 (11 avril). *Décret.* V. MEMBRE DE LA LÉGION D'HONNEUR.

1809 (13 avril). *Décret.* V. CAPORAL D'INFANTERIE FRANÇAISE DE LIGNE N° 11. V. DÉCOMPTE D'EXCÉDANT DE MASSE. V. PETIT ÉQUIPEMENT. V. RETENUE SUR PRÊT. V. SOUS-OFFICIER N° 1.

1809 (6 mai). *Circulaire.* V. MARCHE EN POSTE. V. TRANSPORT.

1809 (8 mai). *Circulaire.* V. CAPITAINE PRISONNIER DE GUERRE. V. DENIERS DE PETIT ÉQUIPEMENT. V. DENIERS D'ORDINAIRE. V. MASSE DE LINGE ET CHAUSSURE.

1809 (15 mai). *Circulaire.* V. GRATIFICATION DE PREMIÈRE MISE.

1809 (1er juin). *Instruction.* V. PRESTATION EN NATURE.

1809 (9 juin). *Décret* relatif à la composition. V. ARTILLERIE D'INFANTERIE. V. AUMONIER DE CORPS N° 3. V. CAISSON A CARTOUCHES. V. CAISSON A PAIN. V. CAISSON D'AMBU-

LANCE. V. CAISSON D'ARTILLERIE RÉGIMENTAIRE. V. COMPAGNIE D'INFANTERIE FRANÇAISE DE LIGNE N° 2, tableau. V. COMPOSITION.

1809 (15 juin). *Décision.* V. COMMANDANT DE DIVISION TERRITORIALE N° 4. V. TRÉSORIER DE CORPS N° 7.

1809 (17 juin). *Décision.* V. MINEUR FRANÇAIS.

1809 (1er juillet). *Décret.* V. HÉRITIER DE MILITAIRE. V. PASSE DE SAC.

1809 (20 juillet). *Circulaire.* V. INDEMNITÉ DE FRAIS DE REPRÉSENTATION.

1809 (9 août). *Circulaire.* V. ADJUDANT-MAJOR D'INFANTERIE FRANÇAISE DE LIGNE N° 8.

1809 (29 août). *Décret.* V. GARDE NATIONALE.

1809 (31 août). *Règlement sur le service des postes* (aux lettres) *militaires.* V. FACTEUR. V. MEMBRE DE CONSEIL D'ADMINISTRATION. V. POSTE AUX LETTRES.

1809 (4 septembre). *Décision.* V. HÉRITIER DE MILITAIRE.

1809 (8 septembre). *Circulaire.* V. RETENUE SUR APPOINTEMENT.

1809 (14 septembre). *Décision.* V. FEUILLE D'APPEL. V. FOURRIER D'INFANTERIE FRANÇAISE DE LIGNE N° 7.

1809 (18 septembre). *Circulaire.* V. CAISSON D'INFANTERIE.

1809 (11 octobre). *Règlement de campagne,* OU ORDONNANCE DE CAMPEMENT, — DE SERVICE EN CAMPAGNE. V. BARAQUE. V. BLANCHISSEUSE DE CORPS. V. CAMP DE BARAQUES. V. CAMP DE CAVALERIE. V. CAMPEMENT TACTIQUE. V. CHEF DE BATAILLON EN CANTONNEMENT. V. CHEVAL DE DÉSERTEUR ÉTRANGER. V. CORDEAU MÉTRIQUE. V. COUVERTE DE SOLDAT. V. ÉTAT-MAJOR DE CORPS N° 3. V. FILE DE BATAILLON. V. GRAND PRÉVOT. V. LATRINES DE CAMP. V. OFFICIER FRANÇAIS N° 2. V. PRÉVOT. V. RÉCEPTION D'OFFICIER. V. RÈGLEMENT DE CAMPEMENT. V. SERVICE DE CAMPAGNE. V. TENTE. V. TERRAIN DE CAMPEMENT.

1809 (19 octobre). *Décret.* V. RÉGIE DES VIVRES. V. HOPITAL MILITAIRE.

1809 (15 novembre). *Instruction.* V. CODE CIVIL. V. ENFANT DE CORPS. V. MILITAIRE. V. OFFICIER D'ÉTAT CIVIL. V. PRISONNIER DE GUERRE.

1809 (4 décembre). *Délibération du conseil d'État.* V. CAPORAL D'INFANTERIE FRANÇAISE DE LIGNE N° 11.

1809 (15 décembre). *Instruction.* V. PRISON DE PLACE.

1809 (21 décembre). *Circulaire.* V. FEUILLE DE SUBSISTANCE.

1810 (8 janvier). *Décret.* V. DÉTENU EN PRISON PUBLIQUE. V. HOPITAL MILITAIRE.

1810 (19 février). *Décret.* V. DEVIS.

1810 (15 mars). *Avis du conseil d'Etat.* V. INDEMNITÉ DE ROUTE.

1810 (11 avril). *Décret.* V. ARTILLERIE D'INFANTERIE. V. PIÈCE DE CAMPAGNE.

1810 (22 avril). *Décision.* V. HOPITAL MILITAIRE.

1810 (16 mai). *Décret.* V. GEOLAGE. V. INDEMNITÉ DE FRAIS DE REPRÉSENTATION. V. INDEMNITÉ DE VIVRES. V. MASSE COMPTABILIAIRE.

1810 (18 mai). *Circulaire.* V. PERMISSION.

1810 (26 mai). *Circulaire du directeur général de la conscription.* V. ÉQUIPAGES. V. INDEMNITÉ DE PERTE D'ÉQUIPAGES. V. GRATIFICATION D'ENTRÉE EN CAMPAGNE.

1810 (51 mai). *Circulaire.* V. CAISSE DE CHIRURGIE.

1810 (5 juin). *Décret.* V. PIED DE RASSEMBLEMENT.

1810 (50 juin). *Décret.* V. CHIRURGIEN-MAJOR D'INFANTERIE N° 7. V. FOURRAGE DE DISTRIBUTION. V. LÉGUME SEC. V. LIQUIDE. V. PAILLE DE CAMPEMENT. V. PAIN DE MUNITION. V. RATION. V. RIZ.

1810 (5 juillet). *Instruction.* V. ACTION D'ÉCLAT. V. PEINE. V. PENSION DE RETRAITE.

1810 (19 juillet). *Décret.* V. DÉPENSE DE LUXE. V. INDEMNITÉ DE FOURRAGE.

1810 (24 juillet). *Circulaire.* V. RETARDATAIRE.

1810 (18 août). *Circulaire.* V. CAISSE DE CHIRURGIE.

1810 (25 août). *Circulaire.* V. DÉPENSE DE LUXE.

1810 (25 août). *Circulaire.* V. GRATIFICATION DE PREMIÈRE MISE.

1810 (28 août). *Décret.* V. DIRECTOIRE D'HABILLEMENT.

1810 (1er septembre). *Instruction.* V. DÉCOMPTE. V. FEUILLE D'APPEL. V. REVUE D'ADMINISTRATION.

1810 (22 septembre). *Décret.* V. CLOCHE DE FORTERESSE. V. GÉNIE IDIOPLIQUE N° 4.

1810 (14 octobre). *Décret.* V. COMMANDANT D'ARMES.

1810 (15 octobre). V. CHAMP DE MANOEUVRES.

1810 (22 octobre). *Décret.* V. COUR DE JUSTICE CRIMINELLE. V. DUEL. V. JUSTICE MILITAIRE.

1810 (25 octobre). *Instruction ministérielle.* V. DISTRIBUTION DE RATIONS. V. FOURRAGE DE DISTRIBUTION. V. PAIN DE MUNITION. V. SUBSISTANCES.

1810 (9 novembre). *Circulaire.* V. HOPITAL MILITAIRE. V. POMPON.

1810 (10 novembre). *Circulaire.* V. SCHAKO D'HOMME DE TROUPE.

1810 (14 novembre). V. TRAITEMENT DE RÉFORME.

1810 (15 décembre). *Décret.* V. GOUVERNEUR.

1810 (21 décembre). *Décret.* V. GRATIFICATION DE PREMIÈRE MISE.

1810 (50 décembre). *Décret.* V. CHIRURGIEN-MAJOR D'INFANTERIE FRANÇAISE DE LIGNE N° 7. V. MASSE DE LINGE ET CHAUSSURE. V. MASSE D'ORDINAIRE. V. SOLDE.

1811 (28 janvier). *Circulaire.* V. PRISONNIER DE GUERRE ÉTRANGER.

1811 (21 février). *Circulaire.* V. GRAND ÉQUIPEMENT.

1811 (25 février). *Décret.* V. PRISONNIER DE GUERRE ÉTRANGER.

1811 (27 février). *Décret.* V. GOUVERNEUR DE PLACE DE GUERRE N° 5.

1811 (2 mars). *Circulaire.* V. AVOINE. V. FOIN. V. PAILLE.

1811 (4 mars). *Instruction.* V. CAPITAINE D'INFANTERIE FRANÇAISE DE LIGNE N° 10. V. CHEF DE BATAILLON D'INFANTERIE N° 6. V. CHIRURGIEN-MAJOR D'INFANTERIE FRANÇAISE DE LIGNE N° 7. V. ÉCHANGE DE MONNAIE. V. FOURRAGE DE DISTRIBUTION. V. HAUTE PAYE PÉCUNIAIRE. V. INDEMNITÉ DE CHEVAL DE SELLE. V. INDEMNITÉ DE FRAIS DE REPRÉSENTATION. V. INDEMNITÉ DE LOGEMENT. V. INDEMNITÉ DE ROUTE. V. INFANTERIE FRANÇAISE DE LIGNE N° 5. V. LIEUTENANT D'INFANTERIE FRANÇAISE DE LIGNE N° 4. V. MAJOR LIEUTENANT-COLONEL N° 1. V. PAIN DE SOUPE. V. SOLDE. V. TRAITEMENT PÉCUNIAIRE.

1811 (9 mars). *Décret.* V. MAJOR EN SECOND.

1811 (18 mars). *Circulaire.* V. EFFET DE PETIT ÉQUIPEMENT.

1811 (19 mars). *Décret.* V. GRAND OFFICIER DE LA COURONNE.

1811 (25 mars). *Décret.* V. HOTEL DES INVALIDES. V. JUSTICE MILITAIRE.

1811 (2 avril). *Décret.* V. FOURRIER D'INFANTERIE FRANÇAISE DE LIGNE N° 5.

1811 (11 avril). *Décret.* V. CÉRÉMONIE.

1811 (19 avril). *Décision.* V. EAU MINÉRALE.

1811 (20 avril). *Decret.* V. RETENUE SUR APPOINTEMENTS.

1811 (25 avril). *Décret.* V. MAJOR EN SECOND.

1811 (2 mai). *Décret.* V. MASSE DE COMPAGNIE.

1811 (1er juin). *Circulaire.* V. RETENUE SUR APPOINTEMENTS.

1811 (6 juin). *Circulaire.* V. TAMBOUR INSTRUMENTAL D'INFANTERIE FRANÇAISE.

1811 (11 juin). *Règlement.* V. BARIL A EAU. V. BIDON A VINAIGRE. V. BISCUIT. V. COUVERTE DE SOLDAT. V. EFFET DE CAMPEMENT.

1811 (24 juin). *Décret.* V. GARNISAIRE.

1811 (3 juillet). *Décision.* v. CAPORAL-TAMBOUR.

1811 (20 juillet). *Circulaire.* v. ÉCHANGE DE MONNAIES ÉTRANGÈRES.

1811 (2 août). *Décret.* v. AVANCEMENT AU GRADE DE SOUS-OFFICIER. V. SOUS-OFFICIER N° 2, 3.

1811 (6 août). *Circulaire.* v. PRISONNIER DE GUERRE FRANÇAIS.

1811 (30 août). *Décret.* v. PUPILLE N° 1, 5.

1811 (10 septembre). *Instruction.* v. CONGÉ OUTRE-PASSÉ.

1811 (21 septembre). *Circulaire.* v. DÉPENSE DE LUXE.

1811 (28 septembre). *Instruction.* v. LIVRET DE PAYEMENT.

1811 (14 octobre). *Décret.* v. ADJUDANT DE PLACE N° 3. V. ADJUDANT-MAJOR D'HABILLEMENT. V. CAPITAINE D'HABILLEMENT N° 1. V. CONTUMACE.

1811 (14 octobre). *Circulaire. Tableaux des infirmités, etc.* v. INFIRMITÉ.

1811 (19 octobre). *Décret.* v. CONGÉ DE SEMESTRE. V. PUPILLE N° 1.

1811 (1er novembre). *Instruction.* v. TAILLE DE MILITAIRE.

1811 (16 novembre). *Circulaire.* v. LIVRET INDIVIDUEL.

1811 (23 novembre). *Décret.* v. DÉSERTEUR.

1811 (24 novembre). *Circulaire.* v. SCHAKO.

1811 (25 novembre). *Décret.* v. LANCIER.

1811 (30 novembre). *Décret.* v. OFFICIER DE SANTÉ.

1811 (4 décembre). *Circulaire.* v. CONSEIL DE PRÉFECTURE. V. ÉTOFFE D'HABILLEMENT.

1811 (4 décembre). *Décret.* v. COMMANDEMENT DE CITADELLE.

1811 (10 décembre). *Instruction.* v. CONTUMACE. V. CRIME. V. DÉSERTEUR. V. SIGNALEMENT.

1811 (23 décembre). *Instruction.* v. COMPTABILITÉ.

1811 (24 décembre). *Décret,* ou ORDONNANCE DE JUSTICE, — D'UNIFORME, etc. v. ADJUDANT DE PLACE N° 3. V. ASSAUT DE CORPS DE PLACE. V. COMMANDANT D'ARMES. V. COMMANDANT DE CITADELLE. V. COMMANDANT DE DIVISION TERRITORIALE N° 2, 4. V. COMMANDANT DE PLACE N° 3, 5, 8, 9. V. COMMANDANT DE PLACE ASSIÉGÉE. V. CONSEIL D'ENQUÊTE. V. CONSIGNE-PORTIER. V. DÉFENSE DE PLACE. V. ÉTAT DE SIÉGE. V. ÉTAT-MAJOR DE PLACE. V. FORTERESSE. V. FORTIFICATION PERMANENTE. V. GOUVERNEUR DE PLACE ASSIÉGÉE. V. GOUVERNEUR DE PLACE DE GUERRE N° 2, 4, 5. V. JUSTICE MILITAIRE. V. MAJOR DE PLACE N° 1. V. ORDONNANCE DE JUSTICE. V. OFFICIER D'ÉTAT-MAJOR DE PLACE. V. PRÉVOT D'ARMÉE. V. SECRÉTAIRE ARCHIVISTE.

1811 (25 décembre). *Décret.* v. AIGLE V. FANION TACTIQUE. V. MOUSQUETON.

1811 (28 décembre). *Instruction.* v. DÉTACHEMENT ADMINISTRATIF. V. LIEUTENANT D'ARMEMENT. V. LIVRE DE COMPAGNIE. V. REGISTRE DE COMPTABILITÉ.

1812 (19 janvier). *Décret.* v. BONNET A POILS. V. CHEVRON DE LIVRÉE. V. CODE MILITAIRE. V. ÉPAULETTE EN DRAP. V. GILET. V. HABILLEMENT. V. ORDONNANCE D'UNIFORME. V. PANTALON. V. PANTALON DE TOILE. V. RETROUSSIS D'HABIT. V. REVERS D'HABIT. V. TAMBOUR IDIOPLIQUE D'INFANTERIE FRANÇAISE N° 3.

1812 (24 janvier). *Décret.* v. CONSEIL PERMANENT N° 1. V. JUGE MILITAIRE.

1812 (2 février). *Décret.* v. COMPLOT DE DÉSERTION. V. DÉSERTION D'OFFICIERS. V. OFFICIER FRANÇAIS N° 16.

1812 (7 février). *Décret.* v. CAVALERIE FRANÇAISE N° 5. V. REVERS D'HABIT. V. UNIFORME DE TROUPES A CHEVAL.

1812 (12 février). *Ordre du jour.* v. AIGLE. V. FANION TACTIQUE.

1812 (25 février). *Décret.* v. CHEF DE COMPLOT. V. CODE MILITAIRE.

1812 (27 février). *Ordre de l'Empereur.* v. PUPILLE N° 2.

1812 (7 février). *Décret.* v. CAVALERIE FRANÇAISE N° 5. V. REVERS D'HABIT. V. UNIFORMES DE TROUPES A CHEVAL.

1812 (7 mars). *Décision.* v. ÉTOFFE D'HABILLEMENT.

1812 (13 mars). *Sénatus-consulte.* v. GARDE NATIONALE. V. SÉNATUS-CONSULTE.

1812 (19 mars). *Décret.* v. FANION TACTIQUE.

1812 (1er mai). *Décret.* v. ASSAUT DE CORPS DE PLACE. V. CAPITULATION DE SIÉGE. V. CAPITULATION DÉSHONORANTE. V. CONSEIL EXTRAORDINAIRE. V. COMMANDANT DE PLACE ASSIÉGÉE. V. GOUVERNEUR DE PLACE ASSIÉGÉE. V. JUSTICE MILITAIRE. V. ORDONNANCE DE JUSTICE.

1812 (5 août). *Instruction.* v. AVANCEMENT AUX COLONIES.

1812 (12 août). *Décret.* v. AIDE-MAJOR GÉNÉRAL.

1812 (27 août). *Circulaire.* v. EFFET DE CAMPEMENT.

1812 (1er septembre). *Instruction.* v. INFANTERIE DE BATAILLE N° 4. V. INFANTERIE LÉGÈRE N° 4.

1812 (17 septembre). *Circulaire.* v. EFFET D'ÉQUIPEMENT. V. ÉPAULETTES D'ADJUDANT. V. ÉPAULETTES DE GRENADIERS. V. PANTALON DE TOILE. V. PANTALON D'ÉTOFFE.

1812 (30 décembre). *Circulaire.* v. MASSE DE CASERNEMENT.

1813 (11 janvier). *Décision.* v. EFFET DE RECRUES.

1813 (20 janvier). *Ordonnance.* v. INFAN-

TERIE DE BATAILLE N° 4. V. INFANTERIE LÉGÈRE N° 4.

1813 (5 février). *Décret.* V. CAPITAINE RAPPORTEUR.

1813 (22 février). *Décret.* V. BAGAGE D'ARMÉE. V. BAGAGE D'OFFICIER. V. BÊTE DE SOMME. V. CANTINE DE COMPTABILITÉ. V. CHEVAL DE BAT. V. CHEVAL D'OFFICIER. V. FOURRAGE DE DISTRIBUTION. V. HAUT LE PIED. V. ORDONNANCE DE CONVOI. V. RATIONS.

1813 (13 mars.) *Décret.* V. BÊTE DE SOMME. V. CHEVAL DE PELOTON.

1813 (17 mars). *Circulaire.* V. DÉCATIR.

1813 (27 mars). *Décret.* V. BAT. V. BÊTE DE SOMME. V. CANTINE PORTATIVE. V. CAISSE DE PHARMACIE. V. CHEVAL DE PELOTON. V. CHIRURGIEN-MAJOR D'INFANTERIE FRANÇAISE DE LIGNE N° 18. V. INTENDANT GÉNÉRAL. V. MULET DE BAT. V. RÈGLEMENT DE TRANSPORTS.

1813 (1er avril). *Règlement.* V. MULET DE BAT.

1813 (3 avril). *Ordonnance.* V. CHASSEUR A CHEVAL. V. LANCIER. V. RÉGIMENT DE CAVALERIE FRANÇAISE N° 4.

1813 (5 avril). *Décret.* V. GARDE NATIONALE.

1813 (22 avril). *Décret.* V. ÉQUIPAGE.

1813 (12 mai). V. REVUE D'INSPECTEUR GÉNÉRAL.

1813 (14 juin). *Décret.* V. COMMUTATION DE PEINE. V. GRACE.

1813 (16 juin). *Circulaire.* V. CORRESPONDANCE MINISTÉRIELLE. V. DÉNI DE JUSTICE. V. JUSTICE MILITAIRE. V. TRANSCORPORATION.

1813 (9 octobre). *Circulaire.* V. GALE.

1813 (23 octobre). *Décision.* V. FEUILLE DE DÉCOMPTE.

1813 (15 novembre). *Sénatus-consulte.* V. TAILLE DE MILITAIRE.

1814 (13 avril). *Décision.* V. COCARDE.

1814 (12 mai). *Ordonnance.* V. AIGLE. V. ARMÉE FRANÇAISE N° 3, tableau. V. BATAILLON D'INFANTERIE FRANÇAISE DE LIGNE N° 2, tableau. V. COMPAGNIE D'INFANTERIE FRANÇAISE DE LIGNE. N° 2, tableau; id. N° 5. V. CAVALERIE FRANÇAISE N° 4, tableau. V. CHASSEUR A CHEVAL. V. DRAPEAU D'INFANTERIE FRANÇAISE DE LIGNE. V. GÉNIE IDIOPLIQUE N° 3. V. INFANTERIE DE BATAILLE N° 4. V. INFANTERIE LÉGÈRE N° 4. V. LANCIER. V. MAISON DU ROI N° 1. V. POUDRERIE. V. RÉGIMENT DU GÉNIE. V. SERMENT.

1814 (16 mai). *Ordonnance.* V. GÉNÉRAL DE BRIGADE N° 1. V. GÉNÉRAL DE DIVISION N° 1. V. LIEUTENANT GÉNÉRAL N° 1. V. MARÉCHAL DE CAMP. V. ORDONNANCE DE COMPOSITION.

1814 (25 mai). V. REVUE D'INSPECTEUR GÉNÉRAL.

1814 (21 juin). *Ordonnance.* V. LÉGION D'HONNEUR.

1814 (15 juillet). *Ordonnance.* V. OFFICIER FRANÇAIS N° 4.

1814 (16 juillet). *Ordonnance.* V. GARDE NATIONALE.

1814 (19 juillet). *Ordonnance.* V. LÉGION D'HONNEUR.

1814 (5 août). *Ordonnance.* V. GARDE NATIONALE.

1814 (8 août). *Ordonnance.* V. FAUTEUR DE DÉSERTION.

1814 (12 août). *Instruction.* V. BÉNÉDICTION DE DRAPEAUX. V. CÉRÉMONIE DE RÉCEPTION DE DRAPEAUX. V. RÉCEPTION DE DRAPEAUX. V. SERMENT.

1814 (14 août). *Ordonnance.* V. ORPHELIN. V. PENSION DE RETRAITE. V. SERGENT D'INFANTERIE FRANÇAISE DE LIGNE N° 6.

1814 (17 août). *Circulaire.* V. TAMBOUR IDIOPLIQUE D'INFANTERIE FRANÇAISE N° 3.

1814 (27 août). *Ordonnance,* ou ORDONNANCE DE SOLDE. V. AIDE-CHIRURGIEN N° 2. V. BLESSURE. V. CAMPAGNE. V. CAPITAINE D'INFANTERIE FRANÇAISE DE LIGNE N° 10. V. CHEF DE BATAILLON D'INFANTERIE N° 6. V. CHIRURGIEN-MAJOR D'INFANTERIE N° 7. V. COLONEL D'INFANTERIE DE LIGNE N° 9. V. LIEUTENANT D'INFANTERIE FRANÇAISE DE LIGNE N° 4. V. PENSION DE RETRAITE. V. SERGENT D'INFANTERIE FRANÇAISE DE LIGNE N° 6. V. SOUS-AIDE-CHIRURGIEN.

1814 (3 septembre). *Instruction.* V. ENROLEMENT VOLONTAIRE. V. FEUILLE DE ROUTE. V. MAIRE. V. TAILLE DE MILITAIRE.

1814 (17 octobre). *Circulaire.* V. DÉGRADATION DE CASERNEMENT.

1814 (12 novembre). *Ordonnance.* V. APPOINTEMENT.

1814 (28 novembre). *Ordonnance qui rétablit l'ordre du Mérite.* V. ORDRE DE SAINT-LOUIS. V. ORDRE DU MÉRITE.

1814 (12 décembre). *Ordonnance.* V. DROIT DE SCEAU. V. MARCHÉ ADMINISTRATIF. V. ORDRE DE SAINT-LOUIS. V. RETENUE SUR DÉPENSE DE CORPS.

1814 (16 décembre). *Ordonnance.* V. CONGÉ LIMITÉ.

1814 (21 décembre). *Circulaire.* V. CHATEAU FORT.

1814 (23 décembre). *Instruction.* V. BATIMENT NAVAL. V. ILE MARITIME. V. INFANTERIE FRANÇAISE N° 11. V. PASSAGE D'EAU. V. TRANSPORT PAR EAU.

1814 (30 décembre). *Ordonnance.* V. ENGAGEMENT DE RECRUES.

1815 (12 janvier). *Décision.* V. ACTE D'ENGAGEMENT. V. ENROLEMENT VOLONTAIRE. V. MAIRE. V. TAILLE DE MILITAIRE.

1815 (16 janvier). *Ordonnance.* V. BRIQUET. V. CONGÉDIÉ. V. SABRE D'HOMME DE TROUPE.

1815 (20 janvier). *Ordonnance sur les conseils d'administration,* ou ORDONNANCE D'ADMINISTRATION. V. BATAILLON RÉGIMENTAIRE. V. CHEF DE BATAILLON D'INFANTERIE FRANÇAISE

V. OFFICIER DE SANTÉ. V. ORDONNANCE D'UNI-
FORME. V. PLUMET. V. SCHAKO D'HOMME DE
TROUPE.

1815 (4 octobre). *Ordonnance.* V. CAPI-
TAINE D'ÉTAT-MAJOR. V. COLONEL D'ÉTAT-MAJOR.
V. LIEUTENANT DE ROI N° 1.

1815 (14 octobre). *Règlement addition-
nel.* V. BRANDEBOURG. V. BRIGADE DE GARDE
ROYALE. V. ÉPAULETTE A FRANGE. V. ÉPAULETTE
D'OFFICIER PARTICULIER. V. INFANTERIE FRANCO-
SUISSE DE GARDE ROYALE. V. ORDONNANCE D'U-
NIFORME.

1815 (19 octobre). *Circulaire.* V. DÉPENSE
DE LUXE. V. ÉPAULETTE D'OFFICIER. V. HABILLE-
MENT. V. ORDONNANCE D'UNIFORME.

1815 (25 octobre). V. APPOINTEMENT. V.
SOLDE.

1815 (27 octobre). *Ordonnance.* V. RÉ-
GIMENT DU GÉNIE.

1815 (20 novembre). *Circulaire.* V. BAS.
V. ÉPINGLETTE. V. PANTALON DE TOILE.

1815 (22 novembre). *Décision.* V. ACTE
D'ENGAGEMENT. V. ENGAGEMENT DE RECRUE. V.
ENROLÉ VOLONTAIRE. V. ENROLEMENT VOLON-
TAIRE. V. MAIRE. V. TAILLE DE MILITAIRE.

1815 (25 novembre). *Ordonnance.* V.
COMPAGNIE DE RÉSERVE.

1815 (5 décembre). *Instruction.* V. CHI-
RURGIEN-MAJOR D'INFANTERIE FRANÇAISE N° 4.
V. OFFICIER FRANÇAIS N° 15.

1815 (5 décembre). *Notice,* OU ORDON-
NANCE D'UNIFORME. V. ATTRIBUT DE RETROUSSIS
D'OFFICIER. V. BONNET DE POLICE D'OFFICIER. V.
BOTTES COURTES. V. BOUTON D'OFFICIER. V. CEIN-
TURON D'OFFICIER. V. CHAPEAU A TROIS CORNES.
V. CHAPEAU D'OFFICIER. V. COL D'OFFICIER. V.
CORPS D'ÉPAULETTE D'OFFICIER. V. ÉPAULETTE DE
LIEUTENANT-COLONEL. V. ÉPAULETTE D'OFFICIER.
V. ÉPÉE D'OFFICIER. V. ÉQUIPEMENT D'OFFICIER.
V. HARNACHEMENT. V. HOUPPE DE COIFFURE. V.
LIEUTENANT-COLONEL N° 2. V. MAJOR CHEF DE
BATAILLON N° 2. V. OFFICIER D'INFANTERIE
FRANÇAISE N° 2. V. ORDONNANCE D'UNIFORME.
V. PISTOLET. V. POMPON. V. REDINGOTE D'OFFI-
CIER. V. SCHAKO D'INFANTERIE. V. SERMENT. V.
SOUS-OFFICIER N° 5. V. TENUE. V. TRANSCORPO-
RATION.

1815 (27 décembre). *Ordonnance.* V.
GARDE NATIONALE.

1815 (51 décembre). *Ordonnance.* V. CÉ-
RÉMONIE ROYALE. V. GARDE NATIONALE. V. GARDE
ROYALE N° 2. V. MAJOR GÉNÉRAL. V. MARÉCHAL
DE FRANCE N° 10. V. PLUME FRISÉE.

1816 (9 janvier). *Ordonnance.* V. COM-
PAGNIE DE RÉSERVE.

1816 (10 janvier). *Circulaire.* V. ADMI-
NISTRATION DE CORPS. V. PREMIÈRE MISE.

1816 (10 janvier). *Ordonnance.* V. COLO-
NEL GÉNÉRAL DE L'INFANTERIE N° 1.

1816 (15 janvier). *Circulaire.* V. RATELIER
D'ARMES DE CHAMBRÉE.

1816 (20 janvier). *Ordonnance.* V. CON-
SEIL D'ADMINISTRATION DE DÉPOT. V. RANG HO-
NORIFIQUE.

1816 (23 janvier). *Circulaire.* V. CAPI-
TAINE DE VOLTIGEURS. V. CHEF DE DIVISION. V.
COMPAGNIE D'INFANTERIE FRANÇAISE DE LIGNE
N° 3. V. ENDIVISIONNEMENT. V. LIEUTENANT-
COLONEL N° 2, 5.

1816 (26 janvier). *Décision.* V. DÉSER-
TEUR. V. SIGNALEMENT.

1816 (1er février). *Instruction.* V. FEUILLE
DE DÉPART DE REMPLAÇANT. V. REMPLAÇANT.

1816 (2 février). *Circulaire.* V. CHEF DE
MUSIQUE. V. CHEVRON DE LIVRÉE. V. COLLET
D'HABIT DE MUSICIEN. V. MUSICIEN N° 4.

1816 (15 février). *Ordonnance.* V. AR-
MURIER DE CORPS N° 4.

1816 (21 février). *Ordonnance sur la
désertion,* OU ORDONNANCE DE JUSTICE. V.
ABANDON DE CAMP. V. ABANDON DE GARNISON.
V. ABSENCE D'OFFICIER. V. ABSENCE PROHIBÉE. V.
AMENDE DE DÉSERTEUR. V. ARRESTATION D'OFFI-
CIER. V. ARRÊTÉ DE L'AN DOUZE. V. BAIONNETTE
DE FUSIL. V. BOULET DE CONDAMNÉ. V. CHEF DE
COMPLOT. V. CODE PÉNAL MILITAIRE. V. CON-
DAMNÉ A MORT. V. CONSEIL PERMANENT N° 5. V.
CONSEIL SPÉCIAL. V. CONTUMACE. V. CONVALES-
CENT PRÉSENT AU CORPS. V. DÉFILEMENT DE DÉ-
GRADATION. V. DÉLAI DE REPENTIR. V. DÉSER-
TEUR. V. DÉSERTEUR A L'ENNEMI. V. DÉSERTION.
V. MOUSTACHE. V. ORDONNANCE DE JUSTICE. V.
ORDONNANCE OFFICIELLE. V. PEINE DE MORT. V.
PERMISSION. V. SENTENCE.

1816 (16 mars). *Circulaire,* OU ORDON-
NANCE DE JUSTICE. V. CAPITAINE RAPPORTEUR.
V. CODE PÉNAL MILITAIRE. V. CONSEIL PERMA-
NENT N° 3. V. LIEUTENANT GÉNÉRAL N° 6. V.
ORDONNANCE DE JUSTICE. V. RECRUE.

1816 (26 mars). *Ordonnance.* V. BREVET
DE LA LÉGION D'HONNEUR. V. CAPITAINE RAP-
PORTEUR. V. CHEVALIER DE LA LÉGION. V. COM-
MANDEUR DE LA LÉGION. V. DÉCORATION DE LA
LÉGION. V. DÉGRADATION DE MEMBRE DE LA
LÉGION. V. GRAND-CROIX DE LA LÉGION. V. GRAND
OFFICIER DE LA LÉGION. V. LÉGION D'HONNEUR.
V. MEMBRE DE LA LÉGION. V. OFFICIER DE LA
LÉGION. V. ORDRE ÉTRANGER.

1816 (12 avril). *Circulaire.* V. MOUVE-
MENT MUTATIONNAIRE.

1816 (18 avril). *Ordonnance.* V. DRA-
PEAU BLANC.

1816 (28 avril). *Loi des finances.* V. CAN-
TINE STABLE.

1816 (8 mai). *Circulaire.* V. TRICOT EN
LAINE.

1816 (22 mai). *Ordonnance.* V. BREVET
DE CHEVALIER DE SAINT-LOUIS. V. GRAND OFFI-
CIER DE LA LÉGION D'HONNEUR. V. OFFICIER DE

LA LÉGION D'HONNEUR. V. ORDRE DE SAINT-LOUIS.

1816 (22 mai). *Circulaire.* V. PRÊT DE COMPAGNIE.

1816 (28 mai). *Circulaire.* V. CIBLE.

1816 (9 juin). *Ordonnance.* V. RÉGIMENT D'INFANTERIE FRANÇAISE N° 1.

1816 (10 juin). *Ordonnance.* V. CONSEIL DE SANTÉ.

1816 (11 juin). *Ordonnance.* V. GARDE ROYALE N° 2.

1816 (24 juin). *Circulaire.* V. DÉPOT DE CORPS. V. QUARTIER-MAITRE D'INFANTERIE DE LIGNE N° 3.

1816 (10 juillet). *Ordonnance.* V. RÉCOMPENSE.

1816 (18 juillet). *Ordonnance.* V. ADJUDANT D'INFANTERIE FRANCO-SUISSE DE GARDE ROYALE. V. GARDE ROYALE N° 2. V. INFANTERIE FRANCO-SUISSE N° 1. V. INFANTERIE FRANCO-SUISSE DE GARDE ROYALE. V. ORDONNANCE DE COMPOSITION.

1816 (18 juillet). *Ordonnance qui réorganise la garde nationale.* V. GARDE NATIONALE.

1816 (24 juillet). *Ordonnance.*

1816 (24 juillet). *Règlement provisoire sur le service intérieur de l'infanterie,* OU ORDONNANCE DE POLICE, OU RÈGLEMENT DE POLICE, consacré par l'ordonnance de 1818 (13 mai). —Ce règlement a été composé par le général Preval, sur celui qui, établi par lui en 1804, après trois ans d'essai, dans le régiment de cavalerie dont il était alors colonel, avait été imprimé en 1806 et adopté par plusieurs corps. V. ADJUDANT DE SEMAINE N° 4. V. ADJUDANT D'INFANTERIE FRANÇAISE DE LIGNE N° 5, 11, 14, 20, 21, 22. V. ADJUDANT-MAJOR D'INFANTERIE FRANÇAISE DE LIGNE N° 13. V. ARMURIER N° 3. V. ARRESTATION D'OFFICIER. V. AUMONIER N° 1, 4. V. BLANC D'ESPAGNE. V. BOULANGERIE. V. CASSATION. V. CAPITAINE DE DISTRIBUTION. V. CAPITAINE DE POLICE EN GARNISON. V. CAPORAL D'INFANTERIE FRANÇAISE DE LIGNE N° 15. V. CAPOTE DE TROUPE. V. CASSATION DE SOUS-OFFICIERS. V. CHAMBRE MODÈLE. V. CHIRURGIEN DE CORPS. V. CHIRURGIEN-MAJOR D'INFANTERIE FRANÇAISE N° 9, 10. V. CLASSE DE LECTURE. V. CODE PÉNAL MILITAIRE. V. COLONEL D'INFANTERIE FRANÇAISE DE LIGNE N° 20. V. CONSEIL D'ADMINISTRATION N° 6. V. CONVALESCENT PRÉSENT AU CORPS. V. CORPS D'INTENDANCE N° 6. V. CUISINIER. V. CUISINIER DE SOUS-OFFICIER. V. CUVETTE DE CHAMBRE D'OFFICIER. V. DESTITUTION. V. DÉTENU A LA SALLE DE DISCIPLINE. V. DIANE. V. DISCIPLINE FRANÇAISE. V. DISPENSE D'ORDINAIRE. V. DRAPEAU BLANC. V. DUEL. V. ESCORTE. V. ÉTAT CIVIL. V. EXERCICE D'INFANTERIE. V. FACTEUR. V. FAUTE. V. GRACE. V. GRENADIER D'INFANTERIE FRANÇAISE DE LIGNE N° 3. V. GUÊTRE NOIRE. V. INSTRUCTEUR. V. INSTRUCTEUR EN CHEF. V. JOURNAL DE GUERRE. V. MARAUDAGE. V. MARCHE D'ARMÉE. V. MARCHE-ROUTE. V. MINISTRE DE LA GUERRE EN 1817 (12 SEPTEMBRE). V. MOUCHOIR. V. MOUVEMENT MUTATIONNAIRE. V. OFFICIER DE SEMAINE. V. OFFICIER D'ÉTAT CIVIL. V. OFFICIER D'INFANTERIE FRANÇAISE N° 4, 7. V. ORDONNANCE DE POLICE. V. PIQUET ACTIF. V. POLICE. V. PREMIER CÉLEUSTIQUE. V. PROMENADE. V. PRISONNIER DE GUERRE FRANÇAIS. V. PUNITION. V. SALLE DE DISCIPLINE. V. SALUT SANS ARMES. V. SECTION TACTIQUE. V. SERVICE INTÉRIEUR. V. SOUS-OFFICIER N° 10.

1816 (14 août). *Ordonnance relative à l'habillement des maréchaux.* V. BRODERIE D'HABIT. V. HABILLEMENT DE MARÉCHAL. V. HÉRITIER DE MILITAIRE. V. MARÉCHAL DE FRANCE N° 5.

1816 (14 août). *Ordonnance relative à l'habillement des officiers généraux,* ou ORDONNANCE D'UNIFORME. V. BRODERIE D'HABIT. V. GÉNÉRAL FRANÇAIS N° 5. V. HABILLEMENT D'OFFICIER GÉNÉRAL. V. OFFICIER GÉNÉRAL. V. ORDONNANCE D'UNIFORME.

1816 (14 août). *Ordonnance.* V. AUMONIER N° 7.

1816 (14 août). *Décision.* V. CONGÉ LIMITÉ.

1816 (15 août). *Décision.* V. RANG HONORIFIQUE.

1816 (18 août). *Ordonnance.* V. BREVET D'OFFICIER DE RÉGIMENT SUISSE. V. COMMISSAIRE-GÉNÉRAL DES SUISSES. V. COMPAGNIE CANTONALE. V. COMPAGNIE DE FUSILIERS D'INFANTERIE FRANCO-SUISSE. V. INFANTERIE FRANCO-SUISSE. V. RÉGIMENT FRANCO-SUISSE.

1816 (22 août). *Circulaire.* V. REMPLACEMENT D'ENROLÉ.

1816 (29 août). *Notice.* V. GÉNÉRAL FRANÇAIS N° 5.

1816 (7 septembre). *Instruction.* V. TIERCEMENT.

1816 (11 septembre). *Ordonnance.* V. CONGÉ LIMITÉ.

1816 (16 septembre). *Instruction.* V. CAPITAINE DE VOLTIGEURS. V. CHEF DE DIVISION N° 2. V. COMPAGNIE D'INFANTERIE FRANÇAISE DE LIGNE N° 3. V. MUSICIEN N° 7. V. REVUE. V. REVUE D'INSPECTEUR GÉNÉRAL. V. SERMENT. V. TENUE.

1816 (20 septembre). *Circulaire.* V. ARME PORTATIVE. V. MOUSQUETON.

1816 (5 octobre). *Circulaire.* V. CHIRURGIEN-MAJOR D'INFANTERIE FRANÇAISE DE LIGNE N° 10. V. RECRUE. V. VACCINATION.

1816 (30 octobre). *Ordonnance.* V. BATAILLON DE GARDE ROYALE. V. BRIGADE DE GARDE ROYALE. V. GARDE ROYALE N° 4. V. GRANDE MANŒUVRE. V. MAISON DU ROI N° 6.

1816 (5 novembre). *Circulaire.* v. INDEMNITÉ DE FRAIS DE CULTE.

1816 (5 novembre). *Ordonnance.* v. ANNÉE DE GRADE D'OFFICIER DE GARDE ROYALE. v. BREVET D'OFFICIER DE GARDE ROYALE.

1816 (16 novembre). *Ordonnance.* v. ORDRE DE SAINT-MICHEL.

1816 (21 novembre). *Circulaire.* v. REMPLACEMENT D'ENRÔLÉ.

1816 (27 novembre). *Circulaire.* v. DRAPEAU BLANC. v. DRAPEAU DE COULEUR.

1816 (26 décembre). *Circulaire.* v. ENFANT D'HOMME DE TROUPE N° 4.

1817 (6 janv.). *Circulaire.* v. CULTE DIVIN.

1817 (10 janvier). *Circulaire.* v. RETENUE SUR DÉPENSE.

1817 (10 février). *Décision.* v. CULTE DIVIN. v. INDEMNITÉ DE FRAIS DE CULTE.

1817 (18 février). *Décision.* v. BOULET DE CONDAMNÉ. v. CEINTURE A BOULET. v. CONDAMNÉ AU BOULET.

1817 (7 mars). *Ordonnance.* v. INDEMNITÉ DE FOURRAGE. v. LIEUTENANT-COLONEL D'INFANTERIE FRANÇAISE DE LIGNE N° 5.

1817 (25 mars). *Loi.* v. PENSION DE RETRAITE.

1817 (19 avril). *Circulaire.* v. DÉCOMPTE DE PETIT ÉQUIPEMENT.

1817 (30 avril). *Circulaire.* v. CORPS D'INTENDANCE N° 8, 9. v. LETTRE DE COMPAGNIE. v. MAJOR CHEF DE BATAILLON N° 12. v. MASSE DE LINGE ET CHAUSSURE. v. MASSE D'HABILLEMENT. v. ORDINAIRE D'HOMME DE TROUPE. v. PANTALON D'INFANTERIE. v. REVUE D'INSPECTEUR GÉNÉRAL. v. SERGENT-MAJOR N° 5. v. TIERCEMENT.

1817 (30 avril). *Décision.* v. RÉCOMPENSE. v. RETENUE SUR APPOINTEMENT. v. SOUS-OFFICIER N° 4.

1817 (21 mai). *Décision.* v. RÉGIE DES VIVRES.

1817 (22 mai). *Circulaire.* v. FOURRIER D'INFANTERIE FRANÇAISE N° 13. v. OFFICIER DE SEMAINE. v. PRÊT. v. PRÊT DE COMPAGNIE.

1817 (29 mai). *Circulaire.* v. CONGÉ ABSOLU. v. EMBOUCHOIR DE FUSIL. v. GRENADIÈRE D'ARMEMENT. v. NOIX DE PLATINE.

1817 (30 juin). *Circulaire.* v. COURROIE LONGUE.

1817 (25 juillet). *Circulaire.* v. MEMBRE DE LA LÉGION D'HONNEUR.

1817 (29 juillet). *Loi de création.* v. CORPS D'INTENDANCE N° 1, 6. v. INSPECTEUR AUX REVUES. v. INTENDANT MILITAIRE N° 1. v. MINISTRE DE LA GUERRE EN 1817 (12 SEPTEMBRE). v. RÉCEPTION DE DRAPEAUX. v. RÈGLEMENT. v. SOUS-INTENDANT N° 2.

1817 (6 août). *Ordonnance.* v. CONTRE-SEING.

1817 (24 août). *Règlement.* v. DISTRIBUTION DE RATIONS.

1817 (30 août). *Circulaire.* v. PANTALON D'INFANTERIE.

1817 (3 septembre). *Décision.* v. AIGUILLETTE. v. ARMEMENT D'OFFICIER. v. AUTEUR MILITAIRE (1818, B). v. BAUDRIER DE SABRE. v. BUFFLETERIE. v. CHAPEAU A TROIS CORNES. v. COLBACH. v. EMPLOYÉ. v. ÉPAULETTE D'OFFICIER. v. ÉTAT-MAJOR DE PLACE. v. GIBERNE. v. HABILLEMENT. v. HACHE DE SAPEUR. v. MARQUE DISTINCTIVE. v. MINISTRE DE LA GUERRE EN 1815 (26 SEPTEMBRE). v. ORDONNANCE D'UNIFORME. v. SCHAKO. v. SOULIER. v. TAMBOUR INSTRUMENTAL D'INFANTERIE FRANÇAISE.

1817 (11 septembre). *Circulaire.* v. AUTORISATION DE REMPLACEMENT.

1817 (2 octobre). *Décision.* v. REDINGOTE D'OFFICIER.

1817 (6 novembre). *Ordonnance.* v. SECRÉTAIRE ARCHIVISTE.

1817 (17 novembre). *Circulaire.* v. CORRESPONDANCE MINISTÉRIELLE. v. MINISTRE DE LA GUERRE N° 7.

1817 (19 novembre). *Ordonnance.* v. POUDRERIE.

1817 (31 décembre). *Ordonnance.* v. ÉCOLE MILITAIRE PRÉPARATOIRE.

1818 (2 février). *Ordonnance.* v. ARRÊTÉ DE L'AN HUIT (8 FLORÉAL). v. COMPTABILITÉ DE CORPS. v. HIÉRARCHIE. v. HONNEURS. v. MINISTRE DE LA GUERRE EN 1817 (12 SEPTEMBRE). v. ORDONNANCE OFFICIELLE. v. REVUE D'ADMINISTRATION. v. REVUE SUR LE TERRAIN. v. SOUS-INTENDANT N° 7.

1818 (10 mars). *Loi sur le recrutement,* modifiée par la LOI DE 1824 (9 JUIN). v. ADJUDANT D'INFANTERIE FRANÇAISE DE LIGNE N° 6. v. ARMÉE FRANÇAISE N° 3. v. AVANCEMENT. v. ANCIENNETÉ DE GRADE D'OFFICIER. v. BREVET D'OFFICIER. v. CAPITAINE DE GRENADIERS N° 2. v. CAPITAINE D'HABILLEMENT. v. CAPITAINE D'INFANTERIE FRANÇAISE DE LIGNE N° 4, 5. v. CAPORAL D'INFANTERIE FRANÇAISE DE LIGNE N° 11. v. CONSCRIPTION. v. CONSEIL DE RÉVISION CONSCRIPTIF. v. CORPS D'INTENDANCE N° 4. v. DÉCOMPTE DE SERVICE. v. ENRÔLEMENT VOLONTAIRE. v. FOURRIER D'INFANTERIE FRANÇAISE DE LIGNE N° 8. v. HOMME APPELÉ. v. JEUNE SOLDAT. v. MAJOR CHEF DE BATAILLON N° 2. v. MILICE PRUSSIENNE. v. MINISTRE DE LA GUERRE EN 1817 (12 SEPTEMBRE), EN 1830 (18 NOVEMBRE). v. OFFICIER FRANÇAIS N° 5. v. RECRUTEMENT. v. SERGENT-MAJOR N° 3. v. SERVICE CONSCRIPTIF. v. SOUS-LIEUTENANT N° 2. v. SOUS-OFFICIER N° 1, 4. v. TRÉSORIER DE CORPS N° 2.

1818 (25 mars). *Ordonnance.* v. COMPAGNIE SÉDENTAIRE.

1818 (26 mars). *Ordonnance.* v. ORDRE DE LA LÉGION D'HONNEUR.

1818 (24 avril). *Décision.* v. DRAPEAU AU CAMP. v. DRAPEAU BLANC. v. DRAPEAU DE COULEUR.

1818 (6 mai). *Ordonnance.* v. AIDE DE CAMP N° 2. v. AIDE-MAJOR ACTUEL N° 1. v. CORPS D'ÉTAT-MAJOR. v. MINISTRE DE LA GUERRE EN 1817 (12 SEPTEMBRE). v. ORDONNANCE DE COMPOSITION.

1818 (13 mai). *Ordonnance portant règlement sur le service intérieur, la police, la discipline des troupes d'infanterie;* ou ORDONNANCE DE POLICE remplacée par l'ORDONNANCE DE 1833 (2 NOVEMBRE). L'ordonnance de 1818, composée par une commission, était la révision du règlement de 1816 (24 juillet), qu'elle abrogeait. Comme style et conception elle ne valait pas le règlement de 1792 (24 juin); plus d'une faute la déparait: l'art. 1er, ligne 15, l'art. 6, alinéa 2, présentaient obscurité et diffusion; les art. 204 et 257 se contredisaient, etc. (1). — L'ordonnance de 1818 a été modifiée par la décision de 1827 (25 juillet); elle a été révisée par une commission créée le 6 juin 1831, et a été le germe de l'ordonnance de 1833 (2 novembre), par qui elle est remplacée. v. A L'ORDRE AUX TAMBOURS. v. ABONNEMENT AU THÉATRE. v. ACTION POUR DETTES. v. ADJUDANT DE SEMAINE N° 4, 6. v. ADJUDANT D'INFANTERIE FRANÇAISE DE LIGNE N° 1, 2, 5, 11, 14, 20, 21, 22. v. ADJUDANT-MAJOR D'INFANTERIE FRANÇAISE DE LIGNE N° 10, 13. v. ADJUDANT-MAJOR DE SEMAINE N° 5, 6. v. ADJUDANT-MAJOR DE SEMAINE EN ROUTE. v. ADJUDANT-MAJOR EN ROUTE. v. ADJUDANT-MAJOR PRÉCÉDANT LE CORPS. v. AGRAFE D'HABIT D'INFANTERIE FRANÇAISE. v. AIDE CHIRURGIEN N° 1. v. ALERTE DE SAINT SACREMENT. v. ALLER AU CAMPEMENT. v. AMENDE D'OUVRIER DE CORPS. v. APPEL CÉLEUSTIQUE. v. APPEL DE SERGENT DE SEMAINE A LA PARADE. v. APPEL DE SOIR EN GARNISON. v. APPEL GÉNÉRAL DE MATINÉE EN GARNISON. v. ARCHIVES DE CORPS. v. ARMEMENT DE TROUPE. v. ARRÊTS. v. ART DE LA GUERRE. v. ASSAUT D'ESCRIME. v. ASSEMBLÉE CÉLEUSTIQUE. v. ASSIETTE DE CASERNEMENT. v. AU FEU. v. AUX ARMES. v. AUX CHAMPS. v. AVANCE A L'ORDRE. v. AVANT-GARDE DE CORPS EN ROUTE EN TEMPS DE PAIX. v. BAIN. v. DALLE ROULANTE. v. BAN CONTRE LES DETTES. v. BAN DE PUBLICATION. v. BARBE D'HOMME DE TROUPE. v. BARBIER DE

(1) Le règlement de 1792, copié des règlements anciens, n'était plus en harmonie avec nos institutions et nos usages; il était devenu en grande partie inapplicable, et depuis longtemps chaque chef de corps réglait arbitrairement le service intérieur régimentaire. Le règlement provisoire de 1816 (Voir p. 3151, 24 juillet), adopté définitivement en 1818, et renouvelé en 1833, rétablit l'unité et fut accueilli par toute l'armée comme un immense bienfait.
(*Note de l'éditeur.*)

COMPAGNIE. v. BATAILLON D'INSTRUCTION. v. BATTERIE DE CAISSE. v. BIBLIOTHÈQUE DE CORPS. v. BIDON DE COMPAGNIE. v. BIENVENUE. v. BIENS DE MILITAIRE. v. BILLET D'APPEL DE POLICE. v. BILLET DE LOGEMENT DE COMPAGNIE EN ROUTE. v. BILLET D'OFFICIER. v. BLANC D'ESPAGNE. v. BLANCHIMENT DE BUFFLETERIE. v. BOEUF. v. BONNET A POILS. v. BOUTON DE TROUPE. v. BRELOQUE. v. BRETELLES DE HAVRESAC. v. CABARET. v. CACHOT. v. CAMARADE DE LIT. v. CANTINE DE CASERNE. v. CAPITAINE A LA SUITE. v. CAPITAINE DE DISTRIBUTION. v. CAPITAINE DE POLICE EN GARNISON. v. CAPITAINE DE SEMAINE. v. CAPITAINE D'ÉTAT-MAJOR GÉNÉRAL. v. CAPITAINE D'HABILLEMENT N° 3. v. CAPITAINE D'INFANTERIE FRANÇAISE DE LIGNE N° 17, 18. v. CAPITAINE EN ROUTE. v. CAPORAL DE COMPAGNIE D'ÉLITE. v. CAPORAL DE GRENADIERS. v. CAPORAL-TAMBOUR. v. CAPOTE DE TROUPE. v. CASERNE. v. CASSATION DE SOUS-OFFICIER. v. CHAMBRE MODÈLE. v. CHEF DE BATAILLON COMMANDANT DE CORPS PAR INTÉRIM. v. CHEF DE BATAILLON DE SEMAINE EN GARNISON N° 3. v. CHEF DE BATAILLON D'INFANTERIE FRANÇAISE DE LIGNE N° 11. v. CHEF DE DÉTACHEMENT. v. CHEF DE DÉTACHEMENT ADMINISTRATIF N° 3. v. CHEF DE SUBDIVISION POLICIAIRE. v. CHEVAL DE TROUPE. v. CHEVAL D'OFFICIER. v. CHEVELURE MILITAIRE. v. CHIEN DE FUSIL. v. CHIRURGIEN-MAJOR D'INFANTERIE N° 9. v. CLASSE D'ÉCOLE DE BATAILLON. v. CLASSE D'ÉCOLE DE PELOTON. v. CLASSE D'ÉCOLE DE SOLDATS. v. CLASSE TACTIQUE. v. CODE PÉNAL MILITAIRE. v. COL DE TROUPE. v. COLONEL A LA SUITE. v. COLONEL D'INFANTERIE FRANÇAISE DE LIGNE N° 19, 34. v. COLONNE DE ROUTE. v. COMMANDANT DE PLACE N° 10. v. COMMUNICATION VERBALE. v. COMPAGNIE DE DÉPOT. v. COMPAGNIE D'ÉCLAIREURS. v. COMPAGNIE D'INFANTERIE FRANÇAISE DE LIGNE N° 9. v. COMPAGNIE D'ÉLITE N° 1. v. COMPAGNIE EN ROUTE. v. COMPTABILITÉ DE CORPS. v. CONGÉ D'ANCIENNETÉ. v. CONGÉ DE SEMESTRE D'OFFICIER. v. CONGÉ OUTREPASSÉ. v. CONGÉDIÉ. v. CONSEIL D'ADMINISTRATION DE RÉGIMENT N° 3. v. CONSEIL DE DISCIPLINE. v. CONSERVATEUR DE BATIMENTS MILITAIRES. v. CONSIGNE DE POLICE EN GARNISON. v. CONSIGNE INTRA MUROS. v. CONSIGNE A LA CASERNE. v. CONTROLE DE LINGE ET CHAUSSURE. v. CONVALESCENT DE CORPS EN ROUTE. v. CORPS EN ROUTE. v. CORVÉE CÉLEUSTIQUE. v. CORVÉE DE SOUPE. v. CORVÉE EN GARNISON. v. CORVÉE EN ROUTE. v. CORVÉE GÉNÉRALE. v. COUCHAGE. v. COUVRE-SCHAKO. v. CRÉANCIER. v. CRÉANCIER D'HOMME DE TROUPE. v. CRÉDIT COMMERCIAL. v. CRIMINEL. v. DANSE. v. DÉCOMPTE DE FONDS DE MASSE. v. DÉGRADATION DE CASERNEMENT. v. DÉMISSION. v. DÉPART DE CORPS. v. DÉPART IMPRÉVU. v. DÉPOT DE CORPS. v. DÉTENU AU PAIN ET A L'EAU.

V. DETTE D'HOMME DE TROUPE. V. DISCIPLINE FRANÇAISE. V. DISTRIBUTION DE RATIONS. V. DOMESTIQUE D'OFFICIER. V. ÉCOLE DE BATAILLON. V. ÉCOLE DE DANSE. V. ÉCOLE DE NATATION. V. ÉCOLE DE PELOTON. V. ÉCOLE DE SOLDAT. V. ÉCOLE D'ENSEIGNEMENT PRIMAIRE. V. ÉCOLE D'ESCRIME. V. ÉCOLE RÉGIMENTAIRE. V. ÉCOLE TACTIQUE. V. EFFECTIF. V. EFFET DE CASERNEMENT. V. EFFET DE DÉSERTEUR. V. EFFET DE PETIT ÉQUIPEMENT. V. EFFET D'UNIFORME. V. ENFANT D'HOMME DE TROUPE N° 5. V. ESCORTE. V. ESCOUADE. V. ÉTAT CIVIL. V. ESCRIME. V. ÉTAT-MAJOR DE CORPS. V. ÉVOLUTION DE LIGNE. V. EXERCICE A FEU. V. FACTEUR. V. FAUTE. V. FEMME A LA SUITE DES CORPS. V. FEUILLE D'APPEL. V. FEUILLE D'APPEL DE COMPAGNIE. V. FEUILLE D'APPEL D'EFFECTIF. V. FEUILLE DE MOUVEMENT. V. FEUILLE DE RAPPORT. V. FEUILLE DE RAPPORT GÉNÉRAL. V. FEUILLE DE SUBSISTANCE. V. FEUILLE DE TRAVAILLEUR. V. FÉVRIER. V. FOURRIER D'INFANTERIE FRANÇAISE DE LIGNE N° 6. V. FOURRIER EN ROUTE. V. FRATER. V. FUSIL D'HOMME DE TROUPE EN ROUTE. V. FUSIL D'INFANTERIE. V. GALE. V. GARDE ARMÉE. V. GARDE DE POLICE EN ROUTE. V. GARDE D'HONNEURS. V. GARDE EN GARNISON. V. GARDE EXTÉRIEURE. V. GÉNÉRAL DE BRIGADE N° 3. V. GRADE SUPÉRIEUR. V. GRANDE TENUE. V. GRATIFICATION D'ENTRÉE EN CAMPAGNE. V. GRENADIER D'INFANTERIE FRANÇAISE N° 2. V. HALTE DE ROUTE. V. HÉRITIER DE MILITAIRE. V. HONNEURS. V. HOTE. V. INDEMNITÉ. V. INFANTERIE FRANÇAISE N° 10. V. INFIRMERIE. V. INSTRUCTEUR. V. INSTRUCTEUR EN CHEF. V. INSTRUCTION. V. LÉGISLATION, 1835 (2 NOVEMBRE). V. LÉGUME D'ORDINAIRE. V. LETTRE DE COMPAGNIE. V. LIEUTENANT D'INFANTERIE FRANÇAISE DE LIGNE N° 6, 7. V. LIEUTENANT-COLONEL N° 5, 9, 11. V. LIEUTENANT GÉNÉRAL N° 5. V. LIT DE TROUPE. V. LIVRE DE POLICE. V. LIVRE D'ORDRES D'ADJUDANT. V. LIVRE D'ORDRES DE COMPAGNIE. V. LOGEMENT D'HABITATION. V. LOGEMENT EN ROUTE. V. MAGASIN DE CORPS. V. MAIRE DE COMMUNE. V. MAITRE D'ARMES. V. MAJOR CHEF DE BATAILLON N° 7, 8. V. MANŒUVRE. V. MANŒUVRE D'HIVER. V. MARCHE DE BATAILLON PAR LE FLANC. V. MARCHE-ROUTE. V. MARÉCHAL DE CAMP N° 5, 6. V. MASSE DE LINGE ET CHAUSSURE. V. MESSE MILITAIRE. V. MINISTRE DE LA GUERRE, 1817 (12 SEPTEMBRE) et 1830. V. MUSICIEN. N° 5, 6. V. MOUVEMENT MUTATIONNAIRE. V. NATATION. V. OFFICIER A LA SUITE. V. OFFICIER DE CASERNEMENT. V. OFFICIER DE COMPAGNIE. V. OFFICIER DE SECTION ADMINISTRATIVE. V. OFFICIER DE SEMAINE. V. OFFICIER D'INFANTERIE FRANÇAISE N° 2. V. OFFICIER PAYEUR. V. OFFICIER SEMESTRIER. V. OFFICIER SURNUMÉRAIRE. V. ORDINAIRE DE SOLDATS. V. ORDONNANCE DE POLICE. V. ORDONNANCE D'EXERCICE D'INFANTERIE. V. ORDONNANCE IDIOPLIQUE. V.

OUVRAGE DE LITTÉRATURE. V. PAS DE ROUTE. V. PELOTON. V. PERMISSION. V. PIQUET DE LOGEMENT. V. POLICE. V. PREMIER CÉLÉBUSTIQUE. V. PRÊT DE COMPAGNIE. V. PRINCE FRANÇAIS. V. PUNITION. V. QUARTIER - MAITRE D'INFANTERIE FRANÇAISE DE LIGNE N° 1. V. RANGS D'INFANTERIE. V. RAPPORT JOURNALIER. V. RECRUE. V. RETENUE SUR PRÊT. V. SALLE DE DISCIPLINE. V. SALUT SANS ARMES. V. SARRAU. V. SECTION ADMINISTRATIVE. V. SÉJOUR. V. SENTINELLE. V. SERGENT-MAJOR N° 5, 7. V. SERVICE DE GARNISON. V. SERVICE DE SEMAINE. V. SERVICE INTÉRIEUR. V. SOUS-AIDE-CHIRURGIEN. V. SOUS-OFFICIER N° 1, 10. V. TAILLEUR DE COMPAGNIE. V. V. TAMBOUR IDIOPLIQUE D'INFANTERIE FRANÇAISE N° 4. V. TAMBOUR-MAJOR N° 5. V. TENUE. V. THÉORIE.

1818 (14 mai). *Circulaire.* V. ENFANT DE TROUPE N° 1.

1818 (15 mai). *Loi.* V. PENSION DE RETRAITE.

1818 (31 juillet). *Circulaire.* V. CORNET IDIOPLIQUE. V. SAPEUR D'INFANTERIE.

1818 (1er août). *Ordonnance.* V. COMMANDEMENT HIÉRARCHIQUE. V. COMPAGNIE DE DISCIPLINE. V. GRADE. V. GRADE D'OFFICIER. V. GRADE SUPÉRIEUR.

1818 (2 août). *Ordonnance sur l'avancement, la hiérarchie,* ou ORDONNANCE D'AVANCEMENT. V. ADJUDANT D'INFANTERIE FRANÇAISE DE LIGNE N° 4. V. ADJUDANT-MAJOR D'INFANTERIE FRANÇAISE DE LIGNE N° 5. V. ANCIENNETÉ DE SERVICE D'OFFICIER. V. ANNÉE DE GRADE POUR AVANCEMENT. V. AVANCEMENT. V. AVANCEMENT AU GRADE DE SOUS-OFFICIER. V. CAPITAINE DE GRENADIERS D'INFANTERIE FRANÇAISE DE LIGNE N° 2. V. CAPITAINE D'HABILLEMENT. V. CAPITAINE D'INFANTERIE FRANÇAISE DE LIGNE N° 4. V. CAPORAL DE COMPAGNIE D'ÉLITE. V. CAPORAL DE GRENADIERS. V. CAPORAL D'INFANTERIE FRANÇAISE DE LIGNE N° 4, 11. V. CAPORAL-TAMBOUR. V. CHEF DE BATAILLON N° 5. V. COLONEL D'INFANTERIE FRANÇAISE DE LIGNE N° 4. V. COMMANDANT DE PLACE N° 5. V. COMPAGNIE DE GRENADIERS N° 1. V. CORPS D'INTENDANCE N° 4. V. EMPLOI AU CHOIX DU ROI. V. FOURRIER D'INFANTERIE FRANÇAISE DE LIGNE N° 5, 8. V. GÉNÉRAL DE DIVISION N° 2. V. GÉNÉRAL EN CHEF N° 2, 3. V. GÉNÉRAL FRANÇAIS N° 4. V. GOUVERNEUR DE PLACE DE GUERRE N° 4. V. GRADE D'OFFICIER. V. HIÉRARCHIE. V. INSPECTEUR GÉNÉRAL D'INFANTERIE N° 5. V. LIEUTENANT D'INFANTERIE FRANÇAISE DE LIGNE N° 7. V. LIEUTENANT GÉNÉRAL N° 4. V. MAJOR CHEF DE BATAILLON N° 2, 5. V. MARÉCHAL DE CAMP N° 4. V. MARÉCHAL DE FRANCE N° 2, 3, 4. V. MINISTRE DE LA GUERRE EN 1817, (12 SEPTEMBRE). V. OFFICIER DE SECTION ADMINISTRATIVE. V. ORDONNANCE D'AVANCEMENT. V. PORTE-DRAPEAU N° 4, 6. V. PREMIÈRE MISE. V. PRISONNIER DE GUERRE FRAN-

CAIS. V. SERGENT D'INFANTERIE FRANÇAISE DE LIGNE N° 2. V. SERGENT-MAJOR D'INFANTERIE FRANÇAISE DE LIGNE N° 2. V. SOUS-LIEUTENANT N° 2. V. SOUS-OFFICIER; id. N° 3, 8.

1818 (2 août). *Règlement.* V. AVANCEMENT.

1818 (22 septembre). *Décision.* V. FOURREAU DE BAIONNETTE. V. FOURREAU DE SABRE.

1818 (23 septembre). *Ordonnance.* V. CORPS D'ÉTAT-MAJOR.

1818 (23 septembre). *Décision.* V. MOUSQUETON.

1818 (30 septembre). *Ordonnance.* V. GARDE NATIONALE.

1818 (3 octobre). *Ordonnance.* V. CHEVRON D'ANCIENNETÉ.

1818 (14 octobre). *Ordonnance.* V. DÉSERTEUR. V. DÉSERTEUR AMNISTIÉ.

1818 (21 octobre). *Instruction.* V. MAJOR CHEF DE BATAILLON N° 8.

1818 (25 novembre). *Ordonnance.* V. CASSATION DE SOUS-OFFICIER.

1818 (25 novembre). *Décision.* V. COCARDE.

1818 (25 novembre). *Ordonnance sur l'uniforme,* dont il n'a paru que des fragments. V. CANNE DE CAPORAL-TAMBOUR. V. GARANCE. V. ORDONNANCE D'UNIFORME.

1818 (1er décembre). *Instruction.* V. SOUS-OFFICIER N° 1.

1818 (3 décembre). *Instruction et ordonnance.* V. CONGÉ DE LIBÉRATION. V. DÉCOMPTE DE SERVICE. V. DEMANDE DE REMPLACEMENT. V. DEMI-CHEVRON. V. HAUTE PAYE DE RENGAGEMENT. V. JEUNE SOLDAT. V. MAJOR CHEF DE BATAILLON N° 5. V. REMPLAÇANT. V. RENGAGEMENT.

1818 (5 décembre). *Circulaire.* V. COMPAGNIE DE DISCIPLINE.

1818 (7 décembre). *Circulaire.* V. MASSE D'ÉCONOMIE.

1818 (21 décembre). *Marché de chauffage.* V. BOIS DE CHAUFFAGE D'ORDINAIRE.

1819 (4 février). *Décision.* V. CONGÉDIÉ.

1819 (18 janvier). *Décision.* V. GRAND ÉQUIPEMENT.

1819 (12 février). *Décision.* V. ORDRE DU JOUR.

1819 (19 février). *Ordonnance.* V. BATAILLON DE CHASSEURS. V. LÉGION DÉPARTEMENTALE.

1819 (15 mars). *Circulaire.* V. GRAND ÉQUIPEMENT.

1819 (18 mars). *Instruction.* V. ARME EXCÉDANTE. V. ARME PERDUE. V. DEMANDE D'ARMES. V. ÉTAT DE SITUATION. V. FUSIL DE DRAGON. V. INFANTERIE LÉGÈRE N° 5.

1819 (19 mars). *Circulaire.* V. ARME D'UNIFORME DE TROUPE. V. CADIS.

1819 (30 mars). *Décision.* V. POMPON.

1819 (6 avril). *Décision.* V. DÉCATIR. V.

FOURRIER D'INFANTERIE FRANÇAISE DE LIGNE N° 4.

1819 (15 avril). *Décision.* V. GRAND ÉQUIPEMENT.

1819 (19 avril). V. MARCHÉ D'HABILLEMENT. V. TRICOT EN LAINE.

1819 (21 avril). *Décision.* V. BUFFLETERIE.

1819 (28 avril). *Règlement.* V. CHAMP DE BATAILLE DE CANTONNEMENT. V. COMMUNICATION DE CANTONNEMENT.

1819 (4 mai). *Ordonnance.* V. CONSEIL DE RÉVISION CONSCRIPTIF.

1819 (11 juin). *Circulaire.* V. EFFECTIF. V. REMPLAÇANT. V. RENGAGEMENT.

1819 (12 juin). V. REVUE D'INSPECTEUR GÉNÉRAL.

1819 (9 juillet). *Décision.* V. HARNACHEMENT. V. OFFICIER D'INFANTERIE N° 3.

1819 (13 juillet). *Circulaire.* V. CHAMP DE MANŒUVRES.

1819 (19 juillet). *Loi.* V. FORTERESSE.

1819 (27 juillet). *Ordonnance.* V. CONSEIL D'ÉTAT. V. CORPS D'INTENDANCE N° 6. V. MINISTRE DE LA GUERRE N° 12.

1819 (29 juillet). *Décision.* V. SIGNALEMENT.

1819 (10 août). *Circulaire.* V. EMPLOI.

1819 (20 août). *Décision qui annulle une disposition du règlement du 10 février 1806.* V. ARMEMENT DE TROUPE.

1819 (9 octobre). V. CAVALERIE FRANÇAISE N° 4, tableau. V. CHASSEUR A CHEVAL.

1819 (20 octobre). *Ordonnance.* V. APPOINTEMENT. V. DROIT DE SCEAU. V. MARCHÉ ADMINISTRATIF. V. ORDRE DE SAINT-LOUIS. V. RETENUE SUR DÉPENSES.

1819 (15 novembre). *Décision.* V. ÉCOLE D'ENSEIGNEMENT PÉCUNIAIRE. V. ÉTAT CIVIL.

1819 (30 novembre). *Décision.* V. DENIER DE POCHE.

1819 (6 décembre). *Circulaire.* V. PAIN DE MUNITION.

1819 (20 décembre). *Circulaire.* V. CORPS DE GARDE.

1819 (24 décembre). *Circulaire.* V. MONTE-RESSORT.

1820 (5 janvier). *Ordonnance.* V. COMPAGNIE DE DISCIPLINE.

1820 (20 janvier). *Ordonnance.* V. GÉNÉRAL FRANÇAIS N° 1.

1820 (22 février). *Circulaire.* V. DISTRIBUTION DE RATIONS.

1820 (29 février). *Circulaire.* V. HAUTE PAYE DE RENGAGEMENT.

1820 (29 février). *Décision.* V. NUMÉRO DE FUSIL.

1820 (25 mars). *Circulaire.* V. CASSATION DE SOUS-OFFICIERS.

1820 (31 mars). *Ordonnance.* V. CONSEIL DE RÉVISION CONSCRIPTIF.

1822 (29 janvier). *Décision.* v. AUMONIER N° 5.

1822 (6 février). *Décision.* v. COLLET DE CAPOTE.

1822 (26 février). *Décision.* v. SAC A DISTRIBUTION.

1822 (2 mars). *Décision.* v. CAPORAL D'INFANTERIE FRANÇAISE DE LIGNE N° 6.

1822 (4 mars). *Circulaire.* v. SCHAKO D'INFANTERIE.

1822 (5 mars). *Marché de literies pour fourniture jusqu'en 1841.* v. CORPS DE GARDE DE GARNISON. V. DRAPS DE LIT DE TROUPE. V. DRAPS DE LIT D'OFFICIER. V. DEMI-FOURNITURE. V. ÉPILEPSIE. V. INFIRMERIE. V. LIT DE TROUPE. V. LIT D'OFFICIER. V. LIT MILITAIRE. V. MATELAS. V. SOMMIER. V. TRAVERSIN.

1822 (6 mars). *Rapport adressé au roi.* V. ENGAGEMENT DE RECRUES.

1822 (16 mars). *Instruction.* v. AUMONIER DE CORPS N° 4.

1822 (22 mars). *Décision.* v. CORNET DE VOLTIGEURS. V. CORNET INSTRUMENTAL. V. RENGAGEMENT.

1822 (30 mars). *Instruction et ordonnance sur l'armement,* ou ORDONNANCE D'ARMEMENT. V. ADJOINT D'OFFICIER D'ARMEMENT. V. ARME D'UNIFORME DE TROUPE. V. ARMEMENT DE CORPS. V. ARMEMENT D'UNIFORME. V. ARMURIER DE CORPS N° 1, 2, 3. V. BISEAU DE LAME. V. BISEAU DE PIERRE. V. CAPITAINE D'HABILLEMENT N° 2. V. CIBLE. V. DÉMONTAGE DE FUSIL. V. DEVANT DE CANON. V. ÉCOLE DE DÉMONTAGE. V. EFFET DE PETIT ÉQUIPEMENT. V. EMBASE DE CAPUCINE. V. EMBASE DE NOEUD DE PONTET. V. EMBOUCHURE DE FUSIL. V. ÉMERI. V. ESCOUADE. V. FUSIL D'INFANTERIE. V. GRAIN DE CANON. V. GRAND RESSORT DE PLATINE. V. LIEUTENANT-COLONEL N° 8. V. LIEUTENANT D'ARMEMENT. V. LIGNE DE MIRE. V. LIGNE DE TIR. V. MASSE DE LINGE ET CHAUSSURE. V. MONTE-RESSORT. V. NOIX DE PLATINE. V. ORDONNANCE D'ARMEMENT. V. PIÈCE D'ARMES. V. PLAQUE DE COUCHE. V. PLAT DE SABRE. V. PORTÉE DE FUSIL. V. RESSORT. V. RESSORT DE FUSIL. V. SOUSGARDE. V. TIR D'INFANTERIE. V. TIRE-BALLE. V. TOURNEVIS. V. TRAJECTOIRE.

1822 (1er avril). *Marché de chauffage.* V. BOIS DE CHAUFFAGE D'ORDINAIRE.

1822 (3 avril). *Ordonnance.* v. CAPORAL SAPEUR.

1822 (7 avril). *Décision.* v. ARCHIVES DE CORPS.

1822 (8 avril). *Décision.* v. REVUE D'ADMINISTRATION. V. REVUE ÉCRITE.

1822 (12 avril). *Instruction.* v. COMMANDEMENT DE DIVISION TERRITORIALE N° 2. V. CONGÉ DE CONVALESCENCE.

1822 (13 avril). *Circulaire.* v. COURROIE LONGUE.

1822 (30 avril). *Décision.* v. CHEF OUVRIER. V. DRAP D'HABIT DE SOUS-OFFICIER. V. GILET. V. MAITRE OUVRIER N° 2. V. MINISTRE DE LA GUERRE EN 1821. V. MUSICIEN N° 4. V. ORDONNANCE D'UNIFORME. V. SOUS-OFFICIER N° 5.

1822 (8 mai). *Ordonnance sur l'habillement.* v. AURORE. V. BASQUE D'HABIT. V. BLANC D'HABILLEMENT. V. BLEU DE CIEL. V. BLEU DE ROI. V. BONNET DE POLICE. V. CALOTTE DE SCHAKO. V. CARRÉ D'HABIT. V. COL DE TROUPE. V. COLLET D'HABIT. V. CONTRE-ÉPAULETTE. V. COULEUR TRANCHANTE. V. CRAMOISI. V. DEVANT D'HABIT D'INFANTERIE. V. DOUBLURE D'HABIT. V. ÉPAULETTE EN DRAP. V. HABIT. V. MINISTRE DE LA GUERRE EN 1821. V. INFANTERIE LÉGÈRE N° 5. V. ORDONNANCE D'UNIFORME. V. RETROUSSIS D'HABIT.

1822 (9 mai). *Décision.* v. AME DE COL DE TROUPE. V. BASQUE D'HABIT. V. COL DE TROUPE. V. COUVRE-NUQUE. V. GILET. V. MINISTRE DE LA GUERRE EN 1821 (septembre). v. ORDONNANCE D'UNIFORME.

1822 (17 mai). *Décision.* v. CLASSE TACTIQUE. V. DEUXIÈME CLASSE TACTIQUE. V. ÉCOLE DE BATAILLON. V. EXERCICE DE DÉTAIL. V. FEU D'INFANTERIE. V. INSTRUCTION. V. MANIEMENT D'ARMES.

1822 (18 mai). *Décision.* v. ATTRIBUT DE BONNET DE POLICE. V. BONNET DE POLICE. V. BONNET DE POLICE DE LIGNE. V. ORDONNANCE D'UNIFORME.

1822 (22 mai). *Ordonnance.* v. CLAIRON INSTRUMENTAL. V. GARDES DU CORPS N° 6.

1822 (1er juin). *Circulaire.* v. ÉPÉE D'OFFICIER. V. ÉPÉE D'OFFICIER D'ÉTAT-MAJOR. V. ÉPÉE D'OFFICIER PARTICULIER. V. GÉNÉRAL FRANÇAIS N° 3. V. OFFICIER D'INFANTERIE FRANÇAISE N° 2.

1822 (10 juin). *Circulaire.* v. LIT DE TROUPE. V. LIT D'OFFICIER. V. LIT MILITAIRE.

1822 (14 juin). *Marché concernant les fournitures d'étoffes.* v. FOURNITURE D'ÉTOFFE. V. TRICOT EN LAINE.

1822 (20 juin). *Ordonnance.* v. ÉVOLUTION DE LIGNE.

1822 (21 juin). *Circulaire.* v. MOUSTACHE.

1822 (26 juin). *Décision.* v. GILET. V. INSPECTEUR GÉNÉRAL N° 3.

1822 (27 juin). *Décision.* v. HAUTE PAYE PÉCUNIAIRE. V. RENGAGEMENT.

1822 (30 juin). *Décision.* v. CLAIRON INSTRUMENTAL.

1822 (3 juillet). *Circulaire.* v. SCHABRAQUE.

1822 (3 juillet). *Ordonnance et instruction sur l'inspection.* v. ARMEMENT DE CORPS. V. ADJUDANT DE PLACE N° 4. V. AVANCEMENT. V. BOULANGERIE MILITAIRE. V. DENIERS DE PO-

CHE. V. ÉPILEPSIE. V. FUSILIER. V. INCONTI-
NENCE D'URINE. V. INSPECTEUR GÉNÉRAL N° 3,
5. V. JEUNE SOLDAT. V. LIEUTENANT-COLONEL
N° 9. V. MUSICIEN N° 5. V. PROMENADE MILI-
TAIRE. V. RECRUE. V. REMPLAÇANT. V. RETENUE
SUR APPOINTEMENTS. V. REVUE D'HONNEUR. V.
SERGENT-MAJOR N° 2. V. SERMENT. V. TIERCE-
MENT. V. TON DE COMMANDEMENT.

1822 (11 juillet). *Décision.* V. AIGRETTE.
V. PLUMET.

1822 (20 juillet). *Décision.* V. ÉPROU-
VETTE. V. MORTIER.

1822 (31 juillet). *Décision.* V. FOURRIER
D'INFANTERIE FRANÇAISE DE LIGNE N° 1, 2. V.
SOUS-OFFICIER N° 1.

1822 (12 août). *Décision.* V. CHEVRON
D'ANCIENNETÉ. V. DEMI-CHEVRON.

1822 (17 août). *Instruction relative
aux munitions d'exercice.* V. CARTOUCHE A
POUDRE. V. CARTOUCHE DE CIBLE. V. EXERCICE
A FEU. V. MUNITION D'EXERCICE. V. PIERRE A
FEU.

1822 (19 août). *Décision.* V. CHEVRON
D'ANCIENNETÉ.

1822 (24 août). *Décision.* V. CAPORAL
D'INFANTERIE FRANÇAISE DE LIGNE N° 7.

1822 (5 septembre). *Instruction.* V.
PIERRE A FEU.

1822 (6 septembre). *Circulaire.* V. MAR-
CHE-ROUTE.

1822 (7 septembre). *Décision.* V. PANTA-
LON DE TOILE.

1822 (7 septembre). *Traité.* V. CONVOI
MILITAIRE.

1822 (12 septembre). *Décision.* V. FOUR-
RIER D'INFANTERIE FRANÇAISE DE LIGNE N° 4.

1822 (18 septembre). *Ordonnance sur
l'organisation de l'intendance,* OU ORDON-
NANCE DE COMPOSITION. V. CORPS D'INTENDANCE
N° 2. V. INTENDANT MILITAIRE N° 1. V. ORGA-
NISATION. V. ORDONNANCE DE COMPOSITION. V.
SOUS-INTENDANT N° 2.

1822 (21 septembre). *Instruction.* V. AR-
MURIER DE CORPS N° 4. V. FOURREAU DE SABRE.
V. OUVRIER ARMURIER. V. SOUS-GARDE. V. TOUR-
NEVIS.

1822 (22 septembre). *Décision.* V. SCHAKO
D'HOMME DE TROUPE.

1822 (28 septembre). *Règlement sur
l'uniforme.* V. ADJOINT A L'INTENDANCE. V.
CORPS D'INTENDANCE N° 5, 6. V. PANTALON. V.
PANTALON D'ÉTOFFE.

1822 (30 septembre). *Règlement con-
firmé par décision de 1825 (24 janvier).*
V. CORPS D'INTENDANCE N° 5. V. SOUS-INTEN-
DANT N° 3.

1822 (2 octobre). *Ordonnance.* V. BLU-
TAGE. V. FARINE. V. PAIN DE MUNITION.

1822 (7 octobre). *Instruction.* V. ARME
D'UNIFORME DE TROUPE. V. ARMURIER DE CORPS

N° 4. V. MAJOR CHEF DE BATAILLON N° 10. V.
MONTE-RESSORT. V. PIÈCE D'ARMES. V. SOUS-
INTENDANT N° 2, 8.

1822 (14 octobre). *Décision.* V. CAPOTE
DE SOUS-OFFICIER. V. CAPOTE D'INFANTERIE
FRANÇAISE DE LIGNE. V. COLLET DE CAPOTE.

1822 (19 octobre). *Décision.* V. GILET.

1822 (24 octobre). *Décision.* V. SCHAKO
D'HOMME DE TROUPE.

1822 (6 novembre). *Décision.* V. RENGA-
GEMENT.

1822 (14 novembre). *Décision.* V. COLLET
DE CAPOTE.

1822 (16 novembre). *Circulaire.* V. TÉ-
MOIN JUDICIAIRE.

1822 (20 novembre). *Ordonnance.* V.
MANUFACTURE D'ARMES.

1822 (24 novembre). *Circulaire.* V. MU-
SICIEN N° 5.

1822 (9 décembre). *Décision.* V. CLARI-
NETTE. V. INSTRUMENT DE MUSIQUE MILITAIRE.
V. MINISTRE DE LA GUERRE EN 1821. V. MU-
SIQUE.

1822 (21 décembre). *Décision.* V. RETRAI-
TÉ, adj. V. MUSICIEN N° 7. V. SERPENT.

1822 (25 décembre). *Décision.* V. BONNET
CHINOIS. V. CAISSE ROULANTE. V. COR HARMO-
NIQUE. V. CYMBALE. V. GARDE ROYALE N° 5. V.
GROSSE CAISSE. V. INSTRUMENT DE MUSIQUE.

1823 (11 janvier). *Décision sur le harnachement.* V. HARNACHEMENT D'UNIFORME.
V. DRAGON FRANÇAIS N° 4.

1823 (25 janvier). *Décision.* V. SCHAKO
D'HOMME DE TROUPE.

1823 (29 janvier). *Ordonnance.* V. MU-
LET DE BAT.

1823 (29 janvier). *Ordonnance.* V. IN-
FIRMIER IDIOPLIQUE.

1823 (30 janvier). *Décision.* V. CAPITAINE
DE MULETS.

1823 (31 janvier). *Décision.* V. CAPITAINE
DE GRENADIERS N° 3.

1823 (février). *Instruction provisoire
pour le service des troupes en campagne.*
V. ACADÉMIE MILITAIRE. V. BAGAGE D'ARMÉE AGIS-
SANTE. V. CAMP DE TENTES. V. CAMPEMENT
TACTIQUE. V. CERCLE D'ORDRE AU CAMP. V. CORPS
D'INTENDANCE N° 6. V. DRAPEAU AU CAMP. V.
INSTRUCTION OFFICIELLE. V. JUSTICE MILITAIRE.
V. MANTEAU D'ARMES. V. ORDONNANCE DE SER-
VICE EN CAMPAGNE. V. PREMIER CÉLEUSTIQUE.
V. SENTINELLE. V. SERVICE DE CAMPAGNE. V.
TENTE.

1823 (5 février). *Instruction sur l'en-
voi des effets d'uniforme.* V. BAGAGE DE
CORPS. V. BALLE SKEUOPHORIQUE. V. COLIS. V.
GRAND ÉQUIPEMENT. V. HABIT. V. PANTALON.
V. PANTALON DE TOILE. V. PANTALON D'ÉTOFFE.
V. PREMIER CÉLEUSTIQUE.

1823 (5 février). *Ordonnance*. v. MARÉCHAL DE FRANCE N° 7. v. OFFICIER D'ORDONNANCE. v. OUVRIER D'ADMINISTRATION.

1823 (8 février). *Règlement*. v. CAISSE DE CHIRURGIE. v. MULET DE BAT.

1823 (10 février). *Décision*. v. CHASSEURS A CHEVAL.

1823 (19 février). *Ordonnance*. v. CHARRIOT.

1823 (22 février). *Décision*. v. GÉNIE IDIOPLIQUE N° 2.

1823 (24 février). *Décision*. v. CORPS D'ÉTAT-MAJOR.

1823 (1er mars). *Règlement sur le service des postes aux lettres de l'armée*. v. POSTE AUX LETTRES.

1823 (8 mars). *Instruction*. v. ACTE D'ÉTAT CIVIL. v. CODE CIVIL. v. OFFICIER D'ÉTAT CIVIL.

1823 (19 mars). *Ordonnance d'administration*. Quantité d'additions et de rectifications y ont été apportées, comme le témoigne le *Journal militaire* (t. LXVII, p. 38, 39, 141, 307 ; t. LXVIII, p. 89, 287 ; t. LXIX, p. 62), et remplacée par celle DE 1837 (25 DÉCEMBRE). v. ADJOINT A L'INTENDANCE. v. ADJUDANT-MAJOR DE SEMAINE N° 3. v. ADMINISTRATION D'ARMÉE. v. ARMURIER DE CORPS N° 3. v. ARRÊTÉ DE L'AN HUIT (8 FLORÉAL). v. AUTEUR MILITAIRE (1821, C). v. CAHIER D'ORDINAIRE. v. CAPITAINE DE CONSEIL D'ADMINISTRATION. v. CANTINE D'AMBULANCE. v. CHANGEMENT DE CORPS. v. CHEF DE BATAILLON D'INFANTERIE FRANÇAISE DE LIGNE N° 6. v. CHEF D'ÉTAT-MAJOR D'ARMÉE. v. CHIRURGIEN DE CORPS. v. CLEF DE CAISSE. v. COLONEL D'INFANTERIE FRANÇAISE DE LIGNE N° 9, 21. v. COMPTABILITÉ DE CORPS. v. CONGÉ. v. CONGÉ ABSOLU. v. CONGÉ DE CONVALESCENCE. v. CONGÉ DE LIBÉRATION. v. CONGÉ LIMITÉ. v. CONSEIL D'ADMINISTRATION DE DÉPOT. v. CONSEIL D'ADMINISTRATION DE RÉGIMENT N° 1, 5. v. CONSEIL ÉVENTUEL. v. CONTROLE ANNUEL GÉNÉRAL. v. CORPS RÉGIMENTAIRE N° 2. v. CULTE DIVIN. v. DÉCOMPTE D'EXCÉDANT DE MASSE. v. DÉFILEMENT ADMINISTRATIF. v. DÉGRADATION DE CASERNEMENT. v. DÉLÉGATION DE TRAITEMENT. v. DÉMISSION. v. DENIERS DE BAGUETTES. v. DENIERS DE POCHE. v. DÉPOT DE CORPS. v. DÉPOT INDIVIDUEL. v. DÉTACHEMENT. v. DÉTACHEMENT ADMINISTRATIF. v. DÉTENU EN PRISON PUBLIQUE. v. DÉTENU MIS EN JUGEMENT. v. DETTE D'OFFICIER. v. DISPONIBILITÉ. v. EFFECTIF. v. EFFET ACTIF. v. EFFET DE CASERNEMENT. v. EFFET DE GRAND ÉQUIPEMENT. v. EFFET DE PETIT ÉQUIPEMENT. v. EFFET D'HABILLEMENT. v. EFFET D'UNIFORME. v. EMPRISONNEMENT. v. ENFANT D'HOMME DE TROUPE N° 4. v. ÉTAT-MAJOR DE CORPS N° 2. v. ÉTAT QUATRIDIAIRE. v. FEUILLE DE JOURNÉE. v. FEUILLE DE JOURNÉE DE COMPAGNIE. v. FEUILLE D'ÉMARGEMENT. v. FEUILLE DE RETENUE. v. FEUILLE DE ROUTE DE MILITAIRE ISOLÉ. v. FEUILLE DE SUBSISTANCES. v. FOURRAGE DE DISTRIBUTION. v. FRAIS DE CULTE. v. FRATER. v. GAGISTE. v. GARNISAIRE. v. GÉNÉRAL DE DIVISION N° 2. v. GÉNÉRAL FRANÇAIS N° 4. v. GEOLAGE. v. GITE. v. GRADE. v. GRADE D'OFFICIER. v. GRAND ÉQUIPEMENT. v. GRATIFICATION DE PREMIÈRE MISE. v. GRATIFICATION D'ENTRÉE EN CAMPAGNE. v. GRENADIER D'INFANTERIE FRANÇAISE DE LIGNE N° 5. v. HABILLEMENT. v. HAUTE PAYE PÉCUNIAIRE. v. HÉRITIER. v. HIÉRARCHIE. v. HOMME DE TROUPE N° 2. v. HOMME NOUVEAU. v. HONNEURS. v. HOPITAL MILITAIRE. v. INDEMNITÉ. v. INDEMNITÉ D'AMEUBLEMENT. v. INDEMNITÉ DE FOURRAGE. v. INDEMNITÉ DE FRAIS DE REPRÉSENTATION. v. INDEMNITÉ DE PERTE DE CHEVAL. v. INDEMNITÉ DE PERTE D'ÉQUIPAGES. v. INDEMNITÉ DE ROUTE. v. INDEMNITÉ DE VIVRES. v. INSPECTEUR GÉNÉRAL N° 3. v. INTENDANT MILITAIRE N° 1, 2, 5. v. JUSTICE MILITAIRE. v. LETTRES DE SERVICE. v. LIEUTENANT D'INFANTERIE FRANÇAISE DE LIGNE N° 4, tableau. v. LIEUTENANT-COLONEL N° 5, 9. v. LIEUTENANT GÉNÉRAL N° 5. v. LIQUIDE. v. LIVRE DE COMPAGNIE. v. LIVRET DE PAYEMENT. v. LIVRET INDIVIDUEL. v. LOGEMENT D'HABITATION. v. MAGASIN DE CORPS. v. MAIRE DE COMMUNE. v. MAITRE OUVRIER N° 1. v. MAJOR CHEF DE BATAILLON N° 3, 7, 9, 10, 12. v. MARCHÉ ADMINISTRATIF. v. MARÉCHAL DE CAMP N° 4. v. MARÉCHAL DE FRANCE N° 6. v. MARIAGE. v. MASSE COMPTABILIAIRE. v. MASSE DE LINGE ET CHAUSSURE. v. MASSE D'ENTRETIEN. v. MATRICULE. v. MEMBRE DE CONSEIL D'ADMINISTRATION. v. MINISTRE DE LA GUERRE N° 8. v. MOINS PERÇU. v. MOUVEMENT MUTATIONNAIRE. v. MUSICIEN N° 5. v. OFFICIER A LA SUITE. v. OFFICIER PAYEUR. v. OFFICIER SURNUMÉRAIRE. v. ORDONNANCE D'ADMINISTRATION. v. ORDONNANCE D'UNIFORME. v. ORDONNANCE IDIOPLIQUE. v. ORDONNANCE OFFICIELLE. v. PAIN DE MUNITION. v. PASSE-VOLANT. v. PAYE. v. PAYEUR. v. PENSION DE RETRAITE. v. PERMISSION. v. PERMISSIONNAIRE. v. PETIT ÉQUIPEMENT. v. PIED D'ARMÉE. v. PIED DE GUERRE. v. POSTE D'HOMMES DE GARDE EN GARNISON. v. PREMIÈRE MISE. v. PREMIÈRE MISE DE PETIT ÉQUIPEMENT. v. PRESTATION. v. PRESTATION PÉCUNIAIRE. v. PRÊT. v. PRISONNIER DE GUERRE FRANÇAIS. v. PROMOTION D'OFFICIER. v. QUARTIER-MAITRE D'INFANTERIE FRANÇAISE DE LIGNE N° 1. v. RAPPEL PÉCUNIAIRE. v. RAPPORT JOURNALIER. v. RÉCEPTION D'OFFICIER. v. RECRUE. v. RECRUTEMENT. v. REGISTRE DE L'EFFECTIF. v. REGISTRE CENTRAL. v. REGISTRE DE CAISSE. v. REGISTRE DE COMPTABILITÉ. v. REGISTRE JOURNAL. v. REMPLAÇANT. v. RETARDATAIRE. v. RETENUE. v. RETENUE AU PROFIT DE L'ÉTAT. v. RETENUE SUR APPOINTEMENTS. v. RETENUE

SUR PRÊT. V. REVUE D'ADMINISTRATION. V. RE-
VUE DE LIQUIDATION. V. REVUE SUR LE TERRAIN.
V. SIGNALEMENT. V. SOLDE. V. SOUS-INTENDANT
Nº 2, 7, 8. V. SOUS-LIEUTENANT Nº 5. V. SOUS-
OFFICIER Nº 1. V. SUBSISTANCE. V. SUBSISTANCES
MILITAIRES. V. SUSPENSION DISCIPLINAIRE. V.
TAMBOUR IDIOPLIQUE D'INFANTERIE FRANÇAISE
Nº 5. V. TÉMOIN JUDICIAIRE. V. TRAVAILLEUR.
V. TRÉSORIER DE CORPS Nº 4, 6. V. VIVRES EN
CAMPAGNE.

1823 (20 mars). *Décision.* V. COMMANDANT
DE QUARTIER GÉNÉRAL. V. OFFICIER D'ORDON-
NANCE.

1823 (22 mars). *Circulaire.* V. PRÊT.

1823 (8 avril). *Décision.* V. CAVALERIE
FRANÇAISE Nº 5. V. PLUMET.

1823 (9 avril). *Ordonnance.* V. INFIR-
MIER IDIOPLIQUE. V. OUVRIER D'ADMINISTRA-
TION.

1823 (21 avril). *Circulaire.* V. MASSE
D'ÉCONOMIE.

1823 (24 avril). *Décision.* V. CARTOUCHE
DE CIBLE.

1823 (30 avril). *Circulaire.* V. AVANCE-
MENT.

1823 (12 mai). *Instruction.* V. TIERCE-
MENT.

1823 (26 mai). *Instruction.* V. ARME
D'UNIFORME DE TROUPE.

1823 (31 mai). *Décision.* V. HAUTE PAYE
DE RENGAGEMENT. V. MUSICIEN Nº 2.

1823 (6 juin). *Circulaire.* V. INSPECTEUR
GÉNÉRAL Nº 4. V. INTENDANT MILITAIRE. V.
SERMENT.

1823 (11 juin). *Ordonnance.*

1823 (3 juillet). *Instruction.* V. PRISON DE
PLACE.

1823 (7 juillet). *Circulaire.* V. EFFET DE
REMPLACEMENT.

1823 (7 juillet). *Circulaire.* V. ÉTAPE.

1823 (13 août). *Ordonnance.* V. ORDRE
DE SAINT-LOUIS.

1823 (29 août). *Circulaire.* V. MATRI-
CULE.

1823 (7 septembre). *Traité.* V. CONVOI
MILITAIRE.

1823 (12 septembre). *Circulaire.* V.
POMPON.

1823 (24 septembre). *Ordonnance.* V.
INDEMNITÉ DE ROUTE.

1823 (13 octobre). *Circulaire.* V. CLARI-
NETTE. V. MARCHE MUSICALE. V. PAS REDOUBLÉ.

1823 (5 novembre). *Ordonnance.* V.
SUBSISTANCE.

1823 (27 novembre). *Note.* V. ARME D'U-
NIFORME DE TROUPE.

1823 (26 décembre). *Décision.* V. CORPS
D'ÉTAT-MAJOR.

1823 (31 décembre). *Règlement sur le*

*service des convois militaires par terre
et par eau.* V. CONVOI MILITAIRE.

1824 (1er janvier). *Circulaire.* V. FRAIS
DE BUREAU.

1824 (1er janvier). *Règlement.* V. TRANS-
PORTS MILITAIRES.

1824 (10 janvier). *Circulaire.* V. SCHAKO
D'HOMME DE TROUPE.

1824 (10 janvier). *Instruction.* V. PRO-
JECTILE.

1824 (24 janvier). *Circulaire.* V. FRAIS
DE BUREAU. V. MINISTRE DE LA GUERRE EN
1824.

1824 (18 février). *Décision.* V. BONNET
DE SAPEUR. V. BRIQUET. V. FOURREAU DE SABRE.
V. SABRE D'HOMME DE TROUPE.

1824 (26 février). *Circulaire.* V. HARNA-
CHEMENT.

1824 (12 mars). *Circulaire.* V. MATRI-
CULE.

1824 (17 mars). *Décision.* V. COMMANDE-
MENT HIÉRARCHIQUE.

1824 (30 mars). *Décision.* V. COMMANDE-
MENT HIÉRARCHIQUE.

1824 (31 mars). *Ordonnance.* V. MANU-
FACTURE D'ARMES.

1824 (16 avril). *Ordonnance.* V. ORDRE
ÉTRANGER. V. ORDRE FRANÇAIS.

1824 (17 avril). *Notification d'une décision du sept.* V. INDEMNITÉ DE REPRÉSEN-
TATION.

1824 (21 avril). *Ordonnance qui soumet aux adjudications publiques les
marchés de la guerre.* V. DRAP DE TROUPE.
V. MARCHÉ ADMINISTRATIF.

1824 (1er mai). *Instruction.* V. BOÎTE A
TOURNEVIS. V. PETITE MONTURE.

1824 (5 mai). *Instruction.* V. ORDRE DU
LIS. V. ORDRES ROYAUX.

1824 (18 mai). *Décision.* V. TABLE DE
CASERNE.

1824 (19 mai). *Ordonnance.* V. PYRO-
TECHNIE.

1824 (22 mai). *Décision.* V. DÉSOBÉIS-
SANCE.

1824 (9 juin). *Loi modifiant celle de
1818 (10 mars).* V. RECRUTEMENT. V. SERVICE
CONSCRIPTIF.

1824 (20 juillet). *Règlement sur le ser-
vice des lits et logements des troupes
chez l'habitant,* OU ORDONNANCE DE LOGE-
MENT. V. ADJOINT A L'INTENDANCE. V. LIT DE
TROUPE. V. LOGEMENT CHEZ L'HABITANT. V. LO-
GEMENT DE MILITAIRE. V. LOGEMENT D'HABITA-
TION. V. LOGEMENT EN ROUTE. V. ORDONNANCE
DE LOGEMENT. V. PRISON DE CASERNE. V. SOUS-
INTENDANT Nº 5.

1824 (31 juillet). *Note.* V. BOÎTE A TOUR-
NEVIS.

1824 (15 août). *Décision.* v. CORPS D'IN-
TENDANCE N° 8.

1824 (17 août). *Règlement sur le service du casernement.* Il en référait à plu-
sieurs articles de la loi non abrogée de 1791
(12 octobre). v. ADJUDANT-MAJOR D'INFANTE-
RIE FRANÇAISE DE LIGNE N° 8. v. ADJUDANT
D'INFANTERIE FRANÇAISE DE LIGNE N° 10. v.
ASSIETTE DE CASERNEMENT. v. BANC DE CASERNE.
v. BAQUET DE COUR. v. BLANCHISSEUSE DE CORPS.
v. BOIS DE LIT. v. BOULANGERIE MILITAIRE. v.
BROUETTE DE CASERNE. v. CAPITAINE DE VISITE
DE CASERNE. v. CAPITAINE D'HABILLEMENT N° 2.
v. CAPITAINE D'INFANTERIE FRANÇAISE DE LIGNE
N° 2, 9. v. CASERNE. v. CASERNEMENT. v. CA-
SERNIER. v. CHAMBRE DE SOLDAT. v. CHAMBRE
DE SOUS-OFFICIER DE COMPAGNIE. v. CHEF DE
BATAILLON D'INFANTERIE FRANÇAISE DE LIGNE
N° 6. v. CLOU A SOULIER. v. COLONEL D'INFAN-
TERIE FRANÇAISE DE LIGNE N° 25, 32. v. CORPS
DE GARDE DE GARNISON. v. CORPS DE GARDE DE
POLICE EN GARNISON. v. CORPS D'INTENDANCE
N° 6. v. CORPS PRIVILÉGIÉ. v. CUISINE DE CA-
SERNE. v. DANSE. v. DÉGRADATION DE CASER-
NEMENT. v. DÉPART DE CORPS. v. ÉCOLE D'ES-
CRIME. v. ÉCURIE. v. EFFET AU COMPTE DU
GÉNIE. v. EFFET DE CASERNEMENT. v. EFFET DE
LITERIE. v. ÉTABLISSEMENT MILITAIRE. v. GARDE
DU GÉNIE. v. GARDE ROYALE N° 3. v. GARNISON.
v. INFIRMERIE. v. MAGASIN DE CORPS. v. MAI-
TRE OUVRIER; id. N° 2. v. MARMITE. v. MUSI-
CIEN N° 5. v. OFFICIER DE CASERNEMENT. v.
OFFICIER DU GÉNIE N° 6. v. OFFICIER INFÉRIEUR.
v. PAILLASSE DE CASERNEMENT. v. PELLE DE
CASERNE. v. PIOCHE. v. QUARTIER DE CAVALE-
RIE. v. QUARTIER-MAITRE. v. RÈGLEMENT DE
CASERNEMENT. v. RÈGLEMENT DE LOGEMENT. v.
SALLE DE DISCIPLINE. v. SERGENT D'INFANTERIE
FRANÇAISE DE LIGNE N° 5. v. SOUS-OFFICIER
N° 6. v. TAMBOUR IDIOPLIQUE D'INFANTERIE
FRANÇAISE N° 4. v. TAMBOUR-MAJOR N° 5.

1824 (14 septembre). *Décision.* v. BAU-
DRIER DE TAMBOUR-MAJOR.

1824 (16 septembre). *Ordonnance.* v.
GARDES DU CORPS N° 4.

1824 (18 septembre). *Ordonnance.* v.
AGENT DES HOPITAUX. v. CHIRURGIEN D'HOPITAL.
v. CONSEIL DE SANTÉ. v. HOPITAL MILITAIRE. v.
INFIRMIER D'HOPITAL. v. OFFICIER DE SANTÉ. v.
SERVICE DE SANTÉ.

1824 (18 septembre). *Règlement.* v. PY-
ROTECHNIE.

1824 (23 septembre). *Ordonnance.* v.
COLONEL GÉNÉRAL DES SUISSES.

1824 (24 septembre). *Règlement.* v. CA-
VALERIE FRANÇAISE N° 5.

1824 (28 septembre). *Tarif.* v. EFFET
D'UNIFORME. v. TARIF.

1824 (20 septembre). *Ordonnance.* v.
GÉNIE IDIOPLIQUE N° 3.

1824 (30 septembre). *Circulaire.* v.
MAIRE DE COMMUNE.

1824 (6 octobre). *Décision.* v. CONGÉ
D'HOMME DE TROUPE.

1824 (13 octobre). *Instruction.* v. SER-
VICE DES COLONIES.

1824 (14 octobre). *Circulaire.* v. ADJOINT
A L'INTENDANCE. v. MAIRE DE COMMUNE. v.
SOUS-INTENDANT N° 5.

1824 (16 octobre). *Décision.* v. SOUS-
AIDE-CHIRURGIEN.

1824 (26 octobre). *Décision.* v. ÉCOLE
D'ESCRIME. v. MAITRE D'ARMES. v. OFFICIER
PAYEUR. v. SERGENT-MAJOR N° 5.

1824 (27 octobre). *Ordonnance.* v. AR-
MÉE FRANÇAISE N° 2. v. CORPS DU GÉNIE. v.
GÉNIE IDIOPLIQUE N° 1, 3. v. MINEUR FRAN-
ÇAIS. v. RÉGIMENT DU GÉNIE. v. SAPEUR DU
GÉNIE.

1824 (3 novembre). *Décision.* v. ADMI-
NISTRATION DE CORPS. v. CAPITAINE D'HABILLE-
MENT N° 3. v. CONSEIL D'ADMINISTRATION DE
RÉGIMENT N° 5. v. FEUILLE DE JOURNÉE. v.
LIVRE DE COMPAGNIE. v. MAJOR CHEF DE BATAIL-
LON N° 7, 10. v. REGISTRE CENTRAL. v. REGIS-
TRE DE CAISSE. v. REGISTRE DE DÉLIBÉRATION.
v. REGISTRE-JOURNAL. v. TRÉSORIER DE CORPS
N° 6.

1824 (6 novembre). *Instruction.* v. PIÈCE
D'ARMES.

1824 (29 novembre). *Décision.* v. DRAP
DE TROUPE.

1824 (1er décembre). *Ordonnance.* v.
GÉNÉRAL FRANÇAIS N° 2. v. LIEUTENANT GÉNÉ-
RAL N° 3. v. MARÉCHAL DE CAMP N° 3.

1824 (1er décembre). *Ordonnance.* v.
HAUTE PAYE PÉCUNIAIRE. v. RENGAGEMENT.

1824 (4 décembre). *Ordonnance.* v.
GÉNÉRAL FRANÇAIS N° 2, 3.

1824 (12 décembre). *Ordonnance.* v.
DEMI-CHEVRON. v. ORDRE DE SAINT-LOUIS.

1824 (14 décembre). *Circulaire.* v.
TRANSPORT.

1824 (18 et 20 décembre). *Règlement
qui développe l'ordonnance de 1824 (18
septembre).* v. HOPITAL MILITAIRE.

1824 (25 décembre). *Instruction.* v.
EMBARQUÉ.

1825 (7 janvier). *Décision.* v. TIR D'IN-
FANTERIE.

1825 (24 janvier). *Note relative à l'u-
niforme de l'intendance.* v. CORPS D'INTEN-
DANCE N° 5.

1825 (26 janvier). *Ordonnance.* v.
TROUPE COLONIALE.

1825 (27 février). *Ordonnance.* v. ARMÉE
FRANÇAISE N° 1, 2. v. ARTILLERIE A CHEVAL DE
LIGNE. v. ARTILLERIE A PIED DE LIGNE. v. AR-
TILLERIE DE GARDE ROYALE. v. BATAILLON D'AR-
TILLERIE A PIED. v. BATAILLON DE PONTONNIERS.

V. BATAILLON D'INFANTERIE FRANÇAISE DE LIGNE N° 2, tableau ; id. N° 4. V. CAPORAL-SAPEUR. V. CAPORAL-TAMBOUR. V. CARABINIER A CHEVAL. V. CAVALERIE FRANÇAISE N° 2, 4, tableau ; id. N° 7. V. CHASSEUR A CHEVAL. V. CHEF D'ESCADRON. V. COMPAGNIE D'OUVRIERS D'ARTILLERIE. V. DIRECTEUR D'HOPITAL. V. ENFANT D'HOMME DE TROUPE N° 2. V. ESCADRON DE TRAIN D'ARTILLERIE. V. ESCADRON FRANÇAIS N° 2. V. ÉTAT-MAJOR D'ARTILLERIE. V. GARDE ROYALE N° 2. V. INFANTERIE FRANÇAISE DE LIGNE N° 2. V. INFANTERIE FRANÇAISE DE GARDE ROYALE N° 1. V. INFANTERIE FRANCO-SUISSE N° 1. V. INFANTERIE DE BATAILLE N° 4. V. INFANTERIE LÉGÈRE N° 4. V. INSTRUCTEUR EN CHEF. V. MAITRE OUVRIER N° 1. V. OFFICIER D'ADMINISTRATION D'HOPITAUX. V. ORDONNANCE DE COMPOSITION. V. PIED DE GUERRE. V. PONTONNIER. V. RÉGIMENT D'ARTILLERIE N° 3. V. RÉGIMENT DE CAVALERIE N° 2, 4.

1825 (1er mars). *Décision.* V. COCARDE. V. SCHAKO D'INFANTERIE.

1825 (10 mars). *Circulaire.* V. SCHAKO D'HOMME DE TROUPE.

1825 (10 mars). *Ordonnance.* V. RECRUTEMENT.

1825 (10 mars). *Ordonnancé touchant l'école de cavalerie.* V. CAVALERIE FRANÇAISE N° 7.

1825 (28 mars). *Décision.* V. INFIRMERIE. V. SARRAU.

1825 (29 mars). *Décision.* V. CAPOTE DE TROUPE. V. ÉTUI D'HABIT. V. MUSICIEN N° 4. V. SAC A CAPOTE.

1825 (6 avril). *Ordonnance.* V. CAVALERIE FRANÇAISE N° 7. V. INSTRUCTEUR EN CHEF.

1825 (15 avril). *Circulaire.* V. ARMURIER DE CORPS N° 4. V. ARMEMENT DE TROUPE.

1825 (12 mai). *Décision.* V. AUMONIER N° 4.

1825 (12 mai). *Décision.* V. ÉCOLE MILITAIRE PRÉPARATOIRE. V. ESCRIME.

1825 (28 mai). *Décision.* V. BESACE. V. CAVALERIE N° 5.

1825 (8 juin). *Ordonnance sur l'organisation du service administratif.* V. AGENT ADMINISTRATIF. V. EMPLOYÉ DES SERVICES. V. SERVICE ADMINISTRATIF.

1825 (14 juin). *Circulaire.* V. OFFICIER D'ADMINISTRATION.

1825 (22 juin). *Décision.* V. ORDRE DE SAINT-LOUIS.

1825 (9 juillet). *Circulaire.* V. DENIERS DE POCHE.

1825 (12 juillet). *Décision.* V. MINISTRE DE LA GUERRE EN 1824.

1825 (15 juillet). *Décision.* V. CARTOUCHE DE CIBLE. V. CIBLE.

1825 (26 juillet). *Décision.* V. AUMONIER N° 5. V. COMPAGNIE D'ÉLITE N° 3.

1825 (30 juillet). *Circulaire.* V. DIRECTEUR DE POSTE D'ARMÉE. V. VAGUEMESTRE.

1825 (31 juillet). *Circulaire.* V. MINISTRE DE LA GUERRE EN 1824 (4 AOUT).

1825 (31 juillet). *Circulaire.* V. CARABINIER A CHEVAL.

1825 (12 août). *Circulaire.* V. FORT. V. FORTERESSE.

1825 (12 août). *Décision.* V. BRIGADE D'INFANTERIE. V. DIVISION D'INFANTERIE. V. MANŒUVRE D'ENSEMBLE.

1825 (13 août). *Décision.* V. EMPLOYÉ DES SERVICES.

1825 (20 août). *Décision.* V. AUMONIER N° 5, 6.

1825 (27 août). *Décision.* V. SCHAKO D'INFANTERIE.

1825 (27 août). *Décision.* V. CUIRASSIER. V. DRAGON FRANÇAIS N° 4. V. RÉGIMENT DE CAVALERIE FRANÇAISE N° 5.

1825 (28 août). *Instruction.* V. TROUPE COLONIALE.

1825 (7 septembre). *Instruction.* V. EAU-DE-VIE.

1825 (9 septembre). *Décision.* V. CARTOUCHE A BALLE. V. PAQUET DE CARTOUCHES.

1825 (17 septembre). *Décision.* V. CONSEIL DE DISCIPLINE. V. DISCIPLINAIRE.

1825 (30 septembre). *Décision.* V. HONNEURS.

1825 (26 octobre). *Décision.* V. INDEMNITÉ DE ROUTE D'HOMME DE TROUPE.

1825 (16 novembre). *Décision.* V. MASSE DE LINGE ET CHAUSSURE.

1825 (22 novembre). *Circulaire.* V. DENIERS DE POCHE.

1825 (22 novembre). *Arrêté.* V. MASSE DE LINGE ET CHAUSSURE.

1825 (28 novembre). *Décision.* V. SAPEUR D'INFANTERIE.

1825 (14 décembre). *Ordonnance.* V. CONTRE-SEING. V. CORRESPONDANCE ADMINISTRATIVE.

1825 (26 décembre). *Décision.* V. ESCRIME. V. MAITRE D'ARMES. V. RECRUE.

1825 (26 décembre). *Décision.* V. ADJUDANT D'INFANTERIE FRANÇAISE DE LIGNE N° 12.

1825 (26 décembre). *Circulaire.* V. ESCRIME.

1825 (28 décembre). *Décision.* V. ÉPAULETTE A PETITES TORSADES.

1825 (31 décembre). *Décision.* V. DÉCATIR. V. DRAP CROISÉ. V. HARNACHEMENT. V. HOUSSE DE HARNACHEMENT. V. OFFICIER DE CAVALERIE N° 2. V. PANTALON D'ÉTOFFE.

1826 (13 janvier). *Circulaire.* V. INSTRUCTEUR.

1826 (17 janvier). *Décision.* V. APPOINTE-

MENT. V. LIEUTENANT D'INFANTERIE FRANÇAISE DE LIGNE N° 4.

1826 (10 février). *Circulaire.* V. ÉCOLE MILITAIRE PRÉPARATOIRE.

1826 (15 février). *Décision.* V. FOURREAU DE BAIONNETTE.

1826 (13 mars). *Circulaire.* V. VINAIGRE.

1826 (13 mars). *Ordonnance.* V. INGÉNIEUR GÉOGRAPHE N° 1.

1826 (23 mars). *Décision.* V. BOITE A TOURNEVIS.

1826 (24 mars). *Décision.* V. ARMEMENT DE CORPS.

1826 (26 mars). *Ordonnance.* V. INGÉNIEUR GÉOGRAPHE N° 3.

1826 (27 mars). *Décision.* V. CORPS D'ÉTAT-MAJOR.

1826 (5 avril). *Décision.* V. GÉNÉRAL FRANÇAIS N° 3.

1826 (10 avril). *Décision.* V. COMMANDANT DE DIVISION TERRITORIALE N° 1. V. GÉNÉRAL FRANÇAIS N° 4. V. MARÉCHAL DE CAMP N° 4.

1826 (29 avril). *Décision.* V. CORPS D'ÉTAT-MAJOR.

1826 (29 avril). *Circulaire.* V. BAUDRIER D'OFFICIER. V. REDINGOTE D'OFFICIER.

1826 (30 avril). *Décision.* V. PANTALON DE TOILE.

1826 (1er mai). *Devis.* V. HARNACHEMENT.

1826 (24 mai). *Ordonnance.* V. GARDES DU CORPS N° 4.

1826 (29 mai). *Circulaire.* V. GÉNÉRAL FRANÇAIS N° 3.

1826 (5 juin). *Décision.* V. NOIX DE PLATINE.

1826 (9 juin). *Décision.* V. GYMNASTIQUE.

1826 (23 juin). *Décision.* V. GACHETTE. V. VIS DE CHIEN.

1826 (26 juin). *Marché de fourniture de fourrages.* V. FOURRAGE.

1826 (2 juillet). *Ordonnance.* V. ARTILLERIE IDIOPLIQUE. V. ARTILLERIE FRANÇAISE. V. PONT DE CAMPAGNE.

1826 (6 juillet). *Circulaire.* V. MOUSTACHE. V. CORPS D'ÉTAT-MAJOR.

1826 (8 juillet). *Décision.* V. OFFICIER DE SANTÉ.

1826 (11 juillet). *Décision.* V. GACHETTE. V. NOIX DE PLATINE.

1826 (17 juillet). *Décision.* V. SECRÉTAIRE ARCHIVISTE.

1826 (21 juillet). *Ordonnance.* V. ABONNEMENT AVEC LES MAITRES OUVRIERS. V. ARME DE GUERRE. V. ARME DE TROUPE. V. ARME D'UNIFORME DE TROUPE. V. ARMURIER DE CORPS N° 2, 3. V. DÉMONTAGE DE FUSIL. V. ÉCOLE DE DÉMONTAGE. V. GACHETTE DE PLATINE. V. LIEUTENANT-COLONEL N° 8. V. ORDONNANCE D'ARMEMENT.

1826 (29 juillet). *Décision.* V. PANTALON DE TOILE.

1826 (5 août). *Règlement.* V. ARTILLERIE FRANÇAISE. V. ARTILLERIE IDIOPLIQUE.

1826 (11 août). *Décision.* V. CAPOTE D'HOMME DE TROUPE. V. COCARDE. V. JUGULAIRE.

1826 (28 août). *Décision.* V. LIT A UNE PLACE. V. LIT D'OFFICIER. V. MIROIR.

1826 (8 septembre). *Décision.* V. CAPITAINE DE VOLTIGEURS.

1826 (22 septembre). *Ordonnance.* V. GENDARMERIE DE POLICE N° 3.

1826 (22 septembre). *Règlement.* V. TIR DE FUSIL.

1826 (24 septembre). *Règlement d'armement.* V. ABONNEMENT AVEC LES MAITRES OUVRIERS. V. ADJOINT D'OFFICIER D'ARMEMENT. V. ARME DE TROUPE. V. ARME D'UNIFORME. V. ARMEMENT DE TROUPE. V. ARMEMENT D'UNIFORME. V. ARMURIER DE CORPS N° 1, 3. V. CARTOUCHE D'INFANTERIE. V. CONTROLEUR DE MANUFACTURE D'ARMES. V. INSPECTION GÉNÉRALE. V. OFFICIER D'ARMEMENT. V. TIR DE FUSIL. V. ORDONNANCE D'ARMEMENT. V. PIÈCE D'ARMES. V. TIR D'INFANTERIE.

1826 (2 octobre). *Décision.* V. REDINGOTE D'OFFICIER. V. TIR DE FUSIL.

1826 (5 octobre). *Décision.* V. BANDAGE HERNIAIRE.

1826 (21 octobre). *Décision.* V. ORDRE DE SAINT-LOUIS.

1826 (3 novembre). *Instruction.* V. BALLE DE FUSIL.

1826 (20 novembre). *Circulaire.* V. INDEMNITÉ DE ROUTE.

1826 (27 novembre). *Décision.* V. EFFET D'UNIFORME.

1826 (3 décembre). *Ordonnance.* V. CAVALERIE FRANÇAISE N° 2, 7. V. INSTRUCTEUR EN CHEF.

1826 (5 décembre). *Ordonnance.* V. AIDE-MAJOR ACTUEL. N° 2.

1826 (6 décembre). *Décision.* V. MUSICIEN N° 3.

1826 (10 décembre). *Ordonnance.* V. AIDE DE CAMP N° 2. V. CORPS D'ÉTAT-MAJOR.

1826 (17 décembre). *Règlement.* V. ÉCOLE MILITAIRE PRÉPARATOIRE. V. FEU D'INFANTERIE.

1826 (24 décembre). *Règlement.* V. LANCE DE LANCIER.

1826 (24 décembre). *Instruction sur l'inspection.* V. INSPECTEUR GÉNÉRAL N° 5.

1826 (29 décembre). *Règlement.* V. AIDE-MAJOR ACTUEL N° 1, 2.

1826 (31 décembre). *Décision.* V. ADJUDANT D'INFANTERIE FRANÇAISE DE LIGNE N° 7. V. BOTTES D'ADJUDANT. V. CANNE D'ADJUDANT. V. ÉPAULETTE D'ADJUDANT. V. REDINGOTE D'ADJUDANT. V. TAMBOUR-MAJOR N° 4.

1827 (1er janvier). *Circulaire*. v. MASSE D'ÉCONOMIE. V. MINISTRE CLERMONT-TONNERRE. V. MUSIQUE. V. SAPEUR D'INFANTERIE.

1827 (22 janvier). *Circulaire*. v. ADMINISTRATION INTÉRIEURE. V. CASERNE. V. CLAIRON INSTRUMENTAL. V. DÉPENSE ÉVENTUELLE. V. ÉCOLE DE NATATION. V. ÉCOLE DE TAMBOURS. V. ÉCOLE RÉGIMENTAIRE DE SOUS-OFFICIERS. V. INFANTERIE FRANÇAISE DE LIGNE N° 6. V. MASSE D'ÉCONOMIE. V. MASSE D'ENTRETIEN. V. MINISTRE DE LA GUERRE EN 1824 (4 AOUT). V. MUSIQUE MILITAIRE. V. NATATION. V. ORDINAIRE D'HOMME DE TROUPE. V. RETENUE. V. TAMBOUR IDIOPLIQUE D'INFANTERIE FRANÇAISE N° 7.

1827 (24 janvier). *Circulaire*. v. ADJUDANT D'INFANTERIE FRANÇAISE DE LIGNE N° 12. V. BILLET D'HOPITAL. V. CAPITAINE D'HABILLEMENT. V. CONTROLE. V. CULTE DIVIN. V. ÉTAT DE SITUATION. V. FEUILLE D'APPEL. V. FEUILLE DE JOURNÉES. V. FEUILLE DE PRÊT. V. FOURRIER D'INFANTERIE FRANÇAISE DE LIGNE N° 7. V. MAJOR CHEF DE BATAILLON N° 5. V. PLAINTE EN DÉSERTION. V. REGISTRE DE CORPS.

1827 (24 janvier). *Circulaire*. v. DÉSERTION. V. HAUTE PAYE PÉCUNIAIRE. V. LIVRE DE COMPAGNIE. V. LIVRE D'ORDRE. V. MAJOR CHEF DE BATAILLON D'INFANTERIE FRANÇAISE DE LIGNE N° 2. V. ORDINAIRE DE TROUPE. V. REGISTRE DE CORPS. V. SAPEUR D'INFANTERIE. V. SECRÉTAIRE DE TRÉSORIER. V. TRÉSORIER DE CORPS. V. TAMBOUR-MAJOR N° 6.

1827 (51 janvier). *Circulaire*. v. EFFET DE GRAND ÉQUIPEMENT.

1827 (12 février). *Règlement sur les établissements des transports*, OU ORDONNANCE DE TRANSPORTS. V. CAISSON D'AMBULANCE. V. CAISSON DES ÉQUIPAGES MILITAIRES. V. CAISSON DE TRANSPORT. V. CHARIOT. V. ÉQUIPAGES. V. FORGE DE CAMPAGNE. V. FOURGON. V. TRAIN DES ÉQUIPAGES. V. ORDONNANCE DE TRANSPORTS.

1827 (12 février). *Décision*. v. SECRÉTAIRE ARCHIVISTE.

1827 (24 février). *Circulaire*. v. FEUILLE DE JOURNÉES.

1827 (10 mars). *Circulaire*. v. ÉPÉE D'OFFICIER.

1827 (16 mars). *Circulaire*. Liquidation des frais de justice. v. APPARTEMENT DE CONSEILS JUDICIAIRES. V. CAPITAINE RAPPORTEUR. V. CONSEIL JUDICIAIRE. V. GREFFIER DE CONSEIL PERMANENT. V. JUSTICE MILITAIRE. V. TÉMOIN JUDICIAIRE.

1827 (25 mars). *Décision*. v. BONNET DE POLICE D'HOMME DE TROUPE. V. CAVALERIE FRANÇAISE N° 5. V. MINISTRE DE LA GUERRE EN 1824 (4 AOUT).

1827 (2 avril). *Décision*. v. ADJUDANT D'INFANTERIE FRANÇAISE DE LIGNE N° 7.

1827 (8 avril). *Décision*. v. DRAP DE SOUS-

OFFICIERS. V. MINISTRE DE LA GUERRE EN 1824. V. MUSICIEN N° 4.

1827 (29 avril). *Ordonnance*. v. GARDE NATIONALE.

1827 (21 mai). *Décision*. v. TAMBOUR IDIOPLIQUE D'INFANTERIE FRANÇAISE N° 3.

1827 (51 mai). *Circulaire*. v. ARMEMENT DE TROUPE. V. EFFET DE GRAND ÉQUIPEMENT.

1827 (18 juin). *Décision qui modifie plusieurs dispositions des règlements sur les convois et les transports militaires*. v. CONVOI MILITAIRE. V. TRANSPORT.

1827 (18 juin). *Marché relatif aux fourrages*. v. FOURRAGE.

1827 (24 juin). *Instruction sur l'inspection*. v. ARTILLERIE IDIOPLIQUE.

1827 (27 juin). *Circulaire*. v. CHANGEMENT DE CORPS. V. OFFICIER FRANÇAIS N° 5.

1827 (30 juin). *Décision*. v. FANION TACTIQUE.

1827 (11 juillet). *Ordonnance*. v. ORDRE FRANÇAIS.

1827 (24 juillet). *Circulaire*. v. OFFICIER D'ADMINISTRATION.

1827 (25 juillet). *Décision qui modifie les dispositions de l'ordonnance de 1818 (15 mai)*. v. LÉGISLATION DE 1818 (15 MAI). V. LIVRE D'ORDINAIRE. V. ORDINAIRE DE SOLDATS.

1827 (51 juillet). *Décision*. v. TAMBOUR IDIOPLIQUE D'INFANTERIE FRANÇAISE N° 3.

1827 (13 août). *Instruction relative au mode de chauffage*, OU ORDONNANCE DE CHAUFFAGE. V. BOIS DE CHAUFFAGE. V. CHAMBRE DE CASERNE. V. CHAUFFAGE EN NATURE. V. CHAUFFAGE EN STATIONNEMENT. V. COMBUSTIBLE DE CUISINE. V. COMBUSTIBLE DE CUISINE DE SOLDAT. V. COMBUSTIBLE DE CUISINE DE SOUS-OFFICIER. V. CORPS DE GARDE DE POLICE. V. CUISINE DE CASERNE. V. EFFET AU COMPTE DU GÉNIE. V. FAGOT D'ALLUMAGE. V. FOURNEAU DE CUISINE. V. INFIRMERIE RÉGIMENTAIRE. V. MARMITE DE CASERNE. V. MUSICIEN N° 5. V. ORDINAIRE DE SOUS-OFFICIER. V. ORDONNANCE DE CHAUFFAGE. V. RATION DE CHAUFFAGE DE SOUS-OFFICIER.

1827 (51 août). *Décision*. v. BONNET DE POLICE D'HOMME DE TROUPE.

1827 (1er septembre). *Règlement sur le service des subsistances militaires*, ou ORDONNANCE DE SUBSISTANCES. V. ABRI-VENT. V. AGENT DES SUBSISTANCES. V. APPROVISIONNEMENT D'ARMÉE. V. APPROVISIONNEMENT DE SIÉGE. V. AUTORITÉS MILITAIRES. V. BISCUIT. V. BOISSON D'APPROVISIONNEMENT. V. BON DE DISTRIBUTION. V. BOTTE DE PAILLE. V. BOULANGERIE MILITAIRE. V. CORPS D'INTENDANCE N° 8. V. DENRÉE DE DISTRIBUTION. V. DISTRIBUTION DE RATIONS. V. EAU-DE-VIE. V. EMPLOYÉ DES SERVICES. V. FOIN. V. FOUR DE CAMPAGNE. V. FOURNITURE. V. FOURRAGE DE DISTRIBUTION. V. LÉGUME SEC. V.

LIQUIDE. V. MAGASIN DE VIVRES. V. MANDAT DE FOURNITURES. V. MARCHÉ DE VIVRES. V. MILITAIRE EN ROUTE. V. ORDONNANCE DE SUBSISTANCES. V. PAILLE DE FOURRAGE. V. PAIN BISCUITÉ. V. PAIN DE MUNITION. V. RIZ. V. SALAISONS. V. SEL. V. SERVICE DES SUBSISTANCES. V. SUBSISTANCES. V. SUBSISTANCES MILITAIRES. V. TOTALISATION. V. VIANDE. V. VIANDE SALÉE. V. VIN. V. VINAIGRE. V. VIVRES DE CAMPAGNE. V. VIVRES-PAIN.

1827 (5 octobre). *Note ministérielle sur l'armement d'adjudant et de musiciens.* V. ADJUDANT D'INFANTERIE FRANÇAISE DE LIGNE N° 7. V. MUSICIEN N° 4.

1827 (31 octobre). *Décision.* V. TAMBOUR IDIOPLIQUE D'INFANTERIE FRANÇAISE N° 5.

1827 (14 novembre). *Ordonnance concernant les insoumis.* V. CONSEIL DE RÉVISION CONSCRIPTIF. V. INSOUMIS.

1827 (19 novembre). *Décision.* V. VAGUEMESTRE.

1827 (15 décembre). *Instruction.* V. CAVALERIE FRANÇAISE N° 9. V. MASSE D'ENTRETIEN. V. MUSICIEN N° 4.

1827 (17 décembre). *Ordonnance.* V. CORPS DU GÉNIE. V. GÉNIE IDIOPLIQUE N° 1.

1827 (20 décembre). *Tarif de mobilier et de médicaments d'hôpitaux.* V. HOPITAL MILITAIRE.

1827 (26 décembre). *Ordonnance confirmée en 1830 (décembre).* V. ADJOINT A L'INTENDANCE. V. AIDE-MAJOR ACTUEL N° 1. V. CORPS D'INTENDANCE N° 1, 3. V. SOUS-INTENDANT N° 5.

1828 (4 janvier). *Ordonnance.* V. MINISTRE DE LA GUERRE N° 14. V. MINISTRE DE LA GUERRE (Decaux).

1828 (17 janvier). *Ordonnance.* V. MINISTRE DE LA GUERRE N° 14. V. MINISTRE DE LA GUERRE (Decaux).

1828 (22 janvier). *Décision.* V. MASSE DE LINGE ET CHAUSSURE. V. MASSE D'ENTRETIEN. V. MASSE D'HABILLEMENT.

1828 (28 janvier). *Décision.* V. ENFANT D'HOMME DE TROUPE N° 2.

1828 (29 janvier). *Ordonnance.* V. JUSTICE MILITAIRE.

1828 (31 janvier). *Décision.* V. ADJUDANT D'INFANTERIE FRANÇAISE DE LIGNE N° 7. V. MAITRE OUVRIER N° 2. V. PANTALON D'ÉTOFFE.

1828 (15 février). *Décision.* V. PREMIER INSPECTEUR GÉNÉRAL D'ARTILLERIE.

1828 (17 février). *Ordonnance.* V. CONSEIL DE LA GUERRE N° 3.

1828 (11 mars). *Décision.* V. COUVRE-SCHAKO. V. SCHAKO D'HOMME DE TROUPE.

1828 (19 mars). *Circulaire.* V. ORDINAIRE D'HOMME DE TROUPE.

1828 (30 avril). *Instruction.* V. MUSICIEN N° 4.

1828 (30 avril). *Décision.* V. PUNITION. V. LIVRE DE PUNITIONS.

1828 (12 mai). *Décision.* V. ENFANT D'HOMME DE TROUPE N° 4.

1828 (19 mai). *Décision.* V. BONNET DE POLICE D'HOMME DE TROUPE.

1828 (29 mai). *Décision.* V. CAPOTE DE TROUPE. V. GARANCE. V. INFANTERIE FRANÇAISE DE LIGNE N° 5. V. INFANTERIE LÉGÈRE N° 5. V. VESTE D'INFANTERIE.

1828 (31 mai). *Décision.* V. BOUTONNIÈRE D'HABIT. V. GIBERNE DE SOUS-OFFICIER D'INFANTERIE FRANÇAISE DE LIGNE. V. SOUS-OFFICIER N° 5. V. TRANSCORPORATION.

1828 (31 mai). *Description.* V. COUVRE-SCHAKO.

1828 (31 mai). *Note.* V. DÉCATIR.

1828 (5 juin). *Ordonnance.* V. CONSEIL DE RÉVISION CONSCRIPTIF.

1828 (19 juin). *Décision.* V. ENFANT DE TROUPE.

1828 (17 août). *Ordonnance.* V. RÉGIMENT COLONIAL.

1828 (5 septembre). *Circulaire.* V. JUGEMENT MILITAIRE.

1828 (11 septembre). *Décision.* V. TEIGNE.

1828 (15 septembre). *Décision.* V. ADJOINT AU TRÉSORIER. V. OFFICIER PAYEUR.

1828 (20 septembre). *Ordonnance.* V. SECRÉTAIRE ARCHIVISTE.

1828 (24 septembre). *Décision.* V. ARMURIER DE CORPS N° 5.

1828 (24 septembre). *Circulaire.* V. AIDE-MAJOR ACTUEL N° 1.

1828 (20 octobre). *Circulaire.* V. BATAILLON COLONIAL.

1828 (30 octobre). *Décision.* V. BAUDRIER DE SABRE DE TROUPE. V. BRETELLE DE FUSIL. V. CUISSIÈRE.

1828 (31 octobre). *Décision relative à la comptabilité,* ou ORDONNANCE DE COMPTABILITÉ. V. CAPITAINE D'INFANTERIE DE LIGNE N° 25. V. COMPTABILITÉ. V. DENIERS DE POCHE. V. DENIERS DE SOLDE. V. EFFECTIF DE COMPAGNIE. V. ÉTAT QUATRIDIAIRE. V. FEUILLE DE JOURNÉES. V. FEUILLE DE PRÊT. V. HAUTE PAYE PÉCUNIAIRE. V. JOURNAL DE TRÉSORIER. V. LIVRE DE COMPAGNIE. V. LIVRET DE SOLDE. V. LIVRET D'ORDINAIRE. V. MAJOR CHEF DE BATAILLON; id. N° 6. V. ORDINAIRE DE COMPAGNIE. V. ORDINAIRE DE SOLDATS. V. ORDONNANCE DE COMPTABILITÉ. V. PRÊT DE COMPAGNIE. V. REGISTRE DE CAISSE. V. REGISTRE-JOURNAL. V. TRÉSORIER DE CORPS N° 6.

1828 (31 octobre). *Circulaire.* V. DEMANDE D'ARMES. V. PRÊT.

1828 (25 novembre). *Décision.* V. CHANGEMENT DE CORPS.

1828 (27 novembre). *Circulaire.* V. COMPTABILITÉ. V. ÉCOLE RÉGIMENTAIRE DE SOUS-OFFICIERS. V. ÉCOLE D'ENSEIGNEMENT PRIMAIRE.

1828 (8 décembre). *Circulaire.* V. REMPLAÇANT.

1828 (31 décembre). *Décision.* V. VESTE D'INFANTERIE.

1829 (31 janvier). *Circulaire.* V. JUGULAIRE.

1829 (10 février). *Décision.* V. INFIRMERIE.

1829 (22 février). *Décision.* V. PERMISSION.

1829 (6 mars). *Rapport.* V. ARME PERSONNELLE. V. CAVALERIE LÉGÈRE. V. ENROLEMENT VOLONTAIRE. V. INFANTERIE FRANÇAISE DE LIGNE N° 2. V. RECRUTEMENT. V. SOLDAT. V. TAILLE DE MILITAIRE.

1829 (31 mars). *Décision.* V. GEOLAGE. V. LOGEMENT DE MILITAIRE.

1829 (30 avril). *Circulaire.* V. BAIONNETTE DE FUSIL. V. FOURREAU DE BAIONNETTE.

1829 (24 mai). *Ordonnance.* V. GÉNÉRAL FRANÇAIS N° 1, 2. V. LIEUTENANT GÉNÉRAL N° 3. V. MARÉCHAL DE CAMP N° 3. V. MARÉCHAL DE FRANCE N° 3.

1829 (31 mai). *Ordonnance,* OU ORDONNANCE DE COMPOSITION. V. ADJUDANT DE PLACE N° 1. V. CITADELLE. V. COLONEL D'INFANTERIE FRANÇAISE DE LIGNE N° 21. V. COMMANDANT DE PLACE N° 2. V. COMMANDANT SUPÉRIEUR. V. CONSIGNE-PORTIER. V. ÉTAT-MAJOR DE PLACE. V. PORT. V. FORTERESSE. V. GÉNÉRAL FRANÇAIS N° 5. V. GOUVERNEUR DE PLACE N° 5. V. MAJOR DE PLACE; id. N° 1. V. OFFICIER D'ÉTAT-MAJOR DE PLACE. V. ORDONNANCE DE COMPOSITION. V. POSTE PÉRIBOLOGIQUE. V. SECRÉTAIRE ARCHIVISTE. V. SOUS-OFFICIER N° 4.

1829 (10 juin). *Ordonnance,* OU ORDONNANCE DE COMPOSITION. V. ADJOINT A L'INTENDANCE. V. CAPITAINE D'INFANTERIE FRANÇAISE DE LIGNE N° 5. V. COLONEL D'INFANTERIE FRANÇAISE DE LIGNE N° 21. V. CONSEIL DE LA GUERRE N° 3. V. CORPS D'INTENDANCE N° 2, 3. V. INTENDANT MILITAIRE N° 1, 3. V. MARÉCHAL DE CAMP N° 5. V. ORDONNANCE DE COMPOSITION. V. SOUS-INTENDANT N° 2, 7.

1829 (12 juin). *Loi.* V. REMPLAÇANT.

1829 (21 juin). *Instruction.* V. INSPECTEUR GÉNÉRAL.

1829 (15 juillet). *Loi* modifiant la pénalité, et qui, si l'on en croit l'*Encyclopédie des Gens du monde,* au mot *Bulletin,* serait insérée au *Bulletin des lois* en d'autres termes qu'elle n'a été votée. V. VOL.

1829 (16 juillet). *Décision.* V. MUSICIEN N° 4.

1829 (16 juillet). *Décision.* V. SOUS-INTENDANT N° 8.

1829 (24 juillet). *Circulaire.* V. VOL.

1829 (26 juillet). *Décision.* V. GARANCE. V. PANTALON D'ÉTOFFE.

1829 (5 août). *Ordonnance,* OU ORDONNANCE DE COMPOSITION. V. ARTILLERIE A CHEVAL. V. ARTILLERIE A PIED. V. ARTILLERIE FRANÇAISE. V. BATTERIE D'ARTILLERIE. V. BOUCHE A FEU. V. BOUCHE A FEU DE BATAILLE. V. COMPAGNIE D'OUVRIERS D'ARTILLERIE. V. ESCADRON DE TRAIN D'ARTILLERIE. V. PONTONNIER. V. RÉGIMENT D'ARTILLERIE N° 2.

1829 (8 août). *Transaction.* V. EFFET DE LITERIE. V. LIT DE TROUPE.

1829 (29 août). *Circulaire.* V. MASSE DE LINGE ET CHAUSSURE.

1829 (27 septembre). *Ordonnance,* OU ORDONNANCE D'UNIFORME. V. AIGRETTE. V. CAVALERIE FRANÇAISE N° 6, tableaux. V. BIDON D'HOMME DE TROUPE. V. EFFET ACCESSOIRE D'UNIFORME. V. EFFET DE CAMPEMENT. V. EFFET DE PETIT ÉQUIPEMENT. V. EFFET DE PREMIÈRE MISE. V. EFFET D'HABILLEMENT. V. ÉPAULETTE DE COMPAGNIE D'ÉLITE. V. INFANTERIE FRANÇAISE DE LIGNE N° 5. V. MASSE DE LINGE ET CHAUSSURE. V. ORDONNANCE D'UNIFORME. V. PANTALON DE TOILE. V. PLUMET. V. POMPON. V. PREMIÈRE MISE DE PETIT ÉQUIPEMENT. V. SERGENT-MAJOR N° 4, 5. V. SOLDE. V. SOLDE DE PRÉSENCE. V. SOUS-OFFICIER N° 5, 7. V. TAMBOUR D'INFANTERIE FRANÇAISE DE LIGNE.

1829 (10 octobre). *Ordonnance sur les pensions de retraite,* OU ORDONNANCE DE SOLDE. V. ADJUDANT D'INFANTERIE FRANÇAISE DE LIGNE N° 12. V. AIDE-CHIRURGIEN N° 2. V. ANNÉE EFFECTIVE. V. BLESSURE. V. CAMPAGNE. V. CAPITAINE D'INFANTERIE FRANÇAISE DE LIGNE N° 10. V. CAPORAL D'INFANTERIE FRANÇAISE DE LIGNE N° 9. V. CHEF DE BATAILLON D'INFANTERIE FRANÇAISE DE LIGNE N° 6. V. CHIRURGIEN-MAJOR N° 7. V. COLONEL D'INFANTERIE FRANÇAISE DE LIGNE N° 9. V. LÉGION D'HONNEUR. V. LIEUTENANT. V. LIEUTENANT-COLONEL. V. LIEUTENANT GÉNÉRAL N° 4. V. MAJOR. V. MAJOR-CHEF DE BATAILLON N° 3. V. MARÉCHAL DE CAMP N° 4. V. ORDONNANCE DE SOLDE. V. PENSION DE RETRAITE. V. RETRAITE. V. SERGENT-MAJOR N° 5. V. SOUS-LIEUTENANT.

1829 (30 octobre). *Décision.* V. DENIERS DE POCHE.

1829 (30 novembre). *Décision.* V. BONNET DE POLICE D'HOMME DE TROUPE.

1829 (6 décembre). *Ordonnance sur l'exercice et les évolutions de cavalerie.* Elle remplacé celle de l'an treize (1er vendémiaire); elle a été mise en pratique en avril 1830; elle était modifiée, à l'égard des lanciers, par la DÉCISION DE 1836 (8 décembre). V. CAVALERIE FRANÇAISE N° 7. V. CHARGE DE CAVALERIE. V. EXERCICE DE CAVALERIE. V.

EXERCICE TACTIQUE. V. ORDONNANCE D'EXERCICE.

1829 (7 décembre). *Ordonnance.* V. MINISTÈRE DE LA GUERRE.

1829 (13 décembre). *Ordonnance.* V. ARME DU GÉNIE. V. CORPS DU GÉNIE. V. ÉCOLE RÉGIMENTAIRE. V. GARDE DU GÉNIE. V. GÉNIE IDIOPLIQUE N° 1. V. ORDONNANCE DE COMPOSITION. V. RÉGIMENT DU GÉNIE.

1829 (27 décembre). *Ordonnance.* V. CONSEIL DE LA GUERRE ; id. N° 3. V. CONSEIL SPÉCIAL. V. MINISTÈRE DE LA GUERRE.

1829 (29 décembre). *Décision.* V. INTENDANT MILITAIRE N° 5.

1829 (30 décembre). *Circulaire.* V. CASERNE.

1830 (3 janvier). *Ordonnance.* V. CONSEIL DE LA GUERRE N° 3. V. CONSEIL SPÉCIAL. V. MINISTÈRE DE LA GUERRE.

1830 (14 février). *Ordonnance.* V. CONSEIL DE LA GUERRE N° 3. V. CONSEIL SPÉCIAL. V. MINISTÈRE DE LA GUERRE.

1830 (21 février). *Ordonnance,* ou ORDONNANCE D'UNIFORME, en partie annulée par celle de 1832 (26 JANVIER). V. ADJUDANT D'INFANTERIE FRANÇAISE DE LIGNE N° 12. V. AIGRETTE. V. BANDEROLLE DE DRAPEAU. V. BONNET DE POLICE D'HOMME DE TROUPE. V. BRETELLE DE FUSIL. V. BRETELLES DE PANTALON. V. CANNE DE CAPORAL-TAMBOUR. V. CALEÇON. V. CAPORAL-TAMBOUR. V. CLAIRON INSTRUMENTAL. V. CUISINIER. V. CUISSIÈRE. V. DENIERS DE PETIT ÉQUIPEMENT. V. DENIERS D'ORDINAIRE. V. EFFET DE PETIT ÉQUIPEMENT. V. EFFET D'ÉQUIPEMENT. V. EFFET D'HABILLEMENT. V. EFFET D'UNIFORME. V. ENFANT D'HOMME DE TROUPE N° 4. V. ÉPAULETTES DE COMPAGNIE D'ÉLITE. V. FANION DE BATAILLON. V. HAUTE PAYE DE RENGAGEMENT. V. HAUTE PAYE JOURNALIÈRE. V. MASSE COMPTABILIAIRE. V. MASSE DE PETIT ÉQUIPEMENT. V. MASSE D'ENTRETIEN. V. MASSE D'HABILLEMENT. V. MASSE GÉNÉRALE. V. MASSE INDIVIDUELLE. V. MINISTRE DE LA GUERRE EN 1829 (8 AOÛT), EN 1830 (18 NOVEMBRE). V. MUSICIEN N° 7. V. ORDONNANCE D'UNIFORME. V. PANTALON D'ÉTOFFE. V. PANTALON DE TOILE. V. PLUMET. V. PRIME D'ENTRETIEN. V. POMPON. V. PREMIÈRE MISE DE PETIT ÉQUIPEMENT. V. PRÊT. V. PRIME D'ENTRETIEN DE MASSE INDIVIDUELLE. V. RÉPARATIONS D'HABILLEMENT. V. RENGAGEMENT. V. SAPEUR D'INFANTERIE. V. SARRAU. V. SOLDE. V. SOUS-OFFICIER N° 5. V. TAMBOUR IDIOPLIQUE D'INFANTERIE FRANÇAISE DE LIGNE N° 3. V. TAMBOUR-MAJOR D'INFANTERIE FRANÇAISE. V. TAMBOUR-MAJOR N° 4. V. TONNELET DE PETIT ÉQUIPEMENT.

1830 (22 février). *Circulaire.* V. ADJUDANT D'INFANTERIE FRANÇAISE DE LIGNE N° 12. V. MAÎTRE OUVRIER N° 3.

1830 (26 février). *Ordre.* V. RANG HONORIFIQUE.

1830 (28 février). *Circulaire.* Note explicative de l'ordonnance de 1830 (21 février). V. DENIERS DE BAGUETTES. V. DENIERS D'ORDINAIRE. V. LÉGISLATION MILITAIRE, 1830 (21 FÉVRIER). V. MASSE INDIVIDUELLE. V. SOLDE.

1830 (28 février). *Notice.* V. OFFICIER D'ARTILLERIE ; id. N° 3. V. TRANSCORPORATION.

1830 (13 mars). *Circulaire.* V. MARIAGE.

1830 (7 avril). *Circulaire.* V. CARTOUCHE A POUDRE. V. CARTOUCHE DE CIBLE.

1830 (17 avril). *Circulaire.* V. CORPS D'INTENDANCE N° 8.

1830 (24 mai). *Ordonnance.* V. MARÉCHAL DE CAMP N° 3.

1830 (juin). *Instruction provisoire sur les manœuvres de l'artillerie.* V. ARTILLERIE STRATOPÉDIQUE. V. MINISTRE DE LA GUERRE EN 1830 (18 AVRIL).

1830 (26 juillet). *Ordonnance.* V. VÉTÉRAN SÉDENTAIRE.

1830 (1er août). *Ordonnance.* V. COULEUR NATIONALE.

1830 (3 août). *Décision.* V. AMIRAL.

1830 (11 août). *Ordonnance.* V. GARDE ROYALE. V. MAISON MILITAIRE. V. DÉCORATION DE LA LÉGION.

1830 (13 août). *Ordonnance.* V. ÉTOILE DE LA LÉGION. V. LÉGION D'HONNEUR.

1830 (16 août). *Ordonnance.* V. GARDE DE PARIS.

1830 (17 août). *Ordonnance.* V. RÉGIMENT D'INFANTERIE FRANÇAISE N° 2, tableau.

1830 (25 août). *Ordonnance.* V. DÉCORATION DE LA LÉGION D'HONNEUR.

1830 (27 août). *Décision.* V. CONSEIL SUPÉRIEUR DE LA GUERRE.

1830 (31 août). *Loi.* V. SERMENT.

1830 (8 septembre). *Circulaire.* V. SERMENT.

1830 (11 septembre). *Décision.* V. CORPS D'ÉTAT-MAJOR.

1830 (11 septembre). *Circulaire.* V. AIDE DE CAMP N° 3. V. ATTRIBUT DE RETROUSSIS. V. CEINTURE DE LIEUTENANT GÉNÉRAL. V. CEINTURE DE MARÉCHAL DE CAMP. V. CEINTURE DE MARÉCHAL DE FRANCE. V. CLAIRON IDIOPLIQUE. V. COCARDE. V. COIFFURE. V. CORPS D'ÉTAT-MAJOR. V. FANION TACTIQUE. V. GÉNÉRAL EN CHEF N° 1. V. GÉNÉRAL FRANÇAIS N° 3. V. HAUSSE-COL. V. INTENDANT EN CHEF. V. INTENDANT MILITAIRE N° 1. V. JUGULAIRE. V. LIEUTENANT GÉNÉRAL N° 4. V. MARÉCHAL DE CAMP N° 4. V. ORDONNANCE D'UNIFORME. V. PLAQUE DE SCHAKOS. V. SCHAKO D'INFANTERIE. V. SOUS-INTENDANT N° 3. V. TAMBOUR IDIOPLIQUE D'INFANTERIE FRANÇAISE N° 3.

1830 (14 septembre). *Circulaire.* V. GYMNASTIQUE.

1830 (15 septembre). *Circulaire.* v. COIFFURE.

1830 (18 septembre). *Ordonnance.* v. RÉGIMENT D'INFANTERIE FRANÇAISE N° 2, tableau.

1830 (6 octobre). *Circulaire.* v. PEINE.

1830 (16 octobre). *Ordonnance.* v. HOTEL DES INVALIDES. v. MINISTRE GÉRARD.

1830 (28 octobre). *Ordonnance.* v. HOTEL DES INVALIDES.

1830 (10 novembre). *Ordonnance.* v. TRAIN DES ÉQUIPAGES.

1830 (10 novembre). *Rapport au roi.* v. ÉCOLE MILITAIRE.

1830 (10 novembre). v. AGENT ADMINISTRATIF.

1830 (10 novembre). *Ordonnance relative aux aumôniers.* v. AUMONIER DE CORPS. v. BRIGADE D'ARMÉE. v. CAMPEMENT. v. GARNISON. v. MINISTRE DE LA GUERRE EN 1830 (29 juillet). v. SOUS-LIEUTENANT N° 2.

1830 (10 novembre). *Ordonnance,* ou ORDONNANCE D'UNIFORME. v. HABILLEMENT. v. ORDONNANCE D'UNIFORME.

1830 (10 novembre). *Ordonnance.* v. TRAIN DES ÉQUIPAGES.

1830 (10 novembre). *Ordonnance relative aux écoles militaires.* v. ÉCOLE DE LA FLÈCHE. v. ÉCOLE D'ENSEIGNEMENT PRIMAIRE. v. ÉCOLE MILITAIRE. v. ÉCOLE MILITAIRE DE SAINT-CYR. v. ÉCOLE MILITAIRE PRÉPARATOIRE. v. ENROLEMENT VOLONTAIRE. v. HOMME DE TROUPE N° 4. v. INFANTERIE FRANÇAISE N° 7.

1830 (12 novembre). *Ordonnance.* v. CORPS D'ÉTAT-MAJOR.

1830 (13 novembre). *Ordonnance.* v. ÉCOLE POLYTECHNIQUE. v. HOMME DE TROUPE N° 3. v. SOUS-OFFICIER N° 4.

1830 (14 novembre). *Ordonnance.* v. CORPS DU GÉNIE. v. GÉNIE IDIOPLIQUE N° 1.

1830 (15 novembre). *Ordonnance modifiée par celle de 1855 (9 juillet).* v. ÉTAT-MAJOR D'ARMÉE N° 4. v. GÉNÉRAL FRANÇAIS N° 1, 2. v. GOUVERNEUR. v. GRADE D'OFFICIER. v. GRADE FICTIF. v. LIEUTENANT GÉNÉRAL N° 3. v. MARÉCHAL DE CAMP N° 5.

1830 (20 novembre). *Circulaire.* v. COIFFURE. v. FANION TACTIQUE. v. POMPON.

1830 (26 novembre). *Décision.* v. MAITRE CORDONNIER. v. MAITRE OUVRIER N° 4.

1830 (26 novembre). *Ordonnance.* v. RÉGIMENT D'ARTILLERIE; idem N° 3.

1830 (26 novembre). *Ordonnance.* v. VÉTÉRAN SÉDENTAIRE.

1830 (28 novembre). *Circulaire.* v. CULTE DIVIN.

1830 (11 décembre). *Ordonnance sur la réorganisation du corps de l'intendance.* v. CORPS D'ÉTAT-MAJOR. v. CORPS D'IN-TENDANCE N° 3. v. INTENDANT MILITAIRE N° 1, 5. v. ORDONNANCE DE COMPOSITION. v. SOUS-INTENDANT N° 2.

1830 (13 décembre). *Loi relative à la décoration de Juillet.* v. DÉCORATION DE JUILLET.

1830 (14 décembre). *Décision.* v. MAITRE OUVRIER N° 4.

1830 (15 décembre). *Ordonnance.* v. TAILLE DE MILITAIRE.

1830 (17 décembre). *Ordonnance.* v. DIVISION TERRITORIALE.

1830 (19 décembre). *Circulaire.* v. COIFFURE.

1830 (22 décembre). v. COLONEL D'INFANTERIE DE LIGNE N° 25.

1830 (23 décembre). *Décision.* v. MINISTRE DE LA GUERRE EN 1830 (18 novembre). v. NOBLESSE.

1830 (31 décembre). *Marché et Décision.* v. MASSE D'ENTRETIEN. v. SCHAKOS D'INFANTERIE.

1830 (31 décembre). *Marché.* v. TRANSPORT MILITAIRE.

1831 (1er janvier). *Circulaire.* v. CAPITAINE D'HABILLEMENT N° 2.

1831 (5 janvier). *Ordonnance.* v. RÉGIMENT DE HOHENLOHE. v. INFANTERIE LÉGÈRE N° 2. v. RÉGIMENT D'INFANTERIE FRANÇAISE N° 1.

1831 (17 janvier). *Ordonnance.* v. BATAILLON D'INFANTERIE FRANÇAISE DE LIGNE N° 2. v. COMPAGNIE D'ÉLITE N° 3. v. MUSICIEN N° 6. v. ORDONNANCE DE COMPOSITION. v. RÉGIMENT D'INFANTERIE FRANÇAISE N° 2.

1831 (21 janvier). *Circulaire.* v. BARBE DE SAPEUR.

1831 (25 janvier). *Instruction.* v. AMBULANCE. v. CAISSON D'AMBULANCE. v. DIVISION D'AMBULANCE.

1831 (2 février). *Ordonnance.* v. SUBSISTANCE.

1831 (10 février). *Ordonnance qui abroge les décorations établies depuis 1814.* v. ORDRE DE SAINT-LOUIS. v. ORDRE DU LIS. v. ORDRES ROYAUX.

1831 (10 février). *Circulaire.* v. ÉPÉE D'OFFICIER.

1831 (11 février). *Décision.* v. AIDE DE CAMP N° 2. v. OFFICIER D'ORDONNANCE. v. RECRUTEMENT.

1831 (14 février). *Circulaire.* v. DÉPENSE DE LUXE.

1831 (19 février). *Ordonnance qui règle la composition et l'organisation de la cavalerie.* v. CARABINIER A CHEVAL. v. CAVALERIE DE LIGNE. v. CAVALERIE DE RÉSERVE. v. CAVALERIE FRANÇAISE N° 2. v. CHASSEUR A CHEVAL. v. CUIRASSIER. v. DRAGON FRANÇAIS

N° 3, 4. V. ESCADRON FRANÇAIS N° 3. V. FUSIL DE DRAGONS. V. HUSSARD N° 3. V. LANCIER. V. OFFICIER DE CAVALERIE N° 1. V. PELOTON HORS RANG. V. RANG HONORIFIQUE. V. RÉGIMENT DE CAVALERIE FRANÇAISE N° 2.

1831 (20 février). *Ordonnance.* V. CORPS D'INTENDANCE N° 2.

1831 (21 février). *Décision.* V. ARMURIER DE CORPS N° 3.

1831 (22 février). *Ordonnance qui réunit le corps d'état-major et celui des ingénieurs géographes.* V. CORPS D'ÉTAT-MAJOR. V. ÉTAT-MAJOR D'ARMÉE N° 2. V. INGÉNIEUR GÉOGRAPHE N° 1. V. ORDONNANCE DE COMPOSITION.

1831 (4 mars). *Ordonnance sur l'exercice et les manœuvres de l'infanterie,* ou ORDONNANCE D'EXERCICE. V. ACADÉMIE MILITAIRE. V. ADJUDANT D'INFANTERIE FRANÇAISE DE LIGNE N° 16. V. ADJUDANT-MAJOR D'INFANTERIE FRANÇAISE DE LIGNE N° 10, 11. V. AILE DE BATAILLON. V. ALIGNEMENT INDIVIDUEL. V. APPEL CÉLEUSTIQUE. V. ARME SUR L'ÉPAULE DROITE. V. ARMÉE FRANÇAISE N° 7. V. ARRIÈRE-JALONNEUR. V. AUX CHAMPS. V. BATAILLON DE DIRECTION. V. BATAILLON D'INFANTERIE FRANÇAISE N° 7. V. BATTERIE DE CAISSE. V. BRIGADE D'ARMÉE. V. BRIGADE D'INFANTERIE FRANÇAISE. V. CAPORAL D'INFANTERIE FRANÇAISE DE LIGNE N° 14. V. CAPORAL-TAMBOUR. V. CARRÉ A SIX RANGS. V. CARRÉ A TROIS RANGS. V. CARRÉ D'ÉGYPTE. V. CARRÉ PARALLÈLE. V. CARRÉ PERPENDICULAIRE. V. CARRÉ OBLIQUE. V. CARRÉ PLEIN. V. CARRÉ TACTIQUE. V. CHANGEMENT DE DIRECTION DE BATAILLON EN BATAILLE. V. CHANGEMENT DE DIRECTION EN MASSE. V. CHANGEMENT DE FRONT. V. CHANGEMENT DE FRONT SUR DEUX LIGNES. V. CHARGE D'INFANTERIE. V. CHARGE PRÉCIPITÉE. V. CHEF DE DIVISION N° 2. V. CHEF DE MUSIQUE. V. CHEF DE SUBDIVISION TACTIQUE. V. CHEF DE PELOTON. V. CHEMIN COUVERT. V. CHEMINEMENT TACTIQUE. V. CIBLE. V. CLAIRON IDIOPLIQUE. V. COLONEL D'INFANTERIE FRANÇAISE DE LIGNE N° 6. V. COLONNE D'ATTAQUE. V. COLONNE DE ROUTE. V. COLONNE DOUBLE. V. COLONNE ÉPAGOGIQUE N° 4. V. COLONNE SERRÉE. V. COMMANDEMENT VOCAL. V. COMPAGNIE DE GRENADIERS N° 6. V. COMPAGNIE DE VOLTIGEURS; id. N° 4. V. COMPAGNIE D'ÉLITE N° 4. V. COMPAGNIE D'INFANTERIE FRANÇAISE DE LIGNE N° 9. V. CONTRE-MARCHE A DÉBOITEMENT. V. CONVERSION. V. DÉFILÉ. V. DÉFILEMENT EN TIROIR. V. DÉPLOIEMENT. V. DÉPLOIEMENT PAR BATAILLON EN MASSE. V. DISPOSITION CONTRE LA CAVALERIE. V. DISTANCE. V. DIVISION DE BATAILLON. V. DIVISION D'INFANTERIE. V. DRAPEAU D'INFANTERIE FRANÇAISE DE LIGNE. V. ÉCHIQUIER TACTIQUE. V. ÉCOLE DE BATAILLON. V. ÉCOLE DE BRIGADE. V. ÉCOLE DE SOLDAT. V. ÉVOLUTION DE LIGNE. V. ENDIVISIONNEMENT. V. FACE EN ARRIÈRE. V. FACE EN TÊTE. V. FACE PAR LE PREMIER RANG. V. FACE PAR LE TROISIÈME RANG. V. FAISCEAU D'ARMES. V. FANION TACTIQUE. V. FEU A GÉNUFLEXION. V. FEU DE DEUX RANGS. V. FEU DE RANGS. V. FEU D'INFANTERIE. V. FEU EN ARRIÈRE. V. FEU EN AVANÇANT. V. FEU EN RETRAITE. V. FILE DE BATAILLON. V. FLANC TACTIQUE. V. FORMATION DE RANG DE TAILLE. V. FORMATION EN BATAILLE. V. FORMATION SUCCESSIVE. V. FORMATION SUR LA DROITE EN BATAILLE. V. FOURRIER D'INFANTERIE FRANÇAISE DE LIGNE N° 5. V. FUSIL DE REMPART. V. GARDE DE DRAPEAU. V. GÉNÉRAL DE BRIGADE. V. GÉNÉRAL FRANÇAIS N° 6. V. GUERRE DE 1832. V. GUIDE DE SUBDIVISION. V. GUIDE TACTIQUE. V. GYMNASTIQUE. V. HALTE TACTIQUE. V. INFANTERIE DE BATAILLE N° 2, 7. V. INFANTERIE FRANÇAISE N° 7, 8. V. INFANTERIE LÉGÈRE N° 6, 7. V. INSTRUCTEUR. V. INTERVALLE D'INFANTERIE. V. LIGNE DE BATAILLE. V. LIGNE DE BATAILLON EN MASSE. V. MAJOR CHEF DE BATAILLON N° 3. V. MANIEMENT D'ARMES. V. MARCHE DE BATAILLON EN BATAILLE. V. MARCHE DE BATAILLON EN COLONNE. V. MARCHE DE BRIGADE D'INFANTERIE EN BATAILLE. V. MARCHE DE FLANC. V. MARCHE EN BATAILLE. V. MARCHE EN COLONNE. V. MARCHE PAR LE FLANC. V. MARCHE TACTIQUE. V. MILICE RUSSE N° 7. V. MINISTÈRE DE LA GUERRE. V. MINISTRE DE LA GUERRE EN 1830 (18 NOVEMBRE.). V. MOUVEMENT DE MANIEMENT D'ARMES. V. MOUVEMENT TACTIQUE. V. MUSICIEN N° 5, 6. V. OBSTACLE. V. OFFICIER DE COMPAGNIE. V. OFFICIER D'INFANTERIE N° 6. V. ORDONNANCE D'EXERCICE D'INFANTERIE. V. ORDRE DE BATAILLE D'INFANTERIE. V. ORDRE EN ÉCHELONS. V. ORDRE MINCE. V. ORDRE MIXTE. V. PAS ACCÉLÉRÉ. V. PAS CADENCÉ. V. PAS DE CHARGE. V. PAS DE COURSE. V. PAS DE ROUTE. V. PAS OBLIQUE. V. PAS ORDINAIRE. V. PAS REDOUBLÉ. V. PASSAGE DE DÉFILÉ. V. PASSAGE DE DÉFILÉ EN AVANT. V. PASSAGE DE DÉFILÉ EN RETRAITE. V. PASSAGE DE LIGNES. V. PASSAGE D'OBSTACLE. V. PELOTON D'INFANTERIE. V. PELOTONNEMENT. V. POINT TACTIQUE. V. PROMPTE MANŒUVRE. V. RANG HONORIFIQUE. V. RANG DE TAILLE. V. RANGS D'INFANTERIE. V. RAPPEL CÉLEUSTIQUE. V. RENVERSER. V. RETRAITE EN ÉCHIQUIER. V. SAPEUR D'INFANTERIE. V. SECONDE LIGNE DE BATAILLE. V. SECTION TACTIQUE. V. SERGENT D'INFANTERIE FRANÇAISE DE LIGNE N° 5. V. SERGENT-MAJOR N° 4. V. SERRE-FILE. V. SERREMENT DE COLONNE. V. SONNERIE D'INFANTERIE. V. SOUS-LIEUTENANT N° 4. V. SOUS-OFFICIER N° 8. V. SUBDIVISION DE COLONNE. V. SUBDIVISION TACTIQUE. V. TACTIQUE, subs. V. TAMBOUR IDIOPLIQUE D'INFANTERIE FRANÇAISE N° 4. V. TAMBOUR-MAJOR N° 5, 9. V. TIR D'INFANTERIE. V. TIRAILLEUR. V. TON DE COMMANDEMENT.

1831 (9 mars). *Loi qui autorise la formation d'une légion d'étrangers.* Une ordonnance du 10 en assure l'exécution. V. LÉGION ÉTRANGÈRE.

1831 (9 mars). *Instruction.* V. BUT EN BLANC. V. CARTOUCHE A BALLE. V. DÉMONTAGE DE FUSIL. V. FUSIL A PISTON. V. FUSIL DE REMPART. V. MINISTRE DE LA GUERRE EN 1830.

1831 (9 mars). *Loi.* V. LÉGION ÉTRANGÈRE. V. MINISTRE DE LA GUERRE EN 1830.

1831 (10 mars). *Circulaire.* V. ÉPÉE D'OFFICIER.

1831 (10 mars). *Instructions* (sont rapportées par l'ordonnance de 1835 (29 juin). V. LÉGION D'ÉTRANGERS.

1831 (13 mars). *Tarif.* V. BIDON D'HOMME DE TROUPE. V. COUVERTE DE CAMPEMENT. V. GRAND BIDON. V. TENTE. V. USTENSILES DE CAMPEMENT.

1831 (16 mars). *Circulaire.* V. VACCINATION.

1831 (18 mars). *Rapport au roi.* V. PHARMACIEN.

1831 (19 mars). *Note.* V. EFFET D'UNIFORME.

1831 (21 mars). *Ordonnance sur l'organisation des bataillons et escadrons de zouaves qui pourront être formés en Afrique.* V. GUERRE DE 1830. V. ZOUAVE. V. MINISTRE DE LA GUERRE EN 1830.

1831 (22 mars). *Loi.* V. GARDE NATIONALE.

1831 (22 mars). *Ordonnance.* V. GÉNÉRAL FRANÇAIS N° 1, 2.

1831 (1er avril). *Règlement général sur le service des hôpitaux militaires, le service de santé des régiments, le conseil de santé des armées, les hôpitaux d'instruction, les ambulances volantes,* ou ORDONNANCE D'ADMINISTRATION. V. AMBULANCE VOLANTE. V. CONSEIL DE SANTÉ. V. HOPITAL D'INSTRUCTION. V. HOPITAL MILITAIRE. V. ORDONNANCE D'ADMINISTRATION. V. INFIRMERIE. V. SERVICE DE SANTÉ.

1831 (1er avril). *Règlement.* V. PENSION DE RETRAITE.

1831 (2 avril). *Ordonnance.* V. TRAIN DE PARCS.

1831 (4 avril). *Circulaire.* V. ÉCOLE RÉGIMENTAIRE. V. ÉCOLE D'ENSEIGNEMENT PRIMAIRE. V. ÉCOLE RÉGIMENTAIRE DE SOUS-OFFICIERS.

1831 (7 avril). *Circulaire.* V. ACTE D'ENGAGEMENT. V. ACTE DE RENGAGEMENT.

1831 (7 avril). *Circulaire.* V. CAISSE D'ARMES.

1831 (11 avril). *Loi et Décision.* Cette loi était remise en vigueur par ORDONNANCE DE 1837 (16 NOVEMBRE). V. CORPS D'ÉTAT-MAJOR. V. ÉTAT-MAJOR D'ARMÉE N° 4. V. GÉNÉRAL FRANÇAIS N° 3. V. MARÉCHAL DE FRANCE N° 8.

1831 (11 avril). *Loi sur les pensions de l'armée de terre,* et de certains AGENTS ADMINISTRATIFS, qui avait été préparée sous le ministère de Bourmont. V. AGENT ADMINISTRATIF. V. AMPUTATION. V. ANNÉE DE SERVICE D'HOMME DE TROUPE. V. ANNÉE DE CAMPAGNE. V. BLESSURE. V. BOURMONT. V. CÉCITÉ. V. CONSEIL D'ENQUÊTE DISCIPLINAIRE. V. ÉCOLE POLYTECHNIQUE. V. INFIRMITÉ. V. MARÉCHAL DE FRANCE N° 8. V. MINISTRE DE LA GUERRE EN 1829. V. ORPHELIN DE MILITAIRE. V. PENSION MILITAIRE. V. PENSION DE RETRAITE. V. PRISONNIER DE GUERRE FRANÇAIS. V. RÉFORME D'OFFICIER. V. SERGENT D'INFANTERIE FRANÇAISE DE LIGNE N° 6. V. SOUS-OFFICIER N° 7. V. SERVICE DE CAMPAGNE. V. VEUVE DE MILITAIRE.

1831 (11 avril). *Ordonnance.* V. CAVALERIE FRANÇAISE N° 9. V. CONSEIL D'ADMINISTRATION DE RÉGIMENT N° 1.

1831 (12 avril). *Ordonnance.* V. ÉCOLE MILITAIRE PRÉPARATOIRE. V. ENFANT DE MILITAIRE. V. ORPHELIN DE MILITAIRE.

1831 (15 avril). *Décision.* V. BLOUSE DE CUISINIER. V. CUISINIER. V. SARRAU.

1831 (17 avril). *Circulaire.* V. COIFFURE.

1831 (25 avril). *Circulaire.* V. ÉCOLE POLYTECHNIQUE. V. HOMME DE TROUPE N° 3.

1831 (30 avril). *Ordonnance.* V. DÉCORATION DE JUILLET.

1831 (4 mai). *Instruction.* V. ÉCOLE MILITAIRE PRÉPARATOIRE. V. RÉGIMENT D'INFANTERIE FRANÇAISE DE BATAILLE.

1831 (6 mai). *Circulaire.* V. COIFFURE. V. MINISTRE SOULT. V. SCZAPSKA.

1831 (6 mai). *Instruction.* V. CHASSEUR A CHEVAL. V. HUSSARD N° 4. V. LANCIER. V. MINISTRE DE LA GUERRE EN 1830. V. SCZAPSKA.

1831 (7 mai). *Circulaire.* V. COIFFURE.

1831 (7 mai). *Décision.* V. DRAGON FRANÇAIS N° 4. V. HUSSARD N° 4.

1831 (7 mai). *Ordonnance qui modifie l'organisation des régiments d'infanterie,* OU ORDONNANCE DE COMPOSITION. V. ADJOINT AU CAPITAINE D'HABILLEMENT. V. ADJOINT AU TRÉSORIER. V. ADJUDANT D'INFANTERIE FRANÇAISE DE LIGNE N° 3, 9, 11. V. ADJUDANT-MAJOR D'INFANTERIE FRANÇAISE DE LIGNE N° 2. V. AIDE-CHIRURGIEN N° 1. V. ARMURIER DE CORPS N° 1. V. BATAILLON DE GUERRE. V. CAPITAINE D'HABILLEMENT N° 1, 3. V. CAPORAL-SAPEUR. V. CAPORAL-TAMBOUR. V. COLONEL D'INFANTERIE FRANÇAISE DE LIGNE N° 34. V. COMPAGNIE DE FUSILIERS. V. COMPAGNIE HORS RANG. V. CONSEIL D'ADMINISTRATION DE DÉPOT. V. DÉPOT DE CORPS. V. ÉCOLE D'ENSEIGNEMENT. V. ÉCOLE RÉGIMENTAIRE. V. ÉTAT-MAJOR DE CORPS N° 2. V. FACTEUR. V. FOURRIER D'INFANTERIE FRANÇAISE DE LIGNE N° 9. V. GARDE-MAGASIN D'HABILLEMENT DE CORPS. V. INFANTERIE FRANÇAISE N° 2. V. LIEUTENANT D'ARMEMENT. V. MAGA-

SIN DE CORPS. V. MAITRE CORDONNIER. V. MAITRE D'ARMES. V. MAITRE OUVRIER. V. MAJOR CHEF DE BATAILLON Nº 3, 8. V. MONITEUR GÉNÉRAL. V. MUSICIEN Nº 3. V. OFFICIER D'ARMEMENT. V. OFFICIER D'HABILLEMENT. V. OFFICIER DE SECTION ADMINISTRATIVE. V. OFFICIER PAYEUR. V. ORDONNANCE DE COMPOSITION. V. OUVRIER DE CORPS. V. PORTE-DRAPEAU Nº 4. V. SAPEUR D'INFANTERIE. V. SECRÉTAIRE DE TRÉSORIER. V. SOUS-OFFICIER Nº 8. V. TAMBOUR-MAJOR Nº 5. V. TRÉSORIER DE CORPS Nº 5.

1831 (15 mai). *Décision.* V. PROMENADE MILITAIRE.

1831 (23 mai). *Circulaire.* V. BILLET DE LOGEMENT EN ROUTE.

1831 (31 mai). *Décision.* V. CONSEIL JUDICIAIRE.

1831 (2 juin). *Décision.* V. SAC A DISTRIBUTION.

1831 (2 juin). *Décision.* V. SAC A DISTRIBUTION.

1831 (5 juin). *Ordonnance.* V. ÉCOLE D'ARTILLERIE.

1831 (7 juin). *Circulaire.* V. REVUE ÉCRITE.

1831 (14 juin). *Décision.* V. INFANTERIE FRANÇAISE Nº 7. V. MASSE D'ENTRETIEN.

1831 (17 juin). *Circulaire.* V. COIFFURE. V. CORPS D'ÉTAT-MAJOR. V. GÉNÉRAL FRANÇAIS Nº 3. V. PLUMET.

1831 (19 juin). *Décision.* V. COMPAGNIE HORS RANG.

1831 (22 juin). *Ordonnance.* V. CAMPEMENT ADMINISTRATIF.

1831 (24 juin). *Décision.* V. DRAGON FRANÇAIS Nº 4.

1831 (2 juillet). *Règlement.* V. ORPHELIN DE MILITAIRE. V. PENSION DE RETRAITE. V. VEUVE DE MILITAIRE.

1831 (6 juillet). *Marché relatif aux fourrages.* V. FOURRAGE.

1831 (7 juillet). *Circulaire.* V. GRENADE A MAIN. V. GRENADE DE REMPART. V. OBUS.

1831 (7 juillet). *Décision.* V. LANCIER.

1831 (8 juillet). *Décision.* V. SOUS-LIEUTENANT Nº 5.

1831 (12 juillet). *Circulaire.* V. SELLE DE CAVALERIE.

1831 (14 juillet). *Notice.* V. TONNELET DE PETIT ÉQUIPEMENT. V. TRANSCORPORATION.

1831 (20 juillet). *Circulaire.* V. CHIRURGIEN DE CORPS. V. OFFICIER DE SANTÉ. V. PORT D'ARMES.

1831 (21 juillet). *Circulaire.* V. PAIN DE MUNITION.

1831 (26 juillet). *Ordonnance.* V. VÉTÉRAN SÉDENTAIRE.

1831 (28 juillet). *Ordonnance.* V. ÉCOLE MILITAIRE DE SAINT-CYR.

1831 (5 août). *Ordonnance.* V. BATAILLON DE PONTONNIERS. V. PELOTON HORS RANG.

1831 (15 août). *Décision,* OU ORDONNANCE D'UNIFORME. V. CEINTURE DE MEMBRE D'INTENDANCE. V. CORPS D'INTENDANCE Nº 5. V. HABILLEMENT. V. ORDONNANCE D'UNIFORME. V. SOUS-INTENDANT Nº 3.

1831 (16 août). *Ordonnance.* V. GENDARMERIE DE POLICE Nº 1.

1831 (17 août). *Circulaire.* V. ACTE D'ÉTAT CIVIL.

1831 (22 août). *Décision relative aux officiers montés,* OU ORDONNANCE D'UNIFORME. V. HARNACHEMENT D'UNIFORME. V. HOUSSE DE HARNACHEMENT. V. INFANTERIE FRANÇAISE Nº 4. V. OFFICIER D'INFANTERIE FRANÇAISE Nº 5. V. ORDONNANCE D'UNIFORME. V. PORTEMANTEAU. V. SCHABRAQUE.

1831 (7 septembre). *Circulaire.* V. JUSTICE MILITAIRE. V. PEINE DE MORT.

1831 (7 septembre). *Note.* V. HACHE DE SAPEUR. V. TRANSCORPORATION.

1831 (20 septembre). *Instruction pour les lieutenants généraux et les maréchaux de camp,* OU ORDONNANCE DE CÉRÉMONIAL, DE POLICE. V. BRIGADE D'ARMÉE. V. CASSATION DE SOUS-OFFICIER. V. COMMANDANT DE DIVISION Nº 2, 3. V. COMMANDANT DE PLACE Nº 12. V. DETTE D'OFFICIERS. V. DIVISION D'ARMÉE. V. EFFET D'UNIFORME. V. GÉNÉRAL DE BRIGADE Nº 1. V. ÉTAT DE SITUATION. V. GÉNÉRAL DE DIVISION Nº 4, 5. V. GÉNÉRAL FRANÇAIS Nº 5. V. HONNEURS. V. LÉGISLATION, AN XII (24 MESSIDOR). V. LIEUTENANT GÉNÉRAL Nº 6. V. MARÉCHAL DE CAMP Nº 6. V. MINISTRE DE LA GUERRE Nº 14. V. MINISTRE DE LA GUERRE EN 1830 (18 NOVEMBRE). V. MOT D'ORDRE. V. ORDONNANCE DE CÉRÉMONIAL, — DE POLICE.

1831 (16 octobre). *Ordonnance.* V. COMPAGNIE DE RÉSERVE.

1831 (20 octobre). *Décision.* V. ENVOI DU MANUEL DES PENSIONS DE L'ARMÉE DE TERRE.

1831 (28 octobre). *Note.* V. CHANGEMENT DE CORPS. V. TRANSCORPORATION.

1831 (5 novembre). *Circulaire.* V. VÉTÉRAN SÉDENTAIRE.

1831 (11 novembre). *Ordonnance.* V. LÉGION D'ÉTRANGERS.

1831 (13 novembre). *Tarif d'effets, etc., de campement; imputations en cas de pertes,* OU ORDONNANCE D'UNIFORME. V. BIDON. V. BIDON D'HOMME DE TROUPE. V. BOIS DE TENTE. V. CANONNIÈRE. V. ÉTUI D'OUTIL. V. CORDEAU D'ALIGNEMENT. V. EFFET DE CAMPEMENT. V. FAISCEAU D'ARMES DE CAMPEMENT. V. FANION DE CAMPEMENT. V. FAUX DE CAMPEMENT. V. FOURNEAU DE CAMPEMENT. V. GAMELLE. V. GRAND BIDON. V. JALON. V. MANTEAU D'ARMES. V. MARMITE DE CAMPEMENT. V. MINISTRE SOULT. V. MARQUISE. V. ORDONNANCE D'UNIFORME. V.

OUTIL DE CAMPEMENT. V. PAILLASSE DE CAMPE-MENT. V. PIQUET DE TENTE. V. SAC A DISTRIBU-TION. V. TENTE. V. TENTE D'INFANTERIE. V. TENTE D'OFFICIER. V. TONNELET DE PETIT ÉQUI-PEMENT. V. USTENSILE DE CAMPEMENT.

1831 (17 novembre). *Ordonnance.* v. CANONNIER SÉDENTAIRE. V. RÉGIMENT DE CHAS-SEURS A CHEVAL.

1831 (19 novembre). *Ordonnance.* v. CONSEIL D'ADMINISTRATION DE DÉPOT.

1831 (24 novembre). *Ordonnance men-tionnée dans la circulaire de 1831 (8 dé-cembre),* ou ORDONNANCE D'UNIFORME. V. BON-NET DE POLICE D'HOMME DE TROUPE. V. MASSE DE LINGE ET DE CHAUSSURE. V. PANTALON DE DRAP. V. MASSE INDIVIDUELLE. V. ORDONNANCE D'UNIFORME. V. PANTALON D'ÉTOFFE.

1831 (25 novembre). *Ordonnance.* v. ÉCOLE POLYTECHNIQUE.

1831 (29 novembre). *Décision.* v. MAITRE OUVRIER N° 4.

1831 (8 décembre). *Circulaire,* ou OR-DONNANCE D'UNIFORME. V. ORDONNANCE DE 1831 (21 NOVEMBRE). V. AIGRETTE. V. BONNET DE POLICE D'HOMME DE TROUPE. V. ÉPAULETTES DE COMPAGNIE D'ÉLITE. V. MASSE D'HABILLEMENT. V. MASSE INDIVIDUELLE. V. ORDONNANCE D'UNI-FORME. V. PANTALON D'ÉTOFFE. V. TONNELET DE PETIT ÉQUIPEMENT.

1831 (23 décembre). *Circulaire.* v. IN-SUBORDINATION.

1832 (14 janvier). *Circulaire.* v. MUTILA-TION VOLONTAIRE.

1832 (25 janvier). *Circulaire.* v. AI-GRETTE. V. CALEÇON. V. CALOTTE DE NUIT. V. CAPOTE D'INFANTERIE FRANÇAISE DE LIGNE. V. CHEMISE D'ÉQUIPEMENT. V. COL DE TROUPE. V. COLLET DE CAPOTE. V. COLLET D'HABIT. V. CONTRE-ÉPAULETTE. V. DEMI-GUÊTRE. V. ÉQUI-PEMENT D'HOMME DE TROUPE. V. EFFET DE LUXE. V. ÉTUI D'HABIT. V. GIBERNE. V. GUÊTRE BLAN-CHE. V. HABILLEMENT. V. HAVRE-SAC. V. MINIS-TRE SOULT. V. ORDONNANCE D'UNIFORME. V. PANTALON DE TOILE. V. REVERS D'HABIT. V. SOULIER. V. TONNELET DE PETIT ÉQUIPEMENT. V. VESTE.

1832 (26 janvier). *Ordonnance.* Elle annulait les tarifs de l'ordonnance de 1830 (21 février) ou ORDONNANCE D'UNIFORME. V. BOUCLE DE PANTALON. V. MASSE DE LINGE ET CHAUSSURE. V. MASSE D'ENTRETIEN. V. MASSE GÉNÉRALE D'ENTRETIEN. V. MASSE INDIVIDUELLE. V. MINISTRE DE LA GUERRE EN 1830 (18 oc-tobre). V. ORDONNANCE D'UNIFORME. V. PRÉCY. V. SOLDE DE PRÉSENCE.

1832 (28 janvier). *Circulaire.* v. AR-CHIVES DE CORPS. V. CASSATION DE SOUS-OFFI-CIERS.

1832 (2 février). *Circulaire.* v. MAITRE D'ARMES.

1832 (10 février). *Instruction sur l'or-donnance de 1832 (26 janvier),* ou OR-DONNANCE D'UNIFORME. V. BONNET DE POLICE. V. ÉPAULETTE DE COMPAGNIE D'ÉLITE. V. MASSE INDIVIDUELLE. V. MINISTRE DE LA GUERRE, 1830 et 18 novembre. V. ORDONNANCE D'UNIFORME. V. PANTALON D'ÉTOFFE. V. SOLDE.

1832 (17 février). *Ordonnance.* v. ÉCOLE MILITAIRE DE SAINT-CYR.

1832 (17 février). *Ordonnance.* v. EN-GAGEMENT DE RECRUES. V. TAILLE DE MILI-TAIRE.

1832 (24 février). *Circulaire.* v. ÉCOLE D'INSTRUCTION PRIMAIRE.

1832 (24 février). v. BANQUET DE PRO-PRETÉ. V. CASERNE.

1832 (25 février). *Circulaire.* v. SOMMIER.

1832 (25 février). *Circulaire,* ou ORDON-NANCE D'UNIFORME. V. EFFET D'HOMME DE TROUPE. V. EFFET D'UNIFORME. V. ÉQUIPEMENT D'HOMME DE TROUPE. V. HABILLEMENT. V. HAUTE PAYE DE RENGAGEMENT. V. LIT DE TROUPE. V. ORDONNANCE D'UNIFORME.

1832 (12 mars). *Circulaire.* v. PAVILLON DE CASERNE.

1832 (20 mars). *Décision.* v. MOUSTACHE.

1832 (21 mars). *Loi sur le recrutement.* V. ACTE D'ENGAGEMENT. V. APPEL CONSCRIPTIF. V. CONSCRIPTION. V. ENGAGEMENT DE RECRUE. V. HAUTE PAYE DE RENGAGEMENT. V. HAUTE PAYE PÉCUNIAIRE. V. LÉGISLATION MILITAIRE, 1836 (11 mai). V. MAIRE DE COMMUNE. V. MINISTRE DE LA GUERRE, 1830 (18 novembre). V. RECRUTEMENT. V. REMPLAÇANT. V. REM-PLACEMENT D'ENRÔLÉ. V. RENGAGEMENT. V. RÉSERVE CONSCRIPTIVE. V. SERVICE CONSCRIPTIF. V. TAILLE DE MILITAIRE.

1832 (30 mars). *Instruction sur la loi de 1832 (31 mars),* ou ORDONNANCE DE COM-POSITION. V. ANNÉE DE SERVICE D'HOMME DE TROUPE. V. ENGAGEMENT DE RECRUE. V. EN-RÔLÉ. V. MAIRE DE COMMUNE. V. MUTILATION VOLONTAIRE. V. ORDONNANCE DE COMPOSITION. V. RECRUTEMENT. V. RÉFRACTAIRE. V. REMPLA-ÇANT. V. RENGAGEMENT.

1832 (31 mars). *Décision.* v. COMBUSTIBLE DE CUISINE DE CASERNE. V. RATION. V. TROP PERÇU.

1832 (5 avril). *Ordonnance et rapport au roi.* Abrogée par ORDONNANCE DE 1837 (16 NOVEMBRE). V. ÉTAT-MAJOR D'ARMÉE N° 4. V. GÉNÉRAL FRANÇAIS N° 1. V. LIEUTENANT GÉ-NÉRAL N° 4. V. MARÉCHAL DE CAMP N° 4.

1832 (10 avril). *Circulaire.* v. CASSATION DE SOUS-OFFICIER. V. COLONEL D'INFANTERIE FRANÇAISE DE LIGNE N° 19. V. DETTE D'OFFI-CIER. V. DISCIPLINE. V. FEMME SUSPECTE. V. HIÉ-RARCHIE. V. LIEUTENANT-COLONEL D'INFANTERIE FRANÇAISE DE LIGNE N° 6. V. ORDONNANCE DE POLICE.

1852 (11 avril). *Circulaire*. v. ÉCOLE POLYTECHNIQUE. v. ÉCOLE MILITAIRE DE SAINT-CYR.

1852 (12 avril). *Décision*. v. INGÉNIEUR MILITAIRE.

1852 (14 avril). *Ordonnance*. v. ENFANT D'HOMME DE TROUPE N° 2. v. FEMME A LA SUITE DES CORPS.

1852 (14 avril). *Loi sur l'avancement*. v. ACTION D'ÉCLAT. v. ANCIENNETÉ DE GRADE D'OFFICIER. v. ANNÉE DE GRADE POUR AVANCEMENT. v. AVANCEMENT. v. CAPITAINE D'INFANTERIE FRANÇAISE DE LIGNE N° 4. v. CAPORAL D'INFANTERIE FRANÇAISE DE LIGNE N° 4. v. CAVALERIE FRANÇAISE N° 6. v. CHEF DE BATAILLON D'INFANTERIE FRANÇAISE DE LIGNE N° 3. v. COLONEL D'INFANTERIE FRANÇAISE DE LIGNE N° 4. v. CORPS D'ÉTAT-MAJOR. v. EMPLOI. v. ENFANT D'HOMME DE TROUPE N° 12. v. GÉNÉRAL FRANÇAIS N° 2. v. GRADE D'OFFICIER. v. INFANTERIE FRANÇAISE N° 6. v. LIEUTENANT-COLONEL D'INFANTERIE FRANÇAISE DE LIGNE N° 2. v. LIEUTENANT D'INFANTERIE FRANÇAISE DE LIGNE N° 2. v. LIEUTENANT GÉNÉRAL N° 4. v. MAJOR D'INFANTERIE FRANÇAISE DE LIGNE N° 2. v. PENSION DE RETRAITE. v. PRISONNIER DE GUERRE FRANÇAIS. v. RETRAITE PÉCUNIAIRE. v. SOUS-LIEUTENANT N° 2. v. SOUS-LIEUTENANT D'INFANTERIE FRANÇAISE DE LIGNE N° 3, 4. v. SOUS-OFFICIER.

1852 (18 avril). *Circulaire*. v. ENFANT D'HOMME DE TROUPE N° 2. v. FEMME A LA SUITE DES CORPS.

1852 (19 avril). *Ordonnance et instruction y faisant suite sur l'*AVANCEMENT. v. ANCIENNETÉ DE SERVICE D'OFFICIER. v. CHEVRON D'ANCIENNETÉ. v. COMMANDANT DE DIVISION TERRITORIALE N° 3. v. CORPS D'INTENDANCE N° 8. v. ENGAGEMENT DE RECRUE. v. ENRÔLÉ VOLONTAIRE. v. ENROLEMENT VOLONTAIRE. v. GAGISTE. v. HAUTE PAYE. v. MAIRE DE COMMUNE. v. ORDONNANCE D'AVANCEMENT. v. PRÉFET DE DÉPARTEMENT. v. RENGAGEMENT. v. TAILLE MILITAIRE.

1852 (28 avril). *Ordonnance et instruction y faisant suite*, OÙ ORDONNANCE D'AVANCEMENT. v. APPEL CONSCRIPTIF. v. CHEVRON D'ANCIENNETÉ. v. COMMANDANT DE DIVISION TERRITORIALE N° 3. v. CORPS D'INTENDANCE N° 8. v. ENGAGEMENT DE RECRUE. v. ENRÔLÉ VOLONTAIRE. v. ENROLEMENT D'ANCIEN MILITAIRE. v. ENROLEMENT VOLONTAIRE. v. GAGISTE. v. HAUTE PAYE. v. MAIRE DE COMMUNE. v. ORDONNANCE D'AVANCEMENT. v. PRÉFET DE DÉPARTEMENT. v. RENGAGEMENT. v. TAILLE DE MILITAIRE.

1852 (3 mai). *Ordonnance sur le service des armées en campagne*, modifiée par l'ORDONNANCE DE 1837 (8 AVRIL). v. ADJOINT AU TRÉSORIER. v. ADJUDANT-MAJOR DE CAMPEMENT. v. ADJUDANT-MAJOR D'INFANTERIE FRANÇAISE DE LIGNE N° 19. v. AIDE-MAJOR GÉNÉRAL. v. APPEL AU CAMP. v. ARME PERSONNELLE N° 3. v. ARMÉE AGISSANTE N° 5. v. ARMÉE FRANÇAISE N° 5, 6. v. BAGAGE D'ARMÉE AGISSANTE. v. BARAQUE. v. BARAQUEMENT. v. BILLET D'APPEL AU CAMP. v. BILLET D'APPEL DE POLICE. v. BILLET D'APPEL DE SOIR AU CAMP. v. BRIGADE D'ARMÉE. v. BRIGADE MIXTE. v. CAMP. v. CAMP DE TENTES. v. CAMPEMENT ACTIF. v. CANTONNEMENT. v. CAPITAINE DE DISTRIBUTIONS. v. CAPITAINE DE POLICE AU CAMP. v. CAVALERIE FRANÇAISE N° 6, 8. v. CHEF D'ÉTAT-MAJOR. v. CHEF D'ÉTAT-MAJOR D'ARMÉE. v. CHEF D'ÉTAT-MAJOR DE DIVISION. v. COLONEL AU CAMP. v. COLONEL EN CAMPAGNE. v. COMMANDANT DE QUARTIER GÉNÉRAL. v. COMMANDEMENT D'ARMÉE. v. COMMANDEMENT HIÉRARCHIQUE. v. COMMISSION D'EMPLOI. v. CONTRIBUTION DE GUERRE. v. CORPS D'ARMÉE. v. CORVÉE AU CAMP. v. CORPS D'INTENDANCE N° 8. v. CUISINE AU CAMP. v. DÉFENSE DE PLACE. v. DÉTACHEMENT DE GUERRE. v. DIVISION D'ARMÉE. v. DOMESTIQUE D'OFFICIER. v. DRAPEAU AU CAMP. v. ÉTAT-MAJOR D'ARMÉE. v. ÉTAT-MAJOR D'ARTILLERIE. v. FORTERESSE. v. GARDE AU CAMP. v. GENDARMERIE DE POLICE N° 6. v. GÉNÉRAL DE BRIGADE N° 1. v. GÉNÉRAL DE DIVISION N° 2. v. GÉNÉRAL EN CHEF N° 1, 2. v. GÉNÉRAL FRANÇAIS N° 5. v. INFANTERIE FRANÇAISE N° 8. v. INFANTERIE FRANÇAISE DE LIGNE N° 6. v. INFIRMERIE. v. INTENDANT GÉNÉRAL. v. INTENDANT MILITAIRE N° 4. v. LATRINES DE CAMP. v. LÉGISLATION, 1837 (3 AVRIL). v. LIEUTENANT-COLONEL D'INFANTERIE FRANÇAISE DE LIGNE N° 3. v. LIEUTENANT D'ARMEMENT. v. LIEUTENANT GÉNÉRAL N° 5, 6. v. MAJOR GÉNÉRAL. v. MARÉCHAL DE CAMP N° 6. v. MARÉCHAL DE FRANCE N° 8. v. MINISTRE DE LA GUERRE EN 1830 (18 NOVEMBRE). v. OFFICIER D'ARTILLERIE N° 5. v. OFFICIER DE CAVALERIE; id. N° 5. v. OFFICIER DE COMPAGNIE. v. OFFICIER DE GARDE. v. OFFICIER DE SEMAINE. v. OFFICIER DU GÉNIE N° 7. v. OFFICIER D'ÉTAT-MAJOR GÉNÉRAL. v. OFFICIER D'INFANTERIE FRANÇAISE N° 5. v. OFFICIER FRANÇAIS N° 12. v. ORDINAIRE D'HOMMES DE TROUPE. v. ORDONNANCE DE SERVICE EN CAMPAGNE. v. ORDONNANCE IDIOPLIQUE. v. ORDRE DE BATAILLE. v. OUVRIER DE CORPS. v. PAS DE CAMP. v. PAS HIÉRARCHIQUE. v. PIQUET AU CAMP. v. PUNITION. v. QUARTIER GÉNÉRAL. v. RANG DE BATAILLE. v. RANG HONORIFIQUE. v. RÉSERVE DE BATAILLE. v. RETRAITE CÉLEUSTIQUE. v. REVUE ÉCRITE. v. SERVICE DE CAMPAGNE. v. SERVICE DE SEMAINE. v. SIÉGE. v. SOUS-INTENDANT N° 4.

1852 (8 mai). *Décision*. v. CACHET DE CORPS.

1852 (9 mai). *Ordonnance*. v. MARÉCHAL DE FRANCE N° 2 et 6.

1852 (16 mai). *Ordonnance*. v. HOTEL DES

INVALIDES. V. OFFICIER EN RETRAITE. V. OFFI-
CIER FRANÇAIS N° 10.

1832 (16 mai). *Circulaire.* V. TONNELET DE
PETIT ÉQUIPEMENT.

1832 (24 mai). *Décision.* V. COMPAGNIE
D'ÉLITE N° 1.

1832 (3 juin). *Ordonnance.* V. BATAILLON
D'AFRIQUE. V. COMPAGNIE DE DISCIPLINE. V.
TRANSCORPORATION.

1832 (4 juin). *Note.* V. GENDARMERIE DE
POLICE N° 3. V. MOUSTACHE.

1832 (12 juin). *Circulaire.* V. VESTE.

1832 (13 juin). *Décision.* V. CHANGEMENT
DE CORPS.

1832 (15 juin). *Décision.* V. PANTALON.

1832 (5 juillet). *Marché pour l'entreprise des convois militaires.* V. CONVOI MI-
LITAIRE. V. INTENDANT MILITAIRE N° 2.

1832 (14 juillet). *Décision.* V. TONNELET
DE PETIT ÉQUIPEMENT.

1832 (14 juillet). *Ordonnance.* V. ENFANT
D'HOMME DE TROUPE N° 1.

1832 (16 juillet). *Décision.* V. RÉFORME
D'OFFICIER.

1832 (20 juillet). *Décision interpréta-
tive de l'ordonnance de 1832 (14 avril).*
V. ENFANT D'HOMME DE TROUPE N° 1, 2. V. EN-
FANT D'OFFICIER.

1832 (3 août). *Circulaire.* V. REMPLAÇANT.

1832 (6 août). *Circulaire.* V. ORDRE DE
SAINT-LOUIS.

1832 (15 août). *Instruction aux inspecteurs généraux.* V. MINISTRE DE LA
GUERRE EN 1830.

1832 (18 août). *Circulaire.* V. CORDON DE
SCHAKOS. V. MINISTRE DE LA GUERRE EN 1830.
V. OFFICIER D'ARTILLERIE. V. SCHAKO D'HOMME
DE TROUPE.

1832 (22 août). *Note descriptive du nouveau soulier.* V. SOULIER. V. TRANSCORPORA-
TION.

1832 (28 août). *Décision.* V. POSTE AUX
LETTRES. V. VAGUEMESTRE.

1832 (8 septembre). *Décision.* V. RÉGI-
MENT D'INFANTERIE FRANÇAISE.

1832 (20 septembre). *Ordonnance.* Création d'un comité permanent d'infanterie et
de cavalerie. V. COMITÉ PERMANENT D'INFAN-
TERIE. V. CONSEIL DE LA GUERRE N° 1.

1832 (20 septembre). *Ordonnance.* V.
ÉCOLE DE SAINT-CYR.

1832 (20 septembre). *Ordonnance.* V.
ÉCOLE D'ARTILLERIE.

1832 (12 octobre). *Instruction sur les
insoumis.* V. INSOUMIS. V. RÉFRACTAIRE.

1832 (15 octobre). *Ordonnance.* V. RE-
MONTE.

1832 (15 octobre). *Ordonnance sur le
corps de remonte.* V. CORPS DE REMONTE. V.
REMONTE.

1832 (30 octobre). *Ordonnance.* V. ÉCOLE
POLYTECHNIQUE.

1832 (12 novembre). *Circulaire.* V. IN-
SUBORDINATION.

1832 (19 novembre). *Ordonnance.* V.
CONSEIL D'ADMINISTRATION DE RÉGIMENT N° 1.

1832 (1er décembre). *Décision.* V. CHI-
RURGIEN DE CORPS. V. CONSEIL DE SANTÉ.

1832 (3 décembre). *Ordonnance sur le
service des maisons centrales de détention, dites pénitenciers militaires.* V. PÉ-
NITENCIER.

1832 (10 décembre). *Circulaire.* V. CA-
VALERIE FRANÇAISE N° 5.

1832 (12 décembre). *Décision.* V. CHIRUR-
GIEN DE CORPS.

1832 (15 décembre). *Circulaire.* V. PAN-
TALON DE CAVALERIE.

1832 (20 décembre). *Ordonnance.* V.
COMPAGNIE DE FUSILIERS DISCIPLINAIRES.

1832 (28 décembre). *Décision.* V. DO-
MESTIQUE D'OFFICIER.

1833 (9 janvier). *Ordonnance.* V. ÉTAT-
MAJOR D'ARTILLERIE.

1833 (26 janvier). *Règlement provisoire.*
V. ÉCOLE MILITAIRE DE SAINT-CYR.

1833 (27 janvier). *Circulaire.* V. ES-
CRIME.

1833 (4 février). *Circulaire.* V. FEUILLE
DE ROUTE D'OFFICIER.

1833 (7 février). *Décision.* V. CAMPEMENT
ADMINISTRATIF.

1833 (23 février). *Ordonnance.* V. CORPS
D'ÉTAT-MAJOR.

1833 (25 février). *Circulaire.* V. COM-
BUSTIBLE DE CUISINE. V. OFFICIER D'ORDON-
NANCE.

1833 (27 février). *Circulaire.* V. DISCI-
PLINE.

1833 (28 février). *Décision.* V. MUSI-
CIEN.

1833 (6 mars). *Circulaire.* V. ÉTAT DE
SITUATION.

1833 (7 mars). *Ordonnance.* V. ZOUAVE.

1833 (29 mars). *Circulaire.* V. JUSTICE
MILITAIRE.

1833 (8 avril). *Circulaire.* V. PEINE.

1833 (10 avril). *Circulaire.* V. CA-
SERNE.

1833 (14 avril). *Loi.* V. AVANCEMENT.

1833 (25 avril). *Décision.* V. PANTALON
DE TOILE.

1833 (27 avril). *Règlement publié dans
le Journal militaire en 1837, p. 189.* V.
CONDAMNÉ AUX TRAVAUX.

1833 (1er mai). *Rapport au roi sur
l'organisation de l'armée.* V. ARMÉE FRAN-
ÇAISE N° 4. V. ARTILLERIE FRANÇAISE. V. CAVA-

LERIE FRANÇAISE. v. ÉTAT-MAJOR D'ARMÉE N° 4. v. GENDARMERIE DE POLICE N° 2. v. GÉNIE IDIOTLIQUE N° 3. v. INFANTERIE FRANÇAISE N° 3. v. TRAIN DES ÉQUIPAGES MILITAIRES. v. VÉTÉRANS.

1833 (5 mai). *Circulaire.* v. GYMNASE. v. GYMNASTIQUE.

1833 (8 mai). *Décision.* v. SABRE D'INFANTERIE.

1833 (11 mai). *Note.* v. SABRE D'INFANTERIE. v. TRANSCORPORATION.

1833 (20 mai). *Circulaire.* v. ORDINAIRE D'HOMME DE TROUPE. v. PRÊT DE COMPAGNIE.

1833 (juin). *Décision.* v. PISTOLET.

1833 (5 juin). *Ordonnance.* v. PEINE.

1833 (22 juin). *Instruction.* v. SERMENT MILITAIRE.

1833 (26 juin). *Note ministérielle.* v. ESCRIME. v. TRANSCORPORATION.

1833 (27 juin). *Note ministérielle sur l'uniforme des officiers de santé.* v. OFFICIER DE SANTÉ. v. TRANSCORPORATION.

1833 (2 juillet). *Circulaire.* v. AUTORITÉS MILITAIRES.

1833 (5 juillet). *Ordonnance.* v. RÉGIMENT D'INFANTERIE FRANÇAISE N° 4. v. RÉSERVE CONSCRIPTIVE. v. TIRAILLEUR.

1833 (25 juillet). *Décision sur la tenue.* v. BONNET DE POLICE. v. CAVALERIE FRANÇAISE N° 3. v. CHAUSSETTE. v. CHAUSSURE. v. COL DE DE TROUPE. v. DEMI-GUÊTRE. v. DRAPEAU D'INFANTERIE FRANÇAISE DE LIGNE. v. GANSE DE CHAPEAU. v. GANT. v. POMPON. v. TENUE.

1833 (1er août). *Ordonnance.* v. REVUE DE LIQUIDATION.

1833 (18 septembre). *Ordonnance.* v. RÉGIMENT D'ARTILLERIE N° 3. v. TRAIN D'ARTILLERIE.

1833 (9 octobre). *Circulaire.* v. COMPAGNIE D'ÉLITE N° 3.

1833 (17 octobre). *Décision.* v. CHAMP DE BATAILLE. v. HÔPITAL MILITAIRE. v. INFIRMIER D'HÔPITAL. v. INHUMATION. v. OUVRIER D'ADMINISTRATION. v. PRISONNIER DE GUERRE ÉTRANGER.

1833 (29 octobre). *Circulaire.* v. EFFET DE PETIT ÉQUIPEMENT.

1833 (2 novembre). *Ordonnance sur le service intérieur des troupes d'infanterie.* La suppression du chapitre 55 est la principale modification de l'ORDONNANCE analogue DE 1818 (15 MAI). Une DÉCISION DE 1835 (15 JUILLET) modifiait les articles 26, 46, 69, 74, 198, 200, 252, 277, 294 de la présente ordonnance. Ses dispositions concernant les CONSEILS D'ENQUÊTE étaient abrogées par la LOI DE 1834 (19 MAI). v. ADJOINT AU CAPITAINE D'HABILLEMENT. v. ADJOINT AU TRÉSORIER. v. ADJUDANT DE SEMAINE N° 3. v. ADJU-

DANT D'INFANTERIE FRANÇAISE DE LIGNE. v. ADJUDANT EN ROUTE. v. ADJUDANT-MAJOR DE SEMAINE N° 4. v. ADJUDANT-MAJOR D'INFANTERIE FRANÇAISE DE LIGNE N° 6. v. ADJUDANT-MAJOR EN ROUTE. v. ADJUDANT-MAJOR PRÉCÉDANT LE CORPS. v. ADMINISTRATION DE CORPS. v. AFFICHE DE CHAMBRE. v. AIDE-CHIRURGIEN N° 1. v. APPEL DE POLICE. v. APPEL EN GARNISON. v. APPEL EN ROUTE. v. ARRÊTS. v. ARRIÈRE-GARDE DE CORPS EN ROUTE. v. ARRIVÉE DE CORPS AU GÎTE. v. BARBIER. v. BATTERIE DE CAISSE. v. BILLET D'APPEL DE COMPAGNIE. v. BILLET D'APPEL DE POLICE. v. BILLET D'APPEL DE SOIR. v. BILLET D'ENTRÉE A L'HÔPITAL. v. BON DE CORPS. v. BONNET DE POLICE DE SOLDAT. v. CACHOT. v. CALOTTE DISCIPLINAIRE. v. CAPITAINE DE GRENADIERS N° 4. v. CAPITAINE DE SEMAINE. v. CAPITAINE D'HABILLEMENT N° 3. v. CAPITAINE D'INFANTERIE FRANÇAISE DE LIGNE. v. CAPITAINE EN ROUTE. v. CAPITAINE EN SECOND. v. CAPORAL DE SEMAINE. v. CAPORAL D'ESCOUADE. v. CAPORAL D'INFANTERIE FRANÇAISE DE LIGNE; id. N° 13. v. CASERNE. v. CASERNEMENT. v. CASSATION DISCIPLINAIRE. v. CÉRÉMONIAL. v. CHAMBRE DE CASERNE. v. CHEF DE BATAILLON DE SEMAINE. v. CHEF DE BATAILLON D'INFANTERIE FRANÇAISE DE LIGNE N° 5, 11. v. CHEF DE DÉTACHEMENT. v. CHIRURGIEN DE CORPS. v. CLASSE TACTIQUE. v. COLONEL D'INFANTERIE FRANÇAISE DE LIGNE N° 19, 24, 30. v. COMMANDANT DE PLACE N° 5. v. COMPAGNIE DE DISCIPLINE. v. COMPAGNIE HORS RANG. v. COMPTABILITÉ DE COMPAGNIE. v. COMPTABILITÉ DE CORPS. v. CONSEIL D'ADMINISTRATION DE RÉGIMENT; id. N° 1. v. CONSEIL DE DISCIPLINE. v. CONSEIL DE RÉGIMENT. v. CONSEIL D'ENQUÊTE. v. CONSEIL D'ENQUÊTE DE DIVISION. v. CONSIGNE CORRECTIONNELLE. v. CONSIGNE DE POLICE EN GARNISON. v. CONTROLE. v. CONTROLE ANNUEL. v. CORVÉE. v. DÉFILEMENT ADMINISTRATIF. v. DÉTACHEMENT DE CORPS. v. DÉTENU A LA SALLE DE DISCIPLINE. v. DENIERS DE POCHE. v. DÉPART DE CORPS. v. DÉTACHEMENT EN ROUTE. v. DETTE DE MILITAIRE. v. DISTRIBUTION. v. DISTRIBUTION DE DENRÉES. v. DISTRIBUTION EN ROUTE. v. DISTRIBUTION D'EFFETS D'UNIFORME. v. DOMESTIQUE D'OFFICIER. v. ÉCOLE RÉGIMENTAIRE. v. EFFET DE PETIT ÉQUIPEMENT. v. EFFET D'UNIFORME. v. ESCORTE DE CONVOI. v. ESCRIME. v. EXERCICE D'INFANTERIE. v. FAUTE. v. FEUILLE DE PRÊT. v. FORMATION DE COMPAGNIE. v. FOURRIER D'INFANTERIE FRANÇAISE DE LIGNE N° 9. v. FOURRIER EN ROUTE. v. FRATER. v. GARDE DE POLICE EN ROUTE. v. GARDE EN GARNISON. v. GÉNÉRAL FRANÇAIS N° 4, 5. v. GIBERNE. v. GRENADIER D'INFANTERIE FRANÇAISE DE LIGNE N° 3. v. GYMNASE. v. HAVRESAC. v. HOMME DE SERVICE. v. HOMME DE TROUPE N° 9. v. HONNEURS. v. INFIRMERIE. v. INSPECTION DE DÉTAIL. v. INSTRUCTION. v. INTENDANT MILI-

TAIRE N° 2. V. LIEUTENANT-COLONEL D'INFANTE-
RIE FRANÇAISE DE LIGNE N° 9, 10. V. LIEUTENANT
D'INFANTERIE FRANÇAISE DE LIGNE. V. LIVRE DE
PUNITION. V. LIVRE D'ORDRE. V. LIVRET INDI-
VIDUEL. V. LOGEMENT DE MILITAIRES. V. LO-
GEMENT EN ROUTE. V. MAJOR CHEF DE BA-
TAILLON N° 5, 7. V. MARCHE-ROUTE. V. MAR-
CHÉ ADMINISTRATIF. V. MARQUE DE BUFFLE-
TERIE. V. MASSE INDIVIDUELLE. V. MINISTRE
DE LA GUERRE N° 7. V. MOUVEMENT MUTA-
TIONNAIRE. V. MUSICIEN. V. NUIT DE REPOS. V.
OFFICIER A LA SUITE. V. OFFICIER DE SEMAINE.
V. OFFICIER D'ARMEMENT. V. OFFICIER DE COMPA-
GNIE. V. OFFICIER DE SECTION. V. OFFICIER D'IN-
FANTERIE FRANÇAISE N° 4, 7. V. OFFICIER FRAN-
ÇAIS N° 12, 15, 16. V. ORDINAIRE DE SOLDATS.
V. ORDINAIRE DE SOUS-OFFICIERS. V. ORDINAIRE
D'HOMMES DE TROUPE. V. ORDONNANCE DE PO-
LICE. V. ORDRE TESSERAIRE. V. PARADE DE
TROUPES. V. PATROUILLE EN ROUTE. V. PERMIS-
SION. V. PIERRE A FEU. V. POLICE. V. PORTE-
DRAPEAU N° 6. V. PRESTATION PÉCUNIAIRE. V.
PRÊT. V. PRISON. V. PUNITION. V. RAPPORT DE
COMPAGNIE. V. RAPPORT JOURNALIER. V. RECRUE.
V. REMPLACEMENT D'EFFETS. V. RÉPARATION
D'EFFETS D'UNIFORME. V. REPAS DE CORPS. V.
REVUE. V. REVUE D'INSPECTEUR GÉNÉRAL. V. ROUTE
MILITAIRE. V. SALLE DE DISCIPLINE. V. SECTION
ADMINISTRATIVE. V. SÉJOUR. V. SENTINELLE DE
POLICE. V. SERGENT DE POLICE. V. SERGENT DE
SEMAINE. V. SERGENT D'INFANTERIE FRANÇAISE
DE LIGNE N° 9, 12. V. SERGENT-MAJOR N° 8. V.
SERVICE DE GARNISON. V. SERVICE DE SEMAINE.
V. SERVICE INTÉRIEUR. V. SERVICE JOURNALIER.
V. SERVICE PAYÉ. V. SOUS-INTENDANT ; id. N° 7.
V. SOUS-OFFICIER N° 5, 8, 10. V. SUBORDINA-
TION. V. SUSPENSION DE GRADE. V. TABLE D'OF-
FICIERS. V. TAMBOUR DE POLICE. V. TAMBOUR-
MAJOR. V. TENUE. V. TRAVAILLEUR. V. TRÉSO-
RIER DE CORPS. V. VAGUEMESTRE. V. VISITE DE CA-
SERNE. V. VISITE DE CHAMBRE DE CASERNE. V. VI-
SITE DE CHIRURGIEN. V. VISITE DE CORPS. V. VI-
SITE DU DIMANCHE. V. VOLTIGEUR.

1853 (28 novembre). *Note ministérielle.*
V. SAPEUR D'INFANTERIE. V. TRANSCORPORA-
TION.

1853 (5 décembre). *Note interprétative de la décision de 1833 (20 mars) sur
la sûreté du prêt et le fonds de l'ordinaire.* V. FONDS D'ORDINAIRE. V. ORDINAIRE
D'HOMMES DE TROUPE. V. ORDONNANCE D'HOMME
DE TROUPE. V. PRÊT.

1853 (5 décembre). *Note relative à
l'instruction de 1819 (18 mars).* V. ÉTAT DE
SITUATION. V. TRANSCORPORATION.

1853 (9 décembre). *Rapport au roi sur
la justice militaire pendant l'année 1852.*
V. DÉLIT. V. JUSTICE MILITAIRE.

1853 (23 décembre). *Circulaire. Nouvelle fixation de la prime d'entretien de*

la masse individuelle. V. MASSE INDIVI-
DUELLE. V. PRIME D'ENTRETIEN.

1853 (24 décembre). *Circulaire.*

1854 (7 janvier). *Ordonnance.* V. CAPI-
TAINE DE CONSEIL D'ADMINISTRATION. V. CONSEIL
D'ADMINISTRATION DE RÉGIMENT ; id. N° 1. V.
CONSEIL ÉVENTUEL.

1854 (15 janvier). *Décision.* V. OFFICIER
FRANÇAIS N° 7.

1854 (29 janvier). *Note.* V. BOITE A TOUR-
NEVIS. V. TRANSCORPORATION.

1854 (5 février). *Note ministérielle
concernant les registres de punitions.* V.
LIVRE DE PUNITIONS. V. TRANSCORPORATION.

1854 (5 février). *Note ministérielle
concernant les frais de justice.* V. FRAIS
DE JUSTICE. V. JUSTICE MILITAIRE.

1854 (7 février). *Ordonnance.* V. COM-
PAGNIE DE DISCIPLINE.

1854 (9 février). *Décision.* V. MARIAGE.

1854 (11 février). *Note ministérielle
concernant les officiers de compagnies
d'élite.* V. COMPAGNIE D'ÉLITE N° 1. V. OFFI-
CIER DE COMPAGNIE D'ÉLITE. V. OFFICIER D'IN-
FANTERIE FRANÇAISE N° 1. V. TRANSCORPORA-
TION.

1854 (21 février). *Note.* V. VACCINATION.
V. TRANSCORPORATION.

1854 (1er mars). *Décision.* V. MAJOR
CHEF DE BATAILLON N° 5.

1854 (6 mars). *Décision.* V. SERMENT.

1854 (9 mars). *Ordonnance qui supprime les quatrièmes bataillons et les
sixièmes escadrons, et réduit à cinq escadrons et trois bataillons tous les régiments.* V. BATAILLON D'INFANTERIE FRAN-
ÇAISE DE LIGNE N° 4. V. CHASSEUR A CHEVAL.
V. ESCADRON FRANÇAIS N° 5. V. SOUS-LIEUTE-
NANT N° 2.

1854 (20 mars). *Décision.* V. HABIT.

1854 (28 mars) *Décision).* V. COMMIS-
SAIRE DU ROI.

1854 (2 avril). *Décision.* V. SALLE DE
THÉORIE.

1854 (25 avril). *Circulaire.* V. COMBUS-
TIBLE DE CUISINE.

1854 (6 mai). *Décision.* V. DRAP DE
TROUPE.

1854 (16 mai). *Décision.* V. ABONNEMENT
AVEC LES MAITRES OUVRIERS. V. MASSE DE LINGE
ET CHAUSSURE.

1854 (19 mai). *Loi sur l'état des offi-
ciers.* V. ACTIVITÉ DE SERVICE. V. AGENT AD-
MINISTRATIF. V. CONDAMNATION JUDICIAIRE. V.
CONSEIL D'ENQUÊTE DISCIPLINAIRE. V. CORPS
D'INTENDANCE N° 6. V. DÉMISSION. V. DESTITU-
TION. V. DISPONIBILITÉ. V. ÉTAT DES OFFICIERS.
V. GRADE D'OFFICIERS. V. LÉGISLATION MILITAIRE
1853 (2 novembre) ; 1856 (21 mai). V. OFFI-

CIER FRANÇAIS N° 10, 11, 12. V. POSITION D'OFFICIERS. V. RÉFORME D'OFFICIERS. V. SOLDE D'OFFICIERS.

1834 (24 mai). *Ordonnance relative aux détenteurs d'armes de guerre.* V. ARMÉ DE GUERRE.

1834 (28 mai). *Circulaire.* V. CAPITAINE RAPPORTEUR. V. COMMISSAIRE DU ROI.

1834 (20 juin). *Ordonnance.* V. CONGÉDIÉ. V. RENGAGEMENT.

1834 (24 juin). *Instruction sur l'inspection.* V. INSPECTEUR GÉNÉRAL D'INFANTERIE N° 5.

1834 (25 juin). *Instruction.* V. APPEL CONSCRIPTIF. V. CONSCRIPTION. V. CONSEIL DE RÉVISION CONSCRIPTIF. V. ENGAGEMENT DE RECRUE. V. INFIRMITÉ. V. MAIRE DE COMMUNE. V. MARIAGE DE MILITAIRE. V. PRÉFET DE DÉPARTEMENT. V. REMPLAÇANT. V. SERVICE CONSCRIPTIF. V. VISITE DE CONSCRIT.

1834 (30 juin). *Marché de fourrages.* V. FOURRAGE DE DISTRIBUTION.

1834 (5 juillet). *Décision.* V. ABONNEMENT AVEC LES MAITRES OUVRIERS. V. MASSE DE LINGE ET CHAUSSURE.

1834 (7 juillet). *Décision.* V. CONSEIL DE DISCIPLINE.

1834 (9 juillet). *Circulaire.* V. COMPAGNIE D'ÉLITE N° 5.

1834 (4 août). *Décision.* V. CONSEIL DE RÉVISION JUDICIAIRE.

1834 (7 août). *Circulaire.* V. VAGUEMESTRE.

1834 (14 août). *Décision.* V. CONSEIL DE RÉVISION JUDICIAIRE.

1834 (19 août). *Circulaire.* V. HOMME EN SUBSISTANCE.

1834 (8 septembre). *Circulaire.* V. CASSATION DE SOUS-OFFICIER. V. PEINE.

1834 (10 septembre). *Ordonnance.* Création de spahis réguliers à Alger. V. SPAHIS.

1834 (10 septembre). *Ordonnance.* V. VÉTÉRAN.

1834 (23 septembre). *Décision.* V. CHEVRON D'ANCIENNETÉ.

1834 (26 septembre). *Circulaire.* V. CAPITAINE DE SEMAINE. V. DISTRIBUTION DE RATIONS.

1834 (3 octobre). *Décision.* V. CONSEIL DE RÉVISION JUDICIAIRE.

1834 (28 octobre). *Ordonnance.* V. COMITÉ PERMANENT.

1834 (13 novembre). *Circulaire.* V. MASSE INDIVIDUELLE.

1834 (décembre). *Circulaire.* V. CORPS DE GARDE.

1834 (4 décembre). *Décision.* V. AIDEMAJOR ACTUEL N° 2.

1834 (6 décembre). *Décision.* V. CORPS DE GARDE DE GARNISON.

1835 (5 janvier). *Décision.* V. TROP PERÇU.

1835 (21 janvier). *Décision.* V. PIÈCE D'ARMES.

1835 (26 janvier). *Circulaire.* V. CAPITAINE RAPPORTEUR. V. COMMISSAIRE DU ROI.

1835 (11 février). *Décision.* V. SONNERIE D'INFANTERIE.

1835 (14 février). *Décision royale.* V. LÉGISLATION. V. SONNERIE.

1835 (5 mars). *Note.* V. FOURREAU DE BAIONNETTE. V. TRANSCORPORATION.

1835 (20 mai). *Décision.* V. GYMNASE.

1835 (21 mai). *Décision.* V. VAGUEMESTRE.

1835 (29 mai). *Ordonnance sur le service et l'instruction de l'artillerie.* V. ARTILLERIE IDIOPLIQUE.

1835 (6 juin). *Circulaire.* V. ARME PERDUE. V. BAIONNETTE DE FUSIL. V. FUSIL D'INFANTERIE. V. MOUSQUETON.

1835 (10 juin). *Ordonnance.* V. SPAHI.

1835 (10 juin). *Ordonnance de composition de l'intendance,* modifiée par décision de 1836 (8 décembre). V. ADJOINT A L'INTENDANCE. V. CAPITAINE D'INFANTERIE FRANÇAISE DE LIGNE N° 5. V. CHEF DE BATAILLON D'INFANTERIE FRANÇAISE DE LIGNE N° 5. V. COLONEL D'INFANTERIE FRANÇAISE DE LIGNE N° 5. V. CORPS D'INTENDANCE; id. N° 2, 3, 5. V. INTENDANT MILITAIRE N° 1. V. LIEUTENANTCOLONEL D'INFANTERIE FRANÇAISE DE LIGNE N° 2. V. SOUS-INTENDANT N° 1, 7.

1834 (15 juin). *Ordre du jour.* V. DUEL. V. LIEUTENANT-COLONEL D'INFANTERIE FRANÇAISE DE LIGNE N° 1.

1834 (18 juin). *Note ministérielle.* V. ACTIVITÉ DE SERVICE. V. TRANSCORPORATION.

1834 (18 juin). *Ordonnance sur l'inspection générale.* V. INSPECTEUR GÉNÉRAL D'INFANTERIE N° 5. V. OFFICIER FRANÇAIS N° 6. V. TIERCEMENT.

1835 (25 juin). *Ordonnance qui décadre de l'armée la* LÉGION ÉTRANGÈRE. V. LÉGION ÉTRANGÈRE.

1835 (2 juillet). *Décision.* V. MUSIQUE.

1835 (8 juillet). *Décision royale.* V. DÉFILEMENT ADMINISTRATIF. V. REVUE D'ADMINISTRATION.

1835 (9 juillet). *Ordonnance qui modifie celle de* 1830 (15 novembre). V. ÉTATMAJOR D'ARMÉE N° 4. V. GÉNÉRAL FRANÇAIS N° 1. V. LIEUTENANT GÉNÉRAL N° 3. V. MARÉCHAL DE CAMP N° 3.

1835 (15 juillet). *Règlement.* V. ARTILLERIE STRATOPÉDIQUE.

1835 (15 juillet). *Marché de fourrage.* V. FOURRAGE DE DISTRIBUTION.

1835 (15 juillet). *Décision qui modifie*

neuf articles de l'ordonnance de 1833 (2 novembre). V. ABATAGE DE CHEVAUX. V. CONTROLE ANNUEL. V. CORPS D'INTENDANCE N° 6. V. MAJOR-CHEF DE BATAILLON N° 5. V. MOUVEMENT MUTATIONNAIRE. V. PRÊT. V. SOUS-INTENDANT; id. N° 7. V. TRÉSORIER DE CORPS.

1835 (17 juillet). *Décision.* V. MILITAIRE, subs.

1835 (27 juillet). *Ordonnance, abrogée* par l'ordonnance de 1837 (16 novembre). V. ÉTAT-MAJOR D'ARMÉE N° 2. V. MINISTRE DE LA GUERRE EN 1835.

1835 (28 juillet). *Décision.* V. REVUE D'ADMINISTRATION. V. REVUE SUR LE TERRAIN. V. SOUS-INTENDANT N° 7.

1835 (8 août). *Instruction.* V. CAMPEMENT TACTIQUE.

1835 (18 août). *Décision.* V. CORPS D'IN-TENDANCE N° 5.

1835 (21 août). *Décision.* V. ARMÉE FRAN-ÇAISE N° 4. V. RÉGIMENT DE CAVALERIE FRAN-ÇAISE; id. N° 4. V. RÉGIMENT D'INFANTERIE FRANÇAISE.

1835 (24 août). *Décision.* V. CHAPEAU A TROIS CORNES.

1835 (25 août). *Ordonnance.* V. SOUS-INTENDANT N° 5.

1835 (11 septembre). *Décision qui af-fecte aux compagnies un signe en carac-tères alphabétiques.* V. ADMINISTRATION DE COMPAGNIE.

1835 (12 novembre). *Ordonnance.* Sup-pression du corps des remontes. V. CAVALE-RIE FRANÇAISE N° 9.

1835 (4 décembre). *Marché d'habille-ment.* V. MARCHÉ D'HABILLEMENT.

1835 (10 décembre). *Ordonnance qui crée des compagnies de cavaliers vété-rans.* V. VÉTÉRAN.

1835 (10 décembre). *Marché de schakos.* V. SCHAKO D'INFANTERIE.

1835 (16 décembre). *Ordonnance.* Créa-tion d'une nouvelle légion étrangère. V. LÉGION ÉTRANGÈRE.

1835 (16 décembre). *Décision.* V. CHA-PEAU D'UNIFORME.

1835 (19 décembre). *Ordonnance.* V. SAPEUR. V. TRAIN DES ÉQUIPAGES.

1835 (19 décembre). *Décision.* Tierce-ment des officiers des compagnies d'élite. V. OFFICIER DES COMPAGNIES D'ÉLITE. V. TIER-CEMENT.

1835 (25 décembre). *Ordonnance.* Les zouaves portés à deux bataillons. V. ZOUAVE.

1835 (28 décembre). *Envoi du règle-ment sur les écoles régimentaires, modi-fié par la* CIRCULAIRE DE 1837 (10 FÉVRIER). V. AVANCEMENT AU GRADE D'OFFICIER. V. ÉCOLE

RÉGIMENTAIRE. V. ÉCOLE RÉGIMENTAIRE DE SOUS-OFFICIER.

1836 (1er janvier). *Ordonnance.* V. RE-CRUTEMENT.

1836 (2 janvier). *Circulaire.* V. LÉGION D'ÉTRANGERS.

1836 (6 janvier). *Décision.* V. OFFICIER DE SANTÉ.

1836 (19 janvier). *Décision.* V. OFFICIER DE SANTÉ.

1836 (28 janvier). *Circulaire.* V. RECRU-TEMENT.

1836 (29 janvier). *Note.* V. REVUE D'AD-MINISTRATION.

1836 (30 janvier). *Décision.* V. REMPLA-CEMENT D'ENROLÉ.

1836 (4 février). *Décision.* V. SECRÉTAIRE ARCHIVISTE.

1836 (9 mars). *Circulaire.* V. CORPS DE GARDE DE GARNISON.

1836 (12 mars). *Règlement sur les ma-nœuvres et évolutions des batteries atte-lées.* V. ARTILLERIE STRATOPÉDIQUE. V. BATTE-RIE ATTELÉE. V. ÉVOLUTION D'A...

1836 (16 mars). *Décision du conseil d'État au sujet du mariage.* V. DESTITU-TION. V. OFFICIER D'INFANTERIE FRANÇAISE N° 7.

1836 (17 mars). *Marché.* V. BOIS DE FUSIL.

1836 (5 avril). *Décision du roi.* V. GANT.

1836 (28 avril). *Circulaire.* V. CHIRUR-GIEN-MAJOR D'INFANTERIE FRANÇAISE N° 14. V. EAU-DE-VIE.

1836 (4 mai). *Instruction.* V. REVUE D'AD-MINISTRATION.

1836 (11 mai). *Décision relative à l'ar-ticle 23 de la loi de 1832 (21 mars).* V. LÉGISLATION, 1832 (21 mars). V. REMPLA-ÇANT.

1836 (18 mai). *Décision.* V. CHIRURGIEN-MAJOR D'INFANTERIE FRANÇAISE N° 14. V. EAU-DE-VIE.

1836 (20 mai). *Circulaire.* V. CONTUMACE. V. JUGEMENT MILITAIRE.

1836 (21 mai). *Ordonnance relative à la loi de 1834 (19 mai).* V. CONSEIL D'EN-QUÊTE DISCIPLINAIRE.

1836 (5 juin). *Décision.* V. LÉGISLATION MILITAIRE, 1834 (19 mai). V. MARIAGE. V. MOUSTACHE.

1836 (8 juin). *Décision.* V. COL DE TROU-PE. V. DOUBLURE D'HABIT. V. ÉPAULETTE DE SOUS-LIEUTENANT.

1836 (8 juin). *Instruction.* V. CHIRUR-GIEN-MAJOR D'INFANTERIE FRANÇAISE N° 14. V. INSPECTEUR GÉNÉRAL D'INFANTERIE N° 5.

1836 (9 juin). *Note.* V. EXERCICE D'INFAN-TERIE. V. PAS OBLIQUE.

1856 (21 juin). *Décision.* V. MARIAGE.

1856 (9 juillet). *Loi.* V. OPPOSITION JURIDIQUE.

1856 (13 juillet). *Décision.* V. MUSICIEN Nº 5.

1856 (14 juillet). *Décision.* V. COMPAGNIE D'ÉLITE Nº 3.

1856 (14 juillet). V. AIDE-MAJOR ACTUEL Nº 2.

1856 (14 juillet). *Circulaire.* V. COMPAGNIE D'ÉLITE.

1856 (16 juillet). *Décision.* V. AVANCEMENT. V. OFFICIER FRANÇAIS Nº 11.

1856 (20 juillet). *Décision.* V. MAJOR CHEF DE BATAILLON Nº 4.

1856 (26 juillet). *Décision.* V. CARTOUCHE A POUDRE. V. CARTOUCHE DE CIBLE.

1856 (26 juillet). *Décision.* V. INSPECTEUR GÉNÉRAL Nº 5.

1856 (30 juillet). *Note.* V. COMITÉ PERMANENT.

1856 (3 août). *Instruction.* V. CAMPEMENT TACTIQUE. V. CANONNIÈRE DE CAMPEMENT. V. MANTEAU D'ARMES. V. MARQUISE. V. TENTE. V. TENTE D'HOMMES DE TROUPE. V. TENTE D'OFFICIER.

1856 (12 août). *Ordonnance.* V. OFFICIER DE SANTÉ.

1856 (18 août). *Instruction.* V. OFFICIER DE SANTÉ.

1856 (19 août). *Note.* V. COMITÉ PERMANENT.

1856 (19 août). *Ordonnance.* V. GÉNÉRAL FRANÇAIS Nº 3; V. MARÉCHAL DE FRANCE Nº 5.

1856 (19 août). *Ordonnance.* V. INSPECTEUR GÉNÉRAL ; Id. Nº 5.

1856 (22 août). *Décision.* V. CORPS D'ÉTAT-MAJOR. V. MOUSTACHE. V. ROYALE.

1856 (25 août). *Règlement sur l'uniforme de l'intendance.* V. CORPS D'INTENDANCE Nº 5. V. SOUS-INTENDANT Nº 3.

1856 (28 août). *Ordonnance qui supprime le cadre de vétérance de l'état-major général.* Abrogée par ORDONNANCE DE 1857 (16 NOVEMBRE). V. CADRE DE VÉTÉRANCE.

1856 (31 août). *Règlement sur l'uniforme de l'état-major.* V. CORPS D'ÉTAT-MAJOR.

1856 (10 ou 11 septembre). *Ordonnance.* V. COMITÉ PERMANENT. V. INSPECTEUR GÉNÉRAL. V. INSPECTEUR GÉNÉRAL D'INFANTERIE ; Id. Nº 5.

1856 (19 septembre). *Ordonnance.* V. MINISTRE DE LA GUERRE EN 1856.

1856 (8 novembre). *Circulaire.* V. CONSEIL D'ENQUÊTE PUBLIQUE.

1856 (9 novembre). *Décision.* V. CONVOI A LA SUITE.

1856 (19 novembre). *Note.* V. PIÈCE D'ARMES.

1856 (22 novembre). *Ordonnance.* V. ARME PERSONNELLE Nº 3. V. AVANCEMENT AU GRADE D'OFFICIER SUPÉRIEUR. V. CAVALERIE FRANÇAISE Nº 2.

1856 (24 novembre). *Décision.* V. CHASSEUR A CHEVAL. V. LANCIER.

1856 (27 novembre). *Ordonnance.* V. CHASSEUR A CHEVAL. V. LANCIER.

1856 (30 novembre). *Ordonnance.* V. HOTEL DES INVALIDES.

1856 (8 décembre). *Décision.* V. CAVALERIE FRANÇAISE Nº 7. V. LANCIER. V. ORDONNANCE DE 1829 (6 décembre).

1856 (8 décembre). *Décision qui modifie l'ordonnance de 1835 (10 juin) quant à l'avancement des adjoints de seconde classe de l'intendance militaire.* V. ADJOINT A L'INTENDANCE.

1856 (15 décembre). *Ordonnance.* V. HOTEL DES INVALIDES.

1856 (28 décembre). *Ordonnance.* V. LANCIER.

1857 (5 janvier). *Instruction.* V. CONSEIL D'ENQUÊTE.

1857 (12 janvier). *Circulaire qui prescrit aux militaires l'usage habituel de l'uniforme.* V. HABIT D'UNIFORME. V. TENUE MILITAIRE.

1857 (15 janvier). *Ordonnance.* V. ACTE DE RENGAGEMENT. V. ACTE D'ENGAGEMENT.

1857 (24 janvier). *Ordonnance.* V. TRÉSORIER DE CORPS Nº 4.

1857 (27 janvier). *Ordonnance.* V. REMPLAÇANT. V. REMPLACEMENT D'ENROLÉ.

1857 (31 janvier). *Circulaire.* V. PAVILLON DE CASERNEMENT.

1857 (10 février). *Circulaire.* V. ÉCOLE RÉGIMENTAIRE. V. LÉGISLATION, 1855 (28 DÉCEMBRE).

1857 (10 février). *Note.* V. ENFANT D'HOMME DE TROUPE Nº 3. V. MASSE INDIVIDUELLE.

1857 (17 février). *Circulaire.* V. REVUE DE LIQUIDATION.

1857 (18 février). *Décision.* V. CONSEIL D'ENQUÊTE.

1857 (25 février). *Déclaration.* V. DISCIPLINE FRANÇAISE. V. GAGISTE.

1857 (27 février). *Décision.* V. TRAVAILLEUR.

1857 (13 mars). *Instruction.* V. ARME D'UNIFORME DE TROUPE.

1857 (14 mars). *Note ministérielle.* V. LANCIER.

1857 (20 mars). *Ordonnance.* V. ZOUAVE.

1857 (30 mars). *Décision.* V. CORPS D'INTENDANCE.

1857 (5 avril). *Décision royale qui donne des gants à l'infanterie.*

FAGE. V. RATION. V. RECRUE. V. RECRUTEMENT. V. RÉFORME. V. REMONTE. V. RETENUE. V. REVUE. V. REVUE DE LIQUIDATION. V. SEMESTRE. V. SOLDAT. V. SOLDE. V. SOUS-OFFICIER. V. SUPPLÉMENT DE SOLDE. V. SUPPLÉMENT D'ÉTAPE. V. TRANSCORPORATION. V. TROP PERÇU. V. TROUPE EXPÉDITIONNAIRE. V. VAGUEMESTRE DE CORPS. V. VAGUEMESTRE GÉNÉRAL. V. VIVRES DE CAMPAGNE.

1837 (31 décembre). *Décision.* V. CONSEIL D'ENQUÊTE.

1838 (16 janvier). *Décision.* V. ARME DU GÉNIE.

1838 (18 janvier). *Ordonnance et Note ministérielle.* V. COMPAGNIE DE DISCIPLINE. V. PENSION DE RETRAITE.

1838 (20 janvier). *Circulaire.* Envoi de l'ordonnance de 1837 (25 décembre). Elle remplace celle de 1823 (19 mars). V. COMPAGNIE D'ÉLITE. V. GRADE D'OFFICIER. V. OFFICIER FRANÇAIS. V. PAYE. V. POSITION ADMINISTRATIVE. V. REVUES D'ADMINISTRATION. V. SOLDE. V. TRANSCORPORATION.

1838 (27 février). *Note ministérielle.* V. GYMNASE MUSICAL.

1838 (28 février). *Ordonnance portant organisation d'un cadre de commis entretenus pour le service des bureaux de l'intendance.* V. CORPS D'INTENDANCE. V. CADRE DE COMMIS ENTRETENUS.

1838 (28 févr.). *Ordonnance portant organisation du corps d'officiers d'administration* (hôpitaux, subsistance, habillement, campement). V. OFFICIER D'ADMINISTRATION.

1838 (11 mars). *Décision.* V. ARMEMENT DE TROUPE.

1838 (14 mars). *Instruction.* V. COMBUSTIBLE.

1838 (16 mars). *Ordonnance.* V. CHEF DE BATAILLON D'INFANTERIE FRANÇAISE. V. COMPAGNIE D'INFANTERIE FRANÇAISE DE LIGNE. V. CONGÉ ILLIMITÉ. V. CORPS D'ÉTAT-MAJOR GÉNÉRAL. V. CORPS D'INTENDANCE. V. CORPS DU GÉNIE. V. ÉCOLE MILITAIRE. V. EMPLOI. V. ÉTAT DE PROPOSITION. V. ÉTAT-MAJOR DE PLACE. V. ÉTAT-MAJOR GÉNÉRAL. V. FONCTIONS. V. FOURRIER D'INFANTERIE FRANÇAISE DE LIGNE. V. GARDE DE PARIS. V. GENDARMERIE DE POLICE. V. GRADE. V. GRADE DE SOUS-OFFICIER. V. GRADE D'OFFICIER. V. GRADE SUPÉRIEUR. V. GRENADIER D'INFANTERIE FRANÇAISE. V. HIÉRARCHIE. V. INFANTERIE FRANÇAISE. V. INSPECTEUR GÉNÉRAL D'ARMES. V. INTENDANCE MILITAIRE. V. INTENDANT MILITAIRE. V. INVESTISSEMENT. V. LÉGION ÉTRANGÈRE. V. LIEUTENANT-COLONEL D'INFANTERIE FRANÇAISE. V. LIEUTENANT D'INFANTERIE FRANÇAISE. V. LIEUTENANT GÉNÉRAL. V. LISTE D'ANCIENNETÉ. V. LISTE D'APTITUDE. V. MAITRE ARMURIER. V. MAITRE BATELIER. V. MAITRE DE

MUSIQUE. V. MAITRE OUVRIER. V. MAJOR D'INFANTERIE FRANÇAISE. V. MARÉCHAL DE CAMP. V. MARÉCHAL DE FRANCE. V. MISSION. V. NOMINATION. V. NON-ACTIVITÉ. V. OFFICIER DE COMPAGNIE D'ÉLITE. V. OFFICIER D'ÉTAT-MAJOR GÉNÉRAL. V. OFFICIER D'HABILLEMENT. V. OFFICIER D'INFANTERIE FRANÇAISE. V. OFFICIER D'ORDONNANCE. V. OFFICIER EN MISSION.

1838 (16 mars). *Ordonnance d'avancement, en exécution de la loi de 1832 (14 avril).* V. ABSENCE IRRÉGULIÈRE. V. ACTION D'ÉCLAT. V. ADJOINT A L'INTENDANCE. V. ADJOINT AU TRÉSORIER. V. ADJUDANT D'INFANTERIE FRANÇAISE. V. ADJUDANT-MAJOR D'INFANTERIE FRANÇAISE. V. AGENT COMPTABLE. V. ANCIENNETÉ DE GRADE. V. ANCIENNETÉ DE SERVICE. V. ANCIENNETÉ DE SOUS-OFFICIERS. V. ANCIENNETÉ D'OFFICIER. V. ARTILLERIE FRANÇAISE. V. AVANCEMENT. V. AVANCEMENT A L'ANCIENNETÉ. V. AVANCEMENT AU CHOIX. V. AVANCEMENT AUX COLONIES. V. AVANCEMENT EN TEMPS DE GUERRE. V. BATELIER AIDE-PORTIER. V. BLOCUS. V. CANDIDAT. V. CANONNIER. V. CAPITAINE D'INFANTERIE FRANÇAISE. V. CAPORAL D'INFANTERIE FRANÇAISE. V. CASSATION. V. CAVALERIE FRANÇAISE. V. CHANGEMENT D'ARMES. V. CHANGEMENT DE CORPS. V. CHEF ARTIFICIER. V. CHEF DE BATAILLON. V. CHEF DE CORPS. V. CHOIX DU ROI. V. CLASSE D'OFFICIERS. V. CLASSEMENT. V. COLONEL D'INFANTERIE FRANÇAISE. V. COMMANDANT EN CHEF. V. COMPAGNIE DE DISCIPLINE. V. COMPAGNIE D'ÉLITE. V. REMPLAÇANT. V. TIERCEMENT.

1838 (16 mars). *Ordonnance.* V. OFFICIER EN NON-ACTIVITÉ. V. OUVRIER DE CORPS. V. OUVRIER D'ÉTAT. V. PIED DE GUERRE. V. PLACE DE GUERRE. V. PLACE INVESTIE. V. PORTE-DRAPEAU. V. PORTIER-CONSIGNE. V. PRINCE FRANÇAIS. V. PRISONNIER DE GUERRE ÉTRANGER. V. PRISONNIER DE GUERRE FRANÇAIS. V. PROMOTION. V. PROPOSITION. V. RANG. V. RANG DE FOURRIER. V. RANG DE SOUS-OFFICIER. V. SERGENT D'INFANTERIE FRANÇAISE. V. SERGENT-MAJOR D'INFANTERIE FRANÇAISE. V. SIÉGE. V. SOUS-INTENDANT. V. SOUS-INTENDANT ADJOINT. V. SOUS-LIEUTENANT D'INFANTERIE FRANÇAISE. V. SOUS-OFFICIER D'INFANTERIE FRANÇAISE. V. SERVICE. V. TABLEAU D'AVANCEMENT. V. TAMBOUR D'INFANTERIE FRANÇAISE. V. TAMBOUR-MAJOR D'INFANTERIE FRANÇAISE. V. TRÉSORIER D'INFANTERIE FRANÇAISE. V. TROUPE ASSIÉGÉE. V. TROUPE D'ADMINISTRATION. V. VÉTÉRAN FRANÇAIS. V. VOLTIGEUR D'INFANTERIE FRANÇAISE.

1838 (16 mars). *Ordonnance sur l'avancement.* V. AVANCEMENT. V. CAPITAINE DE RECRUTEMENT.

1838 (27 mars). *Instruction.* V. ÉCOLE POLYTECHNIQUE. V. ÉCOLE MILITAIRE DE SAINT-CYR. V. LÉGISLATION, 1838 (27 mars). V. SERMENT.

1858 (26 avril). *Circulaire*, qui modifie l'ordonnance du 16 mars. V. CAPITAINE DE RECRUTEMENT.

1858 (29 avril). V. BATAILLON D'OUVRIERS D'ADMINISTRATION. V. CORPS D'INTENDANCE. V. DÉCISION, 1858 (29 avril). V. INTENDANT MILITAIRE N° 2.

1858 (5 mai). *Instruction*. V. INTENDANT MILITAIRE N° 2. V. OUVRIER D'ADMINISTRATION.

1858 (7 mai). *Note ministérielle*. V. ÉPÉE D'OFFICIER. V. OPPOSITION JURIDIQUE.

1858 (17 mai). *Note ministérielle*. V. CHAUFFAGE. V. FOURNEAU. V. MARMITE.

1858 (27 mai). *Note ministérielle*. V. NUMÉRO D'ARMES. V. NUMÉROTAGE D'ARMEMENT.

1858 (30 mai). *Instruction sur l'inspection*. V. INSPECTEUR GÉNÉRAL D'ARMES.

1858 (31 mai). *Ordonnance sur la comptabilité*. V. PENSION DE RETRAITE.

1858 (4 juin). *Décision*. V. CIRAGE A GIBERNE, etc.

1858 (20 juillet). *Circulaire*. Place occupée dans les cérémonies publiques par les officiers en retraite.

1858 (4 août). *Instruction*. V. ADMINISTRATION DES ÉCOLES RÉGIMENTAIRES.

1858 (24 août). *Ordonnance*. La garde de Paris fait partie intégrante de la gendarmerie.

1858 (30 septembre). Cahier des charges de l'adjudication du service des convois militaires pour cinq ans.

1858 (9 octobre). *Décision*. V. FUSIL D'INFANTERIE.

1858 (27 octobre). *Instruction*. Généraux commandants de division territoriale chargés de passer des revues trimestrielles.

1858 (15 novembre). *Décision*. V. CONTOUR D'ÉPAULETTE. V. ÉPAULETTE D'OFFICIER.

1858 (1er décembre). *Règlement pour l'exécution de l'ordonnance de comptabilité de 1858 (31 mai)*. V. ADJUDICATION. V. ADMINISTRATION. V. AVANCE AUX ISOLÉS. V. BORDEREAU D'AVANCES. V. BUDGET. V. COMPTABILITÉ. V. COMPTE. V. CRÉDIT. V. DÉLÉGATION. V. DÉPENSE. V. DROIT. V. EXERCICE COMPTABILIAIRE. V. LIQUIDATION. V. MANDAT DE PAYEMENT. V. OPPOSITION JURIDIQUE. V. ORDONNANCEMENT. V. PAYEMENT. V. RETENUE. V. SOLDE, subs. masc. V. TRAITEMENT MILITAIRE.

1858 (28 décembre). *Ordonnance*. V. UNIFORME D'ÉTAT-MAJOR DE PLACE. V. ÉTAT-MAJOR DE PLACE.

1859 (8 janvier). *Circulaire*. V. CHAPEAU A TROIS CORNES.

1859 (25 avril). *Rapport au roi*. V. DÉFILÉ. V. DÉFILEMENT ADMINISTRATIF. V. DÉFILE-

MENT DE TROUPE. V. DÉFILEMENT D'HONNEUR. V. INFANTERIE FRANÇAISE N° 8.

1859 (7 août). *Décision*. V. ADJUDANT D'INFANTERIE FRANÇAISE.

LÉGISLATION PÉNALE. V. ABANDON. V. ABANDON DE FACTION. V. ABANDON DE POSTE. V. ACCUSÉ. V. ARMÉE FRANÇAISE N° 2. V. ASSASSIN. V. ASSAUT DE CORPS DE PLACE. V. CHATIMENT. V. CODE PÉNAL MILITAIRE. V. CODE PÉNAL SUISSE. V. COLONEL D'INFANTERIE FRANÇAISE DE LIGNE N° 26. V. CONSEIL JUDICIAIRE. V. COUP DE PLAT DE SABRE. V. CRIME. V. DÉLIT. V. DÉSERTEUR. V. DÉSERTION D'OFFICIER. V. DISCIPLINE FRANÇAISE. V. DUEL. V. ESPION. V. GÉNÉRAL EN CHEF N° 2. V. GÉNÉRAL FRANÇAIS N° 7. V. HOMME DE SERVICE. V. INFANTERIE FRANÇAISE N° 9. V. JUGEMENT DE DIEU. V. JUGEMENT MILITAIRE. V. JUSTICE MILITAIRE. V. LÉGISLATION MILITAIRE. V. LEGRAND (Pierre). V. MILICE RUSSE N° 8. V. PEINE. V. RÉFRACTAIRE. V. SENTENCE. V. SENTINELLE.

LÉGITIME, adj. V. GUERRE L...

LÉGITIME, subs. fém. V. COULEVRINE.

LÉGITIMÉ, adj. V. PRINCE L...

LEGONIDEC; LÉGOUPIL; LEGRAND; LEGRAVEREND; LÉGRIS. V. NOMS PROPRES.

LÉGUME (légumes), subs. masc. (term. génér.) ou LÉGUMES D'ORDINAIRE. Le mot légume est tout LATIN et s'emploie le plus généralement au pluriel absolu; il est mentionné ici comme exprimant un des ALIMENTS propres à la NOURRITURE des HOMMES DE TROUPE et à la SUBSISTANCE des armées. —En GARNISON, l'acquisition des Légumes a lieu au moyen des DENIERS D'ORDINAIRE dans la proportion d'une once par homme et par jour. Le choix que le CAPORAL D'ORDINAIRE en fait, la manière de placer ces DENRÉES dans la CHAMBRE, leur cuisson et leur préparation par les soins du CUISINIER, sont autant d'objets qui intéressent la POLICE, l'économie intérieure, l'ADMINISTRATION des COMPAGNIES. Les OFFICIERS DE SEMAINE sont tenus d'y appliquer leur surveillance.—Des économistes philanthropes ont conseillé d'accommoder les Légumes au moyen des graisses extraites du BOUILLON D'OS; c'est une amélioration qui ne s'est pas encore réalisée.—Dans le siècle dernier la DÉSERTION était d'autant plus fréquente que la contrée où elle avait lieu était plus dépourvue de Légumes.—En campagne, la recherche et le transport des Légumes sont une des principales CORVÉES des HOMMES DE TROUPE.—Ces divers objets ont exercé les recherches de BARDET (1740, A), BARDIN (1807, D; 1814, E), CANCHIN, COLOMBIER (1772, C), ENCY-

CLOPÉDIE (1785, C), LACHESNAIE (1758, l), LECOUTURIER (1825, A), RAY DE SAINT-GENIES (1755, A). — Les règlements français font distinction des LÉGUMES FRAIS et des LÉGUMES SECS.

LÉGUME (légumes) d'ordinaire. v. ALIMENT. V. LÉGUME. V. MASSE D'ORDINAIRE. V. MILICE ESPAGNOLE N° 5. V. ORDINAIRE. V. SAC A DISTRIBUTION.

LÉGUME (légumes) FRAIS (B, 1). Sorte

de LÉGUMES considérés comme ALIMENTS de l'ORDINAIRE des TROUPES.—L'ORDONNANCE DE 1818 (15 MARS) défendait qu'il fût introduit dans la caserne des Légumes, à moins que ce ne fût sous la conduite d'un caporal en tenue.—Suivant CHAPTAL (1819), les parties nutritives des Légumes, abstraction faite d'un assaisonnement plus ou moins substantiel, sont, sur cent parties, dans la proportion qui suit :

	PARTIES NUTRITIVES.	
CAROTTES.	Quatorze.	M. Julia de Fontenelle les évalue de douze à quinze.
CHOUX.	Huit.	
ÉPINARDS.	Quatorze.	
FÈVES.	Quatre-vingt-neuf.	
HARICOTS.	Quatre-vingt-douze.	M. Julia de Fontenelle ne les évalue qu'à quatre-vingt-onze et un peu plus.
LENTILLES.	Quatre-vingt-quatorze.	
POIS.	Quatre-vingt-treize.	
POMMES DE TERRE.	Vingt-cinq à trente.	Trois livres de pommes de terre équivalent à une livre de pain.

S'il se fait en certaines circonstances des distributions de Légumes frais, la RATION en est d'un demi-hectogramme.

LÉGUME (légumes) SEC (B, 1). Sorte de LÉGUMES dont la FOURNITURE a lieu aux ARMÉES qui perçoivent la SOLDE DE GUERRE ; ils se délivrent ou en remplacement du RIZ ou par distributions alternatives ; il en est du moins ainsi quand les APPROVISIONNEMENTS permettent la ponctualité qu'il est facile de prescrire et impossible d'observer en campagne.—La MILICE ROMAINE connaissait l'usage des distributions des Légumes secs.— Dans les ARMÉES modernes la distribution des Légumes comme FOURNITURE DE CAMPAGNE accordée aux SOLDATS et aux OFFICIERS, ne date que de la GUERRE DE LA RÉVOLUTION. La RATION de ce genre de denrée est de six décagrammes. La haute administration considère les Légumes secs comme APPROVISIONNEMENTS extraordinaires et DENRÉES DE SIÉGE DÉFENSIF ; ils consistent en FÈVES, HARICOTS, LENTILLES et POIS. Une livre de ces Légumes est un peu plus nutritive qu'une livre de pain.—On peut consulter au sujet de ces questions, le RÈGLEMENT DE 1792 (5 AVRIL), l'ARRÊTÉ DE L'AN DEUX (17 PRAIRIAL), la LOI DE L'AN DEUX (2 THERMIDOR), la CIRCULAIRE DE L'AN TROIS (4 BRUMAIRE), les INSTRUCTIONS DE

L'AN TROIS (16 VENTOSE) et DE L'AN CINQ (1er VENTOSE), la CIRCULAIRE DE L'AN SEPT (29 FLORÉAL), le RÈGLEMENT DE 1827 (1er SEPTEMBRE), l'ARRÊTÉ DE L'AN NEUF (25 FRUCTIDOR), le DÉCRET DE 1810 (50 JUIN).—Dans certaines MILICES ÉTRANGÈRES, la CHOUCROUTE est considérée et distribuée comme Légumes secs.

LEHNBERG ; LEIPSIG ; LEIPZIGER ; LEISSNIG ; LEITH ; LEJEUNE. v. NOMS PROPRES.

LEITTRE, subs. fém. v. LETTRE.

LABOUREUR ; LELIEURE ; LELOUTEREL ; LEMAITRE ; LEMAZERIER. v. NOMS PROPRES.

LEMELLE, subs. fém. v. ALLUMELLE.

LEMESURIER ; LEMIERRE ; LEMOINE. v. NOMS PROPRES.

LENDEMAIN, subs. masc. v. SERVICE DE LENDEMAIN.

LENGLET ; LENOBLE ; LENOIR ; LENORMANT ; LENS. v. NOMS PROPRES.

LENT (lente), adj. v. PAS L...

LENTICULAIRE, adj. v. POMPON L...

LENTILLE, subs. fém. v. HOUPPE DE COIFFURE. V. LÉGUME FRAIS. V. LÉGUME SEC.

LENTULUS ; LENZ ; LÉODEN. v. NOMS PROPRES.

LÉODE, subs. masc. v. LEUDE.

LÉON; LÉONARD; LEONHARD; LÉOPOLD; LÉORIER; LÉORINUS. V. NOMS PROPRES.

L'ÉPÉE DANS LES REINS. V. ÉPÉE. V. DANS LES REINS.

LÈPRE, subs. fém. V. CAS DE RÉFORME. V. INFIRMITÉ.

LEPRIEUR; LEPTINES; LERIDA; LÉROI; LEROUGE; LEROUX. V. NOMS PROPRES.

LES-CENT-LANCES. V. COMPAGNIE DE GENTILSHOMMES AU BEC DE CORBIN.

LESCHES, subs. fém. plur. V. LAÎCHES. V. SABRE.

LESPINASSE; LESSAC. V. NOMS PROPRES.

LESTE, subs. masc. V. CASAQUE. V. HABILLEMENT. V. HABIT.

LESTOYLE; LESUIRE; LETELLIER. V. NOMS PROPRES.

LÈTRE, subs. fém. V. LETTRÉ.

LETTRE (lettres), subs. fém. V. AUX LETTRES. V. CHARGEMENT DE L... V. CHEVALIER DE L... V. CHEVALIER ÈS L... V. ÈS L... V. FRANCHISE DE L... V. PORT DE L... V. RETRAIT DE L...

LETTRE (term. génér.) où LETTRE, suivant ROQUEFORT, ou LÈTRE, en ancien style de chancellerie et de LÉGISLATION. Ce mot, qui est une corruption du LATIN *littera*, prend des acceptions différentes, si on l'emploie au singulier ou au pluriel absolu. Dans le premier cas l'expression se distingue principalement en LETTRE AVOCATOIRE et DE COMPAGNIE; dans le second cas, en LETTRES DE SERVICE.

LETTRE AFFRANCHIE. V. AFFRANCHI. V. CORRESPONDANCE MINISTÉRIELLE. V. MINISTRE DE LA GUERRE N° 8. V. PRÉFET DE DÉPARTEMENT.

LETTRE ALPHABÉTIQUE. V. ALPHABÉTIQUE. V. LETTRE DE COMPAGNIE.

LETTRE AVOCATOIRE (F). Sorte de LETTRES ou plutôt d'ordres et de rappels par écrit, qui avaient pour objet d'extraire d'une MILICE, des MILITAIRES qui y avaient été enrôlés du consentement de leur souverain, mais qu'il était de sa politique actuelle et de son intérêt de n'y pas laisser, à cause de la face nouvelle que prenaient les affaires publiques. — Dans la GUERRE DE TRENTE ANS, les CERCLES étant tour à tour alliés ou ennemis des SUÉDOIS, leur fournissaient des RECRUES, et même des RÉGIMENTS, qu'ils prétendaient ensuite leur retirer au moyen de lettres avocatoires. — Dans la GUERRE DE LA RÉVOLUTION, les noms de LA ROMANA et de IORK, les souvenirs de LEIPZIG et de HANAU nous retracent l'usage des lettres avocatoires.

LETTRE CHARGÉE. V. ADJUDANT DE SEMAINE N° 8. V. CHARGÉ. V. CHARGEMENT DE LETTRES. V. CHARGEMENT D'ARGENT. V. COLONEL D'INFANTERIE FRANÇAISE DE LIGNE N° 25. V. FACTEUR. V. REGISTRE DE LETTRES CHARGÉES.

LETTRE D'ARMEMENT. V. ARMEMENT. V. CANON D'ARME PORTATIVE.

LETTRE D'ATTACHE. V. ATTACHE. V. LETTRES D'ATTACHE.

LETTRE D'AVIS. V. AVIS. V. BREVET DE LA LÉGION D'HONNEUR. V. LÉGION D'HONNEUR.

LETTRE DE CASSE. V. LETTRES DE CASSE.

LETTRE DE CHANGE. V. ACTION POUR DETTES. V. CHANGE. V. MANDAT.

LETTRE (lettres) DE COMPAGNIE (B, 1). Sorte de LETTRE ALPHABÉTIQUE adoptée comme signe de convention, et servant de MARQUE aux EFFETS D'UNIFORME, aux FUSILS D'INFANTERIE, etc. — Le RÈGLEMENT DE 1779 (21 FÉVRIER) prescrivait déjà l'emploi de ce genre de MARQUE, et voulait qu'elle fût apposée sur quelques EFFETS DE PETIT ÉQUIPEMENT, tels que les GUÊTRES, MANCHETTES, etc. L'INSTRUCTION DE 1792 (1er JANVIER), l'ARRÊTÉ DE L'AN HUIT (8 FLORÉAL), et le RÈGLEMENT DE 1806 (10 FÉVRIER) maintenaient ce principe. La CIRCULAIRE DE 1817 (30 AVRIL) adressée aux INSPECTEURS DIVISIONNAIRES, le RÈGLEMENT DE 1818 (15 MAI) reproduisent la même disposition, défendent de substituer à ce système la méthode de marquer au moyen de NUMÉRO, et veulent que les ESCALIERS et CORRIDORS des CASERNES portent également la Lettre. — Il est du devoir des SOUS-INTENDANTS de s'assurer de l'existence de la MARQUE au moyen de la LETTRE ALPHABÉTIQUE de la COMPAGNIE et des NUMÉROS voulus. — En 1835, pour obvier aux inconvénients du TIERCEMENT, la Lettre devait être immuable, quand le NUMÉRO venait à changer.

LETTRE DE REBUT. V. FACTEUR. V. REBUT.

LETTRE MISSIVE. V. ADJUDANT DE SEMAINE N° 8. V. ADJUDANT D'INFANTERIE FRANÇAISE DE LIGNE N° 14. V. BANDE CROISÉE. V. BOÎTE AUX LETTRES. V. BUREAU DE POSTE. V. COLONEL D'INFANTERIE FRANÇAISE DE LIGNE N° 20. V. COMMANDANT. V. CONTRE-SEING. V. CORRESPONDANCE MINISTÉRIELLE. V. FACTEUR. V. HOMME DE TROUPE N° 11. V. REMISE DE LETTRE. V. RETRAIT DE LETTRE. V. SERGENT-MAJOR N° 6.

LETTRE SOUS BANDE. V. BANDE CROISÉE. V. CORRESPONDANCE MINISTÉRIELLE. V. SOUS BANDE.

LETTRÉ, adj. V. CHEVALIER LETTRÉ.

LETTRES D'ATTACHE. V. ATTACHE. V. BREVET. V. COLONEL GÉNÉRAL.

LETTRES DE CASSE. V. CASSE. V. COLONEL D'INFANTERIE FRANÇAISE DE LIGNE N° 32.

LETTRES DE COMMANDEMENT. V. COMMANDEMENT. V. GÉNÉRAL EN CHEF N° 3. V. PATRICE.

LETTRES DE GRACE. V. GRACE. V. PRÉVÔT D'ARMÉE.

LETTRES de MONSTRE. V. MONSTRE. V. PENSION DE RETRAITE.

LETTRES de NOBLESSE. V. CONNÉTABLE N° 5. V. LÉGION DE FRANÇOIS PREMIER. V. NOBLESSE.

LETTRES de RELIEF. V. NOBLE. V. NOBLESSE. V. RELIEF.

LETTRES de SERVICE (E). Sorte de LETTRES ou de diplôme adressés à un OFFICIER, et l'autorisant à exercer un EMPLOI en rapport avec son GRADE; ainsi, les Lettres déterminent l'époque de la RÉCEPTION et de l'ENTRÉE EN FONCTIONS. — Les Lettres diffèrent du BREVET, en ce que le GRADE qu'il confère pourrait être sans EMPLOI, et que le droit au TRAITEMENT de l'EMPLOI est la conséquence de la délivrance des Lettres. — Les ADJUDANTS DE PLACE, les ADJUDANTS COMMANDANTS, les GOUVERNEURS, les LIEUTENANTS GÉNÉRAUX, les MARÉCHAUX DE CAMP, les OFFICIERS DE SANTÉ, les SOUS-LIEUTENANTS, avant que l'EMPLOI fût permanent, n'exerçaient qu'en vertu de Lettres de service. — En certain cas, des Lettres de service sont une sorte d'ORDRE DE ROUTE. — L'ORDONNANCE DE 1825 (19 MARS), art. 3, porte : *Nul militaire ne peut être considéré comme en activité de service, qu'autant qu'il a été pourvu de Lettres de service.* — L'ORDONNANCE ne s'exprime pas ici avec justesse, car un TAMBOUR est en activité de service sans avoir de Lettres de service; c'est avec cette légèreté que notre LÉGISLATION est conçue. — Les Lettres de service, considérées comme pièces justificatives de MUTATIONS, sont mentionnées au RAPPORT JOURNALIER.

LETTRES PATENTES, ou simplement PATENTES. V. AVANCEMENT. V. BREVET. V. CAMPAGNE. V. CAPITAINE GÉNÉRAL. V. COMMISSAIRE DES GUERRES N° 6. V. COMMISSAIRE ORDINAIRE. V. COMMISSION D'EMPLOI. V. CONNÉTABLE N° 1, 8. V. FRANCHISE. V. GÉNÉRAL D'ARMÉE N° 4. V. GRAND MAÎTRE DES ARBALÉTRIERS. V. GOUVERNEUR DE PLACE DE GUERRE N° 2. V. LÉGISLATION, 1550 (8 FÉVRIER), 1557 (19 JANVIER), 1573 (5 AOÛT), 1578 (28 FÉVRIER), 1601 (JANVIER), 1652 (7 OCTOBRE). V. MARÉCHAL DE CAMP N° 1. V. MARÉCHAL DE FRANCE N° 4. V. MARÉCHAL GÉNÉRAL DES CAMPS ET ARMÉES. V. MINISTRE DE LA GUERRE N° 14. V. OFFICE. V. PATENTES, adj.

LETTRES ROYAUX. V. LÉGISLATION, 1555 (2 FÉVRIER), 1340 (FÉVRIER), 1351 (4 FÉVRIER), 1355 (FÉVRIER), 1411 (22 AVRIL), 1412 (JANVIER), 1448 (28 AVRIL), 1451 (1er DÉCEMBRE), 1454 (30 JANVIER), 1467 (AVRIL), 1547 (51 MARS), 1627 (25 OCTOBRE), 1640 (8 OCTOBRE), 1641 (25 MAI), 1642 (9 OCTOBRE), 1651 (15 JUILLET), 1655 (20 MAI), 1655 (27 MAI). V.

ORDONNANCE OFFICIELLE. V. RÈGLEMENT. V. ROYAL, adj. V. SOLDE.

LEUCTRES. V. NOMS PROPRES.

LEUD, subs. masc. V. LEUDE, subs. masc.

LEUDAIRE, subs. masc. V. LEUDE, subs. masc.

LEUDE, subs. fém. V. LEUDE, subs. masc.

LEUDE (leudes), subs. masc. (F), ou ALLODE OU LEODE, suivant l'ENCYCLOPÉDIE (1751,C). ou LEUD suivant ROQUEFORT, ou LIUDES (au pluriel absolu), suivant le *Dictionnaire de la Conversation*. Ces mots auxquels l'ENCYCLOPÉDIE (1751, C), donne une origine HÉBRAÏQUE, rappellent, suivant GÉBELIN, le LATIN barbare *léodes, leudes, leudi;* BOULAINVILLIERS les tire du CELTIQUE *leut* ou *leud,* compatriote; d'autres écrivains les font venir du SAXON *lude* ou *leod,* nation; d'autres, du GREC *laos,* peuple; ils dérivent, suivant M. SISMONDI, du verbe teuton *lieten,* conduire; ils se retrouvent dans l'ALLEMAND *leute,* gens, compagnons; ils signifiaient : hommes de la suite d'un CHEF. — On trouve le terme Leude employé, surtout en France, depuis le règne de CHARLES LE CHAUVE. — MONTESQUIEU regarde les Leudes comme les GARDES DU CORPS des premiers rois FRANCS; suivant lui (*Esprit des Lois,* liv. XXX, chap. 16) et d'après les inductions de l'histoire, c'étaient les COMTES de TACITE, les ANTRUSTIONS de MARCULFE, les NOBLES à HOMMAGE de la LOI SALIQUE, les FIDÈLES, les VASSAUX, les SEIGNEURS que mentionnent les historiens; les INGÉNUS dont parlent les LATINS, — L'homme-lige ou à HOMMAGE était l'homme Leude; les ALEUS ou ALLEUS étaient les terres d'un Leude; leur nom est la racine de l'adjectif loyal, et du substantif aloi. — Originairement les Leudes de la GERMANIE vivaient sur le DOMAINE des HOMMES LIBRES, comme leurs soutiens, leurs défenseurs; ils étaient au-dessus des SERFS et jouissaient, à titre de CLIENTS, d'une demi-liberté, ou formaient une NOBLESSE de second degré. Ils n'avaient pas par eux-mêmes de biens fonds, et restaient soumis à des SERVICES; à des obligations, à des redevances envers les terriens; en temps ordinaires c'étaient, pour ainsi dire des fermiers l'épée à la main; en temps de guerre ils s'attachaient à la fortune d'un CHEF, d'un *herzog,* ils devenaient ses subordonnés, ses officiers; ils s'enchaînaient à lui par SERMENT, ils formaient sa GARDE, sa MAISON : tels étaient les Leudes entrés en FRANCE à la suite des chefs de barbares qui y renversèrent l'EMPIRE ROMAIN ; mais leur nom ne prit, suivant M. SISMONDI, une importance nobiliaire dans les GAULES qu'au milieu du neuvième siècle, parce que, dans le principe dé l'envahissement, l'anoblissement des FRANCS résulta des sorts, *sortibus*; c'est-à-dire des lots de terre dont le possesseur jouissait saliquement, à charge de les défendre, tandis que l'anoblissement des Leudes résulta de la distribution des BÉNÉFICES, espèce de FIEFS qui inféraient l'obligation de suivre le SUZERAIN à la guerre. — Le serment de l'anobli, ce présent de sa propre personne au pouvoir anoblissant, a été l'origine de l'acte de FOI ET HOMMAGE; de là l'expression HOMME DE CORPS, homme par HOMMAGE; de là l'adjectif féal, si longtemps conservé en style de protocole et de chancellerie; il y a eu, de 1825 à 1850, des amateurs de vieilleries qui prétendaient rajeunir cette épithète. — Des Leudes et leurs chefs, rassemblés comme autant de groupes oligarchiques, procédaient à l'élection d'un commandant, d'un ROI, dont les chefs, les herzog devenaient les GÉNÉRAUX, dont les Leudes devenaient les CAPITAINES; mais ce ROI n'était au milieu d'eux que *primus inter pares*, c'est-à-dire le guide de ses COMTÉS ou compagnons; ils l'avaient choisi, ils pouvaient le déposer. A son origine notre royauté était toute élective; les COMTÉS eux-mêmes étaient électifs avant de se faire électeurs. — Ceux qui avaient élevé CLOVIS sur le PAVOIS furent admis par lui au partage du BUTIN; ils obtinrent les terres des vaincus; ils leur donnèrent, après l'usurpation, le nom de terres saliques, c'est-à-dire régies à la manière des peuples saliens. — Du terme LEUD, et de la particule privative A, s'est fait *allodium*, *alleu*, ou terre non salique, mais libre, c'est-à-dire prise par opposition à celle qui était échue en partage aux FRANCS, conquérants d'une partie de la GAULE. — Les Leudes, devenus SEIGNEURS terriens et BARONS, restèrent en armes et conservèrent sur pied leurs TROUPES, leurs CHEVALIERS. L'importance que leur donna cette position explique comment leur consentement, en CAS DE GUERRE, devenait indispensable au ROI. L'autorité se partageait ainsi entre eux et le SOUVERAIN; le CHAMP DE MAI était le théâtre où ils discutaient le sabre à la main les intérêts de l'Etat, ou plutôt les leurs; là ils délibéraient s'ils seconderaient les vues du chef qu'ils avaient couronné et qu'ils pouvaient révoquer. Le choc de pouvoirs si discordants écrasait perpétuellement les peuples; tel était l'horrible gouvernement de CLOVIS et de sa race. Il se composait d'une quantité de puissances rivales si elles n'étaient ennemies. — Les évêques, à force d'intrigues, s'élevèrent au niveau des Leudes. Ceux-ci, suivant l'importance de leur domaine, étaient les égaux des DUCS, mais avec cette différence

que les DUCS furent plus longtemps amovibles et que les Leudes jouirent plutôt d'un RANG héréditaire et qu'ils furent la souche des BARONS. Il y avait cette différence entre les COMTÉS et les Leudes, que les premiers étaient plutôt une trace de la domination ROMAINE et géraient les affaires civiles; les Leudes, au contraire, occupaient un RANG purement MILITAIRE, le droit de HAUBERT leur était acquis. — Les ÉVÊQUES et les Leudes, comme VASSAUX tenanciers, formaient le conseil du SOUVERAIN, étaient les prévôts de sa JUSTICE, participaient à la confection de la loi. Ainsi il se tint, dit VELLY, en 617 à PARIS un concile composé d'ÉVÊQUES, de SEIGNEURS et de *vassaux qu'on appelait Leudes ou fidèles*. — Plus d'une fois ces FIDÈLES ou féaux mirent leur maître en tutèle. Ainsi ils chassèrent CHILPÉRIC et déclinèrent fréquemment la JURIDICTION royale; les SOUVERAINS ne parvenaient que par ruse à punir de leurs crimes les Leudes, et de temps en temps, comme pour justifier leurs mutineries, ils les égorgeaient dans des vues intéressées. — En échange du SERMENT des Leudes, les monarques de la PREMIÈRE et même de la SECONDE RACE leur faisaient don d'une ÉPÉE et d'un CHEVAL comme signes de la redevance du SERVICE. L'hommage fut porté à un prix plus haut, ces dons devinrent insuffisants, les terres de la couronne furent la proie des Leudes, mais ils les obtinrent uniquement d'abord à titre d'amovibilité; les domaines cessèrent d'être amovibles par le traité d'Andely (687); ils devinrent héréditaires par le traité de PARIS (695). Ce fut l'origine de la FÉODALITÉ, la première époque des prérogatives de la CHEVALERIE, la source des prétentions nobiliaires et la cause de l'appauvrissement de la couronne. Les MAIRES DU PALAIS, devenus PRINCES des Leudes, achetèrent leur équivoque soumission par la dilapidation des domaines du monarque. Au commencement du huitième siècle, le monarque n'avait presque plus de biens fonds. — De l'indigence au mépris et à la décadence le chemin est court; le trône s'écroula. — Les Leudes des deux PREMIÈRES RACES commencèrent donc à être distingués en VASSAUX de diverses classes. Le SERVICE obligé continua à être une condition sur laquelle l'autorité, soit royale, soit seigneuriale, ne se relâcha jamais. Aussi retrouve-t-on dans le bas LATIN le substantif *leudarium*, qu'on a traduit par LEUDAIRE, signifiant REGISTRE où l'on tenait inscription du tribut et des redevances de la LEUDE, c'est-à-dire du SERVICE FÉODAL.

LEUTMANN. v. NOMS PROPRES.

LEVAIS, adj. v. PONT I....

LEVÉ (levée), adj. v. MAIN L... v. HOMME L...

LEVÉ (subs. masc.) de TERRAIN. v. BRACK: v. LAISNÉ. v. POSITION STRATEGMATIQUE. v. QUARTIER-MAITRE GÉNÉRAL: v. TERRAIN. v. TOPOGRAPHIE.

LEVÉE, subs. fém. v. NOUVELLE LEVÉE.

LEVÉE (term. génér.), ou LEVÉE DE TROUPES ou LEVÉE D'HOMMES ou LEVÉE MILITAIRE. Le mot Levée dérive du LATIN, ainsi que le verbe et le substantif LEVER. — Les Levées ne sont que de deux genres, ou par ENGAGEMENT VOLONTAIRE, ou FORCÉES. — Déterminer la durée du SERVICE auquel seront soumis les MILITAIRES que le sort désigne ou que l'ENROLEMENT VOLONTAIRE met sur pied, lever l'ARMÉE, réparer annuellement les pertes qu'elle éprouve, telles sont les dispositions fondamentales de toute CONSTITUTION MILITAIRE, tels sont les résultats principaux de la science administrative. — Les Levées des MILICES GRECQUE et ROMAINE étaient le résultat d'une rigide CONSCRIPTION. Dans le quatrième siècle, comme le témoigne une loi de 319 (26 mars), les empereurs romains chargeaient des TURMAIRES de la visite des CONSCRITS et des *temonarii* (mot qu'on pourrait rendre par timonier, ou conducteur de chars) de la Levée en argent dans les provinces où ce tribut se percevait en numéraire, non en hommes. — Des lois de 367 à 412 réglaient les Levées de CHEVAUX. — Les VISIGOTHS pratiquaient une CONSCRIPTION générale; l'indigence, la vieillesse, la maladie étaient les seules causes d'EXEMPTION. — En FRANCE, la première Levée de TROUPES eut lieu sous CLOTAIRE; puisque CLOVIS, son père, chef d'un peuple de SOLDATS, n'avait que des FRANCS et non des indigènes dans ses ARMÉES. — Un des CAPITULAIRES de CHARLEMAGNE, que transcrit M. ROCQUANCOURT, prouve que l'administration des Levées n'était pas dépourvue de SCIENCE. Ce document contient les éléments d'un système national de CONSCRIPTION, de SERVICE MILITAIRE et d'APPROVISIONNEMENT. — Ce prince punissait les DUCS et les COMTES d'une amende de soixante sous d'or par chaque HOMME qu'ils détournaient du SERVICE du roi. — Les capitulaires de CHARLES LE CHAUVE réglaient aussi la forme de certaines Levées; le mode d'exécution en était confié aux DUCS, à titre de principaux NOBLES. HALLAM donne une idée de ce que fut ensuite le RECRUTEMENT : *Les fiefs militaires avaient remplacé cet ancien système de défense nationale suivant lequel chaque individu et surtout chaque propriétaire était appelé à protéger son pays. Les devoirs du vassal furent substitués à ceux du sujet et du citoyen; ce fut la révolution du neuvième siècle. Le douzième et*

le treizième virent s'introduire par degré un nouveau système qui marque le troisième période de l'histoire militaire de l'Europe; les troupes stipendiées remplacèrent la milice féodale. — Depuis les premiers CONCILES jusqu'à PHILIPPE AUGUSTE, il ne se trouve aucun rescrit royal qui organise les Levées de SOUDOYERS. — LOUIS NEUF exigeait de ses BARONS soixante jours de SERVICE par an, à la tête de leurs vassaux. — PHILIPPE LE BEL, en 1302, appela aux ARMES tout FRANÇAIS, NOBLE ou non, de dix-huit à soixante ans; ce fut, suivant DESPOMMELLES, la législation miliciable jusqu'à CHARLES SEPT, et le premier essai d'une MILICE nationale. — Depuis ce règne ont eu lieu les Levées d'AVENTURIERS, de GENS D'ARMES, de BANDES, d'ENSEIGNES, de LÉGIONS, de RÉGIMENTS et de MILICIENS. — Les anciennes Levées de FRANCS s'appelaient BANS, parce que la BANNIÈRE SEIGNEURIALE était le SIGNE DE RALLIEMENT des VASSAUX. Quand les ARMÉES FÉODALES et l'INFANTERIE COMMUNALE ont cessé d'être le noyau des forces publiques, les CONNÉTABLES, les COLONELS GÉNÉRAUX de l'INFANTERIE ont présidé aux ENROLEMENTS. — Nos AUTEURS didactiques se sont plaints de l'obscurité des récits où les historiens traitent des Levées des temps passés, si ce n'est quand ils parlent du SERVICE FÉODAL. Cette plainte est irréfléchie; qu'auraient pu nous dire les annalistes? Les moyens qu'adoptent les propriétaires de bestiaux pour réunir leurs troupeaux et les envoyer au marché sont simples et tous à peu près les mêmes; or, dans le MOYEN AGE, rien n'était plus semblable à la manière de rassembler un troupeau que celle de faire *marcher en l'ost* une ARMÉE. Jusqu'à CHARLES SEPT il n'y a d'autre amélioration en cette partie que l'ordonnance par laquelle CHARLES CINQ défend les Levées, si ce n'est en vertu d'une COMMISSION de qui de droit. — Depuis CHARLES SEPT jusqu'à LOUIS QUATORZE les usages et les formes varient perpétuellement. Il y a un rapport si intime entre l'art de gérer les finances et celui de constituer les ARMÉES, que la forme des Levées ne pouvait être fixe quand le trésor, continuellement à sec, nécessitait de perpétuels LICENCIEMENTS. La LÉGISLATION ne peut résoudre ce problème si difficile de l'ART MILITAIRE, ce problème des Levées, qu'à l'aide d'un BUDGET assuré. — Un des moyens employés sous LOUIS QUATORZE et qui outrepasse tout ce que les lois révolutionnaires ont pu inventer, est consigné dans une ORDONNANCE DE 1636 (6 AOUT), qui veut que tous les ateliers *soient rompus avec commandement de faire cesser les bâtiments.* — En mettant sans ouvrage les ouvriers, on trouvait des SOLDATS, sauf à faire périr de misère ou à réduire au rôle de brigands les hommes impropres à devenir soldats. — L'ORDONNANCE DE 1645 (10 JUILLET) va bien plus loin ; elle prescrit *d'enroller par préférence les vagabonds, gens sans aveu et fainéants capables de porter les armes.* — Le SERVICE était plus libre que forcé dans les seizième et dix-septième siècles ; l'APPEL aux MILICIENS fut le premier essai d'un BAN royal. — La forme des Levées changea de nouveau à l'époque de la GUERRE DE 1701. Les désastres du temps mirent en évidence l'insuffisance du RECRUTEMENT par ENROLEMENT VOLONTAIRE. Les CAPITAINES se trouvant hors d'état de recruter leurs COMPAGNIES, le MINISTRE chercha à y remédier en exigeant de chaque paroisse un certain nombre de RECRUES ; mais l'incohérence des opérations de cette Levée favorisa, à ce que dit FEUQUIÈRES, des dilapidations et des infidélités dont se rendirent coupables les CAPITAINES, et elle occasionna mille injustices au préjudice du peuple. — DARGENSON apporta des améliorations dans le système des Levées. — Le dernier siècle est marqué par l'institution du BAN national. En 1793, une Levée de trois cent mille hommes fut le signal d'une ère nouvelle et suggéra l'idée de la CONSCRIPTION. — Pendant les GUERRES DE LA RÉVOLUTION la proportion des Levées a varié suivant les nécessités des temps ; le tableau s'en rattache à l'histoire et à la COMPOSITION de l'ARMÉE FRANÇAISE. — Le DÉCRET DE L'AN TREIZE (25 GERMINAL) posait les régles relatives aux Levées des CORPS nouveaux. — Jusqu'à la restauration, la durée du SERVICE exigé avait été de cinq ans. — Depuis la restauration, les Levées ont été annuellement d'abord de quarante mille hommes servant six ans ; elles ont été depuis 1826 de soixante mille hommes servant huit ans. — Le quart de ce dernier nombre se composait de remplaçants. — Ce n'est qu'en 1834 qu'on eût pu avoir l'expérience des résultats des Levées de 1826 ; mais les modifications survenues depuis 1830 s'y sont opposées. On ne peut asseoir de calculs que sur des Levées de quarante mille hommes ; un cinquième n'en a pas été incorporé ; à l'époque de l'accomplissement des six ans de SERVICE, un cinquième des HOMMES LEVÉS était sorti de la classe des SOLDATS par AVANCEMENT ou par pertes ordinairement survenues dans les CORPS ; ainsi, abstraction faite des chances destructives qui pourraient résulter de la GUERRE ou d'expéditions lointaines, il se trouvait, à l'instant de la libération, les trois cinquièmes du total des hommes de troupe appelés par la loi. — Si le système des Levées de soixante mille hommes eût continué, il y aurait eu, au bout de huit ans, en TEMPS

DE PAIX, trente-six mille hommes à congédier ; mais après la restauration, le chiffre des Levées a été porté à quatre-vingt mille hommes. Annuellement trois mille cinq cents soldats eussent peut-être contracté des RENGAGEMENTS , faible ressource sur une ARMÉE de trois cent mille hommes. Dans la MILICE FRANÇAISE les dispositions relatives aux Levées sont du ressort direct du MINISTRE DE LA GUERRE ; il en confie les travaux de détails au corps de l'INTENDANCE, qui y est aidé par les AUTORITÉS CIVILES et par la GENDARMERIE. — Dans toute l'EUROPE les Levées sont en partie forcées, en partie libres. C'est une imitation des AVENTURIERS d'ITALIE, des COMPAGNIES D'ORDONNANCE et des FRANCS ARCHERS de CHARLES SEPT, des LÉGIONS DE FRANÇOIS PREMIER, des MILICIENS de LOUIS QUATORZE. — On donnait, dans les siècles derniers, le nom singulier de plagiat aux Levées de troupes irrégulièrement et clandestinement faites en pays étranger ; la PRUSSE a été le gouvernement le plus coupable de plagiats. — On appelait pays capitulés ceux où des Levées pour l'étranger étaient consenties. — Le mot Levée est devenu surtout un terme de la loi, depuis la RÉQUISITION, la Levée DE 1793 (24 FÉVRIER) et la CONSCRIPTION ; jusque-là il n'était consacré dans la LANGUE FRANÇAISE que par l'usage et appartenait surtout au style de l'histoire ; dans ce style, ARMEMENT et LEVÉE DE BOUCLIERS avaient même valeur, parce qu'autrefois on disait indifféremment : un HOMME DE GUERRE ou un bouclier. — L'expression LEVÉE D'HOMMES diffère tant soit peu de l'expression LEVÉE DE TROUPES, en ce que la première suppose qu'il s'agit de compléter des cadres en y introduisant des HOMMES DE NOUVELLE LEVÉE, et que l'autre se rapporte plutôt à l'opération par laquelle on met sur pied des CORPS nouveaux ; cependant quantité d'AUTEURS et d'historiens emploient sous même acception ces locutions. — Les CAPITULATIONS SUISSES donnaient des LEVÉES DE TROUPES ; la CONSCRIPTION ou les APPELS, comme on dit maintenant, donnent des LEVÉES D'HOMMES. — Les Levées étant pour les peuples un moyen d'existence et de conservation, on peut les regarder comme un tribut armé que le pouvoir législatif doit coordonner au chiffre de la population, de manière que la quantité d'HOMMES appelés ne préjudicie pas à l'État, mais qu'en même temps la sécurité et la stabilité de l'État soient assurés. — La loi ANGLAISE ne peut armer les citoyens que dans le cas seul de la défense du territoire. Ainsi les Levées conscriptionnelles des hommes de terre n'y sont que défensives. Ce système est favorisé par une position géographique que la marine recrutée par la presse couvre de ses forteresses ambulantes, et dont un littoral non interrompu forme la ceinture ; mais dans un pays en contiguïté avec des frontières voisines et échancré d'enclaves, les appels pour l'armée de terre doivent, sous peine de désastres et de défaites, donner des troupes offensives et défensives. — La période du temps pendant lequel la loi frappe de l'obligation du SERVICE les enfants de la patrie, varie suivant les temps, suivant les lieux, quelquefois même suivant les ARMES. — Des législateurs ont opiné pour que les hommes conscrits fussent TENUS longtemps SOUS LES DRAPEAUX, afin que l'ARMÉE fût à la fois meilleure et de moindre force, puisqu'en ne la composant que d'hommes perpétuellement novices, elle coûtera plus et vaudra moins, car deux ouvriers malhabiles n'équivalent pas à un bon ; mais le SERVICE forcé étant une suspension de la liberté individuelle et une obligation qui ne saurait jamais être parfaitement égale pour tous, quelque sage et prévoyante que soit la loi, la question est délicate ; il reste difficile de décider s'il vaut mieux appeler plus d'hommes pour un temps plus court, comme il est d'usage chez des peuples dont le gouvernement est tempéré, ou en astreindre un plus petit nombre à un service prolongé, comme cela se voit en plusieurs MILICES. — Les AUTEURS à qui nous devons des recherches au sujet de la partie soit historique, soit systématique de l'objet qui nous occupe, sont : AUTHE, AUDOUIN, BERRIAT, BRIQUET (1761, H), CANCRIN, CARRÉ (1785, E), CARRION (1824, A), DALRYMPLE (1769), DANIEL (1721, A), DARUT (1789, B), DELATOUR (1514, A), DELIGNE (1780, I), DESPOMMELLES, DUANE, ENCYCLOPÉDIE (1751, C ; 1785, C), GUIGNARD (1725, B), LACHESNAIE (1758, I), LECOUTURIER (1825, A), MOHEAU, POTIER (1779, X), ROGNIAT (1816, B), SERVAN (1780, B), SILVA (1778, S). — Nous donnerons quelques développements de plus au mot Levée, en traitant des LEVÉES EN MASSE.

LEVÉE d'ARRÊTS. V. ARRÊTS. V. BILLET DE LEVÉE D'ARRÊTS. V. OFFICIER FRANÇAIS N° 16. V. OFFICIER INFÉRIEUR. V. OFFICIER D'INFANTERIE N° 7. V. SOUS-OFFICIER N° 11.

LEVÉE de BANNIÈRE. V. BANNIÈRE.

LEVÉE de BLOCUS. V. BLOCUS. V. DONJON. V. OFFENSIVE.

LEVÉE de BOUCLIERS. V. BOUCLIER. V. CHEVALIER DU MOYEN AGE N° 9. V. CONGRÈS. V. CROISADE DE 1500. V. GUERRE. V. GUERRE DE 1828. V. LEVÉE.

LEVÉE de BOUTE-SELLE. V. BOUTE-SELLE. V. SONNERIE DE CAVALERIE.

LEVÉE de CAMP. V. CAMP. V. DÉCAMPEMENT.

LEVÉE de CORPS. V. CORPS. V. CORPS RÉGIMENTAIRE N° 1. V. LEVÉE. V. MASSE RÉGIMENTAIRE.

LEVÉE de SCELLÉS. V. APPOSITION DE SCELLÉS. V. CHEF D'ÉTAT-MAJOR. V. CHEF D'ÉTAT-MAJOR D'ARMÉE. V. MAJOR DE PLACE N° 2. V. SCELLÉS.

LEVÉE de SIÉGE. V. SIÉGE. V. SIÉGE OFFENSIF.

LEVÉE de TERRAIN. V. TERRAIN. V. TOPOGRAPHIE.

LEVÉE de TROUPES. V. CAPITULATION. V. COLONEL GÉNÉRAL DE L'INFANTERIE N° 4. V. COMMANDEMENT HIÉRARCHIQUE. V. CONTINGENT. V. EFFET D'UNIFORME. V. HABILLEMENT. V. INFANTERIE COMMUNALE N° 2. V. INTENDANT DE PROVINCE. V. LEVÉE. V. MILICE DANOISE N° 1. V. MILICE NÉERLANDAISE N° 1. V. MILICE NORVÉGIENNE. V. MILICE ROMAINE ; id. N° 2. V. MILICE SAXONNE N° 1. V. MINISTRE DE LA GUERRE N° 13, 14 ; id. EN 1643, 1758. V. PRÉFET DU PRÉTOIRE. V. REITRE. V. SERMENT. V. SOLDAT. V. TRIBUN. V. TROUPE.

LEVÉE d'HOMMES. V. ENGAGEMENT DE RECRUES. V. GENDARMERIE DE POLICE N° 6. V. HOMME. V. INFANTERIE COMMUNALE N° 5. V. INSPECTEUR AUX REVUES. V. LEVÉE. V. MILICE ESPAGNOLE N° 2. V. MILICE SUÉDOISE N° 1, 2, 6. V. MILICE SUISSE N° 2. V. MINISTRE DE LA GUERRE EN 1643, 1758. V. RAISE. V. REVUE D'ADMINISTRATION.

LEVÉE (levées) EN MASSE (A, 2 ; F). Sorte de LEVÉES qui nationalisent la GUERRE dans des crises extraordinaires. Telles étaient les levées des SOMATÈNES de la milice d'Espagne. — Par une disposition évidente, quoique tacite, du contrat social, dit HALLAM, *tout citoyen, quelle que soit l'étendue de ses priviléges, est naturellement tenu de repousser l'invasion. Une Levée en masse, sans être toujours le moyen de résistance le plus convenable, est un de ceux auxquels tout gouvernement a le droit de recourir.* — On lit dans un capitulaire de CHARLES LE CHAUVE (BALUZE, t. II, p. 44) : *Volumus ut cujuscumque nostrúm homo, in cujuscumque regno sit, cum seniore suo in hostem, vel aliis suis utilitatibus pergat, nisi talis regni invasio, quam lantweri dicunt (quod absit) acciderit, ut omnis populus illius regni ad eam repellendam communiter pergat.* Nous ordonnons que tout homme de notre royaume, en quelque province qu'il demeure, se range sous la BANNIÈRE de son SEIGNEUR, et marche contre l'ENNEMI avec le peuple entier pour repousser l'INVASION, le LANDWEHR, dont la FRANCE serait menacée. — Ainsi on connaissait déjà le LANDWEHR, ce genre de RECRUTEMENT, que plus d'un contemporain suppose d'invention moderne ;

mais rien n'est nouveau, ni ENROLEMENT CONSCRIPTIF, ni ENROLEMENT VOLONTAIRE, ni GARDE NATIONALE. — Lors de l'invasion des ANGLAIS et de l'empereur HENRI CINQ en CHAMPAGNE en 1124, Henri le Gros fait un appel général à tous les hommes en état de PRENDRE LES ARMES. — PHILIPPE LE BEL, après la bataille fatale de TOURNAY en 1302, appelle aux armes : *tous Français nobles ou non nobles, de quelque condition qu'ils soient, qui auront âge de dix-huit ans et plus jusqu'à soixante ans.* — La POSPOLITE des POLONAIS, l'INSURRECTION des HONGROIS, les ORDONNANCES PORTUGAISES, les appels aux hommes de la SUISSE, étaient des Levées en masse. — Un DÉCRET DE 1793 (16 AOUT) porte que le *peuple français va se lever tout entier pour la défense de sa liberté.* La PREMIÈRE RÉQUISITION fut la conséquence de cette mesure. — La GUERRE DE 1792 a été une mémorable Levée en masse.

LEVÉE FORCÉE. V. CONSCRIPTION. V. FORCÉ, adj. V. LEVÉE. V. MILICE ESPAGNOLE N° 2. V. MILICE PIÉMONTAISE N° 1. V. PAS CADENCÉ. V. PAYE. V. REMPLAÇANT. V. ROTURIER.

LEVÉE MILITAIRE. V. LEVÉE. V. MILITAIRE, adj. V. RECRUTEMENT.

LEVER, subs. masc. V. AIR VITAL. V. APPEL DE LEVER. V. APPEL DU LEVER. V. APPEL DE MATIN. V. BATTERIE DE CASERNE. V. BATTERIE DE LEVER. V. BATTRE LA CAISSE. V. LEVÉE. V. ROULEMENT DE RÉVEIL. V. SERGENT D'INFANTERIE FRANÇAISE DE LIGNE N° 10.

LEVER, verb. act. V. LEVÉE.

LEVER BANNIÈRE. V. BACHELIER. V. BANNERET N° 3. V. BANNIÈRE. V. BANNIÈRE DE CHEVALIER. V. CHAPE DE SAINT MARTIN. V. FIEF BANNERET. V. GENTILHOMME.

LEVER (subs. masc.) DE TERRAIN. V. ARNOLD. V. TERRAIN. V. TOPOGRAPHIE.

LEVER (verb. act.) DES TROUPES. V. ARMÉE FRANÇAISE N° 1. V. AVENTURIER. V. BANDE AGRÉGATIVE. V. ENGAGEMENT DE RECRUE. V. GOUVERNEUR DE PROVINCE. V. GUERRE. V. RECRUE. V. TAMBOUR INSTRUMENTAL D'INFANTERIE FRANÇAISE. V. TROUPE.

LEVER la CHAPE. V. CHAPE. V. DAPIFER.

LEVER la PIQUE. V. PIQUE.

LEVER le BIVAC. V. BIVAC.

LEVER le CAMP. V. CAMP. V. CAMP DE GUERRE. V. DÉCAMPEMENT. V. FOURRAGE ARMÉ. V. INSTRUMENT DE MUSIQUE. V. RETRAITE STRATEUMATIQUE.

LEVER le CRI. V. CRI. V. CRI D'ARMES.

LEVER le MASQUE. V. BATTERIE MASQUÉE. V. LANGUE FRANÇAISE. V. MASQUÉ.

LEVER le PIQUET. V. PIQUET. V. PIQUET DE TENTE.

LEVER le POSTE. V. POSTE. V. POSTE D'HOMMES DE GARDE.

LEVER le SIÉGE. V. GÉNÉRAL D'ARMÉE N° 1. V. GUERRE DE SIÉGE. V. SIÉGE.

LEVER l'EMPRISE. V. EMPRISE.

LEVER l'ÉTAT DE SIÉGE. V. ÉTAT DE SIÉGE.

LEVER l'ÉTENDARD. V. ÉTENDARD. V. LANGUE FRANÇAISE. V. PAYE.

LEVER l'ORIFLAMME. V. ORIFLAMME.

LEVER les ARRÊTS. V. ARRÊTS.

LEVER PONT-LEVIS. V. COMTE N° 3. V. MARQUIS. V. PONT-LEVIS.

LEVER (subs. masc.) TOPOGRAPHIQUE. V. AVANCEMENT AU GRADE D'OFFICIER PARTICULIER. V. CARTE TOPOGRAPHIQUE. V. CORPS D'ÉTAT-MAJOR. V. COUP D'ŒIL. V. LAISNÉ. V. MILICE AUTRICHIENNE N° 2. V. RECONNAISSANCE DE TERRAIN. V. TERRAIN STRATÉGIQUE. V. TOPOGRAPHIQUE. V. TOPOGRAPHIE.

LEVER (verb. act.) un PLAN. V. ARNOLD (F). AUDIERNE. V. BAYARD. V. BACKENBERG. V. DECKER. V. GERSTENBERG. V. HAYNE. V. HOGRÈVE. V. INGÉNIEUR GÉOGRAPHE N° 2. V. MEINERT. V. NETTO. V. PLAN. V. QUARTIER-MAITRE GÉNÉRAL. V. RUMPF (1824, F).

LEVER une CONSIGNE. V. CONSIGNE.

LEVER une CONTRIBUTION. V. CONTRIBUTION DE GUERRE. V. PIED DE GUERRE.

LEVEUR, subs. masc. V. PLAN TOPOGRAPHIQUE.

LEVEYS, adj. ind. V. PONT-LEVEYS.

LEVIER de BOUCHE A FEU. V. BOUCHE A FEU. V. CANON D'ARTILLERIE.

LEVIRLOIS. V. NOMS PROPRES.

LEVIS, adj. indécl. V. PONT-LEVIS.

LÉVITE, subs. fém. V. REDINGOTE.

LÈVRES (subs. fém. plur.) d'ENTONNOIR. V. ENTONNOIR.

LEYDEN; **LEYSSNIG**. V. NOMS PROPRES.

LÉZARDE, subs. fém. V. CAPITAINE D'INFANTERIE FRANÇAISE DE LIGNE N° 6. V. CHEF DE BATAILLON D'INFANTERIE FRANÇAISE DE LIGNE N° 4. V. GALON. V. SCHAKO D'INFANTERIE.

LEZEAU; **LHOSTAL**; **LIANCOURT**. V. NOMS PROPRES.

LIBÉRABLE, adj. Mot nouveau qui figure dans les documents ministériels de 1824, comme signifiant : militaire susceptible de LIBÉRATION.

LIBÉRATIF (libérative), adj. V. CONGÉ L... V. QUARTIER L...

LIBÉRATION (subs. fém.) de SERVICE (A, 3). Mot nouveau dans nos ORDONNANCES, et répondant à l'ancien terme CONGÉDIMENT des HOMMES DE TROUPE. Il est mal choisi, il jure dans la LANGUE MILITAIRE, puisque LIBÉRÉ s'applique depuis longtemps aux hommes délivrés des FERS et à la manumission des CONDAMNÉS AU BOULET ou aux TRAVAUX. — L'étymologie des mots libération, libérable, libérer est toute LATINE; mais dans cette LANGUE le verbe *liberare* ne s'appliquait point aux militaires, ni aux lois du RECRUTEMENT. — L'ORDONNANCE DE 1550 (20 MARS) s'occupait la première des Libérations de soldats. — Les Grecs appelaient AGE APOMAQUE (où l'on ne combât plus), l'âge déclaré impropre au SERVICE, et où un citoyen cessait d'être soumis à l'obligation de PORTER LES ARMES. — Un ACTE DE RENGAGÉMENT est une renonciation au droit à la Libération. — Dans les TROUPES de l'INFANTERIE FRANÇAISE le dressement des ÉTATS DE LIBÉRATION et les supputations de ce genre de DÉCOMPTE regardent le COLONEL, le CONSEIL D'ADMINISTRATION, l'INSPECTEUR GÉNÉRAL : le relevé en est adressé au MINISTRE. — Toute Libération est mentionnée à l'instant sur le CONTROLE ANNUEL de la COMPAGNIE comme cause de DIMINUTION DE FORCES; cette circonstance occasionne à la même DATE un mouvement dans l'EFFECTIF. — Jusqu'au ministère de DARGENSON la violation des promesses de Libération était un fréquent scandale. — Il y a en France plusieurs genres de Libérations; ainsi il en est prononcé une sous le nom de Libération avant le SERVICE; elle a lieu quand le CONSEIL DE RÉVISION raye du contingent les HOMMES qui sont impropres, ou que la loi exempte ou dispense. — La Libération après le SERVICE a lieu suivant les mêmes règles à l'égard des HOMMES APPELÉS, des hommes LEVÉS, des REMPLAÇANTS. — La Libération des ENGAGÉS a lieu à l'expiration de la DURÉE légale des ANNÉES DE SERVICE; mais l'époque du CONGÉ pourrait être retardée si l'HOMME s'était rendu coupable de certaines ABSENCES PROHIBÉES, parce qu'il perdrait en ce cas le bénéfice de son ANCIENNETÉ. — Les Libérations se constatent au moyen d'une CARTOUCHE IMPRIMÉE; elle exprime de quelle nature est le CONGÉ, c'est-à-dire, s'il est d'ANCIENNETÉ, de GRÂCE (comme on disait autrefois) ou de RÉFORME. — S'il s'agit d'HOMMES LIBÉRÉS à la suite de PEINES AFFLICTIVES, une CARTOUCHE ROUGE leur est délivrée en certains cas, de même qu'autrefois une CARTOUCHE VERTE était délivrée en CAS DE RÉFORME. Un LICENCIEMENT est une Libération générale extraordinaire. — MM. ODIER (1824, E), HUSSON (1836, A), VAUCHELLE ont traité des Libérations.

LIBÉRATION COMPTABILIAIRE. V. COMPTABILIAIRE. V. SOLDE.

LIBÉRÉ (libéréc), adj. V. COLONEL D'INFANTERIE FRANÇAISE DE LIGNE N° 26. V. CON-

GÉDIÉ. V. LIBÉRATION. V., MILICE ANGLAISE N° 2.

LIBÉRER, verb. act. V. DÉGAGER UN HOMME. V. LIBÉRATION.

LIBERTÉ, subs. fém. V. EN LIBERTÉ.

LIBERTÉ des COUDES. V. ACCOUDEMENT. V. COUDE.

LIBRARIUS, subst. masc. V. FOURRIER D'INFANTERIE FRANÇAISE DE LIGNE N° 2.

LIBRE, adj. V. ARMES L... V. ENROLEMENT L... V. HOMME L...

LIBRILLE, subs. fém. (F). Mot tout LATIN : *librilia, librilla*, qui était un diminutif de *libra*, balance. — Les commentateurs disent que la Librille s'appelait ainsi, *a librando*, c'est-à-dire à raison de la manière dont le FRONDEUR balançait le coup pour lancer le PROJECTILE. — C'était une variété de la fronde, et peut-être la même arme que le FUSTIBALE, car la description qu'en fait FESTUS ne marque pas bien la différence qu'il pouvait y avoir entre ces ARMES NÉVROBALISTIQUES. Il paraît que c'était également une FRONDE A MANCHE qui jettait la PIERRE au moyen d'une courroie ou d'une espèce de fouet. — On voit les troupes de CÉSAR repousser une attaque de Vercingintorix, en faisant usage de frondes, de Librilles et de leurs PAUX ou PIEUX, *fundis, librilibis, sudibusque.* JABRO (1777, G) suppose avec fondement que les SOLDATS que TACITE appelait *libratores*, en parlant des combats de Germanicus, de Corbulon, etc., étaient des soldats armés de Librilles.

LICE, subs. fém. V. ENTRER EN L...

LICE (F), ou LICHE, comme l'écrit VILLEHARDOUIN; ou LYCE, ou PARC, suivant M. ROQUEFORT. Le mot Lice dérive du bas LATIN *licia, liciæ.* DUCANGE (1755) mentionne maintes fois ce pluriel, qui serait, suivant MÉNAGE, une abréviation de *palicium*, BARRIÈRE. — Au MOYEN AGE, Lice signifiait également clôture et lieu enclos; dans le premier sens, il a été synonyme de BARRICADE, PALISSADEMENT, RETRANCHEMENT; ainsi les PORTES de lieux forts étaient précédées de Lices. Sous la seconde acception, il a été synonyme de ARÈNE, CARREAU, CARRIÈRE, CARROUSEL, CHAMP CLOS, COMBAT A PLAISANCE, JOUTE, MINE, PAS D'ARMES, QUARRIÈRE, TERRAIN, TOURNOI. Les CHEVRONS, les PALS ou PAULX, les TREFS, les JUMELLES qui en faisaient partie sont restés comme MEUBLES DE BLASON. — La loi voulait que les Lices des JUGEMENTS DE DIEU eussent quarante pas sur quatre-vingts; elles étaient gardées par des SERGENTS D'ARMES : un rescrit de 1305 entrait dans ces détails. — Au quatorzième siècle, il existait encore des Lices dans les plus petites villes ; c'étaient les tribunaux du temps et le théâtre des COMBATS DE JUGEMENT.—Dans les Lices consacrées aux exercices, aux amusements, à la PETITE GUERRE, des PALADINS se livraient au maniement de la LANCE, aux COURSES DE QUINTANE, aux jeux dirigés ou présidés par des MARÉCHAUX.—S'il s'agissait non plus de justice, de COMPARSES, de FAQUINS, mais d'une véritable HOPLOMACHIE, d'un rude DUEL, d'un COMBAT EN CHAMP CLOS, la Lice s'improvisait, tout lieu enfermé de quelques perches lui était propre; des CHAMPIONS à qui il était DONNÉ CHAMP, des CHEVALIERS assistés de leurs ÉCUYERS, se mesuraient à COUPS D'ÉPÉE, de LANCE, etc.; les HÉRAUTS D'ARMES proclamaient leur blason, donnaient le signal, annonçaient le terme de la lutte. Des JUGES DE CAMP assistés de leurs AIDES DE CAMP ou MARÉCHAUX présidaient à ces passe-temps; les ÉCUYERS, les SERGENTS ramassaient les combattants RESTÉS SUR LE CARREAU. Quelques éclaircissements à cet égard se trouvent dans le *Dictionnaire de la Conversation*.

LICENCIEMENT, subs., masc. (A, 4). Mot dérivé du LATIN *licentia*, synonyme de *missio*, signifiant congé; probablement les FRANÇAIS l'auront pris directement du verbe ITALIEN *licenziare*.—Le Licenciement diffère du CONGÉDIMENT, en ce que le second est le renvoi des individus, et que le premier exprime la suppression partielle ou totale des CORPS d'une ARMÉE que l'autorité CASSE, DÉSARME, RÉFORME, et dont elle interrompt les TRAITEMENTS.—Le Licenciement diffère de la DISLOCATION en ce que celle-ci n'est que le démembrement d'une ARMÉE rendue à l'ÉTAT DE PAIX.—Jusqu'à l'époque de la création d'une ARMÉE PERMANENTE, on ne voyait en FRANCE que LEVÉES et LICENCIEMENTS. C'était là l'occupation des monarques FRANÇAIS et de leurs CONNÉTABLES depuis Charlemagne jusqu'aux derniers Valois. — L'existence des AVENTURIERS n'était pour ainsi dire que le fait d'un contrat mensuel, souvent les BANDES ne duraient guère plus.—HENRI QUATRE, créateur de notre ARMÉE, céda lui-même à la force des usages; il LICENCIA, après la paix de Verdun, presque tous les RÉGIMENTS D'INFANTERIE de son ARMÉE. — Les VIEILLES BANDES et les PETITS VIEUX furent ensuite regardés comme dispensés de la loi du Licenciement, au moins en totalité.—Les Licenciements sont une mesure toujours onéreuse, souvent impolitique. MONTÉCUCULI (1704, A) démontre combien ils ont été ruineux pour la maison d'AUTRICHE : *Si l'on fait*, dit-il, *le relevé des dépenses occasionnées par le Licenciement, les levées, les voyages de troupe, on reconnaîtra qu'il en résulte* des frais *bien plus considérables que ceux qu'exige une armée perpétuelle.*—Le DÉCRET DE L'AN TREIZE (25 GERMINAL), prévoyant les cas de Licenciement, chargeait des détails de l'opération les INSPECTEURS AUX REVUES, sous la direction du MINISTRE DE LA GUERRE ; par analogie, les MEMBRES DE L'INTENDANCE y donneraient, dans le temps actuel, leurs soins.—L'INFANTERIE FRANCO-SUISSE de la restauration s'était précautionnée contre l'événement d'un Licenciement, en exigeant qu'en ce cas des GRATIFICATIONS lui fussent allouées et que ses ARMES lui fussent conservées. — Dans un pays dont la CONSTITUTION militaire serait habilement réglée, il y aurait périodiquement des LIBÉRATIONS, éventuellement des DISLOCATIONS, mais le moins possible des Licenciements; les événements, qui se jouent de la sagesse humaine, ne feraient que trop souvent fléchir le principe : diminuez si vous voulez la force des corps, mais non le nombre.—L'ORDONNANCE DE 1815 (23 MARS), rendue à Lille, sur le Licenciement, est la preuve qu'il y a assez de bouleversements inévitables, sans que le gouvernement se prête à des suppressions qu'il peut éviter. Les souvenirs de l'ARMÉE de la Loire (1815, 5 août) ne se sont pas effacés, et la magnifique GARDE de CHARLES DIX ainsi que son INFANTERIE SUISSE n'ont pas survécu à l'année 1830.—M. BERRIAT (1817, A), M. CARRION (1824, A), LECOUTURIER (1825, A), peuvent être consultés à l'égard des Licenciements.

LICENCIER, verb. act. v. ARMÉE PERMANENTE. V. BANDE AGRÉGATIVE. V. CASSER. V. LICENCIEMENT. V. LIEUTENANT D'INFANTERIE FRANÇAISE DE LIGNE N° 1. V. RÉFORME. V. TAMBOUR INSTRUMENTAL D'INFANTERIE FRANÇAISE.

LICHE, subs. fém. v. LICE.

LICHTENSTEIN. V. NOMS PROPRES.

LICORNE, subs. fém. (F). Nom d'un animal fabuleux, appliqué à un OBUSIER LONG ou canon à chambre, dont la MILICE RUSSE faisait usage, suivant M. MEYER (Moritz), depuis 1744; il dit ailleurs, qu'elle date de 1756. Suivant d'autres écrivains, l'usage n'en aurait commencé que depuis 1774. Cette pièce s'appelait Licorne (Jedinorok), parce que ses ANSES figuraient des Licornes; elle s'appelait aussi : PIÈCE à la Schowalof ou Schuwalof; elle était plus longue que l'OBUSIER français, et ne pouvait pas, par cette raison, être chargée à la main. Les plus fortes Licornes étaient de quarante. —Les Licornes de trois ont été supprimées, en RUSSIE, en 1828.— La portée des Licornes répondait à celle des MORTIERS à chambre conique.—Il y avait aussi des OBUSIERS LONGS qui s'appelaient GRIFFONS.—Il est traité de ce

sujet par M. Lebourg, *le Spectateur militaire* (t. xx, p. 593), le *Journal des Sciences militaires* (août 1836, p. 205).

LICTEUR, subs. masc. v. commandement hiérarchique. v. consul. v. décimation.
v. dictateur. v. faisceaux de licteur. v.
hache de licteur. v. héraut. v. légion romaine n° 7. v. manufacture d'armes. v. milice romaine n° 8, 10. v. questeur. v.
répression.

LIDE, subs. fém. v. clide. v. perrier,
subs. masc.

LIE DE VIN, subs. fém. et masc. v. couleur tranchante.

**LIEBENSTEIN ; LIEBKNECHT ;
LIEDDECK ; LIÉGEOIS.** v. noms propres.

LIÉGEOIS (liégeoise), adj. v. légion l...

LIEN de botte. v. botte de fourrage.

LIER (verb. act.) des communications.
v. camp volant. v. communication.

LIER une attaque. v. attaque. v. attaque de front de place.

LIEU, subs. masc. v. chef-l... v. hopital du l...

LIEU d'arrivée. v. arrivée. v. arrivée
de corps en route. v. coupon d'indemnité de
route. v. feuille de route. v. reconnaissance de troupes arrivantes.

LIEU d'assemblée. v. assemblée. v. con-
tre-ordre.

LIEU de départ. v. départ. v. feuille de
route.

LIEU de destination. v. adjudant-major
de semaine en route. v. destination.

LIEU de distribution. v. adjudant de
semaine en route. v. distribution. v. piquet
armé.

LIEU de domicile. v. affiche de publication de mariage. v. domicile.

LIEU de garnison. v. garnison. v. infanterie française n° 5, tableau. v. premier
céleustique.

LIEU de gite. v. adjudant de semaine en
route. v. adjudant en route. v. adjudant
major précédant le corps. v. arrière-garde
de corps en route en temps de paix. v. cantonnement. v. convoi a la suite. v. corps en
route sur pied de paix. v. coupon d'indemnité de route. v. étape. v. feuille de
route. v. feuille de route d'officier. v.
garde nationale. v. gite. v. lieutenant-colonel d'infanterie française de ligne n° 9. v.
logement en route. v. ordonnance idiotique. v. pain de munition. v. premier céleustique. v. trésorier de corps en route.

LIEU de naissance. v. acte de décès. v.
controle annuel de compagnie. v. matricule.
v. naissance. v. signalement.

LIEU de passage. v. bourgeois, subs. v.
feuille de route. v. passage.

LIEU de pose. v. chef de poste d'hommes
de garde n° 2. v. pose.

LIEU de rassemblement de corps. v.
adjudant de semaine n° 4. v. corps au gite.
v. rassemblement de corps.

LIEU de séjour. v. séjour.

LIEU d'étape. v. adjudant-major précédant le corps. v. chef de détachement en
route. v. convoi a la suite. v. étape. v.
feuille de route. v. gite. v. indemnité de
route. v. milice romaine n° 11.

LIEU défendu. v. assaillant de siége.
défensif. v. défendu, adj. v. paleter. v. terrain fortificatoire.

LIEU d'habitation. v. habitation. v.
quartier.

LIEU fermé. v. affaire de poste. v. chef
de détachement de guerre n° 2, 5. v. fermé.
v. poste fermé.

LIEU fort. v. action de guerre. v. fort,
adj. v. forteresse. v. morte paye. v. passe-volant. v. récompense. v. rempart de
forteresse. v. salut a feu.

LIEU fortifié. v. capitaine d'infanterie
française de ligne n° 2. v. fortifié.

LIEUE, subs. fém. v. trois sous par
lieue.

LIEUTENANCE, subs. fém. (C, 1). Mot
moderne qui a succédé aux termes lieutenanchie, lieutenancie, que mentionne
Roquefort, comme traduction du latin corrompu *locum tenentia.*

LIEUTENANCE colonelle. v. avancement. v. capitaine d'infanterie française de
ligne n° 5. v. colonelle.

LIEUTENANCE de gendarmerie. v. gendarmerie. v. gendarmerie de police n° 1.

LIEUTENANCE de grenadiers. v. adjudant d'infanterie française de ligne n° 6.
v. grenadier. v. noble.

LIEUTENANCE générale. v. général,
adj. v. lieutenant général n° 1.

LIEUTENANCHIE, subs. fém. v. lieutenance.

LIEUTENANCIE, subs. fém. v. lieutenance.

LIEUTENANT, subs. masc. v. adjudant
de place l... v. adjudant l... v. adjudant-
major l... v. appointements de l... v. capitaine l... v. classe de l... v. contre-épaulette
de l... v. devoirs de l... v. épaulette de l...
v. feld-marschall l... v. fonctions de l...
v. général l... v. grade de l... v. logement de l... v. nomination de l... v. paye
de l... v. premier l... v. punition de l... v.
rang de l... v. service de l... v. solde de l...
v. sous-l... v. subordination de l... v. table
de l... v. tente de l... v. traitement de l...

LIEUTENANT {
- AUX MONTRES.
- -COLONEL.
- DE ROI.
- D'INFANTERIE. { LIEUTENANT D'ARMEMENT.
- GÉNÉRAL.

LIEUTENANT (term. génér.). Mot visiblement dérivé du latin *locum tenens*. Par une circonstance peu commune, le FRANÇAIS et l'ITALIEN en ont conservé, en le traduisant, la construction originaire ; par un effet dont les exemples sont nombreux, l'ANGLAIS et l'ALLEMAND l'ont pris littéralement du FRANÇAIS. Dans l'origine, il a signifié, d'une manière générale, *tenant lieu* ou second dans la gestion d'un OFFICE ; il n'a pas d'autre sens dans le traité de PHILIPPE DE CLÈVES (1520, A); il n'était encore qu'un terme sans spécialité, et n'avait pas pris ce sens propre et absolu par lequel il donne l'idée d'un OFFICIER qui seconde le CAPITAINE ; ainsi, un COMMISSAIRE DES GUERRES, un CHEF D'ESCADRE d'infanterie avaient un Lieutenant; le VICAIRE d'un COMTE, un ANSPESSADE étaient Lieutenants, c'est-à-dire seconds ou PRÉVOTS. — MONTLUC avait un Lieutenant qui était CAPITAINE et qui commandait sous ses ordres deux COMPAGNIES. — L'acception a changé; la pauvreté de notre LANGUE a rendu technique le mot Lieutenant, qui autrefois eût passé pour incomplet si l'on n'eût dit : Lieutenant de qui ? — L'expression Lieutenant, appliquée dans le sens d'OFFICIER EN SECOND, abstraction faite du GRADE, répond à ce que les ROMAINS appelaient *legatus* Le légat d'un CONSUL ROMAIN était le Lieutenant d'un GÉNÉRAL, le CORNICULAIRE était le Lieutenant d'un TRIBUN, l'OURAGUE était le Lieutenant du DÉCURION. Dans la MILICE BYSANTINE, le HUPOSTRATÈGUE était le Lieutenant du HUPERSTRATÈGUE. — AU MOYEN AGE, un PRÉVOT, un BAILLI D'ÉPÉE étaient le Lieutenant d'un BANNERET, d'un SEIGNEUR FIEFFÉ. — PRAISSAC (1614, A) s'est occupé didactiquement, l'un des premiers, du grade des Lieutenants, et quelques courtes explications sur ce sujet se trouvent dans le *Dictionnaire de la Conversation*. — Nous distinguerons le terme LIEUTENANT en LIEUTENANT A LA SUITE, — ADJUDANT DE PLACE, — AIDE-MAJOR, — ANGLAIS, — ARCHIVISTE, — AU CAMP, — AUTRICHIEN, — AUX GARDES, — AUX MONTRES, — BAVAROIS, — CAPITAINE, — COLONEL A LA SUITE, — COLONEL ADJUDANT GÉNÉRAL, — COLONEL AIDE DE CAMP, — COLONEL ANGLAIS, — COLONEL AU CAMP, — COLONEL COMMANDANT DE PLACE, — COLONEL D'ARTILLERIE, — COLONEL DE GARDE ROYALE, — COLONEL DE LÉGION, — COLONEL DE PONTONNIERS, — COLONEL D'ÉTAT-MAJOR, — COLONEL D'INFANTERIE FRANCO-SUISSE DE GARDE ROYALE, — COLONEL D'INFANTERIE FRANCO-SUISSE DE LIGNE, — COLONEL DU GÉNIE, — COLONEL EN CAMPAGNE, — COLONEL EN GARNISON, — COLONEL EN PREMIER, — COLONEL EN ROUTE, — COLONEL EN SECOND, — COLONEL ESPAGNOL, — COLONEL GÉNÉRAL, — COLONEL NÉERLANDAIS, — COLONEL PIÉMONTAIS, — COLONEL PORTUGAIS, — COLONEL PRUSSIEN, — COLONEL RUSSE, — COLONEL SUÉDOIS, — COLONEL SUISSE, — COLONEL TURC, — COMMISSAIRE, — D'ARTILLERIE, — D'ARTILLERIE FRANCO-SUISSE DE LIGNE, — DE CAMPEMENT, — DE CAVALERIE, — DE COMPAGNIE D'ÉLITE, — DE COMPAGNIE D'ORDONNANCE, — DE CONNÉTABLE, — DE CONSEIL DE DISCIPLINE, — DE CONSUL, — DE DÉTAIL, — DE DICTATEUR, — DE DISTRIBUTION, — DE FUSILIERS, — DE GARDE, — DE GARDE ROYALE, — DE GARDES DU CORPS, — DE GENDARMERIE, — DE GOUVERNEUR, — DE GRAND MAITRE DE L'ARTILLERIE, — DE GRAND MAITRE DES ARBALÉTRIERS, — DE MARÉCHAUSSÉE, — DE GRAND SÉNÉCHAL, — DE GRENADIERS, — DE LA CAVALERIE, — DE LA COLONELLE, — DE LÉGION, — DE L'EMPEREUR, — DE LOGEMENT, — DE MARÉCHAL, — DE POLICE AU CAMP, — DE MUSIQUE, — DE PREMIÈRE CLASSE, — DE PRÉVOT, — DE RECRUTEMENT, — DE ROBE COURTE, — DE ROBE LONGUE, — DE ROI, MARÉCHAL DE CAMP, — DE SEMAINE, — DE SEMAINE AU CAMP, — DE SÉNÉCHAUSSÉE, — DE SERREFILE, — DES GARDES, — DES MARÉCHAUX, — D'ÉTAT-MAJOR DE CORPS, — D'ÉTAT-MAJOR GÉNÉRAL, — D'HABILLEMENT, — D'INFANTERIE FRANCO-SUISSE, — D'ORDONNANCE DU COLONEL, — DU GÉNIE, — DU GRAND PRÉVOT, — DU GUET, — DU ROI, — EN PIED, — EN PREMIER, — EN SECOND, — FRANÇAIS, — GÉNÉRAL ANGLAIS, — GÉNÉRAL ESPAGNOL, — GÉNÉRAL COMMANDANT UNE DIVISION, — GÉNÉRAL D'ARTILLERIE, — GÉNÉRAL DE JOUR, — GÉNÉRAL DE ROBE LONGUE, — GÉNÉRAL DES ARMÉES, — GÉNÉRAL DU GÉNIE, — GÉNÉRAL ESPAGNOL, — GÉNÉRAL, INSPECTEUR GÉNÉRAL, — GÉNÉRAL PIÉMONTAIS, — GÉNÉRAL PORTUGAIS, — PARAGUÉEN, — PARTI-

CULIER, — PORTUGAIS, — NÉERLANDAIS, — PRUSSIEN, — SUISSE, — TURCO-ÉGYPTIEN.

LIEUTENANT A LA SUITE. V. A LA SUITE. V. LIEUTENANT D'INFANTERIE FRANÇAISE DE LIGNE N° 4, tableau.

LIEUTENANT ADJUDANT DE PLACE. V. ADJUDANT DE PLACE N° 1, 2.

LIEUTENANT AIDE-MAJOR. V. AIDE-MAJOR ACTUEL N° 1. V. LIEUTENANT D'INFANTERIE FRANÇAISE DE LIGNE N° 4.

LIEUTENANT ANGLAIS. V. ANGLAIS, adj. V. MILICE ANGLAISE N° 2, 5.

LIEUTENANT ARCHIVISTE. V. ARCHIVISTE. V. SECRÉTAIRE ARCHIVISTE.

LIEUTENANT AU CAMP. V. AU CAMP. V. DÉTACHEMENT AU CAMP.

LIEUTENANT AUTRICHIEN. V. AUTRICHIEN, adj. V. MILICE AUTRICHIENNE N° 5.

LIEUTENANT AUX GARDES. V. AUX GARDES. V. GARDES FRANÇAISES N° 2.

LIEUTENANT AUX MONSTRES. V. AUX MONSTRES. V. LIEUTENANT AUX MONTRES.

LIEUTENANT AUX MONTRES (F), ou LIEUTENANT AUX MONSTRES. Sorte de LIEUTENANT, c'est-à-dire de délégué ou de représentant qui était chargé jadis par le CONNÉTABLE ou par un MARÉCHAL DE FRANCE de faire la revue des COMPAGNIES D'ORDONNANCE, etc. — Au quatorzième siècle on nomme ainsi, à ce que dit M. MONTEIL, les OFFICIERS D'ADMINISTRATION MILITAIRE. Il y avait vingt-deux de ces Lieutenants, savoir : vingt pour les TROUPES ROYALES, un pour les gens du CONNÉTABLE, un pour les gens du GRAND MAITRE DES ARBALÉTRIERS. — Une ORDONNANCE DE 1572 enjoignait aux MARÉCHAUX et au GRAND MAITRE DES ARBALÉTRIERS de choisir des Lieutenants pour la revue des TROUPES. — Les COMMISSAIRES DES GUERRES, les INSPECTEURS AUX REVUES, les OFFICIERS D'INTENDANCE ont successivement hérité des fonctions des Lieutenants aux montres.

LIEUTENANT BAVAROIS. V. BAVAROIS, adj. V. MILICE BAVAROISE N° 5.

LIEUTENANT CAPITAINE. V. CAPITAINE LIEUTENANT. V. LIEUTENANT D'INFANTERIE FRANÇAISE DE LIGNE N° 1.

LIEUTENANT-COLONEL, adj. V. ADJUDANT GÉNÉRAL LIEUTENANT-COLONEL. V. COLONEL.

LIEUTENANT-COLONEL, subs. masc. V. ABSENCE DE LIEUTENANT-C... V. ADMINISTRATION DE LIEUTENANT-C... V. ALLOCATIONS DE LIEUTENANT-C... V. APPOINTEMENTS DE LIEUTENANT-C... V. AUTORITÉ DE LIEUTENANT-C... V. CAS D'ABSENCE DE LIEUTENANT-C... V. CHEF DE BATAILLON LIEUTENANT-C... V. COMMANDANT DE PLACE LIEUTENANT-C... V. COMMISSION DE LIEUTENANT-C... V. CONGÉ DE LIEUTENANT-

C... V. CONGÉ LIMITÉ DE LIEUTENANT-C... V. CRÉATION DE LIEUTENANT-C... V. DEVOIRS DE LIEUTENANT-C... V. DROITS DE LIEUTENANT-C... V. EMPLOI DE LIEUTENANT-C... V. ÉPAULETTE DE LIEUTENANT-C... V. FONCTIONS DE LIEUTENANT-C... V. GRADE DE LIEUTENANT-C... V. INSPECTION DE LIEUTENANT-C... V. LOCALISATION DE LIEUTENANT-C... V. NOMINATION DE LIEUTENANT-C... V. PRÉROGATIVES DE LIEUTENANT-C... V. RANG DE LIEUTENANT-C... V. REMPLACEMENT DE LIEUTENANT-C... V. SERVICE DE LIEUTENANT-C... V. SOLDE DE LIEUTENANT-C... V. SUBORDINATION DE LIEUTENANT-C... V. SURVEILLANCE DE LIEUTENANT-C... V. UNIFORME DE LIEUTENANT-C...

LIEUTENANT-COLONEL A LA SUITE. V. A LA SUITE. V. CHEF DE DÉTACHEMENT EMBARQUÉ. V. LIEUTENANT-COLONEL D'INFANTERIE N° 4.

LIEUTENANT-COLONEL ADJUDANT GÉNÉRAL. V. ADJUDANT GÉNÉRAL.

LIEUTENANT-COLONEL AIDE DE CAMP. V. AIDE DE CAMP N° 2.

LIEUTENANT-COLONEL ANGLAIS. V. ANGLAIS, adj. V. MILICE ANGLAISE.

LIEUTENANT-COLONEL AU CAMP. V. AU CAMP. V. CAMP DE TENTES.

LIEUTENANT-COLONEL AUTRICHIEN. V. AUTRICHIEN, adj. V. MILICE AUTRICHIENNE N° 2, 5.

LIEUTENANT-COLONEL COMMANDANT DE PLACE. V. COMMANDANT DE PLACE N° 2.

LIEUTENANT-COLONEL D'ARTILLERIE. V. ARTILLERIE. V. ÉTAT-MAJOR D'ARTILLERIE.

LIEUTENANT-COLONEL DE CAVALERIE. V. CAVALERIE. V. LIEUTENANT-COLONEL D'INFANTERIE N° 1.

LIEUTENANT-COLONEL DE GARDE ROYALE. V. GARDE ROYALE. V. GARDE ROYALE N° 4.

LIEUTENANT-COLONEL DE LÉGION. V. LÉGION DE LOUIS QUINZE.

LIEUTENANT-COLONEL DE PONTONNIERS. V. BATAILLON DE PONTONNIERS. V. PONTONNIER.

LIEUTENANT-COLONEL D'ÉTAT-MAJOR. V. CORPS D'ÉTAT-MAJOR. V. ÉTAT-MAJOR D'ARMÉE. V. ÉTAT-MAJOR DE PLACE. V. MINISTRE DE LA GUERRE EN 1817 (12 SEPTEMBRE). V. OFFICIER D'ÉTAT-MAJOR GÉNÉRAL.

LIEUTENANT- (lieutenants-) COLONEL D'INFANTERIE FRANÇAISE DE LIGNE (A, 1). Sorte de LIEUTENANTS, c'est-à-dire d'officiers supérieurs, dont le titre, ici caractérisé avec précision, rappelle un GRADE autrefois mal déterminé et exercé, soit par de simples OFFICIERS, soit par des OFFICIERS GÉNÉRAUX ; leur EMPLOI, leurs attributions dans l'ARMÉE FRANÇAISE ont été fort différents suivant les époques. — Il a existé, sous Henri quatre, un Lieutenant-colonel général dont parle Daniel (1721, A). Cette charge, créée en 1584 (décembre), en faveur de Crillon, s'éteignit avec lui. — On a appelé lieutenant du colonel, et ensuite Lieutenant-colonel, le capitaine qui commandait la compagnie colonelle ; il s'appelait aussi capitaine-lieutenant, parce qu'il était le lieutenant du colonel général ; il le représentait à la tête de la compagnie qui, dans chaque régiment d'infanterie, était la propriété de cet officier général ; cette locution Lieutenant-colonel était reçue ; et la loi la sanctionna, comme tant d'autres anomalies de la langue militaire. — Il était d'usage, dans les corps de cavalerie franco-étrangère, d'appeler, comme le témoigne Potier (1780, X), Lieutenant-colonel, le premier capitaine, parce qu'il commandait en l'absence du colonel. — Depuis l'abolition de la charge de colonel général de l'infanterie, en 1661, l'infanterie française appela Lieutenant-colonel, non plus l'officier représentant l'ex-colonel général, mais le représentant du mestre de camp devenu colonel particulier ; depuis cette abolition du colonel général ; ce Lieutenant-colonel eut, à son tour, sa compagnie ; c'était la lieutenante-colonelle ; il la faisait aussi commander par un représentant. — Le Lieutenant-colonel moderne n'est donc nullement le Lieutenant-colonel des deux derniers siècles ; le grade des Lieutenants-colonels de régiment, contre la marche ordinaire des choses, a pris plus d'importance, alors que les autres grades ont décru ; cet officier était chef de bataillon, il est devenu colonel en second. Les auteurs qui rendent témoignage de ces faits sont : Bardet (1740, A), Berriat (1817, A), Birac (1686, B), Bombelles (1746, A), Carrion (1824, A), Daniel (1721, A), Delafontaine (1675, A), Delamont (1671, A), Despagnac (1751, D), Despar (1743, A), Encyclopédie (1751, C), Furetière (au mot *Colonel*), Gaya (1679, A), Lachesnaie (1758, I), Lavallière (1693, E), Leblond (1758, B), Manesson (1685, B), Odier (1817 et 1824, E), Potier (1779, X), Quincy (1741, D), le *Spectateur militaire* (t. xvii, p. 55), la *Sentinelle* (t. iv, p. 81). — Le sujet va être divisé comme il suit : création, nomination, uniforme, localisation, remplacement, allocations, solde, droits, autorité, prérogatives, rang, surveillance, fonctions, devoirs, subordination, administration. — N° 1. Création. — M. le colonel Carrion (1824, A) regarde les Lieutenants-colonels comme ayant été créés sous Louis treize ; M. Bontemps croit que, vers le milieu du

dix-septième siècle, le grade de sergent-major commença à devenir grade de Lieutenant-colonel ; mais ces assertions ne sont pas exactes. — Il fut attaché, depuis Louis quatorze jusqu'à la fin du règne de Louis seize, des Lieutenants-colonels à l'état-major des régiments d'infanterie. — L'ordonnance de 1655 (28 avril) est la première où nous retrouvions le terme ici mentionné ; mais il signifie d'abord capitaine de la compagnie colonelle. Depuis l'ordonnance de 1665 (25 juillet), le titre impliqua le rang d'officier supérieur. — A l'instar des lieutenants-colonels de la cavalerie étrangère au service de France, c'est-à-dire à l'instar du titre que portait le premier capitaine du régiment, ce même titre de Lieutenant-colonel était donné, comme le témoigne Ganeau, au major du régiment de cavalerie française ; il en était ainsi au commencement du dernier siècle. L'infanterie imita en cela la cavalerie ; mais ce n'est que bien plus tard que le grade a pris l'importance, outrée peut-être, qu'il a de nos jours. — L'invention du grade de Lieutenant-colonel fut une conséquence de la division des régiments en bataillons, parce que le colonel en commanda plus spécialement un ; le Lieutenant-colonel fut attaché à l'autre ; ainsi l'autorité des Lieutenants-colonels était moitié moindre que de nos jours, puisqu'elle s'exerce actuellement sur tout un corps, d'une manière plus ou moins mitigée, plus ou moins étendue. — Sous le ministère de Ségur, quoiqu'il ne fût plus reconnu de colonels, il était dans les intentions de ce ministre que, au-dessous du mestre de camp en pied et du mestre de camp en second, il y eût un Lieutenant-colonel ; de la part des commis de la guerre, c'était une singulière aberration en fait de langue. — Les bataillons de volontaires nationaux furent placés, à leur création, sous un chef très-improprement nommé Lieutenant-colonel, puisqu'il n'y avait pas de colonel. Un lieutenant-colonel en second partageait presque, avec le Lieutenant-colonel en premier, l'autorité, et souvent la lui disputait. — Ces imperfections s'effacèrent à la promulgation du décret de 1793 (21 février) ; il ne fut plus reconnu de Lieutenant-colonel, mais des chefs de bataillon. Ce fut une des utiles innovations de la guerre de la révolution. — Bonaparte créa, sous le nom de majors, de véritables Lieutenants-colonels ; la restauration les abolit. — L'ordonnance de 1815 (3 août) rétablit nominalement le grade de Lieutenant-colonel ; mais l'attacha à un emploi qui ne lui avait pas encore été dévolu. Le ministère voulait créer des places; il s'inquiétait peu qu'elles fussent utiles. Les COMMIS DE LA GUERRE virent de leurs yeux qu'il y avait des Lieutenants-colonels dans la MILICE ANGLAISE; ils ne se rendirent pas compte qu'ils y étaient réellement ou COLONELS par le fait ou CHEFS DE BATAILLON par les fonctions, parce que, en ANGLETERRE, les COLONELS sont généraux pour la plupart, qu'ils ne sont jamais au CORPS, et que le GRADE de CHEF DE BATAILLON y est inconnu. Les COMMIS se persuadèrent qu'il fallait en FRANCE des Lieutenants-colonels, quoiqu'il ne manquât ni de COLONELS véritables, ni de CHEFS DE BATAILLON; d'autres raisons eurent aussi de l'influence; BONAPARTE avait donné un second chef à ses CORPS D'INFANTERIE, il s'appelait MAJOR; dès lors il fallut donner un second chef aux CORPS de l'ARMÉE nouvelle, tout faibles qu'ils fussent; et l'on s'y décida, sans se rendre compte que si BONAPARTE avait créé des MAJORS c'était pour les TEMPS DE GUERRE et dans des CORPS démesurés. On trouva ainsi moyen de conserver les MAJORS à grosses ÉPAULETTES, et de flatter leur vanité en ressuscitant pour eux un titre de l'ancien régime. D'aussi misérables considérations ont tourmenté, depuis HENRI QUATRE, la COMPOSITION de l'ARMÉE FRANÇAISE. — Une faute conduit ordinairement à une autre: en créant le GRADE de Lieutenant-colonel, il fallut inventer, pour déguiser le vice du double EMPLOI, des FONCTIONS à remplir; et cet officier, au lieu d'être le substitut éventuel de son chef ou son représentant en CAS D'ABSENCE, devint, d'une manière permanente, l'intermédiaire entre le COLONEL et ses OFFICIERS; c'était un rouage superflu toujours, nuisible quelquefois. En créant ainsi, surabondamment, un COMMANDANT EN SECOND, on se mit, comme le dit ODIER (liv. II, p. 40), *dans la nécessité de remplacer au besoin ce remplaçant; on établit, sans profit pour la discipline, une cascade de plus pour le commandement.* — Le CONSEIL SUPÉRIEUR DE LA GUERRE agita, en 1828, la question de savoir s'il supprimerait ce GRADE; ce projet a, de nouveau, été mis sur le tapis en 1834, comme susceptible, si l'abolition avait lieu dans toutes les ARMES, de produire une économie de deux millions. La même opinion fut émise, en 1832, à la chambre des pairs, dans le cours de la discussion du budget. — Un ORDRE DU JOUR du MINISTRE DE LA GUERRE (1835 [13 juin]), rapporté dans le *Constitutionnel* (16 et 17 juin), fulminait des reproches à l'occasion d'un DUEL entre le colonel du huitième de dragons (M. Vial) et son Lieutenant-colonel (M. Gérard), stationnés à Epinal: ce dernier, blessé dans l'action, était livré à un conseil

de guerre; son CHEF était privé de son EMPLOI. — Des opinions qui tendent, au contraire, à faire valoir l'utilité du GRADE de Lieutenant-colonel sont consignées dans la *Sentinelle de l'Armée* (1835 [10 juillet]): et ceux même qui penchent vers l'opinion que le GRADE eût dû n'être pas créé, ne se dissimulent pas l'impossibilité de l'abolition, à raison de la quantité de MILITAIRES recommandables et habiles qui exercent maintenant cet EMPLOI; la suppression d'une manière brusque ou générale serait une injustice. Elle serait un embarras en administration, puisqu'elle exigerait le remaniement de toutes les ORDONNANCES. — N° 2. NOMINATION, UNIFORME. — Avant l'ORDONNANCE DE 1762 (10 DÉCEMBRE), un CAPITAINE passait Lieutenant-colonel par le droit de l'ANCIENNETÉ; cette ordonnance conféra au ROI le choix à cet EMPLOI; et comme, à cette époque, les COLONELS étaient souvent des enfants, la place de Lieutenant-colonel était dévolue à des OFFICIERS d'expérience, qui devenaient, au besoin, les tuteurs, les mentors de leur CHEF. — L'ORDONNANCE DE 1766 (1er MARS) réglait que, en cas de vacance d'un EMPLOI de Lieutenant-colonel, la CHARGE serait exercée par des OFFICIERS tirés d'autres CORPS. — Les BREVETS qui investissaient les Lieutenants-colonels de leur EMPLOI étaient désignés, dans le style de la LÉGISLATION, sous le titre de COMMISSIONS. — L'ORDONNANCE DE 1818 (10 AOUT) réglait, à raison de l'ANCIENNETÉ, l'avancement des Lieutenants-colonels. — La LOI DE 1832 (14 AVRIL) disposait que, pour obtenir ce GRADE, il fallait avoir été trois ans CHEF DE BATAILLON; mais elle laissait au CHOIX du ROI la NOMINATION. — L'ORDONNANCE DE 1835 (10 JUIN) leur donnait accès au CORPS de l'INTENDANCE, et les déclarait susceptibles de passer sous-INTENDANTS de seconde CLASSE. — Les Lieutenants-colonels n'avaient dans le principe que les INSIGNES à peu près pareils à ceux maintenant affectés aux CHEFS DE BATAILLON; ainsi le RÈGLEMENT DE 1767 (28 AVRIL) portait qu'ils auraient une ÉPAULETTE de COLONEL et une CONTRE-ÉPAULETTE. — La NOTICE DE 1815 (6 DÉCEMBRE) et la circulaire de 1816 (25 janvier) réglaient autrement leurs MARQUES DISTINCTIVES, et les assimilaient davantage à celles des colonels; mais elles donnaient les épaulettes en or et en argent aux Lieutenants-colonels; tels sont les GALONS DE SCHAKO et leurs ÉPAULETTES; elles sont à TORSADES comme celles des COLONELS, et n'en diffèrent que parce qu'elles sont à DEUX MÉTAUX, comme l'étaient les ÉPAULETTES DE MAJOR sous le régime impérial. — N° 3. LOCALISATION. — L'ORDONNANCE DE 1768 (1er AOUT) voulait que les Lieutenants-colonels prissent en garnison leur LOGEMENT le plus près possible du RÉGIMENT. — En TEMPS DE PAIX, et en CAS DE SÉPARATION de corps, le Lieutenant-colonel reste au BATAILLON où se trouve le COLONEL, ou bien il accompagne, s'il y a nécessité, la portion du corps dont le COLONEL s'éloigne. — En TEMPS DE GUERRE, le Lieutenant-colonel commande la partie du corps où le COLONEL ne se trouve pas. — En ORDRE DE BATAILLE, la place du Lieutenant-colonel, quand il ne commande pas le corps, était à vingt-cinq pas en arrière du SECOND BATAILLON et à quatre pas à la droite du COLONEL; il avait devant lui le CHIRURGIEN-MAJOR. — L'ORDONNANCE DE 1818 (13 MAI) voulait que, en MANOEUVRES, quand le COLONEL commandait en personne le RÉGIMENT, le Lieutenant-colonel se tînt aux endroits où sa présence était nécessaire, ou qu'il se portât sur les points que le COLONEL lui indiquerait. — Dans les DÉFILEMENTS D'HONNEUR, le Lieutenant-colonel se tient à la gauche de son COMMANDANT, et il a à sa gauche le chef du PREMIER BATAILLON. — L'ORDONNANCE DE 1831 (4 MARS) disposait que, en ordre de bataille, le Lieutenant-colonel serait à la droite du COLONEL si le MAJOR était à sa gauche; si le MAJOR était absent, le Lieutenant-colonel était à la gauche du COLONEL. — L'ORDONNANCE DE 1832 (3 MAI, art. 41) réglait sa place au CAMP. — En temps ordinaire, le Lieutenant-colonel ne peut s'absenter en même temps que son chef, et il alterne avec lui lors de la distribution des CONGÉS. — N° 4. REMPLACEMENT. — Si le Lieutenant-colonel s'absente, le plus ancien CHEF DE BATAILLON en remplit les fonctions, à moins que l'ABSENCE ne soit de moins de huit jours; le Lieutenant-colonel n'est, en ce cas, suppléé que par le CHEF DE BATAILLON DE SEMAINE. — Si le Lieutenant-colonel ne peut, en garnison, se trouver au RAPPORT, il y est représenté par le CHEF DE BATAILLON DE SEMAINE. — A l'égard du BATAILLON D'INSTRUCTION et des MANOEUVRES, le CHEF DE BATAILLON INSTRUCTEUR remplace, en CAS D'ABSENCE, le LIEUTENANT-COLONEL. — S'il est attaché au corps un COLONEL A LA SUITE, il serait, en cas d'absence prolongée, le remplaçant du Lieutenant-colonel. S'il n'y en a point, et qu'il y ait un LIEUTENANT-COLONEL A LA SUITE, il en serait de même. — N° 5. ALLOCATIONS, SOLDE. — Aussi longtemps que le Lieutenant-colonel était tiré de la classe des CAPITAINES, il conservait sa COMPAGNIE, et avait PAYE de CAPITAINE, et en outre PAYE de Lieutenant-colonel; celle-ci était un peu plus du doublé de l'autre. — La CIRCULAIRE DE 1816 (23 JANVIER) et l'ORDONNANCE DE 1823 (19 MARS) ré-

glaient les allocations auxquelles les Lieutenants-colonels avaient droit; elles leur accordaient, en l'absence du COLONEL, l'INDEMNITÉ DE FRAIS DE REPRÉSENTATION. — L'ORDONNANCE DE 1817 (7 MARS) leur allouait les mêmes RATIONS DE FOURRAGE qu'au colonel. — L'ORDONNANCE DE 1829 (10 OCTOBRE) réglait leur PENSION DE RETRAITE. — En vertu de l'ordonnance de 1651, le Lieutenant-colonel avait, comme indemnité d'USTENCILE, un franc par jour. — L'ordonnance de 1758 lui allouait cinq francs par jour. — Ses APPOINTEMENTS ont été réglés par l'ORDONNANCE DE 1823 (19 MARS); ils étaient moins favorables que ceux des LIEUTENANTS-COLONELS D'INFANTERIE FRANCO-SUISSE DE LIGNE: ceux-ci jouissaient de cinq mille francs d'appointements; dans la GARDE ROYALE, les officiers de ce même grade avaient douze mille francs. — N° 6. DROITS, AUTORITÉ. — Il serait de peu d'utilité de rechercher quels étaient autrefois les droits et l'autorité des Lieutenants-colonels, puisque le GRADE était tout différent de ce qu'il est devenu; disons cependant que l'ORDONNANCE DE 1768 (1er MARS) voulait qu'en cas de présence comme d'absence du COLONEL, le Lieutenant-colonel conservât sur le MAJOR, les CAPITAINES et autres OFFICIERS du corps une autorité égale. — Depuis 1770, vingt ans de service leur donnaient droit à entrer dans l'ORDRE DE SAINT-LOUIS. — Le Lieutenant-colonel se fait accompagner de l'ADJUDANT DE SEMAINE lorsqu'il fait la visite de la CASERNE. — Il se fait remettre, au retour des DÉTACHEMENTS, les CERTIFICATS DE BIEN VIVRE qui ont été délivrés à leur CHEF pendant le cours de la route; il inspecte, si le COLONEL ne le fait lui-même, tout DÉTACHEMENT ramené par un CHEF DE BATAILLON. — Si, le DIMANCHE, le COLONEL ne passe pas en personne l'INSPECTION du corps, ce soin regarde le Lieutenant-colonel, et dans ce cas le corps est commandé par le plus ancien CHEF DE BATAILLON. — Toutes les fois que le COLONEL ne peut se trouver à la PARADE, le Lieutenant-colonel l'y représente. Si le COLONEL est absent, ou dans les cas d'intérim, le Lieutenant-colonel commande le corps; si le chef était présent, l'ORDONNANCE DE 1818 (13 MAI) donnait au Lieutenant-colonel le commandement en second. — Le Lieutenant-colonel se fait remettre par le CHEF DE BATAILLON DE SEMAINE un double de la FEUILLE DE RAPPORT GÉNÉRAL. — Les CUISINIERS DE SOUS-OFFICIERS ne peuvent remplir cet emploi qu'en vertu de l'autorisation qu'il en donne. — Il inscrit ses observations sur les PROPOSITIONS au grade de CAPORAL, etc. — Il désigne comme CANDIDATS les sujets qu'il croit susceptibles de devenir ADJUDANTS. —

Il est loisible au Lieutenant-colonel de proposer au colonel d'ordonner que les officiers de détail soient dispensés du service de semaine. — Les demandes de convalescence, de dispense d'exercice, etc., lui sont soumises par les capitaines. — Les chefs de bataillon et le major le préviennent des permissions qu'ils obtiennent ou qu'ils accordent. L'adjudant-major lui communique l'ordre à la parade. — Le Lieutenant-colonel peut permettre que le chirurgien-major soit remplacé par son aide, soit dans le cours des manœuvres, soit dans les visites journalières au quartier. — Il est rendu compte au Lieutenant-colonel des arrêts qui seraient infligés, si l'officier punissant et l'officier puni étaient de bataillons différents. — Si des sous-officiers ou adjudants encourent peine de cassation, le Lieutenant-colonel dresse et signe en ce cas un avis motivé. — Le Lieutenant-colonel propose, quand il le juge à propos, qu'il soit commandé une corvée générale. Il propose au colonel les officiers à attacher à l'instruction, et il a sous ses ordres l'instructeur. — Il répartit également sur les compagnies le nombre de travailleurs autorisé par le colonel. — En l'absence du colonel, le Lieutenant-colonel reçoit le dimanche la visite des officiers; en tout temps, il réunit chez lui ce même jour le chirurgien-major et les officiers pour la visite générale. — La circulaire de 1852 (10 avril) témoignait que, dans certains corps, le colonel restreignait, ou, comme disait la circulaire en termes un peu forcés, annulait l'autorité de leur Lieutenant-colonel, en se dispensant de transmettre par la filière de ce grade les ordres donnés à des gradés inférieurs; c'est une des preuves de la rivalité fâcheuse de deux grades trop peu distants. L'esprit de censure en pourrait tirer ou renouveler l'induction que l'institution du grade de Lieutenant-colonel prêtait au blâme. — N° 7. Prérogatives, rang. — Dans les derniers siècles, le Lieutenant-colonel tenait la seconde place dans l'état-major des corps, où il n'était point attaché de colonels en second; à la guerre, il commandait le second bataillon. — Depuis l'ordonnance de 1776 (25 mars), qui créait l'emploi de colonel en second, le Lieutenant-colonel n'était plus que le troisième officier du corps. — Le rang de Lieutenant-colonel a donné droit d'être employé comme major de place. — En 1790, les commissaires auditeurs des guerres avaient rang de Lieutenant-colonel, c'est-à-dire de commandant de bataillon; cette distinction est importante à faire en bien des circonstances,

car les assimilations des grades anciens sont une source de malentendus, à cause du peu de stabilité de la composition de l'armée française, et à cause des modifications que les grades ont éprouvées; nous en avons donné quelques preuves aux articles cornette de colonel général et corps d'intendance; ce corps franchit dans son avancement le grade de Lieutenant-colonel comme s'il n'existait pas. Dans les gardes du corps, des brigadiers étaient Lieutenants-colonels; dans l'infanterie franco-suisse de ligne, un chef de bataillon marchait l'égal d'un Lieutenant-colonel d'infanterie française de ligne; dans l'infanterie franco-suisse de la garde royale, un Lieutenant-colonel était colonel, et avait retraite de maréchal de camp et douze mille francs d'appointements. Partout abus de mots, renversement d'idées, et contraste dans le mécanisme. — N° 8. Surveillance. — Le Lieutenant-colonel exerce une police morale; il surveille la conduite que les officiers tiennent au café, dans leurs réunions et à l'auberge; il règle l'économie de leur table; s'assure de l'exact acquittement de la pension, se tient informé de leur manière de vivre, des dettes quelconques qu'ils pourraient contracter, des dépenses qu'ils font, etc.; il donne, en ce cas, par écrit, son avis à l'égard des billets qu'ils souscriraient et auxquels ils ne feraient pas honneur, afin que le colonel prononce à ce sujet. — Le Lieutenant-colonel s'assure que le chirurgien-major fait tous les trois mois une visite sanitaire générale. — Les règlements de 1822 (30 mars) et 1826 (21 juillet) chargeaient le Lieutenant-colonel de la surveillance de l'école de démontage de fusil; ils voulaient qu'il donnât particulièrement ses soins à l'entretien des armes d'uniforme, et qu'il se fît rendre compte de l'état de l'armement des compagnies par les chefs de bataillon de semaine. — Le Lieutenant-colonel surveille dans ses détails l'instruction du corps, dirige l'instructeur en chef et tient un tableau général des classes d'exercice. — N° 9. Fonctions. — Depuis l'institution des compagnies colonelles, et jusqu'en 1661, ces compagnies étaient commandées par le Lieutenant-colonel; ces officiers eurent ensuite leur compagnie lieutenante-colonelle; celle-ci était commandée par un capitaine; mais, suivant l'usage du temps, le colonel et le Lieutenant-colonel n'étaient ni l'un ni l'autre factionnaires. — Pendant la guerre de 1762, époque antérieure de plus d'un siècle à la création des chefs de bataillon, le Lieutenant-colonel commandait le second bataillon, le major comman-